Margaret George wurde in Nashville, Tennessee, geboren und ist seit Kindertagen von fremden Kulturen fasziniert. Wenn ihre Recherchen sie nicht gerade in andere Länder führen, lebt sie in Madison, Wisconsin. Mit ICH, HEINRICH VIII. erzielte sie ihren Durchbruch als Autorin. Bei Lübbe erschienen bereits ihre facettenreichen Romanbiographien MARIA STUART, KLEOPATRA und MARIA MAGDALENA.

Weitere Titel der Autorin:

14422 Kleopatra
14472 Maria Stuart
15584 Heinrich der VIII.
15725 Maria Magdalena

MARGARET GEORGE

Helena, genannt die Schöne

MEIN LEBEN ZWISCHEN SPARTA UND TROJA

Roman

Aus dem amerikanischen Englisch von Rainer Schmidt

BASTEI LÜBBE

BASTEI LÜBBE TASCHENBUCH
Band 16 320

1. Auflage: Oktober 2009

Vollständige Taschenbuchausgabe der im
Gustav Lübbe Verlag erschienenen Hardcoverausgabe

Bastei Lübbe Taschenbücher und Gustav Lübbe
in der Verlagsgruppe Lübbe

Titel der amerikanischen Originalausgabe: »Helen of Troy«
Originalverlag: Viking, Published by the Penguin Group,
Penguin Puntam Inc., New York
Für die deutschsprachige Ausgabe:

Lektorat: Regina Maria Hartig
Landkarte: Reinhard Borner
Titelillustration: © akg-images
Umschlaggestaltung: Nadine Littig
Autorenfoto: © Rob Judges
Satz: Druck & Grafik Siebel, Lindlar
Gesetzt aus der Aldus Roman
Druck und Verarbeitung: CPI – Ebner & Spiegel, Ulm
Printed in Germany
ISBN 978-3-404-16320-5

Für meine Tochter Aloson Rachel,
der lieben Freundin und Kameradin,

und für ihre Großmutter,
meine Mutter Margaret Dean,
eine der letzten großen
Schönheiten des Südens

Prolog

Ich flog zurück nach Troja. Nein, es war eher ein Schweben, denn mein Flug war gleichmäßig, ohne jedes Auf und Ab. Ich hatte keine Flügel; meine Arme waren ausgestreckt, aber sie lenkten mich und trieben mich nicht voran. Ich spürte, wie der Wind durch meine Finger strich. Ich war versunken im Erstaunen darüber, dass ich nach Troja reisen konnte, noch dazu so mühelos.

Ich sah das strahlende, singende Blau des Meeres, als ich so über die funkelnden, weiß schäumenden Wellen hinwegzog, über die Inseln, die wie kahle Rücken großer Tiere aus dem Wasser ragten. Braun waren sie, und man sah ihre Knochen in den Bergen, die ihr Rückgrat bildeten.

Wo waren die, auf denen Paris und ich auf unserem Weg nach Troja gewesen waren – unsere Trittsteine? Aus dieser Höhe war es nicht zu erkennen.

Eine Möwe stieß neben mir herab, und der Wind ihrer flatternden Flügel störte meinen Flug. Einen Augenblick lang spürte ich, dass ich fiel, doch dann fing ich mich wieder und schwebte gelassen weiter. Mein Gewand glättete sich und umwehte mich wie Rauch.

Tief unter mir waren Schiffe. Wohin wollten sie? Wer fuhr darauf? Unmöglich zu wissen. Und eigentlich war es auch gleichgültig. So sahen die Götter uns – als belanglose Erheiterung. Jetzt verstand ich es. Endlich, endlich verstand ich es.

Die Gestade von Troja tauchten auf – so bald schon! Ich hatte nur einen Wunsch, ein einziges, brennendes Verlangen: Ich wollte Troja wiedersehen. Noch einmal durch seine Tore schreiten, durch seine Straßen gehen, seine Gebäude berühren, ja, sogar die Gebäude, an denen mir nie etwas gelegen hatte. Jetzt waren sie alle kostbar. Ich richtete mich auf und sank sanft vor dem

Südtor zu Boden, dem großartigsten von allen. Als ich das erste Mal nach Troja gekommen war und es sah, dachte ich, seine Spitze berühre den Himmel, aber jetzt, da ich es von oben betrachtet hatte, wusste ich, dass es weit unter den Wolken endete.

Seltsam: Als meine Füße den Boden berührten, wirbelten sie keinen Staub auf. Aber ich war benommen von der schwindelerregenden Freude, wieder in Troja zu sein. Ich hörte die Vögel auf der Wiese um mich herum, roch den schlaftrunkenen Duft der Felder zur Mittagsstunde. Zur Rechten sah ich eine Herde brauner Pferde grasen, die berühmten Pferde der trojanischen Ebene. Alles wirkte friedlich und wohlgeordnet. In der Ferne erblickte ich ein kleines Bauernhaus mit steinernen Mauern und schindelgedecktem Dach inmitten einiger Bäume. Ich wollte hingehen und an die Tür klopfen. Aber es war weit weg, und ich wandte mich wieder nach Troja.

Troja! Der Zauber Trojas erhob sich vor meinen Augen, tanzend vor dem blauen Himmel. Seine Türme waren so hoch, wie Menschenhand sie nur bauen konnte, seine Mauern die stärksten und schönsten, und dahinter … Ah, dahinter lagen alle Herrlichkeiten der Welt. Troja flirrte wie eine Luftspiegelung, schimmerte lockend über der Erde, wisperte mir seine Geheimnisse zu und winkte mich zu sich.

Ich ging auf das Tor zu. Zu meiner Überraschung stand es offen. Die dicken bronzeverkleideten Flügel klafften weit auseinander, und dahinter lag breit und lockend der Weg hinauf zur Zitadelle. Ich trat durch das sonst immer bewachte Tor und fragte mich nicht, warum jetzt keine Wächter, keine Soldaten da waren. Drinnen fand ich alles still – keine ächzenden Karren, kein Gelächter, überhaupt keine Stimmen.

Ich wanderte die Straße zur Zitadelle hinauf, zu der Ansammlung von Tempeln und Palästen, die den Gipfel der Stadt Troja krönt. Sie schimmerten in der Ferne. Die weißen Steine winkten wie die Hand einer Göttin.

Die Stadt war völlig verlassen, und jetzt lauschte ich auf die Echos in den leeren Häusern, an denen ich vorüberkam. Wo waren die Leute?

Ich strebte der Zitadelle zu, wo all die Meinen sein würden. Priamos und Hekuba in ihrem Palast. Hektor und Andromache in ihren Gemächern und die vielen Söhne Priamos' und Hekubas in ihren eigenen Wohnungen hinter dem königlichen Palast – fünfzig Söhne und zwölf Töchter, alle in eigenen Quartieren. Und zwischen dem Tempel der Athene und dem Palast Hektors stände der von mir und Paris hoch und stolz.

Da war er. Er war vollkommen, so vollkommen, wie Paris und ich ihn uns ausgemalt hatten, lange bevor der erste Stein vermauert worden war. Damals, als wir auf unserem duftenden Bett beieinandergelegen und uns damit unterhalten hatten, uns unseren Palast vorzustellen. Da war er. Wie er nie gewesen war. Wir hatten die roten aus Phrygien nicht bekommen können und uns mit den dunkleren von Lesbos begnügen müssen. Aber hier waren rote an Ort und Stelle fest vermauert. Einen Augenblick lang war ich verwirrt und riss die Augen auf. *Nein, so war er nicht – außer in unseren Köpfen,* murmelte ich, als würden die Steine auf meine Worte hin anfangen zu flimmern und sich neu ordnen. Doch sie blieben hartnäckig, wie sie waren.

Ich zuckte die Achseln. Was tat das schon? Ich betrat den Palast, durchquerte das geräumige Megaron und ging die Treppe hinauf in unsere Privatgemächer, in die Räume, in die Paris und ich uns zurückzogen, wenn die Geschäfte des Tages beendet waren und wir allein sein durften.

Meine Schritte hallten durch die Räume. Warum war alles so leer? Es war, als liege ein Zauberbann auf dem Palast. Nichts regte sich, keine Stimme war zu hören.

Auf der Schwelle unseres Gemaches blieb ich stehen. Paris musste hier sein. Er wartete auf mich. Er war von den Feldern zurückgekehrt, wo er mit den wilderen Pferden gearbeitet hatte, wie er es so gern tat, und jetzt würde er einen Becher Wein trinken und sich die blauen Flecken reiben, die sein Tagwerk hinterlassen hatte. Er würde aufblicken und sagen: *Helena, der Schimmel, von dem ich dir erzählt habe …*

Entschlossen stieß ich die Tür auf. Im Zimmer war es furchtbar still. Und es sah dunkel aus.

Ich ging hinein, und das Wispern meines Gewandes an meinen Beinen war das lauteste Geräusch, das ich hörte. »Paris?«, sagte ich – das erste Wort, das ich laut gesprochen hatte.

In Geschichten werden Menschen in Stein verwandelt. Aber hier waren sie verschwunden. Ich wandte mich hin und her und durchsuchte alle Räume, aber da war niemand. Troja war noch da, seine Paläste und Mauern und Straßen, aber es war eine Hülse ohne das, was es wahrhaft groß gemacht hatte: seine Menschen.

Und Paris … Wo bist du, Paris? Wenn du nicht hier bist, in unserem Heim, wo bist du dann?

Ich sah Sonnenlicht und war dankbar, dass jemand die Blendläden geöffnet hatte. Jetzt könnte Troja wieder anfangen zu leben; jetzt würde der Sonnenschein es durchfluten. Die Straßen würden sich wieder mit Menschen füllen und zu neuem Leben erwachen. Die Stadt war nicht verschwunden, sie hatte nur geschlafen. Nun konnte sie erwachen.

»Herrin, es ist Zeit.« Jemand berührte mich an der Schulter. »Du hast verschlafen.«

Ich klammerte mich immer noch an Troja und blieb im Schlafgemach meines Palastes stehen. Paris würde gleich da sein. Ganz sicher! Er würde kommen!

»Ich weiß, es ist schwer, aber du musst dich aufraffen.« Es war die Stimme der Kammerzofe. »Menelaos kann nur einmal bestattet werden. Und heute ist der Tag. Mein Beileid, Herrin. Sei stark!«

Menelaos! Ich schlug die Augen auf und starrte wild umher. Dieses Zimmer – es war nicht mein Zimmer in Troja. O ihr Götter! Ich war in Sparta, und Menelaos war tot.

Mein spartanischer Ehemann Menelaos war tot. Der Trojaner Paris war nicht hier. Er war seit über dreißig Jahren nicht mehr da. Troja war untergegangen. Nicht einmal eine rauchende Ruine konnte ich es noch nennen, denn der Rauch war längst am Himmel verweht. Troja war schon so lange tot, dass selbst seine Asche in alle Winde verstreut war.

Dieser Besuch war ein Traum gewesen. Selbst das, was in dem barmherzigen Traum noch da gewesen war – die Mauern, die Türme, die Straßen und die Häuser –, all das gab es nicht mehr. Ich weinte.

Eine sanfte Hand auf meiner Schulter. »Ich weiß, du trauerst um ihn«, sagte die Zofe. »Aber trotzdem musst du …«

Ich schwenkte die Füße aus dem Bett. »Ich weiß schon. Ich muss bei der Beerdigung dabei sein. Nein, mehr noch, ich muss sie anführen.« Ich stand auf. Mir war ein wenig schwindlig. »Ich kenne meine Pflicht.«

»Herrin, ich wollte nicht sagen …«

»Natürlich nicht. Bitte geh und leg mir meine Gewänder heraus!« So – damit war ich sie los.

Ich presste die Fingerspitzen an die Schläfen. Menelaos tot. Ja. So war es. Sein Geständnis vor mir, seine inständigen Bitten – das alles war jetzt einerlei. Ich hatte ihm vergeben. Es war so lange her. Und Paris: *Menschen, die noch nicht geboren sind, werden Lieder über uns singen,* hatte ich zu ihm gesagt. Wie jung und töricht ich gewesen war! Er war verschwunden. Er war nirgends in meinem Traum – und jetzt wusste ich, dass es ein Traum gewesen war. Paris und mich gab es nicht mehr.

Gleichviel. Der Traum hatte mir den Weg gewiesen. Nach dem Begräbnis, nachdem in Sparta alles geordnet wäre, würde ich nach Troja zurückkehren. Ich musste es wiedersehen, auch wenn es eine leere Ruine war. Denn dort hatte ich mein Leben in vollen Zügen gelebt wie nirgendwo sonst, und dort hatte Helena wirklich Gestalt als Helena angenommen, war Helena von Troja geworden.

In meinem Leben war ich geflogen, wenn auch nur für kurze Zeit: Darin hatte der Traum die Wahrheit gesagt. Einst gab es eine Helena, und in Troja hatte sie ganz und gar gelebt. Macht daraus, was ihr wollt! Zu meiner Zeit habe ich Hass, Krieg und Tod hervorgerufen. Es hieß, ich sei die Frau, deren Antlitz von einem Kranz aus Bronzeschwertern statt aus Blumen umrahmt sei.

Aber das war niemals durch mein Zutun so, nie durch meine

Absicht. Diese Schuld lege ich den Männern zu Füßen, die mir nachgestellt haben.

Ich rede von Helena, als wüsstet ihr alles. Aber wer ist Helena?

Hört zu, und ich werde es euch erzählen. Haltet den Atem an, und ihr hört sie sprechen.

Erster Teil

Sparta

I

Helena. Bevor ich sprechen konnte, hörte ich meinen Namen und verstand, dass ich Helena war. Meine Mutter flüsterte ihn, aber nicht liebkosend; sie flüsterte ihn, als sei er ein hässliches Geheimnis. Manchmal zischte sie ihn dicht an meinem Ohr, und ihr heißer Atem kitzelte meine Haut. Niemals murmelte sie ihn, und niemals schrie sie ihn. Murmeln war für Zärtlichkeiten, und Schreien war eine Warnung an andere. Solche Aufmerksamkeit wollte sie nicht auf mich lenken.

Sie hatte einen anderen Kosenamen für mich – Schwänchen –, und wenn sie ihn benutzte, lächelte sie, als mache es ihr Freude. Er war unser kleines privates Geheimnis, denn sie benutzte ihn nie, wenn andere dabei waren.

Ganz so, wie die festen Formen von Felsen und Wäldern erscheinen, wenn die Nebelschleier, die an den Bergen hängen, sich allmählich auflösen und verschwinden, gewinnt auch ein Leben seine Gestalt aus frühen Erinnerungen, die nach und nach verdunsten. In den Wirbeln wirrer Erinnerungen und Gefühle aus meiner Kindheit sehe ich mich in einem Palast, in dem die Familie meiner Mutter wohnte und in dem sie aufgewachsen war. Meine Großeltern lebten noch, aber wenn ich mich an ihre Gesichter zu erinnern versuche, gelingt es mir nicht. Wir alle waren dorthin gegangen – geflüchtet vor den Unruhen um den Thron meines Vaters in Sparta. Er war gestürzt worden, und jetzt war er ein König im Exil und lebte bei der Familie seiner Gemahlin.

Heute weiß ich, dass wir in Ätolien waren, aber damals wusste ich natürlich nichts von Gegenden, Orten und Namen. Ich wusste nur, dass unser Palast in Sparta, hoch oben auf dem Hügel, für Sonne und Wind offener gewesen war als dieser hier, der eher ein dunkler Kasten war. Er gefiel mir nicht, und ich wäre gern in mein altes Zimmer zurückgekehrt. Ich fragte meine Mutter, wann das sein könnte, wann wir wieder nach Hause gehen würden.

»Nach Hause?«, fragte sie. »Wir sind doch zu Hause.«

Das verstand ich nicht, und ich schüttelte den Kopf.

»Hier war ich zu Hause, als ich aufgewachsen bin. Sparta war nie mein Zuhause.«

»Aber meins«, sagte ich, und ich versuchte, nicht zu weinen bei dem Gedanken, dass ich vielleicht niemals dorthin zurückkehren würde. Die Tränen in meinen Augenwinkeln konnte ich aufhalten, aber meine zitternde Unterlippe verriet mich.

»Jetzt weine nicht, du Säugling!« Sie packte mich beim Arm. »Prinzessinnen weinen nicht, nicht einmal vor ihrer Mutter.« Sie beugte sich zu mir herab; ihr Gesicht war dicht vor mir, und es gefiel mir nicht. Es war lang und schmal, und als sie die Stirn runzelte, schien es sich zu strecken wie das eines Tieres mit spitzer Schnauze. »Wir werden bald wissen, wie lange wir hier sein und wohin wir dann gehen werden. Delphi wird es uns sagen. Das Orakel wird es offenbaren.«

Wir holperten auf einem Karren durch wildes Waldland. Es sah nicht aus wie das Land rings um Sparta, das sich in ein sanftes grünes Tal schmiegte. Die rauen Hügel, bedeckt von Gestrüpp und dürren Bäumen, machten die Reise beschwerlich. Als wir uns dem Berg näherten, wo die heilige Stätte von Delphi sich verbarg, mussten wir absteigen und zu Fuß auf einem zerfurchten Pfad den Hang hinaufstapfen. Zu beiden Seiten ragten dünne Bäume wie Nadeln in den Himmel, ohne Schatten zu spenden, und wir mussten Felsblöcke umrunden und über allerlei Hindernisse klettern.

»So ist es etwas Besonderes, dort anzukommen«, erklärte einer meiner Brüder, Kastor. Er war fünf Jahre älter als ich, dunkelhaarig wie Mutter, aber von freundlichem und unbeschwertem Wesen. Er war mir der Liebste unter meinen Geschwistern, fröhlich und aufmunternd, unterhaltsam, aber stets rücksichtsvoll und fürsorglich gegen mich, die Jüngste. »Wäre es leicht zu erreichen, wäre es nicht so kostbar, wie es ist.«

»Kostbar?« Pustend und mit schweren Schritten trat Kastors Zwillingsbruder Polydeukes neben uns. Er war so blond und hellhäutig, wie Kastor dunkel war, aber er lebte unter einem Schatten von Vorsicht und Zweifel, der sein Aussehen Lügen strafte. »Ich sehe nichts Kostbares – nur einen trockenen, staubigen, steilen Weg hinauf auf den Parnass. Und wozu? Damit eine Seherin uns sagt, was wir tun sollen? Ihr wisst doch, wenn Mutter nicht gefällt, was sie hört, wird sie es einfach ignorieren. Warum also dieser mühselige Marsch hierher, wenn sie einfach in ihren Gemächern bleiben und einen Seher kommen lassen könnte, damit er sein Weissagungsritual dort veranstaltet?«

»Vater ist derjenige, der entscheiden muss«, sagte Kastor. »Er wird dem Orakelspruch Gewicht beimessen, auch wenn Mutter es nicht tut. Es geht schließlich um seinen Thron.«

»Und es war sein Bruder, der ihn davon vertrieben hat. Und jetzt, mein Bruder, wollen wir uns die Hand reichen und geloben, solchem Streit aus dem Weg zu gehen.«

»Wir können gemeinsam regieren. Ich wüsste nicht, was uns daran hindern sollte.« Kastor lachte.

»Wenn Vater seinen Thron nicht zurückgewinnt, werden wir ihm wohl kaum nachfolgen«, sagte Polydeukes.

»Na, dann werden wir unseren Weg als Faustkämpfer und Ringer machen. Wir werden sämtliche Preise gewinnen und viele Rinder und Frauen haben …«

»Ihr werdet immer euren Weg machen, da bin ich sicher.« Plötzlich war die Älteste bei uns, unsere Schwester Klytämnestra. »Das ist eine große Gabe.« Sie sah mich an. »Bist du müde?«

Das war ich, aber ich hätte es niemals zugegeben. »Nein, überhaupt nicht!« Und ich beschleunigte den Schritt, um es zu beweisen.

Bei Sonnenuntergang hatten wir Delphi endlich erreicht. Wir waren geklettert und geklettert, bis zu einer Quelle, an der andere – die scheinbar aus dem Nichts gekommen waren – sich erfrischten: Sie spritzten sich Wasser ins Gesicht und füllten ihre Schläuche. Die Quelle floss in einen Teich im Schatten überhängender Bäume. Sonnentüpfel funkelten auf seiner Oberfläche. Es war sehr ruhig dort, sehr erholsam, und ich tauchte meine Hände in das überraschend kalte Wasser und ließ mich davon beleben.

Es war zu spät, um noch zum Orakel zu gehen; deshalb verbrachten wir die Nacht auf dem Feld unterhalb der heiligen Gebäude. Noch viele andere schliefen dort in der klaren Luft im Freien. Die Sterne über uns leuchteten hell und kalt. Ich betrachtete sie und nahm mir vor, meine Brüder zu bitten, mir Geschichten über sie zu erzählen. Aber an diesem Abend waren wir so erschöpft, dass wir auf der Stelle einschliefen.

Die Sonne schien mir ins Gesicht und weckte mich in aller Frühe. Sie brauchte nicht über einen Berg hinwegzuspähen wie in Sparta; sie überflutete den Himmel mit ihrem Licht, sobald sie aufgegangen war. Ringsumher regten sich andere, sie falteten ihre Decken zusammen und streckten sich, begierig darauf, die Geheimnisse von Delphi zu empfangen.

Vater war nicht er selbst. Das erkannte ich daran, wie er die Pilger um uns herum begrüßte. Er sprach mit ihnen, aber er schien nicht zu hören, was sie sagten, und seine Antworten klangen unbestimmt und nicht zur Sache gehörig.

»Wir müssen uns beeilen, damit wir die Ersten beim Orakel sind.« Er sah sich um und taxierte die anderen. »Ihre Sorgen sind alltäglich, bei ihnen geht es nicht um die Zukunft eines Throns.« Er drängte uns zum Aufbruch.

Das Orakel. Die Zukunft. Omen. Prophezeiungen. Bis dahin war ich frei. Ich war ein Kind ohne Bedeutung – das glaubte ich wenigstens. Danach beherrschten sie mein Leben, die Wahrsager, die festgelegten Grenzen der Götter, die Parameter, die mich definierten.

Vater eilte dem Orakel entgegen, er stemmte sich gegen den Wind in seiner Hast, als Erster einzutreffen – als plötzlich ein Schrei von einem Felsen auf unserem Weg heruntergellte. Ein altes Weib hockte dort oben. In ihrem dunklen Kapuzengewand sah sie aus wie ein Geier oder ein Rabe, nicht wie ein Mensch.

»Du! Du!« Sie krächzte wie eine Krähe – ich schwöre es.

Vater blieb stehen. Wir alle blieben stehen. Dann ging er zu ihr und reckte sich auf die Zehenspitzen, um sie zu hören, als sie sich auf ihrem Felsen herunterbeugte und mit ihm sprach. Er zog die Stirn kraus, und dann schüttelte er den Kopf. Er stritt mit ihr! Ich sah, wie er gestikulierte. Dann kam er zu mir und schleifte mich zu ihr.

Ich wollte nicht mitkommen. Warum zwang er mich? Ich wand mich und wollte mich losreißen.

»Kind, Kind!«, schrie sie mit ihrer hässlichen schrillen Stimme. Vater hob mich hoch; ich zappelte immer noch, aber er hielt mich fest. Er streckte mich zu ihr hinauf. Sie beugte sich vor und ergriff meinen Kopf, und ihre Stimme veränderte sich. Sie fing an, seltsame, unirdische Schreie auszustoßen. Ihre Hände fühlten sich an wie Klauen; sie umfassten meinen Kopf so fest, dass ich fürchtete, er könne zerplatzen.

»Dann ziehe sie nur in Sparta groß!« Ihre Stimme war jetzt ein Geräusch wie das Wasser der Quelle, an der wir unterwegs vorbeigekommen waren, fern und dumpf. »Aber sie wird der Untergang Asiens sein, der Untergang Europas. Ihretwegen wird ein furchtbarer Krieg geführt werden, und viele Griechen werden sterben!«

»Lass mich los, lass mich los!«, schrie ich. Doch Vater hielt mich fest, und die Frau atmete rau ein und aus – ein grässliches Geräusch, halb keuchend, halb brüllend. Auch Mutter stand wie angewurzelt da und rührte sich nicht. Die Hilflosigkeit meiner Eltern war es, was mich am meisten ängstigte. Es war, als habe die Alte sie durch Zaubermacht gelähmt.

»Troja«, murmelte sie. »Troja …«

Dann plötzlich war der Bann gebrochen. Das krampfhafte Atmen hörte auf, und sie ließ meinen Kopf los. Meine Kopfhaut kribbelte, und ich sank in die Arme meines Vaters zurück.

Wir wanderten weiter den Pfad zum Orakel hinauf, zu der berühmten Seherin, die an einem geheimen Ort saß und Dämpfe einatmete – oder mit dem Gott Apollo sprach –, und Vater ging zu ihr. Aber was sie sagte, weiß ich nicht. Ich zitterte noch immer nach dem Überfall der alten Frau.

»Der Sibylle«, verbesserte Klytämnestra. »Sie ist die Sibylle Herophile; sie streift umher und gibt Prophezeiungen ab. Sie ist älter als das Orakel und wichtiger.« Klytämnestra wusste solche Dinge. Sie war sechs Jahre älter als ich und sorgte dafür, dass sie so etwas wusste. »Was sie sagt, wird immer wahr. Während das, was das Orakel sagt – na ja, da sind Haken und Ösen dabei. Es geschieht nicht immer so, wie die Leute glauben.«

»Und warum hat sie sich Helena geschnappt?«, fragte Polydeukes.

Klytämnestra schaute ihn an. »Du weißt, warum.«

»Aber *ich* weiß es nicht«, sagte ich. »Bitte, bitte sag's mir!«

»Es steht mir nicht zu, dir das zu sagen«, antwortete sie. »Frag Mutter!« Dann lachte sie wild, und es klang fast so erschreckend wie bei der Sibylle.

Eilig – so kam es mir vor – kehrten wir in den Palast meiner Großeltern zurück. Mutter und Vater zogen sich zurück, um sich mit dem alten König und der Königin zu beraten, und ich irrte allein durch meine trostlosen Zimmer. Oh, es gefiel mir dort nicht, und noch immer schmerzte mein Kopf vom Griff der Sibylle. Vorsichtig betastete ich ihn, und ich fühlte die scharfen Ränder von Krusten.

Ein furchtbarer Krieg ... Viele Griechen werden sterben ... Troja ... Ich wusste nicht, was das alles bedeutete, aber ich wusste, es hatte Vater und Mutter in Schrecken versetzt – ja, sogar Klytämnestra, die sonst immer furchtlos war und als Erste einen Wagen mit widerspenstigen Pferden lenkte, als Erste gegen jede Regel verstieß.

Ich nahm einen Spiegel und versuchte, die Verletzung an meinem Kopf anzuschauen. Ich drehte den Spiegel hin und her, aber die Stelle war zu weit hinten, und ich konnte sie nicht sehen. Dann war Klytämnestra da und riss mir den Spiegel aus der Hand.

»Nein!«, rief sie, und echter Schrecken lag in ihrer Stimme.

»Kannst du oben auf meinen Kopf schauen?«, fragte ich. »Ich kann es nicht. Aber mehr will ich auch gar nicht.«

Sie teilte mein Haar. »Da sind Furchen, aber sie sind nicht tief.« Sie behielt den Spiegel fest in der Hand.

II

Und so erfuhr ich, dass es mir nicht erlaubt war, einen Spiegel zu benutzen. Er war ein so einfaches Ding – eine blank polierte Bronzefläche, die ohnehin nur ein verschwommenes Bild reflektierte. Ich hatte wenig gesehen, als ich den Spiegel über meinen Kopf gehalten hatte. Aber das Gesicht, das ich flüchtig erblickt hatte, war nicht das Gesicht gewesen, das ich mir vorgestellt hatte.

Können wir uns unser eigenes Gesicht vorstellen? Ich glaube nicht. Ich glaube, wir stellen uns vor, dass wir unsichtbar sind, ganz ohne Gesicht, und ganz spurlos mit allem um uns herum verschmelzen können.

Mutter schaute sich oft genug im Spiegel an. Mir schien, dass sie immer, wenn ich in ihr Zimmer kam, gerade in den Spiegel spähte, die Brauen hochzog, den Kopf hin und her drehte, um ihre Wange aus einem anderen Winkel zu betrachten, und sich mit der Zunge über die Lippen fuhr. Manchmal lächelte sie dann, aber meistens runzelte sie seufzend die Stirn. Und immer legte sie den Spiegel aus der Hand, wenn sie mich sah. Einmal ging sie sogar so weit, sich darauf zu setzen, damit ich ihn nicht nehmen konnte.

War meine Mutter hübsch? Attraktiv? Reizvoll? Anmutig? Bezaubernd? Schön? Wir haben so viele Wörter, um genau zu beschreiben, in welchem Maß ein Mensch unsere Sinne erfreut.

Ja, ich würde sagen, sie war all das. Sie hatte, wie ich schon gesagt habe, ein langes, schmales Gesicht, und das machte sie ungewöhnlich: In unserer Familie waren die Gesichter rund oder oval. Ihre Nase war wie eine makellose schmale Klinge, die ihre weit auseinanderliegenden schrägen Augen betonte – und die waren es, die man bemerkte, wenn man sie anschaute: diese großen, schrägen Augen, die dich niemals direkt anschauten. Sie beherrschten ihr Gesicht. Das Faszinierendste an ihr war ihre lebhafte Färbung: Sie hatte eine sehr weiße Haut, sehr dunkles Haar und Wangen, die stets rot glühten. Und einen langen, schlanken Hals hatte sie, sehr elegant. Ich hätte gedacht, sie sei stolz darauf, aber als einmal jemand sagte, sie habe einen Schwanenhals, schickte sie die Person aus dem Zimmer.

Ihr Name war Leda, ein hübscher Name, fand ich. Er bedeutete »Dame«, und sie war immer zierlich und anmutig. So hatten meine Großeltern ihr mit diesem Namen etwas gegeben, in das sie hineinwachsen konnte.

Bei meinem eigenen Namen war ich nicht so sicher. Einmal – als ich meine Mutter wieder einmal dabei ertappt hatte, wie sie sich im Spiegel betrachtete und sie ihn hastig versteckte – fragte ich sie, warum ich so hieße und was der Name bedeute.

»Ich weiß, dass Klytämnestra ›löbliche Brautwerbung‹ bedeutet, und da sie deine Erstgeborene ist, dachte ich, Vater habe dich mit seinem Werben gewonnen.«

Sie warf den Kopf in den Nacken und lachte leise und amüsiert. »Das Werben deines Vaters war so, wie er selbst ist: politisch.« Sie sah mein verständnisloses Gesicht und fügte hinzu: »Damit will ich sagen, er war im Exil – wieder einmal! – und hatte Zuflucht bei meinen Eltern gefunden. Sie hatten eine heiratsfähige Tochter, er war darauf erpicht zu heiraten – so erpicht, dass er ihnen große Geschenke versprach, wenn er mich bekäme. Und so bekam er mich.«

»Aber wie dachtest du über ihn, als du ihn das erste Mal zu Gesicht bekommen hast?«

Sie zuckte die Achseln. »Dass er nicht unsympathisch ist und dass ich ihn ertragen könnte.«

»Ist das alles, was eine Frau erwarten kann?«, fragte ich zögernd und ein wenig erschrocken.

»Ja.« Sie blickte mich eindringlich an. »Obgleich ich glaube, dass wir in deinem Fall mehr erwarten können. Härter verhandeln. Was nun die Namen der anderen angeht: Kastor bedeutet ›Biber‹ – und tatsächlich ist er zu einem sehr fleißigen Menschen herangewachsen. Polydeukes bedeutet ›viel süßer Wein‹. Dein Bruder könnte ein bisschen davon vertragen; es würde seine Lebensgeister aufhellen.«

»Aber mein Name! Mein Name!« Kinder interessieren sich am meisten für sich selbst. Ich brannte darauf, meine eigene Geschichte zu hören, die Geschichte aus der Zeit vor meinen Erinnerungen, das Geheimnis, zu dem nur Mutter und Vater den Schlüssel besaßen.

»Helena.« Sie holte tief Luft. »Es war schwer, einen Namen für dich zu wählen. Er musste ja … Er musste widerspiegeln …« Nervös begann sie, eine Locke zwischen den Fingern zu zwirbeln, eine Gewohnheit, in die sie immer verfiel, wenn sie unsicher oder aufgeregt war, wie ich wohl wusste. »Er bedeutet vieles. ›Mond‹, weil es schien, als habe die Göttin dich berührt. ›Fackel‹, weil du Licht gebracht hast.«

»Ich war ein neugeborenes Kind. Wie konnte ich Licht bringen?«

»Dein Haar war hell und leuchtete wie die Sonne«, sagte sie.

»Mond, Sonne – ich kann doch nicht beides sein!« Warum war das so verwirrend?

»Aber du bist es«, sagte sie. »Ihr Licht unterscheidet sich, aber es ist doch möglich, beides zu sein. Die Eigenschaften beider zu besitzen.«

»Aber du nennst mich auch ›Schwänchen‹. Warum das?« Jetzt wollte ich alle meine Namen erklärt haben.

»Weil du klein warst wie ein gerade geschlüpftes Schwanenküken.«

»Aber warum habe ich dich daran erinnert? Du magst Schwäne doch gar nicht?« Einmal waren wir bei meinen Großeltern am See entlanggegangen, und eine Schar Schwäne war auf uns zugekommen. Meine Mutter hatte sich umgedreht und war weggelaufen, und Vater hatte geschrien und die Schwäne mit Steinen beworfen. Er war rot im Gesicht gewesen. »Verschwindet, ihr schmutzigen Ungeheuer!«

»Oh, ich mochte sie durchaus«, sagte sie. »Sie waren meine Lieblingsvögel, als ich klein war und hier mit meinen Eltern lebte. Damals ging ich immer an den See, um sie zu füttern. Ich sah es gern, wie sie auf dem Wasser schwebten mit ihren wunderschön geschwungenen Hälsen und dem weißen Gefieder.«

»Und warum hat sich das geändert?«

»Weil ich mehr über sie erfahren habe, als ich erwachsen war. Da ist mir das Staunen vergangen.« Plötzlich beugte sie sich herab und nahm mein Gesicht zwischen ihre langen, schmalen Hände – lang und schmal wie ihr Gesicht. »Du darfst nichts zu genau anschauen, nicht allzu nah kommen, sonst verlierst du deine Fähigkeit zum Staunen. Das unterscheidet Kinder von Erwachsenen.« Sie streichelte meine Wange. »Glaube an alles! Später kannst du es nicht mehr.« Sie lächelte ihr strahlendes Lächeln. »Früher habe ich sie geliebt, und den Schwan in dir liebe ich noch heute.«

»Dann werde ich jeden Tag zu den Schwänen gehen und sie anschauen«, erklärte ich entschlossen. »Solange ich sie noch mögen kann und bevor ich herausfinde, was immer deine Meinung über sie geändert hat.«

»Dann musst du dich beeilen. Wir werden bald von hier fortgehen. Dein Vater hat seinen Thron zurückbekommen, und wir kehren nach Sparta zurück. Dort finden die Schwäne nur selten hin. Sie leben nicht dort, und sie landen nicht oft.«

Oh, es war schön, wieder zu Hause zu sein! Zu Hause in unserem schönen, weitläufigen Palast hoch oben auf dem Hügel über dem Tal des Flusses Eurotas und der Stadt Sparta in der Ebene. Ich hatte ihn so sehr vermisst. Ich liebte mein Zimmer mit den weißen Wänden, die mit Vögeln und Blumen bemalt waren, und den alten Birnbaum vor meinem Fenster. Und all mein Spielzeug war noch wohlbehalten in der Truhe, wo ich es zurückgelassen hatte, als wir so hastig geflohen waren.

Natürlich stahl niemand Spielzeug. Die größte Sorge meines Vaters war es, seine Kammern zu inspizieren und zu sehen, was geplündert worden war, als sein Bruder ihm den Thron geraubt und in seinem Palast gelebt hatte. Die Schatzkammer hatte Vater eigenhändig geleert und ihre Kostbarkeiten versteckt; er hatte sie am Fuße der nahen Berge vergraben.

»Aber vor allem kann man sich nicht schützen«, sagte er. »Und ich betrachte jede Kachel, die beschädigt wurde, als einen Gräuel, jeden Mantel, der gestohlen wurde, als Frevel! *Er* hat hier gewohnt, er hat es gewagt, in meinen Palast einzudringen!« Wieder lief er rot an, und Mutter versuchte ihn zu beruhigen.

»Tyndareos, das sind doch Kleinigkeiten. Wichtig ist nur dein Thron. Und er ist hier. Du hast ihn zurückerobert.«

»Mein Bruder – dieses Schwein …«

»Dein Bruder ist tot«, sagte Mutter nüchtern.

»Ich hasse ihn trotzdem.«

Als ich das alles hörte, fragte ich mich, wie ein Bruder dem anderen so viel Unrecht antun konnte, dass er so für ihn empfand. Aber ach, ich sollte noch lernen, zu welchen Abscheulichkeiten Verwandte untereinander fähig waren! Damals verstand ich es nicht, denn ich liebte meine Geschwister, und sie liebten mich. Unvorstellbar, dass es anders sein könnte.

Mein Leben dort war erfüllt von Sonne und Wind und fröhlichem Lachen. Der ganze Palast war mein Reich, und ich konnte haben, was ich wollte. Ich sang und spielte und lernte bei dem liebenswerten alten Lehrer, den sie für mich angestellt hatten. Es fehlte mir an nichts, und was immer ich ersehnen konnte, war auch da. Wenn ich zurückschaue, war diese Zeit die unschuldigste und glücklichste meines Lebens – wenn Glück die Freiheit von Wünschen und Sorgen ist, ein traumloses Schweben.

Aber wie es so geht: Eines Tages, als meine Augen und mein Herz älter und kritischer geworden waren, blickte ich auf und sah die hohe Mauer, die unseren Palast umgab und mir alles versperrte, was dahinter lag. Ich bat immer öfter darum, mit hinausgenommen zu werden, damit ich sehen könne, was es in den Wiesen, in den Bergen und in der Stadt gab. Ich stieß auf strenge Ablehnung.

»Du musst hier im Palast bleiben und hinter den Mauern«, sagte Vater in einem Ton, der keinen Widerspruch duldete.

Natürlich fragen Kinder immer, warum, aber darauf wollte er mir nicht antworten. »Weil ich es sage«, knurrte er, und das war alles.

Ich fragte meine Brüder, aber sie wehrten ab, anders als sonst. Kastor, der immer so abenteuerlustig war, erklärte, ich müsse die Wünsche unseres Vaters respektieren, und Polydeukes raunte düster, es habe schon seine Gründe.

Ich fand es grässlich, die Jüngste zu sein! Die anderen durften kommen und gehen, wie sie wollten, Helena hingegen musste im Palast bleiben wie eine Gefangene! Würde ich nie erlöst, nie befreit werden?

Ich beschloss zu fordern, dass man mich hinauslasse. Ich musste doch das Jagen lernen, ich wollte mit einem Bogen in die Berge ziehen können – es war peinlich, dass ich mit sieben Jahren noch nie einen Bogen in der Hand gehabt hatte! Ich marschierte zu den Gemächern meines Vaters und schob die Wachen zu beiden Seiten des Megaron beiseite. Es war ein merkwürdiges Gefühl, sie wegzustoßen, denn ich reichte ihnen nur bis zur Hüfte. Aber ich war eine Prinzessin, und sie mussten mir gehorchen.

Heute war das Megaron – die große Halle mit dem offenen Kamin und den polierten Säulen, wo man wichtige Gäste willkommen hieß – dunkel und leer. Die Privatgemächer des Königs – anders als die der Königin, die im oberen Stockwerk in der Nähe des Megarons lagen – befanden sich in einem Seitenflügel des Palastes, den Gemächern der Kinder gegenüber. Weitere Wachen tauchten vor mir auf, als ich mich den inneren Gemächern näherte, und ich schob auch sie beiseite.

Ich hörte Vaters Stimme. Er war da! Jetzt würde ich mit ihm sprechen! Ich würde ihm erzählen, wie sehr ich mich danach sehnte, den Palast zu verlassen.

Doch dann hörte ich meinen Namen. Ich blieb stehen und spitzte die Ohren.

»Helena«, sagte er. »Können wir das tun?«

Was tun? Das Herz blieb mir stehen, und dann pochte es heftig.

»Es wird bedeuten, dass du es zugibst.« Das war Mutters Stimme. »Wirst du das können? Denn sie ist viel mehr wert, wenn –«

»Ich weiß, ich weiß!«, rief Vater. »Das ist mir klar.« Jetzt hörte ich den Schmerz in seiner Stimme. »Aber können wir – kannst du – es zweifelsfrei beweisen? Sie werden Beweise haben wollen –«

»Sieh sie doch an!« Meine Mutter klang triumphierend.

»Aber da ist nichts Endgültiges. Ich meine, Schönheit, ja, aber du, meine Liebe, bist auch schön …«

Ich hörte, wie sie wegwerfend schnaubte. »Ihr Haar«, sagte sie. »Die Farbe ihres Haars.«

Was war damit? Ich verstand es nicht.

»Da muss noch mehr sein«, sagte Vater. »Hast du sonst nichts vorzuweisen?«

Die Stille verriet mir, dass ihre Antwort ein Nein war.

»Wie konntest du so töricht sein?«, rief er. »Du hättest *fragen* sollen, ob du nicht mehr bekommen kannst.«

»Wenn du jemals ein solches Erlebnis gehabt hättest, wüsstest du, wie dumm du dich anhörst.«

»Ach, ich bin also dumm!«

Und dann nahm es den gleichen Weg wie ihre üblichen Streitereien, und ich wusste, dass ich nichts weiter erfahren würde. Munter betrat ich das Zimmer und erklärte, ich wolle den Palast verlassen und sehen, was sich hinter seinen Mauern befand. Beide schlugen mir den Wunsch ab. Vater sagte, ich sei noch zu jung, und Mutter behauptete, alles, was ich bräuchte hätte ich hier.

Ich wurde älter. Ich war acht, dann neun. Ich blieb im Palast, aber ich gewöhnte mir an, einen Holzklotz zu einem Mauerabschnitt zu schleifen, hinaufzuklettern und in das Tal am Fuße des Palasthügels hinauszuspähen.

Und endlich errang ich einen kleinen Sieg: Ich überredete Mutter und Vater, mich mit meinen Brüdern auf die Jagd gehen zu lassen. Sie erlaubten mir, in das königliche Jagdrevier im Taygetos-Gebirge hinter uns zu gehen, das kein Fremder betreten durfte.

»Wir werden mit Hasen anfangen«, sagte Kastor. »Die können dich nicht angreifen, aber sie sind schnell, und es ist eine Herausforderung, sie mit Pfeil und Bogen zu treffen.«

Waldlichtungen und Bergtäler wurden zu meiner Welt. An der Jagd lag mir weniger als daran, das Wild zu verfolgen. Zu gern rannte ich durch den Wald. Ich war flink, so flink, dass meine Brüder mich bald Atalanta nannten, nach der Frau, die schneller laufen konnte als irgendjemand sonst. Nach der Sage traten viele Freier zu einem Wettlauf gegen sie an, aber sie besiegte sie alle. Erst eine List der Göttin Aphrodite machte es möglich, dass ein Mann vor ihr durch das Ziel lief.

»Diese Aphrodite«, hatte Kastor gesagt, als er mich wegen meiner Schnelligkeit aufzog. »Sie wird dafür sorgen, dass du stolperst.«

»Aber, meine liebe Schwester, vielleicht wäre ein Wettlauf der Freier keine so schlechte Idee«, meinte Polydeukes. »Die ersten paar Runden wirst du sicher gewinnen und damit das Unvermeidliche hinauszögern.«

Seufzend lehnte ich mich an eine Eiche. Die Rinde drückte sich in meine Haut. Vater hatte angefangen, von Klytämnestras Heirat zu reden; er sagte, es sei bald Zeit, sie zu vermählen. Alle heiratsfähigen jungen Männer aus der Umgebung und noch aus Kreta und Rhodos würden sich um sie bewerben, denn mit Klytämnestras Hand war eine Krone verbunden: Ihr Ehemann würde Vaters Nachfolger als König von Sparta werden – es sei denn, er wäre selbst König und würde Klytämnestra in sein Reich holen.

»Mussten die Verlierer in alten Zeiten nicht sterben?«, fragte ich.

»So heißt es in den Legenden«, sagte Polydeukes. »In Wahrheit sind Männer viel vorsichtiger, glaube ich.«

»Wenn ich das dann zu einer Bedingung für meinen Wettlauf machen würde … Könnte das die Männer abschrecken?« Meine Frage war scherzhaft gemeint, aber plötzlich kamen mir die Worte der Sibylle in den Sinn: *Viele Griechen werden sterben.* »Nein, ich hab's nicht so gemeint«, fügte ich hastig hinzu.

Als ich geschickter wurde, ließen meine Brüder mich auch allein durch die Wälder streifen und beschatteten mich nicht mehr überall. Oft, wenn ich irgendeinem Wild nachstellte, ließ ich es laufen und verweilte in den grünen Lichtungen am Fuße der hohen Taygetos-Berge. Dort gab es dunstige Täler mit einem Teppich aus Moos, wo nur fahle Sonnenstrahlen bis auf den Boden drangen. Dort war ich zu gern, weil es so abgeschieden war.

Dort vergaß ich auch die Streitigkeiten, die ich immer öfter hörte, wenn ich unverhofft bei meinen Eltern erschien – ihre scharfen Stimmen, wenn sie miteinander haderten. Die Tiere im Wald verhöhnten einander nicht, und die Bäume bereiteten mir kein Unbehagen. Man wusste, welche Tiere gefährlich waren und angreifen konnten. Im Wald gab es keine heimlichen Feinde.

III

Neun Winter waren vergangen, seit ich zur Welt gekommen war, und jetzt war ich fast so groß wie meine Mutter. Seit einer Weile bestand sie darauf, dass wir uns Rücken an Rücken gegeneinanderstellten, damit sie sehen könne, wie viel ich gewachsen sei. Sie ließ eine Latte auf unsere Köpfe legen und fragte ihre Dienerin: »Ich bin immer noch größer, nicht wahr?« Und die Dienerin nickte pflichtschuldig. Ich fragte mich, was an dem Tag geschehen würde, da die Latte sich in die andere

Richtung neigte und ich größer war. Ich wünschte mir, dieser Tag würde niemals kommen, denn ich wusste, dass es ihr missfallen würde. Ich wusste nur nicht, warum.

Wenn sie mich in ihre Gemächer rief, tat sie es oft unter dem Vorwand, mich zu fragen, was mein Lehrer mir beigebracht habe. Wenn ich ihr erzählte, dass wir über die Familie der Götter gesprochen hätten, stellte sie mir Fragen. Anfangs waren sie leicht: »Nenne mir die olympischen Götter«, forderte sie mich auf. »Nur die zwölf, die auf dem Olymp wohnen, keine anderen.« Dann zählte ich sie auf. Aber dann wurden die Fragen viel schwerer. Eines Tages sollte ich ihr alle Nachkommen Zeus' nennen.

»Meinst du die unsterblichen, oder meinst du alle?«

Sie lächelte sonderbar. »Du kannst mit den Unsterblichen anfangen.«

Ich nannte sie ihr – Athene und Persephone, Apollo und Artemis, Ares und Hermes. Hera, fügte ich hinzu, sei seine Gattin, und Aphrodite sei nicht seine Tochter, sondern die seines Großvaters Uranos.

»Aphrodite wurde nicht geboren, genau genommen«, sagte Mutter mit trockenem, kurzem Lachen. »Aber Zeus hat dafür gesorgt, dass es auf dem Olymp von seinen Kindern nur so wimmelt. Da er niemals sterben oder seinen Thron aufgeben wird, braucht er sich nicht den Kopf darüber zu zerbrechen, wer ihm nachfolgen soll. Sie können nach Herzenslust zanken und streiten – es ändert nichts. Keiner von ihnen wird sterben, und keiner wird ins Exil gehen müssen.« Sie schwieg einen Augenblick, ließ sich auf einer Bank nieder und streckte die langen Beine in ihrem zarten Leinengewand aus. Ich konnte sie durch den Stoff sehen: Die Haut färbte das weiße Leinen rosig.

Sie sah meinen Blick und strich das Gewand über ihren Schenkeln glatt. »Das Beste, aus Ägypten«, sagte sie. »Blau wäre es mir lieber gewesen, aber wir sind hier die Letzten, die alles bekommen. Die Waren gehen zuerst nach Mykene, nachdem sie vorher durch Troja und Kreta gewandert sind – und die Götter wissen, wo sie noch überall waren.«

Jetzt würde sie wieder ihr Klagelied über die Abgelegenheit Spartas anstimmen. »Aber es ist trotzdem sehr hübsches Leinen«, versicherte ich ihr.

»Und jetzt die sterblichen Kinder«, sagte sie unvermittelt. »Wie heißen sie?«

»Die Kinder, die Zeus mit irdischen Frauen hat? Oh, Mutter, wie könnte ich sie zählen?« Ich lachte. Mein Lehrer hatte mir die wichtigsten genannt: Perseus, Minos und natürlich Herakles. Aber einige waren unbekannt.

»Aber jemand *hat* sie gezählt. Zeus hat einhundertfünfzehn Frauen ausersehen, denen er seine … Aufmerksamkeit geschenkt hat.«

»Und natürlich haben sie allesamt Kinder geboren«, sagte ich. Die Götter konnten sich mit niemandem, ob sterblich oder unsterblich, abgeben, ohne einen Beweis zu hinterlassen.

»Ja, alle«, sagte Mutter.

»Aber es ist so – so – eigenartig, dass die Frauen den Gott nicht anschauen können, zumindest nicht in seiner göttlichen Gestalt. Gut, wenn er als Stier erscheint oder als goldener Regen –«

»Das tut er zu ihrem Schutz! Du weißt, was mit der törichten Semele passiert ist, die einen Blick auf seine göttliche Erscheinung werfen wollte.«

Ja, keine geringere Frau als die Mutter des Dionysos hatte Zeus in seiner Göttergestalt gesehen und war augenblicklich zu Asche verbrannt. »Das war sehr traurig«, sagte ich zustimmend. Mutter wirkte erregt, als sei es sehr wichtig, was der Lehrer mir beigebracht hatte. Ich wollte sie beruhigen. »Anscheinend kann Neugier gefährlich sein«, sagte ich.

Sie holte tief Luft. »So ist es. Und was ist jetzt mit den anderen – neben Herakles und Dionysos?«

Ich versuchte mich zu erinnern. »Sie sind die berühmtesten, weil sie selbst zu Göttern wurden, was sehr ungewöhnlich ist. Die übrigen sterben wie alle anderen. Da wäre Perseus; er hat hier in der Nähe gelebt, in Argos. Dann Niobe, Zeus' erste sterbliche Frau, und ihr Sohn Argos, und … Ach, Mutter, es sind so viele! Zeus war überall, so scheint es, und … Nein, ich kann sie nicht alle aufzählen.« Es war hoffnungslos. Selbst mein Lehrer würde es wahrscheinlich nicht können. »Alkmene, die Mutter Herakles', war die Letzte«, sagte ich. »Zeus kommt nicht mehr unter die Menschen.« Dafür war ich dankbar – keine weiteren Zugänge, die ich mir merken musste.

Sie lachte auf, und es war das Lachen, das ich nicht ausstehen konnte. »Das hat er dir erzählt?«

»Ja.« Ich wich einen oder zwei Schritte zurück. Sie machte mir Angst, wenn sie so lachte. »Er hat gesagt, dass Zeus … dass diese Zeit zu Ende ist.«

»Nicht ganz.« Es sah aus, als wolle sie noch mehr sagen, aber dann seufzte sie resigniert. »Jetzt ist sie es. Jetzt ja. Aber nicht bei Herakles. Es gibt jüngere Kinder Zeus'. Hat denn dein Lehrer dich auf irgendetwas Merkwürdiges an Zeus' Nachkommen aufmerksam gemacht?«

Ich konnte mir nicht denken, was sie meinte. »Nein«, sagte ich schließlich. »Natürlich sind sie alle wundervoll, groß und stark, und sie besitzen eine … wie sagt man? … eine ›mehr als sterbliche Schönheit‹, aber sonst …? Ich weiß es nicht. Jeder ist anders.«

»Es sind lauter Männer!«, rief sie, und sie sprang so schnell von ihrem Sofa auf, dass mein Blick ihr kaum folgen konnte. »Männer! Lauter Männer!«

»Vielleicht hat er Töchter und erkennt sie nicht an«, erwog ich. »Vielleicht findet er, es ziemt sich nicht, Töchter zu zeugen, und deshalb erhebt er keinen Anspruch auf sie.« Mir schien, als könne Zeus die Sache so sehen.

»Unsinn!« Sie zitterte. »Er hat Töchter, göttliche Töchter auf dem Olymp, und er ist stolz auf sie! Vielleicht haben sterbliche Frauen ihm keine Töchter geschenkt, die seiner würdig sind. Wenn sie es getan hätten, wäre er auch stolz auf sie, da kannst du sicher sein. Wenn er von ihnen weiß. Wenn er von ihnen weiß!«

»Ich dachte, er weiß alles?«

Wieder das furchtbare Lachen. »Oh, Hera täuscht ihn doch

immer wieder! Nein, es ist durchaus möglich, dass er seine sterbliche Tochter übersehen hat, wenn man sie irgendwo versteckt hat, wohin niemand geht, wo niemand sie sieht.«

Ihre Worte gellten in meinen Ohren, und ich hatte ein entsetzliches Gefühl. *Irgendwo versteckt, wohin niemand geht, wo niemand sie sieht.* Sie hatten mich verborgen gehalten, und nur wenige Besucher fanden nach Sparta. Mutter und Vater tuschelten so oft über mich ... Und da waren die verbotenen Spiegel. Und Mutter war so wütend auf Zeus, so unerbittlich. Aber nein, das waren alberne Phantasien! Alle Kinder möchten sich für etwas Besonderes halten, ja, für einzigartig.

Plötzlich fiel mir etwas ein. Vielleicht war es das, was sie hatte andeuten wollen. »Ich stamme von Zeus ab!«, rief ich. »Ja, Vater hat mir erzählt, dass Zeus und eine Bergnymphe, Taygete, ein Kind namens Lakedämon hatten, und dieses Kind ist sein Vorfahre.« Ich erwartete, dass sie mich jetzt lobte, dass sie in die Hände klatschte und rief: *Ja! Ja!*

Aber sie schüttelte den Kopf. »Das ist sehr lange her, und ich sehe an deinem Vater nichts Göttliches. Das Blut dieser Verwandtschaft ist sehr dünn geworden, falls es überhaupt je bis zum Olymp zurückgereicht hat.«

Sie zitterte immer noch. Ich berührte ihre Schulter und hätte sie gern umarmt, aber ich wusste, sie würde mich wegstoßen. »Das macht doch nichts«, sagte ich. »Ich wüsste nicht, wie uns das heute noch betreffen sollte.« Was vor langer Zeit in einer Sage geschehen war, hatte keine Bedeutung.

Sie sah mich durchdringend an. »Es wird Zeit, dass wir zu den Mysterien gehen«, sagte sie. »Die Göttinnen Demeter und Persephone sind mit unserer Familie verbunden. Du bist jetzt alt genug. Wir werden alle zusammen zu ihrem Tempel auf dem Berg gehen. Dort wirst du alles über unsere Schutzgöttin erfahren. Und sie kann dir viel offenbaren, wenn es ihr beliebt.«

Es wurde beschlossen, das Heiligtum zur Zeit der Größeren Mysterien aufzusuchen, im Herbst. Ich konnte sofort mit der Einführung beginnen, damit ich die geheimen Riten bei der

Ankunft in vollem Maße erleben könnte. Nur diejenigen, die so ausgebildet und von den Göttinnen angenommen worden waren, waren in der Lage, sie in ihrer geheimen Natur zu erblicken.

Eine alte Frau, die meiner Mutter schon in Kindertagen gedient hatte, unterwies mich im Geheimen. Wir dürfen niemals offenbaren, was wir gelernt haben, aber ich kann von dem berichten, was jedermann weiß. Mutters Freundin Agave wanderte als Erstes mit mir durch die frisch bepflanzten Felder und erzählte mir die Geschichte mit singender Stimme. Ich musste mein Gesicht hinter einem Schleier verbergen, damit keiner der Feldarbeiter mich sehen konnte. So erschien der klare Tag mir bewölkt. Neben uns stapften zwei mit breiten Schwertern bewaffnete Wachen her. Auch sie waren Initianden.

Meine Sicht war getrübt, aber ich konnte gut hören, und der Gesang der Vögel und die Rufe menschlicher Stimmen verrieten mir, dass dies die überschwängliche Jahreszeit war, in der die Erde sich freudig wieder erwärmt. Ich roch den muffigen Duft der frisch gepflügten Scholle, und ich hörte das Schnauben und das dunkle Murren der Ochsen vor dem Pflug. Hinter der gebogenen Pflugschar ging der Bauer und streute die Saat in die Furche, und ein Junge mit einer Hacke deckte sie wieder zu. Krächzend kreisten die Krähen über ihnen und hofften auf ein Festmahl. Selbst ihre rauen Stimmen klangen fröhlich in meinen Ohren. Der Junge wedelte schreiend mit seiner Mütze, um sie zu verscheuchen, und lachte die ganze Zeit.

»Die Erde frohlockt – und warum?« Agave blieb plötzlich stehen, so unerwartet, dass ich gegen sie prallte. Sie drehte sich um und schaute mich an, aber durch den Schleier konnte sie mein Gesicht nicht sehen.

»Weil Persephone aus der Unterwelt zurückgekehrt ist«, antwortete ich gehorsam. Das wusste jeder; dazu brauchte man keine Initiandin zu sein.

»Und?«

»Und jetzt wird ihre trauernde Mutter Demeter, die alles hat welken lassen, was blüht und wächst, es wieder zum Leben erwecken. Darum säen wir jetzt, und die Obstbäume blühen.«

Sie nickte. »Gut. Ja. Und könnten wir Demeter sehen und hören? Wie sie hier unter uns wandelt?«

Ich war verwirrt. »Das weiß ich nicht genau. Wenn wir es könnten, wäre sie wahrscheinlich verkleidet. Sie hat sich verkleidet, als sie sich auf die Suche nach Persephone machte, nicht wahr?«

»Ja.« Agave nahm mich bei der Hand und ging weiter, mitten zwischen zwei Feldern hindurch; auf dem einen war Gerste, auf dem anderen Weizen. Jetzt sprossen aus den Furchen nur feine grüne Härchen, die sehr verletzlich aussahen. »Solange die Tochter bei ihr ist, wird die Mutter gnädig zu uns allen sein«, sagte sie. »Aber wenn sie wieder fortgeht, sind wir es, die bestraft werden. Die Weinstöcke welken, und die Kälte tötet die Blumen. Das nennen wir Winter.«

»Und den können wir nicht leiden!«, knurrte einer der Wächter. »Blaue Zehen, steife Finger – und doch erwartet man, dass wir kämpfen wie im Sommer. Die Felder dürfen ruhen, die Bären können schlafen, aber ein spartanischer Soldat muss weitermachen.«

Agave lachte. »Im Winter werden keine Kriege geführt. Du hast also keinen Grund zum Jammern.«

»Aber Könige müssen auch im Winter bewacht werden. Und Prinzessinnen.« Er zwinkerte mir zu. »Ja, und wo waren Persephones Wachen, als Hades sie holte? Wenn Demeter eine gute Mutter gewesen wäre, hätte sie sie nicht schutzlos gelassen.«

»Schmähe sie nicht, sonst verflucht sie diese Felder, und du, mein Freund, wirst nichts zu essen haben!«, warnte Agave.

»Es besteht keine Gefahr, dass irgendjemand mit Helena hier verschwindet. Der König hält sie ständig unter Bewachung, obwohl sie auf dem Palastgelände eingesperrt ist. Weshalb macht er sich solche Sorgen, frage ich mich?«

»Am besten fragst du *nicht*«, sagte Agave, und ihr Ton veränderte sich. »Demeter ist vielleicht auf diesem Feld hier; also hütet eure Zunge«, ermahnte sie uns alle, und zu mir gewandt fuhr sie fort: »Aber genau das ist die richtige Antwort auf meine Frage: Es könnte sein, dass wir sie hier sehen. Doch bei den Größeren Mysterien wirst du sie sicher sehen. Das verspreche ich dir.«

Ich erbebte vor Aufregung bei diesem Gedanken. Aber vor allem wollte ich Persephone sehen. Sie war jung wie ich.

Für ihr Kommen und Gehen hatte Persephone sich die Zeit der Tagundnachtgleiche erwählt, und der Schauplatz war eine besondere Höhle an einem Ort namens Eleusis. Aber das lag weit entfernt von Sparta, jenseits der Berge und nahe bei Athen. Da niemand aus unserer Familie von dort stammte, fragte ich mich, warum die Göttin und ihre Mutter gerade uns als ihre Schützlinge ausersehen hatten.

Mutter sagte, weil Demeter die Göttin der Ernte und der Fülle sei, habe sie naturgemäß Sparta bevorzugt, denn unser Tal sei reich und fruchtbar. Wir waren zu beiden Seiten von hohen Bergen geschützt, und durch unser Tal floss der Fluss Eurotas, breit und reißend, und bewässerte unsere Felder. Getreide wuchs dort, die Äste der Bäume bogen sich unter der Last von Äpfeln, Granatäpfeln, Oliven und Feigen, und Wein, schwer von Trauben, rankte sich um Eichen. Und das alles sei Demeter wohlgefällig und künde von ihrer Macht in unserem Leben.

»Du hast gesehen, wie karg es in Ätolien war«, sagte sie. »Oder vielleicht erinnerst du dich auch nicht; du warst noch so klein. Aber nirgends gibt es fruchtbareres Land als in Sparta und in unserem Tal, mögen Argos und Tiryns und Mykene sich noch so sehr aufspielen. Nicht einmal Pylos kann uns das Wasser reichen.« Unüberhörbarer Stolz lag in ihrer Stimme. »Deswegen liebt Demeter uns.«

»Oder geht es uns so, weil Demeter uns liebt?«, fragte ich. »Was ist zuerst gekommen?«

Sie runzelte die Stirn. »Wirklich, Helena, du bist streitsüchtig und eigensinnig.«

»Aber so habe ich es nicht gemeint.«

»Gleichwohl hört es sich oft so an. Ich weiß nicht, warum das Tal des Eurotas so fruchtbar ist oder was zuerst gekommen ist, und ich glaube auch nicht, dass es wichtig ist. Wichtig ist, dass

Demeter unsere Göttin ist. Sie hat das Land gesegnet, über das wir herrschen, und damit hat sie uns gesegnet.«

»Aber wenn wir dieses Land nicht hätten? Würde sie uns weiterhin segnen?« Wenn ich einmal heiraten und Sparta verlassen sollte, würde ich schließlich nicht mehr in diesem fruchtbaren Land leben. Würde Demeter mich dann im Stich lassen?

Mutter senkte den Kopf und schloss die Augen. War sie zornig? Hatte ich sie verärgert? Sie atmete tief, fast so, als sei sie eingeschlafen. Aber als sie sprach, klang ihre Stimme leise und zögernd. »An dem, was du sagst, ist etwas Wahres. Es geschieht oft, dass Könige von ihrem Thron verjagt werden und ihr Königreich verlieren. Dein Vater hätte seines beinahe verloren, sogar zweimal schon. Könige haben sich im Eurotas ertränkt. Auf der Familie von Mykene liegt ein Fluch, weil die Brüder dort um den Thron gekämpft haben. Gräueltaten wurden begangen …« Ein Schauder überlief sie. »Mag sein, dass uns die Götter dann verlassen. Sie verstricken sich nicht gern in unsere Streitigkeiten.«

Wir saßen im hellen Hof des Palastes, liebkost von den Strahlen der Sonne. Im Sommer raschelte hier das Laub der zierlichen Bäume ringsum, und Vögel hüpften von Ast zu Ast und hofften auf Futter. Sie waren so zahm, dass sie herabflatterten und zu unseren Füßen umherstelzten, und dann hüpften sie auf unsere Zehen zu, um den einen oder anderen Krumen zu ergattern. Sie zwitscherten, hüpften zurück und flogen flink über das Dach des Palastes davon. Wenn Mutter sie fliegen sah, lachte sie, ein leises, vibrierendes Lachen, und dann konnte ich sehen, dass sie schön war. Ihre dunklen Augen folgten dem Flug der Vögel, und ich konnte ihm folgen, indem ich sie anschaute.

»Komm mit, Helena!«, sagte sie plötzlich. »Ich möchte dir etwas zeigen.« Sie stand auf und streckte die schmale Hand mit den schweren Ringen aus. Als sie meine Hand fest umfasste, gruben sich die Ringe schmerzhaft in meine Finger. Gehorsam folgte ich ihr in ihre Gemächer.

Jetzt, da ich älter wurde, erkannte ich, dass ihre Gemächer reicher ausgestattet waren als der Rest des Palastes. Meistens standen in den Zimmern nur ein paar Schemel, und die Tische waren schlichte dreibeinige Möbel mit kahler Platte. Aber in Mutters Zimmern gab es Stühle mit Armlehnen, mit weichen Decken überzogene Sofas, auf denen man tagsüber liegen konnte, Tische mit Elfenbeinintarsien, zierlich geschnitzte Truhen, auf denen Alabastervasen standen. Riesige Vorhänge schützten die Räume vor der stechenden Mittagssonne und milderten ihr Licht, wenn sie sanft im Wind wehten. So hoch auf dem Hügel hatten wir immer einen guten Wind, und Mutters Gemächer mit ihrem gedämpften Licht waren eine kühle Zufluchtsstätte.

Auf einem Tisch an einer Wand bewahrte sie ihre liebsten Kostbarkeiten auf: Ich sah immer mehrere Becher und runde Dosen aus reinstem Gold, und auch ihr Spiegel mit dem Elfenbeingriff lag dort, die blanke Seite nach unten gekehrt. Dazwischen, Seite an Seite, waren etliche lange Bronzenadeln mit kristallenen Spitzen angeordnet. Es drängte mich, nach dem Spiegel zu greifen und mein Gesicht zu betrachten, lange und eingehend.

Sie sah meinen Blick und schüttelte den Kopf. »Ich weiß, was du denkst«, sagte sie. »Du sehnst dich danach, selbst zu sehen, was für so viele der Gegenstand großer Neugier ist. Nun, am Tag deiner Verlobung, wenn wir wissen, dass du in Sicherheit bist, darfst du dich anschauen. Bis dahin … Ich habe etwas für dich.« Sie öffnete einen länglichen Kasten und nahm etwas heraus, was aussah wie eine schimmernde Wolke. Aber es war an einem goldenen Diadem befestigt. Sie schwenkte es hin und her, sodass der Stoff tanzte und das Sonnenlicht spielerisch hindurchschien. Kleine Regenbogen flirrten darüber hin und verschwanden im nächsten Augenblick. Sie legte mir das Diadem auf den Kopf und drückte es fest. »Es wird Zeit, dass du einen richtigen Schleier trägst«, sagte sie, während vor meinen Augen alles verschwamm.

Ich riss ihn herunter. »Den trage ich nicht! Das ist doch nicht nötig hier im Palast – alle kennen mich! Das ertrage ich nicht!« Ich zerknüllte den Stoff in meinen Händen und versuchte ihn zu ruinieren. Aber so sehr ich auch presste, er wollte sich nicht zerknüllen lassen. Ein abscheulich feines Gewebe.

»Wie kannst du es wagen?« Sie riss mir den Schleier aus den Händen. »Er hat ein Vermögen gekostet. Ich habe ihn eigens weben lassen, und aus dem goldenen Diadem hätte man einen herrlichen Becher machen können!«

»Ich will das nicht mehr. Ich verstecke mich nicht hinter einem Schleier. Offenbar stimmt irgendetwas nicht mit mir. Du tust so, als wäre ich schön, aber ich muss ein Ungeheuer sein, das man vor aller Augen verbergen muss. *Darum* darf ich nicht in den Spiegel schauen. Aber jetzt werde ich es tun!«

Bevor sie mich hindern konnte, machte ich einen Satz quer durch das Zimmer und ergriff den Spiegel. Ich rannte zwischen den Säulen und Vorhängen hindurch, und einen Augenblick lang, bevor sie meinen Arm packte, sah ich mein Gesicht in der blank polierten Bronzeplatte, sah es im Sonnenlicht. Besser gesagt, ich sah einen Teil davon – die Augen, umgeben von dichten schwarzen Wimpern, den Mund und die Wangen. Einen flüchtigen Moment lang sah ich mein gerötetes Gesicht, die leuchtend grün-braunen Augen. Das war alles, denn dann wurde mir der Spiegel aus der Hand gerissen, und meine Mutter stand vor mir. Ich rechnete damit, dass sie mich schlagen oder durchschütteln würde, aber sie tat es nicht. Kurz durchfuhr mich der Gedanke, sie habe Angst vor mir, und erst später begriff ich: Sie hatte Angst, mich zu beschädigen, wenn sie so etwas täte, und sie achtete gut auf ihren Besitz. »Du bist kein Ungeheuer«, sagte sie. »Auch wenn du dich manchmal so benimmst.« Dann lachte sie, und der hässliche Augenblick war vorüber. »Du brauchst den Schleier hier nicht zu tragen, aber du musst mir versprechen, dass du den Palast niemals ohne eine Wache oder deinen Lehrer verlässt und dass du dich dann bedecken wirst. Ach, Helena … Es gibt viele Leute, die uns Schlechtes wünschen und die eine Prinzessin im Handumdrehen entführen würden. Das wollen wir doch nicht, oder?«

Ich schüttelte den Kopf. Aber ich wusste, dass mehr dahintersteckte. Anscheinend befürchtete man meine Entführung mehr als die all ihrer anderen Kinder.

IV

Die Tage wurden lang, die Dämmerung zog sich bis in die Nacht, und die Glut des Sommers strahlte auf uns herab. Fast konnte ich Helios in seinem Wagen über mir fühlen; heiß brannte seine Bahn und trocknete die Erde aus. Unter seiner Hand hingen die Blätter, stumpf von Staub, schlaff an den Zweigen, und wir im Palast benutzten Fächer, um ein wenig Wind zu spüren. In der Mittagsstille versteckten sich sogar die weißen Schmetterlinge, und dann regte sich nichts.

Die ganze Zeit über erlernte ich die Riten und Geheimnisse der Demeter-Mysterien, und das dauerte den gesamten Sommer. Es gab so vieles: Die Geschichte ihrer Wanderung auf der Suche nach ihrer Tochter musste aufgeführt werden. Die Tochter war von Hades geraubt worden, als sie Frühlingsblumen pflückte. Die Priesterinnen wussten sogar, welche Blume sie gesammelt hatte: eine seltene gelbe Narzisse nämlich. Bei der Suche nach ihr hatte ihre Mutter für kurze Zeit unter den Sterblichen geweilt in Gestalt einer alten Frau, die für einen kleinen Prinzen sorgte. Wollte sie ihn an Sohnes statt annehmen? Sie versuchte ihn unsterblich zu machen, indem sie ihn durch eine Flamme schwenkte, aber seine Mutter erfuhr davon und bereitete dem Versuch ein hysterisches Ende.

»Sie wusste nicht, dass es ihn töten und nicht unsterblich machen würde«, sagte die alte Agave.

Diese Götter schenken uns anscheinend wenig Beachtung, dachte ich, und sie wissen nicht, wie zerbrechlich wir sind. Man muss wirklich Angst vor ihnen haben. Ich war dankbar, dass Demeter unsere Schutzpatronin war, aber ich hoffte auch, dass sie nichts von uns verlangen würde. Denn das könnte tödlich sein.

Ich lernte den besonderen Trank zu mischen und zu trinken, der bei den Riten benutzt wurde: eine Art Gerstengrütze, mit Minze gewürzt, die Demeter auf ihrer jammervollen Reise getrunken hatte. Auch hatten wir einen heiligen Korb, die *cista mystica*, die rituelle Gegenstände enthielt. Wir bekamen lange

Fackeln, die bei der Prozession zum Ort der Mysterien und bei einem Tanz getragen werden sollten. Der Tanz stellte dar, wie Demeter in der Dunkelheit nach ihrer verlorenen Tochter suchte. Ich musste üben, mit den Fackeln zu gehen, sie hochzuhalten und damit zu tanzen.

Und zum Schluss kam noch etwas, das Wichtigste vielleicht. Für meine Initiation wäre es unabdingbar. »Du musst von moralisch makellosem Charakter sein«, erklärte Agave feierlich. »Deine Hände müssen ganz und gar sauber sein und dein Herz durch und durch rein.«

Vor dieser Maßgabe erbebte ich, und ich sah mich besudelt und befleckt von all meinen kindlichen Unzulänglichkeiten. Heute weiß ich, dass nur ein Mörder nicht in die Mysterien eingeführt werden darf, aber vermutlich ist es gut, wenn Kinder schon frühzeitig zur Wachsamkeit gegen ihre Schwächen angehalten werden. Doch selbst ein Mörder ist nicht für alle Zeit von den Mysterien ausgeschlossen: Wenn er Buße tut und sich läutert, darf auch er sich wieder nahen.

Wären Mörder für immer von den Riten exkommuniziert, hätte auch Vater kaum mitgehen dürfen, aber er bereitete sich begeistert darauf vor. Durch Zuhören und Fragen hatte ich erfahren, dass mein Vater vor wenig zurückgeschreckt hatte – fast hätte ich gesagt, vor *gar nichts*, aber das wäre nicht wahr –, um seinen Thron wieder zu erringen und zu behalten. Gegen Feinde, wie er sie hatte, musste er ebenso hart sein wie sie. Und im Land wimmelte es von Kriegern, von Mördern und Rivalen und von bösen Menschen. Ich lächle, wenn ich »böse Menschen« sage, denn bei meinen Brüdern wurden diese Worte zu einem Witz. »Da gibt es böse Menschen«, sagten sie – ganz gleich, welches Land ich gerade erwähnte. Kreta. Ägypten. Athen. Thessalien. Thrakien. Syrien. Zypern.

»Meint ihr damit jeden in Ägypten? Alle in Thrakien?«, fragte ich dann. »Doch sicher nicht!«

»Oh, das sagt Polydeukes immer«, antwortete Kastor lachend. »Aber ich, ich würde nur sagen, es gibt eine Menge böse Menschen, die sich unter die guten mischen. Wir treiben ja mit all diesen Völkern Handel, und ohne sie wäre unser Palast sehr kahl. Jedenfalls ohne den Luxus, den Mutter so sehr liebt.«

»Also sei auf der Hut, Schwesterchen, vor all den böööösen Menschen!«, knurrte Polydeukes mit tiefer Stimme. Dann lachte er. »Viele Ausländer strömen zu den Mysterien, auch wenn sie Eleusis bevorzugen. Aber es ist streng vorgeschrieben, dass sie alle Griechisch sprechen. Das hält wenigstens die unzivilisierten fern, wenn auch nicht die wirklich bösen.«

Die Tage wurden allmählich kürzer. Zuerst merkte man es kaum; nur sahen wir die Sterne immer ein wenig früher. Dann fielen die Strahlen der Morgensonne in einem anderen Winkel in mein Zimmer, und der Wind, der durch den Palast wehte, drehte sich und kam wispernd von Westen herein, sodass die Nächte kühler wurden und ich besser schlief. Jetzt endlich wurde es Zeit, zum Tempel der Mysterien zu reisen und unsere Göttinnen aufzusuchen.

Im Morgengrauen wollten wir aufbrechen, und wir standen noch früher auf, um schweigend von unserem frisch geernteten Korn zu essen und den neuen Wein zu kosten. Dann legten wir die grün-goldenen Tuniken und Mäntel an, die wir ihnen zu Ehren trugen – in den Farben all dessen, was wächst –, und nahmen unsere Fackeln. Ein Karren, ächzend unter der Last unserer Opfergaben von den Feldern und Bäumen, stand bereit und würde uns begleiten. Als die Sonne über den Horizont stieg, waren wir schon in den sanften Hügeln, durch die der Weg zum Heiligtum führte.

Ich trug den verhassten Schleier, wie ich es versprochen hatte, und sang die Hymnen an die Göttinnen, die ich gelernt hatte. Wir sollten nicht sprechen, aber ich hörte doch, wie Mutter und Vater leise miteinander redeten. Klytämnestra ging hinter ihnen mit sittsam gesenktem Kopf, aber höchstwahrscheinlich spitzte sie angestrengt die Ohren, um zu hören, was sie sagten. Die frische Luft war erfüllt vom Duft der abgeernteten Felder. Ich war überwältigt von der Schönheit und Fülle des Herbstes.

Je weiter wir kamen, desto steiler wurde der Pfad, und bald

konnte der Karren nicht mehr folgen. Knechte nahmen die Opfergaben herunter und schleppten sie in Tragschlingen bergauf. Die dicken Getreidekrüge und die Obstkörbe schaukelten hin und her. Der heilige Korb mit den rituellen Gegenständen stand auf einer Trage für sich. Unterwegs schlossen Ströme von anderen Leuten sich an; sie kamen aus den Hütten und Häusern im Vorgebirge. Mutter drehte sich um und vergewisserte sich, dass ich meinen Schleier trug.

Bei den Riten waren alle gleich, und so konnten die Leute sich in unsere Nähe schieben und ungehindert neben uns herlaufen. Unsere Wachen – ebenfalls Initianden – ließen aber nicht zu, dass sie allzu dicht herankamen, und meine Brüder bewegten zwar die Lippen zu den Worten der Lieder, aber sie blickten scharf umher, um uns zu beschützen. Auf dem Gelände der heiligen Stätte waren Waffen verboten, vorläufig waren ihre Schwerter jedoch noch griffbereit.

Der Pfad wurde nun sehr steil und zugleich schmaler. Wir Pilger drängten uns in einer lang gezogenen Reihe hintereinander, und plötzlich ging es in scharfem Schwenk um einen düsteren grauen Felsblock herum, der uns den Weg versperrte. Es lief mir kalt über den Rücken, ehe ich wusste, warum, und dann sah ich alles vor meinem geistigen Auge wieder: den Felsen, auf dem die Sibylle hockte und ihre grausige Prophezeiung zu mir herunterschrie. Auch jetzt saß etwas auf diesem Felsblock, und ich zuckte zusammen und wappnete mich gegen das, was dort lauerte.

Zerlumpte Leute drückten sich an den Felsen, und sie johlten und verhöhnten uns. »Tyndareos! Habe dich auf dem Markt nicht gesehen! Warum nicht? Du versuchst doch immer, deine Töchter zu verhökern, oder?«, schrie einer.

»Nur das Schwänchen!«, krähte ein anderer.

Wie konnten sie es wagen, meinen geheimen Namen auszusprechen? Woher kannten sie ihn?

»Sieh deine Frau! Sieh deine Frau!«, schrien sie im Chor. »Blas ihr die Federn von den Schenkeln!«

»Was wird's als Nächstes sein?« Jetzt attackierten sie Mutter.

»Ein Stier wie bei der Königin von Kreta? Versuch's doch mal mit einem Stachelschwein!«

Einer kauerte oben auf dem Felsen und wedelte mit den Armen, sodass sein Mantel flatterte. »Flieg davon! Flieg doch! Der große Vogel ist ausgeflogen!«

Vater und Mutter hielten die Köpfe gesenkt, wie es sonst nicht ihre Art war, und erwiderten nichts.

Als Klytämnestra an ihnen vorbeiging, schmähten sie sie lediglich wegen ihrer stämmigen Gestalt und ihrer großen Hände, und dann war ich an der Reihe. Sie fingen an zu stöhnen und zu trillern, und einer versuchte mir den Schleier herunterzureißen und gurrte: »Hat sie einen Schnabel? Hat sie einen Schnabel?«

Jetzt, da jemand ihn wegnehmen wollte, sträubte ich mich und wollte ihn behalten. Ich drückte mir das goldene Diadem fest auf den Kopf und verzog das Gesicht.

»Sie ist eine Kämpferin!«, rief jemand. »Offenbar muss sie ihr Gesicht verstecken!«

»Wo ist die Eierschale? Wie groß war sie?«

Es kam noch mehr, aber ich erinnere mich nicht mehr an alles. Hastig drückte ich mich an ihnen vorbei, so schnell ich konnte, ohne zu rennen. Ich wollte keine Angst zeigen, aber ich zitterte. Als wir den Felsen hinter uns gelassen hatten und der Spott sich gegen die nächsten Leute richtete, lief ich zu meiner Mutter.

»Es ist vorüber«, beruhigte sie mich. »Wir konnten es dir nicht sagen, denn es gehört zur Initiation, dass man eine Mauer aus Beleidigungen durchschreitet. Aber du hast es gut gemacht.« Sie klang stolz.

»Warum muss das sein?« Es erschien mir grausam und sinnlos.

»Damit wir alle gleich sind«, sagte Vater. »Könige und Königinnen müssen diese Schmähreden ertragen wie alle anderen auch, und was immer sie sagen, wir können sie niemals dafür bestrafen. So lautet die Regel.« Er lachte, als sei es nicht weiter wichtig, doch ich wusste, dass er darüber brüten würde.

»Es lehrt uns, demütig zu sein«, sagte Mutter. »Alle Menschen müssen wissen, was über sie geredet wird, auch das

Schlimmste – umso mehr, wenn sie von Schmeichlern umgeben sind.«

Wir waren stehen geblieben und warteten darauf, dass Kastor und Polydeukes ihren Spießrutenlauf hinter sich brachten.

»Es heißt, wir können Lehren daraus ziehen«, sagte Vater, und seine Kiefer mahlten auf merkwürdige Weise, wie sie es immer taten, wenn er nachdachte. »Eine habe ich soeben gezogen: Ich weiß, wie wir Helena von jetzt an nennen müssen. Wir werden verbreiten, dass sie die schönste Frau der Welt ist. Jawohl. Genau das werden wir behaupten. Und sie muss weiterhin den Schleier tragen; das wird die Neugier beflügeln und den Brautpreis in die Höhe treiben.«

»Ich werde doch noch lange nicht heiraten …« Oh, das hoffte ich! Ich war erst zehn, und es war zu früh, schon davon zu sprechen. »Der Schleier …«

»Was die Menschen nicht sehen können, das stellen sie sich vor. Sie begehren es sehnsüchtig. Sie werden davon verzehrt. Und was begehrt ist, ist teuer, und die Menschen werden gut dafür bezahlen. Wenn es jeden Morgen einen Regenbogen gäbe, würde niemand mehr hinschauen. Und wenn wir mit dir einen Regenbogen haben, dann werden wir es überall verkünden, aber nur wenige dürfen ihn sehen.«

Mutter machte schmale Augen. »Die schönste Frau der Welt. Können wir das wagen? Können wir wagen, so etwas zu behaupten?«

In diesem Augenblick kamen meine Brüder herangaloppiert, lachend und atemlos. »Sie wissen zu viel!«, sagte Kastor. »Anscheinend wissen sie alles über uns.«

»Sie wissen, wie sie uns verletzen können«, sagte ich. »Ich weiß nicht, was sie sonst noch wissen. Aber es ist leicht zu wissen, wie man jemandem wehtun kann.«

Klytämnestra schaute mich beifällig an. »Helena hat recht. Jemanden zu beleidigen ist ein Kinderspiel. Über solchen Beleidigungen zu stehen, das ist nicht so leicht. Wir erinnern uns länger daran als an jedes Lob. So sind wir eben.«

»Dann müssen die Götter genauso sein, denn unseren Lobpreis und unsere kostspieligen Opfergaben nehmen sie ganz selbstverständlich hin, aber auf Versäumnisse und Kränkungen reagieren sie mit ewigem Groll«, sagte Vater. Er spähte den Weg hinauf. »Kommt jetzt, wir verlieren Zeit.«

Friedlich gestimmt, nachdem wir das raue Gespött hinter uns hatten, ließen wir unsere geröteten Wangen von der scharfen Bergluft kühlen. Ich zerbrach mir den Kopf über die wüsten Reden und seltsamen Andeutungen. Schnabel? Eierschale?

Es ging immer noch bergauf. Das Taygetos-Gebirge war so hoch, dass auf den zerklüfteten Gipfeln noch Schnee lag, wenn die Blüten der Apfel- und Quittenbäume im Tal schon lange verweht waren, und er war schon früh wieder da, wenn unten die Ernte noch nicht eingefahren war. Es war nicht nur ein Berg, es waren viele, und sie bildeten eine große Mauer mitten durch unser Land. Auf der einen Seite lag der furchterregende See Stymphalos, wo Herakles die Vogelungeheuer getötet hatte, auf der anderen Nemea, wo er den Löwen mit dem unverwundbaren Fell erschlagen hatte. Ich verspürte ein wildes Verlangen danach, beides zu sehen.

Du hast den Palast wahrhaftig verlassen, sagte ich mir. Ist das nicht ein Anfang? Der trostlose See Stymphalos und die anderen Orte, an denen Herakles seine Arbeiten verrichtet hat, müssen warten. Aber du wirst sie sehen, jawohl, eines Tages wirst du sie sehen.

Das Tageslicht schwand, als wir uns der heiligen Stätte näherten, und so sollte es auch sein. Ein dunkler Pappelhain kam in Sicht. Die Pappeln überragten die anderen Bäume, schwankten im leichten Wind und wisperten geheimnisvoll. Wie durch einen schmalen Gang schritten wir zwischen ihnen hindurch, und dahinter tat sich ein flaches Gelände auf, wo Hunderte von Fackeln flackerten.

»Die Göttinnen heißen euch willkommen.« Eine Frau im Priestergewand erschien neben mir; sie reichte mir ein langes, schlankes Gefäß und forderte mich auf zu trinken. Ich hob es an die Lippen und erkannte den Minzeduft des Tranks aus weißer Gerste von Demeters heiligem Acker. Die Priesterin deutete auf einen Mann mit lodernder Fackel: Dort solle ich die meine entzünden. Ich gehorchte.

Als meine Fackel brannte, wies man mich zu dem Lichtermeer auf dem Feld vor mir, das aussah wie ein Himmel voller Sterne. Hunderte von Gläubigen drehten sich im Tanz. Mit erhobenen Fackeln woben sie ein verschlungenes Muster von Bewegungen in die herabsinkende Dunkelheit.

»Wir tanzen für die Göttinnen«, flüsterte eine Priesterin mir ins Ohr. »Hab keine Angst, und halte nichts zurück! Bringe dich ihnen ganz dar!«

Der Kreis der Andächtigen nahm mich auf und trug mich davon, ob ich wollte oder nicht. Der dunkle Boden war uneben, und ich hatte Mühe, nicht zu stolpern, aber die anderen Tänzer schienen darüber hinzuschweben, und mit ihnen zusammen tat ich es bald auch. Ich verlor meine Eltern aus den Augen, meine Brüder und Schwestern, und ich ließ auch die Helena hinter mir, die einen Schleier tragen und sich verborgen halten und gehorchen musste, und erhob mich frei in die Lüfte. Ich fühlte, wie Persephone mich bei der Hand nahm, und hörte sie murmeln: »Wenn sie dich fortholen, so ist das Freiheit, nicht Gefangenschaft.« Ich spürte die Berührung ihrer sanften, weichen Hand und roch den schweren Duft ihres Haars, und obwohl ich es nicht sehen konnte, wusste ich, dass es rotgolden war.

Jäh wurde es still. Die Tanzenden hielten inne, und die Priesterin hob die Hände. Im Dunkeln konnte ich sie kaum erkennen.

»Ihr habt den heiligen Trank getrunken«, sagte sie. »Ihr habt die Göttinnen in euch aufgenommen. Jetzt müsst ihr euer geheimes Gelöbnis sprechen.«

Das Raunen von hundert Stimmen war unmöglich zu verstehen. Aber das Gelöbnis ging so: *Ich habe gefastet. Ich habe in den heiligen Korb gegriffen, ich habe darin gearbeitet und etwas im rituellen Korb zurückgelassen. Dann habe ich den rituellen Korb verlassen und bin in den heiligen zurückgekehrt.* Ich kann diese Worte hier wiedergeben, denn ich weiß, sie sind unverständlich für alle, die mit den Mysterien nicht vertraut sind. Ich verrate also nichts.

Befriedigt bedeutete sie uns, eine große Spirale auf dem heiligen Tanzplatz zu bilden. Die Spitze würde zuerst in die Initiationshalle einziehen, und der Rest würde im Kreise nachfolgen. Bevor wir eintraten, sollten wir unsere Fackeln in einem großen Steintrog vor dem Gebäude löschen. Fackel um Fackel wurde ins Wasser getaucht und erlosch mit einem letzten unwilligen Zischen.

Drinnen war es stockfinster. Es war eine tiefe, furchtbare Finsternis – wie die Finsternis des Grabes, die Finsternis, in der man aufwacht und nicht weiß, ob man noch lebt. Nur weil die anderen mich umdrängten, wusste ich, dass ich nicht gestorben, nicht verloren war.

»Glücklich sind die unter den Menschen auf Erden, die die Mysterien gesehen haben. Wer aber nicht eingeführt wurde und nicht an ihnen teilgenommen hat, findet niemals ein gutes Los, wenn er tot ist dort drunten in düsterer Finsternis«, rief eine von fern hallende Stimme.

»Verneigt euch vor der Göttin!«, befahl jemand. Ich spürte eine Bewegung in eine bestimmte Richtung und folgte ihr. Vor mir hörte ich Seufzen und Stöhnen, und als ich weiterging, erkannte ich undeutlich die Statuen der Demeter und der Persephone. Die Mutter, in leuchtende Farben gekleidet, stand vorn, und dahinter, in schattenhaftem Schwarz, war ihre Tochter. Rasch zogen wir an ihnen vorbei. Wir durften nicht verweilen. Man führte uns in eine andere, kleinere Halle.

Überwältigender Blumenduft erfüllte die Luft. Ich hätte nicht sagen können, was für Blumen es waren – anscheinend mischten sich verschiedene ineinander. Iris, Hyazinthen, Narzissen, zerdrückt und durchdringend süß? Aber es war die falsche Jahreszeit für diese Blumen. Woher hatten die Bildnisse der Göttinnen sie?

»Es waren die letzten Blumen, die ich sammelte, bevor ich entführt wurde.« Eine geisterhafte Stimme wehte durch die schwere, parfümierte Luft. »Ihr könnt fühlen, was ich fühlte, riechen, was ich roch …« Traurig verhallte die Stimme.

Man trieb uns in eine noch tiefere Dunkelheit, als seien wir mit ihr in den Abgrund hinabgestiegen. Ich merkte, dass ich fiel.

Unten, wo ich nach langem Rutschen landete, war ich allein. Ich rappelte mich auf und versuchte verzweifelt zu ergründen, wo ich war. Aber um mich herum war schwarze, dunkle, erdrückende Nacht.

»Das ist es, was alle dort oben zu erwarten haben.« Eine leise Stimme raunte an meiner Wange. »Du aber – du brauchst niemals an diesen Ort der Finsternis zu kommen. Denn das ist das Schicksal der Sterblichen.«

»Ich bin sterblich.« Endlich hatte ich die Sprache wiedergefunden.

»Ja, ein wenig.« Ein sanftes Seufzen, ein Lachen fast. »Es liegt bei dir, wie sterblich du bist.«

Die Stimme … Die geisterhafte Erscheinung … Ich war wegen der Mysterien gekommen, und man hatte mir versprochen, dass die Gottheit sich zeigen werde. Es war also geschehen. »Ich weiß nicht, was du meinst«, sagte ich.

»Dann hat deine Mutter dir einen schlechten Dienst erwiesen«, sagte sie – ich wusste, dass es eine Sie war. »Sie hätte dir die Wahrheit über deine Zeugung verraten sollen.«

»Wenn du sie kennst, dann sag sie mir, ich bitte dich«, rief ich. Offenbar war ich allein mit ihr, eine Privataudienz. Niemand war in der Nähe. War ich in eine versteckte Grube gefallen?

»Du und ich, wir sind Schwestern. Mehr darf ich nicht sagen.«

Wenn ich nur gewusst hätte, wer sie war! Dann hätte ich auch die richtigen Fragen stellen können. »Wer bist du?«, fragte ich leise.

»In wessen Heiligtum bist du?« Sie klang verstimmt.

Oh, bitte, sie durfte nicht verstimmt sein! »In dem von Demeter und Persephone.«

»Ganz recht. Und wer bin ich?«

Es musste die Tochter sein! »Persephone?«

Wärme breitete sich aus und umfing mich. »So ist es.« Eine lange Pause. »Aber auch meine Mutter ist deines Lobpreises würdig. Du wärest klug beraten, daran zu denken. Eine Tochter mag erwachsen sein, aber das bedeutet nicht, dass die Mutter der Ehre nicht mehr bedarf.«

In jenem Augenblick wusste ich nicht, was sie damit meinte. Später sollte ich es nur allzu gut begreifen.

Sie trat auf mich zu. Ich konnte ihre Nähe fühlen. »Schwester«, sagte sie leise, »du darfst mir vertrauen. Ich werde immer bei dir sein. Hüte dich vor jeder anderen Göttin!«

Wie konnte sie an irgendeine andere Göttin denken oder vermuten, dass ich es tat? Ihr Strahlen, ein Strahlen, das die Dunkelheit durchdrang und in meinem Geiste leuchtete, überwältigte mich. »Ja«, murmelte ich.

»Und jetzt erwarte ich andere«, sagte sie.

Natürlich: Die Göttin ist stets bereit, sich dem Nächsten zuzuwenden, während wir Sterblichen zurückschauen auf das, was soeben geschehen ist. In dieser Hinsicht war ich wie alle Sterblichen. Meine Augen waren geblendet von der strahlenden Vision, obwohl ich ihr Gesicht nie gesehen hatte. Und so wollte sie es haben.

In der großen Halle drängten wir uns aneinander und warteten. Die Nacht war weit fortgeschritten, auch wenn wir nicht wussten, wie spät es geworden war. Die Zeit war vorübergeflogen wie ein Rabe auf seinen schwarzen Schwingen. Alles war von mir abgefallen. Ich war entblößt von allem, was ich wusste, was ich war und was ich gefühlt hatte. Ich stand nackt vor der Gottheit und wartete auf ihre Offenbarung.

Ein gleißendes Licht erstrahlte, und die Antwort kam in dem letzten Ritual, das für uns inszeniert wurde. Ich schaute das Wunder, den innersten Kern des Geheimnisses. Von diesem Augenblick an hatte der Tod keinen Schrecken mehr für mich. Ich sah ihn als das, was er war. Ich konnte ihn überwinden.

V

Eine Zeit lang nahm mich das, was ich in der inneren Kammer gesehen hatte, ganz in Anspruch, und ich sonnte mich noch lange nach unserer Heimkehr im Glanz dieser Vision. Ich widmete mich meinem Unterricht, ich übte das Spielen der Lyra – ich war jetzt alt genug, um es zu lernen –, und ich war stolz, als mir der Kinderbogen aus Ulmenholz, den Kastor für mich gemacht hatte, zu klein geworden und ich stark genug war, einen größeren zu spannen, sodass ich auch größeres Wild jagen konnte. Schluss mit den Hasen! Jetzt konnte ich auf wilde Ziegen zielen.

Der Herbst verging in strahlender Pracht, und seine bronzenen Farben wurden zu Braun. Die Früchte waren geerntet, die Felder lagen brach und versanken im Schlummer. Wir hockten im Haus, rieben unsere steifen Hände vor dem Kaminfeuer im großen Saal und ertrugen die langweiligen Lieder und Gedichte der Sänger, die uns besuchten. Nicht alle Sänger sind begabt, und Vaters Palast besaß anscheinend eine besondere Anziehungskraft für die unbegabten.

Ich dachte, das Erlebnis im Tempel werde länger vorhalten und mein Verlangen, mehr zu sehen, für eine Weile stillen. Aber im Frühling scheuerten die Fesseln meiner Gefangenschaft mehr denn je. Die kurze Flucht hatte alles nur schlimmer gemacht. Es scherte mich nicht, dass unser Palast wieder offen für die sanften Winde war, die hindurchwehten und ihn liebkosten wie die Saiten einer Lyra: Das grüne Tal und die kleine Stadt dort unten lockten mich mit betörendem Raunen, wie das Verbotene es immer tut.

Klytämnestra ertappte mich dabei, wie ich auf Zehenspitzen auf einem Steinblock stand und über die Mauer spähte. Sie packte meine Waden und schüttelte mich. Beinahe wäre ich hinabgefallen.

»Hör auf, den Hals zu recken! Du wirst ihn noch ausrenken.« Lachend breitete sie die Arme aus, und ich sprang hinunter und fiel ihr um den Hals. Sie war so stark, dass sie mich auffing, ohne zu wanken.

»Bring mich dort hin!«, bat ich plötzlich. »Bitte, bitte!«

Sie sah sich um, ob uns jemand belauschte. Aber wir waren allein. »Jetzt sofort?«

»Ja, sofort«, sagte ich. »Niemand achtet auf uns. Wir können zurück sein, bevor sie uns vermissen. Oh, bitte – du darfst doch gehen, wohin du willst, aber ich bin hier angebunden wie eine Sklavin. Nein, schlimmer als das – Sklaven werden nicht angebunden.«

Ich sah, dass sie nachdachte. Klytämnestra war immer für eine Mutprobe zu haben.

»Oder hast du Angst?« Ich wusste, jetzt würde sie mir beweisen müssen, dass sie keine hatte.

Sie schnaubte verächtlich. »Ich?« Sie holte tief Luft. »Also gut. Beeilen wir uns!«

Nervös schauten wir uns um, und dann schlüpften wir durch die Pforte hinaus und eilten den Hang hinunter. Die Schatten der Olivenbäume und Zypressen auf dem Palasthügel lagen bald hinter uns, und das Grün der Wiesen leuchtete hell im strahlenden Sonnenschein.

»Das ist schöner als alle Edelsteine«, rief ich, und ich lief in die weite Wiese hinaus. Das Gras war kühl an meinen Beinen, und überrascht sah ich, wie viele Blumen sich im Gras verbargen – kleine violette, weiße, so zart wie Spitze, und rosarote Blütendolden.

»Helena.« In Klytämnestras sonst so gebieterischer Stimme lag ein sorgenvoller Unterton. »Helena!«

Ich ragte kaum über die Grashalme und Rispen hinaus und schwenkte die Arme. »Hier bin ich!«

»Komm da heraus, bevor ich dich verliere!«, befahl sie. »Das Gras ist zu hoch.«

Wir blieben auf dem Pfad, der zum Fluss führte, und erreichten das Ufer. Hier, unter den Tamarisken und Weiden am Wasser, hatten wir wieder Schatten. Frische Knospen sprossen an den Ästen, die über die Böschung und das Wasser hinausragten. Das schlammige Wasser wirbelte vorbei und ließ kleine weiße Flöckchen aufsprühen.

»Die Wassernymphe winkt«, sagte Klytämnestra, und anscheinend kam ihr eine Erinnerung, die sie lächeln ließ.

»Welche lebt denn hier?«, wollte ich wissen.

»Ich kenne ihren Namen nicht«, sagte Klytämnestra. Aber irgendwie wusste ich, dass sie ihn doch kannte. Sie wollte ihn nur nicht preisgeben. Vielleicht war es ein heiliger Name.

Ich trat dicht an den Rand des Wassers. Dort wuchsen Binsen. »Ich würde sie gern sehen.« Ich musste laut sprechen, um das Murmeln des Wassers in den Binsen zu übertönen. Ich tauchte einen Zeh hinein. Es war kalt. Noch immer schmolz der Schnee auf den Bergen des Taygetos.

Klytämnestra trat zu mir. Unser Spiegelbild kräuselte sich im Wasser. Ich beugte mich vor, um meines besser zu sehen, aber Klytämnestra zog mich zurück.

»Nicht«, sagte sie.

Aber ich hatte das Gefühl, ich müsse mich jetzt ansehen. Klytämnestra war viel größer als ich, aber mit überraschender Kraft stieß ich sie weg. Ihr Griff lockerte sich für einen Augenblick, und sofort stürzte ich wieder zum Wasser und erblickte ein Gesicht, das mir mit großen Augen entgegenstarrte – ebenso erschrocken wie ich, als ich es anschaute.

Ich sah ganz anders aus, als ich es mir vorgestellt hatte, obwohl ich nach dem kurzen Blick in den Spiegel meiner Mutter schon wusste, dass meine Augen grün-braun und von dichten dunklen Wimpern gerahmt und dass meine Lippen voll und geschwungen waren. Aber jetzt sah ich alles, ich sah mein Gesicht, wie alle anderen es sehen konnten.

Ich beugte mich tiefer hinunter, bis ich das Wasser fast berührte – und dann berührte ich es tatsächlich mit der Nasenspitze. Das Bild zersplitterte in kleine Wellen und tanzte davon. Mit angehaltenem Atem wartete ich darauf, dass das Wasser sich wieder beruhigte, damit ich mein Bild weiter betrachten und sehen konnte, was andere gesehen hatten, während es mir verwehrt geblieben war. Ich wollte es studieren und mir einprägen.

Es beherrschte mein Leben, es machte mich zur Gefangenen. Weshalb sollte ich da nicht wissen, wie es aussah?

»Nein.« Klytämnestra zog mich am Arm zurück. »Hör auf, sonst endest du wie Narkissos. Er hat sich so sehr in sein Spiegelbild im Wasser verliebt, dass Apollo ihn in eine Blume verwandelt hat. Möchtest du das?« Es sollte unbekümmert klingen, aber sie konnte ihre Angst nicht verbergen. Wovor fürchtete sie sich?

»Nein.« Gehorsam trat ich zurück; es war ihr gelungen, mir ebenfalls Angst einzujagen. »Ich möchte nirgends angewurzelt sein, nicht einmal an einem so schönen Ort wie hier am Fluss.«

Aber als wir wieder auf dem sonnigen Weg waren, der zur Stadt führte, verflog meine Beklommenheit wieder. Schließlich hatte ich nichts weiter gesehen als ein Spiegelbild, und kein Gesicht hatte aus sich selbst heraus irgendeine Macht – jedenfalls kein menschliches Gesicht.

Der Pfad mäanderte auf die Stadt zu; manchmal führte er weit in die Wiesen hinein, dann wieder kehrte er zum Flussufer zurück. Inzwischen stand die Sonne so hoch am Himmel, dass uns der Schatten unter den Bäumen am Ufer trotz der frühen Jahreszeit willkommen war. Irgendwann verbreiterte sich der Fluss und bildete einen dunklen See. Drei große Schwäne schwammen dort gelassen umher; majestätisch umkreisten sie einander, die geschwungenen Hälse hoch aufgerichtet, und auf dem trüben Wasser erschien ihr strahlend weißes Gefieder unglaublich rein.

Ich blieb stehen und hielt den Atem an. Auch Klytämnestra hinter mir hielt inne.

»Sie sind so schön«, flüsterte ich – als existierten sie gar nicht wirklich und als könne das leiseste Geräusch sie verscheuchen.

Noch nie hatte ich Schwäne aus solcher Nähe betrachtet, und ich erstarrte vor ihrer herrischen, triumphierenden Anmut. Ich schaute sie unverwandt an, und sie glitten vorüber, als wären sie Geister, die von keinem anderen Wesen auf dem Fluss Notiz nahmen.

Einer von ihnen wandte geschmeidig den Kopf und fixierte

mich mit überraschend kleinen Augen. Dann schwamm er auf uns zu; sein Ziel war eine grasige Stelle an der Uferböschung, ein einladendes grünes Plätzchen, geschmückt mit Iris und Veilchen.

Der Schwan schien eine Absicht zu verfolgen und mit Bedacht auf uns zuzukommen. Geehrt und aufgeregt wich ich einen kleinen Schritt zurück und griff nach Klytämnestras Hand. Er – es war der größte von den dreien – ließ ich von meiner kleinen, ablenkenden Bewegung nicht beeindrucken.

Seine Augen starrten mich dunkel an.

Wir hatten Hunde im Palast, Jagdhunde, und mein Vater und meine Brüder hatten mir gesagt: »Ein Tier wird immer wegschauen, wenn du es anstarrst; es wird immer zuerst die Augen niederschlagen. Das ist so, weil der Mensch Herr über die Tiere ist. Es sei denn natürlich, es ist gar kein Tier, sondern ein Gott in Gestalt eines Tieres …«

Götter nahmen gern die Gestalt von Tieren an, zumindest in den alten Zeiten, in denen die Sagen, die wir so sehr lieben, geboren wurden. Aber dieser Schwan war hier in meiner eigenen Zeit. Und er war kühn.

Er war fast bei uns; er schwamm auf die Böschung zu. Sein Gesicht war uns zugewandt. Der Blick der eng zusammenstehenden Augen über dem schwarz-orangegelben Schnabel war unergründlich.

»Nein!«, schrie Klytämnestra. Sie packte einen Stock und stürmte ihm entgegen. »Nicht noch einmal! Komm nicht schon wieder her, du Vergewaltiger, du grausame Kreatur!«

Der Schwan hielt inne und kam dann wütend auf uns zu. Er breitete die Flügel aus und kletterte mit rauem Krächzen auf das schlammige Ufer.

Er war riesengroß. Mit seinen gespreizten Schwingen ließ er sogar Klytämnestra winzig erscheinen. Sie wich zurück, hob einen Stein auf und warf damit nach ihm. Sie traf ihn am Schnabel, und er drehte den Kopf zu ihr.

Jedes andere Tier hätte die Flucht ergriffen, aber der Schwan griff an. Zischend flog er auf Klytämnestra zu; sein Hals stieß vor und zurück, und er hackte und biss mit dem Schnabel auf sie ein. Sie fiel mit dem Gesicht in den Schlamm und hob die Arme, um ihren Kopf zu schützen. Der Schwan stürzte sich auf sie und hieb auf ihren Nacken und ihre Arme ein, und die ganze Zeit gab er ein entsetzlich fauchendes Zischen von sich, das klang wie Dampf, der aus einem kochenden Topf entweicht. Die beiden anderen Schwäne zogen weiter gelassen ihre Kreise auf dem Wasser.

Ich sprang hinzu und warf mich auf den Rücken des Schwans. Was hätte ich sonst tun können, um Klytämnestra zu retten? Ich krallte die Finger in seine Federn. Sie waren warm und glänzend und glatt, und ich fühlte die Kraft der Muskeln darunter. Das hier war kein Kissen, keine Wolke, sondern Stärke und Pracht und Erbarmungslosigkeit unter der täuschenden Schönheit der weißen Federn und der anmutigen Gestalt.

»Lass sie in Ruhe! Lass sie!«, schrie ich, und dann packte ich den Hals des Schwans – einen schwankenden Schlauch, der sich anfühlte wie eine angreifende Schlange.

Als hätten meine Hände überhaupt keine Kraft, drehte er den Hals in meinem Griff und sah mir ins Gesicht. Seine kleinen schwarzen Augen schienen sich zu weiten, bis sie mein ganzes Blickfeld ausfüllten, und sie hielten mich in ihrem Bann.

»Hör auf!«, flüsterte ich, und fast berührten meine Lippen den harten Schnabel.

Der Schnabel öffnete sich und packte meine Wange. Kleine, harte Grate mit winzigen Spitzen bohrten sich in meine Haut. Sanft hielt er die Haut in seinem Schnabel und bewegte den Kopf ein wenig hin und her, als wolle er mich liebkosen – oder küssen. Dann ließ er los, bog den Kopf zurück und sah mich wieder an. Er sträubte die Federn und brachte mich aus dem Gleichgewicht, sodass ich von ihm herunterrutschte. Einen Moment lang stand er da und betrachtete mich. Dann reckte er den Hals vor, und sein Kopf tätschelte mein Haar. Er wandte sich ab, stieg ins Wasser und glitt gelassen zurück zu seinen Gefährten.

Keuchend und prustend richtete Klytämnestra sich auf. Ihre

Arme waren schlammbedeckt, und ihr Gesicht war verschmiert vom Schleim des Flusses.

»Ich verfluche dich!«, rief sie dem Schwan nach.

»Nein!« Ich packte sie beim Arm. »Es ist gefährlich. Tu das nicht – er könnte sich sonst rächen!« Dies war kein gewöhnlicher Schwan.

Ihre nächsten Worte waren rätselhaft. »Was kann er noch tun?«, fragte sie bitter. »Er hat es schon getan.« Sie stand auf und schrie über das Wasser: »Ich verfluche dich! Ich verfluche dich!«

Aber die Schwäne waren davongeglitten und im Dunkel der Schatten über dem Wasser verschwunden.

Den Rest des Weges bis zur Stadt legten wir schweigend zurück, erschüttert von dem, was am Flussufer geschehen war. Eine Zeit lang erwog ich sogar, zum Palast zurückzukehren, aber wenn wir wieder dort wären, würde es schwierig für mich werden, noch einmal hinauszugelangen. Man würde mich schärfer denn je bewachen.

Klytämnestra stapfte mit schmalen Lippen dahin, und sie hielt meine Hand. Ihre Wangen waren schmutzig, und hinten auf ihrem Mantel sah ich die schlammigen Abdrücke der Schwimmfüße des wütenden Schwans.

Ich zog an ihrer Hand. »Bitte, können wir ein bisschen langsamer gehen? Und könntest du vielleicht lächeln? Ich glaube, sonst machst du den Leuten in der Stadt Angst.«

Sie schüttelte den Kopf, und ein kleines Lächeln umspielte ihre Mundwinkel. Ich konnte sie immer zum Lachen bringen, wenn andere es nicht konnten. Sie lachte, wenn auch ein wenig schrill. »Du hast recht«, sagte sie. »Wir können darüber nur lachen. Wir beide. Niemand würde uns glauben.« Sie ging vor mir in die Knie und sah mir in die Augen. »Du darfst es niemandem erzählen.«

»Aber warum nicht? Es war so –« Die Worte erstarben mir auf den Lippen, als ich ihren Gesichtsausdruck sah. »Nein, ich werde es nicht tun.«

»Gut. Niemand darf es wissen. Es muss unser Geheimnis bleiben.«

Der Pfad war inzwischen so breit geworden, dass auch Karren darauf rollen konnten, und hinter einer Biegung tauchte die Stadt vor uns auf. Eben schienen wir auf einer Landstraße, gesäumt von Gärten und Wiesen mit weidenden Rindern, dahinzuwandern, und gleich darauf waren wir in der Stadt Sparta.

Es war keine sehr große Stadt, das weiß ich heute, aber damals kam sie mir riesig vor: so viele dicht gedrängte Häuser und so viele Menschen. Wir traten durch das Tor – es war klein im Vergleich zu denen, die ich später in Troja sah –, und plötzlich waren überall Menschen, ein Gewimmel wie in einem riesigen Bienenkorb. Jeder hastete in eine andere Richtung, als wären sie alle im selben Augenblick zu einer wichtigen Aufgabe gerufen worden. Ich hatte summendes Gemurmel erwartet, aber der Lärm war viel lauter: Schreien und Knarren und Peitschenknallen überall.

Ein paar beladene Esel trotteten die Straße entlang, schwankend unter der Last ihrer Weinschläuche und Töpferwaren, die immer wieder gegen die Hauswände prallten, aber vor allem waren Menschen unterwegs, die Getreidekörbe und Tuchballen schleppten.

»Wir gehen auf den Markt. Das würde dir doch gefallen, nicht wahr, Helena?«, schlug Klytämnestra vor. Sie stand dicht neben mir und schlang den Arm um mich, als wolle sie mich abschirmen und mein nacktes Gesicht verbergen.

Ich nickte und versuchte mich loszuwinden, damit ich besser sehen könnte. Aber sie hielt mich fest im Arm und führte mich die Straße hinunter.

Wir erreichten den Marktplatz. Hier liefen mehrere Straßen zusammen, und so entstand eine große freie Fläche. Ich sah Reihen von Leuten, die auf Matten auf dem Boden saßen, vor sich Körbe mit getrockneten Feigen oder Minzezweigen, Honigtöpfe und andere Lebensmittel.

Etwas blinkte in einem tiefen Korb, und ich beugte mich darüber, um in das Dunkel zu spähen. Tief unten sah ich irgendwelchen Glitzerschmuck, auf dem sich das Sonnenlicht fing. Ich langte hinein und zog ein Stück heraus.

Es war ein Armreifen aus verdrehtem Draht, geschickt so angefertigt, dass der Draht teilweise abgeplattet war und im Licht blitzte.

Flink packte die Händlerin meine Hand und schob einen anderen Armreifen darüber, aber Klytämnestra hatte ihn noch flinker wieder abgestreift und den ersten gleich dazu. Sie riss meine Hand zurück.

»Nein, das darfst du nicht«, zischelte sie. »Komm!« Sie wollte mich herumdrehen, aber es war zu spät. Der Blick der Frau war von meinem Arm – einem Arm wie bei allen anderen potentiellen Käuferinnen – zu meinem Gesicht gewandert, um mich zum Kauf zu überreden. Aber statt mit dem üblichen Geplänkel und Gefeilsche zu beginnen, ließ sie mich mit einem Aufschrei los. Ihre Augen, die bis dahin nichts weiter gesehen hatten als ein mögliches Geschäft, weiteten sich fassungslos.

»Das ist sie! Sie ist es!«, schrie sie. Sie sprang auf, packte mich bei den Armen und zog mich zu sich. Dabei stieß sie den Korb mit ihren Armbändern um, und der ganze Flitter rollte umher.

Klytämnestra riss mich murrend zurück, und sie begannen mich hin und her zu zerren, als wäre ich ein Sack Korn.

»Helft mir! Helft mir«, rief die Frau den anderen Markthändlern zu. »Haltet sie fest! Es ist *Helena*!«

Alle sprangen auf und stürzten herbei. Klytämnestra war stärker als die Armbandfrau. Sie hatte mich ihrem Griff entrissen und verbarg mich in den Falten ihres Mantels, aber wir waren völlig umzingelt. Nur bewaffnete Leibwächter hätten die Meute zurückdrängen können.

Klytämnestra hielt mich wild entschlossen so fest umschlungen, dass ich nichts sehen konnte, aber ich spürte, dass sie zitterte. »Zurück!«, befahl sie in barschem Ton. »Zurück, oder ihr werdet euch vor dem König verantworten! Lasst uns in Frieden gehen.«

»Wir wollen ihr Gesicht sehen!«, verlangte eine Stimme in der Menge. »Zeig uns ihr Gesicht, und dann dürft ihr gehen.«

»Nein«, sagte Klytämnestra. »Ihr habt nicht das Recht, die Prinzessin anzuschauen.«

»Wir sehen doch dein Gesicht«, rief eine andere, tiefere Stimme, »und du bist auch eine Prinzessin. Lass uns Helena sehen, sage ich. Es sei denn, sie ist ein Ungeheuer und hat den Schnabel eines Schwans, den Schnabel ihres Vaters –«

»Ihr Vater und meiner sind ein und derselbe: euer König, Tyndareos. Hört auf mit solchen Schmähreden!«, rief Klytämnestra mit weithin hallender Stimme.

»Dann zeig sie uns!«, forderte eine Männerstimme. »Warum hat man sie all die Jahre oben im Palast versteckt und sie nie gezeigt, wie man dich gezeigt hat, wie man Kastor und Polydeukes gezeigt hat, ganz offen, hier in der Stadt und beim Spiel auf freiem Feld? Es sei denn, es stimmt, und sie ist die Tochter des Zeus, der als Schwan zur Königin kam, und sie ist aus einem Ei geschlüpft –«

»Aus einem hyazinthblauen Ei«, schrie eine andere Stimme. »Ich habe die Schale gesehen – sie wurde aufbewahrt –«

»Was für ein Unsinn!«, donnerte Klytämnestra. »Ihr wart zu lange im nahen Heiligtum des Hyakinthos. Er hat euch diese Phantasien eingeblasen –«

»Nein, das Ei gibt es wirklich, und seine Schale war wirklich hyazinthblau!«

»Jemand hat den Schwan und die Königin unten am Fluss gesehen. Und der Schwan kommt immer noch manchmal zurück, als sei er liebeskrank. Er ist größer als die anderen, stärker, weißer –«

»Lasst uns gehen!«, befahl Klytämnestra. »Oder ich verfluche euch alle!«

Einen Augenblick lang war es still, während sie diese Worte bedachten. Ich war noch immer von den Falten ihres Mantels umhüllt und konnte nichts sehen.

Eine Stimme brach das Schweigen. »Sie ist ein Ungeheuer! Eine abscheuliche Erscheinung!«

»Lasst uns gehen!«, wiederholte Klytämnestra. »Oder vielleicht … Wenn sie ein Ungeheuer ist, dann werde ich sie euch zeigen, und das ist der Fluch. Denkt an die Gorgo, die jeden, der sie anschaute, in Stein verwandeln konnte.«

Leises Gemurmel folgte auf diese Drohung. Ich hätte mich sicherer fühlen müssen, aber Klytämnestras Andeutung, so schlau sie war, hatte mich verletzt. Bereitwillig stellte sie mich als Ungeheuer dar, schrecklich anzusehen, bevor sie nachgab.

Ich entwand mich Klytämnestras Griff, warf meine Kapuze zurück und entblößte meinen Kopf vor der Menge.

Die Menge war groß: Die Leute umringten uns in mehreren Reihen hintereinander. Noch nie hatte ich so viele Gesichter gesehen.

»Ich bin Helena!«, rief ich. »Schaut, so viel ihr wollt!« Mit hoch erhobenem Kopf stand ich da und machte mich auf alles gefasst.

Es wurde still. Totenstill. Die Gesichter wandten sich mir zu, wie Mondblumen dem Mond folgen, wenn er auf seiner nächtliche Reise über den Himmel zieht. Aller Ausdruck wich aus ihnen, und in ihren Blick trat eine so heitere Ruhe, als ständen sie tatsächlich in diesem Mondlicht.

Schließlich murmelte jemand: »Es ist wahr. Nur die Tochter des Zeus könnte ein solches Gesicht haben.«

»So schrecklich … Man erblindet …«, murmelten andere. Aber in Wirklichkeit erblickten sie in meinem Gesicht auch die Macht, die so viel Streit und Zerstörung in die Welt bringen würde.

Wir wandten uns ab und ließen sie stehen, als hätte der Blick der Gorgo sie wirklich in Stein verwandelt, und wir gingen durch die Straßen, die wie unter einem Zauberbann erstarrt waren.

Aber ich war diejenige, die wie unter einem Zauber dahinstolperte. Sie hatten mich die Tochter des Zeus genannt und behauptet, er habe sich in Gestalt eines Schwans mit Mutter gepaart. Der Schwan, der uns angegriffen hatte … War es denn möglich? War er … mein *Vater*?

Die Sonne schien immer noch hell, aber ich sah nur das Weiß

der Schwanenfedern und seine erbarmungslosen Augen und die erstarrten Gesichter der Städter, die mich anglotzten und von diesem Anblick gelähmt waren. Deshalb also musste ich den Schleier tragen, deshalb wurde ich bewacht, deshalb war meine Mutter vor den Schwänen auf dem See bei meinen Großeltern davongelaufen; deshalb hatte Vater sie mit Steinen beworfen und sie »schmutzige Ungeheuer« genannt. Und deshalb nannte Mutter mich Schwänchen …

Alles um mich herum fing an zu kreisen, und ich fiel zu Boden.

VI

Ich wusste nichts mehr, bis ich in Klytämnestras Armen erwachte. Keuchend und schnaufend quälte sie sich den Berg hinauf und hielt mich dabei fest im Arm. Ich war verblüfft, wie stark und behände sie war: Der Pfad war rau, und es ging die ganze Zeit steil bergauf.

»Ich – ich –« Ich wollte, dass sie stehen blieb, ich wollte sie ausfragen, solange wir allein waren. Niemand war zu sehen; anscheinend hatten wir die Leute aus der Stadt hinter uns gelassen.

»Nicht reden!«, befahl sie. Die Worte klangen streng, aber ihre Stimme zitterte.

»Aber ich muss! Du musst es mir erzählen. Alle außer mir wissen etwas über mich. Sogar die Spartaner wissen Dinge, die –«

Sie blieb stehen und setzte mich ab. »Es war töricht von Mutter und Vater, es dir nicht zu erzählen. Und wir alle mussten ihnen versprechen, es auch nicht zu tun. Als würdest du es nicht eines Tages von selbst erfahren! Alles – der Schleier, die Spiegel, die dauernde Bewachung! Wie dumm von ihnen!«

Die Tore des Palastes ragten vor uns auf. Sie waren geschlossen wie immer, aber Klytämnestra rief: »Aufmachen! Im Namen der Barmherzigkeit, macht auf!« Die Torflügel öffneten sich weit. Als wir hindurchgegangen waren, setzte sie mich wieder ab, drehte sich um und half den Wächtern, das Tor zu schließen und zu verriegeln. Niemand schien uns zu verfolgen, aber man konnte nie wissen. Klytämnestra flüsterte mir zu, ich solle geradewegs in mein Zimmer gehen, bevor uns jemand ertappte, als Vater unter dem Portikus erschien. Er sah sich stirnrunzelnd um und erblickte uns, als die Torflügel sich knarrend schlossen. Sofort war er bei uns und riss Klytämnestra beim Arm zu sich heran.

»Dafür wirst du bestraft werden«, sagte er. »Streng bestraft. Du hast meine Befehle missachtet. Du« – er reckte Klytämnestra sein Gesicht entgegen, und in diesem Augenblick fiel mir auf, wie ähnlich sie einander waren –, »du bist alt genug, um es besser zu wissen, und deshalb wirst du eine schwere Strafe bekommen. Und du« – er fuhr zu mir herum –, »dir hätte etwas zustoßen können. Du hast deine Unversehrtheit aufs Spiel gesetzt und uns alle in Gefahr gebracht.«

»Das Einzige, was in Gefahr ist, sind deine Aussichten beim Verhökern Helenas, wenn sie einen körperlichen Schaden davonträgt«, fauchte Klytämnestra.

Vater holte aus und schlug sie auf die Wange, aber sie wich keinen Schritt zurück, sondern starrte ihn mit schmalen Augen an. »Geh in deine Gemächer und warte auf deine Strafe!«, befahl er.

Zu meiner Überraschung gehorchte sie und ließ mich mit Vater allein. Er starrte mich unverwandt an, und mir wurde klar, dass Klytämnestra die Wahrheit gesagt hatte: Er inspizierte die Ware und vergewisserte sich, dass sie nicht beschädigt war. Als er zufrieden war, entspannte er sich und ließ mich los. »Auch du gehst in deine Gemächer.« Er legte mir eine feste Hand auf den Rücken und schob mich voran.

Da kam Mutter heraus und sah uns. Wir blieben stehen und warteten auf sie, als sie mit flatterndem Gewand auf uns zulief.

Ihr Gesicht war eine sorgenvolle Maske. Sie packte mich bei den Schultern und brach in Schluchzen aus.

»Nimm dich zusammen, Leda! Ihr ist nichts passiert«, sagte Vater schroff.

»Wo bist du gewesen, und was hast du getan?«, fragte sie.

Ich musste mich angemessen zerknirscht zeigen. »Oh, Mutter, es tut mir leid. Es war nicht Klytämnestras Schuld. Ich habe unrecht getan. Ich habe sie überredet, mich aus dem Palast zu bringen, weil ich Sparta sehen wollte. Wir waren in der Stadt, und ein paar Leute haben mich gesehen und sind in Aufregung geraten …« Mutter atmete schwer, aber sie schwieg, und deshalb fuhr ich fort. »Und unterwegs habe ich auf der Wiese gespielt, und am Fluss …« Ich durfte nicht darüber reden; ich hatte Klytämnestra versprochen, unser Geheimnis zu bewahren, doch plötzlich war mir klar, dass ich Mutter nur so dazu bringen konnte, mir ihr eigenes, viel größeres Geheimnis zu offenbaren. »Da war ein großer Schwan, und er hat Klytämnestra verfolgt und angegriffen, und ich wollte ihn verjagen, und da hat er mich angesehen, und dann … dann – hat er mich *geküsst.*« Ich schaute sie unschuldsvoll an. »Anscheinend hatte er mich aus irgendeinem Grund gern. Mutter, es war, als kenne er mich!«

Sie schrie leise und erstickt auf. »Oh, wie konntest du … Wie konnte er nur!«

»Es war, als wolle er mir etwas sagen.«

Sie raffte sich auf, und es sah aus, als erteile sie ihrem Körper einen Befehl. »Morgen früh, Helena, kommst du in meine Gemächer. Wenn du deine Strafe absolviert hast.«

Klytämnestra wurde zur Prügelstätte gebracht, wo die Jünglinge bei ihrem rituellen Eintritt ins Mannesalter mit Ruten geschlagen wurden. Mich schickte man ohne etwas zu essen in mein Zimmer; ich musste statt in meinem Bett auf dem Steinboden schlafen, im Dunkeln. Die Öllampen wurden hinausgebracht. Es war eine kalte, angstvolle Nacht; immer wieder sah ich den Schwan und seine schwarzen Augen, aber auch die Augen der Spartaner, die auf mich eindrangen. Die größte Angst jedoch hatte ich nicht vor dem, was geschehen war, sondern vor dem, was ich am nächsten Morgen von Mutter hören würde. Denn ich würde ihre Gemächer nicht in Unwissenheit über mein wahres Ich verlassen. Ich war jetzt entschlossen, die Wahrheit zu erfahren.

Die Sonne war kaum aufgegangen, als ich mich in einen Wollmantel hüllte und die Gemächer meiner Mutter aufsuchte. Sie lagen nicht weit entfernt von dem großen Thronsaal mit dem offenen Kamin. So konnte die Königin sich diskret zurückziehen, wenn ein formeller Abend zu lange dauerte, was nur allzu oft der Fall war.

Sie war eben aufgestanden, und eine Dienerin legte ihr einen weichen Mantel von der Farbe alter Asche um die Schultern, als ich eintrat. Ich sah ihr an, dass auch sie nicht geschlafen hatte.

Die gerade aufgegangene Sonne ergoss ihr frühes Licht zwischen die Säulen des Zimmers, und ihre Strahlen erstreckten sich über den Boden wie dünne Arme.

»Mein liebes Kind«, sagte Mutter. »Hier, iss etwas mit mir.« Sie deutete auf ein Tablett mit einer Honigwabe und einem Stück Brot. Aber sie rührte nichts an, und ich tat es auch nicht.

»Helena, ich bin krank vor Sorge um dich«, sagte sie. »Du wusstest, dass du das Palastgelände nicht verlassen durftest. Deine Schwester wusste es jedenfalls. Sie ist allmählich nicht mehr zu bändigen, und es wird Zeit, dass wir einen Ehemann finden, der sie zähmt. Aber es hätte etwas Furchtbares geschehen können – und beinahe *wäre* es geschehen.« Sie erschauerte.

Keine Ausflüchte mehr. Die Wahrheit musste gepackt und ans Licht gezerrt werden. »Aber Mutter, was hätte denn tatsächlich passieren können? Diese Leute sind eure Untertanen, und sie würden ihrer Prinzessin kein Haar krümmen. Vielleicht, wenn ich sie öfter sehen könnte –«

»Nein!« Sie klatschte in die Hände, um mich zum Schweigen zu bringen. »Nein!«

»Es geht um diese Prophezeiung«, stellte ich fest. Ich wusste, dass die Sibylle etwas mit den Gründen für meine Gefangenschaft zu tun hatte. Sie und der Schwan. Wir würden mit der

Sibylle anfangen. »Vor langer Zeit ... als wir nach Delphi gingen ... war da diese Hexe, diese Prophetin – ich weiß nicht, was sie wirklich war, aber sie hat eine Prophezeiung über mich abgegeben ... Ich sei der Untergang Asiens, der Untergang Europas und der Tod vieler Griechen. Wollt ihr das verhindern, indem ihr mich gefangen haltet?«

Ich rechnete damit, dass sie es leugnen würde, aber sie nickte. »Ja. Wir haben gehofft, wir könnten das Schicksal überlisten.«

Im Unterricht hatte ich die Sagen gehört: Perseus' Großvater hatte gewusst, dass der Sohn seiner Tochter ihn töten würde, und so hatte er sie beide fortgeschickt, aber das hatte nichts genutzt: Der Sohn tötete ihn trotzdem. Und Ödipus war geweissagt worden, er werde seinen Vater töten und seine Mutter heiraten. Deshalb hatte er sich nach Theben zurückgezogen; aber auf dem Weg dorthin brachte er, ohne es zu wissen, seinen Vater um, und zum Lohn dafür gab man ihm seine Mutter zur Frau – wiederum ohne sein Wissen. Es war vergebene Mühe, wenn man seinem Schicksal zu entgehen versuchte.

Ich erinnerte mich an Vaters Worte: *Wissen wappnet. Ein Feind, den du von ferne siehst, kann dich nicht überraschen. Einen Feind, den du schon von weitem entdeckst, kannst du überlisten oder meiden.*

Bisher war noch kein Feind in Sicht. Aber die Sibylle hatte auch nicht gesagt, wann das Unheil geschehen würde. Und sie hatte nicht gesagt, aus welcher Richtung es kommen würde. Oder in welcher Gestalt. Vaters tapferen Worten zum Trotz war es schwer, sich gegen etwas zu wappnen, was man nicht kannte. Das hatte Ödipus lernen müssen.

»Mutter, du weißt, dass es unmöglich ist abzuwenden, was vorherbestimmt ist.«

»Aber wir müssen es versuchen.« Sie wandte sich dem Tisch zu, wo sie ihre Salben und duftenden Öle verwahrte, und goss ein wenig Öl in ihre Handfläche. Sie streckte mir die Hand entgegen, und als ich nickte, strich sie mir das frische Öl mit dem Finger auf die Wangen.

»So schöne Haut«, sagte sie. »Mein Schwänchen.«

Ich packte sie bei den Handgelenken. »Mutter, es wird Zeit, dass du mir erzählst, was anscheinend alle Welt weiß. Schwänchen! Bin ich denn ein kleiner Schwan, Mutter? Versuche nicht, mich mit Gerede über meine Anmut abzulenken, über meine weiße Leinentunika und so weiter, wie Vater es getan hat. Was ist die Wahrheit? Was steckt in Wahrheit hinter dem, was alle in Sparta erzählen – dass du und der Schwan ... Aber es war kein Schwan, es war ... es war –« Ich konnte es nicht aussprechen: Es klang zu anmaßend. »Ich habe den Schwan gesehen, und seine Federn waren strahlend weiß. Es war ein Weiß, das blendete wie die Wolken, bevor die Sonne durchbricht. Es hat mir in den Augen wehgetan.«

Mutter blieb einen Moment lang regungslos stehen. Sie senkte den Kopf, und ich wusste, dass sie mit sich selbst zu Rate ging und abwog, wieweit es klug war, mir die Wahrheit zu sagen. Ich sah den Scheitel in ihrem glänzenden schwarzen Haar, das ganz anders aussah als meins, aber ihr Gesicht konnte ich nicht sehen und auch nicht den Widerstreit ihrer Gefühle. Schließlich hob sie den Kopf, und ich wusste, wie der Kampf ausgegangen war. Sie würde mir die Wahrheit sagen.

»Komm«, sagte sie und zog mich zu sich aufs Sofa. Dann nahm sie mich fest in den Arm und drückte mich an sich. Ich wartete. »Mein liebes Kind«, begann sie, »es gibt nur eine Möglichkeit, es dir zu sagen: Als dein Vater fort war, ist der Vater aller Götter, der Beherrscher des Olymps, zu mir gekommen. Ich weiß nicht, warum er mich erwählt hat. Und ja, er ist als sterbliches Geschöpf, als Schwan, erschienen. Ihn in all seiner Pracht zu sehen bedeutet den Tod für jeden Sterblichen, und er wollte nicht, dass ich starb. Er hat mich bei Sonnenaufgang wieder verlassen – genau zu dieser Stunde. Und seitdem vergeht kein Morgen, an dem ich ihm nicht wieder Lebewohl sage und seinen Abschied spüre. Und ja, unser Kind wurde geboren, und das bist du.«

Vermutungen, Befürchtungen, Träume – das war etwas anderes. Jetzt hörte ich mit eigenen Ohren, dass es die Wahrheit war, und mir wurde schwindlig. Ich lehnte mich an sie.

»Du bist seine einzige Tochter«, sagte sie. »Oh, er hat viele Söhne, aber du bist seine einzige sterbliche Tochter mit einer sterblichen Frau. Er wird dich beschützen, ungeachtet dessen, was die Sibylle gesagt hat. Darum haben wir versucht, ihre Prophezeiung zu durchkreuzen, denn Zeus ist mächtiger als eine einfache Sibylle.«

»Aber … Vater …«

»Er weiß es. Aber er tut, als wisse er es nicht. Vielleicht ist es besser so. Man muss den Männern ihren Stolz lassen. Er nennt dich ›die schönste Frau der Welt‹, aber er wagt nicht, dem Grund dafür ins Auge zu sehen. Natürlich ist die Tochter des Zeus von unsterblicher Schönheit, solange sie lebt.« Ihre Stimme klang plötzlich traurig. »Aber die Kinder von Göttern und Sterblichen sind immer sterblich«, sagte sie. »Das ist unausweichlich. Du wirst sterben, wie ich sterben werde. Aber solange du lebst, werden wir versuchen, dich zu beschützen.«

Zustimmend neigte ich den Kopf. Jetzt war alles offenbart; jetzt verstand ich es.

Sie nahm eine Strähne meines Haars und hielt es neben ihres. »Meins ist von der Erde, deins ist vom Himmel. Siehst du, wie es glänzt? Wie reines Gold!«

»Mutter, hat er dir nichts hinterlassen?« Ich wusste aus den alten Geschichten, dass die Götter hart waren; es gelüstete sie nach Sterblichen, aber später ließen sie sie achtlos fallen. Nur manchmal hinterließen sie ihnen ein Andenken.

»Nur, was ich mir genommen habe.« Sie stand auf und ging traumwandlerisch zu einer Wandnische. Dort stand ein aus Elfenbein geschnitzter Kasten mit gewölbtem Deckel. Sie nahm den Deckel ab und hielt mir den Kasten entgegen. Darin lagen vier lange, glänzende Schwanenfedern, so rein und weiß, dass sie schimmerten und ihr eigenes Licht zu verströmen schienen, ein ganz unnatürliches Licht.

Federn. Als sie um die ganze Welt hätte bitten können.

VII

Mutter und Vater machten ihr Wort wahr und gaben sogleich bekannt, dass ihre älteste Tochter, die erlauchte Prinzessin Klytämnestra, nun im heiratsfähigen Alter sei. Ihre Vorzüge wurden nachdrücklich herausgestellt: Sie sei von makelloser Abkunft – sie stamme von den frühesten Herrschern Spartas ab, und womöglich sei mit ihrer Hand auch die Thronfolge verbunden –, von einem guten, fruchtbaren Stamm, dem Auge wohlgefällig und gesund. Natürlich war nicht die Rede von ihrer bockigen, rebellischen Natur, nicht von ihrer Gleichgültigkeit gegen alle weiblichen Tätigkeiten und auch nicht von ihrer körperlichen Kraft, die der eines Mannes gleichkam. Vater sagte, er hoffe auf ein hohes Gebot und wolle den Wettbewerb auch für Ausländer öffnen, nicht nur für Griechen.

»Ich bin bereit, auch einen Ägypter oder einen Syrer in Betracht zu ziehen«, erklärte er.

»Ägypten wäre an Klytämnestra verschwendet.« Mutter strich sich mit langen, nervösen Fingern das Haar glatt. »Das Leinen, so fein, dass es schwebt, die emaillierten Armreifen, das Parfüm – ebenso gut könnte man das alles einem Wolf anbieten.«

»Es stimmt wohl, deine Tochter ist dir nicht ähnlich. Ich weiß, dass du diejenige bist, die solche Dinge begehrt, und du würdest sie Klytämnestra missgönnen.« Er lachte leise, als mache es ihm Spaß, ihren Neid zu kennen. »Aber, Liebste, wir dürfen nur an das denken, was diese Verbindung für Sparta bringen kann, nicht an den Luxus, den du entbehrst.«

»Ein Ausländer, so reich er auch sein mag, wäre ein Fehlschlag. Andere würden auf uns herabschauen.«

Ich war auf Zehenspitzen in ihr Zimmer gekommen, und jetzt wagte ich kaum zu atmen, damit sie mich nicht hörten.

»Sollen sie schauen. Von oben, von unten oder von der Seite – die Hauptsache ist, wir haben eine Verbindung zu einem der reichen Häfen dort drüben.«

»Ich habe noch nie gehört, dass ein Ausländer als Freier hierhergekommen wäre, und auch noch nicht von einer solchen Heirat«, sagte Mutter. »Und Sparta hat keinen Hafen; wie also sollte uns eine Verbindung zu einem ausländischen Hafen nützen? Aller Handel würde über Mykene gehen, wie er es jetzt schon tut.«

»Troja«, sagte Vater plötzlich. »Das ist viel näher, und Ägyptens Geschäfte werden *dort* gemacht, also brauchen wir uns um einen Ägypter nicht zu kümmern. Außerdem sind Trojaner reicher als Ägypter.«

»Und sie sehen besser aus«, sagte Mutter. Jetzt war es Vater, der pikiert war. »Es heißt, sie sind so umwerfend, dass nicht einmal die Götter die Finger von ihnen lassen können. Zeus hat sich Ganymed geholt. Und Aphrodite konnte ihre Leidenschaft für diesen Schafhirten nicht im Zaum halten – wie hieß er gleich? Ja, und einmal, als du fort warst, ist einer in diplomatischer Mission hier gewesen. Ich habe ihn natürlich allein unterhalten.« Sie lächelte. »Was nicht schwierig war.«

Fast spürte ich, wie die Schwanenfedern in dem Kasten sich regten und Vater verspotteten.

»Gut, also keine Ausländer«, sagte Vater schließlich. »Die Auswahl unter unseresgleichen dürfte auch so groß genug sein.«

Gerade wollte ich mich bemerkbar machen, als Mutter plötzlich sagte: »Ich glaube, es wird Zeit. Zeit, dass Helena gesehen wird. Die Kunde wird sich verbreiten, und wenn sie alt genug zum Heiraten ist, werden die Gebote ins Uferlose steigen.«

»Ja! Und wir können bekannt machen, dass sie die schönste Frau der Welt ist!« Vater klang frohlockend, als er seinen Lieblingssatz hinausposaunte.

Mutter runzelte die Stirn. »Aber halt … Würden wir damit nicht Klytämnestras Aussichten verschlechtern? Vielleicht warten die Freier dann lieber auf Helena?«

»Hmmm … Ja, das könnte ein Problem sein«, räumte Vater ein. »Aber es wäre doch schade, sie versteckt zu halten, wenn so viele Leute zusammenkommen. Wann hätten wir je wieder eine solche Gelegenheit?«

»Beides hat seine Vorteile«, sagte Mutter. »Wir werden darüber nachdenken und nichts überstürzen.«

Im strahlenden Sommer, als die Sonne am höchsten stand, erschienen Klytämnestras Freier. Einer nach dem anderen stapften sie den steilen Berg zum Palast herauf, beladen mit Hoffnungen und Geschenken. Einer nach dem anderen wurden sie von König und Königin empfangen und in ihr Quartier geführt.

Die Regeln im Wettstreit um die Hand der Königstochter waren seit Urzeiten dieselben, und sie waren streng. Vater musste den Bewerbern Speise und Unterkunft gewähren, bis einer auserkoren war. Ein Freier durfte einen Stellvertreter entsenden, wenn er zu weit weg wohnte oder zu mächtig war, um als Bittsteller aufzutreten. Und es konnte einen sportlichen Wettkampf geben, ein Wettrennen oder ein Bogenschießen, aber die Ergebnisse waren nicht mehr verbindlich.

Ich sah die hoffnungsfrohe Parade und fragte mich, wo all diese Männer wohnen sollten. Unter den hölzernen Säulenvordächern wurden Betten zurechtgemacht; hier schliefen sie zwar im Freien, aber einigermaßen geschützt. Mutter hatte zu diesem Zweck alle verfügbaren Decken und Schaffelle zusammentragen lassen, und die Hirten brachten Schafe und Zicklein und schlachteten sie, um die Männer zu speisen. Unzählige Krüge mit Wein und Öl wurden herbeigeschafft, und die großen Amphoren mit Wein wurden zum Trinken und für Trankopfer geöffnet. Es kam darauf an, dass Vaters Reichtum und seine Gastfreundschaft grenzenlos erschienen, und die Aufgabe der Freier war es, als Wächter das Tor der Verheißung zu huten.

Es waren an die zwölf – eine beeindruckende Zahl. Der Prinz von Tiryns war dabei, zwei Söhne Nestors aus Pylos, ein Krieger aus Theben, ein Vetter des Königshauses Theseus aus Athen und ein junger König aus dem winzigen Nemea. Die Übrigen waren Abgesandte aus Rhodos, Kreta, Salamis und dem fernen Thessalien. Und am letzten Tag schließlich kamen die Atreus-Söhne Agamemnon und Menelaos den Berg herauf und zum Palasttor.

Mutter erblasste, und eine Hand flatterte zu ihrem weißen

Hals herauf. »Nein …«, hauchte sie – so leise, dass nur ich, die ich neben ihr stand, es hören konnte.

Vaters Gesicht zeigte keine Regung. Er begrüßte die beiden, wie er alle anderen begrüßt hatte, mit einer festgelegten Formel: *Edler Gast, komm in mein Heim.*

Ich wusste von dem Fluch auf ihrem Haus. Jeder wusste davon. In einem Land, wo wir Kinder mit Geschichten über grausige Mordtaten und Verrat aufwuchsen, stach die Geschichte von den Söhnen des Pelops immer noch hervor – eine Geschichte, die noch nicht zu Ende und deshalb umso furchterregender war.

In kurzen Worten: Der König Pelops hatte zwei Söhne, Atreus und Thyestes. Im Kampf um die Macht tötete Atreus die drei Söhne des Thyestes und tischte sie seinem Bruder auf, gekocht in einem großen Topf. Von Grauen erfasst, verfluchte Thyestes seinen Bruder und seine gesamte Nachkommenschaft. Und Atreus hatte zwei Söhne, Agamemnon und Menelaos.

Die Geschichte ist damit längst nicht ganz erzählt: Sie ist voll von Ehebruch und weiteren Morden, von unnatürlichen Verbindungen, Verrat und Lüge. Aber jetzt war der Träger des Fluches hier, Agamemnon, und er hielt um Klytämnestras Hand an.

Agamemnon war ein dunkelhaariger, untersetzter Mann mit dichtem Bart und dicken Lippen. Er hatte merkwürdig große Augen und eine fleischige Nase, und sein Hals war so kurz, dass sein Kopf unmittelbar auf den Schultern zu sitzen schien. Wenn er zur Seite schauen wollte, musste er den halben Oberkörper verdrehen. Seine Arme waren muskulös, und plötzlich sah ich vor meinem geistigen Auge, wie er jemanden erwürgte. Dass er es mit bloßen Händen tun könnte, daran zweifelte ich nicht.

Ein Diener hinter ihm trug eine lange, schmale, goldverzierte Schatulle; er hielt sie vor sich wie eine kostbare Opfergabe.

»Ist das das Szepter?«, fragte mein Vater.

»Ganz recht. Dachtest du, ich bringe es nicht mit?« Agamemnons Stimme klang schwer und düster wie seine ganze Erscheinung.

Vater wandte sich Agamemnons jüngerem Bruder zu, um ihn zu begrüßen. »Menelaos, edler Gast, komm in mein Heim.«

»Ich danke dir, großer König.«

Menelaos. Das erste Mal, dass ich ihn sah. Er war breitschultrig und muskelbepackt wie sein Bruder. Aber sein Haar war heller – rötlich-golden, dicht und wellig wie eine Löwenmähne –, und sein Mund war nicht finster abwärts gekrümmt, sondern lächelte. Es war schwer zu glauben, dass auch auf ihm ein dunkler Fluch lag. Seine Erscheinung ließ es jedenfalls nicht erkennen.

»Ich bin gekommen, guter König Tyndareos, um meinen Bruder zu unterstützen, der um die Hand der Prinzessin anhalten will.« Seine Stimme klang freimütig, aber nicht rau. Sie war sehr tief und ließ ihn größer erscheinen, als er war, aber ihr dunkler Klang war beruhigend.

»Ich verstehe nicht«, sagte Vater. »Du kommst nicht selbst als Freier?«

»Es hat schon zu viel Rivalität unter den Brüdern unseres Hauses gegeben«, sagte er. »Hat sie nicht genug Leid gebracht? Nein, es genügt, dass ich meinen Bruder bei seiner Brautwerbung ermutige.« Er neigte auf seltsam formelle Weise den Kopf, und in diesem Augenblick sah er mich. Wie alle anderen starrte er mich an. Alle, die in den Palast gekommen und die königliche Familie und mich erblickt hatten, waren für einen Moment wie angewurzelt stehen geblieben. Einige hatten gestammelt, andere geschluckt.

Er lächelte leise, ohne etwas zu sagen, und folgte dann seinem Diener.

Danke, dass du nichts gesagt hast!, dachte ich. Danke, danke! Ich war ihm zutiefst dankbar.

Denn man hatte mir meinen Wunsch erfüllt: Ich durfte ohne jede Schranke vor den Leuten stehen. Ohne meinen Schleier. Es war unangenehm gewesen. Nachdem die ersten beiden Männer sich benommen hatten, als hätten sie eine Erscheinung gehabt, empfand ich Verlegenheit, dann Angst, dann Zorn. Ohne den Schleier war ich eingesperrt, wie ich es mit ihm nie gewesen war. Aber hatte ich nicht genau das verlangt?

Die Männer zogen Lose, um die Reihenfolge ihres Erscheinens festzulegen. Keiner wollte der Erste sein; einer der letzten Tage erschien allen am vorteilhaftesten. Wäre der Auftritt nicht mit einem Preis verbunden gewesen, hätte niemand zu den Letzten gehören wollen, denn bis dahin wäre das Publikum unruhig und unaufmerksam geworden. Aber in diesem Fall musste derjenige, der den Anfang machte, befürchten, dass Klytämnestra ihn schon vergessen hätte, wenn der Augenblick der Wahl gekommen war.

Euchir, der junge König von Nemea, hatte das Pech, der Erste zu sein. Er machte seine Sache gut. Er sprach von Nemea in seinem Tal und sagte, es liege so weit von Sparta entfernt, dass Klytämnestra das Gefühl haben könne, sie habe wirklich eine neue Heimat gefunden, und doch wiederum so nah, dass sie nie wirklich von ihrer Familie getrennt sein werde. Er versprach ihr eine Krone, die nicht durch fremde Ansprüche oder Prophezeiungen belastet sei. (Ein schlauer Hinweis! Die Atreus-Söhne müssen erbost gewesen sein.) Und dann ließ er mit bezaubernder Geste seine Truhe öffnen und zeigte uns ein Stück von dem undurchdringlichen Fell des Löwen von Nemea, den Herakles erschlagen hatte – den Stolz der Stadt.

Ich sah Klytämnestra an, dass sie nicht beeindruckt war. Er war ein Hänfling in ihren Augen – zu leichtgewichtig und zu grün, um ernsthaft in Betracht zu kommen. Sie bestätigte meine Gedanken, indem sie nicht geruhte, irgendeine Frage zu stellen, und so musste er sich mitsamt seinem Löwenfell zurückziehen.

Bei dem sich anschließenden Mahl zupfte der Barde seine Lyra und sang von den Taten, die Euchirs Vorfahren vollbracht hatten. Seine Stimme verlor sich mehr und mehr im Lärm der Halle, als der Wein die Männer immer lauter reden ließ. Er funkelte sie an; dieser Sänger war nicht blind wie so viele andere.

Nach sehr langer Zeit war es vorbei, und wir konnten zu Bett gehen.

Und so ging es tagelang weiter. Schon bald verschwammen sie alle ineinander, aber vielleicht kamen sie mir auch nur deshalb ununterscheidbar vor, weil Klytämnestra sich für keinen interessierte.

Die beiden Söhne Nestors aus Pylos seien genauso langatmig wie ihr Vater, befand sie.

Der Prinz von Tiryns sei so dick und grau wie die Befestigungsmauern seiner Stadt.

Der Krieger aus Theben werde sich in einem Palast unbeholfen bewegen. »Wahrscheinlich schläft er unter seinem Schild«, witzelte sie.

Die Zahl derer, die sich noch zu präsentieren hatten, schrumpfte, und ich fragte mich, was wohl passieren würde, wenn der Letzte sein Sprüchlein hergesagt hätte und sie immer noch ungerührt war. Müssten wir diesen Wettbewerb dann jedes Jahr veranstalten, stets in der Hoffnung, dass ein neuer Freier auftauchen werde?

Agamemnon hatte seinen Auftritt als Vorletzter. Er marschierte hinaus in die Mitte der Halle und baute sich dort auf. Seine gespreizten Beine sahen aus wie zwei Pfeiler. Er hob den Kopf, schaute einmal ganz in die Runde und richtete seine Aufmerksamkeit dann auf Vater.

»Ich, Agamemnon, Sohn des Atreus, bewerbe mich hier als Ehemann für deine Tochter. Werde ich erwählt, mache ich sie zu meiner Königin, zur Königin von Mykene. Überall in Argos soll man sie ehren und ihr gehorchen, und es wird mein Bestreben sein, dafür zu sorgen, dass ihr kein Wunsch unerfüllt bleibt, soweit es in meiner Macht liegt.«

»Und was hast du mitgebracht, um es uns zu zeigen?«, fragte Klytämnestra.

Es wurde sehr still. Zum ersten Mal hatte sie einen Freier etwas gefragt.

Agamemnon grinste. Ich fand, es ließ sein Gesicht unheimlich aussehen, denn der dichte schwarze Bart teilte sich und entblößte einen Mund wie eine Schnittwunde. »Prinzessin, ich werde es schon beizeiten zeigen.« Er verließ seinen Platz und holte die lange, mit Goldintarsien verzierte Schatulle, die neben einer Säule wartete. Er stellte sie sorgsam mitten ins Megaron, vor den Kamin, und öffnete sie mit großer Feierlichkeit. Dann griff er hinein, hob das Szepter heraus, hielt es in die Höhe und drehte es dabei, damit jedermann es betrachten konnte.

»Schaut das Werk des Gottes Hephästos!«, rief er.

Für mich sah es aus wie jedes andere Szepter auch – so lang wie ein Männerarm und ungefähr genauso dick. Dass es aus Bronze war, machte es ungewöhnlich.

»Erzähle mir die Geschichte dieses Szepters, König!« Klytämnestra beugte sich vor.

»Es wird mir eine Ehre sein.« Seine Stimme grollte wie allzu naher Donner. »Hephaistos schuf es in seiner himmlischen Schmiede für Zeus. Zeus schenkte es Pelops, der gab es Atreus, dem Thyestes es nahm, und dann gelangte es an mich, den rechtmäßigen Träger.«

»Werde ich es auch tragen?« Klytämnestra war halb aufgestanden, so aufgeregt war sie, und auch ihre Stimme klang wie ein Donnerhall.

Agamemnon machte ein verblüfftes Gesicht, aber er fasste sich rasch wieder, und jetzt drang das Lächeln seines Mundes bis zu den Augen. »Ich werde Zeus um Erlaubnis bitten müssen«, sagte er. »Schließlich gehört es ihm, und bisher hat es nur in Männerhänden gelegen.«

»Frag nicht Zeus«, sagte Klytämnestra. »Er ist wegen seines Umgangs mit Hera voreingenommen und wird der Frau immer alles verwehren. Ich frage *dich*.«

Einen winzigen Augenblick lang zögerte er. Dann winkte er sie heran. »Komm her und nimm es selbst.«

Ich sah, wie Vater erstarrte. Das war ein Verstoß gegen jedes Protokoll, und er schickte sich an, Agamemnon zu disqualifizieren. Aber noch während er sich erhob, hatte Klytämnestra ihren Platz verlassen und trat zu Agamemnon. Sie schauten einander kurz in die Augen und maßen ihre Kräfte. Keiner von beiden senkte den Blick, und ohne Agamemnon aus den Augen zu lassen, ergriff Klytämnestra den Schaft des Szepters und umschloss ihn mit den Fingern.

»Wie es scheint, hast du die Sache entschieden«, stellte

Agamemnon fest. »Jetzt brauche ich den Himmel nicht zu fragen.«

Das gemeinsame Mahl, das darauf folgte, war unweigerlich von den seltsamen Handlungen der beiden beeinflusst. Die Leute waren so verdattert, dass sie nicht anders konnten: Sie mussten darüber reden, auch wenn sie es nur im Flüsterton inmitten des höflichen Geplauders taten.

»Eine Frau hat das vom Gott geschaffene Szepter berührt.«

»Will sie es Agamemnon aus der Hand reißen?«

»Wenn die Götter so etwas zulassen, heißt das, dass sie einer Frau auch erlauben würden, allein zu herrschen?«

Ich hörte alle diese Fragen, verstohlen eingeschoben zwischen Bemerkungen über das gebratene Lamm, die Qualität des Feuerholzes und den nahezu vollen Mond.

Ich blieb in der Nähe meiner Familie; vor allem wollte ich wissen, was meine Mutter dachte. Aber ihrer königlichen Haltung war nichts anzumerken, und sie sprach niemals aus, was sie wirklich dachte, wenn irgendjemand es mithören konnte.

Vater war leichter zu durchschauen; ich sah seiner finsteren Miene an, dass er sehr verstimmt war. Kastor betrachtete die Sache von der unterhaltsamen Seite – »Klytämnestra sah königlich aus mit dem Szepter« –, während Polydeukes sie anstößig fand: »Sich wie zwei Faustkämpfer in der Öffentlichkeit zu messen, das ist erniedrigend für sie beide.« Ich selbst hatte nicht viel übrig für Agamemnon, aber ich musste ihm zugestehen, dass er Klytämnestras Feuer entfacht hatte und dass sie vielleicht gut zueinander passten.

Ich verließ Kastor und blieb für einen Augenblick am Rande der Halle stehen, wo die überdachte Veranda an den offenen Hof grenzte. Dahinter schien der Mond auf das Palastgelände, der sich in der kommenden Nacht zum Vollmond runden würde. In seinem hellen Licht warfen das Dach und die hohen, im Wind schwankenden Pappeln harte Schatten, und derselbe Wind erfasste auch die Schultern meines Gewandes.

Jemand kam heran, blieb neben mir stehen und störte mich

in meiner Einsamkeit. Ich dachte: Wenn ich ihn ignoriere, wird er schon wieder gehen. Aber stattdessen sprach er mich an.

»Ich fürchte, das Benehmen meines Bruders hat dir missfallen.« Es war Menelaos.

»Nein.« Ich fühlte mich zu einer Antwort verpflichtet. »Es hat mir nicht missfallen, aber es hat mich überrascht. Meiner Schwester schien es allerdings zu gefallen, und schließlich ist sie diejenige, deren Gunst hier errungen werden soll.«

»Es war sehr kühn von ihm.«

»Ein Versuch, der sich vielleicht auszahlt.«

»Ist Kühnheit etwas, was beiden Schwestern gefällt?«

Ich konnte nicht länger auf den mondbeschienenen Palast hinausschauen und ihm mein Profil zuwenden. »Kühnheit um ihrer selbst willen interessiert mich nicht«, sagte ich und blickte ihn an.

»Mich auch nicht«, sagte er. »Ich bin auch nicht sicher, dass ich selbst imstande bin, sie aufzubringen. Ich bin ganz anders als Agamemnon.«

»Und ich bin anders als Klytämnestra. Geschwister sind niemals bloße Kopien.«

Draußen in der Nacht hörte ich den Ruf einer Nachtigall. Der warme Frühlingswind hatte sie aufgestört, wie er auch den Saum unserer Gewänder bewegte.

»Nein«, sagte er. »Manchmal haben Fremde mehr miteinander gemeinsam als Verwandte. Klytämnestra und Agamemnon sind beide dunkelhaarig, wir sind beide blond.«

Ich lachte. »Ja, das zum Beispiel.« Sein Haar war von einem rötlicheren Gold als das meine, aber die Ähnlichkeit war vorhanden. Und wir hatten es beide vorgezogen, uns von der Gesellschaft bei Tisch zurückzuziehen und in die Nacht hinauszuschauen, auch eine Ähnlichkeit.

Es blieb lange still. Ich hatte mir zwar gewünscht, er möge nicht reden, aber jetzt, da er neben mir stand und schwieg, war mir unwohl. Warum antwortete er nicht? Die Nachtigall sang wieder; sie klang sehr nah.

Er lehnte anscheinend ganz zufrieden an der kleinen Balustrade und schaute hinaus in den Hof. Die Mauerkante schnitt in seine muskulösen Unterarme, aber das schien ihn nicht zu stören. Seine Hände waren fein geformt, makellos und kraftvoll. Sie hingen locker und entspannt herab. Ich dachte an Vaters Hände: nervös und geädert wie die eines Affen, die immer an irgendetwas herumzupften und über und über mit Ringen geschmückt waren. Menelaos dagegen trug nur einen, sodass seine Hände für einen Mann von Geltung nackt aussahen.

»Woran denkst du?«, fragte er schließlich.

Ich war verblüfft von seiner Geradlinigkeit. »Ich habe deinen Ring angesehen«, gestand ich. »Ich wundere mich, dass du nur einen trägst.«

Er lachte und hob die Hand. »Ich brauche freie Hände. Sie dürfen nicht beschwert sein, nicht einmal mit Gold.«

»Was ist darauf? Was sieht man da?« Der Ring war mit Figuren graviert.

Er zog ihn vom Finger und reichte ihn mir. In einer tiefen ovalen Mulde konnte ich mit Mühe zwei Hunde erkennen, die einen gebogenen Gegenstand flankierten. Sie reckten die Köpfe zu den Rändern des Ovals und bildeten einen anmutigen Halbkreis. Als ich den Ring drehte und wendete, damit das matte Licht auf das Bildnis fallen konnte, merkte ich, wie dick er war und wie viel Gold er enthielt. Das Haus Atreus war reich; insofern hatte Klytämnestra eine gute Wahl getroffen. *Zeus gab Macht dem Hause Äakos, Weisheit dem Hause Amythaon, aber Reichtum dem Hause Atreus.* Diesen Satz kannte ich aus dem Munde meines Vaters.

»Meine beiden Jagdhunde«, sagte er. »Als wir aus Mykene flüchten mussten, haben sie uns treu begleitet. Jetzt sind sie nicht mehr da, aber so kann ich sie weiter bei mir haben.«

»So bist du ihnen treu, wie sie es dir waren.«

Lächelnd steckte er den Ring wieder auf den Finger. »Ja. Ich werde sie nie vergessen.«

Und wir können auch nicht vergessen, dachte ich: den Grund, weshalb ihr vertrieben wurdet, und den furchtbaren Fluch auf eurem Hause. Im selben Augenblick erinnerte er sich anscheinend an das Unsagbare, das über unserem Hause schwebte: die Tat meiner Mutter. Wir waren beide gebrandmarkt durch die Geschichte unserer Familie, durften aber nicht offen darüber sprechen. Ich lachte leise und betrübt.

»Du lachst?«, fragte er. »Über Treue?«

»Nein. Ich lache, weil wir beide etwas zu tragen haben und nicht darüber sprechen dürfen. Aber du scheinst es mühelos zu tragen.«

»Ich versuche es so erscheinen zu lassen.« Er lächelte und hatte meine Bewunderung errungen.

»Ach, hier bist du!« Eine laute, betrunkene Stimme drängte sich in unser trautes Gespräch. »Brüderchen!« Agamemnon kam großspurig heran. Zufrieden rieb er sich den Bauch, geriet ins Taumeln und kippte gegen Menelaos. »Du versteckst dich? Du solltest mit mir feiern. Ich habe die Frau gefunden, die ich brauche!«

Menelaos stieß ihn von sich, und Agamemnon schwankte auf wackligen Knien hin und her und beäugte mich. »Eehh«, murmelte er. »Ist sie wirklich die schönste –«

»Still!«, befahl Menelaos. »Trink noch etwas, und hör auf mit deinem dummen Geschwätz!«

So war der verhasste Satz auf halbem Wege erstickt worden. Wortlos dankte ich Menelaos und wandte mich von seinem abscheulichen Bruder ab, der an seiner Schulter hing – von dem Mann, der bald mein Schwager werden sollte.

VIII

Bevor der Morgen graute, war ich wach. Der Mond ging hinter den Bäumen auf unserem Hügel unter. Noch immer wehte ein leiser Wind und stahl sich in mein Zimmer. Der schale Geruch des niedergebrannten Feuers im Megaron hing matt in der Luft.

Weil ich so früh auf war, konnte ich Klytämnestra beim Ankleiden helfen. Nur noch ein Tag, an dem sie formelle Gewänder tragen musste, nur noch ein Tag, an dem sie etwas anziehen musste, das aussah, als sei es ihr vierzehntes Kostüm. In Wahrheit kombinierte sie Gewänder, Mäntel und Broschen abwechselnd so, dass es aussah, als habe sie Unmengen davon.

»Bring mir das Scharlachrote!«, befahl sie ihrer Zofe, als ich hereinkam. Sie war herrisch an diesem Morgen, und sie hatte eine lebhafte Gesichtsfarbe. Etwas an ihr war verändert.

Die Dienerin kehrte mit einem Ballen Tuch zurück, das so rot war, dass eine Mohnblume daneben fahl ausgesehen hätte. Klytämnestra griff lächelnd danach. »Ja!«, rief sie.

»Das ist blutrot«, sagte ich. »Bist du sicher, dass du aussehen möchtest wie ... eine Kriegerin?«

»Ein Krieger braucht eine Kriegerin«, sagte sie und hielt sich den Stoff unter das Gesicht.

»Du bist also immer noch entschlossen, dass es Agamemnon sein soll?«

»Ja, ich werde ihn heiraten. Ich werde nach Mykene gehen.« Ohne zu zögern, streifte sie ihr Nachtgewand ab und stand einen Augenblick lang nackt da, bevor sie den roten Wollstoff über ihren Körper gleiten ließ. Sie war von ungewöhnlich kraftvoller Gestalt – breitschultrig, doch nicht wie ein Mann. Auch ihre Gesichtszüge waren kräftig, ohne maskulin zu erscheinen. Es war ihr Wesen, das sie so kühn wirken ließ.

»Ich werde dich vermissen«, sagte ich leise, und mir wurde bewusst, wie sehr. So lange ich zurückdenken konnte, war sie da gewesen, hatte mich beschützt, mich geneckt und mit mir gespielt. Bald würden ihre Gemächer leer sein.

»Aber wir wussten doch, dass es so kommen muss«, sagte sie unverblümt. So dachte sie: Ich bin eine Frau. Ich muss heiraten. Wenn ich heirate, werde ich Sparta vielleicht verlassen. Was ist daran überraschend – an dem, was doch sein muss?

Dass sie es so einfach hinnahm – mich zu verlassen –, kränkte mich. »Aber Agamemnon!«, wandte ich ein. »Was ist mit dem ... mit dem ...«

»Mit dem Fluch?« Sie steckte die Schultern ihres Gewandes fest und schwieg, bis sie alles gut geordnet hatte. Dann drehte sie sich um und blickte mich forschend an. »Ich kann es nicht erklären. Nicht einmal mir selbst. Aber der Fluch ist einer der Gründe, weshalb ich ihn haben will.«

Ich war entsetzt. »Warum willst du Unheil über dein Haupt bringen?«

»Weil ich glaube, dass ich es vereiteln – sogar überwinden kann.« Sie hob den Kopf. »Es ist eine Herausforderung. Ich nehme diese Herausforderung an.«

»Aber du ziehst *unser* Haus in diesen Kreislauf der Zerstörung hinein! Oh, bitte tu das nicht!«

»Hast du vergessen, dass auch wir schlimme Prophezeiungen erhalten haben? Aphrodite hat Vater geschworen, dass seine Töchter mehrere Male heiraten und ihre Ehemänner verlassen werden – hat er dir das je erzählt? Wenn du die Absicht hast, deinem Gatten treu zu sein, wirst auch du versuchen, eine Prophezeiung herauszufordern und sie zu überwinden.«

Bitte geh nicht weg!, wollte ich sagen. *Lass mich nicht allein. Und heirate Agamemnon nicht. Ich mag ihn nicht!* Aber niemals hätte ich diese Worte ausgesprochen. Wenn eine Tochter das Haus verließ und heiratete, blieb immer ein leerer Platz in der Familie.

»Einen muss ich noch hinter mich bringen«, sagte sie lachend. »Und dann bekomme ich den Mann, den ich haben will.«

Der bedauernswerte letzte Bewerber, der Abgesandte eines kretischen Freiers, hatte wenig zu bieten. Niemand schenkte ihm viel Aufmerksamkeit, und so verdrückte er sich, als sein kurzer Vortrag zu Ende war. Er wusste – wie alle anderen –, dass die Entscheidung bereits gefallen war.

Als sich am Ende noch einmal alle Freier versammelten, überreichte Vater ihnen den bronzenen Kessel als Gastgeschenk und dankte ihnen. Dann gab er bekannt, dass seine Tochter Klytämnestra Agamemnon aus Mykene heiraten werde.

Die Worte *Agamemnon aus Mykene heiraten* klangen so furchtbar und endgültig, dass ich zusammenfuhr.

Sie heirateten zwei Monate später. Klytämnestra saß mit großer Freude in dem Hochzeitswagen, der sie nach Mykene brachte – entschlossen, die Prophezeiung zu besiegen, die sie erwartete.

Es war einsam ohne Klytämnestra, und anfangs freuten wir uns auf ihre Besuche. Aber sie blieb die meiste Zeit in Mykene. Die Reise zu uns war gerade so weit, dass man es sich doch zweimal überlegte, ehe man sie spontan unternahm. Meine Brüder bemühten sich, die Lücke zu füllen, und Vater war sichtlich zufrieden mit der Verbindung, die er zustande gebracht hatte. Es freute ihn auch, dass sein kleiner Plan mit der »schönsten Frau der Welt« in der Phantasie der Öffentlichkeit offenbar Wurzeln geschlagen hatte. Die abgewiesenen Freier verbreiteten die Kunde überall, und bald herrschte in den Köpfen der Griechen die inbrünstige Überzeugung: Helena, die Prinzessin von Sparta, ist die schönste Frau der Welt. Und so begannen sie, kaum dass Klytämnestra verlobt war, ihn zu fragen, wann ich denn bereit sei zu heiraten. Ich war erst elf, und Vater hielt sie hin – aber nicht, um mich zu Hause zu behalten und mir den Rest meiner Kindheit zu bewahren, sondern um den Preis in die Höhe zu treiben und weitere Freier anzulocken.

Mutter war liebevoller; sie hatte den aufrichtigen Wunsch, mich noch ein Weilchen länger bei sich zu behalten. Wie wir es erwartet hatten, war ich schließlich größer als sie. Und eines Tages eröffnete sie mir, dass ich auch ihre Schönheit überstrahle, und damit war sie zufrieden.

Sie sah mir ins Gesicht und sagte: »Eine Mutter glaubt immer, es wird wehtun, wenn sie ihren Thron eines Tages der Tochter überlassen muss, und darum sträubt sie sich dagegen. Aber wenn der Augenblick da ist, erscheint es ganz natürlich.« Sie strich mir das Haar glatt.

»Ich sehe keinen Thron, den du verloren hättest«, sagte ich beschwichtigend.

»Den Thron der Jugend, mein Liebes, und all die Reize, die

damit verbunden sind.« Sie legte den Kopf schräg. »Dir wird es vielleicht gar nicht so ergehen, vielleicht wirst du … anders alt.«

Vier Jahre später, ich war fünfzehn, entschied Vater, dass die Reihe nun an mir sei, das Ritual der Wahl eines Bräutigams zu vollziehen. Aber vorher wollte ich noch einen uralten Brauch befolgen, der auch zu meiner Zeit noch gelegentlich geübt wurde: den Wettlauf der unverheirateten Mädchen. Dieser Brauch, so hieß es, gehe bis zur Braut des Pelops zurück, des Großvaters Agamemnons. Vor ihrem Hochzeitstag sei sie mit fünfzehn Jungfrauen zu Ehren Heras, der Patronin der Ehe, um die Wette gelaufen. Danach weihten die Mädchen der Statue der Göttin ein Gewand.

Ich bat meinen Vater um die Erlaubnis zu diesem letzten Ritual der Kindheit und der Freiheit, die ich hinter mir lassen würde. »Du weißt ja, ich bin eine schnelle Läuferin«, sagte ich.

»Ja, aber –«

Meine Mutter unterbrach ihn. »Lass sie laufen«, sagte sie. »Schenke ihr diesen Tag!« Sie sah mich wissend an. »Ich hatte diese Gelegenheit nie.« Sie nahm mein Gesicht zwischen beide Hände. »Mein liebes Kind, du wirst laufen, frei am Ufer des Eurotas.« Sie lächelte geheimnisvoll. »Wie es dir angemessen ist.«

Weil ich dort gezeugt wurde?, dachte ich. Die Schwanenfedern lagen immer noch in ihrem Kasten; ich hatte kürzlich nachgesehen. Sie hatten nichts von ihrem blendenden Weiß verloren.

»Dann musst du zuerst ein Gewand für die Göttin weben«, sagte Vater.

Das war eine Freude für mich. Ich war inzwischen eine gute Weberin und hatte sogar gelernt, Muster in das Tuch zu weben. Für die Göttin würde ich eines schaffen, das ihren Lieblingsvogel zeigte, den Pfau. Das wäre eine Herausforderung, ja – aber ich würde es können. Aus reiner weißer Wolle, grün gefärbt mit Nessel und Moos, und mit einem blauen Rand.

Der Frühling hatte begonnen, für mich die schönste Zeit des Jahres. Winzige Blätter umgaben die Äste der Bäume mit einer grünen Aura, wenn die Sonne hindurchschien. Tausend kleine Blumen – weiß, golden und violett – leuchteten in den Wiesen. Und wieder stand ich am Ufer des Eurotas.

Bei mir waren fünfzehn andere Mädchen, allesamt von ihren Dörfern oder ihren Familien ausgewählt, weil sie schnelle Läuferinnen waren. Einige waren jünger als ich, andere älter. Am Tag des Wettlaufs war ich fünfzehn.

Ich wuchs nicht mehr. Ich war größer als die meisten. Wir alle trugen eine kurze Tunika, die nur bis zu den Knien reichte und die rechte Schulter frei ließ. Und wir waren barfuß.

Die Sonne fiel schräg durch die Weiden am Ufer, als wir uns zum Rennen aufstellten. Mit gesenktem Kopf baten wir Hera um ihren Segen und weihten ihr unsere Kraft.

»Ihr werdet am Ufer entlanglaufen, bis ihr den Felsen im Gerstenfeld erreicht. Dort biegt ihr nach links auf den Pfad am Feldrand. An seinem Ende wendet ihr euch wiederum nach links, bis ihr zu den beiden Schilden kommt, die als Tor aufgestellt sind. Zwischen ihnen wird ein Faden gespannt sein. Diejenige, die den Faden zerreißt, ist die Siegerin«, verkündete eine junge Hera-Priesterin.

Wir alle schoben den linken Fuß vor, bereit zum Loslaufen. Mir zitterten die Knie, aber nicht, weil ich Angst hatte zu verlieren, sondern weil ich darauf brannte zu rennen. Endlich konnte ich so schnell und so wild laufen, wie ich wollte, ohne dass mich etwas daran hinderte.

»Los!«, rief die Schiedsrichterin.

Ich stürmte los. Mein rechtes Bein war wie eine Bogensehne: Die bebenden Muskeln schnellten mich voran.

Wie kann ich beschreiben, wie leicht und wie frei ich mich fühlte, als ich so rennen durfte? Ich fühlte mich unglaublich stark, erfüllt von einer grenzenlosen Kraft. Was immer auf meinem Weg läge, ich würde darüber hinwegspringen. So stark war ich.

Der Fluss flog vorüber. Nur verschwommen nahm ich das

Wasser zu meiner Linken wahr. Ich rannte. Ich sah nur zwei andere Mädchen, eins rechts und eins links von mir.

Wir erreichten den Felsblock im Gerstenfeld und umrundeten ihn. Die beiden anderen waren immer noch an meiner Seite. Keuchend lief ich um den Stein herum und auf den geraden Pfad, der vor mir lag. Er gehörte mir.

Und noch größere Schnelligkeit steckte in mir; meine Beine bewegten sich flinker, als ich es ihnen befahl.

Atalanta. Sie ist Atalanta. Meine Brüder hatten mich mein Leben lang so genannt, wenn sie mich laufen sahen. Atalanta, die schnellste Frau, die je an einem Wettlauf teilgenommen hatte.

Doch niemand warf mir einen goldenen Apfel in den Weg, um mich abzulenken, wie Atalanta abgelenkt worden war. Der lehmige Pfad, ja, der Wettlauf überhaupt gehörte mir, und ich brauchte ihn nur anzunehmen. Ich befahl meiner Brust, die Luft einzusaugen, zu atmen, ich pumpte mit den Armen – und vor allem mobilisierte ich alle meine Kräfte.

Eine war vor mir. Sie war klein und stark; ihre kraftvollen Beine wirbelten über den Weg, und ich sah die Muskeln an den Oberschenkeln unter der kurzen Tunika. Sie war es. Sie war diejenige, die glaubte, sie werde gewinnen.

»Hera, hilf mir!«, rief ich.

Aber keine neue Kraft durchströmte meine Glieder. Wir erreichten das Ende des Gerstenfeldes. Das andere Mädchen und ich schwenkten wieder nach links, und in der Kurve waren wir einander so nah, dass ich den Schweiß auf seinen Schultern sehen konnte.

Meine Gegnerin schoss voran, und für ein paar quälende Augenblicke ließ sie mich auf dem Pfad hinter sich zurück. Vor uns sah ich die Schilde, die das Ziel markierten.

Jetzt!, sagte ich mir. Gib deine ganze Kraft! Sogar die, die du nicht hast.

Ich sah ihren Rücken. Ich befahl mir, ihn einzuholen. Ich befahl meinen Armen, noch härter zu pumpen.

Verringerte sich die Lücke? Ich rannte, so schnell ich konnte; ich befahl meinem Körper nichts mehr – ich *war* mein Körper.

Näher … immer näher. Ihr Rücken wurde größer, immer größer.

Ich hatte sie erreicht. Ich schaute zu ihr hinüber. Blanke Überraschung stand ihr ins Gesicht geschrieben.

Ich überholte sie und zerriss den dünnen Faden. Brach zusammen. Ich war besser und schneller gelaufen, als ich konnte. Etwas, was jeder Athlet kennt. Du warst so gut, wie du nur sein kannst, frohlockte ich. Nein, besser. Du hast mehr getan als dein Allerbestes. Wer kann das erklären?

Meine Jungfrauenschaft war vorüber. Sie endete mit dem Sieg in diesem Wettlauf. Das war mein Opfer an Hera: meine Schnelligkeit, meine Kraft. Mein Lauf, so frei wie der Wind.

IX

Sie kamen aus allen Himmelsrichtungen. Mutter sagte lachend, die Berge seien schwarz von ihnen – als sei ein Heuschreckenschwarm im Anzug. Sie sagte es mit Schaudern, aber auch mit einem Anflug von Stolz.

»Ich habe wirklich noch nie so viele Freier gesehen, die um die Hand einer einzelnen Frau anhalten wollen«, beteuerte sie, und es klang erfreut. Ich dagegen wünschte, es wären viel weniger gewesen.

Anders als bei der Werbung um Klytämnestra hatte Vater bestimmt, diesmal müsse jeder Freier ein Sinnbild seiner Person präsentieren, und er müsse seine Könnerschaft auf irgendeinem Gebiet unter Beweis stellen: sei es mit dem Schwert, mit dem Speer oder im Wettlauf, mit Gold, einer Krone oder der Verheißung künftiger Großtaten.

»Er wird hier zu uns sprechen, im Megaron.« Vater deutete in die frisch gestrichene Halle. Die dicken Säulen glänzten, und der Kamin war sauber geschrubbt. »Und dann magst du, Helena, ihn weiter befragen, so lange du willst.«

»Du wirst nachlässig im Alter!«, schalt Mutter. »Du willst Helena so lange sprechen lassen, wie sie will?« Aber sie sagte es beifällig. Es war nur recht und billig, dass ich den Mann ungehindert befragen durfte, bis ich zufriedengestellt wäre, statt mich meinem Vater oder meinen Brüdern zu fügen.

»Was nun die Männer angeht, die stellvertretend um dich werben – sie müssen antworten können, wie ihr Herr es tun würde. Wir müssen davon ausgehen, dass der Herr Vertrauen in die Worte seines Freundes hat. Vielleicht ist der Freund sogar wortgewandter als sein Herr und wurde deshalb auserwählt.«

»Darf ich ihn auch danach fragen?«

»Natürlich, aber sei darauf gefasst, dass er lügt. Seine Aufgabe ist es ja, dich zu erringen – vielleicht auch dadurch, dass er seinen Herrn anziehender erscheinen lässt, als er wirklich ist.«

»Ich glaube, ich werde niemanden erwählen, den ich nicht mit eigenen Augen gesehen habe«, entschied ich. »Männer, die Stellvertreter entsenden, verschwenden also ihre Zeit.«

Vater lachte. »Aber lass sie erst ihre Geschenke darbringen.«

Jetzt war es an der Zeit, es auszusprechen – zu sagen, was ich mir vorgenommen hatte. »Ich werde niemanden nehmen, der den Satz ›die schönste Frau der Welt‹ ausspricht«, verkündete ich. »Er wird es nur tun, um dir zu gefallen. Außerdem stimmt es nicht; also lügt er auch noch.«

Vater wirkte beunruhigt, aber dann sagte er: »Diesen Vorsatz kannst du im Stillen fassen. Wir werden ihn nicht bekanntgeben.«

Noch heute muss ich lächeln, wenn ich an die Bewerber denke. Alles in allem waren es ungefähr vierzig. Und was für ein Panoptikum! Ihr Alter reichte von sechs (!) bis sechzig. Der Älteste und der Jüngste waren zwei, die selbst nicht als Brautwerber kamen, sondern welche begleiteten: Nestor, der König von Pylos, mindestens sechzig, erschien mit seinem Sohn Antilochos, und Patroklos brachte den Jungen mit, in dessen Haushalt er lebte: den sechsjährigen Achilleus.

Ein massiger Klotz von einem Mann war da, Ajax aus Salamis.

Aus Kreta kam ein vornehmer Mann, Idomeneus, der König war, aber dennoch persönlich in einem Schiff mit schwarzen Segeln anreiste, um meine Hand zu gewinnen. Da war ein Rothaariger mit mächtig gewölbter Brust: Odysseus aus Ithaka. Männer von jeder denkbaren Gestalt und Wesensart versammelten sich unter unserem Dach. Jeder Freier konnte einen ganzen Tag für sich beanspruchen, und dies bedeutete vierzig Tage gastliche Bewirtung durch Vater.

»Wir sollten uns einen Reichen aussuchen«, murrte er am ersten Nachmittag, als er den Vorhang lüftete, um ins Megaron hinauszuspähen und zu sehen, wie viele da versammelt waren. »Damit mir die Kosten erstattet werden!«

Jetzt mussten wir unsere Plätze auf den Thronen auf der einen Seite der Halle einnehmen. Mein Haar war unter einem Schleier verborgen, und auch meine Schultern waren bedeckt, aber ich machte mich dennoch darauf gefasst, dass sie mich wie immer stumm anstarren würden.

Liebe Persephone, betete ich im Stillen, bitte, kann denn nicht einer von ihnen *lachen*? Ich schwöre dir, ich werde mich auf der Stelle in ihn verlieben.

»Ich grüße euch«, sagte Vater und schaute sich in aller Ruhe in der Halle um. Die Freier standen ringsum an den Wänden. Manche hielten sich im Schatten, und ich konnte ihre Gesichter nicht klar erkennen, aber es gab deutliche Unterschiede in der Größe. Der Mann, den ich später als Ajax kannte, überragte sie alle um einen Kopf, und Odysseus war beinahe ebenso viel kleiner als die anderen. Da war ein riesiger Mann, der die Gestalt eines Ölkrugs hatte; wie sich herausstellte, war es Elephenor aus Euböa. Zum ersten Mal gewahrte ich Patroklos, einen gut aussehenden jungen Mann, der den finster dreinblickenden Knaben an seiner Seite hielt. Damals dachte ich nur: Was will dieses missmutige Kind hier?

»Ihr erweist uns die Ehre, euch um die Hand meiner Tochter Helena zu bewerben«, sagte Vater. »So lasst uns ein Trankopfer darbringen, bevor wir mit dem Wettstreit beginnen.« Er winkte einem Diener, der ihm ein Rhyton mit unverdünntem Wein reichte. Feierlich goss er den Wein in ein Becken im Boden neben dem Thron und bat die Götter, mit Wohlgefallen auf uns zu schauen.

»Wer wird der Erste sein?« Diesmal ließ er sie selbst die Reihenfolge bestimmen.

Sprachlos standen sie da. Einige starrten mich immer noch an.

»Kommt, kommt, ihr Krieger, warum so zaghaft?«, fragte Vater. »Wer zuerst spricht, ist zuerst fertig und kann sich den Rest der Zeit vergnügen.«

Elephenor, der rundliche Mann aus Euböa, trat schüchtern vor. »Also gut, großer König.« Er verneigte sich und glotzte mich an, als sei er nicht recht bei Trost – genau wie die Leute in Sparta vor all den Jahren. »Aber ich bin kein Krieger.« Er zuckte die Achseln. »Ich kann nur sagen, wenn Helena mich erwählen sollte, würde sie ein ganz gewöhnliches Leben führen, in dem jeder Tag in Frieden vergeht.«

Aber so ein Leben hatte ich schon, und ich sehnte mich danach, ihm zu entrinnen. Der Rest seines Vortrags verging fast ungehört, denn das Leben, das er mir bot, verlockte mich nicht, und für Vater war er nicht reich genug.

Als sein Auftritt zu Ende war, wehte der Duft von gebratenem Ochsen herein, und es wurde Zeit, zum Festschmaus hinauszugehen. Draußen drehten sich mehrere Spieße über dem Feuer, und Rauchwolken stiegen zum Himmel. Jeden Abend würde Vater jetzt solche Kost auftischen müssen.

»Helena!« Plötzlich fühlte ich mich fest umarmt. Ich drehte mich um und sah, dass es Klytämnestra war. »Wir sind auch da! Menelaos freit um dich!« Sie sprach leise und aufgeregt. »Natürlich nicht persönlich. Agamemnon wird ihn vertreten.« Hinter ihr stand ihr Gemahl. In den vier Jahren seit ihrer Hochzeit war er schwerer und röter geworden.

»Ich grüße dich, großer König«, sagte ich pflichtschuldig. Ich hatte so wenig Umgang wie möglich mit meinem Schwager gepflegt, wenn Klytämnestra und ich uns gegenseitig besucht hatten. Mykene war ein düsterer Ort, ein grauer Palast aus schwerem Stein in der Furche zwischen zwei steilen Berghängen in Argos. Abgesehen von der Gelegenheit, einen Ausflug zu unternehmen – ich verließ Sparta ja nur selten und nur in einem geschlossenen Wagen, damit niemand mich zu Gesicht bekommen konnte –, reizte mich dort nichts. Viel lieber hatte ich es, wenn Klytämnestra mich besuchte und ihre kleine blonde Tochter Iphigenie mitbrachte.

Auch Menelaos hatte ich nur selten gesehen; anscheinend war er nie in Mykene, wenn ich dort war, aber Klytämnestra hatte in glühenden Worten von ihm gesprochen und ihn auf subtile Weise schon immer gepriesen.

»Warum kommt er nicht selbst?« Ich dachte an unser kleines Gespräch im Mondschein vor langer Zeit.

»Grenzstreitigkeiten mit Sikyon«, sagte Agamemnon. »Er ist mit ein paar Soldaten hingeritten, und wir wissen nicht, wie lange es dauern wird.« Seine Stimme, die niemals angenehm war, klang unnatürlich laut. Ich musste immer an einen schnaubenden Stier denken.

»Nein, er ist einfach schüchtern«, flüsterte Klytämnestra mir zu. »Er mag keine Wettkämpfe. Er schneidet nicht gut dabei ab.«

»Ich werde für ihn sprechen«, dröhnte Agamemnon. Mehrere Köpfe drehten sich nach ihm um.

»Willkommen!« Vater breitete die Arme aus. »Willkommen, mein bester Schwiegersohn.«

»Dein einziger Schwiegersohn.« Agamemnon sprach gern das Offensichtliche aus. »Aber nicht mehr lange.«

In dem großen Hof herrschte reges Treiben. Manche Gesichter waren im gelben Fackelschein deutlich zu sehen, andere lagen im Schatten. Nur wenige Frauen waren dabei; eine Handvoll Bewerber hatte Schwestern oder Cousinen mitgebracht, aber die meisten Männer waren allein. Ich sah, dass viele der Krieger ihre Ausrüstung dabeihatten; wahrscheinlich wollten sie sie bei ihrem Auftritt benutzen.

»Heil dir, großer König von Sparta.« Der rothaarige Mann mit der kräftigen Brust trat Vater entgegen und hob grüßend den Becher. »Auch dir, gnädigste Königin«, fügte er hinzu und verneigte sich vor Mutter.

»Heil dir, Odysseus von Ithaka«, sagte Vater. »Welche Überraschung hast du unter deinem Helm verborgen? Was für eine Vorstellung hast du dir für uns ausgedacht?« Er hielt seinen Becher hoch, und sofort schenkte ein Diener ihm nach.

»Gar keine, Hoheit«, antwortete Odysseus. »Ich weiß doch, dass ich mich mit diesen reichen Männern nicht messen kann, die aus ganz Griechenland und über das Ägäische Meer hergekommen sind. Ithaka ist eine arme Insel, steinig und unfruchtbar. Nein, ich habe nichts zu bieten.«

»Ich bitte dich«, sagte Vater. »Du hast den weiten Weg von deiner Insel vor der Westküste hierher doch nicht gemacht, wenn du nichts zu bieten hast.«

Odysseus lächelte. »Nur meinen Rat, Herr, nur meinen Rat. Er soll dir helfen, wenn du deine Wahl triffst.«

Vater stöhnte. »Rat erhalte ich schon genug. Bitte erspare mir deinen, wenn du mein Freund bleiben willst.«

»Aber mein Rat wird dir helfen, dir die Männer, die hier versammelt sind, als Freunde zu erhalten. Ohne ihn wird es Feindschaft geben.«

Vater schaute ihn scharf an. »Was meinst du damit?«

»Ich meine, dass die Verlierer deine Entscheidung vielleicht nicht akzeptieren. Kann sein, dass ihre Waffen dann plötzlich nicht mehr Werkzeuge zu einem freundschaftlichen Wettkampf sind, sondern tödlichen Absichten dienen.«

Mutter sog die Luft zwischen den Zähnen ein und griff sich an die Kehle. Aber sie riss die Augen nicht auf und zuckte auch nicht mit der Wimper.

Ich wusste, dass wir alle – Vater, Mutter und ich – in diesem Augenblick die schrille Stimme der Sibylle Herophile hörten: *Ihretwegen wird ein furchtbarer Krieg geführt werden, und viele Griechen werden sterben.* Aber Odysseus hatte diese Worte nicht gehört; er konnte davon nichts wissen.

»Und was schlägst du mir vor?« Vater sah Odysseus durchdringend an.

»Ah! Bevor ich das offenbare, musst du mir versprechen, dass ich dafür etwas bekomme.«

Vater grunzte. »Ich wusste es. Du willst etwas.«

»Natürlich. Aber nicht Helenas Hand. Ich bin ihrer nicht würdig« – er sah mich an und lächelte –, »aber vielleicht könnte ich auf andere Weise zu deiner Familie gehören.«

»So sprich doch! Sprich es schon aus, was immer du willst!« Ich sah Vater an, dass ihn die hässliche Aussicht auf Auseinandersetzungen, wie Odysseus sie beschrieben hatte, beunruhigte. Dunkle Wolken erfüllten seine Gedanken.

»Ich möchte, dass du bei deiner Nichte Penelope für mich sprichst«, sagte Odysseus. »Sie ist es, die ich heiraten will.«

Vater war erleichtert. »Das ist alles?«

»Für mich bedeutet es alles.«

»Gut. Ich werde mein Bestes versuchen, um deine Werbung voranzubringen. Mögen die Götter das Übrige tun! Und jetzt zu deinem Teil des Handels.«

»Ganz einfach. Um jedem Ärger aus dem Weg zu gehen, wirst du verkünden, dass alle Freier schwören müssen, Helenas Wahl zu respektieren und sich damit zufriedenzugeben. Wenn dann einer versucht, Einwände zu erheben oder die Heirat zu verhindern, werden alle anderen Krieg gegen *ihn* führen.«

»Aber warum sollten sie sich dazu bereitfinden?«

»Weil Männer Männer sind: Jeder wird glauben, dass er den Sieg davontragen und den Vorteil aus diesem Eid haben wird.«

»Du sagst ›Helenas Wahl‹«, bemerkte ich leise.

»Ganz recht, kleine Schönheit«, sagte Odysseus. »Es muss deine Wahl sein. Dann kann deinem Vater niemand etwas verübeln.«

»Aber das hat es noch nie gegeben!«, wandte Mutter ein.

»Ich bin sicher, sie wird auf den klugen Rat ihrer Eltern hören«, sagte Odysseus beinahe augenzwinkernd. »Aber letzten Endes« – er sah mich wieder an – »bist du diejenige, die es aussprechen muss. Du musst sagen: ›Ich erwähle dich als meinen Ehemann.‹«

Bei dieser Aussicht empfand ich plötzlich eine seltsame Erregung.

Odysseus wandte sich ab und verschwand zwischen zwei großen Männern.

Ein hochgewachsener, runzliger Mann mit wippendem Kopf schlängelte sich auf uns zu. Gewandt schob er sich seitwärts durch das Gedränge und redete dabei unaufhörlich auf einen anderen ein.

»Ah, dich wiederzusehen, das war die Reise von Pylos wert!«, rief er und hob beglückt die Arme. »Ah, und unterwegs gab es Bauarbeiten auf der Straße, deshalb mussten wir einen Umweg nehmen. Aber es war nicht so rau wie damals in der Schlacht gegen die Epeer, als mein Wagen ein Rad verlor – weißt du noch? Nein, du warst zu jung, du warst nicht dabei. Nun, mir scheint –«

»Ich grüße dich, König Nestor«, sagte Vater, als Nestor Luft holen musste. »Sei uns willkommen! Aber wir dachten, du hast schon eine Ehefrau.«

Eine, die hoffentlich taub ist, dachte ich.

»Oh ja! Oh ja, die habe ich. Mein Sohn ist es, der hier ein Weib sucht. Antilochos.« Er schlug dem jungen Mann an seiner Seite auf die Schulter, und dieser zuckte zusammen.

Antilochos war mittelgroß, und sein Antlitz war eins von denen, die man nicht angenehm findet – ob es am Ausdruck lag oder an den Konturen von Nase, Wangen und Augen, ist schwer zu sagen. Aber ich hatte das Gefühl, dass es ein Gesicht war, dem ich vertrauen konnte.

»Und auf welche Weise wollt ihr am Wettstreit teilnehmen?«, fragte Vater abrupt. Was Odysseus über einen möglichen Streit gesagt hatte, beschäftigte ihn immer noch.

»Wie denn – soll ich ihm die Überraschung verderben?« Nestor drohte Vater mit dem Finger. »Wirklich, Tyndareos, ich muss mich über dich wundern. Du solltest es besser wissen.«

»Du bist nicht *mein* Vater, Nestor. Ich bitte dich, maßregle mich nicht!«, sagte Vater.

»Ich werde mich entweder als schneller Läufer oder als Wagenlenker vorstellen«, sagte Antilochos rasch. »Aber was von beidem es sein wird, verrate ich noch nicht.«

»Oh, er ist der Schnellste von allen – er gewinnt jeden Wettlauf …«

Vater entfernte sich und ließ Nestor einfach weiterreden. Ich hatte Mühe, nicht laut zu lachen.

Die Abendluft war kühl und mild, und über uns funkelten die Sterne wie Silberstaub. Manche verschwanden hinter den Rauchwolken der Feuer, über denen sich die Bratspieße drehten. Wind kam auf; bald würde ich einen leichten Mantel brauchen.

»Ich habe noch nie einen Wettlauf verloren und auch keinen Ringkampf …«

»Was? Du warst noch nicht bei dem Orakel in Dodona? Wie schade! Wohin gehst denn du?«

»Ich habe einen Tempel gefunden, der keine Blutopfer verlangt; die Göttin dort ist mit Getreide und Milch zufrieden. Da spare ich ein Vermögen! Soll ich dir sagen, wo es ist?«

Wie unterhaltsam, einfach still dazustehen und diese Gesprächsfetzen aufzuschnappen, diese entlarvenden kleinen Schnipsel der Sorgen anderer Leute!

»Wann ist es denn so weit? Beim Hermes, ich falle gleich in Ohnmacht!« Der krugförmige Elephenor rieb sich den Bauch. Er stieß einen grollenden Hungerrülpser aus und gab sich keine Mühe, ihn zu unterdrücken. Er schlängelte sich an eins der Feuer heran, beäugte eine Platte mit Fleisch, das die Diener jetzt von dem Braten abschnitten, und riss dann ein fetttriefendes Stück an sich. Er zerriss es mit den Fingern und stopfte sich die Fetzen in den Mund.

»Halt!« Plötzlich stand ein Junge vor ihm, der ihm gerade bis zur Hüfte reichte. »Aufhören! Das ist ungezogen!«

Elephenor senkte den Kopf und spähte über seinen Bauch hinweg nach unten, um zu sehen, wer ihn da anredete. »Was?«, brummte er, den Mund voller Fleisch.

»Ich habe gesagt, es ist ungezogen, sich so zu bedienen! Bist du ein Dieb? Du benimmst dich so!« Der Junge funkelte ihn an.

»Wer spricht so mit Elephenor aus Euböa?« Hastig schlang Elephenor das Fleisch herunter.

»Achilleus aus Phthia«, antwortete der Junge.

»Wer zum Hades ist Achilleus – aus Phthia?« Wie er Phthia sagte, klang es, als spucke er aus.

»Der Sohn des Peleus und der Göttin Thetis!«

»Er braucht eine Tracht Prügel, wer immer er ist.« Elephenor drehte sich um und wischte sich verstohlen die fettigen Hände am Gewand ab.

»Das habe ich auch gesehen!«, schrie der Junge.

Elephenor wirbelte herum wie eine dicke Melone und beugte sich herunter. »Genug jetzt! Wenn du nicht den Mund hältst, werde ich dich verhauen. Wo ist deine Mutter?«

»Ich habe doch gesagt, sie ist eine Göttin, und –«

»Still, Achilleus!« Ein hochgewachsener Jüngling kam herbei. »Lass diesen Mann in Ruhe!« Er wandte sich an Elephenor. »Bitte verzeih ihm.«

»Nein, das werde ich nicht tun. Er ist ein großmäuliger Rotzlöffel.« Elephenor richtete sich wieder auf. Er hatte dunkle Fettflecken an den Seiten seiner Tunika.

»Und er ist ein ungehobelter Dieb!«, rief Achilleus. »Du bildest dir hoffentlich nicht ein, dass die Prinzessin *deine* fettige Hand nimmt.«

»Das reicht«, sagte der Begleiter des Jungen. Er hatte eine beruhigende Wirkung auf das Kind.

»Schon gut, Patroklos.« Ich war überrascht, dass der Junge sich so leicht fügte. Plötzlich entdeckte er mich. »Da ist Helena«, rief er und zeigte auf mich.

»Oh. Ja.« Patroklos nickte mir zu. »Prinzessin, ich wage nicht, vor meiner Zeit vertraulich mit dir zu sprechen. Ich möchte nicht anmaßend sein.«

Er gefiel mir. »Es wäre unaufrichtig, wenn du es nicht tätest. Und es wäre – wie heißt dein Lieblingswort, Achilleus? – ungezogen, wenn wir tun wollten, als sähen wir einander nicht. Außerdem« – Odysseus' Rat, ich solle die Wahl selbst treffen, machte mich kühn – »steht es mir frei, mit jedem zu sprechen, jederzeit, solange hier alle versammelt sind.«

»Aber ich muss einer der Jüngsten unter den Freiern sein«,

sagte Patroklos. »Es soll nicht so aussehen, als nähme ich mir etwas heraus, was mir nicht zukommt.«

»Wie alt bist du denn?« Jetzt, da er davon angefangen hatte, musste ich ihn fragen.

»Vierzehn«, gestand er.

Er sah älter aus. Das sagte ich ihm.

»Kein Wunder«, sagte Achilleus. »Er hat einen Spielkameraden getötet, als er noch jünger war, und da hat sein Vater ihn zu mir und meinem Vater gebracht und ihn zu meinem Knappen gemacht. Er wird seit Jahren als Mann behandelt.«

»Es war ein Unfall«, sagte Patroklos leise. »Ich wollte ihm nichts tun.«

»Aber vergossenes Blut muss gerächt werden«, sagte ich. »Ich bin froh, dass du einen sicheren Aufenthalt gefunden hast.« Ich wusste, was Blutfehden waren, wusste, dass Verwandte einen Todesfall sühnen mussten, auch wenn es versehentlich dazu gekommen war. Nur wer in ein anderes Land flüchtete und sich um Läuterung an einen Gott wandte, konnte weiteres Blutvergießen abwenden. Um die Stimmung aufzuhellen, sagte ich: »Dann bist du nicht der Jüngste. Ich habe gehört, es gibt hier einen ernsthaften Freier, der erst zehn ist.« Irgendwie hatte ich den Verdacht, dass die Stimmung nie sehr hell war, wenn Achilleus zugegen war.

»Dann müsst ihr ihn in einen Keller bringen und dort reifen lassen«, sagte Patroklos. »Wie Wein.«

Wir lachten, und der Abend erschien plötzlich milder.

X

Die Trankopfer waren dargebracht, die Plätze eingenommen, die Gesichter sahen frisch und ausgeschlafen aus. Vater stand vor seinem Thron im Megaron, und vierzig Männer warteten auf das, was er sagen würde.

»Einer unserer Gäste hat gestern zu uns gesprochen – der edle Elephenor.« Er nickte dem Mann zu, der jetzt ein sauberes Gewand trug. »In den Tagen, die vor uns liegen, werden noch viele sprechen. Aber bevor der Nächste seinen Platz vor uns einnimmt, habe ich beschlossen, den Wettbewerb um eine neue Bedingung zu erweitern.«

Unbehagliches Schweigen legte sich über die Versammlung, die gerade noch frohen Mutes gewesen war. Ich beobachtete Vater. Er wirkte stets so sicher, und ich fragte mich, wie es wohl sein mochte, wenn ich selbst meiner Handlungen immer so gewiss wäre. Es schien ihm überhaupt nichts auszumachen, die Regeln zu ändern, nachdem der Wettbewerb schon begonnen hatte.

»Ihr seid vierzig – und neununddreißig werden enttäuscht werden. Enttäuschte Männer neigen dazu, ein Ergebnis, das ihnen missfällt, nicht hinzunehmen. Unter so starken und geübten Kriegern könnte so etwas zu einem hässlichen Streit führen. Aber ich möchte, dass jeder hier so unversehrt nach Hause zurückkehrt, wie er hergekommen ist.«

In der Pause, die jetzt folgte, begannen einige zu murren, aber dann sprach Vater weiter, und die Männer schwiegen. »Deshalb soll klar sein, wer am Ende die Wahl getroffen hat. Nicht ich. Es wird Helena sein. Und gewiss könnt ihr die Entscheidung der Frau, die ihr zu lieben behauptet, auch hinnehmen.«

Alle starrten ihn an. So etwas war noch nie da gewesen. War er ein Feigling, der Angst hatte, eine Entscheidung zu treffen und dazu zu stehen, dass er sich hinter seiner Tochter versteckte?

»Es ist Helenas Wunsch.« Vater sah mich an. »Helena?« Er winkte mir.

Ich stand auf. »Ich werde meinen Gemahl selbst erwählen«, sagte ich langsam. »Denn ich muss den Preis zahlen, wenn die Wahl falsch ist. Ich werde doppelt umsichtig sein, mit doppelter Sorgfalt darauf achten, dass mein eigenes Glück nicht in Gefahr gerät.«

Vater machte ein zufriedenes Gesicht. Ich setzte mich wieder und umklammerte die Armlehnen meines Throns. Meine Hände waren kalt.

»Ich verlange noch mehr«, sagte Vater. »Ihr alle müsst schwören, dass ihr Helenas Wahl akzeptieren werdet, und sollte jemand – irgendjemand, ganz gleich, wer er ist – ihre Entscheidung anfechten oder versuchen, sich ihr zu widersetzen, dann müsst ihr alle den Auserwählten verteidigen, wenn es nötig ist, auch mit Waffengewalt.«

»Was?«, schrie Ajax aus Salamis, der klobige Riese. »Du beleidigst uns!«

Statt zu widersprechen, legte Vater nur den Kopf schräg. »Vielleicht, auch wenn das nicht meine Absicht ist. Ich habe Prophezeiungen zu berücksichtigen, über die ihr nichts weiter zu wissen braucht, und so kann ich sicherstellen, dass der Friede gewahrt bleibt. Glaubt mir, es ist zu eurem eigenen Besten – ob ihr es versteht oder nicht.«

Ajax grunzte.

»Jetzt müsst ihr hingehen und den Eid ablegen«, sagte Vater, »bevor wir fortfahren. Wer mir nicht zur heiligen Stätte folgen möchte, mag seine Brautwerbung zurückziehen.«

Die ganze Gesellschaft folgte Vater aus dem Megaron und weiter zum Palasttor hinaus. Drei Priester führten ein Pferd zur Opferstätte, ein stämmiges kleines Pferd aus Thessalien. Nun würde sein Blut vergossen werden, um diese Männer an ihren Eid zu binden und einen Krieg zu verhindern – jenen furchtbaren Krieg, von dem nur Vater wusste.

Manche glauben, das Schicksal stehe fest und nicht einmal Zeus könne es ändern. Andere wiederum halten es für fließend und stets sich wandelnd. Aber wenn uns ein grausiges Geschick erwartet, liegt es in unserer Natur, dass wir versuchen, es zu ändern, oder ihm zumindest nicht freiwillig entgegengehen.

Es lag ein gutes Stück weit entfernt von Sparta; ich hatte nicht damit gerechnet, so weit laufen zu müssen. In stummer Prozession wanderten wir den langen Berghang hinunter und an der Stadt vorbei. Viele Leute kamen heraus und beobachteten unseren Zug. Es war kühl für die Jahreszeit, und mich fröstelte in meinem leichten Wollmantel. Ich ging zwischen Vater und Mutter; Kastor und Polydeukes waren hinter uns, und gleich hinter ihnen folgten Klytämnestra und Agamemnon.

Vater stapfte mit grimmigem Gesicht voran und Mutter ebenfalls. Offenkundig spürten sie mit jedem Schritt, dass sie das Orakel herausforderten und gegen den Willen der Götter verstießen. Aber sie mussten es tun.

Eine schattige Lichtung an der Flanke eines felsigen Hügels, ein schmaler, kalter Wasserfall an der einen Seite: genau der Ort, den eine Baum- oder Wassernymphe ihr Zuhause nennen würde. Dunkle Zypressen säumten das Tal, und federndes Moos bedeckte den Boden. Schweigend wie bei der Zeremonie der Mysterien bildeten die Männer einen Kreis auf der Lichtung. Vater nahm den Zügel des Pferdes und führte es in die Mitte. Das Tier erschauerte und atmete bebend aus; seine Flanken zuckten, und kleine Wellen wanderten über sein Fell.

»Fangt an!« Vater nickte den Priestern zu. Mit Bronzeschwertern und Messern in den Händen traten sie vor. Der eine verdrehte das Halfter des Pferdes und zwang seinen Kopf nach hinten, sodass die Kehle ungeschützt war. Der Zweite streichelte den Widerrist und murmelte beruhigende Worte. Der Dritte handelte blitzschnell: Mit einem langen Schwert schnitt er dem Tier in einer einzigen Bewegung die Kehle durch. Das Pferd bäumte sich auf, brachte aber keinen Laut hervor. Es brach in die Knie, der Kopf kippte nach vorn und schlug krachend auf den Boden. Eine Blutfontäne schoss aus dem Hals, so viel Blut, dass der Kopf in dem roten Schwall verschwand. Eine Dampfwolke stieg von dieser Flut auf, als ihre Wärme sich mit der kalten Luft mischte, und ein heftiger Metallgeruch verbreitete sich.

Eine Blutlache umgab das Pferd; es lag da wie auf einem roten Segel. Als ein paar Augenblicke vergangen waren, ohne dass es sich regte, gab Vater den Priestern ein Zeichen. Sie traten in den Blutkreis und begannen das Pferd zu zerlegen; mit kurzen Messern durchtrennten sie Gelenke und Gliedmaßen und legten die Eingeweide frei. Das Einzige, was man auf der Lichtung hörte, war das Hacken und Sägen ihrer Klingen, das Reißen der Sehnen, das Brechen der Gelenke und das Gurgeln des weichen Gewebes, das seinen Inhalt ergoss.

Methodisch verteilten die Priester die Teile des Pferdes im Kreis und zogen sich dann zurück. Ihre Beine waren blutbeschmiert bis zu den Knien, ihre Gewänder vom Schleim der Eingeweide durchtränkt.

Vater hob die Arme. »Nehmt eure Plätze ein«, befahl er den Männern. »Für jeden ist ein Stück da. Ihr müsst euch dazustellen und einen feierlichen Eid schwören.«

Obwohl viele von ihnen kampferprobte Krieger waren, machten die Männer bei diesem grausigen Ansinnen unbehagliche Gesichter. Sie wechselten Blicke, schauten dann wieder Vater an und traten langsam vor. Jeder stellte wenigstens einen Fuß auf die blutigen Kadaverteile.

»Ich schwöre vor allen, die hier versammelt sind, und vor den Göttern auf dem hohen Olymp, dass ich Helena von Sparta und ihren erwählten Ehemann gegen jeden verteidigen werde, der ihnen unrecht tun will«, intonierten sie in einem Chor von tiefen Stimmen.

»So soll es sein«, sagte Vater und wandte sich den Priestern zu. »Vergrabt das Pferd!«, befahl er. »Und errichtet einen Hügel als Mahnmal, das an diesen Tag und diesen Eid erinnert!« Dann lächelte er. »Jetzt lasst uns zum Palast zurückkehren.« Sein Lächeln war beinahe das Schlimmste von alldem – als habe er Gott gespielt und unser Schicksal erfolgreich geändert.

XI

Ein frischer Tag, rein und von den Göttern geschaffen für uns, und ein Pferdekadaver vermoderte unter einem Erdhaufen.

Wir versammelten uns zur Fortsetzung des Wettstreits in

unserem sauberen und warmen Megaron. Die Reihe war an Ajax von Salamis.

Agamemnon saß bei den Männern, aber Klytämnestra war bei mir, und Mutter hatte den Platz zur Rechten meines Vaters.

»Er kann wahrscheinlich nicht mal sprechen«, tuschelte Klytämnestra mir ins Ohr. »Er hat etwas von einem … Tier an sich.«

Ich musste ihr zustimmen. Er war ein großer Mann; die meisten anderen reichten ihm nicht einmal bis an die Schultern. Sein übergroßer Kopf mit dem seltsam kleinen Gesicht glich tatsächlich dem Schädel eines Stiers. Unter seinem dichten, widerspenstigen Haarschopf verbargen sich womöglich kleine Hörner. Mit Schaudern dachte ich an den Minotaurus, den grausigen Spross einer Frau und eines Stiers.

Ajax trat an seinen Platz; als er sich den Mantel über die Schulter schwang, gelang es ihm, gleich drei anderen den Saum ins Gesicht zu schlagen. Sie wichen zurück und prallten gegen die Männer hinter ihnen.

»Verzeihung!« Ajax machte eine steife Verbeugung, die aussah, als knarre eine Tür in ihren Angeln. »Großer König, Königin, Prinzessin …« Er begann mit seiner förmlichen Vorstellung: Er sei Ajax, Sohn des Telamon, König von Salamis. »Ich bin sehr stark!«, verkündete er, als sei das nicht für jedermann ersichtlich. »Und warum bin ich so stark? Wegen Herakles! Jawohl, Herakles besuchte einst meinen Vater, und er breitete sein berühmtes Löwenfell aus, stellte sich darauf und verhieß meinem Vater, sein neugeborener Sohn werde so stark werden wie dieses Löwenfell!« Ajax blickte stolz in die Runde. »Ja, in Nemea haben sie immer noch ein Stück von diesem Fell, aber ich wurde von seiner Kraft geformt!« Er nickte, sehr zufrieden mit sich. »Und ich habe einen besonderen Schild. Er heißt … der Schild des Ajax.« Ehe ich es verhindern konnte, hatte ich leise gelacht.

Meine Heiterkeit verwirrte ihn. »Aber Prinzessin – so heißt er! Er besteht aus sieben Schichten Stierhaut, und er … Aber warte, ich werde ihn zeigen!« Überraschend behände sprang er davon, um seinen Schild zu holen.

Jetzt lachten alle ganz unverhohlen, aber sie verstummten, als Ajax mit dem gigantischen Schild auf der Schulter zurückkehrte. Er pflanzte ihn vor sich auf, und der Schild stand da wie ein Turm. »Tychios, der beste Lederhandwerker von allen, hat ihn aus den Häuten von sieben Stieren gefertigt. Und darüber liegt eine Schicht aus Bronze. Nichts kann ihn durchdringen!« Er hob ihn hoch und stampfte damit auf den Boden.

»Was sollte einer Frau an seinem siebenhäutigen Schild liegen?«, fragte Klytämnestra kichernd. »Wahrhaftig, werden Männer jemals verstehen, was einer Frau gefällt?«

»Ich danke dir, Ajax«, rief Vater über das Dröhnen des Schildes hinweg. »Und was bringst du als Brautpreis für Helena? Es sei denn, es wäre dieser Schild …«

»Ich … Große Taten! Ich habe große Taten zu bieten. Mein Talent ist der Viehdiebstahl. Rinder bedeuten Reichtum. Ich kann dir viele Rinder bringen, geraubt aus Trözen und Epidauros, aus Megara, Korinth und Euböa.«

»Du erbietest dich, mein Land zu plündern?«, rief Elephenor. »Wie kannst du es wagen?« Er stürzte sich auf Ajax, aber der wischte ihn beiseite wie ein lästiges Insekt. Der rundliche Mann, der scheinbar nicht ins Wanken zu bringen war, flog zurück.

»Ajax …« Mein Vater wählte seine Worte sorgfältig. »Es schickt sich nicht, Diebesbeute als Brautpreis anzupreisen.«

Ajax machte ein verdutztes Gesicht. Hinter ihm rappelte Elephenor sich auf und wollte von neuem auf ihn losgehen. »Aber die Beute, die man in der Schlacht erringt, ist die kostbarste von allen!«

»Salamis liegt nicht im Krieg mit Euböa und auch nicht mit Korinth oder Epidauros«, sagte Vater. »Haben wir nicht eben noch geschworen, Streit und Krieg zu vermeiden?«

Ich erhob mich, schaute Ajax an und schenkte ihm ein hoffentlich ausgleichendes Lächeln. »Ich möchte nicht, dass man mir jemals Gewalttaten zu Füßen legt«, erklärte ich.

»Oh!« Ajax' Gesicht wurde fast so dunkel wie sein Bart. »Nun, wenn du den großen Ajax verschmähen willst …« Er wandte sich schroff ab, schleifte seinen Schild durch die Menge hinter sich her und stolzierte hinaus.

»Sei froh!«, sagte Mutter zu mir. »Stell dir seine Wutausbrüche vor, und stell dir vor, du müsstest sie über dich ergehen lassen.«

Das stellte ich mir lieber nicht vor. Von mir aus sollte der Stiermensch sich zurückziehen und Sparta verlassen.

Der dritte Tag der Brautwerbung: Der Freier war Teukros, der Halbbruder von Ajax und ebenfalls ein Sohn des Telamon, aber offensichtlich erst nach dem segensreichen Besuch von Herakles geboren. Er war von durchschnittlicher Größe und Körperkraft; ihm war keine Verheißung auf dem Löwenfell zuteil geworden. Desto besser gefiel er mir.

Ich betrachtete ihn aufmerksam. Er war von ansprechendem Äußeren und in einem guten Alter – vielleicht fünf oder sechs Jahre älter als ich, also ungefähr zwanzig. Sein Haar glänzte golden, und seine Augen waren grün gesprenkelt.

»Oh, diese Trojaner!«, schnurrte Klytämnestra. »Niemand sieht so gut aus wie sie.«

»Er ist kein Trojaner«, flüsterte ich zurück.

»Er ist zur Hälfte Trojaner«, antwortete sie. »Und wenn einer, der nur ein halber Trojaner ist, so gut aussieht, dann möchte ich einen reinblütigen Trojaner sehen!« Es klang sehnsüchtig, wie sie redete.

»Wer ist denn seine Mutter? Den Vater hat er mit Ajax gemeinsam.« Ich hätte das alles vorher studieren sollen, aber es waren so viele Freier, und sie hatten allesamt eine so verwickelte Herkunft.

»Hesione«, sagte sie. »Die Schwester des Priamos, des Königs von Troja. Sie wurde von Herakles entführt und nach Salamis zu Telamon gebracht. Vor langer Zeit.«

»War sie die ganze Zeit als Gefangene dort?«

Klytämnestra zuckte die Achseln. »Das weiß ich nicht. Vielleicht hat es ihr in Salamis gefallen und sie wollte nicht mehr zurück. Vielleicht mag sie Telamon auch.« Sie verdrehte die Augen.

Wie sich herausstellte, war Teukros ein begabter Bogenschütze; seine Vorführung war überaus eindrucksvoll.

Der vierte Tag. Schon empfand ich Überdruss. Wäre Klytämnestra nicht gewesen, die zu jedem Mann ihre Bewertungen und Kommentare abgab, ich hätte es bald unerträglich gefunden. An diesem Tag nahm der kretische König Idomeneus seinen Platz vor uns ein.

Er war ein bisschen älter als die anderen, die vor ihm aufgetreten waren. Aufgrund seiner Lebensgeschichte in dem Inselkönigreich und der Schlachten, die er geschlagen hatte, vermutete ich, er sei Anfang dreißig – mindestens doppelt so alt wie ich. Er schilderte seine Abstammung – er war ein Enkel des mächtigen Minos – und seinen Reichtum und versprach mir den Thron der Königin an seiner Seite. Danach fragte mein Vater: »Die meisten Könige kommen nicht selbst, sondern schicken einen Abgesandten, der sie vertritt, erst recht, wenn der Weg so weit ist. Kreta ist eine viertägige Schiffsreise von Gythion, unserem nächsten Hafen, entfernt. Aber du hast die weite Reise auf dich genommen.«

Idomeneus lächelte nur. Er ließ sich nicht einschüchtern. »Ich vertraue nicht auf Gerüchte oder die Augen anderer. Ich wollte diese Helena von Sparta selbst sehen, von der man sagt, sie sei die schönste Frau der Welt.«

Zitternd sprang ich auf. »Herr! Das ist nicht wahr!«

»Dass ich dich selbst sehen wollte, das ist wahr.«

»Aber ich bin nicht die schönste Frau der Welt! Du musst damit aufhören!« Ich schaute flehentlich in die Runde.

Idomeneus machte ein betrübtes Gesicht. »Doch, Prinzessin, das bist du.« Er sagte es, als eröffne er mir, dass ich an einer unheilbaren Krankheit litte.

Und inzwischen kam es mir auch so vor. Stumm ließ ich mich auf den Thron zurückfallen.

»Und was bietest du uns für Helenas Hand?«, fragte Vater.

»Ich biete ihr den Titel der Königin von Kreta. Ich lege ihr Kreta zu Füßen, und sie soll es mit mir teilen: ein stattliches

Land, reich an Weiden, Oliven, Wein und Schafen, umgeben vom tiefen Meer und geschützt durch unsere Flotte.« Er wandte sich an mich. »Wir sind ein stolzes Volk, Prinzessin. Komm und lebe bei uns.«

»Und was ist deine Kunst?« Vater kam unmittelbar zur Sache.

»Die Rede, mächtiger König. Ich erzähle epische Geschichten, füge sie zu Versen. Ein begabter Sänger spielt die Lyra besser, aber ich habe ihn die Worte gelehrt.« Er deutete auf einen jungen Mann, der bis dahin still im Schatten einer Säule gestanden und seine schildpattverzierte Leier im Arm gehalten hatte.

Der Sänger nahm seinen Platz neben Idomeneus ein, und obwohl es helllichter Tag war und niemand Wein getrunken hatte, brachte die Schönheit der Musik und des Gedichts uns zum Schweigen und rührte uns zu Tränen. Er sang von Ariadnes Liebe zu Theseus und von der Tapferkeit dieses Helden.

Aber ich konnte ihn nicht erwählen. Hatte ich mir nicht vorgenommen, dass jeder ausscheiden sollte, der von der »schönsten Frau der Welt« redete? Und so ansprechend er auch war, er lebte doch sehr weit weg, und die Vorstellung, durch ein breites Meer von meiner Familie getrennt zu sein, schreckte mich.

Der Mond, anfangs noch eine Sichel, rundete sich, nahm ab und wurde wieder zur Sichel, und der Wettstreit zog sich immer noch hin. Mittlerweile waren wir so sehr gesättigt von Reden, gebratenem Ochsen, Wein, Lyraspiel, Bogenschießen, Wagenrennen und Wettläufen, dass wir uns schworen, nie wieder so etwas zu veranstalten, wenn dies vorüber wäre.

Agamemnon, der nach den ersten Tagen nach Mykene zurückgereist war, war wiedergekehrt, um als Letzter aufzutreten und für seinen Bruder zu sprechen.

Stämmig, die muskulösen Beine herausfordernd gespreizt, stand er mit ungeduldiger Gebärde neben dem Kamin des Megarons.

»Mein Bruder Menelaos hat mich beauftragt, für ihn zu sprechen. Ein bescheidener Mann kann sein eigenes Loblied nicht singen, selbst wenn es wohlverdient ist. Und mein Bruder ist ein bescheidener Mann.« Es klang, als halte er es für einen Fehler. Vielleicht meinte er aber auch nur, dass die Bescheidenheit seines Bruders ihm, Agamemnon, jetzt große Umstände bereite. »Unter allen Männern hat er jedoch den geringsten Grund dazu! Er entstammt dem edlen Haus des Atreus!«

So! Er hatte uns die größte Belastung entgegengeschleudert, als sei sie sein größter Vorzug. Das Haus des Atreus mit seinem Begründer Tantalos und dessen Sohn und Enkel, Pelops und Thyestes.

»Ja, wir tragen eine schwere Last, aber das tut Atlas auch. Atlas trägt die Welt auf den Schultern, aber wir tragen die Bürde des Fluches, den ein Bruder über den anderen gesprochen hat: Thyestes über Atreus. So soll es denn sein. Er hat alle Söhne des Atreus verflucht in Ewigkeit und über alle Generationen. Aber dazu hat kein Sterblicher die Macht; die haben nur die Götter. Und Menelaos und ich sind der lebende Beweis dafür. Wir hegen keine Feindschaft gegeneinander – im Gegenteil. Wir stehen einander so nah, wie es unter Brüdern nur sein kann, und wir würden einander jederzeit augenblicklich zu Hilfe eilen. Ich habe gelobt, ihn zu beschützen, und er hat es umgekehrt auch getan. Der Fluch ist tot!«

Ich bemerkte, dass Vater die Lippen zusammenpresste und die Stirn runzelte. Klytämnestra an meiner Seite schwieg. Glaubte sie ihm?

Agamemnon sah sich um und versuchte die Blicke der Versammelten einzuschätzen. Doch alle Gesichter zeigten Zurückhaltung. »Prinzessin, die kostbaren Vorräte von Öl und Korn und Gewändern und Gold in den Kellern von Mykene legt er dir zu Füßen, aber auch zwanzig schwarzbauchige Schiffe und die Beute von den Inseln, die wir geplündert haben. Und all die Rinder aus der Gegend von Plataä.«

Er versprach mir im Namen seines Bruders größeren Reichtum, als er selbst besaß.

»Und als letzte Brautgabe weiht er dir die ganze Stadt Asine, die er kürzlich den Tiryanern entrissen hat.«

Unruhe kam auf, und das Gesicht des Menestheus, der bis dahin das höchste Gebot abgegeben hatte, rötete sich vor Zorn. Der Athener war unermesslich reich; er hatte Schiffe, Paläste und Edelsteine versprochen, aber nichts dergleichen. Er war überboten.

»Hätte mein Bruder ein Königreich, er würde es dir versprechen.« Agamemnons dunkle Augen durchbohrten mich so, dass es beinahe schmerzte. »Ich selbst bin König über Argos und Mykene, und in seinem Namen verspreche ich dir beide. Nur zur Königin kann ich dich nicht machen.« Er schwieg kurz. »Er bietet dir alles, was er hat.«

»Und noch einiges, was er nicht hat«, murmelte Klytämnestra.

»Mit seinem Körper wird er dich beschützen, mit allen seinen Schätzen wird er dich reich machen, und mit dieser Halskette wird er dich heiraten.« Agamemnon zog eine dicke Goldkette hervor. Die schweren Glieder klirrten, als er sie hochhielt, und ihr unverwechselbarer Glanz verriet, dass sie aus purem Gold war. Reines Gold ist von einem beinahe grellen Gelb. Er drehte sich um sich selbst und hielt die Kette in die Höhe, damit jeder in der Halle sie sehen konnte. Dann hielt er inne und sah Vater und mich an.

»Das ist sehr großzügig.« Mehr sagte Vater nicht.

Zum Glück brauchte ich mich nicht zu äußern.

»Und deine Großtat …?«, drängte mein Vater.

»Es ist nicht meine Großtat, sondern die von Menelaos. Und es ist diese: Wenn du ihn erwählst, Prinzessin, wird er hier erscheinen und jede Aufgabe erfüllen, die du ihm stellst. Er wird sie vollenden, selbst wenn er dazu den Rest seines Lebens brauchen sollte.«

»Aber die Bedingung ist, dass er sie jetzt erfüllt.« Vater erhob sich. »Alle anderen haben es getan.«

»Was die anderen gezeigt haben, war eine begrenzte Vorführung. Was mein Bruder anbietet, könnte ein ganzes Leben erfordern – oder zumindest einen Feldzug.«

»Du verlangst, dass einer mit einem Versprechen am Wettbewerb teilnimmt, während alle anderen vor unseren Augen gezeigt haben, was sie können. In der Phantasie kann man jeden Wettstreit gewinnen, und das Versprechen einer Großtat ist immer vollkommen.« Vater ballte die Fäuste. Er schickte sich an, Agamemnon zu disqualifizieren.

Ich stand auf. »Mein Vater hat recht. Ein Versprechen ist keine Tat. Daher soll er den Beweis antreten. Er soll –«

»Prinzessin, die Bedingung war, dass du ihn erwählst.« Zu meinem Schrecken fiel Agamemnon mir ins Wort.

»Da ich der Preis für den Sieger bin, stelle ich auch die Bedingungen!«, fauchte ich. »Wenn er wirklich so erpicht auf mich ist, wie du behauptest, dann wird er sich fügen. Er soll laufen. Von Mykene nach Lerna, wo Herakles die Hydra erschlug, und zwar ohne Aufenthalt. Das ist ein Tagesmarsch, aber er darf nicht gehen, er muss laufen. Lass mich wissen, wie er es vollbringt. Wohlgemerkt, wenn er Halt macht und sich ausruht oder wenn er nicht mehr läuft, sondern nur geht, hat er verloren.«

Agamemnon lief dunkelrot an. Ich sah, dass er die Zähne zusammenpresste und Mühe hatte, nicht wütend herauszuplatzen. »Also gut«, sagte er schließlich leise und in eisigem Ton.

Die Stimmung ringsum hellte sich auf. Alle glaubten, ich hätte Menelaos eine unerfüllbare Aufgabe gestellt. Wie sollte ein gewöhnlicher Mensch so weit laufen, ohne unterwegs zu rasten?

Aber ich hatte nicht gesagt, wie schnell Menelaos laufen sollte, und ich wusste, dass er ein guter Läufer war. Agamemnon erinnerte sich nicht mehr, aber er selbst hatte mir in Mykene davon erzählt, als er mit seiner eigenen Jagdkunst geprahlt hatte. Er hatte sich darüber beklagt, dass Menelaos offenbar mehr Gefallen daran fand, dem Wild nachzustellen, als daran, es zu erlegen, und dass er fähig sei, den ganzen Tag auf den Beinen zu sein und zu laufen.

Insofern half ich Menelaos bei seiner Brautwerbung. Man könnte sogar sagen, dass ich den Wettstreit manipulierte, aber das ist nicht wahr, denn er hatte mir ja freigestellt, selbst zu entscheiden, welche Großtat er vollbringen sollte. Wollte ich, dass er gewann? Noch heute weiß ich darauf keine Antwort.

»Damit hast du den Wettstreit verlängert«, grollte Vater. »Wer weiß, wie lange er jetzt noch dauern wird? Menelaos ist vielleicht sehr weit weg und … Was ist nur in dich gefahren?«

»Ich habe gesehen, dass du seine Werbung abweisen wolltest.«

»Du hattest recht. Es war absurd. Bildet Agamemnon sich etwa ein, nur weil er König von Mykene ist, braucht er sich nicht an die Regeln zu halten?«

»Das ist offenbar der Fall. Aber wir sollten seinetwegen nicht Menelaos bestrafen.«

»Es war dumm von Menelaos, sich Agamemnon zum Fürsprecher zu nehmen. Schon dafür sollte man ihn disqualifizieren!«, rief mein Vater schroff. »Es sagt alles über seinen Charakter und seine Urteilskraft – oder deren Abwesenheit!«

»Aber Vater –«

»Er hat recht, Kind.« Mutter stand neben uns. »Für die wichtigste Entscheidung seines Lebens erwählt er sich seinen hitzköpfigen, arroganten Bruder als Fürsprecher? Eine schlechte Wahl. Eine sehr schlechte Wahl. Was sagt das über Menelaos?«

Jetzt fühlte ich mich genötigt, meinen sanftmütigen Mondscheingefährten zu verteidigen. »Wen sonst hätte er nehmen können? Hätte es nicht eigenartig ausgesehen, wenn er seinen Bruder, den König, übergangen und einen anderen ausgewählt hätte?«

»Warum ist er nicht selbst gekommen? Jeder wäre besser gewesen als Agamemnon – da mag er noch so sehr stottern.«

»Er stottert nicht!«, sagte ich.

»Aber Kind, verteidigst du ihn etwa?«, fragte Mutter.

»Nein!«, rief ich. »Ich kenne ihn doch gar nicht.«

»Ich sage euch, warum er nicht gekommen ist.« Klytämnestra schob sich zwischen uns. »Er hatte Angst. Er hatte Angst zu scheitern, denn dann könnte er nicht mehr mit sich leben. Er konnte auf seine Worte nicht vertrauen, weil seine Gefühle so stark waren.«

Jetzt starrten wir sie alle an. Sie fuhr fort.

»Er begehrt dich mehr als alles auf der Welt. Menelaos begehrt keine Dinge – nicht wie Agamemnon, der gierig nach allem ist, was er sieht. Menelaos ist zufrieden. Aber als er dich vor all den Jahren gesehen hat, hat er doch etwas gefunden, was er begehrt. Und er hatte zu große Angst, es zu verlieren.«

»Da lässt er zu, dass jemand anders es an seiner statt verliert?« Ich war fassungslos.

»Er dachte, Agamemnon, dem nicht so verzweifelt viel daran liegt, werde besser sprechen als er selbst.« Klytämnestra zögerte. »Ich weiß es. Ich habe gehört, wie sie miteinander sprachen. Bisher habe ich geschwiegen, damit du deine Entscheidung selbst triffst. Aber das hast du anscheinend jetzt getan.«

»Nein, das habe ich nicht! Erst will ich sehen, wie er läuft.«

XII

Dunkle Nacht. Allein liege ich in meinem Bett; meine Zofen – in Wahrheit eher Gefährtinnen als Sklavinnen – haben sich auf ihre eigenen Schlafstätten zurückgezogen, und ich lasse mir den außerordentlichen letzten Tag des Wettstreits noch einmal durch den Kopf gehen.

Er war nicht so, wie ich es erwartet hatte. Ich sehnte mich danach, dass die Zeremonien und Vorführungen aufhörten. Ich hatte es satt, Männer zu beurteilen, jede Nuance ihrer Worte abzuwägen – und mehr noch: auch das, was sich hinter ihren Worten verbarg. Klytämnestras ständige Witzeleien und ihr Zynismus waren fadenscheinig geworden, ich spürte auch die wachsende Anspannung meiner Eltern. Und ich hatte Angst, die falsche Wahl zu treffen, denn ich entschied ja nicht nur über einen Mann, sondern auch über mein künftiges Leben.

Vater hatte zu Recht in Frage gestellt, was ich da von Menelaos verlangt hatte, aber ich hatte eine gute Antwort. Ich war neugierig auf Menelaos. Die Gegenwart des Abwesenden befeuerte meine Phantasie und schuf einen Mann, den ich unbedingt kennenlernen wollte.

Die Nacht ist kalt, wie es die Nächte im Frühling sind. Aber ich bin so ruhelos, dass ich die leichte Wolldecke immer wieder zurückschlage und dann fröstelnd im Dunkeln umherwandere. Vor meinem geistigen Auge ziehen die Freier in gespenstischer Folge vorüber und schauen mich vorwurfsvoll an.

Erwähle mich ... Betrachte mich mit Wohlwollen ... Was ich dir geben kann ... Ich bin der Beste ... Ich setze alles aufs Spiel ...

Wenn ich einen wähle, werden sie dann wirklich alle weggehen? Sie haben es geschworen, haben sich mit dem Blut des geopferten Pferdes bestrichen.

Ich will keinen König heiraten. Ich will nicht in ein fremdes Land oder eine ferne Stadt ziehen. Wenn ich einen Geringeren als einen König heirate, kann er hier bei mir in Sparta bleiben. Ich brauche nicht alles zu verlassen, meine Familie, meine Heimat.

Und wie durch Zauberei verschwinden die Könige aus der gespenstischen Kolonne.

Ich will niemanden heiraten, der viel älter oder viel jünger als ich ist. Ein Älterer würde mich behandeln, als wäre ich seine Tochter – entweder mit Strenge oder mit törichter Schmeichelei. Ein Jüngerer würde sich zu sehr unterordnen, und er würde weniger wissen als ich. Fort mit Idomeneus, Menestheus, Patroklos und dem Zehnjährigen aus Korinth!

Ich will niemanden heiraten, dessen Gesicht – oder dessen Erscheinung überhaupt – mir missfällt. Und sofort verschwindet der dicke Mann aus Euböa, gefolgt von etlichen anderen, deren Aussehen mir aus diesem oder jenem Grund missfallen hat. Auch Odysseus ist dabei, obwohl ich weiß, dass er ohnehin nicht zu den echten Freiern gehört. Etwas in seinem Blick bereitet mir Unbehagen; ich traue ihm nicht. Er gibt sich unbekümmert und liebenswürdig, doch ich sehe den berechnenden Opportunisten, der sich dahinter verbirgt. Penelope sei ihm gegönnt!

Ich öffne die Augen und lehne mich an den Fensterrahmen, und wieder schaue ich in die Nacht hinaus.

Es sind immer noch zu viele übrig; die Auswahl ist zu groß. Ich kann es nicht – und in ein paar Tagen muss es doch zu Ende sein. Oh, hilf mir!

Zu wem habe ich da gerufen?

»Oh, meine lieben Göttinnen, bitte seht auf mich herab und helft mir, meine Wahl zu treffen!« Ich suche den Himmel ab, als könne ich sie dort sehen. Aber ich sehe nur die weit verstreuten Sterne ringsum.

»Hera, du Göttin der Ehe, leite mich! Du, die du die Ehe so hoch achtest, sei barmherzig mit mir. Und du, schöne Persephone, die du die Jungfernschaft unter solchen Mühen hinter dir gelassen hast, bitte hilf mir in der meinen! Von der Jungfrau zur Gemahlin zu werden, das ist keine Kleinigkeit, und auch du warst zerrissen. Nimm meine Hand und führe mich!«

Mit angespannten Sinnen stehe ich da, aber ich fühle keine Reaktion.

Lange Zeit warte ich fröstelnd darauf, ihre Anwesenheit zu spüren. Und der Duft der Obstbäume weht mir mit dem Wind entgegen wie der Atem der Göttinnen.

Ich wende mich ab; ich glaube, jetzt ist alles gut. Aber ich habe vergessen, Aphrodite anzurufen. Ich habe die größte Göttin der Liebe zwischen Männern und Frauen gekränkt. Wie mein Vater sie einst vernachlässigt und damit ihren Zorn heraufbeschworen hat, so habe auch ich es nun getan.

»Er ist unterwegs!« Klytämnestra packte meinen Unterarm so fest, dass es wehtat. »Er hat in Lerna nicht Halt gemacht! Er läuft noch immer, geradewegs hierher!«

»Den ganzen weiten Weg?« Das erschien mir grausam, und niemals hätte ich ihm eine solche Aufgabe gestellt.

»Er ist entschlossen, die Prüfung zu bestehen und sie noch zu übertreffen.« Sie ließ meinen Arm wieder los. »Das habe ich ihm nicht zugetraut.«

Wir waren umgeben von Leuten. Die Freier waren noch da

und warteten auf die Entscheidung, aber die Saat der Langeweile begann zu sprießen, und alle lechzten nach Ablenkung. Menelaos und sein Lauf brachten sie ihnen. Alles spitzte die Ohren, um uns zu belauschen. Man hatte mir gesagt, dass die Männer Wetten auf meine Entscheidung abgeschlossen hatten, und alles, was sie hier hören könnten, würde ihre Chancen verbessern.

»Komm.« Ich winkte Klytämnestra, und wir zogen uns in den bewachten Innenhof des Palastes zurück. Wir setzten uns auf eine niedrige Bank und sprachen flüsternd miteinander.

»Was meinst du damit?«, fragte ich sie.

»Ich wollte nur sagen, dass Menelaos noch selten in irgendeiner Angelegenheit so viel Leidenschaft gezeigt hat. Deshalb bin ich überrascht.«

Ich konnte mir nicht vorstellen, dass er es aus Liebe zu mir tat; er kannte mich ja eigentlich gar nicht. Wir hatten nur vor langer Zeit wenige Augenblicke in der Nacht miteinander verbracht. »Glaubst du, er begehrt den Thron, den er von Vater erben wird?«

Sie legte den Kopf schräg und überlegte. »Vielleicht. All die Jahre in Agamemnons Schatten zu leben war vielleicht schwierig. Aber er hat es sich niemals anmerken lassen. Es ist schwer, ihn zu kennen.«

»Vielleicht will er sich nur damit brüsten, dass er mich errungen hat.«

»Meine Liebe, das wollen sie alle.«

»Er ist also ein unscheinbarer Kerl, der keine Leidenschaft kennt?«, bedrängte ich sie.

»Meistens. Natürlich hat Agamemnon genug Leidenschaft für beide, und zu viel Leidenschaft ist genauso schlimm wie zu wenig.« Sie sah sich um und senkte die Stimme noch weiter. »Aber er hat nicht einmal eine Geliebte. Niemals bemächtigt er sich einer der gefangenen Sklavinnen, und niemals verlangt er eine für sich, wenn die Kriegsbeute geteilt wird.«

Ich war beunruhigt. »Könnte es sein … dass er Männer bevorzugt?«

»Nein. Er hat auch keine Männer.«

»Hat er sich Artemis verlobt? Aber erwachsene Männer tun doch nicht …«

»Was habt ihr beide da zu tuscheln? Ihr seht aus wie zwei Verschwörerinnen!« Kastor kam aus dem Palast auf uns zu.

»Das sind wir auch«, sagte ich. »Uns bleibt nichts anderes übrig.«

»Und – hast du deine Entscheidung getroffen?« Lächelnd verschränkte er die Arme und wartete. »Ich verrate nichts, das verspreche ich.« Scherzhaft hob er die Hand zum Schwur.

»Wen würdest du denn nehmen?«, fragte ich. Ich schätzte seine Meinung, und bisher hatten meine beiden Brüder sich bemerkenswert zurückhaltend gezeigt, was den Wettstreit betraf.

»Das käme darauf an, was für ein Leben ich mir wünschen würde«, sagte er. »Ein ruhiges, ein kriegerisches, ein reiches … Ich bin nicht du, Schwesterchen.«

»Ich habe mich noch nicht entschieden«, bekannte ich. »Ein paar habe ich ausgeschlossen, die überhaupt nicht in Frage kommen, aber es sind immer noch viel zu viele übrig.«

»Meine Liebe, du solltest dich geschmeichelt fühlen. Seit Menschengedenken – und auch nicht in den Sagen, wenn ich es mir recht überlege – hat eine Braut nicht so viele Freier gehabt.«

»Nein, ich fühle mich nur ratlos«, sagte ich. »Eigentlich will ich überhaupt nicht heiraten, aber ich weiß, dass ich es muss.«

»Geh nicht fort!«, sagte Klytämnestra plötzlich. »Verlass uns nicht!« Sie schüttelte den Kopf. »Ich habe versucht, den Mund zu halten, aber in diesem Augenblick ist die Vorstellung, du könntest weit weggehen, einfach zu schmerzlich. Ich hatte Glück, Mykene ist nicht weit weg, und so wurden wir nicht getrennt, aber – oh, ich glaube, ich könnte es nicht ertragen!«

Ich erschrak über ihren Ausbruch. Nicht einmal Vater und Mutter hatten so etwas gesagt; anscheinend hatten sie sich damit abgefunden, dass sie mich verlieren würden. Ich war gerührt.

»Meine liebe Schwester«, sagte ich und umarmte sie. Kastor legte die Arme um uns beide. Tief bewegt schaute ich die beiden an. »Niemals könnte ich jemanden so sehr lieben wie euch, meine Familie.«

Und noch während ich diese Worte sprach, hörte ich, wie Aphrodite, die ich verschmäht hatte, mich auslachte – grausam und höhnisch.

»Man hat ihn gesehen.« Mutter betrat mein Gemach vor Tagesanbruch. Als ich im Zwielicht die Augen öffnete, beugte sie sich über mich und berührte mich sanft.

»So schnell?«, murmelte ich und stützte mich auf den Ellenbogen. Ich wollte das Unausweichliche hinausschieben, aber schon griff meine Zukunft nach mir.

»Mein Kind, mein Schwänchen«, flüsterte sie und setzte sich zu mir auf das Bett. Sie zog mich an sich und hielt mich fest.

»Wird denn niemand mich retten?«, weinte ich. Oh, ich wollte nicht heiraten! Ich wollte nicht mit einem Mann fortgehen. Gleichzeitig wollte ich frei sein und die Welt ohne den Schleier erleben, ich wollte hinaus aus dem Käfig, in dem ich eingesperrt war. Und nur eine Hochzeit konnte die Falle öffnen, das Gitter heben und mich hinauslassen. Aber in Wahrheit wollte ich weder Käfig noch Mann. Ich wollte beidem entfliehen.

»Das ist es doch, was die Freier tun wollen«, sagte Mutter. In ihrem Blick lag Trauer. Auch sie wollte gerettet werden, gerettet vor dem Sturm der Zeit, die ihr die Jüngste nahm und sie damit alt machte. Eine Frau, deren Töchter verheiratet sind, ist keine Frau mehr, die Zeus verlocken kann. Auch damit wäre es für Mutter zu Ende – selbst in ihren Tagträumen. Die Federn würden vergilben, wenn nicht gleich, dann schon bald.

»Aber sie werden alles verändern!«, rief ich.

»Nur einer von ihnen, Kind. Die anderen werden nach Hause gehen und das Leben einer anderen Frau verändern.« Sie wischte sich die Tränen ab und lächelte. »So war es schon immer.«

»Ich werde in deiner Nähe bleiben«, versprach ich. »Ich gehe nicht fort.«

Sie strich mir das Haar glatt. »Das darf nicht der Grund für deine Entscheidung sein. Du musst denjenigen nehmen, der dir am besten gefällt. Nicht einfach den, der bereit ist, hier in Sparta zu leben.«

»Wir müssen aufstehen und Menelaos empfangen.« Ich richtete mich auf.

Die Göttinnen würden – sie mussten – mich leiten. Daran musste ich glauben.

Mutter blickte mich wissend an. »Zieh dein schönstes Gewand an, Schwänchen! Aber ich habe das Gefühl, das hast du ohnehin vor.«

Ich wählte Gewand und Mantel aus feinster Wolle im zarten Rosa der Morgenröte. Seit meiner Kindheit hatte man mir gesagt, dass diese Farbe mir am meisten schmeichele. Ich hüllte mich hinein wie in einen Nebelschleier und legte goldene Amethyst-Ohrringe und ein schweres goldenes Armband an. Keine Halskette – die würde die Wirkung nur verderben.

Als ich meine Gemächer verließ und auf die erhöhte Veranda hinaustrat, umwehten die Kleider meine Fußknöchel, und ich fühlte mich wie ein Teil der Morgendämmerung.

»Er hat die ersten Häuser Spartas erreicht.« Polydeukes kehrte vom Palasttor zurück. »Er wird hier sein, bevor der Bote eintrifft und wieder gehen kann. Sollen wir die Tore öffnen und ihn willkommen heißen?« Die aufgehende Sonne schien auf sein goldenes Haar, und für einen kurzen Augenblick wurde mir bewusst, wie schön mein Bruder war.

»Ja«, sagte Vater. »Der junge Mann verdient unsere ehrenvolle Begrüßung.« Er klatschte in die Hände und gab den Dienern den Wink, das verriegelte Tor zu öffnen, das die steile Straße vom Fluss herauf abweisend überragte. »Er hat mich beschämt. Ich weiß nicht mehr, was ich für eure Mutter getan habe, aber sicher bin ich nicht Tage und Nächte hindurch gelaufen.«

Was du damals getan hast, ist nicht wichtig, dachte ich, sondern das, was du später getan hast: dass du das Getuschel über Zeus ignoriert hast.

Kastor gesellte sich zu uns, dann Mutter. Klytämnestra, die

Langschläferin, würde kaum vor Sonnenaufgang auf den Beinen sein.

Wir standen im Tor und schauten den Hang hinunter. Tief unten sahen wir die grünen Schleier der Weiden am Flussufer. Der Weg durch die Wiesen war von Neugierigen gesäumt; sie wimmelten durcheinander und wussten vielleicht nicht einmal, warum sie da waren. Dann hörten wir Jubel und Händeklatschen, und eine Gestalt lief mit schweren Beinen und schwingenden Armen langsam den Weg hinauf.

»Er ist nicht besonders schnell, nicht wahr?«, befand Polydeukes. »Bei *unseren* Wettläufen würde er keine Krone gewinnen.«

Stets kritisch, mein goldener Bruder. »Unsere Wettläufe dauern nicht mehrere Tage«, sagte ich. »Ich glaube nicht, dass irgendjemand – selbst du – so lange ununterbrochen laufen könnte.«

Er zuckte die Achseln.

»Wir werden seinen Bericht hören, wenn er da ist«, sagte ich. Und als Läuferin brannte ich darauf, ihn zu hören. Ich wollte wissen, wie es war, über raues Gelände zu laufen, über Steine und Berge und sumpfige Wiesen, ohne anzuhalten. Das war eine andere Art des Laufens; hier ging es nicht um Schnelligkeit, sondern um Ausdauer.

»Ich kann ihn besiegen.« Das seltsame Kind Achilleus war plötzlich aufgetaucht, und wie der Blitz stürmte er zum Tor hinaus und den Berg hinunter. An seinem Fuße traf er mit Menelaos zusammen. Der dunkelhaarige Junge machte auf dem Absatz kehrt und rannte mit Menelaos um die Wette bergauf, so schnell, wie jemand es konnte, der eine Nacht geschlafen und nur eine kurze Strecke zu laufen hatte. Mit pumpenden Armen ließ er Menelaos hinter sich, und seine Füße ließen den Kies aufspritzen.

Mit wirbelnden Beinen erschien Achilleus keuchend im Tor. Triumphierend drehte er sich um und stemmte die Hände in die Hüften. »Ich bin schneller!«, krähte er.

Vater beachtete ihn kaum; er nickte nur und schob ihn beiseite. Achilleus hüpfte auf und ab, um Aufmerksamkeit auf sich zu lenken. Aber aller Augen richteten sich auf Menelaos, der sich mühevoll, aber entschlossen, den Hügel heraufkämpfte. Laufen konnte man es kaum noch nennen; er sah so erschöpft aus, und seine Füße schleiften über den Boden.

Aus dem Augenwinkel sah ich Patroklos, der großes Aufheben um Achilleus machte. Anscheinend lobte er ihn. Wie auch immer, der Kleine beruhigte sich; Patroklos verstand mit dem hitzigen Jungen umzugehen.

Menelaos überwand die letzte Kuppe vor dem Tor. Für einen Augenblick verschwand er, und dann erschien sein rötlicher Haarschopf wie ein Lichtkranz im Sonnenschein. Um Atem ringend, stolperte er seinem Ziel entgegen, immer noch setzte er einen Fuß vor den anderen, immer noch lief er mit keuchender Brust. Er warf sich durch das Tor, taumelte und hätte fast das Gleichgewicht verloren. Das Keuchen aus seinem Mund klang wie ein furchtbares Schluchzen. Er wankte und wäre gestürzt, aber Kastor packte ihn und hielt ihn aufrecht. Ohne nachzudenken, eilte ich hinzu und half Kastor, ihn festzuhalten. Seine Glieder erschlafften, und er war so schweißüberströmt, dass er sich glitschig anfühlte wie ein frisch gefangener Fisch.

Bevor er ohnmächtig wurde, schaute er mir in die Augen und murmelte etwas, was ich nicht verstand.

Jetzt war der Wettstreit vorüber. Jetzt musste ich meine Wahl treffen, ohne zu zaudern – wenn Vater darauf hoffen sollte, nach der ausgedehnten Bewirtung der Freier nicht völlig mittellos dazustehen. Ich wollte keine rücksichtslose Tochter sein, die das alles noch einen weiteren Tag in die Länge zog.

Aber wieder überfiel mich das furchtbare, erstickende Gefühl, getrieben und auf einen Weg gezwungen zu werden, für den ich nicht bereit war. Ich legte meine Morgengewänder ab und ließ mich für die Zeremonie des Abends zurechtmachen. Meine Zofen trugen das luftige Tagesgewand fort und holten die Roben des Abends heraus, blau und dunkel wie der Himmel, bevor es Nacht wird.

»Herrin, du siehst wunderbar aus«, sagte eine.

»Meinen Haarschmuck!«, verlangte ich.

»Ja, Herrin.« Sie holte die geflochtenen Silberdrähte mit den winzigen Ornamenten und befestigte sie geduldig in meinem Haar, das ich offen über Schultern und Rücken fallen ließ. »Das Silber kommt sehr gut zur Geltung«, bemerkte sie. »Gold verschwindet in deinem Haar, weil die Farben sich so ähnlich sind.« Sie zog den Stopfen aus einer Flasche Narzissenöl und rieb ein wenig davon in meine Ellenbeuge und an den Hals unter den Ohren. »Ich möchte die Halskette nicht beflecken«, sagte sie. »Welche wirst du heute Abend tragen?«

Silber und Dunkelblau – was passte zu diesen Farben? »Vielleicht die klare, die aus Kristall?« Heute Abend sollte alles eisig klar sein. Wenn meine Gedanken es doch nur auch sein könnten!

Als ich angekleidet war, schickte ich die beiden Zofen hinaus. Einen Augenblick lang stand ich allein im Zimmer. Ich wusste immer noch nicht, was ich tun und wen ich erwählen würde. Aber ich *würde* meine Wahl treffen. Ich musste diese Ungewissheit beenden, für mich selbst und für alle anderen. Ich atmete ein paar Mal tief durch und ging dann langsam zur Tür hinaus in den privaten Hof in der Mitte der inneren Gemächer. Ich schaute durch das Gefieder des jungen Laubs in den Himmel hinauf.

Ich suchte nach dem Sternbild des Löwen, das ich so liebte, weil es die Geschichte von Herakles in Nemea erzählte – als wäre die Antwort irgendwo zwischen den funkelnden Sternen verborgen und als könne ich sie dort lesen.

Was sollte ich tun? Ich musste mich entscheiden. Immer wieder flehte ich Hera und Persephone um Hilfe an. Aber nichts geschah. Dumpfe Resignation beschlich mich, gemischt mit Entschlossenheit – wie bei einem Soldaten im Angesicht eines übermächtigen Feindes. Also gut. Ich musste mich entscheiden. Ich würde mich entscheiden. Ich würde die Augen schließen, und den Ersten, den ich dann vor mir sähe, würde ich nehmen.

Kies knirschte im Hof, und Menelaos, wie er den Berg herauflief, erschien vor meinem geistigen Auge. Irgendjemand, der ahnungslos vorbeigegangen war, hatte die Sache entschieden. Ja. Menelaos sollte es sein. Und die Gründe dafür purzelten durch meinen Kopf wie ungebärdige Kinder. War mir nicht vor langer Zeit eine Zweisamkeit besonderer Art mit ihm gewährt worden? Offensichtlich hatten die Götter es so eingerichtet. Hatte ich nicht schon damals etwas für ihn empfunden? Hatte er sich jetzt der Aufgabe, die ich ihm gestellt hatte, nicht überlegen gezeigt? Und hatte unser Haar nicht die gleiche Farbe? Selbst das schien mir plötzlich von einer geheimen Bedeutung durchwoben zu sein.

Menelaos. Ich empfand Erleichterung. Ja, sogar ein warmes Gefühl der Zufriedenheit. Ich holte tief Luft und wandte mich ab, um meine Pflicht zu tun.

Das Megaron war kaum groß genug für alle, die hineindrängten. Ein kleines Feuer brannte im Kamin, um die Kühle des Abends abzuwehren, aber die vielen Menschen verbreiteten eine solche Wärme, dass es ganz unnötig war. Als ich hereinkam, sahen alle mich an, und es wurde still. Vater streckte die Hand aus und zog mich zu sich an den Thron.

Alle hatten gespeist; sie hatten Ochsen und Hammel verschlungen und ein Meer von Wein in sich hineingeschüttet, und nun wirkten sie ganz zufrieden. Sie starrten mich mit stumpfen Augen an, mit den Augen satter Männer. Gut. Dann würden sie meine Entscheidung friedfertig aufnehmen.

Vater erhob sich und brachte das übliche Trankopfer dar – die Flüssigkeit, die Zeus zu Ehren vergossen wurde, prasselte in den Staub.

»Meine Tochter, jetzt ist es an dir, die Entscheidung zu treffen«, sagte Vater. »Steht deine Wahl fest?«

»Ja«, sagte ich. Der Unbekannte, der über den Hof gegangen war, hatte sie für mich getroffen, als er Menelaos vor mein geistiges Auge gezaubert hatte. Ich trat vor, um zu den versammelten Freiern zu sprechen.

»Und, mein Kind?« Vater erhob sich und legte mir den Arm um die Schultern.

Ich schaute in die Runde der Männer. Aufwärts gewandte Gesichter sahen zu mir herauf. Patroklos. Idomeneus. Ajax. Teukros. Antilochos. Agamemnon und Menelaos und so viele, viele andere, die ich hier nicht beschrieben habe.

Der Augenblick war gekommen. Was immer ich jetzt sagte, welchen Schritt ich auch täte, ich würde mich für alle Zeit binden. Vater legte mir einen Kranz aus wilden Ölzweigen in die Hände.

»So kröne ihn!«, sagte er.

Erst jetzt wurde mir klar, dass er mich gar nicht gefragt hatte, für wen ich mich entschieden hatte. Er wusste es nicht. Er ließ mich vertrauensvoll den Mann erwählen, der ihm auf dem Thron nachfolgen würde. »Ich danke dir«, sagte ich.

Ich ging auf die Versammlung zu. Der Saum meines Gewandes strich über meine Füße, und ich fühlte das schwache Pulsieren der Wärme aus dem Kamin. Ich ging weiter wie eine Schlafwandlerin.

»Du bist mein Gemahl«, sagte ich zu Menelaos und legte ihm den Kranz auf den Kopf. Ich wagte nicht, ihm ins Gesicht zu blicken. Ich brauchte ihn jetzt nicht zu sehen. Meine Entscheidung war gefallen, und ich wollte nicht, dass mir im letzten Moment Bedenken kamen.

»Prinzessin!« Er fiel auf die Knie und senkte den schönen Kopf, sodass der Kranz beinahe herunterrutschte.

Ich zog ihn hoch. »Erhebe dich«, sagte ich. »Tritt an meine Seite.« Er tat es, und noch immer wollte ich ihn nicht ansehen.

»Meine Tochter hat gesprochen«, rief Vater. »Lasst uns alle fröhlich sein!«

Dröhnender Jubel hallt durch das Megaron – erleichtert, befreit. Es war vorüber.

Menelaos drückte meine Hand und wandte sich mir zu.

»Prinzessin, ich bin deiner nicht würdig«, sagte er. Ich wagte immer noch nicht, ihn anzusehen. Er bemerkte es.

»Prinzessin«, sagte er, »du solltest keine Angst haben, mir ins Gesicht zu sehen. Ich bin nur ein gewöhnlicher Mann.

Wenn ich in dein Gesicht sehen kann – was mehr Mut erfordert –, dann brauchst du keine Angst zu haben, in meines zu schauen.«

Bevor wir weiterreden konnten, trat Vater zu uns und umarmte Menelaos. »Mein Sohn!«, rief er.

Auch Kastor und Polydeukes kamen zu uns. Wenn es sie verdross, den Thron an Menelaos zu verlieren, so ließen sie es sich nicht anmerken. Wäre ich wie Klytämnestra aus Sparta fortgegangen, um zu heiraten, wäre einer von ihnen Vater auf den Thron gefolgt.

»Willkommen, mein neuer Bruder«, sagte Kastor.

Polydeukes klopfte ihm auf den Rücken. »Irgendwann werden wir um die Wette laufen, du und ich«, verkündete er. »Aber du hast das entscheidende Rennen gewonnen.«

Mutter nahm seine beiden Hände, und Klytämnestra umarmte mich. »Jetzt werden wir zweifach Schwestern sein«, flüsterte sie mir zu. »Oh, ich bin so glücklich!«

»Wann wird es so weit sein?«, fragte Agamemnon. »Du kannst eine Brautreise nach Mykene machen und bei uns wohnen – in einem Privatgemach natürlich.«

»Bald«, sagte ich. »Sobald alles geordnet ist. Das wird nicht lange dauern, denn die ganze Familie ist ja schon hier.«

Plötzlich fühlte ich mich bereit, meine Zukunft anzunehmen. Ungestüm eilte ich ihr entgegen.

XIII

Die Götter selbst erwählten den Tag – auf dem Höhepunkt des warmen Frühlings, als neues Leben überall aus dem Boden spross. Wir würden uns das Eheversprechen in unserem Wald geben, der sich hinter dem Palast erstreckte. Vater und Mutter hatten gewollt, dass es in dem geschlossenen Innenhof geschah, aber weil ich den an jedem Tag meines Lebens vor

Augen gehabt hatte, wollte ich diesen heiligen Augenblick an einem anderen Ort erleben.

An diesem Tag würde ich meine feinsten goldgewirkten Gewänder tragen, und am Vorabend fastete ich und weihte mich dem Ehestand. Ich tat alles – o ihr Götter, wirklich alles! –, um dafür zu sorgen, dass meine Ehe gesegnet sein würde.

In dem Hain war es still; das sanfte Murmeln des Windes in den Gipfeln der Bäume klang beruhigend. Mutter und Vater geleiteten mich auf die Lichtung. Ich trug einen Schleier aus feinstem Leinen vor dem Gesicht, als man mich zu der rituellen Stätte führte. Mir war traumwandlerisch zumute; es konnte unmöglich wahr sein, was ich hier erlebte. Aber als sie den Schleier lüfteten, war Menelaos an meiner Seite. Er lächelte zögernd, und sein Gesicht war blass.

Eine Priesterin der Persephone, der meine Familie treu ergeben war, würde das Ritual vollziehen. Sie war jung, und ihr Gewand war von der gleichen moosgrünen Farbe wie der Boden unter unseren Füßen. Sie sah erst mich, dann Menelaos an.

»Menelaos, du stehst hier im Angesicht aller Götter auf dem Olymp, um dein Ehegelübde abzulegen«, begann sie. »Du willst Helena von Sparta zur Frau nehmen.«

»Ja«, sagte Menelaos.

»Du tust dies im Wissen um die Verfügungen, die die Götter durch ihre Prophezeiungen erlassen haben – gegen dein Haus und gegen das Haus des Tyndareos?«

Nein, er kannte die Prophezeiung der Sibylle nicht. Wie sollte er?

»Ja«, sagte Menelaos. »Wir sind im Reinen mit den Göttern.«

Sie reichte ihm eine Blumengirlande und forderte ihn auf, sie um unsere Handgelenke zu schlingen. »Wie diese Blumen des Feldes miteinander verflochten sind, so sollen es auch eure Häuser sein.«

Sie nickte einer ihrer Gehilfinnen zu, und diese brachte ihr einen goldenen Krug. »Das heilige Wasser der kastalischen Quelle zu Delphi«, sagte sie. »Neigt eure Köpfe.« Sie goss ein wenig von dem Wasser über uns. »Möge es euch Weisheit verleihen!« Sie wickelte einen leuchtend roten Faden von ihrem Handgelenk, und wir mussten ihn berühren. »Wer dies berührt, berührt den Gürtel der Treue und wird treu sein immerdar.« Sie winkte eine andere Gehilfin herbei, die mit einer Schale Weihrauch um uns herumging. »Mögen unsere Gebete zum Himmel aufsteigen!«

Schweigend standen wir da. Ich hatte noch kein Wort sagen müssen.

»Schließt die Augen, und geht umeinander herum!«, befahl sie uns. Langsam schlurfend umkreisten wir einander. »Von nun an werdet ihr in einem einzigen Kreise miteinander sein, in einem einzigen Haus.«

Noch immer war ich nicht aufgefordert, etwas zu sagen oder zu geloben.

»Sie ist dein«, sagte die Priesterin unvermittelt. »Nimm ihre Hand!«

Menelaos ergriff mein Handgelenk in der zeremoniellen Geste des Mannes, der sein Weib in Besitz nahm. Sie reichte zurück in die alten Zeiten, da der Mann seine Frau raubte. Jetzt war sie natürlich symbolisch gemeint.

Aber Menelaos hatte noch eine andere, eigene Geste im Sinn. Er winkte seinem Diener, und der brachte einen holzgeschnitzten Kasten. Menelaos öffnete ihn und nahm die große goldene Halskette heraus, die Agamemnon präsentiert hatte. Ehrfürchtig hob er sie hoch und legte sie über meinen Kopf. Sie sank auf meinen Hals herunter, schwer wie ein Joch. Die unteren Glieder reichten bis unter meine Brust, und andere verfingen sich in meinen Haaren: Dic schwere Last der Ehe, die ich auf mich genommen hatte, zog mich erdwärts.

Der Glanz der dicken goldenen Kette ließ die Zuschauer blinzeln. Man könnte sagen, er blendete sie – sie sahen nichts als das Gold und das Glitzern.

Im Palast begann das Festmahl. Der gesamte mittlere Teil, wo das Megaron an den inneren Hof grenzte, war verwandelt. Blühende Myrtenzweige und Rosen umrankten die Säulen. Schwaden von süßem Weihrauch wehten durch die Halle, und Berge von Blumengirlanden erwarteten die Gäste. Alle sollten schmausen, alle sollten fröhlich sein, bevor sie sich wieder auf den Heimweg machten, zurück zu ihren grauen Festungsmauern und meerumtosten Häusern.

Nun musste ich mit Menelaos gehen, nicht mehr mit Vater. Zögernd streckte ich die Hand aus, und er nahm sie. Offenbar fühlte er, wie kalt sie war.

Sanft zog er mich an sich, drückte mich an seinen Mantel und flüsterte: »Ich kann nicht glauben, dass du mir gehörst, dass wir uns jetzt jeden Morgen sehen werden, solange wir leben.«

Das konnte ich auch nicht. »Wir dürfen nur an heute Abend denken – und an morgen, den ersten Morgen, der kommen wird.« Mehr konnte ich nicht bewältigen. Ich war nicht vorbereitet; ich konnte mir nicht vorstellen, wie ich auch nur das überstehen sollte.

»Ah, mein Bruder!« Kastor unterbrach uns, aber das war uns nicht unwillkommen. Menelaos drehte sich zu ihm um. Wir gehörten immer noch anderen, zumindest vorläufig.

Ich umarmte meine Mutter. Zitterte sie, oder bildete ich es mir ein?

»Mein liebes Kind«, sagte sie, »ich freue mich für dich, und es macht mich glücklich, dass ich dich nicht verliere.«

»Du wirst mich immer in deiner Nähe haben«, sagte ich, und es war ein Trost.

»Es ist vollbracht«, sagte Vater vergnügt. »Und es war gut.« Er deutete in die Runde der Gäste. »Sie werden zufrieden nach Hause gehen. Und ich werde zufrieden sein, wenn sie wieder fort sind.«

Süßer Flötenklang erhob sich über das Stimmengewirr.

»Dies ist dein Hochzeitstag«, sagte Mutter.

Tränen verschleierten meinen Blick.

»Also sieh dich um, schau alles an, präge es dir ein, und behalte es in deinem Herzen!«

Was sah ich? Eine große Schar von Männern – die enttäuschten Freier. Da waren sie, die vielen Leben, die mir offengestanden hätten, wenn ich mit ihnen gegangen wäre. Ich sah vielerlei Kuchen auf den Tischen – mit Mohn, Leinsaat, Sesam, Honig und süßem Öl. Berge von gedörrten Feigen – es war jetzt nicht die Jahreszeit für frische – und Datteln aus Ägypten und Gerstenbrot und Honig von einem Berg bei Athen. Gebratenes Fleisch – von Ochsen, Zicklein, Schafen und Kälbern – lag dampfend auf den Platten, eben erst vom Bratspieß abgeschnitten. Ich sah große Amphoren mit dem allerbesten Wein, ein Teil davon sogar vom fernen Berg Ismaros in Thrakien, und es waren so viele, dass unsere Vorräte unerschöpflich zu sein schienen; wie Fanfaren kündeten sie von unserer Großzügigkeit.

Aber das alles – die Musik, das Geplauder, das Essen, der Wein – verblasste vor der beängstigenden Erkenntnis: *Ich bin verheiratet*. Ich, Helena, war eine verheiratete Frau.

Was bedeutet es, verheiratet zu sein?

Wir fuhren fort. Als es anfing, hell zu werden, stiegen wir in einen Wagen und fuhren nach Mykene. Menelaos nahm die Zügel, ich stand neben ihm, und die Pferde trabten seinem Zuhause entgegen. Rumpelnd ging es den Berg hinunter – auf der weniger abschüssigen Seite, auf dem Weg, den Pferde und Wagen nehmen konnten. Die Gäste liefen uns nach und bewarfen uns mit Quitten, Myrtenblättern und schließlich – als falle ein himmlischer Regen auf uns herab – mit Tausenden von Veilchenkränzen. Sie landeten im Wagen und zu unseren Füßen, und als wir sie zertraten, stieg ihr leiser, zarter Duft zu uns auf.

Menelaos' Gemächer in der grauen Zitadelle von Mykene: ein großes, gewundenes Labyrinth von steinernen Korridoren und kleinen Zimmern, jedes mit einer eigenen Feuerstätte. Die Diener begrüßten uns herzlich und zündeten das Feuer in dem Gemach an, das für uns bereitstand und auf Menelaos' Heimkehr gewartet hatte.

Wir waren allein, nur er und ich; wir standen in dieser kühlen Steinkammer und sahen verlegen zu, wie die Flammen an den Holzscheiten leckten – ebenso steif wie das Holz, starr wie die steinernen Mauern ringsum.

Endlich sprach Menelaos. »Helena …«

Ich drehte mich zu ihm um. »Ja. Ich bin hier.«

Wortlos nahm er mich in die Arme. Er war viel größer als ich, und als er mich umarmte, drückte er mich an seine Brust, und der Rest der Welt wurde schwarz.

»Ich kann mein Glück nicht fassen … dass du mich erwählt hast …«

Ich wandte mein Gesicht empor. Noch nie hatte ich jemanden geküsst, und ich wusste nicht, was mich erwartete, was ich tun sollte. Aber es fühlte sich ganz natürlich an.

Wir küssten uns, und er presste mich fester an sich. Es war seltsam, so berührt zu werden, jemandem einen so vertraulichen Umgang mit meinem Körper zu gestatten. Und nun drückte dieser Fremde seinen Mund auf meinen. Es machte mir Angst, und ich fühlte mich wie in einer Falle.

Seine Hände umfassten mein Gesicht und zogen mich zu ihm hoch, als sei ich ihm nicht schon nah genug. Seine Finger gerieten in mein Haar und zogen daran, und es tat weh. Aber ich wagte nicht, aufzuschreien oder etwas zu sagen. Irgendwie spürte ich, wenn ich es täte, jetzt beim ersten Mal, würde ich ihn verletzen.

»Helena … Helena …«, murmelte er und atmete schneller.

Ich fühlte nichts. Nichts als das panische Pochen meines Herzens. *Aufhören!*, wollte ich rufen, aber ich wusste, es war hoffnungslos, und gleichzeitig kam ich mir töricht vor. Was hatte ich denn wirklich erwartet, als ich fragte, was es bedeutet, verheiratet zu sein?

»Helena …« Er stolperte zu der flachen, breiten Schlafstatt in der Ecke. Sie war mit Pelzen und weißem Leinen bedeckt.

Ich folgte ihm. Er nahm mein Handgelenk (wieder die alte symbolische Geste). Ich war atemlos und wusste nicht, was ich tun sollte, wusste nur, dass noch eine furchtbare Prüfung vor mir lag, eine Prüfung, die ich ganz allein bestehen musste.

Sanft führte er mich zu der leinenbezogenen Bettstatt, kniete darauf nieder und zog mich zu sich. Meine Hände waren eiskalt. Ich atmete langsam.

Nicht darüber nachdenken!, ermahnte ich mich, und langsam ließ ich mich an seiner Seite nieder.

»Helena …«

Er streckte die Hand aus und wollte mein Gewand herunterziehen. Ich erstarrte und wollte ihn daran hindern, aber dann befahl ich mir: Lass es zu! Er hat das Recht, dich zu berühren und dich zu entkleiden.

Nicht darüber nachdenken!

Das Feuer flackerte und knackte. Menelaos war anscheinend froh, dass er eine Bemerkung darüber machen konnte. Dann wandte er sich wieder mir zu.

»Meine Liebste«, flüsterte er, und seine Hände strichen über meine Schultern. Mich schauderte bei seiner Berührung, aber ich zwang mich stillzuhalten. »Meine Liebste …« Seine Stimme verlor sich an meinem Hals.

Er warf die letzten Kleider beiseite, die uns noch trennten. Ich fühlte Kälte, Verlegenheit, Verletzlichkeit. Lass es bald vorüber sein!

Er hielt mich in den Armen, er …

Oh, ich kann es nicht wiedergeben. Es war schmerzhaft, verletzend – und dann war es vorbei. Ganz schnell.

»Helena …« Sein Kopf lag auf meiner Schulter. »Helena …« Er seufzte tief, und seine Stimme verklang. Er war eingeschlafen.

Im unsteten Lichtschein des Feuers, als er ganz still dalag, rührte ich mich wieder und zog die weiche Wolldecke über mich. Es wurde kalt in der Kammer. Ich rutschte so weit weg, wie es ging, und zog die Decke mit.

XIV

Der Tag schlich sich ins Zimmer, kalt und grau. Der prachtvolle Sonnenschein des vergangenen Tages war dahin, und ich empfand die Enge der steinernen Mauern so schwer wie Menelaos' Arm, der über meinen Schultern lag.

Die Augen mit den hellen Wimpern waren geschlossen. Er schlief. Im fahlen Licht konnte ich ihn betrachten, sein Gesicht studieren; es war das erste Mal, dass ich es konnte.

Er war mein Freund, mein Verbündeter; das hatte ich gespürt, als ich ihm das erste Mal begegnet war, und wenn man jemanden heiraten muss, dann sollte es ein Freund sein. Dass ich bei der letzten Unterwerfung, die Teil der Ehe war, Unbehagen empfunden hatte, durfte keine Zweifel daran wecken, dass ich richtig gewählt hatte.

Er atmete ein und aus und schlief sorglos. Er hatte so viel getan, um mich zu erringen, und jetzt ruhte er sich aus.

Aber die Plagen der letzten Nacht … Warum hatte ich sie so unangenehm gefunden? Eigentlich sollte ich doch im Dienste der Göttin Aphrodite dahinschmelzen. Aber es hatte mich ungerührt gelassen.

Aphrodite. Feierlich beschwor ich sie im Geiste herauf; ich wagte nicht, die Worte laut zu murmeln. Dass ich dich aus menschlicher Unzulänglichkeit oder Schwäche nicht gerufen habe, als ich Hilfe bei der Wahl meines Gemahls suchte, das verzeih mir bitte! Vielleicht hat deine Größe mich geblendet, sodass ich die nächstliegende Göttin übersehen habe. Ich, Helena, bitte dich jetzt, komm zu mir!

Denn ein Leben ohne Leidenschaft dauert zu lange, selbst wenn es kurz ist.

Menelaos rührte sich und sah mich an. Er bewegte den Arm, und die tote Last wurde leichter, als sie zum Leben erwachte. Er streckte beide Arme aus und umschlang mich.

»Liebste Helena«, murmelte er. »Jetzt fängt es an. Unser gemeinsames Leben.«

Ich legte den Kopf an seine Schulter; sie war glatt, und die Muskeln waren entspannt. »Ja. Vielleicht gewähren die Götter uns ihren Segen dazu.«

Alles würde sich richten. Es musste so sein. Ich hatte gewählt, und es gab kein Zurück.

Klytämnestra und Agamemnon kamen am nächsten Tag, aber schon vorher waren wir in den Palast hinausspaziert und hatten ein wenig mit ihrer Tochter gespielt, der hübschen Iphigenie, die schon unerschrocken lief und Worte plapperte, die bezaubernd klangen, auch wenn sie noch falsch waren.

»So, so!« Agamemnons Glucksen war so laut wie alle seine Äußerungen. In seinem Blick lag ein hässliches Glitzern; er suchte es zu verbergen, doch es war unübersehbar. Immer wieder musterte er mich und Menelaos mit schmalen Augen. Ich wusste, er hatte die Nacht mit uns in unserem Schlafgemach verbracht, zumindest in Gedanken – in dem Gemach, das er uns als unser eigenes versprochen hatte.

Menelaos bemühte sich, eine ausdruckslose Miene zu behalten – vermutlich aus Respekt vor mir. Aber was würde er sagen, wenn er mit seinem Bruder allein wäre, was ja früher oder später der Fall sein würde? Auch Klytämnestra brannte darauf, unter vier Augen mit mir zu sprechen. Mir graute davor; ich wünschte, sie würden weggehen. Ich wollte nicht darüber reden; für mich wäre es ein Verrat an Menelaos. Oder an mir selbst?

»Und als ihr mit dem Wagen fortgefahren wart, hatten alle fleckige Hände von den Blumen und Früchten, mit denen sie euch beworfen hatten. Wir sind in den Palast zurückgekehrt und …« Es war still geworden nach unserer Abreise – die seltsam gedämpfte Stille, die sich nach einem geschäftigen Treiben herabsenkt.

»Und jetzt«, sagte Klytämnestra und breitete die Arme aus, »jetzt könnt ihr alle Jahre eures Lebens zusammen sein!«

»Wie viele das wohl sein werden?«, fragte Menelaos.

»Du meinst, wie lange wirst du leben?«, wollte Agamemnon wissen.

»Ja, vermutlich meine ich das. Die Leute in unserer Familie leben nicht lange.«

»Wie trübsinnig! Wieso musst du ausgerechnet heute darüber nachsinnen, Menelaos?«

»Ich habe nur … Ich habe mich nur gefragt, wie viele glückliche Jahre mir wohl gewährt sein werden.«

»Wie alt ist der Älteste, den du kennst – oder von dem du weißt?«, fragte ich Menelaos, um das Gespräch wieder in fröhlichere Bahnen zu lenken.

Agamemnon antwortete an seiner Stelle. »Vermutlich Nestor, und der ist so alt auch wieder nicht. Es gab einen Mann in Argos, der behauptete, er sei achtzig. Eine runzlige kleine Grille von einem Mann, der in einem winzigen Häuschen wohnte. Ich habe ihn einmal gesehen, mit Vater zusammen. Aber natürlich konnte niemand beweisen, wie alt er wirklich war.«

»Glaubt ihr, irgendjemand könnte jemals hundert Jahre alt werden?«

»Nein«, sagte Menelaos. »Das wäre unmöglich.« Lächelnd nahm er meine Hände. »Aber fünfzig glückliche Jahre sind genauso viel wie hundert langweilige.«

Wir blieben zehn Tage in Mykene, und Menelaos zeigte mir alle seine Lieblingsplätze und die Geheimnisse der Umgebung. Die Zitadelle stand auf halber Höhe eines Hügels zwischen zwei Bergen, und wenn man auf ihren Bastionen stand, konnte man das Meer sehen, was wir in Sparta nicht konnten. Als ich die weite, glitzernde Fläche zum ersten Mal sah, jauchzte ich aufgeregt. Ich hatte das Meer noch nie gesehen.

»Aber Liebste, wie ist das möglich?«, fragte er.

»Ich war eingesperrt«, sagte ich. »Es war … Es war zu meinem eigenen Schutz.«

»Jetzt werde ich dich beschützen«, versprach er. »Und wenn du das Meer sehen willst, darfst du es anschauen, so lange du möchtest.«

»Können wir auch näher herangehen? Oder sogar mit dem Schiff fahren?«

»Erst wollen wir näher herangehen«, sagte er. »Das Schiff kann später kommen.«

Hoch in den Hügeln, wo er und Agamemnon als Kinder gespielt hatten, waren Höhlen. Noch immer kannte er die verborgenen, von Ranken überwucherten Eingänge. Ich stellte mir Menelaos gern als Jungen vor. Wie mochte er da ausgesehen haben?

Er zeigte mir den großen Speicher der Zitadelle, wo die Schätze seines Hauses aufbewahrt wurden – riesige Vorräte an Olivenöl, fein gewobenem Tuch, Gold und Silber, bronzenen Dreifüßen und Rüstungen. Die Rüstungen hatten sie bei Raubzügen und in Schlachten von allerlei Feinden erobert; die meisten Gegner waren längst vergessen, erinnerlich nur noch wegen der Beute, die man ihnen abgenommen hatte. So glänzten die Rüstungen im Dunkel des Speichers, während der Glanz ihrer Eigentümer längst erloschen war.

»Nimm, was du haben willst!«, sagte er und deutete umher. Aber ich begehrte nichts von alldem. Als ich nicht antwortete, öffnete er eine Schatulle aus Zypressenholz und nahm einen goldenen Becher heraus.

»Mein Brautgeschenk.« Er reichte ihn mir.

Er war so groß wie ein Eimer und sehr schwer. »Der ist nichts für Sterbliche«, sagte ich. »Außer vielleicht für Ajax von Salamis.« Der Arm tat mir weh, als ich ihn hielt. Er war ringsum mit einem Muster aus kleinen Kreisen graviert, und die beiden Griffe waren angenehm geschwungen. Ich reichte ihn Menelaos zurück.

»Ich habe gesagt, er gehört dir.« Er schob ihn zurück.

»Aber du hast mir meine Hochzeitsgeschenke doch schon gegeben«, sagte ich. »Wirklich, ich bin zufrieden.«

»Ich möchte dir etwas aus dem Hause meines Vaters schenken. Atreus hat den Becher in der Schlacht errungen, und er war ihm stets kostbar. Bei Festmählern stand er am Platz meiner Mutter, und jetzt sollst du ihn haben.«

Das Gold wurde warm unter meinen Händen, und ich erkannte, dass ich den Becher nicht ablehnen durfte. Aber es widerstrebte mir, ihn anzunehmen.

Menelaos nahm eine Strähne meines Haars und wand sie um das Gefäß. »Die gleiche Farbe!«, sagte er, und ich sah den Besitzerstolz in seinem Blick. »Ach, Helena, noch nie bist du am Meer gewesen, noch nie hast du es geschaut. Jetzt werde ich dich hinbringen. Du sollst es nach Herzenslust ansehen.« Er beugte sich vor und küsste mich.

Unser letzter Abend in Mykene: kalt, wie es vermutlich alle Abende dort waren, selbst im Hochsommer. Wir aßen zusammen an einem langen Holztisch, und ich hatte den großen Becher pflichtschuldig vor mir stehen, obgleich ich ihn niemals hätte leer trinken können. Menelaos schenkte mir immer wieder nach, als wolle er sicherstellen, dass ich ihn benutzte. Danach lagen wir auf Polstern im Megaron und genossen die Wärme des Feuers und die hübsche Musik des Sängers, der von den Schlachten und Ruhmestaten der Männer aus längst vergangenen Zeiten sang.

»Es war immer vor unserer Zeit«, sagte Menelaos. »Die Zeit der Helden ist vorüber, jetzt, da Herakles tot ist.«

»Woher willst du das wissen?« Agamemnon ließ sich niemals eine Gelegenheit entgehen, Zweifel oder Widerspruch zu äußern. »Wussten die Helden denn selbst, dass sie in einem heldenhaften Zeitalter lebten? Stand da eine große Tafel mit der Inschrift ›Alle, die ihr hier vor mir steht, wisset, dass ihr im Zeitalter der Helden lebt‹?«

»Agamemnon, manchmal redest du so dumm daher!« Nur Klytämnestra konnte wagen, so etwas zu ihm zu sagen, aber gedacht hatte ich es auch. Sie lachte.

»Das ist keine dumme Frage! Ich glaube, Helden schaffen sich ihr Zeitalter selbst«, widersprach er. »Und erst später nennt jemand es das Zeitalter der Helden.« Er sah sich um, und sein Blick suchte den meinen. Ich wünschte, er wollte aufhören damit, und schlug die Augen nieder. »Es ist noch nicht vorüber. Nicht, wenn wir beschließen, dass es weitergeht.«

»Du würdest mächtige Gegner brauchen«, sagte Klytämnestra. »Und ich sehe keine mehr. Herakles hat sie alle getötet.«

Sie beugte sich vor und kitzelte ihn am Ohr. »Nein, mein Löwe, du musst dich mit Viehdiebstählen und kleinen Scharmützeln zufriedengeben. Das ist das Dumme an friedlichen Zeiten. Aber wer könnte sich etwas anderes wünschen?«

Agamemnon grunzte und wischte ihre Hand beiseite wie eine lästige Fliege. Doch Klytämnestra war in ausgelassener Stimmung und ließ sich nicht abweisen.

»Kopf hoch, mein Lieber«, sagte sie. »Vielleicht kommt ein Drache und bedroht eine Stadt. Oder eine neue Sphinx.«

»Hör auf!«, sagte Agamemnon warnend. »Ich lasse mich nicht aufziehen.«

Er hatte die Stimme gehoben, und der Sänger stellte seinen Gesang ein, klemmte sich die Leier unter den Arm und stahl sich hinaus.

In unserer kalten Kammer verkrochen wir uns unter die Wolfspelze, die auf den Wolldecken lagen. Dann umfing Menelaos mich mit seinen starken Armen und begann Liebesworte zu flüstern und sich immer hartnäckiger an mich zu drängen. Ich hatte meinen Abscheu gegen den Geschlechtsakt nicht überwunden und kämpfte beständig mit dem Drang, beide Hände gegen seine breite Brust zu stemmen und ihn wegzustoßen.

In den vergangenen zehn Tagen war mir etwas Erschreckendes klar geworden: Es war mir zuwider, mich berühren zu lassen. Das hatte ich nicht gewusst, denn jeder, der mich bisher berührt hatte, hatte es nur flüchtig getan. Selbst wenn meine Mutter mich umarmte, hielt sie sich nicht lange damit auf, und sie bedrängte mich nicht. Beim Bade wandten meine Dienerinnen den Blick ab, und sie benutzten Schwämme, um das duftende Öl aufzutragen und mir nachher den Rücken mit Olivenöl abzureiben. Und meine Brüder legten mir achtlos die Arme um die Schultern – aber nur leicht und nur für einen Augenblick.

Das hier war anders. Und meine Abneigung dagegen wuchs; ich gewöhnte mich nicht daran. Ich wagte nicht, es mir anmerken zu lassen, und zum ersten Mal im Leben erkannte ich, wie schwer es ist, sich zu verstellen. Ich hatte es nie tun müssen.

Ohne dass es mir jemand sagte, wusste ich, dass ich es Menelaos um jeden Preis verheimlichen musste. Aber wie sollte mir das auf die Dauer gelingen? Für eine Weile, ja, aber …

Wo war Aphrodite? Warum verschmähte sie meine unterwürfige Bitte um Vergebung? Ohne sie würde ich niemals in jenes andere Land gelangen, in das sagenhafte Reich, in dem die Frauen solches Verhalten nicht nur begrüßten, sondern es suchten und – manchmal – sogar selbst den Ansporn dazu gaben. Jeden Morgen flehte ich sie an, am Abend zu mir zu kommen, und jeden Abend war klar, dass mein Flehen auf taube Ohren gestoßen war. Und während Menelaos immer weiter auf mich eindrang und sein warmer Atem mein Ohr streifte, war ich innerlich so kalt wie die Wasser des Styx.

Bei Sonnenschein erschien es mir natürlich längst nicht mehr so wichtig. Als wir am nächsten Morgen in unserem Wagen über Stock und Stein nach Sparta fuhren, war es nicht schwer, die Geheimnisse der Dunkelheit zu vergessen. Ich sah Menelaos' starke Unterarme, die ausgestreckt die Zügel hielten, und jetzt – du eigenwillige Göttin! – fand ich sie verlockend. Jetzt, da sie nicht nach mir griffen.

»Neue Gemächer erwarten uns«, sagte er und ließ die Zügel schnalzen. »Was, glaubst du, werden wir vorfinden?«

In unserer Abwesenheit hatten Vater und Mutter unsere Wohnung bereitet, in der ich als verheiratete Frau leben würde. Meine alten Gemächer, die Räume meiner Kindheit, würden jetzt verlassen sein, bis ich selbst ein Kind hätte, das sie bewohnte.

»Sie liegen im Ostflügel des Palastes«, sagte ich. Sie hatten viele Jahre leer gestanden. Ich hatte Geschichten über eine Großtante gehört, die dort gewohnt hatte – mit einem zahmen Äffchen und giftigen Pflanzen. Das Äffchen hatte von den Blättern gefressen und war gestorben, aber sie, die sich mit Kräutern auskannte, hatte ihm ein Gegengift gegeben, und es war wieder zum Leben erwacht. So zumindest erzählte man es. Wir Kinder hatten die Räume nicht betreten dürfen.

»Die Morgensonne«, sagte er. »Schön, sie zu sehen, wenn

man aufwacht.« Er lachte und ließ die Zügel auf den Rücken der Pferde klatschen. Sie machten einen Satz nach vorn, dass der Wagen schaukelte. Der Boden aus geflochtenen Lederriemen federte. Ich klammerte mich an seinen Arm, um nicht das Gleichgewicht zu verlieren, und er schaute mich zärtlich an.

Wir hielten uns im grünen Tiefland des Flusses, der auf seinem Weg nach Osten und zur Küste das Tal von Mykene bewässerte. Wir kamen durch Argos und vorbei an Tiryns mit seinen hohen Mauern. Dann würden wir das Meer eine ganze Weile zur Linken haben, bevor wir uns wieder landeinwärts nach Sparta wandten. Ich hörte das Rauschen der Wellen am Ufer und roch das Salz in der Luft. Weiter draußen dümpelten zwei kleine Boote. Ich verspürte den übermächtigen Wunsch, selbst die Segel zu setzen und ringsumher Wasser zu wissen.

»Du bist schon einmal mit einem Schiff gefahren, oder?«, fragte ich Menelaos.

»O ja. Nach Rhodos, nach Troja, nach Kreta. Mein Großvater lebt auf Kreta, und wir haben ihn oft besucht.«

»Eines Tages möchte ich ihn kennenlernen«, sagte ich, aber eigentlich wollte ich Kreta sehen. Ich hätte seinen Großvater besucht, selbst wenn er ein Papagei gewesen wäre.

Schweigend rumpelten wir dahin. Schließlich sagte ich: »Und in Troja warst du? Ist es so prächtig, wie alle sagen? Stimmt es, dass die Mauern des Palastes mit Edelsteinen besetzt sind?«

»Ganz und gar nicht.« Er war amüsiert. »Die Mauern sehen aus wie alle anderen Mauern, außer dass sie bemalt sind. Die Farben sind sehr leuchtend, mehr als unsere. Vielleicht kommt daher das Gerücht über die Edelsteine.«

Ich hätte ihn gern nach den gut aussehenden Männern dort gefragt, aber das hätte vielleicht merkwürdig geklungen. »Sehen die Menschen dort so aus wie alle anderen?«, fragte ich schließlich.

Er lachte. »Ja. Wie sollten sie sonst aussehen? Glaubst du, sie haben Laub statt Haaren auf dem Kopf? Und fünf Ohren?« Der Wagen schwankte, als wir einem Felsen auswichen. »Sie sind gut genährt und kräftig«, erzählte er weiter. »Allerdings haben sie diesen Blick – den Blick eines Volkes, das stolz ist. Eines Volkes, das weiß, es ist nicht nur sein eigener Herr, sondern auch Herr über das Land ringsum. Sogar der König, der alte Priamos, ist eine beeindruckende Gestalt. Beinahe unnatürlich stramm und jugendlich. Er hat fünfzig Söhne! Vermutlich hält es ihn jung, sie zu machen.«

»Sind sie alle von seiner Königin?« Gewiss nicht! Es sei denn, sie hätte lauter Zwillinge bekommen.

»Nein, aber zehn sind es.« Er lachte. »Wenn ich es mir recht überlege – die Königin ist auch überraschend kräftig, wenn sie so viele Geburten überlebt hat. Vielleicht hat es doch eine besondere Bewandtnis mit Troja …«

Schließlich verließen wir die Küstenstraße und wandten uns nach Osten, in die Berge hinauf. Die Pferde plagten sich, und der Wagen ächzte; die Räder wühlten sich durch Kies und harten Lehm. Gelegentlich rumpelten wir über kleine Brücken aus Feldsteinen – holprig, aber immer noch besser, als in einem Bachbett stecken zu bleiben.

Obwohl der Frühling schon fast vorbei war, lag auf den blauen Gipfeln noch Schnee. Sparta lag geschützt zwischen zwei großen Gebirgen, dem Parnon und dem Taygetos. Mir war nicht klar gewesen, wie grün und fruchtbar meine Heimat war, bis ich unterwegs die trockenen, schroffen Landschaften sah. Lakedämon, die Gegend, in der Sparta lag, war wirklich ein gesegnetes Land.

»Deine neue Heimat«, sagte ich zu Menelaos. »Ist es nicht ein guter Tausch gegen Mykene?«

»Selbst wenn es nicht so prachtvoll wäre, wie es ist – es ist besser, der Erste in einem kleinen Reich zu sein als der Zweite in einem großen.« Hinter diesen leichthin ausgesprochenen Worten lauerten die Jahre im Schatten des wuchtigen Agamemnon und die Aussicht, für alle Zeit dort zu bleiben. Ich hatte Menelaos befreit, wie er mich befreit hatte – ich war frei von meinem Schleier und frei, in die Welt hinauszugehen. Jetzt, ja, jetzt konnte ich sogar allein nach Sparta gehen und dort durch die Straßen wandern.

»Mein Liebster«, sagte ich, und ich erhob mich auf die Zehenspitzen, um ihn auf die Wange zu küssen. Plötzlich war ich überwältigt von einer warmen Liebe zu ihm.

Als wir durch das Palasttor fuhren, waren alle im Hof, um uns zu begrüßen. Läufer hatten uns kommen sehen, als wir am Flussufer entlangfuhren.

Vater, Mutter, Kastor, Polydeukes, meine lieben alten Dienerinnen, sogar die Palasthunde – alle jubelten uns zu. Wir wurden vom Wagen gezogen und liebevoll umarmt. Daheim! Wir waren daheim, in einem Heim, das jetzt ein anderes sein würde.

»Helena, du hast uns als Jungfrau verlassen und kommst als verheiratete Frau zurück. Da ziemt es sich, dass wir dir die Symbole und Abzeichen deines neuen Standes überreichen.« Vater sprach diese Worte zur Einleitung der traditionellen Zeremonie, bei der eine spartanische Frau unter die Erwachsenen aufgenommen wird und ihren eigenen Haushalt begründet.

Wir standen an der Schwelle der Gemächer, die Menelaos und ich zusammen bewohnen würden.

Dem Aufruf meines Vaters folgend, überreichte meine Mutter mir nacheinander die Gegenstände, die zu meinem neuen Stand gehörten. Zuerst das Tuch, das meine jungfräulichen Gewänder ersetzen würde: ein fein gewebter Stoff, durchwirkt von silberblauen Fäden. Als Nächstes eine große silberne Fibel, die die beiden Ecken des Tuches auf meiner Schulter zusammenhalten sollte. Und schließlich die Ohrringe.

Mutter schenkte mir einen Zedernholzkasten. Darin lagen zwei große goldene Ohrringe mit durchbrochenem Flechtwerk und kleinen Dornenverzierungen ringsum. Sie waren so schwer, dass sie nicht am Ohrläppchen getragen werden konnten, sondern an Drähten hingen, die hinter die Ohren geschlungen waren: das Symbol meiner Weiblichkeit.

»Ich danke dir«, sagte ich. Ich nahm die Ohrringe aus dem Kasten und hielt sie in der flachen Hand.

Vater befestigte sie an meinen Ohren. Dazu musste er mein Haar zurückstreichen.

»Gemahlin«, sagte er dann, »als Letztes gib deiner Tochter die Zeichen ihrer weiblichen Mühen.«

Mutter brachte einen kleinen Silberkorb auf Rädern, wie man ihn benutzte, um gesponnenes Garn zum Weben aufzubewahren. Darin lagen vier Knäuel von feinster Wolle: zwei in natürlichem Weiß und Dunkelbraun und zwei gefärbte in Zartrosa und einem sehr hellen Blau. In einem zweiten Korb lag unbehandelte Wolle, die noch gesponnen werden musste.

»Das Spinnen und das Weben gehören in das Reich der weiblichen Geheimnisse«, sagte Vater. »So schickt es sich, dass du zu Beginn deines Lebens als verheiratete Frau die drei Moiren anrufst: Klotho, die Spinnerin, Lachesis, die dir dein Schicksal zuweist, und Atropos, die dein unausweichliches Ende bestimmt. Die drei Göttinnen, die über die Spanne des menschlichen Lebens von der Geburt bis zum Tode regieren.«

Ich nahm die Körbe und hielt sie fest.

»Und jetzt«, sagte Vater, »nachdem alle Riten vollzogen sind, wie es sich gehört, zieh hin in deine neue Wohnung und nimm sie in Besitz.«

Ich nahm Menelaos bei der Hand, und wir schritten über die Schwelle unseres neuen Heims.

Das reine Linnen, das drinnen die Fenster beschattete, dämpfte das Licht und überzog alles mit bläulichem Hauch wie im ersten Morgengrauen. Hohe Stühle, Schemel und dreibeinige Tische schienen im Dunst über dem bunt bemalten Boden zu schweben.

»Sieh doch!«, rief ich und deutete zu Boden. »Muster! So etwas hatten wir noch nie!« Offenbar waren sie gemalt worden, während wir weg waren, und sie ließen den Raum sehr kostbar erscheinen. Und jetzt entdeckte ich auch die Malereien an den Wänden: Wasserlilien, Schilf und Vögel. »Oh, wie schön!« Ich würde niemals müde werden, sie anzuschauen.

Die hohen Stühle waren mit spiralförmigen Intarsien aus blau emailliertem Elfenbein verziert, und auf den dazugehörigen Fußschemeln prangte das gleiche Dekor.

Menelaos' Bettstatt im benachbarten Zimmer war mit feinen Leinenlaken bezogen, auf denen federleichte Lammfelle lagen. Ein Kohlenbecken mit Zedern- und Sandelholz verbreitete süß duftende Wärme.

Menelaos streckte die Arme aus, und ich fiel ihm um den Hals. Er drückte mich an sich – so fest, dass ich die Wärme seiner Brust noch durch die Tunika und den Mantel fühlen konnte. Er senkte den Kopf zu mir und wandte sich dem hell bezogenen Bett zu.

Jetzt! Gewiss würde mein Herz jetzt Sprünge tun, oder wenigstens würde mich die Wärme des Verlangens durchströmen.

Aber stattdessen hörte ich Geräusche draußen vor den Fenstern, die mich daran erinnerten, dass andere in der Nähe waren. Die Möglichkeiten des Augenblicks waren vorüber. Ich zog mich aus seiner Umarmung und tat, als wolle ich das neue Zimmer weiter erkunden. Ich wagte nicht, ihm ins Gesicht zu schauen; seinen Zorn oder seine Enttäuschung hätte ich nicht ertragen. Und mir war, als hörte ich fernes Gelächter. Aphrodite?

XV

Nach altem Brauch war noch ein letztes Fest zu feiern, bevor mein neues Leben wirklich beginnen würde. Vater und Mutter verwandelten die weite Wiese unten am Eurotas zu einem Festplatz und hießen ganz Sparta willkommen, damit Menelaos das Volk sähe, das er eines Tages regieren würde.

Offene Feuer knisterten auf dem Feld, und darüber drehten sich Ochsen am Spieß. Wer die Hand mit einem Becher ausstreckte, bekam Vaters besten Wein eingeschenkt. Die Leute aus der Stadt wanderten in Scharen über die Wiese, die Handwerker breiteten ihre Töpfe und ihren Schmuck aus, die Waffenschmiede ihre Messer und Schwerter. Hausfrauen boten Gerstenkuchen und Feigenpaste feil, und Möchtegern-Barden zupften die Leier und sangen dazu. Ich sah Schaf-, Schweine- und Ziegenhirten. Weit hinten auf der einen Seite waren athletische Wettkämpfe im Gange – Faust- und Ringkämpfe und Wettläufe. Jedermann aus Sparta und Umgebung konnte dort mitmachen. Wehmütig dachte ich an meinen letzten Wettlauf als Jungfrau. Heute waren nur Jungen und Männer auf dem Feld. Neben ihnen führten Pferdezüchter ihre Tiere vor, um sie zu verkaufen. In unserer Gegend gab es nicht die allerbesten Pferde, aber man musste nehmen, was man bekam.

Menelaos und ich spazierten durch die Menge. Ich spürte die Blicke auf mir, aber sein Arm lag auf meinen Schultern, und zum ersten Mal fühlte ich mich frei. Ich musste mich nicht mehr verbergen. Ich nahm seine Hand und drückte sie. Er würde nie verstehen, wie dankbar ich ihm war.

»Das Schicksal! Das Schicksal!« Eine alte Frau zupfte mit Klauenhänden an unseren Gewändern. »Das Schicksal! Das Schicksal!«, krächzte sie.

»Loslassen! Siehst du denn nicht –«, sagte Menelaos. Dann erkannte er, dass sie blind war. Ihre Augen waren runzlig-verschlossen wie eine alte Lederbörse. Er zuckte zurück.

»Zaubertränke!«, rief eine Frau neben ihr. Sie konnte nur allzu gut sehen; ihre scharfen schwarzen Augen glänzten wie die eines Raubvogels. »Kümmert euch nicht um sie! Was immer das Schicksal bereithält, ein Zaubertrank kann es vereiteln.« Sie drückte mir eine Phiole in die Hand.

»Nicht. Das ist Gift«, sagte eine ruhige Stimme. »Du brauchst ein Gegenmittel, ehe du fünfzig Schritte getan hast.« Es war ein Mann, der das sagte. »Halia, wirklich – versuchst du immer noch, deine tödlichen Tränke zu verhökern? Noch dazu an unsere künftige Königin? Was ist los mit dir? Magst du sie nicht?«

Die Frau richtete sich auf. »Die Königin soll es *benutzen*«, sagte sie. »Du hast mir ja keine Gelegenheit gegeben, es ihr näher zu erklären.«

»Soll die Königin ihre Freunde vergiften? Warum führst du ihr die Wirkung nicht gleich vor? Sonst könnten wir denken, du verkaufst ihr nur altes Hammelfett.«

Menelaos starrte den Mann an, der da so plötzlich aufgetaucht war. Er trug einen staubigen roten Mantel.

Die Trankverkäuferin zuckte die Achseln. Ohne zu zögern, packte sie den Hund ihrer Nachbarin, der dösend zwischen ihnen auf dem Boden gelegen hatte, und beschmierte seine Schnauze mit der trüben Paste. Der Hund knurrte und leckte sich die Lefzen.

Der geheimnisvolle Mann zog die Braue hoch und schaute auf den Hund hinab. »So etwas kann eine Weile dauern«, stellte er fest. In seinen Worten lag ein verhaltener Humor, vielleicht aber auch Missbilligung. In gewisser Weise schien er die Alte herauszufordern. Vielleicht machte er sich auch nur lustig, oder das alles war ihm völlig gleichgültig. Sein Tonfall ließ alle möglichen Deutungen zu.

Der Hund erhob sich schwankend auf unsicheren Beinen. Er ging ziellos im Kreis herum, sank dann zu Boden und begann zu winseln und zu zittern.

»Ich hoffe, du hast das Gegenmittel zur Hand«, sagte der Mann.

Die Besitzerin des Hundes fing an zu weinen und schüttelte das Tier.

Die Giftmischerin wühlte gelassen in einem Korb und förderte ein Fläschchen mit einer Flüssigkeit zutage. »Hmmm … Hier ist es.« Sie drückte die sabbernde Schnauze des Hundes einen Spaltbreit auf und träufelte die Flüssigkeit hinein.

»Sehr beeindruckend, Halia«, sagte der Mann. »Ich sehe, du kennst deine Pflanzen. Was war das … Oleander?«

Sie funkelte ihn an. »Ich werde dir nicht alles verraten, was ich weiß.«

»Und was hast du genommen, um es unwirksam zu machen? Belladonna-Tinktur?«

»Ich sage doch, das verrate ich nicht.«

Menelaos und ich wollten uns zurückziehen. Die Alte protestierte. »Du willst es trotzdem nicht kaufen?«

Der geheimnisvolle Mann war verschwunden. Menelaos und ich sahen einander an.

»Haben wir ihn wirklich gesehen?«, fragte ich.

»Ich bin nicht sicher«, sagte Menelaos. »Irgendwie fand ich ihn beunruhigender als ihr Gebräu. Ich weiß, was Gift ist, aber er schien außergewöhnlich viel darüber zu wissen.«

»Das würde ich eigentlich nicht sagen«, antwortete ich. »Wir wissen nur, dass *er* wusste, wie die alte Frau heißt und wie zwei Gifte wirken.«

»Ich hatte das Gefühl, er wusste noch viel mehr.«

»Aha! Da seid ihr ja, versteckt euch in dieser schäbigen Ecke!«, dröhnte eine gebieterische Stimme hinter uns. Wir fuhren herum. Odysseus stand vor uns. Er grinste; seine Hochzeit mit Penelope war vereinbart, und der Tag der Trauung stand fest. Er hatte, was er wollte. »Ihr seid in zweifelhafter Gesellschaft.« Er deutete auf die Wahrsagerin und die Giftmischerin.

»Hast du den Mann gesehen, der eben noch bei uns war?«, fragte Menelaos.

»Nein, wieso?« Odysseus raffte seine Tunika auf der Schulter zusammen und rückte seinen Hut zurecht. »War er ein Taschendieb?«

»Das glaube ich nicht«, sagte ich.

»Was kümmert es euch dann?« Er lachte. »Na. Ihr seht zufrieden aus.« Er legte Menelaos einen Arm um die Schultern. »Ich muss mich selbst dafür beglückwünschen, dass ich deine Brautwerbung unterstützt habe. Habt ihr irgendein Murren von den verschmähten Freiern gehört? Das Gelübde, das wir auf diesem Blutacker abgelegt haben, dürfte jeden Unfrieden im Keim ersticken.«

»Wann ist denn eure Hochzeit?«, fragte Menelaos. »Ich habe von dem Wettlauf gehört. Natürlich hast du gewonnen.«

»Natürlich. Dafür habe ich gesorgt.« Er zwinkerte. »Ganz plötzlich hatte ich alle anderen Freier hinter mir. Und wir werden heiraten, bevor der Mond wieder voll ist. Danach kehre ich mit meiner Frau nach Ithaka zurück. Ihr Vater ist freilich nicht versessen darauf, sie gehen zu lassen. Aber ich möchte nicht länger hier bleiben. Ich will wieder auf meine Insel. Ich liebe die Felsen und die Einsamkeit dort.«

Zwei Männer gingen vorüber, beide lächerlich gut aussehend, der eine älter, der andere in der ersten Blüte der Reife eines Knaben, der gerade zum Mann wird. Der Ältere hatte goldblondes Haar, der Junge sehr dunkles und dichte Augenbrauen. Sie waren keine Dörfler, sondern Soldaten; das verriet ihr Gang.

»Oho«, sagte Odysseus. »Wo mögen die wohl herkommen? Vom Olymp vielleicht?«

Als ich zu Vater zurückkehrte, sah ich, dass Neuankömmlinge bei ihm waren. Ein Trupp Soldaten umringte ihn, ausgestattet mit leinenen Brustpanzern und Kurzschwertern. Ein großspuriger Bursche mit glänzendem Gesicht und schadenfroher Miene redete auf ihn ein.

»Wer immer sie sind, wir werden sie zerschmettern«, sagte er soeben. Die anderen Soldaten nickten und murmelten zustimmend.

Von wem redete er? Wer musste zerschmettert werden? Wir lebten im Frieden.

»Euer Quartier wird morgen fertig sein«, sagte Vater.

»Ihr Spartaner seid zu vertrauensselig«, sagte der aufgeblasene Soldat. »Es wird höchste Zeit, dass ihr ein wenig Schutz bekommt. Ja, man erzählt sich, ihr hättet nicht einmal Spione.«

»Wenn ein König gerecht ist und starke Soldaten hat, ist es unwichtig, was der Feind Böses im Schilde führt«, sagte Vater. »Deshalb brauchen wir keine Spione. Was immer sie planen, es wird nichts daraus werden.«

Hinter mir wurde kurz und leise gelacht. Ich drehte mich um, aber ich sah nur Soldaten. Dann erhaschte ich aus dem Augenwinkel einen Blick auf einen staubigen roten Mantel. Wieder dieser Mann! Warum war er hier?

Ich packte Menelaos' Arm. »Halte ihn fest!«, flüsterte ich. »Der Mann – er ist ein … er muss ein … Spion sein. Für wen?«

Menelaos blickte sich um, aber wieder schien der Mann vom Erdboden verschwunden zu sein.

»Sag mir, Lynkeus, wirst du als General damit zufrieden sein, das Quartier mit deinen Leuten zu teilen?«, fragte Vater den großspurigen Mann.

Lynkeus nickte herablassend.

»Wenn dir dein Thron etwas wert ist, Tyndareos, würde ich ihn in Sichtweite des Palastes unterbringen, nicht unsichtbar in einer abgelegenen Garnison«, erklärte eine ruhige Stimme im Gedränge.

»Wer spricht da?« Vater reckte den Hals.

Der Mann im roten Mantel trat vor. »Ich will dir nur einen vernünftigen Rat geben«, sagte er. »Du hättest es auch sehr bald selbst erkannt.« *Aber dann könnte es zu spät sein,* deutete sein Tonfall an.

»Ich habe gefragt, wer da spricht«, wiederholte mein Vater.

»Ich bin Gelanor aus Gytheon.«

»Ein Seemann? Ein Hafenmeister?« Gytheon war der Hafen, der Sparta am nächsten lag. Man musste aber schon im Morgengrauen aufbrechen, wenn man ihn am Abend erreichen wollte.

»Keins von beidem, obgleich mein Vater zur See fährt.«

»Warum bist du nicht in seine Fußstapfen getreten?«

»Weil die interessanteren Dinge zu Lande geschehen.«

»Was zum Beispiel?«, fuhr der General ihn streitsüchtig an.

»Der Mensch«, sagte Gelanor. »Der Mensch ist auf dem Land, und er ist unendlich viel interessanter als der Fisch.«

»Du hast mir noch nicht geantwortet«, sagte mein Vater. »Womit verdienst du deinen Lebensunterhalt? Wie ein Soldat siehst du nicht aus.«

»Auch nicht wie ein Schweinehirt«, flüsterte Menelaos mir ins Ohr, und wir unterdrückten beide ein Lachen. Der Mann stank schließlich nicht.

»Ich lasse Dinge …«

»Dinge?«, drängte Vater.

»Ich lasse Dinge geschehen.«

»Was für eine Antwort ist das? Bist du ein Zauberer?«

Gelanor lachte. »Nein. Ich meinte damit: Wenn jemand sich etwas wünscht, kann ich dafür sorgen, dass es geschieht. Nur« – er hob die Hände – »mit Hilfe meines Verstandes und meiner

Erfahrung. Von der Zauberkunst verstehe ich nichts. Und ich habe auch keinen Umgang mit den Göttern. Ich habe festgestellt, erhabener König, dass der Verstand die einzige Zaubergabe ist, die ein Mensch braucht.«

Vater zuckte die Achseln. »Noch ein Verrückter.« Er winkte ab. Da flüsterte der General ihm etwas ins Ohr, und er wandte sich noch einmal an Gelanor. »Vielleicht kann ich dich doch gebrauchen …«

Wir gingen weiter und ließen die Soldaten mit ihrem unerquicklichen Anführer hinter uns.

»Was hat das alles zu bedeuten?«, fragte ich Menelaos. »Was hat Vater mit diesen Männern zu tun?«

»Ihr Anführer ist einer, der gern Krieg führt«, sagte Menelaos. »Vielleicht ist es nützlich, einen solchen Mann zu haben.«

Höflich wiesen wir den Sklaven ab, der sich durch die Menge schlängelte, um die Becher zu füllen. Der klebrig-süße Wein war zu stark und musste verdünnt werden.

»Aber wir haben keinen Krieg«, wandte ich ein. »Was soll Vater mit ihm?«

»Vielleicht fühlt er sich sicherer«, sagte Menelaos. »Der Bursche sah nicht aus, als könnte viel an ihm vorbeikommen.«

»Welcher? Gelanor oder Lynkeus?« Der General oder der Mann im roten Mantel?

»Beide. Gelanor hat einen scharfen Verstand, aber Lynkeus hat einen starken Arm. Ein interessanter Wettstreit, sollte es jemals dazu kommen.«

»Aber wenn sie beide Vater dienen, müssen sie zusammenarbeiten.« Es klang wie eine Feststellung, aber eigentlich war es eine Frage. Menelaos beantwortete sie nicht.

Wir näherten uns dem Zelt, in dem die Sänger auftraten. Die süßen Weisen der Leiern wehten durch die Luft.

Sparta war bekannt für seine Musiker und Dichter, und ich brannte darauf, sie zu hören. Das alles war Teil meiner neuen Freiheit. Ich wollte von alldem kosten, mich vollstopfen mit immer neuen Gerichten.

»Hört ihm nicht zu!« Ein dunkler kleiner Mann, der am Zelteingang stand, machte eine wegwerfende Gebärde. »Er verliert jeden Wettstreit.«

In meinen Ohren klang seine Musik gut genug.

»Und du, nehme ich an, gewinnst sie?«

»Allerdings«, sagte er, und sein Achselzucken fügte hinzu: *Gegen solche Leute zu gewinnen ist kein großer Sieg*.

Der Sänger im Zelt kam eben zu Ende; er sang von den mächtigen Taten des Herakles, vor allem von seinem Sieg über den Nemeischen Löwen.

»… die Klauen! Oh, so scharf, dass sie allein die Haut durchschnitten! O Kraft des Herakles, so groß, dass sie kein Sterblicher begreift! O Herakles!«

»Ich glaube, der Kerl da draußen hatte recht.« Menelaos sprach aus, was ich dachte.

Gleich darauf wurde der Sänger weggeführt, und der Fremde, dem wir draußen begegnet waren, nahm seinen Platz ein. Er sah uns an, als wollte er sagen: *Jetzt wird es sich für euch lohnen.*

»Ich werde über etwas singen, was sich in unserer Zeit zugetragen hat.« Er verbeugte sich und griff zu seiner Leier.

»Herakles ist auch noch nicht lange her!«, wandte jemand ein.

»Stimmt, aber was jetzt kommt, liegt näher.« Er zupfte an seinem Mantel, wo die Brosche saß, und rückte ihn zurecht wie ein Athlet, der sich zum Wettkampf bereitmacht.

»Ich, Oionos aus Therapne, singe euch vom Hochzeitsfest des König Peleus von Phthia und der Meeresgöttin Thetis.«

»Das ist vielleicht nicht klug«, murmelte jemand im Hintergrund. Die Stimme war leise, aber der Mann hörte es trotzdem.

»Ein Sänger muss singen, was wahr ist, und das ist nicht immer klug.« Er hob die Leier und begann. Er hatte in der Tat eine angenehme Stimme, und sein Spiel auf dem Instrument war beeindruckend; es klang, als sei es Teil seiner Stimme. Er verlor sich in den Worten, als fühle er sie in seinem Innern. Schließlich verhallten die silbrigen Töne.

Die Zuhörer spendeten ihm lauthals Beifall.

Als er hinausging, hielten wir ihn auf. »Du hattest recht«, sagte ich. »Mit dem, was du über dich und den anderen Sänger gesagt hast.«

Gleich hinter dem Zelt redete ein Mann auf eine Menge interessierter Zuhörer ein. Er hielt einen Holzkasten mit einem Griff in die Höhe. »Es funktioniert! Es funktioniert!«, verkündete er. »Keine Mäuse mehr!«

»Eine Hausschlange ist aber besser«, sagte jemand.

»Oh, das stimmt.« Der Mann lächelte. »Nichts ist besser als eine Schlange, wenn man Mäuse loswerden will. Doch kann man eine Schlange halten? Heute ist sie da, morgen ist sie weg. Wenn man sie am dringendsten braucht, hat sie sich fortgeschlängelt.« Er klopfte auf seinen Kasten. »Aber der hier wartet immer. Man legt den Köder hier hinein« – er hob eine Klappe und legte einen Brosamen hinein –, »und die Falle schnappt zu.« Er berührte die Klappe mit einem Zweig, und sie fiel zu. »Nehmt gleich zwei!« Er hielt einen zweiten Kasten in die Höhe.

Aber niemand kaufte seine Ware, und der Mann trollte sich zur nächsten Gruppe.

Menelaos folgte ihm. »Sag mir, Freund, machst du das schon lange?«

»Erst seit ungefähr einem Jahr. Davor war ich … da hatte ich eine sehr unangenehme Arbeit.«

»Sagst du mir, was es war?«

»Ich war derjenige, der die Säuglinge ins Taygetos-Gebirge gebracht hat.«

Die spartanischen Neugeborenen, die des Lebens nicht wert erachtet wurden – weil sie zu schwach oder krank waren oder auch nur wegen einer bösen Prophezeiung –, wurden an den Berghängen ausgesetzt, wo man sie verschmachten ließ. Kein Wunder, dass er sich auf den Verkauf von Mausefallen verlegt hatte.

»Hast du nie … versucht, sie zu retten?«, fragte ich.

»Zwei oder drei Mal«, sagte er. »Wenn das Kind nur wegen einer Prophezeiung ausgesetzt werden sollte und wenn Schäfer oder Jäger in der Gegend waren, die es mit nach Hause nehmen und versorgen konnten. Aber das kam selten vor.«

»Aber man erzählt doch von Bären und Wölfen, die solche Kinder gesäugt hätten«, sagte ich. Jeder kannte diese Geschichten.

Er schüttelte den Kopf. »Eine Wölfin würde sie fressen, und eine Bärin würde sie wahrscheinlich mit einem Prankenschlag zerfetzen. Das sind alles nur … Geschichten.«

»Und wer tut diese Arbeit jetzt?«

»Ich weiß es nicht«, sagte er. »Sie finden immer irgendjemanden.«

Schaudernd wandten wir uns ab. Wir brauchten nicht lange, um am Rand des Wettkampfplatzes eine neue Attraktion zu finden.

Eine keuchende Schar junger Männer hatte eben einen Wettlauf beendet, und jetzt fielen sie ins Gras, taumelnd und nach Atem ringend. Die Sonne schien auf ihre glänzenden Körper, und der Schweiß ließ jeden einzelnen Muskel hervortreten, als sei er aus poliertem Stein. Im Grün des frischen Grases erschien ihre Jugend ewig, unveränderlich, beständig für alle Zeit.

Wie zum Hohn lehnte ein alter Mann daneben auf einem Stab und betrachtete sie. Er rieb sich das Knie und schwenkte das Bein dann, um das Gelenk zu lockern.

»Oh!«, stöhnte er. »Oh, das tut weh!« Er schlug sich mit der flachen Hand auf das Knie. »Diese verdammten Salbenhändler, diese Scharlatane!« Er bückte sich und roch an seinem Knie. »Es stinkt, aber es wirkt nicht.« Er hob einen kleinen Tontiegel auf, der zu seinen Füßen stand, und hielt ihn uns entgegen. »Riecht!«, befahl er.

Menelaos schnupperte daran und verzog das Gesicht. »Mein Freund, du hast recht. Was für ein Gestank! Wie verfaulte Ziegendärme.«

»Wahrscheinlich ist es das auch«, knurrte der Alte. »Sie haben es mir als gemahlene Perlen und Narzissenöl verkauft, und am ersten Tag hat es auch so gerochen, aber jetzt …« Mit einem Schnalzen warf der Mann den Tiegel über die Schulter. Er flog überraschend weit.

Dann sah er wieder die jungen Athleten an. »So wie die war ich auch einmal«, sagte er mit wissendem Blick. »Das glaubt ihr nicht? Mein Speerarm ist immer noch stark, und früher einmal hätte ich jeden dieser Bengel in Grund und Boden gerannt. Vor zwanzig Jahren, als Agamemnon gerade geboren war.« Er schwieg und überlegte kurz. »Na, es ist wohl eher dreißig Jahre her«, räumte er ein.

»Wohl eher, ja«, sagte Menelaos. »Mein Bruder Agamemnon ist eher dreißig als zwanzig.«

»Menelaos! Verzeih mir, ich hätte dich erkennen müssen.« Der alte Mann verbeugte sich tief.

»Sag mir, Freund«, forderte Menelaos ihn auf, »du behauptest, du warst vor dreißig Jahren ein berühmter Athlet. Wo bist du gelaufen? Und gegen wen?«

»Ich bin in vielen Wettrennen für Sparta gelaufen, sogar im fernen Argos und in Nauplia«, sagte der Alte. »Ich habe Kalippos von Athen bei den zweifachen Stadien geschlagen. Meine Anhänger haben mich danach auf den Schultern durch die Stadt getragen.« Seine Stimme schwoll vor Stolz und wurde dann sanft bei der köstlichen Erinnerung an vergangene Zeiten und vergangene Kräfte. »Faustkämpfer war ich auch«, fuhr er fort. »Habe einige Kämpfe gewonnen. Aber auch dafür bezahlt.« Er deutete auf die vernarbten Ohren, die unter seinem grauen Haar hervorschauten. »Als Läufer war ich besser«, gestand er.

»Sag uns, wie du heißt«, bat ich ihn.

»Eudelos.«

»Eudelos, Sparta sollte stolz auf seinen Sohn sein«, erklärte Menelaos.

»Das war es. Früher einmal.« Er schaute zu den Athleten auf dem Feld hinüber. Sie waren wieder aufgestanden und hatten sich mit Wasser erfrischt, und jetzt trugen sie den Sieger auf den Schultern umher. Eine Krone aus Wiesenblumen saß schief auf seinem Kopf.

»Heb dir diese Krone auf, mein Junge«, sagte der alte Mann. »Heb dir diese Krone gut auf!«

Wir mischten uns weiter unter die Leute. Als es dunkel wurde, lichtete sich das Gedränge, und an den Feuern blieben wenige zurück, die jetzt desto mehr essen konnten. Danach verweilten sie noch, um den Sängern zuzuhören, die anscheinend niemals müde wurden. Aber Handwerker, Mausefallenhändler, Wahrsagerinnen und Athleten waren fort, und als der Mond aufging, kehrte auch die königliche Familie mit ihrem Gefolge in den Palast zurück, begleitet von den neuen Soldaten. Der Weg den Berg hinauf war angenehm am frühen Abend; Fackeln leuchteten uns, und der Wind liebkoste uns und strich wispernd dahin.

Vater und Mutter blieben stehen, bevor wir uns alle in unsere jeweiligen Gemächer zurückzogen.

»Siehe dein Königreich«, sagte Vater. »Heute hast du sein Antlitz gesehen, und es hat das deine gesehen. Hat dir gefallen, was du da gesehen hast?«

»O ja«, sagte Menelaos, aber es klang seltsam abwesend.

»Und mir hat gefallen, dass ich es endlich einmal sehen *konnte*«, sagte ich.

»Mein Schwänchen«, sagte Mutter, »jetzt darfst du über das Wasser gleiten, sooft du willst.«

In unseren Gemächern waren die Lampen schon angezündet. Man hatte süße Kräuter in einer Schale zerrieben, damit ihr Duft die Luft erfüllte. Ich war glücklich und aufgeregt, und sicher würde diese Aufregung mich nun weitertragen, mich auf einer Woge des Verlangens hochsteigen lassen, wie der Athlet hoch auf den Schultern seiner Kameraden getragen worden war. Die Ereignisse dieses Tages würden mich in Menelaos' Arme und geradewegs in die Sonne seiner Sehnsucht befördern, und in dieser Sonne würde meine Kälte dahinschmelzen.

Aber so kam es nicht. Der Mond, die kühle Göttin, schaute durch das Fenster auf unser silbriges Bett, und ihr kaltes Antlitz vertrieb die Liebe.

XVI

Und jetzt fing mein Leben an – oder war es vorüber? Ich hatte mich so sehr nach der Freiheit gesehnt, und an jenem glücklichen Tag unten am Ufer des Eurotas hatte ich geglaubt, die Zeit sei endlich gekommen. Aber Menelaos hatte die Tür meines Käfigs nur geöffnet, um mich in einen anderen zu führen. Unwillkürlich musste ich an den Mäusefänger und seine Fallen denken. Menelaos, der mir zu Anfang so kraftvoll und unkompliziert erschienen war, kam mir jetzt schweigsam und geheimnisvoll vor. Er behielt seine Gedanken für sich. Er sprach wohl, aber von nichts Bedeutendem; er war freundlich, aber distanziert. Ich hatte gedacht, er werde mein Freund sein, aber stattdessen hatte ich einen beschützerischen, stets gleichmütigen Kameraden. Ein Freund kann ein Kamerad sein, aber ein Kamerad ist nicht unbedingt auch ein Freund, wie ich feststellen musste.

Artemis, die kalte jungfräuliche Göttin, die den Mond über den Himmel lenkt, hatte nach dem wunderbaren Tag auf der Wiese zu uns in die Kammer geschaut, und sie musste Mitleid gefühlt haben. Irgendwie hatte sie anscheinend die barmherzige Demeter, die Göttin der Fruchtbarkeit und Freundin des Hauses Tyndareos, überreden können, uns ihren Segen zu schenken, obwohl Aphrodite unser Ehebett mied. Das konnte sie tun, weil Fortpflanzung auch ohne Leidenschaft möglich ist, ebenso wie die Fruchtbarkeit kein Verlangen weckt – auch wenn die beiden gewöhnlich gemeinsam erscheinen.

Jedenfalls war ich drei Monate nach unserer Hochzeit schwanger.

Niemand fand mich zu jung. Ich würde bei der Geburt sechzehn sein, so alt wie Mutter, als sie Klytämnestra gebar, und fast so alt wie Klytämnestra, als sie Iphigenie zur Welt brachte. Nicht einmal ich selbst fand mich zu jung. Bald Mutter zu werden erschien mir ganz natürlich. Es erforderte keine Weisheit, sondern nur Liebe und Kraft. Das glaubte ich wie alle anderen.

Nun war die Tür meines Käfigs doppelt und dreifach verriegelt. Menelaos behandelte mich wie einen zerbrechlichen Vogel, dessen Nest durch jeden Windstoß verwehen konnte. Er verbot mir, allein über die Hänge des Taygetos zu streifen, und warnte mich davor, schnell zu laufen. Und was das Spielen und Ringen mit Kastor und Polydeukes anging, die mich immer noch einbezogen, wenn in ihrem Wein nicht genug Wasser gewesen war, so bestand er eisern darauf, dass es unverzüglich aufhören müsse. Ich brauche Schutz und Ruhe. Das war seine Anordnung. Nur sein Lächeln und der sanfte Ton seiner Stimme verrieten, wie zufrieden er war.

Mutter flatterte aufgeregt umher, als sei der Gedanke an ein neues Enkelkind ebenso entzückend wie beunruhigend. Es bedeutete, dass sie älter wurde, aber es bedeutete auch, dass die Nachfolge gesichert war. Manchmal war sie ernst und warnte mich vor den Fährnissen der Geburt und des Säuglingsalters. Manchmal war sie aufgekratzt und vergnügt. »Zeus«, platzte sie eines Tages heraus, »wird Großvater!« Sie schlug beide Hände vor den Mund und lachte.

Ich lachte auch. »Mutter …« Ich wählte meine Worte sorgfältig. »Ich weiß, dass ich sterblich bin, und so muss auch mein Kind es sein. Aber meinst du … Zeus könnte ihm vielleicht seinen besonderen Segen spenden? Die Wahrheit ist, ich weiß nicht, wie die Götter ihre Enkelkinder behandeln.«

»Ich fürchte, sie verlieren das Interesse an ihnen«, sagte sie betrübt. »Genauso, wie es ihnen mit den Sterblichen ergeht, mit denen sie sich zeitweilig eingelassen haben. Aber der Glanz der Gottheit bleibt in unserem Geschlecht erhalten. Den kann uns niemand mehr nehmen, mein Schwänchen. Er gehört uns für alle Zeit. Das ist, wenn du so willst, der Lohn dafür, dass wir uns selbst aufs Spiel gesetzt haben.« Dann wurde sie wieder munter. »Lass uns über Namen nachdenken … Und du brauchst eine Hebamme, die beste, die Sparta zu bieten hat … Sie wissen vieles, was ich nicht weiß. Da gibt es eine Frau – sie hat magische Hände, sie hat noch nie ein Kind verloren und auch keine Mutter. Ich werde nach ihr schicken.«

Und auch keine Mutter. Harte Worte, eine harte Erinnerung daran, dass ich kein Baum war, kein friedlicher Baum, der niemals daran starb, dass er eine Birne oder einen Apfel hervorbrachte.

»Nenn mich Piele, die Runde«, sagte die kolbennasige Frau. »Alle anderen tun es auch.« Sie stemmte die Hände in die Hüften und musterte mich. »Ich habe dich schon einmal gesehen«, erklärte sie vorsorglich. »Ich habe diesen Jungfrauenwettlauf beobachtet. Also glaube nicht, dass du mich mit deiner Schönheit blenden kannst. Mir geht es nicht um dein Gesicht, sondern um deine inneren Organe. Ich wette, die sind genauso wie bei allen anderen auch. Und sehen können wir die sowieso nicht.« Sie hielt inne, um Luft zu holen. »Die Frage ist: Arbeiten sie richtig? Alles andere braucht uns nicht zu kümmern. Leg dich hier auf diese Bank, damit ich dich untersuchen kann!«

Gehorsam streckte ich mich aus, und sie knetete mich mit den Fingern und legte mir ein Ohr auf den Bauch. Ihre Hände waren sanft, auch wenn ihre Umgangsformen es nicht waren.

»Scheint alles in Ordnung zu sein.« Ächzend richtete sie sich wieder auf. »Du sagst, du erwartest das Kind in der Mitte des Winters?«

»Nein, eher gegen Ende.«

»Gut. In Eis und Schnee könnte ich mich nicht diesen steilen Berg hinaufplagen.« Seufzend ließ sie sich neben mir auf der Bank nieder. »Ab jetzt, mein Kind, darfst du nur wässrige Speisen essen, keine feurigen, die bewirken könnten, dass die Wehen zu früh einsetzen. Das bedeutet: keinen Lauch, keinen Essig. Tut mir leid, aber das wird eine fade Kost.« Sie zuckte die Achseln. »Aber du willst ja auch fade Wehen haben. Sehr fade Wehen. Tja.« Sie stand auf. »Lass mich rufen, wenn du Fragen hast.« Dann beugte sie sich dicht zu mir und flüsterte, als vertraue sie mir ein Geheimnis an: »Die meisten Leute wissen nichts über Geburten und Kinder. Höre nicht auf ihre Torheiten! Frag immer nur mich!«

Piele war ein Geschenk des Himmels und die Geduld selbst, wenn es darum ging, meine vielen Fragen über die Geburt zu beantworten. Aber auf die wichtigste Frage von allen – warum meine Gestalt unverändert blieb – konnte sie nur antworten: »Das gibt's, mein Kind. Das gibt's.«

Aber ich fragte mich, ob es nicht der göttliche Teil in mir war, der mich so lange schlank bleiben ließ, und ob es möglich war, dass eine Frau, die etwas Göttliches in sich hatte, im Wochenbett starb. War es ein Schutz dagegen? Doch danach konnte ich sie nicht fragen, denn damit hatte sie keine Erfahrung.

Menelaos benahm sich mehr wie ein altes Weib, als meine Mutter es tat; aufgeregt umgluckte er mich und warnte mich vor allerlei Gefahren. Er legte schützend den Arm um mich, wenn wir zusammen waren. Einmal wollte er mich sogar dazu bringen, dass ich die schwere goldene Hochzeitskette als Amulett anlegte, aber die war mir zu schwer.

Als Nächstes fing er an, Waffen und Rüstungen zusammenzutragen – für seinen Sohn, wie er voller Überzeugung annahm. »Er wird ein Krieger werden«, verkündete er und hielt dabei stolz Schild und Schwert hoch, die er aus Bronze hatte schmieden lassen.

Ich strich mit den Fingern über die feinen Intarsien am Schwertgriff – in Gold und Silber waren Recken abgebildet, die einen Löwen jagten. Sie glänzten im Licht des frühen Morgens. Alle Schwerter glänzen wunderschön, wenn sie neu sind und ihren tödlichen Zweck noch nicht erfüllt haben.

»Und wie sollen wir … ihn nennen?«, fragte ich.

»Den Namen weiß ich schon«, sagte er stolz. »Nikostratos! Das bedeutet ›siegreiches Heer‹.«

»Ich weiß, was es bedeutet«, sagte ich. »Aber muss er wirklich die Last eines solchen Namens tragen?«

Menelaos machte ein bestürztes Gesicht. »Ich wüsste keine höhere Ehre.«

»Und wenn es eine Tochter wird?«

Er zuckte die Achseln. »Dann sollte sie nach etwas Hübschem heißen – nach einer Blume oder einer Nymphe.«

»Ich dachte an Hermione.«

»›Die Säulenkönigin‹? Warum?« Er lachte.

»Weil ich will, dass sie stark ist. Eine Frau, von der die Menschen Unterstützung erwarten können. Eine große Herrscherin.«

»Wer sagt denn, dass sie herrschen wird? Keine Frau herrscht allein.« Schmollend packte er Schwert und Schild wieder ein.

Danach zog Menelaos sich zurück und ließ mich nur noch selten in sein Schlafgemach kommen. Er habe Sorge um das Kind, behauptete er, und ich solle allein schlafen, damit ihm nichts zustoßen könne. Aber ich fragte mich, was er wohl tat, wenn er all die Nächte allein verbrachte. Er wirkte mürrisch; manchmal sah ich, wie er gedankenverloren durch die Flure des Palastes wanderte. Wenn er dann an mir vorüberging, lächelte er stets wehmütig.

Mit der Zeit wurde ich doch schwerfälliger und klobiger und fühlte mich mehr und mehr eingeengt. Aber auch meine Verwunderung über Menelaos nahm zu. Er sah nicht glücklich aus, aber ich wusste nicht, warum es so war. Er hatte mich heiraten wollen, hatte eine gewaltige Großtat erbracht, um mich zu erringen, und bald würde er einen Erben haben. Er war der Thronfolger Spartas. Und dennoch machte er zu allem eine düstere Miene. An der mangelnden Leidenschaft in unserem Ehebett konnte es nicht liegen. Ein Mann würde ihr Fehlen niemals so bemerken wie eine Frau.

Nein, folgerte ich. Es musste etwas anderes sein.

Vielleicht hatte er festgestellt, dass das Leben mit uns genauso war wie das Leben mit Agamemnon: ein Leben im Hintergrund. Mein Vater war der König, und was sollte Menelaos tun? Bestand der einzige Sinn seines Lebens darin, neue Waffen in Auftrag zu geben und darauf zu warten, dass Vater starb? Daran musste ein stolzer Mann wie Menelaos zerbrechen – umso schneller, da er auch ein guter Mann war und niemals in Betracht ziehen würde, die Zeit bis zur Thronfolge abzukürzen.

Sollte ich mit Vater sprechen? Ihn fragen, ob er vielleicht

bereit sei, den Thron zu teilen, und wäre es auch nur eine Formalität? Vielleicht würde er es sich überlegen. Das könnte sicher dazu beitragen, Menelaos aus den Klauen der Trübsal zu befreien.

Eines Nachmittags, als Vater gerade ein paar Kaufleute aus Gytheon verabschiedete, ging ich zu ihm. Schwatzend verließen sie den Palast mit den Geschenken, die der König ihnen gemacht hatte; sie stiegen den Berg hinunter, und ihre bunten Gewänder waren noch lange zu sehen.

»Syrer«, sagte Vater. »Sie sind immer so laut – ihre Stimmen ebenso wie die Farben ihrer Gewänder. Kein Wunder, dass sie daran interessiert waren, einen Teil des Purpurfarbstoffes von unseren Gestaden zu beziehen. Aber ich bin nicht sicher, dass ich Handel mit ihnen treiben will. Die Ägypter zahlen bessere Preise.«

»Ach, Vater – immer auf der Suche nach dem besten Preis!« Er würde sich niemals ändern. Das war etwas, was ich an Menelaos bewunderte: Er schien sich für solche Dinge nicht zu interessieren.

Lächelnd streckte er die Hände aus, um mich zu begrüßen. »Wäre es dir lieber, wenn ich den schlechtesten nähme?« Er lachte. »So darf ein König nicht denken.«

»König sein – darüber wollte ich mit dir sprechen.« Er hatte es mir leicht gemacht.

»Wie das? Du kannst nie einer werden; also brauchst du dich auch nicht mit den Pflichten eines Königs zu beschäftigen.« Er richtete sich auf. »Und ich selbst bin gesund. Also brauchst du auch in dieser Hinsicht keine Sorge zu haben.« In der Tat wirkte er kräftig, lebhaft und jung für seine Jahre.

»Das sehe ich und bin dankbar dafür. Nein, Vater, es geht mir um Menelaos. Auch er ist jung und gesund, aber er ist zum Müßiggang gezwungen. Das drückt seine Stimmung, fürchte ich.«

Vater schnaubte. »Er braucht einen Krieg! Womit soll ein junger Mann sich sonst beschäftigen? Ein Krieger braucht den Krieg. Dieser Frieden ist es, was ihn bedrückt. Das ist nur natürlich.«

»Aber der Frieden ist ein Segen.«

»Für Frauen und Bauern, aber nicht für Männer. Männer brauchen Taten. Ohne sie welken sie dahin. Was mich betrifft, so habe ich meine Kriege und Kämpfe gehabt, und jetzt kann ich zufrieden im Megaron hocken und den Sängern lauschen. Aber Menelaos – du musst einen Krieg für ihn finden.«

»Ich kann keinen herbeizaubern.«

»Ich werde mich umhören und sehen, ob es irgendwo Kämpfe gibt, an denen er sich beteiligen kann. Die Griechen tun nichts anderes als kämpfen. Sicher tun sie es auch in diesem Augenblick irgendwo.«

»Lass ihn ein paar der Aufgaben des Königs mit dir teilen«, bat ich. »Das wäre besser als Krieg.«

»Ich glaube nicht, dass ein Mann sich zum König eignet, der noch nicht im Krieg gekämpft hat.«

»Menelaos hat in Schlachten bei Mykene gekämpft«, erinnerte ich ihn. »Könntest du ihn nicht zu deinem Mitregenten machen?«

Er blickte mich ernst an. »Dir muss viel an diesem Mann liegen.«

»Er ist mein Ehemann«, sagte ich. »Ich muss ihm beistehen.«

»Ich werde darüber nachdenken, aber ich verspreche nichts«, sagte er. »Und ich muss dich warnen: Das Nachdenken kann sehr lange dauern.«

Aus meiner Schlankheit war allmählich Fülle geworden, aber es war eine runde, anmutige Fülle. Das Jahr nahm seinen Lauf, Pflanzen und Tiere folgten den ihnen bestimmten Zeiten – die Schafe warfen ihre Lämmer, die Olivenbäume trugen Früchte –, und ich fühlte mich aufgehoben in der Hand unserer Demeter, behütet von der gütigen Göttin des Feldes. Als sie zu trauern begann, weil ihre Tochter die warme Erde verlassen hatte, bereitete ich mich auf ihre Abwesenheit vor. Aber inzwischen hatte ich alles Nötige von der Hebamme gelernt. Ich hatte zusammengetragen, was ich brauchte, um das Neugeborene zu versorgen, und mich mit Menschen umgeben, die mich liebten. Ich zumindest brauchte mich nicht davor zu fürchten, dass die Göttin mich alleinließ.

Die dunkelste Zeit des Jahres kam und ging. Die Sonne ging immer weiter östlich auf und immer weiter westlich unter, und sie stieg täglich ein wenig höher in den Himmel, auch wenn es immer noch kalt und feucht war. Ich wusste, dass meine Zeit bald kommen würde, und hatte mich, so gut ich konnte, vorbereitet auf etwas, von dem ich nur wusste, dass es ganz anders sein würde, als ich erwartete.

Die alte Hebamme hatte recht: Als es begann, gab es keinen Zweifel.

Ich hatte an meinem Webstuhl gesessen und ein – wie ich fand – kompliziertes Muster gewoben (da hatte ich noch nicht gesehen, was sie in Troja schufen), als ich ein leises Stechen verspürte. Ich arbeitete weiter, bückte mich immer wieder und ließ das Schiffchen hin und her gleiten und dachte: Nein, noch nicht. Das war nur ein Flattern, nicht der Anfang.

Aber das Stechen kam immer wieder, und es wurde stärker. Aufgeregt legte ich das Weberschiffchen beiseite und lief zu Mutter.

»Oh, Schwänchen!«, rief sie. »Komm gleich ins Wochenzimmer. Ich lasse die Hebamme rufen.«

Sie führte mich in das absichtlich kahl gehaltene Zimmer. Es gab dort nichts als eine harte Holzbank, Wolldecken und ein paar Krüge und Eimer. Ich umklammerte ihre Hand und stieg auf die Bank. Als ich mich umschaute, sah ich nichts als kahle, weiß gekälkte Wände.

»Es hat keinen Sinn, hier schöne Wandmalereien anzubringen«, sagte Mutter. »Sie würden dir keine Freude bereiten, und wenn du sie später wieder sähest, würdest du es mit Schaudern tun.«

Die Schmerzen kamen in Wellen, so dicht hintereinander jetzt, dass sie mich überwältigten und ich bald nach Luft schnappte.

Ich blickte auf und sah Pieles Gesicht. »Nimm dich zusammen!«, fuhr sie mich an. »Du darfst jetzt nicht schwach sein. Es wird lange dauern, bis du ausruhen kannst.«

»Wie lange?«, jammerte ich.

»Lange! Sehr lange.«

Es schien eine Ewigkeit zu dauern, aber die, die dabei waren, sagten nachher, es war nur eine Nacht und ein halber Morgen. Ich sah wohl, dass es dunkel wurde – Lampen und Fackeln brannten, deshalb war es schwer zu sagen –, und ich glaubte zu sehen, wie es wieder hell wurde, aber da konnte ich kaum noch etwas sehen. Ich erinnere mich nur an die furchtbaren Schmerzen und daran, dass ich rief: »Vater! Kannst du mir das nicht ersparen?« Aber der Schmerz ließ nicht nach, und da wusste ich, dass meine sterbliche Seite die stärkere war. Eine Göttin hätte solche Qualen nicht gelitten.

Und endlich, als eine machtvolle Woge des Schmerzes den Höhepunkt erreichte und sich brach, hörte es unvermittelt auf.

»Es ist da!«, rief die Amme. »Es ist da!« Undeutlich hörte ich etwas – ein Rascheln, ein Murmeln. Aber keinen Schrei. Dann kam er – ein lautes Klagen.

»Helena hat eine Tochter«, verkündete Piele und hielt ein lärmendes rotes Bündel in die Höhe.

Eine Tochter. »Hermione«, flüsterte ich. Meine Säulenkönigin.

Piele legte sie mir in die Arme, und ich schaute in das kleine, runzlige Gesicht. Genau in diesem Augenblick öffnete sie den Mund und zeigte mir ihre winzige, rosige Zunge. Ihr Geschrei wurde lauter.

»Liebste«, sagte ich. Ich hieß sie von ganzem Herzen willkommen, und in diesem Augenblick spürte ich, dass nichts uns würde trennen können. Wir waren eins.

Einige Zeit später, als man uns aus dem kahlen Geburtszimmer in meine gewohnten Gemächer gebracht hatte, stürzte Menelaos herein. Er streckte die Arme aus und drückte uns fest an sich.

»Hier ist Hermione«, sagte ich und schob die Decke von ihrem Gesicht.

Hingerissen starrte er sie an. »Sie gleicht ihrer Mutter«,

sagte er schließlich langsam, und seine Stimme war kaum mehr als ein Flüstern.

»Sie ist beinahe so schön wie Helena, als ich sie das erste Mal sah«, bestätigte Mutter. »Beinahe.«

Später saß Mutter an meiner Seite und drückte mir einen harten kleinen Gegenstand aus braunem Ton in die Hand. Ich hielt ihn hoch und sah, dass es eine Puppe war. Mit roter Farbe waren die Konturen des Kopfs gemalt, die Augen und das Muster ihres Kleides. Unter dem tönernen Rock hingen kräftige Beine, mit einem Stift befestigt.

»Sie hat dir gehört, Schwänchen«, sagte Mutter. »Jetzt kann Hermione sie bekommen.«

Die Sonne schien uns auf die Schultern, als wir in einem kleinen Kreis um ein frisch ausgehobenes Loch in der Erde standen. Zwei Demeter-Priesterinnen waren da; die eine hielt Hermione auf dem Arm, und wir anderen standen zu beiden Seiten. Neben dem Loch stand eine kleine Platane, die dort eingepflanzt werden sollte. Ihre Blätter waren schon ein wenig schlaff.

Vater trat vor. »Wir haben ein neues Mitglied in unserer Familie – die Erste der neuen Generation, die hier im königlichen Palast zu Sparta geboren wurde. Ihr zu Ehren pflanzen wir einen Baum, der mit ihr wachsen wird. Solange sie klein ist, kann sie darunter spielen. Wenn sie größer wird, kann sie sich daran messen. Wenn sie erwachsen ist, wird sie sehen, dass auch er seine volle Größe erreicht hat, und dann kann sie in seinem Schatten sitzen und seine Gaben genießen. Und wenn sie alt ist, mag es sie trösten, dass der Baum noch immer kraftvoll und jugendlich ist.«

Er nahm Erde auf einen Spaten und warf sie feierlich in das Loch. Dann trat eine Priesterin herbei und goss das Trankopfer aus. Mutter beugte sich über das Loch und vergrub etwas in der Erde. Kastor und Polydeukes taten es ihr nach. Was hatten sie dem Baum da geschenkt? Menelaos legte einen Dolch in die Grube und erklärte, der Mann, der einst um seine Tochter freien wolle, werde ihn wieder herausholen müssen.

Als Letzte trat ich an den Rand des Loches und streute eine Handvoll Blütenblätter hinein. Die kleine Hermione schaute alldem mit ernster Miene zu.

Die Gärtner machten sich an die Arbeit; sie schoben das Bäumchen hinein, richteten es auf und schaufelten die Erde ins Loch. Dann gossen sie Wasser aus großen Krügen rings um die Wurzeln; der Baum habe Durst, sagten sie. »Aber er dürfte gedeihen«, mutmaßten sie.

Vater trat zu dem Baum. »Jetzt, da Helena und Menelaos ein Kind hervorgebracht haben«, sagte er, »sehe ich, dass das Geschlecht fortbestehen wird. Und da ich meiner Pflichten ein wenig müde bin, will ich, dass Menelaos nunmehr sein Amt als König von Sparta antritt kraft seiner Ehe mit Helena, Königin von Sparta kraft ihrer Herkunft.«

Vater! Ich hatte nicht gewollt, dass er abdankte. Er sollte doch nur ein paar seiner Aufgaben mit Menelaos teilen! Ich war entsetzt.

»Ich habe nicht den Wunsch, auf diesem Thron alt und tatterig zu werden«, fuhr Vater fort, ehe jemand Einwände erheben konnte. »Das Szepter gehört in die Hand eines jungen Mannes. Er kann es genießen und bewachen. Nein, ich bin noch nicht alt … Aber woher soll ich wissen, wann ich es bin? Man sagt – die Weisen sagen es –, man fühle sich im Alter nicht anders als in seiner Jugend. Was – oder wer – soll es mir also sagen, wenn es an der Zeit ist abzutreten? Niemand. In meinem Herzen fühle ich, dass die Zeit jetzt gekommen ist, und so werde ich mir gehorchen. Das ist besser, als mich irgendwann widerstrebend der Entscheidung anderer zu beugen.«

Ich schaute zu Menelaos hinüber. Er war ebenso vom Donner gerührt wie ich – nein, mehr noch.

»Majestät –«, begann er.

»Ich habe gesprochen«, sagte Vater. »Und das Diktat des Königs ist verbindlich.« Er sah mich an und nickte fast unmerklich.

Die Zeremonie nahm ihren Fortgang, aber ich bekam nur noch wenig davon mit. Mir war schwindlig von der Wucht, mit der

der schwere Mantel der Verantwortung mir und Menelaos auf die Schultern gefallen war.

»Menelaos«, sagte ich leise, als wir allein waren. »Vaters Großzügigkeit hat mir den Atem verschlagen. Du bist bereit, König zu werden, aber ich bin noch nicht bereit, Königin zu sein.«

»Du wirst eine großartige Königin sein. Ich muss danach streben, mich würdig zu erweisen, an deiner Seite zu stehen.«

»Lass solche Reden«, sagte ich. »Du wirst ein König sein, der Spartas würdig ist.« Gerecht und großzügig würde er sein; er hatte nichts von Agamemnons Selbstbesessenheit und Ehrgeiz. Seine Gedanken würden immer dem Wohle Spartas gelten.

»So werden wir also unsere Szepter in Empfang nehmen?« Meine Stimme zitterte.

»Wir werden tun, was von uns gefordert wird.« Er legte den Arm um mich. Noch hatte er sich von seiner Überraschung nicht erholt. Es war noch zu früh, um zu erkennen, ob er sich freute oder nicht.

Die Szepter waren in der Werkstatt des Palastes gefertigt worden – Eschenholzstäbe, deren Enden mit fein ziseliertem Gold umhüllt waren. Die Übergabezeremonie war gleichermaßen einfach: Vater und Mutter überreichten uns die Szepter mit ein paar Worten. Vater erklärte, Menelaos sei sein auserwählter Nachfolger und alle Menschen müssten ihm gehorchen. Mutter reichte mir ihr Szepter mit den Worten: »Seit dem Tag deiner Geburt habe ich mich danach gesehnt, dir dies zu geben. Ich wusste, es sind deine Hände, die es ergreifen sollten. Und jetzt haben die Götter mein Gebet erhört und es ist dein.« Sie hielt es mir entgegen, und ich nahm den schlanken Schaft in meine Hand.

»Seid gute und weise Herrscher«, mahnte Vater.

Die Zeugen – meine Brüder, der Kommandant der Palastgarde, der Schatzkanzler des Königreichs, der oberste Schreiber, die Demeter-Priesterinnen – nickten, um ihr Einverständnis kundzutun. Dann bemerkte ich unter all den Leuten ein Gesicht, das mich überraschte. Es war Gelanor von Gytheon, der Spion, den mein Vater auf dem großen Volksfest zu meiner Hochzeit in seine Dienste genommen hatte. Der Mann, der sich auf Gifte verstand. Wie hatte er eine so hohe Stellung erlangen können, dass er bei dieser feierlichen Zeremonie zugegen sein durfte?

Mir war, als wisse er genau, was ich dachte – zumal da er mich jetzt ansah und die Achseln zuckte. Unwillkürlich starrte ich ihn an und hätte ihn zu gern gefragt, was er hier tat.

Aber als ich nach dem Staatsakt nach ihm Ausschau hielt, war er ebenso geheimnisvoll verschwunden, wie er erschienen war.

XVII

Am Morgen war ich als Prinzessin aufgestanden, und als Königin ging ich zu Bett. Ich betete zu den Göttern, dass ich fähig sein möge, meine Aufgaben getreulich zu erfüllen. Ab sofort hatte ich täglich Audienzen im Megaron abzuhalten, und die Zahl meiner Kammerfrauen wurde vergrößert. Ich hatte jetzt sechs, drei junge und drei ältere.

Für Hermione hatte ich eine Amme, aber ich stillte sie dennoch, solange ich konnte. Sie in den Armen zu halten war ein Glück, das ich nur widerstrebend aufgab, auch als klar war, dass ich nicht genug Milch hatte und sie daher nicht richtig wachsen würde. Ich sprach mit Piele über das Stillen, und daraufhin brachte sie mir mehr von dem Käse, den sie mir während der Schwangerschaft empfohlen hatte.

»Denn Käse ist nichts als geronnene Milch, Herrin«, erklärte sie. »Wenn du also Milch hervorbringen willst, ist Käse das Beste für dich. Du könntest wohl auch krügeweise Ziegenmilch trinken, aber ich weiß ja, dass du sie nicht magst.« Ich tat, wozu sie mich drängte.

Menelaos beobachtete, wie ich eine ganze Platte von diesem Käse aufschnitt und auf Gurkenscheiben legte, und er neckte mich deshalb und sagte, ich würde mich noch selbst in ein großes Käserad verwandeln.

»Aber ich esse ihn für Hermione!«

»Helena«, sagte er, »warum überlässt du sie nicht einfach der Amme?« Er nahm ein Stück Gurke mit Käse, kostete es und schüttelte den Kopf.

War er jetzt glücklicher? Auf alle Fälle hatte er mehr zu tun und weniger Zeit zum Brüten. Aber er hatte auch keine Zeit mehr für mich, und zuweilen gingen wir miteinander so förmlich um wie mit den ausländischen Gesandten, die wir im Megaron empfingen. Er kam nicht mehr oft in mein Schlafgemach, und wenn er mich in seines einlud, war unser ehelicher Verkehr lau und wenig bemerkenswert – recht angenehm wie dieser leichte Wein aus Rhodos, aber genau wie bei diesem Wein verlor man dabei nicht den Kopf. Man konnte sich gleich danach eine Liste einprägen oder einen Wagen steuern, ohne Schlangenlinien zu fahren.

Ich hörte auf, Aphrodite anzuflehen, und dachte auch nicht mehr daran. Es sollte eben nicht zu meinem Leben gehören. Gut, ich konnte auch so existieren. Niemand war je gestorben, weil Aphrodite nicht bei ihm war, aber so manchen hatte das Übermaß an Torheiten, das sie hervorrief, den Kopf gekostet. Ich sollte dankbar sein, dass mir das erspart geblieben war.

Schon seit einiger Zeit fühlte ich mich nicht wohl, aber es hatte sich nur schleichend bemerkbar gemacht: ein Kopfschmerz hier, ein Gefühl der Mattigkeit da, Gliederschwäche, Appetitlosigkeit. Dann begannen meine Haare auszufallen; wenn meine Kammerzofe mich kämmte, hielt sie große Büschel in der Hand.

»Es kommt oft vor, dass Frauen nach der Entbindung die Haare ausfallen«, sagte sie, um mich zu beruhigen.

Das wusste ich. Aber die Entbindung lag jetzt sechs Monate zurück, und der Haarausfall wurde immer schlimmer. Und da waren noch andere Symptome.

Ich schaute lange und angestrengt in meinen Spiegel aus polierter Bronze. Mein Gesicht sah angespannt aus, und ich glaubte Flecken zu sehen, aber der Spiegel zeigte mir kein klares

Bild. Polierte Bronze taugt noch weniger als Wasser, wenn man sein Gesicht betrachten will.

Ich spähte in ein Wasserbecken, aber das Licht war zu schlecht – mein Kopf war immer im Weg –, und so konnte ich auch dort mein Antlitz nicht sehen.

Aber es fiel mir mit jedem Tag schwerer zu tun, was ich zu tun hatte. Ich schlief nicht gut, und den ganzen Tag über schleppte ich mich von einer Aufgabe zur anderen.

Zuerst sprach ich mit Menelaos darüber, aber ihm fiel nur ein, ich solle einen Arzt befragen. Ich tat es, und er riet mir, eine Nacht in einem Tempel des Asklepios zu verbringen. Aber der nächste Tempel war mehrere Tagereisen weit entfernt, in Epidauros.

Eines Tages, ich hatte mich durch die Pflichten des Tages geschleppt und mir dann einen Platz im Schatten des Portikus gesucht, kam ein Mann auf mich zu.

Seit dem Fest hatte ich nicht wieder mit ihm gesprochen. Ich überschattete die Augen und schaute zu ihm auf. »Gelanor von Gytheon, nicht wahr?«

»Ebenderselbe, Hoheit.« Er verneigte sich knapp. Dann sah er mich an – mit diesen Augen, denen nichts entging. »Dir ist nicht wohl?«, fragte er.

»Ich bin nur müde.«

»Wirklich?« Er sah mich unverwandt an, und in seinem Blick lag keine Ehrerbietung, keine Unterwürfigkeit. »Ich fürchte, es geht dir schon seit einer Weile so.«

»Woher weißt du das?«

»Ich war bei vielen Zeremonien zugegen.«

»Ja, und wie konnte es dazu kommen? Als Vater dich das erste Mal traf und meinte, dass er dich vielleicht gebrauchen könne –«

»Du willst sagen: ›Wie konnte ein einfacher Mann aus Gytheon so schnell aufsteigen?‹ Stimmt's?«

»Nun … ja.« Seine unverblümte Art verschlug mir die Sprache.

»Ich besitze Fähigkeiten, die der König brauchte und schätzte«, sagte er. »Der alte König, meine ich. Der neue hat meine … Talente noch nicht entdeckt. So kann es sein, dass ich bald nach Gytheon zurückkehre.« Er schwieg kurz. »Aber ich mache mir Sorgen um deine Gesundheit.«

»Oh, du brauchst nicht –«, fing ich an und schüttelte den Kopf; es sollte unbekümmert aussehen, aber dabei fiel ein Büschel Haare aus.

Das Palastprotokoll verlangte, dass man es ignorierte. Aber Gelanor bückte sich und hob es auf. »Das ist beunruhigend«, sagte er.

»Wirklich?« Meine Stimme wurde schrill. Alle anderen hatten mich deswegen beschwichtigen wollen.

»Ja. Diese Art von Haarverlust bedeutet meist … Gift.«

»Ach ja, stimmt, ich erinnere mich, du bist ein Fachmann für Gift!« Ich versuchte zu lachen.

»Zum Glück, ja«, sagte er. »An Gift ist nichts Geheimnisvolles. Wenn man es verwendet, ist es eigentlich immer offenkundig.«

»Sofern man einen Blick dafür hat«, erwiderte ich.

Er lächelte sein eigentümliches, trauriges Lächeln, das ich noch kennenlernen sollte. »Man braucht kein geübtes Auge, um es zu sehen«, sagte er. »Erzähle mir von deinen anderen Symptomen.«

Ich hatte sie dem Leibarzt aufgezählt und mir sagen lassen, ich solle den Tempel aufsuchen. Aber Gelanor hörte mir aufmerksam zu. Er schrieb nichts auf, aber ich wusste, er archivierte alles in seinem Kopf.

Er hatte nur noch eine Frage: »Wann hat es angefangen?«

Das war schwer zu sagen. Die Geburt hatte mich geschwächt, und die Erholung erforderte einige Zeit; daher lag der genaue Zeitpunkt der Erkrankung im Dunkeln.

»Hmmm … ja, sehr schlau. Man verhüllt es, verwebt es mit der normalen Genesungszeit.« Er lehnte sich zurück und runzelte die Stirn. »Wer war in dieser Zeit in deiner nächsten Umgebung?«

Mutter, natürlich. Und die drei neuen Zofen. Und die Hebamme, die so gut für mich gesorgt hatte. Ich konnte mir nicht vorstellen, dass eine von ihnen mir etwas würde antun wollen. Nein, das konnte nicht sein. Es war ausgeschlossen …

»Denke nicht an die Persönlichkeit der Verdächtigen, sondern nur an ihr mögliches Motiv und an den Zugang, den sie zu dir haben«, sagte Gelanor.

»Musst du sie ›die Verdächtigen‹ nennen?«

»Das ist der erste Schritt. Man muss sie als das betrachten, was sie sind. Vergiss ihre Namen, vergiss ihre freundlichen Reden, sieh sie in deinen Gedanken als ›die Verdächtigen‹!«

»Das ist ja schrecklich!« Wie sollte ich das anfangen?

»Es wird die Wahrheit ans Licht bringen. Schrecklich ist nicht, jemanden ›verdächtig‹ zu nennen, schrecklich ist das, was er dir unter dem Deckmantel des Vertrauens antut.« Er beugte sich vor und flüsterte: »Es kümmert sie nicht, ob dir die Haare ausfallen oder nicht. Das ist nur eine Nebenwirkung des Giftes. Sie wollen einen sehr viel größeren Schaden anrichten. Und denke auch an deine Tochter.« Unvermittelt erhob er sich. »Ich werde mir, wenn du erlaubst, ein paar Dinge in deinen Gemächern ansehen. Und mit deiner Hilfe werde ich auch die Speisen untersuchen, die man dir bringt. Bewahre Proben davon für mich auf, ohne dass es auffällt. Und halte die Augen offen! Bedenke, es braucht nicht nur einer zu sein. Vielleicht arbeiten mehrere Hand in Hand. Sieh zu, dass niemandem der Verdacht kommt, *du* könntest Verdacht geschöpft haben.«

So legte ich heimlich und schlau – wie ich dachte – Bröckchen von allem, was ich aß, beiseite und reichte sie an Gelanor weiter. Manchmal traf ich mich mit ihm im Portikus, dann wieder versteckte ich es eingewickelt unter einem bestimmten Stein im Garten. Aufmerksam beobachtete ich alle, die mich bedienten, aber ich hatte nicht die leiseste Vermutung, wer der Schuldige sein könnte.

Meine drei jungen Zofen: Nomia, die Tochter des Kommandanten von Agamemnons Garde; Kissia, die Tochter einer Zofe, die meiner Mutter ein Leben lang gedient hatte; Anippe, die in meinem Alter war und die ich von der Wiege an kannte. Es war möglich, dass die beiden Letzteren irgendeinen Groll gegen mich hegten, aber ich konnte mir nicht vorstellen, weshalb. Und was die Erste anging – sie würde ganz sicher nicht ihren Vater in Gefahr bringen wollen. Agamemnon war nicht bekannt für seine Barmherzigkeit.

Die älteren Zofen: Philyra. Sie war mit Vaters oberstem Bogenschützen verheiratet. Dirke war eine Demeter-Priesterin, die für den Schrein der Göttin im Wald des Palastes verantwortlich war. Eurybia war die Frau eines angesehenen Bürgers unten in der Stadt Sparta. Warum sollte eine dieser Frauen mir etwas antun wollen?

Dann waren da die Palastköche. Man durfte sie nicht vergessen. Außerdem gab es neben Speisen noch andere Möglichkeiten, jemanden zu vergiften: vergiftete Salben, tödlicher Rauch von Feuern oder Räucherwerk, Gift im Wein oder im Wasser. Meine Kleider konnten mit irgendetwas getränkt worden sein. Schließlich war auch Herakles durch das Hemd des Nessos getötet worden.

Tausend Möglichkeiten zu bedenken. Tausend Möglichkeiten zu vereiteln!

Gelanor lachte, als er es hörte. »Aber zu solchen Mitteln greift man nur in größter Not«, sagte er.

Nun, das war eine Erleichterung. Denn wenn ich einmal anfing, alles zu analysieren, was ich berührte, nahm die Aufgabe olympische Ausmaße an.

»Du willst wissen, warum«, stellte er fest. Das stimmte, aber ich hatte ihn nicht gefragt. »Der Grund ist einfach. Bei all diesen anderen Methoden wird das Gift verdünnt. Überlege doch: Ein Gift, das im Rauch verweht wird, ist unzweckmäßig. Du müsstest stundenlang darin sitzen. Aber was tun wir, wenn zu viel Rauch im Zimmer ist? Wir wedeln mit Tüchern und treiben ihn hinaus. Und ein paar Tropfen Gift in dein Badewasser zu träufeln genügt nicht. Du müsstest stundenlang in purem Gift baden. Und was die Kleider angeht – wenn man nicht das Gift der Hydra zur Verfügung hat, wie Nessos es in seinem Blut hatte, ist es eine wenig effektive Methode, jemanden zu töten. Eines fernen Tages werden böse Menschen ein Gift zur Vollendung bringen, von dem ein winziger Tropfen tödlich ist«, schloss er. »Aber das wird noch eine Weile dauern.«

»Was ist mit Giftschlangen?«, fragte ich.

»Ja, die Schlange hat ein solches Gift. Aber ich kenne niemanden, dem es gelungen ist, eine Schlange zu zähmen und zum Töten abzurichten. Und ich kenne auch niemanden, der eine Schlange melken kann, um das Gift aus ihr zu gewinnen. Wenn man es könnte« – Gelanor bekam leuchtende Augen –, »dann brauchte man nur ein oder zwei Tröpfchen davon auf einen Kratzer am Körper des Opfers zu schmieren. Wusstest du, dass man einen ganzen Becher Schlangengift trinken und dann kerngesund davonspazieren kann?«

»Wie das?«

»Es zu schlucken schadet nichts. Es muss in eine Wunde geraten. Also sorgt die Schlange selbst für die nötige Wunde. Jedenfalls denke ich, dass wir uns über alle diese Gifte nicht weiter den Kopf zerbrechen müssen. Möglich ist zwar alles, aber Speise und Trank sind das Nächstliegende. Behalte beides weiter im Auge!«

Als ich einmal angefangen hatte, Leute als Verdächtige zu betrachten, kam mir bald jedermann gefährlich vor. Da war der Mann, der die Krüge mit dem heißen Wasser für den Badezuber brachte. War das gewöhnliches Wasser? Dann der Mann, der das Öl für das Badewasser parfümierte, sodass unheimlich glänzende Perlen auf der Oberfläche schwammen. Sein Duft – es war Lilienduft – hatte mir immer gefallen, aber jetzt erschien er mir wie der Hauch des Todes. Vielleicht hatte Gelanor recht, wenn er sagte, eine Vergiftung durch Badewasser sei sehr unwahrscheinlich – aber war es unmöglich?

Vielleicht war das Gift auch an den hölzernen Kämmen, mit denen meine Zofen mich frisierten. Und in letzter Zeit hatten sie mich ein paar Mal gestochen, als sie die bronzene Schulterbrosche befestigten.

Beim Anziehen schob ich die Füße in die ziegenledernen

Sandalen und bemerkte, wie glatt das Leder war. Hatte man es mit einer giftigen Substanz eingerieben? Ich starrte die Schuhe an und suchte nach einem verdächtigen Puder.

Was das Essen anging, so brachte ich überhaupt nichts mehr herunter, und ich bat Menelaos, mir Wasser aus der Quelle zu holen, sodass ich einen eigenen Vorrat hatte. Menelaos war der Einzige, dessen ich mir sicher sein konnte. Aber zugleich musste ich doch so tun, als äße und tränke ich wie alle Tage, und das erforderte so viel List, dass ich nicht wusste, wie lange ich es durchhalten würde. Den Wein auszuspucken, wenn niemand herschaute, und mein Essen auf dem Teller so zu verteilen, dass es aussah, als hätte ich davon gegessen – das überzeugend zu vollbringen war nicht einfach.

»Menelaos, ich bin bereit zu tun, was dein Arzt vor einigen Tagen so weise geraten hat. Ich gehe zu Asklepios.« Ich musste hinaus aus dem Palast!

»Ja, meine Liebe, ich sehe schon, dass es dir noch nicht besser geht. Und diese … diese besonderen Wünsche, die du hast, das Wasser betreffend …?« Er sah mich so forschend an, dass ich einen Augenblick lang dachte: Bist du es etwa? Dann aber begriff ich, dass er hoffte, all dies bedeute, dass ich wieder schwanger sei.

»Ich muss hingehen, damit das, worauf wir hoffen … geschehen kann«, beruhigte ich ihn.

»Wirst du Nomia und Eurybia mitnehmen?«

»Nein!« Ich musste weg von ihnen. Von allen hier. »Es ist – mir wurde gesagt, ich muss allein gehen.«

»Wer hat das gesagt?«

»Apollon«, log ich. Menelaos würde einem Gott nicht widersprechen, Gelanor aber sehr wohl. Apollon konnte mit seinen Pfeilen plötzliche Krankheit hervorrufen, wie alle Welt wusste. Vielleicht steckte er ja dahinter; zumindest mochte Menelaos es denken.

»Ich nehme ein paar Soldaten als Leibwache mit«, sagte ich. »Das ist sicher genug.« Es tat mir leid, dass ich mich Menelaos nicht anvertrauen konnte. Früher hätte ich gedacht, dass ich es könnte, dass er ebenso ein wahrer Freund wie mein Ehemann sei, aber es hatte sich gezeigt, dass er nur mein Ehemann war, und ich wollte ihm keinen Anlass geben, vorzeitig Alarm zu schlagen.

Gelanor würde zurückbleiben und die Augen offen halten. Ich hatte ihm so viele Proben von Speisen, Getränken und Salben dagelassen, dass er beschäftigt sein würde. Er hatte sich zudem ein Experiment mit neuen Pfeilen für Menelaos' Bogenschützen ausgedacht, das ihm einen Vorwand geben würde, sich auch zu ungewöhnlicher Stunde auf dem Palastgelände aufzuhalten.

Als ich mich anschickte, zu dem wartenden Wagen hinauszugehen, nahm er mich beim Arm. »Sei wachsam! Halte alle deine Sinne offen, auch wenn du schläfst, falls das möglich ist.« Sein gewohntes Lächeln war verblasst, und ich sah die Sorge in seinem Blick.

»Das werde ich tun«, versprach ich ihm.

Nach einer langen, staubigen Reise stand ich nun im Zwielicht der steinernen Halle mit dem Altar des Asklepios. Davor lagen Opfergaben von Bittstellern, die vom Gott der Heilkunst Hilfe erbeten hatten. Die heiligen Schlangen, die Begleiter des Asklepios, wanden sich um den Altarsockel. Sie waren zahm und wurden von den Priestern gefüttert, und nur gelegentliche Bewegungen ließen erkennen, dass sie lebendig waren.

Ich fühlte mich so schwach, dass ich kaum aufrecht stehen konnte. Meine Knie zitterten, und wenn ich die Hände hob, taten mir die Arme weh. Ich hob sie trotzdem noch höher und redete zu Asklepios, dem Mann, dessen Gabe, nicht nur Kranke zu heilen, sondern sogar Tote zu erwecken, Zeus und Hades erzürnt hatte, weil er sich damit in ihre Zuständigkeiten eingemischt hatte. Deshalb hatte Zeus ihn mit einem Blitz niedergestreckt, und jetzt lag er hier in Epidauros. Aber noch seine Gebeine hatten Macht, und aus dem Grab heilte er weiter.

»Mache mich gesund!«, flüsterte ich. »Offenbare mir, was

ich wissen muss, um zu genesen!« Ich bückte mich und legte meine Opfergaben zu den anderen.

Einer der Priester kam zu mir. Er bewegte sich so lautlos wie die heiligen Schlangen.

»Helena? Helena von Sparta?«, flüsterte er. Er hatte mich erkannt. Sogar in meinem verheerenden Zustand konnte man mich nicht für eine gewöhnliche Bittstellerin halten.

Ich nickte. »Ich bin hier, weil ich Heilung suche.«

»Die anderen Kranken werden draußen schlafen«, sagte er. »Aber du sollst hier bleiben, vor dem Altar des Gottes. Warte, und er wird zu dir kommen.«

Der Steinboden war hart, aber am Fuße des Altars empfand ich Sicherheit und Frieden.

Das matte Licht verschwand nach und nach, und die große steinerne Halle war bald dunkel wie der mondlose Himmel. Die kleinen Votivlampen funkelten nicht heller als die Sterne.

Ich kroch so dicht wie möglich an den Altar heran, streckte mich auf meinem dicken Reisemantel aus und blieb still liegen. Die Lichter flackerten im Takt meines Herzschlags, und ich schlief ein.

Ich spürte ein kaltes Gleiten, zwei Ströme, die mich umschlossen. Langsam erwachte ich aus dem Schlaf und wollte die Augen öffnen, aber ich konnte es nicht: Etwas Kühles, Schuppiges lag auf meinen Lidern. Ich fühlte, wie es sich weiterbewegte, und etwas berührte züngelnd meine Ohren. Ich wagte nicht, mich zu rühren. War das alles ein Traum?

Ein harter, runder Gegenstand schob sich in mein rechtes Ohr, und das andere Ohr wurde … liebkost, gestreichelt, geleckt. Behutsam schob ich den rechten Arm hinter dem Rücken hoch. Etwas Schweres lag dort, und meine Hand ertastete den Leib einer Schlange.

Die heiligen Schlangen! Die heiligen Schlangen waren zu mir gekommen und ringelten sich um meinen Kopf, und ihre winzigen, zuckenden Zungen leckten an meinen Ohren.

Das musste eine Botschaft sein, ein Symbol. Es war eine Ehre, dass sie zu mir kamen. Asklepios hatte mein Bitten erhört, aber wie? Wenn die Schlangen mir etwas sagen wollten, so verstand ich sie nicht.

Lange hielten sie mich so umschlungen; sie glitten erst davon, als leise Schritte über den Boden hallten. Offenbar dämmerte der Morgen herauf; die Priester schickten sich an hereinzukommen.

Langsam hob ich den Kopf. Die Schlangen glitzerten im matten Licht der wenigen Öllampen, die noch nicht erloschen waren. Mit pochendem Herzen lag ich da und wusste nicht, was hier wirklich geschehen war.

Die unverkennbaren Geräusche des Morgens drangen in das Heiligtum, und ich wusste, dass ich aufstehen musste. Ich richtete mich auf und faltete meinen Mantel zusammen. Schon waren zwei Priester an den Altar getreten und stellten Schalen mit Milch für die Schlangen auf den Boden.

Ich ging zu ihnen. Ich wollte ihnen berichten, was passiert war; vielleicht konnten sie es mir erklären. Zugleich widerstrebte es mir, diese geheime Begegnung zu verraten – falls sie wirklich geheim war. Vielleicht war sie es nicht. Ich wusste es nicht. Ich wollte nichts falsch machen.

»Sie sind zu dir gekommen«, sagte der erste Priester.

Woher wusste er das?

»Es wurde mir offenbart. Ich kenne sie, und sie kennen mich. Meine Tochter, weißt du, was das bedeutet?«

»Nein«, gestand ich.

»Mit der Erlaubnis des Asklepios haben sie dir drei Gaben überbracht«, sagte er und schwieg kurz. »Jetzt musst du herausfinden, welche es sind.«

XVIII

Auf der Heimfahrt nach Sparta, im holpernden, schaukelnden Wagen, fühlte ich mich benommen. Immer wieder umfasste ich meinen Kopf, als könne ich ihn schütteln, sodass die Antworten wie Würfel aus ihm herauspurzelten. Welche Gaben hatten die Schlangen mir gebracht? Woran sollte ich sie erkennen? In welcher Form würden sie sich zeigen?

Ich drückte die Hände an die Schläfen und fühlte, wie schütter mein einst so dichtes Haar geworden war. Die Gaben der Schlangen waren nicht gering zu achten, aber der Grund meiner Wallfahrt zu Asklepios, meine Schwäche, war geblieben. Darüber hatte ich nichts erfahren – aber trotz des Schwindelgefühls war mir ein wenig wohler. Das Zittern in Armen und Beinen rührte von der Aufregung und weniger von der Schwäche her, und es war nicht mehr ganz so mühsam, aufrecht zu stehen.

Die Landschaft zog an mir vorüber, aber ich beachtete sie kaum – ich, die ich mich so sehr danach gesehnt hatte, über die eng umrissene Welt Spartas hinauszublicken. Ich war so mitgenommen und in Gedanken vertieft, dass ich außerstande war, mich daran zu erfreuen. Nur verschwommen nahm ich die felsigen Hügel wahr, die klingelnden Glöckchen der Schafe, das liebliche Rauschen der Bäche. Aus der Höhe erblickte ich das glitzernde Meer, das ich von Sparta aus niemals sehen konnte, aber jetzt bedeutete es mir nur wenig.

Vielmehr brannte ich darauf zu erfahren, was Gelanor in meiner Abwesenheit herausgefunden hatte. Welch eine Erleichterung wäre es, wenn er die Herkunft des Giftes ausfindig gemacht und den Schuldigen entlarvt hätte! Wenn es doch nur so wäre!

Gegen Ende des dritten Reisetages erreichten wir Sparta. Menelaos, Mutter und Vater stürzten herbei, um mich zu begrüßen, und rissen mich schier vom Wagen.

»Du siehst besser aus«, befand Mutter. »Du hast wieder Farbe bekommen.«

»Das stimmt.« Mein Vater nickte.

Menelaos legte mir den Arm um die Schultern und führte mich mit leisen Koseworten in unsere Gemächer.

Plötzlich erhob sich Geschrei beim Wagen. Es waren die Knechte, die die Zügel der Pferde ergriffen und die Mäntel und die Decken vom Boden genommen hatten.

»Eine Schlange! Eine Schlange!«

Ich schob Menelaos zur Seite und lief zum Wagen zurück. Zusammengerollt in einem der Mäntel lag eine kleine helle Schlange – ein junges Tier. Es hob den Kopf und blickte mich züngelnd an.

»Sie muss aus dem Heiligtum sein«, sagte ich. »Sicher ist sie in den Wagen gekrochen, als er über Nacht neben dem Tempel stand, und hat sich dort versteckt.« Es war, als hätten wir unsere eigene heilige Schlange bekommen. »Sie gehört an unseren Familienaltar«, bestimmte ich. »Ich werde für sie sorgen.«

Dann folgte ich Menelaos in sein Gemach, aber sofort fragte ich ihn, ob Hermione wohlauf sei. Er versicherte es mir.

»Und du, Liebste, du siehst wirklich besser aus«, fügte er hinzu. »Das Rosenrot ist auf deine Wangen zurückgekehrt.«

Ich lief ins Kinderzimmer und nahm Hermione auf den Arm. Sie schlief so fest, dass sie davon nicht erwachte. Ja, sie hatten recht. Sie sah gesund aus, und ihre Gesichtsfarbe war gut.

»Dank sei allen Göttern!«, sagte ich.

»Apollon hat sie verschont«, erklärte Menelaos feierlich.

Nicht Apollon, hätte ich beinahe gesagt. Mein Feind, wer immer es sein mag.

Erst einen Tag später hatte ich Gelegenheit, unter vier Augen mit Gelanor zu sprechen. Bis dahin hatte ich in meinem Zimmer geruht, und die Vorhänge hatten das grelle Mittagslicht abgehalten. Die Speisen, die die Zofen mir brachten, ließ ich stehen. Irgendwann hatten die Fliegen sie entdeckt, und das genügte als Vorwand, sie nicht mehr zu essen.

Er kam in das verdunkelte Gemach und setzte sich auf eine kleine Bank vor dem verhangenen Fenster.

»Du siehst besser aus.« Er wiederholte, was die anderen gesagt hatten.

»Ich fühle mich auch kräftiger.«

Statt meine Heilung dem Asklepios zuzuschreiben, wie es alle anderen getan hatten, sagte er: »Du warst dem Gift auch mindestens sechs Tage lang nicht ausgesetzt.« Er schüttelte den

Kopf. »Leider muss ich dir berichten, dass ich nicht herausfinden konnte, woher die Vergiftung rührt. Ich habe alle Speisen und Salben geprüft, die du mir gegeben hast, und die braven Tiere, denen ich sie verabreicht habe, sind so munter wie zuvor. Ich habe Schuhe abgewischt, Blumen aus den Vasen genommen und die Weihrauchbecken inspiziert. Sogar die Felle auf dem Bett, das Bettzeug und deine Gewänder habe ich untersucht. Nichts. Überhaupt nichts.«

»Meine Kämme? Hast du sie dir auch angesehen?«

»Ja.«

»Die Nadeln an meinen Spangen?«

»Nichts.«

»Aber irgendwo muss es sein. Das wissen wir. Als ich fern davon war – wo immer es verborgen sein mag –, habe ich mich davon erholt.«

»Ich weiß nicht weiter«, gestand er. »Ich wüsste wirklich nicht, was ich noch nicht geprüft oder untersucht hätte.«

Meine Zofen waren besonders gut gelaunt, als sie mich am zweiten Morgen nach meiner Heimkehr ankleideten.

»Während du weg warst, habe ich diesen Stirnreifen für dein Haar gefunden«, sagte Kissia. »Er wird deine Stirn schmücken und dein Haar zurückhalten.« Sie legte das kalte Metall um meinen Kopf. Es fühlte sich an wie ein Ring des Todes. Aber nichts stach oder brannte.

»Danke«, sagte ich.

»Dein Armreif.« Eurybia schwenkte das goldene Schlangenarmband, das ich so gern hatte. Sie legte es mir um den Oberarm, und ich dachte an die anderen Schlangen, die echten, die mich umschlungen hatten.

»Danke«, sagte ich. Ich hatte diesen Armreif immer geliebt. Jetzt wusste ich, warum. Ich wusste, dass ich mit ihnen verbunden war und sie mit mir.

Am nächsten Tag ging es mir nicht mehr so gut, und am übernächsten noch schlechter. Ich betete zu Asklepios, er möge seine

Heilung erneuern und seine Macht über das Grab in Epidauros hinaus erstrecken, und ich achtete darauf, dass die Schlange bei unserem Familienaltar gut versorgt war. Aber vergebens – Tag um Tag spürte ich, wie die Schwäche in mir heraufkroch und mich auslaugte.

Ich zwang mich dazu, mich dennoch jeden Tag anzukleiden und hinauszugehen, und wäre es nur, um meinen Feind zu ärgern. Jeder Tag, an dem er oder sie mich auf dem Palastgelände umhergehen sah (und oh!, welche Willenskraft es erforderte, das zu tun, ohne zu zittern), würde weiteren Zorn wecken und damit vielleicht Ungeduld und Unachtsamkeit hervorrufen. Vielleicht würde der Feind immer dreister werden und desto leichter zu entlarven sein. Wenn ich die Dreistigkeit nur überleben würde!

Gelanor besuchte mich in der Dämmerung, als ich teilnahmslos auf meinem Sofa lag. Ich konnte kaum den Kopf vom Kissen heben. Nein, ich konnte es gar nicht.

»Verzeih, dass ich so unhöflich bin, mich nicht aufzurichten«, sagte ich. Sogar meine Stimme war die eines Schattens. Ich wollte grüßend die Hand heben, aber auch das fiel schwer. Zitternd drehte ich den Armreif herunter, als werde das meinen Arm entscheidend leichter machen. Ich legte ihn auf ein Tablett, wo er hin und her rollend liegen blieb; das Gold glänzte, und die ziselierten Schuppen der Schlangen fingen abwechselnd Schatten und Licht. Sie sahen sehr echt aus, sah ich staunend.

Gelanor war angespannt und machte ein sorgenvolles Gesicht. »Anscheinend finde ich kein Mittel, es aufzuhalten«, gestand er.

In den dunkelsten Stunden der Nacht hatte ich schreckliche Angst, aber jetzt wollte ich wenigstens tapfer erscheinen. »Vielleicht liegt es wirklich außerhalb deiner Möglichkeiten«, sagte ich.

Er blickte sich um. »Was kann es nur sein? Es muss etwas sein, womit du in Berührung kommst. Eigentlich müsste es offensichtlich sein – etwas, was dich berührt … Aber ich habe Bettwäsche und Kleidung geprüft –« Sein Blick verharrte plötzlich auf dem Schlangenarmreif. »Hattest du den auf der Reise nach Epidauros dabei?«

»Nein. Ich wollte ohne Schmuck vor den Gott treten, und außerdem ist es töricht, auf Reisen kostbare Dinge mitzunehmen.«

»Hmmm.« Er nahm den Reif in die Hand und drehte ihn im Licht hin und her. »Wie viele Tage hast du ihn nicht getragen?«

»Mindestens sieben.«

Er stand sofort auf. »Ich nehme ihn mit. Dann kannst du ihn morgen nicht tragen. Wenn jemand fragt, sagst du, du musst ihn verloren haben. Und dann gib acht, wer am eifrigsten danach sucht.«

Mit dem Armreif in der Hand eilte er hinaus.

Die Sonne stahl sich ins Zimmer. Ich beobachtete, wie das Licht mit langen Fingern über den Boden wanderte und die Vorhänge langsam und kraftvoll erglühen ließ.

Aber ich hatte keine Kraft. Ich war ausgetrocknet wie ein leerer Weinkrug, und meine Arme hingen schlaff über die Bettkante. Meine Augen konnten die hübschen Muster des Lichts noch erkennen, und mein Kopf konnte an sie denken, aber mein Körper war nutzlos.

Wer konnte den Wunsch haben, mir so etwas anzutun? Denn ich glaubte nicht, dass es ein Gott war. Es war ein Mensch.

Es musste jemand sein, der neidisch auf mich war. Ich war Königin. Ich war – so erzählte man sich – die Tochter des Zeus. Und in den Augen anderer, die mich sahen, spiegelte sich ihre Überzeugung, dass meine Schönheit etwas Unnatürliches und Beunruhigendes war. Ich war eine Gefangene meines eigenen Glücks, meiner unerbetenen Gaben, und das machte mich zur Zielscheibe der Unzufriedenheit anderer.

Aber das alles bestand nur in ihrer Phantasie. Hatte denn irgendjemand meinetwegen etwas verloren? Jemand, der mir nahestand? Ich wusste niemanden.

Und alles, was sie von außen sehen konnten, offenbarte ihnen nicht, was in meinem Leben als Menelaos' Ehefrau fehlte.

Fröhlich schwatzend kamen meine Zofen herein, um mich anzukleiden. Philyra wirbelte die Gewänder durch die Luft. Dirke wählte mit großem Getue die passenden Sandalen aus, und Nomia nahm sich die Schmuckschatulle vor.

»Diese Ohrringe, glaube ich. Die mit den Amethysten.« Sie hielt sie in die Höhe und ließ sie baumeln.

»Und dein Lieblingsarmreif, die goldene Schlange«, sagte Eurybia. Sie suchte danach. Schließlich blickte sie auf. »Er scheint nicht da zu sein. Hast du ihn irgendwo hingelegt?«

»Ich weiß es nicht«, sagte ich beiläufig und bemerkte ihre Besorgnis.

Ich beobachtete sie, während sie die Schatulle methodisch durchsuchte. Dann ging sie im Zimmer umher und schaute sich überall um.

»Oh, es ist doch nicht so wichtig, Eurybia«, sagte ich.

»Aber ich suche ihn nur, weil ich weiß, wie gern du ihn hast«, beruhigte sie mich.

»Du brauchst dir keine Umstände zu machen.«

Am Nachmittag – ich war langsam, aber entschlossen unterwegs – kam ich zu einem Lagerfeuer, an dem Schafhirten saßen und sich Fleisch brieten. Ich bat sie um einen Bissen, denn ich wusste ja, dass sie unverdächtig sein mussten, und zum ersten Mal seit langem konnte ich eine sorgenfreie Mahlzeit genießen. Das verkohlte Lamm war das köstlichste Fleisch, das ich jemals gegessen hatte. Es war frei von allem Bösen.

Als ich am nächsten Morgen aufwachte, waren meine Arme weniger schlaff, und ich fühlte mich starker. Am Tag besuchte ich die Hirten wieder, und ich aß, so viel ich konnte, sodass ich beim Mahl im Palast dankend ablehnen konnte, was man mir vorsetzte.

Am nächsten Morgen war ich noch kräftiger. Ein paar ausgefallene Haare lagen auf dem Kissen, aber meine Arme und Beine zitterten nicht mehr.

Ich ging an meinen Webstuhl. Ich war eine recht gute Weberin geworden und ersann neue Muster, die richtige Geschichten erzählten. Ein sich wiederholendes abstraktes Muster konnte hübsch sein, aber viel schöner war es, eine Sage zu illustrieren. Ich bildete eine der Arbeiten des Herakles ab – die mit der Hydra von Lerna, dem vielköpfigen Monstrum mit dem einen unsterblichen Kopf. Die verschlungenen Hälse ergaben eine angenehme Symmetrie, und ich konnte ein besseres Bild machen, als wenn ich ein anderes populäres Motiv benutzt hätte, den Oktopus. Der Oktopus besaß nur acht Arme, während die Hydra hundert Köpfe besaß. Andere Weber schraken vor der Hydra zurück, weil sie böse war, aber als künstlerisches Muster war sie unübertrefflich.

Plötzlich stand Gelanor neben mir.

»Ich hab's«, sagte er.

Ich erschrak bei seinen Worten. Ohne mir darüber klar zu sein, hatte ich die Hoffnung aufgegeben, dass wir den Quell meines Siechtums entdecken würden.

Er schwenkte den Schlangenarmreif. »Das ist es.«

Ich nahm den Reif in die Hand. »Vorsicht«, warnte er. Er zog eine Braue hoch, als ich das Schmuckstück behutsam berührte. »Aber zunächst – fühlst du dich kräftiger? Und wie oft hast du diesen Reif getragen?«

»Ich … An den meisten Tagen, glaube ich. Er war immer eins meiner Lieblingsstücke.«

»Wie ich's mir dachte. Also gut. Schau dir die Unterseite an.« Er nahm mir den spiralförmigen Reif aus der Hand und spreizte ihn. »Hier sollte es glatt sein. Aber das ist es nicht. Siehst du die Kratzer und unebenen Stellen? Jemand hat sie ausgehöhlt, um sie mit Gift zu füllen, wohl wissend, dass sie zumindest den ganzen Tag über auf deiner Haut liegen würden. Ich habe eine wächserne Substanz darin gefunden und sie geprüft. Sie war giftig. Deine Haut hat sie aufgesogen.«

»Nein!« Ich nahm ihm den Armreif aus der Hand. »Nein!«

Er nahm an, ich beklagte den bösartigen Missbrauch meines schönen Schmuckstücks. »Wir können dir einen neuen machen lassen.«

»Das ist es nicht«, sagte ich. »Es ist … Das bedeutet, dass es jemand in meiner nächsten Nähe sein muss.«

»Ja«, sagte er. »Das bedeutet es.«

Wir denken gern, dass nur diejenigen, die uns nicht kennen, uns übelwollen können. Zu glauben, dass jemand, der mit uns geht, mit uns isst und mit uns lacht, uns hassen und uns schaden will, das lässt die Seele gefrieren. Ein Feind, der sich als Freund verkleidet, ist der tödlichste von allen.

Menelaos besuchte mich und wollte mir freudig die neu balancierten Pfeile zeigen, die Gelanor für ihn entworfen hatte.

»Dieser Mann«, sagte er kopfschüttelnd. »Seine Gedanken stöbern unermüdlich umher wie Frettchen. Ich bin froh, dass er für mich arbeitet und nicht für meine Feinde.«

»Welche Feinde?«, fragte ich in der Hoffnung, dass es beiläufig klang.

»Das ist nur eine Redensart.« Er stand auf und streckte sich. »Aber man sagt, es gibt niemanden, dessen Tod nicht für irgendjemanden eine Erleichterung ist.«

Mich fröstelte.

»Wenn man es so sieht, hat jeder von uns Feinde.« Er sah sich nach Leukos um, seinem Leibdiener. »Wo ist dieser Junge?«

Als ich am nächsten Morgen im Bett lag, beobachtete ich mit halb geschlossenen Augen, wie meine eigenen Dienerinnen sich um mich versammelten. Da kam Nomia, schlank und hochgewachsen, stets – und manchmal aufreizend – fröhlich. Ihr Vater war das genaue Gegenteil: Er war einer der finstersten Gardesoldaten bei Agamemnon. Vielleicht hatte sie nach einer vom Missmut ihres Vaters verdunkelten Kindheit einfach beschlossen, ein freundlicher Mensch zu werden.

Als Nächste kamen Kissia und Anippe. Beide kannte ich von Kindesbeinen an. Kissias nüchterne Friedfertigkeit hatte ich immer als beruhigend empfunden, als Gegenmittel für alle Aufregungen und Verwirrungen. Ich war mehr auf sie angewiesen, als ich gern zugeben wollte, und sei es nur als Kontrast meiner selbst. Anippe hatte immer meine Liebe zu Puppen und Kleidern geteilt.

Konnte eine von diesen dreien mich hassen? Oder konnten sie auf Befehl anderer handeln?

Wer würde meinen Tod mit Erleichterung sehen?

Sie gingen im Zimmer umher, öffneten die Vorhänge und füllten die Wasserkrüge, und dabei plauderten sie mit leiser, freundlicher Stimme.

Nein, von ihnen konnte es keine sein!

Als Nächste erschien Philyra, die Frau des obersten Bogenschützen meines Vaters, dem in diesem Augenblick Gelanors neue Pfeile vorgeführt wurden. Sie war blond wie ich, und wir hatten oft über den kaum merklichen Farbunterschied gelacht. Sie hatte mir immer geschmeichelt, indem sie erklärte, mein Haar sei pures Gold, während ihres eher das Rotgold des Sonnenuntergangs sei. »Ich finde, der Sonnenuntergang sieht kostbarer aus«, hatte ich geantwortet, und wirklich hatte ich ihr Haar hübscher gefunden als meines.

Die Demeter-Priesterin, die weise und tugendhafte Dirke, kam herein. Dirkes Anwesenheit stellte alle anderen im Raum stets in den Schatten, und auch heute war es nicht anders.

Ich beobachtete die Schemen, die sich in meinem Gemach umherbewegten. Mir war, als könne ich besser sehen als sonst; meine Augen erfassten mehr als je zuvor.

Aber nichts an diesen fünf Frauen erschien mir beunruhigend.

Als Letzte traf Eurybia ein, denn sie hatte den weitesten Weg vom Dorf herauf. Sie war eine kräftige, muskulöse Frau, und ihr dichtes Haar war vermutlich so schwer, dass sie einen so dicken Hals brauchte, um ihn zu tragen.

Sie beugte sich über mich und stellte fest, dass ich wach war.

»Liebe Helena«, sagte sie, »fühlst du dich heute besser? Oh, bitte sag ja!«

Ich stützte mich auf die Ellenbogen. »Ja, Eurybia«, antwortete ich. »Ich glaube ja. Ich hoffe es.«

Sie lächelte. Und als ich dieses Lächeln sah, sah ich noch etwas anderes. Ich kann nicht genau beschreiben, was es war, aber da war noch etwas.

Ich schwenkte die Beine aus dem Bett, und sie reichte mir die Hand. Ich ergriff sie und stand auf. Das Zimmer verschwamm vor meinen Augen, aber ich befahl meinen Beinen standzuhalten.

Meine Zofen umschwärmten mich und halfen, mich zu stützen. Sie holten meine Kleider hervor und zeigten mir etliche zur Auswahl, und dabei ließen sie die weg, die ich arg zerknüllen würde, wenn ich mich – früher oder später – zur Ruhe legen müsste. Sie brachten Tabletts mit Schmuck: große, klobige Ketten aus Achat und Bergkristall, Fußreifen aus feinem Gold. Taktvoll unterließen sie es, auch das Tablett mit dem goldenen Haarschmuck hervorzuholen, denn der würde zerdrückt werden, wenn ich den Kopf auf ein Kissen legte.

»Deine Armbänder«, sagte Anippe und hielt das Tablett vor mich hin.

Sie erschienen mir allesamt zu schwer. Ich winkte ab.

»Den Schlangenarmreif haben wir immer noch nicht gefunden, nicht wahr?«, fragte Eurybia. »Er ist leicht, und er braucht nicht …« Sie wollte sagen, ich brauchte ihn nicht abzunehmen, wenn ich mich hinlegen wollte.

»Nein, er ist fort«, sagte ich. »Vielleicht ist er gestohlen worden.« Ich schaute sie nacheinander an.

Und als ich Eurybia sah, wusste ich es. Ich sah etwas, was über das hinausging, was meine Augen wahrnahmen. Ich hörte ihre Worte, aber plötzlich war es, als kenne ich eine geheime Übersetzung dessen, was sie sagte, und verstehe seine wahre Bedeutung.

»Aber wir müssen ihn finden!«, beharrte sie.

»Warum?«, fragte ich. »Ich habe so viele andere.«

»Ja, natürlich.« Rasch schlug sie die Augen nieder.

Jetzt. Jetzt war der Augenblick zum Handeln gekommen, jetzt – vor allen anderen. Bis dahin wäre ich niemals so kühn gewesen, aber auch das hatte sich geändert.

»Eurybia, warum willst du mich töten?« Meine Stimme klang so unnatürlich ruhig, dass sie mir selbst fremd vorkam. »Ich weiß, dass du es bist.«

Das ist die Gabe der Schlangen, erkannte ich plötzlich: Im Augenblick der Gefahr konnte ich einen Charakter erkennen, fast als wäre ich eine Göttin. Das war es, was sie mir geschenkt hatten.

Mein unerwarteter Angriff brachte sie aus dem Gleichgewicht. »Ich – ich –«

»Du bist es!« Ich deutete mit dem Finger auf sie.

Die anderen starrten uns an.

»Warum hast du das getan?« Ich blickte sie herausfordernd an und musste meine ganze Kraft zusammennehmen, um stark zu erscheinen und nicht zu zittern.

Ich rechnete damit, dass sie es leugnen, dass sie behaupten würde, es sei nur meine Krankheit, die mir solche Worte in den Mund legte.

Aber stattdessen richtete sie sich auf und stellte das Schmucktablett mit großer Würde beiseite.

»Gut. So ist mein Schicksal besiegelt. Ich werde sterben, weil ich die Sicherheit der Königin bedroht habe. Also schön. Dann will ich es dir auch sagen, du blindes, dummes Mädchen. Jawohl, Mädchen. Denn du bist nur ein Mädchen, und doch hat man dir die ganze Welt zu Füßen gelegt! Und warum? Nur wegen deines Gesichts. Da wollte ich es aus der Nähe sehen, wollte sehen, was es ist, was dir ein Anrecht auf solche Vergötterung gibt. Was ich sehe, beeindruckt mich nicht. Daher habe ich beschlossen, es zu beseitigen.«

Ich rang nach Worten. »Das ist alles?«

»Nein! Du warst nicht damit zufrieden, dass alle Welt dich wegen deines Aussehens anbetet, nein, du warst gierig und musstest anderen Dinge stehlen. Du hättest diesen Wettlauf nicht gewinnen müssen! Du hattest doch schon alles andere. Warum hast du meiner Tochter den Sieg genommen?«

Sie war die Mutter des Mädchens, das ich beim Jungfrauenwettlauf geschlagen hatte!

»*Sie* wäre niemals Königin geworden. Sie hätte niemals vierzig Freier mit großen Säcken voller Gold gehabt. Sie ist eine ganz gewöhnliche Sterbliche. Aber ihre Schnelligkeit – immer hätte sie sich an der Erinnerung dieses Siegs erfreuen können. Und das hast du ihr geraubt!«

»Ich habe nichts geraubt«, widersprach ich. »Ich habe gewonnen. Ich war die Schnellere.«

»Ja, weil du betrogen hast.«

»Ich habe betrogen?«

»Du bist Zeus' Tochter. Natürlich musstest du schneller sein.«

»Das stimmt nicht. Die Kinder der Götter – selbst wenn ich eines bin – sind Sterbliche. Wusstest du das nicht?«

»Nein, sie sind schneller, sie sind schöner – sie sind nicht wie wir anderen.«

»Verstehst du denn nicht?«, beschwor ich sie. »Stell dir vor, alle Welt redet von nichts anderem als von deinem Gesicht. Würdest du dir dann nicht wünschen, für etwas anderes Anerkennung zu finden? Ich wusste, dass ich schnell laufen konnte, deshalb musste ich laufen. Wäre deine Tochter schneller gewesen, hätte sie mich übertroffen.«

»Nein!«, beharrte sie. »Du hast betrogen.«

»Mit welchem Gift hast du den Schlangenreif bestrichen?«, fragte ich.

Die anderen im Zimmer schwiegen entsetzt.

»Das sage ich dir nicht«, antwortete sie. »Es tut meiner Familie schon seit langem gute Dienste. Und nur weil du mit deinen besonderen Gaben mich entlarvt hast –«

Aber es war Gelanor mit seinen menschlichen Gaben gewesen, der sie entlarvt hatte. Ich war, genau wie Menelaos, unendlich froh, dass er nicht für unsere Feinde arbeitete.

Ich rief die Wache. »Bringt sie weg!«, befahl ich. »Bringt sie weg!«

Vater und Menelaos würden sie hinrichten wollen. Ich wollte es nicht. Ich wollte nur die Gewissheit, dass weder sie noch irgendein Komplize je wieder Gelegenheit hätte, in meine Nähe zu kommen.

Jetzt war mir klar – endlich, und was für eine betörende Erkenntnis! –, womit die Schlangen mich gesegnet hatten: mit

Hellsichtigkeit und der besonderen Art von Weisheit, die damit einhergeht.

XIX

Klytämnestra war zu einem ihrer immer häufigeren Besuche gekommen, und wir saßen zusammen unter Hermiones Baum. Wenn ich »unter« sage, ist es vielleicht ein wenig übertrieben; in den fünf Jahren seit der Pflanzung war er mir zwar über den Kopf gewachsen, aber die unteren Äste waren noch so dicht über dem Boden, dass man nicht darunter sitzen konnte. Wir hatten uns mit allerlei Speisen im süßen Wiesengras daneben ausgestreckt und beobachteten, wie unsere beiden Töchter auf dem Hang unter uns umhertollten und Ball spielten. Iphigenie war acht, Hermione fünf Jahre alt.

»Ah, sie ist eine Läuferin wie du«, sagte Klytämnestra. »Sieh nur, wie sie Iphigenie einholt.« Die beiden Mädchen rannten, so schnell sie konnten, durch das hohe Gras, und mit Schaudern dachte ich an die Frau, die mich vergiftet hatte.

»Ich fürchte, die Tage der Wettläufe sind für mich vorüber«, sagte ich. Es war wirklich schade, dass die Tage der weiblichen Wettkämpfe mit der Heirat enden mussten.

Klytämnestra kam mir unruhig vor, und als sie den Rest des Weins nicht mehr trinken wollte, wusste ich Bescheid. »Du bist schwanger!«

Sie nickte. »Ja. Agamemnon ist natürlich erfreut, denn er hofft jetzt auf einen Sohn, den er Orestes nennen will, den ›Bergbewohner‹. Zeus allein weiß, wie er auf diesen Namen kommt. Er stammt ja nicht aus den Bergen.«

»Vielleicht glaubt er, dass der Name etwas bewirken könnte. Dass Orestes hohe Berge erklimmt.«

Sie lachte. »Sein Sohn soll nur ein Krieger werden. Ich glaube, er brennt auf einen neuen Krieg. Er langweilt sich, das sehe ich ihm an. Ein friedliches Königreich zu regieren stellt ihn nicht zufrieden.«

Die meisten Herrscher beten um Frieden, dachte ich, und ich war zutiefst dankbar, dass es in den fünf Jahren, seit Menelaos König von Sparta war, ruhig geblieben war.

»Und natürlich erträgt er solche Entbehrungen nicht geduldig«, fügte sie leise hinzu.

Ich wusste, was sie meinte, und ein vertrauter Neid durchzuckte mich. Sie meinte, dass sie und Agamemnon in ihrem Schlafgemach ... Aber daran wollte ich nicht denken.

Über die Jahre hatte ich mich bemüht, Klytämnestra zu verheimlichen, wie kalt mein Bett war; ich hätte das Gefühl gehabt, Menelaos zu verraten, wenn ich es erzählt hätte. Was im Dunkeln zwischen uns geschah – oder nicht geschah –, ging nur uns allein etwas an. Aber es wurde immer schwerer, den Schein zu wahren, zumal ich mich inzwischen mit Dingen hätte auskennen müssen, über die ich nichts wusste. Ich verstand es überraschend gut, mich zu verstellen, obwohl es mir zuwider war.

»Ja!« Ich versuchte ihr wissend zuzuzwinkern.

»Ich fürchte, er wird sich jetzt von einer der Sklavinnen im Palast befriedigen lassen«, murmelte sie.

»Wenn ja, wird er sie vergessen, sobald du wieder da bist.« Oh, bitte lass uns von etwas anderem sprechen, bevor –

»Hattest du bei Menelaos diese Sorge nie?« Sie schaute mich forschend an.

»Ich – ich –« Das Blut strömte mir in die Wangen.

Sie lachte. »Ach, verzeih! Ich habe vergessen, wie schamhaft du bist. Eigentlich solltest du über diese ... Zurückhaltung hinaus sein.« Sie schwieg kurz. »Immerhin bist du einundzwanzig und seit sechs Jahren verheiratet. Worüber können wir verheirateten Frauen sonst sprechen?«

Oh, über alles andere!, dachte ich. Bitte – über alles andere! »Nun ja, da sind unsere Kinder ... Ich sehe, dass Iphigenie ein sanftmütiges Mädchen ist, aber die Verse, die sie komponiert, um ihr Leierspiel zu begleiten, sind würdig eines ... Nun, Apollon selbst muss sie inspirieren.«

Sie nickte. »Ja, sie ist eine Dichterin. Darauf bin ich stolz; es ist selten. Wirklich, wie du sagst: ein Geschenk von Apollon.«

Die beiden Kinder rannten atemlos herbei und ließen sich zu uns auf die Wolldecke fallen.

»Immer gewinnt sie den Wettlauf«, rief Iphigenie und deutete auf Hermione.

»Genau wie ihre Mutter«, sagte Klytämnestra. »Aber dafür kannst du Dinge, die sie nicht kann. Zum Beispiel Lieder für die Leier schreiben.«

Iphigenie lächelte und strich sich eine Haarsträhne aus der feuchten Stirn. Sie war ein hübsches Mädchen, mit den dunklen Locken ihres Vaters und der klaren Haut ihrer Mutter. »Ja. Das tue ich am liebsten.«

Hermione rollte sich auf den Rücken und hielt sich die verschrammten Knie. Sie verbrachte den größten Teil ihrer Zeit im Freien und ging nicht einmal in die Nähe einer Leier. Ihre Onkel, meine Brüder, brachten ihr mit großem Vergnügen das Reiten und Schießen bei. Meine kleine Puppe, die meine Mutter mir für sie gegeben hatte, lag unbeachtet in einer Ecke.

Menelaos war vernarrt in seine Tochter, aber natürlich nahm er an, dass sie irgendwann einen Bruder bekommen werde. »Oh, meine Liebste«, sagte ich, und ich beugte mich vor und strich ihr durch die Locken. Ihr Haar glänzte golden wie meins, und manchmal flochten wir spielerisch unsere Strähnen zusammen und versuchten dann an der Farbe zu erkennen, welche wem gehörte. Wir konnten es natürlich nicht, aber zu sehen, dass wir das gleiche Haar hatten, gab uns das Gefühl großer Nähe.

Ich schaute zu Klytämnestra hinüber, und eine Empfindung überfiel mich – etwas Dunkles, Bedrückendes. Das war das unerbetene Geschenk der Schlangen, ein Licht, das ahnungsvoll ins Herz der Menschen leuchtete. Ich sah etwas um sie herum, hörte ein Echo aus ihrem tiefsten Innern. Jetzt sah ich es bei Klytämnestra.

Seit die Schlangen an meinen Ohren gezüngelt hatten, hatte ich zu viele Dinge gesehen, die ich lieber nicht gesehen hätte.

Ich hatte Blicke auf persönliche Dinge geworfen, die mir hätten verwehrt sein müssen.

Und der Priester hatte von drei Gaben gesprochen. Bisher hatte sich erst eine kundgetan. Aber vielleicht, so tröstete ich mich, gibt es keine weiteren.

»Klytämnestra, liebe Schwester« – fast hielt ich den Atem an, ehe ich es sagte –, »ist etwas nicht in Ordnung?«

»I wo«, sagte sie. »Warum fragst du?«

Also war es noch nicht geschehen. Noch nicht. Und ich betete zu Zeus, es möge niemals geschehen. Aber die Farbe, die sie umgab, war düster und trüb. Kalte Angst beschlich mich, wie der Wind über ein Feld weht.

Tiefster Winter. Auf dem Wasser konnte nichts mehr fahren – die Schiffe lagen am Ufer, die Bäuche mit Steinen beschwert, um sie in der anrennenden Brandung stabil zu halten, und nur die Allermutigsten – oder die Tollkühnen – gingen das Risiko ein, wirklich aufs Meer hinauszufahren. Die Straßen zwischen den Städten waren vereist und glatt, und nur wenige wagten sich hinaus. Menelaos und ich gehörten zu ihnen. Agamemnon hatte uns nach Mykene gerufen – warum, wussten wir nicht. Seine Botschaft war unbestimmt.

Das Land zwischen Mykene und Sparta war kahl, die Bäume in den Wäldern unbelaubt. Hermione zupfte an meinem Mantel. »Ich friere«, sagte sie, und ich fühlte, wie sie an meiner Seite zitterte. Ich nahm das dicke Schaffell von meinen Schultern und legte es ihr um. »So«, sagte ich. »Was einen Widder auf dem Feld warm hält, kann auch dir helfen.«

Sie lächelte. Acht Jahre alt war sie jetzt und noch immer unser einziges, kostbares Kind.

»Was will Onkel Agamemnon von uns?«, fragte sie.

»Das wissen wir nicht. Vielleicht hat er eine Überraschung für uns.«

»Ich möchte keine Überraschung von Onkel Agamemnon«, sagte sie. »Er ist gruselig. Aber ich freue mich darauf, Iphigenie und Elektra zu sehen.«

Agamemnons Hoffnungen zum Trotz hatte Klytämnestra wieder ein Mädchen zur Welt gebracht. Sie hatten es Elektra genannt – »Bernstein« –, weil sie hübsche goldbraune Augen hatte. Iphigenie war jetzt elf, aber im Gegensatz zu anderen Mädchen in ihrem Alter schien sie gern mit ihrer jüngeren Cousine zu spielen. Ich fragte mich, wann Agamemnon sie wohl verheiraten würde – und mit wem.

In der blassen Wintersonne schimmerten golden vor uns die in Stein gemeißelten Löwen des Tors von Mykene. Sie erfüllten mich stets mit einer Mischung aus Ehrfurcht vor ihrer Pracht und Grausen vor dem, was mich erwartete, wenn ich an ihnen vorbei wäre. Mykene war kein angenehmer Ort trotz des großartigen Panoramas über Berge und Meer. Der Palast erdrückte mich mit seinen wuchtigen Mauern aus gewaltigen Felsblöcken und seinen bewachten Bastionen, und die Luft dort war immer schwül.

Als wir die Löwen hinter uns gelassen hatten, fuhren wir den steilen Weg zum Hauptteil des Palastes hinauf, der auf der höchsten Stelle des Berges thronte.

Auf der Fahrt umgab uns eine Schar von Höflingen. Jemand war vorausgelaufen, um Agamemnon in Kenntnis zu setzen, und jetzt stand er am Ende des Weges, hinter sich die Sonne – eine hoch aufragende Gestalt.

»Willkommen! Willkommen!«, rief er. Er trat beiseite und verdeckte die Sonne nicht mehr. Gleich erschien er kleiner. Dann kam er heran und umarmte Menelaos. »Mein lieber Bruder!« Er klopfte ihm auf den Rücken.

»Bruder!«, rief Menelaos wie ein Echo.

Zusammen stiegen sie die große Treppe zum Palasthof hinauf.

Wir wurden ins Megaron im Herzen des Palastes geführt und ließen uns dort nieder. Im großen Herd brannte ein lebhaftes Feuer aus Bergen von herb duftendem Zedernholz, und der Rauch – nicht alles konnte durch das runde Loch in der Decke entweichen – parfümierte die Luft in der Halle und ließ die Gesichter der Menschen weich erscheinen.

Agamemnon hatte uns noch nicht enthüllt, warum er uns gerufen hatte, aber nach den ranghohen Gästen zu urteilen – lauter Könige und die Oberhäupter der umliegenden Städte –, musste es sich um etwas Politisches handeln. Er wirkte abgelenkt und nervös, sosehr er auch bemüht war, gut gelaunt zu erscheinen. Mit der Gabe der Schlangen war es fast, als könnte ich seine Gedanken hören. Sie waren zornig und verwirrt. Aber er lächelte unaufhörlich.

Er sorgte dafür, dass jeder einen goldenen Trinkbecher hatte – niedrige Becher, verziert mit Kreisen und Schnörkeln, glatt und strahlend gelb, so hell und freundlich gelb, wie nur Gold es sein kann. Da mehr als dreißig Leute im Megaron versammelt waren, war dies, wie er wohl annahm, eine diskrete Demonstration seines Reichtums.

Zu den Gästen gehörten Palamedes von Nauplia, Diomedes von Argos, Poliporthis von Tiryns und Thersites von Korinth. Viele andere kannte ich nicht, weil sie uns in Sparta nie besucht hatten. Agamemnon wanderte polternd zwischen ihnen umher, klopfte ihnen auf die Schulter, warf den Kopf in den Nacken und brüllte wie einer der Löwen an seinem Tor.

Menelaos stand herum und machte einen verlorenen Eindruck. Er liebte solche Versammlungen nicht; er war eher von stiller, zurückgezogener Art. Ich blieb an seiner Seite, nahm seine Hand und flocht meine Finger zwischen die seinen. Ich verspürte das ermüdende Bedürfnis, ihn zu beschützen.

Nur wenige andere Frauen waren da; Frauen hatten zumeist keinen Zutritt zu solchen Versammlungen. Klytämnestra und ich bildeten eine Ausnahme: Klytämnestra als Hausherrin von Mykene und ich, weil Menelaos nicht von mir zu trennen und weil ich Klytämnestras Schwester war.

»Ah, meine Freunde!«, brüllte Agamemnon. »Willkommen, willkommen! Es rührt mich, dass ihr in der gefährlichen Reisezeit des Winters den weiten Weg auf euch genommen habt.« Er sah sich um. »Trinkt, esst! Ich habe noch spät einen Eber erlegt, und er ist jetzt zur Vollkommenheit abgehangen und gebeizt, und so will ich ihn mit euch teilen!«

Er prahlt schon wieder, dachte ich.

»Er dreht sich schon über dem Feuer!« Er schwankte leicht in seinen schweren Stiefeln, und mit seinen pelzbedeckten Schultern sah er aus wie ein furchterregender Bär.

Klytämnestra trat zu uns; ihre Gewänder schleiften über den Boden. »Der Mann hat kein Zeitgefühl«, murrte sie. »Es wird noch Stunden dauern, bis er fertig ist. Ich habe ihm gesagt, er soll früher anfangen –«

Ich beugte mich vor und küsste sie auf die Wange. »Das macht nichts, liebe Schwester. Wir freuen uns, dich zu sehen. Wir sind doch nicht wegen eines Wildschweins gekommen. Tatsächlich wissen wir gar nicht genau, warum wir hier sind – abgesehen davon, dass Hermione Gelegenheit hat, ihre Cousinen wiederzusehen. Vielleicht ist das das Wichtigste und Dauerhafteste, was dabei herauskommt.«

Sie verdrehte die Augen. »Agamemnon will sich ein Bild davon machen, mit wessen Unterstützung er rechnen kann.«

»Wobei?«, fragte Menelaos. »Überall ist es ruhig. Wir leben im Frieden.«

»Agamemnon gefällt der Frieden aber nicht«, sagte sie.

»Aber er hat doch sicher nicht vor, einen Krieg vom Zaun zu brechen? Und gegen wen auch?« Menelaos war bestürzt von dieser Neuigkeit.

»Agamemnon hat sich in den Fall Hesione eingemischt«, sagte sie. »Was töricht ist«, fügte sie eilig hinzu. »Der trojanische König behauptet zwar etwas anderes, aber Hesione scheint ganz zufrieden bei Telamon in Salamis zu leben. Es ist fast vierzig Jahre her, dass sie aus Troja weggebracht wurde.«

»Troja«, murmelte Menelaos. »Ein Ort, den man besser in Ruhe lässt. All das ist in einer anderen Generation passiert, und auch wenn manche mich deshalb einen Feigling nennen mögen, sage ich, die Geschehnisse jenes Tages sollte man an jenem Tag und in jener Zeit belassen, damit sie nicht noch ein weiteres Zeitalter vergiften können.«

Klytämnestra zog die Brauen hoch. »Wie radikal! Aber vernünftig«, räumte sie ein.

Agamemnon wanderte im Megaron auf und ab. Die Fackeln an den Wänden beleuchteten seine rauen Züge. Manchmal sah er in diesem Licht gut aus, dann wieder wie ein Satyr. Vielleicht lag es an seinem Bart und den tief liegenden Augen.

»Das Wildschwein kommt. Es kommt gleich, sage ich«, rief er und hob die Arme. »Aber, meine Freunde, während wir warten, muss ich euch ermahnen, an das Unrecht zu denken, das wir durch die Trojaner und ihre Beleidigungen erlitten haben. Ihre alte Prinzessin, Hesione, die Schwester des Königs Priamos, wurde vor vielen Jahren dem Telamon von Salamis übereignet. Aber sie lassen nicht davon ab, auf ihre Rückkehr zu drängen! Sie haben sogar gedroht, Truppen zu entsenden, um sie zu retten. Sie sagen, sie wurde gegen ihren Willen von Herakles entführt. Ich sage: Unsinn! Sie lässt nicht erkennen, dass sie nach Troja zurückkehren will.«

Thersites' laute Stimme erhob sich über die Menge. »Hat jemand sie gefragt?«

»Ich nehme an, ihr Gemahl Telamon hat es getan. Oder ihr Sohn, der unvergleichliche Bogenschütze Teuker.« Agamemnon stürzte einen Becher Wein hinunter.

»Konnte sie vor ihnen frei sprechen?«, fragte Thersites.

»Nach vierzig Jahren wird sie doch sicher –«, begann Menelaos.

»Frauen können nicht immer sagen, was sie wollen.« Zu meiner Überraschung gehörte diese Stimme mir. Ich hatte nicht vorgehabt, den Mund aufzumachen. Aber was ich gesagt hatte, stimmte.

»Was meinst du damit?« Mein Schwager drehte sich zu mir um. Alle Blicke richteten sich auf mich.

»Ich meine, dass eine verheiratete Frau, die ihre Familie achtet, ihren Mann und ihr Kind, die wahren Gefühle in ihrem Herzen nicht immer in Worte fassen kann – weil sie widersprüchlich sein könnten.« Ich holte tief Luft. »Die Liebe zu ihrer zweiten Familie ändert nicht unbedingt etwas an der Liebe zu ihrer ersten.« Ich hatte Glück gehabt – ich war sowohl von meiner ersten als auch von meiner zweiten, erwählten Familie umgeben. Aber so kam es nicht immer.

»Sie hat Troja vergessen!«, erklärte Agamemnon. »Das hat sie durch ihr Handeln bewiesen.«

»Loyalitätskonflikte können großes Leid hervorrufen – und zum Schweigen führen«, antwortete ich. Er zog die Brauen zusammen. Ich genoss seine Aufmerksamkeit nicht, aber wie konnte ich schweigen? Seine falschen Vorstellungen konnten zu Blutvergießen führen, denn offensichtlich hatte er ja diese Männer zusammengerufen, um sie aufzustacheln und zu benutzen.

»Wenn die Trojaner weiter solche Vorwürfe erheben, werden wir sie mit Kriegsschiffen und mit Bronze beantworten!«, rief Agamemnon und schaute in die Runde, um zu sehen, wer in diesen Ruf einstimmen würde. Hier und da hörte ich halbherzigen Beifall.

»Troja ist arrogant«, sagte Thersites. »Es lauert da am Hellespont und behindert unseren Handel im Hinterland bis hin zum Schwarzen Meer. Ich wäre froh, wenn es verschwände.«

»Aber es wird nicht verschwinden«, sagte Agamemnon. »Es wird bestehen und wie ein Speer in unserer Flanke stecken, bis wir es verschwinden *lassen*!«

»Troja ist von vielen Verbündeten umgeben«, wandte Diomedes ein. »Sie würden ihm zu Hilfe eilen.«

»Halt!«, rief Menelaos. »Ihr redet, als wäre ein Krieg eine gegebene Tatsache. Aber es gibt keinen Grund für einen Krieg gegen Troja, und er hätte keinen Sinn. Es ist, offen gesagt, billiger, die Zölle und Zwangsgelder zu bezahlen, die sie fordern, als eine Armee gegen sie aufzustellen. So ist es im Handelsverkehr üblich: Es gibt Zölle, es gibt Steuern. Die Götter haben ihnen ihren Platz am Hellespont gegeben wie uns den unseren in der Ägäis. Das müssen wir respektieren.«

Ein leises Aufstöhnen ging durch die Halle, obwohl Menelaos klug gesprochen hatte. Kluge Einwände waren nicht das, was sie hören wollten – nicht im flackernden Fackelschein und den

Halbschatten und Halbwahrheiten, die durch die winterliche Halle wehten.

»Du willst also lieber in deinem Palast in Sparta vor dem warmen Feuer hocken und irgendwann sterben, ohne dass am Scheiterhaufen von deinen ruhmreichen Taten gesungen wird?«, fragte Diomedes.

Ich spürte, wie Menelaos an meiner Seite erstarrte. Darauf hatte er keine Antwort. »Ich glaube … Ich glaube –« Er suchte nach Worten. »Ob bei der Bestattung eines Mannes von ruhmreichen Taten gesungen wird, hängt davon ab, welche Aufgaben die Götter ihm gestellt haben, um seinen Charakter zu prüfen. Wir trinken den Becher, den die Götter uns reichen. Das müssen wir. Und der Friede ist auch ein Geschenk.«

»Bah!«, rief Diomedes. »Ich kann in diesen Becher gießen, was immer ich will!« Er hob das goldene Gefäß über den Kopf.

»Aber der Becher wurde dir von anderen gegeben.« Wieder hörte ich meine eigene Stimme. Ihre Kühnheit klang unerträglich in meinen Ohren. »Vielleicht bist du nicht so frei, wie du es gern wärest.«

Wütend sah er erst mich, dann Menelaos an, als wolle er sagen: *Halte dein Weib im Zaum!*

»Lasst den zittrigen alten Priamos in Ruhe«, rief eine Stimme aus dem Hintergrund. Vielleicht schwenkte die Stimmung um; vielleicht sickerte Menelaos' vernünftiger Rat allmählich in ihre Köpfe.

»Priamos! Er ist ein alter Trottel. Ein dekadenter Potentat aus dem Osten. Er hat ungefähr fünfzig Söhne – und alle wohnen in seinem Palast in Troja«, sagte Agamemnon.

»Ist das ein Grund, ihn anzugreifen?«, fragte Menelaos. »Lass ihm doch seine fünfzig Söhne.«

Er verbarg es gut, aber ich hörte doch an seiner Stimme, wie betrübt er war. Fünfzig Söhne – oh, lasst mich doch wenigstens einen haben! Nur einen! Alle Männer wollten Söhne. Menelaos sehnte sich schmerzlich danach.

»Es ziemt sich nicht«, knurrte Agamemnon, der gleichfalls ohne Sohn war.

»Ich habe gehört, er hat noch einen hinzugefügt«, erzählte Palamedes. »Einen erwachsenen.«

»Ach, einen Sklavenspross vielleicht?« Poliparthis lachte. »Jeder Königspalast ist voll von denen.«

»Aber mit dem verhält es sich anders«, sagte Palamedes. »Dieser ist ein rechtmäßiger Sohn. Er wurde wegen eines bösen Omens ausgesetzt und ist jetzt zurückgekehrt, um sein Erbteil zu beanspruchen. Und er macht eine ziemlich gute Figur, wie es heißt, in allen möglichen Wettkämpfen. Außerdem soll er ein hinreißend schönes Antlitz haben. Er ist als Neugeborener auf dem Berg ausgesetzt und von Hirten aufgezogen worden; weil er sich als Beschützer der Herden hervorgetan hat, bekam er den Namen Paris.«

»Ach, wie rührend!« Thersites verbeugte sich höhnisch. »Was für eine hübsche Geschichte!«

»Also sitzt der alte Priamos vergnügt auf seiner hohen Warte im windigen Troja und weiß sich in Sicherheit!«, fauchte Agamemnon. »Was macht es schon aus, ob er neunundvierzig oder fünfzig Söhne hat und ob einer davon hübsch ist oder nicht?«

»Was macht es *dir* aus, Agamemnon?«, fragte eine kraftvolle Stimme. »Du redest Un… Du redest, ohne nachzudenken.«

Niemand warf Agamemnon vor, er rede Unsinn – niemand außer Klytämnestra, und sie tat es nicht in der Öffentlichkeit. Agamemnon spähte wutfunkelnd umher und suchte den Mann, der da gesprochen hatte. »Es macht mir etwas aus, weil Priamos Hesiones Bruder ist. Er ist derjenige, der die Welt unaufhörlich daran erinnert, dass sie aus Troja entführt wurde – von Griechen. Er hasst uns!« Agamemnon senkte das Kinn, wie er es immer tat, wenn er erbost war. Dann erinnerte er an einen streitsüchtigen Stier.

»Das bildest du dir ein«, sagte Menelaos. »Ich habe gehört, er ist ein ausgeglichener, vernünftiger Mann, der nicht zum Hass neigt.«

»Nun, wenn er vernünftig ist, sollte er uns fürchten!« Agamemnon winkte, und zwei Männer traten aus dem Schatten hervor – ein älterer mir glänzendem Gesicht und hämischer

Miene und ein jüngerer mit wallendem Haar und Augenbrauen wie schwarze Striche. Ich hatte sie schon einmal gesehen – aber wo?

Der Ältere trug schützende Kleidung und Rüstungsteile auf dem Arm, und der Jüngere starrte von Waffen – von Speeren, Schwertern, Pfeilen und Schilden. Auf seinem Kopf saß ein eindrucksvoller Helm, der aus aneinandergereihten Eberzähnen gemacht war.

»Lynkeus, zeigt ihnen, was ihr mitgebracht habt!«

Gehorsam breitete der Mann seine Sachen aus: einen Brustpanzer aus verklebten Leinenschichten, den Linothorax, Helm und Beinschienen aus Bronze und eine große Metallspirale, die einen Kämpfer von den Schultern bis zu den Schenkeln umschlingen konnte. Sich darin zu bewegen und zu kämpfen, würde übermenschliche Kräfte erfordern.

»Das ist die Ausrüstung des Kriegers!«, verkündete er stolz.

»Davon habe ich ein ganzes Lager voll«, sagte Agamemnon. »Ich bin auf jede Herausforderung vorbereitet.«

»Wie es aussieht, musst du die Herausforderung aber selbst aussprechen«, sagte Diomedes. »Wenn man solche Waffen einmal hat, schreien sie dann nicht danach, benutzt zu werden?«

»Besser, als sie zu brauchen und nicht zu haben«, sagte Agamemnon. »Und jetzt zeig uns den Rest, Kerkyon!«

Der junge Mann gehorchte sofort; er kniete nieder und breitete die Waffen vor sich aus. »Ah, aber am besten ist es, so überlegene Waffen zu besitzen, dass der Feind gar keine Gelegenheit hat, einen Schlag zu führen.«

Er zeigte auf die Schwerter und Dolche. »Langschwerter sind zu unhandlich. Ein kürzeres Schwert ist besser. Auch stärker. Es wird nicht plötzlich abbrechen und dich schutzlos stehen lassen. Und es ist zum Stoßen und Hauen gedacht, nicht nur für das unzeitgemäße Stechen. Im Nahkampf ist der Dolch natürlich am besten.« Er zückte einen und wog ihn genüsslich in der Hand. »Der Nachteil ist, dass man auch nah am Feind sein *muss.*« Er lachte.

»Das Ideale wäre eine Waffe, die aus der Ferne tötet.« Unverhofft stand Gelanor neben dem jungen Mann. »Wenn man sich Schwerter ansieht, erkennt man, dass jede Verbesserung dem Versuch dient, den Angreifer aus größerer Entfernung zu töten. Was man brauchte, wäre ein langes Schwert, mit dem man auch hauen und schneiden kann. *Das* wäre der Traum jedes Kämpfers.«

Warum war er hier? Hatte Agamemnon ihn Menelaos abgeworben?

Die Vorstellung, er könne nicht mehr in Sparta sein, war unerträglich. Wir würden seine Rückkehr fordern. Wie hatte Agamemnon ihn gewinnen können?

»Dein Eberzahnhelm.« Gelanor zeigte mit dem Finger darauf. »Sehr hübsch. Aber wir haben jetzt bessere.«

Kerkyon war niedergeschmettert. Er nahm den Helm ab und drehte ihn in den Händen.

»Ihr braucht etwas Stärkeres, um euren Kopf zu schützen«, sagte Gelanor und trat zu den Pfeilen und Bogen hinüber. »Und Pfeile müssen weiter fliegen«, erklärte er.

»Mit Pfeilen kämpft nur ein Feigling«, rief Diomedes von Argos.

»Oh. Wie starrsinnig! Nein, meine Freunde, Pfeile sind nur der nächste Schritt in der langen und noch längst nicht vollendeten Geschichte der Kriegswaffen. Sie ermöglichen es auch, aus großer Ferne zu töten. Wenn ihr sie nicht vervollkommnet, wird es jemand anders tun.«

»Auf welche Entfernung kann ein Pfeil denn im besten Fall tödlich sein?«, wollte jemand wissen.

»Mit diesen Bogen und Pfeilen – auf siebzig Schritt. Aber mit meinen erreicht ihr euer Ziel noch auf dreihundert Schritt.«

»Unmöglich.« Agamemnon trat heran. »Ich habe großes Vertrauen in Gelanor, aber das ist unmöglich.«

»Das Problem ist der Bogen«, sagte Gelanor. »Der Pfeil kann nur so weit fliegen, wie die Spannung der Bogensehne es ermöglicht. Könntet ihr die Sehne weiter zurückziehen, bis ans Ohr oder noch weiter – ihr würdet staunen, wie eure Pfeile fliegen.«

»Aber wir haben weder solche Bogen noch die nötigen Sehnen«, sagte Lynkeus.

»Noch nicht. Lasst sie uns bauen. Es geht. Sogar ziemlich einfach, glaube ich.«

»Du hast solche Bogen also nicht?«

»Nein, aber ich bin überzeugt, dass wir sie bauen können. Indem wir die Sehnen mit Haar verstärken, um die Spannkraft zu vergrößern, und –«

»Bah!« Lynkeus raffte den Bogen auf, den Kerkyon auf den Boden gelegt hatte. »Das hier ist gut genug für mich!«

Aber Kerkyon nahm Gelanor beiseite, um ihn zu befragen.

»Mir ist jede Methode recht, die noch mehr Trojaner tötet«, erklärte Agamemnon. »Zeig mir nur, wie ich an sie herankomme!«

Nachdem die Männer sich die Waffen angesehen hatten, wurden sie hinausgebracht, und ein Sänger wurde in die Halle gerufen. Ich konnte mich an Gelanors Seite schmuggeln und ihm zuflüstern: »Hast du uns verlassen?«

Er blickte mich an, und sein eigentümliches Halblächeln war nur in seinen Augen, nicht an seinem Mund. »Niemals, Herrin. Ich stehe immer bereit, eure Feinde abzuwehren.«

Weil seit der Episode mit dem Gift kein Feind mehr das Haupt erhoben hatte, hatte ich nur wenig von ihm gesehen. »Du darfst nicht in Mykene bleiben«, sagte ich. »Ich befehle dir, mit uns nach Sparta zurückzukehren.«

Jetzt lächelte auch sein Mund. »Dann werde ich gehorchen.« Er lachte. »Agamemnons Sold ist schlecht. Und er hat offensichtlich nicht vor, meine Ideen zu verfolgen. Sie werden ihn zu viel kosten. Der Mann ist ein Knauser.«

Der Sänger stand im Saal und wartete darauf, dass Ruhe einkehrte. Er hielt seine Leier im Arm und schloss die Augen. Draußen kam Wind auf; ich hörte, wie er um die Ecken des Palastes pfiff. Jemand warf noch Holz auf das Feuer, aber trotzdem schlich die Kälte sich durch die Ritzen zwischen den Steinen herein.

»Sing uns von der Reise der Argonauten!«, bat jemand. »Von Jason und dem Goldenen Vlies.«

»Das haben wir schon hundert Mal gehört«, widersprach Kerkyon. »Nein, sing von Herakles und der Hydra!«

Ein Stöhnen ging durch die Runde. »Nein! Langweilig!«

»Sing von Perseus! Er hat Mykene gegründet, heißt es.«

»Von Perseus und der Medusa!«

»Nein!«, brüllte Agamemnon. »Sing von Priamos und seiner Suche nach seiner Schwester Hesione!«

Der Sänger schaute ihn betrübt an. »Ein solches Lied kenne ich nicht, Herr.«

»Dann dichte! Oder kommt die Muse nicht, wann immer du sie rufst?«

Der Sänger zog ein unbehagliches Gesicht. »Herr, diese Geschichte hat kein Ende. So etwas eignet sich nicht für den epischen Gesang.«

»Dann lasst uns das Ende schreiben, bei allen Göttern!«, rief Agamemnon. »Danach kannst du es singen.«

Das Feuer war heruntergebrannt, und niemand legte mehr Holz nach. Draußen heulte wütend der Wind, und die Gäste sehnten sich danach, zu Bett zu gehen, ein warmes Schaffell über sich zu ziehen, die Arme um die Schultern zu schlingen und auf den Schlaf zu hoffen.

Menelaos und ich bekamen die besten Gästegemächer zugewiesen, dieselben, die wir auch bei unserem Hochzeitsbesuch bewohnt hatten. Als wir aus dem Megaron traten, schlug uns ein kalter, starker Wind mit einem Graupelregen entgegen, der sich anfühlte wie ein Mantel aus Eis. Fröstelnd aneinandergeschmiegt, gingen wir zu unserer Schlafkammer.

Wieder hier – nach allem, was in den letzten Jahren geschehen war … Aber in Wahrheit berührte es mich nicht; ich war so schläfrig, dass ich kaum noch etwas sah.

Menelaos stöhnte wie immer, um zu zeigen, wie müde er war. Er nahm den Pelz von den Schultern, aber die Last schien nicht geringer geworden zu sein.

Er war gebeugt. Es war mir noch nie aufgefallen, aber sein Rücken war krumm – anders als bei dem eifrigen jungen Krieger Kerkyon, der so aufrecht und gerade dagestanden hatte wie ein bebendes neues Schwert. Freilich, Menelaos war älter, aber kein Krieg hatte an seinen Kräften gezehrt – nur die Zeit.

Seine müden Schultern waren mir teuer. Seine Schwäche zog mich zu ihm hin. So stand ich vor ihm, und nicht seine Kraft erweckte mein Gefühl für ihn, sondern die allzu menschlichen Bürden, die er trug.

Lieber Menelaos. Er bedeutete mir viel.

Wir umarmten uns und legten uns gemeinsam nieder. Ich fühlte ihn an meiner Seite, meinen lieben Freund, meinen Herrn. Aber was dann folgte, war das Gleiche wie immer. Aphrodite hatte mich wieder im Stich gelassen; sie verwehrte mir ihre Geschenke. Die Gaben, mit denen die anderen Götter uns überschüttet hatten, waren noch da: Liebe, Achtung, Treue. Ich lag in Menelaos' starken Armen und dachte wehmütig, dass ich mich damit würde zufriedengeben müssen. Ich hatte ja Glück, dass ich wenigstens sie bekommen hatte. Und war Menelaos nicht von Anfang an mein Bundesgenosse gewesen? So hatte es mit uns begonnen, und so würde es auch enden.

XX

Als Sparta an den Ufern des Eurotas in Sicht kam, schwang mein Herz sich wie stets in die Lüfte. Offen und freundlich lag meine Stadt inmitten ihrer Haine – und sie war alles, was das kalte, schwer bewachte Mykene nicht war. Beide Paläste lagen hoch auf dem Berg, aber unserer strahlte über der Ebene wie ein goldenes Leuchtfeuer.

Hermione war froh, wieder zu Hause zu sein, wo sie durch die hellen Flure streifen konnte. Nur ihre Cousinen fehlten ihr als Spielgefährtinnen; natürlich waren hier die Kinder der

Bedienten und Sklaven, aber niemand von ihrem eigenen Blut. Sie vertraute mir an, Iphigenie sei diesmal nicht mehr so sehr am Spielen interessiert gewesen; sie habe jetzt eine Sammlung von Elfenbeinkämmen, Bronzespiegeln und duftenden Ölen und verbringe eine Menge Zeit damit, sie zu ordnen.

»Sie ist bald in dem Alter, in dem sie vielleicht heiraten muss«, erklärte ich. »Vermutlich bereitet sie sich im Geiste darauf vor.«

»Und Elektra ist zu klein. Sie ist eine Landplage, und es macht keinen Spaß mit ihr. Sie ist lästig und stellt immer nur Fragen über Fragen.«

Ich lachte. »So ist es, wenn man drei ist«, sagte ich. »So warst du auch.«

Sie schüttelte heftig den Kopf und ließ ihre Locken tanzen. »Nein, nein, so war ich nicht!«

»Es ist doch keine Schande. Besser, man stellt zu viele Fragen als zu wenige.«

Fragen ... Ich hatte selbst so viele. Warum wollte Agamemnon unbedingt in den Krieg ziehen? Langweilte er sich? War es das, was Männer taten, wenn sie Langeweile hatten? War er neidisch auf Priamos mit all seinen Söhnen? Wollte ich, dass Menelaos in den Krieg zog? Würde mein Leben interessanter oder langweiliger werden, wenn er fort wäre?

Der Winter hielt das Land in seinen knochigen Klauen und presste es aus, bis es fahl und leblos war. Uns fröstelte in unseren Mänteln, und in den Räumen des Palastes brannten die Kohlenbecken. Mir kam der ehrfurchtslose Gedanke, Demeter müsse es in ihrer Trauer um den Verlust Persephones nicht gar so arg treiben. Kaum hatte ich es gedacht, bat ich sie hastig um Vergebung: Ich kannte den Schmerz um eine verlorene Tochter nicht, und ich wollte die Göttin nicht so weit reizen, dass sie auf die Idee verfiel, dafür zu sorgen, dass ich ihn kennenlernte.

Gelanor bat um die Erlaubnis, nach Gytheon zurückzukehren: Da er in Sparta wenig zu tun habe, wolle er die Zeit nutzen, um dort an der Küste die purpurhaltigen Meeresschnecken zu sammeln, damit seine Familie einen ausreichenden Vorrat zum

Verkauf hätte, wenn im Frühjahr die Händler einträfen. Sie zu ernten sei bei schlechtem Wetter nicht so mühsam, sagte er, solange man sicher sein könne, dass einen danach ein warmes Feuer erwarte.

»Nicht einmal die Phönizier segeln bei diesem Wetter«, sagte er. »Aber sie werden die Ersten auf See sein, wenn die Stürme abgezogen sind.«

Ich wollte nicht, dass er ging; ich fand es immer unterhaltsam, mit ihm zu reden. Die Frauen im Palast sprachen immer nur über Weberei, Hochzeiten, Todesfälle und Kinder, die Männer nur über Jagd, Handel und Krieg. Auch Gelanor sprach von diesen Dingen, aber irgendwie war es immer, als stehe er auf einem hohen Felsen und beschreibe sie von oben, nicht so, als sei er daran beteiligt und interessiere sich für das Ergebnis. Plötzlich hatte ich eine Idee, wie die Langeweile für uns beide zu vertreiben wäre. »Nimm mich mit!«, sagte ich.

Er sah mich verwundert an. »Damit du über Steine klettern und Schnecken sammeln kannst?«

»Nein, damit ich Gytheon sehe. Und das Meer. Ich habe noch nie am Ufer gestanden, noch nie die Brandung gehört.«

»Du bist eine Königin trockenen Landes«, sagte er. »Und das wirst du bleiben, bis Menelaos dich aufs Meer hinausführt. Ist sein Großvater nicht aus Kreta? Warum fährst du nicht mit ihm dorthin?«

»Sein Großvater ist kränklich, und Menelaos besucht ihn möglichst selten.« Menelaos liebte das Meer nicht und vermied es, irgendwohin mit dem Schiff zu fahren.

Während wir so plauderten, wehte eine Windbö mir das Tuch vom Kopf. Gelanor lachte. »Ich bringe dich nach Gytheon, wenn die schlimmsten Winde sich gelegt haben. Jetzt würdest du dich, von Meeresgischt durchnässt, zu Tode frieren, und Menelaos würde mich hinrichten lassen, weil ich die schöne Helena ihrer Gesundheit beraubt habe.« Blinzelnd spähte er zum Horizont und tat, als könne er das Meer sehen. »Poseidon liebt diese Jahreszeit; da kann er wüten und Berge aus Wasser und Wellen auftürmen. Aber kluge Leute halten sich von ihm fern.«

»Warum willst du dann dorthin?«

»Ich habe nie gesagt, dass ich klug bin. Aber erzwungener Müßiggang hat es an sich, dass er die Klugheit zunichte macht.«

Menelaos hatte nichts gegen meine Reise; er hatte Vertrauen zu Gelanor. Er vertraute ihm wie einem Bruder, aber ich hatte das Gefühl, dass er Agamemnon nicht vertraute, jedenfalls nicht restlos. Seine einzige Bedingung war, dass ich damit wartete, bis die schlimmsten Winterstürme vorüber wären, dass ich Hermione nicht mitnahm und dass zwei Leibwächter mich begleiteten.

Tatsächlich war Menelaos in jener Zeit mit den meisten Dingen einverstanden. Er wirkte ruhig und gelassen. Vielleicht stellte er endlich doch fest, dass die Aufgaben eines Königs seinen Talenten entsprachen. »Bring mir eine oder zwei dieser Schnecken mit«, bat er. »Wie ich höre, sind sie selbst ohne Farbe und geben die Purpurflüssigkeit erst ab, wenn man sie zerdrückt.«

»Das werde ich tun«, versprach ich, und das Blut sang in meinen Ohren bei dem Gedanken, dass ich endlich das rauschende Meer sehen würde.

Es kommt eine Zeit in jedem Jahr, da Winter und Frühling miteinander zu ringen beginnen und sich abwechselnd zu Boden werfen; bald fällt der eine, bald der andere, heute ist es kalt, morgen warm. Die vorsichtigen Knospen bleiben noch geschlossen, die wagemutigeren öffnen sich schon der Sonne. In einer solchen Zeit machten Gelanor und ich uns auf den Weg nach Gytheon, gefolgt von den Leibwächtern. Es war eine sehr lange Tageswanderung, aber mir war sie willkommen. Ich trug feste Schuhe und einen warmen Mantel, und ich war klug genug, mein Gesicht zu verschleiern. Ich war es gewohnt, dass die Leute mich anstarrten, aber Gelanor war es nicht, und es würde lästig sein, wenn wir versuchen wollten, so schnell wie möglich voranzukommen. Ich wollte mich nicht aufhalten lassen.

»Was für ein Anblick!«, sagte Gelanor, als ich vor dem Palasttor mit ihm zusammentraf.

»Wie meinst du das?« Ich schaute an meinem Mantel herunter auf meine Füße.

»Ich kenne dich nur im Gewand einer Königin«, sagte er. »Nicht in den Kleidern der Wandersleute.« Er lächelte. »Komm!«

Er muss Zweifel gehabt haben, ob ich mit ihm Schritt halten könnte, denn als wir die Stätte der Artemis Orthia hinter uns gelassen hatten – einen düsteren, geheimnisvollen Ort, an dem Knaben sich geheimen körperlichen Prüfungen unterziehen mussten –, blieb er stehen und zog einen Wasserschlauch hervor. »Wahrhaftig«, sagte er. »Du bist flink. Ich bin ein wenig außer Atem.«

»Ich war früher eine gute Läuferin«, sagte ich. Aber das schien lange her zu sein.

»Ah. Dann bin ich froh, dass wir keinen Wettlauf veranstalten.« Er reichte mir das Wasser.

Und weiter auf dem Weg nach Gytheon. Anfangs blieben wir im Tal des Eurotas. Der Fluss, angeschwollen von Schneeschmelze und Frühlingsregen, strebte dem Meer zu wie wir. Am Wegrand lagen Dörfer und kleine Bauernhöfe. Nach der spätwinterlichen Aussaat sprossen auf den Feldern schon kniehoch Gerste und Winterweizen. Niemand beachtete uns. Darüber war ich froh, und ich sagte es Gelanor.

»Ich wollte dich nie danach fragen«, sagte er, »weil ich nicht aufdringlich sein wollte. Aber sag mir – wie ist es, so angestarrt zu werden bei allem, was du tust?«

»Schrecklich! Unbeschreiblich grauenvoll!«

»Aber wie steht es mit dem Gegenteil – wenn jemand gern auffallen möchte und immer unsichtbar bleibt?«

»Woher soll ich das wissen? Ich habe keinen Vergleich.«

»Meiner Meinung nach sind es diese Unsichtbaren, die all das Unheil in die Welt bringen. Sie wollen gesehen werden und tun alles, um Aufmerksamkeit zu erregen. Sie töten, sie erheben falsche Anschuldigungen, sie prahlen mit Taten, die sie nie verrichtet haben.«

»Das ist ein hartes Urteil. Manchmal will auch jemand, der unübersehbar in der Welt ist, noch mehr haben. Er wird gierig.« Ich dachte an Agamemnon, der mit dem ruhigen Leben in Mykene offenkundig unzufrieden war, obgleich er dort als König regierte. »Und viele einfache Leute sind mit ihrem Leben glücklich.«

Gelanor grunzte. »Dennoch – zeige mir einen Mann, der sich übersehen fühlt und …«

Am späten Nachmittag erreichten wir einen steil aufragenden Höhenzug, der uns den Weg versperrte wie eine Mauer. Die Sonne, die darüber schwebte, ließ die Berge furchterregend aussehen. »Gleich dahinter warten Gytheon und das Meer«, sagte Gelanor. »Wir brauchen nicht zu klettern. Es gibt einen Pass.«

Wir wanderten über den Pass, und dann funkelte vor uns das Meer. Es war riesig. Endlos breitete es sich aus, größer als jedes Land. In weiter Ferne schimmerte der Horizont. Es war wirklich ein Königreich: das Reich des Poseidon.

Kurz vor Sonnenuntergang erreichten wir die Klippen, an denen trotz des klaren Tages die Brandung toste. »Im Morgengrauen kommen wir wieder her«, sagte er. »Das ist die beste Zeit zum Sammeln.«

Ich atmete den eigentümlichen Geruch der See ein, einen seltsam metallischen Duft nach Seetang und Moos auf schlüpfrigen Felsen.

Die Nacht verbrachten wir im Haus seiner Familie. Sie bemühten sich, mich nicht anzustarren, und Gelanor vermied es, damit zu prahlen, dass er mir diente. Es waren offenherzige, einfache Leute. Ich spürte, dass Gelanor keinerlei Ähnlichkeit mit ihnen hatte und dass er eben deshalb nicht mehr hier lebte.

Kalt, dunkel, nass. Gelanor hatte darauf bestanden, dass wir zu dieser Stunde, ehe der Morgen dämmerte, zum Strand gingen. Er schickte sich an, ins Wasser hinauszuwaten, um die Schnecken zu sammeln, während ich am Ufer wartete.

»Du hast es so gewollt.« Er drohte scherzhaft mit dem Finger.

»Wie lange wirst du fort sein?«

Er zuckte die Achseln. »Oh, ich weiß es nicht. Bis ich keine Purpurschnecken mehr finde.«

Ich sollte auf den Sack Acht geben, in dem er die gefundenen Schnecken unterbrachte. Ich gab mir Mühe, sorgfältig darauf aufzupassen, aber nach einer Weile, als er hinter den Klippen verschwunden war, legte ich ihn an eine sichere Stelle, wo Gelanor ihn finden würde, kletterte von den schlüpfrigen Felsen herunter und ging zum Wasser. Ich konnte nicht länger dort sitzen und zum Horizont starren, auch wenn der Sonnenaufgang prachtvoll gewesen war. Ich war durchnässt von Gischt, und mich fror.

Ich wollte zwischen den Klippen am Strand entlangspazieren; vielleicht würde mir davon warm werden. Den Leibwächtern befahl ich, bei Gelanor zu bleiben. Ich lockerte meine Beine und bemühte mich, flott auszuschreiten. Nirgends war ein Mensch zu sehen; für die Fischer war es immer noch zu früh. Zwischen den Felsen brachen sich die Wellen und krochen über den Strand wie tastende Finger, die von weißem Schaum bedeckt waren.

Nicht weit vor der Küste lag eine kleine Insel. Sie war von Bäumen bestanden, die sich im Wind bogen, und mir war, als rufe sie mich.

Ich wanderte immer weiter; die Sonne stieg höher, beschien meinen Rücken und wärmte mich endlich. Dann sah ich zur Linken etwas vor mir, eine Höhle oder eine Öffnung in einer der Klippen am Ufer. Ich weiß nicht, warum, aber ich hielt darauf zu. Als ich näher kam, spürte ich einen warmen Wind, der dort herauswehte.

Das kann nicht sein, dachte ich. In Höhlen ist es kälter als draußen. Stolpernd trat ich durch die halbdunkle Öffnung. Drinnen war es warm wie im Sommer.

Und es wurde wärmer. Ein sanfter Wind liebkoste mich. Er duftete nach Rosen. Rosen, wie ich sie wild wachsend auf Feldern und Wiesen gesehen hatte – die mit hundert Blütenblättern, die blühten, wo sie wollten, und die Luft mit ihrem Duft tränkten und im Garten nicht gedeihen wollten.

Rosen wachsen nicht in Höhlen! Sie suchen die Sonne, sie brauchen die Sonne!

Mein Herz pochte, und ich konnte kaum atmen. Ich legte die Hände an die Kehle. Die Luft um mich herum war reinster Rosenduft. Ich fiel auf die Knie, denn ich wusste: Es war ein Duft der Götter.

Ich senkte den Kopf und schloss die Augen – mehr aus Angst denn aus Ehrfurcht. Was würde ich hier sehen? Ich ertrug es nicht.

»Mein Kind«, flüsterte eine Stimme, »hör mir zu! Ich habe dich gerufen. Das Warten hat lange gedauert. Dein Vater hat mich missachtet, meine Gaben verschmäht. Und du selbst hast mich am Abend deiner Hochzeit vergessen. Wie konntest du nur? Was die Ehe angeht, so bin ich die Göttin, ohne die sie nicht gedeihen kann. Vergiss Hera! Sie weiß nichts von dem, was Mann und Frau verbindet. Sie kann ja nicht einmal Zeus zufriedenstellen! Sie wollte meinen Gürtel ausborgen, der das Verlangen weckt!«

»Aphrodite?«, flüsterte ich.

»Ja, mein Kind. Du bist mein Ebenbild. Ich habe versucht, dich zu vergessen, weil ihr mich gekränkt habt, du und dein Vater. Aber ich kann es nicht. Es geschieht nicht oft, dass eine Sterbliche mir nahezu gleichkommt, aber du tust es. So sind wir verwandt, und ich will es endlich eingestehen.« Sie schwieg kurz. »Komm herein! Komm in die Höhle!«

Höhlen und Grotten hatten mir nie behagt; ich fürchtete mich darin. Doch ich gehorchte und trat an den Felsen vorbei, die den eigentlichen Höhleneingang verdeckten. Nicht Dunkelheit erwartete mich, sondern ein sanftes Leuchten, und die Luft wurde noch wärmer. Ein Sturm von Farben brach zu beiden Seiten hervor – Rosenbusch um Rosenbusch, allesamt in voller Blüte. Ein Rot wie Blut, ein Rosa, so zart wie das Innere einer Muschel, ein Karmesin, das stärker leuchtete als jeder Feldmohn, strahlend wie die Wolken im Sonnenuntergang. Ein sanfter Regen von Blütenblättern rieselte auf mich herab, als ich weiterging. Sie bedeckten den Boden wie ein Teppich, so dick, dass sie weich und kühl meine Knöchel liebkosten. Ich watete darin.

»Zeig dich mir!«, murmelte ich. Ich musste sie sehen, diese Göttin.

»Das ist gefährlich«, sagte sie. »Einen Gott oder eine Göttin von Angesicht zu Angesicht zu sehen kann für einen Menschen tödlich sein.«

»Ist das immer so?« Ich sehnte mich danach, sie zu erblicken.

»Man weiß es nie«, sagte sie sanft. »Manchmal ist es ungefährlich. Aber für dich, liebe Helena – lohnt es sich, dafür den Tod zu riskieren? Zeus, dein Vater, wäre zornig auf mich, wenn ich der Grund dafür wäre. Du bist seine einzige Tochter mit einer Sterblichen. Er ist vernarrt in dich. Ich wage nicht, seinen Zorn zu wecken. Jawohl, selbst wir Göttinnen fürchten ihn! Deshalb, mein Kind, musst du so auf mich vertrauen. Aber vielleicht wirst du mich eines Tages ungefährdet anschauen können.«

Was meinte sie damit? Würde ich eine Göttin werden und auf den Olymp steigen?

»Das maße dir nicht an! Nur wenige kommen auf den Olymp.«

Sie hatte meine Gedanken schneller und gründlicher gelesen, als ich es mit meiner Gabe der Schlangen vermochte.

»Dann geh an mir vorüber!«, bat ich. »Damit die Rosen sich bewegen.«

Sie lachte, und es klang süßer als Honig und dunkler als das Verlangen. Es vereinte alles Verlangen der Welt in einem einzigen Laut. Die Rosen erbebten, und Blütenblätter schwebten herab. »So«, seufzte sie.

»Warum … hast du mich hergerufen?«, fragte ich, nachdem ich den wundersamen Duft eingeatmet hatte.

»Mein Kind, du hast mich gerufen.«

»Nein – wieso –«

»Du hast mich lange gesucht, nach mir verlangt. Meine Abwesenheit in deinem Leben – die beabsichtigt war, wie ich jetzt gestehe – war eine Qual für dich.«

»Nein, keine Qual …« Ich hatte schließlich gelernt, ohne sie zu leben, ohne etwas, wovon ich niemals gekostet hatte. Kann man wirklich vermissen, was man nie gekannt hat?

Ich hörte ihr leises, aufregendes, vertrauliches Lachen.

»Oh, du brauchst dich nicht zu schämen! Viele Menschen haben mich gesucht, viele mich verflucht, weil ich sie nicht erhört habe. Aber du! Oh, ich glaube, du solltest nicht geringschätzig auf ein Geschenk blicken, das du nicht kennst. Menschen, die in einer Höhle leben – ich nehme an, für sie hast du nichts übrig –, mögen vielleicht das Sonnenlicht gering schätzen, weil sie es nie gesehen haben. Deshalb muss ich dir zeigen, was dir in deinem Leben fehlt. Ich nämlich fehle dir, und das ist ein schmerzlicher Mangel.«

»Dann gib mir dein Geschenk! Berühre mich damit und öffne mir die Augen!« Das klang hoffentlich demütig genug, dachte ich und erstickte diesen Gedanken sogleich. Sie konnte ihn lesen.

»Gern. Von ganzem Herzen.«

»Was muss ich tun?«, beschwor ich sie.

»Steh ganz still und schließ die Augen! Strecke die Hände aus und berühre die Rosen zu beiden Seiten! Und wenn du zum Strand zurückkehrst, wate hinaus ins Wasser und warte auf eine schaumgekrönte Woge. Lass dich von ihr überrollen. Danach wirst du durchtränkt sein von mir.«

Ich streckte die Arme aus und ergriff ganze Büschel von Rosenblüten und zerdrückte sie. Der Duft war wie eine Explosion.

»Schließe die Augen! Gebrauche jetzt deine anderen Sinne.«

Ich gehorchte und fühlte sofort die Wärme der Luft, atmete den Duft der Rosen, hörte das Raunen der Stimme viel klarer als zuvor.

»Ich berühre dich«, hauchte es neben mir. »Ich gebe dir meinen Blick. Zeus ist dein Vater, aber ich bin deine Schwester. Und ich werde dich nie wieder verlassen. Ich werde immer bei dir sein.«

Verspürte ich etwas? Ein warmes Strömen? Nein, ich hörte nur ihr süßes Flüstern.

»Öffne die Augen!«

Ich tat es, und die Rosen leuchteten stärker als zuvor, sie vibrierten in einer Fülle, die ich mir nie hätte träumen lassen. Ich schaute zur Decke der Höhle hinauf. Die verschatteten Nischen und Winkel erschienen mir prächtig und rätselhaft und voll von endlosen Verheißungen, nicht etwa klamm und kalt.

»Jetzt siehst du alles durch den Schleier der Aphrodite«, sagte sie. »Das ist ein anderer Blick.«

Ich fühlte, dass ich entlassen war. Die Göttin war fertig mit mir.

»O nein«, beruhigte sie mich. »Du bist meine Auserwählte, meine Tochter ebenso wie meine Schwester. Ich hatte ja nie eine Tochter. Da wird es Zeit, würde ich sagen. Wusstest du, dass Götter und Göttinnen meist Männer hervorbringen? So bist du allein weiblich unter uns.«

»Aber ich bin keine Göttin!«

»Aber beinahe«, seufzte sie. »Und viele werden dich behandeln, als wärest du eine. Du genießt Privilegien, die uns vorbehalten sind.«

»Welche?«

»Oh, während andere getötet oder verkauft werden würden –« Sie brach ab und lachte. Ein so entwaffnendes Lachen! »Aber ich vergesse – ihr Sterblichen liebt Überraschungen. Darum sprechen die Orakel in Rätseln. Wenn ich dir zu viel erzähle, verderbe ich dir die Spannung. Ich möchte sie dir nicht rauben.«

Dann war sie plötzlich verschwunden. In der Höhle war es dunkel, und es tropfte von der Decke. Keine Rosen. Keine warme Luft.

Warum verschwinden die Götter so unvermittelt? Um uns zu foppen? Uns zu strafen? Über uns zu lachen? Stolpernd musste ich mich ins Freie tasten. Gern hätte ich sie bei den Schultern gepackt und geschüttelt: *Wie kannst du es wagen, mich so zu behandeln?* Aber das ging nicht. Die Götter waren, wie sie waren, und wir Sterblichen ebenfalls. Manchmal konnten wir miteinander sprechen und uns verstehen. Meistens jedoch nicht.

In der Höhle hatte die Zeit nicht existiert, sie war nicht vergangen, aber als ich herauskam, war es bereits Mittag. Die Sonne stand hoch am Himmel und verwandelte das Meer in einen blitzenden Spiegel. Ich kehrte zu der Stelle zurück, die ich verlassen hatte, und dankbar sah ich, dass der Sack wohlbehalten an seinem Platz lag.

Gelanor stand in der Nähe, die Hände in die Hüften gestemmt, und sah sich suchend nach mir um. Ich winkte ihm zu, aber in Wahrheit wollte ich weder mit ihm noch mit sonst jemandem sprechen. Ich wollte mich allein in den Sand sinken lassen und nachdenken über das, was ich erlebt hatte.

»Helena! Helena!« Gelanor schwenkte die Arme.

Ich ging auf ihn zu. Der Sand gab unter meinen Füßen weich nach, und der Geruch war eindringlicher als vorher: Sand – Meer – Salz.

»Wo bist du gewesen?«, wollte er wissen.

»Es war so kalt. Deshalb habe ich den Sack … an einen sicheren Ort gelegt … und bin spazieren gegangen, um mich zu wärmen.«

»Ich hatte dich vorgewarnt«, sagte er tadelnd.

Ach, was tut das schon?, wollte ich antworten. All diese Dinge des alltäglichen Lebens liegen hinter mir.

Ich blieb vor ihm stehen. »Wie viele hast du gefunden?« Ich wusste, dass diese Frage von mir erwartet wurde.

»Viele.« Er klopfte mit der flachen Hand auf den prallen Sack. Dann wirbelte er herum. »Was ist los mit dir?«

Ich starrte ihn an. »Nichts. Nichts.«

»Das glaube ich nicht.« Er packte mich beim Arm. »Du bist krank.«

In diesem Augenblick rollte vor der Küste eine riesige Welle heran – sie bäumte sich auf, brach sich und kam tosend auf uns zu. Ich riss mich von ihm los, rannte in die Flut, stemmte die Füße in den Sand und wartete mit erhobenen Armen, dass die Woge über mich hinwegbrandete, wie Aphrodite es mir befohlen hatte.

»Nein!«, rief Gelanor und stürzte hinter mir her.

Aber er kam zu spät. Die gewaltige Welle überrollte mich, verschlang mich wie ein mächtiger grüner Schlund. Ich überließ mich ihr, und sie war warm wie jemandes Atem an meinem Hals, warm wie das Wasser in einem Tonkrug, der im Hochsommer in der Sonne gestanden hat. Und die Hälfte war Schaum, leicht und duftig, Schaum, der sich um mich schmiegte und mich badete. Die Welle wich zurück, und ich stand schaumbedeckt da, weiß wie ein Geist.

»Du bist von Sinnen.« Gelanor umschlang meine Schultern mit starken Armen. »Dieses Wasser ist mörderisch kalt …« Er tauchte die Hand hinein. »Es ist gefährlich.«

Fühlte er nicht, wie warm es war? Oder war es nur für mich so warm?

Hastig schob er mich aus dem Wasser und hüllte mich in eine Decke. »Was ist nur in dich gefahren?« Kopfschüttelnd wischte er den Schaum von mir ab.

Ich antwortete nicht. Mit diesem Schaum war ich gesalbt worden. Jetzt gehörte ich Aphrodite. Aber das war unser Geheimnis, unser ureigenes Gelübde.

Weit hinten am Horizont waren die Umrisse einer Insel zu erkennen. Mir wurde klar, dass ich irgendetwas zu Gelanor sagen musste, etwas Unschuldiges. »Was für eine Insel ist das dort?«, fragte ich.

»Kythera«, sagte er knapp. »Zwei Tagereisen von hier, bei gutem Wind.«

»Sie ruft mich.«

»Aphrodite wurde dort aus dem Schaum geboren und auf einer Muschel ans Ufer getragen. Richte dein Augenmerk lieber auf das nahe Kranä!« Er deutete auf die Insel vor der Küste, die mich als Erstes verlockt hatte. »Sie ist viel leichter zu erreichen.«

XXI

Der Rückweg kam mir kurz vor; vielleicht hatte ich aber auch frische Kräfte in den Beinen. Gelanor hatte die Schnecken in der Nähe des Ufers in ein steinernes Becken mit Meerwasser geschüttet, damit seine Eltern sie an die Phönizier verkaufen könnten. Er hatte Unmengen gesammelt; das Becken war fast randvoll.

»Besser als Ackerbau«, sagte er. »Für die Purpurfarbe bekommt man leicht das Zehn- bis Zwanzigfache ihres Gewichts in Gold.«

Ich hatte zwei dicke Schnecken ausgesucht, um sie Menelaos zu zeigen; wir transportierten sie vorsichtig in einem versiegelten Wasserkrug.

Nun betrachtete ich mit neugierigen Augen die Landschaft. Die Leibwächter stapften in respektvollem Abstand hinter uns her. Wir überquerten den Höhenzug, der Gytheon abschirmte. Wenn wir ihn hinter uns hätten, würden wir das Meer nicht mehr sehen können. Eichen und Eiben klammerten sich an die Hänge und wuchsen störrisch himmelwärts. Ich hörte die Glocken der Ziegenherden, die in den Bergen weideten, und sah die Hirten im Schatten unter den Bäumen dösen.

»Lass uns Halt machen«, sagte ich zu Gelanor. Ich empfand das überwältigende Bedürfnis, dort auf diesem Berg bei den Hirten zu sitzen. Warum, wusste ich nicht.

»Wir sind doch eben erst losgegangen.« Er schaute mich verwundert an. »Schon müde?«

»Nein, nicht müde.«

»Was dann?«

»Ich möchte nur gern einen Augenblick verweilen.« Ich setzte mich an den Stamm einer alten Myrte – des heiligen Baums der Aphrodite – und schloss die Augen. Die hellen Glockenklänge der Ziegen wehten wie die Weisen einer Leier über die Hänge, und die Luft war erfüllt vom süßen, scharfen Duft des wilden Thymians.

Plötzlich gab es weder Zeit noch Ort, genau wie zuvor in den Höhle. Ich hielt die Augen geschlossen – hatte Aphrodite nicht gesagt, sie störten die übrigen Sinne? – und ließ mein rasendes Herz zur Ruhe kommen. Ich ließ meine Gedanken schweifen, roch die Düfte, lauschte den Geräuschen ringsum und fühlte den harten Kies unter den Füßen. Ich sah einen ganz anderen Berg, einen viel höheren mit grünen Wiesen und Blumen und flatternden Schmetterlingen. Ich hörte das Plätschern eines Baches, der sich in einen Teich ergoss, und genoss kühlen Schatten. Irgendwie roch es auch heiß und dick nach Rindern, und ich hörte sie muhen – es klang ganz anders als das Blöken der Schafe und Ziegen. Und dann sah ich – irgendwo im Kopf, in diesem Wachtraum – einen schlafenden Hirten, der träumte. Sein Kopf ruhte auf einem Kissen aus grünem Gras und Wiesenblumen, und er trug ein Lächeln im Gesicht. Ich konnte in seinen Traum hineinsehen, und ich sah drei Göttinnen, die sich vor ihm zur Schau stellten.

Im Traum erhob sich der Mann und beriet sich mit Aphrodite. Ich konnte nicht hören, was sie sagten, aber sie lächelten und schienen sich einig zu sein. Dann verschwanden die Göttinnen allesamt, und der Mann wachte auf, drehte sich um und setzte sich auf. Er umfasste seine Knie mit beiden Händen und seufzte.

»Wir müssen weiter«, sagte Gelanor. »Wir haben noch einen langen Tag vor uns.«

Ja. Wir mussten weitergehen. Ich stand auf, aber noch immer wirbelten diese Bilder in meinem Kopf herum. Die Göttinnen, der Hirte, der steile Berghang mit den schäumenden Bächen – was hatte das alles mit mir zu tun? Als wir von den Hügeln herabstiegen – richtige Berge waren es eigentlich nicht –, sahen die Felder und Wälder um uns herum ganz verändert aus.

Die Sonne war schon untergegangen, als wir Sparta erreichten. Der letzte Aufstieg, hinauf zum Palast, erschien mir sehr lang, denn er stand am Ende eines weiten Weges. Als wir durch das Tor kamen, sah ich Agamemnons Pferde und seinen Wagen im äußeren Hof, und es roch nach gebratenem Ochsen. Wir hatten Besuch. Offiziellen Besuch.

Meine Erschöpfung wurde übermächtig. Meine Füße waren staubig und schmerzten von der langen Wanderung; ich wollte nur noch ein ruhiges Abendessen in meinen Gemächern einnehmen und mich dann zurückziehen. Ich sah Gelanor an. »O nein«, seufzte ich.

Er schüttelte den Kopf. »Herrin, in solchen Augenblicken ist man lieber ein gewöhnlicher Mensch als eine Königin. Denn ich darf jetzt ruhen, du hingegen darfst es nicht.«

»Das ist ungerecht!«, rief ich.

Er lachte und küsste mich auf die Wange. »Nur Mut!«, sagte er und salutierte.

Sollte ich in meine Gemächer gehen und warten, bis ich gerufen wurde? Oder lieber geradewegs ins Megaron und es hinter mich bringen? Am besten, entschied ich, ging ich gleich ins Megaron, wo sie alle versammelt waren. Wenn ich erst in meinem Zimmer wäre, würde ich es kaum wieder verlassen können.

Ich durchquerte die offene Veranda und den Portikus und betrat das große Megaron. Zu meiner Erleichterung waren nur wenige Leute da.

Menelaos eilte mir entgegen. »Liebe Frau, wir haben tragische Neuigkeiten.«

Agamemnon war dicht hinter ihm. »Unser Großvater Katreus auf Kreta ist gestorben. Wir müssen zur Trauerfeier fahren.« Er hob die Hand, um jede Beileidsbekundung abzuwehren. »Es ist nicht unerwartet geschehen. Und er hat lange gelebt, länger als unser Vater.« Er atmete tief ein. »Aber wir müssen neun Tage warten.«

»Warum das?« Ich verstand nicht.

»Zur selben Zeit wie die Nachricht über unseren Großvater sind diese … Gäste … gekommen. Jetzt haben wir zwei Verpflichtungen gleichzeitig zu erfüllen. Eine Bestattung in der Familie erfordert unsere Anwesenheit, und ausländische Gäste oder Gesandte müssen neun Tage lang bewirtet werden.«

Menelaos nickte. »Also werde ich sie hier als Gäste behandeln, während Agamemnon nach Mykene zurückkehrt und die Schiffe für unsere Reise nach Kreta bereitmacht.«

Nach Kreta! »Darf ich mitkommen?«, fragte ich. Ich sehnte mich schon lange danach, Kreta zu sehen.

»Nein«, sagte Menelaos. »Du bist nicht von seinem Blut. Außerdem musst du in Sparta die Regierungsgeschäfte führen, solange ich fort bin.«

»Aber Vater oder Mutter –«

»Nein. Du bleibst hier!« Redete er so, um Agamemnon zufriedenzustellen?

»Wer sind diese Gesandten?« Ich sollte nicht nach Kreta fahren. Würde ich jemals irgendetwas zu sehen bekommen? Schon die Reise nach Gytheon hatte eine besondere Erlaubnis erfordert.

»Sie sind aus Troja. Aus Troja!«, knurrte Agamemnon. »Der eine ist ein Sohn des Priamos, der andere sein Vetter. Paris und Äneas.«

»Aus Troja?« Das konnte ich kaum glauben.

»Allerdings. Sie sind wegen ihrer Tante Hesione hier. Priamos hat sie geschickt. Ich sehe, er hat Angst vor einem Krieg.« Agamemnon lachte.

»Vielleicht hält er ihn auch für töricht und will deshalb allen Streit begraben«, sagte Menelaos.

Diese Möglichkeit gefiel Agamemnon nicht. Er lechzte nach einem Krieg, selbst wenn es dabei um eine alte Frau ginge, die mit ihrem Los ganz zufrieden war. »Bah!« Er lachte und sah mich dann lächelnd an. »Komm. Komm und begrüße sie.«

Menelaos streckte die Hand aus, und ich nahm sie. Zusammen betraten wir die Halle.

Nach den Purpurschnecken hatte er mich nicht gefragt. Hoffentlich konnte Gelanor sie bis zum nächsten Morgen frisch halten.

Die beiden Gäste standen am offenen Feuer in der Mitte des Megarons. Als wir eintraten, drehten sie sich beinahe gleichzeitig um. Der eine trug ein Rehfell um die Schultern, der andere einen purpurnen Mantel, der mit einer Fibel auf der Schulter zusammengehalten wurde.

Sie sahen beide gut aus. Der eine war dunkelhaarig und hatte beinahe vollkommene Gesichtszüge (kein Wunder – später sollte ich erfahren, dass er Aphrodites Sohn war). Aber der andere – blond, breitschultrig und groß – war der, den ich anstarrte.

Es war der Hirte aus meinem Traum. Und er starrte mich ebenfalls an.

»Paris«, sagte er und neigte den Kopf.

»Äneas«, sagte der Dunkelhaarige.

Sie sahen aus wie Götter. Sie *waren* Götter. Das sagte man ja über die Trojaner: Sie seien so schön, dass selbst die Götter sich vor ihnen verneigten. *Trojaner haben von allen Menschen die größte Ähnlichkeit mit den Göttern, was ihre Schönheit und Gestalt angeht,* raunte Aphrodite und streifte mich wie ein Nachtfalter, zart und weiß.

Ich rang nach Worten. Dann tadelte ich mich im Stillen. Ich benahm mich absurd.

»Helena«, sagte ich.

»Die unsterbliche Helena«, sagte Paris, und goldener Glanz legte sich auf sein Gesicht.

»Ich – ich bin nicht unsterblich«, sagte ich. »Ich werde vergehen wie jeder andere.«

»Niemals.«

Es dauerte nur einen Augenblick, aber unsere Worte waren unwichtig. Wir schauten einander unentwegt an. Anfangs wollte ich ihm von meinem Traum auf dem Berg erzählen und ihn fragen, was er wohl zu bedeuten habe. Aber dann war auch das vorbei. Eine tiefe Ruhe erfasste mich, und ich war zufrieden damit, ihn anzuschauen.

»Wir kommen im Namen des Friedens«, erklärte er. »Es bestürzt uns, dass Priamos' Erkundigungen nach seiner Schwester so grob zurückgewiesen wurden.«

Selbst seine Stimme klang verführerisch wie die Flöte des Pan in den Tälern.

»Aber sie ist doch zufrieden da, wo sie ist«, antwortete ich.

»Helena hat in politischen Dingen nichts zu sagen.« Agamemnons Stimme dröhnte rau durch die Halle. »Mein Bruder und ich führen die Verhandlungen, nicht sein Weib.« Unterwürfiges Gelächter erhob sich ringsum.

»Ich bin eine Frau«, sagte ich. »Und ich kann über das reden, was eine Frau empfindet.«

»Ihre Gefühle sind ohne Bedeutung!«, brüllte Agamemnon.

Paris und Äneas schwiegen, und das verstärkte meine Sympathie für sie. Aber ich konnte den Blick nicht von Paris wenden. Vielleicht zum allerersten Mal im Leben spürte ich das Verlangen in mir. Ich wollte ihn besitzen, ihn verschlingen, ihn an einer Kette mit mir führen und stets zu Gebote wissen. Und gleichzeitig wollte ich ihm alles geben, wonach er sich sehnte. Alles. Und ich wollte in jedem Augenblick bei ihm sein. Dabei hatten wir noch kein einziges Wort unter vier Augen miteinander gewechselt.

Oh, Aphrodite!, jubelte ich in Gedanken. Du bist wahrlich die mächtigste aller Göttinnen. Du hast meine Sinne, meine Gedanken, meine Vernunft unterworfen.

Aber aus dieser Unterwerfung wollte ich nicht befreit werden. Ich fühlte mich so lebendig wie nie zuvor als eine Gefangene ohne Hoffnung.

Leichtfüßig wie eine Nymphe ging ich in meine Gemächer. War ich müde gewesen? Ich war es nicht mehr. Ich fühlte mich beschwingt wie an dem Tag, als ich am Ufer des Eurotas mit den Mädchen um die Wette gelaufen war, aber jetzt wollte ich zu Paris laufen, nicht durch irgendein Ziel.

Wie im Traum ließ ich mir von meinen Zofen die Gewänder abnehmen und das Nachthemd anlegen. Ich hob die Arme und streckte die Hände zur Decke. Ich fühlte, wie sie mir das Haar losbanden und es über den Rücken fiel. Das leichte Nachthemd schwebte an mir herab bis auf die Füße.

»Teure Königin«, sagte eine und deutete mit einer Verneigung auf mein Bett. Dann griff sie nach einer Alabasterphiole mit Rosenöl, zog den Stopfen heraus und strich mir ein wenig von dem Öl auf die Kehle. »Bis die echten Rosen blühen«, sagte sie.

Oh, aber das hatten sie getan! Sie hatten es getan! Ich nahm ihre Hand und drückte sie. »Danke.«

Ich legte mich hin, zog die Leinendecke über mich und sehnte mich danach, allein zu sein, um nachzudenken. Ich schloss die Augen und kehrte zurück in die Höhle und zu den Rosen und dem Schaum, der mich gesalbt hatte. Dann zu dem Traum und dem Hirten, den ich darin gesehen hatte. Zu dem Hirten, der nun hier war. Aber er war kein Hirte, er war ein trojanischer Prinz. Das alles ergab keinen Sinn. Mir drehte sich der Kopf.

Paris. Sein Name war Paris. Hatte ich nicht schon früher … irgendwo … von ihm gehört? Paris … Ja, das Kind, das in den Bergen ausgesetzt worden war, wo es sterben sollte, und das dann zu seinem Vater Priamos zurückgekehrt war.

Aber warum hatten sie ihn ausgesetzt? Er war doch nicht entstellt oder verkrüppelt. Warum konnten eine Mutter und ein Vater einen solchen Sohn aussetzen? Manchmal setzte man eine Tochter aus, weil sie ein Mädchen war. Aber einen Königssohn? Priamos hatte freilich so viele Söhne, dass es ihm auf einen mehr oder weniger vielleicht nicht ankam. War da nicht die Rede von einem Omen gewesen?

Zu denken, dass Paris vielleicht nicht gelebt hätte! Eine unerträgliche Vorstellung, dass er nur durch Zufall lebte und atmete und hier in Sparta war!

Paris. Warum fühlte ich mich zu ihm hingezogen und nicht zu Äneas, der nicht minder gut aussah? Ich konnte es nicht sagen, wusste nur, dass Paris' Anblick mich … entflammt hatte. Ein anderes Wort gab es dafür nicht.

Ein lautes Geräusch schreckte mich auf, ein dumpfer Schlag, und ich riss die Augen auf. Menelaos hatte seinen Mantel mit der schweren Brosche auf eine Truhe geworfen. Also war er heute Abend zu mir gekommen. Die Zofen hatten eine brennende Lampe zurückgelassen, und im matten Schein stand er da und streckte sich. Die dünne Tunika glitt von seinen breiten, muskulösen Schultern, die im Licht schimmerten. Ich sah ihr Muskelspiel, als er die Arme senkte.

Hatte Aphrodite mich auch, was ihn betraf, berührt? Konnte

ich ihn endlich mit Verlangen betrachten? Das wäre besser als alles andere, viel, viel besser. Gib mir deinen Blick, Aphrodite, und bade meinen Mann in diesem Blick! Lass mich eine dieser glücklichen Ehefrauen sein! Wirf das Netz des Verlangens über meinen treuen Ehemann Menelaos!

Er näherte sich. Ich schloss die Augen. Wie würde ich ihn sehen, wenn ich sie wieder öffnete?

»Du hast eine lange Reise hinter dir«, sagte er. Die Bettkante gab unter ihm nach, als er sich setzte. »Ich hoffe, sie hat dir gefallen.« Seine Stimme klang warmherzig und sanft.

»Ja«, sagte ich. »Und wir haben dir« – ich öffnete die Augen – »zwei Schnecken mitgebracht, wie du es gewünscht hast.«

»Danke«, sagte er leise und berührte meine Wange.

Ich schrak zurück und hatte Mühe, einen Schauder zu unterdrücken.

Das Netz fiel nicht über ihn. Es gehörte Paris allein.

»Oh!«, rief ich, und es war fast ein Schluchzen. Ich wollte nicht, dass dies die Antwort war, Aphrodites grausame Antwort. Ich wandte mich ab.

Seite an Seite lagen wir da und schwiegen wie in so vielen Nächten zuvor. Träume kamen, zart und bruchstückhaft nur, und immer wieder wurde ich wach, wie der Mond hinter den Wolken hervorschaut. Nach einer Weile war ich so hellwach, dass ich mich aus dem Bett schlich und meinen Mantel um die Schultern legte.

Ich wusste nicht, wohin ich gehen und was ich tun sollte. Aber ich konnte nicht im Zimmer bleiben; ich wollte Menelaos nicht wecken. Der Palast lag schlafend im Dunkeln; draußen standen die Wachen, aber sonst war alles still.

Mit zitternden Fingern öffnete ich die Tür und schlüpfte hinaus. Sogleich wurde ich ruhiger. Ich musste nur eine Zeitlang allein sein, wirklich allein. Ich musste nachdenken und wollte mit niemandem sprechen. Gelanor war mir sehr teuer, aber er analysierte alles und stellte Fragen. Und Menelaos – nein, mit Menelaos könnte ich niemals darüber sprechen.

Vielleicht sollte ich zum Heiligtum der – Doch nein, es waren ja die Götter, die das alles hervorgebracht hatten. Aber … unser Hausaltar, der Schrein, wo die heilige Schlange lebte, die ich aus dem Tempel des Asklepios mitgebracht hatte … Ja, vielleicht würde ich dort finden, was ich suchte. Dort gab es keinen besonderen Gott, sondern nur die Geister unseres Hauses und unserer Dynastie.

Ich ging hinaus in den Portikus. Die Säulen warfen lange Schatten im Licht des aufgehenden Mondes. Ich ging zwischen ihnen hindurch wie durch einen Wald von schattigen Bäumen und hellen Lichtungen.

Es war kein weiter Weg bis zu der kleinen runden Marmorkammer mit dem Altar in der Mitte. Sie leuchtete im Widerschein des Mondes. Zwei Votivlampen standen flackernd auf dem Boden. Ich ließ mich auf die Bank an der Wand sinken und faltete die Hände im Schoß.

Der Honigkuchen, der am Tag zuvor als Opfergabe für die Schlange gebracht worden war, lag neben einer der Lampen. Ich sorgte gewissenhaft für sie, wie ich es gelobt hatte. In den acht Wintern, seit sie hier lebte, war sie ein gutes Stück gewachsen. Und sie hatte mich gern – zumindest wollte ich das glauben. Es ist schwer zu sagen, was eine Schlange wirklich denkt, aber sie kam immer herangeglitten, um mich zu begrüßen. Wo war sie heute Nacht? Vielleicht schlief sie wie der Rest der Welt.

Zum ersten Mal konnte ich allein Atem schöpfen, seit die Höhle mich gerufen hatte. Gern wollte ich mich jetzt hinter mir lassen – mich selbst, den Palast, Menelaos, sogar Aphrodite. Du, meine Schlange, bist die Einzige, die ich berühren und mit der ich sprechen will, dachte ich. Und als hätte ich sie gerufen, schlängelte sie sich hinter dem Altar hervor.

Ich stand auf und ging ihr entgegen. Ich achtete darauf, langsam zu gehen und keine ruckartigen Bewegungen zu machen, denn Schlangen mögen das nicht. Ich bückte mich und strich über den glatten Kopf.

»Meine Freundin«, flüsterte ich, »ich freue mich, dich zu sehen.«

Sie hob den Kopf und züngelte.

»Du beschützt unser Haus.«

Sie antwortete nicht, aber sie glitt auf meine Füße zu.

»Ach, ich kann dir nicht einmal sagen, was geschehen ist«, sagte ich leise. »Aber ich weiß, dass du unser Haus behütest und uns warnen wirst, wenn wir in Gefahr sind.«

Sie richtete sich auf und schlang sich unverhofft um meinen Knöchel. Dann verstärkte sie die Umschlingung.

»Liebe Freundin, kannst du nicht klarer zu mir sprechen?« Wollte sie mich warnen? Ich streckte die Hand hinunter und wollte die Umschlingung lösen, aber sie zog sich immer fester um meinen Knöchel. Es begann wehzutun. »Ich kann nicht deuten, was du mir sagst«, flüsterte ich. »Aber du musst meinen Fuß loslassen. Es ist unangenehm.« Wieder versuchte ich sie loszuwinden, doch sie war unerwartet stark; ich würde mich nicht befreien können, ohne sie zu verletzen.

Eine leise Stimme kam aus der Dunkelheit. »Sie will dir etwas mitteilen.«

Nein. Nicht einmal hier durfte ich allein sein. Ich fuhr herum.

»Wer ist da?«, fragte ich erbost. Die Schlange hing weiter an meinem Knöchel.

Keine Antwort. Aber ich hörte Schritte. Und dann erblickte ich ihn im matten weißlichen Licht: Paris.

»Oh!« Ich schlug beide Hände vor den Mund.

Er trat näher. Ich bekam keine Luft mehr. »Oh«, wiederholte ich sinnlos.

»Soll ich dir mit der Schlange helfen?« Er kniete nieder und berührte sie behutsam, aber die Schlange hatte sich bereits von mir gelöst und glitt davon. Paris beugte sich vor und küsste meinen Knöchel, wo die Schlange ihn umschlungen hatte. Seine warmen Lippen brachten mein Blut zum Kochen. Ich riss den Fuß weg.

»Sie … Sie ist schon weg«, sagte ich. Mehr brachte ich nicht hervor.

Langsam richtete Paris sich zu seiner vollen Größe auf, und

es war eine beträchtliche Größe, aus der er auf mich herabschaute.

»Ich bin hier, weil ich nicht schlafen konnte«, sagte er. Alltägliche Worte.

»Ich auch nicht.« Mehr alltägliche Worte. Wir konnten nicht schlafen, weil wir aneinander denken mussten, aber wer konnte das aussprechen?

»Helena –« Er brach ab und holte tief Luft – ein Atemzug, der die nächsten Worte aufhalten sollte. Aber es war ein ungenügender Damm. Die Worte fluteten darüber hinweg. »Du bist all das, was sie von dir sagen. Oh, das weißt du selbst nur zu gut! Wie viele töricht stammelnde Münder haben es schon nachgeplappert? Ja, deine Schönheit ist ... göttlich. Aber nicht deine Schönheit zieht mich an. Es ist etwas anderes, etwas, was ich nicht in Worte fassen kann.« Er schaute zur dunklen Decke hinauf und lachte. »Siehst du, wie es mir die Sprache raubt? Wie unfähig ich bin, es auszudrücken? Aber diese Unfähigkeit ändert nichts daran, dass es da ist. Ich fühle dich, Helena, in meinem tiefsten Innern, und doch habe ich keine Worte, um es zu beschreiben.«

»Ich habe dich in einem Wachtraum gesehen«, sagte ich. »Ich habe dich auf einem Berg gesehen, auf einer Wiese, mit Göttinnen.«

»Ach, das war nur ein törichter Traum«, sagte er sofort. »Aber wenn er dich dazu gebracht hat, an mich zu denken, muss ich dankbar dafür sein.«

»Ich bin verheiratet.«

»Das weiß ich.«

»Und ich bin Mutter.«

»Auch das weiß ich. Das macht es ja so undenkbar.«

»Die Götter treiben gern ihren Spaß mit uns.«

»Ja.«

Er stand vor mir, alles Verlangen der Welt in einem einzigen Wesen versammelt. Ich streckte die Hände aus und umarmte ihn. Er war kein Traum; er löste sich nicht in Luft auf. Er umschlang mich, und er war so wirklich, dass die Kraft seiner Arme schmerzte. Ich küsste ihn. Seine Lippen entfachten einen Sturm des Verlangens in mir – zum ersten Mal in meinem Leben.

Danach hatte ich mich gesehnt, gedürstet, ich hatte es mir ausgemalt, aber niemals erlebt. Und nun brach es aus mir hervor wie der Saft süßer, frischer Früchte an einem Baum, wie frisch geernteter Honig, der so schwer ist, dass man ihn nicht unverdünnt genießen kann.

»Helena«, flüsterte er.

Noch einen Augenblick länger, und ich hätte mich vor den Marmoraltar gelegt und ihn zu mir genommen. Aber nein – es war noch alles viel zu früh. Ich riss mich aus seinen Armen.

»Paris«, stammelte ich. »Ich weiß nicht – ich kann nicht –«

»Liebst du mich?«, fragte er. Nur drei Wörter. Drei einfache Wörter. Er stand da in all seiner Schönheit und sprach sie aus. Sie waren ja auch das Einzige, was noch zählte.

»Ja«, würgte ich hervor. »Aber –« Ich wandte mich ab und rannte hinaus.

Wie konnte ich einen Mann lieben, den ich nicht kannte?

Aber ich kannte ihn. Ich kannte ihn seit Anbeginn der Welt, seit ihrer Erschaffung. So fühlte es sich an. Ich kannte ihn besser als Menelaos, besser als Klytämnestra – besser, im tiefsten Sinne, als mich selbst.

Und doch kannte ich ihn in Wahrheit überhaupt nicht. Nur durch Aphrodite kannte ich ihn. Und was für eine Art Kennen – wahr oder falsch – war das?

XXII

»Weshalb sind sie wirklich hier?«, fragte ich Menelaos schlaftrunken, als ich die Augen öffnete und sah, wie er seinen Mantel über der Schulter schloss. Mein Kopf schmerzte; es war, als hätte ich einen Schlag ins Genick bekommen. Ich konnte nicht glauben, dass das, woran ich mich erinnerte, in der

Nacht wirklich geschehen war. Sicher war es ein Traum gewesen. Ich griff an meinen Knöchel und befühlte ihn: Er war ein wenig wund von meiner Begegnung mit der Schlange. Aber selbst wenn ich im Heiligtum gewesen war – vielleicht war ich im Schlaf gewandelt. Gleich würde Menelaos sich umdrehen und fragen: *Weshalb ist wer hier? Ich weiß nicht, was du meinst.* Dann würde ich erleichtert aufatmen.

»König Priamos hat sie entsandt«, sagte er. »Das behaupten sie jedenfalls. Anscheinend hat sich Agamemnons Murren bis nach Troja herumgesprochen. Deshalb kommen sie in Priamos' Auftrag und ersuchen darum, dass Hesione in ihre Heimat zurückgebracht wird. Zumindest wollten sie mit ihr sprechen dürfen.«

Ich setzte mich auf. Es stimmte also. Trojaner waren im Palast. »Und durften sie es?«

Menelaos schnaubte. »Nein, natürlich nicht. Das konnte Agamemnon nicht erlauben. Hesione würde sagen, sie sei zufrieden, Priamos würde mit dem Lamentieren aufhören müssen, und Agamemnon hätte keinen Grund mehr, sich über Priamos zu beschweren.« Er seufzte. »Den jungen Männern muss man zugute halten, dass sie offenbar nicht gerade darauf brennen, Hesione zu befreien. Ich glaube, sie sind hier, um ihren König bei Laune zu halten und um sich Griechenland anzusehen. Junge Männer reisen gern durch die Welt.«

Ich stand auf und klatschte in die Hände, um meine Zofen zu rufen. »Es tut mir leid, dass dein Großvater gestorben ist.«

»Ja«, sagte er. »Sobald der Besuch vorbei ist, werde ich nach Kreta fahren. Das Protokoll …« Er schüttelte den Kopf. »Aber natürlich ist das Gastrecht heilig; Verpflichtungen muss man erfüllen.«

Ja. Sogar wenn jemand starb – oder gestorben war. Wir alle kannten die Geschichte von König Admetos, der Herakles, obwohl die Königin im Sterben lag, in seinem Palast bewirtete, weil das Gastrecht es verlangte. Dass etwas nicht stimmte, erfuhr Herakles erst, als er die Klagelieder des Sklaven hörte.

»Ja«, sagte ich. »So will es der Brauch.«

Neun Tage würde Paris unser Gast sein. Neun Tage ... Ich hatte Angst, meine Gemächer zu verlassen und ihn wiederzusehen. Ebenso viel Angst hatte ich, ihn nicht wiederzusehen.

Damit Agamemnon rasch aufbrechen konnte, beschloss man, das traditionelle Festmahl für die Gäste noch an diesem Abend zu veranstalten. So war es aus mit meinem Traum, mich in meinen Gemächern zu verkriechen. Ich befahl, die Speisen zuzubereiten, und die Köche arbeiteten von Mittag an ohne Pause. Ich beauftragte die Diener, die Halle mit knospenden Pfirsich- und Mandelzweigen zu schmücken, und die besten Leierspieler aus der Stadt sollten sich zur Abenddämmerung bei uns einfinden. Ich ließ Mutter, Vater, meinen Brüdern und auch Hermione ausrichten, dass sie erscheinen sollten. Es war kein seltsames Gefühl mehr, meine Eltern herbeizuzitieren; ich war lange genug in den Sandalen einer Königin gelaufen, hatte das goldene Diadem lange genug getragen, um mich wirklich als Herrin im Palast zu fühlen. Aber ich erteilte alle diese Anweisungen von meinen Gemächern aus und wagte mich nicht in den Palast hinaus, um Paris nicht zu begegnen.

Die Stunde der Dämmerung, des blauen Lichts, das manche »die erste Dunkelheit« nennen, war gekommen. Die Sonne war untergegangen, und der helle Stern der Aphrodite leuchtete weiß und voll über dem Horizont. Ein leichter Wind wehte warm und sanft aus dem Süden herauf.

Ich musste mich ankleiden, aber ich ließ die Zofen aussuchen, was ich tragen würde; ich wusste kaum, was es war. Es kam auch nicht darauf an; in Wahrheit wäre ich am liebsten unsichtbar gewesen; hätte ich ein Gewand besessen, das mir dazu verholfen hätte, so hätte ich es wohl ausgewählt. So aber musste ich es ertragen, dass sie mir den goldenen Schmuck in die Locken flochten und mir das goldene Diadem mit den Sonnenspiralen auf die Stirn drückten, und ich musste mir ihr beifälliges Gemurmel anhören.

»Du bist seltsam still heute Abend«, sagte eine von ihnen.

»Ich glaube, wir könnten dich mit einer Schweinsblase krönen, und du würdest keine Einwände erheben.«

Ihr Geschwätz ging mir auf die Nerven. »Ach, schweig still!«, fuhr ich sie an. Ich sah, wie sie der anderen Zofe einen Blick zuwarf und die Brauen hochzog.

Dann war es dunkel, und in der Halle loderten die Fackeln. Ich hörte die Musiker spielen, bemerkte das Licht, das in den Vorraum fiel. Ich atmete tief durch und setzte mich in Bewegung. Ich war kaum drei Schritte gegangen, als mein Kopf unter dem Diadem zu pochen begann.

Drinnen hielt Mutter Hermione bei der Hand und deutete auf die Fremden.

»Liebe Tochter«, sagte sie, als sie mich erblickte, »ich glaube, dies ist eine gute Methode, Hermione mit den Festmählern im königlichen Palast vertraut zu machen. Sie ist schließlich schon neun, und sie wird in ihrem Leben noch viele davon mitmachen.« Mutter und ich redeten längst nicht mehr von der Möglichkeit, dass Hermione noch einen Bruder oder eine Schwester bekommen könnte.

»Mutter!« Hermione verneigte sich vor mir. »Du siehst aus – du siehst aus wie eine Königin!« Meine Tochter kannte mich fast nur in meiner Alltagskleidung, wenn wir im Palast miteinander spielten oder zusammen spazieren gingen.

»Sie *ist* eine Königin«, sagte Mutter stolz.

»Genau wie du«, erinnerte ich sie. Dann beugte ich mich zu Hermione hinab und lächelte. »Und du wirst eines Tages auch eine sein, Prinzessin. Das ist nicht schwer. Eigentlich muss man nur ab und zu besondere Kleider tragen. In der übrigen Zeit ist das Leben einer Königin genau wie das jeder anderen Frau. Es muss nur jederzeit der genauen Beobachtung standhalten.«

»Warum?« Hermione zog die Stirn kraus.

»Weil viele Menschen die Königin beobachten – und leider suchen sie immer nach Fehlern.«

»Bei dir werden sie keinen finden«, entschied sie.

Über eine so inbrünstige Loyalität musste ich lächeln. Wenn ich ihrer nur würdig war! »Oh, wenn du älter bist, wirst du schon genügend Fehler finden«, versicherte ich ihr.

»Diese Männer da«, sagte Mutter, »ich mag sie nicht.« Stirnrunzelnd schaute sie zu dem knisternden Feuer aus Zedern- und Sandelholz hinüber, das die Luft mit seinem Duft erfüllte. »Ich fürchte, sie wollen hier nur spionieren. Priamos hat sie geschickt, damit sie herausfinden, wo unsere Schwächen sind. Ich glaube, er will uns angreifen.«

»Wegen seiner alten Schwester?« Ihr Argwohn überraschte mich.

»Wir alle wissen, dass sie nur ein Vorwand ist.« Sie rückte näher an mich heran, und ich roch den zarten Lilienduft ihres Lieblingsöls. »Für Troja ist es eine verlockende Vorstellung, hier einzufallen, und im Herzen hat Agamemnon bereits beschlossen, Troja anzugreifen. Oh, ich habe Angst.« Ihre leise Stimme bebte. »Ich wittere einen Krieg in naher Zukunft.«

Ich dachte an die Waffen und das Kriegsgerede vor nicht allzu langer Zeit in Mykene. »Hoffentlich irrst du dich.« Mehr sagte ich nicht, aber im Herzen fröstelte es mich.

»Komm, ich will sie sehen!« Hermione zerrte an meiner Hand.

Menelaos drehte sich um, als wir uns näherten, und sein Gesicht strahlte freudig auf. Er breitete die Arme aus, um uns zu begrüßen. Über seine Schulter hinweg sah ich Paris, der steif dastand. Ich konnte sein Gesicht nur halb erkennen, aber schon dabei überlief es mich heiß und kalt. *Es ist noch da. Es ist nicht mit der Nacht vergangen. Es war kein Traum.*

»Unsere geehrten Gäste.« Menelaos trat einen Schritt zurück und drehte mich zu ihnen um. »Paris, Sohn des Königs Priamos von Troja, und Äneas, Prinz von Dardania und Sohn des –«

»Oh, bitte nicht!«, sagte Äneas hastig, und er wurde tatsächlich rot.

»– des Anchises«, vollendete Menelaos. Dann wandte er sich zu mir. »Helena, ich habe gerade mit ihnen über meine eigene Reise nach Troja gesprochen.« Er drückte mich an sich.

»Ja, in meiner Jugend war ich da. Es ist mir wohlvertraut. Sagt mir« – oh, er gab sich solche Mühe, fröhlich und munter zu sein –, »die Zitadelle auf dem Gipfel der Stadt, der Athene-Tempel – ich erinnere mich so gut daran –, ist alles noch so wie früher?«

Äneas, nicht Paris, übernahm die Antwort. »O ja. Der Tempel mit der heiligen Statue der Athene, die wir Pallas Athene nennen, ist noch immer so, wie er erbaut wurde. Wir ehren ihn mit Festen und Opfern.«

»Und ist es auf den Höhen noch immer so windig?« Er lachte. »Aber natürlich, wenn meine Erinnerung mich nicht trügt. Der Wind ändert sich nicht. Einmal habe ich einen ledernen Beutel – und er war schwer, das kann ich euch versichern – auf eine Bank gestellt, bei der Eiche, die am Nordwestrand des Gipfels steht. Ich dachte, wenn ich mich von der Last befreite, könnte ich besser Tritt fassen. Aber gleich darauf schob der Wind den Beutel bis zum Rand und fegte ihn hinunter, dass er schwer zu Boden fiel.«

Paris lachte. »So war es immer, seit ich dort bin.«

Diese Stimme. Diese unnachahmliche Stimme! Als ich sie hörte, begann mein Herz zu singen.

»Doch er ist noch nicht lange genug da, um etwas über den Wind zu wissen.« Eine hässliche Stimme drängte sich in die Unterhaltung. Agamemnon. »Stimmt's nicht?«

Wenn er erwartet hatte, dass Paris vor diesem Schlag den Kopf einziehen würde, hatte er sich geirrt. Paris lächelte nur – ein Lächeln, so leicht wie ein Schmetterling. »Doch, das stimmt.« Er sah in die Runde. »Mein Leben lang war ich ein Prinz, aber ich weiß es erst seit kurzer Zeit.«

»Und wie kommt das?« Agamemnon ließ nicht locker.

»Mein Geschick hat sich über Nacht gewendet«, erklärte Paris. »Aber lasst uns damit warten, bis alle es hören können. Die Geschichte wird fade, wenn man sie zu oft erzählt.«

Agamemnon grunzte. Dann schwenkte er seinen goldenen Weinbecher. »Ich hoffe, alle sind mit Wein versorgt?«, fragte er vielsagend. Die Gäste standen mit leeren Händen da.

Menelaos bat überschwänglich um Vergebung. Es war mir peinlich.

»Es ist reichlich Wein da. Die Gäste mögen sich nur immer bedienen.« Ich funkelte Agamemnon an.

»Ich ahne, dass wir die Gastgeschenke überreichen müssen. Sonst wird das Mahl nie beginnen.« Paris winkte einem seiner trojanischen Gefolgsleute. »Ich kann die Gastfreundschaft des großen Königs von Sparta und seiner Königin keinen Augenblick länger in Anspruch nehmen, ohne ihnen meine tief empfundene Ehrerbietung zu bezeugen.«

Zwei Männer wankten in die Halle; sie balancierten einen hohen bronzenen Dreifuß, der vorzüglich gearbeitet war. Die drei Füße endeten in Adlerklauen, die Kugeln umfasst hielten, und darüber erhoben sich geflochtene Beine, die eine große Opferschale trugen.

»Kein Feuer hat je darin gebrannt«, sagte Paris. »Er hat auf euch gewartet.«

Menelaos strich über eins der Beine. Ich schaute hinauf zu der fein gewölbten Schale, die das Stück krönte. Es war wirklich ein Kunstwerk.

»Prachtvoll«, sagte Menelaos.

»Es freut mich, dass es in den Augen des Königs Wohlgefallen findet.«

»Die Handwerker Trojas sind wirklich mit allen Wassern gewaschen.« Die schwere Stimme Agamemnons – schwer wie die Müdigkeit am Ende eines Tages, der Überdruss angesichts eines öden Vetters oder eines zu schweren Sacks.

»Wir sind stolz auf unsere Fertigkeiten«, sagte Paris. »Aber sie stehen euch zur Verfügung.«

So viel Überschwang war abstoßend. Aber so war es Brauch. Nun musste Menelaos ihm unser Geschenk überreichen – etwas Kleineres, das er leicht mitnehmen könnte.

Ich schenke dir Helena, meine Frau. Hier, nimm sie! Du wirst feststellen, dass sie auf das Feinste gearbeitet ist. Ich hoffe, sie wird dir gefallen. Mit diesen Worten nimmt Menelaos mich bei der Hand und führt mich zu Paris.

Ich sah es kristallklar vor mir. Oh, hätte es doch nur so einfach sein können, so mühelos vollbracht! Denn am Ende lief es darauf hinaus.

Zwei unserer Sklaven rollten einen großen bronzenen Kessel herein. Paris und Äneas taten überrascht und erfreut.

»Auch diesen hat nie ein Feuer berührt«, sagte Menelaos. Das alles gehörte zum rituellen Austausch der Geschenke. Ein niemals benutztes Gefäß hatte den größten Wert. Und auch nach der Überreichung wurden solche Gefäße nie gebraucht. Man verwahrte sie zum Beweis dafür, wie sehr man von anderen geschätzt wurde. Die kostbarsten Werkstoffe und Fertigkeiten wurden verschwenderisch auf Dinge verwendet, die niemals durch Gebrauch entweiht wurden.

Dann folgten die geringeren Geschenke. Schwerter, Schalen, Becher.

»Und das Stärkste von allem, noch stärker als Bronze«, sagte Menelaos, »ist das Band zwischen Gast und Gastgeber, die *xenia*. Zeus selbst hat ihr Gesetz erlassen, das Gesetz des Vertrauens und der Ehre.«

Paris und Äneas neigten die Köpfe.

»Und jetzt wollen wir zu Tisch gehen«, sagte Menelaos und hob den Arm zum Zeichen dafür, dass es beginnen sollte.

An einem Ende des Megarons hatte man eine lange Tafel errichtet, an der wir das Mahl einnehmen sollten. An anderen Tagen aßen wir an vielen kleinen Tischen, auch wenn die Gesellschaft groß war, aber Vater war anscheinend erpicht darauf, alle Gespräche zu hören und sich nichts entgehen zu lassen.

An der Tafel – einem mächtigen Brett auf Holzböcken – war Platz für die Trojaner und für die jetzige und die ehemalige Königsfamilie. Meine Brüder kamen herein; verspätet nahmen sie ihre Plätze ein und murmelten Entschuldigungen. Ich saß zwischen Paris und Menelaos. Ich wagte nicht, darum zu bitten, dass man Paris einen anderen Platz geben möge, doch ich hätte es gern getan. Je näher er mir war, desto schwieriger wurde es für mich.

»Meine Söhne«, sagte Vater. »Kastor und Polydeukes.«

»Der berühmte Ringer und der Faustkämpfer«, sagte Paris. »Es ist mir eine Ehre, euch kennenzulernen.«

»Paris ist auch ein Faustkämpfer«, sagte Äneas vom anderen Ende des Tisches.

»Nein –« Paris schüttelte den Kopf.

»O doch, das ist er. Besser gesagt, er hat den Anspruch auf sein Erbe in einem Faustkampf durchgesetzt.«

»Wirklich?«, sagte Polydeukes, der Faustkämpfer. »Erzähl mir davon!«

Paris erhob sich und schaute in die Runde. Er stützte sich mit den Fingerknöcheln auf, und ich fühlte, wie der Tisch sich bewegte. »Ich habe dir versprochen, König Agamemnon, euch zu erzählen, wie ich so spät an den Hof meines Vaters gekommen bin. Dies ist ein Teil der Geschichte. Ich fürchte, wenn ich alles erzähle, werden wir noch lange auf unser Mahl warten müssen.«

»Das vergrößert nur unseren Appetit«, meinte Vater. »Wenn wir aber warten, bis wir alle mit vollem Bauch dasitzen, werden wir vielleicht nicht mehr gut zuhören können. Also bitte – erzähle!«

Offenbar lächelte Paris; ich sah sein Gesicht nicht, aber ich hörte es an seiner Stimme. »Also gut. Ich will versuchen, es kurz zu machen, anders als die Sänger, die eine Geschichte über Tage ausdehnen.« Er holte Luft. »Ich wurde als Hirte auf den Hängen des Berges Ida aufgezogen«, begann er.

»Das ist der Berg bei Troja, auf dem Zeus aufgewachsen ist«, deklamierte Hermione, die viel Zeit damit verbracht hatte, diese Dinge zu lernen. »Dort gibt es viele gute Quellen und Blumen.«

»So ist es, Prinzessin«, sagte Paris. »Deshalb war ich glücklich dort. Ich hütete die Rinder und –«

»Er hat eine Bande von Viehdieben in die Flucht geschlagen, als er kaum mehr als ein Knabe war«, unterbrach Äneas. »Er ist zu bescheiden. Er wird niemals alles erzählen.«

Paris drohte ihm mit dem Finger. »Still, sonst bringen wir die Geschichte nie zu Ende! Ich stellte fest, dass ich gut mit Stieren umgehen konnte. Ich konnte sie lenken, und bald war ich

sehr begehrt bei den Wettbewerben der Umgebung, bei denen die besten Stiere ausgewählt wurden. Ich galt als redlich. Dann wurde mir einer meiner preisgekrönten Stiere weggenommen, damit er in Troja geopfert werden könnte. Ich geriet in Zorn – ich liebte diesen Stier, denn ich hatte ihn schon als Kalb gehabt und großgezogen! Wieso wollte der selbstsüchtige König von Troja ihn haben? Ich beschloss, ihm zu folgen, um an den Opferwettkämpfen teilzunehmen und meinen Stier zurückzugewinnen.«
Er beugte sich vor – er stand noch immer, während wir anderen sitzen geblieben waren – und trank einen großen Schluck Wein. Als ich aufblickte, sah ich, wie seine Kehle sich bewegte. Rasch schaute ich weg.

»Mein Vater wollte mich aufhalten. Ich wusste nicht, warum. Er warnte mich davor, nach Troja zu gehen. Ich solle den Stier vergessen, sagte er. ›Die Launen des Königs sind Gesetz, mein Sohn‹, sagte er. Mehr sagte er nicht.

Ich wischte seine Einwände beiseite und machte mich auf den Weg nach Troja. In der Ebene vor den Stadttoren hatte man einen Wettkampfplatz eingerichtet. Etwas so Aufwändiges hatte ich noch nie gesehen – bei all meinen Wettläufen war ich barfuß über die Bergwiesen gerannt, aber hier gab es eine richtige Kampfbahn. Gleichviel – ich war immer noch so zornig wegen des Stiers, dass ich mitmachte. Und ich gewann. Der Zorn verlieh meinen Füßen Flügel. Dann kam der letzte Wettstreit, der Faustkampf. Ich hatte noch nie zuvor gekämpft, aber meine Wut trieb mich an. Auch diesen Wettkampf gewann ich. Doch ich weiß nicht, ob es mir noch einmal gelingen würde. Ich verstehe nicht, wie ich es angestellt habe. Ich hatte keine Ausbildung, keine Methode.«

»Es war mehr sein Mut als seine Geschicklichkeit, was ihm den Sieg gebracht hat«, warf Äneas ein. »Das war das gerechte Urteil aller. Aber damit war er der Meister der Opferwettkämpfe. Er wollte den Stier als Siegespreis fordern, als die Söhne des Priamos plötzlich über ihn herfielen, um ihn zu töten; sie waren außer sich vor Wut, weil ein Hirte sie besiegt hatte, ein Bauer aus den Bergen. Erst als sein Vater – der Paris gefolgt war – sie beschwor innezuhalten, weil er ihr *Bruder* sei, kam alles ans Licht.« Er holte Luft. »Er war ja nicht wirklich sein Vater – er hatte ihn nur großgezogen. Paris war König Priamos' Sohn. Als der Beweis dafür erbracht war, sagte Priamos: ›Lieber soll Troja fallen, als dass mein wunderbarer Sohn noch einmal verloren geht.‹ Und so gewann Priamos einen Sohn dazu.«

»Als hätte er nicht schon genug Söhne«, warf Agamemnon ein.

Wenn er es gehört hatte, ging Paris nicht darauf ein. »Äneas, mein lieber Vetter, ich sehe, du willst mir nicht erlauben, meine Geschichte selbst zu erzählen. Sei's drum!« Er trank noch einen Schluck Wein. »Vielleicht hätte ich länger gebraucht und unsere guten Gastgeber weiter vom Essen abgehalten. Das darf nicht sein.« Er setzte sich und stellte seinen Becher auf den Tisch.

»Warum hatte dein Vater, König Priamos, dich ausgesetzt? Warum musstest du überhaupt verloren gehen?« Natürlich war es Agamemnon, der diese Frage stellte – die taktlose, unaussprechliche Frage.

Die Diener brachten die Platten mit den Speisen herein – gekochtes Ziegen- und Hammelfleisch, gebratenes Wildschwein –, und das Gespräch verstummte für einen Augenblick, während unsere Teller gefüllt wurden.

»Weil es –«

Eine zweite Gruppe von Dienern erschien mit Würsten, die nach Kräutern dufteten; sie brachten Töpfe mit frisch geerntetem Honig, Schüsseln mit wilden Feigen und Birnen und schließlich noch Schalen mit Ziegenkäse und Nüssen.

Die Leute begannen mit ihren Nachbarn zu plaudern und über angenehme, unbedeutende Dinge zu reden. Agamemnons Stimme jedoch übertönte das Gemurmel. »Erzähle uns, lieber Prinz. Erzähle uns, warum dein Vater dich aus dem Palast verstoßen hatte!«

»Mmmm …« Paris kaute auf einem Bissen Fleisch.

»Junger Mann, weiche meiner Frage nicht aus!« Agamemnon bemühte sich um einen scherzhaften Ton.

Paris ließ sich Zeit mit dem Kauen. Endlich sagte er: »Wenn

du es unbedingt willst, sollst du es hören, obwohl ich fürchte, dass es in dieser fröhlichen Gesellschaft eine falsche Saite anschlagen wird. Bei meiner Geburt gab es ein Omen – ein Omen, das besagte, ich würde der Untergang Trojas sein. Das wollten sie verhindern.« Ich hörte ein leises Beben in seiner Stimme. Zur Hölle mit Agamemnon, dass er ihn gezwungen hatte, es auszusprechen! Es musste sehr schmerzlich für Paris sein.

»Das also hat Primaos gemeint, als er sagte: ›Lieber soll Troja fallen, als dass mein wunderbarer Sohn noch einmal verloren geht‹«, stellte Vater fest. »Ich verstehe.« Er wischte sich den Mund ab. »Das nenne ich einen wackeren Vater.«

»Ja, würdest du denn nicht das Gleiche für uns tun?« Kastor lehnte sich scherzhaft zu unserem Vater hinüber.

Vater lachte. »Das weiß ich nicht. Vielleicht ginge es mir besser, wenn ich euch ins Taygetos-Gebirge geschickt hätte, wie andere Eltern es mit missratenen Kindern tun.«

»Nun, dann hättest du uns beide aussetzen müssen«, sagte Polydeukes. »Denn wir sind unzertrennlich.«

»Es kommt nicht mehr oft vor«, sagte Agamemnon. »Heutzutage setzen königliche Familien ihre Säuglinge nur noch selten aus. Nur die allerschrecklichste Lage erfordert so etwas.« In langsamen, tiefen Zügen trank er aus seinem Becher und stellte ihn dann bedächtig und gemessen auf den Tisch. Er lehnte sich zurück und schaute Paris durchdringend an.

Mutter, die neben ihm saß, schaute die beiden Gäste strahlend an. »Und bist du verheiratet?« Ich wusste, dass dies keine unschuldige Frage war und dass sie an Paris gerichtet war, nicht an Äneas.

»Ja, Herrin, das bin ich«, sagte Äneas. Sein dunkles Haar glänzte wie ein Rabenflügel im Fackelschein, als er höflich den Kopf senkte. »Ich habe das große Privileg, mit Kreusa verheiratet zu sein, König Priamos' Tochter.«

Mutter zog die Brauen hoch. »Du liebe Güte! Der leibhaftige Schwiegersohn des Königs! Aber gibt es – gab es nicht eine Prophezeiung, die sagte, dass deine Nachkommen Troja regieren sollen? Dann müsste –«

»Genug, genug von Prophezeiungen!« Paris winkte ab. »Sie verderben uns die Freude an diesem wunderbaren Mahl und machen uns zu unhöflichen Gästen.«

Bisher hatte ich ihn kaum angesehen. Weil er so dicht neben mir saß, hätte ich dazu den Kopf zur Seite drehen müssen. Ich wollte es gerade tun, als ich merkte, dass Mutter mich anstarrte.

»Und bist du auch verheiratet, Paris?«, fragte sie beharrlich.

»Nein«, sagte er. »Aber ich bete täglich zu Aphrodite, sie möge mir eine Frau erwählen.«

Kastor platzte lachend heraus, und der Wein sprühte aus seinem Mund über den ganzen Tisch. Er wollte die Tropfen wegwischen, aber er verschmierte sie nur. »Oh, mein Junge, du hast wirklich Humor!«

»Er ist so sehr daran gewöhnt, es zu sagen, dass er es mittlerweile wahrscheinlich selbst glaubt«, sagte Äneas. »Er wiederholt es jedes Mal, wenn seine Familie ihn drängt zu heiraten.«

»Er ist noch nicht alt genug.« Es war das erste Mal, dass Menelaos das Wort ergriff. »Und er ist klug genug, um das zu wissen.«

»Wie alt bist du denn, Paris?«, fragte Mutter mit gespielter Munterkeit. Was hatte sie nur gegen ihn?

»Sechzehn«, sagte er.

Sechzehn! Neun Jahre jünger als ich!

»Ein Knabe«, sagte Agamemnon. »Aber das sind die meisten Kuhhirten. Knaben.«

»Er ist kein Kuhhirte!«, widersprach ich.

»Oh, aber ich war einer, und ein sehr guter«, sagte Paris hastig. »Es waren verträumte Tage dort oben in den Bergen – die Zedern mit ihren blauen und violetten Schatten, der Südwind in den Bäumen, die Wasserfälle und Blumenwiesen. Ja, die Erinnerung an die Zeit mit meinen Tieren ist mir kostbar.«

»Ist dieser Zeus-Berg sehr hoch?«, wollte Hermione wissen.

»Ja, sehr hoch, und er ist groß, weitläufig, von vielen kleineren Bergen umgeben. Wohlgemerkt, er ist nicht so hoch wie der Olymp, den kein Sterblicher ersteigen kann, aber hoch genug, um sich in Nebel und Kälte zu hüllen, sodass man sich leicht verirren kann.«

In diesem Augenblick erklang eine Fanfare, und ein besonderer Gang wurde angekündigt. Eine der Sklavinnen, ein hübsches Mädchen, deutete auf einen Kessel, der hereingeschoben wurde. »Die berühmte Schwarze Suppe Spartas!« Ein anderer Sklave stellte Schalen für uns alle auf den Tisch.

Die Schwarze Suppe von Sparta – es hieß, nur echte Spartaner brächten sie herunter.

Ich war damit aufgewachsen und fand sie nicht abscheulich, obwohl auch ich eine klare Mandelbrühe bevorzugte. Die schwarze Farbe rührte vom Schweineblut her, der scharfe Geschmack von Essig und Salz. Der Sklave schöpfte ein wenig davon in meine Schale und streute Ziegenkäse darüber. Der charakteristische Geruch der Suppe – als stehe man neben einem Altar, auf dem soeben ein Tier geopfert worden war – stieg mir in die Nase.

Als Paris und Äneas ihre Suppe bekommen hatten, richteten sich alle Blicke auf sie. Beide lächelten, aber nach dem ersten Löffel zog Äneas ein gequältes Gesicht. Er behielt die Flüssigkeit im Mund und musste seine Kehle zwingen, sich zu öffnen und sie aufzunehmen. Dann war Paris an der Reihe. Er hob die Schale an den Mund, und ich hörte, wie er schluckte. Dann sah ich die leere Schale wieder auf dem Tisch. Er hatte sie in einem Zug ausgetrunken.

»Ah«, sagte er. »Sie ist zu Recht berühmt.«

Mutter winkte dem Sklaven. »Noch mehr für den Prinzen Paris«, sagte sie, und die Schale wurde wieder gefüllt.

»Deine Freundlichkeit ist überwältigend«, sagte Paris. Er nahm die Schale und hielt sie hoch. »Und was ist mit den anderen?«, fragte er. Niemand sonst hatte eine zweite Portion genommen. Aber das hatte nichts zu sagen; wir waren daran gewöhnt.

»Ich nehme noch etwas.« Agamemnon hielt dem Diener seine Schale entgegen.

Es half alles nichts: Paris musste seine Suppe trinken. Ich

spürte, dass seine Gurgel sich verschließen wollte, aber er überwand sich.

»Gut gemacht!«, rief Kastor. »Und ohne eine Miene zu verziehen.«

»Vermutlich bist du an harte Kost gewöhnt, wenn du in einer Hirtenhütte aufgewachsen bist«, sagte Mutter. »Das hier ist wahrscheinlich eine Leckerei für dich.«

»Nein, Herrin«, sagte Paris. »Eine Leckerei ist es nicht, aber auf jeden Fall mit nichts anderem zu vergleichen. In der Hütte meines Pflegevaters haben wir recht gut gegessen – einfache Speisen, aber das Einfache ist das Beste, denn es ist dem am nächsten, was die Götter uns geben.«

»Du fühlst dich in einer Hütte also am meisten zu Hause?« Stärker hätte Mutter ihre Verwunderung und Missbilligung nicht zum Ausdruck bringen können.

»Ich kann überall zu Hause sein«, sagte Paris. »Selbst an einem fremdländischen Ort wie Sparta. Das ist doch ein Glück, oder? Die Welt ist mein Zuhause.«

»Ja, das ist ein Glück«, sagte Menelaos. »So kannst du nie in die Verbannung geraten.«

Geräusche am Feuer hinter uns zogen unsere Aufmerksamkeit auf sich. Ich drehte mich um, und Menelaos rief: »Da sind die Tänzer! Lasst uns die Tafel aufheben.«

Zehn schlanke Knaben in kurzen Tuniken standen in einer Reihe. Sie hielten Bälle in den Händen. Der Anführer verbeugte sich und erklärte uns den Tanz. Sie stammten aus Kreta. Als der Name fiel, seufzte Menelaos. Bald würde er dort hinsegeln.

Auf ein Händeklatschen hin fingen die Tänzer an, sich flink umeinander zu drehen. Ihre Bewegungen erschienen mir sehr verschlungen: Sie bildeten einen Kreis, strebten auseinander und wechselten die Plätze in einem ausgeklügelten Muster. Gerade als es vollends verzwickt aussah, hoben sie an, sich gegenseitig die Bälle zuzuwerfen und sie im Tanz wieder aufzufangen: ein Wirbel von Bewegungen und Farben. Es war atemberaubend zu sehen, wie geschickt sie werfen und fangen konnten, ohne stillzustehen.

Wir hatten sie umringt; Paris stand mir gegenüber. Nur ab und zu konnte ich zwischen den Tänzern hindurch einen Blick auf ihn erhaschen. Im Halbdunkel war er fast unsichtbar.

Die Tänzer verließen die Halle, und die Sänger mit ihren Leiern kamen herein. Sie verbeugten sich, schauten sich um und wandten sich mit den üblichen Worten an uns. Sie seien nicht würdig – und so weiter. Ungeduldig wedelte Menelaos mit dem Arm. Sie sollten beginnen. Dies war der Teil eines zeremoniellen Festmahls, bei dem sich jeder gern verabschiedet hätte, aber die Sitte verlangte ausgiebige Unterhaltung – je höher die Gäste, desto ausgiebiger.

Aufrecht wie Säulen standen die Sänger da, die Leiern vor sich, die Augen geschlossen. Einer nach dem anderen sang sein Lied, süße Gesänge von Morgengrauen und Abenddämmerung und der Schönheit der Sterne. Paris war immer näher herangekommen; jetzt stand nur noch Hermione zwischen uns. Ich beobachtete, dass sie seine Hand nahm und auf eine Leier deutete.

»Sie ist aus Schildpatt«, erklärte sie leise.

»Ja, wirklich!«, antwortete Paris vergnügt.

»Aber das ist unrecht.« Jetzt wurde Hermione zu laut. »Dafür sollte man keine Schildkröten töten.«

Paris beugte sich zu ihr hinunter und legte den Finger an seine Lippen, aber sie redete weiter. »Ich habe zahme Schildkröten. Man darf sie nicht töten, um ihnen den Panzer zu nehmen!«

»Nicht einmal, um damit schöne Musik zu machen?«, fragte Paris.

»Nicht einmal dafür!«

Paris ließ sich auf ein Knie sinken. »Und wo hast du deine Tiere?«, fragte er. »Wirst du sie mir zeigen?«

»Sie sind an einem geheimen Ort.«

»Aber zeigst du sie mir? Ich bin ein besonderer Gast.«

»Ja … Ich halte sie ja nur vor den Sängern geheim. Ich will nicht, dass einer sie stiehlt.«

»Morgen also? Versprichst du es mir?«

»Ja.« Sie senkte den Kopf und kam sich sehr wichtig vor.

»Wir müssen uns am Mittag hier treffen, dann bringe ich dich hin.«

»Darf ich auch mitkommen?«, fragte ich. Von diesen geheimen Schildkröten hatte ich nichts gewusst.

»Nein«, sagte sie. »Die Sänger sind deine Freunde. Vielleicht verrätst du es ihnen.«

»Sie sind nicht meine Freunde. Ich habe sie noch nie gesehen.«

»Lass sie mitkommen«, sagte Paris. »Ich verspreche dir, sie wird niemandem etwas erzählen.«

»Woher willst du das wissen?«, fragte Hermione. »Du bist nicht sie.«

Doch, das bin ich, sagten seine Lippen lautlos.

»Also gut«, sagte Hermione. »Wenn du es unbedingt willst …«

Endlich waren die Sänger fertig, und wir konnten den Abend beschließen. Die ausländischen Gäste mussten noch ein paar Worte sprechen, Vater, Menelaos und ich ebenfalls. Ich sagte nur höflich, ich sei den Göttern dafür dankbar, dass sie sie zu uns geschickt hätten.

XXIII

Am nächsten Morgen sah ich, wie Menelaos teilnahmslos dastand und sich ankleiden ließ. Die Diener mussten mehrere Tuniken und Mäntel herauslegen, bevor er sich für ein Gewand entscheiden konnte. Andere legte er beiseite, um sie nach Kreta mitzunehmen.

»Warum willst du nicht nach Kreta? Weil du nicht gern über das Meer fährst oder weil der Tod deines Großvaters dich traurig macht?«, fragte ich ihn.

»Aus beiden Gründen.«

»Aber du kannst doch glücklich sein, dass er sein Leben so

ruhig beschließen durfte. Du kennst die verbreitete Weisheit: Nenne niemanden glücklich, solange er nicht gestorben ist.«

»Ja, ich weiß. Die Geschicke können sich über Nacht wenden. Darum haben wir es so eilig, ins Grab zu kommen – damit wir unversehrt dort hingelangen.«

Von draußen wehte Frühlingslärm herein. Vögel sangen, Kinder spielten. »Ach, lass uns nicht so düster sein! Es gibt im Leben mehr als nur das. Man sagt doch auch: Am Tode rächen wir uns am besten, indem wir jeden Tag leben und alle Freuden in vollen Zügen genießen.«

»Zum Beispiel, wenn wir auf eine Weintraube treten?« Menelaos lachte. »Meine liebe Frau – wann bist du eine solche Philosophin geworden?«

Seit Paris da ist. Ich versuche mir alles zu erklären, es so zu fügen, dass ich es begreifen kann … Ich lächelte ihn an und zuckte die Achseln.

Menelaos würde heute mit seinen Reisevorbereitungen beschäftigt sein. Seine üblichen Diener kamen herein, auch Frauen. Eine von ihnen – das hübsche Mädchen, das die schwarze Suppe gebracht hatte – trug einen kleinen Kasten, der, wie sie sagte, wasserdicht sei.

»Für die Reise«, erklärte sie lächelnd.

Verwundert fragte ich mich, warum eine Küchensklavin ihm persönliche Gegenstände brachte, als ich eine Nachricht von Mutter erhielt: Ich solle zu ihr kommen.

Als ich eintrat, saß sie an ihrem Webstuhl, umgeben von Knäueln gefärbter Wolle. Sie hatte mehrere Körbe auf Rädern um sich herum aufgestellt, und jeder enthielt eine andere Farbe: helles Blau, blasses Rosa, leuchtendes Rot und ein erstaunlich dunkles Purpur, gewonnen aus den Meeresschnecken, die Gelanor gesammelt hatte. Ich dachte an die lebenden Tiere, die wir mitgebracht hatten, um sie Menelaos zu zeigen; als er sie endlich angesehen hatte, waren sie tot. Ich bückte mich und nahm eins der Knäuel in die Hand; es war dunkelgrün wie eine Zypresse.

»Welche Geschichte erzählst du in diesem Stück?«, fragte ich.

»Die unvollendete Geschichte unseres Hauses«, antwortete sie. Ihr Gesicht, das mit den Jahren voller geworden war, erschien heute nicht sanft. Die Falten und Flächen wirkten wie gemeißelt.

»Wie weit bist du?« Ich wollte mir das Webmuster anschauen.

»So weit, wie ich es wage.« Sie blickte sich um und vergewisserte sich, dass wir allein waren. »Und du bist so weit gegangen, wie du es wagen darfst, wenn du das Gewebe unserer Familie nicht zerstören willst.«

Mein erster Gedanke war: Sie weiß es! Der zweite: Aber es gibt nichts zu wissen, es ist alles nur in meinem Kopf und meinem Herzen. Niemand kann da hineinschauen. Der dritte: Was kann ich darauf antworten? Ich gab die vorhersehbare, verräterische Antwort. »Ich weiß nicht, wovon du sprichst.«

Sie stand von ihrem Webschemel auf. »Oh, bitte, Helena. Du sprichst mit mir. Mit Leda. Leda. Ich sage Leda, nicht Mutter. Du verstehst mich.«

Ja, ich verstand sie. Leda, der Name, der für alle Zeit mit dem Schwan verbunden war. Ich nickte. Ich war durchschaut. Zumindest von meiner Mutter, von einer Frau, die etwas Ähnliches erlebt hatte. Durchschaut, bevor der Schaden angerichtet war. Nichts ist geschehen!, beruhigte ich mich.

»Zeus ist etwas anderes«, sagte sie. »Mit Zeus findet ein Ehemann sich ab. Da ist nichts zu ändern. Aber …« Sie errötete. »Oh, dass ich so etwas mit meiner Tochter erörtern muss!«

»Mutter …«

»Und selbst mit Zeus war es nicht einfach«, sagte sie. »Danach war es nie wieder wie früher mit deinem Va – mit Tyndareos. Sie versuchen es zu vergessen, sie versuchen darüber hinwegzusehen, aber wie können sie das? Könntest du bei ihnen über einen solchen … Seitensprung … hinwegsehen?«

»Ich weiß es nicht«, gestand ich. Man erwartete es von den Frauen, das wusste ich wohl.

»Aber dieser Paris! Ein Kind, noch dazu das Kind von Ausländern und vielleicht Feinden! Oh, ich sehe schon, wie er dir den Kopf verdrehen kann, aber – Helena! Denk doch nach!«

Ich kann nicht denken – dank Aphrodite. Ich kann nur fühlen. Ich lächelte matt.

»Ich weiß, es geht nicht gerade … leidenschaftlich zu mit Menelaos. Einst war Aphrodite erzürnt über Tyndareos, und vielleicht rächt sie sich durch dich an ihm. So sind die Götter. Aber ich bitte dich, bringe ihr ein Opfer dar, suche ihre Gunst! Sie wird deine Bitten erhören.«

Nein, die grausame Göttin kümmert nur das, was sie selbst will, dachte ich. Aus irgendeinem unbekannten Grund ist sie zu mir gekommen und hat mich umhüllt. Sie erfüllt ihre geheimen Wünsche, und ich leide. Ein so süßes Leiden! Ich seufzte, und Mutter schaute mich scharf an.

»Oh, Helena«, sagte sie. »Wirf dich nicht weg an diesen … Knaben!«

Beinahe hätte ich gesagt: *Wenigstens ist er ein Mensch und kein Schwan!* Doch ich hielt meine Zunge im Zaum; ich umarmte sie und drückte sie an mich. »Mutter«, flüsterte ich, »es ist ein Jammer und ein Glück zugleich, dass wir einander so ähnlich sind.«

»Helena, nein …«, murmelte sie an meiner Wange.

»Würdest du es ungeschehen machen, wenn du könntest?«, fragte ich sie. »Das ist eigentlich die einzige Frage.«

»Ja! Ja, das würde ich! Es hat zu viel verändert!«

»Aber dann gäbe es mich nicht.« Ich war wie vom Donner gerührt. Wenn das wirklich Mutters Entscheidung gewesen wäre, hätte man mich ausgesetzt wie Paris.

So hatte Paris mich schon jetzt dazu gebracht, in meinem Herzen ein starkes Band zu meiner Familie zu durchtrennen. Bisher gab es ihn nur in meinen Gedanken, diesen traurigen Abschied von meiner Mutter. Äußerlich blieb alles erhalten – wie Feigen, die in Honig schwimmen. Aber die innere Substanz war verändert, war plötzlich zu etwas ganz anderem geworden.

Ich wartete im Schatten des Säulengangs, der den Vorhof umgab. Die Schatten waren kurz; es war Mittag. Nervös befingerte ich meine Armreifen. Mutters Worte hatten mich bestürzt.

Hermione kam heranspaziert, Hand in Hand mit ihrer Lieblingszofe Nysa. Wie immer weckte ihr Anblick meine Lebensgeister. Ihr langes Haar, das unter dem kleinen Stirnband hervorflutete, und ihr unbeschwertes Lächeln rührten mich an. Tochter meines Herzens. Kann eine Tochter wirklich wissen, was sie ihrer Mutter bedeutet? Vielleicht hatte ich vorschnell über Mutter geurteilt; vielleicht würde sie die Begegnung mit Zeus und damit auch mich nicht wirklich aus der Welt schaffen, wenn sie es könnte. Aber warum hatte sie es dann gesagt? Wenn sie nur meine Gefühle für Paris ersticken wollte …

»Paris!«, quiekte Hermione, und ihr Entzücken war größer als bei meinem Anblick.

Aber er stand ihrem Alter auch näher … ein *Knabe*! Mutter hatte ihn einen *Knaben* genannt!

»Meine kleine Freundin!« Paris kniete vor ihr nieder und neigte den goldenen Kopf. »Ich kann es nicht erwarten, die Geschöpfe zu sehen, die dir so viel bedeuten.«

»Guten Tag, Paris«, sagte ich. Ohne aufzustehen, hob er den Kopf und schaute mich an. Unsere Blicke verschränkten sich ineinander. Seine Augen waren von der Farbe dunklen Bernsteins – wie brauner Honig, der leuchtet, wenn man ihn in die Sonne hält.

»Wir gehen jetzt zusammen auf Abenteuer«, sagte er und stand auf.

»Ja.« Ich atmete tief durch. »Hermione wird uns führen.«

Hermione musste bei uns bleiben. Wenn wir flohen – wie kam ich auf diesen Gedanken? –, musste sie uns begleiten.

Fliehen. Sparta verlassen und fliehen? Aber ich war die Königin. Die Königin floh nicht. Warum dachte ich an so etwas? Er hatte mich nicht gebeten, mit ihm zu fliehen.

Aber was kann sonst passieren?, dachte ich. Er kann nicht ewig als Gast hierbleiben.

Nein, nein, es ist unmöglich! Ich schüttelte den Kopf.

»Mutter, du siehst aus wie eine Besessene.« Hermione kicherte. »Du zuckst und zitterst ganz ohne Grund.«

Besessen. Ja, ich war besessen.

Paris lachte sein goldenes Lachen. »Komm jetzt, ich will deine Tiere sehen.« Er schob sie davon, sodass sie den Weg hinunterschaute, bevor er sich umdrehte und mich anblickte.

Der Weg durch den Palastwald war bald so verborgen wie das geheime Gehege selbst. Die hohen Bäume schlossen sich über uns, und es wisperte in den Wipfeln. Die ersten Frühlingsblumen lugten aus dem Waldboden hervor und leuchteten weiß im Schatten; ungesehen würden sie blühen und verwelken. Ich ließ Paris und Hermione weit vorausgehen. Sie sollten einander kennenlernen. Hoffentlich würde sie ihn mögen.

Aber warum, Helena? Warum? Das hat keinen Sinn. Aber das furchterregende Tosen Aphrodites in meiner Seele war so laut wie … so laut wie der Wasserfall, den ich abseits des Pfades hören konnte.

Ich ging langsamer und drehte mich danach um. Das liebliche Geräusch fließenden Wassers hatte mich immer schon verlockt. Im Zwielicht vor mir sah ich so etwas wie eine Grotte. Seltsam, dass ich sie bei allen meinen Wanderungen nie bemerkt hatte.

Ein kühler Hauch wehte mir raunend entgegen, als ich darauf zuging. Ich fand eine muntere Quelle, die sich über die Steine in ein tiefes ovales Becken ergoss. Kreisrunde Wellen kräuselten sich bis zum steinigen Rand. Alles war grün, schwarz und weiß – grüne Pflanzen, schwarzes Wasser, weißer Schaum. Und dann bewegte sich etwas: Menschliche Haut schimmerte dort.

Ein heimliches Liebespaar! Fast musste ich über meinen eigenen Schrecken lachen. War ich immer noch so unschuldig? Wenn ich mich weiter bewegte, würden sie mich sehen und erstarren. Mir war großmütig zumute; ich wollte sie nicht stören. Ich würde in Ruhe abwarten, bis ich mich davonschleichen könnte. Ich setzte mich hin und hielt den Atem an. Meine einzige Sorge war, dass der Weg zu Hermiones Tieren irgendwo abzweigen könnte und ich dann nicht wüsste, wie ich weitergehen sollte. Oh, die Liebenden sollten sich beeilen!, dachte ich, und dann schalt ich mich selbst für meine Hartherzigkeit. Ihre Stimmen wehten zu mir herüber, verstärkt von dem Wasserbecken.

»Ich hatte Angst, du könntest böse sein«, sagte die Frau. Es war eine Weile still.

Dann: »Nein, ich bin glücklich. Unsagbar glücklich. Endlich schauen die Götter mit einem Lächeln auf mich, wenn sie mir einen Sohn schenken.« Diese Stimme – das war Menelaos!

»Oder vielleicht zwei. Ich glaube, ich trage zwei in meinem Leib.« Diese Stimme kannte ich nicht. Oder doch?

»Das wäre zu viel erhofft. Ich bin zufrieden mit einem.« Oh, es *war* Menelaos! Da war kein Zweifel.

Etwas regte sich auf der anderen Seite des Tümpels; die Büsche bewegten sich, und ich sah einen Arm, einen Rücken. Ich konnte nicht denken. Ich zog mich zurück und hoffte, dass sie mich nicht entdecken würden. Aber das Gebüsch vor ihnen hatte sich schon wieder geschlossen.

Ich stolperte zurück auf den Pfad und rannte hinter den beiden anderen her, um sie einzuholen. Menelaos. Menelaos und irgendeine Frau. Welche? Es musste eine Dienerin aus dem Palast sein, eine Sklavin. Das Mädchen vom Gastmahl, das Menelaos den wasserdichten Kasten für seine Seereise gebracht hatte.

Nicht Entsetzen über den Treubruch, nicht die Klage *Wie konnte er nur? Warum?* war meine erste Regung, sondern grenzenlose Erleichterung. Ich war frei! Menelaos und seine Sklavin hatten mich freigegeben. War auch das Aphrodites Werk? Wie genau die Göttin alles über uns wusste!

Ich lief immer weiter, und irgendwann hatte ich Paris und Hermione eingeholt. Ich blieb stehen und wartete, bis ich wieder zu Atem gekommen war.

»Wie du laufen kannst!« Paris sah mich an. »Deine Tunika weht hinter dir her, weiß vor dem tiefen Schatten des Waldes – du könntest eine Waldnymphe sein.«

»Mutter war Wettläuferin«, sagte Hermione. »Als sie *jung* war«, fügte sie dann hinzu.

»Und wie lange ist das her?« Paris zwinkerte. »Schon sehr lange?«

»Vor meiner Hochzeit, als ich fünfzehn war, habe ich bei einem Wettlauf mitgemacht, und ich habe gewonnen. Aber als ich dann verheiratet war …« Ich zuckte die Achseln.

»Du könntest sie immer noch alle besiegen«, sagte Paris.

»Das werde ich nie mehr herausfinden«, sagte ich, und wir gingen weiter. Menelaos! Ich wurde das Bild nicht los. Alles, was ich über ihn gewusst, was ich für selbstverständlich gehalten hatte, war plötzlich durcheinandergeworfen.

Plötzlich war ich wütend auf ihn. Warum musste er für weitere Verwicklungen sorgen? Und ebenso plötzlich fing ich an zu lachen. Paris und Hermione drehten sich um. Ich war erfasst von wilder Liebe, von Sehnsucht und Verlangen nach einem ausländischen Prinzen, und ich warf Menelaos vor, dass er die Dinge verkompliziere?

Waren schon andere Königinnen von rasender Leidenschaft für einen Fremden ergriffen worden? Mir wollte keine einfallen, aber ich konnte auch nicht besonders klar denken. Phaedras Leidenschaft für ihren Stiefsohn Hippolytos – auch erweckt von der grausamen Aphrodite – hatte innerhalb ihrer eigenen Familie bestanden. Andere Beispiele für das, was uns bevorstehen könnte, wollten mir nicht einfallen. Die arme Phaedra hatte sich umgebracht, und Hippolytos war von Poseidon getötet worden. Doch ich würde mich nicht umbringen, und auch Paris würde es nicht tun. Warum sollten wir?

»Beeil dich!« Hermione winkte. »Und hör auf mit diesem albernen Lachen, Mutter! Wenn du nicht aufhörst, darfst du sie nicht sehen.«

»Ja, liebes Kind.« Ich trat zu ihnen. »Du hast dich aber weit fortgewagt vom Palast.«

»Ich wollte einen geheimen Ort haben«, sagte sie. »Und meine Onkel gehen überall im Wald auf die Jagd; also musste ich etwas finden, wo sie nicht hinkommen. Eine Stelle, an der es kein Wild gibt. Es ist steinig dort, wie nur Schildkröten es mögen.«

»Ja, sie haben es gern steinig«, sagte Paris. »Um Troja herum gibt es viele davon.«

»In der Nähe des heiligen Bergs Parnassos gibt es viele große Schildkröten, und sie alle sind dem Gott Pan heilig«, sagte Hermione ernst. Sie wirkte so klug und erwachsen. Oh, mein Kind … Aber bist du klug und erwachsen genug, um das Unausweichliche zu überstehen? Ich war froh, dass sie über ihre Jahre hinaus gescheit und reif war, und dennoch …

»Wir müssen irgendwann einmal einen Ausflug dorthin machen«, sagte Paris. »Auch ich möchte den berühmten Parnassos gern einmal sehen.« Und leise fügte er hinzu: »Es gibt so vieles, was ich sehen möchte. Ich glaube, ich könnte ewig leben und wäre doch nicht zufrieden, da es immer noch Dinge gäbe, die ich nicht gesehen habe.«

»Wir sind da!«, erklärte Hermione. Hinter einer Wegbiegung stießen wir auf ein aus Ästen und Zweigen zusammengeflicktes Gehege. Sie beugte sich über den Zaun und rief fröhlich und aufgeregt: »O je! Ihr seid unartig gewesen!« Sie kletterte hinüber und verschwand dahinter. Aber Paris und ich sahen uns an und verschlangen einander mit Blicken. Sein Gesicht erfüllte meine Augen, meinen Kopf, meine Seele. Ich konnte mich nicht abwenden, und er schaute mich schweigend an. Schon jetzt brauchten wir keine Worte mehr.

Hermiones Kopf tauchte hinter dem Zaun auf. »Hier ist er – mein Kostbarster.« Sie hielt ein großes Tier mit narbigem Panzer in die Höhe. »Er heißt Krieger!«

Ich schaute es an. Von vorn betrachtet, sah die Schildkröte verdrossen aus. Die weit auseinanderliegenden, schwarz glänzenden kleinen Augen blickten mit olympischer Geringschätzung starr geradeaus. *Mir ist es gleich, was immer du tust,* schien ihr Gesichtsausdruck zu sagen. Flüchtig fragte ich mich, ob ein Gott in diesem Tier wohne. Die Götter sind alle so, dachte ich. Sie sehen uns an, aber sie bleiben ungerührt.

»Warum nennst du ihn Krieger?«, fragte Paris. Sein Interesse wirkte ehrlich und ansteckend.

»Er kämpft mit den anderen«, sagte Hermione. »Sie rennen

gegeneinander an wie Rammböcke und versuchen sich gegenseitig auf den Rücken zu werfen. Er ist dabei unermüdlich; er stößt und stößt auf die anderen ein und gewinnt jedes Mal.«

»Vielleicht hättest du ihn Agamemnon nennen sollen, nach deinem Onkel«, sagte ich.

»Oder Achilleus«, schlug Paris vor. »Dieser Jüngling – oh, er kann nicht älter sein als ich – hat schon einen Ruf als Raufbold.«

»Wo hast du von Achilleus gehört?« Meinte er etwa den aggressiven Jungen, der mit Patroklos und den anderen Freiern nach Sparta gekommen war?

»Oh, in Troja hat man viel übrig für edle Waffengänge«, sagte er. »Das ist eine trojanische Leidenschaft. Und dieser Achilleus hat sich einen Namen gemacht, der bis über die Meere gedrungen ist.«

»Ich kann mir nicht vorstellen, wie er das getan haben soll«, sagte ich. »Er war ein grässliches Kind.«

»Aus grässlichen Kindern werden die besten Krieger«, sagte er. »Deshalb wird aus mir keiner werden. Ich war nicht grässlich genug.« In seinem Lachen lag das ganze Glück eines Sommermittags. Liebte ich ihn – oder seine fröhliche Anmut, die Art, wie er im Sonnenschein des Lebens badete? Es gibt solche Menschen, seltene Menschen, die ahnen lassen, dass sie uns die Tore zu geheimen Freuden öffnen werden.

»Hier sind noch mehr«, sagte Hermione. »Kommt und seht sie euch an!« Wir beugten uns über den Zaun und entdeckten einen ganzen Teppich von Tieren, die sich langsam bewegten. Es waren Schildkröten in allen Größen, manche so klein wie eine Öllampe, andere so groß wie ein Diskus. Alle waren schwarz und gelb gemustert, aber jedes hatte eine andere Zeichnung.

»Warum hast du sie so gern?«, fragte Paris. »Ich muss gestehen, ich habe nie einen Gedanken an sie verschwendet.« Mühelos sprang er über den Zaun und bückte sich, um einer besonders ehrwürdig aussehenden Schildkröte den Kopf zu streicheln.

»Ich weiß es nicht«, sagte Hermione. »Ich habe eine im Garten gefunden, und sie war so … ich weiß nicht – beruhigend.

Ich konnte dasitzen und sie lange Zeit nur anschauen. Sie wirkte so … weise. Als könnte nichts sie beunruhigen oder aufregen. So möchte ich auch sein.«

Gern hätte ich sie gefragt: *Was ist es denn, was dich beunruhigt oder aufregt?* Doch Paris sagte: »So möchten wir alle gern sein.« Vielleicht sollen wir einander nicht allzu prüfend betrachten, nicht allzu genau erforschen, nicht einmal unser eigenes Kind.

»Erwachsene auch?«, fragte Hermione.

»Erwachsene ganz besonders«, versicherte Paris ihr.

Hermione sammelte Blätter und Blüten für die Schildkröten und warf sie auf einen großen Haufen. Die Tiere kamen langsam heran und begannen zu fressen. Ihre ledrigen Kiefer zermahlten das grüne Laub. Es fiel mir schwer, nicht zu lachen. Schließlich sagte ich: »Es tut mir leid, Kind, aber ich finde diese Tiere lustig.«

Hermione strich einer über den Panzer. »Niemals erlaube ich ihnen, eine Leier aus dir zu machen«, versprach sie.

Der Rückweg verlief gemächlich. Wir schlenderten dahin, und ich dachte immer wieder an Menelaos und das Sklavenmädchen. Wie lange mochte es schon so gegangen sein? Mein Zorn und meine Heiterkeit waren vergangen; geblieben war nur die Neugier. Aphrodite musste ihn geführt haben, wie sie es mit mir getan hatte. Vielleicht sollte es wirklich eine späte Strafe für Vater sein, weil sie ihm grollte. Wir würden es nie erfahren; wir konnten es nur hinnehmen. Nichts anderes stand in unserer Macht.

Hermione lief hocherhobenen Hauptes vor mir her. »Gut, Hermione«, sagte ich. »So geht eine Königin. Ist es nicht so, Paris?«

Er legte den Kopf schräg. »Meine Mutter hat nicht diesen federnden Schritt«, sagte er. »Natürlich ist sie auch älter. Viel älter. Sie hat neunzehn Kinder zur Welt gebracht, und sechzehn leben noch.«

Bei der bloßen Vorstellung schwirrte mir der Kopf. »Neunzehn!« Was mochte Paris in Wahrheit für seine Eltern empfinden, nachdem er wusste, dass sie ihn ausgesetzt hatten, um ihn sterben zu lassen? Konnte er darüber hinwegsehen, es vergeben und vergessen? Ich hätte es niemals gekonnt. Mutter hatte mich schon verletzt, als sie nur angedeutet hatte, sie würde ihre Begegnung mit Zeus gern ungeschehen machen, dabei hatte sie es vielleicht nicht einmal so gemeint.

»Ob Hermione Königin wird oder nicht, hängt natürlich davon ab, ob sie einen König heiratet«, sagte Paris. »Heiratet sie zum Beispiel einen ... Schildkrötenwärter« – Hermione kicherte –, »dann wird sie nur Königin der Schildkröten.«

»Oh, sie wird sicher Königin werden«, sagte ich. »In Sparta hält die Frau diesen Titel. Der Mann wird König durch sie.« Wie Menelaos durch mich zum König geworden war. Tja, mein Sklavenmädchen, du brauchst nicht zu glauben, dass dein Kind Menelaos auf dem Thron nachfolgen wird, dachte ich. Es steht ihm nicht zu, ihn zu vererben.

»Interessant«, sagte Paris. »Ungewöhnlich.«

Als wir in den Palast zurückkehrten, kamen wir an Hermiones Platane vorbei. Sie war jetzt so groß, dass sie einen guten Schatten warf. Ihre Knospen öffneten sich eben, und in der Sommersonne würden sie sich bald ausbreiten. Würde ich dann noch da sein, um in ihrem Schatten zu sitzen?

Der Palast sah aus wie immer, aber plötzlich war ich ein Gast wie Paris, und ich betrachtete alles mit seinen Augen. Diese Kolonnade, die starken Tore, die Schatten der Säulen im Hof ... Das alles kannte ich von Kindesbeinen an, und jetzt erschien es mir neu und fremd.

Die Vorbereitungen für Menelaos' Reise nach Kreta waren abgeschlossen. Heute Abend endete der neunte Tag nach Paris' und Äneas' Ankunft, und nun gab es nichts mehr, was Menelaos noch hier festhalten konnte.

Menelaos. Das Sklavenmädchen. Der Anblick der beiden ging mir nicht aus dem Sinn, aber er bereitete mir keinen Schmerz. Menelaos war nicht der treue Ehemann, für den ich ihn gehalten hatte. Vielleicht hatte auch er nicht länger darauf warten wollen, dass Aphrodite unsere Verbindung segnete. Ich konnte es ihm nicht verdenken.

Der Vorhang wurde beiseitegeschoben, und Menelaos trat ein. Er war schmutzig und verschwitzt. Hastig zog er sich die Tunika aus und schleuderte die Sandalen von den Füßen, um ins Badehaus zu gehen.

Ich wollte nicht mit ihm sprechen; er sollte mir nicht anmerken, was ich wusste, was ich gesehen hatte. Also nickte ich nur, als er an mir vorübereilte. Als er fort war, rief ich meine Zofen und ließ mich für das Abendessen ankleiden – das letzte, wie ich wusste. Gleichwohl war mir mein Gewand überraschend gleichgültig. Mir war alles recht. Das Einzige, worauf ich achtete, war mein Schmuck. Es kam mir seltsam wichtig vor, dass ich meine liebsten Teile anlegte: die Halskette aus dicken Bernsteinen, meine goldenen Manschettenarmreifen, auf denen Jagdszenen abgebildet waren, meine aus zartem Goldfiligran gearbeiteten Tropfenohrringe.

Die Sonne ging unter, und ein tiefblaues Dämmerlicht schlich sich wie ein Nebel in alle Räume, bis der gelbe Schein der Öllampen es vertrieb. Wir versammelten uns an einem kleineren Tisch an einer Seite des Megarons. Der dunkle Rest der Halle gähnte wie eine Höhle hinter uns. Diesmal kamen keine Sänger, keine Tänzer. Nur wir: Vater, Mutter, meine Brüder, Menelaos, Paris und Äneas.

»Welche Botschaft werdet ihr nach Troja zurückbringen?«, fragte Menelaos und sah Paris an.

Paris zuckte die Achseln. »Von dir und deinem Bruder habe ich unterschiedliche empfangen«, sagte er. »Aber anscheinend ist keiner von euch beiden geneigt, uns mit Hesione sprechen zu lassen, und darüber wird mein Vater nicht glücklich sein.« Er hob seinen schweren goldenen Becher und betrachtete ihn, als ob die Verzierungen ihm etwas Bedeutsames mitzuteilen hätten.

»Seid ihr wirklich aus diesem Grund hier?«, fragte Menelaos.

»Warum sonst hätten wir kommen sollen?« Paris war überrascht.

»Mein Bruder war der Meinung, ihr wäret Spione.«

Paris und Äneas lachten. »Als kämen wir dann selbst!«, sagten sie fast wie aus einem Mund. »Wie du doch wissen musst, gibt es genügend Spione überall, erfahrene Spione. Wir wären viel zu auffällig.«

»Ah! Aber kein Spion erhielte eine Einladung an unsere Tafel«, wandte Menelaos ein.

Ich wünschte, er wollte den Mund halten. Er klang so plump, so leicht durchschaubar. Zum ersten Mal erkannte ich die Familienähnlichkeit zwischen ihm und Agamemnon.

»Die Gespräche hier sind wahrscheinlich weniger erhellend als die in einer Kaserne oder auf einem Schiff«, sagte Äneas. »Die königliche Tafel ist nicht dafür bekannt, dass sie wichtige Erkenntnisse preisgibt.«

»Ich habe euch in meinen Palast gelassen«, sagte Menelaos. »Ich habe euch sehen lassen, was kein anderer Spion je zu Gesicht bekäme.«

Er sollte aufhören!

»Ihr habt mit meiner Gemahlin gespeist – eine Ehre, die viele erstreben«, fuhr er fort. »Ihr habt ihr berühmtes Antlitz gesehen.«

»Du redest, als wäre ich eine preisgekrönte Sau«, sagte ich. Ich war wütend auf ihn, wütend über seine täppischen Drohungen und seine Großtuerei – und nun zog er mich auch noch mit hinein. »Hier!« Ich beugte mich über den Tisch und starrte Äneas ins Gesicht. Mit Paris konnte ich es nicht tun, denn er saß neben mir. »Schau, so viel du willst!«

Äneas hustete und wich zurück, wie es jeder höfliche Mensch getan hätte.

»Helena!«, sagte meine Mutter.

Ich setzte mich wieder hin und funkelte sie an.

Menelaos räusperte sich und hob den Becher. »Ich wollte damit nur sagen, dass ich euch an den Busen meiner Familie genommen habe.«

»Ja«, sagte Paris. Er hatte ein wenig Wein vergossen und malte Muster in die Lache wie ein Kind. »Ja.« Dann fiel mein Blick auf das, was er getan hatte: Er hatte *Paris liebt Helena* in den Wein geschrieben. Leuchtend rot standen die Buchstaben auf dem Tisch.

Mir blieb das Herz stehen. Wenn das jemand las? Ich schob die linke Hand hinüber und verwischte die Schrift, aber ich sah, dass Mutter herschaute. Gleichzeitig war ich überwältigt von seinem Wagemut.

Dann bemerkte ich aus dem Augenwinkel, wie mein Weinbecher sich bewegte, der, den Menelaos mir zur Hochzeit geschenkt hatte: Paris zog ihn zu sich heran und trank nun langsam daraus, und seine Lippen berührten genau die Stelle, an der die meinen gewesen waren. Ich war starr vor Schrecken. Aufrecht saß ich da und suchte in den Gesichtern und Augen der anderen nach einer Reaktion.

»Wir werden jetzt nach Troja zurückkehren«, sagte Äneas hastig. Er hatte es gesehen. »Unser Schiff wartet in Gytheon.«

»Nicht bei Mykene?«, fragte Menelaos. »Ich dachte, ihr wäret dort vor Anker gegangen.«

»Das sind wir auch«, sagte Paris. »Aber unsere Leute haben das Schiff um den Peloponnes herumgebracht, damit wir es in der Nähe haben und nicht den weiten Weg nach Mykene zu machen brauchen.«

»Ich reise ebenfalls von Gytheon ab«, sagte Menelaos. »Im Übrigen wird es Zeit. Verzeiht mir, aber ich muss mich bald verabschieden.«

Er hatte genau neun Tage gewartet, nicht eine Stunde länger. Plötzlich hasste ich seine Pedanterie.

Er leerte seinen Becher, sprach ein paar Abschiedsworte und bedeutete uns dann, die Tafel sei aufgehoben.

Ich wandte mich an Paris, um mich förmlich von ihm zu verabschieden, und ich sah, wie seine Lippen lautlose Worte formten: *Die heilige Schlange.* Ich schloss die Augen, um ihm zu zeigen, dass ich die Botschaft verstanden hatte: Ich sollte mich am Altar der heiligen Schlange unseres Hauses mit ihm treffen.

Bis dahin hatte ich meine Rolle als Königin zu spielen. Ich musste Menelaos in seine Gemächer folgen, um ihn zu verabschieden. Er ging schnellen Schritts davon und ließ mich stehen.

Ich folgte ihm langsam. Es war still im Palast, so still.

In seinen Gemächern war es seltsam dunkel, obwohl in der hinteren Ecke eine oder zwei Lampen brannten. Aber ich hörte ein leises Gemurmel aus dem Nachbarzimmer. Ich schlich mich zur Tür und lauschte; ich wagte nicht, hineinzuschauen und meine Anwesenheit zu verraten. Vielleicht wollte ich nur bestätigt haben, was ich schon beobachtet hatte, um damit meine eigene Entscheidung zu rechtfertigen.

Für eine Weile verstummten die Stimmen, und das bedeutete, dass die Leute nebenan sich küssten und liebkosten. Keine gewöhnliche Unterhaltung bricht mitten im Satz ab – nur das Gemurmel eines Liebespaars.

Dann ging es weiter. *Oh, ich kann dich nicht gehen lassen … Sei vorsichtig auf hoher See! Hast du Poseidon geopfert? … Nein, du bist es, die auf sich Acht geben muss, denn du trägst meinen Sohn in deinem Leib …*

Ich spähte um die Ecke und sah sie: Menelaos und diese Frau, die Sklavin, die ihm den zierlichen Kasten gebracht hatte. Und ihre Stimme war die, die ich am Wasserfall gehört hatte.

Ich trat ein. Ich sagte nichts, aber ich ließ den Vorhang hinter mir fallen, und das Rascheln ließ die beiden zusammenfahren. Zwei erschrockene Gesichter starrten mich an. Menelaos schob die Frau – hatte sie einen Namen? – von sich.

»Helena!«, keuchte er. Er wirkte entsetzt, sie eher verärgert. »Es ist nicht so, wie es aussieht«, stammelte er.

Ich sagte immer noch nichts.

»Ich schwöre dir, sie bedeutet mir nichts –«

Armer, törichter Menelaos. Wie grausam und dumm, so vor ihr zu reden! Einen Augenblick lang hatte sie mein Mitgefühl. Aber in Wahrheit empfand ich gar nichts.

Die Frau wich zurück. »Wie konntest du …?«, flüsterte sie, und schluchzend stahl sie sich davon und lief zur Tür auf der anderen Seite des Zimmers. Menelaos folgte ihr nicht; er beachtete sie überhaupt nicht. Er drehte sich zu mir um und streckte die Arme aus. »Oh, liebste Helena, bitte, bitte, es bedeutet nichts. Ich flehe dich an, verzeih mir, oh, bitte …«

Ich stand da wie eine der Säulen im Hof. Wie konnte ich mich in seine Arme werfen, nachdem ich selbst doch schon sehr viel ärger gesündigt hatte? Ich liebte Paris, ich war verrückt nach ihm, obwohl wir einander kaum berührt hatten. Menelaos hatte mit dieser Frau geschlafen, aber seine Loyalität war davon unberührt. Wer also hatte den schlimmeren Ehebruch begangen? Und wenn ich Menelaos umarmte und ihm »verzieh«, was würde er dann später von meiner Heuchelei halten?

»Oh, Helena, bitte – oh, sieh mich nicht so versteinert an! –, ich werde alles wiedergutmachen. Ich werde sie verkaufen, sie fortschicken – es ist mir gleich, nichts ist wichtiger als du …«

Ich brachte immer noch kein Wort hervor. Es war Ehrlichkeit, nicht Berechnung, die mich verstummen ließ, aber ihn trieb sie zu immer größerer Erregung.

»Du bist mir teurer als alles andere. Nichts – nicht einmal die Götter, mögen sie mir vergeben – bedeutet mir mehr als du. Ich schenke dir mein Leben …« Noch immer streckte er die Arme aus.

Ich hätte seine Umarmung hinnehmen sollen. Aber ich konnte es nicht tun, wenn ich mich weiter ehrlich nennen wollte. Vor allem musste ich ehrlich gegen mich selbst sein. »Menelaos, du musst aufbrechen. Die Schiffe warten. Du musst gehen.«

»Die Schiffe sollen warten!«, rief er. »Mein Großvater ist schon tot.« Sein Gehorsam gegen das Ritual war dahin.

»Dein Bruder Agamemnon segelt mit dir. Du darfst gegen Sitte und Protokoll nicht wegen einer … Privatangelegenheit verstoßen. Geh mit dem Segen der Götter! Und mit meinem.« Ich lächelte matt und wandte mich ab.

Wenn er mir nur nicht folgte! Er sollte gehen! Ich flüchtete hinaus in den Hof, um ihm zu entrinnen. Aber ich hörte keine Schritte hinter mir.

Auch er war erleichtert über den Aufschub.

Keiner von uns ahnte, dass dieser Aufschub beinahe zwanzig Jahre währen würde und dass wir uns erst in Troja wiedersehen würden, umlodert vom Feuer der Zerstörung.

XXIV

Lange stand ich neben einem blühenden Baum im Hof und wartete. Ich hörte, wie das Gefolge kam, um Menelaos abzuholen, hörte, wie er aufbrach. Einen Augenblick lang klang es, als zögere er noch und suche nach mir. Aber dann war er fort, die Männer marschierten zum Tor hinaus, und die Geräusche verklangen.

Der Schrein der heiligen Schlange … Jetzt konnte ich hingehen. Niemand war da, der mein Tun in Frage stellen konnte. Ich durchquerte den Hof und ging in den hinteren Teil des Palastes, bis ich bei dem kleinen Heiligtum war. Es war leer.

Ich war erleichtert. Ich musste mich unbedingt hinsetzen und nachdenken. Und wenn ich fortginge, musste ich der Schutzschlange unseres Hauses sagen, warum ich es tat und warum ich sie nicht mitnehmen konnte.

Wie konnte ich all das hier verlassen? Es war doch ein Teil meiner selbst. Ich sank auf die Steinbank und wartete. Ein flackerndes Votivlicht beleuchtete den Altar. Der Honigkuchen und das Milchschälchen waren da, aber die Schlange war nirgends zu sehen.

Eine große Ruhe überkam mich. Es war geschehen – was immer es war, es war geschehen. Ein merkwürdiger Gedanke, dass etwas, was noch nicht vollzogen war, dennoch geschehen war. Aber tief in meinem Innern spürte ich die Wahrheit. Vielleicht war es schon geschehen, bevor ich zur Welt gekommen war.

Eine leise Bewegung, ein Zucken. Die Schlange. Sie glitt hinter dem Altar hervor, hob den Kopf und spähte umher.

Ich empfand eine überwältigende Liebe zu ihr. Sie hatte sich mir verschrieben, mir und meiner Familie, und sie hatte ihr Leben in Epidauros hinter sich gelassen. So, wie ich dieses Leben hinter mir lassen musste. Die Schlange würde es verstehen. Ich beugte mich zu ihr hinunter und erzählte ihr alles. Sie sah mich an und züngelte. Ich hatte ihren Segen.

»Wie kann ich jemals sagen, was ich an dir am meisten liebe?«

Paris stand in der hinteren Ecke des kleinen Raums. »Vielleicht, dass du alle Lebewesen um dich herum würdig behandelst.«

Ich sprang auf und flog in seine Arme. Wir küssten uns wie von Sinnen. Ich schwelgte in seinen Armen, an seinen Schultern, seinem Körper.

Schließlich wich er zurück und hielt mich auf Armlänge vor sich, damit ich mich nicht weiter an seiner Brust vergraben konnte. »Helena«, sagte er, »was sollen wir tun?« Er schwieg einen Augenblick. »Es liegt alles bei dir. Ich will dich mit mir nach Troja nehmen, aber du bist diejenige, die das alles hier verlassen muss. Für dich ist es ein Verlust, für mich ein Gewinn. Deshalb kann ich die Entscheidung nicht treffen.«

Seltsam – wir hatten es nie ausgesprochen, aber wir beide wussten, dass es um diese eine Entscheidung ging: Ich blieb, und wir trennten uns, oder ich floh, und wir waren zusammen.

»Ich kann dich nicht gehen lassen!«, rief ich und klammerte mich an ihn. Nein, die Welt mochte untergehen, der Palast von Sparta mochte zu Staub zerfallen, aber Paris durfte nicht fern von mir leben.

»Aber was wird aus Hermione?«, fragte er. »Du bist Mutter. Du bist die Gemahlin eines anderen, aber das habe ich aus meinen Gedanken verbannen können. Eine Gemahlin kann man ersetzen, eine Mutter nicht. Glaub mir, ich weiß es.«

»Wir nehmen Hermione mit.« Ja, das war die Antwort.

»Aber du hast gesagt, sie wird die nächste Königin von Sparta sein.« Paris war vernünftiger als ich – oder er hatte das schlechtere Gewissen. »Wie kannst du Sparta die Königin nehmen?«

»Wir werden sie fragen«, sagte ich. »Sie soll es selbst entscheiden.«

»Helena«, sagte er langsam und blickte mich an. Diese Augen – diese goldenen Augen, dunkler Honig im Lampenschein. »Sie ist neun Jahre alt. Kannst du sie zwingen, eine solche Entscheidung zu treffen? Jedes Kind in diesem Alter wird mit seiner Mutter gehen. Aber das bedeutet nicht, dass es sich auch später so entscheiden würde.«

»Aber –«

»Du darfst Hermione eine solche Bürde nicht auferlegen, eine Bürde, die sie für den Rest ihres Lebens in Zweifel ziehen wird.«

»Dann sollen wir uns einfach davonstehlen? Sie ohne Abschied verlassen?«

»Nicht ohne Abschied. Doch verlange keine Entscheidung von ihr. Sie würde dich später dafür hassen.«

»Wie kann ich mein Kind verlassen?«, rief ich.

»Du kannst es, weil du Hermione liebst und nicht in Gefahr bringen wirst«, sagte Paris. »Und du liebst Sparta und wirst ihm nicht die Königin rauben.«

»Aber das kann sie nicht wissen! Sie wird es nicht verstehen.«

»Irgendwann wird sie es verstehen.« Er drückte mich an sich. »Eines Tages. So, wie ich verstanden habe, was meine Eltern getan haben.«

Hatte er das wirklich? Sie hatten ihn dem Tod in der Wildnis ausgeliefert!

»Helena«, sagte er. »Wenn wir zusammen fortgehen wollen, müssen wir es jetzt tun. Wenn Menelaos es erfährt, wird es ... Aufruhr geben. Wir sollten so bald wie möglich nach ihm aufbrechen, damit wir einen guten Vorsprung bekommen. Alles ist bereit. Es muss noch heute Abend geschehen.«

»Nein! Nicht heute Abend! Nicht auf Menelaos' Fersen.«

»Doch, dicht auf seinen Fersen. Aber wir werden in eine andere Richtung segeln.«

O ihr Götter! Heute Abend, wenn Mutter und Vater schliefen und meine Brüder und Hermione –!

»Ganz gleich, wann es geschieht, es ist immer zu früh«, sagte Paris. »Wir sind nie bereit.«

Ich sah ihn erstaunt an. »Du bist erst sechzehn. Wie kannst du das wissen?«

»Die sechzehn Jahre meines Lebens waren erfüllt von unerwarteten Wendungen und Umkehrungen. Schon einmal bin ich aus einem behaglichen Leben gerissen worden. Das war schmerzhaft. Deshalb habe ich mehr Erfahrung als du.«

»Du hast eine Familie verlassen, aber kein Königreich«, wandte ich ein. »Und auch keine Ehefrau.«

»Ich habe ein Leben verlassen, den Glauben, ich sei jemand, während ich in Wahrheit ein anderer war. Und es stimmt, ich habe keine Ehefrau verlassen, aber wohl eine Gefährtin in den Bergen, eine Frau, die mich liebte. Sie gehörte nicht in den Palast. Helena, manchmal müssen wir schwere Entscheidungen treffen. Ich kenne viele, die stets versuchen, beides zu behalten, aber das geht nicht immer. Bin ich es – oder Menelaos? So einfach ist es. Ich habe keinen Anspruch auf deine Loyalität. Sie gehört ihm. Ich habe nur das, was uns zueinander zieht. Aphrodite und ihr Zauber – oder ihr Gift.«

Die Schlange glitt über den Boden heran. Sie erreichte unsere Füße und ringelte sich um unsere Knöchel. Ihr kühler glatter Körper band uns aneinander.

»Die heilige Schlange hat gesprochen«, sagte ich. »Sie sagt, wir gehören zusammen.«

»Das wusste ich«, sagte Paris. »Aber ich wollte, dass auch du es weißt.«

Wir trennten uns. Er ging zu Äneas, um unsere Flucht vorzubereiten, und ich würde mich verabschieden. Würden wir eine gewöhnliche Reise antreten, so würden uns die Wagen mit einer königlichen Eskorte am helllichten Tag nach Gytheon bringen. So aber mussten wir die Wagen im Dunkel der Nacht stehlen und so schnell wie möglich nach Gytheon fahren, damit wir dort bei Tagesanbruch in See stechen konnten. Keine gemächliche Wanderung, denn die konnten wir uns nicht erlauben.

Aber wie sollten sie an Pferd und Wagen kommen, ohne die Wachen aufmerksam zu machen? Mich schauderte. Das musste ich ihnen überlassen. Wenn man sie ertappte … dann würden sie natürlich des Diebstahls und des Verrats beschuldigt werden und sie müssten die Strafe auf sich nehmen.

»Du darfst nicht scheitern!«, flüsterte ich Paris zu und umklammerte seinen Arm. »Wir haben nur diese eine Gelegenheit!«

»Es wird schwierig werden«, sagte er. »Äneas und ich wissen

nicht einmal, wie es in den königlichen Stallungen und im Wagenhaus aussieht. Und wir dürfen keinen Lärm machen.«

»Denke nicht an die Schwierigkeiten!«, sagte ich. »Denke nicht einen Augenblick lang daran, sonst ist es dein Untergang. Und jetzt geh, mein Liebster. Denke nur daran, dass es getan werden muss, und an das, was vor uns liegt.« Ich zeigte ihm noch, in welche Richtung er gehen musste, bevor er sich davonstahl, ein Schatten im Mondschein.

Der Mond. War er hilfreich oder hinderlich? Wir würden nicht in der Finsternis umherstolpern, und wir brauchten keine Fackeln anzuzünden. Aber wir würden auch sichtbar sein, wenn wir den Berg hinunter und über die Straße am Fluss entlangfuhren. So würde jeder Spartaner, der nicht schlafen konnte und aus dem Fenster schaute, unseren Verfolgern erklären können, in welche Richtung wir gefahren waren.

Rund und gleißend hing der Mond mitten am Himmel wie eine weiße Fackel. Die Schatten waren kurz, und alles war von einem gespenstischen kalten Licht überflutet. Was im Sonnenschein weich und rund aussah, war jetzt scharfkantig und hart. Natürlich war das unmöglich, aber tatsächlich erschien mir jetzt alles klarer als bei Tage.

Der Palast … Jeder Pflasterstein, jede Schnitzerei an den Türen, jedes vorspringende Dachsims brannte sich in mein Bewusstsein. Ich ging umher und betrachtete alles zum letzten Mal. Jede Säule, jede Tür wollte ich berühren und mich verabschieden.

Alles war still. Alles hielt den Atem an. Ich schaute hinüber zum Eingang des großen Gebäudes.

Du wirst zurückkehren. Im Mondschein.

Woher war dieses Wispern in meinem Kopf gekommen? Die Schlangen des Asklepios … War dies auch eine ihrer Gaben? Konnte ich die groben Umrisse der Zukunft erkennen? Oh, bitte nicht! Das wäre ein Fluch und kein Geschenk.

Aber dieses überwältigende Gefühl wollte nicht vergehen. Ich würde hierher zurückkehren und noch einmal über diesen Boden gehen. Darüber hinaus – nichts. Ich wusste nichts.

Vergiss es!, sagte ich mir. Das sind Phantome, Geister der Zukunft. Heute Abend muss gearbeitet werden. Gehandelt!

Ich glitt – lautlos wie die Schlange – in die Schlafgemächer meiner Mutter und meines Vaters. Sie schliefen tief. Auch die Wachen draußen schliefen, und ich weckte sie nicht. Im Mondlicht konnte ich sie gut sehen: Gleichmäßig atmend lagen sie ruhig auf ihrem Lager, in der immer noch kalten Nacht mit dicken Vliesen bedeckt.

Ich beugte mich über sie. Ich schaute sie an, schloss die Augen, um ihr Bild heraufzubeschwören, und dann schaute ich sie wieder an, um mir dieses Bild fest einzuprägen.

Gern hätte ich sie geküsst, aber dann wären sie vielleicht aufgewacht. Es brach mir das Herz. »Lebt wohl, Mutter und Vater«, sagte ich lautlos. »Verdammt mich nicht, und hasst mich nicht.«

Ich wandte mich ab, denn ich ertrug es nicht, länger zu bleiben. Ich ging zu Hermione. Auch ihr wollte ich lautlos Lebewohl sagen, aber als ich sie vor mir sah, wusste ich, dass ich sie so nicht verlassen konnte.

Ich beugte mich über sie. Sie schlief friedlich und mit einem sanften Lächeln auf dem Gesicht. Sie war so hübsch, und sie war so sehr ein Teil meiner selbst. Meine Tage mit ihr waren noch nicht zu Ende.

Ich berührte ihre Schulter. »Hermione«, flüsterte ich.

Langsam schlug sie die Augen auf und blickte mich an. »Oh … Mutter«, murmelte sie.

»Hermione«, sagte ich so leise wie möglich, »möchtest du auf Abenteuer gehen?«

Seufzend drehte sie sich herum. »Ich weiß nicht … was?« Sie schlief noch halb.

»Paris und ich werden seine Heimat besuchen. Sie ist weit weg hinter dem Meer, an einem Ort namens Troja.«

Sie wollte sich aufsetzen, aber es gelang ihr nicht. Sie war schlaftrunken. »Wie lange bleibt ihr weg?«

»Ich … Das wissen wir nicht«, sagte ich. »So ist das bei Abenteuern – wenn du fortgehst, weißt du nicht, wann du zurückkommst. Meistens dauert es länger, als man denkt.«

»Oh«, sagte sie. »Nein, ich glaube, ich möchte nicht mitkommen.«

Nein! Das durfte sie nicht sagen. »Aber Hermione, ich möchte, dass du mitkommst.«

Störrisch schüttelte sie den Kopf. »Nein, nein. Ich will nicht weg. Ich habe meine Freundinnen und meine Schildkröten, die ich versorgen muss, und ich will Troja eigentlich nicht sehen. Troja ist mir gleichgültig.« Lächelnd streckte sie die Arme über den Kopf.

»Aber Hermione – ich würde dich sehr vermissen. Du musst mitkommen.«

»Aber was ist mit Vater? Kommt er auch mit?«

»Nein.«

»Siehst du. Dann kommst du ja bald wieder.« Sie kicherte.

Nein!, wollte ich antworten. *Nein, ich komme nicht wieder!* Aber das konnte ich nicht. »Oh, Hermione. Bitte komm mit.«

»Ich werde es mir überlegen. Warum weckst du mich deshalb?«

»Weil ich jetzt aufbrechen muss.«

»Im Dunkeln?«

»Ja. Es hat etwas mit dem Schiff zu tun ...«

Sie schlang mir die Arme um den Hals. »Ich kann jetzt nicht. Nicht mitten in der Nacht. Es ist dunkel. Ich will nicht.«

»Aber der Vollmond scheint. Man kann gut sehen.«

»Mutter, ich will nicht mit euch auf Abenteuer gehen«, sagte sie mit fester Stimme. »Vollmond hin, Vollmond her.«

»Dann umarme mich.« Ich unterdrückte das Zittern in meiner Stimme und die Tränen, die mir in die Augen steigen wollten. Ich konnte ihr nichts weiter sagen. Ich konnte ihr nichts erklären. Ich konnte ihr nur Lebewohl sagen und sie noch einmal an mich drücken. Doch es war gewiss nicht das letzte Mal.

Nein. Du wirst sie wiedersehen und in den Armen halten. Aber sie wird erwachsen sein, älter, als du jetzt bist.

Der Blick in die Zukunft, das Mysterium, das mir gewährt worden war. Ein Segen also, ein Segen. Ich würde sie wieder in den Armen halten! Mehr musste ich, mehr wollte ich nicht wissen.

»Auf Wiedersehen, mein Kind«, flüsterte ich und schmiegte meine Wange an ihre.

»Ach, Mutter … Sei doch nicht so ernst!« Sie sank zurück und war sofort wieder eingeschlafen.

Schluchzend verließ ich ihre Kammer. Draußen lehnte ich mich an eine mondbeschienene Säule, bis die Umgebung nicht mehr in meinen Tränen schwamm und ich wieder klar sehen konnte.

Aphrodite musste sich zwischen den Säulen herangeschlichen haben, denn ich hörte ihr sanftes, drängendes Wispern.

Was brauchst du mehr zu wissen? Deine Tochter wird auf dich warten … Du wirst sie nicht verlieren … Du darfst deine Bestimmung mit Paris suchen …

Grausame Göttin!, antwortete ich zornig. Für dich und die unsterblichen Götter bedeutet die Zeit nichts. Aber für uns Sterbliche ist sie alles. Zwanzig Jahre sind eine lange Zeit, auch zehn, und euch bedeuten sie nichts. Wir verändern uns; Hermione wird bald nicht mehr das kleine Mädchen sein, das warm und schläfrig in seinem Bett liegt, mir die Arme um den Hals wirft und von ihren Schildkröten erzählt. Aber das alles kümmert euch nicht!

Nein, es kümmert uns nicht. Fast konnte ich sehen, wie sie die Achseln zuckte. *Und du nimmst es viel zu wichtig. Willst du alles ergreifen, was das Leben euch Sterblichen eröffnet, oder willst du lieber zaudern und sagen: »Ach je, ich kann es nicht, ich bin nicht stark genug«?*

Stärke hat nichts damit zu tun, sagte ich. Es hat etwas mit Anstand und Ehre zu tun, mit lauter Dingen, von denen du anscheinend nichts verstehst.

Dann lasse ich dich wieder allein. Leb wohl, Helena!

Ich spürte, dass sie sich zurückzog. Ich fühlte, wie sie versickerte und mich dumpf und farblos zurückließ, wie mein Leben vor den Rosen gewesen war. Nein!, rief ich. Nein, verlass mich nicht!

Also gut. Tu, was ich sage! Schluss mit diesem Unsinn, mit all diesen Bedenken! Geh zu den Stallungen! Paris wartet. Gehorche mir! Sonst …

Ich riss mich los und rannte zu den Pferdeställen. Der Palast lag hinter mir. Ich kam an der Platane mit ihren ausladenden Ästen und dem kräftigen Stamm vorbei. Baum meiner Ehe, gepflanzt, als ich jungvermählt und gerade Mutter geworden war. Ich beschirmte meine Augen vor dem Anblick und lief weiter.

Äneas und Paris hatten zwei Wagen angespannt. Sie waren dabei, sie mit ihren Sachen zu beladen, als sie mich erblickten.

Nie zuvor hatte ich mich so unirdisch, so losgelöst von meiner Umgebung gefühlt. Ich ging fort. Ich musste ein wenig von meiner Habe mitnehmen. Hermione musste hierbleiben, meine heilige Schlange auch. Vielleicht war ich von einer Art Wahnsinn besessen, von dem Gefühl, ich müsse etwas mitnehmen, etwas außerhalb meiner Person und der Kleider, die ich am Leibe trug. »Ich muss meinen Schmuck holen«, sagte ich. »Er gehört mir. Und ein wenig vom Gold aus dem Palast. Ich bin die Königin, ich habe ein Recht darauf. Und vielleicht … vielleicht werden wir es brauchen.« Ich lief zurück in meine Gemächer und trug Schatullen voller Geschmeide zusammen, sogar die abscheulich schwere goldene Hochzeitskette – hätte ich klar denken können, dann hätte ich sie als böses Omen gemieden. Dann ging ich in die Schatzkammer des Palastes, stopfte goldene Becher und Teller in Körbe und schleppte alles zurück zu den Stallungen.

»Helena!«, rief Paris. »Das ist Irrsinn! Die Wagen werden zu langsam!«

»Aber ich muss etwas mitnehmen!«, schrie ich, und Paris legte mir die Hand auf den Mund, um mich zum Schweigen zu bringen. Ich zog sie beiseite. »Ich muss etwas haben. Ich muss etwas mitnehmen. Meine Tochter hast du mir verwehrt.«

Paris schüttelte den Kopf. »Ich habe dir nur gesagt, warum sie nicht mitkommen sollte. Ich habe dir nicht verboten, sie mitzunehmen. Das steht nicht in meiner Macht.«

Nein, nicht Paris hatte sie mir verwehrt. Hermione selbst hatte es getan. »Wir brauchen diese Sachen!«, beharrte ich.

Paris wollte sie vom Wagen nehmen. »Man wird mich einen Dieb nennen, und ich bin keiner. Oder sagen wir – ich stehle nur die Königin. Aber sonst nichts. Wir haben überreichlich Gold in Troja.«

Äneas fiel ihm in den Arm. »Sie muss es mitnehmen«, sagte er. »Schließlich ist sie die Königin. Diese Sachen sind ihr rechtmäßiges Eigentum. Sie will keine Bittstellerin und keine Bettlerin sein, sondern eigene Mittel besitzen. Sie will sich nicht als Flüchtling an die Gestade Trojas werfen.«

Paris schüttelte den Kopf. »Es wird uns nur hinderlich sein.«

»Wenn es sie beruhigt, lass es gut sein!«

Paris fügte sich seinem älteren Vetter – ungewöhnlich für seine Jugend. Aber Paris war in vieler Hinsicht unerwartet weise. »Also gut«, sagte er und schob die Körbe zurück in den Wagen. »Jetzt kommt!« Er sprang auf den Wagen und winkte mich zu sich herauf. Äneas übernahm den zweiten, und wir trieben die Pferde aus dem Stall hinaus und weg vom Tor.

»Das Haupttor können wir nicht nehmen«, erklärte ich. »Die Wache wird uns aufhalten und Fragen stellen. Ich kann ihnen befehlen, das Tor zu öffnen, aber warum sollen wir ihnen sagen, was wir vorhaben? Es gibt einen anderen, wenig benutzten Weg an der Rückseite. Hier.« Ich deutete in die Richtung.

Es war gut, dass der Mond so hell schien! So fanden wir den zerfurchten Weg, der um den Palast herumführte. Die Hauptstraße erreichte er erst unten am Ufer des Eurotas. Es ging steil bergab, aber wir gelangten hinunter. Die schweren Sachen in den Körben schaukelten hin und her, aber sie hielten unsere Füße am Boden des Wagens. Die Landschaft flog an uns vorüber; es ging schnell, zu schnell. Ich konnte kaum einen Blick auf die dunklen Bäume werfen, und für Abschiedsschmerz war erst recht keine Zeit.

Die Ebene. Wir waren in den Wiesen am Flussufer, lenkten die Wagen durch die wilden Felder und strebten der Straße zu. Holpernd und polternd flogen wir über Erdschollen und Gräben. Bei jedem Satz, den der Wagen machte, hätten wir am liebsten aufgeschrien, erfüllt von Angst und Überschwang eines irrsinnigen Unternehmens, aber wir mussten leise sein. Die Stadt lag vor uns, und wir mussten daran vorbei. Ihre Mauern waren hoch, und im tastenden Licht des Mondes sah ich die Schatten zwischen den riesigen Steinblöcken, aus denen sie gebaut waren, tief und geheimnisvoll. Ich machte eine leise Bemerkung über ihre Stärke.

»Warte, bis du die Mauern Trojas siehst!«, antwortete Paris. »Sie sind glatt und dreimal so hoch wie dieser … dieser kindische Schutzwall!« Mit abschätziger Gebärde deutete er auf die gerundeten Steine. »An den Mauern von Troja finden Hand und Fuß keinen Halt.«

Jetzt waren wir auf der Straße und jagten am Eurotas entlang. Auch der Fluss strömte eilig dahin, angeschwollen von der Schneeschmelze in den Bergen. Weißer Schaum tanzte auf dem Wasser.

Wie anders war meine gemächliche Wanderung mit Gelanor verlaufen! Wir waren auf dem Weg dahingestapft und hatten, wann immer wir wollten, Halt gemacht, um zu essen, zu trinken und uns auszuruhen.

Gelanor! Was würde er denken, wenn ihn die Nachricht erreichte?, dachte ich entsetzt. Und sofort kam mir der nächste Gedanke: Gelanor werden sie aussenden, um uns aufzuspüren. Und er wird uns finden. Aber wird er uns rechtzeitig finden?

»Schneller!«, drängte ich Paris.

Im flachen Gelände ließen wir die Pferde galoppieren. Die Wagen flogen dahin, und manchmal berührten sie den Boden nicht mehr. Der Mond über uns verschwand immer wieder hinter Wolken. Wenn er hervorkam, lag die Landschaft klar und deutlich wie ein fein gemeißeltes Relief vor uns. Wenn er verschwand, verwandelte die Umgebung sich in einen Traum – verschwommen, verblasst, veränderlich.

Lange vor Morgengrauen erreichten wir das Meer. Wären wir zu Fuß gewesen, hätten wir noch einen weiten Weg vor uns gehabt. Das Meer, die Klippen, die Höhle der Aphrodite, wo alles begonnen hatte – war sie überhaupt noch da? Hatte es sie je wirklich gegeben? Ich reckte den Hals, um sie zu entdecken, aber sie verlor sich in den Schatten zwischen den Felsen am Ufer. Und vielleicht würde ich sie nie wiedersehen. Beim ersten Mal war es Magie gewesen, beim nächsten Mal wäre es vielleicht nur eine gewöhnliche Höhle, leer und feuchtkalt.

»Das Schiff wartet.« Äneas deutete auf ein großes Segelschiff, das in der Nähe vor Anker lag.

Ein kleines Boot kam an den Strand, um uns zu holen. Mein Fuß verließ den Sand meiner Heimat, als ich hineinkletterte. Wasser troff von meinen Sohlen. Ich sah, wie die Tropfen fielen, und es wirkte sehr endgültig.

So betrat ich ein trojanisches Schiff. Mein erstes Schiff, das erste Mal, dass ich das feste Land verließ. Ich hatte keinen Vergleich, aber mir kam es stattlich vor. Die Besatzung stand in einer Reihe an Deck und salutierte vor Paris und Äneas, und der Kapitän verbeugte sich. »Meine Prinzen, sagt mir nur, wohin wir steuern sollen, und es wird geschehen.«

»Legt erst einmal ab!«, befahl Paris. »Wir müssen dieses Ufer so schnell wie möglich verlassen.«

»Es ist gefährlich, die Segel zu setzen, bevor es ganz hell ist«, sagte der Kapitän.

»Aber wir müssen fort von hier!«, sagte Paris.

»Nicht weit vor der Küste liegt eine kleine Insel namens Kranä«, sagte der Kapitän. »Wir könnten dort ungesehen vor Anker gehen und dann bei Tageslicht in See stechen.«

»Dann tu das!«, sagte Paris. »Schnell!«

Durch die wogende See steuerten wir um die Insel Kranä herum. Selbst ich, die ich von der Seefahrt nichts verstand, konnte sehen, dass die Wellen vor einer kleinen Insel in den Untiefen vor der Küste rauer waren als weiter draußen auf dem Meer. Es erforderte große Geschicklichkeit, das Schiff zur Rückseite der Insel zu manövrieren, wo man es vom Festland aus nicht entdecken konnte.

»Hier sind wir unsichtbar«, sagte der Kapitän. »Wer uns sucht, wird glauben, wir seien schon weit draußen auf hoher See.«

Ich schaute zum Himmel im Osten. Er war noch dunkel. »Wir werden an Land gehen und uns ausruhen«, sagte ich. Ich war sehr erschöpft. Wir hatten die ganze Nacht nicht geschlafen.

Schützend und still lag die Insel in der Dunkelheit. Sie war von hohen Bäumen bestanden, die in der steifen Brise schwankten. Hier und da war eine Lichtung geschlagen; anscheinend kamen hin und wieder Fischer hierher. Aber niemand wohnte auf der Insel.

»Lass uns ein Schutzdach bauen«, schlug ich Paris vor.

»Wir haben Zelte an Bord«, sagte er.

»Dann sollen sie eins bringen.«

Ich stand da und wartete, während das Zelt vom Schiff gebracht wurde. Paris bestand darauf, die Männer wegzuschicken und es selbst aufzuschlagen. »Ich weiß, wie das geht«, sagte er. »Ich habe es in meiner Vergangenheit schon oft tun müssen.«

»Öfter als deine fürstlichen Brüder in Troja, möchte ich annehmen«, sagte ich und dachte an verhätschelte Königssöhne, die allein nicht einmal von einem Sofa aufstehen konnten.

Er warf mir einen belustigten Blick zu, während er das Zelt aufbaute. Schließlich richtete er sich auf und deutete hinein. »Meine Königin, dein Quartier ist bereit.«

Ich kroch durch die kleine Öffnung hinein. Drinnen war es dunkel, obwohl der Himmel allmählich heller wurde. Er hatte Decken ausgerollt und sogar Kopfkissen aus leinenen Kleiderbeuteln zurechtgelegt.

»Benutzt ihr so etwas in Troja?«, fragte ich.

Er lachte. »Nein. Du musst doch gehört haben, dass Troja für sein Wohlleben berühmt ist. Das hier ist die geziemende Einrichtung für einen Landstreicher oder Piraten.« Er klopfte mit der flachen Hand auf die Wolldecke. »Bist du es nicht manchmal müde, eine Königin zu sein? Dann koste jetzt vom Leben eines Flüchtlings, der in Wald und Feld zu Hause ist.«

Ich setzte mich auf die Decke. Ich war so müde, dass mir das raue Tuch auf dem harten Boden so willkommen war wie ein Kissen aus Schwanendaunen. Vor Erschöpfung konnte ich nicht mehr denken, konnte die Tragweite dessen, was ich getan hatte, nicht mehr ermessen.

Ich legte mich auf den Rücken. Paris stützte den Kopf auf den Ellenbogen und sah mich an. Draußen rauschte die Brandung an die nahen Felsen.

»Auf einer kleinen Insel ist das Tosen der Wellen allgegenwärtig«, sagte Paris. »Wohin wir auch gehen, wir können ihm nicht entkommen.«

»Sie sind ein Chor, der mir willkommen ist«, sagte ich. Und so war es wirklich. Das unaufhörlich wiederkehrende Krachen der Wogen war wie ein Trommelwirbel, der alle Gedanken übertönte. Die lauten Brecher und ihr langgezogenes, zischelndes Zurückweichen hallte in meinem Kopf wider. Ich schaute Paris an, aber selbst sein Gesicht verschwamm vor meinen Augen.

Ich bin hier, dachte ich, hier bei Paris. Wir haben Sparta verlassen. Alles ist fort – alles außer uns. Ich schlang den Arm um seinen Hals und zog sein Gesicht zu mir hinunter.

Paris. Ich küsste seine Lippen, die Worte geformt hatten, als er mit Hermione scherzte und die Beleidigungen meiner Mutter parierte. Ich hatte gesehen, wie sie liebkosend den Rand meines Weinbechers berührt hatten. Ich wollte sie an den meinen spüren, denn dort hatte ich sie erst ein Mal und nur kurz geschmeckt. Sie waren alles, was ich ersehnt hatte, und sie zogen mich immer weiter in seine Welt und in ihn. Ich drückte ihn an mich. Ich fühlte seinen starken jungen Körper an mir und lachte plötzlich laut.

»Was ist?«, fragte er.

Mein Kopf fiel zurück auf das Kissen. »Ach, ich kann nicht entscheiden, was ich mit dir tun will.« Ich streichelte seine Wange. »Ich will dich berühren. Ich will dich anbeten. Ich weiß nicht, was ich will.«

»Bete mich nicht an!« Ich spürte seinen Atem auf meinem Gesicht. »Der Abstand wäre mir zu groß. Anbeten sollte ich dich, aber lieber will ich dich berühren.« Er ließ sich neben mir niedersinken und umschloss mich mit seinen Armen.

Und damit verschwand jeder Gedanke an Anbetung aus

meinem Kopf. Die Berührung von Haut an Haut setzte alles andere in Bewegung, und sie ließ mich erschauern. Bei diesem Wunder hielt ich nicht einmal mehr inne, um es zu bestaunen, dieses Gefühl, das ich nie zuvor empfunden hatte, um das ich gebetet, gefleht, nach dem ich mich gesehnt hatte. Es war da, hier – und es klang so laut in mir, dass es mich überwältigte. Ich lachte wieder.

»Was ist? Warum lachst du?«, murmelte Paris. Er hatte Angst, ich könne ihn auslachen.

»Nur über das Glück der Götter«, sagte ich. »Das Glück der Götter. Endlich haben sie mich gesegnet!«

Aphrodite, die das Lachen liebte … Ja, so nannte man sie. Sie schaute lächelnd auf die Liebenden, aber in ihrer Weisheit wusste sie auch, dass sie lachen mussten.

»Mach mich zu deiner Frau!« Ich zog ihn an mich. Oh, er sollte es tun! Ich wollte endlich seine Frau sein!

Die Brandung ringsumher schwoll an und übertönte unsere Stimmen. Ich musste meinen Mund an sein Ohr schmiegen, damit er meine Worte hören konnte. Wir waren in unserer eigenen Zitadelle, in unserer eigenen befestigten Stadt, umgeben von Wogen und Felsen und dem Tosen des Wassers, das gegen sie anrannte.

Alles, was mir verwehrt geblieben war, war mir plötzlich gewährt. Aphrodite war eine großzügige Göttin. Ich lechzte, ich bebte, ich pulsierte vor Verlangen nach Paris. Das kleinste Zögern, die winzigste Schranke zwischen uns war unerträglich. Ich musste alles fortreißen, ich musste ihn haben, ganz und gar, und nichts anderes war mehr wichtig. Diese ganze Pracht war den Verlust eines Königreichs wert. Jeglichen Verlust.

Danach lagen wir fest umschlungen, miteinander verbunden in dem, was uns erwartete, was immer es sein mochte. Was geschehen war, konnte nicht ungeschehen gemacht werden. Doch wer konnte erwägen, diese Herrlichkeit ungeschehen zu machen?

Ich schaute im Dunkeln zum Zeltdach hinauf. Das also war es, wovon die Leute sprachen. Oh, meinen innigsten Dank, Aphrodite, für dieses Geschenk! Wer davon nie gekostet hat, hat wahrlich nicht gelebt, das wusste ich jetzt. So – und nur so – haben wir wirklich gelebt: indem wir alles gefühlt, alles gewagt, alles versucht haben.

XXV

Die Nacht verging, die Sterne kreisten über uns, und wir dösten und erwachten und umarmten uns wieder und wieder, bis es keinen Unterschied mehr gab zwischen Wachen und Schlafen, zwischen Liebe und Rast. Durch die Ritzen des Zeltes sah ich den Himmel. Meine Ohren waren erfüllt vom unablässigen Rauschen des Meeres. Alle meine Sinne waren von etwas Neuem berührt worden: meine Augen von der fremden Insel Kranä und von meinem nackten Paris, meine Nase vom Duft der Blumen auf dieser Insel und dem seiner Haut, meine Hände von der Berührung seines Körpers, so schlank und warm, so anders als der von Menelaos, meine Zunge vom Geschmack seines Halses, wenn ich ihn küsste, meine Ohren vom Murmeln seiner Stimme, sanft und schläfrig, kaum hörbar im Donnern der Brandung.

Die Nacht schien ewig zu dauern, viel länger als jede gewöhnliche Nacht. Ich wusste, dass die Götter Tage und Nächte verlängern und verkürzen konnten, wie es ihnen gefällt, und vielleicht war dies Aphrodites Hochzeitsgeschenk an uns.

Nach und nach verblassten die Sterne, und der Himmel wurde grau. Im zunehmenden Licht konnte ich meinen Liebsten im Schlaf betrachten und seine Gesichtszüge in allen Einzelheiten studieren. Ich dankte Aphrodite für diese Gelegenheit, denn ich hatte ihn bisher nie so anschauen, mich nicht an ihm sattsehen können. Die Zeit in Sparta hatten wir in der Gesellschaft anderer verbracht; dort hatte ich mich nicht verraten dürfen, und deshalb hatte ich meinen Blick nie auf ihm ruhen lassen.

Ich empfand keine Scham, keine Reue, nichts als wilde Erregung und ein Glück über alles Glück hinaus. Vollkommene Ekstase. Ich war frei. Ich hatte das Geschenk ergriffen, das vor mir gestanden hatte, und mein Mut hatte die Probe bestanden; ich hatte bewiesen, dass ich es wirklich haben wollte. Nun würde mein Leben beginnen.

Widerwillig erhob ich mich und warf mir einen Mantel über die Schultern. Ich verließ das warme, schützende Zelt. Draußen rauschte der Wind durch die Kiefern, und Staub wehte über den Boden. Dunkle Wolken zogen über den Himmel. Ich stellte mich auf die Zehenspitzen und schaute auf das Meer hinaus. Auf der anderen Seite der Insel hätte ich Gytheon sehen können, aber ich wollte es schon nicht mehr sehen. Ich wollte nicht am Ufer nach Männern Ausschau halten, die mich suchten, sondern lieber auf das Meer hinausspähen, zum fernen Horizont.

Aber als die Sonne aus dem Wasser emporstieg und die Wellen in eine glitzernde goldene Straße verwandelte, tauchten Formen aus den Dunstschleiern auf. Weit hinten am Horizont schwebte eine Insel. Das musste Kythera sein. Gelanor hatte mir davon erzählt, als ich sie von Gytheon aus gesehen hatte. Plötzlich wollte ich unbedingt dorthin – weil er gesagt hatte, ich könne es nicht. Ich wollte alles das tun, wovon man mir immer gesagt hatte, ich könne es nicht.

»Willst du mich so bald schon verlassen?« Paris stand hinter mir und umfing mich mit seinen starken Armen. Ich sah, wie sie sich vorn umeinander flochten, und dachte an die heilige Schlange. Ich senkte den Kopf und küsste seine Unterarme.

»Niemals«, sagte ich. »Ich werde dich nie verlassen.«

»Ich dich auch nicht«, sagte er. »Ich dich auch nicht.«

»Schon wach, wie ich sehe!« Das war Äneas. »Das ist gut, denn wir müssen uns auf den Weg machen.« Er kam auf uns zu. Ich sah, dass er uns forschend anschaute; er brannte vor Neugier darauf, wie unsere gemeinsamen Stunden verlaufen sein mochten. Diese Stunden, für die alle einen so hohen Preis bezahlen sollten. Aus Gewohnheit verbannte ich jeden Ausdruck aus meinem Gesicht. »Wir müssen weit draußen sein, bevor Alarm geschlagen wird. Wahrscheinlich wachen sie in diesem Augenblick auf und vermissen uns.«

Ich sah Mutter vor mir, wie sie gähnend die Augen öffnete und sich umdrehte, Vater, wie er sich aus dem Bett schwang, Hermione, die noch träumte. Hermione. Ich wollte jetzt nicht an sie denken!

Als wir wieder an Bord des Schiffes waren, sah ich die Galionsfigur und musste lachen: Es war Eros. »Wie kam es denn zu dieser Schnitzerei?«, fragte ich.

Äneas warf einen Blick zum Bug. »Paris hat sie in Auftrag gegeben.«

Wir lichteten den Anker. Die Männer setzten das viereckige Segel, und wir liefen vor dem Südwestwind, der uns auf Kythera zutrieb. Damit es schneller ging, machten auch die Ruderer sich an die Arbeit. Wir nahmen Kurs auf das offene Meer.

»Wir werden draußen übernachten müssen«, kündigte der Kapitän an. »Es bleibt uns nichts anderes übrig; zwischen hier und Kythera gibt es keinen Ankerplatz. Betet zu Poseidon, dass wir nicht in die tückischen Strömungen geraten, solange es dunkel ist!«

»Wovon sprichst du?«, fragte Paris.

»Kythera bietet eine gefährliche Passage«, sagte der Kapitän. »Viele Wechselströmungen und verborgene Riffe. Das sind die natürlichen Gefahren. Dann gibt es noch Piraten, aber sie bleiben meist näher am Ufer. Es gibt eine Redensart: Umschiffe Malea und vergiss deine Heimat. Wir müssen westlich der Landzunge von Malea herum, um Kythera zu erreichen.«

Paris umarmte mich. »Liebste, du wolltest ein Abenteuer«, sagte er. »Wir werden eins erleben.« Er schob mich zur Reling. »Könnten wir uns doch auf hoher See lieben. Das wäre eine Herausforderung bei all dem Schaukeln und Rollen. Wie die Liebe zu Pferde, denke ich mir.«

»Was denn? Hast du das schon einmal getan?«

Er lachte. »Nein, aber es wäre ein sehr trojanisches Unterfangen.«

»Warum?«

Er drehte sich um und schaute mich aufmerksam an. »Du weißt es wirklich nicht, wie? Haben sie dich denn gar nichts lernen lassen? Was ist denn mit diesem Palastmagier, dem Mann, der so vieles weiß? Hat er dich nichts gelehrt?«

Sein Vorwurf, so berechtigt er sein mochte, tat mir weh: Er tat weh, *weil* er berechtigt war. »Gelanor hat mich vieles gelehrt, aber nur das, was ich ihn habe fragen können. Er war nicht mein Hauslehrer.«

»Verzeih! Es sollte nicht vorwurfsvoll oder geringschätzig klingen. Es ist nur … Nun ja, Troja ist berühmt für seine Pferde. Mein Bruder Hektor ist bekannt als der ›Rossbändiger‹. Und so gibt es in Troja auch große Reitkunst. Irgendjemand ist sicher auch dafür bekannt, dass er auf einem galoppierenden Pferd Liebe machen kann.«

Ich lachte. »Da wird das Schiff für uns doch eine gute Gelegenheit zum Üben sein. Wenn wir dann in Troja sind, können wir alle mit unseren Kunststücken in Erstaunen versetzen.« Dank Aphrodite war ich schon wieder bereit, mich mit Paris zurückzuziehen, und dabei war es noch nicht lange her, dass wir einander in den Armen gehalten hatten. Die Göttin hatte mich in ein alles verzehrendes Feuer verwandelt. Mir lag daran, einen ungestörten Platz auf dem Schiff zu finden, und das flüsterte ich Paris zu.

Einen Augenblick lang wirkte er verlegen, und sein Blick wanderte über das Schiff mit seiner großen Besatzung. Es war ein Reich der Männer, das wenig Zurückgezogenheit und keine Annehmlichkeiten bot. »Es war ein Scherz, was ich da über das Üben und die Pferde gesagt habe. Ich – ich glaube, wir müssen warten, bis wir wieder an Land sind. Hier bekommen wir nicht mehr als ein Plätzchen zum Schlafen, und wir können uns nirgends vor all diesen Blicken verbergen.« Er deutete zu den Ruderern auf ihren Bänken und drückte meine Schulter. »Helena«, sagte er leise, »du wirst dich beherrschen müssen. Wir müssen warten.«

»Warten. Mein Leben lang habe ich nichts anderes getan, als zu warten.«

Er lachte, um mir zu zeigen, dass er scherzte. »Lass uns hoffen, dass die Überfahrt schnell vonstatten geht! Das Warten ist eine erlesene Form der Folter.«

Die See wurde rauer, als wir Kranä hinter uns ließen. Die Insel mit ihren Bäumen verblasste in unserem Kielwasser. Der Wind schüttelte uns, und die Ruderer hatten große Mühe, als das Schiff sich auf die Seite legte. Wir fuhren auf das offene Meer hinaus, und alles Land schien gleich weit entfernt zu sein: matte Konturen am Horizont, links, rechts und vor uns. Möwen folgten uns, sie kreisten und stießen laut krächzend auf das Schiff herab. Der Wind trug ihre Schreie davon.

»Holt das Segel ein!«, befahl der Kapitän, als die Sonne unterging. »Im Dunkeln dürfen wir nur langsame Fahrt machen, und außerdem wollen wir nachts nicht in die Nähe von Malea kommen. Wir müssen hellwach sein und gut sehen können, wenn wir dort vorbeifahren.«

Fröstelnd ließ ich mich an einer geschützten Stelle nahe dem Heck nieder. Paris brachte mir etwas zu essen; das Schiff war gut mit Proviant versorgt, aber es blieb doch Proviant: kalt und so schnell und umstandslos zu essen, wie es nur ging. Mit Wein spülte man das Essen herunter. Ich trank in tiefen Zügen, legte den Kopf an die Reling und lachte. Wenn ich daran dachte, dass ich mir diese Reise als eine Gelegenheit zu ungestörten Ausschweifungen vorgestellt hatte! Wie naiv ich gewesen war! Wie behütet ich gelebt hatte – ich hatte nicht einmal gewusst, wie eine Seereise aussah. Ich hatte noch viel zu lernen.

Paris brachte mir eine Wolldecke, in die ich mich einhüllen und die ich als Kopfkissen benutzen konnte. Er behandelte mich, wie ich Hermione behandelte. Aber hier war er der Ältere. Er hatte recht: In mancher Hinsicht lebte er schon länger als ich, wenn man Erfahrung mit einem langen Leben gleichsetzte.

»Schließ die Augen!«, sagte er und drückte mir einen Kuss auf die Lider. »Ich werde Wache halten. Natürlich glaube ich nicht, dass Piraten kommen könnten. Nicht im Dunkeln. Aber schlafen werde ich trotzdem nicht.« Der arme Paris – an seiner Stimme hörte ich, wie müde er war. In der Nacht auf Kranä hatten wir beide nicht richtig geschlafen.

Ich drückte seine Hand und versuchte mich auf dem schwankenden, rollenden Schiff zu entspannen. Ich fühlte mich wie in einer Hängematte, die von einer Riesenhand geschaukelt wurde, und ich bemühte mich, nicht an das tiefe kalte Wasser unter mir zu denken. Das fiel mir nicht leichter, nachdem der Kapitän gesagt hatte: »Nur drei Finger dickes Holz trennt uns von der Tiefe.«

Die blanke Erschöpfung ließ mich in einen Halbschlaf sinken – es war, als tauche mein Kopf hinab ins Reich der Träume. Erinnern kann ich mich an keinen von ihnen, und dafür bin ich dankbar: Wären es Omen gewesen, ich hätte es nicht ertragen. Ich wollte keine Omen mehr. Ich hatte genug davon. Sie hatten mein Leben von Geburt an beherrscht – nein, schon vorher. Jetzt ließ ich die Omen hinter mir, wie ich Sparta hinter mir gelassen hatte.

Ich wollte jeden Tag so leben, wie er kam. Ich wollte nicht mehr und nicht weniger sehen als das, was dieser eine Tag brachte.

Paris hielt noch immer meine Hand. Das genügte mir; es war alles, was ich brauchen würde.

Der Morgen dämmerte. Ich war steif und durchgefroren, und meine Hände waren taub. Neben mir unter der Decke lag Paris.

»Ich dachte, du wolltest die ganze Nacht wach bleiben«, flüsterte ich, und meine Lippen berührten sein Ohr.

»Das habe ich auch getan«, sagte er. »Ich habe mich erst hingelegt, als es hell wurde. Auf See war alles klar.« Er richtete sich auf und schüttelte den Kopf. »Nur noch einen Tag …«

Bis Kythera. Und dann … Aber jetzt sollte ich nicht so weit denken. Ich würde nur an die Tagesreise nach Kythera denken. Und wenn wir auf Kythera wären, nur an den Tag dort und danach …

»Jetzt kommt das gefährliche Stück«, sagte der Kapitän und

kam auf uns zu. »Wir sind im schlimmsten Teil der Strömungen, die sich durch die Meerenge ziehen; wir nähern uns Kap Malea. Seht dort. Links seht ihr Malea, und vor uns liegt Kythera.«

Mit zittrigen Knien stand ich auf. Der Wind schlug mir ins Gesicht; er war beißend kalt. Ich sah die Landspitze von Malea und geradewegs vor uns den Berg von Kythera. Er war aus den Nebeln eines Traums erschienen.

»Endlich! Endlich werde ich die Insel betreten!«, rief ich.

»Nicht so eilig, Herrin«, sagte der Kapitän. »Zuerst müssen wir an denen da vorbei.«

»Was?«, fragte Paris.

»An denen da.« Der Kapitän zeigte auf ein kleines, kaum sichtbares Schiff vor Malea.

Paris lachte. »An dieser Nussschale? Die werden uns niemals einholen, und selbst wenn sie es tun, was macht das schon?«

Der Kapitän schüttelte den Kopf. »Weißt du nicht, Prinz, dass Piratenschiffe immer klein und leicht sind? Sie müssen es sein, damit sie schnell sind und sich gut verstecken können. Und das da sieht für mich aus wie ein Pirat. Ich glaube nicht, dass es ein unschuldiges Fischerboot ist, auch wenn es sich so tarnt.« Er wandte sich an die Ruderer. »Schneller! So schnell ihr könnt!« Dann winkte er den Matrosen. »Setzt das Segel! Setzt das Segel! Lasst uns diesen Wind nutzen!«

Eilig machten die Männer das Segel los und zogen es hoch. Knatternd füllte es sich mit dem ungeduldigen Wind. Das Schiff flog nur so über die Wellen. Das verdächtige Boot blieb weit hinter uns zurück.

Der Kapitän schien sich ein wenig zu entspannen, aber er spähte immer wieder nach achtern und behielt das Boot im Auge. Er bedeutete den Männern an den Steuerrudern, nach rechts zu steuern, und sie gehorchten. Wenige Augenblicke später ließ er nach links steuern, und dann verfinsterte sich seine Miene.

»Was ist?«, fragte ich.

»Es sind Piraten, wie ich es mir dachte. Sie wechseln den Kurs, wenn wir es tun.«

»Ist es nicht vielleicht nur ein kleines Boot, das sich einfach an uns hält, um auf sicherem Kurs zu fahren?«, fragte einer der jüngeren Männer.

»Möglich«, räumte der Kapitän ein. »Und jetzt, da wir den Wind haben und auch ein größeres Segel als sie, lassen wir sie hinter uns. Wenn wir Glück haben, erreichen wir Kythera lange vor ihnen.«

»Aber wir müssen unser Lager im Landesinneren aufschlagen«, sagte der Mann. »Piraten plündern die Küstenstriche und verschleppen die Menschen dort.«

»Dann müssen wir auf den Berg steigen und dort eine Weile leben«, sagte Paris, und seine Lippen waren dicht an meinem Ohr. Wie er es sagte, klang es nach einem Paradies, einem Refugium, in dem wir lange Zeit verweilen könnten.

»Die Piraten überfallen gern Feste, wo Frauen und unbewaffnete Männer sich vergnügen«, jammerte der junge Mann. »Meine Tante ist auf diese Weise geraubt worden. Wir haben sie nie wiedergesehen.«

Piraten lieferten den größten Teil der Sklaven, die als Knechte und Mägde verkauft wurden – zumindest in Friedenszeiten, wenn es keine Kriegsgefangenen gab. Mich schauderte.

»Nur Mut, Junge«, sagte der Kapitän nachsichtig. »Ein Schiff voller Männer ist nicht so leicht zu entführen. Hier ist nur eine Frau an Bord, und sie wird ein so hohes Lösegeld einbringen, dass auch ihr nichts zustoßen wird.« Er zwinkerte mir zu. »Schneller!«, befahl er den Ruderern.

Aber Kythera war weiter weg, als es aussah. Vielleicht hatte uns auch die Strömung seitwärts abgetrieben. Als die Sonne sich dem Horizont näherte, lag Kythera immer noch ein gutes Stück entfernt. Dann hörte der Wind unvermittelt auf, als versinke er mit der Sonne im Meer. Das Segel erschlaffte und hing nutzlos herab. Unsere Geschwindigkeit verringerte sich; nur noch die Ruderer bewegten uns voran.

Und das geheimnisvolle Schiff, das uns verfolgte, wurde größer. Solange der Wind geweht hatte, waren wir mit unserem großen Segel schneller gewesen, aber die Ruderer allein brachten das kleine Boot schneller voran. Sie holten auf. So sehr unsere Ruderer sich in die Riemen legten, der Abstand verkleinerte sich immer mehr. Ich umklammerte die Reling. Sollte meine Freiheit schon nach einem Tag zu Ende sein? Waren eine Nacht und ein Tag mit Paris alles, was ich bekommen sollte? Würde man mich fangen, fesseln und nach Sparta zurückbringen wie ein Schlachttier?

»Nein!«, rief ich. »Nein, nein!«

Sie waren jetzt so dicht herangekommen, dass wir sehen konnten, wie viele an Bord waren: ungefähr dreißig Männer mit finsteren Gesichtern. Einen Kapitän schien es nicht zu geben; es waren lauter Ruderer. Vielleicht waren alle Piraten gleich, oder sie führten das Kommando abwechselnd. Wahrscheinlich war es nötig so, denn bei ihren Überfällen fanden immer wieder welche den Tod.

»Bewaffnet euch!«, befahlen Paris und Äneas ihren Männern. Die trojanischen Soldaten legten ihre Brustpanzer an und setzten die Helme auf. Beim Anblick dieser Bewaffneten würden die Piraten gewiss abdrehen. Aber nein, sie fuhren weiter, noch schneller sogar, als freuten sie sich auf einen richtigen Kampf.

Im flacheren Wasser vor der Küste von Kythera holten die Piraten uns ein. Statt langsam durch das Gewässer zu manövrieren und nach einer Fahrrinne zwischen den Klippen zu suchen, um das Schiff zum Ufer zu bringen, musste der Kapitän jetzt weiter rudern lassen, um uns von den zerklüfteten Felsen fernzuhalten, während wir uns gegen die Piraten zur Wehr setzten. Natürlich würden sie versuchen, uns auf die Klippen zu treiben. Unsere Lage konnte für sie nicht besser sein.

Paris zog mich in die Mitte des Schiffs, zwischen die beiden Reihen der Ruderbänke, und ließ uns von Soldaten umringen. »Du musst hier bleiben, geschützt nach allen Seiten!«, rief er. Ich hörte scharrende Geräusche: Die Piraten kletterten an der Schiffswand herauf und über die Reling. Dann gellten durchdringende Schreie, die uns in Angst und Schrecken versetzen sollten. Das Schiff schaukelte heftig, als der Kampf begann. Die Männer drängten sich auf kleinstem Raum. So groß das Schiff war, ich fürchtete doch, es könne kentern und versinken. Irgendwann wurde ich auf die Knie geschleudert, als es sich plötzlich nach links neigte, weil die Kämpfenden sich dort versammelt hatten. Ich krallte eine Hand in die Planken und klammerte mich mit der anderen an Paris' Bein, und die ganze Zeit konnte ich nichts sehen, weil die Soldaten ringsum mir wie eine Mauer die Sicht versperrten.

Der Lärm wurde immer lauter – nun mischten sich Schmerzensschreie in das Kriegsgeheul, Metall traf klirrend auf Metall, Ruder zersplitterten, und jemand schnitt das Segel herunter, sodass es uns alle bedeckte und die Männer kämpfen mussten wie unter einem Netz. Paris' Bein entglitt meiner Hand, und dann war Paris fort. Der feste Ring der Soldaten um mich herum löste sich auf, und als ich mich erhob, sah ich das Handgemenge ringsum. Etliche Männer hatten sich im Segel verheddert, andere kämpften mit dem Mut der Verzweiflung, und die Toten lagen dort, wo sie gefallen waren – manche quer über den Rudern. Paris und Äneas schlugen Seite an Seite auf die Piraten ein, und Paris durchbohrte einen von ihnen mit seinem Dolch – ein Erfolg, von dem Paris anscheinend ebenso überrascht war wie der Pirat. Der Mann sackte zusammen und griff sich mit flatternden Fingern an den Bauch, und dann erkannte ich, dass es kein Mann war, sondern ein Knabe. Er starb, und der Ausdruck der Überraschung wich nicht mehr von seinem Gesicht. War dies sein einziger Ausflug in die Welt des Plünderns gewesen? War es sein erster Tag als Pirat?

Paris bemerkte mich und schrie: »Verschwinde! Verschwinde!«

Aber wohin sollte ich gehen? Das ganze Schiff war ein Schlachtfeld, von der Galionsfigur bis zum Heck. Die Ruderer bemühten sich wacker, inmitten des Kampfgetümmels weiter zu rudern. Einige hatten das Ruder fahren lassen, um zu kämpfen, andere wurden durch das Segel behindert. Irgendwo mitten in alldem war die Truhe mit den spartanischen Schätzen, das fiel mir erst jetzt ein. War jemand in ihre Nähe gekommen? Nein, sie stand wohlbehalten unter dem Segel. Panisch schaute ich mich nach einem Fluchtweg aus dem Gewirr um, aber ich konnte nichts weiter tun, als den kämpfenden Männern auszuweichen und beiseitezurutschen.

Wieder krängte das Schiff, und Wasser schwappte über die Reling. Mehrere Männer wurden über Bord gespült. Die gepanzerten Soldaten waren nun im Nachteil, denn das Gewicht ihrer Rüstungen zog sie hinunter. Manche schlugen mit dumpf metallenem Klang auf die Felsen. Die Piraten, die hinabstürzten, ließen rote Fontänen aufspritzen. Das Seufzen des Wassers an den Klippen mischte sich mit dem Stöhnen der Sterbenden zu einem langgezogenen Klagelaut. An Bord schwoll das Kampfgetöse zu einem Sturmgeheul an.

Allmählich gewannen die Soldaten mit ihren besseren Waffen die Oberhand über die Angreifer. Mehr und mehr Männer krochen unter dem Segel hervor und eilten ihren Kameraden zu Hilfe, und schließlich hatten sie die beiden letzten Piraten im Bug in die Enge getrieben. Äneas und ein Soldat drückten sie an die Reling, und andere Männer drängten sich von hinten so wütend heran, dass die Piraten wahrscheinlich eher ersticken, als den Dolchen von Äneas und des Soldaten zum Opfer fallen würden.

Mit lauter Stimme befahl Äneas den anderen, sich zurückzuziehen. Atemlos fragte er dann: »Wer seid ihr? Wo ist euer Versteck?«

Der Pirat schüttelte den Kopf; er wollte nicht antworten.

»Rede, oder du wirst sterben!«, drohte Äneas.

»Ich werde sterben, ob ich rede oder nicht«, sagte er, und mit atemberaubender Gerissenheit und Behändigkeit nutzte er den winzigen Abstand zwischen sich und seinem Bezwinger, um sich zu entwinden und auf die Eros-Figur am Bug zu springen. Dort hockte er wie eine Katze.

»Trojaner, wie ich sehe«, sagte er und schwenkte spöttisch seine Mütze. »Was tut ihr so fern von eurer Heimat? Hübsche Rüstungen habt ihr, und hübsche Soldaten außerdem. Und einen hübschen Schatz, der zu der hübschen Frau gehört, möchte ich wetten.«

Äneas stürzte ihm nach. Er flog beinahe durch die Luft und wollte nach dem Bein des Piraten greifen. Aber der Kerl stieß ihn mit einem Fußtritt von sich und rutschte auf der Galionsfigur weiter nach vorn. Äneas blieb mit ausgestrecktem Arm darauf liegen, ohne ihn zu erreichen.

»Lebt wohl«, sagte der Pirat. »Ich werfe mich in die Arme Poseidons.« Damit sprang er ins Wasser. Murrend spähte Äneas über die Reling und schüttelte den Kopf.

»Verschwunden«, sagte er.

In der Verwirrung, die der eine Pirat angerichtet hatte, war der andere, der noch an der Reling stand, unbeachtet geblieben. Mit einem Aufschrei stürzte Paris sich plötzlich auf ihn und stach ihn nieder. Diesmal sah weder der Sieger noch der Besiegte überrascht aus. Der Pirat kippte grunzend vornüber, und Paris zog mit grimmiger Miene seinen Dolch aus dem Leib des Mannes und wischte ihn an seiner Tunika ab.

»Oh!«, rief ich, stürzte zu ihm und umarmte ihn. Mit zitternden Händen drückte er mich an sich.

Um uns herum war der Tod. Leichen lagen wie welke Blumen auf dem blutüberströmten Deck.

XXVI

Wir wateten an Land und überließen es der Mannschaft, das Schiff zu reinigen und die Toten zu beseitigen. Aber im schäumenden Wasser mussten wir zwischen Leichen hindurchwaten, die auf der Oberfläche dümpelten, und einmal trat ich auf einen Toten, der schon auf den Grund gesunken war. Er war noch warm, und als mein Fuß ihn berührte, schrie ich auf. Paris packte mich beim Arm und schob mich weiter.

Das Wasser um meine Beine wurde seichter; nun konnte ich nicht mehr auf Verborgenes treten. Plötzlich ließ Paris meinen Arm los und sprang mit Riesenschritten durch die Wellen an den Strand. »Jetzt!«, rief er und breitete die Arme aus. »Bleib stehen! Bleib da stehen!«

Ich begriff nicht, was er vorhatte, aber ich gehorchte und sah ihn an.

»Ja, so. Beweg dich nicht. Beweg dich nie mehr!«

War er von Sinnen? Ich konnte nicht ewig hier stehen bleiben. Ich tat einen Schritt.

»Jetzt habe ich sie gesehen«, sagte er.

»Wen?«

»Aphrodite, die aus den Wellen steigt. Die Schaumgeborene.« Er streckte die Hand aus und zog mich zu sich an den Strand. »Hier ist sie ans Ufer gegangen, weißt du.« Er umarmte mich. »Und in dir habe ich sie gesehen.« Er küsste meinen Hals. »Aber du bist noch schöner als sie.«

»Reize sie nicht!«, flüsterte ich. Doch ich wusste, dass sie es schon gehört hatte. Und ich spürte die Blicke der Männer hinter uns. Während sie die Toten über Bord warfen und das Blut vom Deck schrubbten, standen die törichten jungen Leute dort und umarmten sich. Das war es, was sie sahen. Aber zumindest konnten sie mir nicht auch noch die Schuld an dem Piratenüberfall geben.

So war ich nach Kythera gekommen, wie ich es immer gewollt hatte. Aber die Ankunft war ganz anders verlaufen, als ich es mir gewünscht hatte.

Wir schlugen tief im Innern der Insel unser Lager auf und ließen nur einige Männer als Wache beim Schiff zurück. Sie zerschlugen und versenkten das Piratenboot, nachdem sie alles Nützliche geborgen hatten: Taue, Körbe, Ruder und die wenigen übriggebliebenen Waffen. Schnell hatten sie einige notdürftige Schutzhütten aufgestellt und Holz für ein Feuer gesammelt. Es war ein großes Feuer, und sie legten einen Teil des Holzes von dem Piratenschiff daneben, um es zu trocknen. Die Sonne war während des Kampfes untergegangen, und es dunkelte rasch. Bald würden die Sterne funkeln.

Sie ließen Weinschläuche herumgehen, und wir alle tranken daraus. Unter gewöhnlichen Umständen – nahm ich an – hätten sie müde und faul über die Ereignisse des Tages geplaudert. Jetzt aber starrten alle dumpf in die Flammen und schwiegen. Die Stille, unterbrochen nur vom Knacken des Holzes, war mir nicht unwillkommen. Ich fürchtete das, was sie sagen würden, wenn sie ihre Gedanken aussprächen.

Helena bringt den Tod. Das war es, was sie dachten. Ich hatte meine Heimat gerade einen Tag zuvor verlassen, und schon waren sie von Toten umgeben. War das meine Schuld? Wie hätte das sein können? Schuld und Ursache sind nicht dasselbe. Wenn Honig die Fliegen anzieht, so ist der Honig die Ursache des Schwarms. Der Honig trägt keine Schuld; es liegt einfach in seiner Natur, dass er die Fliegen anlockt.

Lag es in meiner Natur, dass ich den Tod anzog? Die Sibylle und das, was sie gesagt hatte … *Viele Griechen werden sterben*.

Waren die Piraten Griechen gewesen?, dachte ich haarspalterisch. Vielleicht ja nicht. Aber der Pirat, der mit Äneas gesprochen hatte – der hatte durchaus wie ein Grieche geredet.

»Düster, düster, Leute«, sagte Äneas, als habe er gehört, dass ich an ihn dachte. »Kopf hoch! Eine Reise, die schlecht beginnt, nimmt ein gutes Ende, sagt man. Und uns ist es nicht so schlecht ergangen wie den Piraten.« Er lachte, zunächst gezwungen, aber dann immer fröhlicher, als ein paar Männer einstimmten.

»Hier, hier«, sagte einer. Er spritzte sich einen Strahl Wein in den Mund und reichte den Schlauch dann weiter an seinen Nachbarn.

»Alsdann!« Ein anderer griff nach einem Stück Holz von dem Piratenboot und warf es in das Feuer. Es zischte und spuckte, weil es noch mit Wasser vollgesogen war. »Brenne. Brenne, damit du für uns noch von Nutzen bist!« Er drehte sich um und fuhr fort: »Ungewöhnlich, nicht wahr? Statt uns etwas zu nehmen, haben die Piraten uns etwas dagelassen.«

»Aber keine Beute«, sagte einer. »Anscheinend waren wir die Ersten, die sie überfallen haben. Besser wären wir die Letzten gewesen – dann hätten wir ihre Schätze geerbt.«

Die Ersten. Wahrscheinlich hatte er recht: Der Junge war vermutlich auf seiner ersten Kaperfahrt gewesen. Der Tod war immer hässlich, aber am hässlichsten doch bei den Jungen. Mich schauderte.

»Du hast zwei erledigt«, sagte Äneas zu Paris. »Deine ersten, nehme ich an? Du wirst nicht oft getötet haben, bevor du nach Troja gekommen bist.«

Aber danach noch viele. Woher kam das Raunen in meinem Kopf?

»Ja. Es war … leicht.« Paris senkte verlegen den Kopf. »Das sollte es nicht sein.«

»Wer sagt das?«, fragte einer der Männer. »Es ist eine Lüge, dass es nicht leicht ist. Es ist eines der leichtesten Dinge der Welt. Darum geschieht es so oft.«

Der Kapitän mischte sich ein. »Besonders leicht ist es, wenn du weißt, dass er *dich* töten will.« Er lachte laut. »Aber ihr habt mein Schiff sehr schmutzig gemacht!« Wieder brüllte er vor Lachen. »Könnt ihr nicht sauberer töten?«

»Wir wollen hoffen, dass deine geschrubbten Decks bis zum Ende der Reise sauber bleiben«, sagte Äneas. »Lasst uns so schnell wie möglich die Überfahrt nach Troja antreten!«

»Wir werden fast den ganzen Weg zwischen Inseln hindurchfahren müssen«, sagte der Kapitän. »Da werden wir vor Anker und an Land gehen können, aber in Sicherheit sind wir erst, wenn wir die Bucht vor Troja erreicht haben.«

Wie lange mochte das noch dauern? Seltsam, ich hatte noch nicht danach gefragt, und jetzt wurde mir klar, dass es selbst unter günstigsten Umständen viele Tage dauern würde. Ob uns jemand verfolgte? Und wann würde Menelaos es erfahren und uns nachsetzen? Er war auf Kreta, wo er bleiben würde, bis die Bestattungsspiele vorüber waren. Vielleicht würde jemand hinsegeln, um es ihm zu sagen, aber sie würden ihn ohnehin erst kurz vor seiner Heimkehr erreichen. Plötzlich musste ich lachen. Er war ja noch nicht einmal auf Kreta angekommen! Wir hatten Sparta gleichzeitig verlassen, und Kreta lag viel weiter entfernt als Kythera. Ich fühlte mich sicher. Wir würden wohlbehalten in Troja sein, bevor er seine Gefolgsleute zusammenrufen könnte.

»Was erheitert dich?« Paris beugte sich vor.

Ich konnte ihm nicht sagen, dass es ein Lachen der Erleichterung war, weil von meinem Ehemann keine Gefahr drohte. »Gar nichts … Ich lache nur aus Müdigkeit.«

»Ja. Lass uns in unser Zelt gehen!« Er brauchte keine lange Ermunterung und ich auch nicht. Ich wollte nicht mehr lange an diesem Feuer sitzen bleiben.

Diesmal hatten wir ein handfesteres Zelt: Hölzerne Pfosten aus den Planken des Piratenschiffs waren mit Tuch aus Ziegenhaar bespannt. Paris hatte eine Öffnung in der Mitte gelassen, sodass wir die frische Nachtluft atmen konnten. Er hatte dicke Wolldecken auf den Boden gelegt und unsere Mäntel darüber ausgebreitet. Die Schatztruhe stand daneben.

»Nicht, dass ich den Männern nicht vertraue, aber …« Er lächelte. »Wie gefällt dir unser Palast?«, fragte er mit stolzer Gebärde.

Ich lehnte mich an ihn. »Ich glaube, du hast in nur einem Tag sehr viel über das Zeltbauen gelernt. Bis wir in Troja ankommen, wirst du der beste Zeltmeister in der ganzen Ägäis sein.« Und das stimmte – er war geschickt und sehr erfindungsreich. Er wird lernen, dachte ich bei mir, und je mehr er lernt, desto mehr wird er unter allen Männern herausragen, bis ihm keiner mehr das Wasser reichen kann. Es war erregend, daran zu denken – an diesen jungen Mann an meiner Seite, und an den Mann, der er werden würde.

Es war kühl im Zelt, aber wir würden Hitze in nackten Leibern entfachen, die nicht vor Kälte, sondern vor Verlangen zitterten. Wieder überkam mich dieses wilde Verlangen: Am liebsten wollte ich in ihm verschwinden, und zugleich wollte ich jeden Zoll seines Körpers liebkosen und anbeten.

Paris sank auf die Knie und zog mich mit sich. Behutsam öffnete er die Spangen an den Schultern meines Gewandes, und das feine Wolltuch glitt hinunter, zart wie der Atem eines Kindes. Dann berührte sein eigener Atem meine Schulter, warm und zärtlich. Oh, er war so sanft wie der murmelnde Wind auf einer Blumenwiese.

Ich legte den Kopf in den Nacken, und mein Haar reichte wie eine Säule hinab auf unser behelfsmäßiges Lager. Er wühlte die Hände hinein, flocht die Finger hindurch, drückte es zusammen.

»Dein Haar … deine Pracht …«, sagte er leise. Seine Stimme kam wie aus weiter Ferne, und ich hörte sie kaum. Seine Hände in meinem Haar zogen mich nach hinten. Er fiel mit mir, und spielerisch nahm er dicke Strähnen meines Haars und legte sie über mein Gesicht. »Jetzt kannst du nichts mehr sehen.«

Es war so dunkel im Zelt – ein Licht durften wir nicht anzünden, weil zu leicht alles in Brand geraten konnte –, dass ich sowieso nichts sehen konnte, aber das Haar war eine seltsame Maske: warm von seinen Händen, dick und schwer von einem Duft, der, wie ich erst jetzt weiß, mein eigener war. Er strich es auseinander und küsste mich.

Ich liebte die Form seiner Lippen. Und wie sie sich anfühlten! Sie waren geschwungen wie ein Jagdbogen und so glatt und weich, wie sie es nur bei einem jungen Mann sein konnten. Menelaos' Lippen waren härter, unnachgiebiger, und in diesen flüchtigen Augenblicken fragte ich mich, ob das bei Paris eines Tages auch so sein würde. Aber jetzt waren sie sanft und verhießen nichts als Freude und Genuss. Ich konnte – ich würde – niemals müde werden, sie zu küssen.

Er schob die Arme unter meine Schultern, und ich strich über seinen Rücken und fühlte beglückt jeden Muskel, jede Sehne.

»Das Rinderhüten muss mühselig sein.« Ich hörte, wie meine eigene Stimme meine Gedanken aussprach. Es stimmte: Er hatte durch eine alltägliche Arbeit den Körper eines Kriegers bekommen. Was gewöhnliche Menschen bei ihrer alltäglichen Arbeit taten, war wohl schwerer als die Ausbildung eines Prinzen. »Gut, dass du erst ein Prinz geworden bist, als du schon ein Mann warst.«

Irgendwoher kam ein schlaftrunkenes Lachen. »Ich war immer ein Prinz. Ich habe es nur nicht gewusst.«

Ich zog ihn fester an mich. »Deine Rinder wussten es. Tiere wissen so etwas.«

»Manchmal bist du sehr albern«, murmelte er. Dann war es

mit dem Wortgeplänkel vorbei, denn unsere Körper brachten uns zum Schweigen.

»Paris«, sagte ich. »Paris, ich gehöre dir, ich und mein ganzes Geschick.«

Ich gab mich ihm hin mit allem, was ich war, und nahm ihn auch so. Ich konnte ihn nicht nah genug spüren. Zusammen rollten wir in der kalten Nachtluft über unsere Mäntel, weiter und weiter, bis wir auf dem kahlen Boden lagen. »Jetzt«, flüsterte ich. »Ich kann nicht länger warten.« Ich stand in Flammen, ich musste ihn haben.

»Ich auch nicht«, murmelte er.

Es gab keine gleichförmige Zeit, kein gemeinsames Vollenden. Trotz der Dunkelheit war es, als leuchte das Zelt in Rot und Gelb und allen Farben des Verlangens und der Sonne. Als wir endlich auf die Decken fielen und die Mäntel über uns zogen, taten wir es nur, weil wir ganz und gar und restlos erfüllt waren.

Aber an Schlaf konnte ich nicht denken. Ich schaute durch die Zeltöffnung hinauf und sah den abnehmenden Mond, der nun hoch genug am Himmel stand, um zu uns hereinzuscheinen. Ein heller Lichtstrahl fiel auf Paris und beleuchtete sein schlafendes Gesicht.

Es war so vollkommen, dass es den Neid der Götter erregen würde. Ich stützte mich auf den Ellenbogen und schaute es an. Seine Lider waren geschlossen, und er schlief tief. Schönheit. Wie streng sie über uns regiert. Was ich bei anderen verabscheut hatte, wenn sie es mit mir taten, tat ich jetzt mit Paris.

Ich riss mich los und stand auf. Ich schlug die Zeltklappe zur Seite, trat ins Freie und blinzelte im hellen Mondlicht. Es warf die Schatten der schwankenden Äste auf das Zelt. Ich erhob mich auf die Zehenspitzen und atmete tief ein. Die Luft war kalt und erfrischend, und sie duftete nach Kiefern. Ich konnte das Meer hören, aber es war weit weg. Diese Insel war viel größer als Kranä. Hier gab es Wälder und Tiere.

Der Mond war auf einer Seite ausgehöhlt. So viel hatte er seit der Nacht verloren, als Paris und ich miteinander geflohen waren. Selene, die Göttin des Mondes, die unerbittliche Herrin über die Zeit, das Maß unseres gemeinsamen Lebens.

XXVII

Die Dämmerung stieg ringsum herauf, stahl sich über den Himmel, nahm dem Mond sein Licht und verwandelte ihn in einen milchweißen Geist, der sich nach Westen flüchtete. Auch das Meer sah weiß aus, wie es sich so nach allen Seiten erstreckte. Irgendwo hinter dem Horizont lag Troja.

Ich hatte kein Bild von Troja im Kopf. Ich hatte Wörter: Reich. Mit starken Mauern. Breiten Straßen. Windig. Aber das alles sagte mir nicht, wie es dort aussehen würde. Oder wie es sich anfühlen würde, dort zu sein. Und auch nicht, was ich bei den Menschen dort finden würde.

Die Zeltklappe bewegte sich. Paris kam heraus und rieb sich die Augen. Die aufgehende Sonne schien ihm ins Gesicht und ließ ihn den Kopf einziehen, und sie machte seine Haut zu Gold. Er schüttelte den Kopf und schaute sich um. Als er mich erblickte, trat er zu mir und umarmte mich.

»Ist dir nicht kalt?« Er nahm seinen Mantel und legte ihn mir um die Schultern. Erst jetzt merkte ich, dass ich gefroren hatte.

»Danke«, sagte ich und lehnte mich an ihn. Die Kühle verging.

Zusammen wanderten wir über die Insel und erkundeten sie. Sie war so groß, dass wir auf unseren Wegen durch die Wälder und über die Höhen fast vergaßen, dass es eine Insel war. Es gab dichte Wälder und plätschernde Bäche, und der Gesang der Vögel ließ alles wie verzaubert erscheinen.

»Ein passender Geburtsort für Aphrodite«, sagte ich, als wir an einem rauschenden Wasserfall vorbeikamen, der wie ein weißes Band tief hinunter in einen grünen Tümpel flutete. Das alles erschien mir wie der schönste Lustgarten, den ich je gesehen hatte.

Wir fanden einen Myrtenhain, dessen Bäume beieinanderstanden wie die Frauen einer Familie. Da war die alte Matriarchin: Hoch und ausladend überragte sie ihre Töchter und Enkelinnen, die schlanker waren und noch blühten. Ihr Duft war so schwer, dass ich ihn beinahe mit Händen greifen konnte.

»Hier«, sagte Paris. »Hier ist es. Hier müssen wir ihr ein Heiligtum errichten.«

Wir machten uns auf die Suche nach Steinen, aus denen wir einen Altar zu Ehren der Göttin bauen könnten. Im Bachbett und rings um den Myrtenhain fanden wir sie im Übermaß. Sie aufzuheben war jedoch eine andere Sache. Es erforderte unsere ganze Kraft und Gewandtheit.

»Vielleicht sollten wir ein paar Männer dazuholen«, erwog ich. »Dann ginge es leichter und schneller.«

»Nein«, sagte Paris. »Er muss allein von unserer Hand errichtet werden.« Und so plagten wir uns den ganzen Nachmittag, wuchteten die Steine übereinander und schoben sie zurecht. Als die Sonne unterging, stand ein wunderschöner Altar unter den überhängenden Ästen der alten Myrte.

Paris' Hände waren aufgerissen und wund von den rauen Steinen. Ich nahm eine und küsste sie. Diese Hände hatten bei dem Piratenüberfall zwei Männer getötet, aber ihre Wunden hatten sie davongetragen, weil sie Aphrodite ehren wollten. Aphrodite forderte insofern mehr als der Kriegsgott Ares.

»Jetzt müssen wir diesen heiligen Hain weihen«, sagte er.

Mein Blick fiel auf unseren leeren Weinschlauch. Wir hatten oft unseren Durst löschen müssen, während wir für die Göttin arbeiteten. »Wird sie mit diesen Überresten als Trankopfer zufrieden sein?«, fragte ich.

»Wir werden ihr nicht nur ein Trankopfer darbringen, sondern das, was sie am höchsten schätzt.« Feierlich leerte Paris den Weinschlauch auf den Boden und beschwor die Göttin herbei. Dann wandte er sich zu mir.

»Du kennst den Ritus, den Aphrodite liebt«, sagte er und legte mir die Hände auf die Schultern. »Wir müssen es vor ihren Augen tun, vor dem heiligen Altar.«

Ich zögerte, aber dann überwältigte die Göttin mich schon wieder. Im Rascheln der Myrtenzweige kam sie zu uns, und im Wispern des Laubs hörte ich sie lachen. Fast konnte ich sie sehen, halb verborgen im Schatten.

Weihe meinen Hain, Kind!, flüsterte sie. *Heilige ihn durch das, was du hier tust!* Sie schob mich voran, und ich sank in Paris' Arme.

Und sofort schien der harte Boden sich in weiches Wiesengras zu verwandeln, und wir ließen uns hineinsinken und zerdrückten es. Der Duft von tausend kleinen Blumen erfüllte die Luft, und indem wir sie zerquetschten, salbten wir uns damit. Wir waren die seligsten Menschen auf der Erde – so jedenfalls kam es mir unter dem Bann der Göttin vor. Jede Geste war von unendlicher Anmut, jedes Wort Musik, und unsere Vereinigung als Mann und Frau war ein Tanz der Schönheit. In unserem irdischen Zelt der vergangenen Nacht hatten wir das Feuer glückseliger, unvernünftiger Tiere entfacht, aber jetzt, im weichen Licht des heiligen Hains, waren wir Geschöpfe der Luft und des Himmels.

Später legte ich mich entspannt zurück und schaute hinauf in den blauen Himmel. Ich drehte den Kopf zur Seite, streckte die Hand aus und streichelte Paris' Wange. Er seufzte wohlig.

Noch immer konnte ich die Göttin sehen, eine verschwommene Gestalt am Rande meines Blickfelds. Und hinter ihr noch eine, eine dunklere, die sich nah an sie herandrängte und ihr den Arm um die Schultern legte, um ihre Aufmerksamkeit auf sich zu lenken. Ich sah den Schild. Es war Ares, ihr Geliebter. Er trat vor und nahm kühn seinen Platz an ihrer Seite ein. Sie wollte ihn wegschieben, aber er wich nicht. Lächelnd blickte sie mich an, als wolle sie sagen: *Ich habe versucht, ihn zu bannen, aber er will nicht gehen.*

Der Gott des Krieges, Hand in Hand mit Aphrodite. Sie hatte

mich gerufen, und er war ihr gefolgt. Wir beide hatten einen Geliebten. Was hatte ich erwartet? Wenn ich den meinen hatte, durfte auch der ihre dabei sein.

Plötzlich wollte ich nicht länger in diesem Hain verweilen. Der hässliche Gott verdarb die Schönheit, die uns hier umgab. Ich setzte mich auf und suchte nach meinem Gewand. Paris zog die Hand zurück.

»Was ist?«, fragte er verwundert.

Sah er denn den verhassten Kriegsgott nicht? »Aphrodite hat jemanden mitgebracht«, sagte ich. »Ich will nicht, dass sein Blick auf uns ruht.«

»Was denn – wer –?« Paris raffte seine Kleider zusammen.

Er wusste es nicht. Er sah es nicht. Glücklicher Paris!

»Komm«, sagte ich. »Wir haben die Göttin geehrt. Jetzt sollten wir gehen, bevor es dunkel ist.«

»Nein, lass uns die ganze Nacht hier bleiben und ihren Ritus vollziehen.« Eifrig umarmte er mich.

»Nein«, sagte ich. Wir mussten fort von hier. Ich stand auf und nahm meinen Mantel.

Im Gebüsch hinter uns bewegte sich etwas. Hatten Aphrodite und Ares menschliche Gestalt angenommen? Oh, wir mussten bereit sein! Ich ballte die Fäuste und bemühte mich, mein rasendes Herz zur Ruhe zu bringen. Wir durften und wir würden nicht weichen. Die Götter hassten Feiglinge.

Das Rascheln im Gebüsch wurde lauter. Irgendetwas ließ die Zweige brechen und murmelte leise vor sich hin. Und dann trat Gelanor auf die Lichtung.

Wäre es Aphrodite gewesen, ich wäre bereit gewesen. Selbst wenn Ares sie begleitet hätte, wäre ich nicht gewichen. Aber jetzt taumelte ich entsetzt zurück.

»Nein!«, schrie ich. Das musste eine Erscheinung sein.

Noch jemand kam aus dem Gebüsch und klopfte sich den Mantel ab. Eine alte Frau mit einem Gesicht, so runzlig wie ein Winterapfel.

»Nein!«, schrie ich wieder, und ich packte Paris beim Arm und wollte ihn wegziehen.

»Was für eine enttäuschende Begrüßung«, sagte die Gelanor-Erscheinung.

»Geh weg!«, rief ich. »Du kannst nicht leibhaftig hier sein!« Dabei war mir das Phantom der Aphrodite noch wenige Augenblicke zuvor willkommen gewesen.

»Das weißt du doch besser«, sagte er und kam auf mich zu. »Lebende Menschen bleiben in ihrem Fleische. Nur Träume und Götter sind Rauch, sind Vision. Aber vielleicht hast du in letzter Zeit zu viele Visionen gehabt?«

Ich schlug die Hände vor die Augen. Wenn ich sie wieder wegnähme, würde er verschwunden sein.

Aber als ich zwischen meinen Fingern hindurchspähte, stand er immer noch vor mir, nur einen Schritt entfernt.

»Helena, das ist sehr töricht von dir.« Er packte meinen Arm, und seine Hand war nur allzu real. Sie quetschte mein Handgelenk. »Du musst mit mir nach Sparta zurückkehren, bevor Menelaos etwas erfährt. Noch ist es nicht zu spät.«

»Nein!« Ich riss meinen Arm los. »Niemals!« Ich starrte ihn an, und dann platzte ich heraus: »Wie bist du hergekommen? Wie hast du mich gefunden?« Aber hatte ich nicht von Anfang an gewusst, dass es Gelanor sein würde, den sie mir nachschickten?

»Durch sie.« Er deutete auf seine Begleiterin. »Sie wusste, dass du fort warst. Sie hat gesehen, wie du euer Hausheiligtum besucht hast, und dann hat sie den Lärm im Stall gehört. Sie hat gesehen, wie die beiden Wagen in rasender Fahrt den Berg hinunterrollten.«

Ich starrte die Alte an.

»Sie hat schlechte Augen, aber dafür hat sie das Zweite Gesicht.« Er zuckte die Achseln. »Eine Gabe, die mir fehlt – du weißt, ich verlasse mich nur auf meinen Verstand. Aber du hast recht: Mein Verstand allein hätte mich niemals hierherführen können. Eins vielleicht – du hast dich so neugierig nach Kythera erkundigt. Vielleicht also haben wir auf verschiedenen Wegen hergefunden.«

»Dann haben sie dich nicht … geschickt?«

Er runzelte die Stirn. »Nein. Ich war nicht einmal in der Nähe der königlichen Gemächer. Was sollte ich dort? Zweifellos haben deine Eltern und deine Tochter deine Flucht inzwischen entdeckt, aber wenn du jetzt zurückkehrst, dann können wir uns zusammen eine vernünftige Erklärung ausdenken. Vielleicht braucht sie nicht einmal vernünftig zu sein. Die Menschen glauben, was sie glauben wollen. Es beruhigt sie. Sie stellen keine Fragen, schon gar nicht, wenn die Antwort auf die Fragen schmerzhaft sein könnte.«

So war es. Ich konnte noch alles ungeschehen machen. Ich konnte mein Abenteuer mit Paris behalten, ich hätte mir selbst meinen Wagemut bewiesen, und nichts weiter wäre passiert. Ich hätte nicht gedacht, dass dieser Schaden so leicht zu beheben wäre. Eine Freveltat, die nichts kostete.

Ich sah Paris an. Sein Mund formte sich zu einem Lächeln. »Geh, wenn du musst«, sagte er. »Was mir geschenkt wurde, wird mir stets kostbar bleiben.«

Ich trat an seine Seite. »Nein. Ich werde nicht gehen.«

»Helena, bitte!« Gelanor schüttelte den Kopf. »Denk doch nach! Denke nach!«

»Ich habe nachgedacht und nachgedacht und nachgedacht. In all den Jahren in Sparta habe ich nachgedacht.«

»Du wirst nicht zurückkehren?« Er klang ratlos.

»Ich kann nicht. Wenn ich zurückkehre, entscheide ich mich für den Tod.« Aber warum war Ares in meinem neuen Leben erschienen? Er war noch nie da gewesen. Und in seinem Gefolge reiste der Tod. Aber musste ich denn mein ganzes altes Leben hinter mir lassen? Vielleicht nicht. »Gelanor, komm mit uns. Komm mit uns nach Troja!«

»Was?« Sein Gesicht spiegelte – ja, was? Überraschung? Abscheu? Entsetzen?

»Ja! Komm mit uns nach Troja! Oh, bitte!« Plötzlich wünschte ich mir, dass er vor allen anderen aus Sparta uns begleitete. Ich hatte nicht gewusst, dass er mir so sehr fehlte. »Oh, Gelanor, ich brauche dich bei mir! Du kannst in Troja sehr hilfreich sein, du kannst …« Ich wusste nicht, was er sein konnte, aber ich wusste, dass ich ihn brauchte.

»Ich will nicht nach Troja«, sagte er. »Und du solltest auch nicht dort hingehen. Du machst einen entsetzlichen Fehler. Es ist falsch!«

»Falsch oder richtig – ich werde gehen!«, erklärte ich. »Das ist mein letztes Wort. Also komm mit!«

»Geh mit ihr«, sagte die alte Frau plötzlich. Ihre Stimme klang wie ein Echo aus einem Brunnen.

»Wer ist das?«, fragte ich Gelanor.

»Das ist die alte Wollkämmerin aus dem Palast.«

Ich konnte mich kaum an sie erinnern, vielleicht weil ich nur selten in diesen Teil des Palastes gekommen war.

»Oh, Herrin, ich erinnere mich sehr gut an dich.« Sie antwortete auf meine Gedanken, denn ich hatte nichts gesagt. »Ich habe dich aufwachsen sehen.«

Ich bemühte mich, ihr nicht zu grollen, obwohl sie meine geheime Flucht verraten hatte. Wäre sie nicht gewesen, hätte Gelanor mich vielleicht nie gefunden.

»Ich habe etwas mitgebracht, was du nicht hättest zurücklassen sollen.« Sie hielt mir einen groben Hanfsack entgegen.

»Was ist das?«, fragte ich.

»Mach auf!« Sie kam mit ausgestreckten Armen auf mich zu. In dem Sack bewegte sich etwas.

Ich wollte ihr nicht gehorchen, aber ich war neugierig und tat es doch. Ich zog den Sack auf und sah die Schutzschlange. »Oh!«, rief ich.

»Du wirst sie in deinem neuen Leben brauchen«, sagte die Alte. »Sie wird dich beraten und beschützen.«

Aber … ich hatte Hermione dem Schutz der Schlange anvertraut, damit sie in meiner Abwesenheit sicher wäre. Eine furchtbare Angst um meine Tochter und ihre Zukunft ergriff mich.

Ich schob die Hand in den Sack und strich der Schlange mit zitternden Fingern über den Kopf. »Vergiss meine Tochter nicht!«, flehte ich sie an und wandte mich dann an die Alte. »Sag Gelanor noch einmal, dass er mitkommen soll.«

Sie schüttelte den Kopf. »Ich habe es ihm gesagt. Er hat gute Ohren. Er hat es gehört.«

»Wenn zwei auf ein törichtes Unternehmen gehen, halbiert das nicht die Torheit«, erklärte Gelanor. »Nein, ich kann nicht mitkommen. Komm du mit mir.«

»So, wie du nicht mit mir kommen kannst, kann ich nicht mit dir kommen. Aber du hast mir nicht gesagt, wie du mich gefunden hast.«

»Doch. Evadne wusste, wo du sein würdest. Das Bild dieser Insel ist vor ihren Augen erschienen. Wir wussten, dass du über das Meer fahren würdest, denn Paris hatte ein Schiff. Sie hat die Insel beschrieben, und ich habe Kythera erkannt. Wir sind sofort aufgebrochen.«

»Aha.«

Wir standen da und starrten einander störrisch an. »Dann bleib wenigstens über Nacht bei uns, bevor du nach Sparta zurückfährst.«

»Ich denke, wir können sowieso nicht vor morgen früh zurück. Es war schon am helllichten Tag gefährlich genug.« Es klang, als ärgere es ihn, dass er auch nur einen Augenblick länger hier bleiben musste. Er wandte den Kopf ab, als sei ihm mein Anblick zuwider. Wir gingen ein paar Schritte nebeneinander her, und dann sagte er: »Vielleicht solltet du und dein Liebhaber euch vollständig ankleiden, bevor wir weitergehen.«

Erst da bemerkte ich, dass meine Brüste nur halb bedeckt waren. Ich hatte die Spangen an meinem Gewand noch nicht geschlossen, als die beiden Eindringlinge erschienen waren. »Ihr seid hier aufgetaucht, ohne dass wir es wussten, und ihr habt uns gestört, als wir –«

»Wenigstens nicht *dabei*!« Paris lachte vergnügt.

»Nein. Diesen Anblick hat Aphrodite uns erspart.« Paris kannte ihn nicht gut; vielleicht entging ihm der Sarkasmus in Gelanors Ton, aber ich empfand ihn als beleidigend. Ich war erschüttert und erbost, weil er mich so schnell gefunden hatte. Andererseits – wenn er nun schon einmal hier war, wollte ich ihn auch mit nach Troja nehmen. Und die Tatsache, dass er sich weigerte, machte mich noch wütender.

Wir benutzten Äste als behelfsmäßige Fackeln in der sinkenden Abenddämmerung, um den Weg hinunter zum Lager zu finden. Wir sprachen kaum ein Wort, denn wir mussten sehr darauf achten, wohin wir die Füße setzten. Ich nahm den Arm der alten Frau, um sie zu stützen; er fühlte sich zerbrechlich an wie ein sprödes, trockenes Stück Holz. Paris trug den Sack mit der Schlange auf den Arm. Er hatte diese Schlange liebgewonnen, das wusste ich, denn sie hatte uns ihre Gunst geschenkt – etwas, was sonst wahrscheinlich niemand tun würde. Gelanors strenger Auftritt hatte mir noch einmal bewusst gemacht, welche Konsequenzen unsere Flucht haben würde, und er hatte recht: Wenn ich jetzt heimkehrte, ließe sich ein großes Unheil immer noch abwenden. Und was erwartete uns in Troja? Würden die Trojaner mich willkommen heißen? Sie mochten in mir den gerechten Ausgleich für Hesione sehen, aber gab es in Troja wirklich irgendjemanden außer ihrem Bruder, der Hesione vermisste?

Die Männer sprangen auf, als wir ins Lager kamen. »Wer ist das?«, schrien sie, und drei stürzten mit gezückten Schwertern auf Gelanor zu und umzingelten ihn. »Ein überlebender Pirat?«

Gelanor lachte. »Nichts so Wildes und Furchterregendes«, sagte er. »Ich bin nur ein einfacher Diener am spartanischen Hof. Ihr schmeichelt mir, wenn ihr mich für einen Piraten haltet.«

Sie umkreisten ihn mit gezogenen Klingen. Er sah wirklich geschmeichelt aus, wie es bei Männern des Geistes immer der Fall ist, wenn man sie für Männer des Schwertes hält. »Ich sage die Wahrheit.« Er sah mich an, damit ich es ihnen bestätigte.

»Jawohl«, erklärte ich, »er ist aus Sparta. Er und diese Frau sind uns aus Treue zu Menelaos gefolgt.«

»Für einen schlichten Diener scheinst du aber eine Menge von der Seefahrt zu verstehen«, sagte der Kapitän. Er bedeutete seinen Männern, die Waffen zu senken. »Die Überfahrt ist nicht einfach.«

»Ich bin in Gytheon aufgewachsen«, sagte Gelanor. »Mein Vater ist Fischer.«

»Ah«, sagte der Kapitän. »Dann verstehe ich es.«

»Seltsam, wie gewisse Fertigkeiten, die man längst vergessen glaubte, in einem entscheidenden Augenblick wieder erwachen können«, sagte Gelanor. »Wir sind auf der anderen Seite der Insel gelandet. Die Strömung hat uns dort hingebracht.«

»Die Heimfahrt wird eine andere Sache werden«, sagte der Kapitän. »Dann ist die Strömung nämlich gegen dich, und die Winde sind es auch. Es sei denn, du hast ein großes Segel und viele Ruderer …«

Zum ersten Mal, seit ich ihn kannte, sah ich Gelanor überrascht – unangenehm überrascht. Hatte er seine Rückfahrt nicht bedacht? Oder hatte er angenommen, er könne den Kapitän überreden, sein großes Schiff zu wenden und uns alle zum Festland zurückzubringen? Vielleicht war er so besessen von seinem Ziel gewesen, dass er darüber hinaus an nichts weiter gedacht hatte. Was hatte ihn denn getrieben, uns so wütend zu verfolgen?

»Ich werde es schon schaffen«, sagte er steif.

Der Kapitän winkte uns zum Feuer, das bereits kräftig loderte, und wir versammelten uns darum. »Ihr seid hier willkommen«, sagte er zu Gelanor und Evadne. Der Weinschlauch machte die Runde, und jemand reichte ihn auch Gelanor. Er nahm einen großen Schluck und gab ihn weiter.

Äneas kam heran. »Wen habt ihr gefunden?«

»Er hat uns gefunden«, sagte Paris. »Jemand von Helenas Hof, der sie zurückholen will. Aber man hat ihn nicht geschickt; er ist aus eigenem Antrieb gekommen.«

Äneas sah Gelanor an. »Ein tapferer Mann«, sagte er. »Dann hat unsere Flucht noch keinen Alarm ausgelöst?«

»Gelanor und diese Frau sind im Morgengrauen aufgebrochen, wenige Stunden nach uns. Natürlich werden wir inzwischen vermisst – wir alle«, sagte ich.

»Wer ist der Mann?«, fragte Äneas.

Einer, der sich ungebeten einmischt, dachte ich. Und mein guter Freund. »Er berät Menelaos in mancherlei Dingen«, sagte ich laut. »Er ist sehr gescheit.«

»In was für Dingen?«

»Oh … Waffen, Material und dergleichen.«

»Er gehört zum Militär?«

»Nein, er ist kein Soldat.«

»Das verstehe ich nicht«, sagte Äneas. »Wenn er kein Soldat ist, was weiß er dann über Waffen? Wie kann sein Rat da wertvoll sein?«

»Er weiß einfach viel«, sagte ich. »Er ist gescheit. Genauer kann ich es nicht erklären.«

»Einen solchen Mann könnten wir in Troja gebrauchen.«

»Genau das habe ich ihm auch gesagt. Aber er will nichts davon wissen. Er will zurück nach Sparta.«

»Du bist ein bockbeiniger Kerl, Gelanor.« Paris hob seinen Becher. »Aber da ich auch einer bin, muss ich es respektieren.« Er trank einen Schluck Wein.

»Bist du Menelaos so bedingungslos treu?«, fragte Äneas.

»Meine Treue gilt Helena«, sagte Gelanor. »Ohne sie hält mich nichts am Hof von Sparta. Also werde ich mir einen anderen Ort suchen, wo meine Talente gebraucht werden.«

»Dann komm mit nach Troja!«, sagte Äneas.

»Ich habe gesagt, meine Treue gilt Helena. Ich habe nicht gesagt, dass ich ihr Eigentum bin und ihr überallhin nachlaufe, wohin ihre Launen sie treiben.«

Plötzlich wusste ich, wie ich ihn erreichen konnte. »Gelanor«, sagte ich, »der beste Dienst, den du Menelaos wie auch mir erweisen könntest, bestände darin, dass du uns nach Troja begleitest und dann nach Sparta zurückkehrst, um dort zu berichten, dass wir wohlbehalten angekommen sind. So würdest du bis ans Ende meiner Reise dabei sein und zugleich Menelaos gegenüber loyal bleiben und ihm seine Sorgen nehmen. Er wird dann wissen, was geschehen ist, und nicht auf Gerüchte und Vermutungen angewiesen sein und entsprechend handeln können.«

Entsprechend handeln. Wozu würde er sich bewogen fühlen? Unwichtig. Die Mauern Trojas waren hoch und stark. Wir würden dahinter in Sicherheit sein.

Ich atmete tief durch und sah ihm in die Augen – unschuldsvoll, hoffte ich. »Ist das nicht der vernünftigste Weg, der die Ehre aller Beteiligten zufriedenstellt?« Die Vernunft verfehlte ihre Wirkung auf ihn nie. Mochte sie auch jetzt die Oberhand gewinnen!

Statt mir zu antworten, schüttelte er den Kopf und schnaubte verärgert. Er setzte sich zu den Männern in den Sand vor dem Feuer. Er hatte nicht nein gesagt. Er zögerte die Antwort hinaus. Dass er sein einmal gegebenes Wort nicht hielt, hatte ich noch nie erlebt. »Was könnt ihr einem hungrigen Mann zu essen geben?«, fragte er.

Bald aßen und redeten alle. Die Männer hatten den ganzen Tag lang die Insel erforscht, und der Kapitän hatte mit ein paar Soldaten die Schäden behoben, die der Piratenangriff und die überstürzte Landung am Schiff angerichtet hatten, sodass wir bereit waren, wieder in See zu stechen.

»Es ist so weit, Männer!«, sagte der Kapitän. »Jetzt kann der eigentliche Teil der Reise beginnen.«

»Der gefährliche Teil, meinst du«, sagte Paris.

»Was denn – waren dir die Piraten und die tückischen Strömungen nicht gefährlich genug?«, fragte Äneas.

»Gefährlich ist es immer«, sagte der Kapitän. »Aber wenn die Götter uns wohlgesonnen sind, dürften wir unversehrt in Troja ankommen.«

»Welchen Weg werden wir nehmen?«, fragte Äneas.

»Von hier aus segeln wir zur Insel Melos und von dort weiter nach Andros. Dann nach Skyros, danach nach Chios –«

»Nach Chios?«, wiederholte Gelanor.

»Ja, nach Chios. Und dann geradewegs nach Troja. Auf jeder Etappe werden wir auch nachts segeln müssen. Das ist riskant, aber wir haben keine andere Wahl. Der Abstand zwischen diesen Inseln ist zu groß. Immerhin bin ich dankbar, dass sie da sind, denn ohne sie wäre der Weg über das offene Meer von hier nach Troja viel zu weit.« Er trank einen großen Schluck Wein und wischte sich den Mund ab. »Also trinkt heute Abend, und genießt es noch einmal, auf festem Boden zu ruhen.«

Bald hatten sich alle an ihre Schlafplätze verzogen. Der Himmel war klar, und die Sterne leuchteten freundlich und weiß. Aber draußen auf dem offenen Meer, wo unter uns nur die schwarze Tiefe war – wie viel Trost würden wir da in ihnen finden?

XXVIII

Ein frischer Wind wehte, als wir im Morgengrauen aufstanden und zum Strand hinuntergingen. »Ein gutes Zeichen!«, sagte der Kapitän. »Lasst uns das Segel setzen.« Die Männer trugen Weinschläuche und Getreidesäcke an Bord.

Ich sah mich nach Gelanor um. Er war nicht da. Ich war enttäuscht, aber nicht überrascht. Eigentlich war ich vor allem traurig, weil ich ihn nie wiedersehen würde. Und ich war besorgt um seine Sicherheit, wenn er allein nach Sparta zurückfuhr. Hatte er nicht einmal mehr mit mir sprechen wollen, bevor wir uns trennten?

Etwas raschelte hinter mir. Überrascht drehte ich mich um und sah Evadne. Ihr Gesicht war in den Falten ihrer Kapuze beinahe unsichtbar. »Die Schlange und ich kommen mit«, sagte sie. »Er hat darauf bestanden.« Liebevoll tätschelte sie den Sack. »Heute Morgen konnten wir ein paar Mäuse für sie fangen. Das wird ihr genügen, bis wir ihre neue Heimat erreicht haben.«

Es rührte mich, dass diese Frau, die ich in all den Jahren in Sparta kaum wahrgenommen hatte, bereit war, diese Reise mit mir zu unternehmen. Nun würden sie und die Schlange das Einzige aus meinem alten Leben sein, das mit mir reiste. Sie und das Gold und die Juwelen. Aber die Frau und die Schlange waren kostbarer. »Ich danke dir«, sagte ich.

»Alles an Bord!«, befahl der Kapitän, und einer nach dem anderen wateten wir zum Schiff, kletterten über die Reling und gingen an unsere Plätze. Sobald der letzte Soldat an Bord war, hämmerte jemand gegen die Schiffswand.

»Ich will mit dem Kapitän sprechen!«, verlangte Gelanor. Ich schaute hinaus und sah ihn da stehen, im Mantel, ungeduldig.

»Was gibt's denn noch?« Der Kapitän klang nicht minder ungeduldig. »Wir müssen unverzüglich in See stechen.«

»Du hast gesagt, du willst nach Chios.«

»Ja, das habe ich gesagt«, antwortete der Kapitän schroff.

»Versprichst du es mir?«

Der Kapitän lachte, aber es war ein fröhliches Lachen. »Frag Poseidon! Versprechen kann nur er es dir.«

»Ist es deine ehrliche *Absicht*, nach Chios zu fahren und dort Station zu machen?«

»Ja! Wie oft willst du es noch hören?«

»Gut. Dann komme ich mit.« Er sprang auf den Stein, den die Soldaten zum Hinaufsteigen an die Bordwand gelegt hatten, und stieg herauf. Er würdigte mich und Paris keines Blicks, sondern setzte sich in einigem Abstand von uns auf die Planken.

Was ist denn so Besonderes an Chios?, fragte ich mich. Aber was immer es sein mochte, anscheinend bedeutete es ihm mehr als all mein Flehen, uns zu begleiten. Es bedeutete ihm mehr als *ich*. Wütend starrte ich seinen Rücken an. Na schön! Dann sollte er sein Chios eben bekommen – und was immer es dort gab!

Der Himmel wurde heller und strahlte bald in einem gleißenden Blau. Wir glitten über die Wogen auf Troja zu.

Oh, diese Reise! Ich schwebte zwischen meinen Welten, ja, außerhalb der Welt, denn das Leben auf einem dahinfliegenden Schiff hat nichts zu tun mit dem Leben anderswo. Jeder Tag brachte eigene Wunder, jede Nacht neue Gefahren, und so war jeder Augenblick erfüllt von praller Lebendigkeit. Jeder Tag brachte so viel Neues wie sonst fünf Jahre, und doch huschte er vorüber wie ein Traum.

Die erste Etappe, die Passage nach Melos, war sehr lang, und auf halbem Wege ließ uns der Wind im Stich. Die Ruderer mussten sich mit aller Kraft in die Riemen legen und konnten sich auch nachts keine Pause gönnen. Als die Insel endlich in Sicht kam, warnte uns der Kapitän: Auch sie sei ein Piratennest. Die Seeräuber hielten sich in den Höhlen am Fuße der turmhohen Klippen verborgen. Doch wir gelangten ungehindert in die weit geschwungene, geschützte Bucht und konnten endlich an Land gehen. Begierig verließen wir die Enge des Schiffs und sprangen ausgelassen an Land, wo wir unsere Glieder streckten, die Arme schwenkten und vor Freude jauchzten. Paris und ich tanzten miteinander auf dem Sand. Evadne nahm die Schlange aus dem Sack, legte sie sich um den Hals und sang. Äneas forderte Paris zu einem Wettlauf am Strand entlang heraus. Gelanor spazierte davon, um die Muscheln und Schnecken am Rand des Wassers zu betrachten.

Wir blieben ein paar Tage dort, füllten unseren Trinkwasservorrat auf und erkundeten die Insel. Ich hatte so etwas noch nie gesehen – die seltsamen Felsformationen, das schwarze Gestein alter Vulkane. Dafür schien Gelanor sich besonders zu interessieren. Er sammelte glänzende schwarze Splitter und sagte, es sei Obsidian und man könne gute Messer daraus machen. »Gut, wenn man keine Bronze bekommen kann«, sagte er. Es war fast das Einzige, was er zu mir gesagt hatte, seit wir Kythera verlassen hatten. Ich antwortete höflich und kühl und ging weiter. Ich war noch immer pikiert wegen seines seltsamen Sinneswandels, dessen Gründe er mir verschwieg.

Im Gegensatz zu Gelanor war Evadne sehr gesprächig; sie neigte allerdings auch dazu, vor sich hin zu murmeln, wie alte Frauen es oft tun. Ich konnte nicht schätzen, wie alt sie wirklich war. Sie erschien mir sibyllinisch, und insgeheim fragte ich mich, wie lange sie tatsächlich in Sparta gewesen sein mochte. War es möglich, dass sie schon unter Öbalos oder gar unter Kynortas dort gelebt hatte? Sie verbarg ihre Augen unter der überhängenden Kapuze und behauptete, das grelle Licht blende sie.

Am dritten Tag standen wir plötzlich vor einer Schar von Inselbewohnern. Unsere Ankunft hatte sich herumgesprochen, und sie wollten uns sehen. Ich verhüllte mein Gesicht nicht schnell genug, und so begafften sie mich mit dem üblichen »Ah!« und »Oh!«. Wir mussten fort, ehe es schlimmer würde. Zum Glück hatten wir unsere Wasserschläuche gefüllt, und so verließen wir die Insel wieder.

»Das ist immer ein Problem, wenn man mit Helena unterwegs ist«, sagte Gelanor zum Kapitän. »Beim nächsten Mal sei darauf vorbereitet!«

Sollte das ein Scherz sein? Ich fand es nicht lustig. Aber Paris lachte. »Ein Problem, das jeder andere Mann auf der Welt wohl zu gern hätte!«, sagte er und umarmte mich voller Besitzerstolz.

Weiter ging es nach Andros, und auch diese Etappe war lang. Unterwegs sahen wir andere Inseln, vor denen wir vor Anker hätten gehen können, aber der Kapitän meinte, das werde uns zu lange aufhalten. »Und wir brennen alle darauf, nach Troja zu kommen, das weiß ich«, sagte er.

Das Segeln in der Nacht war schwierig. An Schlaf war dabei nicht zu denken, und als wir in der Abenddämmerung des zweiten Tages die Insel Andros erreichten, war ich dankbar, dass uns eine weitere Nacht auf See erspart blieb. Es wurde rasch dunkel, aber im Zwielicht konnte ich noch erkennen, wie majestätisch die Insel war, wie hoch ihre Berge.

Und bei Tageslicht sah ich es bestätigt: Prachtvolle Hänge waren von grünen Wäldern bedeckt, und Wasserfälle rauschten durch die Felsschluchten. »Es gibt sogar einen oder zwei Flüsse«, sagte der Kapitän. »Gutes Wasser für uns. Es ist ungewöhnlich, dass es auf einer Insel Flüsse gibt.«

Wir ruhten uns ein paar Tage aus und genossen die einfache Freude, die darin liegt, sich frei bewegen zu können – eine Freude, die ich vor dieser Reise nicht zu schätzen gewusst hatte.

In Skyros hatten wir die Hälfte unseres Weges hinter uns. Es war eine kleine Insel; zwei Berge erhoben sich wie Brüste zu beiden Seiten einer flachen Ebene. Unser Schiff war noch nicht vor Anker gegangen, als Soldaten erschienen, um uns zu befragen.

»Diese Insel gehört König Lykomedes«, erklärten sie. »Wer seid ihr? In wessen Namen kommt ihr?«

Paris wollte antworten, aber Äneas fiel ihm ins Wort. »Ich bin Äneas, Prinz von Dardania«, sagte er. »Ich bin auf der Heimfahrt von einer Gesandtschaft nach Salamis.«

»Seid willkommen, Prinz, du und deine Männer«, sagte der Kommandant. »Wir werden euch zum Palast eskortieren.«

O nein! Jetzt würde man uns entlarven und wissen, welchen Weg wir genommen hatten. Oder schlimmer noch – man würde uns gefangen nehmen und hier festhalten. Paris konnte lügen und sich als jemand anderen ausgeben, aber wenn sie mich sähen …

Ich ging zu Äneas und flüsterte ihm ins Ohr: »Bitte sie um ein wenig Zeit. Sag ihnen, wir haben noch etwas am Schiff zu erledigen.«

»Ihr guten Leute, lasst uns ein wenig ausruhen. Es war eine anstrengende Reise«, rief Äneas.

»Ihr könnt euch im Palast erfrischen. Es gibt heiße Bäder dort und gutes Essen.« Entschlossen stellten sie sich vor dem Schiff auf.

»Hier.« Jemand zupfte mich am Mantel. Es war Evadne. »Beschmiere dir die Wangen damit.« Sie drückte mir einen kleinen Tiegel in die Hand. »Das wird dich älter machen.«

»Für immer?« Das schien denn doch eine drastische Maßnahme zu sein.

»Bis du es wieder abwäschst«, sagte sie. »Ich nenne es meine Salbe der Hekate. Die alte Göttin selbst hat sie mir geschenkt.«

Ich glaube, du bist diese alte Göttin, dachte ich plötzlich. Woher wusste ich, dass diese Frau ein Mensch und keine Göttin war? Ich wusste ja nicht einmal mit Sicherheit, dass sie in Sparta gewesen war. Und ihr seltsames Erscheinen mit Gelanor und der heiligen Schlange … Ein banges Frösteln überlief mich.

»Eine Wollkämmerin lernt viel über die Haut und wie man sie behandelt«, erklärte sie, als wolle sie meine Angst beschwichtigen. »In der Wolle ist eine Substanz, die die Jugend erhält. Sieh dir meine Hände an!« Sie streckte sie aus, und sie waren wirklich glatt wie die eines jungen Mädchens, ganz anders als ihr runzliges Gesicht. »Andere Substanzen lassen uns alt erscheinen.« Sie schloss meine Finger um den Tiegel. »Beeile dich, mein Kind!« Die Soldaten spähten in das Schiff. Ich bückte mich und beschmierte mir das Gesicht mit dem dicken grauen Brei. Er ließ sich überraschend leicht verteilen, und ich spürte ihn kaum auf der Haut. »Binde dein Haar zurück.« Sie packte es rau und schlang es im Nacken zu einem festen Knoten. Dann zog sie einen groben Wollschal hervor und band ihn mir um den Kopf, sodass mein Haar vollständig darunter verschwand. »Du musst gebeugt gehen, nicht wie sonst. Deine Hüften tun weh, und deine Füße sind geschwollen.«

Ich hatte meine Verwandlung kaum vollendet, als man uns vom Schiff führte und auf einem Pfad den Berg hinaufführte. Auf dem Gipfel stand der Palast. Ich hielt mich gebeugt und tat, als bereite das Gehen mir Schmerzen; ich bat sogar um einen Stock, auf den ich mich stützen könnte. Paris ging mit Äneas voraus, und ich humpelte Seite an Seite mit Evadne hinterher.

Unversehens gelangten wir auf eine glatte Hochebene, und der Palast kam in Sicht – blank polierte Säulen und eine schattige Veranda vor einem breiten, zweigeschossigen Gebäude. Höflinge führten uns hinein, durch die schattige Kolonnade und in einen kleineren Innenhof. Es war ein steiler Aufstieg gewesen, und ich hatte keine Mühe mehr, zu keuchen und eine gebückte Haltung zu bewahren.

Gleich darauf erschien humpelnd der König. Er war so alt, wie ich mich stellte. »Willkommen, Fremde! Ihr sollt mit uns speisen und die Nacht verbringen.«

Jetzt würde es ein langes, feierliches Mahl geben, bei dem Geschenke überreicht wurden. Ich war froh, dass das Protokoll ihm verbot, uns vor dem Essen nach unseren Namen und unseren Geschäften zu fragen. So hatten wir noch Zeit, uns zurechtzulegen, was wir ihm erzählen wollten.

Er führte uns in die große Halle, und plötzlich waren wir umgeben von einem Schwarm junger Mädchen wie von lauter Schmetterlingen. »Meine Töchter«, sagte er. »Ich habe sicherlich mehr Töchter als jeder andere König.«

»Keine Söhne?«, fragte Äneas.

»Diesen Segen haben die Götter mir nicht gewährt«, sagte er, aber dann streckte er die Arme aus, umschlang gleich mehrere seiner Töchter und lachte. »Was dem Palast an Kriegern fehlt, macht ihre Schönheit wieder wett.«

Das Gastmahl war wie alle Gastmahle – wohlgeordnet, vorhersehbar, recht angenehm. Ist bei einem Festmahl je etwas Bedeutsames geschehen? Ich erhielt einen Platz bei den Frauen und Mädchen, denn man nahm an, ich gehörte zu Äneas' Gefolge und hätte keine besondere Stellung. Die älteste Tochter des Königs saß neben mir – sie hieß Deidameia, und ich schätzte sie auf fünfzehn oder sechzehn Jahre. Sie trug ein helles zartgrünes Gewand, und wieder musste ich an einen Schmetterling denken. Das Mädchen neben ihr sah älter und größer aus, aber ich hatte gehört, Deidameia sei die Älteste. Dieses Mädchen sprach wenig und hielt den Blick gesenkt. Der Arm, der aus der Tunika hervorschaute, wenn sie das Fleisch schnitt, wirkte eigenartig muskulös.

»Pyrrha, kannst du nicht auch mit unseren Gästen sprechen?«, neckte Deidameia sie.

Pyrrha hob den Kopf, und in diesem Moment kamen mir ihre Augen sehr vertraut vor. Dann blinzelte sie und schien nach Worten zu ringen. »Habt ihr auf eurer Reise Abenteuer erlebt?«, fragte sie mit leiser Stimme.

»Einmal hatten wir es mit Piraten zu tun«, sagte ich.

»Oh. Wo?«

Beinahe hätte ich die Wahrheit gesagt, aber ich besann mich noch rechtzeitig: Ich durfte nicht preisgeben, dass wir auch nur in der Nähe von Kythera gewesen waren. Es lag zu nah bei Sparta. »Vor Melos«, sagte ich stattdessen.

»Und was ist passiert?«

»Es gab einen wütenden Kampf, aber unsere Männer haben sie besiegt.«

»Beim Hermes, da wäre ich gern dabei gewesen!«, sagte sie inbrünstig.

»Oh, Pyrrha!« Deidameia lachte perlend.

Pyrrha wollte alles über die Waffen der Piraten wissen und fragte auch, mit was für einem Boot es ihnen gelungen war, uns einzuholen. Aber ihre Fragerei wurde unterbrochen, als der zeremonielle Teil des Mahls begann. Lykomedes ließ Geschenke für Äneas bringen, und Äneas überreichte ihm ein paar Bronzegegenstände vom Schiff. Jetzt – und erst jetzt – fragte Lykomedes: »Und wer bist du, mein Freund?«

»Ich bin Äneas, Prinz von Dardania.«

»Willkommen, Prinz Äneas«, sagte Lykomedes mit zittriger Stimme. »Und wer sind deine Begleiter?«

Paris erhob sich. »Sein Vetter, guter König. Sein Vetter Alexandros.«

Der König nickte. »Und diese anderen – deine Garde und deine Diener, ja?«

»Ja.« Evadne, Gelanor und mich stellte Äneas nicht vor. »Es sind treue Diener aus meinem Rat und aus dem Haushalt.«

»Ihr alle seid mir überaus willkommen«, wiederholte der König.

Danach waren noch ein paar Stunden auszufüllen. Der König ließ Tänzer und Akrobaten auftreten, Knaben und Mädchen, die über Seile sprangen und über den Rücken eines hölzernen Stieres schnellten, den sie zu halsbrecherischen Saltosprüngen bei den Hörnern packten.

»Auf Kreta, heißt es, springen sie über die Hörner lebendiger Stiere«, bemerkte Paris.

»Zu gefährlich«, sagte der König. »Mir ist es lieber, wenn meine Akrobaten ohne Blutvergießen nach Hause gehen.«

Einer der Tänzer schlüpfte unter dem Seil hindurch, weil er seinen Einsatz zum Sprung verpasst hatte. Dann tat er, als sei nichts gewesen.

»Das habe ich gesehen!«, rief Pyrrha mit rauer Stimme.

Genauso barsch hatte ich diese Worte schon einmal gehört. *Das habe ich gesehen!* Vier schlichte Worte, aber ausgesprochen mit unverwechselbarer Verachtung und Giftigkeit. *Das habe ich gesehen.*

»Was hast du gesehen?«, fragte der König, aber sein Tonfall bedeutete: *Das genügt, Pyrrha*.

»Ich – ach, schon gut.« Sie zog die Schultern hoch, wandte sich ab und lehnte sich an eine Säule.

Wie groß sie war. Größer als der König. War seine Gemahlin so außergewöhnlich hochgewachsen gewesen? Ich folgte ihr.

»Geh weg!«, knurrte sie.

Ich war entsetzt über so viel Grobheit. Man befahl einem

Gast nicht wegzugehen, erst recht nicht, wenn er älter war als man selbst. Aber bevor ich ein Wort herausbrachte, drehte sie sich um und funkelte mich an. Und ich erkannte die Augen des zornigen Knaben Achilleus, den ich zuletzt vor zehn Jahren bei den Freiern in Sparta gesehen hatte.

Ein Knabe! Ein Knabe, als Mädchen verkleidet, hier auf der Insel Skyros. Warum? Kein Wunder, dass er so missmutig war. Hier so tun zu müssen, als sei er ein Mädchen!

Als er mich anschaute, sah ich, dass er mich ebenfalls erkannt hatte. *Helena* – lautlos formten seine Lippen meinen Namen. *Helena!*

»Sschh!«, machte ich. »Sag nichts!«

Dann hatten wir plötzlich beide große Mühe, unser Lachen zu unterdrücken. Achilleus, verkleidet als Mädchen, stand vor Helena, verkleidet als betagte Hausdienerin. Und keiner von uns beiden konnte den anderen fragen, warum das so war.

Plötzlich ertönte im Hof ein lautes Getrappel. Wir drehten uns um und sahen, wie die jüngsten Töchter des Königs auf winzigen Pferden, an die Mähnen geklammert, hereingetrabt kamen. Wir schauten hinaus in den Hof. Selbst wenn ich mich auf die Zehenspitzen erhob, konnte ich kaum etwas sehen, weil so viele um uns herum die Köpfe reckten, aber Achilleus überragte sie um ein gutes Stück.

»Diese winzigen Pferde – woher kommen die?«, fragte ich ihn. Aber ich erhielt keine Antwort. Ich drehte mich um und sah, dass er lautlos davongegangen war.

Ich gab vor, interessiert zuzuschauen, und applaudierte den Reiterinnen, aber ich konnte nur an eines denken: Achilleus ist hier und hat sich verkleidet! Weiß der König, wer er ist? Weiß Deidameia es? Weiß es irgendjemand außer mir?

Jetzt fiel mir ein, wie Paris mir erzählt hatte, dass man selbst in Troja von Achilleus sprach. Aber was erzählte man sich dort? Er konnte nicht älter als sechzehn sein, etwa so alt wie Paris. Wie konnte er sich als Krieger einen Namen gemacht haben, wenn es keine Kriege gegeben hatte, in denen er hätte kämpfen können? Es gab immer irgendwo kleine Scharmützel und Streitigkeiten, aber große Soldaten gingen daraus nicht hervor.

Und ein großer Soldat versteckte sich nicht unter Weibern!

Die Pferdchen trabten unter lautem Beifall im Hof umher. Für mich sahen sie aus, als habe man Pferde auf Kindergröße zusammenschrumpfen lassen – ein Bild der Zauberei.

»Diese Pferde kommen aus wilden Herden, die weiter unten am Berg leben«, erklärte Deidameia. »Niemand weiß, warum es sie nur auf dieser Insel gibt. Selbst wenn sie von Tieren abstammen, die irgendwann hierhergebracht wurden und dann entlaufen sind – woher sind sie gekommen? Nirgendwo sonst gibt es so kleine Pferde.«

»Vielleicht wird ihr Wachstum durch die frische Seeluft oder durch eine bestimmte Pflanze gehemmt?«, überlegte Gelanor. Er stand bei uns und betrachtete die Pferdchen aufmerksam. Es war ein Rätsel nach seinem Geschmack.

Gern hätte ich ihm ins Ohr geflüstert, dass Achilleus verkleidet unter uns war; meine Verwunderung darüber war stärker als mein immer noch schwelender Groll wegen seines Benehmens. Aber das konnte ich nicht tun. Ich ahnte, dass ich dieses Geheimnis für mich behalten musste, bis wir Skyros verlassen hätten. Achilleus vertraute mir, wie ich ihm vertraute.

Wir konnten nicht auf der Insel bleiben, es sei denn, wir hätten Lust gehabt, die Gastfreundschaft des Königs tagelang in Anspruch zu nehmen. Als der Morgen dämmerte, stiegen wir den Berg hinunter, begleitet von Dienern, die Vorräte für uns trugen, und am Vormittag setzten wir unsere Reise fort und segelten weiter nach Chios. Als wir auf dem sicheren Meer waren und der Wind das Segel blähte, riss ich meine Kopfbedeckung herunter und spritzte mir Seewasser ins Gesicht, um mir die Salbe der Hekate abzuwaschen. Ich hatte das Alter satt. Wie wunderbar, es einfach abspülen zu können!

»Danke«, sagte ich zu Evadne. »Deine Geistesgegenwart und deine Hilfe haben mich gerettet. Haben mich davor bewahrt … Helena zu sein.«

Die Insel blieb hinter uns zurück. Als sie nicht mehr zu sehen war, dachte ich: Jetzt werde ich Paris und Gelanor von Achilleus erzählen. Aber Skyros versank hinter dem Horizont, und ich konnte es nicht tun. Ich hoffte, Achilleus, weit hinter mir, werde mein Geheimnis genauso respektieren.

Auch auf der Fahrt nach Chios mussten wir nachts segeln. Durch eine raue See ging es beinahe geradewegs nach Osten. Wir mussten uns gut festhalten, um nicht über Bord geschleudert zu werden, aber wir waren nass bis auf die Haut, weil die Wellen immer wieder ins Schiff schlugen. Frierend und kläglich starrten wir morgens zum Horizont und hofften, Chios bald zu sehen. Aber wir sahen immer nur die aufgehende Sonne über den hohen Wellen.

Ich wurde seekrank – ein Leiden, von dem ich bisher verschont geblieben war. »Schau zum Horizont, Herrin!«, riet Evadne mir. »Nicht auf die Wellen. Und hier – lutsche das.« Sie reichte mir ein gepökeltes Stück Schweinefleisch. »Das Salz hilft.«

Der bittere Geschmack des Fleisches drohte meinen Magen in noch größeren Aufruhr zu versetzen, aber sie hatte recht: Irgendwie half es gegen die Seekrankheit. Ich hielt den Blick fest geradeaus über die Wellen gerichtet, und als eine der Ersten sah ich Chios, als es im Nebel der Morgendämmerung auftauchte.

Wie die anderen Inseln war sie gebirgig. Anders als die anderen war sie sehr groß, eine gewaltige Landmasse vor der eigentlichen Küste – wo Troja wartete. Dort wäre der fliegende Lauf zu Ende, den ich genossen hatte wie den Wettlauf vor meiner Hochzeit. Bei jenem war ich über das Gras geflogen, bei diesem über das Meer. Nun musste es zu Ende gehen.

Alle gingen an Land und waren dankbar, wieder festen Boden unter den Füßen zu haben. Auf dieser Insel lebten Menschen; sie war bekannt für ihren guten Wein. Ich wusste, ich würde mich wieder verkleiden müssen, aber das hatte sicher noch Zeit. Sicher würde man uns erst am nächsten Morgen entdecken.

Schnell war das Lager aufgeschlagen; es war unser sechstes,

und wir hatten inzwischen Erfahrung damit. Bald saßen wir am Feuer und warteten darauf, dass unser Essen fertig wäre. Wir tranken Wein, aber allmählich wurde er sauer.

»Vielleicht können wir unsere Schläuche hier auf Chios noch einmal füllen«, sagte der Kapitän. »Das würde einiges verbessern.«

»Was haben wir zum Tausch anzubieten?«

»Wir haben noch viel Bronze«, sagte Paris. »Mit Geschenken waren wir gut ausgestattet.«

»Ein Kessel für eine Amphore. Das ist ein ehrlicher Handel.«

Der Wein verband sich mit den letzten Spuren der Seekrankheit und machte mich benommen. Die Sterne am Himmel schienen langsam zu kreisen. Mein Kopf sank auf Paris' Schulter, und weiter erinnere ich mich an nichts.

Ich erwachte als eine der Ersten und verließ das Zelt. Ich ging hinunter zum Meer und ließ mir im gleichmäßigen Rhythmus der Wellen den Nebel des Schlafes aus dem Kopf wehen.

»Von dieser Seite der Insel aus wirst du Troja nicht sehen.«

Ich drehte mich um und sah Gelanor hinter mir. Das Meeresrauschen hatte seine Schritte übertönt.

»Ich weiß nicht genau, ob ich Troja sehen will«, antwortete ich.

»Ein bisschen spät, sich das zu überlegen.«

»Du hast dich in ein zänkisches Weib verwandelt. Wenn wir Troja erreicht haben, kannst du umkehren und zurückfahren. So hast du es ja gewollt. Sicher bist du froh, dass es nur noch ein Katzensprung ist, bevor du entfliehen kannst.« Sollte er doch gehen. Sollte er nur nach Hause fahren. Seine Anwesenheit auf dieser Reise war bedrückend gewesen.

»Die Reise hat mir noch nicht gebracht, was ich haben will.«

»Und was willst du haben?«

»Ich werde es heute bekommen. Ich werde nach Süden wandern und es finden.«

»Was wirst du finden?«

»Einen bestimmten Strauch, der ein süßes, klebriges Harz

hervorbringt. Anderswo wächst er auch, aber nur hier härtet sein Saft auf natürliche Weise, wenn man die Zweige ritzt.«

Ich war empört. Das also hatte ihn veranlasst, seine Meinung zu ändern und an Bord zu kommen. *Das* hatte Chios ihm zu bieten – das Harz eines Strauches.

»Komm mit, und sieh es dir an!«, sagte er. »Es wird faszinierend sein, wenn wir es finden. Ich glaube, eine solche Substanz könnte vielerlei Nutzen haben. Sie könnte statt teurer Myrrhe als Weihrauch dienen, als Salbe, als Sirup oder – oh, wenn ich daran gerochen und davon gekostet habe, werde ich es wissen.«

»Aber es interessiert mich nicht.«

»Ach, Helena! Früher hätte es dich interessiert. Ändere dich nicht! Übernimm nicht die Leichtfertigkeit derer … mit denen du jetzt umgehst!«

»Er ist nicht leichtfertig!«

»Wollen wir also warten und ihn mitnehmen?« Gelanor spähte hinauf zur Sonne. »Das könnte aber lange dauern. Manchmal kommt er erst mittags aus seinem Zelt.«

»Nein. Dann wäre es zu spät.«

»Ich dachte, du wolltest nicht mitkommen.« Er lachte. »Oh, komm doch mit! Du könntest dir gründlich die Beine vertreten. Sie müssen ganz verkrampft sein nach dem langen Sitzen auf dem Schiff. Meine sind es, das weiß ich.«

Also gut. Ich würde mitgehen. Es war lange her, dass wir Seite an Seite gewandert waren – seit jenem schicksalhaften Ausflug nach Gytheon.

Chios war eine wunderschöne Insel, aber nicht so grün wie Andros. Es gab weniger hohe Bäume, und das bedeutete, dass ein stärkerer Wind wehte. Ich stellte mir vor, dass der Wind aus Troja kam – frisch und kraftvoll. Die Hänge waren von Gestrüpp und Buschwerk bedeckt.

»Wie wirst du den Strauch erkennen, den du suchst?«, fragte ich.

»Ich habe getrocknete Blätter davon gesehen«, sagte er. »Ich werde sie wiedererkennen. Und vielleicht sehen wir die Schnitte an den Zweigen, wo die Leute sie geritzt haben, um den Saft austreten zu lassen.«

Ich entdeckte gelbe und rosarote Orchideen auf den zerklüfteten Kalksteinfelsen. »So viele habe ich noch nie gefunden.« Ich bückte mich, pflückte eine und schob sie mir hinter das Ohr.

»Ich auch nicht«, gestand Gelanor. »Anscheinend gedeihen sie gut auf dieser Insel.« Jäh blieb er stehen und packte mich beim Arm. »Da!« Er zeigte auf einen unauffälligen Busch. Dann stürzte er hinüber, fiel auf die Knie und inspizierte die Blätter. Er zog einen kleinen Splitter von dem scharfen Obsidian hervor, den er auf Melos gesammelt hatte, und ritzte damit quer über einen Zweig. Sofort quoll ein klarer Saft heraus.

»Jetzt warten wir ab.« Er setzte sich auf den Boden. »Wie lange, weiß ich nicht.« Er wies hinaus auf das Meer. »Aber schau doch, während wir warten: deine neue Heimat.«

Ich beschattete meine Augen. Die Sonne spiegelte sich im hellen Wasser, und alles ringsumher war gleißend hell. Aber dahinter – ja, da war Land.

»Das Land von Troja«, sagte Gelanor. »Das sagenumwobene Troja.«

Ich konnte nichts erkennen – nur, dass dort Berge waren und ein bisschen Grün.

Er lachte. »Was hast du erwartet? Goldene Mauern?«

»Es muss eine Stadt geben, bevor dort Mauern sein können, sei es aus Gold oder aus Stein. Aber ich sehe keine Stadt.«

»Sie ist weiter weg. Das dort ist nur die Gegend rings um Troja, seine Nachbarn. Karer, Lykier, Mysier. Leute wie überall auf der Welt. Enttäuscht?«

»Ja – oder erleichtert.« Ich wusste es wirklich nicht.

»Ich bitte dich – du hast doch nicht deine Welt von innen nach außen gekehrt, nur um wieder unter ganz gewöhnlichen Menschen zu sein.«

Er konnte es nicht verstehen. Er war nie von Aphrodite berührt worden. Er sah nicht, dass es Paris war – Paris, nicht Troja oder die Trojaner oder eine Stadt mit Mauern –, der mich gerufen hatte und der mich wie in einem Netz gefangen hielt. Für die, zu denen die Göttin nie gekommen war, blieb das alles unbegreiflich. Also lächelte ich nur und sagte nichts.

»Schau!« Er drehte sich um und rutschte hinüber zu seinem Strauch. Der Saft war zu bernsteingelben kleinen Perlen geworden. Gelanor brach eine davon ab und rollte sie zwischen den Fingern. Sie war elastisch; als er sie drückte, nahm sie danach federnd wieder die ursprüngliche Form an. Er schnupperte daran und gab sie mir.

Ich spielte damit und versuchte sie zu zerdrücken. Dabei stieg ein köstlicher Duft empor, ganz wie Weihrauch. Aber wenn sie wieder zu ihrer alten Form zurückkehrte, verschwand der Duft. Ich knabberte daran, und es schmeckte scharf, ähnlich wie Kiefernharz.

»Was für wundersame Dinge man damit wohl tun könnte?«, fragte er. »Wenn wir Leute finden, die dieses Harz sammeln, werden wir sie fragen, wozu sie es hier auf Chios benutzen. Ich weiß, dass sie es ins Ausland verkaufen, aber nur als Klebstoff oder um etwas wasserdicht zu machen.«

Hoffentlich würden wir niemanden treffen. Es war so anstrengend, Helena zu sein. Und genauso anstrengend war es, so zu tun, als wäre ich nicht Helena.

»Jetzt hast du es also gesehen«, sagte ich. »Das, wofür du diese lange Seereise auf dich genommen hast.« Ich konnte einen bitteren Unterton nicht verbergen.

»Ach, Helena, du weißt es doch besser.«

»Vielleicht hattest du dich auch nur davor gefürchtet, ganz allein durch die gefährliche Meerenge von Kythera zurückzufahren. Der Kapitän hat ein sehr düsteres Bild davon gemalt. Da hast du deine Angst hinter diesem Vorwand versteckt, um mit nach Chios zu kommen. Jetzt kannst du auf dem ungefährlichen Landweg heimreisen. Ein weiter Weg, aber zweifellos wirst du unterwegs viele Steine und Bäume und Gifte finden, die dir die Zeit vertreiben und einen lohnenden Ertrag bringen.«

»Helena.« Er sah mich eindringlich an. »Du weißt es besser.«

»Nein. Nein, das weiß ich nicht.«

»Musst du mich zwingen, es auszusprechen? Ich habe mich

anders besonnen, und du hast recht, ich habe einen Vorwand gebraucht, um es zu erklären. Ich konnte nicht zulassen, dass man mich für einen wankelmütigen, albernen Jungen hält. Der wahre Grund für meinen Sinneswandel war: Ich wollte sicher sein, dass du Troja wohlbehalten erreichst.«

Ich lachte. »Hattest du kein Vertrauen in den Kapitän, in Äneas, Paris und die Soldaten? Kannst du mich besser beschützen als sie?«

»Das vielleicht nicht, aber ich trage eine Ehrenpflicht in mir. Dort am Strand von Kythera habe ich gesagt, meine Treue gilt dir, nicht Sparta. Dich dort zu verlassen wäre kein Akt der Treue gewesen. Im Gegenteil. Deshalb habe ich den weiten Weg mit dir gemacht, und ich werde bei dir bleiben, bis ich weiß, dass du hinter den Mauern von Troja angekommen bist.« Er nahm mir die Harzkugel aus der Hand. »Du siehst, du warst viele Tage lang grundlos zornig auf mich.«

Ich schüttelte den Kopf, als sei das alles ohne Belang. Aber ich fühlte mich plötzlich sicher. Mein Freund war wieder da. Und in Wahrheit war er nie fort gewesen – außer in meiner Vorstellung. Ihn in Troja zu behalten – das wäre eine andere Sache. Eine neue Herausforderung.

Wir sammelten das geheimnisvolle Harz, bis wir einen kleinen Beutel damit gefüllt hatten, und dann wanderten wir zurück zum Schiff. Als wir an einem bewaldeten Berghang vorbeikamen, überwältigte mich plötzlich ein machtvolles Gefühl: Ich spürte, wie unendlich bedeutsam dieser Ort sein würde – für mich, für Paris, für uns alle. Ich blieb stehen und schaute mich um. Hier war nichts. Keine Hütte, keine Herden, kein Garten, keine Menschen. Aber eines Tages würde hier etwas sein.

»Was ist?«, fragte Gelanor. »Du starrst Löcher in die leere Luft.«

»Nein, sie ist nicht leer.« Sie war schwer von Bedeutsamkeit.

»Ist da etwas Böses?«

»Nein. Es ist – prachtvoll. Etwas Wunderbares wird von hier kommen.«

Zweiter Teil

Troja

XXIX

Die Überfahrt zum Festland, wo Troja lag, war wider Erwarten nicht aufregend. Ich hätte Aphrodites Schwingen sanft auf meinen Wangen fühlen, hätte Omen sehen oder ferne Musik hören müssen, aber alles war wie immer.

Der Boden, den ich betrat, war gewöhnlicher Boden: einfache Erde mit ein paar kümmerlichen Grashalmen. Ein ganz gewöhnlicher Wind wehte, ohne jeden ungewöhnlichen Duft. Ich seufzte, seltsam enttäuscht.

»Was ist denn, Liebste?«, fragte Paris, dem mein leisester Atemzug nicht entging. »Wir sind fast zu Hause!«

Du bist zu Hause, dachte ich. Du. »Ich bin nervös«, gestand ich.

Er war überrascht. »Helena ist nervös? Aber die ganze Welt verneigt sich vor dir, wo immer du bist.«

Das wird bald zu Ende sein, dachte ich. Und hatte ich mich nicht danach gesehnt, dass es endete? Hatte ich nicht insgeheim unaufhörlich darüber geklagt?

»Eine neue Welt, die du erobern wirst«, sagte er.

»Da bist du sicherer als ich.«

Wir gingen langsam auf ein paar – gewöhnliche – Bäume zu, unter denen wir uns auf die letzte Etappe der Reise vorbereiten würden. Hinter uns rief Äneas seinen Leuten Befehle zu, und der Kapitän ließ sein Schiff sichern.

»Komm!« Paris nahm mich bei der Hand und lief mit mir auf eine Anhöhe. Er deutete nach Norden. Die konturlose Landschaft vor seinem Finger reichte leicht abfallend ins Endlose. »Wenn du wie ein Adler immer geradeaus fliegen könntest – dort liegt Troja.« Er fasste mich bei den Schultern, drehte mich um und zog mich an sich. »Aber du wärest kein Adler. Nein, du wärest einer von diesen bunten Vögeln, die tief im Süden leben.

Ich habe noch keinen gesehen, aber ihre Federn hat man mir gezeigt: gelb und rot und leuchtend grün.«

Wenn ich ein Vogel wäre … Aber meine Füße standen fest auf dem steinigen Boden, und sie waren es, die mich nach Troja tragen mussten. Das sagte ich ihm.

»Wir könnten Pferde bekommen«, sagte er. »Du bist jetzt im Land der Pferde. Ich habe doch gesagt, Troja ist berühmt dafür. Wir können Wagen und Karren kommen lassen –«

»Nein! Sie sollen nicht wissen, dass wir kommen. Mit Pferden und Wagen wird man uns frühzeitig bemerken.«

Er war verdutzt. »Warum sollen sie nicht wissen, dass wir kommen?«

»Ich will – ich will unerwartet dort erscheinen«, sagte ich. Irgendwie dachte ich, das sei sicherer. Aber inwiefern sicherer? Weil es die bestürzte Ablehnung aufschieben würde, vor der mir inzwischen graute?

»Aber sie werden uns geziemend willkommen heißen wollen.«

»Bevor wir ankommen, musst du mir alles über die Trojaner beibringen. Alles über deine Familie und den Hof. Ich muss wissen, wie sie aussehen, was ihre Stärken und Schwächen sind und was du für sie empfindest. Ich will sie erkennen, wenn ich sie das erste Mal sehe.« Ich glaube, ich nahm an, das werde mich schützen. Und ich wollte genau wissen, wer Paris lieb und teuer war – und wer nicht.

Sehr langsam zogen wir durch das Land. Wir waren an einem lang gestreckten, schmalen Kap angekommen, das weit ins Meer hinausragte wie ein Felsenfinger, der nach Chios griff. Eine Zeitlang konnten wir das Meer auf beiden Seiten erblicken, aber dann waren wir von sanften Hügeln und Ebenen umgeben.

Die Straßen – soweit es sie gab – waren holprig und schmal, und wir sahen nirgends eine Stadt. Nur wenige Leute näherten sich uns, aber das waren Bauern oder Hirten.

»Wo sind all die Verbündeten Trojas, von denen du mir erzählt hast?«, fragte ich Paris.

»Ein bisschen weiter landeinwärts. Wir haben die Lykier und

die Mäonier. Du wirst sie schon bald zu Gesicht bekommen.« Er lachte. »Vielleicht erscheinen sogar die Amazonen bei Hofe, um dich zu begrüßen.«

»Amazonen. Gibt es die wirklich?« Ich wusste inzwischen, dass Paris mich gern neckte. Manchmal fragte ich mich, ob er jemals wirklich ernst war.

»O ja. Jenseits des Schwarzen Meeres.«

»Bist du schon einmal einer Amazone begegnet?«

»Nein – aber mein Bruder Hektor. Vergiss nicht, ich bin ja noch nicht lange in Troja. Hektor sagt, die eine, die einmal an den Hof gekommen ist, war so groß wie er, und sie hatte mächtige Muskeln an den Armen. Furchterregend!«

»Heute Abend musst du mir alles über Hektor und die anderen erzählen. Das hast du mir versprochen!« In wenigen Tagen würden wir in Troja sein, und ich musste alles wissen.

»Ja.« Er wölbte die Hände wie einen Trichter vor den Mund und rief Äneas zu: »Lieber Vetter, heute Abend werden wir beide etwas aufführen müssen!«

Das Feuer brannte hell, und wir saßen entspannt auf geflochtenen Matten und hielten Weinbecher in den Händen. »Jetzt gibt es keinen Aufschub mehr«, sagte ich zu Paris. »Lass mich alles lernen, damit ich sie erkenne und mit Namen begrüßen kann.« Ich rief Gelanor und Evadne zu uns.

»Also gut.« Paris winkte Äneas, und der stand auf und wandte uns den Rücken zu. Dann drehte er sich um, starrte uns mit finsterer Miene an und stieß mit einem großen Stab auf den Boden, der vermutlich einen Speer darstellen sollte. »Wer ist das?«

»Das muss Hektor sein.« Er war der älteste Sohn, der größte Krieger, von dem ich je gehört hatte. Aber war er auch wild und unfreundlich?

Paris lachte. »Reingelegt! Wir würden doch nicht mit dem Nächstliegenden anfangen. Nein, du wirst besser lernen, wenn wir sie alle durcheinandermischen. Das da ist Deiphobos. Er ist ein bisschen älter als ich. Er wäre gern wie Hektor, aber er ist es nicht. Schade.« Er winkte Äneas. »Der Nächste.«

Äneas verschwand und erschien dann halb gebeugt wieder. Jetzt trug er das Kopftuch einer Frau. Ohrringe aus Bindfäden hingen an seinen Ohren, und er trug eine Perücke, die verdächtig nach Stroh aussah.

Eine ältere Frau … Aber Königin Hekuba konnte er doch nicht meinen, oder? Dieser schlurfende Gang, der gebeugte Rücken? »Eine alte Priesterin?«, mutmaßte ich.

»Nein, nein! Es gibt sehr wohl eine Hohe Priesterin der Athene, und sie heißt Theano. Aber die ist jünger. Das da ist meine Mutter, Königin Hekuba.«

»So alt?«

»Na ja – wir haben ein bisschen übertrieben«, gestand Paris. »Mein Bruder Troilos ist schließlich jünger als ich, und es gibt eine Tochter und einen Sohn, die noch jünger sind. Es ist also noch nicht so lange her, dass sie Kinder geboren hat.«

»Erzähle mir von Troilos!«, sagte ich.

»Er ist sehr hübsch, und er liebt Pferde. Er ist ein großartiger Rossbändiger und ein tüchtiger Wagenlenker. Und dass er so gut aussieht, scheint er gar nicht zu wissen, denn er ist sehr freundlich und liebevoll.«

Äneas kehrte zurück. Er trug immer noch die Perücke, aber jetzt hatte er sich einen Mantel um die Schultern gelegt, der aussehen sollte wie ein Kleid. Er fuhr herum, streckte den Zeigefinger aus und stieß lautlose Schreie aus.

»Oh, das wird sie nie erraten«, sagte Paris. »Das gilt nicht. Sie weiß ja gar nichts von ihr.«

»Unheil! Unheil!«, krächzte Äneas.

»Kassandra«, sagte Evadne mit leiser Stimme.

Paris war verblüfft. »Woher weißt du das?«

»Je weniger meine Augen sehen, desto mehr hören meine Ohren aus weiter Ferne. Ich kann hören, was in den Köpfen anderer vorgeht, selbst in Troja. Das hier ist deine Schwester Kassandra, die den Untergang Trojas voraussagt.«

Äneas hörte auf mit seinem Schauspiel. »Mir scheint, du bist vielleicht auch eine Prophetin.«

»Nein«, sagte Evadne. »Ich mache mir nur zunutze, was an

meine Sinne dringt. Aber diese Kassandra – ist sie nicht deine Feindin, Paris?«

Paris umklammerte meine Hand so fest, dass sie kribbelte. »Ich habe keine Feinde.«

»Aber hat Kassandra bei deiner Rückkehr nicht versucht, dich wieder vom Hof zu vertreiben?«, fragte Evadne beharrlich.

»Nein!«, warf Äneas hastig ein. »Nichts dergleichen! Außerdem hört niemand auf Kassandra. Sie ist verrückt.«

»Sie ist nicht verrückt«, sagte Evadne. »Das weißt du. Apollon hat sie verflucht, weil sie ihn verschmäht hat. Der große Gott der Weissagung hat sich an ihr gerächt. Ihre prophetische Gabe konnte er ihr nicht mehr nehmen, aber er hat es so gewendet, dass niemand ihr mehr glaubt. Gibt es eine grausamere Bestrafung für eine Seherin?«

»Apollon hat sie nicht zur Seherin gemacht«, widersprach Paris. »Als sie und ihr Zwillingsbruder Helenos Säuglinge waren, haben Schlangen ihnen die Ohren geleckt. Das hat ihnen die Gabe des Hellsehens verliehen.«

Schlangen. Die Gabe des Hellsehens. Darin waren wir Geschwister. Würden wir einander erkennen?

»Doch es war Apollon, der diese Gabe in einen Fluch verwandelt hat«, sagte Äneas.

Hätte auch Aphrodite diese Gabe für mich in einen Fluch verkehrt, wenn ich sie abgewiesen hätte? Mich schauderte. Ob man ihnen gehorchte oder sich ihnen widersetzte – so oder so stürzten die Götter uns ins Elend.

Paris stemmte sich von der Matte hoch. »Jetzt bin ich an der Reihe«, sagte er. Äneas setzte sich auf dessen Platz und sah zu.

Paris stolzierte vor uns auf und ab, den Kopf hoch erhoben, einen Stab in der Hand.

»Irgendein Ratgeber«, sagte ich. Aber war es ein guter oder ein schlechter Ratgeber?

Paris striegelte sich ein wenig und betrachtete seine Ärmel.

»Selbst ich weiß nicht, wen du meinst«, sagte Äneas. »Wir haben viele aufgeblasene Ratgeber.«

»Pandaros«, sagte Paris. »Aber ich gebe zu, es gibt viele wie Pandaros.«

»Pandaros ist ein verdrießlicher Narr«, sagte Äneas.

»Du könntest seinen Platz einnehmen!« Paris deutete auf Gelanor. »Wir brauchen frisches Blut in unserem Rat.«

Gelanor lachte. »Ein Spartaner als Ratgeber der Trojaner? Das glaube ich nicht.«

Ich merkte wohl, dass er nicht hinzufügte: *Außerdem habe ich nicht vor, in Troja zu bleiben.*

»Aber die Königin von Sparta wird jetzt … Prinzessin von Troja. Jeder kann sich ein neues Land suchen. Ja, und sie wird Ehren erfahren, die du dir nicht vorstellen kannst!«

»Dann will ich als Gast bei den Zeremonien dabei sein«, sagte Gelanor, »bevor ich heimkehre.« Enttäuscht hörte ich diese Worte.

Paris behielt seinen Stab, aber er hörte auf, sich zu plustern. Stattdessen nahm er eine monumentale Pose ein.

»Immer noch ein Ratgeber … oder vielleicht ein Seher«, sagte Äneas. »Aber ein geachteter. Oh!« Er schlug sich auf die Wange. »Sein Bruder Kalchas!«

»Ausgezeichnet. Ausgezeichnet.« Paris verbeugte sich. »Ja, Helena, Kalchas ist einer unserer getreuesten Seher und Ratgeber. Pandaros setzt ihn manchmal in Verlegenheit, aber unsere Verwandten können wir uns nicht aussuchen.«

»Genau das werden deine Brüder vielleicht über dich sagen, wenn sie sehen, was du nach Troja heimbringst«, sagte Äneas leise. »Paris, hast du dir überlegt, wie du Helena vorstellen wirst?«

»Als meine Frau«, sagte er ehrlich und tapfer.

»Aber sie ist nicht deine Frau«, sagte Äneas. »Sie ist mit einem anderen verheiratet.«

»Nein! Sie hat sich von ihm losgesagt. Lass uns heiraten, jetzt sofort, damit ich dem König, meinem Vater, in die Augen schauen und sagen kann: Helena ist meine Gemahlin.«

»Aber es steht nicht in unserer Macht, diesen Ritus zu vollziehen!« Äneas klang sehr beunruhigt.

»Macht? Dazu ist keine besondere Macht nötig. Die Götter werden uns hören. Wir müssen einander nur die Hände reichen und vor Zeugen unser Gelübde ablegen. Hier sind drei Zeugen zugegen. Das reicht.«

So sollte es sein: Hier in dieser Ebene, irgendwo auf dem Weg nach Troja, irgendwann am Abend, aber zu keiner heiligen Stunde – nicht bei Sonnenuntergang, um Mitternacht oder bei Sonnenaufgang –, in Reisekleidern, ohne Mitgift oder Brautgeschenke, würde ich Paris heiraten.

»Ja«, sagte ich. »Lass es uns tun!« Ich wandte mich an die anderen. »Ich bitte euch, bringt her, was ihr finden könnt, um es feierlich zu gestalten. Machen wir etwas Eigenes aus dem, was wir zur Hand haben.«

Mein Mantel war stumpfbraun, fleckig von Gischt und Staub. Mein Gewand war zerknüllt, der Saum lehmverschmiert. Mein Haar war hochgesteckt, und meine Füße waren staubig vom Wege.

Brautkleidung sollte eine prophetische Bedeutung haben. Was also bedeutete das alles? Dass Paris und ich staubbedeckte Reisende sein würden? Dass wir in Armut versinken würden? Das konnte ich mir zwar nicht vorstellen, aber die Möglichkeit, dass das Unvorstellbare Wirklichkeit wurde, konnte ich nicht lachend beiseiteschieben.

Gelanor brachte seinen Beutel mit den getrockneten Harz von Chios, Äneas einen Weinschlauch und tönerne Becher, Evadne den Sack mit der heiligen Schlange. Paris nahm eine Fackel und zog los, um nachtblühende Blumen zu suchen, aber in dieser Jahreszeit gab es noch keine.

Äneas steckte zwei Fackeln vor dem Eingang unseres Zelts in den Boden und winkte uns zum Feuer. »Jetzt sagt, was ihr sagen müsst.«

Paris nahm mich bei der Hand und führte mich an das wärmende Feuer. Ein leichter, kühler Wind war aufgekommen, der über die Felder auf das Meer hinauswehte. Meine Hände waren kalt, als seine Finger sie umschlossen. Wie oft hatten wir uns schon bei den Händen gehalten? Aber jetzt fühlte es sich anders an – so bedeutungsschwer wie noch nie.

Wenn ich die Hand wegzöge, wenn ich zurückwiche, dann ließe sich alles ungeschehen machen. Wenn ich es jetzt nicht täte, wäre ich für immer gebunden. Seine Finger an meiner Hand fühlten sich an wie Klammern, die mich gefangen nahmen. Ich konnte die Hand nicht bewegen.

»Sprecht!«, sagte Äneas. »Ihr seid es, die jetzt sprechen müsst. Kein Priester, keine Mutter, kein Vater. So ist es, wenn alles von euch abfällt und ihr allein seid.«

Paris schloss die Augen und senkte den Kopf. Er dachte nach. Nie hatte er so knabenhaft ausgesehen, so entwaffnend. Das blonde Haar fiel ihm in prachtvollen Wellen ins Gesicht. Der Feuerschein machte seine Haut zu Gold. In diesem Licht wirkten sogar seine Gewänder wie Gold. Hatte Midas ihn berührt und ein Lebewesen in eine Statue aus Metall verwandelt?

»Ich bin Paris, Sohn des Königs Priamos und der Königin Hekuba von Troja«, begann er und hob den Kopf. »In der Nacht, in der ich ihnen geboren wurde, träumte meine Mutter, sie bringe eine lodernde Fackel zur Welt. Einer meiner Brüder erklärte, dies bedeute, ich würde Feuer und Zerstörung nach Troja bringen. Da setzten meine Mutter und mein Vater mich in der Wildnis aus und überließen mich dem Willen der Götter. Aber deren Wille war, dass ich leben solle, und sie schenkten mir eine glorreiche Kindheit in den Tälern und Wiesen am Berge Ida, wo Zeus selbst zu Hause ist.« Er hielt inne und atmete tief durch. »Und als ich dann bereit war, führten die Götter mich zurück in das Haus meiner wahren Familie.«

In diesem Augenblick flackerte das Feuer knisternd auf, und Paris lachte. »Da glaubte ich, dass nichts mehr fehle an meinem Glück. Ich kannte meine Mutter, meinen Vater und meine Familie – Vettern wie Äneas. Ich gehörte zu ihrer Welt. Aber dieses Glück war blass wie verwehender Rauch, verglichen mit dem Feuer, das mich verzehrte, als ich dich zum ersten Mal erblickte, Helena.« Er nahm mein Gesicht in beide Hände und wandte es zu sich. »Seitdem ist mir, als sei die Sonne niemals untergegangen, als gebe es keine Nacht. Und vor euch allen hier verspreche ich mich Helena für den Rest meines Lebens. Nichts außer ihr soll mir am Herzen liegen, niemanden außer ihr will ich ansehen, an nichts denken außer an sie, solange ich lebe. Dir will ich mich ganz und gar darbringen, Helena. Bitte nimm mich!«

Sein Blick war flehentlich, als sprächen wir jetzt zum ersten Mal miteinander. Als finge das alles jetzt erst an.

»Ich nehme dich, Paris«, sagte ich mit leiser Stimme. Das Sprechen fiel mir schwer, denn der feierliche Augenblick rührte mich. »Ich bin dein für alle Zeit.« Ich konnte nicht aussprechen, wie viel das bedeutete. Aber diese paar Worte sagten alles.

»Wir sind Zeugen dieses Versprechens«, erklärte Äneas. »Und jetzt werden wir einen Becher Wein zusammen trinken.« Er goss den Wein ein und reichte die Becher herum. Bevor wir sie zum Mund führten, goss er ein Trankopfer auf den Boden und beschwor Hera, die Göttin der Ehe. »Vereine sie, o Göttin«, rief er, »mit dem heiligen Band der Ehe!«

Wir hoben die Becher und tranken schweigend von dem süßen Wein.

Gelanor warf eine Handvoll seiner Harzkugeln ins Feuer. Der rauchige Duft stieg dicht und betörend empor.

Evadne trat vor und hielt die Schlange mit ausgestreckten Armen. »Nehmt sie«, sagte sie. »Sie soll euch verbinden.« Sie legte uns die Schlange um den Hals, und sie wand sich um uns und suchte unsere Wärme.

Sie hatte uns schon einmal miteinander verbunden, in Sparta. Jetzt besiegelte sie unsere Heirat und verband Vergangenheit, Gegenwart und Zukunft mit ihren anmutigen Windungen.

Äneas winkte uns zum Zelt. »Und jetzt bezieht euer neues Heim. Hier – wir werden euch ein kleines Stück weit mit Fackelschein und Gesang begleiten, als wäre es eine richtige Hochzeitsprozession.«

In einer kurzen, stillen Parade zogen wir zu unserem Zelt. Dort ließen wir sie zurück und schlüpften hinein.

Sogar das vertraute Zelt kam mir jetzt verändert vor. Das kurze Stegreifgelübde erschien mir echter als die ausgedehnte Zeremonie mit Menelaos mit der schweren goldenen Halskette, den traditionellen Versprechen, mit Priesterinnen und Opfer –

das alles war nur noch eine verschwommene Erinnerung. Aber ich würde nie vergessen, wie Paris mich angeschaut hatte, als er mir sein wildes, ausladendes Versprechen gegeben hatte.

»Dein Geschenk«, sagte er. Er kniete nieder und reichte mir einen Topf.

Ich nahm den Deckel ab und schaute hinein. Etwas flatterte hell in dem dunklen Tongefäß.

»Ein großer weißer Falter«, sagte er. »Ich habe ihn gefangen, als ich nach Mondblumen suchte. Ich glaube, der Falter hat sie auch gesucht.«

»Oh, er ist hübsch«, sagte ich. Die weißen Flügel schwirrten zart am Grund des Topfes. »Aber wir müssen ihn fliegen lassen. Heute Nacht müssen alle Geschöpfe so frei sein wie wir. Komm!« Zusammen standen wir im Zelteingang und schüttelten den Topf, und der Falter flatterte hinaus in die Felder.

»Wir sind wie dieser Falter«, sagte ich. »Frei auf den Feldern, die keinem Reich gehören – nicht Troja, nicht Sparta, weder Argos noch Mysia.« Ich schlang ihm die Arme um den Hals, und all mein Zaudern flog davon wie der Falter.

XXX

Troja. Es leuchtete vor uns, schwebte über der eintönigen Ebene wie ein gewaltiges, unbezwingbares Schiff auf hoher See. Hinter uns lag der Berg Ida. Wir waren an seinen von Kiefernwäldern bedeckten Flanken vorbeigezogen, und jetzt stand nichts mehr zwischen uns und Troja.

Je näher wir kamen, je größer es vor uns aufragte, desto unwirklicher erschien es. Wuchtige Türme, viereckig und düster, bewachten den Ring der Mauern, und wie ein Mantel breiteten sich am Fuße dieser Mauern zahllose Häuser aus. Es war so groß wie Mykene, Sparta, Pylos und Tiryns zusammen – kunstvoller gefügt und zugleich furchterregender.

Nach und nach füllte es mein Gesichtsfeld aus. Evadne ging an meiner Seite; sie hielt das Gesicht nach vorn gewandt, aber ihr Ausdruck blieb unverändert.

»Du kannst es nicht sehen«, sagte ich. »Aber wenn du könntest, dann wüsstest du, dass du dergleichen in Griechenland niemals gesehen hast.«

Rasch drehte sie den Kopf. »O doch! Ich weiß! Es schimmert!«

»Woher weißt du das?«

»Weil ich es gesehen habe.«

»Aber du kannst nicht sehen … Das hast du doch gesagt.«

»Herrin, es ist sehr eigenartig. Wenn ich geradeaus schaue, sehe ich nichts, aber manchmal, wenn ich den Kopf schnell drehe, dann sehe ich etwas aus den Augenwinkeln. Wenn ich mich dann wieder hinwende, verschwindet es. Manchmal macht es mich verrückt, denn ich kann nur Schatten und Umrisse sehen, ich kann nichts erkennen, wenn ich es direkt anschaue. Aber Troja habe ich gesehen, einen winzigen Augenblick lang. Und es glänzt wie ein Kristall.«

»Vielleicht sehen deine Augen deshalb nicht aus wie die einer Blinden. Sie sind klar und hell wie bei allen anderen.«

»Das hat man mir schon gesagt. Vielleicht habe ich einen Gott erzürnt, und das ist die Strafe dafür. Doch mir fällt beim besten Willen nicht ein, was ich getan haben könnte.«

»Nicht alles, was geschieht, ist ein Werk der Götter.« Gelanor trat an unsere Seite.

»Lass sie das ja nicht hören!« Evadne lachte. »Vielleicht schlagen sie mich sonst noch einmal, um zu zeigen, was sie können. Aber sag – was siehst du, wenn du Troja siehst?«

»Macht und Schönheit«, antwortete er.

»Und Reichtum?«, fügte ich hinzu.

»Reichtum und Macht sind dasselbe. Und gemeinsam sind sie das Fundament der Schönheit. Die Welt der Natur schenkt uns Schönheit, die nichts kostet. Aber in der Welt der Menschen ist Reichtum nötig, um Schönheit zu schaffen.«

»Da ist es, Helena!« Paris kam leichtfüßig angelaufen und

nahm meine Hand. »Troja. Meine Heimat. Und jetzt auch deine.«

Troja wird nie meine Heimat sein, dachte ich flüchtig. »Werde ich ... Werde ich ohne Mühe mit den Menschen sprechen können?«

»Natürlich, jedenfalls mit denen am Hofe. Wir sprechen fast wie ihr – ein paar einzelne Wörter hier und da mögen vielleicht ein wenig anders sein. Aber wir sind ja verwandt, die Trojaner und die Griechen. Wir haben gemeinsame Vorfahren – Atlas und Pleione. So heißt es wenigstens in den alten Sagen. Die Arbeiter und das Volk in der großen Stadt außerhalb der Mauern, die sind ein bisschen schwer zu verstehen, wenn man nicht mit gewöhnlichen Menschen aufgewachsen ist wie ich. Aber da werde ich für dich übersetzen, wie ich es auch für Hektor und den Rest meiner Familie tue.« Er umarmte mich. »Helena, ich bin so stolz, dass ich dir Troja zeigen kann – und dich Troja.«

Troja war anscheinend nicht neugierig auf mich. Dafür hätte ich dankbar sein sollen; hatte ich mir nicht gewünscht, nicht länger der Gegenstand allgemeiner Neugier zu sein? Aber jetzt ließ es ahnen, dass etwas nicht in Ordnung war. Auf den hohen Türmen, die wie Wachtposten dastanden, mussten Soldaten sein, deren einzige Aufgabe es war, Ausschau zu halten und zu sehen, wer sich der Stadt näherte. Die Brustwehren, die sie umgaben, erinnerten an scharfe Zähne, und in der schieren Höhe musste eigentlich jedem dort oben schwindlig werden.

... und Ilions himmelhoher Türme Brand ... Die Worte schlängelten sich durch meinen Kopf. *Ilions himmelhohe Türme ...* Jemand anders hatte diese Worte geformt und mir zugeraunt – jemand, der so viel später lebte, dass er Troja nur in seinen Träumen sehen konnte. Aber er sah es klarer als jeder, der neben mir stand, als ich es zum ersten Mal erblickte, und er erzählte von Troja, als die Menschen es längst vergessen hatten. Aber jetzt lebte es ... Oder vielleicht war es immer nur ein Traum.

»Wann sind wir hier abgereist?« Paris sah Äneas an. »Ich habe jedes Gefühl für die Zeit verloren. Aber das ist in Troja sicher anders. Wie lange mögen sie uns schon erwarten?«

»Es ist ungefähr zwei volle Monde her, dass wir die Stadt verlassen haben«, sagte Äneas. »Doch es war ja nicht abzusehen, wie lange unsere Mission dauern würde, und auch wegen der unberechenbaren Winde war nicht zu sagen, wann wir zurückkehren würden. So kann es sein, dass wir sie überraschen.«

Wir hatten den Rand der Stadt erreicht. Sie war mit einem Zaun aus starken Pfählen gesichert, die oben angespitzt waren, sodass sie aussahen wie eine lange Reihe von Speeren. An diesem friedlichen Mittag stand das äußere Tor sperrangelweit offen. Menschen strömten dort ein und aus, plaudernd und beladen mit Körben und Bündeln. Sie begrüßten uns lächelnd und riefen Paris scherzhafte Worte zu, aber darüber hinaus beachteten sie uns nicht weiter. Dennoch lief die Nachricht von unserer Ankunft wie ein sanftes Wellengekräusel vor uns her, als wir durch die Straßen wanderten.

»Diese Straßen sehen aus wie alle anderen Straßen«, sagte ich zu Paris.

»Natürlich«, antwortete er. »Habe ich dir nicht gesagt, dass Troja dir nicht fremd erscheinen wird?«

»Ich wollte damit sagen, sie sind nicht besonders breit. Wenn von Troja die Rede ist, heißt es immer: das breitstraßige Troja. Aber das ist nicht so.«

Er lachte. »Warte, bis du in den Mauern bist, im *eigentlichen* Troja – besser gesagt, im berühmten Troja. In dem Troja, von dem alle Welt spricht. Wer ›Troja‹ sagt, der meint nicht das hier.« Mit ausgebreiteten Armen wies er auf die kleinen Häuser und Läden ringsum.

Die Soldaten unserer Eskorte hinter uns blieben immer wieder stehen, um einen Schluck von dem neuen Wein zu trinken, den sie gegen ein Lächeln oder ein Versprechen eintauschten. Die ganze Zeit führte der Weg bergauf, den mächtigen Mauern entgegen, die immer höher in den Himmel zu ragen schienen. Dann blieben die Häuser hinter uns zurück, und bis zu den glänzenden, schräg aufsteigenden Mauern erstreckte sich eine breite, kahle Fläche. Ein viereckiger Wachtturm ragte aus der Mauer heraus und reichte fast bis an das erste Haus heran. Davor standen Statuen auf steinernen Säulen.

»Die Schutzgötter Trojas«, erklärte Paris. »Apollon, Aphrodite, Ares und Artemis.«

Ich sah sie an und dachte, wie wenig Ähnlichkeit diese steinernen Abbilder mit der Pracht der Götter hatten. Schlicht, gedrungen, mit breiten Gesichtern – diese Standbilder würden die Götter sicher zurückweisen. Aber besser konnte es niemand machen. Die Götter in ihrer ganzen Herrlichkeit konnten wir uns nur im Geiste ausmalen.

»Hier ist das Südtor«, sagte Paris. »Manche sagen, es sei das großartigste, aber großartig sind sie alle.«

Ich betrachtete das hohe, verlockende Eingangstor und konnte mir nicht vorstellen, wie etwas noch großartiger sein sollte.

»Hinein jetzt, hinein, meine Liebste – meine Gemahlin. Sieh meine Stadt!«

Der Weg durch die Mauer war wie ein dunkler Tunnel, sicher fünfzehn Schritte lang – oh, so dick war die Mauer über uns! Dann traten wir hinaus ins Sonnenlicht und auf einen weiten, gepflasterten Platz.

»Oh, sind wir schon im Palast?«, fragte ich.

Paris lachte. »Nein, das ist eine Straße, die innen um die Stadtmauern herumführt. Sie ist breit genug für Triumphmärsche; man kann darauf lustwandeln oder sic nur anschauen. An der Mauer dürfen keine Häuser stehen.«

So etwas hatte ich noch nie gesehen. Eine Straße, die nur dazu diente, Platz zu schaffen. Die Sonnenstrahlen schienen jeden Winkel zu erreichen.

»Der Palast, der Tempel der Athene, die Wohnungen der Königskinder – das alles liegt weiter oben, auf dem Berggipfel. Alle Söhne und Töchter meines Vaters wohnen in Gemächern rings um den Palast, aber jetzt werde ich mein eigenes Haus bauen. Wir müssen nicht sein wie alle anderen.«

»Vielleicht sollten wir nicht darauf bestehen –« Wir verlangten schon jetzt eine ganze Menge.

»Unsinn!«

Ein junger Mann kam in fliegendem Lauf auf uns zu. Er stolperte fast über seine Sandalen, als er die abschüssige Straße herunterrannte.

»Troilos!« In Paris' Stimme klang warme Zuneigung. Das also war sein jüngerer Lieblingsbruder.

»Bist du es wirklich, Paris?« Atemlos blieb Troilos stehen und griff nach Paris' Mantel. Er war blond und sommersprossig, und sein offenes, sonnenverbranntes Gesicht blickte fröhlich.

»Deine Augen täuschen dich nicht«, sagte Paris.

Troilos blickte mich an. »Was – wer –?«

»Ich habe eine Gemahlin mitgebracht!«, verkündete Paris.

»Aber wie –?«

»Ich werde unserem Vater alles berichten. So muss ich es nur einmal erzählen – obwohl ich es am liebsten tausend Mal täte!«

»Äneas!«, rief Troilos. »Ich sehe, du hast meinen Bruder wohlbehalten wieder nach Hause gebracht, wie du es versprochen hast.«

»Ich habe ihn nach Hause gebracht«, antwortete Äneas. »Ob auch wohlbehalten – das ist eine andere Frage.«

Wieder war der arme Troilos ratlos. »Er sieht aber gut aus.«

»Ja, das ist ja das Schlimme. Sähe er weniger gut aus – nun ...« Er zuckte die Achseln. »Es wird sich beizeiten alles aufklären.«

Wir gingen weiter, und Troilos blieb an unserer Seite. Gleich darauf lief eine Frau mit ausgebreiteten Armen die Straße herunter und fiel Äneas um den Hals.

»Meine Frau, Kreusa«, murmelte er, als er schließlich wieder Luft bekam.

Sie war klein und blond und hatte feine Gesichtszüge. Ihren Augen schien nichts zu entgehen. Sie musterte mich von Kopf bis Fuß und sparte sich das übliche Geblinzel und die heimlichen Vermutungen. »Wen hat Paris da bei sich?«, fragte sie.

»Er nennt sie seine Gemahlin«, sagte Äneas.

»Aber wo –?«

»Ich werde alles erklären, wenn ich den König und die Königin, meine Eltern, gesehen habe«, versprach Paris.

»Oh.« Kreusa wandte sich wieder ihm zu. Das Interesse an mir hatte sie verloren.

Eine ganz neue Erfahrung! War sie schmerzlich? Oder war ich erleichtert? Vielleicht beides ein wenig.

Wir setzten unseren Weg in den oberen Teil der Stadt fort, und immer mehr Leute traten aus ihren Häusern, angelockt vom schweren Schritt der Soldaten, die uns folgten. Sie waren gut gekleidet, und jetzt sah ich, wie schön die Männer waren. Ja, die gottähnlichen Trojaner, berühmt auf der ganzen Welt. Es stimmte also.

Vor uns tat sich ein weiter, gepflasterter Platz auf – eine waagerechte Fläche: Also hatten wir anscheinend endlich den Gipfel erreicht. Es war ein weiter Weg gewesen, viel weiter als der vom Palast in Sparta hinunter zum Fluss und zur Stadt. Troja war wirklich gewaltig.

Der Ausblick war atemberaubend. Nach drei Seiten dehnte sich eine Ebene mit Bäumen, auf der vierten strahlte das Meer in hartem Blau. Die Gebäude rings um den Platz waren zweistöckig, gesäumt von bunt bemalten Säulen und breiten, einladenden Veranden mit überhängenden Dächern. Eines der Gebäude hatte eine majestätische Säulenfassade. Das musste der Tempel sein.

In diesem Augenblick rührte sich etwas im Portikus des größten Bauwerks. Ein älterer Mann trat heraus und beschattete die Augen mit einer Hand. Ich wusste sofort, dass es Priamos war. Trotz seines fortgeschrittenen Alters war er groß und gebieterisch. Die Tunika baumelte nicht schlaff am Gerippe eines eingefallenen Greises, sondern kräuselte sich von den Schultern eines kampferprobten Mannes.

»Vater!« Paris streckte die Arme aus und lief auf ihn zu.

»Oh, mein lieber Sohn!« Priamos kam ihm entgegen und umarmte ihn. »Willkommen daheim!«

Äneas neigte respektvoll den Kopf. »Du hast mich geheißen, ihn wohlbehalten wieder nach Hause zu bringen«, sagte er. »Das habe ich getan.«

»Ihr sollt mir alles berichten«, sagte Priamos. »Heute Abend.

Wir werden ein Festmahl halten, wie –« Er sah sich plötzlich um. »Keine Hesione? Was hat sie gesagt?«

»Wir haben sie nicht gesehen, aber nach allem, was berichtet wurde, will sie Salamis nicht verlassen«, sagte Paris. »Sie ist alt, sie ist zufrieden …« Er zuckte die Achseln. »Was für einen Sinn hätte es, sie zu entführen? Wäre deine Freude, sie zu sehen, ein Ausgleich für ihre Trauer um die verlassene Heimat?«

»Hier war ihre Heimat!«, donnerte Priamos, und ich musste an Zeus denken.

»Die Heimat kann wechseln«, sagte Paris. »Meine hat es getan; einst waren es die Hänge des Ida und die Hütte eines Hirten, und jetzt ist es Troja.« Er nahm meine Hand und zog mich an seine Seite. »Und ihre hat auch gewechselt. Es war Sparta, und nun ist ihre Heimat Troja.«

»Wie meinst du das?«, fragte Priamos in scharfem Ton. »Wer ist das, Paris?«

»Erkennst du sie nicht?«

»Ich habe sie noch nie im Leben gesehen.«

»Gleichwohl solltest du sie erkennen. Schau ihr ins Gesicht.«

Er musterte mich mit schmalen Augen. Dann schüttelte er den Kopf. Das hatte noch niemand getan.

»Oh, Vater, ich bitte dich! Nur eine Frau auf der Welt könnte so aussehen, und du weißt, wer das ist.«

»Ja«, sagte Priamos. »Das Gesicht, das ich da sehe, sagt, ich sei ein Lügner, und das war ich noch nie. Nie!«

»Was soll das heißen?« Paris ließ meine Hand los.

»Sie waren hier und haben nach ihr gefragt, und sie haben mir gedroht für den Fall, dass ich sie nicht herausgebe – die Königin von Sparta, Helena! Ich habe Menelaos' Gesandten auf das Entschiedenste geantwortet – ich habe gesagt, ich wisse davon nichts, Helena sei nicht hier und du habest sie auch nicht entführt! Ich habe sie gewarnt, und dann habe ich sie fortgeschickt. Und jetzt sehe ich … dass du einen Lügner aus mir gemacht hast!«

»Aber Vater – woher hättest du es wissen sollen? Du hast die Wahrheit gesagt, wie du sie kanntest.«

»Ich hätte den Charakter meines Sohnes kennen müssen! Er

hätte mir Bürgschaft für dein Handeln sein müssen. Aber nein – ich sehe, dass ich dich überhaupt nicht kenne. Man hat mich gewarnt, man hat gesagt, du seist nicht als Prinz aufgewachsen und nicht von edlem Sinn, doch ich habe diese Neinsager hinausgejagt. Zu meinem Leidwesen!«

Ich stand die ganze Zeit da, während sie über mich stritten. Jetzt glaubte ich, etwas sagen zu müssen.

»Priamos, großer König.« Ich trat einen Schritt vor. Aber näher durfte ich nicht an ihn herantreten, das wusste ich, und ich musste mich jeglicher Geste der Unterwerfung oder der Vertraulichkeit enthalten. »Es ist wahr, ich bin Helena von Sparta, die frühere Gemahlin des Menelaos. Ich bin aus freien Stücken mit Paris gegangen. Niemand als ich selbst ist dafür verantwortlich. Ich will niemanden in Troja unglücklich machen – es ist bitter genug, dass ich es in Sparta tun musste. Doch mit deinem Sohn Paris habe ich mein Glück gefunden, das erste echte Glück, das ich je erlebt habe, und ich bin froh darüber. Ich bedaure alles Leid, das anderen dadurch bereitet wird.«

Seine Augen wurden so groß, dass das Weiße rings um die Iris aufstrahlte. Es sah aus, als werde er gleich platzen wie eine überreife Frucht. »Wie kannst du es wagen, solchen Unfug daherzuschwätzen, nachdem du uns alle in Gefahr gebracht hast? Und wie kannst du es wagen, die Ehre Trojas auf diese Weise zu kompromittieren?«

»Vater!«, sagte Paris. »Sie ist meine Frau!«

»Was soll das heißen?«, schrie Priamos.

»Wir haben das Ehegelübde abgelegt, und zwar vor Zeugen. Die Götter haben uns zusammengebracht, sie haben uns geführt, und nun müssen sie uns beschützen.«

»Bah!«, schrie Priamos.

»Großer König«, sagte ich, »bitte sei gnädig!«

»Oh, ich bin gnädig.« Er fuhr herum und deutete auf die Wachen zu beiden Seiten des Palastes und auf die Leute, die neugierig auf dem Hof zusammenströmten. »Aber der Rest – der Ältestenrat, das trojanische Volk, unsere Verbündeten, die fernen Spartaner – werden sie auch gnädig sein?«

»Wir müssen hoffen –«, begann ich.

»Oh, wenn es nur um mich ginge«, sagte er, »ich würde sie willkommen heißen.« Er schob sein ledriges Faltengesicht dicht – zu dicht – an mich heran. »Ich würde ihr zum Gruße die Hand küssen« – er tat es sehr umständlich – »und meinen wiedergefundenen Sohn loben, da er eine solche Braut gefunden hat. Wer täte das nicht? Ein solches Geschöpf im Palast zu haben, das wäre, als könne man die Sonne für sich einspannen, sodass es immer strahlend hell ist. Aber ach, sie führt Leid und Gefahr in ihrem Gepäck!«

Er schaute mich immer noch an, und ich spürte, dass er milder wurde. Das taten die Leute immer, wenn sie mich ansahen. Ich hatte diese Gabe verabscheut, aber nun sprach ich ein stilles Dankgebet dafür.

»Hesione wollte nicht kommen, aber ich bin hier. Eine Fürstin für eine andere«, sagte ich.

»Rede nicht mit mir über meine Schwester!«, herrschte er mich an, und ich begriff, dass ich eine heikle Grenze überschritten hatte.

»Du warst bereit, um ihretwillen Leid und Krieg in Kauf zu nehmen«, sagte Paris, »während sie gar nicht zurückkommen wollte!«

»Dabei geht es um Blutsbande«, sagte Priamos.

»Was geht hier vor?« Eine hohe Stimme hallte aus der Kolonnade. »Priamos?«

Eine zierliche Frau in einem hellen Gewand aus feinster Wolle war erschienen. Ihre Stimme ließ erkennen, dass sie schon älter war. Es musste Hekuba sein. Hocherhobenen Hauptes stieg sie die Stufen hinunter, triefend von Würde.

Als sie ihren Blick auf mich richtete, wusste ich: Der harte Brocken war sie, nicht Priamos. Sie würde niemals schmelzen, sie war der Schnee auf dem Gipfel des höchsten Berges. So weiß wie der Schnee war auch ihr Gesicht; als junge Frau musste sie von erlesener Schönheit gewesen sein.

»Paris? Du bist also zurückgekehrt.« Sie streckte ihm die Hand entgegen.

»Ja, Mutter.« Er beugte sich über die Hand, und dann ergriff er sie mit beiden Händen und drückte sie.

»Und er hat uns feine Beute mitgebracht – oh, unser Sohn war auf Plünderfahrt!«, rief Priamos.

»Gold? Sklaven? Rinder?«

»Nichts so Nützliches«, sagte Priamos. »Er hat Menelaos die Frau geraubt. Die Königin von Sparta.« Er deutete auf mich.

»Helena!« Ihre Stimme war ein Zischeln, ein sanft gleitendes Geräusch. »Dann ist es also wahr.«

Gern hätte ich gewusst, was hier wahr war, was sie damit meinte. Aber besser war es, zu schweigen und dieser furchterregenden kleinen Frau respektvoll zu begegnen. Ich senkte den Kopf.

»Bist du eine Statue, Mädchen? Kannst du nicht sprechen?«

Oh, ich kann sprechen, dachte ich, aber wenn ich sage, was ich denke, könnte ich dich erzürnen. »Ich würde es mir nicht anmaßen«, sagte ich und bemühte mich um einen versöhnlichen Ton.

»Ein zaghaftes Gänschen also«, sagte Hekuba. »Du hast all diese Mühe auf dich genommen, um ein schüchternes Püppchen zu entführen, dessen Antlitz bald ebenso fade sein wird wie sein Benehmen.«

»Sie ist meine Frau!«, sagte Paris laut. »Ich befehle dir, hör auf, sie zu beleidigen!«

Alle auf dem Platz konnten ihn hören, und sie drängten eifrig näher heran, um nichts zu verpassen.

»Du befiehlst es mir, ja?«, sagte sie. »Wirst du mit der Peitsche schnalzen, wie du es bei deinen Rindern getan hast, als du sie hütetest?«

»Schluss!«, rief Priamos. »Nicht in aller Öffentlichkeit! Kommt herein!«

»Heißt das, du lädst mich ein, deinen Palast zu betreten?« Ich rührte mich nicht von der Stelle. Ich wusste, wenn sie mich in den Palast einluden, bedeutete es, dass sie mich akzeptierten – und unsere Ehe.

Hekuba zog eine Braue hoch. »Sie kann sprechen!« Ihre Lippen kräuselten sich. »Immerhin. Ja, natürlich, jetzt geht schon hinein!« Sie machte flatternde Bewegungen mit den Händen.

Wir traten über die marmorne Schwelle, und damit wurde ich eine Trojanerin.

Drinnen war es kühl und dunkel, und einen Augenblick lang war mir, als sei ich wieder in der Höhle bei Aphrodite. Ein zarter Rosenduft verstärkte dieses Gefühl. Aber gleich darauf sah ich den Rauch aus einer Schale aufsteigen und wusste, dass der Duft von dort kam. Ich war nicht in einer verzauberten Höhle, sondern im Palast der reichsten Stadt der Welt, und ich stand nur allzu menschlichen Kritikern gegenüber.

»So, mein Kind«, sagte Priamos. »Jetzt können wir offen sprechen.«

»Ja.« Hekuba nahm ihren Platz an seiner Seite ein. Sie reichte ihm kaum bis an die Schultern. Ihr Ton lud nicht zum Sprechen ein – ob offen oder nicht.

Paris deutete auf die Kissen, die an den Wänden aufgehäuft lagen. »Willst du uns nicht Platz nehmen lassen?«, fragte er.

»Wenn es so weit ist«, sagte Hekuba knapp und blieb stehen.

Musste ich diejenige sein, die das Wort ergriff? Ich sah mich um. Vielleicht würde jemand mir dieses Schicksal ersparen. Doch alle Gesichter, alle Münder waren verschlossen. Ich nahm meinen ganzen Mut zusammen und betete zu Aphrodite, sie möge meine Worte lenken.

»Blut ist etwas Heiliges«, begann ich zögernd. Ich wusste nicht, wie heilig es den Trojanern war. »Wir haben gemeinsames Blut. Durch meinen Vater Tyndareos sind wir nahe Verwandte. Atlas hatte zwei Töchter, und sie sind die Vorfahren unserer Ahnen Lakedämon und Dardanos.«

»Das ist nicht sehr nah«, sagte Priamos. »Und Blutsverwandtschaft besteht überhaupt nicht, wenn es stimmt, dass Tyndareos gar nicht dein richtiger Vater ist.« Als meine Augen sich an das Zwielicht gewöhnt hatten, konnte ich ihn deutlicher sehen. Sein Gesicht verriet keinerlei Regung. Aber er taxierte mich. Ich kannte diesen Blick gut genug.

»Großer König, dazu kann ich nichts sagen.« Ich senkte den Kopf – ergeben, wie ich hoffte.

»Aber ich kann es«, sagte Hekuba. »Da ist nichts von Tyndareos. Sieh doch das Licht, das sie umgibt! Der ganze Raum ist erhellt davon.« Sie klang verärgert.

»Aber du und ich, erhabene Königin, haben gemeinsames Blut, das sich nicht verleugnen lässt.« Ich blickte sie an. »In der Familie meiner Mutter betrachten wir genau wie du Phönix als unseren Vorfahren.«

Sie schnaubte. »Inwiefern?«

Darauf war ich vorbereitet. Ich hatte es Paris und Äneas entlockt. »Der Vater von Phönix war Agenor. Willst du wirklich, dass ich all die Ahnenreihen aufzähle, die zu meiner Mutter Leda und zu dir führen?« Ich konnte es tun, aber es wäre so umständlich!

»Nein«, antwortete sie. »Ich kenne sie genauso gut wie du.«

Einen Augenblick lang war es still. Rauchwolken stiegen aus der Räucherschale.

»Wie es scheint, hat Paris sich seine Gemahlin erkoren«, stellte Priamos schließlich fest. »Wir haben ihn gedrängt, sich zu vermählen. Er hat es getan. Sie haben in aller Öffentlichkeit als Mann und Frau zusammengelebt und das Ehegelübde abgelegt. Daran lässt sich nichts mehr ändern. Helena ist – wenn auch nur entfernt – von unserem Blut. Wir müssen …« Er schüttelte den Kopf. »Wir müssen sie als unsere Tochter willkommen heißen.«

Ich neigte den Kopf.

»Aber als Tochter, die uns schwächt«, sagte Hekuba. »Ich dachte immer, eheliche Verbindungen sollten Dynastien stärken, anstatt sie zu bedrohen.« Sie wandte mir ihr hartes Gesicht zu. »Die Gesandten deines Gemahls, gute Frau, haben darauf bestanden, dass wir dich zurückgeben. Wir haben in aller Aufrichtigkeit darauf geantwortet, dass wir nicht wüssten, wovon sie redeten. Aber das stimmt jetzt nicht mehr. Wenn du nicht zurückkehrst, was werden sie dann tun?«

»Gar nichts!«, rief Paris. »Noch nie ist aus einer solchen

Angelegenheit etwas erwachsen. Mit allem Respekt, Vater, aber nichts ist daraus erwachsen, dass Hesione in Salamis ist, nichts daraus, dass Medea von Jason aus Kolchis geraubt wurde. Nichts aus der Entführung Ariadnes durch die Athener. Natürlich werden die Griechen vom Leder ziehen, sie werden Gesandte schicken, aber am Ende werden sie zufrieden vor ihren Feuern sitzen und traurige Gesänge über Helena, die verlorene Königin, anstimmen.«

»›Menschen, die noch nicht geboren sind, werden Lieder über uns singen‹«, sagte ich.

»Was?«, fuhr Hekuba mich an. »Ist das alles, was dir dazu einfällt? Lieder?«

»Ich – ich –« In Wahrheit wusste ich nicht, woher diese Worte gekommen waren. Aus mir kamen sie jedenfalls nicht. »Es sollte nicht leichtfertig klingen«, sagte ich.

»Wie nennst du es dann?«, fauchte sie.

»Helena weiß Dinge, die wir nicht wissen«, sagte Paris.

»Was soll das heißen?«, fragte Hekuba.

»Das soll heißen, dass sie Dinge sieht, die wir nicht sehen, weil ihr in einem Tempel Gaben verliehen worden sind. Ihre Dienerin hat die heilige Schlange vom Altar ihres Hausschreins mitgebracht. Wir müssen hier einen geeigneten Platz für sie finden.«

»Troja ist voll von Sehern!«, sagte Priamos. »Es sind bereits zu viele. Helena, als Paris' Gemahlin bist du uns willkommen, aber als Seherin – nein!«

Er hatte sich anders besonnen, wie ich es vorhergesehen hatte. »Dann will ich meine Schlange als besondere Gefährtin behalten, als Kostbarkeit, die ich aus Sparta mitgebracht habe.«

Er lächelte. Männer waren so leicht zu gewinnen.

»Ich nehme an, ihr werdet euch in deinen alten Gemächern einrichten?«, fragte Hekuba. Frauen waren nicht so leicht zu gewinnen.

»Nur vorläufig«, sagte Paris. »Ich werde ein prächtiges neues Haus für Helena und mich bauen.«

»Was denn – du willst deine Geschwister verlassen, die in

den königlichen Gemächern wohnen? Willst du dich von ihnen absondern?«

»Liebe Mutter.« Paris trat vor und nahm ihr Gesicht in beide Hände. »Ich bin schon von ihnen abgesondert, denn die schöne Helena ist meine Frau.« Er streckte die Hand nach mir aus. »Komm, liebe Frau. Wenn meine Mutter und mein Vater uns nicht zum Sitzen einladen, werde ich es selbst tun.« Er deutete auf die farbenfrohen Kissen, und wir ließen uns darauf nieder. Der Boden war mit gewobenen Stoffen bedeckt, die anders aussahen als alle, die ich bisher gesehen hatte.

»Legt ihr hier in Troja eure feingewebten Stoffe auf den Boden?« Ich strich mit der Hand darüber und betrachtete staunend das Muster.

»Oh, sie stammen aus dem Osten«, sagte Paris. »Wir bekommen sie von den durchziehenden Karawanen, bevor sie weiterreisen. Das ist eins der Privilegien, wenn man in Troja lebt: Wir fangen den Handelsverkehr ab.« Er lachte.

»Da ihr es bereits getan habt, bitte ich euch, Platz zu nehmen«, sagte Hekuba. »Möchtet ihr eine Erfrischung?« Jetzt fuhr Hekuba die Staffage der Gastfreundschaft auf, wenn auch auf knapp bemessene Weise.

»Ja«, sagte Paris. »Ja, gern.«

Priamos nickte einem wartenden Sklaven zu. »Bringt ihm, was er haben will.«

»Das haben die Götter anscheinend schon getan«, sagte Hekuba schnippisch und setzte sich ebenfalls. »Dir gefallen die Decken, die hier auf dem Boden liegen? Sie kommen von weiter östlich. Wir nennen sie Teppiche. Eine neuartige Idee, die Böden zu bedecken. Aber wärmend. Im Winter wird es hier sehr kalt.« Ihr Lächeln war distanziert. »Das wirst du ja sehen.«

XXXI

Äneas, der die ganze Zeit stumm dagesessen hatte, stand auf und schickte sich an zu gehen.

»Sag Kreusa nichts!«, befahl Hekuba ihm. »Schwöre es, bevor du diesen Raum verlässt!«

Äneas runzelte die Stirn. »Aber sie hat uns schon gesehen. Sie ist uns in der Stadt entgegengekommen, und jetzt will ich bald wieder bei ihr sein.«

»Du kannst bei ihr sein, so lange du willst«, sagte Hekuba. »Aber sag nichts! Darin seid ihr Männer doch unübertrefflich – bei einer Frau zu sein und nichts von Belang zu sagen.«

»Mich hat sie auch gesehen.« Ich fühlte mich gezwungen, es zu sagen. »Sie weiß, dass ich hier bin und wer ich bin.«

»Dann soll das alles sein, was sie weiß!« Hekuba funkelte mich an. »Du hättest in den Straßen Trojas niemals dein Gesicht zeigen dürfen. Von jetzt an musst du einen Schleier tragen.«

»Nein, das werde ich nicht tun.« Ich sprach mit leiser Stimme, aber ich zitterte. Dahin konnte ich nicht zurück. Ich würde es nicht ertragen. »Ich bin kein Tier, das man anbindet. Mein Gesicht zu verdecken, das ist, als würde man mich fesseln. Die Leute sollen es sehen und damit anfangen, was sie wollen. Ich habe in Troja keine Frau entdeckt, die einen Schleier trägt.«

»Du bist keine Trojanerin.« Jetzt ergriff Priamos das Wort. »Nimm die Sitten Trojas nicht für dich in Anspruch!«

»Jetzt ist sie eine Trojanerin!« Paris sprang auf. »Von nun an wird man sie als Helena von Troja kennen, nicht mehr als Helena von Sparta. Also soll sie auch behandelt werden wie eine Trojanerin.«

»Ich fürchte, das wird nicht gehen«, sagte Priamos. »Man wird geboren als das, was man ist. So, wie Hesione immer war und sein wird, was sie ist: eine Trojanerin, keine Griechin.«

Äneas schüttelte den Kopf. »Großer König, ich glaube nicht, dass sie noch eine Trojanerin ist. Wir müssen uns von dieser Vorstellung verabschieden.«

Priamos schnaubte.

»Geht jetzt in Paris' Gemächer!«, befahl Hekuba uns. »Bleibt dort, bis ich euch rufen lasse. Diese Angelegenheit muss schleunigst geregelt werden! Ich muss mir überlegen, was wir tun sollen. Einstweilen lasst euch nicht sehen.«

»Wie Diebe oder Mörder?«, rief Paris.

»Du *bist* ein Dieb!«, erwiderte Hekuba. »Oder wie nennst du einen, der ein Eheweib stiehlt?«

»Er hat mich nicht gestohlen«, sagte ich. »Ich bin aus freien Stücken mitgekommen.«

»Die Griechen werden etwas anderes sagen«, erklärte Priamos. »Sie werden sich in ihrer Ehre gekränkt fühlen. Um sie zu wahren, müssen sie behaupten, du seist gestohlen worden.«

»Vielleicht gar vergewaltigt!«, ergänzte Hekuba. »Ich höre sie schon.«

Das würde meine eigene Ehre verletzen. Das durfte niemand sagen!

»Nein!«, beteuerte ich. »Das stimmt nicht.«

»Kannst du es deinen fernen Landsleuten beweisen? Nein, sie werden sich an diesen Glauben klammern.« Sie erhob sich und blieb stehen – gerade wie ein Lichtstrahl. »Geht jetzt! Geht in eure Gemächer.«

So war ich seit Kindertagen nicht mehr herumkommandiert worden. Ich hätte widersprochen, aber Paris las meine Gedanken und nahm mich bei der Hand.

»Komm, ich zeige dir, wo ich gewohnt habe, bevor ich nach Griechenland gefahren bin«, sagte er.

Wir verließen das kleine Zimmer und gingen durch den bunt bemalten inneren Portikus hinaus. Die zickzackförmigen Muster in roten, gelben und blauen Farben ließen mich blinzeln. Durch einen kleinen Gang gelangten wir in einen riesigen, langgestreckten Hof mit schattigen Veranden vor allen Türen.

»Hier wohnen die Söhne und Töchter des Priamos.« Paris deutete mit weiter Gebärde nach vorn.

Der Hof war so groß wie eine Stadt. Das sagte ich.

»Stimmt«, bekannte er. »Und wir haben alles, was zu einer

Stadt gehört – ein Oberhaupt, Machtkämpfe, Skandale und Bestechungen.«

»Und wer ist das Oberhaupt dieser Stadt, wenn nicht Priamos?«, wollte ich wissen.

»Hektor natürlich«, sagte Paris. »Der glanzvollste der Prinzen. Es schadet ihm nicht, dass er auch der älteste ist. Damit erübrigen sich Streitereien über Rang und Verdienst. Es ist immer gut, wenn beides Hand in Hand geht.«

Ich musste an Agamemnon denken, an seinen Rang und sein Verdienst. Hoffentlich war Hektor liebenswerter.

»Meine Wohnung liegt in der Mitte des Säulengangs.«

Statt durch das Halbdunkel der überdachten Kolonnade zu gehen, überquerten wir den Hof. Kübelpflanzen erweckten den Eindruck eines heiligen Hains.

»Troja treibt Handel mit vielen Ländern«, sagte Paris. »Diese Pflanzen wurden alle gegen andere Waren getauscht. Manche sind wertvoll wie diese Myrrhesträucher. Andere haben Blüten in ungewöhnlichen Farben. Hektors Frau Andromache wollte einen Garten mit Blumen in allen Farben haben. Sie hat es fast erreicht.« Er führte mich zu einigen dicht beieinanderstehenden Kübeln. »Sie sagt, sie hat jetzt alle Farben außer Schwarz, und schwarze Blumen gibt es nicht. Aber die Legende sagt, eine schwarze Blume blüht am Ufer des Styx. Ob das wahr ist? Warst du je am Styx?«

»Nein.« Es gab so viele Orte, an denen ich noch nicht gewesen war, viele sogar in der Nähe meiner alten Heimat. »Doch ich weiß, dass in Persephones heiligen Hainen schwarze Pappeln wachsen. Ich glaube, sie würde eine schwarze Blume als ihr Eigen betrachten.« Ich schaute die Blumen an. Violett, rot, rosa, gelb und weiß – in diesen fröhlichen Farben schwankten sie tapfer im Wind. »Schwarz würde Andromache bestimmt nicht haben wollen.« Eine Windbö wehte mir Staub ins Gesicht. Wie konnte es in diesem umschlossenen Hof so windig sein? »Woher kommt dieser Wind?«, prustete ich.

Paris lachte. »Das windige Troja. Hast du nie von unserem berühmten Wind gehört?«

»Doch, aber das scheint ein magischer Wind zu sein, wenn eine breite Schranke wie diese Gemächer ihn nicht aufhalten kann.« Ich raffte meinen Mantel zusammen.

»Die meiste Zeit des Jahres weht er stetig aus dem Norden«, sagte Paris. »So ist ein geborener Trojaner leicht zu erkennen. Er geht immer leicht schräg geneigt. Ich muss gestehen, ich habe mich noch nicht daran gewöhnt. Ich gehe immer noch aufrecht.«

Wieder stürmte der Wind heran, und wir rannten in den Säulengang und lachten, als unsere Gewänder sich blähten.

Jede Tür war leuchtend rot angestrichen und mit bronzenen Beschlägen versehen, mit symbolischen Riegeln, die die Künstler mit Bildnissen von Hirschen, Ebern und Löwen verziert hatten.

»Das hier sind Hektors frühere Gemächer; hier hat er gewohnt, bevor er seinen eigenen Palast erbaute«, sagte Paris mit einer knappen Handbewegung. Wir gingen daran vorbei, und dann fuhr er fort: »Und hier wohnt Helenos. Mein Bruder, der Augur, Kassandras Zwilling. Auch er kann die Zukunft sehen, aber man versteht ihn besser.«

»War er es, der Hekubas Traum gedeutet hat?« Den Traum, der sie veranlasst hatte, Paris auszusetzen!

»Nein, das war Äsakos. Ich brächte es nicht über mich, höflich zu Helenos zu sein, wenn er es gewesen wäre. Äsakos brauche ich nicht allzu oft zu sehen.« Er blieb vor einer Tür stehen, die aussah wie alle anderen.

»Hier.« Er hob den bronzenen Riegel und öffnete die glänzende Tür. Ich trat ein, durchdrungen von dem Bewusstsein, dass ich jetzt Paris' Heim betrat. Ich hob die Füße und überschritt die Schwelle, weil ich es wollte. Keine Entführung, keine Gewalt, kein Zwang.

Der Raum erschien mir riesig, größer noch als Vaters Thronsaal. War denn alles in Troja größer und spektakulärer als irgendwo sonst auf der Welt? Waren die kleinen Wohnungen größer als das Megaron eines Königs? »Oh!«, sagte ich und schaute mich um.

Die Vorhänge an den Fenstern an beiden Enden ließen gedämpftes Sonnenlicht herein, das seiner Intensität beraubt war. Über die ganze Länge des Zimmers erstreckte sich einer dieser Teppiche, die auf dem Boden lagen, wo man achtlos darüber hinwegging. So reich war Troja. Was andere hüteten wie einen kostbaren Schatz, wurde hier mit Füßen getreten.

Paris lief durch das große Zimmer und winkte mich in die kleineren. »Hier wohne ich eigentlich«, sagte er und stieß eine Tür auf, und ich betrat ein Zimmer mir Fenstern hoch unter der Decke.

Hier also fühlte Paris sich zu Hause. Die Wände waren erdfarben gestrichen, und der Fußboden bestand aus glattem, tiefrotem Stein. Ringsum an den Wänden standen lederbezogene Schemel, und auf einem niedrigen Bord an einer Wand lagen Pfeile und Bogen. In einem Alkoven stand ein Bett mit einer in Rot und Gelb gewebten Decke.

Oh, es war ein Ort des Glücks. Ich spürte es sofort. »Paris – wir müssen diese Gemächer nicht verlassen. Wir können hier zu Hause sein.«

Er nahm mich in die Arme. »Niemals. Du bist die schönste Frau der Welt, und deshalb brauchst du auch das schönste Haus der Welt.«

»Die Gemächer, in denen du wohnst, sind schön genug für mich.« Das meinte ich ernst. Hier wohnte sein Geist, der mich angezogen hatte.

»Nein, nein«, sagte er leise. »Ich muss etwas bauen, was deiner würdig ist. Ich kann dich nicht zu mir in meine Junggesellenbehausung nehmen.«

»Warum nicht?«, fragte ich. »Willst du mir die Freude nicht machen? Soll ich nicht aussuchen dürfen, wo ich wohnen will?«

»Nein.« Er strich mir das windzerzauste Haar aus der Stirn. »Nein, denn du hast das neue Haus noch nicht gesehen und kannst deshalb nicht vergleichen.«

»Du auch nicht.«

»Ah, aber ich sehe es im Geiste vor mir«, sagte er, »und das kannst du nicht.«

»Paris, du willst mich glücklich machen. Aber ich bin glücklich, weil ich dich gefunden habe.«

»Wir sind so oder so glücklich miteinander«, sagte er. »Aber die anderen teilen unsere Freude nicht. Deshalb brauchen wir eine Zitadelle, eine Festung, die uns vor ihrer Feindseligkeit schützt. Deshalb, Liebste, brauchen wir leider ein neues Haus. Um unsere Liebe zu schützen.«

Er hatte recht. Wir standen allein gegen die Welt, und ihre fortwährenden Attacken würden uns aufreiben. Diese kümmerlichen Wände, so glanzvoll sie mir auch von innen erschienen, würden uns nicht davor schützen. Sie waren zu nah bei den anderen.

»Also gut.«

»Aber einstweilen …« Er führte mich zu dem Bett mit der bunten Decke und zog mich darauf. »Es ist lange her, dass wir einander in den Armen hielten«, sagte er. »Und wir dürfen nicht vergessen, wie es sich anfühlt.«

Ah, Paris. Von Paris geliebt zu werden, das war … um meiner selbst willen geliebt zu werden. Wenn die Götter lieben könnten, würden sie uns lieben für das, was wir sind. Aber die Götter lieben nicht. Deshalb suchen wir uns den Menschen, der uns so liebt, wie wir alle es ersehnen.

Eine Nachricht von Hekuba: Wir sollten nach Sonnenuntergang in der Abgeschiedenheit des Hofes bei den Privatgemächern warten, um dann mit der gesamten Familie zusammenzutreffen. Bis dahin sollten wir nicht ausgehen, und der Durchgang in den Hof solle fest verschlossen bleiben. Das war nicht die freudige Heimkehr, die Paris erhofft hatte.

Auf dem Gipfel der Stadt verweilte die Sonne am längsten, aber irgendwann verschwanden auch hier ihre Strahlen, und ihr roter Nachglanz verblasste vor unserem Fenster. Als die ersten Sterne am Himmel erschienen, wusste ich, dass wir Hekubas Ruf folgen und in den Hof hinausgehen mussten. Mich fröstelte, und zwar nicht wegen der Nachtluft, obwohl ich mich gegen die Kälte in einen Mantel hüllte.

Sie waren alle schon da, eine große Gesellschaft. Es war wie damals, als die Brautwerber über Vater hereingebrochen waren – nur, dass hier niemand gekommen war, weil er um meine Hand anhalten wollte, sondern um sich ein Bild von Paris' Torheit zu machen. Ich wappnete mich gegen ihre Feindseligkeit.

»Paris!« Eine freundliche Stimme. Die Kohlenbecken beleuchteten Troilos' Antlitz. »Du hast versprochen, uns alles zu erzählen. Hat Mutter uns deshalb rufen lassen?«

»Das ist der eine Grund«, sagte Paris. »Aber bei Mutter kann man nie wissen.«

»So, so.« Ein Mann mit hübschem Gesicht und säuerlicher Miene erschien hinter Troilos. »Unser missratener Bruder ist wieder da. Wieso muss die Königin deshalb einen Rat zusammenrufen?« Er würdigte mich kaum eines Blickes.

»Mein Bruder Deiphobos«, sagte Paris.

Jetzt blickte der missmutige Mann mich an, als erweise er mir damit einen Gefallen. »Und wer bist du?«

»Paris' Gemahlin«, sagte ich.

Deiphobos lachte. »Dann hat er also endlich geheiratet! Hat etwas Besseres gefunden als diese Wassernymphe, wie? Woher kommst du?« Er wartete, und als ich nicht antwortete, fuhr er fort: »Hat er dir nichts von der Wassernymphe erzählt? Sehr traurig: Sie verzehrt sich nach ihm, aber in den Palast hätte sie wirklich nicht gehört. Du dagegen, ja, du wirst dich gut einfügen …«

Ich kehrte diesem herablassenden Kerl den Rücken zu. Gern hätte ich danach sein Gesicht gesehen. Nach seinem Auftreten zu urteilen, erlebte er so etwas nicht oft.

Ich stand einem hübschen Mädchen mit großen dunklen Augen gegenüber. Eine Kapuze verbarg sein Haar, aber ein paar glänzende dunkle Locken ringelten sich an seinen Wangen. »Willkommen daheim, Paris«, sagte es. Die Stimme war so sanft und angenehm wie seine Augen.

»Laodike«, sagte Paris. »Es ist immer schön, dich zu sehen. Das ist meine Schwester, sie ist noch unverheiratet.«

»Nicht, dass Mutter und Vater es nicht schon versucht hätten«, sagte sie. »Hast du gehört? Sie haben mit jemandem aus Thrakien darüber gesprochen – kannst du dir das vorstellen? Thrakien! Diese Leute mit den scheußlichen Haarknoten auf den Köpfen! Vielleicht halten sie sich alle für Könige und tragen Türme statt Kronen.«

Das arme Mädchen – mitten in Heiratsverhandlungen. Wie furchtbar das immer war!

Immer mehr Leute versammelten sich im Hof, und ich spürte etwas von der geballten Macht einer so großen Familie. Priamos war das Oberhaupt einer Sippe, während mein armer Vater nur vier Kinder hatte – und zwei davon waren noch dazu Frauen.

»Wie viele Brüder hast du?«, fragte ich Paris.

»Neun richtige und dreißig Halbbrüder, sagt man. Ich weiß es nicht genau. Vater behauptet, er habe fünfzig Söhne, aber ich glaube, ihm gefällt nur der Klang dieser Worte: ›Fünfzig Söhne‹. Vielleicht hat er sie nicht wirklich. Aber er hat ein paar von seiner ersten Frau und viele andere von verschiedenen Frauen am Hofe.«

»Und deiner Mutter macht das nichts aus?«

»Nein. Warum sollte es? So ist es Sitte.«

Auch in dieser Hinsicht waren die Trojaner anders als wir. Unsere Herrscher mochten uneheliche Kinder haben, doch die führten sie nicht stolz vor, und ihre Frauen akzeptierten sie nicht. Priamos musste zu seiner Zeit ein begehrenswerter Mann gewesen sein. Noch jetzt war er beeindruckend in seiner kraftvollen Erscheinung.

Es raschelte, und die Leute machten Platz für Priamos und Hekuba. Zwei Fackelträger gingen ihnen voraus. Die züngelnden Flammen über den Köpfen markierten ihren Weg. In der Mitte des Hofes blieben sie stehen, und rings um sie herum entstand ein freier Platz.

Wegen der Abendkühle hatten sie Mäntel über die Schultern gelegt. Hekuba hatte ihren Kopf bedeckt und die Hände unter den Mantel gezogen, aber sie fror trotzdem.

»Meine lieben Kinder«, begann Priamos und hob die Hände. »Ihr alle seid mir teuer.« Als seine tiefe Stimme erscholl, verstummte die Versammlung. »Ich bin stolz auf euch alle, und ich möchte nicht ein Haar vom Haupte eines meiner Nachkommen verlieren. Nein – eher würde ich mein eigenes Leben opfern.«

Sie begannen mit den Füßen zu scharren. Worauf wollte der König hinaus?

»Wäre einer von euch in Gefahr, ich würde mich aufmachen, ihn zu retten und auszulösen, und hielte man euch auch in den entlegensten Gegenden gefangen, westlich des Gartens der Hesperiden oder nördlich des Landes, aus dem der prächtige Bernstein kommt und wo es niemals dunkel wird.«

Neuerliches Scharren. War jemand in Gefangenschaft geraten?

»Mein lieber Sohn Paris, einer meiner Ältesten und doch mein Jüngster, ist nach gefahrvoller Reise zu uns heimgekehrt. Er war bei den Griechen, diesem heimtückischen Volk!« Er sah sich hocherhobenen Hauptes um, und sein Blick wanderte forschend über die Versammlung. »Da widerspreche niemand!«, rief er. »Sie haben meine Schwester geraubt und noch immer nicht freigegeben. Ehrlos! Wer kann einem Griechen trauen?«

Hekuba berührte seinen Ärmel, als wolle sie ihn beruhigen, aber er hatte seinen Kurs beschlossen und ließ sich nicht davon abbringen.

»Auf seiner Reise ist Paris an den Hof des Königs Menelaos von Sparta geraten. Ihr habt von ihm gehört, nicht wahr? Er ist der Bruder Agamemnons.« Er schob die Kapuze zurück und legte eine Hand hinter das Ohr. »Oh, lasst mich nicht hören, dass ihr nichts wisst von diesem furchtbaren Haus mit seinem unsagbaren Fluch! Drei Mal verflucht in drei Generationen! Und welche Frevel sie auf sich geladen haben – Menschenfresserei, Inzucht, die Ermordung von Kindern durch die Hand ihrer Eltern. Oh, lasst uns die Gräuel nicht aussprechen! In dieses … Nest nun ist Paris in seiner Unschuld getreten, ohne zu ahnen, wohin er sich da begab! Und er rettete die Gemahlin des Menelaos, die sich danach sehnte, von dem Fluch, der auf dieser Familie lastet, erlöst zu werden, einer Familie, in deren Hand man sie durch Heirat gezwungen hat!«

Oh, er war phantasievoll und frech. Was für eine schlaue Darstellung! Fast hätte ich ihm gratuliert, wenn das nicht alles gelogen gewesen wäre.

»Die arme Prinzessin bittet um unseren Schutz vor der ruchlosen Familie, der sie entronnen ist. Welche reine Seele hätte nicht den Wunsch nach Erlösung von solcher Widerwärtigkeit? Sie hat sich unserer Barmherzigkeit anheimgegeben. Wir müssen sie beschützen – im Namen des Anstands und aller Götter, denen Mord und Verderbtheit ein Graus ist.«

Er verließ seinen Platz und kam auf mich zu. Er streckte die Hände aus, ergriff die meinen und zog mich in den freien Kreis in der Mitte des Hofes. »Das ist Helena, Helena von Sparta. Sie will ihrer alten Ehe widersagen und die Frau meines Sohnes Paris werden. Werden wir sie als eine von uns bei uns aufnehmen?«

Sein starker Arm umschlang mich.

»Hebe deinen Kopf, damit sie dich ansehen können!«, befahl er mir. Seine Stimme klang rau, ganz anders als der geschmeidige, beschwörende Ton seiner lauten Ansprache.

Ich gehorchte und schaute in die Runde. Sie scharrten noch immer mit den Füßen, hier und da hüstelte jemand, aber ansonsten blieb es still.

Priamos versetzte mir, ohne dass es jemand beobachten konnte, einen Rippenstoß. »Sprich!«, zischte er mir ins Ohr. »Nur du kannst sie jetzt überzeugen!«

Jetzt brauchte ich dringend die Hilfe der Götter. Aber für ein Gebet war keine Zeit. Die Familie blickte mich erwartungsvoll an.

»Ihr Söhne und Töchter des Priamos«, begann ich lahm. Ich musste einen Augenblick Zeit gewinnen. »Lange habe ich davon geträumt, auf den Höhen Trojas zu stehen, wo die berühmten Winde eurer Stadt meinen Mantel verwehen. Im fernen Sparta haben wir von eurem Glanz gehört, und schon als Kind hoffte ich, ihn eines Tages mit eigenen Augen sehen zu dürfen.«

Wie verfiel ich auf diese Idee? Ich hatte kaum je an Troja gedacht, und schon gar nicht als Kind. Unbeirrt redete ich weiter.

»Jetzt bin ich hergekommen – nicht so, wie ich es mir hätte träumen lassen, aber die Götter führen uns auf unerwarteten Wegen. Ich, die ich Königin war, bin jetzt als Fremde in einer fremden Stadt. Das Leben, das ich anderswo gelebt habe, lasse ich hinter mir. An meiner Seite steht der Gefährte meines neuen Lebens: Paris, der gleichfalls ein anderes Leben hatte, bevor er zu euch kam. Wir sind noch einmal geboren. Wir sind nicht mehr die, die wir einst waren, sondern stehen an der Schwelle zu einer neuen Welt. Bitte gewährt uns Einlass!«

Ich wusste, dass ein Gott mir diese Worte eingegeben hatte, denn meine waren es nicht. Aber sie beschrieben unsere Lage gut. Wir standen vor den Toren Trojas und klopften an. Nur Hand in Hand konnten wir eintreten, denn unser neues Ich hatten wir gemeinsam erschaffen; es erwuchs aus unserer Sehnsucht und unserer Bestimmung.

Das Schweigen war zu Ende. Ich hörte Seufzer und beifälliges Gemurmel. Priamos rief: »Gewährt ihr ihnen Einlass?«

»Ja!«, rief die Familie. »Ja!«

»Und welchen neuen Namen willst du annehmen, meine Tochter?«, fragte Priamos. »Paris hat sich für Alexandros entschieden – aber wir dürfen ihn immer noch Paris nennen.«

Ein neuer Name … Hatte ich mir je einen gewünscht?

»Schwan«, sagte ich schließlich.

»Wie es zu deinem hübschen, langen weißen Hals passt.« Plötzlich stand Hekuba neben Priamos. Ihre Stimme klang wie das Krächzen eines Raben. Kannte sie die Geschichte mit dem Schwan? Wollte sie mich absichtlich provozieren? »Deshalb dürfen wir dich Kykna nennen, meine Liebe.«

»Sie und Paris haben entschieden, als neues Paar über die Schwelle einer neuen Welt zu schreiten«, rief Priamos. »Einst war Troja selbst neu, und dann kam Pallas Athene, unser schützendes Standbild, vom Himmel zu uns herabgeregnet. Mögen sie ihr neues Leben der Göttin weihen, der Patronin ganz Trojas! Folgt uns zu ihrem Tempel!« Er flüsterte einem der Diener etwas zu und wandte sich dann wieder an die Familie. »Und danach werden wir ein Fest feiern!«

Paris nahm meine Hand. »Sie haben uns aufgenommen«, flüsterte er. »Sie haben uns eingelassen. Es war vortrefflich, was du da gesagt hast. Es hat sie überzeugt. Wie bist du nur darauf gekommen? Wir haben nie darüber gesprochen.«

»Es kam mir in den Sinn«, sagte ich. »Es ist wahr.«

Als wir den Hof verlassen hatten, umgab uns das Volk von Troja, und alle privaten Gespräche mussten aufhören. Die Fackelträger nahmen uns in die Mitte, und wir zogen durch das große Palasttor hinaus zu dem Tempel, den ich schon gesehen hatte.

Im Dämmerlicht konnte ich kaum etwas erkennen, aber anscheinend war das Mauerwerk weiß – Kalkstein oder Marmor. Als wir das dunkle Gebäude betraten, wünschte ich, es wären mehr als nur zwei Fackelträger bei uns. Ich konnte das andere Ende nicht sehen. Die dunkle Halle schien ins Endlose zu reichen, in eine große, alles verschlingende Finsternis.

Hekuba und Priamos gingen langsam, aber nicht zögerlich vor uns her. Sie kannten den Weg. Ich bemühte mich, ihren Schritten zu folgen.

Ein zarter, süßer Duft wehte mir aus dem Dunkel entgegen. Es war eine Blume, eine Blume, die ich kannte, aber welche? Der Duft war leicht und lockend wie ein Wispern. Eine weiße Blume … Mehr wollte mir nicht einfallen.

Unvermittelt blieben Priamos und Hekuba stehen und verbeugten sich. Die flackernden Fackeln beleuchteten die lebensgroße Statue einer Frau mit funkelnden Augen. In der rechten Hand hielt sie einen Speer, in der linken einen Rocken und eine Spindel. Diese Athene war plump und ohne Anmut. Seltsam, denn die Göttin selbst hatte die Statue geschaffen.

»Unsere große Beschützerin, Pallas Athene, schaut jetzt auf dich herab, mein Kind.« Priamos nahm mich bei der Hand, führte mich dicht an die Statue heran und wandte sich an die Göttin. »Großmächtige, sie ist nach Troja gekommen, um sichere Zuflucht zu finden. Gewähre sie ihr, und gieße deinen Segen über die Verbindung zwischen meinem Sohn und dieser neuen Tochter Trojas!«

Jetzt sah ich die weißen Blumen am Sockel der Statue. Ihr Duft hüllte mich ein. Aber die Statue hatte keine Füße. Sie hatte auch keine Beine.

»Bevor du Paris zum Gemahl und Troja als deine Heimatstadt nimmst, musst du dich von deinem alten Leben lossagen«, sagte Priamos. »Hast du etwas aus Sparta, das du der Göttin opfern kannst?«

Ich wusste sofort, wovon ich mich sehnlichst befreien wollte. Während der ganzen Reise hatte ich immer wieder daran gedacht, es ins Meer zu werfen, und nur das Gefühl der Verschwendung hatte mich daran gehindert. Jetzt konnte ich mich davon trennen. Ich wusste nicht mehr, warum ich es überhaupt mitgenommen hatte, aber bei meinem Abschied hatte ich nicht klar denken können.

»Ja … Vater«, sagte ich. »Aber ich muss meinen Ratgeber ausschicken, damit er es holt.«

»Deinen Ratgeber?«

»Ja, den weisesten Mann in ganz Sparta. Ich habe ihn mitgebracht.«

Hekuba richtete die dunklen Augen auf mich. »Von einem weisen Mann in Sparta ist nie ein Wort an unsere Ohren gedrungen.«

»Er war ein weiser Mann für sich allein, nicht im öffentlichen Leben.« Leise sagte ich einem der königlichen Diener, er möge Gelanor holen und ihm sagen, er solle …

»Lasst uns die Zeremonie fortsetzen«, sagte Priamos und wandte sich wieder an Pallas Athene. »Du, die du vom Himmel zu uns herabgekommen bist zu meinem Großvater Ilos, dem Begründer Ilions, der Stadt Troja, und ohne deren Schutz wir untergehen müssten, sende du uns ein Zeichen dafür, dass du diese Helena, die in ihrem neuen Leben Kykna heißt, unter uns aufnimmst. Wir wissen, dass dieses Zeichen vielleicht nicht sofort erscheinen wird und dass wir danach Ausschau halten müssen. Aber du wirst uns nicht im Stich lassen. Und während wir warten, werden wir sie willkommen heißen und ihre Hand in Paris' Hände legen.« Langsam drehte er sich zu mir um. Im nächsten

Augenblick betrat Gelanor den Tempel und trat auf uns zu. Er trug einen Kasten, den er Priamos überreichte.

Priamos öffnete ihn und erblickte die schwere goldene Hochzeitskette, die Menelaos mir gegeben hatte. Im Fackelschein leuchtete das Gold beinahe rot. Er riss die Augen auf.

»Großer König«, sagte ich, »dieses Gold aus Sparta wurde mir an dem Tag um den Hals gelegt, als Menelaos mich zu seiner Frau machte. Gern und aus freien Stücken gebe ich es hin. Tu damit, was du willst. Es bindet mich nicht mehr.«

Ich sah ihm an, dass er mit sich kämpfen musste, um die Großzügigkeit aufzubringen, so etwas der Göttin zu schenken. Er nahm die Kette aus dem Kasten und streichelte sie, während er so tat, als begutachte er ihre Glieder. Endlich hob er sie in die Höhe und rief: »Mit diesem Sinnbild deines früheren Lebens hast du uns bewiesen, dass du uns deine Vergangenheit übereignest. Deine Gegenwart und deine Zukunft werden Troja gehören.« Langsam kniete er nieder und legte die Kette vor die Statue der Athene. Dann wandte er sich zu uns um und umschloss Paris' und meine Hände mit den seinen. Es war geschehen, und zwar in aller Öffentlichkeit.

»So sind sie miteinander verbunden«, verkündete er, und ein höfliches Raunen ging durch den Tempel und hallte leise von den Mauern wider. Er sah Gelanor an. »Und diesen weisen Mann – gibst du ihn auch Troja?«, fragte er.

»Da musst du ihn selbst fragen«, antwortete ich zögernd.

Gelanor schwieg. Er blickte mich an und sagte schließlich: »Ich habe dich sicher nach Troja begleitet, wie ich es versprochen hatte.«

Aber statt mich sicher zu fühlen, verspürte ich jäh eine große Feindseligkeit, die von der Göttin Athene ausging. Sie wehte mich von der Statue an, stark wie der Duft der Blumen. Aber was hatte ich getan, um mir ihre Feindschaft zuzuziehen?

XXXII

Jetzt sollten wir den Tempel verlassen, aber ich wagte nicht, der verstimmten Göttin den Rücken zuzuwenden. Wenn wir schon irdischen Königen nicht den Rücken zukehren dürfen, um wie viel weniger würden es dann die Götter hinnehmen? Aber wie konnte ich mich weigern, Priamos und Hekuba zu folgen, die nun majestätischen Schritts hinausgingen? Paris nahm meine Hand, und in seiner warmen Berührung fühlte ich mich sicher, doch zugleich wuchs das Missfallen Athenes. Ich konnte Gelanor hinter mir nicht sehen, aber ich spürte, dass er darauf brannte, mich in den Händen der Trojaner zurückzulassen.

In der kurzen Zeit, die wir im Tempel verbracht hatten, war der Haupthof des Palastes – nicht der innere mit den Wohnungen der Söhne und Töchter – für ein Festmahl vorbereitet worden. Der Altar war gereinigt worden, und daneben wartete ein friedfertiger Ochse mit erhobenem Kopf darauf, geopfert zu werden. Seine Hörner waren vergoldet. Mehrere Priester standen bei ihm, und schon brannten die Feuer für die Bratspieße. Das Tier schaute in die Flammen, die es verzehren würden, und ahnte nichts davon, so wie wir vielleicht an dem Ort vorbeigehen, an dem dereinst unsere Gebeine liegen werden, und kurz verweilen, um Blumen zu pflücken.

»Helena, das ist mein ältester Sohn, Hektor.« Priamos führte mich zu einem dunkelhaarigen Mann. »Hektor, sie ist es, die dein Bruder Paris sich zur Braut erkoren hat.«

»Ach, Vater, warum stellst du ihn so bescheiden vor?«, sagte Paris. »Dein ältester Sohn, das ist doch das Wenigste. Warum sagst du nicht: *Mein Stolz, meine Freude, die Kraft Trojas? Die ganze Pracht des* –«

»Ältester Bruder genügt«, sagte Hektor. Er hatte eine wohlklingende Stimme, nicht zu laut, aber auch nicht seidig-sanft, was beides die einnehmende Erscheinung eines Mannes oft beeinträchtigt. In seinem Gesicht entdeckte ich keine Ähnlichkeit mit Priamos, Hekuba oder seinem Bruder. »Willkommen in Troja!«, sagte er, aber in diesen drei Worten hörte ich ein Echo von Dingen, die er nicht aussprach. »Wie ich sehe, hat die Göttin dich als eine der Unsrigen akzeptiert.«

Eine voreilige, aber höfliche Annahme.

»Dafür bin ich ihr dankbar.« Je länger ich ihn anschaute, desto ansprechender erschien er mir. Er hatte nichts Unerfreuliches an sich, sondern war ohne Makel. Sogar seine Ohren hatten genau die richtige Größe, und sie waren perfekt geformt, als habe ein Künstler sie gegossen.

»Siehst du? Du starrst ihn an!«, schalt Paris. »Du bist seinem Bann verfallen wie alle in Troja.« War es ihm ernst, oder wollte er mich necken?

»Bruder, du bist derjenige, den sie gottähnlich nennen.« Jetzt lächelte Hektor, und dieses Lächeln verwandelte sein Gesicht. Jetzt erschien er nicht mehr ansprechend, sondern gebieterisch. »Paris mit seinem goldenen Haar.« Er lachte, aber es klang freundlich.

»Ah, aber die Männer folgen mir nicht«, sagte Paris.

»Nur die Frauen.« Hektor zuckte die Achseln, und nun bemerkte ich, dass er sehr breite Schultern hatte. »Wir wussten«, sagte er zu mir, »dass die Frau, die er am Ende bekommen würde, hübscher sein musste als er. Keine war es, bis du kamst.«

»Ich meinte, sie folgen mir nicht in die Schlacht«, sagte Paris leise. Er war gekränkt. Der unbeschwerte Tonfall war dahin.

»Seit du in Troja bist, hat es keinen Krieg gegeben«, sagte Hektor. »Du kannst also nicht wissen, wie es dir ergehen würde, wenn du Männer in die Schlacht führen wolltest.«

»Oh, führen könnte ich sie – aber würden sie mir folgen?«

»Um das herauszufinden, kleiner Bruder, musst du noch ein Weilchen warten. Aber allzu bald wird es nicht geschehen, nicht allzu bald, denn es ist ruhig in den Ländern um Troja, und das ist so angenehm wie ein Nachmittag, an dem die warme Sonne auf die Berghänge scheint.«

»Das ist Hektors liebste Tageszeit.« Plötzlich stand jemand neben ihm – eine hochgewachsene Frau, fast so groß wie Hektor selbst. *Athene!*, durchzuckte es mich. Aber eine schöne und heitere Athene, nicht die sonderbare Göttin, bei der ich eben gewesen war.

»Andromache, meine Frau.« Hektor legte ihr den Arm um die Schultern.

»Willkommen in Troja«, sagte sie. »Auch ich bin aus einer anderen Stadt gekommen, aus Theben, wo mein Vater König der Kilikier ist.«

»Das ist in der Nähe des Plakos, eines Ausläufers an der Südflanke des Ida. Andromache ist an Wälder und Berge gewöhnt. Wenn ihre Sehnsucht danach zu groß wird, begeben wir uns an unsere Seite des Ida. Dort gibt es genug Wälder, Quellen und Berghänge für jedermann.« Hektor zog seine Frau an sich. »Ist es nicht so?«

»Die Wälder der Heimat sind immer anders«, sagte Andromache. »Vielleicht, weil sie die Heimat sind. Die Bäume sind ja nicht anders als überall.«

»Auch ich komme aus einer Gegend mit Bergen und Wäldern«, sagte ich. »Die Gipfel des Taygetos sind hoch und oft schneebedeckt, und auf den Hängen wachsen Kiefern und Eichen.«

»In Troja habe ich alles gefunden, was ich mir wünsche«, sagte Andromache. »Möge es dir genauso ergehen!« Ihr Lachen klang wie das Plätschern eines Gebirgsbaches. »Auch wenn es hier sehr flach ist!«

Ein lautes Brüllen zerriss die Nacht. Ein lauteres hatte ich nie gehört, und ich fuhr zusammen. Der Ochse wurde geopfert.

Am Altar herrschte große Hast. Die Priester hatten sich um all die grausigen Einzelheiten zu kümmern – das Blut, die dampfenden Eingeweide, das Zucken der Glieder, das Zerlegen. Selbst aus sicherer Entfernung konnte ich das Blut riechen. Mir wurde schwindlig, und ich presste eine Hand auf den Mund.

»Fang sie auf, Paris, fang sie auf!« Die Stimme klang wie das Knirschen von Wagenrädern auf Kiesboden. »Anscheinend neigt sie zur Empfindsamkeit.«

»Äsakos.« Paris drehte sich um. »Mein Halbbruder.« Seine Stimme klang frostig.

Ein kleiner Mann stand vor mir, das Gesicht fast verborgen in den Falten einer großen Kapuze. Paris griff danach und schlug sie zurück. Ich sah kurz geschnittenes Haar, dicht beieinander liegende dunkle Augen, ein faltiges Gesicht.

Langsam und würdevoll zog der Mann sich die Kapuze wieder über den Kopf. »Bitte, lieber Bruder. Es ist kalt heute Abend. Lass deine Feindseligkeit nicht an meinem armen Kopf aus!«

»Mein älterer Bruder von der ersten Frau meines Vaters«, knurrte Paris.

»Oh, warum es dabei belassen?« Er sah mich an und tat, als vertraue er mir etwas an. »Warum erzählt er dir nicht alles? Mein Bruder – mein Halbbruder – ist zu freundlich. Das muss er von seiner Mutter Hekuba haben, nicht von unserem gemeinsamen Vater, obwohl auch sie, das wissen die Götter, nur selten freundlich ist.« Lächelnd rückte er seine Kapuze zurecht. Jetzt konnte ich sein Gesicht sehen. Es erinnerte mich an ein Nachttier – keilförmig spitz und hellwach.

Ich wartete. Lange brauchte ich nicht zu warten.

»Ich besitze die Gabe der Prophezeiung.«

Nicht noch einer! Priamos hatte die Wahrheit gesagt. Troja war voll von Propheten.

»Und?«, fragte ich.

»Hekuba hatte einen Traum … und darin gebar sie eine lodernde Fackel, die Troja zerstörte. Ich war es, der ihr sagte, was es bedeutet.« Er beugte sich vor und flüsterte mir ins Ohr: »Jetzt haben wir Gelegenheit, die Götter und ihre düsteren Prophezeiungen auf die Probe zu stellen. Woher sollen wir wissen, dass sie wahr sind?« Er wandte sich an Paris und nahm sein Gesicht zwischen beide Hände. »Die Götter haben uns befohlen, dich zu vernichten. Jemand hat ihnen nicht gehorcht, und jetzt stehst du vor uns, groß und aufrecht und strahlend. Die Götter schreiben ihre Gebote immer wieder um. Warum sollten wir gleich ihrem ersten Befehl gehorchen?«

Stirnrunzelnd zog Paris die Hände von seinem Gesicht. »Hör auf, Äsakos! Du hast zu viel Wein getrunken.«

Äsakos zuckte die Achseln und strich seinen Mantel glatt. »Ja, kann sein. Heute Abend schenken sie vom Besten aus zu deinen Ehren. Ich achte immer darauf, mir von allen guten Dingen reichlich zu nehmen. Was die Götter angeht – wenn sie dir etwas Gutes geben, solltest du rasch zugreifen, bevor sie es sich anders überlegen.«

Äsakos verschwand, und Gelanor trat heran. Ein leises Lächeln spielte auf seinen Lippen, und er seufzte. »Jetzt ruht mein Gewissen in Frieden«, sagte er. »Ich kann dich verlassen, ohne dass mich die Sorge um dein Wohlergehen plagt.«

»Musst du denn fort?«, fragte Paris. »Warum diese Eile?«

Gelanor lachte. »Schon jetzt ist zu viel Zeit vergangen, seit ich Sparta verlassen habe. Noch mehr wird vergehen, bevor ich wieder dort bin. Ich kann nicht wagen, länger zu trödeln.«

»Ach, ein paar Tage noch. Die Trojaner könnten gekränkt sein, wenn du dich so hastig davonmachst.«

Er lachte wieder. »Ich glaube nicht, dass irgendein Trojaner auch nur einen Fliegenschiss darum gibt, ob ich gehe oder bleibe.«

»Aber das stimmt nicht! Du hast gehört, dass der König gefragt hat, ob du nicht bleiben willst. Du wärest ihm willkommen.« Anflehen würde ich ihn nicht, aber oh, wie sehr wünschte ich mir, ich könnte ihn überreden! Leider wusste ich, dass er gegen meine Überredungskunst zumeist unempfindlich war.

»Es gibt hier nichts Nützliches für mich zu tun, und du weißt, dass die Nützlichkeit mein Lebenssinn ist. Ich stelle dir eine Aufgabe: Überzeuge mich in den nächsten paar Tagen, dass man mich in Troja braucht, und ich werde noch ein Weilchen bleiben. Aber nur ein Weilchen. Troja kann niemals meine Heimat sein.« Sein dumpfer Ton gab den Worten einen schweren Klang.

»Sei nicht so hastig!«, sagte ich.

»Das bin ich nicht. Ich kenne mich. Kennst du dich auch?«

»Alle sind so düster hier!«, rief Paris. »Schluss mit dem Gerede über Götter und Omen und Sich-Kennen! Können wir nicht einfach unseren Wein trinken und uns umarmen?«

»Für manche Leute ist das gut genug«, sagte Gelanor.

Die Flammen tanzten im Hof, als das Ochsenfleisch gebraten wurde. Fett tropfte zischend ins Feuer und ließ wirbelnde Rauchwolken aufsteigen, die am Nachthimmel verwehten. Die Leute drängten sich um die Spieße und warteten begierig auf die ersten Happen. Während sie warteten, tranken sie immer mehr Wein, der in ihren Köpfen wirbelte wie der Rauch. Der Lärm wurde größer, als sei auch die Menge gewachsen.

Paris legte den Arm um mich und zog mich davon. »Ich muss dir etwas zeigen«, sagte er leise.

Wir ließen das Gewimmel im Hof hinter uns, und er führte mich zum Hauptgebäude, durch das Megaron und zu einer Treppe, die in einer Ecke verborgen war. Es war gespenstisch still hier, denn alle Leute waren draußen im Hof. Langsam stiegen wir die hölzernen Stufen hinauf. Gleich darauf traten wir auf ein flaches Dach hinaus. Hier bot sich ein Blick über ganz Troja und die Ebene davor, als stände man im Bug eines Schiffes, das hoch darüber hinwegglitt. Die Weite war atemberaubend.

»Komm.« Paris nahm mich bei der Hand und ging mit mir bis an den Rand des Daches, wo eine hüfthohe Mauer uns Schutz gab. Ein starker Wind wehte, und ich klammerte mich an die Oberkante der Mauer.

»Da liegt es – ganz Troja und das Land ringsum«, sagte Paris. Der Wind riss seine Worte davon.

Ich beugte mich über die Mauer und schaute auf die Stadt hinunter, die den Palast umgab wie die Blütenblätter einer Rose. An der höchsten Stelle stand nur der Palast mit dem Tempel der Athene. Auf den abschüssigen Hängen reihten sich zu drei Seiten Häuser und Terrassen ringförmig aneinander; sie reichten bis zu den Mauern herauf, den schützenden Mauern, die messerscharf und kantig im Sternenlicht aufragten. Flackernde Fackeln, kleine Lichtpunkte, markierten ihren Verlauf. Schemenhaft und dunkel wuchsen die mächtigen Türme entlang der Peripherie in den Himmel.

Am Fuße des Nordhangs erstreckte sich die flache Ebene bis zum Meer. Die Sterne funkelten auf dem Wasser.

»Jetzt kannst du es nicht sehen, weil der Mond nicht scheint, aber dort unten sind zwei Flüsse – der Skamander und der Simois«, sagte Paris. »Der Skamander fließt das ganze Jahr über, aber der Simois trocknet in der Sommerhitze aus. Im süßen Gras der Wiesen dort weiden wir unsere Pferde, die berühmten Pferde Trojas.«

Die Wiesen hatten anscheinend gerade angefangen zu sprießen, denn in der nächsten Bö wehte ein köstlicher Duft zu uns herauf. Ich atmete tief ein. »Dies ist wirklich ein verzaubertes Land«, sagte ich und schaute über das alles hinaus – die schlafende Stadt, die prächtigen Villen, die starken Mauern, die wohlgeordnete Unterstadt, die fruchtbare Ebene. Ich ging hinüber zur anderen Seite des Daches und spähte hinunter in den von Lärm, Rauch und Menschen erfüllten Hof.

»Müssen wir dorthin zurückgehen?«, fragte ich. Von hier oben sah es aus wie ein Feld voller Ringelnattern.

»Nein. Wir müssen nichts tun, was wir nicht wollen. Du bist der Familie und den Trojanern vorgestellt worden. Den Förmlichkeiten ist Genüge getan. Jetzt bist du frei. *Wir* sind frei.«

Konnte das wahr sein? Als ich so auf dem höchsten Punkt Trojas stand und den Wind fühlte, der frisch und rein über uns hinwegstrich, glaubte ich es. Ich nahm Paris' Hand. In diesem Augenblick fühlte ich mich jung wie Persephone und schön wie Aphrodite. Und Aphrodite flog mit dem Wind zu mir und hüllte mich ein, umschlang mich. Ich spürte ihre Wärme um mich herum weich wie eine Wolke.

Ich habe dich hierhergebracht, mein Kind. Gehorche mir, frohlocke in mir, schwelge in mir! Ich sah Paris an. »Lass uns in deine Gemächer gehen«, flüsterte ich. Der Wind riss die Worte von meinen Lippen und trug sie südwärts über die Stadt. Ich drückte ihn an mich und wiederholte, was ich gesagt hatte.

»Ja«, antwortete er leise.

Wir überquerten das Dach, hasteten die Treppe hinunter, gingen außen um den Hof herum und gelangten durch einen anderen Eingang in den Hof der Privatgemächer. Wir rannten über die leere Fläche zu Paris' Tür und stießen sie auf. Der große Empfangsraum und die angrenzenden Zimmer begrüßten uns stumm. Wir stürmten hindurch, und das Einzige, was wir hörten, war das Geräusch unserer Schritte auf dem roten Steinboden.

Die Tür schloss sich hinter uns, und wir waren allein in der Schlafkammer. Das kleine Kohlenbecken brannte nicht. Ich hätte gern ein Feuer gehabt, und wäre es nur wegen der goldenen Flammen und des süßen Duftes. Aber jetzt gab es nichts Wichtigeres als Paris und mich – kein Feuer, kein behagliches Knistern, nur uns beide.

Hier waren keine Wolfspelze ausgebreitet, es gab kein Bollwerk gegen die Kälte. Die Zimmer Trojas waren nicht aus schweren Steinblöcken gemauert, um den langen, kalten Winter auszusperren wie in Mykene, sondern aus feinstem Lehm und Zedernholzbalken, grazil und zierlich. Hier würde der Frühling Einzug halten, wenn es in Sparta noch lange Winter wäre.

Ich wollte Paris festhalten, ihn umarmen, ihn und das Leben in ihm, das er mir darbot. Ich lag bei ihm und zog die Konturen seines Gesichts mit der Fingerspitze nach, als wolle ich mir jede Facette genau einprägen. Und ich habe es getan, ich habe es getan … Ich fühle es noch jetzt, da ich mich daran erinnere. Aber damals, als ich sein Gesicht an meinen Fingerspitzen fühlte, empfand ich nur seine köstliche Wärme.

»Paris«, sagte ich, »jetzt bin ich wirklich dein. Ich habe dir mein Schicksal – und alles, was aus mir werden wird – zu Füßen gelegt. Ich bin dir aus meiner Welt in die deine gefolgt. Nein, mehr als das – ich habe der meinen abgeschworen und mir den Zorn meiner Familie und meines Landes zugezogen. Ich habe meine Hand in die deine gelegt, unter uns beiden wie auch vor der Göttin, die eure Stadt beschützt. Möge sie uns ebenso gewissenhaft beschützen!«

Paris beugte sich über mich und küsste mich, und in der sanften Berührung seiner Lippen ertranken meine Gedanken, überhaupt alles außer meiner Sehnsucht nach ihm. »Das wird sie … Das wird sie …«

Ich hatte ihre Feindseligkeit gespürt, nun jedoch schwemmte die Hoffnung dieses Gefühl davon. Schenkten die Götter nicht denen ihre Gunst, die sie ehrten? Und jetzt kümmerte mich nichts mehr außer Paris. Seine starken Arme, sein göttliches Gesicht, sein beharrlich drängender Körper.

Man erzählt von einer Insel der Seligen, einem Ort, an den lebende Menschen entrückt werden, wo sie niemals sterben, sondern ein ewiges Leben in Seligkeit führen und lustwandeln auf dieser verzauberten Insel, fern von allem, was wir auf dieser Erde kennen. Paris und ich flogen zu dieser Insel, wir wurden in ein Reich getragen, wo wir einander in Ewigkeit berühren konnten, wo wir uns nicht verändern und nicht altern würden, wo die Leidenschaft nie erkalten und die Sonne niemals aufgehen würde, um die Nacht der Liebe zu zerschmettern.

In unserer Kammer gab es keine Zeit wie anderswo. Sie dehnte sich, wie man ein geschmeidiges Stück Leder dehnen kann, und aus einer Stunde wurden zwei. Was immer wir wollten, was immer wir taten, wir konnten es genießen und wiederholen, sooft wir wollten, wie ein Sänger die schönsten Stellen seines Liedes auf Bitten der Zuhörer noch einmal vorträgt.

Irgendwann schliefen wir ein. Dann fand die Sonne den Weg in unser Zimmer. Wir hatten nicht daran gedacht, den Fensterladen zu schließen. In dunkler Nacht denken wir nicht an die Morgendämmerung.

Paris stützte sich auf den Ellenbogen. »Dumme, lästige Sonne!«, brummte er. »Wie kannst du es wagen, uns zu stören?« Er stolperte zum Fenster und versuchte, das Licht auszusperren. Aber der Fensterladen war nicht dicht genug, und das Sonnenlicht ließ sich nicht fernhalten.

»Noch nie hat die Sonne mich gestört«, bekannte er. »Ich bin immer mit ihr aufgestanden.«

Die Strahlen beschienen seinen vollkommenen Körper. Schräg fielen sie ins morgendliche Zimmer und liebkosten jede Mulde, jede Wölbung. »Die Sonne schenkt mir einen Paris bei Licht«, sagte ich. »Ich kann ihr nicht böse sein.«

Jede Stunde, jede Minute gehörte uns. Keine war unser Feind. Jede legte uns ein Geschenk zu Füßen.

XXXIII

Aber wir mussten unsere Insel der Seligen, Paris' Schlafgemach, verlassen. Draußen erwartete uns die Welt Trojas in Gestalt einer Nachricht: Wir sollten vor dem König und der Königin erscheinen.

Angekleidet und bemüht, die Nacht, so gut ich konnte, aus meinen Gedanken zu verbannen, stand ich vor ihnen in ihrem Privatgemach. Priamos sah müde aus; seine Hände umklammerten die Ränder seines Stuhls, als fürchte er herunterzufallen. Hekuba saß neben ihm. Ihre Miene war unergründlich.

»Der zeremonielle Teil wurde ordnungsgemäß vollzogen«, stellte Priamos schließlich fest. »Und die Leute haben offenbar bereitwillig mit uns gefeiert.«

»Soweit man es erkennen konnte«, sagte Hekuba leise und gemessen.

»Doch wir müssen wissen, was geschehen wird. Gestern Abend haben wir tapfer genug über alles gesprochen, aber die Götter sind eine ganz andere Sache. Was werden die Griechen unternehmen, wenn sie zu der Überzeugung gelangen, dass ich sie belogen habe?«

»Vater, du bist aufgeregt. Ich sage dir, nichts wird geschehen. In solchen Fällen ist noch nie etwas geschehen. Die Menschen vergessen. Der Einzige, dem letzten Endes geschadet wurde, ist Menelaos, und der hat kein Heer.«

Ich war verblüfft. Noch nie hatte ich Paris so durchdacht reden hören. Er hatte recht. Menelaos hatte kein Heer. Aber in einem anderen Punkt hatte er unrecht: Der Mensch, dem am meisten geschadet worden war, war Hermione. Meine Hermione. Kalte Trauer ergriff mich bei diesem Gedanken.

»Ich muss es wissen«, murmelte Priamos. »Ich muss es wissen. Ich schicke Kalchas, meinen Seher, zum Orakel nach Delphi.«

»Vater, warum?«, rief Paris.

»Weil wir nicht wissen, was du da auf uns herabbeschworen

hast!«, sagte Hekuba. »Sollten wir nicht wissen, welchen Preis wir werden zahlen müssen?«

»Was ist mit einer Sibylle? Gibt es keine in der Nähe?«, fragte Paris.

»Bah! Die sind nicht so zuverlässig.«

Klytämnestra hatte das Gegenteil gesagt. »Das freut mich zu hören«, sagte ich. »Denn mir hat eine geweissagt, ich würde großes Blutvergießen für die Griechen bringen.«

Priamos erschrak. »Was? Was hat sie vorausgesagt?«

»Ich war noch ein Kind. Ich weiß noch, wie ihre Hände meinen Kopf umklammerten, als sie ihre scheußlichen Prophezeiungen machte. Sie sagte …« Ich hatte mich bemüht, die Erinnerung daran zu vertreiben, und musste mich anstrengen, um sie wieder heraufzubeschwören. »›Sie wird der Untergang Asiens sein, der Untergang Europas, und ihretwegen wird ein furchtbarer Krieg geführt werden, und viele Griechen werden sterben.‹«

Vielleicht hätte ich den Mund halten sollen, aber nun war es zu spät. »Mein Vater hatte Angst vor dieser Weissagung. Deshalb ließ er meine Freier – und es waren viele, aus ganz Griechenland – einen Eid darauf schwören, dass sie meine Gattenwahl achten würden. Damit glaubte er den Fluch abzuwenden.«

»Aaaach!« Priamos sank vornüber und presste beide Hände an den Kopf. »Oh! Oh! Er dachte, nur Griechen würden miteinander kämpfen, aber nicht, dass Griechen in weiter Ferne kämpfen würden, in einem anderen Land. Griechisches Blut kann auf vielerlei Art vergossen werden – und er hat nur eine vorhergesehen!« Er funkelte mich an. »Wie haltbar wird dieser Eid sich erweisen – was glaubst du?«

Ich dachte an die Freier und ihre Eigensucht. Als ich einen von ihnen erwählt hatte, hatten sie das Interesse verloren. Das war zehn Jahre her. »Nicht sehr«, sagte ich. »Die Führer der verschiedenen griechischen Regionen sind viel zu sehr mit ihren eigenen Sorgen beschäftigt. Sie werden sich kaum selbst in Gefahr bringen, um die Gemahlin eines Rivalen zu retten – ganz ungeachtet des Eides, den Vater ihnen vor all den Jahren über einem geopferten Pferd abgenommen hat.«

»Trotzdem müssen wir das Orakel befragen«, beharrte Priamos. Es war das erste Mal, dass ich eine Kostprobe von seiner Halsstarrigkeit erhielt.

»Jawohl«, sagte Hekuba. »Wir dürfen nicht wagen, es zu versäumen.«

Priamos erhob sich. »Du musst selbst mit Kalchas sprechen«, sagte er und sah mich an. »Es ist wichtig, dass er dich kennt, wenn er vor dem Orakel steht.«

»Warum?«, fragte Paris. »Wenn das Orakel sie nicht kennt, weshalb soll Kalchas sie dann kennen?«

»Schluss mit der Fragerei!« Priamos' von Falten umgebene Augen blitzten. »Es hat schon genug Fragen gegeben – und genug fragwürdige Handlungen!«

»Tut, was dein Vater befiehlt!« Hekuba erhob sich ebenfalls. »Wir werden euch rufen lassen, wenn Kalchas kommt.«

Steif und aufrecht gingen sie an uns vorbei.

»Bin ich zehn Jahre alt?« Paris kochte. »Dass man mich herumkommandiert und stehen lässt?«

»In ihren Augen anscheinend ja.«

»Die Wolken der Missbilligung, die sie verströmen, sind atemberaubend. Verlassen wir diesen … diesen Stall, der für zahme Tiere gerade gut genug ist!«

Ich schaute hinauf zu den vergoldeten Zedernholzbalken der Decke und den zierlichen Blumenfresken, die die Wände in leuchtenden Farben erstrahlen ließen. »Ich glaube, in einem solchen Stall hat noch kein Tier sein Futter bekommen.« Ich lachte.

»Nein, die haben es besser. Sie verbringen ihre Tage in der Freiheit der saftigen Bergwiesen«, erwiderte er. »Ich sollte es wissen, ich habe die meiste Zeit meines Lebens für sie gesorgt. Verlassen wir die Stadt! Ich zeige dir die Pracht Trojas – unsere Pferde!«

»Aber … wenn wir nicht hier sind, wenn Kalchas eintrifft –«

»Dann soll er warten! Vater hat nicht gesagt, wann er kommt.« Paris lachte. »Die Pferde rufen. Soll ich dir nicht ganz Troja zeigen – jetzt, da du eine Trojanerin bist? Hole deinen Mantel, und zieh feste Sandalen an!«

Paris befahl, einen Wagen für uns bereitzuhalten, und dann wanderten wir durch die Stadt hinunter zum Südtor. Aufmerksam betrachtete ich die terrassenförmig übereinandergebauten Häuser – manche waren zweistöckig und ziemlich groß – und die sauber gefegten Straßen, die sich von der Höhe der Zitadelle gemächlich abwärts schlängelten, und ich brannte vor Neugier auf die Trojaner und ihre Lebensweise. Sie waren nicht minder neugierig und beobachteten uns, als wir vorübergingen.

Als wir die breite Straße erreichten, die innen an der Mauer entlangführte, erwartete uns ein prachtvoller Wagen. Die vergoldeten Speichen blinkten in der Sonne. Zwei graubraune Pferde standen im Geschirr. Paris streichelte dem einen den Hals.

»Willst du deine Verwandten besuchen?«, fragte er und zerzauste ihm die Mähne.

Wir stiegen auf den Wagen. Die wuchtigen Tore standen weit offen und ließen den Morgen herein. Paris lenkte hinaus in die Unterstadt, wo große und kleine Fuhrwerke und Wagen in breiter Kolonne in die Ebene von Troja hinunterrollten. Hier herrschte nicht die Zurückhaltung der Oberstadt, hier hallten uns laute Willkommensgrüße entgegen. Die Leute drängten sich so dicht in den Straßen, dass wir Mühe hatten, mit unserem Wagen voranzukommen.

»Helena! Paris!«, riefen sie. Blumen, Früchte und Ketten aus bunt gefärbten Tonperlen regneten auf uns herab und landeten im Wagen. »Wir beten euch an! Wir verehren euch!«

Paris blickte mich an. »Jetzt weißt du, was die echten Trojaner empfinden«, sagte er.

Ein Mann sprang vor dem Wagen heran, stürzte sich darauf und klammerte sich an den Rand. Einen Augenblick lang blieb er so hängen, und sein Gesicht starrte zu uns herein. »Die schönste Frau der Welt!«, rief er. »Es ist wahr! Und jetzt ist sie unser!« Er ließ mit einer Hand los, blieb aber am Wagen hängen und schwang herum. »Sie ist unser! Sie ist eine *Trojanerin*!«

War er betrunken? Er fiel herunter und rollte geschmeidig durch den Staub wie ein Trinkbecher. Dann rappelte er sich auf und lachte. Hatte der Wein seine Glieder derart gelockert? Gleichviel. Er jubelte. Er jubelte *uns* zu.

»Helena! Helena!«, riefen die Leute.

Ich hob die Arme und deutete auf den Mann, der neben mir stand. »Paris!«, rief ich zurück. »Paris, mein Geliebter!«

Lautes Gebrüll brandete auf, und wir fuhren immer schneller und ließen die Unterstadt bald hinter uns.

»Sie lieben dich«, sagte Paris, als wir gefahrlos wieder langsamer fahren konnten. »Hast du sie brüllen hören? So laut wie ein syrischer Löwe!«

»Ich habe noch nie einen syrischen Löwen brüllen hören«, sagte ich. »Da muss ich mich ganz auf dich verlassen.« Wir warfen die Köpfe zurück und lachten in der frischen Luft. Vor uns erstreckte sich die weite Ebene, bedeckt mit frischem Frühlingsgras und Blumen. Aber ich sah keine Pferde.

»Im Hochsommer weiden sie näher an den Flanken des Berges«, sagte Paris. »Aber jetzt sind sie noch draußen in der Ebene. Du musst genauer hinschauen.«

Ich blinzelte, und jetzt entdeckte ich die Herden, die sich friedlich über die grünen Wiesen bewegten. »Ich glaube, ich sehe sie.«

»Es sind ungefähr zweihundert. Manche sind sehr wild, und es dauert lange, sie zu zähmen. Hektor versteht sich ausgezeichnet darauf; deshalb nennt man ihn den ›Rossbändiger‹.«

»Und du?«

»Ich kann es auch gut, aber es hat mir keinen Namen eingebracht.«

Grollte er deswegen? »Zeig es mir«, sagte ich und schob die Frage beiseite.

Wir fuhren weiter, bis wir in die Nähe der ersten Herde kamen. Es war keine leichte Fahrt, denn die Wagengleise waren nach und nach versandet. Ungefähr fünfzig Pferde weideten vor uns. Wachsam hoben sie die Köpfe, als wir uns näherten.

Paris stieg vom Wagen und hielt gemessenen Schritts auf sie zu. Ich folgte ihm. »Pass auf, dass du sie nicht erschreckst«, sagte er. »Die da sind fast völlig wild.«

Ein paar der Pferde entfernten sich schnaubend. Andere blieben stehen, aber sie blähten die Nüstern. Die meisten hatten ein stumpfes graubraunes Fell, und Mähne und Schweif waren schwarz – ganz so, hatte ich gehört, wie die Wildpferde in Thrakien.

Paris ging langsam und vorsichtig auf eines zu. Behutsam streckte er die Hand aus, aber das Pferd wich zurück und starrte ihn mit großen dunklen Augen an.

»Es ist wirklich noch völlig ungezähmt.« Er wandte sich ab und näherte sich einem anderen, das ihn nur mit friedlicher Neugier beobachtete, als er herankam. Langsam streckte er den Arm aus und berührte seinen Hals. Es atmete mit flatternden Nüstern aus, blieb aber stehen.

»Bist du schon einmal geritten worden?«, flüsterte Paris. Er trat noch dichter heran und strich dem Pferd über den Rücken und die Flanken. Es rührte sich immer noch nicht von der Stelle. »Ich glaube ja …« Es war kein großer Sprung auf den Rücken des Tieres; diese Pferde waren nicht sehr groß.

Das Pferd erschauerte und galoppierte dann jählings davon. Paris klammerte sich an die Mähne und presste die Schenkel an die Flanken. Mit donnerndem Hufschlag und wehendem Schweif flog das Pferd über die Ebene, den Hals waagerecht gestreckt. Dann fing es an zu bocken. Es war doch nicht zahm; offensichtlich hatte noch niemand es je geritten.

In hilfloser Angst beobachtete ich, wie das Pferd sich aufbäumte und den Rücken krümmte. Ich sah nur die Hufe und den Schweif, als es versuchte, den unwillkommenen Reiter loszuwerden. Einmal, zweimal, dreimal – immer wieder warf dieser furchtbar gekrümmte Rücken seinen Schatten auf das hellgrüne Gras. Dann trennten sich die beiden Gestalten, und Paris flog durch die Luft. Das Pferd galoppierte davon.

Ich rannte zu ihm, so schnell ich konnte. Der Boden war uneben, und immer wieder stolperte ich über Lehmklumpen und Grasbüschel.

Paris lag auf dem Rücken inmitten von Blumen und Gras. Seine Arme waren zur Seite ausgestreckt, und der Kopf war in einem beängstigenden Winkel verdreht. Er rührte sich nicht.

»Oh!« Ich stürzte zu ihm und nahm seinen Kopf auf den Schoß. Noch immer regte er sich nicht. Atmete er noch? Ich konnte selbst kaum atmen, als ich ihm die flache Hand auf die Brust legte und spürte, wie sie sich kaum merklich hob und senkte.

Seine Augen blieben geschlossen, und angstvoll starrte ich ihn an. Wenn sie sich nun nie mehr öffneten? Wenn er –?

Dann stöhnte er, und seine Lider öffneten sich flatternd. Seine Augen blickten ins Leere, und dann erblickte er mich. »Ich habe mich geirrt«, flüsterte er. »Dieses Pferd wurde noch nie geritten.« Er lag still. »Ob ich mir etwas gebrochen habe?« Langsam setzte er sich auf und streckte und krümmte prüfend die Arme. Dann bewegte er die Beine, schüttelte die Füße und zog die Knie an. Schließlich beugte er sich weit vor und krümmte den Rücken. »Es tut weh, aber ich kann mich noch bewegen«, stellte er fest. »Sogar Hektor hätte mit diesem Pferd seine Schwierigkeiten gehabt.« Er schüttelte den Kopf.

»Du bist lange oben geblieben«, sagte ich.

»Er war schnell, und es war eine Freude, ihn zu reiten – eine Zeitlang jedenfalls.« Er sah sich um. »Ich muss mir dieses Pferd merken. Ich will es haben. Es hatte einen schwarzen Fleck hinter dem rechten Ohr. Eines Tages werden wir wieder zusammen reiten.« Er stand auf und stieß einen Schmerzensschrei aus. »Einstweilen werde ich mich von dem Sturz erholen, und das Pferd wird mich vergessen.«

»Ich hole den Wagen her«, sagte ich und versuchte ihn zu stützen. »Bleib hier stehen.« Bevor er protestieren konnte, war ich zum Wagen zurückgeeilt. Die Pferde warteten geduldig. Ich sprang auf den Wagen und trieb sie über den holprigen Boden voran. Die Räder erbebten, aber sie rollten durch das Gras. Paris stieg herein und verzog schmerzlich das Gesicht, als er sich an der Wagenwand festhielt. Ich wollte die Pferde wenden, aber er schüttelte den Kopf.

»Nein, ich will dir noch mehr zeigen. Sieh doch! Die Sonne steigt in einen makellosen Himmel, und der Tag ist noch jung. Es ist zu früh, um nach Hause zu fahren. Hier, ich werde es dir zeigen – da führt ein Weg am Skamander entlang. Dort, bei der Baumreihe. Wir können bis zum Meer fahren.«

Der Wagen kämpfte sich durch das Gras, bis wir den ebenen Pfad erreichten, von dem er gesprochen hatte. Er war von rosarot blühenden Tamarisken beschattet. Der Skamander – er war nicht so breit wie der Eurotas – hatte eine starke Strömung. Vermutlich lag es an der Schneeschmelze auf den Gipfeln des Ida. Lag der Schnee dort nicht fast bis in den Sommer hinein?

»Doch«, sagte Paris. »Ich habe dort Schneewehen gleich neben blühenden Krokussen und Hyazinthen gesehen. Aber das Wasser des Skamander ist kein geschmolzener Schnee. Er hat zwei Quellen, die beinahe Seite an Seite aus dem Boden sprudeln. Die eine ist heiß, die andere sehr kalt. Sie sind auf der anderen Seite von Troja. Die Frauen waschen dort ihre Wäsche.«

»Aber das ist unmöglich! Eine heiße und eine kalte Quelle – nein, das kann nicht sein!« Ich lachte. »Oder gehört das zum Zauber Trojas? Dann wäre es wirklich ein Ort wie kein anderer!«

»So ist es«, sagte Paris. »Ich werde sie dir zeigen und deine Zweifel zerstreuen. Später. Jetzt fahren wir in die andere Richtung. Zum Hellespont.«

Der Wagen rollte auf dem glatten Weg dem leuchtenden Meer entgegen. Dort machten wir Halt und stiegen ab. Paris hinkte, aber er bestand darauf, dass es nicht weiter schlimm sei, und führte mich zu dem breiten Strand hinunter. Er war grau und von Muscheln übersät. Das Tosen der Brandung erfüllte unsere Ohren.

»Schau! Schau, da drüben!« Er deutete auf einen dunklen Strich jenseits des Meeres, auf der anderen Seite der Bucht, an der wir jetzt standen. »Das andere Ufer ist so nah und doch so schwer zu erreichen.«

Ich sah die flachen Hügel und ihr gekräuseltes Spiegelbild im Wasser. »Wegen der Strömungen?«

»Ja. Sie sind sehr stark, und es sind zwei – die eine an der Oberfläche, die andere weiter unten. Beide haben einen machtvollen Sog. Die Hauptströmung, die an der Oberfläche, zieht dich nach Westen, hinaus auf das Meer. Sie ist so mächtig, dass du ein gutes Stück abwärts in See stechen musst, wenn du an der schmalsten Stelle übersetzen willst. Geradewegs hinüberzufahren ist unmöglich. Und wenn du deinen Landeplatz verpasst, ist es aus mit dir. Nun ja, oder du bist dazu verdammt, das Schwarze Meer kennenzulernen, wenn die Unterströmung dich in die andere Richtung zieht. Vielleicht ist das nicht so schlecht.«

»Es heißt, das Schwarze Meer sei reich an begehrten Waren«, sagte ich, aber in diesem Augenblick hätte ich sie nicht aufzählen können.

»Ja – Gold, Silber, Holz, Bernstein, Leinen und vieles andere. Bei gutem Segelwetter wird das alles hin und her durch den Hellespont befördert.«

»Wer hat die Handelsrechte?«

Er sah mich verwundert an. »Jeder, der dort hinkommen kann«, sagte er. »Es gibt niemanden, der dort Handelsrechte gewähren oder verweigern kann. Wer sollte dazu die Macht haben?«

»Ich habe gehört, ihr Trojaner bringt die Schiffe auf und lasst sie Zoll zahlen.«

»Je weiter Geschichten reisen, desto merkwürdiger werden sie«, sagte er. »Und wenn sie in Sparta ankommen, sind sie schon sehr verdreht. Wir haben nicht die Mittel, um Schiffe aufzubringen. Wie sollten wir das anfangen? Eine Sperre zu errichten ist unmöglich. In Wahrheit helfen uns die Winde. Wenn sie in die falsche Richtung wehen, muss ein Schiff hier vor Anker gehen« – er deutete auf den Strand – »und abwarten. Dann geht ihnen das Trinkwasser aus, und sie müssen zu uns kommen, denn wir haben durchaus die Mittel, den Skamander für sie zu sperren. Insofern könnte man wohl sagen, wir ›pressen‹ ihnen Zölle ab, aber wer hier aufgehalten wird, entscheiden die Götter, nicht wir. Freilich entscheiden sie sich in den meisten Fällen dafür, uns zu helfen.«

»Ich fürchte, diese Geschichte – ob sie nun wahr ist oder nicht – könnte den Griechen ein Ansporn sein herzukommen, vorgeblich, um mich zu retten, aber in Wahrheit, um die Zollstation an sich zu bringen, an deren Existenz sie glauben.« Ich konnte mir vorstellen, dass Agamemnon an einem solchen Plan schmiedete und seine ahnungslosen Anhänger davon überzeugte, dass so etwas dringend geboten sei.

»Dann wollen sie etwas erobern, was es nicht gibt. Die Griechen können durch den Hellespont fahren, wann immer sie wollen. Nicht wir bestimmen, ob sie es erfolgreich tun, sondern Poseidon.«

»Aber woher hat Troja dann seinen Reichtum?«

»Viele Karawanen aus dem Osten kommen hier zusammen«, sagte Paris. »Sie erreichen den Hellespont und können zu Lande nicht weiter. Sie müssen ihre Waren auf Schiffe bringen und hinüberfahren, oder sie müssen sie auf Kamele laden und auf einem weiten Umweg in östlicher Richtung auf dem Landweg weiterbefördern. Deshalb verkaufen sie hier am liebsten, so viel sie können, und Leute aus allen Weltgegenden kommen her, um sie zu kaufen. Diesen Markt beherbergen wir jeden Sommer, und so werden wir reich durch die Grausamkeit des Meeres, das dem Verkehr zu Lande bei uns ein Ende setzt. Dazu kommen unsere berühmtem trojanischen Pferde, die du eben gesehen hast.«

»Aber das allein kann es doch nicht sein!« Ich dachte an den strahlenden Palast auf der Höhe der Stadt, an die mächtigen Mauern aus glänzendem Stein, dick und doch zierlich mit ihren Absätzen, die zu verschiedenen Tageszeiten ein wechselndes Schattenspiel erzeugten, und an die sauberen, breiten Straßen.

»Nein, nicht das allein«, räumte Paris ein. »Es ist die Frucht einer entlegenen Lage, fern von allen Streitigkeiten, die andere Städte inmitten des Weltgeschehens zerreißen, und eines weisen Herrschers.«

»Aber – kann das genügen?«

»Denke doch«, sagte er. »Denk an den Frieden und die Sicherheit, die es bringt, ungestört abseits zu leben. Denk an den Unterschied zwischen einer weisen und einer törichten Herrscherfamilie. Nimm dazu die Besonderheit unserer Lage, die einen großen Markt notwendig macht, und jawohl – damit ist das meiste erklärt.«

»Dann ist es die Abwesenheit von allem Schlechten, gepaart mit zwei guten Fügungen, was Troja so legendär macht«, sagte ich.

»Ja. Einfache Dinge haben oft komplizierte Auswirkungen.« Paris schlang die Arme um mich. »Die Menschen unterschätzen die Bedeutung der einfachen Dinge. Oder sie nehmen an, ein halbwegs weiser Herrscher sei das Gleiche wie ein weiser. Aber das ist ein gewaltiger Unterschied.«

»Und nach Priamos – wer wird dann König?«

»Hektor. Wir können alle froh sein, dass der Älteste in unserem Fall auch der Beste für diese Stellung ist. In dieser Hinsicht waren die Götter gut zu uns. In vieler Hinsicht, um die Wahrheit zu sagen.«

Der Wind riss mir das Tuch vom Kopf und ließ es davonflattern, und die frische Seeluft löste mein hochgestecktes Haar. »Hier würde ich nicht gern segeln«, sagte ich und hielt mein wehendes Haar fest.

»Nur wenige Schiffe befahren diese Strecke gern. Wollen wir weiterfahren? Hast du genug gesehen? Wenden wir uns dem Berg Ida zu, der in der anderen Richtung liegt.« Er nahm mir die Zügel aus der Hand, stellte sich breitbeinig hin und wendete den Wagen zurück nach Troja. Weit ausgebreitet lag die Stadt auf der Flanke ihres Berges, und die Unterstadt lichtete sich nach und nach wie der Schaum einer Woge, die am Strand ausgelaufen ist. Die Oberstadt im Innern des Mauerrings wirkte eigenständig und kompakt.

In weiter Ferne dahinter erblickte ich ein mächtiges Bergmassiv mit weißem Gipfel. »Ist das der Berg Ida?«, fragte ich. »Das ist zu weit, um heute noch hinzufahren.«

»Ja«, sagte er. »Das wird ein Ausflug für sich. Aber schau!« Er drehte meinen Kopf so, dass ich den fernen Gipfel ansah. »Dort wohnt Zeus. Das erzählt man sich wenigstens. Ich selbst habe ihn noch nicht gesehen. Und der höchste Gipfel ist eine Enttäuschung – eine hässliche Geröllfläche ohne Leben. Man betrachtet ihn wie so vieles besser aus der Ferne. Aber die unteren Hänge sind herrlich. Man nennt ihn den ›quellreichen Ida‹, und das zu

Recht. Ein Bach neben dem anderen fließt dort herab, und überall sind grüne Täler und blühende Wiesen. Ich werde dich einmal dort hinbringen; dann zeige ich dir meinen Pflegevater und den Ort, an dem ich aufgewachsen bin.«

Würde er mir auch die Stelle zeigen, wo sie ihn ausgesetzt hatten, um ihn sterben zu lassen? War es eine Lichtung, wo die wilden Tiere ihn leicht finden würden und wo die Sonne ihn bald verbrennen musste? Ich drückte ihn an mich. Welch ein Gedanke, dass es um ein Haar so gekommen wäre …

»Was ist denn?«, fragte er. »Siehst du etwas, was ich nicht sehe?«

Vielleicht, dachte ich. Aber das ist Vergangenheit. Vor uns sehe ich nur den majestätischen Ida und das prächtige Troja.

XXXIV

Wir lenkten den Wagen hierhin und dorthin, nahmen bald diesen, bald jenen Weg und fuhren rumpelnd um Troja herum. Ich bemerkte, dass der Berg, auf dem die Stadt stand, an der dem Meer zugewandten Seite am höchsten war. Eine nackte Felswand erhob sich dort aus der Ebene. Auf den anderen Seiten fielen die Hänge sanfter ab; am geringsten war die Steigung auf der Südseite. Von dieser Seite her hatten wir Troja durch das große, überdachte Tor betreten. Ich dachte daran, wie aufgeregt ich gewesen war. War es erst zwei Tage her?

»Hat es einen Namen?«, fragte ich.

»Es heißt ›das Dardanische Tor‹«, sagte er. »Es ist das Südtor, und die Straße führt von dort in das Land des Äneas und nach rechts zum Berg Ida – zur Türschwelle des Zeus.« Er lachte. »Manchmal nennen wir es auch Markttor, weil der Verkehr dort am stärksten ist. Aber warum fragst du nicht nach dem, nach dem sich alle erkundigen? Ich meine das Tor neben dem berühmten Großen Turm von Ilion.«

»Na gut. Erzähl mir davon!«

»Das ist das Skäische Tor. Die Soldaten benutzen es, wenn sie die Stadt verlassen.«

»Warum nur dieses?«

»Ach, das ist nur eine Tradition. Aber für einen Wagen ist es der weiteste Weg in die Ebene. Deshalb« – vertraulich zog er mich zu sich heran – »haben wir es genommen. Das sollten wir nicht, aber …«

Der Turm. Der Große Turm. Warum war er mir noch nicht aufgefallen? Er überragte die anderen wie ein Riese.

»›… und Ilions himmelhoher Türme Brand …‹«, sagte ich.

»Was?« Er sah mich verdutzt an. »Was meinst du mit ›der Türme Brand‹?«

»Ich weiß es nicht … Die Worte sind mir einfach in den Sinn gekommen.« Und das nicht zum ersten Mal. *… und Ilions himmelhoher Türme Brand …* Jetzt waren da noch mehr, noch andere Worte, die aus weiter Ferne zu mir kamen, wie es manchmal geschah. »Es ist nichts weiter.« Ich schüttelte den Kopf, um zu vertreiben, was da hereindrängte – Bilder von lodernden Flammen, Schreie, Rauch. Aber der Turm stand ruhig und massiv im hellen Sonnenschein, und Vögel umkreisten ihn.

»Du bist beunruhigt wegen des Königs und der Königin«, sagte er. »Bitte mach dir keine Sorgen!«

Ich ließ ihn in seinem Glauben. Ich wusste nicht, was es war, ich konnte nicht erklären, was mir da so blitzartig durch den Kopf gegangen war. »Dieser Kalchas –«

»Ein wichtigtuerischer Seher«, sagte Paris. »Ich sage ja, Troja ist voll davon.« Er lenkte die Pferde zur Ostseite der Stadt, wo die Mauer einwärtsknickte und ein geschütztes, beinahe verborgenes Tor umgab.

»Die Mauern hier sind unser größter Stolz«, erklärte er. »Es ist der neueste Abschnitt, und das Mauerwerk ist das beste. Drüben auf der Westseite sind die ältesten und schwächsten. Wir haben schon lange die Absicht, sie zu verstärken, aber der Ältestenrat ist … Nun ja, es sind eben alte Männer. Du weißt, wie knauserig alte Männer sein können. Wenn es zu ihren Lebzeiten nicht mehr benötigt wird, wollen sie nichts damit zu tun haben.«

»Aber kann der König denn nicht tun, was ihm beliebt?« Es erschien mir merkwürdig, dass er es nicht konnte.

»Doch. Aber er hört zu sehr auf sie. Er ist ja selbst alt, weißt du.« Er lachte und trieb die Pferde mit einem Schnalzen der Zügel zu schnellerem Lauf. Der Wagen holperte schaukelnd dahin.

Die Sonne stand fast senkrecht am Himmel und machte die zierlichen Nischen im Mauerwerk fast unsichtbar. »Die Mauern verändern ihr Aussehen mit der Tageszeit«, rief Paris durch das Gepolter. »Am schönsten sind sie bei Sonnenuntergang, wenn die Schatten am tiefsten sind.«

Hinter der Biegung, gleich hinter dem östlichen Tor, erhob sich noch ein mächtiger Turm. »Das ist unser Wasserturm«, sagte Paris. »Tief drinnen ist unser Hauptbrunnen; man erreicht ihn durch eine Treppe, die in den Fels gehauen ist. Niemand kann uns vom Trinkwasser abschneiden, denn wir müssen die Stadt nicht verlassen, um es zu schöpfen.«

»Und was ist mit den Leuten in der Unterstadt?«

»Sie haben Quellen und den Skamander.«

»Aber ein Feind könnte ihnen den Zugang dazu versperren, oder?«

»Ja«, gab er zu. »Aber die Leute dort könnten auf das Land hinaus flüchten und sich dort in Sicherheit bringen. Wir sind ringsum von Verbündeten umgeben. Die Dardanier und die Phryger wären jederzeit bereit zu helfen.«

»Aber wenn ein Feind diese Verbündeten zuerst angriffe?«

»Warum solche düsteren Fragen? So wild entschlossen ist niemand. Ein Heer marschiert auf, es schlägt schnell zu und zieht sich wieder zurück. Heere bleiben nicht lange im Felde. Das können sie nicht. Es erforderte Proviant wie auch Disziplin in einem unvorstellbaren Ausmaß. Und der trojanische Winter würde ihnen bald den Rest geben. Im Winter ist es scheußlich hier draußen – feucht, kalt, heulende Winde, und manchmal schneit es sogar.« Er zügelte die Pferde und wandte sich zu mir um. »Aber nun wird es Sommer. Musst du da über den Winter grübeln?«

Aber nun wird es Sommer. Musst du da über den Winter grübeln? Mit diesen Worten hatte Paris sich selbst beschrieben. Und noch heute, wenn ich an ihn denke, denke ich an den Sommer und die Wärme, die er bei sich trug wie einen Mantel, wohin er auch ging. In meinen Gedanken ist er immer umgeben von blühenden Feldern, Schmetterlingen und sanftem Wind. Wie lang war der Winter meines Lebens ohne ihn!

Paris hielt den Wagen an. »Wohin jetzt, Liebste? Wir sind einmal rings um die Mauern gefahren.« Die Staubwolken um uns herum senkten sich langsam.

Rings um die Mauern! Ein Tosen erfüllte meine Ohren, und ich hörte Donner, donnernde Hufe, ich hörte einen Streitwagen, hörte Wehgeschrei von den Mauern ... Aber was war das? Warum? Und dann verhallte das Hufgetrappel, und ich hörte Schritte, die Schritte schneller Läufer – wie viele waren es? Mehr als einer, das wusste ich.

Aufhören! Ich presste beide Hände an den Kopf. Aufhören!

»Was ist?«, fragte Paris.

»Nichts!«, antwortete ich trotzig. »Gar nichts!« Ich schaute mich um. Stumm standen die Mauern da, und niemand hatte sie umrundet außer uns beiden.

»Ich habe Wein, Käse und Feigen mitgebracht«, sagte er. »Komm, wir setzen uns am Ufer des Skamander in den Schatten und erfrischen uns.«

Es wurde dunkel, als wir durch das Dardanische Tor in die Stadt zurückkehrten. Die mächtigen Torflügel waren schon geschlossen, und wir mussten um Einlass ersuchen. Für gewöhnlich durfte nach Sonnenuntergang niemand mehr die Stadt betreten, und am Himmelsgewölbe leuchteten schon die ersten Sterne.

In Paris' Gemächern erwartete uns ein Bote von Priamos. »Ihr sollt sogleich zum König kommen!«, befahl er.

Wir verfügten uns hinüber, ohne uns umzuziehen; wir wuschen uns nur den Staub aus dem Gesicht und von den Füßen.

Als wir den Ratssaal des Königs betraten, ging Priamos dort mit mehreren anderen Männern auf und ab. Als sie uns erblickten, fuhren sie herum.

»Seid ihr endlich da!«, fuhr er Paris an. »Habe ich nicht gesagt, ihr sollt warten, bis ich euch rufen lasse? Wie könnt ihr es wagen, die Stadt zu verlassen und uns warten zu lassen!«

Paris bat nicht um Vergebung und widersprach auch nicht; er zuckte nur die Achseln und lächelte. »Lieber Vater, der Tag war so schön und verlockend. Ich habe nicht damit gerechnet, dass unser kleiner Ausflug so lange dauert.«

Mit einem diskreten Räuspern tat ein beleibter Mann seine Skepsis kund. Aber er wartete die Antwort des Königs ab. Sie würde ihm das Stichwort geben.

»Nein, du rechnest mit gar nichts, mein lieber Sohn.« Er lächelte. »Aber kommt. Wir haben genug Zeit verschwendet. Kalchas ist hier, und ich gedenke ihn zum Orakel zu entsenden, damit er in Erfahrung bringt, was das Schicksal für uns bereithält.«

Der rundliche Mann trat vor und nickte mit dem kahlen Kopf. Er hatte Augen wie ein Vogel, wachsam und suchend. Seine Gesichtszüge waren absichtlich ausdruckslos, als bemühe er sich, unergründlich zu erscheinen.

»Ich werde sehen, dass ich so schnell wie möglich wieder da bin«, sagte er. Sein Auftreten erinnerte an Olivenöl – geschmeidig und salbungsvoll. »Und wonach soll ich mich erkundigen?«

»Nach nichts Geringerem als der Zukunft Trojas«, sagte Priamos. »Wir haben die Königin von Sparta hier. Wir haben sie in unsere Stadt aufgenommen, und wir haben ihre Ehe mit einem trojanischen Prinzen anerkannt. Welche Folgen wird das haben? Das ist die einfache Frage.«

»Ich fürchte, es wird vielleicht keine einfache Antwort geben. Was ist, wenn das Orakel –«

»Zwinge sie zu einer klaren Antwort! Befrage sie weiter! Erlaube ihr nicht, sich hinter wirren Worten zu verstecken!«

»Guter König, darf ich meine Meinung äußern?« Ein kleiner Mann mit schütterem braunem Haar trat vor.

»Was ist, Pandaros?«

»Als Kalchas' Bruder weiß ich, wie schwierig es ist, was du da von ihm verlangst. Er soll über das Meer fahren, den weiten Weg bis zum Orakel zurücklegen, ohne den Griechen zu begegnen, und dann zurückkehren. Ist dir klar –«

»Ja, es ist mir klar! Er ist ein Seher! Wenn er uns jetzt nicht helfen kann, wozu ist er dann nutze?« Priamos funkelte in die Runde. »Nur wer noch etwas Wichtiges zu sagen hat, soll jetzt sprechen! Es ist schon spät genug, und meine Geduld geht langsam zu Ende!«

Ein elegant gekleideter Mann trat zu Priamos. Er hatte dichtes silbriges Haar, und sein altes Gesicht war immer noch schön. »Mir scheint, großer König, das alles ist gar nicht nötig. Warum Kalchas auf eine gefährliche Reise schicken? Wir kennen die Antwort doch schon. Es ist nicht die Antwort, die uns gefällt, und deshalb suchen wir eine andere. Aber die Pythia, die Prophetin des Apollon, wird uns sagen, was wir schon wissen: Helena muss nach Griechenland zurückkehren.«

»Antenor«, sagte Priamos. »Auf deine weisen Worte habe ich nichts zu antworten. Es ist die einfache, die offenkundige Antwort. Aber ist hier nicht vielleicht mehr im Spiel – Mächte, die wir nicht kennen können? Deshalb müssen wir den Rat der Götter einholen. Es ist keine alltägliche Situation, die mit dem alltäglichen Menschenverstand zu bereinigen wäre.«

Antenor richtete sich auf. »Mit allem Respekt, großer König, aber ich habe immer wieder festgestellt: Wenn der Menschenverstand ignoriert wird, folgt eine Tragödie. Vielleicht suchen wir zu sehr nach verborgenen Bedeutungen und Ausnahmen. Die Wahrheit ist: Eine Griechin hat sich fortgestohlen – ist gestohlen worden –, und jetzt ist sie in Troja. Die Griechen sind ein niederträchtiges, kriegslüsternes Volk. Wir wissen, dass Agamemnon schon seit Jahren begierig von Krieg redet, von Waffen. Sie brauchen keinen triftigen Grund, um uns anzugreifen. Jeder kümmerliche Vorwand genügt, wenn jemand einen Krieg vom Zaun brechen will. Deshalb sage ich: Schickt Helena zurück! Schickt sie zurück, bevor es zu spät ist!«

Noch einer trat jetzt vor, ein Mann von stämmiger Gestalt

und mit breitem Gesicht. Sein Gang verriet den kampferprobten Veteranen. »Sind die Mauern Trojas zu schwach, um den kläglichen Attacken einer Handvoll Ausländer zu widerstehen?«, rief er. »Wovon ist hier die Rede? Ein paar hundert Jammergestalten, die von Agamemnon gezwungen wurden, über das Meer nach Troja zu fahren? Die dann am Ufer kauern und sich im Schatten ihrer Schiffe verstecken? Warum ducken wir uns schon vor dem bloßen *Gedanken* daran – an ein Ereignis, das kaum jemals Wirklichkeit werden dürfte?«

Priamos nickte ihm zu. »Was du da sagst, ist wahr, Antimachos.« Er schaute sich um. Die anderen schwiegen. »Wir zittern vor Schatten. Wir brauchen das Orakel, damit es uns sagt, was wirklich auf uns zukommt. Kalchas, mach dich auf den Weg! So bald wie möglich.«

Die anderen begannen unruhig zu murmeln, aber sie hatten nichts mehr hinzuzufügen. Die einen unterstützten Antenors Rat, mich zurückzuschicken, die anderen schlossen sich Antimachos mit seiner provokativen Einstellung an.

Kalchas blieb vor Paris und mir stehen und verbeugte sich. »Ich werde mir aufmerksam anhören, was die Pythia sagt«, versprach er. Seine Miene war immer noch unergründlich. Würde er wirklich sein Bestes tun? »Ich werde euch und dem König ihre genauen Worte übermitteln.« Er blickte sich um, als suche er jemanden. »Mit deiner Erlaubnis, mein König, werde ich meinen Sohn Hyllos mitnehmen. Es wäre gut, wenn er lernen könnte, was das Leben eines Sehers mit sich bringt, und wenn er die größte Prophetin von allen einmal sehen könnte – vielleicht wird ihn das inspirieren.«

Priamos' faltiges Gesicht nahm den Ausdruck der Verärgerung an. »Ich weiß nicht, was das für einen Sinn haben soll«, sagte er. »Einen Jüngling mitzunehmen, das wird dir nur hinderlich sein.«

»Nein, nein, es ist andersherum!« Kalchas lächelte beruhigend. »Wie wir alle wissen, ist das Alter der Jugend hinderlich.«

»Also schön!« Priamos wedelte ungeduldig mit der Hand. »Aber brich auf, sobald du deine Reisestiefel anziehen kannst!«

»Soll ich eine Fackel nehmen und mich sofort auf den Weg machen?«

Ein nachsichtiges Lachen ging durch die Halle, und Kalchas sagte: »Pandaros, geh und hole Hyllos her, damit er den Segen des Königs in Empfang nehmen kann!«

Bevor Priamos es ihm verbieten konnte, war Pandaros verstohlen grinsend hinausgelaufen. Im nächsten Augenblick – offensichtlich hatte der Junge draußen gewartet – war er wieder da. Er zog einen hoch aufgeschossenen, schlaksigen Jüngling hinter sich her und brachte ihn zu Kalchas. Der Junge hielt den Blick gesenkt. Sein Gesicht war kaum zu sehen, weil ihm das lange Haar in die Stirn hing.

»Hyllos bittet dich um deinen Segen, bevor er mit mir nach Delphi reist«, sagte Kalchas.

»Bin ich ein Priester?«, schnaubte Priamos. »Ist der Junge stumm? Kann er nicht für sich selbst sprechen? Und er soll mir in die Augen blicken, statt sich hinter einem Wasserfall aus Haaren zu verstecken!«

Kalchas packte den Jungen bei den Haaren und riss sie zurück. Eine zickzackförmige Narbe, fast wie eine Treppe, leuchtete rot in seinem Gesicht. Deshalb also hielt er die Stirn bedeckt.

»Verzeih mir, mein Sohn«, sagte Priamos. »Mögen die Götter die Erinnerung an die Verwundung heilen, die deine Haut bewahrt hat! Und mögest du wohlbehalten auf die Reise gehen!«

Vater und Sohn verneigten sich, und dann nahm Kalchas den Jungen bei der Hand und verließ würdevoll mit ihm die Halle. Als sie gegangen waren, wandte Priamos sich erzürnt an Pandaros. »Deine Heiterkeit angesichts der Narbe dieses Jungen war grausam. Aber was verstehst du schon von Narben – du, der du noch nie den Arm im Kampf erhoben hast!«

Pandaros zog eine Braue hoch, bevor er unterwürfig den Kopf senkte. »Ich bitte um Vergebung, großer König.«

»Können wir jetzt gehen?«, dröhnte Antimachos. »Es wird allmählich spät.«

»Allerdings, ja. Ihr könnt euch alle zurückziehen.« Priamos winkte sie hinaus. »Ihr auch.« Damit meinte er Paris und mich.

Die Morgensonne flutete in unsere Kammer. Wir hatten schon wieder verschlafen. Ich wachte vor Paris auf; ich hatte schon begriffen, dass er alles, was er tat, gern in die Länge zog, sodass er die dafür zugewiesenen Stunden niemals einhielt: Er blieb gern lange auf, weit über den Ruf der Nacht hinaus, und jetzt war er müde und nahm schlafend die Gastfreundschaft des Tages in Anspruch.

Er drehte sich herum und rieb sich die Augen. »In unserem neuen Palast brauchen wir dicke Fensterläden, damit es im Schlafgemach dunkel ist.« Er setzte sich auf. »Heute können wir anfangen, das Haus zu planen. Ich werde Bauleute rufen lassen –«

»So bald schon?«

»Warum willst du dich mit diesen Zimmern anfreunden, wenn du sie doch wieder verlassen wirst? Du sollst nicht das Gefühl bekommen, das Leben mit mir bedeute, immer wieder etwas verlassen zu müssen.«

Flüchtig ging mir ein Bild des Palastes in Sparta durch den Kopf, aber ich vertrieb es gleich. »Offensichtlich gefällt Priamos diese Idee nicht«, sagte ich. »Vielleicht empfindet er es als Kränkung.«

»Wir werden es trotzdem tun.«

»Du meinst, *du* wirst es tun.«

»Für dich«, sagte er. »Eine geziemende Behausung für eine Sterbliche, die so schön ist, dass keine Behausung ihr gerecht werden kann.«

»Du redest, als wäre ich eine Göttin, was ich nicht bin, oder ein Klumpen Stein oder Gold, was ich auch nicht bin.«

»Ach, hör auf zu mäkeln!«, rief Paris. »Lass es mich doch tun! Ich will etwas bauen, ich will Troja etwas schenken, das seiner würdig ist. Dieser herrliche Palast wird noch stehen, wenn wir längst nicht mehr da sind. Andere werden darin wohnen und ihn bestaunen, und sie werden unserer Namen in Dankbarkeit gedenken.«

Beinahe hüpfend lief Paris durch die Straßen der Stadt und suchte nach einem passenden Platz. Ich, sein Baumeister, Gelanor und Evadne folgten ihm gemächlicher. Es gab kaum unbebaute Flächen in Troja; die Häuser standen dicht gedrängt beieinander, Wand an Wand in den Straßen, die gewunden zum Gipfel hinaufführten. Auf der Anhöhe beanspruchten der Palast des Priamos mit den angrenzenden großen Wohnungen, Lagerhäusern und Werkstätten sowie Hektors Palast und der Tempel der Athene die erlesensten Grundstücke mit Blick auf die Ebene und das funkelnde Meer.

»Ich will hier oben wohnen«, sagte Paris. »Hier oben, wo ein frischer, starker Wind weht.«

»Wie es scheint, sind andere dir zuvorgekommen«, sagte Gelanor. Er hatte noch fast gar nicht gesprochen, und in der ganzen Zeit hatte ich keine Gelegenheit gehabt, länger mit ihm unter vier Augen zu sprechen. War er immer noch entschlossen fortzugehen?

»Andere im Hause meines Vaters waren vor mir da, aber dann habe ich meinen wahren Platz eingenommen. Und so werde ich es auch jetzt tun, hier bei ihm.« Paris deutete auf ein überraschend bescheidenes Haus, das neben dem Palast des Priamos auf dem Gipfel thronte. »Wir werden diesem Mann sein Grundstück abkaufen und dort bauen.«

»Aber da ist nicht genug Platz, um irgendetwas zu bauen, das viel größer wäre als das, was schon da ist«, sagte der Baumeister. »Es könnte sogar kleiner werden als deine gegenwärtigen Gemächer.«

»Aber es ist eine vollkommene Lage!« Paris war niedergeschmettert.

»Vielleicht könntest du in die Höhe bauen«, schlug Gelanor vor.

»In die Höhe?«, wiederholte der Baumeister.

»Zwei Stockwerke sind üblich«, sagte Gelanor. »Hat es schon einmal jemand mit dreien versucht?«

»Das würde nicht halten … Die Last wäre zu groß … Das mittlere Geschoss würde erdrückt … Ich glaube nicht –«, sagte der Baumeister.

»Aber hat es schon einmal jemand versucht?«, beharrte Gelanor. »Ich will nicht streiten, aber es wäre doch hilfreich, wenn man das wüsste. Der Mensch will stets etwas Neues ausprobieren.«

»In kommenden Zeiten wird es Häuser mit hundert Stockwerken geben«, sagte Evadne plötzlich. »Oder mehr. Soll es hier seinen Anfang nehmen?«

Der Baumeister wandte sich an Paris. »Soll ich dir helfen, oder bist du entschlossen, auf diese Griechen zu hören, die selbst zugeben, dass sie nichts vom Bauen verstehen?«

Paris sah mich an. »Liebste, deine Freunde … Vielleicht sollten sie sich mit ihren Fragen zurückhalten.«

»Nein«, sagte ich. Gelanor mit seinem forschenden Verstand hatte mich noch nie enttäuscht. Die Frage, die er gestellt hatte, faszinierte mich. »Hier ist kein Platz mehr für den großen Palast, den du vor Augen hast. Vielleicht ist die Zeit reif für eine neue Vision. Oder wir suchen einen anderen Bauplatz, weiter unten in der Stadt, und bauen auf traditionelle Weise.«

Paris gab sich geschlagen. Er wandte sich wieder an Gelanor. »Glaubst du wirklich, es könnte ein Gebäude mit drei Stockwerken geben?«

»Vielleicht. Wenn es zwei geben kann, dann vielleicht auch drei. Oder sogar vier.«

»Aber wenn wir so etwas bauen, würde es alle anderen Häuser hier auf dem Gipfel überragen«, sagte ich. »Würde das kein böses Blut geben?« Daran war mir bei den Trojanern am allerwenigsten gelegen.

»Deshalb würde ich empfehlen, es bei drei Stockwerken zu belassen«, sagte Gelanor. »Obwohl vier sicher eine Herausforderung wären …«

»Das ist absurd! Die oberen Stockwerke würden die unteren zum Einsturz bringen und alle töten, die dort wohnen.« Der Baumeister warf die Hände in die Höhe. »Das kann ich nicht gutheißen. Ich kann mich nicht daran beteiligen. Wenn dir etwas zustieße – der König würde mich hinrichten lassen. Nein, ich werde es nicht tun!«

Gelanor sah Paris an und lächelte. »Mir scheint, du musst

eine Entscheidung treffen. Meide das Risiko und suche dir einen anderen, weniger schönen Platz, oder sei kühn und errichte hier ein Bauwerk von ganz neuer Art. Freilich, ein Fehlschlag würde einen hohen Preis kosten.«

»Ich will hier meinen Palast haben!« Paris machte ein entschlossenes Gesicht.

»Dann musst du dir einen anderen suchen, der ihn dir baut!«, entschied der Baumeister.

Paris war wütend. »Wie du willst.« Er sah Gelanor an. »Kannst du noch eine Weile in Troja bleiben und den Bau beaufsichtigen? Wenn wir Erfolg haben, wirst du auf der ganzen Welt berühmt werden.«

»Und wenn wir scheitern?« Gelanor wirkte amüsiert, nicht beunruhigt.

»Dann kannst du als Grieche vor Priamos und seinem Zorn die Flucht ergreifen, während Helena und ich unter den Trümmern begraben liegen.«

»Aber meinem eigenen Schmerz könnte ich niemals entrinnen«, sagte Gelanor. »Also werde ich dafür sorgen, dass wir nicht scheitern.«

»Dann überlasse ich euch jetzt eurem Irrsinn!«, rief der Baumeister. »Bei eurer Beerdigung werde ich dabei sein. Man wird eure zermalmten Leichname zusammensetzen müssen. Ihr werdet in einem selbstgeschaffenen Erdbeben zugrunde gehen. Mutwillig!« Kopfschüttelnd ging er die abschüssige Pflasterstraße hinunter.

»Die Menschen haben immer Angst«, sagte Gelanor. »Aber verzweifelte Wünsche schaffen Mut zu verzweifelten Taten. Und der Bau eines solchen Palastes, mein Prinz, ist so eine mutige Tat.«

»Du wirst also bleiben und den Bau leiten?«, fragte ich.

Gelanor wandte mir seinen Blick zu. »Wie könnte ich fortgehen?«, fragte er. »Du hast wieder einmal gewonnen. Du hast diesen Köder ausgelegt –«

»Ich habe keinen Köder ausgelegt!«, widersprach ich. »Ich habe Paris vorgehalten, dass es als Provokation aufgefasst werden könnte, wenn wir den Palast seines Vaters verlassen. Daran kann uns nicht gelegen sein!«

»Oh, wie weit du doch gehst, um mich zu halten!«

»Du eitler Kerl!«

»Aufhören, ihr beide«, sagte Paris. »Wenn ich es nicht besser wüsste, würde ich sagen, ihr seid ein Liebespaar!«

Gelanor lachte wieder, herzlicher jetzt. Schließlich sagte er: »Aber du weißt es besser.«

»Gelanor lacht nur selten. Schon das beweist, wie lächerlich dieser Gedanke ist«, sagte ich.

Plötzlich kam Hektor aus seinem Palast. Überrascht sah er uns an. »Kleiner Bruder!«, sagte er. »Und die wunderschöne Helena.« Zielstrebig hielt er auf uns zu – ein Mann, der nicht zögerte. »Was treibt ihr hier an diesem herrlichen Morgen?«

»Ich will nicht nur dein Bruder sein, sondern auch dein Nachbar werden«, sagte Paris. »Und deshalb werde ich hier einen Palast bauen. Neben deinem.«

Hektor zog eine Braue hoch. »Aber da steht schon ein Haus. Es gehört Oikles, dem Pferdezüchter.«

»Ich werde es ihm abkaufen«, sagte Paris obenhin und mit wegwerfender Gebärde.

»Freut mich zu sehen, dass du so bescheiden bist, mein lieber neugefundener Bruder. Denn ein Palast, der dort steht, kann zwangsläufig nur winzig sein, weil der Platz so klein ist. Trotzdem kann er von erlesener Schönheit sein.«

»Er wird groß werden«, sagte Paris. »So habe ich es geplant.«

»Wenn du dich nicht auf Zauberei verstehst, wüsste ich nicht, wie das vonstatten gehen sollte.«

»Wart's ab!« Paris warf einen wissenden Blick zu Gelanor. »Mein Zauberer!«

»Der weiseste Mann in Griechenland«, erinnerte sich Hektor. »Ich werde es mit Interesse beobachten.«

»Wo willst du hin?«, fragte Paris. »Hinunter zu den Pferden?«

»Ja«, sagte Hektor. »Ich muss die Zuchtställe inspizieren. Ich habe eine Anfrage aus Kyzikos; sie wollen ein paar Stuten und einen guten Hengst. Heute will ich die Tiere auswählen.«

»Gestern habe ich Helena die Herden gezeigt, die draußen grasen. Die Stallungen bei der Stadt haben wir nicht besucht.«

»Pferde sind unsere Freude«, sagte Hektor.

Dass er abgeworfen worden war, erzählte Paris nicht, fiel mir auf.

»Andromache liebt die Pferde«, sagte Hektor. »Sie versteht eine Menge davon. Du auch?«

»Noch nicht«, sagte ich.

»Ah!« Schlanke Hände legten sich von hinten auf Hektors Schultern. Die Finger sahen aus wie Ranken. Er fuhr herum.

»Kassandra!« Sein Arm umschlang die Frau hinter ihm und zog sie zu uns herum.

Ein flaches Gesicht starrte uns an, umrahmt von strähnigem rotem Haar. Einen bleicheren Menschen hatte ich noch nie gesehen; sogar ihre Augenbrauen waren unsichtbar. Ihre blauen Augen waren von schweren Lidern geschützt, was ihnen einen ebenso ausdruckslosen wie friedfertigen Blick verlieh.

»Ich sehe, mit wem du spazieren gehst«, sagte sie. Ihre Stimme war so flach wie ihr Gesicht. »Ich habe von ihrer Ankunft gehört. Aber vorher habe ich im Kopf davon gehört.« Sie starrte Paris an. »Dein Haus wird fallen«, sagte sie. »Es wird einstürzen.«

»Du meinst den Bau meines neuen Palastes?«, fragte Paris.

»Nicht den Bau. Er wird stehen, genauso lange wie die anderen. Aber er wird fallen und verzehrt werden mit den anderen in den Flammen.«

Und Ilions himmelhoher Türme Brand … Mich schauderte. Schon wieder diese furchtbaren Worte, die mir ungerufen in den Sinn gekommen waren – Worte aus meinem eigenen Vorrat an Prophezeiungen.

»Bis dahin werden sicher noch viele Generationen vergehen«, sagte ich und schaute hinaus auf die prächtigen Gebäude und die friedlichen grünen Wiesen, auf denen die Pferde weideten. »Wie du weißt – und ich weiß es selbst genau, denn auch ich habe schon Visionen gehabt –, ist in den Botschaften, die wir empfangen, keine Rede von der Zeit.«

Kassandra schaute mich an, als wäre ich räudig. »Du bist die Ursache der Flammen«, sagte sie.

»Oh, hör schon auf!«, sagte Paris. »Bitte, liebe Schwester.«

Hektor räusperte sich. »Ich muss zu den Pferden. Helena, du musst Andromache besuchen, wenn du kannst. Sie wird dir sicher gern alles über unsere berühmten Pferde erzählen. Sie liebt sie so sehr.« Dann ging er mit wehendem Mantel und festem Schritt davon.

Wir blieben mit der feindseligen Kassandra zurück. Funkelnd sah sie uns an, und dann hob sie das Kinn und musterte mich. »Ein Antlitz, das einen Krieg verursachen kann. Und das wird es auch.«

»Kein Wunder, dass Vater dich eingesperrt hat«, sagte Paris. »Ich werde ihm sagen, er soll es wieder tun.«

»›Ihretwegen wird ein furchtbarer Krieg geführt werden, und viele Griechen werden sterben‹«, zitierte sie. »Und wie viele Trojaner?«

Wie kam sie an diesen Satz – die Worte der Sibylle, die mir das Blut hatten gerinnen lassen? »Kassandra«, sagte ich schließlich, »die Schatten einer möglichen Zukunft dürfen unsere Gedanken nicht vergiften.«

»Die Schatten der Zukunft haben bereits mein Leben ruiniert!«, schrie sie.

»Weil du ihnen erlaubt hast, deine Gegenwart zu verdunkeln«, entgegnete Paris. »Du lebst nur in dem, was noch nicht geschehen ist, und insofern lebst du überhaupt nicht, denn die Zukunft weicht in jedem Augenblick vor uns zurück.« Er streckte die Hand nach ihr aus. »Uns beiden, Schwester, ist ein großer Teil unserer Vergangenheit geraubt worden. Aber wenn wir uns von unseren Weissagungen die Gegenwart rauben lassen, dann sind wir Narren, und nur wir selbst tragen daran die Schuld. Komm mit mir – komm mit in die Gegenwart, hinaus in diesen Morgen, so sonnig und warm! Lebe hier, Schwester! Lebe mit uns! Die Wahrheit ist: Du kannst nirgendwo anders leben.«

Zu meiner Überraschung fing sie an zu weinen. Dicke Tränen quollen aus ihren verhüllten Augen. Dabei gab sie keinen Laut von sich; sie stand nur verzweifelt da. Schließlich murmelte sie: »Du hast recht. Ich kann nicht so weitermachen, kann nicht immer in einer anderen Zeit leben und andere Stimmen hören und niemals die Stimmen meiner eigenen Zeit, meiner eigenen Heimat.« Sanft berührte sie seine Schulter. »Ich will nicht in den Hades eingehen, ohne in der Sonne gewandelt zu sein – in meiner eigenen Sonne, nicht in einer schemenhaften Traumsonne.«

»Dann ersticke deine Prophezeiungen, und wenn sie dich machtvoll überwältigen, wende ihnen den Rücken zu. Komm, nimm meine Hand.«

Ganz so, wie er es mit mir getan hatte: *Komm, nimm meine Hand* – und ich hatte eine wilden, kühnen Sprung in eine neue Welt getan.

Kassandra legte ihre blasse Hand in seine, schloss die Augen und atmete tief. »Ich habe Angst«, sagte sie. »Ich habe noch nie gelebt – hier.«

»Hier ist es aber interessanter als in der Welt der Schatten und Traumgespinste«, sagte Paris. »Schau an, was deine eigenen Augen dir zeigen, und trinke, was vor dir ist. Wenn du das tust, wirst du vielleicht auch feststellen, dass Helena eine Frau ist, die du gern kennenlernen möchtest, und kein Zeichen, kein Traumbild.«

»Aber wer ist Helena?«, fragte sie. »Ist sie wirklich mehr als eine Idee oder ein Ideal?«

Paris lachte und legte meine Hand in ihre. »Eine Idee kannst du nicht anfassen.«

Ich lebte, ich war Wirklichkeit, ich war in Troja, um ihre Hand in meine zu nehmen.

XXXV

Ja. Ich war nach Troja gekommen, und allmählich machte ich es zu meiner Heimat.

Evadne und ich suchten nach einem Platz für die heilige Schlange. »Wir müssen eine Heimstatt für sie finden«, sagte sie. »Sie wird sich hier nicht willkommen fühlen, wenn wir noch lange warten.« Wir fanden eine kleine Kammer unter den Hauptgemächern, wo eine rieselnde Quelle in ein Becken floss. Sie war abgeschieden und still, eine perfekte Behausung für die Schlange.

Es war kein großes Unternehmen, einen Altar errichten zu lassen und einen Platz zu schaffen, wo ich Honigkuchen und Milch für sie bereitstellen konnte. Als alles fertig war, bat ich Paris, uns zu helfen, die Schlange hier freizulassen. Schließlich hatten wir in ihrer Gegenwart zum ersten Mal unter vier Augen miteinander gesprochen, und in dem Hausheiligtum, in dem sie lebte, hatten wir einander unsere Liebe offenbart.

Zusammen öffneten wir den Sack und ließen sie herausgleiten. Sie verweilte einen Augenblick und betrachtete uns ernst und feierlich – oder bildete ich es mir nur ein? –, bevor sie langsam über den glatten Boden glitt.

»Segne uns!«, beschwor Evadne sie. »Wir brauchen deinen Segen. Wir sind in einem neuen Land, und nur du gehörst zu unserer alten Heimat.«

»Dies ist dein drittes Zuhause«, sagte ich. »Du warst in Epidauros, dann bei mir in Sparta, und jetzt bist du hier in Troja. Aber Veränderung bedeutet Erneuerung. Du streifst deine Haut ab und lebst in ewiger Jugend. Lehre uns, das Gleiche zu tun. Und gib acht auf Hermione, wenigstens von fern.«

Paris sank auf die Knie und sprach zu ihr. Sie wartete zusammengerollt und beobachtete ihn. »Du hast mir in Sparta ein Zeichen gegeben. Du hast mich mit Helena, deiner Herrin, verbunden. Jetzt sind wir in meiner Stadt, und wir wenden uns an dich. Bewahre unsere Verbindung! Beschütze unser Heim!«

Die Schlange züngelte, und dann verschwand sie jäh und blitzschnell im Dunkeln.

Paris' neuer Palast wuchs auf dem Gipfel der Stadt in die Höhe. Ich besuchte Andromache und entdeckte eine verwandte Seele, eine Ausländerin wie ich. Aus dem Hause ihres Vaters auf dem Plakos war sie durch die Heirat zu Hektor gekommen, und mehr als alles andere wünschte sie sich ein Kind.

Als sie von ihrer Sehnsucht erzählte, erstand das Bild meiner verlorenen Hermione vor meinen Augen. Ich sehnte mich schmerzlich nach meinem eigenen Kind, und zuweilen wurde diese Sehnsucht so durchdringend, dass ich mich in die abgeschiedene unterirdische Kammer mit dem Altar zurückziehen musste, wo ich vor der heiligen Schlange zu den Göttern weinte.

Andromache vertraute mir an, dass sie es schon mit allen Heilmitteln versucht und auch den Göttern alle erdenklichen Opfer gebracht habe.

»Aber ich bin unfruchtbar!«, klagte sie. »Tagaus, tagein hallen nur die Stimmen Erwachsener in diesen Gemächern!« Sie deutete mit weiter Gebärde durch die weitläufigen Hallen und geräumigen Zimmer.

»Du bist noch jung –«, begann ich dann immer, und sie fiel mir ins Wort.

»Jung! Das weißt du doch besser! Nach meiner Rechnung bin ich schon mehr als zwanzig Jahre alt! Ist das jung?«

»Ich bin mehr als fünfundzwanzig«, sagte ich.

»Und? Ich sehe nicht, dass du Kinder mit Paris hast. Du hast deine Tochter mit sechzehn geboren. Und jetzt – nichts!«

Dann zuckte ich jedes Mal zusammen. Ja, sie hatte recht. Und ich sehnte mich nach einem Kind von Paris.

»Die Götter können Hektor ein Kind nicht verweigern«, sagte ich. Es war keine zufriedenstellende Antwort, aber die einzige, die mir einfiel. So, wie ich ihn kennengelernt hatte, hielt ich Hektor für einen der vortrefflichsten Männer, die die Götter je geschaffen hatten. Nicht, weil er ein Recke war, nicht wegen seiner Erscheinung, sondern weil er ein Mann war, der stets gerecht urteilen würde und der alles, was er vor sich sah, genau betrachtete.

»Die Götter können tun, was sie wollen«, sagte sie. »Das weißt du, Helena.« Sie lächelte sanft. »Du bist mit ihnen verwandt.«

»Du meinst die alte Geschichte mit dem Schwan?« Ich lachte.

»Nicht nur wegen einer unterhaltsamen Geschichte. Es ist deine ganze Art. Ich glaube, manche von uns sind dem Himmel näher als andere.«

Solche Reden bereiteten mir stets Unbehagen. »Ist es nicht Zeit für ein paar Süßigkeiten?«, fragte ich sie. »Deine Dienerin trödelt.«

Es wurde Sommer in Troja. Milde, warme Winde vertrieben die unerbittlich heranfegenden kalten Böen. Das Gras in der Ebene spross hell und grün, und der Skamander schwoll ab und wurde zu einem friedlich dahinplätschernden Bach. Der zweite Fluss in der Ebene, der Simois, verwandelte sich in eine Reihe flacher Tümpel, als seine Quelle in der Hitze versiegte. Aber auf der Höhe der Stadt war es immer kühl, und die Arbeiter konnten an unserem Palast bauen, ohne nachzulassen. Er werde bezugsfertig sein, sagten sie, wenn die Tage wieder kürzer würden. Einrichtung und Ausschmückungen würden natürlich später kommen. Mit verächtlichem Schnauben wiesen Steinmetze und Maurer darauf hin, dass Künstler immer sehr lange brauchten und überhaupt unzuverlässig seien. Das dritte Stockwerk war noch nicht entstanden; Gelanor baute noch immer seine Modelle aus Lehm und Stöckchen und versah sie mit Gewichten, um zu überprüfen, wie sie sich verhielten. Eine Zeitlang hatte er von einem vierten Stockwerk gesprochen, aber in letzter Zeit hatte er es nicht mehr erwähnt. Vielleicht war sein Modell jedes Mal zusammengebrochen, wenn er ein viertes Geschoss daraufgesetzt hatte.

Ich mischte gerade zwei verschiedene Arten von getrockneten Wiesenkräutern für die Duftkörbchen in unseren Gemächern, als Paris hereinplatzte. »Sieh mal, was da nach Troja kommt!«, rief er. Sein Gesicht war rot vor Aufregung, und er nahm meine Hände so schnell, dass ich die Kräuter zu Boden fallen ließ.

»Lass es liegen! Wir müssen hinaus, bevor das Gedränge zu groß wird!« Er zog mich mit sich, die Hauptstraße hinunter und zum Dardanischen Tor, wo schon eine große Zuschauermenge zusammengeströmt war. Jemand versuchte, die Torflügel noch weiter aufzustemmen, damit ein großer Gegenstand, der draußen ächzend auf einer schwankenden Plattform wartete, durch das Tor hereingezwängt werden könnte.

Das Gedränge war schon so dicht, dass wir nicht mehr vorankamen. »Hinauf auf den Wachtturm!«, sagte Paris. »Dann können wir es von oben beobachten.« Wir hasteten die Leiter zu der Plattform der Bogenschützen und Wachsoldaten hinauf, und durch das Fenster erblickte ich eine hohe goldene Statue. Sie hatte den Körper eines Löwen und den Kopf einer Frau.

»Geradewegs aus Ägypten«, rief ein schwärzlicher kleiner Mann mit Affenarmen. »Und was werdet ihr dafür bezahlen? Ich schleppe sie nicht einen Schritt weiter, wenn sich nicht jemand findet, der sie kauft! Ich bin ein Idiot, dass ich sie den ganzen weiten Weg hierhergeschafft habe – nur auf die Versprechungen eines Mannes hin, den es anscheinend gar nicht gibt!«

»Hieß der Mann zufällig Pandaros?«, schrie jemand.

Der Eigentümer der Statue schüttelte den Kopf.

»Pandaros hat etwas übrig für solche Dinge. Oder war es vielleicht Antenor?«

Bei dem Namen Antenor brüllte die Menge vor Lachen. Ich dachte daran, wie elegant der Mann gekleidet gewesen war, und war deshalb nicht überrascht, als jemand anders rief: »Oh, Antenor würde niemals etwas so Vulgäres und Klotziges haben wollen.«

»Vulgär?«, rief der Eigentümer. »Diese Statue stammt aus dem Palast eines Pharaos!«

»Gestohlen, möchte ich wetten.« Ich sah, wie Deiphobos mit der Hand darüberstrich, ohne sich darum zu kümmern, dass er sie schmutzig machte.

»Wenn ja, so wird der Besitzer ihr nicht hierher folgen.« Der Mann zwinkerte. »Also – welcher glückliche Trojaner will sie besitzen?«

»Das ist eine Sphinx, wisst ihr«, sagte ein vertrockneter Greis.

»Manchmal geben sie Rätsel auf, manchmal weissagen sie die Zukunft. Die, der Ödipos begegnete, tötete Menschen. Vielleicht muss man ein Ägypter sein, um so etwas gefahrlos zu besitzen.«

»Troja braucht eine Sphinx!«, brüllte ein Wachsoldat. »Alle Städte brauchen eine Sphinx, und sind wir nicht die größte Stadt von allen?«

»Ja, in der Tat!«, schrie der Eigentümer zustimmend. »Am Nil gibt es eine Stadt mit einer ganzen Allee von Sphingen. Ihr solltet euch nicht in den Schatten stellen lassen von –«

»Ich wette, sie hat jetzt eine Sphinx weniger«, sagte Deiphobos. Sein Ton war immer gehässig, selbst wenn es scherzhaft klingen sollte.

»Wir könnten sie auf der freien Fläche neben dem unteren Brunnen aufstellen. Dann pflanzen wir Blumen ringsherum, jawohl, und legen einen Springbrunnen an, und die Leute können dort im Schatten sitzen und –«

»Troja hat es verdient!«, schrie eine Frau.

»Wie sind wir so lange ohne sie ausgekommen?«, wunderte sich einer.

»Seht ihr?« Der Mann zuckte die Achseln. »Jetzt streitet euch nicht – aber wer soll nun der stolze Besitzer werden?«

»Troja.« Plötzlich stand Priamos da. »Ich, der König, mache sie der Stadt Troja zum Geschenk.« Er tätschelte den Löwenrücken. »Wir müssen unermüdlich daran arbeiten, Troja noch mehr zu verschönern.« Er winkte den Knechten, die müßig neben dem Fuhrwerk standen. »Ihr könnt sie durch das Tor bringen, auch wenn es eng wird. Und schafft sie zu dem Platz, wie man es gesagt hat.«

Fast hätte der Händler sich die Hände gerieben, aber er zügelte sich und zuckte nur. »Sehr gut, Herr. Aber darf ich fragen – warum nur eine? Ich kann dir noch eine bringen. Du weißt doch, was man sagt: Eine Statue ist einsam, aber zwei sind eine Sammlung.«

Hektor erschien und legte Priamos einen Arm um die Schultern. Er warf dem Händler einen Blick zu. »Stelle dein Glück nicht auf die Probe, mein Freund.«

Lachend und hüpfend schlossen die Leute sich der Sphinx an und halfen mit, sie voranzuschieben. Jemand brachte trotz der frühen Stunde Wein heraus, und ein Junge fing an, Flöte zu spielen. Paris und ich stiegen vom Turm herab und folgten der Menge zu dem gepflasterten Platz, wo die Sphinx an ihren vorläufigen Standort gebracht wurde.

»Ich glaube, mein Hof wird ohne eine Sphinx jetzt sehr kahl aussehen«, sagte Pandaros, der mit Verspätung ebenfalls erschienen war.

»Gestehe nur. Du warst derjenige, der sie bestellt hat, nicht wahr?«, sagte Hektor scherzhaft.

Pandaros starrte ihn mit gespieltem Entsetzen an. »O nein, das war ich nicht! Meine Schwäche sind Möbel mit Intarsien, wie du wohl weißt.«

»Mein Rücken weiß es«, antwortete Hektor. »Entsetzlich unbequeme Dinger!«

»Möbel mit Intarsien?« Der Händler hatte ein übermenschliches Gehör. »Ich habe wunderschöne Schemel und Tische auf meinem Schiff. Gleich da unten.« Er deutete zum Landungssteg. »Ich kann sie im Handumdrehen herholen!«

Als Pandaros fragte: »Was für Intarsien?«, stöhnte Hektor auf.

»Jetzt bist du erledigt«, sagte er.

»Elfenbein oder Perlmutt. Was immer du bevorzugst, Herr, ich habe beides!«

»Hmmmm …«

»Bring deine Waren herauf!«, rief jemand. »Zeig uns alles!«

»Ja, bring alles her!«

»Dann brauche ich Hilfe«, sagte der Kaufmann. »Da ist viel zu schleppen.«

Wie die Kinder strömten die Trojaner hinaus zu seinem Schiff und kehrten bald mit Kisten, Säcken und Karren zurück. Sie breiteten alles auf dem glatten Pflaster des Platzes aus, und der Händler erklärte jedes Stück und bot es feil. Vergnügt kommentierten sie alles und überboten sich gegenseitig.

Wollene Teppiche, Phiolen aus Alabaster, mit Karneol besetzte Hundehalsbänder, geflochtene Sonnenhüte, bemalte Vasen, Kämme aus Elfenbein – alles riss die eifrige Menge ihm aus der Hand. Größere Gegenstände wie die Intarsienmöbel, die wirklich wunderschön waren, verkauften sich langsamer. Getreu seinem Wort hatte der Händler noch andere Statuen, aber sie waren kleiner, und es war keine Sphinx mehr dabei. Sie verschwanden in Häusern und Höfen. Hin und wieder hörte man eine Ehefrau oder einen Ehemann sagen: »Mein Herz, vielleicht sollten wir den Markt abwarten und sehen, was dort im Angebot ist …«

Paris flüsterte mir ins Ohr: »Wollen wir auch etwas für unseren neuen Palast kaufen?«

»Nein«, sagte ich. »Wie können wir etwas einrichten, was nur im Traum existiert?«

Ich hatte meine Zweifel, was die Sicherheit unseres neuen Hauses anging, und es erschien mir voreilig, schon jetzt etwas dafür zu erwerben.

Fröhlich wandte sich die Menge vom schrumpfenden Warenbestand des Kaufmanns ab und begann zu singen: »Ein griechischer Schatz! Ein griechischer Schatz!«

Der Mann war verwirrt. »Ich habe ein paar Krüge aus Mykene, mit außergewöhnlich schönen Henkeln.« Er wühlte in einem der Karren herum.

Aber die Leute schrien: »Wir haben schon einen griechischen Schatz, den kostbarsten, den es gibt! Wir haben Helena, die Königin von Sparta!«

»Und was haben wir für sie bezahlt?«, brüllte ein Mann.

»Nichts! Wir haben sie umsonst bekommen! Ein Geschenk für Troja!«

»Darauf trinken wir!« Weinschläuche wanderten von Schulter zu Schulter.

Priamos neben der Sphinx runzelte die Stirn, als er das Geschrei hörte.

Als wir allein in unseren Gemächern waren, schaute Paris sich wehmütig um. »Ich fand diese Kaminhocker so wundervoll. Wir werden so viele Kamine in unserem neuen Heim haben.«

Die Trojaner schienen sich mit sehr viel mehr Luxus zu umgeben, als wir es in Sparta getan hatten. Selbst Paris, der in der einfachen Hütte eines Hirten aufgewachsen war, schien darauf versessen zu sein. Vielleicht lag es ihnen im Blut. »Dein Vater war ziemlich … großzügig.« Fast hätte ich »extravagant« gesagt, aber ich wollte nicht nörgeln.

»Er betrachtet sich als Vater Trojas, und er will, dass seine Kinder glücklich sind.«

Welche Gutmütigkeit! Ich dachte an meinen Vater und seinen Geiz. Vater … Was mochte er getan haben, als er an jenem Morgen aufwachte und bemerkte, dass ich fort war? War es möglich, dass er die Freier nach Sparta gerufen und versucht hatte, sie um sich zu scharen? Und Mutter … und Hermione … So gern hätte ich sie beide in den Armen gehalten, aber sie waren so weit weg, so unerreichbar. Idomeneus hatte ich abgewiesen, weil ich nicht durch das Meer von meiner Familie getrennt sein wollte, und nun war ich es doch.

»Du siehst traurig aus.« Paris trat zu mir.

»Ich dachte an meine Familie, besonders an meine Tochter.«

»Wir haben gewusst, dass es schwer werden würde.«

»Aber ich wusste nicht, wie schwer und wie schmerzhaft«, gestand ich. Einen solchen Verlust konnte man nicht im Voraus erleben. »Paris, möchtest du ein Kind haben?«

»Ja, natürlich. Unser Kind. Doch es wäre niemals Hermione. Jedes Kind ist anders, wie du es bei den Kindern meines Vaters siehst. Ich bin nicht wie Deiphobos, und Deiphobos ist nicht wie Hektor.«

»Das weiß ich!« Seine Antwort sollte mich trösten, aber sie vergrößerte meinen Schmerz. »Trotzdem könnte es uns Freude bringen.« Eine Freude, die Seite an Seite mit dem Schmerz des Verlustes existieren würde.

»Dann wollen wir hoffen, dass die Götter uns einen Sohn oder eine Tochter schenken«, sagte er.

Verzeih mir, Hermione, bat ich im Stillen. Ich will dich nicht ersetzen, denn ich weiß, dass ich das nicht kann. Ich will nur weiter Mutter bleiben.

Am nächsten Morgen erhielt ich den als Einladung verkleideten Befehl, bei Hekuba und ihren Töchtern in den Frauengemächern des Palastes zu erscheinen. Mir war bang zumute, und zugleich fühlte ich mich geschmeichelt; es freute mich, dass sie mich in ihren Kreis einschlossen. Seit ich in Troja war, hatte die Königin mich noch nie zu sich gerufen oder in ihre Gemächer eingeladen, und das sagte ich Paris.

»Sieh dich vor, wenn du ihr etwas versprichst!«, sagte Paris. »Vielleicht will sie etwas von dir.«

Damit war mein Argwohn bestätigt, und das verdarb mir die Vorfreude. »Ich werde auf der Hut sein«, versprach ich ihm.

Hekuba war von ihren Töchtern umgeben, als ich zur angegebenen Zeit bei ihr erschien. Sie stand in ihrer Mitte, und sofort dachte ich an die stolze Niobe und ihre sieben schönen Töchter. Die größte war nicht ihre eigene Tochter, sondern Andromache – elegant und anmutig wie eine hohe Pappel. Alle anderen waren ihre Töchter, und sie umgaben sie wie Blumen auf dem Felde, in unterschiedlichen Farben gekleidet, doch alle mit glatter Haut und leuchtenden Augen. Eine war da, die ich noch nie gesehen hatte; sie war jünger als die andern, ungefähr so alt … wie Hermione. Neid auf Hekuba erfasste mich, aber ich zwang mich zu einem Lächeln und fragte die Kleine: »Wie heißt du? Ich habe dich noch nie gesehen.«

»Philomena«, antwortete sie höflich.

»Meine jüngste Tochter«, erklärte Hekuba. »Sie hat jetzt zehn trojanische Winter gesehen. Einen davon mit Schnee!« Sie deutete in die Runde. »Du kennst die andern?«

Einige besser als andere, aber keine besonders gut. Kreusa war selten ohne Äneas anzutreffen; wenn ich ihn traf, traf ich auch sie. Kassandra mit ihren roten Haaren war leicht wiederzuerkennen. Laodike – die von ihrer Heirat gesprochen hatte –, ja, an sie erinnerte ich mich, aber nach dem ersten Abend im Palasthof hatte ich sie selten zu Gesicht bekommen. Noch ein Mädchen war da, von ungewöhnlichem, jedoch einprägsamem Äußeren. Seine Nase war zu groß, die Lippen zu schmal und zu gerade, die Stirn zu breit, aber alle diese Elemente fügten sich zu einem betörenden Antlitz, das man nicht so leicht vergaß. Ich würde mich an es erinnern, wenn vollkommenere Gesichter längst aus meinem Gedächtnis verschwunden wären. Während mir dieser Gedanke durch den Kopf ging, legte Hekuba dem Mädchen schützend die Arme um die Schultern und küsste es auf die Wange. »Polyxena«, sagte sie. »Gerade zwölf Jahre alt.«

Die Letzte, ein schlankes, dunkles Mädchen von bezaubernder Schönheit, hieß Ilona. Sie starrte mich nur an und sprach kaum ein Wort. Ich wusste nicht, ob sie vor Schüchternheit oder Feindseligkeit so still war. Zu Anfang weiß man so etwas nie.

Die Mädchen lösten sich von ihrer Mutter. Es sah aus, als entwirre sich ein bunter Knoten. Ich sah ihre bunten Gewänder und staunte über die vielfältige Auswahl, die man in Troja hatte. Ein Tisch an der Seite des Zimmers bog sich unter Tuchballen in weiteren Farben.

»Jetzt, da du eine Tochter Trojas bist, geziemt es sich auch, dass du mit den anderen zusammentriffst«, sagte Hekuba und musterte mich dabei. »Es war nachlässig von mir, dich nicht schon früher in unseren Kreis zu holen.«

»Ich habe mich einsam gefühlt – als die Einzige, die nicht von Hekuba geboren wurde«, sagte Andromache. »Obwohl sie zu mir immer wie eine Mutter war«, fügte sie eilig hinzu.

»Es wird Zeit, dass noch ein paar meiner Söhne sich vermählen«, sagte Hekuba kopfschüttelnd. »Und auch einige meiner Töchter. Unter allen meinen Lieben hatte nur Kreusa das Glück, einen Gatten zu finden. Das werden wir ändern. Deshalb sind wir hier.« Sie wandte sich an mich. »Bei dir gab es einen Freierwettstreit, von dem du … mir erzählt hast. Meinst du, wir sollten so etwas auch in Troja veranstalten?« Forschend schaute sie mich an.

Ich sah mich unter ihren Töchtern um. Was für eine unerträgliche Sache das gewesen war! »Nein«, sagte ich. »Ein solcher Wettstreit ist ermüdend, zuweilen peinlich und außerdem teuer.«

»Und dann bist du mit jemandem durchgebrannt, der nicht einmal dabei war!« Laodike kicherte. »Ist das nicht komisch?«

Hekuba blickte sie eisig an. »*Komisch* ist nicht das Wort, das mir einfallen würde.«

»Oh, aber ich finde es wundervoll – und mutig!« Laodike ließ sich nicht beirren.

»Du hast hoffentlich nicht vor, es auch so zu machen«, sagte Hekuba.

»Vielleicht doch – wenn du weiter darauf bestehst, mich mit einem Thraker zu verheiraten. Mutter, ich will Troja nicht verlassen. Schicke mich nicht dorthin!«

»Es ist wahr, die Trojaner heiraten meist untereinander«, sagte Kreusa. »Selbst Äneas kann als Trojaner durchgehen, weil er so nah mit uns verwandt ist.«

»Ja, die Dardanier gelten nicht als Ausländer. Laodike, würdest du einen Mann aus Dardania in Betracht ziehen?«

»Das ist besser als Thrakien, aber Troja ist es immer noch nicht.«

»Was ist los mit euch allen?«, fragte Hekuba. »Ich war jünger als du, Laodike, als ich Phrygien verließ und als Priamos' Braut herkam. Ich habe nicht gejammert, weil ich meine Eltern verlassen musste. Ja, anscheinend wollen nicht einmal meine Söhne heiraten!«

»Es geht einfach zu vergnügt zu hier in den Kindergemächern – ich meine, in unseren Wohnungen«, sagte Laodike.

»Ja, das stimmt! Verlass uns nicht!«, rief die kleine Philomena.

»Was soll ich nur mit euch anfangen?«, seufzte Hekuba. »Wenigstens Hektor hat geheiratet, und jetzt auch Paris … Helena, sag du es ihnen! Du hast dich nicht gescheut zu heiraten, als es so weit war.«

Ich schaute in die Runde. Gern hätte ich etwas Erfreuliches gesagt, aber ich wusste nicht, was es sein könnte. Also konnte ich nur ehrlich antworten. »Ich wollte mein Elternhaus auch nicht verlassen, und deshalb – wenigstens zum Teil deshalb – habe ich mich für einen entschieden, der mich nicht mit sich fortnehmen würde.«

»Aber das war nicht Paris!« Das war Ilona, und ihre Stimme

verriet, dass sie feindselig war. Damit war wenigstens eine Frage beantwortet.

»Nein«, bestätigte ich, »das war nicht Paris. Ich habe mir meinen ersten Gemahl selbst erwählt. Den zweiten haben die Götter mir geschickt.«

»Lasst uns zuerst mein Hochzeitsgewand erwählen.« Laodike zeigte auf die Stoffe. »Vielleicht, wenn ich einmal weiß, was ich anziehen werde …«

Erleichtert schwatzend wandten die Mädchen sich den Tuchballen zu. Hekuba blieb bei mir stehen.

»Du willst deine Meinung dazu nicht äußern?«, fragte sie.

»Laodike sieht in jeder Farbe gut aus. Sie kann sich nicht falsch entscheiden.«

Hekuba zuckte die Achseln. »Da sprichst du eher für dich als für sie. Rot und Braun stehen ihr keineswegs.«

Was immer ich sagte, sie würde widersprechen oder es zurückweisen. Es war ermüdend. Warum hatte sie mich in Wahrheit eingeladen?

»Jetzt, da wir verwandt sind, ist es gut, wenn die Mädchen dich besser kennenlernen.« Sie schwieg einen Augenblick. »Was man ihnen verwehrt, verlockt sie nur desto mehr. Ich fürchte, Laodike bewundert dich bereits mehr, als gut für sie ist. Ich kann die Ehefrau meines Sohnes Paris zwar nicht zurückweisen, aber es wäre alles andere als ehrlich, wenn ich so täte, als sähe ich es gern, dass eine meiner Töchter dir nacheifert.«

»Ehrlichkeit ist eine große Tugend«, sagte ich, ohne einen spitzen Unterton zu unterdrücken. *Freundlichkeit auch,* hätte ich gern hinzugefügt, *und manchmal liegen die beiden im Streit miteinander. Aus Freundlichkeit werde ich die ehrliche Antwort, die ich dir über dich und dein Benehmen geben könnte, für mich behalten.*

»Wir verstehen einander«, sagte sie.

In Wahrheit verstanden wir einander nicht. In die Abgründe ihres Charakters konnte ich immer noch nicht blicken, und ich spürte, dass auch sie nur wenig über mich wusste und gar nicht mehr wissen wollte.

»Bist du noch schwanger?«

»Was meinst du mit ›noch‹?«

»Ich hatte angenommen, das sei der Grund für deine hastige Flucht aus Sparta.«

»Wenn dem so wäre, würdest du es inzwischen sehen können.« Die Frau war wirklich empörend mit ihren Grobheiten und Mutmaßungen.

»Schade«, sagte sie. »Schenke Paris einen Sohn, sonst wird er es bedauern, dass er mit dir durchgebrannt ist!« Sie nickte selbstgefällig. »Das weiß ich.«

»Du weißt sehr wenig über ihn«, entgegnete ich. »Tatsächlich kennst du ihn ja kaum.«

»Du bist diejenige, die ihn nicht kennt«, sagte sie. »In dieser Hinsicht machen die Götter uns blind.«

»Mutter!«, rief Laodike und kam mit einem blassgelben Leinenstoff heran, den sie sich unter das Kinn hielt. »Der hier ist es! Jetzt müssen wir nur noch den passenden Mann dazu finden!«

XXXVI

Endlich rückte die Zeit des großen Marktes in der Ebene von Troja heran. Für ein paar Wochen gegen Ende des Sommers versammelten sich Tausende von Händlern auf den Wiesen am Fuße der Zitadelle, ehe das Meer den Winter über unbefahrbar wurde. Sie reisten aus Babylon, aus Tyros und Sidon, aus Ägypten, Arabien und Äthiopien an und breiteten ihre Waren aus, damit alle sie ansehen und kaufen konnten. Für eine kurze, glorreiche Zeit war Troja der Mittelpunkt der Welt.

Willst du einen Lehrer für Akkadisch einstellen? Gewiss ist jemand hier, der alles über diese Sprache weiß. Suchst du ein Tuch, so leicht, dass es schwebt? Es wird da sein. Wie wäre es mit einer Köstlichkeit aus schaumig geschlagener Mandelpaste? Sei sicher, hier findest du sie. Und für alle Geschäfte des Tages kassierte Priamos eine Gebühr. Seine Agenten waren überall; sie beobachteten die Kaufleute und erhoben ihren Tribut. Und die Händler zahlten ihn gern, denn einen besseren Platz konnten sie nirgends finden. Hier, wo sich die Straßen nach Europa und Asien, nach Ost und West, kreuzten, saß Troja als Königin der Welt.

Paris und ich spazierten eines späten Nachmittags über das Gelände. Die Sonnenstrahlen fielen schon schräg über das Land. Ein Gewirr von Sprachen umgab uns, und ich genoss es. Der Klang fremder Zungen machte mich unsichtbar; ich wanderte zwischen ihnen umher wie ein Schatten aus der Unterwelt. Ich sah verlockende und kuriose Produkte, ausgebreitet auf bunten Tüchern: Klumpen von unbearbeitetem, fleckigem Bernstein, Stapel von wollenen Teppichen, süß duftende Rollen aus Rinde, getrocknete Tintenfische, Äxte aus einem stumpffarbenen Metall, rohe Brocken von Weihrauch, Beutel mit seltenen Türkissteinen aus der Wüste Ägyptens.

Plötzlich, wir betrachteten gerade einen Wurf junger Leoparden, die ein Kaufmann aus Nubien feilbot, hörte ich griechische Worte. Das Griechisch von Sparta! Die Kadenzen seiner süßen Melodie wehten durch die Luft wie der Duft der Gewürze, die auf einer Decke neben uns ausgebreitet lagen. Spartanisches Griechisch! Ich packte Paris' Hand und zog ihn weg von den Leoparden, ich folgte dem Klang der Worte wie ein Kind dem Flötenspiel.

»Spartaner!«, sagte ich. »Hier sind Spartaner!«

»Vielleicht solltest du nicht zu ihnen gehen«, meinte Paris. »Wenn du es unbedingt tun musst, verschleiere dein Gesicht.«

O ja. Natürlich. Ich war unbekümmert geworden, weil ich mich unter den Trojanern so frei fühlte.

Wir näherten uns den Kaufleuten. Es waren drei. Der älteste und magerste war offensichtlich der Anführer. Er beaufsichtigte die anderen beim Auffüllen der Waren und führte das Wort bei den Verhandlungen. Ich sah Krüge mit gedörrten wilden Oliven aus den Ausläufern des Taygetos, eine heimische Delikatesse, und den unverwechselbaren Honig von den Wiesen am

Ufer des Eurotas. Sofort lechzte ich danach. Außerdem hatten sie fein gearbeitete goldene Ohrringe. Wahrscheinlich kannte ich den Goldschmied, der sie gemacht hatte.

Ich schob mich näher heran und bat Paris flüsternd, ein wenig von dem Honig zu kaufen. Je weniger ich sprach, desto besser. Während der Mann ihm Honigkrüge in verschiedenen Größen zeigte, hörte ich, wie die beiden anderen – der eine war jung und massig, und der andere hatte einen Ziegenbart – davon sprachen, dass sie sehr spät hier eingetroffen seien, weil der größte Teil der griechischen Handelsflotte von Menelaos und Agamemnon beschlagnahmt worden sei. Gewöhnliche Kaufleute hätten ihre Schiffe abgeben müssen.

»Ja, es gibt kaum noch ein Schiff in Griechenland«, sagte der Stämmige. »Dieses hier hatte ich auf der windabgewandten Seite der Insel vor Gytheon versteckt, sonst hätten sie es auch noch gefordert.«

»Wozu denn?«, fragte Paris.

Sie schauten uns mit großen Augen an. »Nun, weil Agamemnon doch eine gewaltige Flotte zusammenstellt. Er hat ganz Griechenland aufgerufen, Männer und Waffen und Schiffe beizusteuern. In den Familien wird das Los gezogen; jede braucht nur einen Sohn zu entsenden, aber das ist oft schon schwer genug. Manche würden lieber eine Auslösung zahlen, um ihren Sohn zu behalten.«

»Aber ... aus welchem Grund versammelt er dieses ... dieses Heer zu Wasser?«

»Was denn – lebt ihr hier in einer anderen Welt? Weil Agamemnons Schwägerin, die Schwester seiner Frau, von einem Trojaner geraubt wurde. Das behaupten sie jedenfalls. Andere sagen, sie sei ganz freiwillig mitgegangen. Aber vor langer Zeit wurde auf diese Frau oder auf ihre Ehe irgendein Eid abgelegt. Agamemnon hat all die Männer zusammengerufen, die diesen Eid damals geschworen haben, und noch viele andere dazu. Er will gegen die Entführer zu Felde ziehen und die Frau zurückholen.« Der Mann lachte. »Welche Frau wäre so viel wert? Keine, sage ich. Aber wenn man dazu eine Stadt wie Troja als

Dreingabe bekäme, hätte man doch einen dauerhaften Gewinn aus der Sache. Wir werden also unsere Geschäfte hier so schnell wie möglich zum Abschluss bringen und dann verschwinden.«

Bei diesen Worten war ich wie vom Donner gerührt. Warum hatten wir davon nichts gehört! Agamemnon!

»Ist das alles geheim?«, fragte Paris.

»Kaum«, sagte der Mann. »Aber über unvollendete Pläne wird oft nicht berichtet. Was gäbe es da auch zu berichten? So mancher Plan verläuft im Sande.« Er schüttelte seine Decken aus roher Wolle aus; sie rochen immer noch nach Schaf. »Ich glaube, was sie angestachelt hat, war der Tod der Mutter. Die Mutter der Frau hat sich aus Scham das Leben genommen. Sie hat sich in ihrer Schlafkammer erhängt. Der alte König und Menelaos waren so betrübt und auch selbst so beschämt, dass sie irgendetwas unternehmen mussten.«

»Die Königin – die Königin von Sparta hat sich umgebracht?« Ich brachte die Worte nur mit Mühe hervor, und ich vergaß, dass ich eigentlich gar nicht sprechen wollte.

»Die alte Königin, die ehemalige. Die jetzige Königin ist ja ihre Tochter, die nach Sparta entführt worden ist.«

Mutter! Ich hätte mir die Faust in den Mund gestopft, um nicht aufzuschreien, aber kein Laut drang über meine Lippen.

»Werden sie unmittelbar angreifen? Schicken sie keine Gesandtschaft, wollen sie nicht versuchen, die Angelegenheit auf diplomatischem Wege zu klären?« Paris stellte sachliche Fragen.

»Wie ich höre, haben sie das schon getan; sie haben eine Gesandtschaft geschickt, und Priamos hat sie belogen. Also ist die Zeit der Diplomatie vielleicht vorüber. Aber das weiß ich nicht, ich bin nur ein Kaufmann, und ich bin froh und dankbar, dass Menelaos mein Schiff nicht gefunden hat. Diese Frau – die Königin – warum machen sie einen solchen Wirbel um sie? Lasst sie laufen, sage ich. Eine untreue Frau ist doch keinen Pfifferling wert.«

Ich war einer Ohnmacht nahe und sank gegen Paris. Er stützte mich, und ich hörte, wie er sagte: »Die Sonne. Sie ist schwanger.« Dann führte er mich davon.

»In dieser Hitze sollte sie ihr Gesicht nicht verschleiern«, meinte der Kaufmann. »Aber ich weiß, dass einige von euch hier im Osten es so gewohnt sind.«

Auf Paris gestützt, wankte ich davon. Mutter. Mutter hatte sich das Leben genommen! Und ein Heer war unterwegs hierher! »Ich muss … Bitte, Paris, bring mich in unsere Gemächer!« Ich wusste nicht, ob ich so weit würde laufen können. Heiße und kalte Schauer überliefen mich abwechselnd, und ich zitterte. Meine Knie gaben immer wieder nach.

»Ich halte dich«, sagte er. Langsam bahnten wir uns den Weg aus dem Gewimmel des Marktes und durch die trockenen Grasbüschel auf freiem Feld. Die Mauern Trojas schienen sehr weit weg zu sein.

Zitternd und matt ließ ich mich zu Boden sinken. Ich wollte nur ein Weilchen ausruhen und gleich wieder aufstehen. Mit gesenktem Kopf starrte ich auf den Boden und die schwankenden Gräser um mich herum. Sie raschelten ein wenig und rieben sich trocken aneinander. Dicht über dem Boden bewegte sich etwas, aber ich konnte nicht erkennen, was es war. Ich schaute genauer hin, doch alle Farben verflossen ineinander. Plötzlich bewegte es sich wieder – und jetzt sah ich die Schildkröte. Ihre braungelbe Zeichnung war im grünen Gras zu erkennen. Sie sah aus wie eine von Hermiones Schildkröten. Hermione. Hermione …

Ich stöhnte auf, und mein Schmerz war so groß wie nie zuvor. Er drohte mich zu zerreißen. Die Schildkröte betrachtete mich mit verwunderten schwarzen Augen, ohne zu urteilen. Die Augen wurden immer größer, bis sie mein ganzes Gesichtsfeld ausfüllten. Dann sah ich nichts mehr, und die Dunkelheit trug mich davon.

»Was ist mit ihr passiert?«, hörte ich Gelanor fragen. Seine Stimme kam aus weiter Ferne, und ich konnte mich nicht bewegen. War ich tot? Schwebte mein Geist über meinem Körper und hörte noch eine Weile zu, bevor er davonwehte? Ich konnte die Augen nicht öffnen, und meine Arme lagen an meiner Seite wie aus Holz geschnitzt. Ich brachte keinen Laut hervor.

»Wir waren auf dem Weg durch die Felder.« Paris' Stimme bebte vor Angst. »Sie wollte sich ausruhen, und dann ist sie ohnmächtig geworden.«

»Ist sie schwanger?« Das war Evadne.

»Nein. Das habe ich den Händlern erzählt, aber es stimmt nicht. Sie wollte – wir wollten – unbedingt weg von ihnen.«

»Warum?« Wiederum Gelanor.

Weil wir von Agamemnon gehört hatten, wollte ich sagen. *Von Menelaos. Meine Mutter! Meine Mutter!*

»Ein paar Händler dort, auf dem Markt, sie haben uns – sie haben uns furchtbare Dinge erzählt!« Paris' Stimme wurde schrill.

»Beruhige dich!« Gelanor packte einen trojanischen Prinzen bei den Schultern und schüttelte ihn. »Nimm deine Gedanken zusammen! Was immer es war, wir werden ihm in die Augen sehen können.«

»Ein Heer! Wir werden einem Heer in die Augen sehen!«, rief Paris. »Agamemnon hat Truppen ausgehoben und Schiffe beschlagnahmt, und Menelaos hat sich auf den Eid berufen, den die Brautwerber damals geschworen haben, und sie kommen, sie kommen nach Troja!« Seine Stimme wurde so hoch, dass er klang wie ein Eunuch.

»Wann?«, fragte Gelanor in scharfem Ton.

»Ich weiß es nicht. Das haben sie nicht gesagt …«

»Warum hast du nicht gefragt?«

Weil sie auch noch andere Dinge zu berichten hatten, die wie ein Schwarm Vögel über uns herfielen und den Himmel verfinsterten. Ihre Worte schwirrten an uns vorbei, und sie erzählten von meiner Mutter – Warum konnte ich nicht sprechen? War ich … War ich wirklich … tot?

»Ich weiß es nicht – ich weiß es nicht –, wir konnten nicht denken –«

»Als du mit Helena geflohen bist, hast du da nicht daran gedacht, dass so etwas geschehen könnte?«, bedrängte Gelanor ihn. »Hast du das nie in Betracht gezogen?«

»Priamos hat es getan, aber ich glaubte, er irrt sich, wie er sich bei Hesione geirrt hat. So etwas ist noch nie vorgekommen! Warum sollte es jetzt geschehen?«

»Weil es noch nie eine Helena, einen Menelaos und einen Agamemnon gegeben hat. Und weil noch nie eine Königin mit einem anderen Mann aus ihrem Reich geflohen ist. Was jetzt passieren wird, weiß niemand.«

»Helena! Helena!« Paris beugte sich über mich. »Wach auf! Oh, wach doch auf!«

»Lass sie ruhen!«, sagte Evadne mit fester Stimme. »Sie wird aufwachen, wenn sie dem, was geschehen ist, ins Auge sehen kann. Der Körper zieht sich zurück, wenn der Geist zu viel zu tragen hat.« Sanfte Fingerspitzen strichen über meine Stirn. Dann berührte ein kühles Tuch meine Handgelenke. Sie hob meine schweren Arme und legte sie mir über Kreuz auf die Brust.

Aber ich bin wach! Ich bin wach! Ich wollte schreien, aber ich blieb stumm. Keineswegs war ich für den Augenblick von meinen aufgewühlten Gedanken befreit. Sie hielten mich gefangen.

Mutter. Mutter hatte sich erhängt! Das grausige Bild wollte nicht vergehen. Mutter mit einem Strick um den Hals, wie sie hin und her schwang und sich drehte und wie ihre kleinen Füße unter dem Gewand herabhingen. Welche Farbe hatte das Gewand? Weiß war immer ihre Lieblingsfarbe gewesen. Weiß wie die Federn ... Vielleicht in Erinnerung an die Federn ... War auch dieses Gewand weiß? Sie schwebte in der Luft wie ein Geist, und ihr Kopf war zur Seite gefallen. Alle Erinnerungen waren dahin, waren versiegt ...

Ich schrie auf, ohrenbetäubend laut, als die Lähmung meiner Kehle sich löste. »Nein! Nein!« Ich fuhr hoch und setzte mich auf. Meine Augen öffneten sich, und ich sah, wie sie mich anstarrten. Paris stürzte heran und umarmte mich.

»Meine Liebste«, murmelte er. »Ich wünschte, ich könnte sagen, es ist alles nicht wahr und du bist aus einem schwarzen Traum erwacht.«

»Wir müssen es Priamos mitteilen.« Gelanor machte ein

grimmiges Gesicht. »Auf der Stelle. Wenn du erlaubst, werde ich zu ihm gehen.«

Priamos war sehr beunruhigt. Er ließ die Händler suchen, aber niemand konnte sie finden. Paris führte seinen Vater selbst an den Platz, an dem sie gestanden hatten, aber er war leer. Wo sie ihren Stand gehabt hatten, war nichts als zertretenes Gras. Keiner der Händler ringsum wusste, wo die Spartaner geblieben waren und ob sie noch einmal zurückkommen würden. Priamos schickte Soldaten aus; sie sollten die Gegend und auch den Strand absuchen. Aber sie fanden sie nicht.

»Es ist sehr einfach, von dort zu verschwinden«, sagte einer der Soldaten. »Von den Wiesen gelangt man im Handumdrehen zum Meer und kann sofort in See stechen. Wahrscheinlich sind sie schon weit draußen.«

»Warum sind sie weggelaufen?«, fragte Priamos. »Warum?«

»Jemand muss ihnen gesagt haben, wer wir waren«, vermutete Paris. »Sie haben begriffen, dass hinter dem Schleier Helena verborgen war, und da haben sie Angst bekommen.«

»Angst wovor? Vor Strafe?«, brüllte Priamos. »Nicht *sie* sind mit ihr geflohen!«

»Die Menschen denken nicht immer klar«, sagte Gelanor. Wenn sie Gefahr wittern, ergreifen sie die Flucht wie der Hase, der den Hund bellen hört.«

»So!« Hekuba kam hereinmarschiert. »Es hat also begonnen!«

»Noch hat gar nichts begonnen«, sagte Priamos. »Wir müssen sicher sein, dass auch nichts beginnt. Ich werde eine Gesandtschaft ausschicken –«

»Sie haben gesagt, die Zeit für Gesandtschaften sei vorüber«, erinnerte ich mich. Meine Stimme klang immer noch matt. »Als du den Gesandten, die nach Troja kamen, guten Glaubens gesagt hast, du wissest nichts von Paris und mir, hat man das auf der anderen Seite offensichtlich als … absichtliche Unwahrheit aufgefasst.«

»Wie ich es befürchtet habe!«, rief er. »Was habe ich dir gesagt, Paris, als du mit deiner Beute nach Troja heimkamst? Ich habe gesagt, du hast einen Lügner aus mir gemacht.« Er schwieg kurz. »Aber ich habe nicht absichtlich gelogen.«

»Sie sehen es anders«, erklärte Paris sanft.

»Und kann man es ihnen verdenken?« Hekuba sprach mit leiser Stimme. »Wir müssen ihnen eine Botschaft schicken. Wir müssen den Rat einberufen. Helena muss –«

»Nein!«, rief Paris. »Sprich es nicht aus! Helena wird nicht zurückkehren! Ich lasse sie nicht fort. Niemals. Sieh es ein, Mutter! Sieh es ein, Vater! Wir werden aus Troja flüchten und in die Berge gehen, aber sie wird nicht von meiner Seite weichen.«

»In die Berge!«, äffte Priamos. »Und was wirst du tun, wenn sie dir dorthin folgen, wenn sie dich jagen wie einen Hirsch? Die Mauern Trojas bieten wenigstens Schutz.«

Ein furchtbares, alles verfinsterndes Schuldbewusstsein durchströmte mich. Mutter war tot. Voller Scham für mich hatte sie sich das Leben genommen. Und jetzt sprachen sie hier von Mauern, von Gejagtwerden, von Flucht und vom Töten.

»Paris.« Ich stand auf und nahm seine Hand. »Meine Mutter hat ihr Leben schon geopfert. Niemand sollte weitere Opfer bringen – außer mir selbst. Meinetwegen muss ein Preis gezahlt werden, aber das muss ich selbst tun.« Ich zitterte bei diesen Worten. Die Rückkehr würde schrecklich sein. Wohl würde ich Hermione wiedersehen. Alles andere jedoch …

»Noble Worte, Helena. So spricht eine Königin.« Hekubas Stimme klang so warm wie nie zuvor. Endlich fand ich ihren Beifall – weil ich bereit war zu gehen.

»Ich sollte … Ich sollte …« Ich brachte die Worte kaum über die Lippen.

Paris legte mir die Hand auf den Mund. »Sprich es nicht aus! Worte haben ein eigenes Leben, und diese Worte dürfen niemals von uns kommen! Niemals. Eher sterbe ich.«

»Aber Helena vielleicht nicht«, sagte Hekuba. »Entscheide du nicht über Leben und Tod anderer ohne ihre Zustimmung.«

Bevor ich etwas sagen konnte, rief Paris: »Dann erwähle ich den Tod für mich selbst! Ich werde sterben, bevor ich Helena aufgebe.«

»Das wirst du«, sagte Evadne. »Das wirst du.« Ihre Stimme war so kalt wie das Bachgerinnsel in der Kammer der Schlange.

»Ich rufe den Rat zusammen«, murmelte Priamos und wandte sich zur Tür.

XXXVII

Der Markt sollte noch so lange weitergehen, bis die Natur dem Schiffsverkehr ein Ende machte. Priamos war entschlossen zu verhindern, dass Gerüchte über ein bevorstehendes Unheil den Handel störten, der ihm so viel Reichtum einbrachte. Troja würde alles Geld brauchen, das es anhäufen konnte.

Gelanor überredete ihn, Spitzel zu den Ständen der Händler zu schicken; sie sollten jedes Schnipselchen an Informationen zusammentragen, das sie aufschnappen konnten. Das hielt er für wichtiger als Gold und Edelsteine. Der wahre Reichtum der Spione bestehe aus Geheimnissen und Erkenntnissen, sagte er. Priamos' Spitzel – die in Gelanors Augen nicht besonders gerissen waren – schwärmten aus und lauschten überall, während sie zwischen den Ständen herumlungerten und so taten, als verglichen sie den Geschmack der getrockneten Dattelkuchen aus Theben mit denen aus Memphis, als begutachteten sie die geschnitzten Elfenbeinkämme aus Sumer und als begafften sie die Tränke aus Alraunwurzel und Krötenschweiß, die angeblich die Liebeslust steigerten. Immer wieder versuchten sie, die Händler in Gespräche darüber zu verwickeln, was im Westen vor sich ging. Und jeden Abend kehrten sie zurück und breiteten ihre Erkenntnisse vor Priamos aus wie einen Teppich.

Trotz allem erfuhren wir enttäuschend wenig. Sie bestätigten, dass auf dem Peloponnes der Ruf nach Schiffen und Männern für ein überseeisches Unternehmen ergangen war. Führer dieses Unternehmens sollte Agamemnon sein, der Bruder des Menelaos, dem so großes Unrecht widerfahren war. Etliche Fürsten, deren Reiche im Landesinneren lagen und die deshalb nicht über Schiffe verfügten, würden sie von Agamemnon bekommen. Meine abgewiesenen Freier lösten das Versprechen ein, das sie meinem Vater über dem blutigen Kadaver eines Pferdes gegeben hatten. Ajax kam zusammen mit seinem Bruder Teuker. Nestor und seine beiden Söhne waren dem Ruf gefolgt. Odysseus hatte man durch eine Täuschung gezwungen, an dem Feldzug teilzunehmen, nachdem er zuvor Wahnsinn vorgetäuscht hatte, um sich zu entziehen. König Kinyras von Zypern hatte Agamemnon erzürnt, indem er ihm fünfzig Schiffe versprochen und dann eines geschickt hatte – und dazu neunundvierzig kleine Schiffe aus Ton.

»Sie wollen also nicht mitmachen«, sagte Priamos. »Man muss sie zwingen, und selbst dann versuchen sie noch, sich zu drücken.«

»Gleichwohl sind sie dem Ruf in großer Zahl gefolgt.« Hektor runzelte die Stirn. »Ein Krieger verliert sein Zögern, wenn er den Helm einmal aufgesetzt hat.«

»Wir kennen die Zahl der Schiffe nicht, wir wissen nicht, wo sie sich sammeln und wann sie auslaufen wollen«, klagte Priamos.

»Vor dem nächsten Frühling können sie nicht in See stechen«, stellte Hektor fest. »Nicht mehr lange, und das Meer ist unpassierbar. Sie werden nicht kommen, nur um dann in der Ebene von Troja ihr Lager aufzuschlagen und einen Winter zu überdauern. Obwohl ich wünschte, sie täten es! Oh, ich wünschte es!« Er schaute seine Zuhörer an: Priamos, Hekuba, Paris und mich. »Dann könnten wir sie leicht zerschmettern, denn wir hätten Mauern und Vorräte auf unserer Seite.«

Auf unserer Seite. Aber ich wollte nicht, dass Menelaos oder Idomeneus von Kreta oder einer der anderen, die ich kannte, getötet wurde. Welches war meine »Seite«?

»So töricht sind sie aber nicht«, sagte Priamos. »Ein bisschen strategische Voraussicht müssen wir ihnen schon zugestehen. Nein – sie werden im Frühling kommen. Aber wie viele?«

»Mein König, ich kann dir nur sagen, wie viele Männer mein Vater gezwungen hat, den Eid abzulegen«, sagte ich. »Es waren vierzig. Natürlich verfügen nicht alle über die gleiche Zahl von Soldaten.«

»Vierzig.« Priamos rutschte unruhig auf seinem Stuhl hin und her. »Sagen wir, jeder hat zwei Schiffe –« Er hob die Hände. »Ich weiß, dass es eine zurückhaltende Schätzung ist, aber lasst uns damit anfangen. Zwei Schiffe, vierzig Fürsten, das sind achtzig Schiffe. Fünfzig Soldaten auf jedem Schiff, und wir hätten viertausend Mann.«

»Viertausend Mann können wir leicht besiegen«, sagte Hektor.

»Aber wenn jeder von ihnen zehn Schiffe hätte, wären es zwanzigtausend.«

»Wir können unsere Verbündeten zu Hilfe rufen«, sagte Hektor. »Die Lykier, die Thraker, die Karer und die, die noch weiter im Osten und im Süden leben. Sogar die Amazonen – diese furchterregenden Krieger. Oder sollte ich sagen, ›Kriegerinnen‹?«

»Sie kämpfen besser als Männer«, sagte Priamos. »Auf sie und ihren starken Schwertarm können wir uns verlassen.«

Gelanor – der jetzt anscheinend überall wie ein Schatten zugegen war – sprach mit leiser Stimme. »Wie soll ein Heer von zwanzigtausend Mann sich im Feld versorgen? Sie wären in Feindesland, und jeden Tag müssten zwanzigtausend zu essen bekommen. Woher soll das kommen?«

»Sie müssten unsere Verbündeten überfallen. Sie müssten sie zuerst vernichten, bevor sie sich gegen uns wenden.« Hektor schüttelte den Kopf. »Wir müssten Maßnahmen ergreifen, um ihnen dieses … Privileg zu verwehren.«

»Dann stärkt eure Verbündeten«, riet Gelanor. »Und tut es jetzt, bevor der Feind kommt.«

»Jemand muss sie aufsuchen und sich ein Bild von ihren Mitteln machen«, sagte Priamos und nickte Hektor zu. »Trotzdem werde ich eine Gesandtschaft nach Westen schicken. Einen Disput regelt man besser mit Worten als mit dem Schwert.«

»Agamemnon hat nichts übrig für Worte«, sagte ich. »Seit

ich ihn kenne, schaut er mit sehnsüchtigem Blick auf seine Waffenkammer. Er hat ein Arsenal zusammengetragen, bevor er den geringsten Grund dazu hatte.« Ich sah sie an, die Leute, die ich schon so lieb gewonnen hatte. »Und jetzt bin ich dieser Grund. Das schmerzt mich sehr.«

Diese vier Worte konnten nicht annähernd meine Trauer und meine Gewissensqualen darüber zum Ausdruck bringen, dass ich meinem bösartigen Schwager einen Vorwand gegeben hatte, die Waffen herauszuholen, die er bei jener Versammlung in Mykene, umringt von großsprecherischen Kriegern, so begierig angestarrt hatte.

Jetzt taxierte Agamemnons Blick den Hellespont und den reichen Handelsverkehr dahinter, die Stände und die Waren des alljährlichen großen Marktes in der Ebene von Troja. Immer weniger Kaufleute kamen nach Mykene, immer weniger Güter fielen ihm in die Hände, und so musste er zum Räuber werden. Er musste in der Ferne marodieren und plündern, um seine Gier zu befriedigen und seinen Ruf zu wahren. Und die Ehre Helenas wäre seine Galionsfigur bei der Fahrt über das Meer nach Troja.

Während die Männer durch das Land zogen und unsere Verbündeten besuchten, versammelten sich die Frauen von Troja in ihren Gemächern, um einander näher zu sein. Die Tage wurden kürzer, und die Händler waren abgereist. Verlassen lag die Ebene da und wartete darauf, dass der Winter den Skamander und den Simois über die Ufer treten ließ und sie in einen feuchten Sumpf verwandelte.

Anfangs zauderte ich, aber ich spürte bald, dass ich bei den Zusammenkünften der Frauen willkommen war. Die anderen richteten sich nach Andromache. Wie Hektor unter den Männern herausragte, so tat sie es unter den Frauen. Sie blieb bei unserer anfangs noch zaghaften Freundschaft, und keine der Frauen wagte es, ihr zu trotzen und mich anders zu behandeln als sie. Dennoch hatte ich das Gefühl, dass nur Andromache mir mit echter Warmherzigkeit begegnete.

»Helena, wir müssen einen richtigen Webstuhl für dich

beschaffen«, sagte sie, als wir uns in der Halle ihres Palastes versammelten. Durch das westliche Fenster fiel der Schatten meines eigenen, der sich daneben erhob, schräg über den Boden. Er würde noch höher werden. Gelanor war es tatsächlich gelungen, vier Stockwerke zu konstruieren. So würde das Bauwerk sich über ganz Troja erheben und aus größerer Höhe als jedes andere Gebäude über die Ägäis und die Ebene blicken können. Jetzt allerdings fürchtete ich mich vor dem, was wir aus dieser Höhe bald erblicken würden.

»In Sparta hatte ich einen kleinen Webstuhl«, sagte ich. Ich war eine gute Weberin, aber meine Muster und mein Einfallsreichtum waren durch die Größe meines Webstuhls begrenzt gewesen.

»Du brauchst einen großen«, befand Andromache. »Hier in Troja haben wir sie zur Vollkommenheit gebracht. Wir weben Geschichten und Sagen, und dafür brauchen wir besondere Webstühle.«

Geschichten. Sagen. Wir Frauen konnten also Sänger sein und die Wahrheit, die uns auf der Seele brannte, mit roter, blauer, schwarzer und weißer Wolle statt mit Worten verkünden.

»Wie lange wird ein Schreiner brauchen, um mir einen zu bauen?«, fragte ich. Es juckte mich in den Fingern.

»Nicht lange«, sagte Andromache. »Im Grunde sind sie sehr einfach.«

»Wir weben den ganzen Winter über«, sagte Kreusa. »Wenn die grausamen Winde über Troja hinwegfegen, gibt es wenig anderes zu tun.«

»Aber dann liegt eine ganze Welt vor uns«, sagte Andromache. »Wir verlieren uns darin – in den Szenen, die wir aus unserer Wolle schaffen. Und wenn wir aufblicken, ist der Frühling da.«

»Der Frühling!« Laodike seufzte. »Ich sehne mich schon jetzt danach.« Sie schaute mich an. »Der Winter kann sehr lang sein.«

Was würde dieser Frühling ihnen bringen? Nicht die prachtvoll sprießenden Hyazinthen und Veilchen, die sie so liebten, sondern Agamemnon und seine hässlichen Schiffe.

»Ja«, sagte ich. »Das kann er.« Aber wollte er doch dieses Jahr nur ewig dauern!

Als die anderen Frauen sich verabschieden wollten, bedeutete Andromache mir zu bleiben. Trotz der Kohlenbecken wurde es kalt im Raum, als sie gegangen waren.

»Ich weiß, es ist besorgniserregend, was auf uns zukommt«, sagte sie und zog sich den Mantel fester um die Schultern.

»Ja.« Ich wagte nicht, mehr zu sagen.

»Und da ich von meiner Familie, die so weit im Süden lebt, abgeschnitten bin, sorge ich mich auch um sie. Meine Mutter …«

Ich sehnte mich danach, es ihr anzuvertrauen. Ich wollte als Freundin mit ihr sprechen, ohne meine Zunge zu hüten. Konnte ich es wagen?

»Andromache – ich muss es dir erzählen –, meine Mutter … Oh, Andromache, sie hat sich das Leben genommen!«

Wich sie zurück, oder bildete ich es mir nur ein? Ihre Miene umwölkte sich. »Helena!« Mehr sagte sie nicht, aber sie umarmte mich. »Wie kannst du dieses Leid ertragen?«

»Ich kann es nicht«, sagte ich. »Ich ertrage es nicht, ich winde mich darunter.«

»Wer hat es dir gesagt?«

»Ich habe es gehört … auf dem Markt.«

»Und du hast es die ganze Zeit für dich behalten?«

»Paris hat es auch gehört. Sie hat sich unseretwegen erhängt. Deshalb können wir einander nicht trösten.«

Tränen liefen ihr über die Wangen. »Oh, Helena.«

Ich wischte ihr die Tränen ab. »Aber wir gehen weiter, das müssen wir ja.« Ich spürte, dass dieses Gespräch enden musste; es durchbohrte mich wie ein Dolch. »Vielleicht können wir nur in einem neuen Leben unser Glück finden. Und was das angeht …«

Sie schüttelte den Kopf. »Bei mir – nichts. Und bei dir?«

Ich lächelte. »Auch nichts.«

»Wollen wir zum Berg Ida gehen?«, fragte sie.

»Wie meinst du das?«

»Im Herbst findet dort ein Fruchtbarkeitsfest statt. Es ist uralt und wild, und nur Frauen dürfen dort erscheinen. Männer, die dort eindringen, werden in Stücke gerissen. Aber die Verzweiflung …« Sie lächelte. »Sie schafft ihren eigenen Mut. Komm mit, Helena! Niemand sonst fühlt meine Sehnsucht oder könnte sie verstehen.«

Es war nicht möglich, unbemerkt zu den Flanken des Ida zu gelangen; man brauchte fast einen ganzen Tag, um sie in einem schwankenden Wagen zu erreichen. Paris und Hektor bestanden darauf, uns zu fahren. Sie hatten Angst um unsere Sicherheit, aber Andromache beruhigte Hektor und sagte, wir hätten nichts zu befürchten, denn wir kämen im wahren Geist dieses Festes.

Wir hatten Fackeln, dicke, harzgetränkte Äste, und trugen warme Kapuzenmäntel, und unsere Sandalen waren die festesten, die es gab.

»Im Dunkeln auf dem Berg herumzuirren …«, Hektor runzelte die Stirn, »… noch dazu unter Fremden, das gefällt mir nicht.«

»Aber ein Sohn würde dir gefallen«, sagte Andromache. »Was ist schon eine Nacht auf dem Berg, wenn wir einen Sohn bekommen? Ein geringer Preis.«

»Wo sind die Leute, zu denen ihr wollt?« Paris reckte den Hals und spähte suchend in den düsteren Wald.

»Hinter der Biegung dort, wo die heißen Quellen sprudeln«, sagte Andromache. »So hat man es mir gesagt.«

»Der Ida ist voll von heißen Quellen«, sagte Hektor. »Heiße Quellen, kalte Quellen. Darum nennt man ihn den quellreichen Ida.«

»Es ist die Quelle, die Troja zugewandt ist. Die erste, auf die wir stoßen werden.«

Die Spätnachmittagssonne schob ihre Finger zwischen den Kiefern vor uns hindurch; sie strahlten zwischen den Stämmen. Ein kühler Wind kam auf. Die Tag- und Nachtgleiche lag hinter uns, und die Zeit, da Persephone in die Dunkelheit hinabsteigen würde, rückte näher. Mich fröstelte, und Paris legte den Arm fester um meine Schultern.

»Du musst das nicht tun«, flüsterte er mir ins Ohr. »Wenn wir keine Söhne und Töchter bekommen, ist das vielleicht unser Los.«

Ich schüttelte den Kopf. »Das weiß ich. Dem Willen der Götter werde ich mich fügen. Aber vorher muss ich sie befragen.«

»Da.« Hektor zügelte die Pferde. Eine Schar Frauen war vor uns am Bach versammelt. Jede trug eine Kiefernfackel oder einen mit Efeu umwundenen Stab, und sie waren in Tierfelle gekleidet.

Wir versicherten unseren Männern noch einmal, dass alles gut gehen werde, stiegen vom Wagen und gingen auf die Frauen zu. Ich hörte, wie der Wagen wendete und nach Troja zurückfuhr, aber ich schaute mich nicht mehr um, sondern richtete den Blick auf das, was vor uns lag.

Das Tageslicht verblasste rasch. Es war schwer, die Gesichter zu erkennen; sie verschwammen vor meinen Augen. Mädchen, Greisinnen und Frauen mittleren Alters – alles war vorhanden. Gab es eine Anführerin? Ja, eine ältere Frau mit wallenden weißen Haaren, die unter ihrer Kapuze hervorquollen und einen merkwürdigen Kontrast zu ihren obsidianschwarzen Augen bildeten. Oder war sie gar nicht alt? Ihr Gesicht hatte keine Falten.

»Wir warten nicht mehr lange«, sagte sie. »Dann müssen wir auf den Berg steigen. Bevor es dunkel ist, müssen wir auf halber Höhe sein.« Sie hob ihre unangezündete Fackel. »Der Pfad wird steinig und steil werden, und wir müssen bei Fackelschein gehen. Die Fackeln reichen aber nur für die halbe Nacht. Also dürfen wir sie nicht schon zu Anfang des Aufstiegs verschwenden.«

»Und wenn wir ankommen …?« Die schüchterne Stimme verriet, dass es eine junge Frau war, die da fragte.

»Das wirst du schon sehen. Und ihr dürft nachher niemals darüber sprechen. Was ihr hier erlebt, muss hier bleiben. Und wenn ihr dereinst auf dem Scheiterhaufen liegt, müssen die Dinge, die ihr hier gesehen habt, mit eurem Leichnam verbrennen.«

Sie schlug die Kapuze zurück und offenbarte ein kraftvolles, grobes Gesicht. »Habt ihr das verstanden, meine Töchter?«

»Ja, Mutter«, antworteten alle.

Mutter? Anscheinend war sie die Hüterin der Mysterien hier. Niemand nannte sie beim Namen.

»Dann lasst uns gehen!« Sie wandte sich dem Wald zu und wanderte geradewegs durch die Kiefern. Wir folgten ihr, und als wir unter den Bäumen waren, wurde es dunkel. Das locker verflochtene Astwerk über uns verdeckte den Himmel. Schweigend wanderten wir hinter der Mutter her, um möglichst hoch auf den Berg zu steigen, bevor wir die Fackeln anzünden mussten.

Ich warf einen Blick zu Andromache hinüber und bewunderte ihr kraftvolles Profil. Sie und Hektor passten gut zusammen. Wenn sie nur ein Kind bekommen könnten – was für ein wundervolles Kind das werden würde! Wenn doch diese ... Zeremonie, was immer es sein mochte, ihnen und Paris und mir zu einem Kind verhelfen könnte! Andromache drehte den Kopf und lächelte mich verschwörerisch an.

Der Aufstieg war anstrengend. Bald war ich außer Atem, und der Schweiß lief mir über Gesicht und Nacken. Ich schlug die Kapuze zurück, damit die kühle Luft mich umwehen konnte. Es war jetzt so dunkel, dass ich mein Gesicht nicht mehr zu verbergen brauchte. Immer öfter stolperte ich über lose Steine und Kiesel. Einmal wäre ich beinahe gefallen, aber Andromache packte mich beim Arm.

Schließlich gelangten wir auf eine flache Lichtung. Tief unter uns schwamm die Ebene in einem matten blauen Dunst. Die Sonne war untergegangen und schickte nur noch ein paar letzte müde Strahlen über den Horizont.

»Lasst uns die Fackeln anzünden!«, sagte die Mutter. Sie ließ sich auf die Knie sinken und legte einen Klumpen getrocknetes Moos auf einen Stein. Dann zwirbelte sie einen kleinen runden Stock an einem Stück Holz, bis erst Rauch und dann eine zarte Flamme emporzüngelte. Sie hielt das Ende ihrer Fackel an die Flamme, und als sie brannte, winkte sie die erste Frau heran und gab das Feuer an sie weiter.

»Und jetzt deine Schwestern«, sagte die Mutter.

Die Frau ging unter uns umher und hielt ihre Fackel an die unsrigen, bis alle lodernd brannten. Um uns herum wurde es immer heller, während das Licht im Westen erlosch.

»Wenn wir auf dem Gipfel sind, müsst ihr annehmen, was dort ist«, sagte die Mutter. »Mehr kann ich euch nicht sagen – aber die, die sich dem Reichtum unseres Rituals nicht ganz und gar überlässt, wird keinen Nutzen davon haben. Haltet euch also nicht zurück!«

Die tanzenden Flammen der Fackeln ließen die Luft flirren, als umflatterten uns lauter launische Geister. Die Wipfel der Kiefern über uns wiegten sich seufzend und neigten sich wie Tänzerinnen.

»Weiter hinauf, weiter!«, ermahnte uns die Mutter. »Nicht trödeln.« Wir folgten ihr im Gänsemarsch, eine Schlange aus flackernden Lichtern.

Der Pfad wurde immer steiler und enger. Bald mussten wir klettern; wir hielten die Fackel in der einen Hand und klammerten uns mit der anderen an Wurzeln und Felszacken fest, um nicht in den Abgrund zu stürzen, der auf der einen Seite gähnte. Es wurde finster. Der Mond hatte sein Antlitz verhüllt. Die Sterne leuchteten desto heller, aber das Sternenlicht konnte uns den Weg nicht zeigen.

Als wir eine steile Felswand umrundet hatten, führte uns der schmale Pfad im Bogen hinauf zu einem Gipfel. Geröll, aus dem verkrüppelte Kiefern wuchsen, krönte den Berg. Der Wind pfiff um uns herum und zerrte an unseren Mänteln.

»Spielt, meine Töchter, meine Schwestern!«, rief die Mutter. Mehrere Frauen holten Zimbeln, Flöten und kleine Trommeln unter ihren rehbraunen Mänteln hervor und fingen an zu spielen. Zu Anfang war die Musik leise und übertönte kaum den Wind und die Rufe der Nachtvögel, die den Gipfel umkreisten.

Es war eine Musik, wie ich sie noch nie gehört hatte. Durch die süßen, leisen Flötentöne drang das schrille Klingen der Zimbeln, und das Dröhnen der ziegenfellbespannten Trommeln schwoll an und wieder ab wie Ebbe und Flut.

Einige Frauen steckten ihre Fackeln in einem großen Kreis in den Boden und fingen an, sich darin zu bewegen. Sie wiegten und neigten sich, klatschten und summten. Ihre Haare wehten im Wind, und ihre Schritte wurden schneller, je lauter und eindringlicher die Musik spielte. Bald waren die Trommeln so laut, dass sie alles andere übertönten, dann wieder kreischte die Flöte über dem Getrommel, und schließlich wich beides vor dem Klang der Zimbeln erschrocken zurück.

»Komm!« Andromache nahm mich bei der Hand und zog mich in den Kreis der Tanzenden. Wir waren fast die Letzten, und der Rhythmus war schnell geworden. Rundherum tanzten wir über den Pfad, der den Steinhaufen auf dem Gipfel umkreiste. Jemand hatte eine Fackel in seine Spitze gesteckt.

»Schaut nicht auf eure Füße, sondern auf diese Fackel«, rief die Mutter. »Richtet den Blick fest auf sie!«

Ich starrte in die züngelnde Flamme. Ich konnte die Frauen vor und hinter mir spüren, doch jetzt hing ich am Band dieser Flamme auf dem Gipfel, und sie war meine Herrin.

Die Flöte beschleunigte ihr Spiel, und wir bewegten uns schneller. Bald mussten wir hüpfen und springen. Plötzlich löste sich eine der Frauen aus dem Kreis und begann, sich mit wehendem Mantel um sich selbst zu drehen. Immer schneller wirbelte sie herum und ließ sich von ihren ausgestreckten Armen antreiben. Auch andere fingen an zu kreisen wie sie; sie breiteten die Arme aus und warfen den Kopf in den Nacken. Bald hatte sich der Ring der Tanzenden aufgelöst, und die Frauen wirbelten umeinander wie Blätter im Wind. Schrille, erregte Schreie des Entzückens wetteiferten mit den Klängen der Instrumente.

»Dreht euch um und um und um!«, rief die Mutter. »Schließt die Augen, umarmt den Gott!«

Welchen Gott? Wer war es, den sie hier mit Tanz und Feuer anbeteten?

Plötzlich flogen Trauben durch die Luft und landeten um uns herum. Wir zertraten sie, und der Boden wurde schlüpfrig. Süßer Duft erfüllte unsere Sinne.

»Trinkt seine Gabe!« Ein großer Sack, ein Weinschlauch, wurde von irgendwoher auf einen Felsen geschleudert. »Trinkt die Gabe des Weins, die euch Glück und Freude und Befreiung bringt!«

Wir stürzten uns auf den Schlauch und tranken in tiefen Zügen. Jede wollte sich satt trinken, ehe die Nächste an die Reihe kam. Der Wein rann uns über das Kinn auf den Mantel, aber die Mutter rief beruhigend: »Jeder Tropfen ist ein Segen. Wischt nichts fort! Und jetzt dürft ihr den Gott um seinen zweiten Segen bitten – um Fruchtbarkeit. Er ist der Gott der nassen Dinge, die wachsen!«

Ich wusste immer noch nicht, welchen Gott sie meinte, und sie nannte seinen Namen nie. Ich sah, wie Andromache die Weinflecken auf ihrem Gewand betrachtete und sie berührte.

Die Frauen ließen ab von dem Weinschlauch, und ihr Tanz wurde immer wilder. Ich kreiste mit ihnen umher, mir wurde schwindlig im Kopf, und meine Gedanken lösten sich auf. Sie lösten sich … wehten davon … Ich trieb in einem Meer der Bewegung, losgelöst von allem andern.

Die Zeit hörte auf. Ich weiß nicht, wie lange ich mich um mich selbst drehte; ich war in Trance. Ich hörte kaum das Quieken, als ein Käfig mit einem Schwein geöffnet wurde. Eine Horde Frauen rannte laut schreiend hinter ihm her und stieß mich dabei zu Boden. Mit ihren verzerrten Gesichtern und gebleckten Zähnen sahen sie aus wie eine Hundemeute.

Die Musik hatte aufgehört, und die gutturalen Stimmen der Frauen gellten durch die Luft. Das Quieken schwoll an und brach dann jäh ab. Sie waren auf einem Pfad auf der anderen Seite des Gipfels verschwunden.

Andromache, ich und ein paar andere, die zurückgeblieben waren, hetzten der Meute nach. Was wir sahen, als wir die kleine Mulde erreichten, war unfassbar und entsetzlich: Ein Kreis von Frauen, bis an die Ellenbogen mit Blut beschmiert, war über den Kadaver des Schweins hergefallen, und sie rissen das tote Tier in Stücke. Und dann … riss eine einen Fetzen rohen Fleisches herunter und fing an, es zu essen. Blut rann ihr über Gesicht und

Hals. Ihre Augen waren schräg und schwarz wie die eines wilden Tieres.

Andromache und die anderen Frauen wichen zurück. Die Raserei – oder was immer es war –, die über diese Meute gekommen war, hatte sie nicht erfasst, und voller Grauen schauten sie zu, wie die Frauen das rohe Schwein fraßen und mit widerwärtig gurgelnden Geräuschen nicht nur das Fleisch verschlangen, sondern auch das Blut tranken.

Wie hatten sie es getötet? Hatten sie es mit bloßen Händen zerrissen? Das kam mir unmöglich vor, aber so war es wohl geschehen.

Darum also durfte niemals darüber gesprochen werden. Was würde hier auf dem Berggipfel noch alles geschehen? Wir mussten fort, bevor es stattfand – was immer es sein mochte. Vielleicht würde sogar eine von uns geopfert werden? Ich griff nach Andromaches Hand und sagte: »Wir müssen fliehen! Es ist dunkel, aber wir können nicht warten, bis es hell wird, wir müssen den Weg hinunter finden! Selbst wenn wir uns verirren, sind wir doch wenigstens unter gewöhnlichen wilden Tieren und nicht bei diesen Bestien in Menschengestalt!«

»Oh, Helena, verzeih mir, dass ich dich hergebracht habe! Ich wusste ja nicht –«

Wir wandten uns ab und stahlen uns davon. Hoffentlich würde uns niemand sehen. Ich versuchte mich zu erinnern, welchen Weg wir beim Aufstieg genommen hatten, und achtete darauf, möglichst großen Abstand zu dem Abgrund zu halten, der auf der einen Seite gähnte. Ein Stück weiter unten wurden die Bäume dichter, und die Abgründe blieben zurück, doch dafür war der Pfad kaum noch zu sehen, und der Wald umschloss uns. Wir hörten das Geheul wilder Hunde und tausend anderer Nachttiere. Paris' Scherze über Löwen waren nicht mehr zum Lachen.

Andromache klammerte sich an meinen Arm, während wir uns den Weg durch den dunklen Wald suchten. Wir stolperten über Baumwurzeln und lose Steine und glitten auf Laub und Fichtennadeln aus.

»Der Ida ist gewaltig«, flüsterte ich staunend. Dieser Berg war so riesenhaft wie das ganze Taygetos-Gebirge zu Hause.

Zu Hause … Zu Hause … Ich hatte das panische Bestreben, wohlbehalten nach Troja zu kommen … War das jetzt mein Zuhause? Meine Schwester Klytämnestra war inzwischen eine Schattengestalt, die Gemahlin meines Feindes Agamemnon, und Andromache war meine Gefährtin, eine Fremde wie ich, die man nach Troja geholt hatte. Wie verwickelt meine Treuebindungen inzwischen geworden waren! Sie glichen einer monströs rankenden Pflanze.

Wir wurden müde, als wir so voranstolperten. Manchmal setzten wir uns hin, um zu rasten, aber niemals lange. Das nahe Geheul von Tieren und das Flattern unsichtbarer Flügel brachte uns rasch wieder auf die Beine. Aber endlich lichtete sich die Dunkelheit im Osten des Waldes, und wir wussten, wir waren aus den Händen der Nacht befreit.

Der Sonnenaufgang war prachtvoll. Das Licht brach über uns herein und erfüllte den Himmel, und sogleich trat alles um uns herum zutage. Wir befanden uns auf den unteren Hängen des Berges, inmitten von sanften Hügeln und Senken. Vor uns lag offenes dunkelgrünes Wiesenland.

»Dank sei … welche Götter auch immer über dich wachen«, sagte Andromache. »Für mich ist es Hestia.«

»Für mich …« *Aphrodite* konnte ich nicht sagen, denn es hätte mich in Verlegenheit gebracht. »Für mich ist es Persephone.«

»Die Göttin des Todes!« Andromache nahm meine Hand. »Das hätte ich nicht gedacht. Aber sie hat nicht viele Anhänger, also muss sie dich wohl schätzen.«

»Sie ist viel mehr als die Königin des Hades«, sagte ich. »Sie liebt das Leben genau wie wir. Darum ist es ihr so schwergefallen, es zu verlassen.« Ich hatte eine Nacht lang durch die Finsternis wandern müssen, um desto besser zu ermessen, wie glücklich sie war, als sie in das Licht und die Luft auf der Erde zurückkehrte.

Paris und Hektor erwarteten uns auf der anderen Seite der Wiese. Sie hatten die ganze Nacht dort gewartet. Die Erleichterung war ihnen anzusehen, als sie uns erblickten, und sie zogen uns auf den Wagen, um sogleich nach Troja zurückzufahren.

»Was ist dort oben passiert?«, fragte Hektor.

»Das können wir nicht preisgeben«, sagte Andromache. »Aber vielleicht wird es uns mit dem entlohnen, was wir am meisten ersehnen.« Sie schaute hinunter auf die Weinflecken an ihrem Gewand. »Es ist ein Gelübde.«

XXXVIII

Unser Haus wuchs empor. Es bohrte sich durch den Nebel, der im Winter über Troja lag, als suche es die verschwundene Sonne, um sie kühn zu vereinnahmen.

An einem kalten Tag kamen wir mit den Künstlern zusammen, die unsere Wände zu einem Gesang der Schönheit gestalten sollten. Wir wollten die Szenen auswählen, die sie entwerfen und malen sollten – wir lieferten ihnen eine Geschichte, die sie erzählen würden.

»Ich will nicht das Übliche«, sagte Paris. »Umhertänzelnde Recken oder Jäger, die ihrem Wild nachstellen, oder die hundertste Arbeit des Herakles.« Er hatte sich in einen dicken Mantel gehüllt, aber er fror trotzdem. Draußen heulte der Wind und suchte Einlass in unser Gemach.

Der Maler und sein Lehrling waren eifrig darauf bedacht, uns zu Gefallen zu sein. Als Paris keine Vorschläge machte, fragte der Mann: »Dürfen wir eure Wünsche hören?«

»Du bist der Künstler«, sagte Paris. »Es ist deine Sache, dir zu überlegen, was ich mir wünschen könnte.«

»Aber mein Prinz – wenn wir es einmal auf die Wände gemalt haben, ist es nicht mehr rückgängig zu machen. Wir würden niemals anfangen, ohne zu wissen, was du sehen willst. Wir könnten zuerst ein paar Skizzen auf Ton anfertigen.« Der Künstler zuckte die Achseln. »Aber trotzdem hätten wir gern einen Hinweis.«

»Paris«, sagte ich, »könnten es vielleicht die Quellen und Täler des Ida sein? Sie sind so herrlich. Und da alles ganz nach unserem eigenen Belieben gestaltet werden soll – können wir die Blumen zeigen? Ich weiß, sie blühen nur kurze Zeit, aber an unseren Wänden könnten sie ewig blühen. Und wenn wir uns in wollene Mäntel hüllen und von Nebel umgeben sind, können wir sie anschauen, und es wird sein, als könnten wir ihren Duft riechen.«

Er nickte. »Das wäre ein ungewöhnlicher Wandschmuck. Ganz ohne Menschen. Aber, Liebste, es soll sein, wie du es haben willst.«

Scheinbar eine Ewigkeit hatten wir damit zugebracht, Putzer und Fliesenleger, Vergolder, Zimmerleute und Kaminbauer auszusuchen. Paris wollte, dass die Deckenbalken mit glänzendem Blattgold überzogen wurden, er wollte marmorne Türschwellen und Zedernholzverkleidungen in den Zimmern. Und jede Entscheidung schien einen ganzen Tag zu beanspruchen.

Da jedoch die Tage immer dunkler und trüber wurden, waren wir froh über die Ablenkung. Wir versenkten uns in den Farben für die Balkenbemalung und in die Dicke des Holzes für die inneren Türen. Wir verschlossen uns vor dem Raunen in den Straßen Trojas und den Gerüchten, die wie Rauchfähnchen unter unseren Türen hereinkrochen: Gerüchte über die Griechen und ihre Flotte, die sich in Aulis sammelte – mitten im Winter. So etwas hatte man noch nie gehört.

Wir zogen uns gemeinsam zurück. Der Nebel wallte durch die Straßen, und wir konnten kaum ein paar Schritte weit sehen, wenn wir hinauf zum Tempel oder hinunter zu den Toren wanderten.

Eines Morgens im Spätwinter, kurz vor Tagesanbruch, kam Evadne zu mir. Sie war so verstört, dass sie neben mir auf die Knie sank. Sie hatte einen Traum gehabt, der am Abend begonnen und sie die ganze Nacht hindurch gefangen gehalten hatte. »Ich muss davon erzählen«, sagte sie. »Ich muss es, um dieses Wissen von mir abzuwaschen. Ich kann es nicht im Geheimen bei mir tragen.«

»Dann sprich! Aber zuerst musst du etwas essen.« Sie sah furchtbar aus.

»Nein«, sagte sie. »Ich bin innerlich zu sehr vergiftet.«

Dann berichtete sie in stockendem Flüstern, was sie an den griechischen Gestaden gesehen hatte, in einer Hafenstadt namens Aulis. Dort hatte Agamemnon seine gigantische Flotte versammelt, und sie war bereit, die Segel zu setzen und nach Troja zu fahren.

»Und sie war gewaltig, Herrin«, sagte sie. »Die Schiffe verfinsterten das Wasser mit ihren schwarz geteerten Bäuchen und füllten die ganze Bucht.«

Ein Schauer überlief mich. Es war ihm also gelungen, ein großes Heer auf die Beine zu stellen. Die anderen Könige hatten sich ihm nicht verweigert wie der verschlagene König von Zypern.

Ein stetiger Ostwind hielt sie Tag um Tag in der Bucht fest, bis ihre Vorräte zu schwinden begannen und sie in Streit gerieten. Dann erschien Kalchas, der trojanische Priester, den Priamos nach Delphi entsandt hatte, in ihrem Traum, und er riet Agamemnon, was zu tun sei.

»Er war zu ihnen übergelaufen«, erzählte Evadne. »Er stand zur Rechten Agamemnons. Aber er handelte so ruchlos – Priamos kann froh sein, dass er Troja nicht mehr dient. Artemis, erklärte er Agamemnon, halte sie mit widrigen Winden fest und sie verlange ein Opfer von ihm. Er müsse seine älteste Tochter, Iphigenie, auf dem Altar schlachten.«

Mein Herz tat einen Satz. »Ein Menschenopfer? Aber das tun wir nicht –«

»Das antwortete Agamemnon auch. Er weigerte sich.«

Ja. Natürlich, was auch sonst?

»Aber es half nichts. Der Wind ließ nicht nach, und die Männer bestürmten Agamemnon, es zu tun, und sie drohten mit Meuterei, wenn er es nicht tue. Und so … schickte er nach Iphigenie unter dem Vorwand – oh, Schande über Schande! –, sie solle Achilleus heiraten. Sie sollte ein Hochzeitskleid mitbringen. Und das tat sie auch.«

»Aber Achilleus …« Mein Mund war so trocken, dass ich kaum sprechen konnte. Wieso war er dort?

»Er war nicht an diesem Plan beteiligt. Er wusste nichts davon. Natürlich wollte Iphigenie ihn sehen. Da sagte man ihr die Wahrheit.«

Ich schloss die Augen. Was hatte sie getan? »Hat sie gefleht? Protestiert? Sich gewehrt?« Es war nicht auszudenken, was sie in ihrem hoffnungslosen Entsetzen angefangen hatte. Sie war immer ein stilles Kind gewesen, doch das bedeutete nicht, dass sie sich kampflos gefügt hatte.

»Sie hat all das getan. Ihr Flehen stieß auf taube Ohren. Ihre Proteste prallten an Agamemnons Hartherzigkeit ab. Ihr Widerstand war rasch überwunden. Als sie erkannte, dass alles vergebens war, fügte sie sich schließlich. Sie bat darum, allein zu ihren Schutzgöttern beten und ihr Hochzeitskleid anziehen zu dürfen. Betrübt schaute sie ihren Vater an und erklärte sich bereit, sich für die Ehre Griechenlands zu opfern.«

Die Ehre Griechenlands? Nein, Agamemnons Ehre!

»Sie holten sie ab und führten sie aus dem Zelt zum Altar, wo sie wie ein Opfertier –«

Ich schrie auf. Mehr konnte ich nicht hören.

Sie schwieg. Schließlich redete sie weiter. »Artemis hielt ihren Teil des Handels ein. Die Flotte ist in See gestochen. Sie ist unterwegs.«

Lange Zeit saßen wir reglos da. Es wurde heller, und irgendwann drangen die matten Strahlen der Wintersonne durch das Fenster herein.

»Ich muss gehen«, sagte Evadne und stand auf.

»Bist du jetzt frei von dieser bösen Vision?«, fragte ich. »Bist du wieder Evadne?«

»Ja, aber es ist eine grausige Bürde, die ich hier abgelegt habe. Jetzt wird sie auf anderen lasten, auf allen hier in Troja.«

Sie ging, und ich blieb allein zurück, wie vom Donner gerührt. Ich konnte es nicht einmal Paris erzählen. Ich brachte es nicht über mich, ihm zu sagen, was meine Familie sich angetan hatte. Der Fluch, der auf unseren Häusern lag, wurde Wirklichkeit. Meine Mutter tot – und Iphigenie vom eigenen Vater ermordet. Ich musste still und allein um Iphigenie trauern. Und irgendwie musste ich meine ihrer Tochter beraubte Schwester, die das Unerträgliche hatte ertragen müssen, mit Geist und Seele umarmen. Hoffentlich würde sie es spüren.

Schon nach wenigen Tagen wusste ganz Troja, dass die griechische Flotte unterwegs war. Es ließ sich vor der Welt nicht verbergen; die Nachricht reiste schneller als die Schiffe.

Mit Kalchas war es eine andere Sache. Er hatte Priamos in einer vertraulichen Nachricht über sein neues Treuebündnis in Kenntnis gesetzt. Priamos berief deswegen eine Ratsversammlung ein und beklagte dessen Abtrünnigkeit.

»Er hat uns eine Botschaft geschickt«, wandte Helenos ein. »Er ist nicht abtrünnig geworden, er hat nur –«

»Kleide seine Tat nicht in schöne Worte!«, rief Priamos. »Wir haben ihn als treuen Trojaner ausgesandt, damit er in Erfahrung bringt, was die Zukunft für uns bereithält. Stattdessen hat er die Flucht ergriffen und sich mit den Griechen verbündet.«

Kassandra fiel auf die Knie. »Vielleicht, Vater, hat er von der Seherin in Delphi etwas erfahren, was ihn dazu veranlasst hat.«

»Warum berichtet er dann nicht zuerst uns davon?«

»Ich glaube, das liegt auf der Hand.« Hektor trat vor. »Das Orakel hat ihm gesagt, er müsse zu den Griechen gehen. Warum es das gesagt hat, können wir nicht wissen.«

»Weil sie siegreich sein werden?«, fragte Deiphobos mit lauter Stimme. »Ich wüsste nicht, was sonst der Grund sein könnte. Was sonst könnte ihn dazu bringen, sich Hals über Kopf auf die andere Seite zu schlagen?« Auch er rückte besitzergreifend an Priamos heran.

»Feigheit vielleicht? Oder sogar Treue? Angenommen, das Orakel hat ihm den Untergang der Griechen geweissagt. Hat es ihm vielleicht geraten, sich ihnen zu Füßen zu werfen und ihnen irreführende Deutungen unterzuschieben?«, erwog Helenos. »Vielleicht ist er bei ihnen, um sie in die Irre zu führen.« Er sprach wie immer leise und mit hinterhältigem Unterton.

»Das ist Wunschdenken, Helenos. Solltest du recht haben, werden wir frohlocken, aber einstweilen müssen wir die Sache düsterer betrachten und das Schlimmste befürchten. Wenn wir das Beste annehmen und uns weigern, das Schlimmste für möglich zu halten, begehen wir ein Verbrechen gegen uns selbst«, sagte Antenor. Wie er es sagte, klang es, als sei es zudem ein Verbrechen gegen die guten Manieren.

»Was ist mit seinem Bruder Pandaros? Hat der vielleicht etwas gehört?«, fragte Paris.

Priamos verzog das Gesicht. Er zog niemals gern in Betracht, was Paris sagte. »Ja«, sagte er schließlich und nickte einem Boten zu. »Er soll herkommen.«

»Vielleicht haben wir uns allzu sehr den Kopf über Omen zerbrochen«, meinte Hektor. »Ich für meinen Teil finde, stets stark und wachsam zu bleiben, ist das beste Omen für den Erfolg. Oder für den Sieg. Kalchas wäre noch hier, wenn wir nicht jammernd zum Orakel gelaufen wären. Dann brauchten wir uns auch nicht besorgt zu fragen, was er den Griechen erzählt haben könnte.«

»Schon redest du – und andere – von Sieg«, bemerkte Antenor. »Wer von Sieg redet, beschwört das Gespenst seines Zwillings, der Niederlage, herauf.«

»Orakel – Niederlage – ihr hört euch an wie verängstigte Kinder!«, schnaubte Hektor.

Unruhe kam auf. Pandaros wurde hereingeführt. Er schob die drängende Hand des Dieners beiseite. »Fort mit dir!« Er bedeutete ihm zu verschwinden. Dann wandte er sich an Priamos und lächelte breit. »Guter König«, sagte er, »was verschafft mir die Ehre, dass du mich von meinem melancholischen Abendmahl holen lässt?«

»Du hast in deinem ganzen Leben noch keinen melancholischen Augenblick erlebt«, sagte Hektor.

»Ich bin bemüht, sie zu vermeiden«, gestand er. »Doch in jedem Leben …« Seufzend zuckte er die Achseln. »Auf welche Weise können meine schlichten Gedanken diesem erhabenen Rat von Nutzen sein?« Er fuhr sich mit der Hand über das schüttere Haar.

»Eins nur: Weißt du etwas über deinen Bruder Kalchas? Hast du eine Nachricht von ihm bekommen?«

Pandaros war aufrichtig verblüfft. »Nein, Herr. Nicht, seit er vor einer Weile unsere Gestade verlassen hat. Warum – hast du etwas gehört?«

»Ja!«, sagte Priamos. »Er ist zu den Griechen übergelaufen und hat ihnen günstige Prophezeiungen über den Ausgang ihres Angriffs gegen uns überbracht.«

»Ich – Ich – Das kann ich mir nicht vorstellen«, brachte Pandaros schließlich hervor. Seine Munterkeit war verflogen. »Seine Treue steht für mich außer Zweifel.«

»Du kannst anfangen, daran zu zweifeln!«, brüllte Priamos. »Wenn die Taten eines Mannes nicht im Einklang mit seinen Worten stehen, vertraue den Taten! Bare Münze sei dir das, was du ihn tun siehst, nicht das, was er deiner Meinung nach gern täte. Er fährt mit den Griechen. Sie sind im Begriff, über Troja herzufallen, während ich hier spreche.«

»Aber Herr, es ist zu früh, um über das Meer zu fahren.« Er sah sich um, als erwarte er zustimmendes Kopfnicken.

»Für sie anscheinend nicht«, sagte Hektor. »Sie werden bald hier sein, beschwingt von dem, was dein Bruder ihnen erzählt hat – was immer es sein mag.«

»Aber … Was kann ich da tun?«, fragte er. »Ich werde ihn so bald nicht sehen. Ich kann nur sagen, wenn er sich ihnen angeschlossen hat, dann wurde er dazu gezwungen. Aus freien Stücken würde er das niemals tun. Er ist treu, Herr. Er ist treu!«

»Solange wir ihn nicht zu fassen bekommen, werden wir das nicht wissen.« Deiphobos verzog gehässig den Mund. »Was ist übrigens mit dem Jungen, den er unbedingt mitnehmen wollte? Hat jemand ihn gesehen?«

»Nein, nein, das schwöre ich!« Pandaros hob die Hände. »Wenn ich ihn sehe, werde ich ihn auf der Stelle herbringen.«

»Seine Bitte hatte etwas Merkwürdiges«, sann Priamos. »Sie ist mir gleich verdächtig vorgekommen. Ich sah keinen Sinn darin.«

»Das finde ich auch. Sie hatte wirklich keinen Sinn«, sagte Pandaros. »Er ist doch nur ein Knabe.« Er schluckte. »Er *war* ein Knabe. Aber lasst uns die nächstliegende Erklärung bedenken: Die Jugend sucht das Abenteuer in fernen Ländern. Die Alten bleiben zufrieden da, wo sie sind, und genießen das, was sie umgibt, aber die Jugend strebt in die Welt hinaus. Ich glaube, es war sein unschuldiger Wunsch, und mein Bruder wollte ihn erfüllen.«

Priamos schnaubte. »Vielleicht.« Er räusperte sich. »Wir müssen Beobachtungsposten einrichten, nicht nur hier in der Umgebung, sondern überall an der Küste.«

Ja. Paris und ich waren auch nicht vor Troja gelandet, sondern weiter unten im Süden. Landen konnten sie überall. Die Küste war lang.

»Und wir müssen unsere Verbündeten alarmieren, damit auch sie uns melden, wenn jemand eintrifft. Vorläufig können wir uns hier noch nach Belieben bewegen. Wir müssen große Vorräte an Lebensmitteln und anderen Dingen anlegen. Genug für mindestens ein Jahr. Länger kann keine Belagerung dauern. Wenn die winterlichen Winde wieder wehen, werden die Griechen nach Hause fahren.«

»Du sprichst von einer Belagerung?«, fragte Hektor. »Aber wir müssen ihnen doch in der Schlacht entgegentreten.«

»Vielleicht«, sagte Priamos. »Doch ich denke an alle Trojaner, nicht nur an euch Krieger. Die Griechen, die kommen, sind Männer. Soldaten. Aber wir haben eine Stadt voller Handwerker, Arbeiter, Frauen, Kinder und Vieh. Das alles zusammen ist Troja. Troja. Und wir kämpfen für das alles. Noch der kleinste Gegenstand ist uns kostbar: das Schwert unseres Großvaters, die Halskette unserer Urgroßmutter, die Wiege unseres Erstgeborenen. Alles das haben sie wohlbehalten zu Hause zurückgelassen; sie sind nicht beschwert von Gütern und Erinnerungen, während wir hier alles verteidigen müssen – unser Leben, unsere Habe und alles, was wir lieben.«

»Ihr redet schon wieder vom Kämpfen«, sagte Antenor. »Vielleicht wird es gar nicht so weit kommen. Gewiss werden sie Unterhändler schicken und wir können verhandeln.«

»Wenn du auch nur einen Augenblick daran denkst, mich zu fragen, ob ich Helena zurückgebe, so ist die Antwort: Nein!«, rief Paris. »Sie ist mein Herz, meine Seele, meine eigene Hand! Ich kann sie nicht aufgeben. Wenn sie mich töten, gehe ich zu den Schatten in den Hades, und es kümmert mich nicht. Ohne sie leben, das kann ich nicht!«

»Aber wir können es«, sagte Hektor. »Müssen wir alle leiden, weil sie dein Herz, deine Seele, deine eigene Hand ist? Das wäre doch ungerecht.«

Hektor hatte gewagt auszusprechen, was wohl alle dachten.

Paris antwortete nicht gleich. Langsam und bedächtig trat er in die Mitte. Schweigen legte sich über die Versammlung wie die Flügel der Eule der Athene. Es senkte sich auch auf meine Schultern, und ich hätte nicht stummer sein können, wenn man mir die Zunge herausgeschnitten hätte. Ich konnte nur zusehen und zuhören.

Paris lächelte. Sein Lächeln war so strahlend, und er schien niemals damit zu geizen, nicht einmal bei denen, die ihm feindselig entgegentraten. »Du sprichst weise, Hektor. Ich schätze mich glücklich, einen Bruder zu haben, der so ehrlich und so mutig ist.« Er drehte sich um sich selbst und schaute allen Anwesenden nacheinander in die Augen. Schließlich sprach er weiter.

»Liebe Freunde, liebe Verwandte. Ich neige mein Haupt vor euren gerechten und zutreffenden Bemerkungen. Es ist wahr, die Wurzel dessen, was womöglich über euch kommen wird, liegt bei mir. Hätte ich Helena von Sparta nicht hierher nach Troja gebracht, wäret ihr jetzt nicht durch das Heer der Griechen bedroht. Aber manchmal müssen wir das Haupt auch vor dem Willen der Götter neigen, so widersinnig oder rätselhaft er uns auch erscheinen mag. Ich wurde für eine Aufgabe ausersehen, die all dies in Gang gesetzt hat, und ihr konnte ich mich nicht entziehen. Ich habe nie davon gesprochen, denn es war nicht nötig. Und ich hielt es für einen Traum. Aber Zeus hat mich gezwungen, einen Disput zwischen seiner Frau und seinen Töchtern zu schlichten. Nicht, dass ich dessen würdig gewesen wäre! Vielleicht hat er mich ohne einen besonderen Grund erwählt. Ich wollte ablehnen, aber es half nichts. Habt *ihr* je versucht, euch den Göttern zu widersetzen? Ich sage euch, das kann man nicht!«

Die Männer starrten ihn an, und einige warfen einander Blicke zu, die zu fragen schienen: *Ist er wahnsinnig?*

Paris räusperte sich. »Die Göttinen – Zeus' Gemahlin, seine Tochter Athene und Aphrodite – sind zu mir auf den Berg Ida gekommen und haben mich gezwungen, zwischen ihnen zu wählen.«

Deiphobos zog die Stirn kraus. »Inwiefern? Und zu welchem Zweck?«, fragte er spöttisch.

»Ich sollte sagen, welche von ihnen die Schönste sei.«

»Ach, da kann es doch keinen Wettstreit geben«, sagte Antenor. »Weder Hera noch Athene ist berühmt für ihre besondere Schönheit, auch wenn natürlich alle Götter schön sind.«

»Ah, du bist im selben Irrtum verhaftet, wie ich es war«, erklärte Paris. »Ich hatte immer angenommen, jeder Gott und jeder Mensch sei stolz auf seine Vorzüge und schätze seine Schwächen gering. Wer kann schließlich in allem vollkommen sein?«

»Ganz recht«, sagte Priamos. »Sohn, warum hast du uns davon noch nichts erzählt?«

»Ich dachte, es geht nur mich etwas an«, sagte Paris. »Aber ach, jetzt weiß ich, dass es im Umgang mit den Göttern keine privaten Dinge gibt. Und sie haben auch keine Schwächen – jedenfalls keine, die sie eingestehen. Die kämpferische Athene, herausragend auf dem Schlachtfeld – auch sie wollte gern als Schönste aus dem Wettstreit hervorgehen. Und so versuchten die Göttinnen, mich zu bestechen. Mich, einen Sterblichen, den sie mit einer Handbewegung hätten vernichten können. Ich habe mich für Aphrodite entschieden, und jetzt hegen Hera und Athene offenbar einen machtvollen Groll und machen ganz Troja für das Urteil des armen Paris verantwortlich.«

»Oh!« Priamos wankte zu einem Stuhl. »Oh, mein Sohn,

welch schreckliche Bürde ist dir da zuteil geworden! Aber ich begreife immer noch nicht, warum uns das in unsere jetzige Notlage geführt hat.«

»Die Göttinnen Athene und Hera sind uns feindlich gesonnen«, sagte Paris. »Sie machen Troja zu mir und mich zu Troja. Sie wollen mich bestrafen.«

»Aber was ist mit Aphrodite?«, fragte Antenor.

»Leider ist sie im Krieg keine große Hilfe«, sagte Paris.

Ein erregtes Gemurmel erhob sich. Anscheinend bemerkte niemand, dass er nicht genau erläutert hatte, wie Aphrodite uns in unsere jetzige Lage gebracht hatte. Und niemand fragte, womit die Göttinnen ihn bestochen hatten.

»Die Göttinnen haben uns in diese Not gebracht«, sagte Paris. »Ich war nur ihr Werkzeug.«

»Dann müssen wir rückgängig machen, was sie getan haben«, erklärte Äsakos, der bisher geschwiegen hatte. Ich erinnerte mich, dass er auch in der letzten Ratsversammlung zugegen gewesen war, als man erwogen hatte, Kalchas zum Orakel zu entsenden – ein Mann wie ein Wiesel, mit Stoppelbart und blitzenden Augen. »Ich habe festgestellt, dass die Götter – anders als die Menschen – leicht abzulenken und zu beschwichtigen sind. Ein wenig Schmeichelei und ein Opfer, und sie vergessen schnell.«

»In diesem Fall sind sie nicht zu beschwichtigen«, sagte Paris. »Das Urteil ist gefällt.«

»Kein Urteil ist endgültig, solange die Betroffenen nicht tot sind«, widersprach Hektor.

»Du musst an den Platz zurückkehren und sie versöhnen.«

»Aber sie werden dort nicht mehr sein.«

»Sie können überall erscheinen, wo sie wollen, und sie werden es tun, wenn sie hören, dass der Wettstreit wiederholt werden soll.«

»Aber ich würde ein zweites Mal nicht anders entscheiden!«

»Tu so, als hättest du es dir überlegt!« Das war wieder Äsakos. »Sag etwas, was ihnen schmeichelt. Das haben sie gern.«

XXXIX

Sobald wir im hintersten Alkoven unseres Gemaches waren, zog ich Paris an mich und flüsterte – nein, leiser noch: ich hauchte ihm ins Ohr: »Du musst mir von diesem Tag auf dem Berg Ida erzählen.« Weder menschliche noch göttliche Ohren sollten mich hören.

Er sah mich an, und im goldenen Licht der Öllampen las ich seine Antwort mehr von seinen Lippen ab, als dass ich sie hörte. »Als ich noch Hirte war, döste ich einmal im Zwielicht bei einem Teich. Die Rinder waren davongezogen, aber es war noch zu früh, um sie zu suchen und zurückzubringen. So lag ich da, ungefähr –« Er brach ab und warf sich auf das Bett. »Ungefähr so.« Er streckte die Arme über den Kopf und räkelte sich wohlig. »Ich träumte, trunkene, warme Träume, und die Veilchen unter meinem Kopf waren ein duftendes Kissen. Und dann …« Ich setzte mich zu ihm auf das Bett; seine Stimme war zu laut geworden. »Ich dachte, es sei eine Traumvision, aber drei Frauengestalten umstanden mich, eingehüllt in grüne Schatten. Ich konnte durch sie hindurchsehen, aber das kam mir nicht merkwürdig vor. Ich richtete mich auf.« Er tat es. »Und ich flüsterte: ›Was wollt ihr von mir?‹ Sie baten mich, aufzustehen und meine Sandalen auszuziehen. Ich gehorchte. Sie winkten mir, ich solle ihnen folgen. Ich ging über das kühle Gras, das sich anfühlte wie polierter Marmor, und sie führten mich zu dem Teich, der versteckt unter überhängenden Ästen lag.« Er kniete sich hin. »Jetzt bekam ich Angst. Ich kniete am Boden und fühlte die Kieselsteine unter meinen Schienbeinen, und plötzlich war ich hellwach und wusste, dass ich nicht träumte. Und als ich die … Gestalten ansah, wusste ich, dass es keine Sterblichen waren, sondern Göttinnen. Ich fing an, am ganzen Leib zu zittern.«

Der Schweiß trat ihm auf die Stirn. Ich dachte an meine Mutter und an das, was sie erlebt hatte. Es war nicht so einfach, plötzlich vor einem Gott zu stehen. »Hast du … Hast du auch nur daran gedacht wegzulaufen?«

»Nein, das ist mir nicht eingefallen. Sie hätten mich erschlagen. Das wusste ich. Ihre Augen … In ihrem Blick lag etwas Tödliches, auch wenn sie lächelten und mir Komplimente machten.«

»Du hast ihre Gesichter gesehen?« Ich hatte immer geglaubt, ein Mensch müsse sterben, wenn er das Antlitz eines Gottes schaute.

»Mehr noch – ich habe sie nackt gesehen!« Bei der Erinnerung daran lachte er nervös. »Sie zwangen mich, sie anzuschauen.« Jetzt geriet er ins Stammeln. »Ja, sie entkleideten sich vor mir und fragten nach meinem Urteil über ihre jeweilige Schönheit!«

»Aber … warum?« Vielleicht hatte er ja doch geträumt.

»Ich weiß nicht, warum. Ich weiß nur, dass sie sagten, ich müsse entscheiden, wer von ihnen die Schönste sei.«

»Du hast gesagt, sie haben versucht, dich zu bestechen.«

»Ja.«

Ich wartete darauf, dass er mir sagte, womit. Aber er ließ stumm den Kopf hängen. Da fragte ich ihn danach.

»Ich … Ich weiß es nicht mehr«, sagte er kläglich.

»Wie kannst du es vergessen haben?«

»Ich sage doch, es war wie ein Traum. Erinnerst du dich an Träume? An manches davon, ja, aber kleine Einzelheiten verschwimmen, verschmelzen zu etwas anderem, und je mehr du dich bemühst, sie zu fassen, desto weiter weichen sie zurück.«

»Bist du sicher, dass du den Platz wiederfindest?«

»Ich glaube, ja. Ich kenne den Berg gut.«

»Dann stelle dich dorthin, und sie werden wiederkommen. Das ist der Unterschied zwischen einem Traum und einem wirklichen Ort. In einen Traum kann man nicht zurück, aber zu einem Ort sehr wohl.«

»Aber warum sollte ich dorthin zurückgehen? Ich will nicht.« Halb erwartete ich, er werde gleich mit dem Fuß aufstampfen wie ein Kind.

»Du musst dich erinnern, was du getan hast, um Athene und Hera so zu kränken, wenn wir darauf hoffen wollen, sie zu versöhnen. Du musst zurückdenken an das, was sie dir angeboten haben, und was du darauf erwidert hast. Äsakos hat recht.«

»Es ist zu spät.«

»Nein, nein. Wenn sie ein Heer gegen uns entsandt haben, sollten wir dann nicht versuchen herauszufinden, warum sie es getan haben, damit wir das Unheil abwenden können?«

»Ich will nicht noch einmal dorthin. Was ist, wenn sie … alles zurücknehmen?«

»Was sollten sie zurücknehmen?«

»Was sie mir gegeben haben. Was *sie* mir gegeben hat.«

»Ich dachte, du weißt nicht mehr, was es war.«

»Nein, ich weiß es nicht! Nein!«

Ich nahm sein Gesicht zwischen beide Hände und versuchte, die panische Angst wegzuwischen. »Paris, Paris. Wir müssen noch einmal hingehen – um Trojas willen. Und wenn wir dort sind, musst du mir auch die Hirtenhütte zeigen, in der du aufgewachsen bist. Ich will deine Pflegeeltern kennenlernen. Ich will sehen, wo du deine Kindheit verbracht hast. Wir können alles an einem Tag tun, das Schöne wie auch das Beängstigende. Wirst du mir alles zeigen?«

»Ja«, murmelte er.

»Versprichst du es mir?«

»Ja.« Er sah aus wie ein geprügelter Hund.

Und wieder der Berg Ida. Im strahlenden, kalten Sonnenschein erschien er mir ganz anders als in der düsteren, wilden Nacht, in der ich zuletzt dort gewesen war. Unser Ziel war nicht der Gipfel, auf dem das Ritual der Frauen stattgefunden hatte, sondern ein anderer Felsensporn. Der Ida hatte so viele kleine Gipfel und Flanken und Spitzen, dass er aussah wie eine Löwenmutter mit vielen Jungen.

Als wir auf dem Berg angekommen waren, war Paris wie ausgewechselt.

»Hier bin ich immer umhergelaufen. Dort drüben habe ich ein Baumhaus gebaut – und hier eine Festung aus Steinen. Und dort, in diesem Tal, haben Agelaos und Deione mich aufgezogen.

Ich sehe keinen Rauch; anscheinend sind sie nicht zu Hause. Wir können bei Sonnenuntergang noch einmal herkommen; dann sind sie vielleicht da. Ich zeige dir auch, wo sie mich gefunden haben, wo ich auf einem Wolfsfell lag.«

»Bitte nicht.«

»Oh, aber es ist eine heilige Stätte, jedenfalls für mich. Dort bin ich von einem Leben in ein anderes übergegangen.«

»Wir sind hier, weil du mir die andere Stätte zeigen wolltest, wo du in ein anderes Leben übergegangen bist – und dabei Troja in Gefahr gebracht hast.«

»Ach ja …« Sein unbeschwerter Ton war dahin. »Die Stätte.«

»Du hast gesagt, du weißt genau, wo es war. Lass uns hingehen, damit wir es hinter uns bringen!«

Jäh wandte er sich um und marschierte davon. Offensichtlich hatte er dorthin zuletzt gehen wollen – oder überhaupt nicht. Wir durchquerten sanfte Mulden und Täler, und aus schattigen Kiefernhainen führte uns der Weg in Senken mit dichtem Gestrüpp und dann wieder hinauf. Immer höher hinauf schlängelte sich der Pfad, und auf beiden Seiten rollte loser Kies ins Tal.

Unversehens gelangten wir auf eine freie Fläche, eine Wiese auf einem sanft abfallenden Hang. Hohe dunkle Zypressen umstanden sie wie Wächter, und ein funkelnder Bach lief mitten hindurch zu einem Dickicht an einer Seite.

»Hier. Hier war es.« Paris blieb stehen und streckte den Arm aus. »Unter dem Baum dort habe ich geschlafen. Genau dort.« Er zeigte auf eine alte Eiche, deren dicker Stamm einen breiten Schatten warf. »Ja, dort ist der Stein, auf dem ich lag.« Langsam kniete er davor nieder und strich mit der Hand darüber. »So habe ich gelegen …« Er streckte sich aus. »Der Baum trug mehr Blätter, aber sonst war alles genauso.« Er schloss die Augen und tat, als schlafe er. »Und dann hörte ich sie … Ich sah sie …«

Ich hörte nichts als den Wind in den Zweigen.

»Ich glaube, es war noch jemand bei ihnen – ja, eine männliche Gestalt. Hermes … Wie konnte ich das nur vergessen? Er war es, der mir sagte, ich müsse die Schönste unter den Göttinnen erwählen. Er könne mir dabei nicht helfen, ich müsse die Entscheidung allein treffen. Er sagte« – Paris lachte leise –, »er sagte, mein Aussehen und mein Wissen über Liebesdinge machten mich zu einem kundigen Richter. Dann stand ich auf, und sie führten mich …« Er sah sich um. »Dorthin! Dort in diesen Hain.«

»Dann lass uns hingehen«, schlug ich vor.

Die Bäume säumten einen tiefen Teich, der von einer Quelle in den Felsen darüber gefüllt wurde. Im Sommer, wenn es nicht regnete und aller Schnee geschmolzen war, würde er vermutlich verschwinden wie die Göttinnen. Aber jetzt kräuselte sich vor uns dunkles Wasser. In seiner Mitte spiegelte sich der Himmel, die Ränder lagen im Schatten. Gedämpfte Stille lag über allem. Ich hörte das Plätschern der Quelle, die am anderen Ende in den Teich floss.

»Ich musste mich auf diesen Felsen setzen.« Er ließ sich nieder. »Dann standen sie vor mir. Zunächst einmal waren sie größer als Menschen. Athenes Arm war stark wie ein Schiffsmast. Ich machte mir keine Illusionen über das, was dieser Arm mir antun könnte. Hermes erklärte mir wie einem Einfaltspinsel, dass Zeus mich zum Richter über ihre Schönheit gemacht habe. Wenn ich mein Urteil gefällt hätte, würde er ihnen irgendeinen Preis verleihen – ich glaube, einen goldenen Apfel mit der Inschrift ›Der Schönsten‹.« Er schüttelte den Kopf. »Vielleicht war es doch ein Traum. Was konnte einer Göttin an einem goldenen Apfel liegen? Sie alle hätten sich einen erschaffen können. Und warum sollte es sie interessieren, was ein Hirte sagte? Sterbliche, alle Sterblichen, haben für sie kaum Bedeutung. Es ergab keinen Sinn. Aber ich stellte keine Fragen, ich hatte viel zu viel Angst. Ich wollte nur mit dem Leben davonkommen.« Er hustete. »Ich antwortete Hermes, dann würde ich den Apfel zwischen den dreien teilen. Das sei unmöglich, sagte er. Ich müsse entscheiden. Ich hatte rasendes Herzklopfen. Ich wusste, man kann Bedingungen stellen, bevor man etwas tut, aber nicht mehr danach. So bat ich die Verliererinnen, mir nicht zu zürnen, denn ich sei ein einfacher Sterblicher und könne mich leicht irren. Hermes versicherte mir, sie seien mit meiner Bitte einverstanden.«

»Aber das waren sie offenbar nicht!«

»Den Göttern kann man nicht trauen. Das wissen wir. Darum habe ich mich schützen wollen. Aber es war vergebens.«

»Du hast sie gesehen. Sag mir, wie sahen sie aus?«

»Ich habe es kaum bemerkt«, gestand er. »Wenn du eine riesige Dogge mit schaumtriefenden Lefzen siehst, die dich anspringen will – würdest du dann sehen, was für ein Fell sie hat?«

»Und sie haben sich entkleidet?«

»Das war Hermes' Vorschlag. Zuerst tat es Hera. Sie sah ganz passabel aus, aber ihre Versuche, mich zu bestechen, waren lächerlich. Sie wollte mich mit Reichtümern und Ländereien verlocken.« Er schwieg einen Augenblick. »Dann kam Athene. Sie hatte darauf bestanden, dass Aphrodite ihren Zaubergürtel ablegte, der bewirkt, dass jeder, der sie ansieht, sich in sie verlieben muss.« Er lachte. »Aphrodite war einverstanden, wenn Athene ihren Helm abnähme; sie sagte, Athene sehe scheußlich damit aus. Und sie hatte recht. Ohne den Helm war Athene beinahe hübsch.«

»Und was hat sie dir angeboten?«

»Oh, auch Ländereien. Und Siege. Lauter Dinge, an denen mir nichts liegt.« Er zuckte die Achseln – ein wenig zu schnell. Dann ging er ans Ufer des Teiches, kniete nieder und tauchte die Hände ins Wasser.

»Und dann Aphrodite«, drängte ich.

Er hockte sich auf die Fersen. »Diese Dame weiß, wie man einen Mann erfreut.« Er lächelte.

»Ja, dafür ist sie bekannt.«

»Als Erstes sagte sie, ich sei der schönste Mann in dieser Gegend und mein Leben als Kuhhirte sei eine Verschwendung meiner Vorzüge. Ich sei für etwas Besseres geschaffen, sagte sie, und sie versprach, es mir zu geben.«

»Sie hat dir einen Platz in Troja versprochen? Aber sie wusste ja, wer du in Wahrheit warst.« Oh, wie hastig legte ich ihm die Antwort in den Mund! Hätte ich doch gewartet, bis er weitersprach!

Er lächelte. »Ja, genau das hat sie mir versprochen. Genau das.« Er spritzte ein bisschen Wasser zu mir herüber, und es tropfte auf mein Gesicht. »Und bald danach kam ich nach Troja, und meine wahre Herkunft wurde offenbart. Dafür muss ich ihr danken. Ihretwegen wurde ich ein trojanischer Prinz.«

»Das warst du schon vorher.«

»Aber Aphrodite hat es meinen Eltern offenbart.«

»Dann war es gut, dass du für sie entschieden hast. Sie hat dein Leben auf eine Weise verändert, wie du es dir gewünscht hast.«

»Ja, ja.«

»Aber ich dachte, du weißt nicht mehr, was sie dir versprochen hat?«

Einen Augenblick lang sah er beunruhigt aus. »Es hat meine Erinnerung belebt, dass ich noch einmal hergekommen bin. Wie ich es gehofft hatte.«

»Wie *ich* es gehofft hatte. Und jetzt müssen wir die Verliererinnen besänftigen, damit sie von ihrer Rache an Troja ablassen.«

»Ja, ja, natürlich.« Er wühlte in seinem Beutel und holte zwei Vasen heraus, bemalt mit Bildern, die den Zauber der Göttinnen darstellten. Und zum Anerkenntnis und zu Ehren ihrer Schönheit legte er prachtvoll gearbeitete Ketten aus Karneol, Amethyst und goldenen Perlen dazu. Ehrfurchtsvoll breitete er alles auf einem flachen Stein aus und beschwor die Göttinnen herauf.

Er hob die Hände und rief: »Ihr großen Göttinnen des Olymp, Hera von Argos und du, grauäugige, mit dem Ägis gewappnete Tochter des Zeus, erhabene Athene, blicket mit Wohlwollen auf die Gaben, die ich euch bringe, und habt Erbarmen mit Troja!« Er legte noch weitere Opfergaben dazu, um ihr Herz zu erweichen: kleine Tonmodelle vom Schiffen und befestigten Städten – als hätte er dergleichen zu bieten! »Alles das soll euch gehören. Ihr habt versprochen, euch meinem erbärmlichen Urteil zu fügen, doch ich bin nur ein unwissender Sterblicher. Meine unmaßgebliche Meinung soll auf der Waage der Götter nicht ins Gewicht fallen!«

Er kniete vor seinem einfachen Altar nieder.

Es blieb totenstill. Hatten sie ihn wenigstens gehört? Wahrscheinlich waren sie mit anderen Dingen beschäftigt, allesamt so kindisch wie ein gravierter Apfel aus Gold! Ich sperrte meine Gedanken ein, damit sie sie nicht lesen konnten.

»Ihr bedroht Troja, obwohl es euch nichts getan hat. Ich bin nicht Troja, und Troja wusste noch gar nichts von mir, als ich gerufen wurde, um den goldenen Apfel zu verleihen. Zieht für mein Versagen nicht unschuldige Menschen zur Rechenschaft!«

Stille.

»Holt die Griechen zurück! Beschwört Zeus, er möge die Verwüstungen des Krieges nicht geschehen lassen!«

Ich hörte nur das Rascheln der Büsche und das Murmeln der Quelle.

»Dann du … Aphrodite, errette uns!«, rief er. »Lass uns nicht untergehen!«

Aphrodite, die Göttin, die uns an unsichtbaren Zügeln zueinander geführt hatte. Sie war nicht vertrauenswürdig, doch jetzt war sie alles, was wir hatten. Die beiden anderen hatten unsere Bitte ignoriert, und Troja sollte darunter leiden. Ich schrie auf. Konnten wir denn gar nichts tun? Aber was konnten wir den beiden Verliererinnen, Hera und Athene, versprechen? Sie hatten die Macht, etwas zu geben, nicht wir.

Ich nahm Paris bei der Hand und zog ihn hoch. »Komm«, sagte ich. »Es ist, wie es ist.« Ich empfand Trauer und Trotz zugleich. »Wir müssen uns stellen, müssen es auf uns nehmen, was immer es sein wird. Wenn die Götter es wollen, wird es unsere Knie einknicken lassen und unsere Schultern zermalmen, aber es liegt auch Erhabenheit darin, von ihnen, von ihrer Hand allein, vernichtet zu werden. Einstweilen stehen wir noch aufrecht. Und dies ist das letzte Mal, dass wir als Bittsteller vor diesen beiden Abscheulichen stehen, vor Hera und Athene.« Ich ließ meinen Blick über den Himmel wandern. Manchmal bewunderten die Götter die, die sie vernichteten, wenn sie sich als würdige Gegner erwiesen. »Du hast dein Urteil gefällt, Paris. Jetzt müssen wir die Folgen tragen.«

»Das würdest du an meiner Seite tun?«, fragte er ungläubig.

»Natürlich. Ohne dich gibt es mich nicht.« Ich nahm seine Hand. Sie war kalt wie ein Krug, der über Nacht im Freien gestanden hatte.

»Helena.« Hundert Fragen lagen in seinem Blick.

»Ich dachte, ich würde dich nie wiedersehen.« Eine scharfe, klare Stimme hallte durch das kleine Tal. Ich fuhr herum und sah eine Frau auf der anderen Seite des Teiches. Sie war jung und schlank und trug einen langen Mantel. Paris' Hand in meiner zitterte, und ich spürte ein kurzes Zucken, als wolle er sie wegziehen. Aber er tat es nicht, sondern drückte sie fester.

»Önone!«, rief er.

»O ja. Önone.« Sie kam auf uns zu. Ihre schnellen Schritte ließen den geschlossenen Mantel flattern, und darunter sah ich ein rosarotes Gewand. Je näher sie kam, desto besser konnte ich ihr hübsches Gesicht sehen. Paris blieb stehen, angewurzelt wie ein Baum. Er hielt meine Hand fest.

»Das ist also die, für die du mich verlassen hast.« Ein paar Schritte vor uns blieb sie stehen. »Oh, ich habe von ihr gehört.« Sie warf die Kapuze zurück. Langes honigblondes Haar flutete herab. »So unübertrefflich schön, wie sie alle sagen, ist sie nicht. Warum also, Paris?« Ihre Stimme klang laut und herausfordernd. Ich hätte ihr gern geantwortet, aber das sollte Paris tun.

»Weil ich sie liebe«, sagte er schließlich.

»Liebst du sie, oder liebst du die Tatsache, dass sie die Tochter des Zeus ist?« Die kühne Frau umkreiste uns. »Du hast unsere Namen in die Bäume des Waldes geschnitzt. Du hast gesagt, du seist mein für immer. Und dann warst du fort!« Mit schneller Gebärde hob sie den Arm. »Fort und bei ihr!« Sie reckte mir das Gesicht entgegen. »Sag mir, Königin, mit welcher Täuschung hast du ihn gewonnen? Als er am Hof deines Mannes erschien, warum hast du dich ihm da zu Füßen geworfen?«

Das habe ich nicht getan, wollte ich antworten. Aber warum sollte ich mich verteidigen? Am besten sagte ich gar nichts.

»Eine verheiratete Frau!«, zischte sie. »Verstehst du dich auf besondere Künste, mit denen du ihn betören konntest? Oder war es nur die Melodie des Verbotenen? Ich kenne Paris, das Verbotene reizt ihn. Darum ist er an jenem Tag nach Troja gegangen. Es war verboten. Wohlgemerkt, Königin – du bist jetzt nicht mehr verboten für ihn, aber du kostest einen Preis! Da wirst du bald sehen, wie er davonflattert!«

Warum sagte Paris nichts?

»Geh fort, Önone! Du langweilst mich. Es ist aus zwischen uns.« Jetzt sprach er, aber seine Worte klangen schlaff und lahm.

»Das glaubst du. Hast du meine Heilkunst vergessen?« Sie wich zurück und funkelte uns an.

»Was ist damit? Ich brauche sie nicht.«

»Ah, aber du wirst sie noch brauchen. Ich sehe in die Zukunft, und ich sehe es. Du wirst schwer verwundet werden, und man wird dich herbringen – denn *sie* versteht nichts vom Heilen. Aber an diesem Tag werde ich mich abwenden von dir und dich zum Sterben nach Troja zurückschicken.«

Wenn sie glaubte, ihn damit zu gewinnen, verstand sie nichts von Männern. »So also sieht deine Liebe aus«, sagte ich, »eine seichte Empfindung, die nur deinen Stolz verletzt. Das ist keine Liebe.«

»Fluch über dich!«, fauchte sie. »Quell all seines Unheils – und du wagst es, mich zu beschimpfen!«

»Ich weiß nur, wenn ich jemanden wirklich liebe, würde ich ihm niemals eine lebensnotwendige Hilfe verweigern – ganz gleich, was er getan hätte. Aber das liegt vielleicht daran, dass ich eine Mutter bin und ganze andere Dimensionen der Liebe kenne.«

»Eine Mutter, die ihr Kind verlassen hat – die es im Stich gelassen hat um ihrer eigenen Liebe willen! Mit welchem Recht sprichst du zu mir von Liebe?«

Ah, sie wusste, wie sie mich verletzen konnte. »Vielleicht verstehe ich gerade deshalb, was Liebe ist. Ich habe gelitten.«

»Und ich vielleicht nicht?« Wütend starrte sie Paris an. »Sprich mit mir, Feigling! Lass dein Liebchen nicht für dich reden!«

»Önone, ich habe dir gesagt, es ist aus zwischen uns.«

»Weil du etwas Besseres geworden bist. Ein trojanischer Prinz, der Liebhaber einer Königin.«

»Es war meine Bestimmung«, sagte er leise und widerstrebend. »Ich war immer ein trojanischer Prinz, und es wäre feige gewesen, keinen Anspruch auf meine Stellung zu erheben. Und Helena ist mein zweites Ich, meine Seele. Sie war mir von Anfang an zugedacht.«

»Dann soll dein zweites Ich dich haben, wenn die Zeit kommt!«, schrie sie. Sie wandte sich ab, blieb dann stehen und drehte sich noch einmal um. »Ich hatte darum gebetet, dich noch einmal sehen zu dürfen. Die Götter haben dich hergebracht und mir ins Ohr geraunt, wo ich dich finde. Aber welch bitterer Fund! Ich lasse dich bei ihr, und in jenen letzten Stunden wird selbst sie mich anflehen, dich zu retten!« Sie warf den Kopf in den Nacken. »Doch das werde ich nicht tun, Königin! Dein erbärmliches Flehen wird Balsam für mich sein, aber es wird dir nicht helfen. Genießt eure kurze Zeit miteinander!« Mit wirbelndem Mantel wandte sie sich ab, und schon hatte das Buschwerk sie verschluckt.

»Paris«, sagte ich erschüttert. »Du hast mir nichts von ihr erzählt.« Jetzt erinnerte ich mich an Deiphobos' hämische Bemerkung über eine Wassernymphe, die Paris verlassen hatte. »Vielleicht ist es am besten so. Jetzt weiß ich alles: Ich kenne die harte Probe, auf die die Göttinnen dich gestellt haben, und ich kenne die Frau, die du vor mir geliebt hast. Du kennst Menelaos, und ich kenne Önone. Ich habe ihr Gesicht gesehen.« Er sah so bestürzt aus, dass ich ihn beruhigen musste. »Es darf keine Geheimnisse zwischen uns geben.«

Töricht, wie ich war, glaubte ich alles zu wissen. Das letzte Geheimnis kannte ich noch nicht: Aphrodites Versprechen. Dass sie mich zum Lohn ausgesetzt hatte.

XL

Die Gerüchte über die griechische Flotte machten die Runde, und Troja schien vor Stolz und Erregung zu schwellen. Zu lange hatte es friedlich geschlummert, zu lange hatte es sich mit seinen hohen Mauern, starken Türmen und gefüllten Waffenkammern bereitgehalten, und jetzt war ihm die Begeisterung angesichts bevorstehender Kriegshandlungen anzumerken. Es erwachte aus einem goldenen Nebel, regte sich wie ein beutehungriger Löwe. Offenbar gab es eine Sehnsucht, die sich über eine ganze Generation hinweg aufgestaut hatte, und die jungen Leute jubelten Paris und mir zu, wenn wir durch die Straßen gingen, und beteuerten lauthals, sie würden ihren »griechischen Schatz« mit ihrem Leben verteidigen. Ihrem Lachen mit blitzenden Zähnen war deutlich anzusehen, dass sie nicht glaubten, dabei sterben zu müssen. Sie würden dem Feind einen solchen Schrecken einjagen, dass er die Flucht ergreifen würde – was aber hoffentlich nicht ohne eine oder zwei wütende Schlachten abgehen würde. Die Trojaner wollten sich nicht um eine großartige Schlacht bringen lassen, deren Ende schon jetzt eine ausgemachte Sache war. Wie anders sollte es sein? Alle Welt wusste, dass die Griechen untereinander verzankt und zerstritten waren, ein bunt zusammengewürfelter Haufen, der noch nie ein richtiges Heer auf die Beine gestellt hatte. Ein Trojaner war so viel wert wie zehn Griechen – das war ihr Lied.

Die Werkstätten brummten, die Handwerker und Schmiede hatten so viel Arbeit wie nie, und die Geschäfte gingen gut. In Scharen strömten die Leute nach Troja, um Waren zu kaufen und ihre eigenen an den Mann zu bringen. Ein Markt entstand auf dem Platz bei der neuen Sphinx, und von früh bis spät herrschte dort reges Treiben. Abends, darauf bestand Priamos, mussten die Stände geschlossen werden, damit die Tore für die Nacht verriegelt werden konnten. Doch jeden Morgen waren die Leute wieder da, und es schienen immer mehr zu werden.

Die trojanischen Frauen freuten sich, dass sie einkaufen

konnten, ohne die Stadt zu verlassen. Ihre Männer verboten ihnen, ihren Gelüsten nach Firlefanz und buntem Flitter nachzugehen, aber diese Standpauken verhallten ungehört.

Seltsam – aber es war eine glückliche Zeit in Troja.

Und die Stadt ergriff Maßnahmen zum Schutz. Arbeiter ölten die Angeln der großen Tore, Zimmerleute brachten neue Riegel an, um sie zu sichern. Maurer erhöhten die Krone der Stadtmauern um eine neue Brüstung aus Tonziegeln. Der Graben, der die Unterstadt umgab, wurde vertieft, und eine zweite Reihe aus spitz starrenden Pfählen wurde hinter der ersten errichtet. Priamos selbst begab sich in die Unterstadt und sprach zu den Leuten dort; er warnte sie vor den Unbilden, die womöglich bevorstanden. Aber das Wort *Krieg* oder *Belagerung* vermied er sorgsam.

Die Treppenstufen zu dem überdachten Brunnen beim Tempel der Athene wurden neu behauen, und der Brunnen selbst wurde gereinigt; neue Schöpfeimer wurden aufgehängt, die Seile erneuert. Am meisten beschäftigt waren die Kaufleute, die dafür zuständig waren, Lebensmittelvorräte anzulegen. Sie bereisten die ganze Region und kehrten mit Wagenladungen von Korn und Öl zurück, die sie in große steinerne Amphoren abfüllten. Allein der Anblick der Gefäße, die reihenweise bis zum Hals in der Erde steckten, die Deckel mit Teer versiegelt, vermittelte den Trojanern ein Gefühl der Sicherheit und verstärkte überdies die festliche Stimmung.

Von Agamemnon und seiner Flotte kamen keine neuen Nachrichten.

Wie viele Männer waren es genau? Wer waren die Befehlshaber? Das würden wir erst wissen, wenn sie den Boden auf unserer Seite der Ägäis betreten hätten und wir Spione zu ihnen schicken könnten. Schon jetzt war Priamos dabei, diese Spione zu rekrutieren, überwiegend junge Männer ohne familiäre Bindungen. Er zog Gelanor hinzu, der ihm helfen sollte, sie auszubilden, aber Gelanor erklärte, er brauche Freiwillige unterschiedlichen Alters.

»Entscheidend bei einem Spion ist, dass er sich vollkommen

einfügen kann«, sagte er. »Ein Spion sollte so unauffällig wie möglich sein. Wenn dann später jemand aufgefordert wird, ihn zu beschreiben, wird er sich am Kopf kratzen und sagen: ›Ich erinnere mich nicht.‹ Gut aussehende Männer, großspurige Männer, Männer mit roten Haaren oder Narben können keine Spione sein. Aber wir brauchen auch ältere Männer und sogar ein paar Frauen.«

»Frauen?« Priamos zog die dichten Brauen hoch.

»Ja, Frauen. Hat nicht jedes Heer auch eine Schar Frauen bei sich, die man schönfärberisch ›Marketenderinnen‹ nennt? Was ist ein Spion anderes als ein Marketender? Wie könnte er sich besser tarnen?«

»Du meinst … Huren?« Priamos verzog den Mund.

»Wer die Huren verachtet, verachtet sich selbst«, sagte Gelanor.

Priamos richtete sich auf. »Was willst du damit sagen?«

»Ich will damit nur sagen, dass jemand, der den Kopf zu hoch hält, wichtige Dinge übersieht«, antwortete Gelanor. »Wer hat besseren Zugang zu einem General als eine Prostituierte? Wer hört Geheimnisse, die im Dunkeln gemurmelt werden? Zu den treuesten Verteidigern einer Stadt haben immer auch Huren gehört.« Er hüstelte diskret. »Eigentlich sollte man ihnen für das, was sie geleistet haben, ein Denkmal setzen.«

»Gut, dann treibe sie auf! Bilde sie aus! Das heißt, bilde sie im Sammeln von Erkenntnissen aus.«

»Und auch ältere Männer – auch die wirst du brauchen. Jämmerliche, gebrochene Geschöpfe, die das grausame Schicksal beklagen, das ihnen die Gliedmaßen oder die Daseinsgrundlage geraubt hat. Sie treiben sich an den Rändern eines Heeres herum und betteln darum, niedrige Dienste leisten zu dürfen. Je verbitterter sie sind, desto weniger Verdacht erregen sie.« Er schwieg kurz. »Solche gibt es doch sicher auch in Troja?«

»Es ist sehr lange her, dass Troja einen Krieg geführt hat«, sagte Priamos.

»Nicht nur Kriege können einen Menschen brechen«, sagte Gelanor. »Wir müssen sie finden.«

»Wie lange, glaubst du, wirst du brauchen?«, fragte Priamos.

»Wenn wir berücksichtigen, dass zwangsläufig etliche desertieren, hingerichtet werden oder scheitern, würde ich sagen … mindestens zweihundert. Dann hätten wir am Ende noch hundert.«

Priamos nickte. »Du sollst sie haben, guter Mann, du sollst sie haben.«

Das Ausbilden von Spionen schien mir ein düsteres Vorhaben zu sein. Gelanor versicherte mir, das sei es nicht. Stümperhafte Spione gebe es immer und überall und die würden zumeist entlarvt und getötet. War es daher nicht sinnvoll, aus den Fehlern zu lernen?

»Wie du es sagst, klingt es, als wären diese Leute Waffen wie Bogen oder Schwerter, die immer wieder verbessert werden müssen.«

»Sie *sind* Waffen. Vielleicht die tödlichsten, die wir haben. Unsere Kenntnis der Gedanken des Feindes und seiner Position entscheidet ja schließlich über unsere Handlungen.«

Aber genau das war der springende Punkt. »Wie können diese Leute aus Griechenland unsere Feinde sein? Wir sind auch Griechen. Ich kann sie nicht als Feinde sehen.«

»Dann solltest du es lernen«, sagte er. »Dein Schwager ist mit einer Kriegsflotte unterwegs nach Troja, um hier einzufallen und dich zurückzuholen. Willst du mit ihm gehen?«

»Nein«, sagte ich leise.

»Dann wird es nicht friedlich vonstatten gehen. Oh, sie werden Unterhändler schicken, und die wird man zurückweisen. Dann wird der Kampf beginnen. Agamemnon wäre tief enttäuscht, wenn es nicht dazu käme. Und die Trojaner wären es auch, das spüre ich. Also müssen wir genau wissen, wie viele Männer und welche taktischen Pläne er hat.«

»Ja, das verstehe ich.«

»Es kann Leben retten.«

»Trojanische Leben.«

»Das sollte deine einzige Sorge sein.«

Oh, aber wie sollte das gehen? Ich hatte Verwandte und Nachbarn unter den Griechen. Womöglich waren meine eigenen Brüder dabei! Wie sollten mir da nur die Trojaner am Herzen liegen? »Aber was ist mit dir? Du bist auch Grieche, und es sind auch deine Leute!«, rief ich.

»Das ist es, was mich betrübt«, sagte er. »Das ist der Preis, den ich dafür zahlen muss, dass ich Troja nicht sofort wieder verlassen habe, wie ich es gewollt hatte.«

»Kannst du deine Treueverpflichtung so vollständig wechseln, selbst wenn du in deinem Herzen gespalten bist?«

»Ich versuche, nicht daran zu denken«, sagte er. »Meine Aufgabe ist es, Agamemnon zu überlisten und ihn zu entwaffnen, bevor er Schaden anrichten kann. Deshalb werde ich Spione auswählen und zu ihm schicken, und ich werde ihnen jeden Kunstgriff beibringen, den ich kenne, damit sie Agamemnons Pläne ausfindig machen.« Er lächelte. »Helena, ich weiß, du möchtest nicht, dass künftige Generationen dich nur kennen, weil du der Anlass zu einem Krieg warst.«

»Niemals!«

»Doch wir wissen, dass das Wissen im Laufe der Zeit verblasst und nur ein paar Erinnerungen erhalten bleiben, und die Erinnerung an die schöne Helena als Ursache des Kriegs zwischen Griechen und Trojanern könnte das sein, was bleibt. Es sei denn, der Krieg wird verhindert.«

Der Winter kam und ging. Das Meer war wieder schiffbar. Aber der Horizont blieb leer. Unten in der Ebene fand die militärische Ausbildung der Trojaner statt – Tausende von Soldaten, die im fahlen Sonnenschein exerzierten, sich im Bogenschießen und Schwertkampf übten und über Barrikaden und Gräben hinwegstürmten, die ihre Offiziere hatten errichten lassen. Wagenlenker jagten mit Streitwagen über die weite Fläche, und die Pferdeställe wurden mit spitzen Pfahlzäunen befestigt, damit die kostbaren Bewohner geschützt waren. Aus den Schmieden rollten immer neue Wagenladungen von Schwertern, Schilden und Rüstungen, und die Wagenbauer produzierten in großer Eile eine Flotte von

Streitwagen: Stellmacher formten die achtspeichigen Räder, die Lederflechter schufen die Böden, und andere flochten die weichen, biegsamen Weidenruten, die am Flussufer geerntet wurden, zu schützenden Wänden.

Die trojanischen Verbündeten schickten Vertreter zu Priamos und versprachen ihm Hilfe. Ich begegnete vielen dieser Abgesandten, und ich muss gestehen, dass sie, von ihren verschiedenen Kopfbedeckungen abgesehen, für mich alle gleich aussahen, auch wenn ihre Sprachen sich natürlich voneinander unterschieden. Die Einzigen, die wirklich außergewöhnlich waren – und ich brannte darauf, sie zu sehen –, waren die Amazonen aus Asien. Sie schickten einen Häuptling mit einem Kontingent von Soldaten, um Priamos ihrer Unterstützung zu versichern, sollte sie benötigt werden.

Weil ich in Troja eine Stellung außerhalb des Protokolls innehatte, konnte ich selbst entscheiden, ob ich jemanden sehen wollte oder nicht. Eilig lief ich zu Priamos ins Megaron, als ich hörte, dass die Botschafterin der Amazonen gekommen war.

Als ich dort eintraf, hatte sie Priamos bereits ihre Akkreditierung vorgelegt, und sie sprachen über die Zahl von Kriegerinnen, die in der Stunde der Not zur Verfügung stehen konnte. Ich schlich mich an der Wand entlang und starrte die Gesandte an.

Sie war sehr groß und trug Kampfkleidung, aber keine Rüstung, wie ich sie kannte. Es war nur ein leinener Brustpanzer und ein Helm, und davon abgesehen war sie ungeschützt. Ihr langes Haar fiel, zu einem Zopf geflochten, über den Rücken. Ihr Arm sah aus wie eine Marmorsäule: glatt und unangreifbar. Die breiten Hände mit kurzen Fingern lagen auf dem Griff ihres Schwertes. Obwohl ich mich bemüht hatte, leise einzutreten, fuhr sie herum, und eine Hand schloss sich fest um den Schwertgriff.

»Friede, Elate!«, sagte Priamos. »Das ist Helena. Ihretwegen musst du nicht zur Waffe greifen.«

Die Amazone schob ihren Helm zurück, um mich genauer zu betrachten. Ein verachtungsvoller Ausdruck huschte über ihr Gesicht. »Nein, das glaube ich auch nicht.«

Ich ging auf sie zu. »Ich bin deine Freundin, keine Feindin«, sagte ich lächelnd. »Ich muss gestehen, alle sind sehr neugierig auf euch Amazonen. Ist es wahr, dass es in euren Dörfern keine Männer gibt?«

»Oh, wir lassen sie immer für ein Weilchen herein. In mancher Hinsicht sind sie gut zu gebrauchen. Ich nehme an, du weißt, was ich meine?«

Ich nickte und lachte nervös.

»Doch darüber hinaus brauchen wir sie nicht. Sie sind uns eher lästig.«

Jetzt musste ich wirklich lachen. Das erheiterte sie.

»Ich bitte dich, Helena – hast du es nie so empfunden? Wäre es nicht gut, sie würden verschwinden, wenn sie ihren Zweck erfüllt haben? Es macht alles so viel einfacher.«

Ich konnte nicht antworten, weil ich so sehr lachen musste. »In manchen Fällen«, sagte ich. Gewiss nicht in allen.

»Kein Mann ist die Mühe wert, die er verursacht«, sagte sie. »Mit allem Respekt, Majestät.« Fast hätte sie Priamos zugezwinkert. »Nun, ich garantiere eine Streitmacht von ungefähr hundert Kriegerinnen wie die da.« Mit dem Kopf deutete sie auf ihre Garde, lauter hochgewachsene, muskulöse Gestalten. »Von Kindesbeinen an ausgebildet im Kämpfen und Schießen«, fügte sie hinzu. »Hundert Amazonen sind so viel wert wie tausend Männer.«

»Warum nehmt ihr diesen weiten Weg auf euch, um Troja zu beschützen?«, fragte ich sie. Ihre Heimat lag in weiter Ferne.

»Weil wir hier keine Griechen haben wollen. Sie sollen auf ihrer Seite des Meeres bleiben. Fürstin – auch wenn du in der Tat einen reizvollen Anblick bietest, so lässt sich doch niemand täuschen von ihrem windigen Geheul, sie müssten dich um ihrer Ehre willen zurückholen. Es geht ihnen um einen Brückenkopf in unserer Region. Den wollen wir ihnen verwehren.«

»Dann ist uns eure Hilfe willkommen«, sagte Priamos.

Elate warf mir einen Blick zu. »Ich bezweifle nicht, dass dein Ehemann dich wiederhaben will. Er ist sicher eine liebeskranke

Kreatur.« Sie schnaubte verächtlich. »Aber der Rest – sie wollen nur die Früchte dieses Landes an sich bringen.« Jetzt lächelte sie. »Du bist deshalb hoffentlich nicht enttäuscht.«

»Nein«, sagte ich. »Nein.«

Die weißen Störche kehrten aus ihrem Winterquartier zurück und stelzten durch das Sumpfland. Der Himmel sang sein klares blaues Lied. All die Zeichen des Frühlings, die uns sonst so viel Freude brachten, bedeuteten jetzt, dass unser Land offen für einen feindlichen Einmarsch war. Die Reise über das Meer war nun leicht und verlockend.

Und so schnell, wie die heimkehrenden Vögel flogen, flatterten auch die Gerüchte herein. *Da sind Schiffe am Horizont. Nein, es waren nur Wellen. Sie sind weit im Süden gelandet, bei Larissa. Ein gewaltiges Heer kommt aus Thrakien. Mein Sohn hat es mit eigenen Augen gesehen, als er auf dem Berg bei den heißen und kalten Quellen war: Da zog es unten über die Ebene heran. Es heißt, zwei gehen ihnen voraus, eine Gesandtschaft. Welche zwei sind es? Das weiß ich nicht, aber beide haben rotgoldenes Haar. Das haben viele Griechen. Es könnte jeder sein. Hat Priamos schon etwas gehört? Nein.*

Die Tage vergingen, und meine Anspannung stieg. Eines Tages erreichte mich die unerwartete Aufforderung, so bald wie möglich in die Gemächer der Königin zu kommen. Keine Erklärung, kein Gruß, nur dieser Befehl.

Ich hatte mich immer noch nicht daran gewöhnt, keine Königin mehr zu sein, sondern einer Königin gehorchen zu müssen. In Sparta hatte ich geglaubt, die Königswürde ruhe leicht auf meinen Schultern und habe mich nicht verändert, doch inzwischen wusste ich, dass eine Frau, die auch nur für kurze Zeit Königin ist, im Grunde ihres Herzens immer eine Königin bleibt. Aber Hekuba ließ mich nur selten zu sich rufen, und so war dies in gewisser Hinsicht vielleicht ein gutes Zeichen.

Als ich in ihre äußeren Gemächer trat, waren alle ihre Töchter da. Nervös wimmelten sie umeinander. Priamos hatte zwölf Töchter, aber sie waren nicht alle von Hekuba. Diese hier waren es, denn ich sah keine fremden Gesichter unter ihnen. Laodike kam auf mich zu. Ihre großen dunklen Augen leuchteten. »Ich wollte, dass du kommst!«, sagte sie. »Mutter wird überrascht sein!«

»Ja, das kann man wohl sagen.« Ilona gesellte sich zu uns. »Noch überraschter wird sie sein, wenn sie hört, dass du ihren Namen benutzt hast, um Helena zu rufen.«

Hekuba hatte mich demnach nicht gerufen. Ich war sehr enttäuscht. Aber wenigstens hatten die Prinzessinnen mich akzeptiert, allen voran Laodike. Man erzählt von Männern, die manchmal lange Zeit regungslos im Wald sitzen, um das Vertrauen eines wilden Tieres zu gewinnen. So fühlte ich mich angesichts der königlichen Familie von Troja.

»Mutter hat Geburtstag«, sagte Laodike. »Wir wollen ihr eine freudige Überraschung bereiten.«

»Du weißt, dass es unmöglich ist, Mutter zu überraschen«, sagte Kreusa. »Sie weiß alles.«

»Diesmal weiß sie nichts«, beharrte Laodike. »Lasst uns den Raum schmücken. Sie ist in ihrer Gewandkammer, und dort bleibt sie immer ziemlich lange.«

Sie hängten grüne Girlanden und Wiesenblumen an die Wände, und Ilona beugte sich geschäftig über ein großes Tablett. Für mich gab es wenig zu tun; meine Aufgabe bestand darin, nicht so verlegen zu erscheinen, wie ich mich fühlte. Ich sah zu, wie die Jüngsten, Philomena und Polyxena, Fangen spielten, und irgendwann saßen sie auf dem Boden und würfelten mit kleinen Knochen. Gerade noch Kinder, waren sie im nächsten Augenblick junge Frauen. Sie erinnerten mich daran, wie Iphigenie und Hermione miteinander gespielt hatten, und eine so tiefe Trauer senkte sich auf mich, dass ich mich abwenden musste. Iphigenie würde nie mehr spielen, und Hermione … Was mochte sie in diesem Augenblick tun? Oh, wenn ich sie doch nur sehen könnte – nur für einen Moment!

»Du siehst traurig aus!« Kassandra stand vor mir und sah mich vorwurfsvoll an. »Weshalb?«, bellte sie.

»Du siehst zornig aus«, antwortete ich. »Weshalb?«

»Sie ist immer zornig.« Laodike kam mir zu Hilfe. »Weil niemand auf sie hört.«

Andromache trat zu uns, und da rief Ilona: »Sie kommt! Still!«

Ich hörte, wie sich leise Schritte näherten, und Hekuba erschien. Sie schaute sich überrascht um, aber statt eines Lächelns trat ein Stirnrunzeln auf ihr Gesicht. »Was ist das hier, meine Töchter?«

»Wir sind hier, um dich zu ehren, heute am Tag deiner Geburt vor sechzig Jahren.«

»Bah!«, sagte sie. »Was bedeutet mir das?«

»*Uns* bedeutet es etwas, Mutter, und wir wollen dich ehren.« Kreusa hob das Kinn in ihrer störrischen Art, die sie vor Äneas immer sehr sorgsam verbarg.

Aufrecht ging Hekuba in die Mitte des Zimmers. Ihre Bewegungen waren alterslos; es war nicht der federnde Schritt der Jugend und nicht das Schlurfen der Gebrechlichkeit. Sie schaute in die Runde, und ihre Miene wurde milder. »Alle sind da«, stellte sie fest. »Und die Frauen meiner Söhne auch. Das heißt, die der beiden einzigen, die es bisher zum Heiraten gebracht haben – zur Beschämung der anderen!« Endlich lächelte sie. »Ich bin gesegnet mit meinen Töchtern, von der Ältesten, liebe Kreusa, bis zu meinem Nesthäkchen Philomena!«

»Ein größerer Segen ist es für uns, eine solche Mutter zu haben«, antwortete Ilona.

»Und auch wir, die wir in die große Familie des Priamos aufgenommen wurden, können uns glücklich schätzen.« Andromache legte mir den Arm um die Schultern, um zu zeigen, dass sie auch für mich sprach.

»Jetzt, da wir uns genug Honig ums Maul geschmiert haben – was wird das eigentliche Mahl sein?«, fragte Hekuba energisch. »Was habt ihr für mich?«

»Ein Spiel«, sagte Ilona.

Hekuba winkte ab. »Spiele! Ich hasse Spiele.«

»Keinen athletischen Wettstreit, Mutter, sondern ein Spiel für den Verstand«, erklärte Laodike.

»Den du im Überfluss besitzt«, sagte Kreusa.

»Du meine Güte, eure Schmeicheleien sind dick wie Sirup. Es wundert mich, dass es hier nicht längst von Fliegen wimmelt!«, antwortete Hekuba.

»Wir haben alle eine Kleinigkeit auf dieses Tablett gelegt«, sagte Ilona. »Das heißt, alle außer Helena.« Sie sah mich an, und ihr Lächeln war zuckersüß und kalt zugleich.

»Ich hatte keine Gelegenheit, etwas mitzubringen«, erklärte ich. »Für mich kam es ebenso überraschend wie für dich … Mutter.« Es fiel mir immer noch schwer, sie so zu nennen.

»Ja, ich muss jetzt deine Mutter sein«, antwortete sie. »Du hast die deine verloren durch eine unglückselige … unglückselige …« Es war nicht ihre Art, nach passenden Worten zu suchen.

»Durch eine unbedachte Tat«, sagte Kassandra nüchtern.

»Tapfer, aber irregeleitet«, sagte Andromache rasch.

Inzwischen wussten alle, was meine Mutter getan hatte und warum sie es getan hatte. Meine Seelenqualen und mein Schmerz gehörten nicht mehr mir allein, sondern der ganzen Welt.

»Du darfst mich deine Tochter nennen«, sagte ich. Ich wollte aufhören, über meine Mutter zu sprechen, bevor ich vor allen Anwesenden in Tränen ausbräche.

»Nun, und was ist das?« Hekuba beugte sich über das Tablett, das mit einem weichen Tuch bedeckt war.

»Du sollst dir anschauen, was unter dem Tuch liegt. Wir zählen bis zehn und decken es wieder zu.«

»Was soll das für einen Sinn haben?«

»Es ist eine Probe für dein Gedächtnis und der Beweis dafür, dass du nicht bist wie einige von Vaters Ratgebern, die so alterswirr sind, dass sie oft nicht mehr wissen, durch welche Tür sie soeben gekommen sind.«

»Ich erinnere mich an alles, meine Lieben. Glaubt also nicht, ihr könnt mir etwas vormachen. Es wäre euch zuzutrauen, dass ihr heimlich etwas dazulegt oder wegnehmt, damit ich anfange, meinen Sinnen zu misstrauen. Doch ich warne euch: Das wird nicht gehen!« Sie zog das Tuch weg. »Fangt an zu zählen.«

Ich sah, wie ihre scharfen Augen über das Tablett wanderten und jeden Gegenstand musterten. Bevor Laodike bei zehn angekommen war, sagte sie: »Nehmt es weg!«

»So schnell?«, fragte Ilona ungläubig.

»Ich bin nicht seit nahezu vierzig Jahren Königin von Troja, ohne mich an alles zu erinnern, was ich gesehen oder gehört habe.« Sie schüttelte den Kopf. »Auch wenn ich manches gern vergessen hätte.«

»Also gut, Mutter. Dann zähle jetzt auf, was du gesehen hast. Was du vergisst, darfst du nicht behalten.«

Hekuba schloss die Augen. »Ich sehe alles vor mir, wie es auf dem Tablett liegt. Ihr werdet mir erklären müssen, was es bedeutet, wenn ich es nenne. Da waren ein paar kleine getrocknete Beeren in einer Schale. Sie sahen aus wie Rosinen, aber es waren keine. Das war in der oberen linken Ecke. Daneben lag so etwas wie Gras, zu einem Büschel zusammengebunden. In der Mitte ein zusammengefaltetes Päckchen in kräftigem Blau. Daneben ein kleines Kästchen aus Ebenholz mit spiralförmigen Linien, die von der Mitte ausgingen. Eine sehr lange weiße Feder ...« Mich schauderte bei diesem Wort. Sie fuhr fort. »Flauschig, sehr leicht. Und ein riesiges Ei, so groß, dass es von den Göttern kommen muss. Ein bronzener Armreif, eine Pfeilspitze, ein paar Ohrringe, ebenfalls aus Bronze ...« Und sie nannte noch ein paar Dinge, die alle nicht weiter ungewöhnlich waren. Als sie fertig war, öffnete sie die Augen. »Nun?«

Ilona starrte auf das Tablett. »Du hast nichts vergessen.«

»Na, na, jetzt sei nicht so enttäuscht! Nun, was sind das für Geschenke, wer von euch hat jedes ausgesucht, und was haben sie zu bedeuten?«

»Ich habe dir das Kräutergras geschenkt, Mutter«, sagte die kleine Philomena. »Ich habe es selbst gesammelt, und es wird dich beruhigen und dir gute Träume schenken. Du musst es ins Wasser legen, in der Sonne ziehen lassen und dann langsam davon trinken.«

»Danke, mein Schatz. Gute Träume kann ich gebrauchen.«

»Von mir sind die Kirschen, Mutter«, sagte Polyxena.

»Was sind Kirschen?«

»Früchte, die weit, weit landeinwärts wachsen, noch hinter dem Schwarzen Meer. Ich habe sie an einem Stand auf dem Markt gefunden. Sie sind süß – und leuchtend rot, wenn sie frisch sind, sagte der Händler.«

»Hinter dem Schwarzen Meer! Ich habe gehört, dort gibt es noch ein Meer, ein wenig kleiner und weiter im Osten, aber ich weiß nicht, wie es heißt oder ob es überhaupt einen Namen hat«, sagte Hekuba. »Ich danke dir.« Ilona reichte ihr das Schälchen, und sie schob sich eine getrocknete Kirsche in den Mund. »Köstlich«, sagte sie.

»Ich habe dir die Straußenfeder geschenkt«, sagte Ilona. »Es heißt, der Pharao in Ägypten hat Fächer aus Straußenfedern, und ich dachte, die Königin von Troja verdient nichts Geringeres.«

»Und von mir bekommst du dazu das Straußenei.« Kreusa nahm es in die Hand und drehte es. »Es ist in der Tat größer als jedes andere Vogelei, größer noch als das Ei des Kranichs oder des Adlers.«

Oder des Schwans, dachte ich. *Ich habe die Eierschale gesehen. Sie ist blau, hyazinthblau …*

»Vermutlich wird daraus nichts schlüpfen«, sagte Hekuba. »Was ist das gefaltete blaue Ding?«

»Ein Tuch, das von noch weiter östlich kommt als die Kirschen«, erklärte Laodike. Sie faltete es auseinander und warf es in die Höhe, und es schwebte herab, leicht wie der Flaum der Straußenfeder, wehte durchsichtig in der Luft wie ein blauer Nebelschleier. »Es ist Seide, hat man mir gesagt. Oh, Mutter, ich wünschte, ich könnte daraus ein Hochzeitskleid bekommen.«

Alle lachten. Laodike hatte den Kopf voller Hochzeitspläne, obwohl sie nicht einmal einen Verlobten hatte.

Hekuba befühlte das Tuch staunend. »Wundervoll«, murmelte sie.

»Und ich, Mutter …« Kassandra reichte ihr das kleine Ebenholzkästchen.

»Ein Kästchen. Ich habe sicher hundert, aber es ist doch sehr hübsch.«

»Sieh hinein.« In ihrem Eifer hätte Kassandra ihr das Kästchen beinahe aus der Hand gerissen, um den Deckel schneller zu öffnen.

Hekuba nahm einen runden bläulichen Stein heraus.

»Darin ist ein Stern«, sagte Kassandra. »Schau, wenn du ihn so drehst …« Sie hielt ihn schräg. »Siehst du? Ein sechszackiger Stern.«

»Was für ein Stein ist das?«

»Wie er heißt, weiß ich nicht, aber der Mann hat gesagt, es ist ein mächtiger Talisman, so mächtig, dass er den Träger noch dann beschützt, wenn er ihn weitergegeben hat. Möge er dich beschützen, Mutter!«

Kassandra, die Seherin, gab ihrer Mutter einen schützenden Talisman. Welche Vision hatte sie gehabt?

»Ich danke euch, meine Lieben.« Sie schaute ihre Töchter an. »Mir scheint, ihr habt den Händlern auf unserem letzten Markt ein gutes Geschäft verschafft.«

Bildete ich es mir ein, oder hatte sie das Wort *letzten* auf ominöse Weise betont?

Sie wandte sich an Andromache und mich. »Und was habt ihr für mich?«

Andromache flatterte mit den Händen und sagte dann: »Es scheint, dass wir gleichzeitig mit dir eingeladen wurden. Daher hatten wir keine Zeit, etwas vorzubereiten. Aber wir wollen –«

»Es gibt nur ein Geschenk, das ich mir von euch beiden wünsche«, sagte sie. »Kinder! Schenkt mir Enkelkinder!«

Gefasst wie immer, ließ Andromache sich nichts anmerken. Halbherzig antwortete sie: »Dieses Geschenk würde ich dir gern machen, wenn ich könnte.«

Bevor jemand Gelegenheit hatte, den schmerzlichen Augenblick zu überspielen, flog die Tür auf, und Priamos marschierte herein, umgeben von einer Meute nervös springender Hunde. »Auf meine Königin, die Mutter Trojas!«, rief er und breitete die Arme aus.

»Du weißt, dass du diese Tiere nicht hereinbringen sollst.«

Hekuba wich zurück. »Ich habe dir gesagt, ich erlaube es nicht!« Noch während sie sprach, machte sich einer der Hunde über eine Ecke ihres Teppichs her und fing an, darauf herumzukauen. »Hinaus!«, rief sie.

Priamos bückte sich, streichelte den Hund und zog ihn vom Teppich. Der Hund gehorchte und wedelte wild mit dem Schwanz. »Oh, sei doch freundlich, meine Liebe. An diesem besonderen Tag wollen alle Lebewesen dir die Ehre erweisen. Siehst du?«

Dicht hinter ihm erschienen die Söhne, gefolgt von den Ältesten Trojas. Plötzlich war der Raum zum Bersten voll. Hektor, in ein prachtvolles weißes Gewand gekleidet, trat heran und umarmte seine Mutter, und seine Brüder taten es ihm wohlgeordnet nach: Deiphobos in lederner Tunika und mit dem gewohnt sarkastischen Gesichtsausdruck; Paris in Hosen nach östlicher Mode, die er für gewöhnlich nur trug, wenn wir allein waren, und mit einem Pantherfell über der Schulter; Helenos, dessen schwarzes Sehergewand mit silbernen Sternen geschmückt war; Troilos, immer noch in der Tunika des Jünglings; die vier, die nur Namen für mich waren, Hipponoos, Antiphos, Pammon und Polites; und dann der Jüngste, Polydoros, dessen Wangen rot vor Aufregung waren, weil es ein Fest gab und er daran teilnehmen durfte. Feierlich ging er zu Philomena, nahm sie bei der Hand und führte sie zu Hekuba.

Er verbeugte sich, und mit fest geschlossenen Augen – damit er seine Worte nicht vergaß – verkündete er: »Wir, dein jüngster Sohn und deine jüngste Tochter, grüßen unsere Mutter in diesem ganz besonderen Jahr ihres Lebens!«

Hekubas Unterlippe zitterte ein wenig, aber sie bemühte sich, es zu unterdrücken. »Ich danke euch, den letzten Kindern, die ich Priamos geschenkt habe. So sind alle lebenden Kinder, die ich ihm gegeben habe, heute hier versammelt, vom jüngsten bis zum ältesten. Wir sind reich gesegnet.«

»Und wir haben viele alte Freunde, die uns auf der Reise durch die Jahre begleitet haben«, sagte Priamos, »und auch sie wollen dich begrüßen.« Er winkte den Ratsherren, die eifrig abwartend am Rand standen.

»Thymoetes!« Der alte Mann, einäugig nach einer weit zurückliegenden Schlacht mit den Mysiern, verbeugte sich.

»Lampeios!« Der Mann war so rundlich, dass seine Falten von innen ausgepolstert waren. Er nickte würdevoll; hätte er sich verbeugt, so wäre er vermutlich umgefallen.

»Klytios!« Sein zahnloser Mund leuchtete rosig, als er die Königin begrüßte.

»Hiketaon!« Gesicht und Gestalt trugen immer noch Spuren seiner jugendlichen Schönheit. Aber seine Züge waren erschlafft und zerschmolzen, seine Muskeln verwelkt, sein Haar schütter.

»Und jetzt wollen wir Zeus in unsere Gedenken einschließen«, sagte Priamos. »*Meinen* Zeus.«

Nachsichtig folgte die Familie ihm in den Haupthof, wo sie sich alle paar Tage versammelte, wenn er sie zusammenrief, um vor einer seltsamen hölzernen Zeus-Statue zu opfern. Für Priamos war dieses Standbild sein persönliches Schutzheiligtum, und er hing mit verbissener Treue daran. Ich fand die Figur beunruhigend mit ihren drei Augen und dem wild verschlungenen Haar, doch ich wusste, dass der Gott eines jeden nur zu ihm selbst sprach. Niemand sollte fragen, warum.

Die große Familie umringte den Altar, und unwillkürlich verglich ich sie mit der meinen in Sparta. Selbst wenn alle anwesend waren, waren wir nur sechs gewesen. Vater besaß keinen Kreis von Weggefährten und Ratsherren, die ihn über die Jahre begleitet hatten. Unser Leben in Sparta erschien ärmlich im Vergleich mit dem, das Priamos führte. Arm an Menschen, aber auch ohne den Luxus, den die Trojaner anscheinend für unentbehrlich hielten. Nach allem, was ich bisher gesehen hatte, verzichteten sie auf nichts. Vielleicht hielten sie alles andere sogar für ungesund! Ich war immer noch nicht sicher, ob ich sie um ihr Wohlleben beneidete oder ob ich es missbilligte.

»Wir geben uns in deine Hand, o Zeus, und wir wissen, du wirst uns weiterhin beschützen, wie du es immer getan hast«, sprach Priamos zu dem Standbild.

Nun war der ungebetene Gast, das bevorstehende Unheil, erwähnt, und Hektor rief: »Was immer auf uns zukommt, ich kann

Troja mit meinen Brüdern und den Männern meiner Schwestern allein beschützen!« Er sah in die Runde. »Was meint ihr, meine Brüder? Seid ihr bereit, mir zu folgen und die Mauern der Stadt unseres Vaters zu verteidigen?«

»Die Mauern der Stadt gehören Apollon«, sagte Helenos. »Er hat einen Teil davon selbst gebaut, und er wird sie beschützen.«

»Nein, *wir* werden sie beschützen!«, rief Deiphobos. »Wir alle, mit unserem Schwert.« Er wandte sich an Paris, der neben ihm stand. »Und du wirst dich natürlich auf deinen Bogen verlassen wollen. Du kannst dich oben auf dem Turm bei den Bogenschützen verstecken.«

Paris funkelte ihn wütend an. Seine Kunst als Bogenschütze plagte ihn immer wieder; sie galt als mindere Form des Kampfes. »Mein Arm ist so gut wie deiner, und ich kann auch ein Schwert führen, wenn ich Lust dazu habe. Und ich kann etwas, was du nicht kannst, nämlich Bogenschießen. Du solltest ein bisschen üben; vielleicht kann ich dir helfen, es zu lernen.«

»Muss ich dann auch Hosen tragen?«

Alle brüllten vor Lachen.

»Du musst es gelegentlich versuchen«, sagte Paris. »Sie sind sehr brauchbar.«

»Wenn du aussehen willst wie einer aus dem fernen Osten oder wie ein gewöhnlicher Arbeiter.«

»Ich war ein gewöhnlicher Arbeiter, und das ist ebenfalls etwas Brauchbares, brauchbarer als alles, was du je getan hast. Du sagst, du bist ein Krieger, aber ohne Krieg ist das ein nutzloser Beruf.«

»Meine Söhne! Lasst das Gezänk! Ihr hört euch an wie Zehnjährige.« Hekubas Stimme brachte sie zum Schweigen. »Es ist gut, dass wenigstens einer meiner Söhne einige Zeit bei gewöhnlichen Menschen verbracht hat. Die meisten unserer Untertanen sind gewöhnliche Menschen, und da sollten wir sie besser kennen.«

»Doch was diesen Krieg angeht … oder diesen Konflikt …« Zittrig stand der alte Hiketaon da. »Helena, wenn ich dich fragen darf« – und plötzlich richteten sich aller Augen auf mich –,

»glaubst du, sie würden wieder abziehen, wenn wir sie bestechen? Ich meine … bezahlen? Du kennst sie doch alle.«

Sollte ich die Wahrheit sagen und die gute Stimmung verderben? Aber es ging nicht anders – nicht jetzt. »Der Anführer, Agamemnon, hat bereits viel Gold, Vieh und Ländereien. Er hat jedoch noch nie in einem großen Krieg gekämpft oder ihn gar selbst geführt. Er lechzt danach, seit ich ihn kenne. Er hat die eigene Tochter dafür geopfert. Für Gold wird er nicht darauf verzichten, denn das ist nichts Neues für ihn.« Jetzt war es ausgesprochen. Ich hatte mich nicht gescheut.

»Lasst ab von eurer ängstlichen Zaghaftigkeit!« Helenos hob die Hände. Die Ärmel seines glitzernden Gewandes schwangen hin und her. »Es gibt Prophezeiungen über Troja, und sie alle müssen sich noch erfüllen, bevor es fallen kann.«

»Dann verrate sie uns!«, bellte Deiphobos. Er klang fast wie einer von Priamos' Hunden. »Halte sie nicht geheim!«

»Ja, mein Sohn«, sagte Priamos. »Sprich!«

»Zunächst einmal gibt es eine, die besagt, dass wir geschützt sind, solange Pallas Athene in Troja ist.«

»Aber natürlich bleibt sie hier!«, rief Troilos. »Sie wird ja nicht weglaufen!«

»Sie hat nämlich keine Beine«, kicherte Philomena. Das war auch mein Gedanke gewesen, aber ich hätte ihn niemals ausgesprochen.

»Dann heißt es, jemand müsse kommen und Troja mit den Pfeilen des Herakles beschießen.«

»Helena, gibt es nicht einen Griechen, der diese Pfeile hat?«, fragte Hektor.

»Doch. Ich habe davon gehört«, sagte ich. »Sein Name ist Philoktetes. Aber ich weiß nicht, ob er sich Agamemnon angeschlossen hat.«

»Als Nächstes ist die Rede von thrakischen Pferden, die aus dem Skamander saufen. Wenn sie es tun, ist Troja in Sicherheit.«

»Thrakische Pferde saufen dauernd aus dem Skamander«, sagte Paris. »Wir haben welche eingeführt und ziehen sie in der Ebene auf.«

»Ich glaube, hier geht es um thrakische Pferde, die von Thrakern hergebracht werden, nicht um solche, die von Trojanern gezüchtet werden.«

»Die Händler, die damit zum Markt kommen – die müssen ihnen Wasser aus dem Skamander geben«, sagte Troilos. »Sie nehmen doch nicht den weiten Weg zum Quellenhaus am Tempel des Apollon auf sich, weil das Wasser dort am saubersten ist. Ich gehe mit meinen Pferden dorthin, aber sie nicht.«

»Der Simois ist näher. Ich glaube, sie tränken ihre Tiere dort.« Das war Antenor. Ich hatte ihn noch nicht bemerkt, weil er so leise dazugekommen war. Er hatte einen jungen Mann bei sich, den ich für seinen Sohn hielt. Neben seinem so eleganten Vater wirkte der Jüngling seltsam zerknittert. Aber vielleicht versuchte er, sich von seinem Vater abzusetzen. Wenn wir unsere Eltern nicht übertreffen können, werden wir zu ihrem Gegenteil.

»Auf diese Prophezeiung haben wir Einfluss«, sagte Deiphobos. »Wenn Thraker mit Pferden eintreffen, müssen wir sie zum Skamander bringen. Was gibt es noch?«

»Der Sohn des Achilleus muss kommen.«

»Der Sohn? Achilleus hat keinen Sohn«, sagte ich.

»Nicht, dass jemand wüsste«, sagte Paris. »Aber er könnte einen haben.«

»Gilt ein Bastard?«, fragte Thymoetes und kniff sein gesundes Auge zusammen.

»Ich weiß es nicht«, gestand Helenos. »Ich muss die genaue Formulierung dieser Prophezeiung nachlesen.«

»Ist das alles?«, fragte Hektor. »Ich denke, dagegen sind wir geschützt.«

»Es gibt noch eine weitere«, sagte Priamos. »Aber die werde ich hier in der Öffentlichkeit nicht aussprechen. Es genügt, dass ich sie kenne, und ich weiß, was zu tun ist, damit sie sich nicht erfüllen kann.«

XLI

Troja wartete. Der Frühling nahm seinen Lauf, und die Schiffe mussten unseren Gestaden immer näher kommen. Es war die furchtbare Zeit der Ruhe vor einem Sturm, wenn sämtliche Vorbereitungen getroffen sind und alles Weitere nur nervöse Wiederholung ist, sodass Körper und Geist sich nach befreienden Taten sehnen. Aber die strahlenden Tage vergingen einer nach dem anderen, ohne dass auf dem Meer etwas zu sehen war und ohne dass zu Lande eine Vorhut erschien. Es gab Gerüchte – aber Gerüchte gibt es immer –, eine griechische Gesandtschaft sei unterwegs. Doch ob dieses Gerücht überhaupt der Wahrheit entsprach, das wusste niemand.

In den Straßen Trojas waren die Leute angespannt vom langen Warten, und sie lächelten nicht mehr, wenn sie mir begegneten. Manche schinen plötzlich sogar wegzuschauen; sie rafften den Mantel fester um sich und drückten sich an der Wand entlang.

Bei dem großen Brunnen, wo die Frauen die Treppe hinauf- und hinunterstiegen, anmutig wie bei einem Tanz zu Ehren eines Gottes, gingen sie mir bald in weitem Bogen aus dem Weg. Als ich eines strahlenden Morgens behutsamen Schritts die glatten Stufen hinunterging, bemerkte ich, dass die Frauen um mich herum verschwunden waren. Allein stieg ich immer tiefer, und das Tageslicht, das oben durch die Öffnung einfiel, wurde matt. Meine Schritte hallten von den Stufen wider, anders als sonst, wenn viele Schritte den Brunnenschacht mit Musik erfüllten.

Die Fackeln an der Wand flackerten, und tief unten spiegelten die Flammen sich gelb und rot. Die Wasseroberfläche war glatt wie immer, denn das Wasser floss sanft aus einer ruhigen Quelle herein.

Endlich war ich unten und konnte meinen Krug eintauchen. Ich musste kein Wasser holen, aber es entspannte mich, und ich erzählte Paris gern, dass ich das Wasser für die Trinkkrüge in unserer Schlafkammer gebracht hatte. Ich parfümierte es immer mit ein paar Rosenblütenblättern. Als der Krug die spiegelnde Wasserfläche durchbrach und kreisrunde Wellen verbreitete, verschwand plötzlich auch der letzte Lichtschimmer über mir. Ich hörte einen lauten, dumpfen Schlag, als die große Holzplatte auf den Brunnen gelegt wurde und ihn verschloss. Jetzt gab es nur noch das Licht der blakenden Fackeln. Die Flammern flackerten empört auf, als schnappten sie nach Luft.

Ich drückte meinen Krug an mich und stieg langsam die Treppe hinauf. Der Brunnendeckel lag fest an seinem Platz. Ich drückte von unten dagegen, doch ich konnte ihn nicht anheben. Entweder lag ein Gewicht darauf, oder man hatte einen Riegel vorgeschoben.

Jemand hatte mich hier unten eingeschlossen!

Warum? Wer? Und wie konnte ich entkommen? Ich hämmerte gegen das Holz, aber es war zu dick für meine Fäuste. Ich rief. Meine Stimme musste doch hindurchdringen. Aber niemand antwortete. Niemand hob den Deckel auf.

Ich ließ mich auf die oberste Stufe sinken. Der Stein war klamm und kalt. Mein Herz klopfte bei dem Gedanken daran, hier unter der Erde gefangen zu sein.

Aber ich zwang mich, klar zu denken. Dies war ein öffentlicher Brunnen, der Hauptbrunnen neben dem Tempel der Athene. Die Leute mussten ihn benutzen. Er konnte nicht lange ohne Erklärung verschlossen bleiben. Wer mich hier eingesperrt hatte, wollte mich also nur für kurze Zeit aus dem Weg räumen, damit ich unsichtbar war. Doch was konnte in wenigen Stunden so Wichtiges geschehen? Und warum musste ich dabei unsichtbar sein?

Es musste jemand da sein, der mich nicht sehen sollte – oder den ich nicht sehen durfte. Die Griechen. War eine Gesandtschaft gekommen? Warum wollte man mich verstecken? Wovor hatte man Angst? Doch sicher nicht davor, dass ich beschließen könnte, zu den Griechen zurückzukehren? Alle außer Paris würden sich darüber freuen.

Aber … vielleicht auch nicht. Es gab auch in Troja Leute, denen nicht daran gelegen war, dass der Krieg noch irgendwie verhindert würde.

Wollte jemand vielleicht nicht, dass die Griechen mich sahen, weil man dann befürchten musste, sie könnten auf der Stelle versuchen, mich zu erretten? Oder … Aber das alles führte nirgendwohin. Es gab viele Gründe, weshalb man möglicherweise verhindern wollte, dass ich die Griechen sah oder die Griechen mich.

Die klamme Luft durchdrang mein Gewand, und ich fing an zu frieren. Meine fieberhafte Aufregung hatte sich gelegt, und der kalte Schweiß lag auf meiner Haut und ließ mich mit den Zähnen klappern. Ich kauerte geduckt auf der Treppe und zog den Mantel so fest um meine Schultern, wie ich konnte, aber es war ein dünner Mantel, denn wir hatten ja Frühling.

Das Warten schien ewig zu dauern. Gedämpft hörte ich, wie Leute zum Brunnen kamen, und ich hörte ihre murmelnden Stimmen, als sie erkannten, dass er verschlossen war. Das Licht, das von oben durch die Ritzen drang, verschwand, und ich wusste, dass der Abend dämmerte. Stunden, endlose Stunden vergingen. Ich konnte das Wasser aus meinem Krug trinken, aber mein Magen schrie nach Speise. Tief unter mir erloschen allmählich die Fackeln. Sie waren abgebrannt. Bald umgab mich schwarze Finsternis.

Irgendwann verriet ein matter Lichtschimmer von oben, dass der Morgen graute. Inzwischen lag ich zusammengesunken an der Mauer und zitterte am ganzen Leib. Warum hatte sich noch niemand über den verschlossenen Brunnen beschwert? Mein Herz setzte aus, als mir einfiel, dass es ja noch andere Brunnen in Troja gab. Vielleicht hatte jemand bekannt gegeben, das Wasser in diesem Brunnen sei vergiftet. In diesem Fall würde er noch lange verschlossen bleiben.

Der Tag schlich dahin, und plötzlich hörte ich selbst durch das dicke Holz einen mächtigen Aufruhr: Rufe, Schreie, Kriegsgeheul. Dann erstarb der Lärm wieder. Verzweifelt begann ich, gegen den Deckel zu hämmern. Aber niemand hörte mich. Vielleicht war niemand in der Nähe. Ich schlug unaufhörlich gegen das Holz und schrie dabei so laut, dass es mir selbst in den Ohren wehtat. Das hätte ich gleich zu Anfang tun sollen, denn jetzt war ich viel schwächer und man würde mich noch weniger gut hören können. Aber nun war ich von Panik ergriffen. Ich wusste, dass ich eine weitere Nacht hier unten nicht überstehen würde.

Plötzlich wurde der Deckel heruntergerissen, und Paris spähte verzweifelt zu mir herab. »Oh, Liebste!«, rief er und brach in Tränen aus. »Wer hat dir das angetan?« Er sprang herein und blieb neben mir stehen. »Geht es dir gut? Kannst du hinaussteigen? Nein, ich werde dich tragen.« Ich protestierte, aber er bückte sich herab, hob mich auf und trug mich ans Tageslicht. Nie war mir die Sonne schöner erschienen.

Neugierige Gesichter umdrängten uns. Stumm machten die Menschen Platz, damit Paris mich davontragen konnte.

»Was ist passiert?«, fragte ich. »Ich war beim Wasserholen, als plötzlich der Brunnendeckel geschlossen wurde. War das ein Versehen?«

»Nein«, sagte er. »Menelaos und Odysseus waren hier. Offenbar wollte irgendjemand nicht, dass du sie siehst oder dass sie dich sehen.«

Menelaos! Hier! »Wirklich?«

»Ja. Menelaos verlangte, du solltest vor ihm erscheinen und ihm von Angesicht zu Angesicht sagen, du seist aus freiem Willen hier. Solange er es nicht aus deinem eigenen Munde gehört habe, sagte er, werde er nicht glauben, dass seine treue und liebende Gemahlin hier nicht gefangen gehalten werde. Priamos ließ dich holen, aber als seine Männer allein zurückkehrten, bezichtigte Odysseus ihn, die Gesandtschaft zu verhöhnen, und dies beweise, dass du eine Gefangene seist und man deshalb nicht wage, dich zu zeigen.«

»Warum hast *du* nichts gesagt?« Ich nahm an, er werde antworten, er habe ja gesprochen, aber der bloße Anblick seines Gesichts habe Menelaos in Raserei versetzt.

»Ich war nicht dabei«, sagte er stattdessen. »Jemand hat mir etwas in den Wein getan, und ich bin in eine Betäubung gefallen, die den ganzen Tag gedauert hat. Priamos wollte mich holen lassen, aber seine Leute konnten mich nicht wecken. Ich kann mich an nichts erinnern. Jedenfalls kehrten sie zum Rat zurück und berichteten dort, ich läge betrunken im Bett.«

»Oh, bei allen Göttern!« Unser Feind war ebenso kühn wie schlau. Jetzt war Paris in den Augen der Griechen ein verlotterter Schwächling.

»Und irgendwann ist Deiphobos dann in solchen Zorn geraten, weil sie Priamos' Ehre beleidigten, dass er sich mit dem Schwert auf die Griechen stürzte. Antimachos schrie, am besten wäre es, Menelaos und Odysseus zu erschlagen und ihre Leichen über die Mauer zu werfen –«

»Nein!« Das Herz schlug mir bis zum Hals, als ich es mir vorstellte.

»Der Rest des Rats unterstützte Deiphobos, nur Antenor nicht – er rief dazwischen und sagte, er könne zwar aufrichtig bezeugen, dass du aus freien Stücken hier seist, aber gleichwohl verlange die Ehre, dass man dich friedlich an Menelaos zurückgebe. Da fiel der Rat über *ihn* her. Er und die Griechen mussten fliehen und sich in seinem Haus in Sicherheit bringen. Heute Morgen in aller Frühe haben Menelaos und Odysseus mit einer schweren Eskorte die Stadt verlassen.«

Diese Beleidigung würden sie niemals verzeihen. Und sie würden glauben, dass ich daran beteiligt war, dass ich sie absichtlich verhöhnt und gemieden und mich geweigert hatte, mit ihnen zu sprechen – oder dass ich tatsächlich eine Gefangene sei. Beides war ein Kriegsgrund. Menelaos … Menelaos würde sich persönlich an mir und Paris rächen wollen.

»Menelaos ist ein sanftmütiger Mensch, aber dies muss er als persönliche Kränkung auffassen«, sagte ich. »Er wird glauben, dass ich und die Trojaner ihn zurückgewiesen haben und den Krieg wollen. Dabei könnte nichts weiter von der Wahrheit entfernt sein!«

»Unser Feind hat einen glänzenden Sieg errungen. Ich weiß nicht, wer mich betäubt hat. Und du hast keine Ahnung, wer den Brunnen verschlossen hat?«

»Nein. Ich war ganz unten am Wasser. Ich habe niemanden gesehen. Nicht einmal seine Hände.«

»Aber es könnte doch nicht so schwer sein, ihn ausfindig zu machen. Oder sie.«

»Warum sagst du das? Wir haben viele Feinde.« Die Ungeheuerlichkeit dieser schlichten Feststellung tat weh.

»Aber nur wenige in Troja hassen uns so sehr, dass sie ihren trojanischen Mitbürgern deshalb den Tod wünschen. Ich sage dir, es wird bald klar sein, wer dahintersteckt.«

Wir mussten es herausfinden, doch es würde mir davor grauen, diesem Menschen ins Gesicht zu sehen und es zu *wissen*.

Vielleicht irrte Paris sich ja. Vielleicht war nicht Hass auf uns der Grund für das, was geschehen war, sondern nackte Kriegslust.

XLII

»Gelanor«, sagte Paris, »ich habe große Achtung vor deinen Augen und Ohren. Du weißt von dem Zwischenfall am Brunnen. Was denkst du darüber?«

Wir gingen in unserem Eingangsflur auf und ab. Der Geruch von Putz hing noch in der Luft, so neu war unser Heim. Evadne war bei uns. Ich hatte jetzt zwei trojanische Zofen, Skarphe und Leuke, aber ich hatte sie für diesen Tag entlassen, damit sie unser Gespräch nicht hörten. So sehr hatten sich Misstrauen und Angst in meine Gedanken geschlichen.

Gelanor taxierte mich. »Ich bin neu in Troja. Ich fange erst an, die Geschichten kennenzulernen, die sich hinter Gesichtern und Namen verbergen.«

Paris schüttelte den Kopf. »Nichtsdestoweniger – manchmal sieht ein Außenseiter Dinge, die ein Einheimischer übersieht.«

»Nun, dann …«

Ich erwartete, dass Gelanor jetzt anfangen würde, einen Trojaner nach dem anderen aufzuzählen, die Möglichkeit seiner Täterschaft zu analysieren und seine Motive zu zergliedern. Aber stattdessen sagte er: »Ich glaube, dass wir Spione in unseren Mauern haben.« Er schwieg kurz. »Sie haben sich als Trojaner getarnt. Vielleicht *sind* sie sogar Trojaner, die aus irgendeinem Grund unzufrieden sind, aber diese Möglichkeit ist weniger wahrscheinlich.«

»Spione!«, hauchte Paris.

»Ich möchte annehmen, es sind Fremde, Meister der Verkleidung«, sagte Gelanor. »Freilich, vorzuziehen wäre es immer, einen echten Trojaner zu bestechen. Dann braucht man sich keine Sorgen wegen seines Akzents zu machen, man muss nicht erklären, wie diese Person nach Troja gekommen ist, und er kann keinen Fehler machen, der ihn verrät. Aber so jemanden zu finden ist schwierig, wenn man keine Gelegenheit hat, sich ungehindert unter die Feinde zu mischen und jemanden anzusprechen. Viele Fremde haben nur auf dem Markt freien Umgang mit Trojanern, und der Markt ist längst vorbei.«

»Könnte jemand sich überzeugend als Trojaner ausgeben – anderen Trojanern gegenüber?«, fragte ich. Ich wusste, dass ich anders sprach als die Trojaner; ich benutzte viele andere Wörter als sie, und mit jedem Schritt verriet irgendetwas, dass ich keine Trojanerin war.

»Glaub mir, das können sie«, sagte Gelanor. »Es ist ihr Beruf, und sie verstehen es, wie ein Bauer es versteht, den Ochsen unter das Joch zu nehmen, oder wie ein Schmied sein Metall schmieden kann. Sie können eine Person zurechtschmieden, die es gar nicht gibt.«

»Aber wie halten sie es durch?«, fragte Paris. »Kinder können solche Spiele spielen, aber wenn es Abend wird, sind sie dessen müde.«

Gelanor lächelte. Sein Lächeln war stets beruhigend und zugleich seltsam distanziert, als amüsiere es ihn. »Sie lernen, es selbst zu glauben«, sagte er. »Sie übernehmen es ganz und gar, und ihr altes Ich verschwindet.«

»Ich sehe ein Gesicht«, sagte Evadne plötzlich. »Ein junges Gesicht.« Sie seufzte. »Aber weiter sehe ich nichts.«

Wir befragten die Augenzeugen nach Menelaos und Odysseus. Was hatten sie gesagt? Wie hatten sie ausgesehen? Die Männer, die in der Ratsversammlung gewesen waren, berichteten uns, die Halle sei zum Bersten voll gewesen und die Leute hätten sich an den Wänden gedrängt. Menelaos habe einnehmend gesprochen, überzeugend. Seine Erscheinung sei ansprechend gewesen und er habe vernünftig argumentiert. Paris, habe er gesagt, habe ein grundlegendes Gesetz der Gastfreundschaft verletzt: Er sei unter einem freundschaftlichen Vorwand unter sein Dach gekommen und habe ihm in seiner Abwesenheit die Gemahlin geraubt. Er habe behauptet, ich sei gegen meinen Willen entführt – und gar vergewaltigt worden.

»Nein!«, rief ich.

»Aber was sollen die Griechen sonst glauben?«, sagte unser Gewährsmann, ein junges Ratsmitglied. »Für ihren Stolz ist es unumgänglich, es zu glauben.« Er schwieg einen Augenblick. »Menelaos sagte außerdem, Paris habe große Mengen von Gold und anderen Kostbarkeiten aus Sparta gestohlen.«

»Das ist nicht wahr!«, sagte Paris. »Ich habe nichts gestohlen. Und Helena hat nur das genommen, was ihr gehörte – lauter Dinge, die wir gleichwohl bereitwillig zurückgeben werden.«

Menelaos – ein Lügner! Hatte Odysseus ihn dazu angestiftet, um seine Position zu verbessern?

»Ich schwöre vor allen Göttern, dass es nicht wahr ist«, erklärte ich. Aber noch während die Worte aus meinem Mund kamen, wusste ich, dass die Ohren, die sie hören mussten, jetzt verschlossen waren. Dafür hatte unser Feind gesorgt. Mein Zeugnis hätte alles ins Lot gebracht. Jetzt würde es niemand mehr anhören.

»Dann ist es ein Jammer, dass du es nicht vor dem Rat beschwören konntest«, sagte der Mann leise. »Nachdem Menelaos gesprochen hatte, ergriff Odysseus das Wort. Er ist der überzeugendste Redner, der je geboren ward. Oh, zu Anfang merkt man es nicht. Wenn er sich zum Sprechen erhebt, erscheint er unbedeutend und seine Worte sind alles andere als gewandt. Aber dann türmen seine Worte sich aufeinander und werden wie Schneewehen, die dich unter sich begraben. Er sprach davon, wie schändlich Paris sich verhalten habe, Priamos, ja, ganz Troja. Er sprach von Menelaos und seiner Sehnsucht nach seiner geliebten Gemahlin. Er sprach von der hinterhältigen Dreistigkeit, sie hier gegen ihren Willen gefangen zu halten. Er warnte uns: Man werde uns dafür strafen. Priamos beharrte entschieden darauf, dass sie sich irrten, dass Paris dich unmöglich gegen deinen Willen habe entführen können, da sie doch nur ein einziges Schiff und keine Flotte gehabt hätten. Menelaos verzog nur verächtlich das Gesicht. ›Trojanische Lügen!‹, sagte er. ›Was sonst sollen wir von diesem verachtungswürdigen Volk erwarten?‹ Odysseus schlug sich an die Brust. ›Wir sehen uns gerüstet in der Ebene von Troja‹, sagte er und fügte dann hinzu, Agamemnon, der Anführer der Griechen, verlange nicht nur die Herausgabe Helenas und ihres Schatzes, sondern auch eine beträchtliche Summe in Gold zur Begleichung der Kosten, die den Griechen in ihrem Bestreben, sie zu befreien, entstanden seien. Andernfalls würden sie Troja dem Erdboden gleichmachen.«

»Es kam zum Aufruhr«, sagte Gelanor. »Leider bestätigte das ihre Auffassung, die Trojaner seien ein gefährliches und barbarisches Volk, das sich nicht an die gebräuchlichen Verhaltensregeln hält: ein Volk, das auch Frauen raubt.«

»Wer hat den Tumult begonnen?«, fragte Paris.

»Das weiß ich nicht«, sagte der Mann. »Mir schien, es kam aus dem hinteren Teil der Halle.«

»Dann müssen es mehrere sein«, sagte Gelanor. »Einer hat Paris betäubt, einer hat Helena in den Brunnen gesperrt, und einer hat in der Ratsversammlung gespitzelt. Wir müssen nach vielen Ausschau halten.«

Eine angespannte Ruhe senkte sich nach dem Tumult mit den griechischen Besuchern über Troja. Es war, als seien die beiden Männer Götter gewesen, Fremde aus einer unbekannten Welt, deren Existenz zum Schrecken der Trojaner jetzt bestätigt worden war.

Ich war nicht minder erschüttert. Menelaos war hier gewesen, er war durch diese Straßen gegangen! Aber die beiden Hälften meines Lebens waren doch ganz und gar voneinander getrennt! Das hatte ich geglaubt, und das hatte ich mir gewünscht. Wie hatten sie wieder zusammenfinden können? Ich wusste nicht genau, was ich empfunden hätte, wenn ich sein Gesicht wiedergesehen hätte.

Ein paar Frauen beschlossen nervös, die Stadt zu verlassen und wie sonst auch zu den Waschtrögen hinauszugehen. Diesmal wurden sie von einer bewaffneten Wache begleitet; einige Frauen aus dem königlichen Haushalt wollten mitgehen – nicht um zu waschen, sondern um ihre neu gewebten Teppiche einzuweichen, damit die Farben ineinanderlaufen konnten. Im Palast wurde viel gewebt, und ein kleiner Wagen wartete, voll beladen mit den Erzeugnissen, die weiterverarbeitet werden mussten; das konnte nur bei den Waschtrögen geschehen. Meine eigene Weberei war ins Stocken geraten. Ich wollte eine Geschichte damit erzählen, eine wichtige Geschichte, doch die alten Sagen hatten ihren Reiz für mich verloren, und so hatte ich nichts Neues angefangen. Vielleicht würde es mir helfen, wenn ich die Muster und die Arbeiten der anderen sähe.

Es war ein schöner Tag, und zum ersten Mal in diesem neuen Sommer versprach es heiß zu werden. Die Karren mit Wäsche und Webereien rumpelten zum Dardanischen Tor hinaus und den Hang hinunter. Lachend spazierten die Frauen daneben her, und spielende Jungen tätschelten die Pferde, sprangen auf die Wagen und hüpften von einem zum anderen. Eine milde Brise wehte vom Land heran.

Einer der Jungen, der auf dem höchsten Wäscheberg stand, fing plötzlich an zu schreien. »Seht doch! Seht!« Er zeigte zum Meer, das in der Ferne zu sehen war.

»Was ist denn?«, fragte der Soldat, der neben dem Wagen ging.

»Seht ihr es nicht? Die schwarzen Dinge da draußen?«

Der Soldat ließ die Kolonne halten und kletterte grunzend auf den nächsten Wagen. Er beschattete die Augen und spähte blinzelnd in die Ferne. Eine Zeitlang sagte er nichts, aber dann schrie er: »Schiffe! Schiffe! Zurück in die Stadt!«

Die Karren wendeten schwerfällig und rollten mit ihrer schwankenden Ladung zurück zum Tor.

»Das Tor schließen!«, brüllten die Soldaten, als der letzte Wagen in der Stadt war. Wir Frauen eilten zu der Bastion an der Nordseite der Stadt, um zu sehen, was da vorging. Als wir dort eintrafen, standen die Menschen schon in sechs Reihen hintereinander und schauten auf das Meer hinaus. Wir drängten uns hindurch und suchten unsere Männer, und als wir neben ihnen standen, sahen wir, was sie sahen.

Weit ausgebreitet auf dem Meer wie ein dunkles Netz, kamen die Schiffe auf uns zu. Sie bildeten ein Muster wie das auf einem Webstuhl, einen Teppich, auf dem sich eine furchtbare Geschichte entrollt. Sie waren so zahlreich wie die Fliegen, die sich um eine klebrige Weinpfütze sammelten – ein hungrig wimmelnder Schwarm.

»Wie viele?« Andromache stand neben mir; sie war immer noch außer Atem nach dem schnellen Lauf.

»Hunderte«, sagte Hektor und starrte grimmig auf das Meer hinaus. »Die Ausguckposten bei Sigeon und auf dem Grab des Äsyetes auf der Landspitze sind eben gekommen und berichten, es seien Hunderte.«

»Tausend«, sagte Deiphobos, der neben ihm stand. »Mindestens tausend.«

»Das ist unmöglich«, sagte Hektor. »Tausend können es einfach nicht sein.«

»Kannst du zählen, Mann?«, fauchte Deiphobos. »Eins … zwei … drei …«

»Sie bewegen sich zu schnell und sind viel zu weit weg, als dass man sie genau zählen könnte«, beharrte Hektor.

Deiphobos verzog höhnisch den Mund.»Du gibst aber zu, mein lieber Bruder, dass es sehr viele sind?«

»Ja, das gebe ich zu. Ich sehe, es erfreut dein Herz.«

»Das tut es in der Tat. Ich kann es nicht erwarten, sie mir vorzunehmen.«

»Hektor …« Andromache berührte seine Schulter. »Sieh doch!« Sie zeigte mit Schaudern auf das Meer hinaus.

»Je mehr, desto besser!«, rief Deiphobos. »Desto mehr werden untergehen. Kein Heer dieser Größe kann sich im Feld versorgen. Sie werden verhungern, und je mehr es sind, desto schneller wird es geschehen. Sicher rechnen sie mit einem schnellen Angriff und einem schnellen Sieg, bevor die Probleme des Überlebens in der Fremde unüberwindlich werden. Aber dann sind sie Dummköpfe. Die Mauern Trojas sind unbezwingbar. Hier können sie uns nichts anhaben. Sie können nur in der Ebene umherziehen. Vielleicht«, fuhr er selbstgefällig fort, »werden einige von uns einen Ausfall unternehmen und mit ihnen kämpfen. Aber das wird nur eine Handvoll sein.« Er drehte sich um und blickte mich an. »Hier ist es, das Antlitz, das alle diese Schiffe heraufbeschworen hat. Ein Schiff für jedes Haar auf deinem Haupt, eins für jede Wimper, jeden Finger und jeden Zeh. Mögen sie am Fels unserer Mauern zerschellen! Wir haben mehr Steine, als du goldene Haare auf dem Kopf hast!« Mit einem zufriedenen kleinen Lächeln wandte er sich ab.

Ich ergriff die Flucht. Ich konnte nicht länger dastehen und zusehen, wie die grausige schwarze Front dieser Schiffe näherrückte. *Ein Schiff für jedes Haar auf deinem Haupt, eins für jede Wimper, jeden Finger und jeden Zeh.* Das durfte nicht sein. Aber es war so. Aus den vierzig Freiern war ein Heer geworden. Meine vierzig Freier, die gekommen waren, um ihren Eid zu erfüllen.

In den Straßen Trojas herrschte großes Gedränge, ein Schieben und Rempeln. Ich schaute in die Gesichter der Leute, aber sie schienen keine Angst zu haben: Sie benahmen sich wie Kinder, die ein neues Spielzeug bekommen sollten. Die Schiffe waren da, um mit ihnen zu spielen!

Ich hastete durch das Gewimmel hinauf in meinen Palast. Oben auf der Dachterrasse konnte ich die Schiffe ungestört beobachten. Aus irgendeinem Grund mochte ich geglaubt haben, sie seien verschwunden, wenn ich dort oben wäre, aber dieses Wunder blieb mir versagt.

Ich stieg hinunter in unser Hausheiligtum und setzte mich

still dorthin. Wenn ich mich nicht mehr bewegte, würde mein Herz vielleicht aufhören, so rasend zu pochen. Ich war außer Atem und rang nach Luft.

Die Ruhe des Heiligtums tat bald ihre Wirkung – sie und die Tatsache, dass es unter der Erde lag, in einer anderen Welt als der dort oben. Langsam und lautlos glitt die heilige Schlange aus ihrem Winkel und wartete zu meinen Füßen. Sie hob den Kopf, als erwarte sie eine Weisheit von mir zu hören und nicht, als wäre es umgekehrt.

Aber ich wusste keine weisen Worte. All unsere Erwartungen hatten sich als falsch erwiesen: dass Menelaos mir nicht folgen würde; dass die Freier ihren Eid nicht erfüllen würden; dass Agamemnon kein großes Heer zusammenbringen würde und dass die Männer, selbst wenn es ihm gelänge, seinem tyrannischen Kommando nicht folgen würden. Alles falsch, falsch, falsch.

Evadne hatte es in ihrer Vision gesehen, man hatte die Flotte auf dem Weg hierher gesichtet – aber zu beobachten, wie sie auf unsere Küste zusegelte, war eine ganz andere Sache.

Diese gewaltige Zahl von Schiffen – wie sollte Troja ihnen widerstehen? Und was wäre, wenn Troja fiele? Ein undenkbarer Gedanke! Ja, das war ein undenkbarer Gedanke, aber alle anderen Möglichkeiten waren auch undenkbar gewesen, und doch waren die Schiffe nun hier.

Ihretwegen wird ein furchtbarer Krieg geführt werden, und viele Griechen werden sterben.

Aber wenn viele Griechen starben, würden auch viele Trojaner sterben. Und das alles nur, weil ich beschlossen hatte, mit Paris zu fliehen.

Ich stimmte das altbekannte Lied an, das ich anderen vorgesungen hatte: Es ging dabei *nicht* um mich. Agamemnon hatte nur einen Vorwand für diesen Krieg gesucht. Aber dieses Lied brauchte ich mir nicht selbst zu singen. *Ich* war es, die ihm den Vorwand geliefert hatte.

Eine Mischung aus Panik und Schuldbewusstsein durchflutete mich so heftig, dass jeder Atemzug schmerzte. Diese Männer – sie kamen, um meine neue Familie, meine neue Heimat anzugreifen. Aber konnten unter ihnen auch Mitglieder meiner alten Familie sein? Waren meine Brüder dabei? Fuhren Kastor und Polydeukes auf Menelaos' Schiffen? Oder gar Vater? Nein, sie konnten Sparta ja nicht alle verlassen haben. Jemand musste dableiben und die Regierungsgeschäfte führen.

Oh, wenn doch nur meine Brüder nicht dabei sind!

Die Schlange glitt über meinen Fuß und liebkoste ihn mit ihrem kühlen Bauch.

Sag es mir! Sag es mir!, flehte ich sie an. Aber ihre dunklen Augen antworteten nicht.

Im letzten Dämmerlicht, bevor die dunklen Schiffe mit der dunklen Nacht verschmolzen, konnten wir sehen, dass sie schon sehr viel näher gekommen waren. Morgen würden sie landen.

Priamos berief eine dringende Ratsversammlung ein. Fackelträger überbrachten uns den Ruf. Bald drängten wir uns in seinem Megaron. Im Halbdunkel waren Gesichter nur schwer zu erkennen. In seiner Erregung wartete Priamos nicht, bis alle da waren, bevor er anfing zu reden.

»Wir alle wissen, warum wir hier sind«, begann er und sparte sich die üblichen Floskeln. »Die Griechen rücken an! Wenn die Sonne aufgeht, werden sie hier sein! Die Zahl der Schiffe, die unsere Ausguckposten gemeldet haben, beträgt weit über fünfhundert. Wir können sie natürlich erst wirklich zählen, wenn sie vor Anker liegen. Dies ist unsere letzte ungestörte Nacht.« Er hielt inne, um Luft zu holen. Seine Hände zitterten; er ballte die Fäuste, um es zu verbergen. Er winkte die Ältesten zu sich: Thymoetes, Lampeios, Klytios und Hiketaon nahmen ihren Platz an seiner Seite ein, und Hekuba trat zurück und verschwand im Dunkel der Schatten.

»Antimachos. Antenor.«

Sie traten vor.

»Meine Söhne.«

Paris verließ meine Seite und ging zu seinen Brüdern.

»Ihr seid alles, was zwischen unseren Feinden und unseren

Bürgern steht, unseren Frauen und Kindern.« Er schaute in die Runde, und sein Blick verweilte auf jedem Gesicht. »Troja hat sich noch nie einem solchen Angriff widersetzen müssen. Aber ich weiß es in Sicherheit durch eure Klugheit und eure Kraft. Jetzt sollen zuerst die Beobachter sprechen und uns sagen, womit wir es zu tun haben.«

Die beiden jungen Soldaten, die in Sigeon und auf dem Grab des Äsyetes gewacht hatten, traten vor. »Wir glauben, Herr, es sind ungefähr siebenhundertfünfzig Schiffe, also vielleicht doch nicht tausend. Fünfhundert Schiffe sind es aber nach unserer Schätzung mindestens.«

Priamos schrie auf und presste beide Hände an die Schläfen. »Fünfhundert! Selbst wenn es nur fünfhundert Schiffe sind und wenn auf jedem Schiff nur fünfzig Mann sind, dann sind es immer noch … fünfundzwanzigtausend Mann! Und im schlimmsten Fall mögen es tausend Schiffe mit jeweils hundert Mann an Bord sein. Dann sind es – hunderttausend!«

»Ja, Herr«, sagte der Späher.

Priamos ließ langsam die Hände sinken und hob den Kopf. »Gut. Es ist, wie es ist. Was – und ich frage euch alle – sollten wir eurer wohlerwogenen Meinung nach als Erstes tun?«

»Das liegt doch auf der Hand!«, sagte Antimachos. »Wir greifen sie am Strand an, wenn sie landen wollen. Da sind sie am verwundbarsten. Wie viele voll ausgebildete Soldaten haben wir kampfbereit?«

»Fast siebentausend«, sagte Hektor. »Die besten Trojas.«

»Dann sind wir mindestens eins zu fünf unterlegen!«, rief Antenor.

»Unsere Verbündeten sind noch nicht eingerechnet. Sie werden die Zahlen bald ausgleichen«, sagte Hektor. »Und ich werde sie führen!«

Priamos nickte. »Natürlich. Und Deiphobos und Äneas werden die zweite Reihe übernehmen.«

»Und ich?«, fragte Paris.

»Bogenschützen brauchen wir bei diesem Einsatz nicht«, erklärte Deiphobos. »Du bleibst hier und bewachst die Mauern.«

Das flackernde Fackellicht verbarg das Behagen in seinem Gesicht, aber ich hörte es in seiner Stimme.

»Und ich?«, fragte Troilos.

»Du bleibst im Haus und hältst dich fern von den Mauern. Zusammen mit den beiden Kleinen, Polydoros und Polites.«

»Und ich?«, fragte Hiketaon. »Meine Rüstung ist poliert, die Lederbänder sind erneuert und so geschmeidig wie immer.«

»Aber du bist es nicht mehr«, sagte Priamos mit fester Stimme.

»Ich kann mich im Hauen und Stechen immer noch mit den Besten messen.« Die Augen in dem runzligen Gesicht wurden schmal.

»Aber du kannst nicht mehr schnell laufen. Du bist langsam wie ein Esel mit gefesselten Beinen.«

»Das stimmt nicht! Wer hat das gesagt?«

»Ich habe gesehen, wie du es versucht hast.« Priamos' Stimme wurde sanft. »Wir sind im selben Alter, und unsere flinkfüßigen Tage sind vorüber.« *Mein Speerarm ist immer noch stark, und früher einmal hätte ich jeden dieser Bengel in Grund und Boden gerannt.* Der alte Athlet. Hatte er auch Menelaos angefleht, ihn begleiten zu dürfen? Hatte Menelaos bedauernd den Kopf geschüttelt und ihn abgewiesen?

Lampeios sah mich an und schüttelte den Kopf. »Da ist sie. Ihre Schönheit gleicht in beängstigender Weise der Schönheit der Götter. Gleichwohl wäre es besser für Troja, wenn sie nie hergekommen wäre.«

»Es ist geschehen, Lampeios, und man kann es nicht ungeschehen machen«, sagte Priamos. »Es war der Wille der Götter.«

Wie ergeben sie sich alle fügten! Ganz anders als die Griechen, die ihr Schicksal niemals akzeptierten, solange sie nicht erfolglos versucht hatten, es zu überlisten.

»Beim ersten Schimmer des Morgengrauens also zu den Schiffen!«, rief Hektor. »Wir werden uns die ganze Nacht hindurch wappnen und vorbereiten!«

Begeisterter Jubel dröhnte durch die Halle und erfüllte sie wie Rauch.

Wir waren allein in unserem Gemach. Paris wandte mir den Rücken zu und schaute hinaus auf das Meer. »Wir wissen, dass sie da sind«, sagte er. »Das bloße Wissen verändert alles.«

Ich nahm ihn bei den Schultern und drehte ihn zu mir herum. »Ich habe gefürchtet, dass dieser Tag kommen könnte«, sagte ich.

»Du hast *gesagt*, du fürchtest, dass dieser Tag kommen könnte. Aber hast du es wirklich geglaubt?«

»Nein, ich wollte es nicht«, gestand ich. »Erinnerst du dich an den Wasserfall auf Kythera? Der so tief war? Wir standen oben auf der Höhe und schauten hinunter, und wir konnten kaum hören, wie das Wasser unten rauschte. Mir ist, als hielten wir einander bei den Händen und sprängen dort hinunter, ohne zu sehen, wo wir ankommen. Oh, Paris! Ich habe solche Angst vor dem Unheil, das über Troja kommen könnte – nur unseretwegen.«

»Dann würde die Prophezeiung sich erfüllen, dass ich der Untergang Trojas bin«, sagte er. »In diesem Fall wäre das Unheil für Troja unvermeidlich gewesen, als sie beschlossen haben, mich leben zu lassen. Deshalb müssen wir uns nicht selbst dafür bestrafen.«

»So leicht nimmst du es?«

»Nein, durchaus nicht, aber ich muss auch nicht die ganze Last der Schuld auf mich nehmen.«

»Mir ist, als müsste ich ersticken unter lauter Omen und Prophezeiungen. Als wir gemeinsam geflohen sind, haben wir geglaubt, wir kämpften uns aus diesem Netz hinaus. Aber jetzt sehe ich, dass das Netz größer ist, als ich mir je vorstellen konnte.«

»Kämpfen … Der eigentliche Kampf steht noch bevor. Es hat mich geschmerzt, als man mir heute Abend verboten hat, die Griechen mit meinen Brüdern zusammen an der Küste anzugreifen. ›Du bleibst hier und bewachst die Mauern …‹«

»Es war nicht der König, der so gesprochen hat, sondern Deiphobos.« Der verschlagene, bösartige Deiphobos.

»Aber der König hat ihm nicht widersprochen noch ihn getadelt.«

»Vielleicht –«

»Ich muss lernen, auf die übliche Art zu kämpfen. Ich lasse mir eine neue Rüstung machen. Sie werden mich nicht zurückhalten!«

»Vielleicht wird es keinen weiteren Kampf geben. Vielleicht werden sie den Griechen eine solche Tracht Prügel verpassen, dass sie die Anker sofort wieder lichten und nach Hause fahren.«

»Menelaos ist ein halsstarriger Mann«, sagte Paris. »Um ihn zum Rückzug zu bewegen, ist mehr als ein Scharmützel nötig.«

Niemand schlief in dieser Nacht, und schon vor dem ersten Morgenschimmer im Osten nahm Paris seinen Bogen und den Köcher mit den Pfeilen und stahl sich aus dem Zimmer. Er nahm an, ich schlief; ich tat so, damit er nicht glaubte, er müsse mir beruhigend versprechen, es werde schon alles gut werden. Als er draußen war, sprang ich aus dem Bett und zog mich an. Ich hatte Herzklopfen, und meine Hände zitterten so sehr, dass ich die Finger ineinander verschränken musste.

Wie alle anderen Trojaner begab ich mich auf die hohe Nordmauer, um zu beobachten, wie unsere Männer über die Ebene zum Hellespont zogen, wo die Schiffe vermutlich gelandet waren. Paris war irgendwo in einem der Wachttürme, und ein Teil meiner selbst war dankbar, dass er nicht unter denen war, die jetzt Hals über Kopf den Griechen entgegenstürmten. Der andere Teil, der Teil, der Paris gehörte, fühlte seinen Zorn und seine Beschämung darüber, dass man ihm befohlen hatte, in der Stadt zu bleiben.

Es wurde Abend, und die Männer kehrten nicht zurück. Wir sahen und hörten nichts. Erst kurz vor Sonnenuntergang am nächsten Tag kehrte unser Heer zurück. Die Rüstungen waren von einer feinen Staubschicht bedeckt, und die Männer waren verschwitzt. Sie trugen Bahren mit Toten. Sie hatten die Griechen angegriffen, als sie landen wollten, und Hektor hatte den Ersten erschlagen, der den Fuß ans Ufer gesetzt hatte – ein gutes

Omen, auch wenn er Omen gering achtete. Aber die griechischen Truppen hatten ihnen eine wütende Schlacht geliefert, und obwohl sie beinahe ins Meer zurückgetrieben worden wären, war es ihnen gelungen, die trojanische Flotte anzugreifen, die in der Mündung des Skamander vor Anker lag, und viele Schiffe zu verbrennen.

Kaum hatten sich die Tore hinter unseren Männern geschlossen, als die Griechen ihnen auch schon über die Ebene nachsetzten, als könnten sie es nicht erwarten, Troja endlich zu sehen. An unseren hohen blanken Mauern und befestigten Toren prallten sie ab, und unter einem Hagel von Steinen und Pfeilen, der von den Bastionen auf sie herabregnete, traten sie den Rückzug an.

Bei ihrem vergeblichen Marsch über die Ebene konnten wir ermessen, wie groß ihr Heer war. Es füllte das Becken zwischen den beiden Flüssen aus, und aus unserer Höhe sah es aus wie eine Decke, die sich da über das Land bewegte. Hin und wieder blitzte ein Schild in der Sonne auf, und das Klirren ihrer Rüstungen beim Marschieren klang wie eine dumpfe Musik.

Ich erkannte keinen unter den Anführern, aber die Helme verdeckten ihre Gesichter, und ohnehin wurde es dunkel. In einer Rüstung sehen alle Männer gleich aus.

XLIII

Krieg. Wir waren im Krieg. Wie furchterregend war es, diese Worte auszusprechen und zu begreifen! Im Haus waren wir in Sicherheit, umgeben von all den hübschen Dingen, die uns im Frieden erfreut hatten – Leiern, Spiegeln, Spielbrettern aus Elfenbein. Die Straßen aber wimmelten von den düsteren Anzeichen des Krieges: Soldaten natürlich, aber auch Knaben, die Körbe mit Pfeilen schleppten, und Männer mit Eseln, schwankend unter der Last der Steine, die von der Mauer hinabgeschleudert werden sollten und zu diesem Zweck an verschiedenen Stellen der Mauer aufgetürmt wurden. Frauen eilten zum sicheren Südtor, um ihre Wäsche zum Waschplatz zu schaffen, bevor es zu spät war. Die Pferdeknechte führten ihre Tiere zu den Wassertrögen im Quellenhaus, um sie zu tränken, bevor sie in ihre Stallungen hinter der ersten Barrikade in der Unterstadt gebracht wurden. Und überall wehten die traditionellen Rosshaarkronen auf den Kriegshelmen, mit denen die Männer durch die Straßen stolzierten. Durch schmale Augenschlitze spähten sie umher.

In der Stadt herrschte eine trotzige Stimmung. Die Trojaner sonnten sich in der Stärke ihrer Mauern – der dicksten und höchsten der Welt, behaupteten sie – und ihrer tapferen Kämpfer.

Der Gedanke, dass viele junge Männer ihr Leben verlieren würden, erfüllte mich mit Grausen. Als ich meiner Trauer Ausdruck gab, lachte Deiphobos auf seine wegwerfende Art. Ich hatte Deiphobos von Anfang an nicht leiden können, und dieses Gefühl verstärkte sich immer mehr. »Du denkst zu viel an die Männer und zu wenig an die Bedürfnisse der Armee. Eine Armee muss siegen. Ihr liegt nichts an einem einzelnen Soldaten.«

»Aber dem Land, das die Armee aufstellt, muss etwas an seinen Menschen liegen.«

»Das sollte vielleicht so sein, aber es ist nicht so.« Demonstrativ setzte er seinen Helm auf. Nun war sein Gesicht von Bronze umrahmt. Nur seine schmalen Lippen schauten darunter hervor. »Du hast dir einen merkwürdigen Augenblick für deine Weichherzigkeit ausgesucht, meine Liebe«, sagte er. »Du hast all das verursacht. Jetzt solltest du es auch genießen. Du kannst es nicht ungeschehen machen, also nimm es einfach hin!«

»Ich hätte alles getan, um es zu verhindern, doch ein unsichtbarer Feind hat mich daran gehindert.«

Sein Lachen hallte unter dem bronzenen Helm wider. »Ach, Helena, versuche doch nicht, deine Schuld an diesem Krieg von dir zu schieben.« Er befestigte den Riemen unter seinem Kinn. »Es ist nur ein Jammer, dass du dir Paris ausgesucht hast … Aber Frauen sind wankelmütig, und nichts währet ewig.«

Ich wandte mich ab, aber nur, weil es mir die Sprache verschlagen hatte. Es gab keine geistreiche, es gab überhaupt keine Antwort auf eine solche Beleidigung.

Die Ebene von Troja war leer. Die Griechen hatten sich zurückgezogen nach ihrem ersten begeisterten Sturm durch das Flachland bis zu unseren Mauern, an denen sie sich verausgabt hatten wie eine schäumende, jedoch machtlose Woge.

Eine befestigte Stadt war schwer anzugreifen. Wusste Agamemnon, der behaglich hinter den Mauern von Mykene saß, das nicht besser als jeder andere? Sicher durchforschte er jetzt seinen Verstand und überlegte sich, wie jemand die Schwächen Mykenes zu seinem Vorteil nutzen könnte, um einen Plan für die Eroberung Trojas zu schmieden.

Die seltsame Ruhepause zermürbte die Trojaner. Die Feinde hatten sich scheinbar in Luft aufgelöst. Unsere Späher meldeten, sie hätten ihre Schiffe reihenweise auf den Strand gezogen, und nur die letzte Reihe dümpele auf dem Wasser, festgehalten von steinernen Ankern am Bug und Tauen am Heck. Es war uns bereits gelungen, ein paar Spione zu ihnen zu schicken, und die Welle der von Gelanor ausgebildeten Huren würde bald folgen. Er meinte, wir sollten abwarten, bis die Geilheit der Männer ins Übermäßige gestiegen wäre, bevor wir ihnen Erleichterung verschafften.

»Sie machen sich dort unten am Ufer zu schaffen«, berichtete einer der Spitzel. »Die Schiffe sind in einer bestimmten Ordnung aufgereiht; an einem Ende sitzt der als Achilleus bekannte Recke, am anderen ein riesiger Kerl namens Ajax, und der in der Mitte heißt Odysseus.«

»Das also sind die Anführer«, sagte Priamos. »Und wo steckt Agamemnon in alldem? Und wo sein Bruder Menelaos?«

»Irgendwo in der Reihe«, sagte der Spion. »Aber du hast recht: Achilleus, Odysseus und Ajax scheinen die Eckpfeiler zu sein. Achilleus gilt als Kämpfer von übernatürlichen Kräften, Odysseus ist schlau und verschlagen, und Ajax ist einfach gigantisch und unbeweglich.«

Achilleus! Aber er war doch auf Skyros gewesen, als Mädchen verkleidet. Wie kam er hierher nach Troja? »Wie kann Achilleus ein so gewaltiger Kämpfer sein?«, rief ich. »Und was die beiden anderen angeht – Ajax ist dumm wie ein Eimer, und Odysseus kämpft mit seinem Verstand, aber nicht mit dem Schwert.«

»Sie preisen Achilleus als ihren größten Recken«, beharrte der Spion. »Ich weiß nicht, worauf diese Entscheidung beruht.«

»Manchmal weiß man es einfach«, sagte Priamos und schüttelte den Kopf. »Ich habe gehört, Achilleus' Mutter ist eine Göttin. Dem haben wir nichts entgegenzusetzen. Wir hier in Troja sind Sterbliche. Hier hat jeder einen menschlichen Vater und eine menschliche Mutter.«

»Umso größer wird unser Ruhm sein, wenn wir ihn besiegen.« Hektor trat zu uns und blickte in die Runde. »Steckt ihr die Köpfe zusammen wie ein paar alte Weiber am Brunnen? So sieht es aus.« Er riss sich den Helm vom Kopf und warf ihn in die Ecke, wo er scheppernd landete. »Ich gebe nicht viel auf dieses Getuschel über den ›Sohn einer Göttin‹. Auf dem Olymp besteht Einigkeit, dass die Götter ihren Nachkommen nicht beispringen, damit diese das Schicksal nicht herausfordern. Was soll's also?« Er lachte sein prächtiges schallendes Lachen. »Ich lasse den Sohn eines Menschen jederzeit gegen den Sohn eines Gottes antreten. Wir Sterblichen haben keine wirklichkeitsfremde Hoffnung auf göttlichen Beistand, und deshalb kämpfen wir mit all unserer Kraft.«

Paris und ich waren in unseren Palast zurückgekehrt, als Antenor die Bitte übermitteln ließ, ihn in seinem Haus zu besuchen. Es lag auf halber Höhe der Stadt, ein prächtiges Haus mit Gitterfenstern. Das Innere war geräumig und luftig und nicht mit allerlei Dingen vollgestopft. Er ließ uns ein, führte uns in ein kleines Zimmer und schloss die Tür.

»Teurer Prinz, meine Prinzessin«, begann er und zupfte an der Fibel, die seinen dunkelbraunen Mantel an der Schulter zusammenhielt. Dabei saß der Mantel wie immer makellos und brauchte nicht zurechtgerückt zu werden. Aber Antenor war stets besorgt um seine äußere Erscheinung. Es gefiel ihm, als der geschmackvollste Mann von Troja zu gelten. »Ich blicke in das Antlitz, das Menelaos und Odysseus so sehnsüchtig zu schauen begehrten.«

Ich spreizte die Hände. »Wie du weißt, wurden wir gewaltsam daran gehindert, zugegen zu sein, als sie in Troja waren.«

Antenor trat an mich heran und senkte die Stimme zu einem Flüstern. »Gleichwohl haben sie etwas für dich dagelassen.« Er wandte sich ab, nahm ein Kästchen und gab es mir. »Es ist ungefährlich. Ich habe es untersucht.«

Langsam hob ich den geschnitzten Deckel auf. In dem Kästchen lag ein zierliches Schmuckstück, ein tiefroter Stein, in glänzendes Gold gefasst. Er konnte als Brosche getragen werden, aber auch als Anhänger an einer goldenen Schnur. Ich strich mit dem Finger über den glatten Stein.

»Menelaos hat gesagt, ich soll ihn dir geben«, erklärte Antenor. »Es war sein Wunsch, dass du ihn bekommst.«

Das erschien mir sonderbar. Warum sollte Menelaos mir ein Schmuckstück schenken, wenn er zugleich behauptete, ich hätte seinen Palast geplündert? Und das Stück sah nicht aus wie etwas, was ihm gefallen könnte, denn sein Geschmack neigte eher zu wuchtigen, protzigen Dingen.

Aber vielleicht war es ein Zeichen dafür, dass sein Herz doch nicht vollständig verhärtet gegen mich war. Vielleicht gab es noch Hoffnung, vielleicht konnte ich ihm eine Botschaft zukommen lassen und ein neues Zusammentreffen zustande bringen.

Ich nahm das Schmuckstück aus dem Kästchen, aber Paris hielt mein Handgelenk fest. »Leg es nicht an! Berühre es nicht! Es könnte vergiftet sein – oder verflucht.«

Langsam legte ich es zurück. Der Gedanke war mir zuwider, doch ich musste vorsichtig sein. »Was genau hat er gesagt, als er es dir gegeben hat?«, fragte ich Antenor.

Antenor strich sich über das silberne Haar. »Er sagte mit erstickter Stimme: ›Für Helena, meine Gemahlin, auf dass sie den Preis ihrer Liebe ermesse.‹«

»Umso mehr Grund, es nicht zu tragen«, erklärte Paris. »Er

versucht, dich heimlich zurückzustehlen mit diesem … diesem Spielzeug.«

»Das kann nicht sein«, sagte ich. Doch verglichen mit den Schätzen Trojas sah es so armselig aus, wie es da in seinem Kästchen lag, dass ich Rührung empfand. Aufhören!, befahl ich mir streng. »Wie ging es ihm? Wie sah er aus?«, fragte ich. Das kümmerte mich mehr als sein Geschenk.

»Abgespannt und müde«, sagte Antenor und unterließ es, hinzuzufügen: *Sein Herz war gebrochen.* »Immer wieder blickte er zur Tür des Ratssaales und wartete auf dich. Als du nicht kamst, als die Boten zurückkehrten und meldeten, du seist nicht zu finden, schrumpfte er sichtlich.«

»Was heißt, er ›schrumpfte sichtlich‹?«, fragte Paris.

»Er schien vor meinen Augen immer kleiner zu werden. Bald war er nur noch so groß wie Odysseus.«

Es schmerzte mich, das zu hören. Mein Hass auf den Feind, der mich eingesperrt hatte, kochte wieder hoch. »Man muss ihm sagen … Ich sollte ihm erklären … Vielleicht könnte ich zu ihm gehen, zu den Schiffen –«

»Nein!«, riefen Paris und Antenor wie aus einem Munde. »Dazu ist es zu spät«, sagte Antenor. »Selbst wenn sie dich gefangen nehmen und mit dir zurück nach Sparta segeln, wäre es zu spät. Die übrigen Griechen würden hier bleiben und uns trotzdem angreifen. Sie haben den weiten Weg nicht umsonst gemacht, und – ich bitte um Nachsicht, Herrin, aber ich sehe jetzt, dass sie die weite Reise nicht gemacht haben, nur um dich zurückzuholen. Menelaos wäre damit wohl zufrieden, aber die anderen nicht. Dieser Feldzug war mit monumentalen Kosten verbunden, und die müssen sie wieder einbringen.«

»Dann sollten sie lieber gleich kehrtmachen und nach Hause fahren, denn Troja wird ihnen ihre Verluste nicht erstatten«, sagte Paris.

»Nimm das Juwel mit«, sagte Antenor. »Ich will es nicht im Hause haben.« Er drückte mir das Kästchen in die Hand, und Paris' Warnung zum Trotz nahm ich es an.

Eine Zeitlang blieb es ruhig. Die weite Ebene von Troja lag verlassen da, und in unserer Unschuld hätten wir uns leicht einbilden können, es sei alles wie immer und wir könnten uns zu Spiel und Spaß hinunterwagen. Aber die Küste hatte sich verändert; statt einer klaren Linie zwischen See und Sand lagen dort nun die Schiffe in dunklen Reihen.

Nach einer Weile – inzwischen war es Sommer geworden – zogen draußen Gruppen von Soldaten über die grünen Wiesen und schlugen ihre Lager auf. Zuerst waren es nur wenige, und Priamos schickte Truppen hinaus, die sie bedrängten und attackierten. Einige konnten sie vertreiben, aber dann wurden es immer mehr, und bald hatten sie einen Halbkreis um die dem Hellespont zugewandte Nordseite der Stadt gebildet. Als ihre Zahl groß genug war, fingen sie an, unsere Tore dort zu blockieren, sodass dort niemand mehr die Stadt betreten oder verlassen konnte. Die Tore an der Südseite der Stadt ließen sie unbehelligt, sodass die Trojaner dort immer noch ungehindert ein und aus gehen konnten; sie schwärmten aus und brachten Holz, Fackeln und Getreide herein, und sie deckten in aller Ruhe den Abwasserkanal ab, sodass sich auf diesem Wege niemand in die Stadt schleichen konnte.

Äneas nutzte die Ruhe, um in sein Königreich Dardania zurückzukehren, das unmittelbar im Osten an uns grenzte. Er verabschiedete sich förmlich von Priamos; er werde eilends zurückkehren, wenn man ihn brauchen sollte, aber nun müsse er sich um die Sicherheit seines eigenen Volkes kümmern.

»Denn wenn die Griechen anfangen, sich zu langweilen, und genug von ihren Versuchen haben, Troja durch eine Belagerung zu zermürben, werden sie sich ein anderes Opfer suchen. Dann werden sie ihre Blicke nach Dardania, Adrasteia und Phrygien richten«, sagte er, als er sich von Paris und mir verabschiedete. »Es hat Priamos nicht gefallen, dass ich deine Schwester Kreusa mitnehmen muss, doch sie ist meine Frau. Und mein Vater Anchises wird sich Sorgen um mich machen.«

»Wie du willst«, sagte Paris. Er wanderte im Megaron unseres Palastes umher, immer um den kalten Herd in der Mitte herum. »Aber ach!, mein Freund, mein Vetter, du wirst mir fehlen!« Er umarmte Äneas und drückte ihn einen Augenblick lang fest an sich. Die beiden Profile, klar und scharf geschnitten, spiegelten einander.

»Ich dich auch«, sagte Äneas leise.

Äneas ging fort. Auch ich würde ihn vermissen, denn das erste Mal hatte ich ihn mit Paris zusammen gesehen, und dieser Moment war für immer in mein Gedächtnis eingebrannt, denn die beiden waren unauflöslich mit meinem Schicksal verbunden.

Paris konnte es nicht erwarten, sich die Rüstung anpassen zu lassen, die er in Auftrag gegeben hatte. Die Waffenschmiede besuchten ihn im Palast und brachten aus Leinen gepresste Muster dessen, was später in Bronze gegossen werden würde. »Ich will einen Brustpanzer mit einem erhabenen Abbild der Mauern Trojas«, sagte er. Sie maßen seine Brust, seine Arme und Schultern und priesen begeistert seine Proportionen. Dann brachten sie allerlei Bedenken hinsichtlich der Zeit vor, die sie benötigen würden, und auch wegen der Qualität der Bronze. Sie beklagten sich über die Unreinheit des Zinns, das sie aus dem hohen Norden erhalten hätten; es entspreche nicht den üblichen Maßstäben. Paris wollte außerdem Beinschienen und einen dickeren Helm aus Bronze mit einem Kinnriemen aus geschmeidigem Leder. »Und über allem werde ich mein Pantherfell tragen«, sagte er, »das soll mein Erkennungszeichen sein.«

Die Handwerker verbeugten sich und zogen sich zurück. »Ich glaube nicht, dass sie rechtzeitig fertig werden«, sagte Paris besorgt. »Ich hätte mich eher darum kümmern sollen.«

»Noch hat keine Schlacht stattgefunden – abgesehen von dem Gefecht bei ihrer Landung«, gab ich ihm zu bedenken. »Ich bin sicher, deine Rüstung wird beizeiten fertig sein. Aber lass uns hoffen, dass du sie niemals brauchen wirst. Dann können wir sie in unsere Halle hängen und unseren Kindern die prunkvolle Rüstung ihres Vaters zeigen.«

Er seufzte. Unsere Kinder … Würde es sie jemals geben?

Aber darüber sprachen wir nur noch selten; unsere Enttäuschung wuchs, und unsere Hoffnungen schwanden. »Vielleicht werde ich mit Menelaos um dich kämpfen müssen. Mann gegen Mann. Ich habe es jedenfalls vor. Warum sollen Armeen aufeinander losgehen und viele zu Tode kommen, wenn es eigentlich nur ein Duell zwischen zwei Männern ist?«

»Nein, das darfst du nicht!« Es war nicht die Angst, dass er verwundet werden könnte – o nein, daran konnte ich nicht einmal denken! Aber selbst wenn Paris verschont bliebe – wenn Menelaos ihn besiegte, würde ich mit ihm gehen müssen. Ich würde zulassen müssen, dass er mich in Besitz nahm, mich in seinen Armen hielt und mich berührte. Seine Hände würden auf meinen Schultern liegen und mein Gesicht streicheln, und er würde mich in sein Bett holen, in sein kaltes, lebloses Bett.

»Warum nicht? Hast du so wenig Zutrauen zu mir?«, fragte er gekränkt und wurde blass.

»Das ist es nicht«, sagte ich. »Aber die Götter sind tückisch, und sie könnten dich im Stich lassen.«

Evadne und ich saßen still in unserem innersten Gemach. Ich empfand die Anwesenheit dieser weisen alten Frau stets als beruhigend. Meine anderen Dienerinnen waren fröhlich und schwatzhaft, aber sie halfen mir hauptsächlich dabei, mich abzulenken. Evadne hatte wie immer ihre Igelhaut und einen Sack mit ungekämmter Wolle dabei. Sie saß auf ihrem Schemel und zog die verfilzten Wollbüschel durch die Stacheln des Igels, um die Strähnen zu glätten. Zwischen ihren ausgebreiteten Armen wuchs die graubraune Wolle zu langen Strängen, und ein tiefer Friede senkte sich auf uns herab.

»Paris ist nicht da, Herrin?«, fragte sie schließlich.

»Nein. Er inspiziert seine Vorräte an Pfeilen und lässt neue machen.« Manche waren der Ansicht, jemand, der aus der Ferne tötet, sei ein Feigling, der nicht wage, seinem Feind von Angesicht zu Angesicht entgegenzutreten. »Hektor sagt, das beste Omen sei es, für sein Vaterland zu kämpfen und zu sterben. Mir scheint, das beste Omen ist es, dafür zu sorgen, dass die Soldaten auf der anderen Seite für *ihr* Vaterland sterben.« Selbst wenn man das mit Pfeil und Bogen bewerkstelligte.

Evadne lachte. »Noch besser wäre es, wenn die Frauen den Verlauf des Krieges bestimmten«, sagte sie. »Dann würde er einen vernünftigen Verlauf nehmen.« Sie zog einen neuen Klumpen Wolle heraus, dunkel und wirr.

»Paris redet von einem Zweikampf zwischen ihm und Menelaos.«

»Das ist vernünftig. Eigentlich ist es ja ein Streit zwischen ihnen beiden. Es gibt keinen Grund, Tausende da hineinzuziehen.«

»Aber ich kann nicht mit Menelaos gehen!«, rief ich. »Selbst wenn er siegte – ich würde fliehen!«

Ich griff nach dem Kästchen mit der Brosche und hielt sie Evadne entgegen. »Er hat die Kühnheit besessen, mir das hier zu bringen!«, sagte ich. »Ein Schmuckstück! Er kann doch nicht erwarten, dass ich es trage!« Ich nahm es heraus und drehte es zwischen den Fingern.

»Oh, tu es nicht!« Sie streckte die Hand aus und berührte es leicht mit der Fingerspitze. »Das ist nicht nur ein hübsches Juwel, da steckt mehr dahinter.« Sie schüttelte den Kopf. »Wo hat er es her? Und warum macht er dir ein Geschenk?«

Ich legte die Brosche wieder in das Kästchen. Als ich die Hand hob, sah ich, dass meine Fingerspitzen rot waren. Ich wischte sie an einem Tuch ab, aber das Tuch blieb weiß.

»Es weint«, sagte Evadne staunend. »Vielleicht wie Menelaos selbst.«

»Tränen sind nicht rot«, sagte ich. »Das hier ist etwas anderes.«

Priamos' Arsenal wuchs immer weiter. Er hatte zwei Nachschubdepots angelegt, eins in der Unterstadt, wo größere Teile gelagert werden konnten: Wagenräder, Schilde, unvollendete Holzschäfte für Speere sowie Brustpanzer. Im zweiten, in der Oberstadt, waren Schwerter, Speere, Dolche, Bogen, Pfeile und Köcher untergebracht. Steine lagen in hohen Haufen an den

Mauern; sie würden auf den Feind hinabgeworfen werden, wenn er versuchen sollte, die Befestigungen zu erklettern.

Antimachos, der streitsüchtige alte Kämpe, hatte offenbar Gefallen an der Vorstellung, der Feind könnte versuchen, unsere Mauern anzugreifen. »Ihre kümmerlichen Sturmleitern werden sich als Todesfallen erweisen«, schnaubte er und marschierte vor einem Steinhaufen auf und ab. Seine Nasenflügel blähten sich in dem sonnengebräunten Gesicht. »Um heraufzusteigen, müssen sie sich am Fuße der Mauern aufstellen und in ihrer schweren Rüstung senkrecht emporklettern. Oh, ich habe von den Schildgurten gehört, die ihnen erlauben, sich die Schilde auf den Rücken zu schnallen und sich gleichsam in Schildkröten zu verwandeln, aber das macht sie so ungelenk, dass die Hälfte von ihnen das Gleichgewicht verlieren und abstürzen wird. Und der Rest – na, mit dem Rest werden wir schon fertig!« Er bückte sich und hob einen dicken Stein auf, so mühelos, als wäre es ein Wollknäuel. Die Muskeln an seinem Unterarm schwollen an, und die Adern traten hervor. Lachend wuchtete er den Stein über die Mauer. Einen Augenblick später hörte man den lauten Aufschlag.

»Und wen, erhabener König, wirst du zum Befehlshaber über die Soldaten machen, wenn in der Ebene gekämpft wird?«, fragte er Priamos, der seine Verteidigungsanlagen besichtigte.

»Ach, ich wünschte, ich könnte sie selbst führen«, antwortete Priamos. Er schien jünger geworden zu sein, seit die Griechen gelandet waren. Der bevorstehende Krieg verlieh ihm neue Kräfte. »Ich würde sie in Angst und Schrecken versetzen, sie alle, auch Agamemnon und ihren Achilleus!« Tief ausatmend verabschiedete er sich von seinem Traum. »Aber der Oberbefehlshaber wird Hektor sein.« Priamos deutete auf den Palast. »Lasst uns hineingehen!« Er wollte nicht auf offener Straße über diese Dinge reden. Die Neugierigen, die ihm und seinem Gefolge von den Mauern herauf gefolgt waren, murrten enttäuscht.

Im Hof befahl Priamos uns, die unserer Stellung entsprechenden Plätze einzunehmen. Die Soldaten sollten links stehen, seine Söhne und ihre Familien in der Mitte und der Ältestenrat und seine Ratgeber zur Rechten. »Ich schätze die Ansichten jedes Einzelnen hier, aber in meinem Alter« – er verneigte sich leicht, als bitte er um Widerspruch – »weiß man eher, aus welcher Richtung der Angriff kommen wird.«

Niemand widersprach; niemand sagte: *Was soll das heißen, ›in meinem Alter‹ – du bist doch immer noch ein großer Krieger!* Er wartete ein Weilchen, doch schließlich musste er fortfahren. »Meinem schlauen Ratgeber, dem Mann, der mit Helena nach Troja kam, ist es gelungen, Spione unter die Griechen zu schmuggeln.«

Ich sah mich um, aber Gelanor war nirgends zu entdecken. Ich flüsterte Paris zu, man solle ihn holen lassen, und Paris schickte jemanden aus.

»Wie es aussieht, sind die Schiffe in mehreren Reihen in Stellung gegangen. Einige liegen weit oben am Strand, und die Nachzügler dümpeln weit draußen auf dem Wasser. Es sind viel zu viele, um sie alle auf den Strand zu ziehen. Sie benutzen die Schiffe als Hauptquartier, und die beiden Enden jeder Reihe werden durch ihre besten Kämpfer gesichert.«

»Ihre Position war uns von Anfang an bekannt«, sagte Deiphobos geringschätzig. »Was ist daran neu?«

»Wenn die Schlacht beginnt, muss man gut vorbereitet sein«, antwortete Priamos. »Auch die allerkleinste Erkenntnis über den Feind ist von unschätzbarem Wert, ob sie alt ist oder neu.«

Als die Versammlung sich zerstreut hatte, schlurfte Priamos zu seinem Altar. »O Zeus«, murmelte er, »gib mir Kraft!« Er kniete nieder, legte die Hände auf den Sockel der merkwürdigen Holzstatue des Zeus mit den drei Augen und betete.

Paris, Hektor, Deiphobos und der – verspätete – Gelanor waren als Einzige noch zugegen.

»Wir können noch mehr tun«, sagte Gelanor. »Priamos hat nur von der Offensive gesprochen – von Truppen, Befehlshabern und Waffen. Aber wir als Angegriffene müssen auch an unsere Verteidigung denken. Wir wohnen hier, und wir haben Vorteile, die eine Armee im Feldlager an fremden Gestaden nicht hat.«

»Was«, fragte Hektor, »wäre wichtiger als die Kraft und der Mut unserer Kämpfer?«

Gelanor warf ihm einen seltsamen, beinahe mitleidigen Blick zu. »Oh, es gibt noch so viel mehr. Was ist unser Ziel: diesen Krieg zu gewinnen oder edle Recken zu sein? Das ist nicht dasselbe.«

»Lasst uns erst einmal gewinnen«, sagte Priamos und wandte sich von seinem Zeus ab. »Edel können wir später sein, nach dem Sieg.«

Gelanor legte ihm eine Hand auf die Schulter. »Dein Alter macht dich in der Tat weise«, sagte er. »Also gut. Wir können vieles tun, um uns zu verteidigen. Wir müssen die Natur für uns einspannen.« Er warf Deiphobos und Hektor einen vielsagenden Blick zu. »Ich weiß, ihr verachtet alles außer dem schwellenden menschlichen Muskel, der einen Speer schleudert, und dem menschlichen Geist, der diesen Speer lenkt«, sagte er. »Aber wir haben Freunde unter den Pflanzen und Tieren, die uns bereitwillig zur Hand gehen würden. Wir dürfen sie nicht beleidigen, indem wir sie ignorieren.« Mit flinker Hand förderte er einen Pfeil zutage. »Ein Pfeil kann den Tod mit sich tragen. Den sicheren Tod. Bestreicht man ihn mit Schlangengift, tötet er den Feind sofort.

Und es gibt noch andere Dinge, die wir uns zunutze machen können. Ihr wollt Steine auf die Soldaten auf den Sturmleitern werfen, sagt ihr? Wie wäre es mit glühendem Sand, der durch alle Ritzen ihrer Rüstung dringt? Und habt ihr ein Alarmsystem hier in Troja, das euch jede Bresche in euren Verteidigungslinien unverzüglich anzeigt? Warum nicht? Ich weiß viele Möglichkeiten.« Er zuckte die Achseln. »Ihr seid nicht vorbereitet.«

»Herr – zeige sie uns!« Priamos' unverblümtes Bitten verblüffte mich. Aber seine einzige Sorge galt Troja, nicht seinem Stolz.

»Was ich soeben aufgeführt habe, sind kindische Spielereien«, sagte Gelanor. »Dinge, die auf der Hand liegen. Es gibt noch mehr. Kennt ihr giftige Gewänder?«

»Du meinst Kleider, die mit Gift bestrichen wurden?«, fragte Priamos.

Gelanor lachte. »Nein, nicht so etwas. Ich meine Kleider, mit denen man Opfer der Pest und anderer Seuchen abgerieben hat. Sie können diese Krankheiten übertragen.«

»Nein!«, rief ich. Ich durfte nicht zulassen, dass so etwas gegen meine eigenen Landsleute verwendet wurde!

»Dann sind dir die Pfeile des Apollon lieber?« Zum ersten Mal sah ich, wie hart Gelanor war. »Sie treffen hier, sie treffen dort, ohne Sinn und Zweck für die eine oder die andere Seite. Und der grausame Gott der Seuche? Nun, wenn ein Mann schon an einer Seuche sterben muss, warum sollte es dann nicht auch einen Zweck erfüllen?« Er sah mich durchdringend an. »Sollten wir nicht auch Apollon für uns nutzbar machen?«

Priamos machte ein entsetztes Gesicht. »Was du da sagst, ist Blasphemie.«

»Der bloße Gedanke daran, einen Gott für seine Zwecke einzuspannen, bedeutet, diesen Gott herauszufordern.« Hektor stellte sich auf die Seite seines Vaters. »Bitte nimm zurück, was du da gesagt hast!«

Gelanor lachte. »Also gut. Gefürchteter Bogenschütze, du Gott des silbernen Bogens, ich habe es nicht respektlos gemeint.« Er blinzelte in die Sonne. »Sieh auf uns herab, und führe uns zu deinem Tempel!«

»Er braucht uns nicht zu führen. Wir haben einen hier in Troja«, sagte Deiphobos.

»Den meine ich aber nicht«, sagte Gelanor. »Ich höre, es gibt in einiger Entfernung von Troja noch einen anderen. Er heißt Apollon Smintheon. Der ist es, den ich mir ansehen möchte.«

»Der Tempel mit den heiligen weißen Mäusen?«, fragte Priamos.

»Ganz recht«, sagte Gelanor. »Ich glaube, dieser Tempel birgt einige Antworten für uns.«

Einige Zeit später, nachdem wir uns vergewissert hatten, dass sich südlich von uns keine griechischen Truppen aufhielten, verließen wir die Stadt auf einem rumpelnden Wagen durch das Dardanische Tor, begleitet von einer Eskorte Soldaten. Es tat gut, der Enge der Stadt zu entrinnen und sich auf das Land hinauszuwagen. Troja blieb hinter uns zurück, und ich sah mich um und betrachtete die glänzenden Mauern und stolzen Türme und den Palast, den Paris und ich auf dem Gipfel erbaut hatten, das höchste Bauwerk in Troja. Kühn ragte er dort in die Höhe und kündete von unserer Liebe und unserer Anwesenheit.

»*Das* soll Agamemnon sehen«, flüsterte ich Paris ins Ohr. »Es wird ihn rasend machen.« Wenn ihm auffiel, dass ich nicht *Menelaos* sagte, so ließ er es sich nicht anmerken. *Menelaos* war ein Name, den wir mieden, um uns nicht gegenseitig in Verlegenheit zu bringen.

Nach holpriger Fahrt erreichten wir in der Mitte des Nachmittags den Tempel. Die steinernen Säulen leuchteten weiß in der hellen Sonne. Ein heiliger Hain umgab das Gebäude, und die Bäume standen reglos in der windstillen Luft. Auf den ersten Blick wirkte die Stätte verlassen; der Nachmittag war keine Zeit für Besucher. Aber als wir die hohe Treppe zum Heiligtum hinaufstiegen, sahen wir, dass uns ein dunkel gewandeter Priester mit gefalteten Händen erwartete.

Als Anführer der Trojaner ergriff Priamos das Wort. »Guter Priester, wir sind gekommen, um der Gestalt des Apollon zu huldigen, der hier regiert.« Er neigte den Kopf.

»Ihr seid uns willkommen«, antwortete der Priester. »Wir haben von dem griechischen Heer gehört, das Troja belagert.« Er richtete den Blick auf mich und kam auf mich zu. »Ist dies der Anlass für das alles? Die berühmte Helena?«

Bevor Hektor für mich sprechen konnte, sagte ich: »Ja. Ich bin Helena. Ich habe meinen Freund aus Sparta mitgebracht, meinen Gemahl, seine Brüder und seinen Vater.«

»Ah, dann …« Er starrte mich unverwandt an. »Vielleicht solltest du dein Antlitz hier verhüllen, damit Apollon nicht …« Er ließ den Satz in der Schwebe. Er brauchte all die Männer und Frauen nicht aufzuzählen, an denen Apollon Gefallen gefunden und die er dann zu ihrem Unheil gnadenlos verfolgt hatte. Ja,

Daphne war ihm entkommen, aber nur, indem sie sich in einen Baum verwandelt hatte – kaum eine zufriedenstellende Lösung. Ich hatte kein Verlangen danach, ein Baum zu werden. »Gut«, sagte ich und zog einen dünnen Schleier hervor.

»Ich höre, ihr haltet hier heilige weiße Mäuse«, sagte Gelanor und blickte sich um. »Und noch andere Dinge?«

Der Priester zögerte. »Die Mäuse, ja … Sie sind hier hinter der heiligen Statue. Kennt ihr die Geschichte? Ein Schwarm von Mäusen zernagte einst die ledernen Bindungen an den Schilden und Schwertern eines feindlichen Heeres, und deshalb ehren wir sie bis heute.«

»Und andere Dinge?«, wiederholte Gelanor hartnäckig.

»Und andere Dinge. Wir bewahren sie sicher und geschützt in einer unterirdischen Kammer.«

Er führte uns zu einer dunklen Einfriedung hinter der Statue des Apoll. Sogleich verriet der Geruch, dass Ungeziefer hier war. Auch heiliges Ungeziefer stinkt. Ich hüstelte – diskret, hoffte ich.

In den Käfigen wimmelte es von Mäusen. Sie stolperten übereinander und kämpften um ein wenig Platz.

»Was geschieht, wenn ihr sie laufen lasst?«, fragte Gelanor.

»Sie haben nur symbolische Bedeutung«, sagte der Priester. »Es ist wahr, Mäuse haben am Vorabend einer Schlacht wichtige Teile der feindlichen Rüstungen zernagt. Doch es steht nicht in unserer Macht, sie zu lenken. Um also deine Frage zu beantworten: Wenn wir die Käfige jetzt öffneten, würden die Mäuse hinausschwärmen und wahrscheinlich die Felder in der Umgebung vernichten. Sie fallen über alles her, was sich ihnen bietet.«

»Dann bitte ich dich, halte sie im Käfig«, sagte Priamos.

»Zeig uns die anderen Dinge in eurem Arsenal«, sagte Hektor. »Wir müssen sie sehen.«

Mit widerwilligem Knurren rief der Priester nach einer Fackel. Einer der niederen Priester drückte ihm einen harzigen Kiefernast in die Hand. »Also gut, dann steigen wir jetzt hinunter.« Er wandte sich ab und führte uns eine feuchte Treppe hinab.

»Sie sind alt«, sagte er. »Ich weiß nicht, was sie euch noch lehren können.«

Die klamme Luft unter der Erde roch faulig, und der Anblick, der sich hier bot, bildete einen krassen Gegensatz zu dem sonnenüberfluteten Tempel über uns. Roh behauene Wände erschienen vor uns in dem unsteten Licht der Fackel. Ich hörte das Rieseln eines unterirdischen Baches tief unter uns. Grüner Schimmel bedeckte die Steine, und es war sehr still.

»Hier ist etwas«, sagte der Priester schließlich und ging auf eine verschlossene Holztruhe zu. »Es heißt, während einer Pest habe man die Gewänder eines Königs und einer Königin, die an der Krankheit gestorben waren, darin verwahrt.« Er wollte die Truhe aufstemmen.

»Nein, nicht«, sagte Gelanor. »Lass sie ruhig fest zu! Ich brauche sie nicht zu sehen, solange du schwörst, dass sie gut erhalten sind.«

»Das schwöre ich«, sagte der Priester.

»Dann ist es gut«, sagte Gelanor. »Was habt ihr sonst noch? Alles kann eines Tages von großer Bedeutung für die Verteidigung Trojas sein.«

Der Priester schaute ihn erschrocken an. »Ich … Hier sind noch mehr Kleider, die dem Tempel geweiht wurden, nachdem ihre Träger an einer furchtbaren Krankheit gestorben waren. Sie sind unter Verschluss, und niemand hat sie seitdem berührt. Manche der Krankheiten haben schnell zugeschlagen, am Mittag eines Menschenlebens. Andere haben bis zur Abenddämmerung gewartet, wenn der Mensch geschwächt war und der Angriff nicht erwartet wurde. Aber alle plötzlichen Seuchen werden Apollon zugeschrieben, und deshalb hat man ihre Hinterlassenschaft hergebracht.«

»Was würdest du sagen, wenn ich dir erzählte, dass du derselben Krankheit zum Opfer fallen wirst, wenn du diese Kleider herausnimmst, sie ausschüttelst und dich damit bedeckst?«

»Dann würde ich sagen, dass man sie gut unter Verschluss halten muss. Und das tun wir hier.«

»Ganz recht.« Gelanor nickte. »Aber wenn wir dir je eine

Nachricht schicken und dich auffordern, sie nach Troja zu schicken, dann wirst du wissen, dass die Lage verzweifelt ist.«

»Ja.« Der Priester nickte.

»Lasst uns ins Tageslicht zurückkehren«, sagte Hektor. »Hier ist es bedrückend.« Er wandte sich ab und ließ uns in der klammen Finsternis zurück. Wir folgten ihm hinauf in den Tempel. Die klare Luft und der blaue Himmel empfingen uns mit ihrem Gesang.

Aber der Gesang brach ab, als wir die kauernde Gestalt vor der Statue des Apollon bemerkten. Sie sah aus wie ein Haufen Lumpen, aber ein Lumpenhaufen, der bebte und seufzte und weinte.

»Was ist das?« Der Priester lief hinüber, streckte die Hand aus und legte sie sanft auf das zitternde Häuflein. Ein Kopf hob sich, Schultern strafften sich, und der Mann stand auf.

Aber es war kein Mann, sondern ein Knabe. Er schüttelte den Kopf und stammelte: »V-verzeih mir, aber ich habe hier Zuflucht gesucht. Troja wird belagert, und ich wusste keinen anderen Ausweg, als hierherzukommen.«

»Wer bist du? Wie heißt du, mein Sohn?« Priamos ging auf ihn zu.

»Ich bin Hyllos, der Sohn des Kalchas. Ich habe nichts zu schaffen mit seinem Verrat. Ich habe meinem Vater abgeschworen. Lasst mich nur nach Troja zurück, in meine Heimatstadt.«

Priamos blieb vor dem Knaben stehen. Bevor er etwas sagte, strich er ihm das Haar aus der Stirn. Eine rote, zickzackförmige Narbe leuchtete ihm entgegen.

»Ich sehe, du bist wirklich Kalchas' Sohn«, flüsterte er. »Aber wie bist du hergekommen?«

Der Junge wand sich, aber schließlich richtete er sich auf. »Als mein Vater in Delphi war, befahl das Orakel ihm, sich den Griechen anzuschließen. Er tat es. Aber ich konnte es nicht. Habt ihr diese Griechen jemals kennengelernt? Sie streiten sich ständig miteinander, und sie haben meinen Vater nicht einmal freundlich begrüßt. Was sagten sie noch? *Ich liebe den Verrat, aber ich hasse den Verräter!* Als könnte es das eine ohne den anderen geben! Und mein Vater war kein Verräter. Die Pythia hatte ihm befohlen, zu den Griechen zu gehen. Wie sollte er ihr nicht gehorchen? Dem Orakel muss man sich beugen. Aber ich konnte meinem Vater nicht folgen. Zu mir hatte das Orakel nicht gesprochen. Ich wusste, was recht und was unrecht war. Es ist unrecht, seine Stadt im Stich zu lassen, wenn die Götter es nicht ausdrücklich befehlen. Und deshalb bitte ich euch, bringt mich zurück. Lasst mich nach Troja zurückkehren!«

Priamos hatte Tränen in den Augen. Hektor auch.

»Woher sollen wir wissen, dass du wirklich Kalchas' Sohn bist?« Es war Gelanor, der diese Worte sprach. »Sollen wir uns mit dem Wort dieses Jungen zufriedengeben?«

»Wir brauchen sein Wort nicht, wir können es selbst sehen.« Priamos deutete auf die Narbe.

XLIV

Wir fuhren nach Troja zurück, und der Junge begleitete uns. Er sprach sehr wenig und hielt den Blick gesenkt. Bald war der Tempel nur noch ein leuchtend weißer Punkt in einem grünen Tal. Ich lächelte, als ich an den Priester und seine stinkenden Mäuse dachte; meine Schlange hätte sicher gern Gelegenheit gehabt, sich mit diesen köstlichen Kreaturen zu vergnügen. Gelanor war in Gedanken versunken; ich wusste, dass ihn die gefährlichen Kleider in den Truhen beschäftigten, und ich fragte mich, wie und in welcher verzweifelten Lage er sie wohl benutzen würde. Es wäre ein bitterer Entschluss, sollte es je dazu kommen.

Hektor und Deiphobos hielten sich an der Einfassung des Wagens fest. Ihre breiten Schultern berührten einander, und ich hörte ihre murmelnde Unterhaltung trotz des Ächzens und Rumpelns der Wagenräder. Hektor war besorgt wegen eines schwachen Abschnitts in der westlichen Mauer, während Deiphobos sich den Kopf eher über die griechischen Anführer zerbrach, besonders über Achilleus: Er war seit der Landung nicht mehr gesehen worden. Was mochte er treiben? War er bei der Landung vielleicht verwundet worden? Deiphobos hob hoffnungsvoll die Stimme.

Ich sollte ihnen von meiner seltsamen Begegnung mit Achilleus auf Skyros erzählen, dachte ich. Ich hatte seitdem oft daran denken müssen. Ich stand auf und berührte Hektors Schulter. »Auf der Reise hierher haben Paris und ich auf der Insel Skyros Station gemacht«, sagte ich. »Dort habe ich Achilleus gesehen; er war als Mädchen verkleidet am Königshof.«

Hektor runzelte die Stirn. »Bist du sicher?« Dem zögernden Ton seiner tiefen Stimme war anzumerken, dass er glaubte, meine Phantasie sei mit mir durchgegangen.

»Ja, ich bin ganz sicher. Ich hatte ihn ein paar Jahre zuvor als Kind gesehen, und ich würde ihn überall wiedererkennen. Aber da konnte ich ihn nicht befragen, und jetzt verstehe ich nicht, wieso er mit dem Griechenheer hier ist.«

»Ein Mädchen? Er war als *Mädchen* verkleidet?« Deiphobos schnaubte.

»Ja, ich schwöre es!« Keiner der beiden glaubte mir.

Paris sagte: »Ich kann mich nicht erinnern, dass du mir davon erzählt hast. Das hättest du doch sicher getan.«

»Ich weiß nicht, weshalb das von Bedeutung sein soll«, sagte Priamos. »Jetzt ist er hier, und alles andere ist unwichtig.«

»Aber versteht ihr nicht ...? Vielleicht ist er nicht ganz richtig im Kopf!«

»Ich weiß, wie es dazu kam.« Eine leise Stimme drang aus dem hinteren Teil des Wagens. »Ich kann es euch sagen.« Es war Hyllos. »Helena sagt die Wahrheit. Achilleus wurde von seiner Mutter nach Skyros geschickt, zu seinem Schutz. Sie wollte nicht, dass er nach Troja ging – er ist ihr einziger Sohn und noch sehr jung. Aber die Griechen waren entschlossen, ihn mitzunehmen, und so spürten sie ihn auf der Insel auf. Und statt mit ihm zu kämpfen – denn um die Wahrheit zu sagen, selbst die erfahrensten Krieger hatten Angst vor ihm –, brachten sie ihn durch eine

List dazu, sich zu verraten.« Hyllos schaute mit sanften braunen Augen zu den Männern auf und hoffte auf Anerkennung.

»Komm her, mein Sohn.« Deiphobos packte ihn und zog ihn nach vorn. Der Junge prallte gegen seine Schulter. »Erzähle uns von dieser List!«

Hektor drehte sich um und schaute Hyllos aufmerksam ins Gesicht, und der Junge räusperte sich.

»Sie gingen sehr schlau zu Werke«, sagte er. »Odysseus prahlt heute noch damit. Er und Diomedes landeten auf der Insel, um dem König einen Besuch abzustatten und sich nach Achilleus umzusehen. Aber nachdem mehrere Tage mit Gastmählern und Spielen und dergleichen vergangen waren, hatten sie immer noch keine Spur von ihm entdeckt. Da kehrten sie auf ihr Schiff zurück und holten Geschenke für die Töchter des Königs – und er hat viele, viele Töchter. Sie brachten ihnen Spiegel, Schleier, Armreifen und Ohrringe. Und halb darunter verborgen waren ein Schild und ein Speer. Während die Mädchen sich jauchzend über die Geschenke hermachten und Odysseus sie vor ihnen ausbreitete, ließ Diomedes draußen vor dem Palast Bronze erklingen und stieß Kriegsgeheul aus, als würden sie angegriffen. Die Mädchen ergriffen schreiend die Flucht, aber Achilleus stürzte sich auf den Schild und den Speer, um sie zu verteidigen.«

»Das war wirklich schlau«, knurrte Priamos.

»Oh, im Lager machen sie ihn nach, wie er seinen Schleier und seinen Mantel abstreift und sich die Fibel von der Schulter reißt, und das bringt sie immer wieder zum Lachen.«

»Das kann ich mir vorstellen«, sagte Hektor. »Leider, Helena, ist er nicht verrückt. Wir haben es mit einem gut ausgebildeten Gegner zu tun, der darauf brennt, in Troja zu kämpfen. Und was Odysseus angeht, so hoffe ich, dass er seine Schläue nicht gegen uns zum Einsatz bringt.«

»Dieser Achilleus …« Deiphobos wandte sich wieder nach vorn und umklammerte den Wagenrand. »Warum ist alle Welt so aufgeregt seinetwegen? Er ist nur ein Mann. Ja, kaum ein Mann, sondern eher ein Jüngling.«

Hyllos zuckte die Achseln. »Ich weiß es nicht. Ich weiß nur, dass viel über ihn gesprochen wurde. Vielleicht mussten sie sich für dieses Unternehmen einen Herakles schaffen, und am leichtesten ist es immer, einen Unbekannten zu einem Wunderwesen zu machen.«

Gelanor lachte. »Sehr scharfsinnig, mein Junge.« Er musterte ihn aufmerksam. »Du scheinst eine Menge zu wissen.« Sein Lachen erstarb.

»Die Fähigkeiten der Übrigen sind uns bereits bekannt«, sagte Hektor. »Agamemnon ist ein wilder Streiter, aber ihm fehlt der Mut, der aus seinen Anhängern getreue Gefolgsleute werden lässt. Diomedes ist ein guter Soldat, aber kein Führer. Der Riese Ajax von Salamis ist ein tüchtiger Kämpfer Mann gegen Mann, doch er hat Stroh im Kopf, und seine massige Gestalt macht ihn eher schwerfällig. Der kleine Ajax aus Lokria ist klein in jeder Hinsicht: Er ist niederträchtig und brutal und quält seine Opfer gern. Sein einziger Vorzug im Kampf ist die Schnelligkeit, mit der er seinen Gegner verfolgen kann. Idomeneus ist ein berühmter Speerwerfer und ein recht ordentlicher Kämpfer, aber in seinem Alter kann er nicht mehr schnell rennen, und daher muss er sich dem Gegner stellen, wo er steht. Und Menelaos ist kein Kämpfer der ersten Reihe. Er ist zu weichherzig.« Er sah mich an. »Ich bitte um Vergebung, Helena.«

»Warum entschuldigst du dich? Ich behaupte nicht, dass er besondere Begabung auf dem Schlachtfeld besitzt.« Oder anderswo, dachte ich.

»Du zitterst.« Paris setzte sich zu mir, bog eine meiner Hände auf, die sich an den Wagenrand klammerte, und nahm sie zwischen seine eigenen. »Bitte fürchte dich nicht vor dem, was auf uns zukommt. Wir sind in Sicherheit.«

»Ich habe keine Angst«, sagte ich. Aber das war gelogen.

Das große Dardanische Tor war bereits für die Nacht geschlossen. Knarrend öffnete es sich für uns noch einmal, und wir gelangten wohlbehalten hinter die Mauern. Im Laufe des Tages war nichts geschehen; man hatte keine Feindbewegung beobachtet, und nichts deutete auf einen Angriff hin. Die Zelte der Belagerer standen immer noch fest im Halbkreis, aber aus ihrer Position waren sie keine Bedrohung für die Stadt. Hekuba begrüßte Priamos, und ich sah, dass sie beinahe lächelte – zum ersten Mal seit langer Zeit. Vielleicht würde uns wirklich nichts geschehen. Alles würde vorübergehen; wenn der Sommer zu Ende ginge, würden die Griechen ihre Zelte abbrechen, die Segel hissen, irgendeine Art von Sieg verkünden, um ihre Eitelkeit zu befriedigen, und verschwinden. Paris würde niemals Gelegenheit finden, seine neue Rüstung zu tragen, und der Proviant, den Troja gehortet hatte, würde so manches prächtige Festmahl ermöglichen. Wir würden die Amphoren leeren und Lieder zur Feier unserer so leicht bewahrten Freiheit singen. Nur die jungen Krieger, die so sehr darauf erpicht waren, sich auf dem Schlachtfeld zu erweisen, würden enttäuscht sein.

So vergingen viele Tage. Priamos beriet sich mit seinen alten Kampfgefährten; sie saßen im Sonnenschein im Portikus und schwatzten wie die Vögel, und sie verbrachten mehr Zeit damit, die Schlachten ihrer Jugend noch einmal zu durchleben, als mit irgendwelchen Plänen für die, die vielleicht bevorstand. In ihrer Gesellschaft schienen die Falten in Priamos' Gesicht sich zu glätten, und sogar sein Haar war weniger grau, wenn er seine Hundemeute tätschelte, die sich schwanzwedelnd um ihn drängte und auf Leckerbissen hoffte.

Bisher konnten die Leute ungehindert zu den Quellen und zum Berg Ida gehen, und Troilos konnte seine Pferde im Quellenhaus beim Tempel des Thymbräischen Apollon tränken. Nach Norden hin waren natürlich alle Wege versperrt, und der Unterlauf des Skamander war unerreichbar. Damit war es zu Ende mit den hübschen Profiten, die den Trojanern von alters her durch gestrandete Schiffe zuflossen, die Trinkwasser benötigten, doch daran ließ sich nichts ändern. Hektor beschloss, einen Spähtrupp ostwärts nach Dardanos und Abydos zu schicken, um festzustellen, ob die Griechen dort irgendwo eingedrungen waren. Er erwählte dazu eine Handvoll Männer, und sie schlichen sich durch die Wälder an den Ausläufern des Gebirges und benutzten Pfade, die nur den Jägern bekannt waren. Unterdessen belieferten uns die Prostituierten, die als Spitzel in den Lagern eingesetzt waren, mit unterhaltsamen, wenn auch strategisch nicht besonders ergiebigen Geschichten über die Griechen.

Anscheinend hatte Agamemnon sich eine Holzhütte errichten lassen und mit Frauen bevölkert. Den größten Teil seiner Zeit verbrachte er drinnen bei ihnen, und nur ab und zu kam er mit zitternden Knien und glasigem Blick heraus, um seine Truppen zu inspizieren oder um etwas zu essen. Ein unflätiger gemeiner Soldat namens Thersites war der Wortführer, wenn es darum ging, ihn hinter seinem Rücken zu schmähen. Darüber lachten alle, aber mir brach es das Herz, wenn ich mir vorstellte, wie er seinem Lotterleben nachging, während Klytämnestra daheim in Mykene wartete und um ihre Tochter trauerte. Dieses hundsföttische Schwein!

Menelaos schlich mit finsterer Miene im Lager umher und sprach mit sich selbst; keine der Frauen hatte ihn jemals lächeln sehen. Odysseus hingegen war guter Dinge und hatte ein Kompliment für jede der Frauen, und er war stets gern bereit, sich mit ihnen auf seiner Lagerstatt zu vergnügen. Doch irgendwie gelang es ihm immer, sich zu drücken, wenn es ans Bezahlen ging. Idomeneus führte eine aufwendige Tafel mit allerlei Unterhaltungen und Unmengen von Wein, so luxuriös, als sei er an seinem Hof auf Kreta. Seine Liebeskünste waren nicht minder kultiviert, wenn auch aufgrund seines Alters ein wenig gemächlich, und er zahlte stets mit verschwenderischer Hand. Die beiden Ajaxe – der große und der kleine – waren nicht zu empfehlen. Der eine war zu groß, der andere zu klein, und beide waren knauserig. Diomedes war wahrscheinlich der Beste von allen, was seine Fertigkeiten und seinen Schwung anging; darin waren sich alle Frauen einig.

Gelanor beschäftigte sich mit dem Studium unserer »Freunde unter den Tieren und Pflanzen«, wie er sie nannte, und er untersuchte, wie sie uns im Krieg behilflich sein könnten. Seine

Kenntnisse über die Gifte in Griechenland waren bereits umfangreich, und jetzt bemühte er sich zu erfahren, was es dergleichen in unserer Gegend gab, das sich durch Pfeile oder durch Rauch an den Feind bringen ließe. Einige Pflanzen waren so giftig, dass der Honig aus ihren Blüten und der Rauch ihres brennenden Astwerks tödliche Wirkung besaß. Rauch barg natürlich die Gefahr in sich, dass er zurückwehen und die Leute vergiften konnte, die ihn entfacht hatten. Die Verwendung von Giften erforderte größte Sorgfalt. Köcher mussten mit Deckeln versehen werden, damit dic Bogenschützen vor den Pfeilspitzen geschützt waren, oder man musste das Gift in Beuteln aufbewahren und die Pfeile erst im allerletzten Augenblick hineintauchen. Das Gleiche galt für Tiere, die beim Angriff eingesetzt werden konnten – Behälter mit Skorpionen oder Wespen, die man in das feindliche Lager schleuderte, oder tollwütige Hunde, die man losließ: lauter Waffen, die nur in größter Not eingesetzt werden sollten, weil sie so schwer zu beherrschen waren. Die einzige Ausnahme war ein Gemisch aus Stäuben und zermahlenen Steinen, das sich entzündete, wenn die Sonne es erhitzte. Damit konnte man die Zelte oder die Wagen des Feindes bestreichen, aber dazu musste man nah genug an sie herankommen, und das war kaum möglich.

»Wenn man bedenkt, dass schon das Schießen mit einem einfachen Bogen als unlauterer Kampf gilt«, sagte ich zu Gelanor. »Dabei erscheint es mir heldenhaft, verglichen mit diesen Dingen – Rauch, der die Luft vergiftet, Skorpione, die vom Himmel regnen, pestverseuchte Gewänder …«

»Bitte! Nennen wir sie lieber ›die Pfeile des Apollon‹. Ich glaube, das ist die höfliche Bezeichnung für die Pest.«

»Wie du willst«, sagte ich. »Apollons Tempel sind also der Hort der Krankheiten des Krieges, während die der Athene die Heimstatt seiner Waffen sind?«

»Ja. Jeder Gott hat sein eigenes Arsenal. Und Ares ist irgendwo dazwischen: Sein Krieg ist nicht diszipliniert wie der Krieg der Athene, sondern begleitet von Panik und Angst, wenn die Seuche sich ausbreitet.«

Das Lächeln verging mir. »Ach, Gelanor, ich hoffe, wir werden nichts von alldem je benutzen müssen.«

»Das hoffe ich auch. Aber es ist beruhigend, es zur Hand zu haben.«

An einem herrlichen sonnigen Tag brachen unsere Männer nach Osten auf. Es war ein Tag, um über die Wiesen zu galoppieren, wenn wir in normalen Zeiten gelebt hätten. So aber schlichen die Männer sich durch den labyrinthischen Ausgang des Osttores hinaus, winkten noch einmal zu uns auf den Mauern hinauf, überquerten die Felder und verschwanden im Wald.

»Ich mache mir Sorgen um Äneas und Kreusa in Dardania«, sagte Hekuba, die mit uns dort oben stand. »Ich weiß nicht – ich wünschte, sie wären in Troja geblieben.«

»Mutter, du weißt doch, dass Äneas König von Dardania ist. Er muss bei seinem Volk sein«, sagte Hektor in beruhigendem Ton. Seine gebieterische, kraftvolle Stimme hatte etwas an sich, was den Menschen Halt gab. »Ich glaube nicht, dass die Griechen sich weit über ihren Brückenkopf an der Küste hinaus vorgewagt haben. Aber wir haben einen Spähtrupp ausgeschickt, um sicherzugehen.«

»Die Griechen sind mir zu still«, sagte Priamos, der plötzlich an Hektors Seite erschienen war. »Das gefällt mir nicht.«

Hektor lachte herzhaft und rau. »Das kommt, weil du und deine alten Gefährten am liebsten hinausmarschieren und kämpfen würdet.«

Priamos sah ihn an. »Nein. Ich bin kein törichter Greis, Hektor. Du solltest mich auch nicht so behandeln. Ich meine es so, wie ich es sage. Die Griechen sind zu still. Sie haben die weite Seereise nicht gemacht, um müßig vor ihren Zelten zu sitzen und sich mit Huren zu vergnügen.«

»Vielleicht erschien ihnen der Krieg im steinigen Griechenland verlockender als hier«, sagte Hektor. »Was man im Geiste vor sich sieht, ist niemals das, was dann tatsächlich vorhanden ist.«

»Es gefällt mir trotzdem nicht«, beharrte Priamos.

Die Tage vergingen. Die Männer hätten zurückkehren müssen, aber ein prachtvoller Sommertag nach dem anderen verhöhnte uns mit dem Anblick der leeren Ebene von Troja. Bald müsste der Markt beginnen, doch das war jetzt unmöglich: weitere Einkünfte für Troja, die plötzlich versiegt waren. Und sie waren beträchtlicher als der Verlust durch die Wasserrechte, die nicht mehr ausgeübt werden konnten. Die bloße Anwesenheit der Griechen forderte ihren Tribut, ohne dass es zum Kampf gekommen war.

Nach fünfzehn Tagen beschloss Hektor, einen Suchtrupp auszusenden, um herauszufinden, was geschehen war. Aber bevor die Soldaten ausgerüstet werden konnten, kroch ein Überlebender der ersten Gruppe aus dem Wald und brach auf der Wiese vor Troja zusammen. Wir sahen ihn dort liegen und schickten einen Wagen hinaus, um ihn zu bergen.

Träger schleppten ihn auf einer Trage mit grimmiger Miene durch die Straßen der Stadt zu seinem Haus. Ärzte bemühten sich verzweifelt, sein Leben zu retten. Man hatte ihn geschlagen und auf ihn eingestochen; ein Bein war gebrochen, und der Knochen bohrte sich durch die Wade. Ein Arzt kam aus dem Haus und schüttelte den Kopf. Das Bein war bereits schwarz von Wundfäule. Kurz bevor der Mann ins Delirium fiel, konnte Hektor ihn noch befragen. Er warf sich im Fieber hin und her und brachte seine Worte nur noch mit Mühe über die Lippen. Sie seien überfallen worden, berichtete er.

»Es war, als wüssten sie genau, wo wir sein würden«, flüsterte er. »Sie haben auf uns gewartet.«

»Wer denn? Wer?«

»Griechen. So sprachen sie – dieses besondere Griechisch, das sie dort drüben sprechen. Nicht unseres.« Mit verzerrtem Gesicht griff er an seinen schmerzenden Knöchel. »Es hat ihnen Spaß gemacht, uns niederzumetzeln. Öax – ihn erschlugen sie als Ersten. Bevor Hileos etwas unternehmen konnte, hatten sie ihn hinterrücks mit dem Speer durchbohrt. Sie waren überall, auf allen Seiten.«

»Wie viele?«, fragte Hektor.

Der Kopf des Mannes rollte zur Seite.

»Versuche zu sprechen! Versuche es! Wir müssen es wissen!«, rief Paris.

»Viele. Zehn. Zwanzig. Ich weiß es nicht!« Ein Schrei drang aus seiner Kehle und brach dann ab. Sein Mund klappte auf.

Der Arzt beugte sich über ihn und legte ein Ohr auf die Brust des Mannes. »Tot«, erklärte er dann. »Das Massaker ist vollendet.«

Hektor war bestürzt. Irgendwie hatte der Feind in Erfahrung gebracht, was wir taten. Plötzlich erschien der Weg zum Berg Ida und zu den Quellen nicht mehr so einladend.

»Wie können wir siegen, wenn die Griechen über unser Tun Bescheid wissen?«

»Vielleicht sind sie nur zufällig über unsere Leute gestolpert«, sagte Troilos.

»Nein. Der Mann hat gesagt, sie waren vorbereitet und haben sie erwartet«, erwiderte Deiphobos.

»Vielleicht hat einer ihrer Seher es ihnen verraten«, sagte jemand. »Dieser Kalchas zum Beispiel.«

»Nein, mein Vater kann so etwas nicht erkennen.« Hyllos' dünne Stimme kam aus einer Ecke. »Er kann nur Omen deuten. Vogelflug, Eingeweide und dergleichen mehr.«

»Sie schnüren uns ein«, knurrte Hektor, als wir mit seinen Freunden im Megaron versammelt waren. Es war keine reguläre Ratsversammlung; die Ältesten waren nicht dabei, und Priamos war auch nicht da. Hier sprachen nur die jüngeren Krieger miteinander. Hektor saß auch nicht auf dem Ehrenthron, sondern ging auf und ab und schob den kantigen Kiefer vor. Seine sonst so volltönende Stimme hatte jetzt einen scharfen Unterton des Zorns, aber da war noch etwas anderes. »Sie werden uns ganz langsam erwürgen.«

»Wir dürfen keine Unbewaffneten mehr aus der Stadt lassen«, sagte Deiphobos. »Wer hinausgeht, darf es nur unter Militärschutz tun.«

Ein Gemurmel erhob sich. Der junge Troilos meldete sich zu Wort und erklärte, seiner Ansicht nach sei das Quellenhaus beim Tempel des Thymbräischen Apollon – den die Griechen als neutrales Gelände respektieren würden – immer noch gefahrlos zu erreichen, und er habe weiterhin die Absicht, seine Pferde dort zu tränken. Er wolle die Wasserversorgung innerhalb der Mauern nicht über Gebühr beanspruchen, wenn es draußen genügend Wasser in der Nähe gebe.

Einige Männer beklagten den Ausfall des Marktes; die Kaufleute seien allesamt Feiglinge, und das sei der Beweis: Bei der kleinsten Andeutung einer Gefahr kniffen sie den Schwanz ein und ergriffen die Flucht.

»Andeutung?« Helenos strich sich das dichte Haar aus der Stirn. »Ich würde sagen, es ist ein bisschen mehr als eine Andeutung. Es gibt doch nicht einmal mehr Ankerplätze für ihre Schiffe; die Griechen haben die gesamte Küste besetzt.« Wie meistens sprach er mit sanfter Stimme, aber in seinen Worten lag große Nachdenklichkeit. Anscheinend sagte er niemals etwas, ohne es zuvor gründlich abzuwägen.

»Dann fahren sie anderswohin«, klagte Hektor. »Weiter nach Süden. Und wir verlieren alles.«

»Ja, das könnte passieren, wenn der Krieg nächstes Jahr um diese Zeit noch nicht vorbei ist«, sagte Helenos.

Es wurde spät; durch die offene Tür des Megarons sahen wir, dass der Abend dämmerte. Die Frauen gesellten sich zu uns; ich war ja, wie bereits gesagt, bei vielen Versammlungen zugegen, bei denen Frauen eigentlich ausgeschlossen blieben. Jetzt kam Andromache herein, gefolgt von ihren Schwägerinnen Laodike und Kassandra und den Gemahlinnen der anderen Männer. Hinter ihnen erschienen Musiker und Fackelträger.

»Ihr habt es dunkel werden lassen!«, rief Andromache und bemühte sich, unbeschwert zu klingen. »Ihr Männer!« Sie trat an Hektors Seite. »Jetzt ist Schluss mit dem Kriegsgerede. Erfreuen wir uns an Wein und Gesang!«

XLV

Der Wein vertrieb die Sorgen nicht aus unseren Köpfen, aber er hüllte sie in einen weichen Dunst und milderte ihre Schärfe. Andromache versuchte tapfer, den geselligen Geist unserer Zusammenkünfte in der Zeit vor der Landung der Griechen heraufzubeschwören. Aber der Feind war bis in unsere Häuser vorgedrungen.

Langsam und niedergeschlagen gingen Paris und ich nach Hause. Doch dann dachte ich an Paris und an meine Liebe zu ihm, und ich glitt unter die weiche Leinendecke und fühlte ihre kühle Liebkosung an meinem Rücken. Ich streckte die Arme nach ihm aus.

»Komm, Geliebter«, sagte ich. »Spotten wir des Feindes!«

Die Sonne sandte die ersten tastenden Finger in unser Schlafgemach, aber die festen Blendläden, die Paris entworfen hatte, hielten das grelle Licht ab. Die Sonne stieg höher und brannte erbarmungslos auf die Ebene herab. Der verdorrte Boden ließ ihre Hitze in Wellen wieder aufsteigen, sodass das Meer vor unseren Augen flimmerte, als wir uns über die Mauerbrüstung beugten und zur Küste spähten. Es war sehr still; der gewohnte Nordwind hatte aufgehört, und die Luft lastete auf uns wie eine schwere Hand.

Paris und ich versuchten das griechische Lager zu erkennen, aber in der flirrenden Hitze verschwamm alles. Da kamen Priamos und Hekuba zu uns; sie hielten einen blinden alten Mann bei den Ellenbogen und führten ihn zur Mauerbrüstung. Priamos sagte ein paar Worte zu ihm und trat dann zurück. Der Mann legte die Hände auf die Mauerkante und starrte mit blicklosen Augen über die Ebene hinaus. Dann hob er einen dürren Arm, an dem die Haut faltig herabhing. »Hört mich, ihr Steine!« Er fuhr mit der anderen Hand über die Mauerkrone. »Höre mich, große Mauer! Hört mich, ihr hohen Türme! Ich segne und verpflichte euch, Troja zu schützen!«

Das Gemurmel der Trojaner, die von unten zuschauten, wiederholte seine Worte. Er streckte den Arm über die Mauer. »Höre mich, Erde der Ebene! Höre mich, du tosende See! Höret mich, ihr feindlichen Horden! Ich spreche einen unauflöslichen Fluch über euch, solltet ihr daran denken, Troja zu schaden oder seinem Volk ein Haar zu krümmen! Eure Zungen werden verdorren und am Gaumen kleben, eure Scholle wird hart werden, auf dass nie wieder ein Grashalm aus ihr sprießt, und die Wogen eures Meeres werden zu Gift werden.« Laut klatschte er in die Hände. »So verfluche ich die Feinde Trojas und alles, was ihnen Beistand leistet!«

Tosender Beifall brandete herauf. Priamos umarmte den Mann und verschwand mit ihm im Schatten der Gebäude.

Hektor trat kopfschüttelnd zu uns. »Man sagt, ein Blinder habe die Macht, den Feind mit einem unauflöslichen Fluch zu belegen, wenn er von der Stadtmauer spricht. Ich für meinen Teil glaube nicht daran, aber es würde mich freuen, wenn es doch stimmte.«

»Äh.« Äsakos erschien hinter ihm. »Die Leute glauben zu viel von diesem Zeug. Alles Unsinn.« Er war ein schmächtiger kleiner Mann von der Sorte, die für gewöhnlich an Zauberei und an Mächte glaubte, die stärker waren als er – und sei es nur, weil er ihre Hilfe gebrauchen konnte. Aber überraschenderweise verachtete Äsakos solche Krücken.

Hektor spähte mit schmalen Augen hinaus. »Wie dem auch sei, ich glaube, es war zu spät, um die Griechen noch zu hemmen. Sie sind im Anmarsch.«

Stieg da ein Staubschleier vor den Schiffen auf?

»Nein«, flüsterte ich und schaute in die Richtung, in die er zeigte. Aber ich sah doch, dass sich dort etwas bewegte, auch wenn ich nichts Genaues erkennen konnte.

»Bewaffnet euch!«, rief Hektor den Männern auf der Mauer zu. »Zu den Waffen! Ich rufe den Rest zusammen«, sagte er zu Paris.

Paris drehte sich zu mir um. »Meine Rüstung. Es ist so weit.«

Musste es sein? Musste er sie nun doch anlegen? Ich wollte, dass sie für alle Zeit in der Truhe lag, dass die Bronze grün anlief und das Leder spröde wurde.

»Ja«, sagte er. »Komm mit. Schnell!«

Wir eilten hinauf zu unserem Palast, und ohne einen Blick zurück zu werfen, lief Paris die Treppe zum obersten Zimmer hinauf, das ganz Troja und die Ebene überragte. Tief unter uns sah ich das Heer, das auf die Stadt zuhielt. Paris riss die neue Rüstung aus der Truhe und schüttelte sie. Klirrend legten sich die Metallplatten übereinander.

»Hier, hilf mir!«, herrschte er mich an. Er klang völlig verändert. »Beeil dich!« Er hatte nach seinem Diener gerufen, aber der Junge war nicht erschienen. »Ich kann nicht warten.« Mit zitternden Händen zog ich Schnallen und Riemen fest und vollzog die Riten eines Kriegsknappen. Stück für Stück verschwand der Paris, den ich kannte, hinter einem Panzer aus Bronze und Leder.

Er war noch so jung. Nein, du darfst nicht gehen!, rief es in mir. Ich erinnerte mich, wie ich – oh, es war so lange her! – bei der Wahl meines Gemahls jeden unter den Freiern ausgeschlossen hatte, der jünger war als ich. Er wird sich mir zu sehr unterwerfen, hatte ich gedacht, und weniger wissen als ich. Nun wusste ich, dass meine Entscheidung falsch gewesen war; seine Jugend war so kostbar, dass ich es nicht ertragen würde, sie vor der Zeit zu opfern, ganz gleich, aus welchem Grund. Sie leuchtete wie ein Stern, aber jetzt verfinsterte sein Helm ihr Licht.

»Geh nicht!«, hörte ich mich sagen. Aber ich dachte nicht, dass er mich hören würde.

Der plötzlich unbekannte Mann vor mir wartete einen Augenblick, bevor er antwortete. »Gerade du solltest das nicht sagen.« Er beugte sich vor und drückte mich an seine bronzene Brust.

Die Griechen waren zum Angriff übergegangen. Sie marschierten entschlossen auf die Mauern Trojas zu. Sie füllten die ganze Ebene, wimmelnd wie ein Insektenschwarm, und beim Marschieren gaben ihre Rüstungen ein trockenes Rascheln von sich, das aus der Ferne klang wie das Scharren zahlloser Heuschreckenbeine.

»Auf eure Positionen!«, befahl Priamos und schickte die älteren Männer zu den Steinhaufen. Die jüngeren Bogenschützen sollten auf die Türme steigen, damit sie bereit wären, wenn der Feind auf Schussweite herangekommen wäre.

Unsere Soldaten marschierten in Kolonnen durch das Skäische Tor hinaus, überragt von dem Großen Turm von Ilion, der vor Bogenschützen starrte. Immer mehr Griechen rückten heran. Schreiend stürmten sie den Mauern entgegen, heulend, brüllend.

»Helena, geh zurück!« Hekuba packte mich bei der Schulter und wollte mich wegziehen. »Wir müssen die Mauer verlassen!«

Priamos hatte seinen Ältestenrat um sich geschart, und sie gingen davon. »Jetzt liegt es bei den Jungen!«, sagte er und eilte hinauf zum Gipfel der Stadt, um das Geschehen vom Dach seines Palastes aus zu verfolgen.

Die Trojaner stürmten zum Tor hinaus, aber gegen die Heuschreckenschwärme der Griechen waren sie rettungslos in der Minderzahl. Bei ihrem Anblick zog ich den Kopf ein: Tapferkeit bringt Ruhm und Glanz, doch gegen eine überwältigende Übermacht vermag sie nichts. Ich riss mich von Hekuba los und kehrte zur Mauerbrüstung zurück. Ich konnte jetzt nicht weggehen. Unter mir sah ich das trojanische Heer, aber Paris konnte ich nirgends entdecken. Wolken von Pfeilen schwirrten von den Türmen herab, um die Angreifer in Schach zu halten. Schleudern in den hintersten Reihen der Griechen sandten Steine über unsere Mauern; im hohen Bogen flogen sie durch die Luft und landeten dicht hinter den Befestigungen. Sie verursachten Schäden, die ein Pfeil nicht anrichten konnte. Trojaner schrien auf und sanken, von fliegenden Steinen getroffen, an Ort und Stelle zu Boden.

Ein Trupp Griechen näherte sich dem Großen Turm und dem Skäischen Tor. Sie bewegten sich merkwürdig langsam voran. Die Trojaner schickten ihnen eine Pfeilsalve nach der anderen entgegen, aber die Griechen kamen nie nah genug heran, um getroffen zu werden. Auf der Ostseite der Stadt erhob sich Gebrüll: Auch dort wurden die Mauern angegriffen.

Im nächsten Augenblick erscholl ein markerschütternder Schrei ganz in der Nähe, und alle ringsumher kreischten auf. Ein grinsendes Gesicht erschien über der Mauer, und ein Mann sprang herüber. Er war schnell überwältigt, aber andere schwärmten hinter ihm über die Brüstung.

»Die Westmauer!«, schrie ein Soldat. »Sie sind an der Westmauer!«

Mindestens zehn Griechen konnten die Westmauer überwinden, bevor sie von den wartenden Trojanern niedergemacht wurden. Aber hinter ihnen kamen Hunderte, die mit eifrigen Händen und Füßen Halt im lockeren Gefüge des schwächsten Mauerabschnitts fanden. Aufgeregtes Gebrüll brandete von unten herauf.

Ich stieg auf einen Steinhaufen und spähte aus sicherer Höhe hinunter. Die Trojaner waren umgeschwenkt, um die Griechen am Fuße der westlichen Mauer zurückzudrängen. Von oben warfen die Verteidiger Steine auf die heraufstürmenden Griechen, während unten unsere Krieger Mann gegen Mann gegen sie kämpften.

Gelanor eilte herbei; er schob einen zugedeckten Karren durch die Straßen. »Hier! Hier!«, rief er. Ein Trupp Soldaten lief ihm entgegen und brachte ihn zur Mauer. Sie zerrten die Abdeckung von dem Karren, und darunter lag ein Haufen Sand, den sie in Tontöpfe schaufelten und über die Mauer schütteten. Heißer Sand – glühend heißer Sand, der durch alle Ritzen der Rüstungen rieseln und die Haut der Angreifer versengen würde. Als er seine Opfer erreichte, hallte ihr Geheul bis in den Himmel hinauf.

Nach und nach wichen die Griechen zurück und verließen die Westmauer. Jetzt konnte ich ein paar der Trojaner erkennen; ich sah Hektor bei der mächtigen Eiche vor dem Skäischen Tor. Als die Griechen sich zurückzogen, schwärmten die Trojaner auseinander. Paris konnte ich noch immer nicht entdecken.

Plötzlich sah ich eine Gestalt, die auf die Eiche zulief, wo Hektor stand. Sie bewegte sich mit erstaunlicher Geschwindigkeit trotz der schweren Rüstung – hüpfend und springend wie ein Tier. Beinahe bevor Hektor ihn sehen konnte, stürmte der Mann mit einem furchterregenden Speer auf ihn ein. Hektor fuhr herum und wich zurück, um nicht das Gleichgewicht zu verlieren, als der Mann ihn erreichte. Dieser schleuderte seinen Speer und verfehlte Hektor um Haaresbreite; er rannte weiter, um ihn zurückzuholen und noch einmal zu werfen. Sofort sprang Hektor zur Seite und duckte sich, und wieder ging der Wurf daneben, diesmal um ein ganzes Stück. Jetzt war der Angreifer ohne Speer, und er zückte sein Schwert und lief auf Hektor zu. Hektor hob seinen Schild, richtete sich zu voller Größe auf und schleuderte seinen eigenen Speer. Er sauste am Helm des Mannes vorbei, so dicht, dass er es in den Ohren zischen hören musste. Der Mann drehte sich kurz um und wollte sehen, wo die Waffe landete, damit er sie an sich bringen könnte, und Hektor nutzte den Augenblick, um sich durch das Skäische Tor, das hastig geöffnet wurde, in die Stadt zu retten. Das Tor schloss sich dröhnend, kaum dass er drinnen war, und sein Gegner hämmerte mit den Fäusten dagegen und schrie: »Feigling! Feigling!« Seine Fäuste mussten aus Metall sein, so laut schlugen sie gegen das dicke hölzerne Tor. Später sah ich, dass sie tatsächlich Spuren hinterlassen hatten: Eine Reihe von Dellen im bronzebeschlagenen Holz ließ erkennen, wo diese Fäuste zugeschlagen hatten.

Hektor riss sich den Helm vom Kopf. Die Augen quollen ihm aus den Höhlen. Sein Gesicht war schweißüberströmt, und seine Brust hob und senkte sich wild. »Jetzt sehe ich«, brachte er hervor, »dass es stimmt, was sie von ihm sagen.«

»Von wem? Wer war das?«, fragte ich einen der Soldaten, die Hektor umringten.

»Achilleus«, sagte der Soldat. »Dieser Dämon war Achilleus.«

»Sie sagen, er kann schneller laufen als ein Hirsch«, keuchte Hektor. »Ich habe es gehört, aber ich dachte, es sei eine Redensart. Jetzt weiß ich, dass es stimmt. Er übertrifft jeden menschlichen Recken, dem ich je begegnet bin.«

»Feigling! Feigling!« Noch immer hallten die Worte vor dem Tor.

Hektor schüttelte den Kopf, wie um sie abzuwehren. »Niemand hat mich je so genannt«, murmelte er.

»Es ist auch nicht wahr«, rief Priamos, der mit flatternden Gewändern von der Höhe herabgelaufen kam.

Ich spähte über die Mauer hinunter zu Achilleus. Sein Geschrei und Gehämmer hatten aufgehört. Er wandte sich vom Tor ab und schulterte seinen Speer. Unter den Bronzeplatten seines Helms, die seine Wangen und die Nase schützten, sah ich, dass er die schmalen Lippen fest zusammengepresst hatte. Seine Rüstung war prachtvoll; Brustpanzer und Schild waren mit allerlei Szenen verziert, die dort hineingetrieben waren. Niemand besaß etwas Vergleichbares; selbst an den Schnallen seiner Beinschienen blitzte Silber. Das war der Junge, der darauf bestanden hatte, mit dem erschöpften Menelaos den Berg hinauf um die Wette zu laufen, der Junge, der seine muskulösen Arme auf Skyros unter einer Mädchentunika versteckt hatte. Also war er auch mit seinen ungefähr achtzehn Jahren immer noch ein schneller Läufer, aber es schien, dass er nur lief, um Menelaos' Gebot zu erfüllen. Jetzt hob er den Kopf und bemerkte mich.

»Helena!«, rief er. »Du bist also wirklich hier in Troja! Bist du herausgekommen, um deine Verwandten zu sehen? Dich schadenfroh an uns zu weiden? Seht, Männer, dort ist sie!« Achilleus winkte seinen Kohorten und zeigte zu mir herauf.

»Ich habe dir gesagt, du sollst nicht auf der Mauer stehen!« Hekuba riss mich zurück. »Du kannst großen Schaden anrichten, wenn du dich sehen lässt!«

Das war mein Fluch – von Kindesbeinen an.

»Wir müssen dafür sorgen, dass du in Sicherheit bist«, sagte Hekuba energisch. »Es ist unsere Pflicht, dich zu beschützen.«

Unsere Kämpfer strömten zurück in die Stadt. Das Gefecht war vorüber. Sie wurden mit lautem Beifallsjubel willkommen geheißen. Nachher würden die Mitglieder des Ältestenrats und die Befehlshaber über die Fehler sprechen, die sie begangen hatten, über die Schwachstellen der trojanischen Verteidigung und darüber, wie sie zu beheben wären. Aber einstweilen genügte es, dass die Männer wohlbehalten zurückgekehrt waren und dass wir den Angriff gegen die Westmauer zurückgeschlagen hatten. Mehrere griechische Soldaten lagen tot am Fuße der Mauer, zermalmt von den Steinen oder zu Tode gestürzt.

Ein offizielles Fest gab es nicht, aber die Begeisterung war groß, und in dieser Nacht zogen Scharen von jungen Männern, die soeben eine erste kurze Kostprobe vom Kriegsgeschehen genossen hatten, singend und trinkend durch die Straßen. Paris und ich hörten den Widerhall ihrer Stimmen, aber uns in unserem Gemach schauderte es. Nur zu gern hatte Paris seine Rüstung abgelegt und ungeordnet in die Truhe geworfen, und nun wiederholte er ein ums andere Mal: »Sie meinen es ernst. Sie meinen es ernst. Sie sind hier, um Krieg gegen uns zu führen.« Er tat, als könne er es erst jetzt wirklich glauben.

»Wo warst du? Ich habe dich nicht gesehen?« Ich hatte ihn gebeten, sich flach auf das Bett zu legen, damit ich ihm den Rücken mit duftendem Öl einreiben konnte. Mehrere Fackeln flackerten an den Wänden, aber es war nicht sehr hell, und Schatten tanzten durch das Zimmer.

»Du hättest nicht zuschauen sollen«, sagte er. Er lag mit dem Gesicht auf dem Kissen, und seine Stimme klang gedämpft. »Es war gefährlich.«

»Das hat deine Mutter auch gesagt. Trotzdem konnte ich eine Weile zusehen, bevor ich mich zurückziehen musste.«

»Ich war an der Ostseite der Stadt. Sie haben auch dort das Tor angegriffen«, murmelte er. »Ah, das fühlt sich wunderbar an.« Ich massierte die angespannten Muskeln unter seinen Schulterblättern. »Aber ich fürchte, morgen werde ich trotzdem einen Muskelkater haben. Ich bin es ja nicht gewohnt, einen schweren Schild mit mir herumzuschleppen. Mein linker Arm ist gezerrt.«

»Hast du irgendjemanden –?«

»Ich habe niemanden erkannt. Für mich waren sie alle fremd.« Er streckte sich und dehnte den Rücken. »Merkwürdig, dass sie von der Schwäche der Westmauer wussten«, sagte er nachdenklich. »Normalerweise würde man dort nicht mit einem Angriff rechnen, weil das Skäische Tor und der Große Turm so nah sind. Es sei denn, sie wussten, wie verwundbar wir dort sind.«

»Als hätte es ihnen jemand verraten«, sagte ich.

»Von außen ist es nicht erkennbar«, überlegte er. »Niemand hätte Grund zu vermuten, dass die Mauer dort dünn und schwach ist. Vielleicht ein Seher …«

»Oder einfach ein gewöhnlicher Verräter«, sagte ich. »Sind Trojaner in Gefangenschaft geraten?«

»Nicht, dass ich wüsste.«

»Gut. Denn ein Mann braucht kein Verräter zu sein, um zu erzählen, was er weiß, wenn man ihn nur lange genug foltert.«

Paris rutschte unter meinen Händen zur Seite und richtete sich auf. »Foltern? Ist es bei deinen Landsleuten üblich, Gefangene zu foltern?«

»Sie behaupten, es nicht zu tun, aber warum bringen sich die Gefangenen, die ihnen in die Hände fallen, dann so oft um?«

»Dann hoffen wir, dass ihnen keine Trojaner in die Hände fallen.«

Der griechische Oberbefehlshaber, Agamemnon, hatte nicht gezögert, seine eigene Tochter zu opfern. Also war kaum zu erwarten, dass er besonders zart besaitet im Umgang mit Gefangenen war. Niemand durfte in seine Klauen geraten. Schlimm genug, dass es meiner Schwester widerfahren war.

XLVI

»Wir lassen uns jetzt nicht davon abbringen!« Hekuba gab Priamos ihre Entscheidung bekannt und schaute ihn herausfordernd an: Sollte er nur wagen, sich zu widersetzen. »Unsere Tochter soll nicht von den Griechen um diesen Tag gebracht werden.«

Ein paar Tage vor dem ersten Angriff hatte Laodike endlich

einen Bräutigam gefunden: Helikaon, Antenors Sohn. Priamos und Antenor hatten alles Nötige vereinbart, und Laodike war berauscht vor Erleichterung. Sie war nun achtzehn, und seit ich in Troja war, sehnte sie sich danach zu heiraten. Helikaon war ein einnehmender, wenn auch ständig zerzaust aussehender junger Mann. Wahrscheinlich malte sie sich schon aus, wie sie ihn in ein Ebenbild seines anspruchsvollen Vaters verwandeln würde.

Aber das alles war vor der Schlacht gewesen, bevor trojanisches Blut vergossen worden war und die Verwundeten durch unsere Straßen humpelten. Daher war Hekubas Entschlossenheit eine Überraschung.

»Aber das Volk …«, wandte Priamos ein. »Werden die Leute sich nach unseren Verlusten nicht verhöhnt fühlen?«

»Nein! Es wird ihnen vor Augen führen, dass wir Trojaner unter unseren Verlusten nicht einknicken oder zusammenbrechen.«

Laodike kam zu mir. »Helena, du sollst mir helfen, mein Gewand und meinen Schmuck auszuwählen.« In ihrem Blick lag noch immer stumme Verehrung. Ich wünschte, sie würde aufhören, denn sie rief in der Familie große Eifersucht hervor.

Schmuck … Ich dachte an das seltsame Juwel, das Menelaos für mich zurückgelassen hatte, und an seine bedrohliche Botschaft: *Für Helena, meine Gemahlin, auf dass sie den Preis ihrer Liebe ermesse.*

Meiner Liebe zu wem? Zu ihm? Zu Paris? Ich hatte die Brosche jedenfalls in ihrem Kästchen gelassen.

»Ja, ja, natürlich«, antwortete ich. »Aber Ilona hat einen erlesenen Geschmack, was Schmuck angeht. Ich bin sicher, sie –«

»Aber ich will, dass *du* mir hilfst«, beharrte sie bockig.

Zur Mittagsstunde standen wir im Hof des königlichen Palasts, um mit der Trauungszeremonie zu beginnen. Draußen hörten wir die Rufe der Leute, und sie klangen noch trotziger als Hekuba. Sie jubelten ihrem tapferen König und ihrer Königin zu, die im Angesicht der Gefahr dieses Fest feierten.

In Troja war die Verlobung, nicht die Hochzeit die eigentlich verbindende und feierliche Zeremonie. Und sie hatten noch andere besondere Bräuche: Sieben Blumen von sieben Bergen, sieben Weine aus sieben Weingärten, sieben Wasser aus sieben heiligen Quellen – all dies wurde zusammengemischt und in einem verwirrenden Ritual von Gesängen und Gesten herumgereicht, um das trojanische Treuegelöbnis zu versinnbildlichen.

Anstelle der duftigen, fließenden Gewänder, mit denen sie sich sonst kleideten, trugen die trojanischen Frauen jetzt Kleider aus roher, ungefärbter Wolle. Das war Laodikes Einfall gewesen.

»Dies ist eine Kriegstrauung, und wir müssen uns entsprechend kleiden«, hatte sie gesagt. Die Männer hatte sie gebeten, die Tuniken und Mäntel zu tragen, die sie im Feld anlegten. So waren wir eine graue Gesellschaft, und die einzigen Farbtupfer waren Kassandras und Helenos' leuchtend rotes Haar und das Glühen von Amethyst, Bernstein und Gold an Hälsen, Ohren und Armen.

Alle waren zugegen. Es mussten weit über hundert Leute sein, denn die Ältesten, der Rat, die Vettern und Halbgeschwister waren auch zugegen. Ich dachte an Priamos' uneheliche Kinder und Nebenfrauen; man hatte sie mir noch nicht förmlich vorgestellt, und wenn sie an diesem Tag hier waren, würde ich sie nicht erkennen. Ich nahm nicht an, dass Hekuba die Anwesenheit der anderen Frauen dulden würde – zumindest nicht an einem Tag wie diesem –, aber mit ihren Söhnen wäre es vielleicht eine andere Sache.

»Wie ihr mit uns das Glück unserer Verlobung teilt«, sagte Helikaon, »so teilen wir mit euch den Schmerz eurer Verluste und sehen nicht leichtfertig darüber hinweg.« Er selbst war auch im Felde gewesen, aber er war unversehrt aus dem Getümmel zurückgekehrt.

»Lasst uns einen Beitrag leisten!«, rief Troilos aus der Mitte der Gäste. »Wir wollen für unsere Sache ein Opfer darbringen.« Er nahm einen Brotkorb von der gedeckten Festtagstafel und kippte ihn aus. »Männer und Frauen von Troja! Euer Gold und eure Juwelen!« Er selbst streifte einen glänzenden Armreif ab und warf ihn in den Korb. Jemand riss ihm den Korb aus der Hand und legte einen Ring hinein. Noch weitere Körbe machten die Runde, und bald waren sie allesamt mit Kostbarkeiten gefüllt, und die Frauen wetteiferten miteinander, welche am schnellsten ihre Halsketten und Ohrringe ablegen konnte.

Paris zog seine goldene Manschette vom Arm und legte sie dazu. Ich überlegte, ob ich mich davonschleichen und Menelaos' Brosche holen sollte. Es wäre nicht ohne Ironie, sie so zu verwenden.

»Für sie ist es ein Spiel«, sagte Hektor leise neben mir. »Sie verstehen es nicht, noch nicht.« Er klang müde. »Aber wir haben es begriffen, nicht wahr, Helena?«

Ich trat einen Schritt zurück, damit man uns nicht so leicht hören konnte. Paris unterhielt sich angeregt mit Helenos und bemerkte es nicht.

»Ich weiß nicht genau, was du meinst«, flüsterte ich.

»Du kennst die Männer, die hergekommen sind, und weißt, wozu sie fähig sind. Ich habe den Mann kennengelernt, dem ich draußen gegenübergestanden habe – Achilleus. Jetzt graut mir vor dem, was uns erwartet.«

»Troja kann sich auf deinen Mut verlassen«, sagte ich, aber noch während ich die Worte aussprach, klangen sie, als wollte ich ein Kind beschwichtigen.

»Du enttäuschst mich«, sagte er. »Du kommst mir mit hübschen, leeren Worten. Aber du kennst die Wahrheit.« Betrübt ließ er den Blick über die begeisterte Menge wandern, die sich an ihren leichthin und freiwillig dargebrachten Opfern ergötzte. »Mögen sie in dieser Stunde spielen! Andere Stunden werden bald genug folgen.«

Laodike schaute selig zu Helikaon auf. Endlich war ihre Zukunft gesichert. Manche Frauen rasten nicht, bis sie verheiratet sind, und andere rasten nicht, bis sie sich befreit haben. Helikaon war sich offenbar nicht bewusst, dass er Laodike von ihrer Rastlosigkeit erlöst hatte. Leicht schwankend und grinsend stand er da; er hatte zu viel Wein getrunken.

Deiphobos spazierte vorbei, Arm in Arm mit dem alten Ratsherrn Klytios. Beide warfen mir einen lüsternen Blick zu; die Augen des einen waren von Runzeln umgeben, die des anderen nicht, doch es war der gleiche Blick. Deiphobos machte mich jedes Mal schaudern.

Die Schatzkörbe drohten unter ihrer Last zu platzen, die Blumengirlanden hingen welk herab, und allmählich ging der Wein aus. Das Fest näherte sich seinem natürlichen Ende, und die ersten Gäste verabschiedeten sich, als wir von draußen einen Tumult hörten. Eine aufgeregte Menge stürmte auf den Portikus zu; die Leute fuchtelten mit den Armen und riefen, jemand habe eine Botschaft für Helena.

»Dann bringt ihn herein!« Priamos stand im Portikus.

»Er ist nicht in der Stadt. Er steht vor der Mauer und ruft nach Helena, der Königin von Sparta!«

»Dann soll er seine Nachricht kundtun und verschwinden!«, befahl Priamos. »Am Verlobungstag meiner Tochter werde ich nicht –«

»Er will nur mit Helena sprechen, mit niemandem sonst. Wenn sie nicht auf der Mauer erscheint, wird er morgen brennende Pfeile in die Stadt fliegen lassen.«

»Dann erschießt ihn!«

»Das können wir nicht. Er schützt sich mit einem riesigen Schild, der so groß ist wie er und halbrund wie ein Turm.«

Ajax! Ajax stand vor den Mauern Trojas und wollte mit mir sprechen. Aber Ajax war kein Mann der Worte – ja, nicht einmal ein Mann der Gedanken.

»Ich gehe hin«, sagte ich. Laodikes Freudentag sollte nicht kurz vor dem Ende gestört oder verdorben werden.

»Aber nicht allein.« Paris trat an meine Seite.

Als wir auf der Mauer beim Skäischen Tor angekommen waren, erblickte ich Ajax' Schild unten auf dem Feld. Er sah aus wie eine kleine Festung. Ich stellte mich auf die breite Mauerkrone und rief hinunter. »Helena, Prinzessin von Troja, ist hier. Sprich!«

»Ich spreche nur zu Helena, der Königin von Sparta!« Eine

furchtbar vertraute Stimme klang dröhnend hinter dem Schild hervor.

»Dann bist du vergebens gekommen, denn eine solche Frau gibt es hier nicht.«

»Oh, ich glaube, es gibt sie doch, und ich glaube, sie spricht gerade zu mir.« Agamemnon trat hinter dem Schild hervor.

Die stämmige, brachiale Erscheinung, der arrogant schräg gelegte Kopf – ich hatte gehofft, diesen Mann nie wiederzusehen. Die Zeit hatte nicht dazu beigetragen, ihn weniger abstoßend erscheinen zu lassen. Ein schauriges Gelächter folgte auf seine Worte.

»Die Königin von Sparta gibt es nicht mehr«, beharrte ich und versuchte, das Zittern meiner Stimme zu unterdrücken. Scharen von Trojanern standen auf der Mauer und hörten zu, aber Agamemnon stand allein dort unten.

»Das ist wahr, denn sie hat sich aus Scham über dich erhängt.«

Das wusste ich schon. Er konnte meinen Schmerz nicht mehr vergrößern. Ich antwortete nicht.

»Und die jetzige Königin von Sparta ist ebenfalls dabei, sich aus Scham das Leben zu nehmen«, brüllte er.

Ich gab immer noch keine Antwort, sondern blieb so still wie möglich stehen, als könne ich ihn damit loswerden.

»Fragst du dich nicht, ob deine Brüder da draußen bei meinem Heer sind, um dich zu holen? Glaubst du, sie werden dich retten, wenn Menelaos seine Rache nimmt? Nun, du brauchst nicht länger auf sie zu warten, denn sie ruhen in der Erde von Sparta!«

Jetzt fühlte ich, dass ich mich bewegte. Mir war, als stürze ich gleich von der Mauer. Paris hielt mich fest.

»Deine Mutter ist tot, deine Brüder sind tot, deine Tochter ist nach Mykene geschafft worden, und dein Gemahl hasst dich und will dich vernichten. Betrachte nur, was du hervorgebracht hast – nur um dieses schmächtigen Kerlchens an deiner Seite willen!«

Statt ihm zu antworten, wandte ich mich an die Bogenschützen auf dem Turm. »Erschießt ihn, wenn ihr könnt! Der Feigling versteckt sich hinter dem Schild eines anderen, größeren Kriegers und kneift den Schwanz ein wie ein Hund.«

Agamemnon lachte brüllend, aber er duckte sich doch hinter den Schild. Die Trojaner brachen in schallendes Gelächter aus.

»Seht nur, wie er sich zitternd verdrückt!« Paris nahm einem der Schützen auf der Mauer den Bogen ab, legte rasch einen Pfeil auf die Sehne und ließ ihn losschwirren, aber er prallte mit hohlem Klang von Ajax' Schild ab. Agamemnon zog den Kopf ein.

Paris schoss einen zweiten Pfeil ab, der zitternd in dem dicken Stierleder stecken blieb.

Im nächsten Augenblick jagte ein Streitwagen heran, gefahren von einem tollkühnen Wagenlenker. Agamemnon sprang auf und klemmte den Schild hinter sich. Der Wagen donnerte davon, und seine Räder wirbelten den Staub auf. Der Schild ragte im Heck empor wie eine Mauer. Paris versuchte, darüber hinwegzuschießen, sodass der Pfeil dahinter im Wagen landete, aber sie waren schon zu weit weg.

»Ein Feigling hat gesprochen, und ein Feigling ist geflüchtet!«, rief Paris den Zuschauern zu. »So steht es mit dem Mut des feindlichen Befehlshabers!«

Die Menge lachte und jubelte hysterisch.

Aber als wir allein in unseren Gemächern waren, weinte ich. Meine Brüder, meine lieben Brüder, tot … Wie? Wie waren sie gestorben? Zusammen, bei einem Unfall oder im Kampf? Oder jeder für sich allein an einer Krankheit?

»Vielleicht ist es nicht wahr.« Paris wusste, warum ich weinte, ohne dass ich es aussprach. »Er ist ein Lügner, das wissen wir doch. Er hat das gesagt, was dich am tiefsten verletzen musste.«

»Was er über meine Mutter gesagt hat, stimmt.«

»Vielleicht vermischt er Lüge und Wahrheit. Schließlich hat er seine eigene Tochter ins Unheil gelockt, indem er ihr vorgelogen hat, sie solle Achilleus heiraten.«

Konnte er die Wahrheit gesagt haben, was Hermione betraf? Nach Mykene geschafft? »Hermione …«

»Deine Schwester liebt sie, und vielleicht ist es besser, wenn sie bei einer Frau ist, die freundlich von dir spricht«, sagte Paris. »Helena, du hast teuer dafür bezahlt, dass du mir gefolgt bist. Hättest du anders gehandelt, wenn du gewusst hättest, was du jetzt weißt?« Er zog mich an sich. Ich fühlte mich so substanzlos, als wäre ich leicht wie eine Feder.

»Nein«, sagte ich. »Stände ich jetzt mit dir im Mondschein im Hof des Palastes von Sparta, wäre Äneas dabei, die Wagen anzuspannen, und könnte ich sagen: *Nein, fahrt ohne mich* – ich würde es nicht tun. Im Gegenteil, ich würde noch entschlossener sagen: *Lasst uns auf die Wagen steigen und nach Troja fahren!*«

»Von der ersten Schussfahrt an war der Weg rau und gefährlich«, sagte er. »Und mir scheint, seitdem sind wir auf der Flucht vor unseren Verfolgern.«

Aber bei den Erinnerungen daran wurde mir warm ums Herz. »Kranä, die Inseln, die Tore Trojas … Da dachte ich, wir wären endlich in Sicherheit.« Die Wärme verging, und ein Frösteln ergriff mich, als sei Troja von schleichenden Nebelschwaden eingehüllt.

»Wir *sind* in Sicherheit«, sagte er beruhigend.

Ich konnte, ich wollte ihm nicht sagen, dass Hektor es anders sah.

In dieser Nacht fand ich keinen Schlaf. Der Gedanke an Kastor und Polydeukes ließ mir keine Ruhe, und ich stahl mich aus dem Bett. Nie fühlt man sich so hellwach und schlaflos wie an der Seite eines schlummernden Gefährten.

Ich streifte durch die Zimmer und kam schließlich zu meinem leeren Webstuhl. Und plötzlich wusste ich, was für ein Muster ich weben wollte. Ich würde die beiden Seiten meines Lebens abbilden und sie miteinander vereinen, indem ich sie zu einem einzigen Muster verwob. Bevor ich Agamemnon auf der Mauer entgegengetreten war, hatte ich geglaubt, mein altes Leben sei nicht länger ein Teil meiner selbst. Jetzt wusste ich, dass ich für alle Zeit Helena von Sparta *und* Helena von Troja sein würde. In der einen Helena konnte es viele Helenas geben. Nur indem ich die spartanische Helena in mir zuließ, konnte ich sie ungefährlich machen.

Das Webmuster entstand vor meinem inneren Auge: Auf dem äußeren Rand würde ich Sparta darstellen, umgeben vom Eurotas, für den ich ein graublaues Garn nehmen würde. Die innere Umrahmung würde in klarerem, hellerem Blau das Meer zwischen Sparta und Troja zeigen, und im Herzen des Stücks würde Troja zu sehen sein mit der Zitadelle im Zentrum. Und an den Rändern beider Welten sollten Persephone und Aphrodite schweben, die über mich wachten.

Ich durfte nichts vergessen. Ich musste alles sofort festhalten, denn am nächsten Morgen würde es wieder verblasst sein, und jetzt sah ich es klar und deutlich vor mir. Ich suchte die Tonscherben, die wir für solche Zwecke aufbewahrten, und im trüben Licht einer flackernden Öllampe skizzierte ich das Muster, das die Scherben meines Lebens zu einem Ganzen zusammenfügen würde.

Das Sonnenlicht und eine sanfte Berührung an meiner Schulter ließen mich aufwachen. Paris stand hinter mir. Es war früh am Morgen.

»Ich bin hier«, sagte er – nicht: *Sei nicht traurig!* oder *Denk nicht mehr daran!* Er kannte mich durch und durch und wusste, dass das unmöglich war.

XLVII

In den nächsten Tagen blieb alles still. Die Griechen verschwanden hinter den Reihen ihrer Schiffe, und unsere Spione berichteten, dass sie dort einen Schutzwall errichteten. Es wäre leicht gewesen, so zu tun, als wären sie gar nicht da.

Priamos berief zahlreiche Versammlungen ein und ließ jedermann frei sprechen. Hier und da erhob jemand die Frage, wie viel die Griechen wussten. Woher hatten sie von der Einheit gewusst, die auf dem Weg nach Dardanos gewesen war? Woher kannten sie die schwachen Punkte in der Westmauer? Wir mussten Spione unter uns haben.

Priamos schickte Arbeiterkolonnen an die Westmauer, um sie zu verstärken. Uns war ein schreckliches Schicksal erspart geblieben, das wir unserer Nachlässigkeit zu verdanken gehabt hätten.

Alle waren sich darin einig, dass der glühende Sand eine beeindruckend gute Wirkung gezeigt habe und dass die Bogenschützen auf den Türmen dem Feind beträchtliche Verluste beigebracht hätten. Gelanor berichtete, seine Arbeit mit den Insektenbomben mache gute Fortschritte. Er werde schon bald Behälter aus Ton und Stroh, gefüllt mit Bienen, Wespen, Skorpionen und beißenden Ameisen bereithaben, die man unter die Feinde schleudern könne.

Achilleus hatte mit seinem wütenden Erscheinen vor der Mauer einen beängstigenden Eindruck hinterlassen. Besonders seine Schnelligkeit war erschreckend: Es hatte ausgesehen, als berührten seine Füße kaum die Erde – als fliege er darüber hinweg und brauche sie gar nicht. Aber Hektor wies darauf hin, dass man oft dazu neige, jemandem, der sich unberechenbar benahm, überirdische Eigenschaften zuzuschreiben. In Wahrheit werde auch das angeblich Unberechenbare nach einigen Begegnungen zu etwas Vertrautem. Achilleus sei schnell, das wüssten wir jetzt. Damit könne er uns nicht noch einmal überraschen.

Was die weiteren Vorbereitungen anging, so war sich der Rat uneins. Alle fanden, dass wir uns bei der ersten Auseinandersetzung gut geschlagen hätten, aber die eigentlichen Prüfungen standen uns noch bevor. Wie lange sollten wir warten, bis wir unsere Bundesgenossen zu Hilfe riefen? Jetzt waren die Griechen in der Überzahl, aber die Verbündeten würden das Verhältnis nahezu ausgleichen. Indes – wenn wir sie kommen ließen, würden wir sie ernähren und unterbringen müssen und die Zahl der Menschen in unseren Mauern würde sich beträchtlich vergrößern. Waren wir darauf vorbereitet?

Priamos' Söhne gerieten untereinander in Streit. Hektor war fest entschlossen, jede Schlacht so zu schlagen, wie das Schicksal sie brachte, und nicht schon vor der Zeit. Deiphobos wollte einen Angriff gegen die Griechen führen, bevor sie ihren Verteidigungswall vollendet hätten: Es sei besser, den Krieg in ihr Lager zu tragen. Helenos riet zur Vorsicht: Wir sollten nur auf unmittelbare Provokationen reagieren und vielleicht auch verhandeln. Der junge Troilos brannte darauf, an den Kämpfen teilzunehmen, obwohl Priamos es ihm verboten hatte. Er sei noch zu jung, meinte sein Vater. Er sei die Freude seiner Mutter. Und er müsse beschützt werden, weil ... Es gebe eine Prophezeiung über ihn, über die Priamos nichts weiter sagen wolle. Eines Tages erhob sich Troilos in der Versammlung und forderte seinen Vater auf, die Prophezeiung zu enthüllen, die anscheinend verhindere, dass er am Krieg teilnehme. Priamos weigerte sich. Er sagte, unsere Feinde wüssten bereits genug und er werde diese Weissagung fest in seinem Herzen bewahren. Troilos erklärte, das sei unannehmbar. Unannehmbar oder nicht, antwortete sein Vater, es müsse so sein.

Im düsteren Zwielicht unseres Megarons, in einer Jahreszeit, in der es in der Halle unerträglich heiß geworden wäre, wenn wir ein Feuer angezündet hätten, ließen wir uns rings um den kalten Herd nieder. Ich hatte Schalen mit Weihrauch aufstellen lassen, um ein Gefühl der Abgeschlossenheit ohne Hitze zu schaffen, und Armladungen von Wiesenblumen standen in Vasen an den vier Ecken des Herdes wie Wächter vor den Säulen. Paris räkelte sich auf seinem Stuhl; die Untätigkeit machte ihm zu schaffen. Er musste ungehindert kommen und gehen können, wie es ihm beliebte – Krieg hin, Krieg her. Troilos lag zu seinen Füßen.

»Ich wünschte, ich wäre an deiner Stelle«, sagte er und strich sich das lange, glatte Haar aus der Stirn. »Nur weil du kurze Zeit vor mir geboren bist, bist du frei.«

Paris lachte. »Die Klage der Jugend. Niemand will der Jüngere sein, aber am Ende hat es der Jüngere immer am besten.«

»Ich wüsste nicht, wieso«, murrte Troilos. »Der Jüngere ist niemals zu beneiden. Er kommt immer als Letzter an die Reihe.«

»Oder als Erster. Die Jungen haben immer einen besonderen Platz.«

»Bah!« Troilos stellte seinen Weinbecher auf den Boden. »Ich sehe da nichts Besonderes.«

»Ich bin auch die Jüngste«, sagte ich. »Und ich war es immer gern. Ich konnte meinen Brüdern und meiner Schwester zusehen und dann einen anderen Weg einschlagen. In gewisser Weise probierten sie verschiedene Kleider für mich an, und ich konnte sehen, welches mir passte.«

»Nichts von ihren Kleidern – oder ihrem Leben – hätte dir gepasst«, widersprach Troilos. »Das ist kaum eine angemessene Probe.«

»Troilos«, sagte Paris, »bleib du hier in Sicherheit. Warum solltest du dich wegen meiner … Taten in Gefahr bringen?« Hatte er *Dummheit* sagen wollen?

»Was du getan hast, liegt jetzt hinter dir. Es betrifft uns alle.«

Ein drückendes Schweigen senkte sich herab. Troilos hatte recht.

Hyllos trat ein und winkte uns zu. Er ging jetzt vergnügt ein und aus, obgleich sein Vater hier verhasst war und seine Familie ihn anscheinend als böses Omen betrachtete. Er setzte sich zu uns vor die kalte Asche des Herdes und fing an, mit einem Stock Muster hineinzumalen.

»Kennst du die Prophezeiung über mich?« Troilos sah Paris beschwörend an.

»Ja.«

»Wirst du sie mir offenbaren?«

»Nein. Sie ist düster und würde dich traurig machen.«

»Nichts könnte mich trauriger machen, als hier blind im Netz einer Prophezeiung zu zappeln, die ich nicht kenne, während alle anderen genau Bescheid wissen. Muss mich das nicht kränken? Warum sollen andere sie kennen und ich, um den es dabei geht, nicht?«

»Es kommt oft vor, dass jemand, der eine Prophezeiung kennt, sie aus irgendeinem Grund in Erfüllung gehen lässt.«

»Befreie mich davon!« Troilos sprang auf. »Ich verspreche dir, ich werde sie meiden, aber dazu muss ich sie kennen!« Sein sommersprossiges Gesicht wurde rot vor schmerzlicher Erregung.

»Also gut«, sagte Paris. »Die Prophezeiung sagt: Wenn Troilos das zwanzigste Lebensjahr erreicht, wird Troja niemals fallen.«

Troilos strahlte. »Ah! Ich bin schon vierzehn. Dann dürfte ich noch sechs Jahre lang nicht in den Kampf ziehen.«

»So ist es«, sagte Paris. »Ist das so viel verlangt?«

»Ich will aber kämpfen! Sechs Jahre muss ich warten?«

»Wenn du nicht die Schuld am Fall deiner Vaterstadt haben willst«, sagte Paris.

»Das ist ungerecht!«, heulte der Junge. »Ich bin ja noch nicht einmal Soldat! Warum soll das Schicksal der Stadt auf mir lasten?«

»Dafür gibt es keinen Grund«, sagte ich unwillkürlich. Ich selbst war von den Göttern zu oft geneckt und genasführt worden. »Die Götter brauchen keinen Grund für das Abscheuliche, das sie von uns fordern.«

Troilos stützte das Kinn auf die Ellenbogen und streckte sich vor dem Herd aus. Er hatte sehr lange Beine, und dabei wuchs er noch. Vielleicht würde er von allen Söhnen Priamos' der größte werden. »Früher haben wir gemeinsam Pferde zugeritten«, sagte er zu Paris. »Jetzt darf man nicht einmal mehr in der Ebene reiten. Ich kann die Pferde allenfalls beim Quellenhaus noch ein wenig bewegen. Spaß macht das kaum. Ich hasse mein Leben!«

»Sag das niemals!«, warnte Paris. »Es sind unheilige Worte.« Er schwieg einen Moment; dann beugte er sich vor und zerzauste Troilos das Haar. »Troilos, du musst Geduld haben. Dieser Krieg kann nicht ewig dauern. Wie schon andere gesagt haben: Wenn der Winter kommt, werden die Griechen es satthaben, an unserer Küste zu lagern, und sie werden nach Hause fahren. Ihre Belagerungsversuche sind jämmerlich; auf der Seite, die dem

Berg Ida zugewandt ist, können wir immer noch ein und aus gehen, wie es uns gefällt. Das ist nicht so schlecht.«

Troilos seufzte. »Vermutlich nicht, aber es gefällt mir trotzdem nicht.«

Seine Worte passten so gut zu einem Jüngling, dass ich lachen musste. Sie alle sagen, sie hassen ihr Leben, und in Wirklichkeit können sie es nur nicht erwarten, aus der Kammer der Kindheit in die Arena der Erwachsenen zu gelangen.

Als Troilos gegangen war – als Knabe wohnte er noch im Palast seiner Eltern und hatte keine eigene Wohnung –, stellte ich meinen Weinbecher hin und umarmte Paris von hinten. Er war nur drei Jahre älter als Troilos, aber er wirkte wie ein ganz anderes Wesen. Vielleicht lag es daran, dass er lange Verantwortung als Hirte getragen hatte; damals hatte er seine Herde mit seinem Leben verteidigen müssen. Vielleicht lag es auch an der Großmut, mit der er seinen Eltern verziehen hatte, dass sie ihn ausgesetzt hatten. Was es auch sein mochte – mit seinen siebzehn Jahren war er ein Mann. Mehr Mann als Achilleus mit seinen schwellenden Muskeln und der prunkvollen Rüstung, obwohl sie fast auf ein Jahr genau gleichaltrig waren.

Ich drehte seinen Kopf zu mir herum. Meine Liebe zu ihm erschien mir grenzenlos. Er war der wahre Schatz Trojas, und er sollte Priamos auf dem Königsthron nachfolgen, denn von allen seinen Söhnen war er es, der wahre Widrigkeiten überwunden hatte. Ich wusste, dass hier die Stimme der Liebe in meinem Herzen sprach, aber so war es.

»Paris, mein Liebster«, sagte ich leise und nahm sein Gesicht zwischen beide Hände.

Er lachte nervös und warf einen Blick zu Hyllos hinüber, der so still dasaß, dass man seine Anwesenheit kaum bemerkte.

»Ich werde mich jetzt verabschieden«, sagte Hyllos und sprang verlegen auf. Hastig eilte er zur Tür, verbeugte sich vor dem Hinausgehen und stolperte dann über die Schwelle.

»Leb wohl!« Paris nickte ihm zu und lachte. »Jetzt sind wir unbeobachtet«, sagte er. »Er ist so still, dass man ihn oft vergisst.«

Bei seinen Worten regte sich ein Gedanke in meinem Hinterkopf, aber er nahm keine rechte Gestalt an. »Vielleicht ist das der Sinn der Sache«, sagte ich. Mir war in seiner Anwesenheit unbehaglich, aber er wirkte ganz harmlos. Vielleicht hatte ich es einfach nicht gern, wenn Leute da waren, die ich nicht brauchte.

»Er ist traurig«, sagte Paris. »Er wird mit Schmähungen überhäuft, obwohl er an dem, was sein Vater getan hat, keine Schuld trägt.«

Ich setzte mich auf seinen Schoß. »Weißt du, was deine vornehmste Eigenschaft ist?«, fragte ich und küsste ihn erst auf die eine, dann auf die andere Wange. »Deine Empfindsamkeit für andere.«

Er lachte. »Das ist kaum eine der bekannten Tugenden eines Kriegers.«

»Ich spreche nicht von Kriegern, sondern von den Tugenden eines Menschen.«

In der Sicherheit unseres wunderschönen Gemaches umschlangen wir einander. Wir hatten nicht entscheiden müssen, welche Schlafkammer wir aufsuchen sollten: Allem Üblichen zum Trotz hatten wir nur eine, nämlich unsere. Anders als in anderen trojanischen Palästen gab es hier nicht das Schlafgemach des Prinzen und das der Prinzessin, sondern nur ein einziges Liebesnest. Die Bauleute hatten sich unseren seltsamen Wünschen gefügt, und wir hatten es noch nie bereut.

»Liebste, wenn wir noch weitere Gemächer hätten, wir würden sie niemals benutzen«, sagte Paris. »Es wäre pure Geldverschwendung gewesen.«

»Ich ertrage es nicht, von dir getrennt zu sein«, flüsterte ich ihm ins Ohr. Und es war die Wahrheit. Paris war das Licht meiner Welt und erleuchtete Winkel meiner selbst, die bis dahin im Dunkeln gelegen hatten.

»Auch ich kann ohne dich nicht sein«, murmelte er. »Aber wir brauchen uns ja nie zu trennen.«

Welch ein Gedanke: Wäre ich der Vernunft gefolgt, wäre ich vielleicht noch heute in Sparta und er hier – und dann könnte ich ihn nicht berühren, nicht seine Stimme hören und in diese wunderbaren Augen sehen, so jung, so strahlend und so glücklich.

»Paris«, sagte ich, »lass sie verschwinden!«

»Wen?« Seine Lippen berührten die meinen.

»Alle unsere Feinde.«

»Mit anderen Worten, alle«, sagte er. »Aber sie kümmern mich nicht. Sie alle sind irregeleitet, sie sind eifersüchtig, naseweis oder dumm. Unsere Liebe wird leben, wenn sie längst alle zu Staub zerfallen sind.«

Ich umarmte ihn. Das war der Grund, weshalb ich ihn liebte: Er war so überschwänglich, so glücklich im Augenblick. Und in Wahrheit war der Augenblick alles, was wir – und alle anderen – hatten. Eine Folge von Augenblicken, ein ganzer Triumphmarsch, aus dem ein unvergleichliches Leben entstand.

In Troja blieb es ruhig. Nach dem ersten Angriff hatten sich die Griechen scheinbar in Luft aufgelöst. Es war ein betörender Gedanke, sie könnten ihre Schiffe reiseklar machen und die Gefahr sei vorüber. Aber die Trojaner bewachten weiter die Bastionen, und die Verstärkung der Westmauer machte Fortschritte.

In der Sommerhitze hinter den Mauern gerann unsere Stimmung wie Milch, die zu lange gestanden hat. In den stickigen Häusern brauten sich Streitigkeiten zusammen und platzten irgendwann hinaus in die Straßen – privates Gezänk, das nichts mit den Griechen zu tun hatte. Menschen, die zu lange auf engem Raum miteinander eingesperrt sind, finden es bald unerträglich, sofern sie kein Liebespaar sind. Die Einzigen, die in dieser Stille aufblühten, waren die alten Ratsmitglieder, die jeden Tag durch die Straßen zu Priamos in den Ratssaal schlurften, neu belebt durch diesen Stillstand, der ihnen erlaubte, ihren Kriegsspielen nachzugehen. Solange nicht gekämpft wird, ist jeder Mann ein Krieger.

In jedem Sommer kommt ein makelloser Tag, der uns zuflüstert: *Erinnere dich an mich!* Und wir tun es mitten im kalten

Winter. Der Himmel ist so blau, dass uns die Augen wehtun, der Wind ist sanft, und die Wärme durchdringt alles und schläfert uns ein. An einem solchen Tag lehnen wir uns ans Fenstersims und überlassen uns mit geschlossenen Augen der Sonne, die uns ins Gesicht scheint. Manchmal kommt dieser Tag schon früh im Sommer, manchmal erst gegen Ende. In Troja besuchte er uns, als die alten Weiber gerade anfingen, vom Herbst zu reden.

Ich hatte einigen Frauen meinen Webstuhl und das allmählich entstehende Muster gezeigt. Evadne war da gewesen und hatte uns Wolle verschiedener Qualitäten gezeigt; eine war dick und drahtig und am besten für die Darstellung von Wasser oder Gras zu verwenden, eine andere war so zart und fein, dass man damit Haar oder schlanke Finger abbilden konnte. Andromache und die Schwestern Laodike und Ilona waren da. Polyxena fehlte; sie war ungefähr so alt wie Troilos, und die beiden verbrachten viel Zeit miteinander; seit kurzem allerdings schloss Hyllos sich ihnen öfter an, als ihnen lieb war. Aber weil sie ihn nicht kränken wollten, duldeten sie seine Anwesenheit.

Kassandra interessierte sich für das Weben ebenso wenig wie für andere weibliche Beschäftigungen; deshalb rechnete ich nie mit ihrem Kommen, aber die kleine Polyxena vermisste ich, zumal sie mir geholfen hatte, die scharlachrote Wolle auszusuchen. An einem so schönen Tag würde sie vermutlich draußen unterwegs sein.

Irgendwann ließen wir die Webstühle stehen und versammelten uns am Fenster. Auch wir sollten ins Freie gehen und zumindest durch die Straßen spazieren. Ich sehnte mich danach, wieder durch die freien Felder zu streifen, doch das war vorläufig nicht möglich. Unter uns lag die Stadt sandbraun und still in der Mittagssonne.

»Lasst uns zu dem Weg hinaufgehen, der oben um den Tempel herumführt, und den sanften Wind genießen«, schlug ich vor. »An einem solchen Tag –«

Ein markerschütternder Schrei, der aus einem der Höfe zu kommen schien, zerriss die Stille. Es klang, als sei jemand gepfählt worden, als habe man ihm einen spitzen Pflock durch den Körper getrieben. Er schwoll an, wurde dann zu einem Wimmern und erstarb wie ein letzter Atemzug.

Ein schrecklicher Unfall! Ein Kind war in den Speer seines Vaters gestürzt oder war vom Dach gerutscht und auf einer steinernen Treppe zerschmettert worden. Gleich darauf erhob sich lautes Klagegeheul. Das war die Mutter, die in der Stille, die das Kind umgab, desto lauter schrie. Ich umklammerte Andromaches Arm, als könnte ich damit ungeschehen machen, was immer dort vorgefallen sein mochte.

Ohne ein Wort stürzten wir alle hinaus zur Treppe. Die Klageschreie hörten nicht auf, und jetzt kamen weitere Stimmen dazu. Wir schauten uns auf der leeren Straße um – zur Mittagsstunde waren die meisten Leute in ihren Häusern. Die Stimmen schienen aus der unteren Stadt zu kommen, aus der Nähe des Osttores. Wir hasteten hinunter, vorbei an Nebenstraßen und neugierigen Leuten, die aus ihren Türen traten, um zu sehen, was passiert war.

»Hier, es ist hier!«, rief Laodike und lief um die Ecke in die Straße, die zum Osttor hinunterführte. Die Schreie waren zu einem vielstimmigen Gebrüll angeschwollen. Wir ließen das letzte Haus hinter uns, das uns von dem freien Platz vor dem Tor trennte, und erblickten Hekuba. Sie hatte die Hände vor das Gesicht geschlagen und kniete jammernd vor einer reglosen Gestalt mit seltsam gespreizten Beinen. Die kleine Polyxena beugte sich über die Gestalt am Boden, und ihr runder Rücken bebte von ihrem Schluchzen. Hyllos stand mit bleichem Gesicht daneben. Immer mehr Leute drängten heran, und ihr schrilles Geheul erfüllte die Luft. Paris und Hektor erschienen; sie stießen die Leute beiseite, um zu ihrer Mutter zu gelangen. Ich sah, wie Hektor sich über den Leblosen beugte und einen Blick auf ihn warf. Dann zog er Hekuba an sich und drehte sie zur Seite. Paris umarmte Polyxena und versuchte sie zu beruhigen.

Priamos drängte sich durch die Menge und legte die letzten Schritte laufend zurück. Von Schmerz und Wut erfüllt, brüllte er auf, als er sah, wer dort lag. Er fiel auf die Knie, und dann sahen auch wir das himmelwärts gewandte Gesicht und das blonde Haar, das in der Sonne golden glänzte. Es war Troilos.

Ich stolperte weiter und schloss und öffnete die Augen, und jedes Mal, wenn ich sie öffnete, hoffte ich, dieser entsetzliche Anblick werde verschwinden oder Troilos werde sich bewegen. Aber das tat er nicht. Mit ausgebreiteten Armen lag er da, und Paris legte weinend seine Beine zurecht; er umklammerte die Füße und küsste sie, er umschlang sie mit beiden Armen und ließ sich darauf sinken, als könne er sie wärmen und damit wieder zum Leben erwecken.

Ein dunkelroter Fleck bedeckte Troilos' Tunika. Er war erstochen worden, mit einem Speer oder einem Schwert. Es war kein Unfall.

Polyxena rang verzweifelt schluchzend nach Atem und stieß einzelne Worte hervor. »*Er war's … Er hat gewartet –*«

Laodike umarmte sie. »Ruhig, ganz ruhig!«, murmelte sie. »Atme langsam! Langsam. Ja, so.«

»Wer hat das getan?« Hektors Stimme war kalt wie das Wasser des Styx.

»Es war dieser Mann, dieser Grieche …« Zitternd stand Hyllos da. »Wir sind zum Quellenhaus gegangen, um die Pferde zu tränken, und –«

»Ihr drei?«, brüllte Hektor. »Troilos hat seine Schwester mitgenommen? Ich dachte, wir hätten selbst ihm verboten, dort hinzugehen!«

Polyxena erhob ihre zaghafte Stimme. »Ich wollte mitgehen. Ich h-habe ihn überredet. Mir war so langweilig in der Stadt.«

»Du warst ungehorsam.« Hekuba brachte die Worte kaum über die Lippen, so heftig zitterte sie. »Ihr beide wart ungehorsam. Ihr wusstet, dass ihr nicht hinausdürft. Und jetzt …« Sie fiel wieder auf die Knie und sank auf die blutige Brust ihres toten Sohnes.

»Von welchem Mann redest du?«, fragte Hektor. »Wer war da beim Quellenhaus?«

»Dieser Wilde. Er wartete auf uns, versteckt neben dem Quellenhaus. Ich wollte einen Wasserkrug füllen, und Troilos führte die Pferde zum Trog, als er … Er fiel über uns her. Er sprang uns an wie ein Panther, und Troilos ließ die Zügel los und wollte weglaufen, aber er holte ihn ein und –« Wieder brach Polyxena in Tränen aus und schüttelte den Kopf.

»Dieser Mann? Dieser wilde Mann?« Hektor schaute sich um. »Kennt denn niemand seinen Namen? Oder kennt ihr ihn und wagt nicht, ihn auszusprechen?«

Oh, wenn es nur nicht Menelaos gewesen war!

»Es war Achilleus«, flüsterte Hyllos. Dann sank er auf die Knie und wischte mit zitternder Hand zärtlich über die Stirn seines ermordeten Freundes.

Und der makellose Sommerhimmel wölbte sich über dieses Opfer, über den Jüngling, der Pferde und Wiesen geliebt hatte und der um alle Sommer, die noch kommen würden, betrogen worden war – ja, sogar um den Rest dieses Tages.

In den Straßen Trojas war es totenstill, als wir in der Abenddämmerung neben der Bahre mit dem Leichnam hergingen. Troilos würde vor der Stadtmauer feierlich bestattet werden, wie es Brauch war, und wehe dem Griechen, der versuchte, die Zeremonie zu stören.

»Wir töten sie bis auf den letzten Mann«, sagte Hektor, und seine tiefe Stimme klang wie das Rumpeln eines Karrens auf steinigem Pfad. Bewaffnete Soldaten umgaben uns schützend zu allen Seiten. Sie bewachten auch den mächtigen Scheiterhaufen, für den ein Teil unserer kostbaren Holzvorräte für den Winter verwendet worden war. Hoch in den Himmel ragte er hinauf. Ein so großer Scheiterhaufen für diesen schmächtigen Knaben.

Mit feierlichem Ernst hob man ihn von der Bahre und trug ihn hinauf zu der Plattform auf der Spitze. Sie legten seine Arme kreuzweise auf die Brust und zogen sein Gewand zurecht. Ich sah die armen weißen Füße, die ihn in Windeseile durch die Straßen Trojas getragen hatten, damit er Paris bei seiner Heimkehr als Erster begrüßen konnte. Steif ragten sie über die Plattform, die zu kurz für ihn war.

Seit seinem Tod waren zwei Tage vergangen. Man hatte ihn

feierlich aufgebahrt, und am ersten Tag hatten Klageweiber die rituellen Trauergesänge gesungen. Jetzt hatten sie die Bahre zum Scheiterhaufen begleitet und zogen sich zurück. Ihre Aufgabe war erfüllt. Die eigentliche Trauer oblag uns, die wir ihn geliebt hatten, und sie würde sich an kein Ritual halten, sondern kommen und gehen wie Ebbe und Flut.

Die Opfertiere, Schafe und Hunde, wurden am Fuße des Scheiterhaufens geschlachtet und ausgebreitet, nachdem man ihr Blut ausgegossen hatte. Dann wurde ein Korb herumgereicht, und wir legten Haare hinein, die wir uns zuvor abgeschnitten hatten. Auch sie würden auf dem Scheiterhaufen verbrannt werden. Krüge mit Honig und Öl wurden ringsum aufgestellt. Und ich hatte noch etwas mitgebracht, was hier verbrannt werden sollte als Opfer und als Bußgabe.

Priamos trat in einem langen Gewand aufrecht auf den Scheiterhaufen zu. Er schlug die Kapuze zurück, und die untergehende Sonne beleuchtete sein zerfurchtes Gesicht. Es war so faltig und Troilos' Antlitz so glatt: Der Tod war gierig und fraß nur die Schönsten.

»Ich rufe zu allen Göttern und bitte sie, diesen grausamen Tod zu rächen«, flehte er. »Und ich bitte den Herrn und die Herrin der Unterwelt, ihn gnädig aufzunehmen. Geht behutsam mit ihm um! Er ist nicht … Er ist die Dunkelheit nicht gewohnt.« Seine Stimme brach, und schnell wandte er sich ab, ergriff die brennende Fackel, die man ihm reichte, und stieß sie in den Scheiterhaufen.

Hekuba nahm seine Hand und zog ihn weg. Sie umarmten einander und sahen zu, wie die Flammen aufloderten und das Holz zu knistern begann. Das Feuer brannte schnell, hoch und heiß, und es überstrahlte die Sonne.

»Jetzt ist seine Seele frei«, sagte Paris. »Befreit von seinem Körper.« Er weinte. »Aber sie wollte nicht befreit werden! Sie war glücklich da, wo sie war!«

Der Scheiterhaufen würde die ganze Nacht brennen. Am nächsten Morgen würden wir hinausgehen und die schwelende Glut mit Wein löschen. Wenn die Asche sich abgekühlt hätte, würden wir die Gebeine einsammeln und in eine Urne legen, und die Urne würde in der heiligen Grabstätte beigesetzt werden. In gewöhnlichen Zeiten würden dann zu Ehren des Toten athletische Spiele stattfinden. Aber wir lebten nicht in gewöhnlichen Zeiten.

Als wir in die Stadt zurückkehrten, sah ich vorn auf meinem Gewand rote Flecken – feucht glänzende Tropfen. Ich berührte einen und sah, dass mein Finger blutbeschmiert aussah. Ich berührte ihn mit der Zunge, und es schmeckte salzig und metallisch wie Blut. Hatte ich mich geschnitten? Aber dann fiel es mir ein. Die Brosche! Ich hatte den verhassten Stein getragen, den Menelaos mir hinterlassen hatte; ich hatte ihn auf den Scheiterhaufen werfen wollen – um ihn loszuwerden und zum Zeichen dafür, dass ich mich von den Griechen und ihrer Tat lossagte. Von der Trauer um Troilos überwältigt, hatte ich es vergessen, und jetzt trug ich das Juwel immer noch.

Ich berührte es und erwartete, eine scharfe Kante zu fühlen, an der ich mich verletzt haben könnte. Da war nichts dergleichen, aber der Stein war glitschig von Blut. Es sah aus – doch das war unmöglich! –, als quelle das Blut aus dem Stein.

Im Palast begab ich mich eilig in meine Gemächer und zog mein Gewand aus. Evadne würde wissen, wie man die Blutflecken aus der weißen Wolle entfernte. Evadne verstand sich auf solche Dinge. Ich würde sie fragen, und dann … Aber als ich das Gewand hochhielt, um die Flecken zu begutachten, konnte ich sie nicht mehr sehen. Ich drehte das Gewand hin und her und von innen nach außen. Die Flecken waren verschwunden, und die Wolle war weiß wie neu.

Wie konnte das sein? Ich hatte die klebrigen Flecken betastet, ich hatte sogar davon gekostet. Die Brosche war nass gewesen …

Die verfluchte Brosche! Paris hatte recht: Sie war böse! Menelaos hatte irgendeinen abscheulichen Plan verfolgt, als er sie mir schenkte.

Während ich das Gewand noch glatt strich und ratlos betrachtete, kam Evadne herein.

»Diese Brosche – ich war so dumm, sie zu tragen –, ich hätte sie niemals anrühren dürfen, aber ich wollte sie ins Feuer werfen und vernichten …«

Sie umfasste meine Hände, hielt sie fest und zog sie von dem Gewand herunter. »Wolltest du Menelaos vernichten?«, fragte sie. »Ihn in deinem Herzen vernichten, ihn austreiben?«

»Er ist nicht in meinem Herzen –«

»Aber er ist in deiner Vergangenheit.«

»Ja, natürlich. Das weiß ich!« Worauf wollte sie hinaus?

»Und in deiner Gegenwart.«

»Er ist hier in Troja, das stimmt.« Ihre Worte erschienen mir sinnlos. »Und dies ist die Gegenwart. Aber er ist nicht in *meiner* Gegenwart und nicht in meinem Herzen.«

»Er ist in deiner Zukunft.«

»Nein, das ist unmöglich.«

»Es steht geschrieben. Und ich sehe es. Die Brosche sieht es.«

Ich drückte ihr die Brosche in die Hand. »Nichts steht geschrieben, es sei denn, *ich* hätte es geschrieben«, sagte ich. »Nimm das abscheuliche Ding und leg es in seinen Kasten!«

Ich befahl ihr nicht, sie zu vernichten. Bestätigte ich damit nicht ihre Worte?

Troilos gab ein Festmahl – sein Totenmahl. Seine Knochen waren in der Urne, und die Urne hatten wir in einer zweiten feierlichen Prozession durch die Straßen Trojas zu seinem hastig errichteten Grab getragen. Jetzt, am dritten Tag nach seinem Tod, würde sein Geist als Gastgeber bei diesem Mahl zugegen sein, wie es trojanischer Brauch war.

Weil er zu jung für eine eigene Wohnung gewesen war, musste das Totenmahl im Palast seines Vaters stattfinden, und das allein war ein Grund zur Trauer: Er war nicht einmal alt genug geworden, um das Haus seiner Eltern zu verlassen.

Bevor wir die große Halle betraten, mussten wir gereinigt werden. Theano, die Priesterin der Athene, goss geweihtes Wasser über unsere Hände und säuberte uns von der Verunreinigung durch die Bestattung. Danach mussten wir unsere Blumengirlanden nehmen. Ein ganzer Korb voll davon stand neben der Tür.

Paris und ich beugten uns darüber und nahmen sie heraus. Die Blätter und bunten Sommerwiesenblumen, die unter Lebensgefahr vor den Mauern gesammelt worden waren, erschienen mir als passender Tribut an den Knaben, der sein Leben auf ebendiesen Wiesen verloren hatte.

Priamos erwartete uns. Das Feuer in seinem Herd brannte nicht, aber ein feierlicher Myrrhegeruch, der Duft der Toten, hing in der Luft. Starr stand Hekuba an seiner Seite. Sie sah so hölzern und leblos aus wie die Statue der Pallas Athene im Tempel.

Alle ihre Kinder kamen zu diesem Mahl, und die vornehmen Trojaner waren ebenfalls dabei. Priamos winkte uns zu der langen Tafel, wo jeder den Platz einnahm, der seinem Rang entsprach. Es war eine raue Holztafel – genauer gesagt, man hatte mehrere aneinandergestellt, denn es gab keinen Tisch, der groß genug für so viele Leute gewesen wäre –, und sie stand nicht am Ehrenplatz in der Mitte der Halle, sondern am Rand.

»Ich rufe meinen Sohn Troilos zu uns«, sagte Priamos, und seine sonst so kraftvolle Stimme klang matt. »Sohn, komm zu uns von den Affodil-Wiesen, komm aus dem Schatten des Hades, den du eben erst betreten hast. Wir erwarten dich.« Er deutete auf den leeren Stuhl am Kopfende des Tisches.

Eine tiefe, lastende Stille erfüllte das Megaron. Priamos schloss die Augen. Als er sie wieder öffnete, streckte er die Hände aus und sagte: »Meine geliebte Familie, meine hochgeschätzten Trojaner – ich, Troilos, bitte euch, seid meine Gäste.«

Schweigend nahmen wir unsere Plätze ein. Sklaven trugen Platten mit frisch gebratenem Zicklein auf, andere folgten mit Wein und brachten auch Wasserkrüge, um den Wein zu verdünnen. Die Totenspeise aus Früchten, Nüssen und gerösteten Affodil-Wurzeln wurde hereingetragen. Später würden wir sie zur Grabstätte bringen.

Langsam und vorsichtig fingen die Leute an, miteinander zu sprechen.

»Die Erinnerung an Troilos wird ewig leben«, sagte Antenor, der ein Stück weiter unten an der Tafel saß. Seine Stimme klang beruhigend.

»Troilos wäre einmal ein ebenso starker Recke wie Hektor geworden«, sagte der nervöse Panthous aus dem Rat, der von der Konstruktion der Festungstore mehr verstand als von allem anderen.

»Troilos war unübertrefflich«, erklärte Antimachos lächelnd und hob den Becher, um auf ihn zu trinken.

»Auf Troilos und seinen Ruhm!«, rief Deiphobos. Er schwenkte den Arm und leerte seinen Becher in einem Zug – und es war offenbar nicht der erste.

»Wir dürfen nicht schlecht über ihn sprechen«, erklärte Paris mir leise. »Er ist hier anwesend, und daher dürfen wir ihn nur preisen.« Er erhob sich und schaute an der Tafel auf und ab. »Ihr redet von Troilos' Zukunft, von dem, was er geworden wäre. Aber ich sage, das ist nicht notwendig. Er war vollkommen, wie er war. Er war mein jüngerer Bruder, und ich habe ihn geliebt.« Er setzte sich wieder, und seine Augen schwammen in Tränen.

»Du hast recht.« Das war Hekubas unverwechselbare hohe Stimme. »Es gibt keinen Grund heraufzubeschwören, was aus ihm hätte werden können. Hätten die Götter es uns erlaubt, wir wären zufrieden gewesen, ihn für alle Zeit zu behalten, wie er war: ein Knabe voller Sonne und Fröhlichkeit.«

Aber die Götter hatten es nicht erlaubt, klagte ich im Stillen. Sie taten es nie.

Das letzte Gericht wurde aufgetischt, Feigen und Granatäpfel – kostbare Gaben aus unseren begrenzten Vorräten.

Priamos stand auf und hob seinen Teller hoch. »Granatäpfel sind euch heilig, o ihr gefürchteten Beherrscher des Totenreiches. Wir opfern euch von dem wenigen, das wir haben, und es wird nicht leicht sein, unsere Vorräte wieder aufzufüllen.«

Wir alle aßen ein wenig davon; die Süße der Feige milderte die herbe Säure des Granatapfels.

Priamos nahm ein rauchendes Kohlenbecken und trug es langsam um die Tafel herum. »Troilos, meine Tränen blenden mich, und es widerstrebt mir, dich gehen zu lassen. Ich möchte dich für immer hierbehalten. Aber das wäre grausam. Wir müssen dich in deine neue Heimat entlassen, und eines Tages werden wir zu dir kommen. Wir werden zu dir kommen, aber du wirst nicht zu uns zurückkehren. Wir müssen dich den Göttern der Unterwelt übergeben. Leb wohl, mein geliebter Sohn!« Er stellte das Kohlenbecken ab und wischte sich mit dem Unterarm über die Augen.

Schweigend folgten wir Priamos und Hekuba aus dem Palast und auf die Straße, und sie trugen unsere Opfergaben zu Troilos' Gruft. Fackeln beleuchteten unseren Weg, und ich konnte nicht sehen, wie Priamos die Gaben auf den Sarkophag stellte, weil sich so viele Leute um ihn drängten.

Als die Zeremonie zu Ende war, wandte Hektor sich an die Versammelten. »Ich bitte euch, kommt in mein Haus«, sagte er. »Dort ist alles bereit. Wir wollen uns dort versammeln, um meinen verlorenen Bruder noch einmal zu ehren.«

Jetzt, da Troilos' Schatten nicht mehr unter uns weilte, liefen wir eilig zu Hektors Palast. Dort loderten Fackeln, Diener erwarteten uns mit gehaltvollen Speisen, und nun würde der Wein in Strömen fließen. Wir nahmen unsere Trauergirlanden ab und legten sie in die bereitstehenden Körbe.

Im Palast des Priamos war der Tod durch die Gemächer geschritten, aber in Hektors Palast pulsierte das Leben. Wir sind noch hier, verkündeten die Leute einander. Wir sind hier, um Troja zu verteidigen und unsere Feinde zu vertreiben. Wir müssen tun, was von uns verlangt wird, und wir müssen siegreich bleiben. Wir dürfen nicht scheitern. Wir kämpfen um unser Leben, ja, um unser Überleben, unser ganzes Dasein. Und der Refrain, den alle im Stillen sangen, lautete: Noch nie mussten wir uns auf diese Weise verteidigen, nicht so. Werden wir es können? Sind wir dazu fähig?

XLVIII

Hektor hatte alles für die Gesellschaft vorbereiten lassen; als Erbe und Troilos' ältester Bruder hatte er die Pflicht dazu. Sein Palast war wie er: traditionsbewusst und stark. Bevor wir den unseren gebaut hatten, war seiner der schönste der Zitadelle gewesen, und noch immer galt er als äußerst geschmackvoll.

»Der Geschmack ändert sich«, hatte er diplomatisch gesagt, als er unseren Palast besichtigt hatte. Andromache hatte mir unter vier Augen anvertraut, dass er ihr gefalle und auch sie gern ein oder zwei Zimmer ohne die öden Recken hätte, die so dekorativ über die Wände marschierten. Jetzt winkte sie uns in ihr Megaron, das aussah wie alle anderen, in denen ich schon gestanden hatte.

Zeige mir die Frau eines Mannes, seinen Wagen und sein Haus, und ich werde dir alles über diesen Mann sagen, hatte Gelanor einst behauptet. Jetzt sah ich Andromache und das Megaron an und dachte: Jawohl, in ihnen spiegelt sich Hektor – konventionell, aber stets geschmackvoll. Hektor würde sich durch das Benehmen seiner Gemahlin niemals in Verlegenheit bringen lassen. Er würde keine Frau nehmen, die dazu imstande wäre.

»Wir sind hier versammelt zum Gedenken an unseren geliebten Troilos«, verkündete Hektor mit erhobenen Händen. »Ein Totenmahl verlangt besondere Speisen und altehrwürdige Rituale, und die haben wir pflichtschuldig vollzogen. Jetzt wollen wir einander über unseren Verlust trösten, gerade so, wie es einen jeden verlangt.« Er deutete auf die Sklaven, die Becher, Wein und Speisen hereintrugen. »All das wird auf dem Tisch stehen, und jeder mag nach Belieben zugreifen.«

Alle gingen zur Tafel, obwohl wahrscheinlich kaum jemand hungrig war.

Paris sah, dass Polyxena allein war, und er nahm meine Hand und zog mich zu ihr. Sie stand sehr still da und hielt einen Becher umklammert – aber wohl weniger, weil sie Wein trinken wollte, sondern vielmehr, um sich festzuhalten. Mit ausdruckslosem Blick beobachtete sie die Gäste.

»Polyxena«, sagte Paris und versuchte sie zu umarmen. »Du hast gesehen, was niemand – und du am wenigsten – sehen sollte. Diese Last hätte auf ältere und breitere Schultern gehört.«

»Auf furchtbare Weise bin ich dankbar dafür, dass ich da war, auch wenn meine Erinnerung für alle Zeit eine Narbe tragen wird.« Sie sprach so leise, dass ich sie kaum hören konnte, und ich beugte mich zu ihr herunter.

»Ich hätte bei ihm sein sollen«, sagte Paris. »An deiner Stelle.«

Ein Lächeln krümmte ihre Lippen kaum merklich. »Aber warum um alles in der Welt? Troilos und ich waren fast immer zusammen. Da war es nur natürlich, dass ich auch dort dabei war.«

»Das ist wahr«, sagte Paris. »Aber es schmerzt mich.«

»Glaubst du, wenn du dort gewesen wärest, hättest du es verhindern können?« Ihre liebreizende Stimme rankte sich um die Worte. »Ich sage dir, er hat auf Troilos gewartet. Er wollte ihn töten. Es war eine Mission, kein zufälliges Zusammentreffen. Er hat irgendwoher gewusst, dass wir kommen würden …« Ihre Stimme verlor sich. Aber dann rief sie plötzlich: »Und wozu? Als ob Troilos irgendjemanden bedroht hätte!«

Eine schattenhafte Gestalt erschien neben uns, als hätten die Stimmen sie angelockt. Es war Helenos, Kassandras eigenartiger Zwilling. Er hatte das gleiche rote Haar wie sie, die gleiche blasse Haut und die gleichen glanzlosen, unbarmherzigen Augen. »Ich höre, ihr sprecht über Troilos«, sagte er. Zweifellos sollte es tröstend und freundlich klingen, aber selbst seine Stimme war eher wie das sanfte Rascheln einer Schlange, die über Kieselsteine gleitet – trocken, zischelnd, bedrohlich. War das Absicht? Gehörte es zu seinem Auftreten als Seher?

»Natürlich sprechen wir über ihn«, sagte Paris. »Schließlich sind wir hier versammelt, um ihn zu ehren, und wir haben soeben seine Gebeine bestattet.«

»Aber ich habe gehört – oder haben meine Ohren mich getäuscht –, dass ihr euch fragtet, warum Achilleus daran gelegen sein konnte, Troilos zu töten. Da ist … Da gab es … diese Weissagung –«

»Sprich nicht darüber!« Paris legte Helenos eine feste Hand auf die Schulter. »Es ist vorüber.«

»Sie ist erfüllt«, sagte Helenos betrübt und atmete tief aus. »Aber zum Glück gibt es noch andere, und alle müssen sich erfüllen, bevor Troja fällt. Troja kann nicht fallen, solange Achilleus' Sohn nicht an diesem Feldzug teilnimmt. Und dann –«

»Eine Prophezeiung ist also erfüllt«, unterbrach Polyxena.

Helenos schürzte die Lippen. »Ja, eine. Aber zwischen uns und dem Untergang stehen noch mehr. Die Pfeile des Herakles, die Philoktetes besitzt, müssen gegen uns verwendet werden. Aber Philoktetes musste wegen eines entzündeten Schlangenbisses auf der Insel Lemnos zurückbleiben – den Göttern sei Dank. Er ist keine unmittelbare Bedrohung.«

»Wie lauten die anderen Prophezeiungen?«, fragte Paris.

Plötzlich sah sich der redselige Helenos erschrocken um. »Vielleicht sollte ich das nicht sagen. Ich vertraue euch, aber woher kannte Achilleus die Prophezeiung über Troilos? Sie war sehr geheim. Ich fürchte, wir haben einen Spitzel in unserer Mitte.«

»Dann flüstere sie mir ins Ohr«, sagte Paris.

Helenos beugte sich vor, strich das strähnige rote Haar zur Seite und flüsterte. Ich sah, wie Paris die Stirn runzelte. »Ich glaube, das alles wird niemals geschehen«, sagte er. Ich würde ihn später fragen, worum es sich handelte.

Inzwischen erfüllte Stimmengewirr die Halle; es klang wie ein schwärmendes Bienenvolk an einem warmen Sommertag. Irgendwo draußen vor unseren Mauern konnten immer noch Leute unter einem Baum liegen und lebendigen Bienen lauschen. Ich dachte an Äneas und seine Familie und fragte mich, ob sie es wohl konnten. Es war klug von ihm gewesen, Troja zu verlassen und nach Dardania zurückzukehren. Dort waren sie noch frei.

Ein paar ältere Ratsmitglieder und Krieger steckten an einem Ende der Tafel die Köpfe zusammen. Paris ging hinüber und zog mich hinter sich her. Es waren die alten, kriegerischen Bullenbeißer – Antimachos, Pandaros, Äsakos und Panthous. Antenor, der stets zu friedlichen Verhandlungen riet, stand in einer ganz anderen Ecke. Sie hatten ihn ausgeschlossen – oder hatte er es selbst getan?

»Und ich sage euch, wir müssen sie da zerschmettern, wo sie sitzen, gleich an Ort und Stelle. Wir müssen ihre Schiffe anzünden!« Antimachos redete laut; er zerbrach sich nicht den Kopf über Spitzel. »Bald ist Vollmond, und dann ist es hell genug. Ich sage, wir schlagen zu!«

Zwei Sorten von Menschen, die den Vollmond schätzten: Soldaten und Verliebte. Das strahlende Licht konnte für so manches gut sein.

Pandaros zögerte. »Wie viel könnten wir mit einem solchen Ausfall erreichen? Schön, wir könnten einen Überraschungserfolg erzielen, vielleicht ein paar Schiffe in Brand setzen, aber dann säßen wir in ihrem Lager in der Falle.«

Antimachos schnaubte. »Dann schicken wir eine Einheit, die weiß, dass sie nicht zurückkommen wird. Sie kann große Verwüstungen anrichten, bevor sie niedergemacht wird.« Breitbeinig und trotzig stand er da. »Ein Angriff zum richtigen Zeitpunkt kann die Wende bringen. Lasst uns einen Trupp von mutigen Männern aufstellen, die dazu bereit sind! Vielleicht können sie uns einen langen Krieg ersparen.«

»Dazu wirst du Priamos nicht überreden können«, meinte Äsakos.

»Dann Hektor«, sagte Antimachos. »Sprechen wir mit ihm!«

»Priamos ist immer noch der König. Er bestimmt die Strategie.«

»Strategie ist nicht das Fach der alten Männer.« Antimachos schaute funkelnd in die Runde, während er sich auf Zehenspitzen am Rande des Hochverrats bewegte.

»Alte Männer sehen vielleicht mehr als wir«,sagte Pandaros und zog sich von diesem Abgrund zurück. »Das müssen wir respektieren.«

Antimachos zuckte die Achseln. »Dann möchte ich, dass ihr

euch in kommenden Zeiten an Folgendes erinnert: Antimachos riet zu einem schnellen, vorbeugenden Angriff, um den Mut und den Kampfeswillen des Feindes zu brechen.« Er hob die breiten Hände. »Alles andere bedeutet, dass wir den Feinden erlauben, die Bedingungen des Kampfes zu diktieren. Es setzt sie in Vorteil. Ihr wisst, dass ein Belagerungskrieg ruinöse Kosten verursacht. Unsere Nachbarn im Osten sind Fachleute darin. Sie haben Techniker, Pioniere, Rammböcke. Das ist eine aktive Belagerung. Die Griechen aber haben nichts dergleichen. Sie werden eine passive Belagerung anstreben – das heißt, sie werden uns umzingeln und aushungern. Schon jetzt hat ihre Anwesenheit die Handelsschiffe vertrieben, die den Hellespont befahren, und mit unserem Markt ist es aus. Wollt ihr auf so glanzlose Weise untergehen? Dahinschwinden, besiegt von einem dumpfen Heer, das nichts weiter getan hat, als in unserer Ebene zu lagern? Ich sage, wir zerschmettern sie! Und zwar sofort! Sie werden den Schwanz einkneifen und nach Hause flüchten.«

Die Männer murmelten untereinander. Seine Worte leuchteten ein. Ja, sie waren der Inbegriff einer klugen strategischen Planung. Aber er war nicht der Oberbefehlshaber. Das war Hektor, und Hektor wiederum unterstand Priamos. Paris erinnerte sie daran.

»Hektor verlässt sich allzu sehr auf die Tüchtigkeit und Tapferkeit Einzelner«, sagte Antimachos. »Ich sage dir, damit gewinnt man keinen Krieg. Man muss weiter denken als der Feind, man muss ihm zuvorkommen und ihn angreifen – auf noble oder andere Weise, in seiner Schwäche und mit der eigenen Stärke. Mancher wird sagen, damit sei kein Ruhm zu gewinnen. Aber ich sage: Welchen Ruhm bringt es, tapfer für eine verlorene Sache zu kämpfen? Benutzt eure Köpfe, Männer, und nicht nur eure Schwertarme!«

Panthous trat schlurfend vor. »Ich habe einen neuen Auslösemechanismus für unsere Tore ersonnen«, erzählte er Antimachos. »Wenn die Feinde sie aufstoßen, wird glühender Sand auf sie herabfallen.«

Antimachos lachte tatsächlich. »Wenn die Feinde die Tore

aufstoßen, ist es ein bisschen zu spät. Es kommt darauf an, dass wir *ihre* Tore öffnen. Aber ich danke dir, Panthous, für deine Bemühungen.«

Panthous war auf seine unbeholfene Weise verblüfft. »Aber es ist ein neuartiger und raffinierter Plan!«, protestierte er.

»Ein Plan für Angsthasen, die sich hinter ihren Mauern ducken!«, erwiderte Antimachos. »Ihr seid wie ein Karren mit zwei stumpfsinnigen, altgedienten Ochsen, die nur gelernt haben, auf ihrem ausgetretenen Weg zu bleiben.« Er sah sich um. »Bei dummen Tieren, die nicht vernünftig denken können, mag das verzeihlich sein, aber bei einem König und einem Volk, das –« Jäh wandte er sich ab. Seine rauen Worte konnten seine große Sorge und seine Angst nicht verbergen.

Hektor kam heran, als Antimachos gerade gehen wollte. »Was gibt's, meine braven Soldaten? Ich höre Streit.«

Seine bloße Anwesenheit, sein edles Gesicht schien Antimachos' Besorgnis Lügen zu strafen. »Was ist los?«, drängte er.

»Nichts, Herr.« Panthous breitete die Arme. »Wir sprachen nur über den betrüblichen Umstand, dass die Griechen die Kaufleute vertrieben haben, die sonst um diese Jahreszeit zu unseren Gestaden strömen.« Er lachte. »Ein geringfügiges Ärgernis. Nächstes Jahr werden sie desto zahlreicher zurückkehren.«

Hektor wiegte sich lächelnd auf den Fersen vor und zurück und verschränkte die muskulösen Arme. »Wir wollen es hoffen, Panthous. Wir wollen es hoffen.«

Zu Hause angekommen, waren Paris und ich so erschöpft, dass wir ins Bett fast krochen. Der ganze Tag hatte so viel Schmerz gebracht, dass ich mich gebeutelt fühlte. Hätte nicht mein Herz, sondern mein Körper all diese Schläge abbekommen, wäre ich von blauen Flecken übersät gewesen. Aber auch so konnte ich mich kaum noch rühren. Paris lag neben mir auf dem Rücken und starrte zur Decke.

»Es ist vorüber«, sagte ich schließlich. Er antwortete nicht. »Der Tag ist endlich zu Ende.«

»Er wird nie zu Ende sein«, antwortete er. »Troilos wird in

unserem Leben immer fehlen.« Seine Stimme klang dumpf und ausdruckslos.

»Ich wollte sagen … Das Schlimmste ist vorüber. Die Bestattung und das Festmahl, bei dem er Gastgeber sein musste. Ich habe ihn dort *gespürt*. Du auch?«

»Ja. Er war da. Am liebsten hätte ich ihn aus der Luft heruntergeholt und ihn gezwungen, wieder fleischliche Gestalt anzunehmen. Helena – ich habe ihn getötet. Diese Erkenntnis ist unerträglich.«

»Achilleus hat ihn getötet, Paris. Nicht du.«

Paris' Augen füllten sich mit Tränen. »Troilos … Hektor hat mir erzählt, in einer seiner frühesten Erinnerungen an Troilos sei er noch ein Säugling gewesen, Hekuba habe ihn auf dem Arm getragen und er habe die Hand ausgestreckt und an ihrem Haar gerissen.« Er lächelte wider Willen. »Sie hat ihm auf die kleine Hand geschlagen. Sie konnte es nie ausstehen, wenn jemand ihr Haar durcheinanderbrachte. Sie mag es heute noch nicht.«

Der Gedanke an Troilos als lachender, glücklicher Säugling war wie ein Messerstich. »Paris … Wenn wir doch nur ein Kind bekommen hätten, einen Knaben wie Troilos …« Jetzt sehnte ich mich schmerzlich nach diesem verlorenen Sohn.

»Bist du von Sinnen?« Seine leise Stimme wurde schroff, und er richtete sich auf. »Damit er auch getötet werden kann? Haben wir nicht schon genug Menschen auf dem Gewissen? Ich sage dir, ich habe Troilos getötet! Denn hätte ich nicht getan … was ich getan habe, dann wäre Achilleus jetzt nicht hier.«

»Aber es ist das, was *wir* getan haben«, sagte ich. »Nicht du allein, sondern wir beide zusammen. Und …« Plötzlich fühlte ich mich allein und zu Unrecht angegriffen. »Meine Mutter hat sich das Leben genommen! Und meine Brüder – wer weiß, wie sie gestorben sind? Ich habe mehr verloren als du! Meine Tochter – auch sie habe ich verloren …«

»Wir haben gesagt, wir sind bereit, den Preis zu zahlen.«

»Doch du warst es anscheinend nicht!« So, jetzt hatte ich es ausgesprochen. Meine Verluste berührten ihn nicht, aber jetzt, da Troilos geopfert worden war, sah die Sache anders aus.

»Ich glaube, wie hoch ein Preis ist, können wir erst wissen, wenn es ans Bezahlen geht. Aber jetzt ein Kind zu haben, in dieser Welt, die wir geschaffen haben … Der bloße Gedanke …« Er schüttelte den Kopf. »Ach, Helena, ich bin krank vor Schmerz!«

»Ich weiß«, sagte ich. »Ich bin es auch.«

»Wir sollten diejenigen sein, die sterben müssen, nicht andere. Mir selbst wäre leichter dabei.«

»Vielleicht wird es noch geschehen«, sagte ich. Als wäre das ein Trost.

XLIX

Ich spazierte mit Gelanor auf der Mauer entlang, und wir sprachen von Troilos' Tod und Paris' düsterer Stimmung. Seine Fröhlichkeit war verflogen, als habe sie nur zusammen mit Troilos bestehen können. Freilich, sie waren unter Priamos' Söhnen die Einzigen, die stets fröhlich gelacht und strahlend gelächelt hatten, und jetzt hatte Troilos Paris' Lachen mit in die Unterwelt genommen. Sogar Paris' Stimme hatte sich verändert; ich erkannte sie nicht mehr, wenn sie aus einem anderen Zimmer kam. Vor allem, erzählte ich Gelanor, plage ihn der Gedanke, Troilos sei wegen der Prophezeiung ermordet worden. Gelanor fragte mich, wer davon gewusst habe, und ich antwortete, nur sehr wenige, denn man habe nie öffentlich darüber gesprochen. Gelanor meinte, der Überfall auf die Soldaten, die nach Dardanos unterwegs gewesen waren, die Kenntnis der Schwachstellen in unserer Westmauer und der Mord an Troilos – das alles seien beängstigende Zufälle gewesen. Unglaublich eigentlich. Er vermute, dass Spione dahintersteckten. Aber wie seien sie zu uns eingedrungen?

»Wer kann denn hier ungehindert kommen und gehen? Wer ist dabei, wenn vertrauliche Dinge erörtert werden? Hast du die Prophezeiung über Troilos irgendwann erwähnt?«

Ich versuchte mich daran zu erinnern. »Priamos hat sich geweigert, in der Öffentlichkeit darüber zu sprechen. Was den Spähtrupp auf dem Weg nach Dardanos und die schwache Mauer angeht – nun, davon dürften viele gewusst haben.«

Wir schauten über den Südhang hinunter, wo die Unterstadt sich ausbreitete. In der Mittagssonne waren der Palisadenzaun und der Graben kaum zu erkennen, da sie keine Schatten warfen. In weiter Ferne lockte der blau verschleierte Berg Ida. Ida. Önone. Ich schob den Gedanken an sie beiseite.

»Die Menschen dort unten müssen beschützt werden«, sagte Gelanor. »Sie dürfen nicht durch Spione und Verräter ums Leben kommen. Ich habe mich immer für einen Meisterspion gehalten, aber jetzt weiß ich, dass ich einen Rivalen habe. Jemand im Lager der Griechen fordert mich heraus.« Er straffte die Schultern. »Wir spielen um das Leben dieser Menschen. Wir müssen das Spiel gewinnen.«

Ich wollte nicht in den Palast und zu Paris zurückkehren. Er hockte stets im Zimmer, polierte seinen Brustpanzer, putzte den Schild blank und verbesserte immer wieder den Sitz der Beinschienen. Manchmal übte er seine Schwertstöße, und einmal traf ich ihn dabei an, wie er eine neue Sehne auf seinen riesigen Bogen spannte, das schweißtriefende Gesicht vor Anstrengung verzerrt. Er wollte kämpfen, und alles andere war für ihn verblasst. Bei solchen Gelegenheiten blickte er verlegen auf, aber da er die Rüstung oder den Bogen nirgends verschwinden lassen konnte, blieb ihm nicht anderes übrig, als mich trotzig anzustarren. Ich ging dann schweigend weiter und überließ ihn seinen Übungen.

Meist konnte ich ihm aus dem Weg gehen und mich an meinen Webstuhl setzen. Dort hüllte mich das große Bild ein, das ich webte, und wenn ich das Schiffchen in dem Muster, das ich entworfen hatte, durch die Kette schob, war es, als sei ich selbst Bestandteil der Geschichte. Mit großer Sorgfalt verwob ich die blaue Wolle, die den Eurotas darstellte, und rahmte damit das ganze Bildwerk, wie der Fluss mein Leben als Kind umrahmt hatte. Ich sah die Schwäne auf dem Wasser vor mir, auch den großen Schwan, dem ich an jenem klaren Tag mit Klytämnestra begegnet war.

Mutter. Ich hatte mit ihren Umrissen begonnen, aber ich kam nicht weiter. Ein Schemen, das war sie jetzt für mich. Und ihre Umrisse flimmerten, verblichen, verflüchtigten sich – meinetwegen und wegen meiner Flucht.

Hermione. Ihr Bildnis hatte ich noch nicht in Angriff genommen. Sollte ich sie als Kind darstellen mit ihren Schildkröten? Mit den Schildkröten, die sie mir vorgezogen hatte?

Aber nein, so etwas durfte ich nicht denken. Sie hat dich gefragt, wie lange du fortbleibst, rief ich mir in Erinnerung, und du hast es ihr nicht gesagt. Sie dachte, du würdest zurückkommen.

Ich hatte nicht gedacht, dass es so weit kommen würde. Ich hatte überhaupt nicht gedacht. Aphrodite hatte mir das Denken abgenommen. Jetzt hatte sie sich zurückgezogen, und ich war hier gestrandet. Mit Paris, der mit sich haderte und weinte und sich Vorwürfe machte und bei alldem kaum einen Gedanken für mich übrig hatte. Sonst hatte ich hier niemanden. Gelanor, ja, und Evadne, aber die hätte ich auch in Sparta gehabt.

Und dich, dachte ich und strich über den Webstuhl und streichelte das Muster, das dort wuchs. Du sprichst mit mir, du tröstest mich. Ich legte die Stirn an das purpurne Garn.

Ich fing an, Paris aus dem Weg zu gehen. Oder mied er mich? Wenn wir einander in den Fluren des Palastes begegneten, lächelten wir und äußerten murmelnd unser Bedauern darüber, dass wir gerade zum Waffen- oder zum Goldschmied gehen oder Hekuba unsere Aufwartung machen oder ein paar Pferde begutachten müssten. Jetzt leuchtete mir ein, wie klug es war, wenn Männer und Frauen getrennte Gemächer bewohnten, denn abends konnten wir nicht aneinander vorbeigehen, sondern mussten uns wie müde Nachtfalter im selben Zimmer niederlassen. Dennoch konnten wir uns auch hier aneinander vorbeidrücken und sogar im selben Bett aufwachen, Rücken an Rücken, der eine nach Osten, der andere nach Westen gewandt.

Allmählich verspürte ich einen Widerhall meines Lebens mit Menelaos: die gleiche oberflächliche Höflichkeit, die unerschütterliche Gelassenheit, die kühle, unberührte Mitte unseres gemeinsamen Betts. Und doch war es nicht das Gleiche. Ich war niemals verrückt nach Menelaos gewesen; die Leidenschaft hatte von Anfang an gefehlt. Bei Paris war es mir unbehaglich; sein verändertes Benehmen machte mich nervös, und ich hatte Angst, ihn zu betrüben. Jede gedankenlose Erwähnung des Namens Troilos, das zufällige Summen eines Liedes, das in irgendeiner Weise an Troilos erinnerte, oder tausend andere Dinge, die Paris mit Troilos verband – alles das konnte bei ihm Verzweiflung oder Zorn wecken. Es war, als halte er mich auf einer Waage mit Troilos in der anderen Waagschale, und anscheinend gab es Tage, da ich weniger wog als dieser und er mich gegen ihn eingetauscht hätte. So kam es, dass wir einander mit falschem Lächeln und schweigend begegneten.

Es gab niemanden in Troja, dem ich mein Unglück hätte anvertrauen können. Gelanor und Evadne waren die Einzigen, zu denen ich mich flüchten konnte, und sie konnten mir ansehen, was vorging, ohne dass ich es aussprach.

Evadne hatte eine Wohnung in meinem Palast, und Gelanor hatte von Priamos ein schmuckes kleines Haus auf halber Höhe der Stadt bekommen. Priamos gefiel es zu wissen, dass er Gelanor nach neuen Ideen befragen konnte, wann immer es ihm gefiel, und in letzter Zeit musste ich mit dem König um Gelanors Zeit wetteifern.

Eines Tages, als Paris besonders abweisend und in Düsternis versunken war, gingen Evadne und ich hinunter zu Gelanor. Sein kleines Haus war vollgestopft mit Gegenständen, die seine Aufmerksamkeit und sein Interesse geweckt hatten: Kästen mit Schmetterlingen, Steinen und Splittern, bronzene Speerspitzen, Bogen in verschiedenen Stadien der Vollendung, Muscheln, Farbtöpfe, Zaumzeug mit Gebissen aus Metall. Natürlich lag alles säuberlich geordnet auf Wandborden aufgereiht, aber ich hatte dennoch das Gefühl, dass dieses Haus der Traum eines jeden kleinen Jungen sein musste. Meine Brüder hatten solche Dinge gesammelt und nach Hause getragen, aber Mutter hatte ihre Zimmer regelmäßig davon befreit und erklärt, diese Unordnung sei eines Prinzen nicht würdig.

Gelanor kam aus einem Alkoven und hielt die Arme steif vor sich ausgestreckt. »Ich grüße euch«, sagte er. Blut tropfte von seinen Unterarmen. Was für ein Missgeschick war ihm widerfahren?

»Oh, lass dir helfen!« Ich stürzte zu ihm und wollte seine Wunden betupfen und verbinden.

Lachend schob er mich von sich. »Nein, lass nur!« Er schwenkte die Arme, damit das Blut trocknen konnte. »Ich habe mich selbst geschnitten.«

»Bist du verrückt geworden?«, fragte Evadne. »Welcher Dummkopf schneidet sich denn selbst?«

»Ein Dummkopf, der wissen will, ob eine Narbe absichtlich so hergerichtet werden kann, dass sie einer schon bekannten Narbe gleicht«, antwortete Gelanor. »Also …« Er nahm einen Tontopf von einem Bord an der Wand und hebelte den Deckel herunter. »Für eine davon wird es gehen. Holt mir den grauen Topf vom Tisch da drüben. Und die kleine Schale daneben.«

Ich brachte ihm beides, und er stellte es zu dem ersten Topf. Vorsichtig tauchte er die Finger in jeden der drei Behälter und rieb den Inhalt in die blutenden Schnitte an seinem Unterarm. Dabei verzog er schmerzlich das Gesicht.

»Kann ich eine Narbe erschaffen, wie ich sie haben möchte?«, fragte er. »Wir werden sehen. Das hier« – er deutete auf den grauen Topf – »enthält Lehm vom Ufer des Skamander. In den beiden anderen ist Asche vom Herd und Erde von einem Gerstenfeld. Lauter gewöhnliche Dinge, die jedermann sich leicht beschaffen kann.«

»Aber wenn die Wunden davon zu schwären beginnen?«, rief Evadne. »Was ist, wenn dir der Arm abfault?«

»Ich bin ja noch nicht fertig.« Gelanor griff nach einem Weinkrug, der hinter ihm stand, und goss den Wein langsam über die Wunden. »Das wird die Schnitte versiegeln und verhindern, dass sie anfangen zu schwären.«

Das alles beantwortete die eine Frage nicht: Warum tat er so etwas?

»Ah, Herrin, du siehst, wie weit ich zu gehen bereit bin, um dich und die deinen in Troja zu beschützen.« Er zog die Brauen auf jene spöttische Weise hoch, die ich nicht ausstehen konnte. »Du kennst die banale Redensart: Ich würde meinen rechten Arm geben? Nun, hier ist der Beweis!« Er hob den blutverschmierten Arm hoch.

»Das beweist lediglich, dass du den Verstand verloren hast«, sagte ich. »Ich begreife nicht, was das mit Troja oder mit mir zu tun haben soll.«

Sein Gesichtsausdruck veränderte sich plötzlich. »Oh, da irrst du dich«, sagte er. »Was weißt du über Narben und ihre Bedeutung?«

Das war eine einfache Frage. »Ich weiß, dass sie uns ein Leben lang begleiten. Fallen wir als Kind auf die Knie, legt die Narbe für den Rest unseres Lebens Zeugnis von diesem Sturz ab. Krieger zeigen stolz ihre Narben zum Beweis ihrer Kämpfe.«

»Ah. Du hast das Wort ausgesprochen: *Beweis*. Eine Narbe beweist uns, dass ein Mann der ist, für den er sich ausgibt. Wie viele Geschichten erzählen von Männern, die nach langer Zeit heimkehren, um ihr Erbe in Anspruch zu nehmen, und die durch Narben beweisen, dass sie sind, wer sie zu sein vorgeben? Meist ist es in diesen Geschichten eine alte Amme oder die Mutter, die sie erkennt. O ja, sagen sie, der kleine Ajax wurde von einem Wolf ins Bein gebissen, ich erinnere mich gut … Willkommen daheim, Ajax. Aber was ist, wenn man eine Narbe nachahmen kann? Besonders, wenn es eine ungewöhnliche Narbe ist? Dann wäre der Weg für jeden Hochstapler frei: Er könnte sich Vertrauen erschleichen. Ich weiß noch nicht, ob es möglich ist, aber ich werde es herausfinden.« Er holte Luft. »Jemand in Troja ist ein Spion, ein Spion, der sich höheren Orts aufhält. Er hört unsere vertraulichsten Gespräche. Er geht in unseren Häusern ein und aus, ohne Argwohn zu erregen. Ich ahne, wer es ist. Jetzt muss ich es noch beweisen.«

»Wer ist es denn?«

»Sieh dir an, was die Griechen wussten und nicht hätten wissen dürfen, und frage dich, wer zugegen war, als darüber gesprochen wurde. Es ist eine sehr deutliche Spur, wenn du Augen hast zu sehen. Aber der Betreffende ist jung und hat nicht daran gedacht, seine Fährte besser zu verwischen.«

»Wer denn? Wer?«, drängte ich.

»Noch nicht«, sagte Gelanor. »Es ist besser, wenn niemand meinen Verdacht kennt, bis ich ganz sicher bin. Warum jemanden in den Schmutz ziehen, der vielleicht unschuldig ist?«

Evadne und ich verließen ihn kopfschüttelnd. Ich machte mir Sorgen um ihn; ich wusste, er hatte nicht herkommen wollen, und nun saß er in der Falle. Hatten Frustration und Zorn ihn zu diesen seltsamen Handlungen verleitet?

»Evadne«, sagte ich, »wenn du nur sehen könntest, wer es ist!«

Sie schüttelte den Kopf. »Ich habe es versucht, Herrin. Aber die Götter verleihen mir die Gabe der Hellsichtigkeit, wie sie es für richtig halten. Ich habe keinen Einfluss darauf. Sie haben mir noch nie etwas offenbart, was in meiner Nähe war; anscheinend haben sie mehr Freude an dem, was fern und zukünftig ist. Und auch dergleichen haben sie mir in letzter Zeit nicht mehr gezeigt. Vielleicht sind meine Quellen versiegt.«

Meine eigene Gabe des Hellsehens – nein, des *Wissens* – schien ebenfalls verschwunden zu sein. In Sparta, nach meiner Rückkehr aus Epidauros, war sie so machtvoll gewesen. »Vielleicht sollten wir unsere heilige Schlange befragen, die du so liebevoll aus Sparta mitgebracht hast«, sagte ich. Schließlich war diese Schlange mit meiner Gabe verknüpft. »Komm, wir gehen sie besuchen!«

Wir konnten zu ihr gehen, ohne Gefahr zu laufen, dass wir Paris begegneten. Er kam niemals in die kleine Kammer, in der wir die Schlange untergebracht hatten, obwohl sie uns einst miteinander verbunden hatte, damals in jener seltsamen, wilden Nacht, in der wir uns das erste Mal allein gesehen hatten … Nein, daran wollte ich jetzt nicht denken!

»Wie schön, dich zu treffen!« Deiphobos' Stimme riss mich aus meinen Gedanken. Ich vergaß die Schlange und wandte mich zu ihm um. Er hatte sich mitten auf unserem Weg aufgebaut, stemmte die Hände in die Hüften und schaute lüstern auf mich herab. »Ah, ein Anblick wie dein schönes Gesicht lässt den Morgen erröten.«

»Es ist schon längst nicht mehr Morgen.« Ich raffte mein Gewand zusammen, um auf dem steilen Weg an ihm vorbeizuschlüpfen, und vermied es, ihn anzusehen.

»Ach, steht die Sonne schon so hoch am Himmel?« Er wich nicht von der Stelle und schaute in den Himmel hinauf. »Aber Phöbos hat seine Rösser noch nicht in den Zenit getrieben. Also irrst du dich.« Er beugte sich vor und raunte mir ins Ohr: »Ich höre, du hast etwas übrig für die alten Geschichten – von Phöbos und seinesgleichen. Das verstehe ich. Schließlich ziemt es sich für die Tochter eines Schwans, an solche Dinge zu glauben. Hat deine Mutter eigentlich Federn von ihm aufbewahrt?« Er lachte leise.

Ich konnte nicht anders: Ich trat einen Schritt zurück und schlug ihm ins Gesicht. »Lass uns durch!«, sagte ich. »Oder ich schwöre bei allen Göttern, dass der König davon erfahren wird!« Ich gab ihm einen Stoß.

Statt nachzugeben, packte er meinen Unterarm mit harter Hand. »Du kannst nicht unter uns wandeln und erwarten, dass du unserem Begehren entkommst«, zischte er. »Das ist ja alles, was du tust: Du weckst Begehren. Und niemand ist deiner würdig, denkst du.«

Ich schüttelte seine Hand ab und schob ihn so weit wie möglich von mir.

Und er war der Bruder meines Mannes! Kannte er keine Scham? Keine Zurückhaltung? Gern hätte ich mir eingeredet, es sei seine Verbitterung wegen Troja und der Gefahr, die ihm zu solchen Reden Anlass gab. Doch ich hatte die Lüsternheit in seinen Augen von Anfang an gesehen.

Die Schlange. Die Schlange – kühl und leidenschaftslos in ihrer Grotte. Ich musste sie aufsuchen; ich brauchte ein Gegenmittel gegen all das Hässliche hier. Schaudernd nahm ich Evadnes Arm und zog sie durch die Straßen, vielleicht ein wenig schneller, als ihr lieb war. Aber ich sehnte mich verzweifelt nach der Schlange, nach ihrem Trost und ihrer Weisheit.

Zu ebener Erde gab es einen Zugang zu ihrer Kammer. Gemeinsam stiegen Evadne und ich die Treppe in das unterirdische Gelass hinunter. Dort brannten immer Öllampen, ein Diener brachte dem Tier im Morgengrauen Milch und Honigkuchen, und ein Strauß von getrockneten Kräutern, der täglich erneuert wurde, sorgte für frische Luft.

Nach dem strahlenden Sonnenschein draußen brauchten meine Augen eine ganze Weile, um sich an die Dunkelheit zu gewöhnen, und nur langsam klärten sich die Umrisse meiner Umgebung, hörten auf zu verschwimmen und standen still. Sobald ich gut sehen könnte, würde ich vor dem Altar beten und meine geliebte Schlange hervorlocken, um ihr meine verzweifelten Sorgen zuzuflüstern.

Langsam lichtete sich das Dunkel. Der blanke Steinboden wurde sichtbar, und die viereckigen Platten schimmerten im Licht der Öllampen. Tief atmete ich den lieblichen Duft der Kräuter ein. Evadne saß neben mir, und nur das Geräusch ihres Atems verriet ihre Anwesenheit.

Dann sah ich etwas wie ein Seil, das vor dem Altar lag, aber es war nicht sorgsam zurechtgelegt wie eine Opfergabe. Eisige Kälte ergriff mein Herz, als ich genauer hinschaute.

War es ein unschuldiger Anblick, der sich da bot, oder war hier etwas abgrundtief Böses geschehen?

Evadnes Augen konnten nichts sehen. »Warte hier!«, sagte ich in gleichmütigem Ton.

Ich schlich mich langsam näher an den Altar, und dann sah ich die furchtbare Wahrheit: Meine Schlange lag leblos am Boden. Getötet. Die Schnittwunden – ich kann sie nicht beschreiben. Ich will sie nie wiedersehen.

Ich fiel auf die Knie, hob die Arme über den Kopf und schrie.

Ich schrie zum Himmel, schrie zu den Göttern und bat sie, meiner Schlange, meiner Beschützerin, das Leben wiederzugeben.

Schweigen. Stille. Der fahle Leib der Schlange lag ausgestreckt vor mir.

Ich vergaß den Paris, den ich gemieden hatte, und eilte hinauf zu dem Paris, den ich liebte, floh vor dem grausigen Anblick in der Grotte. Keuchend kam ich im obersten Stockwerk an, und wie ich es mir gedacht hatte, war er da, umgeben von seinen Waffen und seiner Rüstung. Er hob den Kopf, als ich zur Tür hereinwankte, und richtete langsam den Blick auf mich.

»Was gibt es?« Seine Stimme klang kühl, aber das kümmerte mich nicht. Mich kümmerte nur der Angriff gegen mich – gegen uns.

»Paris … Paris!« Ich warf mich in seine Arme und suchte die Wärme, die seiner Stimme fehlte. In seiner Umarmung würde ich sie finden. Aber nein – sein Körper war leblos wie der Leib der Schlange. Er wich zurück.

»Was denn?«, fragte er, aber sein Tonfall schrie: *Es kümmert mich nicht!*

»Paris – jemand hat die Schlange getötet! Jemand ist in dieses Haus gekommen und hat sie abgeschlachtet, hat unsere – unsere – erste Gefährtin ermordet!«

Jetzt endlich kam Leben in sein Gesicht. Seine Lippen fingen an zu zittern. »Die Schlange?«

»Ja. Geh hin und sieh sie dir an! Es wird dir das Herz zerreißen!« Ich nahm ihn bei der Hand und führte ihn hinunter zu der Kammer, aber vor dem Eingang wich ich zurück. Ich konnte diesen Anblick nicht noch einmal ertragen. Ich hörte Paris' Schritte, hörte, wie er leise mit Evadne sprach und wie die beiden aus der Kammer kamen, während ich mit gesenktem Kopf wartete.

Sanft berührte Paris meine Schulter. »Wir trauern zusammen.«

Ich schaute ihm in die Augen. Und mir war, als sähe ich – aber das Licht war trüb – den alten Paris, der zurückschaute.

L

In den Straßen Trojas wimmelte es von aufgebrachten Menschen, erfüllt von dem rastlosen Verlangen danach, zu den Toren hinauszustürmen und sich auf die Griechen zu stürzen, etwas zu unternehmen, irgendetwas. Und zugleich machten sie sich darauf gefasst, sich zu verteidigen. Der Winter nahte. Die Soldaten wollten zuschlagen, bevor die Griechen abzogen – denn abziehen mussten sie, da die Zeit der Schifffahrt dem Ende zuging. Die Ältesten im Rat mahnten zur Zurückhaltung: Es sei klug, die Natur für uns arbeiten zu lassen. Aber im Winter ist kein Ruhm damit zu gewinnen, dass man den Feind nach Hause fahren lässt, während die bronzenen Waffen der Krieger in den Rüstkammern liegen und ihren Glanz verlieren.

Unser Hauspriester bestattete die Schlange mit dem gehörigen Ritual, und darin lag ein kleiner Trost. Wir suchten keinen Ersatz für sie – wie hätten wir das auch tun sollen? Für uns konnte es keinen geben. Ich würde sie in meinen Webteppich aufnehmen und ihr das eingeschränkte Leben geben, das ein Denkmal verleihen kann. Aber sie war fort – und mit ihr eines der kostbarsten Dinge aus meiner Vergangenheit.

Paris schien wieder zu sich zu finden, je mehr Zeit seit dem Tod Troilos' verging. Noch immer lachte er nicht wie früher, aber er lag nicht mehr brütend auf seinem Sofa, und manchmal behandelte er mich sogar liebevoll. Doch nur manchmal, und ich konnte nie vorhersehen, wann es geschehen würde. Anfangs, besonders nach der Bluttat in der Grotte, war ich dankbar für das scheinbare Wiedererwachen seiner Liebe. Aber sie verschwand und erschien wieder wie der Mond in einer windigen Wolkennacht, und ich spürte, dass ich mich Stück für Stück zurückzog, zurück an einen Ort, an dem er mich weder erreichen noch enttäuschen konnte. So war es sicherer.

Dann begannen die Flüchtlinge nach Troja zu strömen. Es war ein unerwarteter Schrecken – eines Tages im Herbst zogen Massen von Menschen über die leere Ebene, wo der große Markt hätte sein sollen, auf unsere Tore zu. Von unserem flachen Dach aus konnte ich die Heerscharen sehen, aber ich konnte nicht erkennen, ob sie bewaffnet waren oder nicht. Die Wachen auf den Mauern und Türmen riefen zu ihnen hinunter, und sie schrien zurück, sie seien aus Dardanos und Arisbe und Perkote und die Griechen hätten ihre Dörfer überfallen. Deshalb bäten sie um Schutz.

Priamos und Hektor beauftragten Offiziere damit, an den äußeren Verteidigungsanlagen der Stadt Lager einzurichten, wo die Leute unterkommen und versorgt werden konnten. Es waren hauptsächlich Frauen, Kinder und alte Männer. Die jungen Männer seien erschlagen worden, berichteten die Leute; die Griechen hätten das Vieh geraubt und viele Frauen mit Gewalt ins griechische Lager getrieben. Ihre Häuser hätten sie in Brand gesetzt oder abgerissen.

Hektor schaute über die Flüchtlinge hinaus. »Es sind Hunderte«, sagte er leise. »Der Feind muss massive Raubzüge unternommen haben. Da steckt mehr dahinter als die Notwendigkeit, Proviant für die Heimreise zu beschaffen.« Er beugte sich über die Mauerbrüstung und spähte hinaus wie ein Raubvogel. Der Wind wehte kalt vom Meer herein und zerzauste sein Haar.

»Sie wollen hier überwintern.« Neben ihm stand der streitbare Antimachos. Er klang ungläubig. War der erfahrene Stratege etwa überrascht?

»Damit haben wir nicht gerechnet«, sagte Hektor. »Sie haben also die Städte in der Nachbarschaft angegriffen. Ich habe gehört, wie eine der Frauen sagte, sie hätten auch die Inseln Tenedos und Imbros überfallen. Das ist ernst. Wie weit werden sie sich hinauswagen?«

»Ihre Möglichkeiten sind nicht unbegrenzt«, beruhigte Antimachos ihn.

»Was sagen unsere Spione?« Paris kam zu ihnen auf die Mauer. Ich wusste nicht, wo er den Vormittag über gewesen war; er hatte geschlafen, als ich gegangen war.

»Sie werden zurückkehren, sobald sie es gefahrlos tun können«, sagte Hektor. »Dann wissen wir mehr. Vorläufig müssen wir diese Leute irgendwie ernähren. Sagt den Quartiermeistern Bescheid. Sie sollen einen Getreidespeicher für sie einrichten.«

Antimachos räusperte sich. »Aber wir können ihretwegen nicht unsere eigenen Vorräte plündern.«

»Wir müssen etwas tun«, sagte Hektor. »Trojas wegen haben sie ihre Häuser verloren.«

Ich war dankbar, dass er mich nicht erwähnte. Hektor machte mir niemals zum Vorwurf, dass ich so viel Leid gebracht hatte. Er war der einzige Trojaner, in dessen Augen ich anscheinend ohne Fehl war, ein Spielzeug der Götter wie sie alle.

Für den Rest seiner Familie – wie für Paris – war Troilos' Tod jedoch ein Wendepunkt gewesen. Bis dahin hatten sie sich bemüht, mich zu einer der Ihren zu machen, aber als ihnen ihr leiblicher Bruder und Sohn genommen worden war, begriffen sie, dass Helena niemals wirklich zu ihrer Familie gehören konnte. Ich würde immer eine Außenseiterin sein, eine Ausländerin, eine Fremde, diejenige, die den von Paris verkörperten Fluch erfüllen würde, der über ihnen schwebte. Wir waren zu Werkzeugen der gegenseitigen Vernichtung geworden – und der Vernichtung Trojas.

Das Volk, die Leute, die mir vor nicht allzu langer Zeit als ihrem »griechischen Schatz« zugejubelt hatten, warfen mir jetzt unheilvolle Blicke zu, wenn ich ihnen auf der Straße begegnete, und sie mieden mich, als trüge ich einen Fluch in mir. Vielleicht stimmte das ja auch. Auf meinen Wanderungen durch die Stadt, über die Plätze und durch die schmalen Gassen, vorbei an Troilos' Grabstätte, sah ich, wie die Menschen ihr Leben mit mancherlei Kleinigkeiten verschönert hatten: mit kleinen Töpfen voller Kräuter vor den Haustüren, buntbemalten Fensterläden, geflochtenen Binsenpolstern auf ihren Schemeln. Manchmal drängten sich großspurige Krieger an mir vorbei, warfen die Schemel um oder zerschlugen die Töpfe. Schon wurden in Troja Dinge zerstört, dabei waren die Griechen noch draußen vor den Mauern.

Wann genau der Gedanke an das furchtbare Opfer, das ich würde bringen müssen, in meinem Kopf Wurzeln schlug, kann ich nicht sagen. Ich weiß nur, dass ich eines Morgens, als die Sonne gerade über die Hauswände strich, noch dachte, dass ich sie immer so sehen würde – und als der Abend dämmerte und an denselben Wänden die Fackeln flackerten, wusste ich, dass ich mich selbst des Landes verweisen musste. Ich musste Troja vor mir retten. Ich musste zu den Griechen zurückkehren, auch wenn ich mir gelobte, dort von eigener Hand zu sterben.

Es ist ein alptraumhafter Vorsatz, sein eigenes Leben zu beenden und alles zu verlassen, was einem teuer ist. Ich musste Paris verlassen, damit er weiterleben konnte. Priamos, Hektor und Andromache, meine einzige Freundin unter den Frauen, und … Evadne und Gelanor. Als ich sie so aufzählte, erkannte ich betrübt, wie wenige hier in Troja meinen Verlust bedauern würden, obgleich ich doch seit einer ganzen Weile unter ihnen lebte.

Ich fasste meinen Entschluss und setzte mir dann eine Frist von dreißig Tagen: So lange würde ich abwarten, damit ich auch sicher war, dass ich das Richtige tat. So etwas unternahm man nicht aus einer Laune heraus.

In diesen dreißig Tagen sah ich Troja anders als zuvor, ich sah es wie von ferne und war schon dabei, mich zu verabschieden. Ich hörte das Stimmengewitter im Ratssaal, als man über die griechischen Raubzüge debattierte. Ich beobachtete das Gewimmel der verzweifelten Flüchtlinge in ihren behelfsmäßigen Unterkünften vor der Mauer. Ich roch den Rauch der brennenden Dörfer. Vergebens hielt ich Ausschau nach einem Fingerzeig, der mir sagte, ich solle bleiben. Er blieb aus. Wohin ich mich auch wandte, ich sah nur, dass alles besser werden würde, wenn ich plötzlich verschwände und der Krieg aufhörte.

Und Paris? Ihm ging es jetzt besser, er trauerte nicht mehr so sehr um Troilos, aber wie würde es ihm ergehen, wenn noch jemand, der ihm nahestand, getötet werden sollte? Und es *würde* weitere Tote geben. Vielleicht würde sogar Paris selbst dazugehören. Ich musste fortgehen, wenn ich wollte, dass er lebte.

Wie seltsam, ein solches Geheimnis in meinem Herzen zu bewahren, unter ihnen zu wandeln wie der Geist einer längst Dahingegangenen, ohne dass sie merkten, dass ich ein Geist war! Ich genoss es, am Herd zu sitzen und mit Hektor und Andromache zu plaudern, und ich liebte es, wenn der alte Priamos mich mit Aufmerksamkeiten überhäufte, denn alles das würde es bald nicht mehr geben.

Was Paris anging, so konnte ich ihm jetzt alles verzeihen – seine Launenhaftigkeit, seine Kälte, seine Unberechenbarkeit. Alles das war nun eingefasst vom glänzenden Gold seiner ganzen Persönlichkeit. Ich hatte diese Schatten über ihn geworfen, und ich würde sie fortnehmen, und er wäre wieder der Paris von früher. Nur, dass ich es nicht mehr erleben würde.

Iphigenie, erzählte man, hatte im letzten Augenblick aufgehört, sich zu sträuben, und ihr Leben dafür gegeben, dass die Griechen nach Troja segeln konnten. Konnte ich da zurückstehen, wenn ich durch mein Handeln meine neuen Landsleute vor ebendiesen Griechen beschützen konnte?

Paris ahnte nichts davon. Überrascht stellte ich fest, wie mühelos ich eine Rolle spielen konnte, und es war keine angenehme Überraschung. In den ersten paar Tagen versetzte mir der Gedanke daran, Troja zu verlassen, einen Stich ins Herz, doch mein Herz verhärtete sich, und ich konnte es ertragen. Ich spürte, dass mein eigener Schmerz kaum ins Gewicht fiel, verglichen mit dem Schmerz, der andere erwartete, wenn ich nicht ginge. Also durfte ich gar nicht daran denken zu bleiben.

Wann und wie sollte ich gehen? Die Mauer wurde gut bewacht, auch nachts. Die Abschnitte zwischen den mit scharfäugigen Posten bemannten Türmen waren gut sichtbar. Nur in den wenigen mondlosen Nächten lagen die Mauerflanken im Dunkeln, aber immer noch lauschten die Soldaten wachsam auf jeden Laut. Wer auf den Mauern herumkletterte, würde bald bemerkt werden. War es überhaupt möglich, daran hinauf- oder hinunterzuklettern? Sie waren so hoch wie fünf oder sechs Männer übereinandergestellt, und die glatten Steine boten keinerlei Halt für Hand oder Fuß.

Wie stand es mit den Wasserleitungen? Wir hatten zwei Brunnen innerhalb der Mauern, und deshalb gab es durch die Wasserversorgung keine Schwachstellen in den Befestigungsanlagen. Das Abwasser floss durch einen großen Kanal am Fuße der Südmauer hinaus, aber der Durchlass dort war mit einem Gitter gesichert, durch das nichts dringen konnte, das größer war als eine Wasserratte.

Vielleicht könnte ich tagsüber unter irgendeinem Vorwand durch das Tor hinausgelangen und am Abend nicht mehr zurückkehren. Aber man würde mich niemals ohne eine Leibwache hinauslassen, und ohnedies gab es nach Troilos' Tod keinen Vorwand mehr, der das Risiko gerechtfertigt hätte. Und wenn ich eine erfundene Bitte der Griechen um ein Gespräch befolgte? Nein, die Trojaner würden mir niemals erlauben, auf etwas einzugehen, was sie als einen durchsichtigen Plan zu meiner Entführung betrachten würden.

Ich wagte nicht, jemanden um Hilfe zu bitten; ich wusste, dass man mich verraten würde. So kehrte ich zu meinem ersten Einfall zurück: Ich würde irgendwie versuchen müssen, unentdeckt an der Mauer hinunterzuklettern, ohne dass mir jemand half.

Als die selbstgesetzte Frist von dreißig Tagen dem Ende zuging, geriet mein Entschluss ganz unerwartet ins Wanken. Ich stieg den Berg hinauf zum Palast, als mich plötzlich das Verlangen übermannte, mich an einen Pfeiler zu klammern und ihn nie wieder loszulassen – als versuche irgendeine bösartige Macht, mich fortzureißen, als wäre dies nicht die ganze Zeit mein eigener Plan gewesen. Ich wollte Troja niemals verlassen, wollte mich an jeder Säule, jedem Stein festhalten, damit nichts uns trennen könnte. Aber ich wusste, dass diese Pfeiler und Steine nur bestehen bleiben konnten, wenn ich sie verließe.

Der Palast vor mir erschien mir schöner denn je. Drinnen wartete Paris. An diesem Abend war er guter Stimmung; es war der alte Paris, der hier Hof hielt. Er begrüßte mich überschwänglich und erzählte mir, wir würden Gäste haben, über die ich mich freuen würde. In eifriger Geschäftigkeit ging er umher und stellte kleine Kohlenbecken gegen die Kälte auf, damit wir in einem kleineren Zimmer statt im zugigen Megaron zusammensitzen könnten. Nicht das, was er tat, sondern seine Fröhlichkeit war das eigentlich Erfreuliche.

»Dein zweiter Winter in Troja«, stellte er fest. »Jetzt kannst du als echte Trojanerin gelten.«

War dies der Grund für seine Feier? Dieser liebe Mann, der aus dem Alltäglichen etwas Besonderes zu machen wusste! Helenas zweiter Winter! Ich nahm sein Gesicht zwischen die Hände und küsste ihn. »Ich liebe dich«, sagte ich lachend, und dabei lag mein Herz wie ein schwerer Stein in meiner Brust.

Hektor und Andromache waren die Gäste, die er geladen hatte. Sie überquerten den kleinen Platz zwischen unseren Palästen und traten ein. Ich sah, dass sie sich gekleidet hatten, als erfordere dieser Besuch eine richtige Reise und nicht nur ein paar Schritte. Damit zeigten sie ihrem Bruder, dass sie seine Einladung mit Respekt empfangen hatten. So waren sie, Hektor und Andromache: aufmerksam und höflich. Würdevoll entledigten sie sich ihrer Mäntel. Hektor trug einen warmen Wollumhang und wollene Gamaschen, und Andromache war in ein langes Gewand gekleidet, wie ich es noch nie zuvor gesehen hatte. Es war blau, und der Rock war ringsum mit gelben Fransen besetzt. Das sei eine Mode aus Kreta, sagte sie mir: Volantbesetzte, perlenbestickte Kleider würden dort überall getragen. Es stand ihr gut, denn sie war so groß, dass der Rock ihre Beine bis zu den Füße wie eine Säule umgab.

»Kommt, kommt.« Paris führte sie zu zwei intarsienverzierten Stühlen mit dazu passenden Fußschemeln.

Hektor nahm Platz und lehnte sich zurück. Selbst so entspannt schien er jederzeit sprungbereit zu sein. »Und, mein lieber Bruder? Was ist der Anlass für diese Einladung?« Dahinter stand die unausgesprochene Frage: *Was gibt es so Wichtiges, dass du uns mitten in diesem Krieg zu einem geselligen Abend bittest?*

Ich, der Schatten, saß unbewegt dabei. Ich, der Schatten, der bald verwehen würde. Ich hatte mir ein Seil beschafft – lang genug, dachte ich, um bis zum Fuße der Nordmauer zu reichen –, und ich hatte feste Sandalen und einen dunklen Mantel dazugelegt. Für die Nordmauer hatte ich mich entschieden, weil sie am wenigsten bewacht wurde. Sie war so hoch, dass man von dieser Seite keinen Angriff erwartete. Die Unterstadt reichte nicht bis dorthin; davor lag nichts als freies Feld. Sie war nicht weit von den Palästen entfernt, aber der Tempel der Athene, nachts dunkel und unbewacht, sorgte dafür, dass ich mich unbemerkt würde hinschleichen können.

»Ich wollte euch nur einmal wieder allein sehen«, sagte Paris. »Wir sind uns auf den Mauern begegnet, bei der Bestattung, in Vaters Palast und im Kriegsrat, aber als Geschwister nur noch selten.«

»So geht es im Krieg, fürchte ich«, antwortete Hektor steif.

»Dann sehne ich den Tag herbei, an dem wieder Frieden ist, damit wir miteinander umgehen können, wie es sich gehört«, sagte Andromache und beugte sich vor. »Wir haben ein Geheimnis, aber es ist eines, das ich dir anvertrauen muss, Helena. Du warst mit mir auf dem Berg Ida. Wir … Ich bekomme ein Kind.«

Ich mochte ein Schatten sein, aber ich sprang doch auf und umarmte sie, und mir war schwindlig vor Freude für sie. »Oh, Andromache!« Sie hatte sich so sehr danach gesehnt. Und nun würde ich nicht da sein, um das Gesicht des Neugeborenen zu sehen. Aber das durfte niemand wissen, und es änderte nichts an meiner Freude.

»Hektor bekommt einen Sohn!«, rief Paris. »Endlich!«

»Wir wissen noch nicht, ob es ein Sohn wird.« Aber Hektors verhaltenes Lächeln zeigte, wie glücklich ihn der bloße Gedanke machte.

»Sohn oder Tochter, das Kind wird Trojas ganzer Stolz sein«, sagte Paris.

Andromache senkte den Kopf. »Ich bitte die Götter jeden Tag um eine sichere Entbindung. Helena, wirst du bei mir sein?«

»Ja«, sagte ich, ohne nachzudenken. Als ich sah, wie ihre

Augen erfreut aufleuchteten, plagte mich mein Gewissen noch mehr.

Der Rest des Abends verging wie ein Traum, in dem ich eine Außenseiterin war. Ich hörte die Unterhaltung, nahm sogar daran teil. Sie sprachen über die geheimnisvolle Person, die mich in den Brunnen gesperrt, Paris betäubt und meine heilige Schlange getötet hatte. Der Täter war nie gefasst worden, und sie kamen zu dem Schluss, es müsse jemand sein, der eine persönliche Abneigung gegen uns hege. Damit war halb Troja verdächtig.

Besorgt sprachen sie von der zunehmenden Aggressivität, mit der die Griechen die Dörfer der Umgebung überfielen. Andromache machte sich Sorgen um ihre Familie auf dem Plakos, aber Hektor beruhigte sie: Sie seien außer Reichweite für die Griechen, da sie zu weit im Süden lebten, jenseits des Smintheon in der Nähe von Theben. Sie redeten von Maßnahmen zur Bekämpfung dieser Raubzüge, aber ich wusste nur eine einzige: Wenn Helena sich auslieferte, wäre das alles vorüber.

Und immer, wenn ich Paris anblickte, musste ich gleich wieder wegschauen: Wie sollte ich ihn verlassen?

Später bemerkte er: »Du hast traurig ausgesehen.«

Hastig versicherte ich ihm, er müsse sich getäuscht haben. Ich wollte nur noch eines: eine letzte Nacht mit ihm in unserem Bett verbringen, ihn stundenlang in den Armen halten. Morgen Nacht wäre Neumond, und ich würde fliehen müssen.

Nie hatte Paris so kostbar ausgesehen wie in diesem Augenblick, als er glücklich und ahnungslos vor dem Bett stand und mich anschaute. Ich wünschte mir nichts so sehr, wie mit ihm zu leben, mit ihm glücklich zu sein und alt zu werden. Aber nein – Agamemnon hatte dafür gesorgt, dass es nicht geschehen würde. Sein abscheulicher Feldzug, mit dem er unschuldige Menschen in Angst und Schrecken versetzte, würde dafür sorgen, dass er mich zurückbekam, wenn auch nur für kurze Zeit. Umarmen würde mich dann nur noch das Grab.

Aber noch lebte ich mit meinen Wünschen und Gefühlen. Ich umarmte Paris so fest, wie ich konnte, und während wir uns liebten, langsam und immer wieder, genoss ich jede Liebkosung, jede Empfindung, jedes gemurmelte Wort. Ich wusste, wie wenig Zeit uns zusammen blieb, und ich war entschlossen, jeden süßen Tropfen herauszupressen, den sie mir geben konnte.

LI

Am nächsten Tag – meinem letzten in Troja – stand ich sehr früh auf. Ich wollte die letzten Augenblicke hier genießen, so schmerzlich sie auch sein mochten. Paris schlief noch; ich beugte mich über ihn, küsste seine Wange und raffte meinen Mantel fest um die Schultern.

Wie eine Schlafwandlerin ging ich hinaus. Ich wollte durch alle Straßen Trojas gehen und sie mir in allen Einzelheiten einprägen. Ich schaute über die Mauer und sah das Lager der Griechen draußen in der Ebene. Wenn ich an der Nordwand hinuntergeklettert wäre, müsste ich mich zu einem der Zelte durchschlagen. Was kümmerte es mich, wer mich dort in Gewahrsam nähme? Bald genug würde Menelaos seine Finger in meine Schultern bohren.

Sollte ich die furchtbare Brosche anlegen, die er mir geschenkt hatte? Ich hatte mir geschworen, sie ihm ins Gesicht zu werfen, und so musste ich es tun. Um alles noch schwerer zu machen, war es der fortgeschrittenen Herbstzeit zum Trotz ein makelloser Tag mit klarem, wolkenlosem Himmel und einem frischen, aber nicht rauen Wind. Troja, Troja!, weinte ich innerlich. Wie schön du bist!

Die Sonne wanderte über den Himmel und begann ihren Abstieg. Priamos, Hekuba – sollte ich mich im Geiste von ihnen verabschieden, indem ich sie noch einmal besuchte? Aber nein, das könnte Verdacht erregen. Der Tag musste aussehen wie jeder andere.

Als die Schatten lang wurden und die Stadt sich in sich selbst zurückzog, senkte sich ein blauvioletter Friede herab. Es hatte an diesem Tag keine Angriffe gegeben, keine Berichte von Überfällen anderswo. Alles war friedlich.

Paris und ich aßen in Ruhe zu Abend, und wir sprachen sehr wenig. Immer wieder schaute ich ihn verstohlen an und prägte mir seine Züge ein. Wenn er aufblickte und mich verwundert ansah, schlug ich rasch die Augen nieder.

Paris schlief an meiner Seite. Ich wartete, bis er tief und gleichmäßig atmete, bevor ich mich langsam aufsetzte, um zu sehen, ob er davon erwachte. Er schlief weiter. Ich zog mir die Schuhe an und stand auf. Meine Bewegungen störten ihn nicht. Ich wollte ihn noch einmal küssen, aber das wagte ich nicht. Du hast dich verabschiedet, sagte ich mir streng. Es ist vorüber. Du musst gehen.

Ich zog eine von Paris' Hosen an – sie galten als weibische orientalische Kleidung, und er trug sie nur, wenn wir allein waren –, um mir den Abstieg zu erleichtern. Hatte man je gehört, dass jemand in einem langen Gewand an einem Seil hinabgeklettert war? So aber würde ich die Beine um das Seil schlingen können.

Ich stahl mich hinaus, und ich konnte mich nicht mehr umsehen. Ich schlich mich aus dem Palast – nicht durch das Hauptportal, das bewacht wurde, sondern durch die Küche. Das Seil und meinen dunklen Mantel hatte ich dort hinter einer Kornamphore versteckt. Sie waren noch da – niemand hatte sie gefunden.

Ich klemmte die Sachen unter den Arm und schlich so leise wie möglich zu dem großen dunklen Tempel der Athene. Die Priester und Priesterinnen waren nicht mehr da, und die Kolonnaden lagen verlassen im Schatten. Gleich hinter dem Tempel war der höchste Punkt der Stadt, die mächtige Bastion mit dem Ausguck an der Nordostseite. Doch da wollte ich nicht hinabsteigen, denn vom Turm aus würde man mich leicht entdecken können. Ein Stück weiter nach Westen, und niemand würde mich sehen.

Ich hatte bereits einen großen Stein ausgemacht, der mir als Anker für mein Seil dienen würde. Ich schlang es um ihn herum und legte es auf die Mauer. Alles war still. Der Himmel war pechschwarz; der Mond hatte sich für ein paar Tage davongemacht.

Prüfend zog ich am Seil. Es schien stark genug zu sein. Ich warf es über die Mauer und schaute hinüber, um zu sehen, wie tief es hinunterreichte. Es landete tief unten mit dumpfem Schlag. Sehr tief unten. Ich sog die Luft zwischen den Zähnen ein und umfasste das Seil mit beiden Händen. Es war borstig und rau, und sogleich schnitten die Fasern sich in meine Hände. Aber das machte nichts.

Ich trat an die Mauer heran. Sie war hoch, und ich musste hinüberklettern. Ich dankte den Göttern für Paris' Hose. Ich packte die steinerne Kante und stemmte mich hinüber, und ich wünschte, meine Arme wären stärker. Hoffentlich würde ich nicht den Halt verlieren und abstürzen. Aber auch darauf kam es nicht an: Ich würde ein wenig zu früh sterben, aber sterben wollte ich so oder so.

Ich fing an, am Seil hinunterzurutschen. Ich prallte gegen die harten Steine der Mauer; sie waren glatt und unnachgiebig. Schon fühlte ich mich zerschunden, doch auch das machte nichts. Ich schwang hin und her, schlug gegen die Mauer, prallte ab. Ich wusste, dass ich Geräusche verursachte. Hoffentlich würde niemand sie hören.

Es war stockfinster. Niemand würde mich sehen können, wie ich hier am Seil hing. Jetzt war ich halb unten. Der Boden wuchs mir entgegen. Er war von Gras und Gestrüpp bedeckt. Das wird meinen Fall mildern, dachte ich. Die Arme taten mir weh, und ich wusste nicht, wie lange ich mich noch würde halten können. Der Abgrund gähnte unter mir.

Ich fiel. Ich landete hart auf dem Rücken, verfehlte das polsternde Buschwerk und schlug auf hartem Felsboden auf. Ein stechender Schmerz durchzuckte mich. Einen Augenblick lang war mir, als könne ich mich nicht bewegen, aber mit all meiner Willenskraft zwang ich mich dazu. Du bist hier, du musst losgehen, du musst dein Ziel erreichen, ermahnte ich mich.

Vorsichtig rollte ich mich herum und bewegte prüfend die Beine. Sie zitterten, aber sie trugen mich. Also weiter, zu Menelaos!, befahl ich mir. Zu Menelaos! Taumelnd lief ich den leicht abschüssigen Hang hinunter. Irgendwo nicht allzu weit vor mir waren die Zelte der Griechen. Ich stolperte über das raue Gelände. Troja ragte hinter mir in die Höhe. Die große nördliche Mauer sah aus wie eine Platte aus Bronze, hoch und undurchdringlich. Hinter mir. Troja lag hinter mir. Vor mir standen die schäbigen kleinen Zelte der Griechen, und darin warteten schäbige kleine Männer.

Blindlings stolperte ich einem Ort entgegen, an den ich nicht gehen wollte. Ich befahl meinen Beinen, mich voranzutragen.

»Halt, stehen bleiben!« Eine raue Stimme zerriss die Luft. Das musste ein griechischer Wachtposten sein. Jetzt würde ich mich stellen. Müde drehte ich mich um.

Jemand packte meinen Arm mit schmerzhaftem Griff. Sollte er nur. Was tat es schon? Mochten sie mich nur herumstoßen, schlagen, misshandeln. Es würde bald vorbei sein. Eine Fackel leuchtete mir ins Gesicht. Ich kniff die Augen zusammen und drehte den Kopf zur Seite.

»Bei allen Göttern!« Die Stimme klang zornig.

Ja, es ist Helena. Nimm mich mit, bestrafe mich, bring mich zu Menelaos. Worauf wartest du noch? Ich konnte es plötzlich nicht erwarten, dass es geschah. Bring es in Gang, damit es seinen Lauf nimmt!

»Helena!« Antimachos streckte mir sein Gesicht entgegen. »Was bedeutet das?«

Antimachos! Ich wich zurück.

»Eine Verräterin also!«, rief er. »Schleichst du dich zu den Griechen zurück?« Er riss an meinem Arm, dass es wehtat.

»Nein, so ist es nicht!«, rief ich.

»Ich sehe ein Seil. Ich sehe eine Flucht. Ich sehe Fluchtkleidung.« Er starrte meine Hose an.

Ich richtete mich auf. »Ich wollte mich für Troja opfern«, sagte ich. »Es ist die einzige Möglichkeit. Wenn ich zurückkehre, gibt es keinen Grund mehr für diesen Krieg.«

»Du dumme kleine Närrin!« Gleich würde er mir den Arm brechen, so hart packte er zu. »Deshalb sind sie nicht hier!«

»Das mag sein, aber es ist ihr Vorwand. Ich wollte ihnen diesen Vorwand nehmen.«

»Dann warst du bereit, zu Menelaos zurückzugehen und dich in sein Bett zu legen?«

Bei diesem Gedanken musste ich würgen. »Nein! Eher hätte ich mir das Leben genommen!«

Er schnaubte ungläubig. »Wer weiß davon?«

»Niemand«, antwortete ich.

»Du hast es niemandem erzählt? Ich glaube nicht, dass eine Frau dazu fähig ist.«

»Du kannst glauben, was du willst. Es ist die Wahrheit.«

»Nur du und ich wissen davon?«

»Ja.«

»Dann wirst du jetzt nach Troja und in das Bett deines Gemahls zurückkehren, und niemand darf je davon erfahren.«

»Es muss aufhören!«, rief ich. »Und nur ich kann allem ein Ende machen.«

»Es ist zu spät«, sagte Antimachos. »Kein Sterblicher kann es jetzt noch beenden.«

Durch die kleine Pforte am Fuße des Nordostturms brachte er mich zurück in die Stadt. Ich musste Kopf und Gesicht mit meinem Mantel verhüllen, damit die Wachen mich nicht erkannten, und er hielt mich lüstern im Arm: Sie sollten mich für eine Prostituierte halten. Ich spürte, dass es ihm gefiel. Nächtliche Stille lag über der Stadt, und bis zu meinem Palast war es nicht weit. »Das bleibt unser kleines Geheimnis«, zischte er und schob mich zur Tür.

Mir blieb nichts anderes übrig; ich musste hineingehen. Aber ich tat es hocherhobenen Hauptes und gab ihm zu verstehen, dass ich entscheiden würde, welchen Eingang ich benutzen wollte. Ich wollte kommen, wie ich gegangen war, um die Wache am Palastportal nicht aufmerksam zu machen.

Ich durchquerte die Säulenveranda und das Vestibül und ging

die Treppe hinauf zu unserem Schlafgemach. Der Wind säuselte sanft durch das filigrane Muster in unseren Fensterläden. Paris schlief noch; ein entblößter Arm hing aus dem Bett, und sein Gesicht war abgewandt. Alles war so, wie ich es verlassen hatte, und ich fühlte mich wie ein Soldat, der in eine Heimat zurückkehrte, von der er geglaubt hatte, dass er sie nie wiedersehen würde. Jetzt würde der Krieg seinen Lauf selbst diktieren, wie Antimachos gesagt hatte, und ich musste ohnmächtig zusehen und konnte ihn nicht mehr steuern oder verändern.

Ich bückte mich und wollte die Hose abstreifen, als Paris sich plötzlich aufrichtete und mich ansah. Ich erstarrte und hoffte, er werde sich wieder hinlegen und glauben, er habe nur geträumt, und sich später nicht daran erinnern. Ich hielt den Atem an. Aber er rief: »Was tust du da?«

Als ich nicht antwortete, griff er nach seiner Messingglocke, um die Wache zu alarmieren. Ich stürzte mich auf die Glocke, dämpfte sie mit beiden Händen und riss sie an mich. Er ließ sich auf sein Kissen zurücksinken. »Helena! Helena!« Er zerrte an der Hose.

Ich warf mich über ihn und erstickte seine Schreie mit der Hand. »Sei still!«, flüsterte ich. Ich musste mir irgendeine harmlose Geschichte für ihn ausdenken, aber mir wollte nichts einfallen. Ich war des Lügens müde, und all meine Verschlagenheit war verbraucht. Ich würde ihm alles beichten müssen.

»Warum trägst du meine Hose?«, flüsterte er, als ich meine Hand von seinem Mund genommen hatte.

»Weil ich aus Troja flüchten wollte«, gestand ich.

Wie ich es befürchtet hatte, stieß er einen lauten Klageruf aus. »Du wolltest fortgehen?«

»Nur weil ich glaubte, es sei die einzige Möglichkeit, diesem Krieg ein Ende zu machen und weiteres Sterben zu verhindern.« Ich kniete auf dem Bett, ließ mich auf die Fersen sinken und wiegte mich bang vor und zurück. Er brauchte nicht zu wissen, dass ich auch mein Leben in die Waagschale hatte werfen wollen.

»Und was ist mit meinem Glück? Du weißt, ich kann ohne

dich nicht leben!« Er hielt mich fest, damit ich aufhörte zu schaukeln, und drückte mich an sich. »Wie konntest du mich so einfach verlassen?«

»Das war das Schwerste für mich. Ich … Ich konnte den Mut dazu kaum aufbringen«, stammelte ich.

»Das nenne ich nicht Mut. Das nenne ich Grausamkeit.«

»Ich war grausam gegen uns, damit andere nicht leiden müssen.«

»Aber du bist noch hier. Du bist nicht fortgegangen. Warum nicht?« Er sehnte sich danach, dass ich jetzt sagte, ich hätte mich anders besonnen, und nicht, dass ich es tatsächlich getan hätte und ertappt worden sei.

»Antimachos hat mich entdeckt. Anscheinend schläft dieser Mann nie. Er war auf einer Streife am Fuße des Nordturms.«

Paris heulte gequält auf. »Du hattest die Stadt schon verlassen!«

»Ja.«

»Du hast mich verraten. Du hast mich verlassen. Ohne auch nur Lebwohl zu sagen. Und das soll ich dir verzeihen?«

»Nein, das erwarte ich nicht. Ich habe befürchtet, dass ich diesen Preis würde zahlen müssen.«

»Aber du warst bereit, ihn zu zahlen?«

»Ja, das habe ich doch gesagt.« Oh, es war furchtbar! Hätte ich ihm dieses Wissen doch nur ersparen können!

»Wie ich sehe, gefällt es dir, deinen Ehemann des Nachts zu verlassen. Du hast dich von mir weggeschlichen, wie du dich von Menelaos weggeschlichen hast. Ich kann dir nie wieder vertrauen.«

»Das ist die Strafe, die ich auf mich nehmen muss.« Ich konnte es ihm nicht verdenken. Ich wusste, wie es für ihn aussehen musste. Ich an seiner Stelle hätte es nicht anders aufgenommen.

Er sprang auf und raffte seine Decken zusammen. »Ich kann das Bett nicht mit dir teilen«, murmelte er und ließ mich allein im Dunkeln zurück. Ich hörte seine Schritte unten im Vestibül, bevor sie in der Stille verklangen.

Am ganzen Leibe zitternd, sank ich ins Bett, und dann lag ich starr da, bis der Tag sich hereinstahl. Ich war bereit gewesen, das alles aufzugeben, aber ich war doch zutiefst dankbar dafür, dass ich jetzt in diesen Mauern aufwachte und nicht in Menelaos' Zelt. Und ich war dankbar, dass ich weiteratmen durfte, ohne zu denken, dass meine Tage gezählt seien.

Als ich mich angekleidet hatte und herunterkam, war Paris nicht mehr da. Die Diener sagten, er sei ausgegangen, »um nach dem Krieg zu sehen«. Ja, der Krieg würde ihm Gelegenheit bieten, sich abzulenken und mir aus dem Weg zu gehen. Zumindest würde unsere Trennung sich nicht herumsprechen. Aber ich musste verhindern, dass die Diener Verdacht schöpften, und einen Grund erfinden, weshalb Paris ein eigenes Schlafgemach bezogen hatte. Vielleicht konnte es etwas mit der Kälte zu tun haben, mit den Kohlenbecken, mit Geräuschen – lauter Gründe, die etwas mit Behaglichkeit zu tun hatten und nicht auf einen Streit hindeuteten. Gern hätte ich die friedvolle Einsamkeit unseres Hausheiligtums aufgesucht und mich von der Weisheit der Schlange trösten lassen, aber bei dem Gedanken an die leere Kammer wuchs meine Niedergeschlagenheit nur noch.

Ich war von blauen Flecken übersät; mein ganzer Körper war wund, weil ich so oft gegen die Mauer geprallt war. Ich hatte Mühe, nicht zu hinken, und war dankbar für das kalte Wetter, weil ich mich deshalb in dicke wollene Mäntel und Tücher hüllen konnte. Ich rief Evadne, und gemeinsam machten wir uns auf den Weg zu Gelanor. Vielleicht wusste er, welche Wendung der Krieg jetzt nehmen würde. Ich könnte ihm von meinem vereitelten Plan erzählen und ihn um Rat bitten. Er verurteilte mich niemals: Er urteilte, doch er tadelte mich nicht.

Als wir dort eintrafen, wollte er gerade sein Haus verlassen, um sich eilig in die zentrale Waffenkammer zu begeben. Aber anscheinend war er froh, diesen Weg noch aufschieben zu können. Behutsam stellte er seine Säcke ab. »Meine Skorpionbomben«, sagte er. »Wir wollen sie nicht stören. Ich wollte sie eben erproben, aber das kann warten. Du siehst beunruhigt aus«, sagte er unvermittelt. »Was ist passiert?«

Am liebsten hätte ich mich trostsuchend in seine Arme geworfen, aber das war undenkbar. »Ach, Gelanor. Es hätte alles nicht schlimmer kommen können!«

»Alles? Das meinst du sicher nicht ernst.« Er trat einen Schritt zurück und legte den Kopf schräg. Normalerweise war diese Geste gewinnend, doch nun ärgerte mich ihre kühle Distanz.

»Doch! Alles!«

Er drehte sich um und ließ uns ins Haus. Auf der Straße konnten wir nicht reden. Ich sank auf einen Schemel und dehnte dankbar meine schmerzenden Glieder. »Du bewegst dich, als wärest du hundert Jahre alt«, stellte er fest.

»So fühle ich mich auch«, stöhnte ich. »Ich bin völlig zerschlagen.« Bevor er anfangen konnte, Fragen zu stellen, hob ich die Hände. »Ich sage es euch geradeheraus: Ich habe versucht, Troja zu verlassen und mich den Griechen auszuliefern.«

Er und Evadne schnappten nach Luft.

»Etwas Abscheulicheres habe ich nie von mir verlangt. Aber ich war durch die Straßen Trojas gegangen, hatte die verängstigten Flüchtlinge und die erbosten Trojaner gesehen und von den Raubzügen gegen die Dörfer gehört, ich hatte Troilos gesehen, und – oh, ich konnte es nicht ertragen, für das alles und für das, was noch kommt, verantwortlich zu sein. Diese Bürde kann niemand tragen. Wenn ich zu den Griechen ginge, wäre alles zu Ende. Ich musste es tun. Nur ich konnte es tun, und ich würde es tun – ich wollte tun, was Tausende von Soldaten nicht vermögen.«

»Welch eine Verblendung!«, sagte Gelanor bissig. »Und da hast du versucht, über die Mauer zu klettern, und bist dabei ertappt worden. Was ist passiert – bist du mit deinem Gewand an einem Stein hängen geblieben?«

Sogar er unterschätzte mich! Am liebsten hätte ich ihn geohrfeigt. Warum hielten alle mich für so tölpelhaft und dumm?

»Wenn du es genau wissen willst – nein! Ich habe eine Hose getragen!«

Er lachte laut.

»Hör auf zu lachen!«, befahl ich ihm. »Ich habe sie nicht zu deiner Erheiterung angezogen, sondern damit ich besser klettern konnte.«

»Eine Hose!« Er bekam kaum noch Luft. Keuchend hielt er sich die Seiten. Schließlich japste er: »Da du gefasst wurdest, haben sie dir offenbar nicht geholfen.«

»Gefasst wurde ich erst später, von dem grässlichen Antimachos, der draußen vor der Mauer lauerte. Was er da trieb, weiß ich nicht. Ich weiß nur, dass er plötzlich da war.«

»Vielleicht ist er ein Spion«, erwog Gelanor. »Vielleicht hast du ihn ertappt, als er selbst zu den Griechen gehen wollte, und da musste er so tun, als hätte er *dich* entdeckt. Antimachos … Wer hätte das gedacht? Dann wäre er ein Meisterspion.«

Konnte das wahr sein? Ausgerechnet der lauteste Kriegshetzer in unserem Rat? Aber er hatte die Griechen reizen wollen und sich am entschiedensten geweigert, mich zurückzugeben. Konnte es sein, dass er …? »Nein!«

Gelanor beobachtete aufmerksam mein Gesicht. »Darum habe ich es Verblendung genannt«, sagte er wie zu sich selbst. »Ein Krieg zwischen Griechen und Trojanern ist im Interesse vieler Leute auf beiden Seiten. Nur Menelaos verfolgt kein anderes Ziel, als dich zurückzuholen. Für ihn wäre der Krieg zu Ende, wenn du zurückkehrtest. Aber die anderen würden weiterkämpfen, und du hättest dich umsonst geopfert.«

Evadne beugte sich vor. »Ich begreife, weshalb den Griechen an diesem Krieg gelegen ist. Aber den Trojanern …?«

»Dass du dein Augenlicht verloren hast, weiß ich, aber anscheinend kannst du auch nicht mehr hören«, sagte Gelanor. »Von Anfang an hallten die Straßen Trojas von den Stimmen junger Männer wider, die darauf brannten, in die Schlacht zu ziehen. Anscheinend liegt der Wunsch, zu den Waffen zu greifen, in der Natur der Jugend. Wenn Antimachos dazu beitragen könnte, dass dieser Krieg wirklich ausgetragen wird, würde er sich damit zum Freund vieler Trojaner und aller Griechen machen – nicht unbedingt im Zusammenspiel mit den Griechen, aber gewiss dadurch, dass er auf dasselbe Ziel hinarbeitet: dass

Speere fliegen und Schädel gespalten werden. Er hat offenbar großen Appetit darauf.«

Evadne schüttelte den Kopf. »Aber je mehr Tote es gegeben hat, desto mehr hat es den Trojanern den Appetit verschlagen.«

»Das stimmt.« Gelanor nickte. »Doch ich werde bald etwas zu verkünden haben, das ihn wieder beleben wird.«

Natürlich weigerte er sich zu verraten, was er verkünden werde. Ich war erleichtert, weil er auf meine Klage, dass *alles* nicht schlimmer habe kommen können, nicht weiter einging. Er nahm an, ich redete nur von meiner vereitelten Flucht.

Aber Evadne hatte meine Worte nicht vergessen. Auf dem Rückweg zum Palast fragte sie mich danach, und ich erzählte ihr von Paris.

LII

Der große Krieg, der um uns herum wütete, verschlang den Krieg zwischen Paris und mir. Wir waren jetzt nie mehr allein, denn unser Palast war voll von Verbündeten, die vor den blutigen Überfällen der Griechen geflohen waren, und unser ganzes Leben war außer Kraft gesetzt, während der Krieg anschwoll wie eine monströse Spinne und unsere Tage und Nächte aufsaugte. Niemand nahm Notiz davon, in welchem Stockwerk Paris schlief – und wenn es doch jemand tat, nahm er an, es habe etwas mit der Unterbringung unserer Verbündeten zu tun. Ich teilte meine Gemächer mit mehreren Prinzessinnen und Hofdamen aus Phrygien, und ihre jüngeren Brüder und Vettern fanden Unterkunft in Paris' neuem Quartier.

Äneas kam mit seiner Familie, und dann folgte ein unheilverheißender Strom von verwundeten und verängstigten Leuten aus Lyrnessos, das tief im Süden lag, nicht weit von Andromaches Heimat. Stammelnd berichteten sie von einem Massaker. Anfangs waren es nur unzusammenhängende Berichte über einen unerwarteten Angriff durch einen Trupp Soldaten, die sich … Ja, wie hatten sie sich genannt? Myr… Myr… Sie meinten die Myrmidonen: Achilleus und seine Leute. So weit also hatte er sich auf seinen Raubzügen mit seiner Truppe nach Süden gewagt. Immer mehr Leute erzählten von Städten in ihrer Nachbarschaft, die überfallen worden waren, von Blutbädern, Plünderungen und Brandschatzungen. Die Männer seien alle tot, sagten sie, nur die Jüngsten, die Ältesten und die Krüppel nicht, und viele Frauen seien als Kriegsbeute oder Sklavinnen verschleppt worden. Achilleus habe sie zusammengetrieben wie eine Rinderherde. Eine ausgemergelte Frau, deren blutige Füße von meinen Dienerinnen mit Salbe eingerieben wurden, erklärte murmelnd, wenn er sich an all diesen Frauen vergehen wolle, werde er ein Greis sein, ehe er damit fertig wäre, und dann gäbe es keinen Krieg. Sie erschauerte bei dem Gedanken, ihm in die Hände zu fallen.

Andere meldeten, auch Assos sei überfallen, der Schrein des Apollon zu Chryse geschändet und die Tochter des alten Priesters verschleppt worden – »wie Persephone von Hades«, beschrieb es einer. Aber was war mit dem König von Theben? Was war aus ihm geworden, aus seiner Königin und seinen Söhnen und Töchtern?

Dann erfuhren wir es: Sie waren allesamt tot. An einem einzigen Tag war Andromaches gesamte Familie von Achilleus eigenhändig erschlagen worden. Ihr Vater, König Etion, war in seinem Palasthof niedergemacht worden, als er sich an den Altar seines Gottes klammerte, und er war als Opfer vor den Steinen gestorben, auf denen er selbst so viele Jahre lang geopfert hatte. Die sieben Brüder, die friedlich in den Bergen ihre Rinder und weißen Schafe gehütet hatten, waren von den Myrmidonen überrascht worden und im Kampf auf den Wiesen am Berghang gefallen, doch bei jedem Einzelnen hatte Achilleus' Hand die bronzene Klinge geführt, die sie getötet hatte.

Ich eilte durch das Gedränge im Vestibül und im Hof hinüber zu Hektors Palast, um bei Andromache zu sein. Hektor kam eben aus ihrem Gemach, als ich dort eintraf, und sein Gesicht war grimmig. Er sei dankbar, dass ich da sei, sagte er; sie brauche mich, und sie fürchteten, das ungeborene Kind könne durch diesen Schrecken Schaden nehmen. Er könne aber nicht länger bleiben, denn er werde auf den Mauern gebraucht.

Andromache lag auf ihrem Sofa und sah aus wie eine Tote. Ihr Gesicht war bleich wie rohe Wolle, und ihre offenen Augen starrten blicklos zur Decke. Ich berührte ihren Arm. Er war kalt. Ich deckte sie zu und ließ ein Kohlenbecken bringen. Dann rieb ich ihr die Handgelenke und flüsterte immer wieder ihren Namen. Endlich drehte sie langsam den Kopf zur Seite, und der Ausdruck in ihrem Blick ließ mich erstarren. In ihren Augen war fast kein Leben mehr, nur noch nackter Schmerz.

»Helena«, wisperte sie, »ich bin gemeuchelt.«

Ich blies auf ihre Hände, um sie zu wärmen und den Funken des Lebens neu zu entfachen. »Nein, du bist hier und in Sicherheit.« Ich küsste sie auf die kalte Stirn. »In Sicherheit hinter den Mauern Trojas und dem Schild Hektors, deines Gemahls.«

»Er ist nicht mehr nur Gemahl, sondern auch Vater und Mutter für mich.« Ihre Stimme war so schwach, dass ich mich über sie beugen musste, um sie zu verstehen. »Außer ihm habe ich keine Familie mehr.«

»Doch«, sagte ich. »Bald werdet ihr euer Kind bekommen.«

»Es wird nicht leben. Selbst wenn ich es noch zur Welt bringe, wird Achilleus es erschlagen. Und im Tode wird er es ehren – nachdem er ihm den Tod gebracht hat. Weißt du, was er getan hat?« Zittrig richtete sie sich auf, stützte sich auf den Ellenbogen und starrte mich mit weit aufgerissenen Augen an wie ein gehetztes Tier. »Er hat meinen Vater mit allen Ehren bestattet.« Tief in ihrer Kehle stieg ein gespenstisches Lachen herauf und wurde immer lauter. »Er hat ihn in seine königlichen Gewänder gekleidet und ihn respektvoll auf dem Scheiterhaufen verbrannt, und dann mussten die Myrmidonen einen Grabhügel errichten und sogar« – ihr keuchendes, schluchzendes Gelächter klang, als habe sie den Verstand verloren – »ringsherum einen Ulmenhain pflanzen, um die Stätte zu heiligen. Oh, das ist es, was dieser weihevolle Recke mit Hektor und unserem Kind tun wird. Er tötet, und dann verneigt er sich vor dem Getöteten und ehrt ihn.«

»Achilleus ist sterblich«, sagte ich. »Sterbliche ereilt der Tod durch einen Unfall in der Natur ebenso leicht wie in der Schlacht. Er kann nicht ewig weitertöten. Ich sage dir, er wird die Tore Trojas niemals durchschreiten.«

»Das sagt du, aber es ist nur ein frommer Wunsch.«

»Andromache, du hast so lange auf dieses Kind gewartet und es mehr als alles andere ersehnt. Wenn du deinen Schmerz jetzt nicht bekämpfst, wird Achilleus es getötet haben, ohne einen Schlag zu führen – ohne auch nur in deine Nähe gekommen zu sein. Ich sage dir: Nimm die Kraft deines Vaters und deiner Brüder! Sie haben sie dir hinterlassen. Nimm sie und trage sie wie einen Helm! Sei so stark wie sie alle zusammen. Erhebe dich und schenke Troja dieses Kind!« Ich schwieg. Hörte sie mich überhaupt? »Vielleicht wird der Knabe deine Familie rächen. Warum willst du annehmen, dass er durch Achilleus' Hand sterben wird? Genauso gut kann es andersherum kommen – und was für eine glorreiche Rache wird das sein!«

Sie ließ sich zurücksinken und schloss die Augen. »Ich werde an sie denken«, murmelte sie. »Ich werde jeden von ihnen beim Namen rufen und ihren Mut aufnehmen, wo sie ihn hinterlassen haben. Er darf nicht auf der Wiese liegen bleiben, weggeworfen wir ein alter Mantel.« Kraftlos drückte sie meine Hand. »Danke, Helena, dass du mir ihr Vermächtnis gezeigt hast.«

Erschüttert ging ich hinaus und trug ihren Zofen auf, mich gleich zu rufen, sollte sich etwas ändern, und dann verließ ich den Palast. Lautes Klagen erscholl in den öffentlichen Räumen, an denen ich vorbeihastete. Draußen strömten die Menschen durch die Straßen wie eine Herde panischer Rinder, die vor dem Löwen flüchten. Aber anders als die Rinder konnten sie nirgends hin, und so liefen sie, eingeschlossen von den Mauern ihrer Stadt, hin und her, von einer Seite zur anderen.

Lauthals schrien sie nach Priamos: Er solle kommen und zu ihnen sprechen. Der alte König solle sich zeigen, verlangten sie, sonst würden sie fortan Hektor als ihren König betrachten. Das schrille Geschrei veranlasste Priamos, auf das Dach hinauszutreten, das ihm als Podium diente, wenn er zu seinem Volk sprach. Ich sah die Anspannung in seinem Gesicht, sah sie in seinen Augen und hörte sie im leichten Stocken seiner Rede, als er Worte suchte wie ein Pferd mit wunden Hufen einen steinigen Pfad.

Troja sei nicht in Gefahr, versicherte er. Trojas Stärke zeige sich in der Tatsache, dass der Feind es nicht unmittelbar angreife, sondern versuche, es zu zermürben, indem er seine Freunde überfalle.

»Warum eilt Troja seinen Freunden dann nicht zu Hilfe?«, fragte jemand mit lauter Stimme. »Warum gilt die Freundschaft nur in eine Richtung? Die Dardanier und die Adrasteer müssen für Troja leiden, aber Troja leidet nicht für sie!« Lautes Beifallsgeschrei erhob sich, vermutlich unter den Dardaniern und Adrasteern.

»Ihr habt euch bereit erklärt, mit uns zu kämpfen.« Priamos musste seine Stimme erheben, um sich Gehör zu verschaffen. »Und zwar gegen Entlohnung«, fügte er hinzu.

»Aber wir haben uns nicht bereit erklärt, unsere Städte zerstören zu lassen«, rief jemand. »Wir wollten Soldaten schicken, aber wir wollten nicht, dass fremde Soldaten plündernd und mordend über uns herfallen.«

»Wir glaubten, Troja werde angegriffen, aber nicht wir!«, krähte eine zittrige Greisenstimme.

»Oh, dann war es euch wohl ganz recht, dass wir es sein sollten!« Plötzlich erschien Deiphobos neben seinem Vater auf dem flachen Dach.

»Troja hat hohe Mauern und Türme«, schrien mehrere. »Es ist dazu gebaut. Unsere Städte sind es nicht!«

»Pah!« Deiphobos winkte ab. »Aber jetzt seid ihr hier und genießt unsere Gastfreundschaft.«

»Sohn, du redest unziemlich.« Priamos legte Deiphobos eine starke Hand auf die Schulter. »Du sprichst nicht für den König und nicht für das ehrenwerte Volk von Troja.« Seine Stimme wurde lauter; er trat an den Rand des Daches und streckte die

Arme über die Menge. »Wir sind betrübt über euer Unglück, und wir müssen gestehen, dass wir es nicht vorausgesehen haben. Was können wir tun, um euch davon zu überzeugen?«

»Gebt uns Rinder! Gold!«, schrie ein Mann.

»Rinder bringen meine Mutter nicht zurück«, klagte ein anderer.

»Ihr guten Leute, kommt heute Abend in meinen Palast. Er wird euch offenstehen, ich werde euch zu essen geben, und wir werden reden.« Nicht Priamos sprach diese Einladung aus, sondern Paris, der jetzt neben Deiphobos auf dem Dach erschienen war.

Ein Stöhnen ging durch die Menge, und dann rief jemand: »Er ist es! Er, der das alles verursacht hat! Paris! Meine Freunde, eure Häuser liegen in Schutt und Asche, eure Herden sind geraubt und eure Väter tot – nur seinetwegen!«

Priamos riss Paris zurück. Zorn verfinsterte seine Miene. »Ich bin beschämt über meine Söhne, die reden, bevor sie gedacht haben.« Er schaute erst Paris, dann Deiphobos an. »Nein, in *meinen* Palast sollt ihr kommen. Heute Abend. Die Tore werden euch geöffnet werden!«

Murrend zerstreuten sich die Leute, aber sie waren zufriedengestellt. Ich sah jetzt, wie gefährlich es in Troja im Handumdrehen werden konnte, wenn das Volk in Aufruhr geriet. Die Menschen waren eingepfercht wie Tiere in einem Käfig, zu dicht zusammengedrängt, und jeder wusste, dass solche Tiere leicht übereinander herfallen konnten. Troja war überschwemmt von Fremden, leicht entflammbar wie trockener Zunder, und es wimmelte von Verwundeten, Trojanern wie Ausländern.

Und Paris wollte ihnen unser Haus öffnen? Er musste den Verstand verloren haben. Oder brachte ihn die tiefe und anhaltende Trauer um Troilos auf den Gedanken, er könne auf diese Weise Wiedergutmachung leisten? Ich empfand selbstsüchtige Erleichterung darüber, dass Priamos diesem Einfall einen Riegel vorgeschoben hatte.

Aber Hekuba hatte für diesen Abend mein Mitgefühl.

Ohne dass sie sich darauf vorbereiten konnten, mussten der König und die Königin von Troja Hunderte von Gästen in ihrem Hause bewirten. Es würde sie teuer zu stehen kommen und kostbare Vorräte aufzehren, die für die andauernde Belagerung dringend gebraucht wurden. Aber noch waren wir in einem Stadium des Krieges, da die Höflichkeit schwerer wog als die Not.

Der Hof war von Fackeln hell erleuchtet – ich hatte nichts anderes erwartet. Mehrere Ochsen brieten am Spieß – und auch damit hatte ich gerechnet. Auf langen Tischen standen Weinkrüge wie eine kleine Armee, fünf nebeneinander in sechs Kolonnen. Neben Bergen von Broten – hastig noch am Nachmittag gebacken – und Körben mit kostbaren getrockneten Feigen und Datteln standen Schüsseln mit Oliven und Äpfeln in üppiger Zahl.

Ich war allein. Paris war in unserem Palast nirgends zu finden, und das bedeutete, dass er nicht gefunden werden wollte. Er mied nicht nur unser gemeinsames Bett, sondern sogar meinen Arm in der Öffentlichkeit. Er hatte es ernst gemeint, er war fertig mit mir. Paris und Helena gab es nicht mehr.

Ich bewegte mich durch die Menge, sah ihre Wunden und wusste, was sie verloren hatten, und Schuld und Trauer senkten sich auf meine Schultern wie ein regennasser Mantel. Schuld, weil sie umsonst gelitten hatten: Wenn es Paris und Helena nicht mehr gab, waren all ihre Verluste sinnlos – der Feldzug gegen Troja hätte nicht stattzufinden brauchen. Und meine Trauer galt mir selbst, weil Paris mich nicht mehr liebte.

Er hatte mir schwindelerregendes Glück geschenkt, Erfüllung, Freiheit. Umso schwerer war es, ohne ihn in die graue Welt zurückzukehren, in eine Welt, so grau wie die Ebene von Troja im Winter, so grau wie die brandende See am kiesbedeckten Strand von Gytheon. Ich hatte vom gewöhnlichen Leben kosten wollen, hatte darum gebetet, von meinem Ansehen als Halbgöttin befreit zu werden. Jetzt war dieser Wunsch erfüllt. Gewöhnliche Frauen wurden verstoßen, gewöhnliche Frauen hörten jeden Tag, wie ihr Mann sagte: »Ich liebe dich nicht mehr.« Gewöhnliche Frauen waren allein in ihren Gemächern. Gewöhnliche Frauen sahen sich dort nach einem Gesicht um, das sich von ihnen abwandte.

Willkommen im Land der gewöhnlichen Sterblichen, Helena. Gefällt es dir hier?, raunte eine Stimme in meinem Ohr. Aber nein, sie war nicht in meinem Ohr, sondern in meinem Kopf. Eine Stimme, die ich nur allzu gut kannte. *Ich dachte nicht, dass es dir gefallen würde.*

»Ich habe noch keine Zeit gehabt, mich daran zu gewöhnen«, antwortete ich ihr. »Mit der Zeit wird es mir schon gelingen.«

Ich kann alles wieder zum Leuchten bringen, sagte sie. *Ich kann Paris im Handumdrehen zurückverwandeln.*

Ich hätte mich zu ihr umgedreht, wenn sie sichtbar gewesen wäre. »Wir müssen nun unsere eigenen Wege gehen«, antwortete ich, aber ein Teil meiner selbst sehnte sich danach, zu sagen: *Ja, ja, lass deinen Zauberbann wirken, damit er wieder der Meine ist!* Aber ich wollte uns beide nicht kleinmachen vor ihr.

Wie du willst, sagte sie spöttisch, und ihr leises Lachen hallte in meinem Kopf wider.

Ringsum war es lauter als vorher, als die Stille während der Audienz mit der Göttin in meinem Kopf vergangen war. Ich war überwältigt vom Lärm der vielen Menschen, von ihrem Geschiebe und Gedränge nach dem gebratenen Ochsenfleisch, das jetzt verteilt wurde. Jawohl, Priamos musste sie bewirten, um sich vor ihrem Leiden zu verneigen, doch es war ein Jammer, dass er ihnen nichts weiter zu bieten hatte als irdische Speise und Trank, während sie eigentlich einen Trost ganz anderer Art nötig hatten.

Deiphobos ragte vor mir aus der Menge. Ich wandte mich zur Seite. Ich hatte keine Lust, mit ihm zu sprechen oder ihn auch nur zur Kenntnis zu nehmen. Ein krankes Herz hat nichts übrig für Aasgeier. Als ich mich abwandte, stieß ich mit dem bescheidenen jungen Hyllos zusammen, der sich sofort stammelnd verbeugte und sich über die Wangen strich. Atemlos stieß er ein paar Komplimente hervor und verschwand in der Menge. Ich war allein unter all diesen Leuten, die mich hierhin und dorthin schoben. Es war niemand da, mit dem ich hätte sprechen können, ohne mich aufzudrängen.

Allein in Troja. Aber wenn ich von Paris absah, war ich immer allein in Troja gewesen. Jetzt hatte er sich abgewendet und mich gestrandet zurückgelassen – als Fremde unter Fremden.

Ich würde mich nach Hause schleichen. Ich wollte nur noch allein sein, wirklich allein. Als ich mich zum Gehen wenden wollte, sah ich Gelanor auf der anderen Seite der Halle. Er würde meine Gesellschaft suchen. Aber ich wollte keine Gesellschaft, ich wollte nur noch fort.

Er hatte mich gesehen! Seine Miene veränderte sich, und er kam auf mich zu. Ich tat, als hätte ich ihn nicht bemerkt, und schlängelte mich zwischen den Gästen hindurch. Ich war fast draußen – schon spürte ich den kühlen Luftzug, der zwischen den Säulen hindurchwehte –, als ich hörte, wie er sich mit lauter Stimme an die Menge wandte.

Im ersten Augenblick hielt ich es für unmöglich. Nur der König, nur die königliche Familie, durfte in dieser Halle zu den Gästen sprechen. Aber nein – es war wirklich seine Stimme. Langsam verstummte das Geplauder, und alle drehten sich zu ihm um.

Er stand neben Priamos, und Priamos hatte ihm den Arm um die Schultern gelegt und verlieh so allem, was er sagen würde, seine königliche Billigung. Er blickte Gelanor beinahe liebevoll an.

Gelanor sprach ausführlich über den mysteriösen Spion, der sich in die innersten Bastionen Trojas habe einschleichen können. Dieser Spion, sagte er, habe Kenntnisse, die nur einer erlangen könne, der ungehindert bei uns ein und aus gehen und unseren Gesprächen zuhören könne. Er habe von dem Erkundungstrupp auf dem Weg nach Dardanos und Abydos gewusst, er habe den schwachen Abschnitt in der Mauer gekannt.

»Und er kannte die Prophezeiung über Troilos«, fuhr er fort. »Er kannte sie, weil in seiner Anwesenheit darüber gesprochen worden war. Troilos vertraute ihm, und dieses Vertrauen hat er mit seinem Leben bezahlt.«

Jetzt war es so still, als sei die Halle leer. Die Leute schienen den Atem anzuhalten.

»Hyllos möge vortreten!« Priamos streckte den Arm aus: ein königlicher Befehl.

Nichts geschah. Nichts rührte sich. Dann plötzlich erhob sich ein Tumult im hinteren Teil der Halle. Ein Aufschrei, und zwei kräftige Männer schleiften Hyllos nach vorn und schleuderten ihn zu Priamos' Füßen auf den Boden.

»Steh auf!« Priamos' Stimme war kalt wie der Schnee auf den höchsten Gipfeln des Ida.

Das Kleiderbündel zu seinen Füßen zitterte und bebte. Zwei Soldaten rissen den Jungen auf die Beine.

Gelanor trat auf ihn zu und zog den Vorhang aus Haaren zur Seite, der die gezackte Narbe auf der Stirn verbarg. Roh drehten die Soldaten ihn um, damit die Leute ihn sehen konnten.

»Eine Narbe«, sagte Gelanor versonnen. Aber ich wusste, dass er nicht müßigen Gedanken nachhing. »Eine Narbe beweist stets, dass jemand der ist, der er zu sein behauptet. Tausend Geschichten und Lieder sind uns Zeugnis dafür. Genug, um uns einzulullen, meint ihr nicht auch? Als der junge Hyllos – oder wer immer er sein mag – zu uns zurückkehrte und den Verrat seines Vaters beklagte, sahen wir nur diese entstellende Narbe auf seiner Stirn und nahmen ihn bereitwillig auf. Vor seiner Abreise war ja noch so viel Aufhebens um diese Narbe gemacht worden! Und von dem Augenblick an, da der Knabe durch unser Tor geschritten war, wusste der Feind auf geheimnisvolle Weise über unser Tun und Trachten Bescheid. Wie viele sind danach gestorben? So viele, dass ich herausfinden wollte, wie einzigartig eine Narbe sein kann.« Er hielt seine Unterarme in die Höhe. »Und ich habe es herausgefunden. Narben kann man nachmachen. Hier diese einzigartigen Narben auf meinen Armen – ich habe sie allesamt selbst geformt.« Die Ärmel seines Mantels rutschten herunter, und drei Narben traten zutage. Jetzt verstand ich den Zweck seines Experiments mit Lehm, Asche und Erde.

»Dieser junge Mann hat die Narbe nachgebildet, die Hyllos

trug. Wo ist Hyllos? Ermordet vielleicht. Aber dieser Mensch ist nicht Hyllos, sondern ein schlauer Hochstapler, den die Griechen zu uns geschickt haben. Es war ein Spiel mit unserer geheimen Sehnsucht, unserem Wunsch, nicht beide – der Vater *und* der Sohn – möchten Troja verraten haben. Doch wo ist Hyllos' Mutter? Ihr Schweigen ist merkwürdig. Sie hätte doch gemerkt, dass dieser Hochstapler nicht ihr Sohn ist. Aber« – Gelanor wandte sich an den Jungen – »du bist deiner ›Mutter‹ aus dem Weg gegangen, nicht wahr? Du hast gesagt, du warst selten zu Hause. Und das ist kein Wunder!«

Jetzt fing Hyllos an zu stammeln. »Fragt meine Mutter! Fragt sie doch! Dann werdet ihr schon sehen! Meine Mutter weiß es!«

»Holt die Frau des Kalchas, die Mutter dieses Hyllos!« Priamos' Befehl klang leise, aber bestimmt.

»Während wir warten, wollen wir die Befragung fortsetzen«, sagte Gelanor. »Wir wüssten gern, wie du deinen Freunden im griechischen Lager deine Erkenntnisse übermittelt hast. Selbst hinzugehen, das wäre zu auffällig gewesen. Also hast du jemanden geschickt, oder du hast zuvor bestimmte Signale mit ihnen vereinbart. Du scheinst mir nicht gescheit genug zu sein, um selbst eine geheime Zeichensprache zu ersinnen, wenn ich das sagen darf. Vielleicht verrätst du uns, wer es getan hat? Und wie sie aufgebaut ist?« Sein höflicher Tonfall war so beleidigend wie eine Ohrfeige.

Hyllos schloss die Augen und schüttelte den Kopf, um seine Ahnungslosigkeit und sein Bedauern über dieses Missverständnis zu demonstrieren.

»Nicht. Das dachte ich mir«, sagte Gelanor. »Du wirst deine Schauspielerei bis zum Ende treiben. Nun gut. Das Ende ist nah.«

Hyllos' Mutter wurde hereingeführt. Hyllos fiel ihr dramatisch um den Hals. Ich konnte nicht erkennen, ob die Frau die Umarmung warmherzig erwiderte oder nur über sich ergehen ließ. »Mutter! Sag's ihnen, Mutter! Es ist eine schreckliche Beschuldigung, wenn sie behaupten, ich sei ein Hochstapler!«

Sie sah ihn forschend an. Sie hob die Hand und berührte seine Wange, strich mit dem Handrücken leicht darüber hin. »Mein Sohn …«

Gemurmel erhob sich in der Halle.

»Ja, Mutter!« Tränen liefen ihm über das Gesicht, und seine Lippen begannen zu zittern. »Danke, Mutter!«

»… ich weiß es nicht.« Sie rang die Hände, und auch ihr Gesicht verzerrte sich. »Ich weiß es nicht …« Sie wandte sich mit verzweifeltem Blick an Priamos. »An manchen Tagen denke ich, ja, er ist es, Hyllos – er wendet sich um, macht eine Gebärde, und es kann nur er sein. Doch als ich ihn das erste Mal wiedersah, habe ich Hyllos nicht erkannt.« Gequält blickte sie zwischen Priamos und Hyllos hin und her. »Das war nicht mein Sohn. Es war jemand anderes. Es machte mir Angst – als sei er gestorben und dies sei sein Schatten, ein bleicher Gast. Die Tage vergingen, die Blässe verflog, er bekam Farbe und lebte das Leben meines Hyllos.«

»Wie konnte er das tun?« Priamos war entsetzt. »Wie konntest du ihn aufnehmen – diesen Geist?«

»Weil … Weil ich es nicht wusste, nicht sicher wusste.«

»Eine Mutter erkennt ihr eigenes Kind nicht?« Zum ersten Mal ergriff Hekuba das Wort. Sie stand neben Priamos. Ja, Hekuba, die Mutter, die ihren eigenen Sohn in der Wildnis ausgesetzt hatte!

»Es war eine Weile her, dass ich ihn zuletzt gesehen hatte … Menschen verändern sich …« Sie sah verzweifelt aus. »Und du kennst die Sehnsucht einer Mutter nach ihrem verlorenen Kind. Ein Teil deiner selbst wird sich mit jeder kleinsten Kleinigkeit begnügen, die du zurückbekommst, so unvollständig sie sein mag. Ein Teil deiner selbst wird sich mit der Nachahmung zufriedengeben, wenn es eine gute Nachahmung ist.«

»Selbst wenn sie durch und durch falsch ist?« Gelanor klang empört. »Dieser Junge ist nicht ein Stück von deinem Hyllos, er hat keine Faser von Hyllos in sich. Er ist ebenso wenig Hyllos, wie ich es bin! Hättest du mich als deinen Sohn akzeptiert?«

»Nein. Denn ich hätte mir niemals einreden können, dass du

Hyllos bist, so gern ich es getan hätte. Aber dieser Junge hat es mir leicht gemacht.« Sie nahm seine Hände und ließ sie dann wie zum Abschied wieder los. »Jetzt ist es doppelt schwer. Ich verliere Hyllos zum zweiten Mal.«

»Mutter!«, rief der Junge und streckte die Arme aus.

»Wenn ich wirklich deine Mutter wäre, wärest du nicht so grausam, mich noch weiter zu quälen.« Sie wich zurück und ließ die Arme hängen. »Das beweist mir, dass es so ist, wie es ist, und nicht so, wie ich es mir wünsche.«

»Führt ihn ab!«, befahl Priamos. »Legt ihn in Ketten, und seht zu, dass er nicht entfliehen kann! Bevor er hingerichtet wird, müssen wir herausbekommen, was er weiß.«

Die beiden Soldaten ergriffen ihn, drehten ihm die Arme auf den Rücken und führten ihn durch die aufgebrachte Menge.

»Schlagen wir ihn tot!«, schrie ein Mann. »Denkt an die vielen Toten, die er auf dem Gewissen hat!«

»Alles zu seiner Zeit!«, mahnte Gelanor. »Vielleicht können wir noch ein paar Menschenleben retten, wenn wir wissen, was dieser Spion und seine Freunde geplant haben.«

»Mutter!«, heulte der Junge am Ende der Halle. Dann hörte ich, wie die Soldaten ihn schlugen und zum Schweigen brachten. Kalchas' Frau wankte weinend davon und verschwand in der Menge.

Plötzlich brach ein lautes Klagen und Weinen der Trauer um die Toten dieses Krieges aus. Priamos' Versuch, die Menschen zu trösten und zu versöhnen, hatte eine große Zahl von Opfern in dieser Halle vereint, und hier konnten sich ihr Schmerz und ihr Leid verzehnfachen. Frauen reckten kreischend die Hände in die Höhe, und das klägliche Weinen der Kinder drang wie Messerstiche ins Herz. Sie warfen die Tische um, zerschlugen die Weinamphoren und verstreuten die Speisen auf dem Boden, sodass die Steinplatten schlüpfrig wurden.

»Meine Freunde …« Priamos hob beschwörend die Arme. Aber seine Stimme ging in dem Aufruhr unter.

»Ich werde allem ein Ende machen!« Eine Stimme übertönte alle anderen wie süßer Flötenklang inmitten dröhnender Trommeln. »Ich habe es begonnen, und bei allen Göttern, ich werde es beenden!«

Paris! Aber wie wollte er es beenden? Es gab kein Zurück.

Er hatte seinen Platz neben Priamos eingenommen, und im flackernden Licht sah er so prachtvoll aus wie nie zuvor – oder erschien es mir nur so, weil er sich von mir zurückgezogen hatte? War er schöner, weil er nicht mehr mir gehörte?

Er hob die Arme, und seine feinen Hände streckten sich in den Himmel. Er hielt den Kopf hoch erhoben, und ich sah, wie sein Blick suchend über die Menge wanderte. Dann hatte er mich entdeckt und schaute weg. »Ich habe uns in diese Lage gebracht«, rief er. »Ich habe mich kopfüber in ein unbekanntes Reich gestürzt und uns damit alle auf die Klippen geworfen. Aber das Schiff – unser Schiff Troja – ist noch nicht gestrandet. Und, ihr guten Leute, ihr wisst, was wir tun, wenn ein Schiff von Gefahr oder von einem Fluch bedroht ist: Wir verringern die Ladung, wie werfen den fluchbeladenen Gegenstand über Bord. Und so soll es geschehen. Der fluchbeladene Gegenstand bin ich.«

Ich traute meinen Ohren nicht. Wollte er sich umbringen? Nein, ehe ich das zuließe, würde ich meine Arme um ihn schlingen und ihn für den Rest seines Lebens nie mehr loslassen, würde an ihm hängen wie eine verhasste Kette.

»Zwei Männer nennen sich Gemahl der Helena, der Tochter des Königs Tyndareos von Sparta.« Langsam drehte er den Kopf und schaute über die ganze Gesellschaft hinweg und in alle Gesichter. Ich war dankbar, dass er nicht *Tochter des Zeus* gesagt hatte. »Menelaos aus dem Hause des Atreus in Griechenland und ich, Prinz Paris von Troja. Dies ist ein Streit unter uns beiden, den der Bruder des Menelaos zum Anlass für einen Krieg genommen hat. Dieser Mann, Agamemnon, war ein Kriegsherr ohne Krieg, bis ich in sein Blickfeld geriet. Doch es ist immer noch eine Sache zwischen zwei Männern – zwischen dem Mann, den Helena vor vielen Jahren in einem Wettstreit, den ihr Vater veranstaltete, zu ihrem Ehemann erwählte, und dem Mann, für den sie sich aus freien Stücken entschied. Es liegt nur an Agamemnon, dass andere deshalb leiden sollen. Wir müssen es unter uns austragen. Ich fordere Menelaos zum Zweikampf heraus. Auf der Ebene vor den Mauern Trojas soll er gegen mich antreten.« Endlich ließ er die Arme sinken. »Wir werden auf Leben und Tod miteinander kämpfen. Mögen die Götter den besten Mann salben.«

Ich erwartete, dass Priamos Einwände erheben, dass Hekuba aufschreien werde. Aber sie schwiegen. Lange Zeit rührte sich niemand in der großen Versammlung. Dann begannen die Leute sich zu wiegen und zu singen und Paris für seine Tapferkeit zu preisen. Sie drängten nach vorn, nahmen ihn in die Mitte und hoben ihn auf die Schultern.

»Paris! Paris! Paris!«, riefen sie.

Sie trugen ihn durch den Saal. Schaukelnd und winkend trieb er auf der Menge dahin wie auf einem Meer. Aber mich sah er nicht an.

LIII

Dunkle Nacht. Ich saß allein in meinem innersten Gemach und hatte mich von allem zurückgezogen. Ich hörte, wie Gelanor darum bat, vorgelassen zu werden, und wie meine Zofe ihn wegschickte. Ich hörte, wie Evadne abgewiesen wurde. Ich war mutterseelenallein, und so sollte es sein.

Die Stille der Winternacht umlauerte das Zimmer, und Paris' Worte hallten in der Kälte. Im Morgengrauen würden sie miteinander kämpfen. Und morgen um diese Zeit, wer würde da leblos am Boden liegen?

Ich wusste, es würde Paris sein. Menelaos war stärker und gewandter im Kampf. Außerdem wurde er von Wut und Sehnsucht getrieben, befeuert von Rachedurst, während Paris seinen Mut schon vor einer Weile verloren hatte; seit Troilos' Tod war sein Schwung dahin. Menelaos würde mit einem Mann kämpfen, der bereits tot war. Morgen Nacht um diese Zeit würden

Paris und Troilos zusammen durch die grauen Affodilfelder wandeln. Und ich stände als Witwe am Ufer des tiefschwarzen Styx; ich würde ihre Schatten sehen und nicht zu ihnen hinübergehen können. Menelaos würde sich zum Sieger erklären, und ich würde als seine Frau mit ihm zurückkehren müssen, als Mutter seines Kindes.

Dunkel. Dunkel. Der Himmel war schwarz wie die Tinte des Oktopus. Nirgends dämmerte der Morgen. Noch nicht.

Schließlich kam er doch, und die Raben und Krähen begrüßten ihn mit einem tiefen Krächzen, das klang wie der Schlag der Totentrommel. Triumphierend stieg die Sonne am östlichen Himmel empor. Unten in der Ebene bewegte sich etwas. Die Griechen rückten an; ihre Wagenräder wirbelten blasse Staubwolken auf. Unter meinem Fenster sah und hörte ich das Rumoren der Trojaner, die sich anschickten, das Spektakel zu verfolgen. Jemand machte Paris zum Zweikampf bereit. Ich hätte es tun sollen, aber ich wusste, er würde sich abwenden und meinen Anblick verabscheuen, wohl wissend, dass er wahrscheinlich für eine Frau sterben würde, die er nicht mehr liebte.

Ich sehnte mich danach, ihn zu sehen, wenn er sich auf den Weg machte, aber ich konnte nicht sicher sein, dass ich mich nicht in seine Arme werfen, ihn bestürzen und in seiner Kampfkraft beeinträchtigen würde. Erst wenn er draußen wäre, würde ich ihn sehen können, weit unten in der Ebene. Erst, wenn es zu spät wäre.

Ich zog einen warmen Mantel an und stieg auf das Dach hinauf, um zuzuschauen. Eine gewaltige Reihe von Griechen hatte draußen Aufstellung genommen, und eine Abteilung Trojaner marschierte ihnen im rosigen Zwielicht des Morgengrauens entgegen. Von ferne hörte ich den Jubel, als das Skäische Tor aufschwang und Priamos und Hektor in ihren Wagen hinausfuhren, gefolgt von Paris in dem seinen. Für diesen förmlichen Zweikampf musste eine feierliche Vereinbarung geschlossen und verkündet werden.

Im Gewimmel trafen sie aufeinander, und gern hätte ich alles, was dort unten vor sich ging, gesehen und gehört. Ich hörte ein Flüstern hinter mir, und als ich mich umdrehte, stand Evadne da. Wie war sie hier heraufgekommen, allein durch unsere Privatgemächer?

»Helena, du hast mich gerufen«, sagte sie leise. Ich sah den Schwung ihres Halses und das Blitzen in ihren Augen, und ich wusste, wer sie war: nicht Evadne. So verspottet Aphrodite uns gern. Sie hält uns für blind und dumm.

»Das habe ich allerdings.« Ich tat, als ließe ich mich durch ihre Gestalt täuschen. »Heute ist mir, als wäre ich so blind wie du«, fuhr ich betrübt fort. »Ich wünschte, ich könnte sehen, was dort unten in der furchtbaren Ebene geschieht, und hören, was gesprochen wird.«

»Weil mein Augenlicht mich verlassen hat, habe ich gelernt, auf andere Weise weit zu sehen«, sagte sie. Ich hätte ihre Stimme nicht von Evadnes Stimme unterscheiden können. »Schließ die Augen ganz fest, bis du bunte Wirbel und Flecken siehst, und dann öffne sie wieder! Richte den Blick auf das, was du in weiter Ferne sehen willst, und es wird sich zeigen!«

Gehorsam folgte ich ihrer Anweisung und tat immer noch so, als hätte ich nichts gemerkt; ich wollte die Göttin nicht verstimmen. Als ich die Augen wieder öffnete, war es, als stände ich in der Ebene bei den Männern. Ich sah sogar die Dampfwolken aus den Nüstern der Pferde, die in der kalten Morgenluft aufstiegen.

Priamos stieg von seinem Wagen und ging auf Agamemnon zu. Die beiden Männer blieben in einigem Abstand voreinander stehen. Die langen Schatten des frühen Morgens zeigten, dass sie ungefähr gleich groß waren, aber Agamemnons Schatten war doppelt so breit wie der von Priamos. Die Herolde brachten die Opferlämmer herbei, mischten Wein in einer glänzenden Schüssel und gossen dem König Wasser über die Hände. Sie nickten einander zu, und dann schnitt Agamemnon Fell von den Köpfen der Lämmer, und die Herolde verteilten es unter den Hauptleuten beider Seiten. Agamemnon hob die Hände und betete mit seiner blökenden Stimme, die ich schon immer unausstehlich gefunden hatte. Er rief Zeus und die Sonne, die Flüsse und die Erde und die Mächte der Unterwelt an: Sie alle sollten Zeugen ihres Schwurs sein und über seine Einhaltung wachen. »Wenn Paris den Sieg über Menelaos erringt«, rief er, »so soll er Helena behalten und allen Reichtum, den sie mitgenommen hat, und wir werden die Gestade Trojas verlassen. Siegt aber Menelaos über Paris, so müssen die Trojaner uns Helena und ihren Schatz übergeben. Überdies müssen sie uns die Kosten für unseren Feldzug erstatten! Ja, sie müssen alles zurückzahlen, und zwar in einem Maße, das auch künftigen Generationen erinnerlich bleiben wird! Tun sie es nicht, wird mein Heer Troja zerstören.«

Zu meiner Überraschung stimmte Priamos zu. Hatte er nicht erkannt, dass Agamemnon sich mit keiner noch so hohen Summe zufriedengeben würde? Dass er soeben seine Zustimmung zur Plünderung Trojas gegeben hatte? Und was den Schatz anging, den ich angeblich mitgebracht hatte – das war eine glatte Lüge.

»Nein!«, rief ich, aber ich war ja weit entfernt.

Agamemnon zog sein großes Schwert und schnitt den Lämmern die Kehle durch. Als Nächstes goss er Wein in zwei Becher. Einen behielt er, den anderen reichte er Priamos, und sie gossen den Wein auf den Boden. Und wie aus einem Munde sangen Griechen und Trojaner den Fluch: *Wer diesen Vertrag bricht, dessen Schädel möge auf dem Boden zerschlagen werden und die Schädel seiner Kinder desgleichen, und seine Frauen sollen verschleppt werden in die Sklaverei.*

Zitternd murmelte Priamos, er müsse jetzt nach Troja zurückkehren. »Ich ertrage es nicht, hier zu bleiben und zu sehen, wie mein Sohn Paris leidet. Mein einziger Trost ist es, dass die Götter bereits entschieden haben, wer siegen wird, und dass das, was dann folgen wird, bereits geschehen ist.« Steif wandte er sich ab und kehrte zu seinem Wagen zurück. Aber dabei hörte er – und ich hörte es auch –, dass beide Heere darum beteten, dass Paris sterben möge.

»Möge der Mann, der all dieses Unheil über uns gebracht hat, zugrunde gehen!«, beschworen sie die Götter. »Möge er hinabsteigen in das Haus des Hades und uns Frieden schenken!«

Konnte ein Vater – oder eine Ehefrau – ein schlimmeres Gebet vernehmen? Und sie waren Narren, wenn sie glaubten, dieser Zweikampf werde ihnen den Frieden bringen. Agamemnon gierte nach den Schätzen Trojas, und damit war nicht ich gemeint.

Eine Staubfahne wehte hinter Priamos, als er in die Stadt zurückkehrte; die Torflügel schwangen auf, um ihn einzulassen.

»Er wird seinen Platz auf der Mauer einnehmen«, sagte die Evadne-Erscheinung. »Ich schlage vor, wir gehen zu ihm.« Ihre Lippen – seltsam geschmeidig und frei von den feinen Runzeln, die sonst da waren – kräuselten sich zu einem verschlagenen Lächeln. Ich hätte gern widersprochen, aber ich wusste, es war ein Befehl.

Eine große Schar von Zuschauern hatte sich über dem Skäischen Tor versammelt, und ich sah Priamos' graues Haupt, umgeben von seiner Familie und seinem Rat. Als ich durch ihre Reihen ging, hörte ich ihr Murren. Der alte Panthous, der sich sonst den Kopf über sinnlose mechanische Konstruktionen zerbrach, schaute mich mit rot geränderten Augen unheilvoll an. Der elegante Antenor an seiner Seite bedachte mich mit einem vorwurfsvollen Blick.

Mein Platz war bei Priamos und Hekuba, so schmerzlich es auch für uns alle sein mochte. Priamos begrüßte mich. Seine Worte waren freundlich, aber in seinem Blick lag blankes Entsetzen. Er mache mir keinen Vorwurf, sagte er. Nein, die Götter seien es, die all dies herbeigeführt hätten. Hekuba schwieg. Sie musterte mich mit schmalen Augen, und ihre Töchter starrten hinunter in die Ebene, wo ihr Bruder in sein Verderben ging – auch wenn es ein selbstverschuldetes Verderben war.

Hektor war bei Paris geblieben, und er und Odysseus schritten den Kampfplatz ab. Die beiden Streiter standen abseits. Menelaos, der in meiner Zeit in Troja so viel Zorn in mir geweckt hatte, stand vor den Reihen der Griechen, die Beine auf diese ungelenke Weise gespreizt, an die ich mich so gut erinnerte. Mein Herz war voller Mitleid mit ihm. Auch er litt immer noch um meinetwillen.

Paris stand mit gesenktem Kopf da. Er opferte sich. Dass er diesen Kampf überleben würde, damit rechnete er nicht.

Hektor trat zwischen die beiden. Er schüttelte seinen Helm mit den Losen und wandte den Kopf zur Seite. Das Los mit dem Recht, den ersten Speer zu werfen, sprang aus dem Helm. Die Götter hatten Paris erwählt.

Die beiden Männer setzten die Helme auf, und ihre Gesichter verschwanden unter der Bronze. Menelaos hob seinen runden Schild auf und nahm seinen Platz in der Mitte des abgeschrittenen Feldes ein. Paris hob den langschaftigen Speer, holte aus und schleuderte ihn durch die Luft. Er traf Menelaos' Schild mit lautem Dröhnen, drang aber nicht hindurch: Einen Augenblick lang blieb er waagerecht stecken, dann bog sich die bronzene Spitze unter der Last des Schaftes und knickte ab. Menelaos riss den Speer mit einer Hand heraus und warf ihn zu Boden. Dann schleuderte er seinen eigenen Speer gegen Paris. Die grausame Göttin ließ mich seine gemurmelten Worte hören: Er beschwor alle Mächte, ihm zu helfen und Paris zu töten, auf dass seine Rache sich vollende. Und bösartig fügte er hinzu, noch unsere Kindeskinder sollten erschauern bei dem Gedanken an das Unrecht, das man ihm, Menelaos, dem gutmütigen Gastgeber, angetan habe. Selbstsüchtige Worte, die mein Mitleid erlöschen ließen.

Der Hass verlieh seinem Wurf ungeahnte Kraft, und der Speer durchdrang Paris' Schild und zerriss seine Tunika. Aber Paris war rechtzeitig ausgewichen, um eine Verwundung zu vermeiden. Während er noch taumelnd versuchte, sein Gleichgewicht wiederzufinden, stürzte Menelaos sich auf ihn, hob sein Schwert und ließ es auf Paris' Helm niederfahren. Die Wucht des Streichs warf Paris auf die Knie. Aber statt den Helm zu spalten, zersprang die silbergefasste Klinge in tausend Stücke und prasselte wie ein funkelnder Regen aus Metall ringsumher zu Boden.

Menelaos stieß einen Schrei aus und hob die Hände zum Himmel. Dann warf er sich auf Paris und packte seinen Helmbusch. Seine Wut verlieh ihm die Kräfte des Herakles, er wirbelte Paris im Bogen herum und zerrte ihn dann auf die Reihen der Griechen zu. Schluss mit Speeren und Schwertern: Er würde ihn mit bloßen Händen umbringen.

Paris zappelte und krallte die Hände um den Kinnriemen seines Helms, der ihn zu erdrosseln drohte. Ein Stöhnen erhob sich auf den Mauern. Hilflos schauten wir zu. Paris' Füße schleiften im Staub, und seine Hände zerrten am Riemen.

Gerade noch warf die eben aufgegangene Sonne ihr goldenes Licht auf den Kampfplatz, und im nächsten Augenblick kroch ein dichter Nebel über die Ebene heran und streckte die Finger nach den staubumhüllten Kämpfern aus. Bevor er sie erreicht hatte, sah ich, wie der Kinnriemen riss und Paris taumelnd auf die Füße kam. Menelaos hielt den leeren Helm in den Händen. Er starrte ihn an und warf ihn dann zum Heer der Griechen hinüber. Er drehte sich zu Paris um und wollte sich erneut auf ihn stürzen. Doch dann waren beide Männer plötzlich verschwunden.

Die Nebelwolke verschluckte auch uns. Ich konnte nicht einmal Priamos sehen, der doch dicht neben mir stand. Aber ich hörte die sanfte, süße Stimme meiner Begleiterin. »Geh zurück in deinen Palast!«, raunte sie. »Paris erwartet dich in eurem duftenden Schlafgemach in seiner ganzen strahlenden Schönheit. Geh zu ihm in euer geschmücktes Bett!«

Das war zu viel für mich, auch wenn ich eine Sterbliche war und sie, die mich verhöhnte, eine Göttin – ich konnte nicht länger schweigen. »Nein!«, sagte ich. »Menelaos hat Paris dort unten besiegt. Du quälst mich. Ich lasse mich nicht durch ein leeres Zimmer verspotten.«

Bevor sie antwortete, durchströmte mich eisige Angst. »Wenn du mich noch einmal reizt, werde ich dich hassen, wie ich dich geliebt habe«, zischte sie. »O ja, du sitzt da und bemitleidest dich selbst, während ich dir meine Gunst schenke! Wenn ich sie dir entziehe, wirst du auf deinen Jammer zurückblicken und ihn für Glückseligkeit halten.« Sie schwieg einen Augenblick. »Und jetzt tu, was ich sage! Geh in deinen Palast und ins Schlafgemach zu Paris. Sofort!«

Ich zog mich zurück und verließ die Trojaner auf der Mauer. Niemand vermisste mich, niemand sah mich weggehen. Dafür sorgte der Nebel.

Meine Beine waren schwer wie Holz, als ich den Berg zum Palast hinaufstieg. Dort würde niemand sein. Der Paris, der mich dort erwartete, wäre der in meinem Kopf, während der echte Paris erschlagen vor der Mauer lag. Niemals würde ich den Riss zwischen uns wieder schließen können, nicht in diesem Leben und nicht in der fahlen Unterwelt; dort würden wir in Finsternis wandeln, und eisiges Wasser würde um die Steine rinnen, auf denen die hoffnungslosen Toten sich versammelten, wir würden aneinander vorbeigehen und nicht denken und nicht sprechen können.

Der Palast ragte vor mir auf, einsam und verlassen. Alle waren unten auf der Mauer, und der Gipfel der Stadt war menschenleer. Die Türen standen offen. Das war merkwürdig, denn sie waren sonst immer fest geschlossen. Drinnen sah ich keine Wache, keine Diener, niemanden von denen, die so lange in unserem Palast gelebt hatten. Meine Schritte klangen laut durch die Räume. Ich stieg die Treppe hinauf in die Stille, und ich zögerte, die letzten Stufen zu erklimmen und das Schlafgemach zu betreten. Ich sah mich um. Niemand war hinter mir. »Evadne« war verschwunden, wie ich es erwartet hatte.

Ich ging weiter, legte die Hände auf die großen Türgriffe, zog sie zu mir heran und ließ die schweren Türflügel aufschwingen. Ich trat ein, und auf dem Bett regte sich etwas. Paris lag da, aufreizend wie ein Faun an einem von Blumen übersäten Flussufer. Erschrocken richtete er sich auf, zog die Decke unter das Kinn und blinzelte wie jemand, der plötzlich geweckt worden war.

Was tat er hier? Wo war seine Rüstung? Warum lag er nackt im Bett? Wie hatte er schlafen können? Sprachlos starrte ich ihn an.

»Helena!«, sagte er, und in seiner Stimme lag keine Spur von dem alten, gehässigen Unterton. »Helena.« Er klang wie ein verwirrtes, ratloses Kind.

Und plötzlich waren wir nicht mehr allein. Aphrodite, die

jetzt nicht mehr aussah wie Evadne, schwebte in der Nähe. Sie schwenkte einen Stuhl und stellte ihn neben das Bett.

»Setz dich!«, befahl sie.

Ich gehorchte, aber ich sah sie nicht an. Ich sah nur Paris.

»Ich habe dich unten vor der Mauer gesehen ...«, begann ich.

»Ich ... Ja, Menelaos hat mich über den Boden geschleift, und plötzlich war ich frei. Es tat einen Ruck, der Helm war fort, und ich bin davongekrochen. Einen Augenblick vorher hatte ich noch gewusst, dass ich sterben würde. Und das wollte ich nicht, allen meinen tapferen Reden zum Trotz. Aber ich würde sterben, und du würdest zu Menelaos zurückkehren.«

»Du hast nicht verstanden«, sagte ich. »Ich wäre niemals zu ihm zurückgekehrt.«

»Aber du hattest es schon einmal vorgehabt! Du bist über die Mauer gestiegen, um zu ihm zu gehen!«

»Ich wollte den Krieg beenden und in den Hades eingehen, nicht zurück zu Menelaos. Gibt es keine Dolche? Gibt es kein Gift? Oh, so viele Wege führen in den Hades! Für meine Mutter hat ein Strick genügt.«

»Ich habe dir unrecht getan, Helena. Du hast den Palast – oder war es ein Kerker? – in Sparta verlassen. Ich hatte kein Recht, dich dorthin zurückzuschicken. Und durch meinen Tod in diesem Zweikampf hätte ich es getan.« Jetzt saß er aufrecht, und ich sah, dass er nicht nackt war, sondern ein Hemd aus feinst gesponnener Wolle trug, von Silberfäden durchzogen. Das war nicht die Tunika, die ein Soldat unter der Rüstung trug. »Ich bin von Menelaos weggekrochen, benommen vor Überraschung über meine unverhoffte Rettung. Ich hörte das Gebrüll der Griechen hinter mir, aber ich wusste nicht, wohin, denn es gab keinen sicheren Ort. Der Zweikampf musste weitergehen, bis einer von uns tot wäre. Und während ich noch durch einen Wald von Beinen und Sandalen hastete, war ich plötzlich hier in unserem Gemach, und der Schlaf überwältigte mich. Und als ich aufblickte, warst du da.«

»Und sie.« Ich warf einen Blick hinüber zu der lächelnden Aphrodite.

»Wer?« Paris konnte sie nicht sehen.

»Unsere Freundin. Unsere Feindin. Bei den Göttern ist das ein und dasselbe.«

Er sah mich an, und das alte Vertrauen, die Sehnsucht und die Pracht seines jugendlichen Gesichts waren wieder da. »Helena, ich bitte dich, verzeih mir! Worte können nicht ausdrücken, wie sehr ich dich liebe. Ich kann nicht leben, wenn auch nur der Schatten einer Wolke zwischen uns ist.«

»Aber du hast diesen Schatten geworfen!« Meine Sonne, mein Paris, war hinter einer dichten grauen Wolke verschwunden, und meine Welt war kalt geworden.

»Die Trauer um die Toten ringsum, deren Tod ich – nicht du! – verschuldet habe, lastete so schwer auf mir, dass ich nicht atmen, ja, nicht einmal aufschauen konnte. Nur das wollte ich beenden, und ich habe nur diese eine Möglichkeit gesehen, es zu tun. Aber, Helena … oh, Helena!« Er erhob sich aus dem duftenden Bett und umarmte mich. Ich spürte Wärme und Kraft in diesen Armen, die so schlaff herabgehangen hatten, wann immer ich in seine Nähe kam, nachdem das Sterben begonnen hatte.

Sein Kuss war so süß wie kein Kuss je zuvor. Lag es daran, dass ich ihn so lange hatte entbehren müssen, oder hatte Aphrodite ihn so sehr versüßt? Ich blickte mich aus den Augenwinkeln um, aber ich konnte sie nicht entdecken. Sie war verschwunden. Also war dies allein unsere Liebe und unser Verlangen. Ich hielt ihn fest umschlungen und schwor mir, dass nichts uns je noch einmal trennen sollte.

Wir blieben in unseren Gemächern – später sagten manche, wie verkrochen uns dort. Aber das ist nicht wahr. Wir hatten uns nur noch einmal vom Rest der Welt zurückgezogen wie vor langer Zeit. Der Tag, der so finster begonnen und so lange gedauert hatte, verflog leichtfüßig wie ein Reh.

Dann kam Hektor hereinmarschiert; ohne feierliche Umstände stieß er die Tür auf und sah sich erwartungsvoll um. Als er uns erblickte, verfinsterte sich seine Miene.

»Nein!«, rief er fassungslos. »Das kann nicht sein! Du kannst nicht hier sein! Sie haben gesagt, du bist weggelaufen … Ich habe es nicht geglaubt … Ich kannte dich besser, aber hier bist du! Welche Schande! Welche Schmach für das Haus unseres Vaters!« Er stürzte herbei und riss Paris hoch, sodass dessen Füße den Boden verloren, und ich dachte, er werde ihn zu Tode schütteln. »Ich bin hergekommen, um zu beweisen, dass sie unrecht hatten, und statt dein Gemach leer zu finden, sehe ich dich hier!« Er schleuderte Paris zu Boden. »Wie hast du das angestellt, du erbärmlicher Feigling? Wie hast du dich unter den Augen aller davonschleichen können? Oh, du musst deine Flucht schon die ganze Zeit geplant haben, als du deine verlogene Herausforderung aussprachst! Aber was sollte das? Solange Menelaos lebt, hast du nicht gesiegt. Oder hattet ihr beide vor, heimlich wegzulaufen, wie ihr es in Sparta getan habt?«

Noch nie in meiner ganzen Zeit in Troja hatte ich eine so lange Rede von dem zurückhaltenden Hektor gehört. Paris schlang die Arme um den Kopf, um sich vor den Fußtritten zu schützen, die er erwartete. Erstickt flehte er Hektor an, ihm zuzuhören. Hektors Beine zitterten; er lechzte danach, auf Paris einzutreten wie auf eine klemmende Tür. Er holte mit dem rechten Fuß aus, doch dann hielt er inne. »Also gut. Rede! Verteidige dich mit Worten! Du, der du deine Ehre mit deinem Arm nicht verteidigen kannst.«

Langsam hob Paris den Kopf und richtete sich auf. Sein Gesicht war aschgrau, sein Blick verzweifelt. »Ich … Ich kann es nicht«, stammelte er. »Ich kann mich nicht verteidigen, denn ich weiß nicht, was passiert ist. Ich habe mit Menelaos gekämpft, das weißt du. Und du weißt, obwohl sein Schwert zerschellt war und sein Speer mich nicht verwunden konnte, schleifte er mich durch den Staub und wollte mich erdrosseln. Bin ich fortgelaufen? Nein. Ich bekam keine Luft mehr. Aber plötzlich war ich frei – ich weiß nicht, wie es dazu gekommen ist. Ich bin davongekrochen, und als ich aufstand, war ich hier.«

»Was für ein Unsinn!«, rief Hektor. »Du verhöhnst meinen Verstand, du beleidigst mich mit einer solchen Lüge.«

»Es ist die Wahrheit! Ich schwöre es. Ich kann nur sagen, die Götter –«

»Lüge! Lass die Götter aus dem Spiel, wo es nur um deine eigene Doppelzüngigkeit geht! Ja, du hast das alles geplant –«

»Hektor«, sagte ich, »denke doch nach! Selbst wenn Paris diese heimliche Flucht geplant hätte – was er nicht getan hat! –, hätte ihn das nicht vor dem Tod bewahrt, den Menelaos ihm zugedacht hatte: vor einem Tod außerhalb der Regeln des Zweikampfs! Menelaos hatte den Zweikampf verloren, und deshalb griff er zu roher Gewalt. Aber auch rohe Gewalt führt zum Erfolg – umso betrüblicher für jeden ehrlichen Kämpfer. Nur ein Gott konnte Paris in diesem Augenblick noch retten. Und ein Gott hat es getan. Das ist klar.«

»Nein, es ist nicht klar!«, brüllte Hektor.

»Hektor, es ist jedem klar, der es mit den Augen eines Fremden betrachtet statt mit denen eines enttäuschten Bruders«, sagte Paris. »Ich habe nicht um diese Hilfe gebeten. Ich war bereit, den Preis zu zahlen – ja, ich dachte, ich hätte ihn bezahlt. Aber ein Geschenk der Götter weise ich nicht zurück, schon gar nicht, wenn dieses Geschenk mein eigenes Leben ist!«

»Warum sie dein Leben so sehr lieben, begreife ich nicht!«, sagte Hektor. »Wie oft schon war dir der Tod bestimmt, und sie haben dich gerettet?«

»Ein Mensch kann nicht sterben, bevor seine Zeit zu Ende ist«, sagte Paris. »Du weißt, dass unser Schicksal bei der Geburt bestimmt wird, und daran kann kein Mensch etwas ändern. Nicht einmal die Götter tun es, obwohl sie es könnten. Mir war es bestimmt, wenigstens den heutigen Tag zu überleben. Und Helena hat recht: Menelaos hat gegen die Regeln verstoßen, als er mich auf diese Weise töten wollte. Deshalb haben die Götter recht getan, als sie es verhinderten.«

Hektor lachte höhnisch. »Agamemnon hat Menelaos zum Sieger erklärt. Was hast du erwartet? Und dann hat jemand aus Troja – versehentlich, nehme ich an – einen Pfeil gegen die Griechen abgeschossen und Agamemnon damit einen Vorwand geliefert, wieder zu kämpfen. Hörst du den Schlachtenlärm aus der Ebene? Oder ist die Luft in deinem Gemach zu dünn für solche Geräusche?«

Ich stürzte zum Fenster und hörte das Grollen aus weiter Ferne, matt und flimmernd wie Hitzewellen. Den unverwechselbaren Klang von Metall auf Metall. Paris trat zu mir und umklammerte das Fenstersims.

»Wir sind machtlos dagegen!«, sagte er klagend zu Hektor. »Zu viele Leute wollen diesen Krieg.«

Hektor schüttelte den Kopf. »Dummer Junge! Das alles hast du zu verantworten.«

»Nein«, sagte Paris. »Diese Verantwortung nehme ich nicht auf mich! Es gab – und gibt noch immer – Leute in Troja, die genauso erpicht auf diesen Krieg sind wie die Griechen. Wer war es denn, der mich und Helena daran gehindert hat, Menelaos und Odysseus zu sehen, als sie hier waren? Das haben wir nie herausgefunden. Schön, der Spion, der sich als Hyllos ausgegeben hat, wurde entlarvt, aber er muss Komplizen haben, und sie sind immer noch frei. Hyllos kann nicht überall gewesen sein, nicht alles getan haben. Jemand hat unsere heilige Schlange geschlachtet, um uns Angst zu machen. Wer war das? Helena hat versucht, dem Krieg ein Ende zu machen und sich den Griechen auszuliefern, aber Antimachos hat sie aufgehalten. Frag ihn, was er nachts draußen vor der Mauer zu suchen hat!«

Hektor war erschrocken. Offensichtlich hatte er davon nichts gewusst. Antimachos hatte unser Geheimnis für sich behalten. »Helena wollte sich den Griechen ausliefern?«

»Ja, um ein Ende zu machen. Antimachos hat mich entdeckt.«

»Dich entdeckt – wo?«

»Draußen vor der Mauer.«

Hektor riss ungläubig die Augen auf. »Du bist über die Mauer entkommen?«

»Ja. Ich war schon ein gutes Stück weit fort, bevor Antimachos, der draußen herumschlich, mich fasste.«

Ich sah ihm an, dass er mir die Geschichte nicht glaubte.

»Gut«, sagte ich, »dann frag ihn selbst. Du wirst sehen, wie überrascht er ist, dass du davon weißt.«

»Das werde ich tun!«, sagte Hektor grimmig. »Aber wenn

es wahr ist, scheint er fest entschlossen zu sein, dich hierzubehalten und die Griechen mit dir zu ködern, während Antenor immer sehr vernünftig versucht hat, den Krieg abzuwenden.« Ein besonders durchdringendes Klirren drang von außen zu uns herauf. »Doch jetzt ist es zu spät.«

»Das habe ich ja eben gesagt«, erinnerte Paris ihn. »Jetzt nimmt alles seinen Lauf, und wir können es nicht aufhalten. Alle, die es versucht haben, sind beiseitegeschoben worden.«

»Ich muss zurück in die Schlacht«, sagte Hektor. »Sonst erklärt man mich auch zum Feigling.« Er wirbelte herum, und seine Tunika flatterte.

»Ich bin kein Feigling!«, schrie Paris. »Hör auf, mich so zu nennen!«

»Nicht ich nenne dich so, aber jeder Mann, der dich hat fliehen sehen.«

»Ich bin nicht geflohen! Ich habe dir gerade erzählt –«

Aber Hektor war schon draußen, und seine Schritte verhallten.

»Paris, von heute an sind wir gebrandmarkt als Feiglinge und Schurken.« Ich sah ihn an. »Wir kennen die Wahrheit, doch wir können die anderen nicht überzeugen.«

»Aber wir müssen es! Wir müssen es! Wir müssen unsere Namen reinwaschen!«

Jetzt benahm er sich, wie Hektor ihn genannt hatte: wie ein dummer Junge. Nein – nicht dumm, aber naiv und hoffnungsvoll.

»Man muss ein Opfer bringen.« Meine Nichte Iphigenie war das Opfer für die Griechen gewesen. Hier war die Sache schwieriger, aber wir würden die Opfer der Trojaner sein. »Die Menschen verlangen Opfer. Das gehört zum Krieg.«

»Ich dachte, die gefallenen Soldaten und die geplünderten Städte sind Opfer genug!«

»Etwas im menschlichen Herzen verlangt mehr als das.« Ich fühlte mich ausgelaugt.

Paris lächelte. »Du gerätst außer dir, wenn du mich verteidigst. Eine so wütende Vorkämpferin! Es ist wohl wahr, was man den Frauen nachsagt – sie sind gefährlicher als Männer. Zumindest werden die Amazonen auch für Troja kämpfen.«

»Dann sollten wir sie jetzt rufen. Wir brauchen sie.«

»*Wir* sollten sie rufen?«

»Ja, bevor es zu spät ist.«

»Aber ich bin nicht befugt, sie zu rufen. Priamos müsste –«

»Er wird zaudern und zögern, bis die Griechen uns so fest eingeschlossen haben, dass sie uns nicht mehr erreichen können. Du musst sie rufen. Bist du nicht auch ein Prinz Trojas?«

»Aber solche Entscheidungen muss der König treffen.«

»Diese triff du selbst. Und dann wollen wir sehen, ob man Paris nicht mit anderen Augen betrachtet.«

Ich war bereit, Troja meinen eigenen Krieg zu erklären. Ich hatte es satt, mich seinen selbstzerstörerischen Regeln und Forderungen zu beugen.

LIV

»Die Amazonen sind in Anmarsch«, sagte Paris. Wir saßen in unserem obersten Gemach und polierten seine Rüstung, als er plötzlich aufblickte und es mir sagte. Abends suchten wir immer hier oben Zuflucht; in den unteren Stockwerken wimmelte es immer noch von ausländischen »Gästen«, aber hier oben waren wir so weit davon entfernt wie in einem Falkenhorst. Die Kämpfe waren zuweilen dicht an die Mauern der Stadt herangerückt, aber es hatte keinen Versuch gegeben, sie zu stürmen. Der Krieg war zu einer alltäglichen Angelegenheit geworden.

Wir hatten gelernt, unser Leben nach der Kälte zu formen, die wir in Troja fanden – einer Kälte, die nichts mit dem Winter zu tun hatte. Der war vorüber, und schon wieder ging ein Sommer zu Ende. Die goldene Sonne wärmte die Ziegel, aber in den Gesichtern der Leute herrschte Winter. Hektors und Andromaches Kind war zur Welt gekommen – ihr langersehnter Sohn –, doch ich war nur heimlich eingeladen worden, ihn zu sehen, nachdem alle anderen Verwandten gegangen waren, obwohl ich das Gefühl hatte, ich hätte in gewisser Weise bei seiner Zeugung geholfen, indem ich Andromache auf den Berg Ida begleitet hatte.

Das sagte Andromache auch, aber dann bedeckte sie seufzend den Kopf des Kindes und nahm es mir aus den Armen. »Es schmerzt mich«, flüsterte sie und schmiegte den Knaben an sich. »Für mich bist du mehr als die anderen seine Tante, aber …«

»Sprich es nicht aus!«, sagte ich. Vielleicht hörte jemand zu. Ich war daran gewöhnt, überall Spitzel zu vermuten.

Sie erkundigte sich nach meiner Weberei.

»Ich verwende mehr und mehr Zeit darauf. Das Bild scheint ganz von allein zu wachsen und immer neue Bedeutungen und Richtungen anzunehmen. Ich benutze purpurne Wolle für den Hintergrund. Der graublaue Rahmen ist mein altes Leben, die innere Fläche Troja und seine Geschichte, doch das Herzstück ist noch leer und ungeformt.«

»Das Schicksal Trojas ist noch nicht geschrieben«, sagte sie. »Eines Tages wirst du die Lücke schließen können.«

Ich verschwieg, dass ich immer stärker zu dieser Arbeit getrieben wurde: Mein restliches Leben schrumpfte, und so dehnte die Weberei sich aus und gewann ein eigenes Leben – oder vielleicht schuf sie sich ihr Leben, wie die Kunst es vermag.

»Paris kämpft gut«, sagte sie, um mich aufzumuntern. »Hektor ist froh über seine Hilfe.«

Ich lächelte dankbar. Getreu seinem Vorsatz hatte Paris den Bogen beiseitegelegt und lernte jetzt Tag für Tag in der Ebene, mit Speer und Schwert zu kämpfen. »Ja. Hektor hat ihn gestern gelobt und gesagt, er kämpfe so gut wie nur irgendjemand.« Ich erwähnte nicht, wie schwer es ihm fiel, sich jeden Tag zu zwingen, wieder hinaus ins Feld zu gehen, und ich erzählte auch nicht, dass ich von Sinnen vor Sorge war, wenn bei Sonnenuntergang die Verwundeten wankend zurückkehrten und die Toten auf den Schultern der Überlebenden hereingetragen wurden. In der Unterstadt lagen die Opfer auf Wolldecken, wo sie von unseren Ärzten und einigen Frauen versorgt wurden. Gelanor und Evadne waren auch dabei, und Gelanor hatte ein paar Salben zusammengerührt, die die Wundheilung beschleunigten, doch sie halfen nur denjenigen, denen es bestimmt war zu genesen. Bei den Schwerverwundeten waren wir immer noch auf die Barmherzigkeit der Götter angewiesen. Ich war froh, dass die Pest noch nicht zugeschlagen hatte. Die Menschen glaubten, sie werde von den Pfeilen des erzürnten Apollon hervorgerufen, aber Gelanor sagte, sie erscheine immer da, wo zu viele Menschen auf engem Raum zusammengepfercht seien. Vielleicht wartet der Gott mit den Pfeilen nur, bis seine Ziele sich dicht an dicht aneinanderdrängen, sodass er ein leichtes Spiel hat, hatte er hinzugefügt.

»Die Amazonen kommen«, sagte ich; ich hielt es für richtig, sie davon in Kenntnis zu setzen, denn sie hatte sich mir ebenfalls anvertraut, und sie war als Einzige in der Familie immer noch meine Freundin. »Paris hat nach ihnen geschickt, und er hat eine Botschaft erhalten, in der es hieß, sie seien auf dem Anmarsch.«

Andromache runzelte die Stirn. »Paris hat nach ihnen geschickt? Ohne Erlaubnis?«

»Ohne wessen Erlaubnis? Ohne Hektors?« Hektor war noch nicht der Herrscher hier. Noch nicht.

»Ohne Erlaubnis des Königs«, sagte sie. »Hat Priamos seine Zustimmung gegeben?«

»Er hat seine Zustimmung gegeben, als er sie bat, unsere Verbündeten zu sein«, sagte ich. »Aber er wird zu lange zögern, wie es seine Art ist.«

»Dann bist du also jetzt die Oberbefehlshaberin in diesem Krieg?« Ihre Stimme klang plötzlich so kalt wie die aller anderen. »Ich kann mir nicht vorstellen, dass es Paris war, der auf dieses Unternehmen verfallen ist.«

»Und warum nicht?«, brach es aus mir hervor. »Warum will niemand ihm ein Kommando anvertrauen? Er als Einziger unter allen Söhnen Priamos' ist außerhalb der schützenden Stadtmauern aufgewachsen, in der Wildnis, wo er mit Hilfe seines eigenen Verstandes und seiner Kraft überleben musste.«

Sie lächelte nachsichtig. »Helena, lass uns ehrlich sein! Es ist rührend, dass du so fürsorglich über Paris und seine Fähigkeiten sprichst …« Sie schwieg. »Aber es ist ein Fehler, Priamos auf diese Weise zu beleidigen.«

»Wir wollten ihn nicht beleidigen.«

»Aber er wird es so auffassen.« Sie atmete tief durch, um die bedrückte Stimmung zu vertreiben. »Wann werden die Amazonen denn kommen? Wir werden sie mit großen Aufwand willkommen heißen. Vielleicht kann ich sogar mit der berühmten Königin Penthesileia zu Tisch sitzen. Ich habe ihre Botschafterin gesehen, als sie in Troja war, um ein Bündnis anzubieten. Was für eine Frau!«

»Sie war in der Tat beeindruckend«, erinnerte ich mich. »Stärker und wilder kann keine Frau sein. Aber ihre Oberbefehlshaberin muss …« Beinahe hätte ich gesagt: *muss ein weiblicher Achilleus sein*. Aber diesen Namen durfte ich nicht aussprechen.

An diesem Abend suchte ich Zuflucht bei meinem Webstuhl. Er wurde immer mehr zu meinem geliebten Gefährten und Tröster. Zu gern spürte ich die leichte Rauheit des Fadens an meinen Fingern, roch den einzigartigen Geruch der Wolle und fühlte die sanfte Weichheit, die sie auf der Haut hinterließ. Und dazu verlor ich mich in der Geschichte, die mein Muster erzählte. Ich dachte an die Webteppiche, die gefaltet in den Schatztruhen der Paläste lagen, und fragte mich, ob in ferner Zukunft jemand meinen herausnehmen und sich an uns erinnern werde.

Ich verwehrte niemandem den Zugang zu meinem Webzimmer, doch fast niemand besuchte mich dort. Aber eines kühlen Tages trat Gelanor ein, ein wenig atemlos nach den vielen Treppen. Ich war erfreut, denn ich hatte ihn in letzter Zeit nur noch selten gesehen. Er musste der meistbeschäftigte Mann in ganz Troja sein: Er versorgte die Verwundeten und Kranken in der Unterstadt, führte seine Spione und machte seine diversen Waffen einsatzbereit für den Fall, dass die Feinde dicht genug an die Mauern herankämen. Ich wusste nicht, wonach ich mich zuerst erkundigen sollte, aber er ersparte mir die Entscheidung, indem er verkündete: »Ich habe Neuigkeiten aus Griechenland.«

Griechenland! Dort war ich eben noch gewesen, im Geiste zumindest.

»Die Schifffahrt ist für den Winter eingestellt worden, aber ein Boot ist noch durchgekommen«, erzählte er. »Ich dachte, es sei gut zu wissen, was daheim vorgeht, und deshalb habe ich ein paar Leute ausgesandt, die sich umhören sollten. Keine Spione!« Er hob die Hände. »Ich nahm nicht an, dass es dort Geheimnisse gebe. Aber das war ein Irrtum.« Ich wollte ihn unterbrechen, aber er redete weiter. »Deine Schwester Klytämnestra hat sich einen Geliebten genommen, und zusammen regieren sie Mykene. Sollte Agamemnon heimkehren, wird er vor geschlossenen Toren stehen.«

Klytämnestra! Eine Woge von Stolz durchflutete mich. Ihr Mann hatte sie mit Füßen getreten und ihr Kind geopfert. Aber statt demütig das Haupt zu senken, hatte sie sich einem anderen zugewandt. Und indem er seinen habgierigen Träumen nachjagte, hatte Agamemnon ein zweites Opfer gebracht, ohne es zu wollen.

»Wer ist es?« Eigentlich ist es unwichtig, dachte ich.

»Ägisthos.«

Also auch das ein Teil des Fluches auf dem Hause Atreus! Ägisthos war nur die letzte Generation, und Atreus hatte ihm sein Erbe genommen. Und es gab noch einen anderen Fluch – den, mit dem Aphrodite meinen Vater belegt hatte: dass seine Töchter ihre Gatten verlassen würden. So erfüllten sie sich jetzt gegenseitig.

Ich lachte jauchzend auf. Es passte alles zu gut zusammen. »Hoffentlich ist er schön«, sagte ich.

Gelanor schürzte die Lippen. »Das weiß ich nicht, Herrin. Das war meinem Kundschafter nicht so wichtig. Soll ich noch einen aussenden?«

»Nein«, sagte ich. »Möge meine Schwester sich an ihm erfreuen, ganz gleich, wie er aussieht!«

»Die Griechen haben sich so manches Unheil herangezüchtet, indem sie fortgesegelt und so lange weggeblieben sind. Königsthrone sind keine gegerbten Häute: Sie sind nicht haltbar.«

»Wie steht es zu Hause? Was gibt es in Sparta?«

»Dein Vater Tyndareos hält sein Reich mannhaft zusammen. Aber er weiß nicht, wer sein Nachfolger werden soll. Deine Brüder … Es stimmt, was Agamemnon gesagt hat.«

»Oh.« Halb hatte ich es schon geglaubt; jetzt wusste ich es. »Und Hermione?«

»Tyndareos hat sie zu Klytämnestra geschickt.«

»Auch das hat Agamemnon gesagt.« Oh, warum hatte er da nicht lügen können? Er log doch sonst so oft! »Warum hat er das getan?«

»Vielleicht glaubte er, er könne nicht für sie sorgen. Im Palast zu Sparta ist ja keine Frau mehr. Also hat er sie in die Obhut ihrer Tante nach Mykene gegeben.«

»Wo sie lernen wird, was Ehebruch und Verrat ist!« Ach, meine geliebte Tochter!

Gelanor hüstelte taktvoll. »Ehebruch und Verrat … Wenn ich das sagen darf, meine teuerste Helena – der Unterricht hat schon zu Hause begonnen.«

»Ich habe niemals einen Verrat begangen!«

Er lachte, und ich lachte mit. Was sollte man sonst sagen?

»Aber genug von Griechenland«, sagte er. »Meine Spione hier waren fleißig hinter der Palisade, die das feindliche Lager schützt, und es wird dich sehr interessieren, was sie zu berichten haben.«

»Solltest du das nicht lieber Priamos berichten?« So viel Respekt war ich dem König schuldig.

»Das habe ich versucht«, sagte er. »Er hat abgewinkt. Mir scheint, ich bin zu eng verbunden mit dir und Paris, und einige seiner Ratgeber möchten mich vom König fernhalten.«

»Dann solltest du mit Hektor sprechen, oder?«

»Hektor in seiner edlen Art will nichts wissen, was ihn von seinem erwählten Weg abbringen könnte.«

»Aber nur ein Dummkopf kann sich weigern, Neues zur Kenntnis zu nehmen!«

»Edelmut hat schon manch einen zum Dummkopf gemacht«, sagte er betrübt. »Im griechischen Lager ist Zwietracht ausgebrochen. Agamemnon hat Achilleus beleidigt, indem er ihm eine Frau weggenommen hat, die der bei einem seiner abscheulichen Raubzüge erobert hatte. Die Frau, die Agamemnon für sich selbst geraubt hatte, war die Tochter eines Apollon-Priesters, und du weißt, welche Verheerungen Apollon anrichten kann, wenn er erzürnt ist: Jawohl, bei den Griechen ist die Pest ausgebrochen. Also musste diese Frau zurückgegeben werden und Agamemnon brauchte eine andere, weil ihm sonst die Lenden wehtun. Deshalb hat er sich Achilleus' Beute als Ersatz genommen.«

Wen kümmerte es, was diese Streithähne taten? Sie waren abscheulich.

»Ich sehe dir am Gesicht an, dass du nicht begreifst, welch großer Glücksfall das für uns ist.«

»Für *uns* – bist du inzwischen durch und durch Trojaner geworden?«

»Nein. Ich habe immer noch Heimweh, aber meine Heimat und meine Familie haben nichts zu tun mit Agamemnon und Achilleus und ihresgleichen. Wenn sie untergehen – umso besser für die gewöhnlichen Griechen. Unser Glück ist, dass Achilleus sich jetzt weigert, weiter unter Agamemnon zu kämpfen. Zuerst hat er gedroht abzureisen, doch jetzt begnügt er sich damit, in seinem Zelt zu schmollen. ›Eines Tages wirst du mich brauchen!‹, sagt er. ›Und wenn dieser Tag da ist …‹«

»Das zeigt nur, wie ganz und gar selbstsüchtig er ist«, sagte ich. »Denn wenn der Tag kommt, an dem sie verzweifeln, bedeutet es, dass viele seiner Landsleute getötet worden sind.«

»Aber du bist doch sicher nicht überrascht, dass er trunken ist von seiner eigenen Wichtigkeit.«

»Nein, das war er von Kindesbeinen an. Seinen Vetter Patroklos ließ er neben sich bestehen, aber niemanden sonst. Man konnte nur hoffen, dass es sich auswächst, aber wie ich sehe, hat er sich nicht geändert.«

»Er hat auch Patroklos verboten zu kämpfen. Und mein bester Spion, der sich bei Patroklos hat einschleichen können, berichtet mir, Achilleus habe getobt und geschrien und seine göttliche Mutter angerufen, sie möge dafür sorgen, dass die Griechen gehörig verdroschen würden, um Agamemnon dafür zu bestrafen, dass er den Stolz des großen Achilleus verletzt habe.«

»Ob sie ihrem netten kleinen Sohn den Gefallen tun wird?«

»Vielleicht hat sie es schon getan. Denn Hektor und seine Männer wappnen sich zu einem Angriff auf das griechische Lager. Irgendetwas hat sie auf diesen Gedanken gebracht, nachdem sie monatelang dicht vor den Mauern der Stadt geblieben sind. Wer weiß, ob es nicht die Göttin war?«

Begierig nach frischer Luft, begleitete ich Gelanor hinaus in den Hof, als er sich verabschiedete. In meinen Gemächern im Palast, die im Winter verschlossen waren, erschien mir die Luft plötzlich abgestanden und stickig; die Kräuter, die wir dort verbrannten, um ein wenig Duft zu verbreiten, machten es nur noch schlimmer. Aber als ich ins Freie trat, wurde mir beinahe der Mantel von den Schultern gerissen. Es war sehr kalt, der Wind heulte wütend um die Ecken, und seine Finger zerrten an meinen Haaren und Kleidern. Ich spürte winzige, eiskalte Nadelstiche auf Nase, Wangen und Stirn. So etwas hatte ich schon lange nicht mehr gefühlt.

»Schnee!«, rief ich und schaute zum Himmel hinauf. Weiße Wirbel verschleierten die Sterne.

Gelanor schnaubte. »Die Wagenräder werden steckenbleiben, und eine Zeitlang wird niemand kämpfen können.«

»Hekuba hat mir erzählt, dass es in Troja manchmal schneit, aber ich habe ihr nicht geglaubt.«

»Hekuba solltest du immer glauben!« Er lachte. »Der Schnee wird uns begraben!« Er hüllte sich fest in seinen Mantel. »Hoffentlich habe ich genug Holz«, brummte er und eilte nach Hause.

Ich blieb noch eine Weile im Hof und genoss die beißende Kälte und den tosenden Wind. Wir hatten in Sparta gesehen, wie solche Stürme das Taygetos-Gebirge überfielen – wie die Berge hinter Wolkendunst verschwanden und am nächsten Tag unter einer neuen Schneedecke weiß erstrahlten. Auch Mykene verwandelte sich zuweilen in einen Eispalast, hatte Klytämnestra mir erzählt. Klytämnestra … Wenn es das nächste Mal passierte, würde sie sich dann in die Arme ihres Geliebten schmiegen und sich vergnügt ausmalen, wie Agamemnon frierend in seinem Zelt saß?

Jetzt würde die Ebene von Troja weiß werden, unsere Mauerkronen würden weiß werden, und die Straßen Trojas würden unter einer dicken weißen Decke verschwinden.

Einige Zeit später stapfte Paris herein und schüttelte den Schnee von seinem Mantel. Ich küsste die Flocken von seiner Nase und seinem Kinn, tupfte sie behutsam mit der Zungenspitze weg – eine eisige Köstlichkeit.

»Alles kommt zum Stillstand«, berichtete er. »Die Tore sind verrammelt, und du kannst sicher sein, dass eine Zeitlang niemand die Stadt betreten oder verlassen wird. Mit dem Kämpfen ist Schluss.«

»Wäre es nur endgültig so, nicht nur eine Atempause!«

»Eines Tages wird es so sein«, sagte er. »Der Tag wird kommen, da der Krieg zu Ende und die Ebene leer ist … leer bis auf unsere prächtigen trojanischen Pferde, die dort wieder weiden können. Und dann wird wieder Markt gehalten, größer denn je.«

Er ließ sich auf einen Schemel sinken, griff nach einer getrockneten Dattel und schob sie in den Mund. »Ich sollte nicht verschwenderisch damit umgehen; ich weiß, dass unsere Vorräte zur Neige gehen …« Er seufzte. »Aus dem fernen Ägypten bist du zu uns gekommen«, sagte er zu der zweiten Dattel, die in seiner Hand wartete. »Aus jenem friedvollen Land, wo der Nil durch die ebene Wüste fließt und die Berge von Menschenhand geschaffen sind, spitze Gipfel, aus Stein erbaut.« Er aß die Dattel. »Ein seltsames Land. Ein sehr seltsames Land, wie ich höre.« Plötzlich verlor sich sein Blick in weiter Ferne. »Helena …« Er nahm meine Hände und drückte sie fest. »Wenn dieser Krieg vorüber ist, wenn alles vorbei ist, lass uns Troja verlassen. Wir gehen nach Ägypten. Ich könnte eine Handelsniederlassung für Troja dort eröffnen und als Vaters Agent arbeiten. Troja kann vom unmittelbaren Handel mit Ägypten nur profitieren, und wenn wir ihn selbst und ohne ägyptische Mittelmänner betreiben –«

»Aber … du bist ein trojanischer Prinz! Kann ein Prinz denn Kaufmann werden?«

»Ja, ich bin ein Prinz, aber ich werde hier niemals regieren. Hektor wird den Thron erben, und nach ihm kommt Deiphobos.«

»Dieser lüsterne Affe!«

Paris lachte. »Vater hält anscheinend große Stücke auf ihn. Das heißt, soweit es seine Fähigkeiten als Kämpfer betrifft, und das ist alles, was für Vater zählt.«

Dann ist Priamos ein Narr, hätte ich beinahe gesagt, aber ich wusste, dass Paris in diesem Punkt empfindlich war. »Wenn der Krieg vorbei ist, wird er vielleicht andere Charakterzüge schätzen«, antwortete ich nur.

»Auf diesen Tag kann ich nicht warten. Ach, Helena, lass uns woanders ein neues Leben aufbauen. Es war falsch, nach Troja zurückzukehren. Heute weiß ich das. Wir können hier nie etwas anderes sein als eine Kuriosität – abgelehnt von der Familie. Und jeden toten Trojaner wird man uns zu Füßen legen – zu Recht, wie ich fürchte. Oh, ich hätte niemals wieder herkommen sollen!« Er blickte mich flehentlich an. »Hör auf mich! Lass uns fortgehen und als freie Menschen in einem fremden Land leben.«

Es war ein verrückter Traum, das war mir klar. Doch für uns war er verlockend, als wir dort saßen, eingeschlossen vom Schneegestöber und vom Stillstand des Alltagslebens. Warum sollten wir dieses kleine Spiel nicht eine Zeitlang spielen? »Also gut. Wohin wollen wir gehen?«

Sein Gesicht nahm einen verträumten Ausdruck an. »Wir segeln von hier aus die Küste entlang, vorbei an Rhodos und Zypern, aber dort bleiben wir nicht. Es sei denn, du möchtest es.«

»Nein, lass uns so schnell wie möglich an unser Ziel kommen.«

»Ägypten«, sagte er. »Ich wollte immer schon dorthin. Es gibt so vieles, was ich sehen möchte, doch bisher habe ich nur Troja und den Berg Ida und ein wenig von Griechenland gesehen. Das Leben der Neugier war zu Ende, als ich dich fand, aber jetzt können wir all das tun, was ich sonst allein getan hätte. Wir werden den Nil hinauffahren; er hat sieben Mündungen, habe ich gehört. Wir suchen uns eine davon aus und folgen dem Fluss tief nach Ägypten hinein. Es wird immer heißer werden, denn dort gibt es keinen Winter, und wir werden ihre riesigen steinernen Berge besuchen.«

»Aber muss deine Handelsniederlassung nicht näher am Meer liegen?«

»Doch, natürlich, aber zuerst will ich Ägypten erkunden. Und ich möchte es unerkannt tun. Neue Namen haben wir ja schon – Alexandros und Kykna, erinnerst du dich? So werden wir uns nennen. Und niemand wird uns kennen.«

Ich lachte bei der beglückenden Erkenntnis, dass ich für ihn jetzt einfach Helena war und mein Gesicht ein Gesicht, das er jeden Tag sah. Aber die Welt würde Helena vielleicht noch erkennen, es sei denn, ich legte den verhassten Schleier wieder an. Vielleicht aber auch nicht. Vielleicht hatte mein Gesicht sich in den Jahren verändert, seit ich Sparta verlassen hatte. Ich hoffte es.

»Ihr König hat einen seltsamen Namen.«

»Ja. Er heißt Pharao«, sagte Paris. »Und bei ihnen heiraten Geschwister untereinander, und sie beten Götter mit Tierköpfen an. Außerdem« – er beugte sich vor und flüsterte – »tun sie unaussprechliche Dinge mit ihren Toten. Sie weiden sie aus und salzen sie ein und wickeln sie in Leintücher. Sie glauben, dass sie irgendwann wieder zum Leben erwachen.«

»Dann werde ich darauf achten, dass ich dort nicht sterbe«, sagte ich. »Was fangen sie dann mit den Toten an?« Ich stellte mir vor, dass sie sie zu Hause aufbewahrten, um sie stets zur Hand zu haben.

»Sie bauen kunstvolle Grabstätten«, sagte er. »Aber die können wir nicht betreten. Sie sind fest verschlossen.« Er schenkte sich Wein ein und hielt versonnen den Becher schräg. »Weiter nilaufwärts liegt eine riesige Stadt, und dort haben die Priester einen Tempel, der größer ist als Troja. Dort gibt es Statuen, die fünfmal so groß sind wie ein Mensch. Wir müssen dort hinfahren. Sobald dieser Krieg vorüber ist.«

Draußen fiel der Schnee und deckte Troja zu. Er hielt den Krieg im Zaum, aber er beendete ihn nicht.

Ich ging durch das stille Zimmer, und Paris sagte: »Ich weiß so gut wie du, dass es nicht sein kann.«

LV

Der Schnee musste unter dem Befehl des Gottes Ares gestanden haben, denn er blieb nicht lange liegen, und schon bald hallten die Straßen Trojas wider vom Stampfen der Marschkolonnen, die zum Skäischen Tor hinauszogen, um die Griechen anzugreifen. Verstärkung war unterwegs nach Troja – Paphlagonier, Thraker und Lykier unter dem Kommando des berühmten Sarpedon und auch die Amazonen. Hektor hieß Paris an seiner Seite willkommen, und gemeinsam zogen die beiden Brüder die Hauptstraße hinunter und bestiegen ihre Streitwagen. Die anderen Brüder – Deiphobos, Äsakos und Helenos – folgten ihnen, und ich sah Antimachos, der mit schnellem Schritt zu seinem Wagen vor dem Tor ging.

Mit Grausen ließ ich Paris gehen. Seine hastige, von Schuldbewusstsein getriebene Ausbildung im Kampf mit Schwert und Schild – reichte sie aus? Ich hatte ihn bedrängt, wieder zu seinem Bogen zu greifen, zu der Waffe, die er glänzend beherrschte, aber er hatte geringschätzig abgewinkt. Er war entschlossen, sich in der Arena zu beweisen, die von den anderen Trojanern geachtet wurde. Doch alle anderen waren seit Jahren darin geübt. Auf den Hängen des Berges Ida, wo er aufgewachsen war, kämpften die Hirten nicht mit Speer und Schwert gegen die wilden Eber – das täte nur ein Narr, und ein Narr würde dort nicht lange überleben.

Also hinaus in die Ebene. Die Griechen marschierten ihnen entgegen, wohlgeordnet und gemessenen Schritts. Und dann verschmolzen sie alle zu einer dunklen Masse, und wir konnten nichts mehr sehen.

Nacht. Es war dunkel geworden, aber nur Versprengte waren stolpernd heimgekehrt und hatten an die Tore gehämmert. Sie berichteten von einem Gefecht; Äneas sei verwundet worden, aber kein anderer der herausragenden Recken.

Oh, den Göttern sei Dank! Paris war nichts geschehen.

Später kehrten sie dann alle zurück. Müde trugen sie die Verwundeten in die Stadt, Männer, die in der Unterstadt auf den Decken liegen würden und nach besten Kräften von uns versorgt werden mussten. Äneas hinkte herein, auf zwei Männer gestützt. An seiner Schulter war ein roter Fleck. Das hatte Diomedes getan.

Paris stolperte mit Deiphobos durch das Tor. Er keuchte und war schlammbedeckt, aber Deiphobos lachte über das ganze Gesicht, frisch wie eine neu erblühte Blume. »Hier ist dein Gemahl«, sagte er und schob Paris zu mir. »Belebe ihn, wie du es am besten kannst.« Er grinste spöttisch und ging dann weiter zu Priamos' Palast, wo man sie alle mit Wein und Speise begrüßen und – was noch wichtiger war – ehren würde.

»Was ist denn passiert?« Ich hielt Paris fest. Sein Hemd in meiner Hand war schweißnass.

»Sie haben uns erwartet«, berichtete er; seine Stimme war von Stolz erfüllt. »Aber wir haben sie verprügelt.«

»Habt ihr sie zu den Schiffen zurückgetrieben?«

Er warf mir einen sonderbaren Blick zu. »Nein, das nicht.« Er atmete immer noch schwer, und seine Brust hob und senkte sich. »Vielleicht wäre es uns ja gelungen, wenn es nicht dunkel geworden wäre.«

Hektor forderte alle trojanischen Frauen auf, die Göttin Pallas Athene mit Gebeten und Gaben gnädig zu stimmen. Hekuba holte einen Ballen feinstes Tuch aus ihrer Schatzkammer und führte die Prinzessinnen im Morgengrauen in feierlicher Prozession zum Tempel. Ihnen folgten die Frauen und Töchter der Offiziere und Ratsmitglieder. Ich war nicht eingeladen. Meine Anwesenheit würde die Frauen verstimmen. So schaute ich von meiner hohen Warte aus zu, wie sie unter uns in den Tempel einzogen.

Am Vormittag gingen Paris und ich in die Unterstadt, um die Verwundeten zu besuchen, die dort in Reihen nebeneinanderlagen und unter Schmerzen auf Hilfe warteten. Viele Frauen waren da, die sie versorgten, und ich sah die Töpfe mit den Salben, die Gelanor zubereitet hatte, am Anfang jeder Reihe. Äneas als hochgeborener Recke war nicht unter ihnen; dies waren die Männer, die die eigentliche Last der Kämpfe zu tragen hatten.

»Heute ist es gut gegangen, soweit sie es zugelassen haben«, erklärte Gelanor. »Diese Pausen müssen aufhören!«

»Das sagst du nur, weil du deine Insektenbomben erproben willst«, antwortete ich.

»Ich gebe zu, ich glaube, dass ich sie jetzt zur Vollkommenheit entwickelt habe. Und die pestverseuchten Gewänder im Tempel können uns als letzte Rettung dienen.«

Paris' Blick wanderte zu den Männern, die sich stöhnend hin und her wälzten. »Morgen um diese Zeit …« Er straffte die Schultern. »Ich muss mich rüsten. Wir werden wieder kämpfen. Hektor wird uns gleich hinausführen.«

Ich war auf den Wachtturm gestiegen, um ihren Abmarsch zu beobachten. Ich fand ihn leer vor – was mich wunderte. Aber vielleicht waren die Bogenschützen nur da, wenn eine Schlacht im Gange war und man damit rechnen konnte, dass die Feinde in Schussweite herankamen. Vielleicht fand aber auch nur gerade ein Wachwechsel statt.

Unten hörte ich, wie die Soldaten sich versammelten. Sie warteten auf Hektor. In diesem Augenblick betrat jemand den

Wachtturm. Ich konnte nicht erkennen, wer es war; ich sah nur den Helmschmuck eines Soldaten und zog mich unauffällig in eine Ecke zurück. Der Soldat war nicht allein. Eine Frau war bei ihm, und sie trug einen Säugling auf dem Arm. Ihre Gesichter lagen im Dunkel. Die Frau hielt dem Soldaten das Kind entgegen. Das Kind fing an zu weinen und wich zurück, und der Mann nahm den Helm ab und legte ihn beiseite.

»Keine Angst«, sagte er, und ich erkannte Hektors Stimme.

»Er hat Angst vor dem Rosshaarbusch.« Das war Andromache. »Einen Soldaten zum Vater zu haben ist in jeder Hinsicht beängstigend.« Sie griff nach seinem Arm. »Hektor, verlass uns nicht!«

Ich sah sein von hinten beleuchtetes Profil. Er fuhr erschrocken zurück. »Weib, was denkst du dir?« In seiner tiefen, ruhigen Stimme klang besorgte Ratlosigkeit.

»Du bist alles, was ich noch habe«, sagte sie. »Mein Vater, meine Brüder – alle tot, erschlagen von dem ruchlosen Achilleus. Du bist meine Familie. Ich bitte dich, geh nicht hinaus! Sonst tötet er auch dich! Dann habe ich niemanden mehr, und dein Sohn Astyanax wird vaterlos sein!«

»Wenn ich meine Männer im Stich lasse, verlieren sie ihren Mut, und Troja wird fallen«, sagte er und wich vor ihr zurück, als wolle er sich schützen.

»Wie kann ein einzelner Mann allein die ganze Stadt beschützen?«, rief sie. »Hier sind noch Hunderte, ja, Tausende andere. Aber sie alle sind nicht der Erbe Trojas, Sohn des Priamos, Vater meines Sohnes.«

»Wenn der Erbe des Priamos sich seiner Pflicht entzieht, warum soll dann irgendjemand noch kämpfen?« Hektor sprach langsam, und seine bedächtigen Worte ließen erkennen, wie gründlich er über alles nachgedacht hatte. »Ach, Andromache!« Jetzt zog er sie an sich. »Du hast kaum je davon gesprochen.« Er senkte den Kopf. »Wenn Troja fällt …«

Mit einem Klagelaut vergrub Andromache das Gesicht an seiner Brust.

»Ich ertrage den Gedanken nicht, dass du in Gefangenschaft

geraten könntest oder dass unser Sohn stirbt«, fuhr Hektor fort. »Mein einziger Trost ist es, dass ich dann schon tot und begraben sein werde und die Schreie nicht mehr höre, wenn Troja stirbt.«

»Aber dann … Warum musst du denn noch ins Feld ziehen? Wenn es keine Hoffnung gibt, warum gehst du dann?«

Er schüttelte den Kopf, wie um seine Gedanken zu klären. »Weil ich beides gleichzeitig denken kann. Troja braucht mich – Troja ist zum Untergang verdammt. Möge mein Sohn heranwachsen und ein größerer Kämpfer werden als ich – mein Sohn wird sterben. Ich habe keinen Gott und keine Göttin als Mutter oder Vater. Ich bin sterblich, und die Götter geben sich keine Mühe, mich zu beschützen. Also muss ich kämpfen wie ein Mensch, allein und ungedeckt. Dazu wurde ich geboren.« Langsam löste er sich von Andromache und hielt den kleinen Astyanax in die Höhe. Das Kind lachte und gurgelte und streckte die Hand nach dem Gesicht des Vaters aus.

»Hier. Nimm ihn.« Er gab ihn Andromache zurück und setzte seinen Helm auf. »Leb wohl!«

Mit beinahe brutaler Schroffheit wandte er sich ab und ging. Vielleicht brachte er es nur auf diese Weise über sich.

Andromache blieb weinend zurück, und Astyanax stimmte in ihr Jammern ein.

Sie durfte nicht erfahren, dass ich miterlebt hatte, was zwischen ihr und Hektor vorgegangen war. An solchen Augenblicken sollte kein Fremder teilhaben. Mit angehaltenem Atem schlich ich mich zur Tür. Sie schaute nicht her; sie hatte den Kopf über ihren Sohn gesenkt und die Augen fest geschlossen. Ich wusste nicht, wie lange ich so lautlos bleiben könnte; meine Lunge drohte zu platzen, doch ich wagte nicht, Luft zu holen. Langsam schob ich mich hinaus und stieg auf Zehenspitzen die Leiter hinunter. Unten schnappte ich nach Luft.

»Helena!«

Zu spät erkannte ich den Helm. Ein muskulöser Arm umschlang mich und zog mich hinter die Leiter.

»Wie lange hast du gelauscht?« Hektor war wütend.

»Ich war vor euch dort.« Ich merkte, dass ich klang wie ein

Kind, das sich zu rechtfertigen suchte. »Ich dachte, ich sei allein. Ich wollte allein sein, denn meine Gegenwart verstört andere nur. Aber ich muss wissen, was vor sich geht, genau wie die anderen – nein, mehr als sie!«

Sein Arm entspannte sich, und er ließ mich los. »Besser, du hörst mich als irgendjemand sonst.« Er sprach leise. »Für dich liegen die Dinge nicht so einfach wie für andere, die noch nie die andere Seite gesehen haben.«

»Die gesehen haben, was ich leider gesehen habe …«

»Wir haben beide von Anfang an vieles gesehen, für das andere blind waren. Darum kann ich dich beschwören: Gib acht auf Andromache und meinen Sohn, wenn es so weit ist!« Bevor ich protestieren konnte, sprach er weiter. »Wie ich gesagt habe – und wie du gehört hast: Unerträglich ist der Gedanke an das, was mit ihr geschehen wird, wenn – falls – Troja fällt. Aber du wirst überleben, und du kannst sie beschützen.«

»Ich werde die Erste sein, die den Zorn der Griechen zu spüren bekommt, wenn sie uns stürmen. *Falls* sie es tun«, fügte ich mit Bedacht hinzu.

»Nein. Sie werden dich verschonen. Du bist eine der Ihren, und sie werden dich als Kriegsbeute mit nach Hause nehmen wollen.«

»Nein!«, rief ich. »Lieber sterbe ich!«

»Aber das wirst du nicht tun«, erwiderte er schlicht. »Du bist stark. Du verstehst zu überleben. Und wenn sie sich an dich hält, wird Andromache verschont bleiben – und mein Sohn desgleichen.«

»Bitte, Hektor!« Ich legte meine Finger auf seinen Mund. »Bitte sprich solche Worte nicht aus. Sie tragen eine eigene Macht in sich. Zwinge es nicht herbei!«

»Ich brauche dein Versprechen«, sagte er und schob meine Hand beiseite. »Dann kann ich ruhig in den Kampf ziehen.«

»Also gut, ich verspreche es dir. Aber ich verspreche dir eine Zukunft, die vielleicht niemals eintreten wird.«

»Das genügt mir. Nimm Andromache mit, wohin du auch gehst.« Er trat aus dem Schatten der Leiter hervor und zog seinen Kinnriemen fest. »Ich darf nicht länger warten.« Damit ging er hinaus und marschierte mit seinen Männern aus der Stadt.

LVI

Hektor überlebte die Schlacht dieses Tages und kehrte unter großem Jubel in die Stadt zurück. Dann verschwand er in seinem Palast, und ich wusste, dass Andromache ihn in die Arme schloss, ohne zu ahnen, dass er sie in meine Obhut gegeben hatte.

Ich war zutiefst bestürzt über seine Worte: dass ich sie beschützen solle und dass ich überleben würde, was immer geschehen mochte. *Du verstehst es zu überleben*, hatte er gesagt, und es hatte sich angehört, als sei das etwas Hässliches. Ratten verstanden es zu überleben – gab es nicht die Redensart mit dem sinkenden Schiff? Sie sorgten für sich, frei von Stolz und Moral, und lebten nur für sich selbst. Das Gegenteil von Edelmut. Was hatte Gelanor noch über Hektor gesagt? Er sei zu edelmütig und so gewinne man keine Kriege?

Waren Gelanor und ich zwei vom selben Holze? Er mit seinen Insektenbomben und dem glühenden Sand und ich mit meinem Instinkt zur Selbsterhaltung? Hektor musste sich irren. Wäre die Selbsterhaltung mein oberstes Interesse, wäre ich doch niemals aus Sparta geflohen.

Ja, er irrte sich. Er musste sich irren.

Mehrere Tage vergingen ruhig – ein unausgesprochener Waffenstillstand. Dann hörte ich, dass Antenor von neuem die alte Idee vorgetragen hatte, man solle Helena den Griechen zurückgeben. Ich wusste, dass ich mit ihm reden musste, bevor er sie öffentlich ins Gespräch brachte.

Wenn es um Staatsgeschäfte ging, konnte niemand sich weigern, die berüchtigte Helena zu empfangen. Ich wusste, Antenor würde mich nicht abweisen, was immer er insgeheim für mich empfinden mochte. In seinem Hause hieß es, der Ratsherr werde mich sogleich begrüßen. Dann erschien er, und sein langes Gewand schleifte hinter ihm her. Auf seinem Gesicht lag ein Lächeln, so aufgesetzt wie seine Amtsinsignien.

»Teure Prinzessin«, sagte er und neigte den Kopf.

»Geschätzter Ratsherr«, antwortete ich.

»Komm, lass uns unter vier Augen miteinander sprechen!« Mit ausladender Gebärde schwenkte er den Arm und bedeutete seinen Dienern, dass unsere Unterredung nicht gestört werden dürfe. Ich folgte ihm ins Halbdunkel seiner hinteren Gemächer.

Das Zimmer, das wir betraten, war nicht groß, aber jeder Gegenstand, den es enthielt, war so ausgewählt, dass er das Auge erfreute. Auf dem Boden stand eine wohlgeformte Tonvase, bemalt mit einem dunklen Oktopus, und auf schmalen Wandborden leuchteten Becher aus reinem Gold. Gefärbte Tuche aus Sidon waren über die Stühle drapiert, und sogar die Fußschemel hatten kunstvoll geschnitzte Beine und waren mit Elfenbeinintarsien verziert. Aus zwei bronzenen Schalen kräuselte sich duftender Rauch.

Antenor deutete mit dem Kopf auf die Schalen. »Das eine ist getrocknete Zypresse, das andere Ysop«, erklärte er. »Ich finde beides für sich genommen zu kräftig, aber wenn man es mischt« – er trat näher heran und fächelte sich den Rauch unter die Nase –, »welch eine Vermählung!« Er atmete tief ein. Erst dann drehte er sich zu mir um. »Was verschafft mir diese Ehre?«

»Das weißt du genau.« Ich setzte mich auf einen der Stühle. Trotz der Drapierung war er merkwürdig unbequem. »Dein neuerlicher Vorschlag, mich den Griechen auszuliefern. Dir ist doch sicher klar, dass meine Rückkehr nicht mehr genügen wird, um den Krieg abzuwenden.« Sollte ich ihm von meinem eigenen Versuch erzählen? Nein.

»Warum sagst du das?«

»Weil niemandem außer meinem ehemaligen Gatten Menelaos etwas an mir liegt«, sagte ich. »Was die anderen betrifft, so werden sie erst Ruhe geben, wenn sie Troja geplündert und seine Reichtümer geraubt haben.«

Er betrachtete mich verwundert. Verstand er mich denn nicht? »Ich habe Agamemnon schon vor langer Zeit von Troja reden hören. Er wollte immer schon herkommen. Meine Rückkehr wird ihn nicht umstimmen.«

Antenor lehnte sich zurück und verschränkte die Arme. »Hast du Angst, zu ihnen zurückzugehen?«

Das war zu viel! »Nein! Ich war dazu bereit. Klügere Köpfe haben mich jedoch davon überzeugt, dass es keinen Sinn hätte. Und ich habe auf sie gehört. Die Griechen haben die weite Reise nicht meinetwegen unternommen. Ich bin nicht so vermessen, das zu glauben.«

Er sah mich an, als wisse er nicht, ob man mir trauen konnte. Ich erwiderte seinen Blick, und ich erinnerte mich, wie meine Mutter vor langer Zeit meinem Vater gegenüber etwas von einem trojanischen Besucher angedeutet hatte, der in seiner Abwesenheit in Sparta gewesen sei.

Er sah gut aus, anziehend. Ein Mann, der einer Königin nach längerer Einsamkeit durchaus willkommen sein konnte. Sein Haar mit dem Wirbel am Scheitel glich dem meinen.

»Du bist eine kluge Frau«, sagte er schließlich.

»Das habe ich geerbt«, antwortete ich.

»Von wem?«

»Ich weiß es nicht, aber wer immer es ist, ich sollte ihn ehren.«

»Das ist wahr. Man soll seine Vorfahren ehren.« Er nickte. »Man wird den Griechen also kein Angebot machen. Gut. Und jetzt, meine Freundin –«

»Bist du mein Freund? Wenn ja, bin ich froh. Freundschaften reichen oft weit zurück in die Vergangenheit, und wie ich hörte, warst du vor langer Zeit einmal in Sparta bei meiner Mutter und meinem Vater.«

Er spreizte die Hände. »Dein Vater war nicht da. Er führte Krieg gegen Hippokoon. Aber deine gütige Mutter hieß mich im Palast willkommen. Ein prachtvoller Ort, hoch über der Ebene, durch die sich der Eurotas schlängelt. Ich erinnere mich, dass wir –«

»Zweifellos hat sie dich auf geziemende Weise bewirtet«, vermutete ich.

Er zog die Brauen auf eine Weise zusammen, die bei ihm als Stirnrunzeln gelten konnte – er war so höflich, dass er die Stirn niemals wirklich runzelte. »Aber vorher unternahm sie mit mir einen langen Spaziergang am Ufer des Eurotas, der wegen der winterlichen Schneeschmelze Hochwasser führte. Ein herrlicher Fluss! Und dort gab es überaus majestätische Schwäne, größer als alle, die ich bisher gesehen hatte. Einer von ihnen verfolgte uns! Ich glaube wirklich … Oh, Helena, verzeih mir, wenn ich auf der Suche nach den richtigen Worten ins Stammeln gerate … Er hatte die prächtigsten Federn, die ich je gesehen hatte – von blendendem Weiß …« Er stand auf, öffnete einen kleinen verzierten Kasten und suchte darin herum. »Sie ist hier irgendwo, ich weiß es …« Schließlich nahm er eine Feder heraus und schwenkte sie. »Hier! Hier ist diese Feder!« Er legte sie in meine Hand.

Schimmernd lag sie da. Es war eine Feder, wie ich sie auch bei Mutter gesehen hatte. Ihr strahlendes Weiß war noch nach all den Jahren nicht vergilbt. War es die Erinnerung an den Schwan, die sie gehütet hatte, oder die an den Mann, der ihn mit ihr zusammen gesehen hatte? Wer war mein Vater wirklich?

Die Zeit verging ungleichmäßig. Gerade wenn es so aussah, als werde etwas Bedeutsames geschehen – eine entscheidende Schlacht, ein einschneidender Beschluss –, erstarrte sie wieder und wir schwebten bewegungslos in einem Meer der Untätigkeit.

Aber das war eine Täuschung. Die Zeit strömte an uns vorbei – schneller, als es den Anschein hatte. War die natürliche Welt ein verlässlicher Maßstab? Wuchsen die Bäume, wie sie es immer taten, oder waren sie genau wie wir ein Spielzeug der Götter, die den Gang der Jahreszeiten bewachen? Konnte ich sie anschauen und sagen, jawohl, das ist das Wachstum eines Jahres, also ist ein Jahr vergangen? Es schien, als wären die Griechen schon lange da, aber an anderen Tagen war es, als wären sie gerade erst gekommen. Wir beobachteten den Wandel der Jahreszeiten, einen wirklichen Wandel schienen sie jedoch nicht zu bringen: Die Griechen warteten und warteten und warteten, und wir taten es auch.

An einem kalten, klaren Abend erschien Gelanor im Palast. Der Halbmond hing verloren über dem fleckigen, unebenen Gelände zwischen uns und dem Lager der Griechen. Nichts rührte sich dort unten. Das Meer hinter dem Lager schimmerte matt; die Wellen fingen stets auch den kleinsten Lichtschimmer ein und spiegelten ihn funkelnd wider.

»Hektor und ich haben einen Spion ausgebildet, von dem er besonders beeindruckt ist«, erzählte Gelanor. »Er heißt Dolon – aber natürlich ist das nicht sein richtiger Name. Wer kennt den schon? Er soll das griechische Lager hinter der Wallanlage erkunden.«

»Ich dachte, du hast dort schon Spitzel«, sagte Paris.

»Ja, aber Hektor nicht, und es ist wichtig für ihn, jemanden auszubilden. Ich denke … Dolon ist vielleicht nicht der Mann, den ich mir ausgesucht hätte. Aber wie dem auch sei«, endete er hastig.

»Hier lauscht niemand«, beruhigte ich ihn. »Hier gibt es keine Spione – es sei denn, du hättest sie eingeschleust, du Meisterspion. Was lässt dich an Dolon zweifeln?«

Er verzog den Mund, wie er es immer tat, wenn er nachdachte. »Dolon hat eine gewisse Eitelkeit an sich – und der Feind kann sie sich zunutze machen. Wenn man sie anspricht, ist es aus mit der Vorsicht. Ein guter Spion ist nicht eitel. Warum sollte er es auch sein? Er ist ja nicht der, für den er sich ausgibt.«

»Aber manch einem ist es vielleicht unmöglich, sein wahres Ich abzulegen«, sagte Paris.

»So jemand sollte nicht Spion werden«, sagte Gelanor. »Durch Eitelkeit sind mehr Spione entlarvt worden als durch Verrat.«

Draußen wisperte der kalte Wind in den Bäumen, und wir

ließen uns vom Wein wärmen und genossen das ruhige Beisammensein. Ich sehe uns vor mir, wie ein Maler uns gesehen haben könnte: Gelanor, entspannt auf seinem Stuhl, Paris, so jung und strahlend, und ich, glücklich im Kreise meiner Lieben. Ihre Gesichter sind so nah, dass ich die Hand ausstrecken und sie mit der Fingerspitze berühren könnte.

Und wieder bereiteten sich die beiden Heere auf die Schlacht vor. Die Trojaner marschierten wie immer durch das Skäische Tor hinaus, aber diesmal erschien die Truppe mir größer. Vielleicht waren mehr gemeine Soldaten dabei. Wir hatten gehört, dass die Thraker in der Nähe seien und uns in den nächsten Tagen erreichen würden. Dicht hinter ihnen folgten die Lykier, die Karer und die Mysier. Die Amazonen, die den weitesten Weg zurückzulegen hatten, würden als Letzte erscheinen.

Es war die größte Schlacht, die bisher stattgefunden hatte. Die Griechen schienen endlich begriffen zu haben, dass sie zum Kämpfen hier waren, nachdem sie so viele Sommer und Winter am Meeresstrand gesessen und nur kleine Vorstöße ins Innere unternommen hatten. Wir sahen die Frontlinie, an der die beiden Armeen zusammenstießen: Erst zog sie sich mitten durch die Ebene, und im Laufe des Tages wich sie zurück, näher an das griechische Lager heran. Dann wurde es dunkel.

Niemand kehrte nach Troja zurück. Unsere Soldaten lagerten im Feld. Von meinem Dach aus sah ich die Lichtpunkte ihrer Feuer verstreut in der Ebene, dicht vor den griechischen Linien. Die Griechen mussten sich hinter ihrem Palisadenwall verkrochen haben. Vorwärts, Trojaner! Wie gut hatten sie sich heute geschlagen?

Oh, sie waren wunderbar gewesen, und mein Paris hatte sich besonders wacker gehalten! Er hatte Machaon, ihren Arzt, verwundet und außer Gefecht gesetzt, dann Eurypylos, den hochgeborenen Sohn des Euämon, und schließlich zur Krönung Diomedes, den großmäuligen, aufgeblasenen Emporkömmling, der in einer früheren Schlacht Äneas verwundet hatte. Ein kleiner

Dämpfer war vielleicht der Umstand, dass er es mit seinem Bogen getan und Diomedes ihn deshalb verhöhnt hatte, aber was tat das schon? Diomedes hatte bei seinen Worten die Hand auf die Wunde gepresst und vor Schmerzen die Zähne zusammengebissen. Und was noch besser war: Agamemnon war verwundet worden und Menelaos und Odysseus ebenfalls – nicht sehr schwer, doch so waren ihre besten Kämpfer vorläufig ausgefallen. Und Achilleus und sein Patroklos hielten sich von den Kämpfen weiterhin fern, und das war so gut, als wären sie gleichfalls verwundet – oder tot.

Menelaos verwundet. Schlimm? Wo? Ich verstand mich selbst nicht, aber bei dem Gedanken zuckte ich zusammen und betete sogar zu den Göttern, dass er keine Schmerzen haben möge. Nun zahlte er den Preis dafür, dass er mir gefolgt war, doch das war kein Balsam für meine Seele. Beim Gedanken an Agamemnon ging es mir anders: Kein Schmerz konnte Buße genug für das sein, was er seiner eigenen Tochter und seiner Frau angetan hatte. Hoffentlich heulte er vor Qualen, wo immer er verletzt sein mochte. Menelaos dagegen, hoffte ich, hatte man einen Schlaftrunk gegeben; er sollte gelöst erwachen und wieder genesen. Und was Odysseus betraf, so sollte die Verwundung seinen Verstand lähmen und aus den Angeln heben, sodass er nur noch überlegte, wie er seine Schmerzen lindern könnte, statt Pläne gegen die Trojaner zu schmieden.

Aber wir erhielten die Nachricht, dass Dolon auf seinem Weg ins griechische Lager abgefangen worden war – von Odysseus und Diomedes, vor der Schlacht, in der sie verwundet worden waren. Durch eine List hatten sie ihn dazu gebracht, ihnen zu offenbaren, wo die Thraker auf dem Weg nach Troja ihr Lager aufgeschlagen hatten. Odysseus und seine Leute töteten nicht nur Dolon, sondern erschlugen auch Rhesos, den Anführer der Thraker, raubten ihre edlen Pferde und tänzelten in ihr Lager zurück.

Da wurde mir klar, dass Odysseus der gefährlichste Gegner war, den die Trojaner hatten. Nicht weil er ihr größer Streiter gewesen wäre – das war er nicht –, sondern weil er sich wie eine giftige Natter unter einem Stein verstecken und unversehens zuschlagen konnte. Agamemnon, Menelaos, Idomeneus, die Söhne Nestors – alle diese Männer fuhren mit ihren Streitwagen ins Feld, kämpften mit Schwert und Schild, fielen oder zogen sich zurück. Odysseus hingegen war wie eine verdeckte Fallgrube mit spitzen Pfählen, deren wahre, mörderische Natur verborgen war.

Evadne stahl sich lautlos herein, als ich auf dem Balkon stand und zu den Feuern in der Ebene hinabschaute. Ehe ich sie bemerkte, stand sie neben mir. Ihre Anwesenheit beruhigte mich.

»Du kannst es nicht sehen, aber dort unten flackern Hunderte von kleinen Feuern. Das trojanische Heer lagert dicht vor den griechischen Linien.« Noch wusste ich nichts von Dolons Missgeschick.

»Das ist gut, Herrin, aber ich fürchte dennoch für morgen. Etwas Schlimmes ist geschehen, das fühle ich.«

»Nicht mit Paris!«, rief ich, als könnte ich es damit verhindern. »Sprich!«

»Nein, nicht mit Paris. Das würde ich deutlicher fühlen. Aber im Krieg geschehen ständig schlimme Dinge.« Jetzt wollte sie ihre beängstigenden Worte mildern. »Meine seherische Gabe erwacht wieder. Eine Zeitlang – nach dem Tod der Schlange – habe ich nur wenige Botschaften empfangen. Vielleicht lag es daran, dass es nichts zu empfangen gab. Du weißt ja, wie erschütternd es ist, wenn die Offenbarungen plötzlich aufhören.«

Ja, das wusste ich. Ich hatte selbst nur noch wenige Ahnungen verspürt, ein leises Wispern nur und blasse, flimmernde Bilder. Die Schlange hat meine Gabe mit in den Tod genommen, dachte ich.

»Das Schlachtenglück wird sich wenden«, sagte sie. »Es wird sehr schnell gehen, nachdem so lange gar nichts geschehen ist. Sind wir bereit, Herrin? Bereit für das, was kommen wird?«

»Nein«, sagte ich. »Ich bin für gar nichts bereit – es sei denn, die Griechen wollten die Segel setzen und nach Hause fahren.«

»Das sehe ich kommen, aber ich sehe dich bei ihnen auf den Schiffen. Ich sehe Andromache auf einem griechischen Schiff und Kassandra.«

»Nein. Deine Gabe hat dich im Stich gelassen. Du hast gerade gesagt, dass du Paris nicht siehst!«

»Die Visionen sind unvollständig, sie kommen bruchstückhaft, fetzenweise.«

»Dann solltest du nicht darüber reden, bis du die Fetzen zusammengefügt hast.« Aber es war zu spät. Sie hatte davon gesprochen.

Starr lag ich in meinem Bett. Evadne war gegangen, im Palast war es still. Das Bett, das ich mit Paris teilte, war riesig ohne ihn – groß wie das Deck eines Schiffs. Ein Schiff … Warum dachte ich jetzt an Schiffe? Weil Evadne davon gesprochen hatte? Ich werde niemals an Bord eines griechischen Schiffes gehen, schwor ich mir. Wenn der Tag käme, den sie vorausgesehen hatte, würde es bedeuten, dass Hektors grausige Ahnung wahr geworden war und dass das, was er für Andromache befürchtete, sich ereignet hatte. Es würde bedeuten, dass Paris tot war.

Ich drehte mich auf der flachen Lagerstatt um. Auch die weichsten Lammfellkissen brachten kein Behagen. Ich konnte kaum atmen. Ich hatte Angst – nein, es war mehr als Angst.

In einer fernen Ecke des Zimmers bewegte sich etwas. Ich fuhr kerzengerade hoch. Eine Sklavin huschte geduckt auf mich zu und fiel vor mir auf die Knie. »Meine Herrin Andromache schickt mich. Sie kann nicht schlafen. Sie sagt, wenn du es auch nicht kannst, sollst du zu ihr kommen.«

Eine merkwürdige Einladung. Doch sie war mir willkommen. Wir waren zwei Frauen, die in der Nacht für ihre Männer wachten. »Ich komme«, sagte ich. »Warte auf mich.«

Ich brauchte nicht lange, um mich anzuziehen. Lautlos folgte ich ihr über den Hof hinüber zu Hektors Palast und hinauf in die Privatgemächer. Die Wache beobachtete uns mit halb offenen Augen. Andromache erwartete mich oben an der Brüstung des flachen Daches; sie schaute hinunter zu den Lagerfeuern.

»Bald werden sie heruntergebrannt sein und erlöschen.« Sie drehte sich nicht um. »Dann wird der Tag anbrechen, der Tag der Schlacht.«

»Ja, meine Freundin. Und es ehrt mich, dass du nach mir geschickt hast, weil du wusstest, dass ich ebenfalls wach liege.« Ich trat an ihre Seite. »Wo mögen sie sein, was glaubst du? An diesem Feuer oder an jenem dort?«

»Das wissen wir nicht. Werden Hektor und Paris überhaupt am selben Feuer sitzen? Da sind so viele Kompanien.«

»Unsere Männer werden nach besten Kräften kämpfen, wenn die Götter es erlauben.« Das war das Einzige, dessen wir sicher sein konnten.

»Aber wenn die Feinde in einem Überraschungsangriff die Stadt stürmen?«

»Eine Stadt kann man nicht in einem Überraschungsangriff stürmen – nicht, wenn sie so groß ist wie Troja. Ein Angriff gegen die Mauern bringt großen Tumult. Wir werden gewarnt sein. Werden wir auch genug Mut haben? Das ist die Frage. Es kann nicht leicht sein zu sterben.« Ich atmete tief durch. »Aber unsere Männer werden uns mit gutem Beispiel vorangehen. Wir werden ihnen folgen, denn sonst wären wir nicht wert, ihre Frauen zu sein.«

Sie umarmte mich zitternd. »Du liebst ihn wirklich«, sagte sie. »Ich habe versucht, es ihnen allen begreiflich zu machen – Hektor, dem König, Hekuba. Aber sie …«

Also hatten sie – die Trojaner – nicht einmal das geglaubt! Warum sonst hätte ich denn herkommen und alles andere in meinem Leben zerstören sollen? Ich war so enttäuscht von ihnen, dass ich kaum ein Wort hervorbrachte. »Ja, Andromache. Ich liebe ihn mehr als mein eigenes Leben.« Ich schwieg einen Augenblick. »So, wie du Hektor liebst.«

Als ich in mein Schlafgemach zurückkehrte, erwartete mich ein kleiner Beutel. Er enthielt einen mit Widerhaken bewehrten Pfeil. Der Bote, ein Knabe, der in dieser Nacht offenbar nicht geschlafen hatte, erklärte: »Prinz Paris schickt ihn dir, und er lässt dir sagen, die Brüder des Pfeils haben ihr Ziel getroffen. Du brauchst dich nicht zu schämen.«

Ich dankte ihm und entließ ihn. Dann saß ich in der Morgendämmerung und liebkoste den unbenutzten Pfeil. Für Paris würde ich mich niemals schämen müssen.

LVII

Der Morgen graute, und ich wusste, dass die Soldaten sich zu rühren begannen, wenn sie überhaupt ein Auge zugetan hatten. Plötzlich erklangen Fanfaren, und die dünnen Stimmen der Ausrufer hallten durch die kalte Morgenluft: Priamos werde unten auf der breiten Straße vor der Mauer zu den Bürgern der Stadt sprechen.

Der alte König – er sah jetzt noch älter aus –, flankiert von Hekuba und seinem jüngsten Sohn, Polydoros, der ihm kaum bis an die gebeugten Schultern reichte, breitete die Arme aus und gebot Schweigen. Er sprach von unserem erfolgreichen Vorrücken gegen das Lager der Griechen und zählte die Verbündeten auf, die zu uns gestoßen waren: die Dardanier unter dem Befehl von Äneas, die Päonier und die Karer mit ihren krummen Bogen, die Paphlagonier und die Lykier, gemeinsam angeführt vom edlen Sarpedon und seinem Vetter Glaukos. Die Thraker mit den berühmten weißen Pferden waren bereits mit ihrem König Rhesos im Felde. Überdies hieß es, die Amazonen und eine Abteilung Äthiopier seien unterwegs. Damit waren die Verbündeten gegenüber den Trojanern in der Überzahl. Um sie zu ernähren und auszurüsten, mussten trojanische Schätze an die Phrygier und Mäonier verkauft werden. Als Priamos das bekannt gab, hingen seine Schultern noch tiefer herunter.

Während er noch sprach, kam ein Soldat und flüsterte ihm etwas ins Ohr. Blinzelnd hielt er inne und wandte sich dann wieder an uns. »Wie es scheint«, sagte er, »wurde unser Freund und Bundesgenosse König Rhesos im Feld erschlagen, während er schlief. Seine Männer wurden getötet, seine Pferde gestohlen.« Er schleifte die Worte wie ein lahmes Bein. »Es wird noch weitere Tote geben.« Er richtete sich auf und hob den Kopf. »Aber so ist der Krieg. Tod und Überraschungen. Ich verbiete euch zu weinen, wenn ihr die Leichen gefallener Kameraden einsammelt. Es entmutigt die anderen. Weint allein in eurer Kammer, wenn ihr denn weinen müsst!«

Der Krieg war nun überall – in den Stimmen der Ladenbesitzer, Pferdeknechte und Steinmetze, in den Augen der fremden Flüchtlinge, die sich in unseren Straßen drängten, in den flinken Fingern stehlender Kinder und in den glasigen Blicken alter Witwen. Die Kornsäcke bei den Händlern waren verschwunden, Wein hortete man wie einen Schatz, und Ziegen sperrte man ein, damit niemand sie stahl. Brennholz war rar geworden, sonst hätten sehr viel mehr Opferfeuer auf den Altären ihren Rauch gen Himmel geschickt. Niemand wollte sein Fleisch und sein Holz mehr auf diese Weise verbrauchen, und so flehten nur noch Stimmen, die nichts kosteten, zu den Göttern. Die meisten gesunden Männer dienten im Felde, und nur Kinder, Frauen und Gebrechliche waren noch in der Stadt. Der Kriegseifer der Jungen war vergangen; sie beklagten jetzt den Tag, da er begonnen hatte. Und der Raub der thrakischen Pferde entmutigte die Trojaner weiter; sie kannten die Weissagung, die besagte, Troja werde nicht fallen, wenn die thrakischen Pferde das Wasser des Skamander tranken. Die Pferde hatten den Skamander nicht erreicht. Jetzt blieb nur noch die Hoffnung, dass die unwissenden Griechen sie dort saufen ließen. Andernfalls wären jetzt zwei der fünf Prophezeiungen zum Fall Trojas erfüllt.

Die Sonne schien kräftig an diesem Tag – an dem Tag, da der Lauf des Krieges sich änderte. Von oben konnten wir kaum mehr als die Staubwolken sehen. Manchmal wehte der Schlachtenlärm im Wind zu uns heran, aber er verriet uns wenig. Gleichwohl standen die Trojaner, die noch in der Stadt waren, oben auf den Mauern, spähten hinunter und spitzten die Ohren.

Evadne und ich kehrten in meine Gemächer zurück. Ich solle mich hinlegen, sagte sie, und ich gehorchte. Sie zündete Weihrauch an, und der Rauch erfüllte das Zimmer mit süßem Moschusduft und hatte es nicht eilig, durch das Fenster hinauszuwehen.

»Von hier aus können wir besser sehen«, sagte sie. »Ohne unsere Augen.«

»Ich kann nicht mehr in die Ferne sehen«, sagte ich.

»Doch, das kannst du.« Sie strich über meine geschlossenen Lider. »Glaubst du wirklich, es war Aphrodite, die dich in die Ebene hinuntergetragen hat, als Paris gegen Menelaos kämpfte?« Sie lachte leise. »Es war deine eigene Vision. Die Göttin wollte dich wie immer verwirren. Jetzt lass dich dort hintragen.«

Ich atmete den schweren Duft von Sandelholz und Kampfer. Meine Arme erschlafften, und ich schwebte über dem Sofa.

Evadne nahm meine Hand. »Ich bin bei dir. Wir gehen zusammen. Wenn wir da sind, öffne die Augen!«

Als sie es mir sagte, schlug ich die Augen auf. Ich glaubte es wenigstens. Oder träumte ich? Jedenfalls sah ich nicht mehr die vertrauten Wände des Zimmers, sondern stand neben Paris. Er war schmutzig und erschöpft. Murmelnd nestelte er an einem Riemen seiner Rüstung. Hektor stapfte umher und erteilte seinen Männern Befehle. Auch Antimachos war da und leitete die Aufstellung der Streitwagen. Sie fragten sich besorgt, ob es ihnen gelingen würde, den tiefen Graben vor dem Palisadenwall zu überwinden, der das feindliche Lager und die Schiffe schützte. Es waren die gleichen Befestigungsanlagen wie die vor der Unterstadt in Troja, und sie dienten dem gleichen Zweck wie die unseren: Sie sollten die Streitwagen abhalten.

Hektor brüllte, sie würden nicht zurückweichen, ehe sie die Schiffe auf das Meer hinausgetrieben hätten. Er gab den Befehl zum Angriff – zu früh, wie mir schien. Aber zu spät zu handeln kann in einer Schlacht tödlich sein. Die Wagen stürmten los. Und sie konnten den Graben nicht überwinden.

Hektor sprang herab und stürmte zu Fuß gegen Tore und Pfahlzaun an, mit seiner bloßen Körperkraft, begleitet von Äneas und Paris. Die Lykier waren bei ihm, und sie erreichten das Tor als Erste. Später hieß es, Hektor sei »wie ein Gott« erschienen. Er schleuderte einen gewaltigen Felsblock gegen das Tor, das Holz erbebte und barst, die Riegel zerbrachen, und die Trojaner stürmten mit gellendem Kriegsgeheul hindurch.

Jetzt waren sie im Lager der Griechen. Wie die Ameisen in einem jäh zertretenen Ameisenhügel stoben die Griechen auseinander und rannten hierhin und dorthin. Einige flüchteten sich auf die Schiffe, andere verkrochen sich in ihren Hütten, und wieder andere rotteten sich zusammen und gingen zum Gegenangriff über. Agamemnon, Menelaos und Odysseus waren nirgends zu sehen; die verwundeten Recken versteckten sich.

Im hitzigen Gefecht herrschte ein wüstes Durcheinander, sodass ich nur einzelne Momente erfassen konnte. Hektor und andere setzten ein paar der Schiffe in Brand, und die Flammen loderten prachtvoll zum Himmel. Ajax – der große, nicht sein kleinerer Kamerad – hielt die Stellung an Deck eines Schiffes und versperrte Hektor den Weg. Er schwenkte einen Spieß mit bronzener Spitze, doppelt so lang wie alle anderen – aber Ajax war ja auch fast doppelt so groß wie jeder andere Mann –, und forderte Hektor zum Kampf. Hektor konnte ihm ausweichen und die Bronzespitze des Spießes abschlagen, sodass Ajax nur noch einen unhandlichen Knüppel in den Händen hielt.

Höhnische Schmähungen vergifteten die Luft auf beiden Seiten, und ein Tauber wäre im Vorteil gewesen, weil er nichts davon hörte.

Da erschien Odysseus, quiekend wie ein altes Weib, das sich den Arm verbrüht hat. Wegen seiner Verwundung konnte er jedoch wenig tun.

»Setzt die Segel, ihr Feiglinge!«, brüllte ein Trojaner und stürmte mit seinen Kameraden zu den Schiffen.

Aber nach und nach brach der Angriff zusammen. Die Schiffe ergriffen nicht die Flucht, und nur wenige brannten. Auf geheimnisvolle Weise wendete sich das Blatt, und die Trojaner wichen langsam zurück. Paris war unversehrt und die anderen Befehlshaber auch. Doch als sie den Rückzug antraten, sprang Ajax von seinem Schiff und packte einen der mächtigen Steine, die am Ufer als Verankerung dienten. Er schleuderte ihn gegen Hektor und traf. Hektor stürzte zu Boden. Seine Kameraden umringten ihn sogleich, zogen ihn weg und brachten ihn hinter dem Graben in Sicherheit. Er war bewusstlos, und Blut floss aus seinem Mund.

Es wurde Abend. Der Vorhang der Dunkelheit umwehte mich, aber ich rührte mich nicht, denn sonst würde ich die Vision unterbrechen und vielleicht nicht wiederfinden. Ich war nicht hungrig und nicht müde; da, wo ich schwebte, waren solche Dinge ohne Belang.

Paris sank zu Boden, legte den Helm neben sich und schob die Hände hinter den Kopf. Er hatte die Beinschienen und den Brustharnisch abgelegt, aber den schweren leinenen Panzer trug er immer noch. Sein Blick war stumpf; er wirkte benommen und schaute sich immer wieder nach Hektor um. Sein Schwert und seinen Bogen hatte er säuberlich nebeneinandergelegt. In der Nähe rieb Deiphobos sich die Arme mit Öl ein und brüstete sich mit seinen Siegen dieses Tages. Auch er schaute zu dem am Boden liegenden Hektor hinüber, doch in seinem Blick lag nichts von der Trauer, die Paris zeigte. Er gierte nach Hektors Platz als Oberbefehlshaber. Wie nackt ihm diese Gier im Feuerschein ins Gesicht geschrieben stand, wenn er glaubte, dass niemand es sah!

Antimachos schritt durch das Lager und sprach aufmunternde Worte zu seinen Leuten. In einem solchen Augenblick brauchten sie jemanden wie Antimachos. So hat jeder Mensch seinen Platz.

Im Morgengrauen änderte sich noch einmal alles. Achilleus erschien in voller Rüstung. Achilleus! Was war aus seinem Streit mit Agamemnon geworden, was aus seiner Weigerung zu kämpfen? Verwirrt wichen die Trojaner zurück. Hektor regte sich und kam gerade rechtzeitig zu sich, um zu beobachten, wie Achilleus den Graben durchquerte. »Wir sollten uns zurückziehen«, sagte er. Achilleus' Erscheinen forderte eine veränderte Taktik. Ja, er war nur ein einzelner Mann, aber ihn umgaben so viele Prophezeiungen und Legenden, dass man ihn nicht wie einen Einzelkämpfer behandeln durfte.

Achilleus und seine ausgeruhten Truppen gaben den erschöpften Griechen durch ihre bloße Anwesenheit neuen Mut, und sie griffen mit frischen Kräften an. Unversehens verwandelte sich der geordnete Rückzug der Trojaner in eine hastige Flucht zu den Toren der Stadt. Die Streitwagen flogen mit halsbrecherischer Geschwindigkeit durch die Ebene, und die Fußsoldaten rannten, so schnell sie konnten. Die Griechen setzten ihnen nach, holten die langsameren ein und eröffneten den Kampf.

Achilleus führte sie an. Er holte die Lykier ein und griff ihren Anführer Sarpedon an. Die beiden Männer standen einander gegenüber und warfen ihre Speere. Sarpedon fiel, und Achilleus frohlockte. Es kam zu einem wilden Kampf um den Leichnam Sarpedons, aber er schien zu verschwinden, und niemand sah, wo er geblieben war.

Kühner geworden, stürmten die Griechen auf die Stadt zu, und eine ihrer Kompanien versuchte die Mauer zu erklimmen. Wieder nahmen sie sich den schwachen Abschnitt zum Ziel, aber unsere Verstärkungsarbeiten waren erfolgreich gewesen. Jetzt, da der Feind endlich nah genug war, warfen Gelanors Leute die Skorpionbomben über die Mauer. Die Behälter platzten und gaben ihren stechenden, beißenden Inhalt frei. Die Griechen stürzten von ihren Sturmleitern und krochen schreiend und in panischer Hast davon.

Doch dann rannte Achilleus selbst in seiner golden glänzenden Rüstung gegen die Mauer an, als wolle er sie mit bloßen Händen bezwingen. Schnell wie der Wind nahm er Anlauf und sprang so hoch, wie seine starken Beine es erlaubten. Er gelangte fast bis zur halben Höhe der steil abfallenden Flanke, bevor er wieder hinunterrutschte. Ein Hagel von Pfeilen wurde auf ihn abgeschossen, aber sie konnten ihn nicht erreichen, weil er zu dicht an der Mauer war. Steine fielen, Skorpione prasselten auf ihn herab, aber noch drei Mal gelang es ihm beinahe, die Mauer zu überwinden, und dabei schrie er wie ein Adler im Fluge. Später behauptete jemand, seine Fingerspitzen hätten sich um die Brüstung gekrallt, doch dann sei er wie von einem unsichtbaren Bronzeschild zurückgestoßen worden. Brüllend stürzte er zu Boden und landete schwer auf den Knien.

Sogleich umringten ihn Trojaner, und er verschwand in ihrer Mitte, aber im nächsten Augenblick taumelte er wieder hervor und drehte sich verwundet um sich selbst. Ein namenloser Soldat fiel ihm in den Rücken. Hektor jedoch versperrte ihm unversehens den Weg, hob den Speer und streckte den Soldaten nieder.

Zuckend und um sich schlagend, lag er am Boden. Hektor riss ihm den Helm als Beute vom Kopf und hielt ihn in die Höhe. Dann warf er ihn beiseite und beugte sich über den Besiegten. Die Rüstung gehörte Achilleus, aber wer sie trug, war Patroklos. Er hatte Patroklos erschlagen. Und ich hörte die Worte, die der Sterbende murmelte: »Auch du wirst bald sterben. Das Schicksal des Todes schwebt über dir, des Todes durch die Hand des Achilleus, des strahlenden Peleus-Sohnes.«

Grunzend riss Hektor seinen Speer aus dem leblosen Körper. Er ließ nicht erkennen, ob er die Worte gehört hatte. Er schaute zur Mauer hinauf; von oben riefen seine Landsleute ihn und drängten ihn, mit seinen Männern in die Stadt zu kommen. »Ich habe noch etwas zu tun«, rief er. Er schnallte dem Toten die goldene Rüstung ab, nahm den prunkvoll getriebenen Brustpanzer und warf ihn auf den Schild. Dann legte er die Beinschienen daneben und krönte alles mit dem Helm. Es waren königliche Insignien, die berühmte Rüstung, die Achilleus' Vater von den Göttern erhalten hatte: eine würdige Kriegsbeute. Hektor ließ einen Wagen kommen und alles aufladen. Jetzt lag der gefallene Patroklos nackt in seinem Blut. Bevor Hektor und seine Leute ihn zu der Rüstung auf den Karren heben konnten, kam Menelaos mit einem zweiten Mann vom Heer der Griechen herübergelaufen und wollte Hektor den Toten entringen. Beide packten einen Arm und zankten wie Schakale über einem Kadaver; sie rissen und zerrten ihn fauchend hin und her. Ich war überrascht, wie wütend Menelaos trotz seiner Verwundung kämpfen konnte. Schließlich hatten die Griechen den Leichnam erobert und schleppten ihn, eskortiert von den beiden Ajaxen, in ihr Lager.

»Herein mit dir, herein!«, sangen die Leute auf der Mauer. »Wir wollen deinen großen Sieg feiern!«

»Wenn die Schlacht geschlagen ist und die Griechen abgezogen sind«, rief Hektor und beharrte darauf, mit seinen Männern im Feld zu bleiben. Den Übrigen indessen erlaubte er, für die Nacht in die Stadt zurückzukehren. Vielleicht wollte er Andromache nicht entgegentreten, weil er wusste, dass er nicht die Kraft für einen zweiten Abschied haben würde.

Das Skäische Tor öffnete sich knarrend, die Wächter zogen die mächtigen Flügel auf, und die staubbedeckten Soldaten schleppten sich herein. Ihre aufgeregten Familien erwarteten sie schon und führten sie heim zu einem heißen Bad und einem gedeckten Tisch; diejenigen, die keine Verwandten hatten, zogen in die Soldatenunterkünfte. Hinter ihnen wurden die Verwundeten in die Stadt getragen und in das wachsende Lazarett auf der anderen Seite gebracht.

Andromache hatte sich in ihre Gemächer zurückgezogen und saß am Webstuhl. Sie kam nicht hinaus auf die Bastion, sondern wartete lieber zu Hause auf Hektor. Manche hielten sie deshalb für stolz, aber ich wusste, dass sie Angst hatte.

»Aufwachen, Herrin!«, flüsterte Evadne. »Wach auf! Er kommt.«

Aber ich hatte gar nicht richtig geschlafen. Ich schwebte wie eine Rauchwolke irgendwo zwischen Wachen und Schlafen, zwischen Hier und Anderswo. Von dort zurückzukehren war nicht leicht; es war, als würde ich an einem langen Seil zum Boden hinuntergezogen. Ich wollte gern bleiben, wo ich war, aber der Sog war zu stark.

»Helena.« Paris stand neben dem Sofa, ganz so, wie ich ihn in meiner Vision gesehen hatte. Er war jetzt allerdings noch schmutziger, und seine Rüstung hatte Dellen und hässliche, tiefe

Schrammen, doch er war unversehrt. »Wir haben gut gekämpft! Oh, wie konntest du die ganze Zeit schlafen?«

Ich richtete mich auf. Konnte ich ihm sagen, dass ich alles mit angesehen hatte? Würde ihm das die Freude des Berichtens verderben? »Wenn du nicht zurückgekehrt wärst, wäre ich nie mehr aufgewacht. So ist es besser«, sagte ich. Ich strich über sein Haar; sein goldener Glanz war stumpf von Staub und Schweiß.

»Wir haben uns bis ins griechische Lager vorgekämpft.« Er nahm den Brustharnisch ab. »Hektor, Äneas und ich haben den Angriff durch das Haupttor geführt – Hektor hatte es mit einem Felsblock aufgesprengt. Und dann haben wir die Schiffe angezündet!«

»Wunderbar!«

»Die Nacht haben wir im Feld verbracht. Wir wollten gleich im ersten Morgengrauen weiterkämpfen und den Rest der Schiffe verbrennen, doch das sollte nicht sein.«

»Aber wir haben Rauch gesehen …«

»Das war nur der Rauch vom Abend zuvor. Denn kaum ging die Sonne auf, erschien Achilleus mit frischen Truppen. Wir kamen nicht mehr nah genug heran, um weitere Schiffe in Brand zu setzen.«

»Achilleus …« Oh, ich konnte ihm nicht sagen, was ich gesehen hatte. Ich musste alles noch einmal hören, und wenn ich es von Paris hörte, wäre es neu für mich. »Ich dachte, er sitzt schmollend im Zelt und will nicht kämpfen.«

»Vielleicht – das dachten wir wenigstens – hatte unser Feuer ihn versengt und er war zornig, weil wir so nah herangekommen waren, und erschrocken, weil wir ihre Anführer verwundet hatten. Vielleicht sah er aber auch eine gute Gelegenheit für sich, als Agamemnon außer Gefecht gesetzt war. Jedenfalls war er da. Er hat die Griechen um sich geschart, und sie haben uns Stück für Stück zurückgedrängt.«

»Er hat ihnen frischen Mut geben können.«

»Frische Beine hatte er auf jeden Fall. Die Myrmidonen hatten ja noch nicht gekämpft, sondern mit ihrem Anführer herumgesessen, und so brannten sie darauf, sich ins Getümmel zu stürzen. Er hat sie bis an die Mauern Trojas geführt – *das* hast du doch sicher gesehen?«

»O ja, aber dort war ein so dichtes Gedränge. Erzähle es mir!«

»Er versuchte, selbst die Mauer hinaufzuklettern. Mit seiner Wut und seiner Schnelligkeit wäre es ihm beinahe gelungen. Aber Antimachos schrie, dass da etwas nicht stimmen könne. Jeder, der Achilleus einmal hat laufen sehen, konnte erkennen, dass dieser Mann langsamer war. Und sein Speer flog nicht so weit wie sonst. Und als Hektor ihn tötete –«

»Mühelos«, sagte ich. »Mühelos?«

»Zu mühelos. Hektor hätte nicht so überrascht sein dürfen, wie er es war, als er bemerkte, dass Patroklos in der Rüstung steckte, nicht Achilleus.«

»Hatte er es wirklich nicht geahnt?«

»Er war ganz von dem Kampf in Anspruch genommen und hat sich von der Rüstung täuschen lassen. Deshalb war er erschrocken, ja. Er hat die Rüstung mitgenommen, und jetzt wird sie hier in Priamos' Palast zur Schau gestellt.«

»Ich habe gehört, niemand außer Achilleus könne sie tragen, weil sie so schwer und unhandlich sei. Aber das hat anscheinend nicht gestimmt.«

»Hektor hat vor, sie zu tragen. Morgen früh ziehen wir wieder hinaus in den Kampf«, sagte Paris. »Aber das ist morgen.«

Ich umarmte ihn trotz seines schweißnassen Leinenwamses und drückte ihn fest an mich. Aphrodite möge mir verzeihen, aber der Schweiß des Geliebten riecht besser als all ihre süßen Düfte. Ich glaube, für mich hat er niemals schöner ausgesehen. Vielleicht stimmt es, dass der Krieg den Mann schmückt wie Juwelen die Frau.

Hektor schlief draußen im Feld. Patroklos lag tot im Lager der Griechen, Paris in meinen Armen hoch oben in unserem Palast. Flüchtig fragte ich mich, wie Achilleus die Nacht verbringen mochte. Ich konnte nicht ahnen, dass er auf eine neue Rüstung wartete, hastig geschmiedet von den Göttern, damit er uns am nächsten Morgen alle vernichten könnte.

LVIII

Ob Paris überhaupt geschlafen hatte? Schon vor dem Morgengrauen war er auf und rüstete sich zum Kampf. Seine dunklen Umrisse bewegten sich im Zimmer. Er beugte sich über mich und küsste mich; er glaubte mich schlafend, aber ich richtete mich auf und umarmte ihn, bemüht, die drängende Angst zu unterdrücken, die in meinen Armen kribbelte.

»Heute ist der entscheidende Tag«, murmelte er. »Ich kann es fühlen.«

»Ich auch«, sagte ich. Ich wünschte mir den Sieg, und mir graute vor dem Untergang.

Hektor und seine Leute warteten im Felde dicht vor den griechischen Linien. Im ersten Morgenlicht strömten ihre Kameraden zum Tor hinaus, um sich ihnen wieder anzuschließen. Die Sonne blitzte auf den Speichen der Wagen, und sie funkelten zu uns herauf, die wir von den Mauern aus zuschauten. Das Heer draußen schwoll an, bis die ganze Ebene bedeckt war. Das Gelände vor Troja war leer; alle waren draußen in der Nähe der Schiffe.

Wir waren zu weit entfernt, um etwas zu erkennen, aber das konnte ich ändern. Ich ging in meine Gemächer und rief nach Evadne. Sie wusste, was zu tun war, um dort hinzugelangen.

Ich war nun in vorderster Front. Ich sah Hektor inmitten der Männer marschieren; er wirkte plötzlich viel älter. Sein Helm war hastig vom Schmutz gereinigt worden, aber er glänzte nicht mehr. Er begrüßte Paris und Äneas und erteilte seinen Soldaten deren Befehle, als plötzlich Achilleus auf dem Schutzwall erschien, rot umlodert von der aufgehenden Sonne. Seine Stimme gellte über das Feld wie eine Fanfare, als er mit verzerrtem Gesicht und bebenden Lippen zu den Trojanern herüberbrüllte, er sei gekommen, um Patroklos zu rächen und Hektor zu töten. Über Nacht hatte er irgendwo eine neue Rüstung aufgetrieben, und sie funkelte wie ein Spiegel.

Beim Klang seines Namens zuckte Hektor fast unmerklich zusammen. Nur jemand, der ihm so nah war wie ich, hätte es sehen können. Achilleus bemerkte es sicher nicht. Bevor Hektor ihm antworten konnte, wichen seine Männer zurück. Das mörderische Gesicht, die gellende Stimme und die Geschichten über Achilleus, den unbesiegbaren Recken, taten ihre Wirkung. Die Trojaner ergriffen die Flucht.

Ja, sie flohen. Mit eingeklemmtem Schwanz traten sie den ungeordneten Rückzug nach Troja an. Vergebens befahlen Hektor und Paris ihnen, standhaft zu bleiben.

»Ihr kämpft gegen einen Mann, nicht gegen einen Gott!«, rief Hektor. »Bleibt stehen!« Aber ringsumher wichen die Männer weiter zurück.

»Er ist sterblich! Ein einziger Speer kann ihn fällen!«, schrie Paris. »Schleicht euch nicht davon!«

Es war alles umsonst. Der Rückzug verwandelte sich in heillose Panik. Die Trojaner rannten Hals über Kopf zurück zu den Mauern ihrer Stadt, und ihre Verbündeten waren auch nicht tapferer.

Antenor verlor dabei zwei Söhne, die von griechischen Verfolgern niedergemacht wurden. Deiphobos, der neben Hektor lief, keuchte: »Wir müssen allesamt Zuflucht in der Stadt suchen!«

»Nein!«, rief Hektor. »Niemals!«

Die trojanischen Streitkräfte teilten sich. Die eine Hälfte, geführt von Deiphobos, lief geradewegs auf die Stadt zu, aber der anderen versperrte der rauschende Skamander den Weg. Achilleus, brüllend wie das Wasser des Flusses, stürzte sich auf Äneas. Dieser stolperte und fiel, dennoch gelang es ihm, dem mörderischen Wüten des Achilleus zu entgehen. Der rasende Grieche musste seine Aufmerksamkeit den Trojanern zuwenden, die am Flussufer in die Enge getrieben waren. Unversehens lief ihm ein Knabe über den Weg – viel zu jung, um hier draußen zu sein –, und er schlug ihn nieder, als wolle er sich wegen Äneas rächen. Der Knabe war Polydoros, der jüngste Sohn des Priamos. Ungehorsam gegen seinen Vater, war er offenbar mit den Soldaten zum Tor hinausgeschlüpft, um in der Schlacht dabei zu sein. Er sank zusammen und fiel kopfüber in den Fluss. Achilleus stürzte ihm nach und verfolgte die wild mit den Armen rudernden Trojaner; unaufhörlich schwang er sein Schwert und tötete viele, bevor ihn eine mächtige Woge erfasste, sodass er beinahe ertrank. Triefend, zerzaust und wütender als zuvor stemmte er sich an der Uferböschung hoch.

»Töten! Töten!«, schrie er und schlug nach links und rechts in die Luft. »Mein Arm soll müde werden vom Töten!«

Die Trojaner zitterten, als hätte er sie verzaubert und entmannt.

»Er hat nichts Magisches an sich!«, rief ich. »Wehrt euch!« Aber ich murmelte nur im Traum, und meine Stimme erreichte niemanden, nicht einmal Paris.

Paris! Wo war Paris? Ich sah ihn nirgends. Oh, wenn ihm nur nichts zugestoßen war!

Im Skamander stauten sich die Leichen; sie kreiselten und drehten sich im schlammigen Wasser und verfingen sich im Geäst überhängender Bäume. Aber Achilleus hatte den Fluss hinter sich gelassen. Die Männer, die er schon getötet hatte, hatten seinen Blutdurst nicht gestillt. Er suchte Hektor. Er dürstete nach Hektor.

»Hektor! Hektor!«, schrie er. Seine Stimme hatte an Kraft verloren; er krächzte, aber das klang noch bedrohlicher. Er flog wie ein Raubtier über die Ebene und trieb das ganze trojanische Heer vor sich her. Oh, welche Schande! Sie flohen vor einem einzelnen Mann!

Priamos beugte sich über die Mauerbrüstung und befahl, das Tor zu öffnen. Die Wachen gehorchten, und die Trojaner fluteten in panischer Auflösung herein.

Das gesamte Heer war in die Flucht geschlagen! Alle Kommandanten waren geflohen: der Maulheld Antimachos, Helenos, Deiphobos und sogar Äneas und auch Paris. Oh, den Göttern sei Dank – Paris war unversehrt!

Als ich dies wusste, regte ich mich auf meinem Sofa. »Evadne«, sagte ich. Konnte sie mich hören? Sprach ich mit meiner wirklichen Stimme?

»Ja, Herrin?«

»Beende es!«, sagte ich. »Paris ist wieder da. Ich muss mit ihm zusammen zuschauen.«

Ich weiß nicht, was sie tat, aber die Vision verblich, und ich sah nur noch das Zimmer. Ich fühlte mich schwach und schlaff, als wäre ich selbst auf dem Schlachtfeld gewesen.

»Geh, Herrin!« Sie nahm meine Hand und zog mich langsam und behutsam hoch. Meine Füße schmerzten, als sie den kalten Boden berührten.

Wie eine Schlafwandlerin lief ich durch die breite Straße zur Mauer. Er stolperte zum Tor herein; ich sah ihn und stürzte ihm entgegen. »Paris, Paris!« Ich fiel ihm um den Hals.

»Achilleus«, murmelte er. »Er hat alles gewendet.«

»Er ist nur ein einzelner Mann«, sagte ich.

»Er macht Hektor für Patroklos' Tod verantwortlich.« Paris rang nach Atem. »Das ist ein Streit zwischen ihnen beiden.«

»Aber es ist Krieg! Tausende von Männern sind im Feld!«

»Für ihn waren es nur drei: Patroklos, Hektor und er. Vielleicht sollte ich auch sagen, es ist überhaupt nur einer, nämlich er selbst. Für ihn geht es in diesem ganzen Krieg nur um ihn, um die Verletzung seiner Ehre.«

Ich verspürte den wilden Drang, ihn zu fragen: *Dann geht es ausnahmsweise einmal nicht um Helena?* Aber solche frivolen Worte waren jetzt nicht am Platze.

»*Er* ist schuld am Tod seines Freundes, und das quält ihn. Er hat ihn dazu gebracht, seine Rüstung anzulegen und sich als Achilleus auszugeben, er hat ihn in den Tod geschickt, weil sein eigener Stolz ihm verbot zu kämpfen. Wer also hat Patroklos in Wahrheit getötet? Hektor mit seinem Schwert oder Achilleus mit seinem Stolz? Achilleus kennt die Wahrheit.«

»Er hat Verrat an seinem Freund begangen.«

»Ja, und nun will er sein Gewissen beruhigen, indem er Hektor angreift, aber das ändert nichts an seiner Schuld. Nichts kann sie tilgen.«

»Aber du bist hier, du bist unversehrt.« Die Götter sollten mir vergeben – Andromache sollte mir vergeben –, denn das war meine größte Sorge.

Paris wandte sich ab und schaute über die Bastion. Das Schlachtfeld war leer. Hektor stand allein draußen. Von weitem näherte sich Achilleus. Er rannte nicht mehr, sondern ging langsam, zielstrebig, unaufhaltsam über das Feld. Ich sah, wie der Lederschurz auf seinen Schenkeln sich bei jedem Schritt hob.

»Hektor!«, rief Priamos. »Komm herein! Tritt nicht gegen diesen Mann an! Du bist unsere Zierde und unser Schutz! Oh, denke an mich, deinen Vater!« Und er begann mit einer Aufzählung des furchtbaren Schicksals, das ihn ereilen würde, sollte Troja fallen – wie man ihn entehren und verstümmeln und schließlich nackt von Hunden zerfleischen lassen würde.

Hekuba, die neben ihm stand, wankte plötzlich. Sie riss ihr Gewand auf und entblößte ihre welken, schlaffen Brüste. »Hektor! Hektor!«, rief sie. »Ehre diese Brüste, die Brüste deiner Mutter, die dich genährt haben! Ich flehe dich an, komm herein! Kämpfe nicht gegen diesen Mann!«

Hektor schaute herauf. »Bedecke dich, Mutter!«, befahl er und wandte sich ab. Achilleus war auf Speerwurfweite herangekommen.

Hektor starrte ihm entgegen. Der größte Recke Trojas stand unerschütterlich da, breitbeinig und mit hoch erhobenem Kopf. Und dann, ganz unvermittelt, rannte er los.

Er rannte schneller, als ich es für möglich gehalten hätte. Pfeilgeschwind floh er um die Mauern Trojas herum. Wir konnten drinnen nicht schnell genug folgen, um ihn im Auge zu behalten, als Achilleus ihn verfolgte. Was dachte er sich nur? Dass unsere Bogenschützen Achilleus erschießen würden? Dazu war er zu dicht am Fuße der Mauer; ihre Pfeile konnten ihn dort nicht erreichen. Und die ganze Zeit war er auch zu dicht hinter Hektor. Er war ihm auf den Fersen, wie es uns in den schlimmsten Träumen ergeht, wenn wir rennen und rennen und das *Etwas*, was uns verfolgt, seinen Schatten über uns wirft und nicht zurückbleibt.

Drei Mal umrundete Hektor die Mauern Trojas. Er konnte Achilleus nicht abschütteln. Dann endlich blieb er stehen und drehte sich um. Es war, als sehe er jemanden an seiner Seite; ich hörte, wie er leise mit Deiphobos sprach. Aber Deiphobos war in der Stadt wie alle anderen. Ich sah, wie er sich über die Mauerbrüstung beugte, und sein sonst so selbstgefälliges Gesicht war schmerzerfüllt.

»Nein, Bruder! Nein, ich bin es nicht! Er hält dich zum Narren, ein grausamer Gott will dich foppen!«, rief er hinunter.

Konnte Hektor ihn dort unten hören?

»Hier stehe ich, Achilleus!«, rief Hektor. »Ich laufe nicht mehr! Aber bevor wir beginnen, schwöre ich dir: Ich werde deine Rüstung behalten, aber deinen Leichnam nicht. Deine Freunde sollen ihn bekommen und ihn in Ehren bestatten. Schwöre du mir das Gleiche!«

Schweigen. Dann ein furchtbares Gelächter. »Du trägst meine Rüstung doch schon! Wenn ich dich getötet habe, nehme ich sie mir zurück; dann habe ich zwei. Aber ein Ehrenpakt zwischen uns? Nein, der Löwe schließt keinen Pakt mit dem Menschen. Er reißt ihn in Stücke. Wölfe und Lämmer gehen nicht in Frieden auseinander. Einer muss sterben. So ist es auch bei dir und mir.«

Er trat einen kleinen Schritt vor und schleuderte seinen Speer, traf jedoch nicht. Hektor schrie: »Der göttliche Achilleus hat sein Ziel verfehlt!« Er warf seinen Speer, und die Waffe blieb im Schild stecken, ohne ihn zu durchdringen – wie wäre das auch möglich gewesen? Er war von einem Gott gemacht! Hektor rief Deiphobos zu, er solle ihm einen neuen Speer bringen. Dann drehte er sich um und sah, dass niemand da war. Er schaute hoch und entdeckte seinen Bruder auf der Mauer. »Athene … Du Abscheuliche, du göttliche Feindin Trojas, du hast mich verraten!«

Athene, die Troja hasste und Achilleus liebte, hatte sich ihm als Deiphobos gezeigt und ihn dann schutzlos im Feld zurückgelassen. Er wusste, was das bedeutete. Sein Verhängnis war da, seine Bestimmung atmete ihm ihren Todeshauch entgegen. »Aaah!« Hektor packte sein Schwert und stürmte Achilleus entgegen, und er schwang die Klinge mit der ganzen Wildheit hoffnungsloser Wut und Trauer.

Kühl blieb Achilleus stehen und ließ ihn kommen. Dann rief er: »Ich kenne meine eigene Rüstung und weiß, wo sie schwach ist!« Und er stieß seinen Speer dicht neben dem Schlüsselbein in Hektors Hals, als dieser sich auf ihn stürzen wollte.

Einen Augenblick lang hing Hektor aufgespießt in der Luft, bevor er zusammenbrach und mit ausgebreiteten Armen auf den Rücken fiel. Achilleus trat über ihn und brüllte: »Die Vögel und Hunde werden sich sattfressen an dir!«

Hektor bewegte sich. Er war noch nicht tot. Seine Hände zuckten, und seine Brust hob und senkte sich. Aus dem Helm drang seine matte Stimme. »Ich bitte dich im Namen deiner Mutter und deines Vaters, verschone meinen Leichnam, damit meine Landsleute ihn in Ehren begraben können! Nimm ein Lösegeld für mich, ein Lösegeld in Bronze und Gold, aber überlass mich ihnen!« Seine Worte erstarben, seine Kraft war erschöpft.

Achilleus lachte wieder, lauter jetzt, als habe er die verebbende Kraft Hektors aufgesaugt. »Bettle nicht, du kriechender Köter, und nimm den Namen meiner Mutter und meines Vaters nicht in den Mund! Ein Lösegeld? Kein Lösegeld wäre groß genug, und wenn Priamos dich mit Gold aufwiegen wollte!«

Noch einmal konnte Hektor sprechen. »Ja … Du hast kein Herz. So höre meinen Fluch: Paris und Apollon werden dich vernichten am Skäischen Tor. Denke daran!« Dann verstummte er.

Und Achilleus – es war so schändlich, so ganz und gar ehrlos, dass es eine Qual war, es mit anzusehen – durchbohrte Hektors Fersen, zog einen Strick hindurch und schleifte den Leichnam mit seinem Streitwagen zum griechischen Lager zurück, und dabei lachte er die ganze Zeit wie von Sinnen. Der arme tote Hektor flog in einer Staubwolke hinter dem Wagen her.

Ich vergrub das Gesicht an Paris' Brust. »Nein, nein!«, weinte ich.

Priamos schrie laut, und Hekuba stand da wie eine Statue. Jemand ging, um Andromache zu holen. Sie wartete in ihren Gemächern und hielt schon ein heißes Bad für Hektor bereit. So oft schon war er in die Schlacht gezogen, und so oft hatte sie ihn danach daheim willkommen geheißen. Nie hatte sie auf der Mauer zuschauen wollen – als glaube sie, das immer gleiche Ritual in ihren Gemächern werde ihn vor allem Unheil beschützen. Doch nun kam sie auf die Mauer und sah noch die Staubwolke hinter Achilleus' Wagen auf dem Weg zum Lager der Griechen.

»Achilleus hat ihn getötet«, sagte Priamos. »Mein Sohn, dein Gemahl, ist gefallen.«

Sie schrie auf, krallte die Finger in die Wangen und fiel in Ohnmacht. Ihr Kopfputz mit dem Schleier löste sich und rollte neben ihr über den Boden – ganz so, wie ihr Leben mit Hektor, wie er es so düster vorausgesehen hatte, in den Staub gefallen war. Laodike und andere drängten sich um sie. Aber ich wusste, dass ich jetzt das Wort ergreifen musste. »Ich werde mich um sie kümmern«, sagte ich entschlossen. Das Versprechen, das ich Hektor gegeben hatte, forderte Einlösung.

Ich ließ sie in ihren Palast schaffen – schon jetzt waren die Räume von gleißender Leere, weil Hektor sie nie mehr durchschreiten, niemals mehr dort rufen, singen und sie umarmen würde. Astyanax schrie laut in seiner Wiege.

Aber er musste warten. Er würde sich nicht an diesen Tag erinnern, und das war eine Gnade. Andromache war bereits in ein Fieber gefallen, in einen wilden Aufruhr des Geistes. »Hektor! Hektor!«, rief sie. »Hektor, komm zu mir!«

»Beruhige dich!«, sagte ich besänftigend. »Hektor ist gefallen, als er dich verteidigte. Bis zum letzten Atemzug hat er dir seine Liebe geschenkt, und auch jetzt denkt er noch an dich.«

»Ich muss ihn sehen!«, weinte sie. »Ich muss ihn bereitmachen. Oh, ich kann nicht – nein, ich kann nicht ohne ihn leben. Ich werde ihn bestatten, und dann folge ich ihm nach.«

»Ja. Die Bestattung. Das wird vielleicht ein wenig Zeit erfordern. Alles vorzubereiten, das …«

»Ich muss – ich will –« Mühsam richtete sie sich auf.

Jetzt das Entsetzliche. »Achilleus hat seinen Leichnam mitgenommen. Wir können ihn erst bestatten, wenn wir ihn zurückgeholt haben.«

Sie schrie auf und sank weinend auf das Sofa.

»Aber wir werden ihn zurückholen. Ganz sicher!«

Die Ebene vor Troja blieb am Abend leer. Im Schutze der Dunkelheit schickte Priamos Männer hinaus, die die Gefallenen in die Stadt holen sollten, und er wiederholte seinen Befehl, nicht zu weinen. Die Männer gehorchten ihm nicht, aber die Nacht verhüllte ihre Tränen wie ein Schleier. So viele Tote konnten nicht mehr gefunden werden: Die im Skamander waren ins Meer hinausgetrieben, und viele andere lagen verborgen im Sumpfgras. Einer, der gefunden wurde, war der zwölfjährige Polydoros, Priamos' geliebter jüngster Sohn. Als der König ihn sah, erzählte man mir später, schaute er ihn lange und eindringlich an. Schließlich sagte er: »Jetzt geht er Hand in Hand mit Hektor.« Er befolgte seinen eigenen Befehl und weinte nicht in der Öffentlichkeit.

Doch Polydoros ging nicht Hand in Hand mit Hektor, denn Hektor konnte nicht in den Hades eingehen, solange er nicht ordnungsgemäß bestattet war. Sein nackter Leichnam lag unbeachtet vor Achilleus' Zelt.

Gelanor war der Mann der Stunde; nur seine Spione konnten wissen, was im Lager der Griechen geschah, und sie mussten sich verborgen halten, um nicht entdeckt zu werden. Sie konnten keine Boten zu uns schicken, und so warteten wir unter Qualen, warteten auf Nachrichten. Endlich wagte es einer herüberzukommen. Er berichtete uns, Achilleus habe ein Totenmahl für Patroklos gehalten. »Patroklos selbst hat es befohlen«, flüsterte der Mann. »Sein Geist kam zu Achilleus und verlangte, bestattet zu werden. Er flehte ihn an, ihn zu befreien, damit er in den Hades eingehen könne. Drei Tage lag er schon unbestattet da, während Achilleus den toten Hektor um ihn herumschleifte. Als könnte Patroklos daran Gefallen finden! Nichts stellt die Toten zufrieden, solange sie nicht ungehindert in die Unterwelt gehen können.« Und so hatte Achilleus an diesem Morgen einen Scheiterhaufen errichten lassen, und zum Zeugnis seiner Grausamkeit hatte er zwölf junge trojanische Gefangene getötet und Hunde und Pferde geschlachtet und die Kadaver als Opfergaben um den Scheiterhaufen gelegt. Weshalb? Um seine Schuld am Tod seines Freundes zu sühnen? Einen anderen Grund konnte er nicht haben. Der Rauch war zum Himmel gestiegen, und dann waren Totenspiele ausgerufen worden.

»Totenspiele?«, wiederholte Priamos. »Er veranstaltet Totenspiele?« Schon das Wort verriet Oberflächlichkeit. Nur daraus bestand Achilleus – aus äußerlichem Schein!

»Ja, die üblichen Wagenrennen, Wettläufe, Faust- und Ringkämpfe und Speerwerfen.«

Priamos heulte schmerzerfüllt auf. »Spiele! Während mein Hektor entehrt, nackt und geschändet daliegt!«

Jemand wagte zu fragen: Wer würde an diesen Spielen teilnehmen? Die Antwort: Diomedes, Nestors Sohn Antilochos, Idomeneus von Kreta, die beiden Ajaxe, Odysseus, Teuker, der Bogenschütze, Agamemnon und – oh, welche Schande! – Menelaos und die meisten anderen Recken. Menelaos, Odysseus und Agamemnon waren also rasch wieder genesen. Besser wäre es gewesen, ihre Verwundungen hätten sie vor dieser Ehrlosigkeit bewahrt.

»Aber jetzt ist es vorüber«, sagte Priamos. »Patroklos kann in den Hades eingehen, und sie können uns Hektor zurückgeben.«

Paris beugte sich vor. Sein Gesicht war ausdruckslos; er bemühte sich, seinen Schmerz zu verbergen. »Erinnere dich, dass er Hektors Bitte um eine ehrenvolle Bestattung zurückgewiesen hat. Er hat gesagt …« Er schüttelte den Kopf. Es war nicht nötig, die Worte über Vögel und aasfressende Hunde zu wiederholen. Wir hatten sie alle gehört.

Priamos sprang auf. Sein gebeugter Rücken war plötzlich gerade, und seine alte Tatkraft kehrte machtvoll zurück. »Ich werde selbst gehen und ihn holen!« Wie von Sinnen stürmte er aus dem Zimmer. Es gelang ihm, die Stadt zu verlassen – auf seinen Befehl musste die Wache ihm das Tor öffnen –, doch draußen in der Ebene holte Paris ihn ein und hielt seinen Vater mit starker Hand fest. Dicht hinter ihm war Deiphobos, entschlossen, sich nicht in den Schatten stellen zu lassen. Schon jetzt wetteiferten die verbliebenen Söhne des Königs um die Macht. Auch Helenos mit den roten Haaren und den glanzlosen Augen suchte sich bemerkbar zu machen. Paris schüttelte sie alle ab und führte seinen Vater durch das Tor zurück in die Stadt.

Der dritte Abend nach Hektors Tod war angebrochen, und wir hörten das Weinen und Klagen in Troja bis hinauf in unsere Gemächer hoch über der Stadt. Ich setzte mich an meinen Webstuhl. Die Arbeit würde mich beruhigen und mir Halt geben. Mit zitternder Hand versuchte ich den Faden durch das Gewebe zu ziehen, aber das Schiffchen blieb stecken. Unter Tränen wandte ich mich ab.

Paris kam zu mir. »Ich schwöre hier und vor dir, dass ich Hektor rächen werde«, sagte er. »Ich werde Achilleus töten.«

Hektor hatte es vorausgesagt, bevor er gestorben war. Paris hatte es gehört und sich zur Pflicht gemacht. Doch wie sollte das gehen?

»Es ist mir gleich, zu welchem Mittel ich greifen muss, um ihn zu töten. Ehre und Brauch kümmern mich nicht. Er soll nur sterben. Wenn es durch ein verseuchtes Gewand oder durch einen vergifteten Pfeil geschieht, was macht das schon? Der edle Hektor ist ihm in einem ehrlichen Kampf entgegengetreten und musste sterben. Ich *werde* Achilleus töten. Er wird durch meine Hand fallen.« Er nahm meine Hände und küsste sie. »Verstehst du, was ich sage? Ich werde ihn töten. Wenn ich dabei sterbe und wenn mich jemand ehrlos nennt, weil ich es getan habe, wie ich es getan habe – versprichst du mir, dass du dich dann nicht für mich schämen wirst?«

Ich starrte ihn an. »Ich könnte mich niemals für dich schämen.«

»Wie es scheint, haben wir beide den Tod nach Troja gebracht«, sagte er. »Haben wir die Kraft, dem ins Auge zu sehen, oder werden wir uns verkriechen und verstecken?« Er drückte mich an sich. »Helena, ich möchte mit dir leben, bis das hohe Alter uns dahinrafft und auseinanderreißt. Aber dieser Krieg …«

Der Krieg, den wir hergebracht haben, dachte ich. Wir dürfen es nicht Priamos und Andromache und Troilos überlassen, den Preis dafür zu zahlen.

»Es ist unser Krieg«, sagte ich. »Da ist es nur billig und recht, dass wir darin fallen.«

»Du hast mich wirklich verstanden.«

»Ich habe verstanden, dass wir dieses Unheil über uns und über andere gebracht haben. Ach, Paris, wir hätten nicht nach Troja, sondern woanders hinfahren sollen, weit weg, wie wir es gesagt haben …« Hätten wir das Ruder dieses Schiffs doch nur herumgerissen!

»Wir haben es nicht getan. Wir sind hier. Und hier müssen wir uns stellen.«

Die Nacht verging langsam. Als ich am Morgen aufstand, sah ich einen langen roten Fleck auf den Steinen unter einer meiner Schmuckschatullen. Ich wusste, was es war, bevor ich genauer hinschaute: Die weinende Brosche von Menelaos vergoß blutige Tränen um die Toten. Vergebens würde ich nach einem Tuch rufen, um sie wegzuwischen: Der Fleck würde nicht verblassen, ehe dieser Krieg zu Ende wäre. So hatte Menelaos es gewollt.

Die nächsten Tage erschienen nicht wie Tage, sondern wie eine endlose Nacht. Wenn ich mich an sie erinnere, sehe ich nur Schatten und Fackeln und Nachtwachen, Fledermäuse, Dunkelheit und finstere Ecken. Es war, als werde die Sonne nie wieder scheinen. Hektor war tot, und Troja versank in ewiger Nacht.

Acht Nächte war es her, dass Patroklos auf dem Scheiterhaufen verbrannt worden war. Die Spiele hatten stattgefunden, und Patroklos' Gebeine waren aus der Asche geholt und in eine goldene Urne gelegt worden. Aber Achilleus' Hass nährte sich aus sich selbst und wuchs immer weiter, statt zu erlöschen wie der Scheiterhaufen. Priamos, schlaflos und halb von Sinnen, war im Palast zusammengebrochen. Er wusste, dass Achilleus Hektors Leichnam entehrte, indem er ihn weiter an seinem Wagen angebunden ließ und voller Häme um den Grabhügel herumschleifte. Seit acht Tagen! Die edle Gestalt würde inzwischen verwesen – in aller Öffentlichkeit, wo jeder es sehen konnte.

Priamos' Unterhändler wurden abgewiesen, und das Lösegeld, das er für den Leichnam bot, wurde verlacht. »Ich habe Hektor selbst gesagt, ich gebe seinen Leichnam nicht heraus, nicht einmal wenn ihr ihn mit Gold aufwiegt, nicht für Bronze, ja, nicht für das Zwanzigfache seines Gewichts in purem Gold! Die Vögel werden ihn bekommen, und was übrig ist, fressen die Hunde!« Ein wildes, kreischendes Lachen war an den Helm des Boten gedrungen, und dann war Achilleus auf seinen Wagen gesprungen und davongefahren, und er hatte Hektor hinter sich hergeschleift. »Sieh dich nur satt!«, hatte er geschrien und mit der Peitsche auf die Pferde eingeschlagen.

Paris und Deiphobos hatten zu Achilleus gehen und mit ihm verhandeln wollen, aber Priamos hatte es ihnen verboten. »Wagt nicht, mir ungehorsam zu sein wie eure beiden toten Brüder!«, drohte er. »Niemand außer mir wird ihn aufsuchen.«

Hekubas Bitten, Andromaches Flehen und Helenos' Warnungen konnten ihn nicht von seiner Absicht abbringen. Priamos wollte alle seine königlichen Insignien ablegen und Achilleus als Bittsteller gegenübertreten. »Wenn er mich tötet, soll es geschehen. Ich bin ja schon tot, denn ich muss tun, was noch niemand je auf sich nehmen musste: Ich muss die Hand des Mannes küssen, der meine Söhne erschlagen hat. Also lasst mich danach sterben!«

Am neunten Abend machte er sich allein mit einem großen Maultierkarren auf den Weg. Man öffnete ihm das Tor, und der Wagen rollte in die Ebene hinunter durch die Felder und die Furt am Skamander. Auf jeder Seite des Wagens steckten zwei Fackeln. Die Flammen wurden immer kleiner und verschwanden dann in der Nacht. So fuhr er geradewegs in die Höhle des Löwen.

LIX

»Wird er zurückkehren?«, fragte Paris besorgt. Wir setzten uns, standen auf und wanderten umher, setzten uns wieder. »Er hätte mich gehen lassen sollen, wie ich es wollte. Ich wäre nah genug an Achilleus herangekommen, um ihn zu töten. Das war mein Plan. Aber jetzt …« Verzweifelt spreizte er die Finger.

»Es wäre unehrenhaft gewesen, als friedlicher Unterhändler zu kommen und ihn dann zu töten«, sagte ich. »So etwas tun die Assyrer, aber kein Trojaner.«

Paris schnaubte. »Unehrenhaft? Gibt es eine Rache, die so unehrenhaft sein könnte wie das, was er Hektor angetan hat?«

Hektor, der Edelste unter den Trojanern, hatte weder einen solchen Tod noch dieses unwürdige Nachspiel verdient. »Hektor wurde verraten«, sagte ich. »Er glaubte Deiphobos an seiner Seite. Er wandte sich an ihn. Aber es war irgendein Gott in Menschengestalt, und dieser Gott hat ihn verlassen. Welche Hinterlist!« Mein Herz war schwer bei dem Gedanken. »Ich hasse sie!«, rief ich. »Alle Götter. Können sie sich nicht benehmen, wie es anständige Menschen tun? Ist das zu viel verlangt?«

Paris blieb hinter mir stehen und legte mir die Arme um die Schultern. »Man sagt – Klügere als ich sagen es –, die Götter tun nur das, was auch auf natürliche Weise geschehen würde. Sie mögen uns nachhelfen, sie mögen zu Träumen und Visionen greifen, doch wir könnten sie ignorieren, und nichts würde sich ändern. Hektor war es bestimmt, von der Hand des Achilleus zu sterben, und Achilleus war der bessere Kämpfer.« Sanft drehte er mich zu sich herum. »Und ich war dazu verdammt – oder ausersehen –, dich zu lieben. Das Versprechen Aphrodites hatte nichts damit zu tun.«

Ich dachte an die warme, nach Rosen duftende Höhle der Aphrodite. Konnte ich aufrichtig sagen, sie habe meinen Blick nicht verändert, sodass ich Paris bei unserer ersten Begegnung mit anderen Augen sah, als ich es ohne sie getan hätte? Wenn ich ihn jetzt anschaute, konnte ich nicht glauben, dass ich ihn nicht immer geliebt hätte, ganz gleich, wann oder wie ich ihn das erste Mal gesehen hätte. Wäre ich ihm auf einer Wiese beim Rossbändigen begegnet … oder im Bug seines Schiffes auf der Reise nach Sparta … oder als Hirten bei seinen Rindern … Beim letzten Gedanken musste ich lächeln. »In meinem Herzen weiß ich, du hast recht.«

»Aber mein Vater – ich ertrage es nicht, ihn in der Gegenwart dieses Mannes zu wissen!« Er ließ mich los und lief zum Rand des Daches, wo er über die Ebene bis zum griechischen Lager schauen konnte. Da war nichts. Keine Bewegung, keine Fackeln. Die Nacht hatte Priamos verschluckt.

Früh am nächsten Morgen signalisierte eine kleine Staubwolke das Nahen eines Gefährts. Wir konnten nicht sehen, was es war, aber Kassandra rief von der Mauer, ihr Vater kehre zurück, und bald danach erkannten wir Priamos' Maultiergespann. Der alte König hielt die Zügel.

Er war wohlauf! Er war wohlauf! Aber dann erhob sich hinter ihm eine zweite Staubwolke und dann noch eine, und sie näherten sich schnell. Achilleus war ihm mit seinem Streitwagen gefolgt. Er überholte Priamos, hielt vor unseren Mauern an und wendete seine Pferde.

»Ich werde euch den Leichnam Hektors herausgeben!«, rief er. »Aber nur gegen ein Lösegeld – sein Gewicht in Gold! Euer alter König hat nicht genug mitgebracht. Ich brauche mehr!« Der zweite Wagen kam rumpelnd in Sicht. Darauf stand eine Waage, die die Knechte herunterhoben, und dann – welch grauenhafter Anblick! – legte einer den toten Hektor auf eine der Schalen.

Es war immer noch Hektor – unverwest, und Gesicht und Gestalt waren gut erhalten. Von den Göttern?

»Gold, um Hektor aufzuwiegen!«, brüllte Achilleus. »Seine Leiche ist schwer, auch ohne meine Rüstung, die er gestohlen hat! Ich habe sie zurückbekommen, aber ich brauche sie nicht mehr. Ich habe eine neue, die in einer Nacht geschmiedet wurde, um mich zu schützen. Die Götter lieben mich! Die Götter lieben mich!«

»Jetzt«, murmelte Paris. »Jetzt werde ich ihn töten.« Aber sein tödlicher Bogen mit den Pfeilen lag nutzlos zu Hause im Palast. Er wollte ihn holen.

Ich hielt ihn fest. »Es ist zu spät«, sagte ich. »Bleib hier!«

Langsam kletterte Priamos von seinem Karren. Selbst aus der Ferne erkannte ich den Schmerz in seinem Gesicht. »Gib meinen Sohn frei! Gib ihn frei!«, rief er. »Du hast versprochen, ihn herauszugeben. Gestern Abend hast du es geschworen. Halte dein Wort!«

»Nur gegen genug Gold, alter Mann. Du hast zu wenig gebracht. Weißt du nicht, wie viel dein Sohn wiegt? Hast du die Rüstung nicht bedacht? Ich werde alles zählen. Trojanisches Gold für jedes Stück meiner Rüstung.«

»Er trägt keine Rüstung!«, rief Deiphobos.

»Nein, wieso auch? Die Toten tragen keine Rüstung!« Er deutete auf die leere Schale der großen Waage. »Gold hinein! Wollen sehen, ob ihr euch diese Leiche leisten könnt!«

»Oh, ihr Trojaner! Helft mir, euren Prinzen auszulösen!«, rief Priamos. Lange herrschte quälende Stille. Priamos stand da, das entblößte Haupt gesenkt, und dann kamen Knechte mit Armladungen von Gold durch das Tor. Sie legten alles in die Waagschale, aber die Schale mit Hektors Leichnam rührte sich nicht.

»Mehr Gold!«, rief Priamos. »Oh, ich flehe euch an!«

Eine traurige Prozession von Leuten zog auf das Feld hinaus; sie brachten Teller, Becher und den Schmuck, den sie noch hatten – Kleinigkeiten. Sie häuften alles in die Schale. Hektor bewegte sich – aber nur ein wenig.

»Mein Sohn, mein Sohn!« Priamos weinte. »Löst ihn aus!«

Aber das trojanische Gold war aufgebraucht, und der Erlös aus dem Verkauf unserer Schätze an die Phrygier war noch nicht eingetroffen.

»Ja, Vater.« Eine dünne, klare Stimme erhob sich auf der Mauer. »Ich will geben, was ich habe.« Polyxena beugte sich vor und warf Armreifen und Ohrringe zu ihrem Vater hinunter. Er hob sie mit zitternden Händen auf und legte sie in die Schale. Langsam stieg Hektors Leichnam in die Höhe, und die Schale mit dem Gold senkte sich herab.

Achilleus starrte zu ihr hinauf wie vom Donner gerührt. »Eine edle Prinzessin«, sagte er. Die Waagschale hob sich weiter, bis Hektor höher hing als das Gold. »Also gut.« Er klang wütend. »Nehmt ihn!« Er schnalzte mit dem Zügel und fuhr zurück zu den Griechen.

Mit einem Aufschrei stürmten die Trojaner aus der Stadt und umringten Priamos und den toten Hektor, und frohlockend brachten sie die beiden in Sicherheit.

Hektors Bestattung – nun konnten wir sie in Angriff nehmen. Nicht nur das – der brutale Achilleus hatte einem zwölftägigen Waffenstillstand zugestimmt, sodass beide Parteien ihre Gefallenen einsammeln und die Grabriten vollziehen konnten.

Hektors Scheiterhaufen wurde an der Südseite Trojas errichtet, vor der Unterstadt auf der dem Berg Ida zugewandten Seite. Wir wollten nicht, dass die Griechen die Flammen sahen. Ringsum verstreut ragten die Scheiterhaufen anderer gefallener Kämpfer auf. Die ganze Stadt würde Hektor die letzte Ehre erweisen, und danach würden alle anderen ihre Toten bestatten.

Wie es Brauch war, wurde der Scheiterhaufen gegen Ende des Tages angezündet. Schon am frühen Morgen hatten die Rituale begonnen; in feierlicher Prozession war der gewaschene und gesalbte Leichnam Hektors auf einem Totenwagen hinausgebracht worden, umgeben von singenden und weinenden Klageweibern. Die ganze Nacht hatte er feierlich aufgebahrt gelegen, bis das Raunen über seine unberührte, makellose Erscheinung zu einem lauten Gesumm wurde. Schon so viele Tage tot, und doch sah er aus, als schlafe er nur. Acht Tage war er mit dem Streitwagen über den Boden geschleift worden, und doch hatte er keine Schramme. Aber die Götter tun, was sie wollen – hatten Paris und ich nicht eben erst darüber gesprochen?

Ich schaute an der Reihe der trauernden königlichen Familie entlang und spürte die riesige Lücke, die Hektor hinterlassen hatte. Priamos' Augen waren trüb vom Leid; er war alt und gebrochen. Hekuba war vernichtet; sie hatte ihren liebsten Sohn verloren. Deiphobos war nicht der Recke, der Hektor gewesen war, nein – und er war auch nicht der Mann, der sein Bruder gewesen war. Helenos, der Nächstälteste, war ein glatter Schleicher. Polites war noch ein Kind. Paris war eindeutig der Begabteste und gehörte als neuer Erbe an Priamos' Seite, aber Priamos zeigte wenig Interesse an ihm. Da war noch Äneas mit seiner Familie, doch er stand außerhalb der Thronfolge. Und was die anderen anging, die pflichtgetreu bei uns waren – Antimachos, Antenor und sein Sohn Helikaon, Äsakos und Glaukos –, waren sie unseren Gegnern gewachsen? Die Griechen hatten nur einen wertvollen Mann verloren, Patroklos. Nach all diesen Kämpfen – nur ihn! Während wir Sarpedon verloren hatten, Rhesos und Hektor.

Drei Frauen sollten die Klageworte über Hektor sprechen: seine Witwe, seine Mutter und ich. Ich wusste nicht, warum man mich dazu erwählt hatte, aber Antenor hatte mir zugeflüstert, dass ich die Letzte sein solle. Andromache trat an den Wagen, umfasste Hektors Hände und sprach von dem, was ihr genommen worden war – von ihrem Leben mit ihrem Gemahl, von den Tagen, die noch hätten kommen sollen, und von dem Verlust für Troja. Doch ihr Verlust war der bitterste von allen, denn sie war um seine letzten Worte betrogen worden, Worte, die er vielleicht in ihrem Bett gemurmelt hätte und die sie ein Leben lang im Herzen hätte bewahren können.

Sie war so bleich, dass sie mehr als Hektor wie eine Tote aussah, als sie zurücktrat und sich in ihren dunklen Kapuzenmantel hüllte. Hekuba näherte sich langsam. Gebeugt und zitternd, streckte sie die Hand aus und strich Hektor über die Stirn. »Ich habe dich von allen meinen Söhnen am meisten geliebt!«, rief sie. »Und du warst nicht der Erste, den Achilleus mir genommen hat. Doch an jedem Tag deines Lebens haben die Götter dich geliebt, und ich sehe wohl, dass sie dich auch jetzt nicht verlassen haben. Sie haben dich so unversehrt zu mir zurückgebracht wie an dem Tag, als ich dich zum ersten Mal in den Armen hielt.« Ich wartete darauf, dass sie weitersprach – wie kann eine Mutter jemals alles sagen, was sie in einem solchen Augenblick empfindet? Aber vielleicht gerade weil das unmöglich war, schwieg sie und trat beiseite.

Lange war es still. Nun musste ich sprechen. Aber was konnte ich sagen, und welches Recht besaß ich dazu, verglichen mit Andromache und Hekuba?

Niemand sonst rührte sich. Ich tat einen Schritt, dann noch einen und näherte mich Hektor. Wie streng und unwandelbar sein Gesicht aussah! Sein Mund war eine gerade Linie, die Augen waren geschlossen. Es erschien mir undenkbar, dass er und seine Kraft von uns gegangen waren, und doch hatte er es vorausgesehen. Und er hatte seine Kraft unter uns behutsam genutzt.

Ich hob den Kopf, aber ich sprach nur zu Hektor. »Mein teurer Hektor, dich habe ich unter allen meinen trojanischen Brüdern am meisten geliebt, fast so wie meine eigenen Brüder in weiter Ferne. Du allein warst immer gut zu mir, hast mir Zuflucht gegeben vor den harten Blicken anderer. Dein angeborener Edelmut war es, der dich höflich und gütig machte und dir erlaubte, eine Fremde wie mich willkommen zu heißen. Ohne dich weht ein kalter Wind in Troja.«

Zu spät begriff ich, dass ich ein unverfängliches Loblied auf Hektor hätte singen sollen, statt von mir und ihm zu sprechen. Doch ich war Helena, die berüchtigte Helena, und der Krieg, der ihn auf diese Bahre geworfen hatte, war von mir entfacht worden. Es wäre feige gewesen, darüber schweigend hinwegzugehen, und respektlos gegen Hektor.

Ich trat zurück, und das Ritual nahm seinen Fortgang – das Haareschneiden, die Gaben und Blutopfer, die auf den Scheiterhaufen gegossen wurden, der Gesang. »Hektor! Hektor!«, rief Antenor, bevor er die brennende Fackel ins Holz stieß.

Als das Feuer brannte, das Hektor verzehren sollte, wurden weitere Scheiterhaufen angezündet. Bald erleuchteten überall in der Ebene Feuer die Nacht und ließen Funken himmelwärts stieben.

Am nächsten Morgen sammelten viele Trojaner in grauen Mänteln die Gebeine ihrer Gefallenen aus der qualmenden Asche. Priamos bestand darauf, es selbst zu tun; er kletterte über die Reste des Scheiterhaufens und ging der glühenden Asche sorgsam aus dem Weg. Paris, Deiphobos und Helenos standen abseits und warteten. Als die drei herausragenden Brüder standen sie Seite an Seite und beobachteten einander aus den Augenwinkeln; sie wussten, dass sie Rivalen waren. Die geringeren Kinder Hekubas – Polites, der Knabe, der Signalwache vor den Mauern hielt, Pammon und Antiphos – standen hinter ihnen, und bei ihnen war Äsakos, der Sohn aus Priamos' erster Ehe. Noch immer hatte der König Söhne, doch während er die weißen Knochen Hektors aus der Asche las, war klar, dass er sein einziges wirkliches Kind verloren hatte, den Sohn seines Herzens. Der Himmel war grau wie die Asche; wäre er hell und klar gewesen, hätte er sie mit seiner Grausamkeit erschlagen.

Obwohl unsere Vorräte zur Neige gingen, ließ Priamos ein Totenmahl anrichten. An nichts sollte gespart werden, um Hektor in Pracht und Herrlichkeit zu den Göttern zu entlassen.

Das Mahl wurde in seiner großzügigen Halle aufgetischt, unmittelbar nachdem die Gebeine geborgen worden waren. Ohne Hektor erschien sie leer, obwohl so viele zugegen waren. Und wie zur Bestätigung dessen, was ich zu ihm gesagt hatte, sprach der Rest der Familie mich nicht an, sondern blieb unter sich. Andromache saß auf ihrem Platz wie eine Königin – und hier war sie in der Tat die Königin der Toten –, und andere knieten vor ihr nieder und küssten ihr die Hand. Im Arm hielt sie Astyanax, und Hektors Helm lag zu ihren Füßen. Priamos hatte verkündet, dass man später einen Schrein für ihn bauen werde.

»In kommenden Zeiten werden die Menschen Hektor verehren«, versprach er ihr. »In Ehrfurcht werden sie vor diesem Helm stehen, der einmal seinen Kopf zierte.« Er bückte sich und hob ihn auf. »Welch starker Nacken, der diese Last getragen!«, sagte er seufzend.

Ich umklammerte Paris' Hand. Priamos hatte Söhne, die noch lebten, und jetzt musste er die Augen für sie öffnen. Er musste!

Der alte König murmelte noch vor sich hin und legte den Helm mit zitternden Händen wieder an seinen Platz, als jemand sich raschelnd herandrängte und vor ihm stehen blieb. Er wandte sich von dem Helm ab, und sein Blick wanderte langsam von den Sandalen an den muskulösen Beinen hinauf. Er legte den Kopf in den Nacken und erblickte eine schöne Frau von ungeheuer kraftvoller Erscheinung. Lachend hob sie den Helm auf, so mühelos, als sei er aus feinem Tuch, und setzte ihn auf.

»Nimm ihn ab!«, befahl Priamos. »Ein Sakrileg!«

Sie lachte wieder, nahm ihn ab und gab ihn ihm. Er sank unter dem Gewicht zusammen. »Der meine ist schwerer«, sagte sie achselzuckend. »Was für ein Glück, dass du ihn nicht heben musst.« Sie drehte ihren Helm lässig in der linken Hand.

Priamos starrte sie an, wie wir alle es taten. Die Frage *Wer bist du?* lag ihm auf der Zunge, als er plötzlich begriff. »Penthesileia!«

»Die bin ich«, antwortete sie. »Und meine Kriegerinnen.« Sie deutete zum Eingang, wo eine Kompanie Frauen stand; wir konnten sie undeutlich erkennen. »Kommt her, meine Gefährtinnen!« Mit stampfenden Sandalen marschierten sie herein. »Es sind natürlich noch mehr. Dies sind meine Hauptleute.«

»Ihr hattet einen so weiten Weg.« Paris kam auf sie zu. »Ich habe nach euch geschickt, aber ich hatte nicht gehofft, dass ihr so früh schon hier sein würdet!«

»Nicht früh genug, wie ich betrübt sehe«, sagte sie. »Es schmerzt mich, dass ihr Hektor verloren habt.« Sie seufzte. »Ich hatte mich darauf gefreut, an seiner Seite zu kämpfen.«

Priamos holte tief Luft – wahrscheinlich, um nicht zu sagen: *Niemand kann an Hektors Seite kämpfen. Hektor kämpft immer an vorderster Stelle. Die anderen folgen ihm – selbst die Königin und Oberbefehlshaberin der Amazonen, die Tochter des Ares.* Stattdessen antwortete er: »Du wärest ihm willkommen gewesen.« Als sie diese Worte hörte, erhob Andromache sich und ging hinaus.

Ihre Kriegerinnen strömten herein und scharten sich um Penthesileia. Alle waren so groß wie Männer; alle hatten eine jugendliche Haut, die Muskeln umhüllte, die sich nicht klobig wölbten wie bei Männern, sondern eine geschmeidige innere Kraft ahnen ließen. Ihre Schilde und Rüstungen waren so schwer wie Hektors, aber die Frauen standen dennoch stolz und aufrecht da.

»Ich bitte euch, legt eure schweren Rüstungen ab.« Paris sprach, wie Hektor es getan hätte. »Ihr seid uns als Verbündete willkommen, und in dieser Halle braucht ihr mit niemandem zu kämpfen.«

»Frauen, tut es!«, befahl Penthesileia. Sie gehorchten und wandten sich dann, sehr viel schlanker geworden, zu uns um.

»Ihr kommt aus einem Land im Osten«, stellte Priamos fest. »Ich erinnere mich an eure Kriegerinnen, als wir in meiner Jugend gegen Phrygien zu Felde zogen.«

»Heute kämpfen wir noch besser«, erklärte Penthesileia. »Unsere Waffen sind besser, und unsere Ausbildung beginnt früher. Mit sieben Jahren müssen alle Mädchen sich einer Prüfung im Felde unterziehen. Von Anfang an erwählen wir nur die aussichtsreichsten. Die Kraft und die Gewandtheit, die für den Kampf nötig ist, besitzen sie von Anfang an. Es ist eine Gabe, nicht etwas, was der Wille uns verleiht. Und dann beginnt ein herrliches Leben! Reiten, Schwertfechten, Speerwerfen. Oh, da singt das Herz!«

Ihre Kriegerinnen nickten. Mein Blick wanderte über ihre Tuniken, und ich sah nichts, was darauf hindeutete, dass sie sich die rechte Brust abgeschnitten hatten, damit ihr Schwertarm nicht behindert wurde, wie man es sich erzählte.

»Achilleus!«, fauchte Penthesileia. »Es ist an der Zeit, dieser Plage ein Ende zu machen.«

LX

Sie wohnten bei uns. Ich würde nicht zulassen, dass die Amazonen anderswo untergebracht wurden. Paris hatte sie gerufen, und wir würden Platz für sie finden, auch wenn die Flüchtlinge sich bei uns auf jedem freien Plätzchen drängten und auf dem Boden schliefen. Unsere neuen Gäste waren anscheinend froh, der düsteren Trauer in Hektors Palast zu entrinnen. Als sie bei uns eingezogen waren, lachten sie fröhlich und feierten das Ende ihrer langen Reise. Und sie erzählten von ihren Gefahren und Strapazen.

»Ein solcher Marsch – da kämpft man entweder um sein Leben, oder man langweilt sich zu Tode. Entweder geht es rasend schnell voran oder so langsam, dass du das Gefühl hast, der Sand wolle dich begraben.« Penthesileia stellte ihren Becher ab, immer noch halb voll von gutem Wein. Sie sah Paris durchdringend an. »Wir sind deinem Ruf gern gefolgt.« Ihr ruhiger Ton wurde plötzlich kämpferisch. »Man muss Achilleus Einhalt gebieten.« Sie hob die Hände, um jede Unterbrechung abzuwehren. »Es ist schändlich, dass er allein ein ganzes Heer in die Flucht schlagen konnte. Kein Mensch hat so viel Macht. Ihr Trojaner habt sie ihm verliehen.«

»Er ist der Sohn einer Göttin«, wandte Paris beinahe schüchtern ein.

»Ach ja?« Penthesileia funkelte ihn an. »Und ich bin die Tochter des Ares, des Kriegsgottes selbst. Von welcher Göttin stammt er denn ab?« Sie schnippte mit den Fingern. »Von Thetis! Einer beinahe unbekannten Meeresnymphe. Wir müssen all das vergessen. Er ist auf einer Woge der Angst zu euren Gestaden geschwommen, und sein Ruf ist gänzlich unverdient. Prophezeiungen, Legenden – lauter Albernheiten! Was hat euer Hektor über Omen gesagt? ›Kämpfe für dein Vaterland – das ist das beste und einzige Omen.‹ Ihr habt euch von diesem Mann zermürben lassen. Aber er ist nur ein Mann. Ich werde ihn töten.« Sie sagte es nüchtern. »Der große Hektor wurde niedergemacht.

Doch ein solcher Sieg macht noch keinen zum unbezwingbaren Kämpfer. Gebt ihm diese Macht über euch nicht. Jemand hier wird ihn töten. Wenn nicht ich, dann einer von euch.« Sie blickte sich um. »Achilleus wird im Staub liegen, würgend und nach Atem ringend, und ihr werdet sehen – und glauben –, dass er sterblich ist. Dann werdet ihr aufhören, ihn zu fürchten. Aber ihr solltet eure Furcht abstreifen und fortwerfen, bevor er tot vor euch am Boden liegt. Tut es sofort!«

Paris zog sich in unser Schlafgemach zurück, und wir suchten ein Schlafquartier für Penthesileias Truppe. Ich fand noch immer, es seien wenige an der Zahl, aber Penthesileia versicherte mir noch einmal, es seien nur ihre Befehlshaberinnen; die gemeinen Soldatinnen hätten ihr Quartier bei den anderen Soldaten bezogen. »Wir brauchen keine bevorzugte Behandlung!«, erklärte sie lautstark.

Ich wartete darauf, dass Paris zu Bett ging. Ich wollte unbedingt unter vier Augen mit ihr sprechen. Manchmal müssen wir uns unserer Männer entledigen und unser Herz einer anderen Frau offenbaren.

Ich bewunderte sie so sehr, dass ich befürchtete, vielleicht nicht die rechten Worte zu finden. Ich selbst konnte Schmeichler nicht ausstehen. *(Oh, meine Helena, du raubst mir das Augenlicht! Ich kann nicht sprechen, es verschlägt mir die Sprache!)* Die so redeten, ödeten mich an, und ich wollte nicht zu ihnen gehören. Aber sie und die anderen Amazonen hatten sich in der ganzen Welt einen Ruf als gefürchtete Kriegerinnen erworben, und es hieß, sie duldeten keine Männer in ihren Dörfern. Ich erinnerte mich an mein Gespräch mit der amazonischen Botschafterin und an unsere fröhlichen Scherze über den Wert der Männer, doch nun brannte ich vor Neugier auf Penthesileia und ihr Leben.

Ich hatte Glück. Sie war noch auf und starrte düster ins Feuer; ihre starken Arme lagen locker auf den Knien. Jäh blickte sie auf, als ich – wie ich zumindest glaubte – lautlos herankam.

»Wer ist da?«, rief sie und griff zu ihrem Schwert. Sie hatte es nicht abgelegt; auch in dunkler Nacht hing es an ihrer Seite.

»Nur Helena«, sagte ich beruhigend und trat in den matten Lichtkreis des Feuers.

»›Nur Helena‹«, wiederholte sie und ließ den Schwertgriff los. »Die unsterbliche Helena! Jetzt können wir einander endlich betrachten.«

Ich setzte mich zu ihr auf einen Schemel und beugte mich im Halbdunkel vor, um sie besser sehen zu können. »Ich bewundere dich seit langem«, bekannte ich.

»Und ich habe mir schon lange gewünscht, dich einmal sehen zu dürfen. In meiner Heimat gibt es ein geflügeltes Wort: *Ihr Antlitz ließ eine Flotte von Schiffen durch die Ägäis segeln.* Jetzt will ich es anschauen.« Sie fasste mein Kinn, drehte meinen Kopf hin und her und betrachtete mich. »Nun ja«, sagte sie schließlich. »Vielleicht ist es wahr. Wenn ich ein Mann wäre, könnte ich es mit Bestimmtheit sagen. So kann ich es nicht. Ich sehe das eine oder andere Fältchen.« Sie ließ mein Kinn los.

»Ich auch.« In letzter Zeit hatte ich in dem polierten Bronzespiegel in meinem Gemach ebenfalls den Eindruck gehabt, zarte Linien zu entdecken, Falten in meinem Gesicht, aber bei dem kümmerlichen Spiegelbild konnte ich nicht sicher sein.

»Du brauchst dir keine Sorgen zu machen, ich werde es niemandem verraten!« Sie lachte. »Obgleich – wenn sie es wüssten, dort unten hinter den griechischen Linien, würden sie vielleicht nach Hause fahren. *Helena hat Falten an den Augen!*, würden sie rufen und die Segel hissen. Dann hätte die Zeit meine Aufgabe für mich erfüllt.«

Was sie da sagte, beunruhigte mich. Nicht weil ich das Altern fürchtete, wie Sterbliche es taten – aber widerlegte es nicht die Behauptung, Zeus sei mein Vater? Und wenn er es nicht war, welcher Sterbliche war es dann? Ich dachte an den kultivierten Antenor und seinen Besuch in Sparta, doch diese Tür schlug ich rasch wieder zu.

»Reden wir nicht von mir! Wie lebt ihr in eurem Land ohne Männer? Gibt es dort überhaupt keine?«

»Wir haben ein paar«, sagte sie. »Sie kommen, wenn die Jagdzeit beginnt. Wir holen sie in unser Bett – du weißt, was ich meine –, und es ist angenehm, aber nichts, das uns an sie binden könnte. So, wie das Säuseln des Weins in unserem Kopf uns nicht zu Dienerinnen des Weins machen kann.« Sie sah mich durchdringend an. »Wollten wir uns der Lust unterwerfen, begäben wir uns ja freiwillig in die Sklaverei«, fuhr sie fort. »Das gilt für jede Art von Unterwerfung. Wir brauchen Kinder. Dazu sind Männer nützlich. Doch wenn sie ihre Aufgabe erfüllt haben, was sollen wir dann noch mit ihnen anfangen?« Sie schien es wirklich nicht zu wissen.

»Brauchen Kinder denn keine Väter?« Meine Frage klang jämmerlich lahm.

»Wozu?«

»Um sie zu lehren –«

»Was sollen sie sie lehren?«

»Männer zu werden. Sich wie Männer zu benehmen.« Ich hatte eine Tochter, doch ich wusste, dass Jungen Väter brauchten. Ich dachte an den armen Astyanax.

»Aber wir haben keine Knaben. Also brauchen wir auch keine Väter«, sagte sie knapp.

»Was tut ihr mit den Knaben?« Ich musste diese Frage stellen, auch wenn ich die Antwort schon ahnte.

»Wir setzen sie in den Bergen aus, was sonst?«, sagte sie. »Wer braucht schon Knaben?«

Früh am nächsten Morgen beobachtete ich, wie sie sich rüstete. Ich durfte bei ihren Dienerinnen stehen und ihr sogar die Beinschienen reichen, die sie mit silbernen Schnallen flink an ihren wohlgeformten Waden befestigte. Im Gegensatz zu Hektor schien ihr die Vorbereitung auf die Schlacht zu gefallen. »Du bist mutig«, sagte ich und dachte an all die Fragen, die ich ihr noch hatte stellen wollen: wer ihre Mutter war und wie Ares sie erobert hatte; wie sie Königin geworden war; sogar nach den Brüsten hatte ich sie fragen wollen.

Sie bemerkte, dass ich sie aufmerksam betrachtete, als sie den

Brustpanzer anlegte. »Wir behalten unsere Brüste«, sagte sie. »Wie du aus deinem eigenen Leben weißt, wuchert so manche Geschichte, wenn jemand anders ist als andere. Ich weiß, dass *du* nicht wirklich aus einem Ei geschlüpft bist, meine Liebe.«

Geschichten. Was mochte man Hermione über mich erzählt haben? Wie mochte die junge Frau sein, zu der sie heranwuchs? Hätte sie doch nur eine so wackere Lehrerin wie Penthesileia! Ob Klytämnestra diese Aufgabe erfüllen konnte?

»Kehre wohlbehalten zurück!«, sagte ich und berührte ihren Arm.

Sie blickte mich überrascht an. »Das ist nicht mein Ziel. Mein Ziel ist es, Achilleus zu besiegen.«

Während der Bestattungen war es im Lager der Griechen ruhig gewesen, aber als die Amazonen die Stadt verließen und auf die Schiffe zumarschierten, regten sie sich wieder. Bald konnten wir die Reihen der griechischen Soldaten sehen, die Penthesileia und ihren Kriegerinnen entgegenzogen, und dann erhoben sich Staubwolken, als die Heere zusammenprallten.

In einem wütenden Gefecht trieben die Amazonen die Griechen in die Flucht und jagten auch Achilleus vom Schlachtfeld. Unter lautem Jubel kehrten sie zum Stadttor zurück. Ganz Troja empfing sie, und zum ersten Mal seit Monaten frohlockten alle. Sie waren in unserer dunkelsten Stunde erschienen und verliehen uns neue Kraft.

»Wir haben sie überrascht«, berichtete Penthesileia Paris und mir, als wir allein waren. »Aber beim nächsten Mal wird es anders sein. Diesen Vorteil werden wir nicht mehr haben.«

»Achilleus –«, begann Paris.

»Ich habe ihn an seiner Rüstung erkannt, aber davon abgesehen hat er keinen größeren Eindruck auf mich gemacht als jeder andere Recke«, sagte sie. »Er hat kaum gekämpft und sich schon bald zurückgezogen.«

Sie hatte sich also nicht mit ihm messen können. Er hatte sie beobachtet und war verschwunden. Der Kampf würde noch stattfinden. Alle meine Sorgen kehrten zurück.

Es gab noch zwei weitere Gefechte unter Penthesileias mutiger Führung. Beide Male wurden die Griechen zurückgeschlagen, obwohl Achilleus seine Myrmidonen aufmarschieren ließ, um den Amazonen Widerstand zu leisten. Penthesileia trat ihm zu Fuß entgegen, und sie fochten miteinander, aber dann war es, als habe Achilleus sich in Luft aufgelöst, und sie konnte ihn nicht mehr finden.

Die Begeisterung der Trojaner wuchs, und bei jeder triumphalen Rückkehr stieg ihr Freudengeschrei in den Himmel.

Die Amazonen legten einen Ruhetag ein, um ihre Waffen und Rüstungen zu reparieren und die Pferde zu ersetzen, die in der Schlacht verloren gegangen waren. Paris bot ihnen die besten Tiere aus seinen Stallungen an, darunter sein Lieblingspferd namens Okypete – »Schneller Flügel« – für Penthesileia. Sie schwang sich auf seinen Rücken und galoppierte einmal rund um die Mauern, um es zu erproben. Sie sei sehr zufrieden, sagte sie, und nahm das Ross dankbar an.

Beim nächsten Mal sollten die trojanischen Streitkräfte sich mit den Amazonen und den anderen Verbündeten zusammenschließen. Unsere Befehlshaber würden an Penthesileias Seite ins Feld ziehen: Paris, Helenos, Deiphobos, Helikaon und der Lykier Glaukos. Wie so oft half ich Paris, seine Rüstung anzulegen, und ich hörte seinen Schwur, Achilleus werde das Schlachtfeld nicht lebend verlassen.

Es war ein wolkenloser, warmer Tag; der Sommer nahte. Wie viele Sommer waren schon vergangen, seit dieser Krieg begonnen hatte? Mir war, als seien wir schon jahrelang in diesen Mauern eingepfercht. War die Zeit verzaubert? Schrumpfte oder dehnte sie sich auf mysteriöse Weise? Die Falten an meinen Augenwinkeln, die winzigen Runzeln auf meinen Händen – waren sie Zeugnis für das unnatürliche Verstreichen der Zeit?

Ein riesiges Heer war in der Ebene aufmarschiert und rückte gegen die Griechen vor. Zitternd stand ich da und sah zu, wie Paris abmarschierte. Es war, als könnte ich ihn unter Tausenden erkennen.

Von den trojanischen Mauern aus sahen alle Schlachten

gleich aus; nur wenn sie unmittelbar unter unseren Bastionen kämpften, konnten wir verfolgen, was geschah. Ich war nicht beunruhigt, als die Staubwolke wanderte und schließlich mit der zweiten Staubwolke verschmolz, wo die beiden Heere aufeinandertrafen. Auch über diese Entfernung hörte ich das Klirren der Waffen, den unverkennbaren Klang von Bronze an Bronze und die Schreie der Verwundeten, an denen man nicht unterscheiden konnte, ob das Opfer Grieche oder Trojaner war.

Es dauerte eine Ewigkeit. Die morgendliche Frische ging in einen klaren Mittag über; die Schatten waren kurz, und dann sandte die untergehende Sonne ihre schrägen Strahlen über die Ebene. Das Zwielicht währte eine ganze Weile, und noch immer kämpften die beiden Heere.

Nach und nach wurde es dunkel, und die Nacht kroch über die Ebene. In panischer Sorge hastete ich hinunter zu den Mauern, als könnte ich dort erfahren, wie es ausgegangen war. Die feindseligen Blicke der Trojaner kümmerten mich nicht. Mich interessierte nur, ob Paris und Penthesileia wohlauf waren.

Die Zuschauer wogten seufzend durcheinander. So viel hing von dieser Schlacht ab! Eine weitere Niederlage würden sie nicht verkraften; ihre angeschlagene Moral würde darüber nicht hinwegkommen.

Die Sterne leuchteten hell am Himmel; es war Nacht. Nachts konnte niemand kämpfen. Sie würden heimkehren. Die Schlacht war zu Ende.

Endlich zogen flackernde Fackeln über das Feld. Noch immer konnten wir nichts erkennen. Erst als das trojanische Heer sich dem Tor näherte, konnte man seine Größe erkennen. Alle waren zurückgekehrt.

Mein Herz schwang sich in die Höhe. Sie waren unversehrt. Sie hatten gesiegt! Ich beugte mich über die Mauerbrüstung, um besser sehen zu können. Warum waren sie so niedergeschlagen? Die Müdigkeit, dachte ich sofort. Erschöpfung. Auch ein siegreicher Soldat kann nicht mehr lächeln, wenn er alles gegeben hat.

Dann sah ich ein Pferd, das einen Leichnam quer über dem Rücken trug. Ich sah die Beine, die ich noch vor ein paar Tagen bewundert hatte. Penthesileias Füße baumelten hin und her, schlaff wie die Füße der Toten.

Ich presste die Hand auf den Mund und stieß einen Schrei aus. Nein! Ich stürzte hinunter und half, die Torflügel aufzuziehen. Als Paris das Pferd mit seiner grausigen Bürde hereinführte, wich ich zurück.

Er war unversehrt! Sie war tot! Glück und Trauer zerrissen mir das Herz.

Er schaute zu mir herüber. Sein Blick war stumpf.

»Paris!« Ich eilte zu ihm und umarmte ihn. Ich wollte Penthesileia nicht ansehen, aber der Leichnam, der quer über dem Pferd lag, zog meinen Blick unerbittlich auf sich.

»Zumindest haben wir ihren Leichnam gerettet.« Er streckte die Hand danach aus und berührte die Tote, als müsse er sich noch einmal versichern.

Ich ging an seiner Seite, aber im Lärm der Menge konnten wir uns kaum verständlich machen. »Willst du sie in den Palast bringen?«, fragte ich.

»Ja. Wir werden sie dort aufbahren.« Seine Miene war zu Eis gefroren.

Hinter ihm marschierten die anderen Befehlshaber.

»Die Schlacht hat so lange gedauert – wart ihr erfolgreich?«

»Penthesileia hat viele Griechen getötet. Sie hat so tapfer gekämpft, dass …« Er wandte sich ab; seine Augen füllten sich mit Tränen.

Priamos wartete auf halbem Weg zur Zitadelle. Er ließ keinerlei Regung erkennen; sein Gesicht glich dem der hölzernen Zeus-Statue in seinem Hof. »Meine Söhne!« Mehr sagte er nicht, um sie willkommen zu heißen. »Eine große Kriegerin.« Mit dem Kopf deutete er auf Penthesileia. »Alle Ehrungen … Natürlich …« Er wandte sich ab.

Ihre Amazonen übernahmen es, den Leichnam für die Aufbahrung bereit zu machen. Penthesileia sollte in unserer Halle liegen. Die Amazonen verbrannten ihre Toten nicht, sondern setzten sie nach einer dreitägigen Trauerzeit in steinernen Grufen bei.

Als wir in unseren Gemächern waren, legte Paris die Rüstung ab und ließ sich auf einen Schemel sinken. Seine staubigen Arme waren glanzlos im Lampenschein, als trauerten selbst sie mit uns. Ich maß einen Becher Wein ab, mischte ihn mit Gewürzen und geriebenem Käse, wie er es gern mochte, und verdünnte ihn mit klarem Wasser aus den Quellen am Berg Ida. Ich ließ ihn trinken und wartete, bis der Trank seine segensreiche Wirkung tat und seinen Geist beruhigte. Er stellte den leeren Becher hin und starrte mit seltsamem Blick an die Wand, als sehe er dort etwas Furchtbares.

»Jetzt musst du berichten«, sagte ich.

»Nein! Nein, ich kann es nicht noch einmal durchleben!« Seine Stimme bebte vor Entsetzen.

»Aber ich muss es wissen«, sagte ich. »Bitte …«

»Gib mir noch Wein«, bat er. »Ich muss mich weiter beruhigen, wenn ich sprechen soll.«

Erst als er den zweiten Becher geleert hatte, konnte er berichten. »Wir haben gut gekämpft«, flüsterte er. »Wir waren so viele zusammen mit den Amazonen und unseren Verbündeten. Es war wie … wie zu Anfang des Krieges, als wir noch stark waren. Penthesileia kämpfte wild. Sie hat viele ihrer Anführer getötet. Als sie gefallen waren, zogen die Griechen sich zurück, um sich neu zu formieren. Nur Achilleus schien das alles zu beleben. Anscheinend bringt der Tod sein Blut in Wallung. Wenn seine eigenen Leute getötet werden, treibt es ihn zur Raserei, und wenn er selbst tötet, weckt es ein Fieber in ihm, das ihn treibt, weiter zu töten.«

Er stand auf und ging hin und her. Ich sah Schnittwunden an seinen Beinen und wollte eine Schüssel und ein Tuch holen, um sie zu säubern, doch er winkte ungeduldig ab. »Was machen diese kleinen Kratzer schon?«, rief er. »Achilleus stürmte aus den Reihen der Griechen nach vorn und verfolgte sie. Sie lockte ihn hinaus in die Ebene, wo sie allein sein und Bewegungsspielraum haben würden. Dort gelang es ihr, ihn zurückzuschlagen und in die Defensive zu drängen. Der große Achilleus hat den Schwanz eingezogen und ist zurückgewichen! Aber ihr Erfolg machte sie tollkühn. Sie kam ihrem Gegner zu nah und ließ den Schild sinken, sodass ein kleiner Teil ihres Körpers ungeschützt war. Vielleicht verlieh das Pferd ihr zu viel Selbstvertrauen. Sie gab ihm die Sporen, um Achilleus niederzurennen, und die Hufe sollten ihn in Stücke hacken – denn selbst Achilleus kann dem Gewicht eines Pferdes und seinen scharfen Hufen nichts entgegensetzen.« Er schüttelte den Kopf. »Das Pferd bäumte sich auf wie eine Woge des Poseidon, und Achilleus konnte ausweichen, doch er hielt seinen Speer hoch, und als sie vorübergaloppierte, stieß er … stieß er ihn in die Stelle an ihrer Seite, die der Schild nicht bedeckte. Sie sackte nach vorn, und das Pferd blieb stehen. Entsetzlich langsam näherte Achilleus sich dem Tier und sprach dabei sanfte Worte, um es zu beruhigen, damit es nicht durchging. Und ebenso ruhig streckte er die Hand nach dem Speer aus, packte ihn und riss sie aus dem Sattel. Mit einem lautem Schlag fiel sie zu Boden.« Er verzog schmerzlich das Gesicht bei der Erinnerung daran, und ich tat es ebenfalls.

»Er krähte triumphierend und wollte seine Beute an sich nehmen – ihre Rüstung. Er zog ihr den Helm ab, und dann schrie er auf, als er ihr Gesicht sah und erkannte, dass sie eine Frau war. Er fiel auf die Knie und nahm ihren Kopf auf seinen Schoß. Sie lebte noch und versuchte zu sprechen. Dumpf starrte er sie an und hielt sie in den Armen, als habe ihn ein Zauberbann erfasst. Und dann – es passt überhaupt nicht zu ihm – ließ er ihren Kopf behutsam sinken, und beinahe zärtlich nahm er ihr die Rüstung ab. Über sie gebeugt, blieb er bei ihr sitzen.«

Ich legte ihm die Hände auf die Schultern. Sie zitterten. »Glaubst du, er wusste nicht, dass die Amazonen gekommen waren?«

»Wenn die Griechen nicht besonders gute Spione haben – woher sollten sie es wissen? Und es stimmt ja, in der Rüstung sehen sie aus wie Männer. Als er noch bei ihr kniete, kam ein abscheulicher kleiner Mann heran und verspottete ihn: Sie sei eine Hure, und man überlasse sie am besten den Hunden und Krähen. Ob Achilleus etwa eine Leiche lieben wolle? Da stürzte Achilleus sich auf ihn. Noch nie habe ich solche Wut gesehen. Plötzlich wusste ich, was die Trojaner, die am Fluss in die Enge getrieben worden waren, dort erlebt haben mussten und was Hektor gesehen hat. Seine Wut war wie ein Feuer, wie der Blitz. Er fauchte den Mann an, fauchte wie ein wildes Tier, und schlug ihm mit der bloßen Hand ins Gesicht. Er schlug dem Mann alle Zähne aus, und mit dem zweiten Hieb zerschmetterte er ihm den Schädel. Das Gesicht war nur noch ein blutiger Brei, als der Mann neben Penthesileia zu Boden fiel, und er war eher tot als sie, denn sie regte sich noch matt.

Achilleus beachtete ihn so wenig wie ein Stück Aas; er fiel wieder auf die Knie und blieb bei Penthesileia, bis sie gestorben war. Dann wandte er sich zu uns um – er hatte uns ruhig herankommen lassen – und sagte: ›Nehmt sie! Bestattet sie in allen Ehren. Und nehmt auch ihre Rüstung!‹«

»Warum hast du ihn da nicht getötet?«, fragte ich. Er war doch in Reichweite gewesen, leicht zu treffen.

»Ich … Ich war wie betäubt«, sagte er. »Und in diesem Augenblick erschien es mir unehrenhaft – als würde ich Penthesileia damit beleidigen.«

»Sie beleidigen? Es war das, was sie wollte. Deshalb war sie hier. Oh, es wäre nur gerecht gewesen.«

»Es erschien mir unrecht, einen Mann zu erschlagen, der vielleicht zum ersten Mal so etwas wie Herzensgüte bewiesen hatte.« Paris schüttelte den Kopf. »Es klingt töricht, und jetzt bereue ich es auch. Der Edelmut hat mich hingerissen. Ein Fehler.«

»Die Götter geben uns selten eine zweite Gelegenheit«, sagte ich, und sofort wollte ich diese Worte zurücknehmen. Es war geschehen. Er hatte seine Gelegenheit verpasst, hatte sein Gelübde nicht gehalten. Aber das brauchte ich ihm nicht zu sagen. Er wusste es selbst.

LXI

Nach Penthesileias Tod legte sich Stille über Troja, als hätte sich ein riesiges Leichentuch vom Himmel auf uns herabgesenkt. Flüsternd sprachen wir miteinander, und auf leisen Sohlen schlichen wir durch die Straßen, in denen das Rattern der Räder und das Klappern der Hufe verstummt waren. Nur die Krähen, die über uns kreisten, machten krächzend Lärm. Die Blässe des Untergangs erfasste uns. Indem Penthesileia uns Hoffnung gebracht hatte, die so schnell zerstoben war, hatte sie nicht weniger Verheerung angerichtet, als der Feind es hätte tun können.

Troja war seiner Pracht beraubt, weil so viel verkauft oder versteckt worden war. Eingeschlossen in der morschen Schachtel, zu der die Stadt geworden war, hegten wir kaum noch Hoffnung auf Verstärkung. Unsere Verbündeten aus nah und fern konnten keine Soldaten mehr schicken. Die Amazonen, die Thraker und die Lykier hatten ihre Feldherren und viele ihrer Soldaten verloren. So mussten wir mit dem in die Schlacht ziehen, was noch übrig war.

Im griechischen Lager waren Agamemnon, Odysseus, Machaon und Diomedes von ihren Verwundungen genesen und ins Feld zurückgekehrt. Wir hatten viele ihrer Soldaten getötet, dennoch erschienen ihre Reihen uns so dicht wie eh und je, als wüchsen die Männer nach wie ausgesäte Drachenzähne.

Tage vergingen, Monate, Jahreszeiten, und sie erschienen immer länger, je tiefer unser Mut sank. Die Welt stand still; die schwarzen Klauen der Zeitlosigkeit hatten uns gepackt, und wir waren Gefangene in unserem Zufluchtsort. Er war uns Schutz, er war uns Grab.

Da erschien wie ein Blitzschlag aus heiterem Himmel ein neuer Verbündeter: Memnon, ein Fürst aus Äthiopien, mit seinen strahlenden schwarzen Kriegern. Er hatte sehr lange für den weiten Weg gebraucht, und warum er das Los des fernen

Troja teilen wollte, war uns ein Rätsel. Aber wir stellten keine Fragen, sondern hießen ihn mit Freudengeschrei willkommen.

Wie Penthesileia, wie Achilleus, wie Äneas, wie Sarpedon war auch er der Sohn einer Unsterblichen. So viele Kinder von Göttern kämpften bei Troja um ein weiteres Kind eines Gottes. Aber seine Geschichte war interessanter als ihre, denn seine Mutter war die Göttin der Morgenröte. Sie hatte sich in einen Sterblichen verliebt und Zeus gebeten, ihm Unsterblichkeit zu schenken. Zeus in seiner Grausamkeit (er wusste sehr wohl, worum zu bitten sie vergessen hatte) war ihr zu Willen gewesen, aber er hatte das Altern nicht aufgehalten. So wurde er immer älter und schwächer, bis Eos, die Göttin der Morgenröte, ihn in eine Kammer sperren musste und das erbärmliche Zirpen aus seiner welken alten Kehle wie das einer sterbenden Grille klang.

Ihr Sohn jedoch war eine prachtvolle Erscheinung – ein strahlender Recke mit einer vornehmen Seele. Vielleicht Hektor zu ähnlich …

Unsere Freude war nur von kurzer Dauer. Wie alle anderen erschlug Achilleus auch Memnon in der Schlacht. Man erzählte später, die göttlichen Mütter der beiden Männer hätten hinter ihnen geschwebt und versucht, sie beide zu beschützen. Vielleicht hatte ihre Macht sich damit wechselseitig aufgehoben. Jedenfalls brach Achilleus uns schon wieder das Herz – und das einer Göttin noch dazu.

Wieder eine Bestattung, wieder Tage der Trauer. Ich hatte mir nicht vorstellen können, dass die Niedergeschlagenheit in Troja noch größer werden könnte, doch sie wuchs. Nach dieser letzten Tat war Paris geradezu besessen davon, Achilleus zu töten. Immer wieder warf er sich vor, dass er die Gelegenheit versäumt hatte, als Penthesileia gefallen war. Er verfluchte sich für sein Zaudern und seine Skrupel, er nannte sich schwach und weibisch und beschimpfte sich selbst mit den nämlichen Worten, die seine Feinde ihm entgegenschleuderten. Vergebens versuchte ich ihn zu beschwichtigen; ich erinnerte ihn daran, dass die Barmherzigkeit jenes Augenblicks nicht Schwäche gewesen sei, auch wenn sie nicht gerechtfertigt gewesen sei, Achilleus selbst habe niemals Barmherzigkeit gezeigt – außer in diesem Augenblick. Deshalb habe Paris sich verwirren lassen. Aber wolle er wie Achilleus sein? Wer wolle sein wie dieser Mann, der ein Herz habe wie ein tollwütiger Wolf? Aber genau das, erklärte Paris, wolle er werden: ein Mann, so gnadenlos wie Achilleus, wenn ihm das helfen könne, sein Ziel zu erreichen. Um Achilleus zu töten, müsse er werden wie Achilleus.

Ein goldener, stiller Herbsttag – und plötzlich rückte ein funkelndes Heer von Griechen gegen unsere Mauern vor. War das ihr letzter Angriff auf einen geschwächten Gegner? Ihre Streitwagen wirbelten Staub auf, und ihre Soldaten fluteten heran wie Horden von hungrigen Ratten. Und an der Spitze: Achilleus und Agamemnon in ihren Streitwagen.

Ich sah vom großen Turm aus zu, wie sie näher kamen. Hinter den Mauern sammelten sich die Trojaner unter dem Befehl von Deiphobos und die wenigen verbliebenen Verbündeten unter Glaukos von Lykien. Priamos stand über ihnen und erteilte ihnen seinen mutlosen Segen – er hoffte nicht mehr darauf, dass sie siegen würden.

Agamemnon. Ich blinzelte, bemüht, sein Gesicht zu erkennen, aber ich erkannte nur die dunklen Schatten seiner Augen und die grimmig scharfe Linie seines Mundes. Achilleus, an der Spitze seiner Myrmidonen auf der linken Flanke, drehte den Kopf hin und her und schaute Troja an, als wäre es ein Kadaver, der zerlegt werden sollte. Seine Rüstung blinkte und warf die Sonnenstrahlen zurück – Priamos berichtete später, sie habe bedrohlich geleuchtet wie der Hundsstern –, als er in seinem Wagen über die holprige Ebene raste.

Paris stand neben mir auf dem Ausguck des Turms. Er hatte sich geweigert, sich den von Deiphobos geführten Truppen anzuschließen. Er wusste, was er zu tun hatte.

»Sie werden kämpfen. *Ich* werde töten, wie ich es am besten kann.« Er hatte seinen Frieden damit geschlossen, dass er anders war als seine Brüder. Er strich über seinen Bogen, den besten in ganz Troja, und schaute hinunter auf den anrückenden Feind. »Die Zeit ist gekommen«, sagte er und berührte sanft meine Schulter. Ich blickte ihn an.

»Mögen die Götter deinen Pfeil lenken!«, sagte ich.

Zitternd begab ich mich hinunter zu den Turmwachen. Jetzt konnte ich nur noch zusehen. Hätte ich Paris an mich drücken, ihn vielleicht ein letztes Mal umarmen sollen? Aber ich frohlockte selbstsüchtig in der Gewissheit, dass die Frau eines Bogenschützen so etwas nicht zu tun brauchte. Der Bogenschütze mochte sein Ziel verfehlen, aber das bedeutete nicht seinen sicheren Tod.

Agamemnon riss den Wagen herum und warf seinem Wagenlenker den Zügel zu. Er sprang hinunter, schlug mit dem Schwert auf seinen Schild und brüllte Schmähungen zu uns herauf. Dabei warf er verstohlene Blicke zu Achilleus hinüber und wartete darauf, dass dieser etwas unternahm.

Bereitwillig, als wollten sie ihm ein Ziel bieten, stürmte Deiphobos mit seinen Männern unter gellendem Kriegsgeschrei zum Tor hinaus. Die Myrmidonen liefen ihnen entgegen, um sie anzugreifen. Achilleus sprang vom Wagen und rannte zu Fuß weiter. Jeder seiner Schritte verriet seine Geringschätzung für diesen Feind. Er entblößte sogar seine verwundbare Stelle, reckte den Hals aus der schützenden Rüstung und tat, als suche er verzweifelt nach einem Gegner.

»Kommt heraus, kommt heraus!«, schrie er. »Was denn, ist niemand da? War Hektor alles, was ihr aufbieten konntet? Oh, armes Troja, wenn du nur einen einzigen Recken hattest!«

Er stolzierte bis an das Tor heran – das jetzt geschlossen war – und rief: »Hast dich verrammelt, ja? Duckst dich, verkriechst dich? Aber bald werden wir dich brechen, und dann werden wir jeden deiner Verteidiger in den Staub werfen und dich zertreten!«

Paris hatte am Fuße des Turms gelauert. Nun sprang er vor.

»Stirb, Lügner!« Mehr sagte er nicht. Bevor Achilleus herumwirbeln konnte, bevor er ihn auch nur sah, hatte Paris einen Pfeil abgeschossen, der ihm in den entblößten Hals fuhr.

Der Ausdruck in seinem Gesicht – ich werde ihn nie vergessen. Es war nicht Zorn, nicht Angst, nicht einmal Überraschung, sondern weit mehr – es war ein grenzenloses Staunen. Stumm krallte er die Hände in seine Kehle, und Agamemnon glotzte.

Achilleus fiel vornüber, und Paris schoss einen zweiten Pfeil ab, diesmal in dessen ungeschützte Wade. Ein dritter Pfeil traf die Ferse, sodass Achilleus nicht mehr aufstehen konnte.

Achilleus wand sich am Boden. Er wimmerte und schrie und grub die Finger in den Staub. Seine Gefährten stürzten herbei, aber sie konnten nichts tun, außer ihn vor weiteren Pfeilen zu schützen.

Es waren keine mehr nötig. Der erste, der ihm in den Hals gefahren war, hatte seine Lebensader durchtrennt, und sein Blut strömte in den Staub.

Es dauerte nicht lange. Er starb schnell. Zu schnell für einen, der so viele getötet hatte. Wir starrten ungläubig von der Mauer hinab auf die reglos ausgestreckte Gestalt und rechneten damit, dass sie gleich wieder aufspringen und uns verhöhnen würde. Aber Achilleus tat es nicht.

Um den Leichnam entspann sich die übliche Schlacht. Der riesige Ajax schleppte ihn davon, nachdem er Glaukos mit seinem Speer durchbohrt hatte, als dieser ihn für die Trojaner holen wollte. Ajax verwundete auch Äneas, und Paris traf er mit einem großen Stein, der ihn auf die Knie warf. Odysseus erschien aus dem Nichts und gab Ajax Deckung, als der sich zurückzog, und sie brachten den Toten mitsamt Rüstung zurück in ihr Lager. Die griechische Armee trat mit ihnen zusammen den Rückzug an, und bald war die Ebene leer bis auf einen Teppich von Leichen, der sie wie Herbstlaub bedeckte.

Troja öffnete die mächtigen Torflügel weit, aber alle waren so betäubt von dem, was geschehen war, dass sie Paris schweigend empfingen, als er Hektors Pferde durch das Tor hereintrieb.

Achilleus' Bezwinger wurde nicht mit jubelndem Tumult empfangen, und das verriet nur, dass die Trojaner wie auch die Griechen Achilleus für unverwundbar gehalten hatten und niemals ernsthaft in Betracht gezogen, ja, sich niemals hatten träumen lassen, dass er je von trojanischer Hand fallen könnte. Das Undenkbare war geschehen, und nun konnten sie nur benommen schweigen.

Ich allein stürzte ihm entgegen; ich sprang auf seinen Wagen und schloss ihn in die Arme, und in meinem Kopf drehte sich alles. Er lebte! Er hatte Achilleus getötet! Für das Erste war ich dankbarer als für das Zweite. Selbst ich konnte noch nicht fassen, dass unsere Geißel nicht mehr da war.

»Ich bin fassungslos«, flüsterte ich. »Du hast Troja befreit!«

Er schlang den Arm fest um mich. Anscheinend brachte auch er kein Wort heraus. Vielleicht war er selbst wie vom Donner gerührt. Er sah sich in der Menge um und suchte nach Priamos und Hekuba.

»Sie sind wahrscheinlich im Palast.« Ich konnte seine Gedanken lesen. »Nach all dem Leid bringt Priamos es nicht mehr über sich, auf der Mauer zu stehen und dem Gemetzel im Feld zuzuschauen.«

»Aber jemand muss es ihm gesagt haben! Sicher weiß er es inzwischen.«

Ja, er musste es gehört haben. Mir musste etwas einfallen, um Paris zu besänftigen. Er war wund und sehnte sich nach einem Wort des strengen Priamos, nach einem Wort des Lobes, das er doch sicher verdient hatte. »Das Alter hat ihn geschwächt, und die Trauer fordert ihren Tribut. Er und Hekuba erwarten dich sicher im Palast. Dort könnt ihr ungestört miteinander sprechen.«

Unvermittelt erwachten die Leute rings um unseren Wagen zum Leben. Sie fingen an zu winken, zu stampfen, zu jubeln. Es gab keine Blumen, die auf Paris hätten herabregnen können – wie sollte man sie pflücken, wenn es auf den Wiesen so gefährlich war? –, aber ihre Freudengesänge und ihr Jubel waren nicht minder süß und beglückend.

»Paris! Paris!«

»Du bist größer als Hektor!«

»Nein«, antwortete er darauf, »Hektor war unser größter Recke!«

»Und wer hat Achilleus getötet?«, schrie jemand. »Der größte Recke ist der, der unseren Feind tötet, nicht der, der von ihm getötet wird!«

»Er wird uns nicht mehr angreifen. Er ist fort, er ist tot – wo ist der Leichnam?«, rief ein Mann.

»Fortgeschleppt! Sie werden für ihn singen, sich vor ihm verneigen und Spiele für ihn veranstalten, aber in dieser Zeit wird er verfaulen, und die Würmer, seine verächtlichen Feinde, werden ihn verspeisen.« Paris' Worte klangen so grausam, dass ich entsetzt war. »Ich hasse ihn für das, was er getan hat«, zischte er mir zu. »Selbst wenn ich zusehen könnte, wie die Würmer in ihm wimmeln und sich ringeln, wäre das nicht genug.«

Ja, so sehr hassten wir ihn alle. Ich dachte an den unverschämten kleinen Jungen beim Freierwettstreit. Schon damals hatte ich ihn ohrfeigen wollen. Wenn es jemand getan hätte, wäre er vielleicht nicht zu einem blutrünstigen Wahnsinnigen herangewachsen. Aber dann erinnerte ich mich an den Jungen, den ich auf Skyros gesehen hatte, der von seiner behütenden Mutter gezwungen worden war, sich als Mädchen auszugeben. Da war er mir wehmütig und einnehmend erschienen. Er war von seiner Bestimmung ferngehalten worden und hatte sich dagegen gesträubt. Nun hatte er sie gefunden – bis zum bitteren Ende.

Der Wagen schlängelte sich die breite Straße zum Gipfel der Stadt hinauf. Die Pferde kamen nur langsam voran, denn die Menge wurde immer dichter. Vor dem großen Palast des Königs stieg Paris aus. »Ich werde meinen Sieg dem König zu Füßen legen. Später werden wir sicher feiern. Geht jetzt nach Hause und sprecht Dankgebete für die Vernichtung unseres großen Feindes!«

»Wir werden Dankgebete für *dich* sprechen!«, rief die Menge.

Wie lange hatte Paris auf diese Worte gewartet?

»Wir müssen den Göttern danken«, sagte er schließlich.

»Wir danken ihnen für *dich*!«, wiederholten sie. Lächelnd trank er die Worte in sich hinein, die er jahrelang ersehnt hatte.

»Ich danke ihnen für mein Leben«, antwortete er. »Und ich danke ihnen für *euch*.«

Dann nahm er mich bei der Hand und zog mich durch das Tor in den Palast. Wir liefen über den Hof, nickten der Wache zu und betraten den Palast.

Es war gespenstisch still. Niemand von der Familie war im Hof, obwohl Priamos' Töchter, seine verbliebenen Söhne und Schwiegersöhne allesamt hier wohnten. Wo hielten sie sich versteckt?

Paris stürmte in die königlichen Gemächer und rief nach Priamos.

»Vater! Vater! Hast du es nicht gehört? Hast du die Kämpfe nicht gesehen?«

Seine Worte hallten durch die Stille. Er fing an zu schreien. »Du hast auf der Mauer zugeschaut, als Hektor getötet wurde! Du hast zugeschaut und dich vorgebeugt, um ihn zu rufen! Doch als ich und Deiphobos und Helenos im Feld waren, hast du dich verborgen. Ich habe Achilleus getötet! Ich habe ihn getötet! Nicht dein kostbarer Hektor, nicht dein kleiner Polites, nicht Troilos, sondern ich, Paris, den du ausgesetzt hast! Und jetzt begrüßt du mich nicht einmal?«

Stille. Dunkelheit.

»Wie du mich auf den Berg Ida gelegt hast, so wende ich mich jetzt ab von dir!«, rief Paris. »Ich würde Achilleus nicht wieder zum Leben erwecken, ich würde nicht ungeschehen machen, was ich getan habe, aber jetzt sehe ich mit aller Klarheit, was ein undankbarer Vater ist, und ich weiß, was es bedeutet. Von nun an, alter Mann, habe ich nichts mehr mit dir zu schaffen!«

»Paris!« Ich umklammerte seinen Arm. »Bitte sprich nicht unbedacht!«

Er sah mich an, und im Halbdunkel konnte ich seine Augen kaum erkennen. »Unbedacht? Diese Worte haben mir mein Leben lang auf der Zunge gelegen!«

Er wandte sich zum Gehen, als Priamos schlurfend oben an der Treppe zu seinen Privatgemächern erschien. »Ich bitte dich, warte!« Seine sonst so kraftvolle Stimme klang alt und zittrig. Mit steifen Gliedern kam er die Treppe herab und über den glänzenden Boden auf Paris zu. Hinter ihm war Hekuba. Er streckte die Hände aus. »Sohn!« Er umarmte Paris und drückte ihn an sich. Dann trat er einen Schritt zurück.

»Du hast Hektor gerächt«, sagte er. »Ich knie vor dir.« Bevor er es tun konnte, ergriff Paris seinen Arm und hielt ihn fest. »Nein. Es war schlimm genug, dass du vor diesem Schlächter Achilleus knien musstest. Knie niemals vor deinem eigenen Sohn!«

Priamos richtete sich auf und blickte Paris ins Gesicht. »Du bist wahrhaft edel. Vielleicht der Edelste von allen. Warum habe ich das nicht gesehen?«

»Er hatte bisher keine Gelegenheit, sich zu zeigen«, sagte Hekuba. »Aber mein Paris war stark genug zu warten, bis seine Zeit gekommen war.«

»Ich hätte sterben können, während ich darauf wartete«, sagte Paris. »Hättest du es bemerkt?«

»Ein Mann muss sich beweisen. Die Götter bestimmen den Zeitpunkt.« Sie schaute ihm fest in die Augen.

»Du bist keine natürliche Mutter«, sagte er.

»Dann weißt du nichts über Mütter«, antwortete sie. »Besser gesagt, über die Mütter von Königen und Prinzen. Sie sind anders.«

Er winkte ab. »In meinem Leben wäre mir eine andere Mutter lieber gewesen.«

»Vielleicht hätte ich auch lieber andere Söhne gehabt – oder einen anderen Mann, der nicht schon Kinder von seiner ersten Frau hatte. Aber was wir gern hätten, ist ohne Bedeutung.« Hekuba starrte ihn an. »Verstehst du das nicht einmal jetzt?« Dann lächelte sie und streckte die Arme aus. »Ich grüße dich, und ich bin überglücklich, dass du unseren größten Feind getötet hast. Es kümmert mich nicht, wie er getötet wurde, ob durch einen Speer oder einen Pfeil. Sein Herz steht still, und er wird den

Arm nicht mehr heben.« Sie senkte den Kopf. »Heil dir, Paris, Prinz der Prinzen! Du bist mein lieber Sohn.«

»Endlich!« Paris lag quer ausgestreckt auf unserem Bett. »Nach all den Jahren hat sie mich endlich ihren lieben Sohn genannt.«

Ich wollte ihn nicht so liegen sehen. Es erinnerte mich zu sehr an Penthesileias Leichnam, der quer über dem Pferd gelegen hatte. »Steh auf!«, sagte ich. »Bitte. Ich möchte dein Gesicht sehen.«

Und wirklich wurde ich niemals müde, es zu sehen. Aber es sah älter aus. Nicht mehr wie das eines Knaben. Jahrelang, hatte er gesagt, habe er auf die Worte Hekubas gewartet. Der Krieg … Er dauerte eine Ewigkeit, dehnte sich endlos hin, und mitten darin, hinter den Mauern von Troja, war die Zeit stehen geblieben und hielt den Atem an. Aber außerhalb der Mauern war sie wie im Fluge vergangen, und unversehens stand uns diese Tatsache vor Augen. Kein Wunder, dass Priamos so gebeugt und gebrechlich, Hekuba vom Leid zerfressen und Paris verbittert war vom langen Warten.

»Du hast Achilleus getötet.« Ich konnte es immer noch nicht fassen, und ich hoffte, dass seine Qualen jetzt ein Ende hatten. »Du hast von allen Trojanern die größte Heldentat vollbracht! Du bist ihr Held, ihr Retter!«

»Da lag er und verröchelte seinen letzten Atemzug.« Paris schwelgte in der Erinnerung. »Der große Mann, der Sohn einer Göttin, der Mann, der Hektor mit eingezogenem Schwanz um die Mauern Trojas laufen ließ und der ihn dann –«

»Oh, denke nicht daran!«

»Und der den lieben Troilos aus dem Hinterhalt überfallen und getötet hat! *Ich* habe ihn getötet! Ich habe ihm sein Leben genommen, habe seinen Schwertarm zur Ruhe gelegt. Kann irgendjemand sich vorstellen, was für ein Gefühl das war?« Er lachte nervös. »Selbst ich kann es nicht beschreiben. Ich war erstaunt und ungläubig, und jetzt kommt es mir vor wie ein Traum. Helena!« Er packte meinen Arm. »Ich sah ihn keuchen und nach Luft schnappen, sah, wie er vornüberfiel und erbleichte, und ich sah das dunkle Blut hervorströmen. Und dann stand er nicht mehr auf. Er konnte sich nicht mehr hochraffen. Da wusste ich, dass es sein Ende war. Er starb. Er ist tot: Achilleus.«

»Der Ruhm ist dein.« Ich strich ihm über das Haar. Dann umarmte ich ihn langsam, und halb rechnete ich damit, nicht Fleisch, sondern kalten Marmor zu fühlen, als hätte er sich bereits in ein Siegesdenkmal verwandelt. »Jetzt wird man sicher Lieder und Gedichte über uns schreiben«, sagte ich. »In Ewigkeit wird man dich preisen.«

Seine Hände lagen zitternd auf meinem Rücken. »Du warst die Einzige, die an mich geglaubt hat. Die wusste, was in mir war.«

Ja. Vor langer Zeit hatte ich gedacht: *Je mehr er lernt, desto mehr wird er unter allen Männern herausragen, bis ihm keiner mehr das Wasser reichen kann.* »Gleich in den ersten Tagen war ich glücklich, dich so jung an meiner Seite zu sehen und zu wissen, welch ein Mann du einst werden würdest«, sagte ich.

»Aber meine Mutter nicht! Nie!«

»Das Vertrauen einer Ehefrau ist anders. Ich habe dich erwählt. Eine Mutter kann sich ihre Kinder nicht erwählen. Und sie hat noch andere Kinder, während ich nur einen Mann habe.«

»Manche sagen immer noch, du hast zwei, noch heute.« War das eine Frage oder nur ein Einwand?

»Die Leute reden immer, und sie reden dummes Zeug. Meine Treue galt und gilt nur dir. Ach, aber ich war zerrissen zwischen meinem Gemahl und meinem Kind.« Ich war mit dem Gemahl gegangen, aber mein Herz suchte noch immer das Kind. Obgleich es kein Kind mehr war. Die Jahre, die uns altern ließen, hatten sie zur Frau gemacht.

»Du hast lange auf die Anerkennung warten müssen«, sagte ich. »Aber ich habe nie daran gezweifelt, dass du sie bekommen würdest.«

Wie geprügelte Hunde verkrochen sich die Griechen hinter ihren Befestigungsanlagen. Sie verschwanden aus der Ebene, und nie war eine Fläche in all ihrer Nacktheit schöner anzusehen. Die griechischen Zelte flatterten nicht mehr im Wind, ihre Lagerfeuer leuchteten nicht mehr in der Nacht und beleidigten unsere Augen.

Troja kam zu sich. Die Trojaner fassten frischen Mut. Keine neuen Verwundeten wurden auf Bahren hereingetragen, und diejenigen, die innerhalb der Mauern behandelt wurden, genasen allmählich. Beschädigte Mauerabschnitte wurden repariert, und vorläufig konnte man sogar gefahrlos durch die Umgebung streifen und neue Vorräte hereinschaffen.

Priamos rief einen Tag der Ehrung für Paris aus, und nachdem Paris in seiner glänzenden Rüstung unter lautem Jubel durch die Straßen geritten war, betrat er den Tempel der Athene hoch oben in der Zitadelle. In diesem Heiligtum weihte er seinen Sieg der Schutzgöttin Trojas, Pallas Athene.
Ich stand hinter ihm, und ich fand, die Göttin sah nicht einladender aus als damals, als ich sie das erste Mal gesehen hatte – an jenem furchtbaren Tag, da ich versucht hatte, bei Priamos und Hekuba eine freundliche Aufnahme zu finden. Athene war eine strenge Göttin, leicht reizbar und geneigt, im Handumdrehen die Seiten zu wechseln. Ich für meinen Teil vertraute nicht darauf, dass sie Troja besser beschützen würde, als sie Hektor beschützt hatte.

Danach fand in Priamos' Palast das Festmahl statt, wie es Brauch war. Die Tische waren üppiger gedeckt als sonst. Unsere Lebensmittelvorräte waren aufgefüllt; wir hatten Hirsch- und Schweinefleisch und wunderbare gefüllte Käse sowie guten Wein aus Thrakien. Sogar Süßigkeiten gab es: dicke runde Feigen und Trauben in dunklem, gewürztem Sirup.

Deiphobos und Helenos lächelten, wenn man mit ihnen sprach, aber wenn sie sich unbemerkt im Halbdunkel glaubten, blickten sie finster. Paris hatte sie in den Schatten gestellt; Paris würde Hektors Nachfolger werden.

Ich genoss es, mich über Deiphobos lustig zu machen. Ich hatte ihn nie gemocht – er verband Grobheit mit Schadenfreude und schien von Natur aus unredlich zu sein. Ich hätte ihm niemals zugetraut, selbst die unbedeutendste Aufgabe zu erfüllen, ohne daraus einen persönlichen Nutzen zu ziehen. Außerdem bildete er sich ein, unwiderstehlich auf Frauen zu wirken. Man sagt, Selbstvertrauen ist ein Geschenk der Götter. Ich sage, unbegründetes Selbstvertrauen ist ein Scherz, den die Götter sich mit einem Narren machen.

Und ganz wie es seine Art war, schlängelte er sich an mich heran. »Teure Helena«, sagte er, »dein Paris hat in der Tat einen machtvollen Schlag gegen die Griechen geführt. Ihr Achilleus ist gefallen. Wir alle können leichter atmen.« Als wolle er diese Worte unterstreichen, rückte er näher an mich heran und seufzte.

»Plagt dich ein Brustleiden?«, fragte ich ihn. »Mir scheint, du atmest schwer – vielleicht bist du krank. Du solltest einen Arzt aufsuchen.«

»Wenn ich dich sehe, verschlägt es mir immer den Atem.« Gierig starrte er mich an.

»Dann bestände die beste Medizin darin, dass du einen großen, sicheren Abstand zu mir hältst. Ich werde dir dabei helfen.« Ich wandte mich ab und ging davon. Ich hielt mich aufrecht, aber ich war verletzt. Ich fühlte mich angegriffen, angegriffen wie die Mauern Trojas beim Ansturm der Griechen.

Eilig lief ich zu Paris, der vor einem der Schilde in Priamos' Halle stand und ihn bewunderte. Ringsum loderten die Fackeln. Die Gäste wanderten um die Tische herum und aßen. Wo Paris erschien, wichen sie zurück, als wäre er ein Gott. Und selbst wenn er das nicht genoss – ich tat es. Jeder hingerissene Blick, jede unbeholfene Verneigung, jedes gestammelte Kompliment – jawohl, ich mästete mich daran. Zu lange hatte ich darauf gewartet, dass andere in ihm sahen, was ich von Anfang an gesehen hatte, von unserer ersten Begegnung in Sparta an.

Unsere Heerführer waren nun zuversichtlich davon überzeugt, dass die Gefahr vorüber sei. Antimachos hielt ein paar Tage später unten am Stadttor eine aufwühlende Rede: Die Griechen hätten einen so furchtbaren Schlag erlitten, dass sie tödlich verwundet seien. Gelanors Spione bestätigten es. Sie berichteten, die Moral im griechischen Lager sei so schlecht, dass sie Vorbereitungen zu ihrem Abzug träfen. Sie würden ihre Schiffe klarmachen, und die Soldaten könnten es kaum erwarten, an Bord zu gehen.

Von diesen Nachrichten ermutigt, sandte Priamos seinen Sohn Helenos zu ihnen, um die Bedingungen für das Ende des Krieges zu verabreden. In seiner Großzügigkeit war er sogar bereit, einen Friedensvertrag zwischen Griechen und Trojanern aufzusetzen.

Statt zu antworten, nahmen sie Helenos gefangen.

Alle waren entsetzt. Die festliche Stimmung war dahin. Priamos taumelte, als hätte er einen Schlag mit dem Schwert erhalten: Schon wieder einer seiner Söhne in den Händen der Griechen! Er brach zusammen vor Entsetzen, und Hekuba pflegte ihn im Palast und sprach an seiner Stelle. »Holt meinen Sohn zurück!«, befahl sie. »Holt meinen Sohn zurück!« Die Worte hatten einen furchtbar vertrauten Klang.

Helenos kehrte nicht zurück. Kassandra trauerte um ihn; sie verbrannte Klumpen von Braunwurz und Räucherharz und sandte ihr Flehen zum Himmel und zu ihrem Bruder.

»Wir sind verbunden«, sagte sie, und ausnahmsweise trat Leben in ihre ausdruckslosen Augen. »Ich fühle seinen Geist, ich fühle seine Gedanken! Oh, dass er ihnen in die Hände gefallen ist! Sie werden ihn nicht freigeben, das weiß ich.« Sie wandte sich an Paris – mich ignorierte sie stets –, warf sich ihm an den Hals und rief: »Ich sehe alles!«

Sanft nahm er ihre Hände. »Und was siehst du, Schwester?«

»Ich zittere, es zu offenbaren«, murmelte sie und schüttelte den Kopf, wie um ihre Gedanken zu klären. Ihre roten Haarsträhnen flogen hin und her und legten sich dann wie tote Schlangen auf Schultern und Rücken. »Er wird uns verraten.«

»Was?«, rief Paris. »Wie?«

Ihre Stimme war so dumpf und leise, dass ich Mühe hatte, sie zu verstehen. »Er kennt – wie ich – alle Prophezeiungen über den Untergang Trojas. Die, die noch unerfüllt sind.«

Oben in unseren Privatgemächern sprachen wir wenig später über diese Prophezeiungen, deren Erfüllung für die Griechen eine Herausforderung sein musste.

»Zwei sind schon eingetreten, drei sind noch übrig«, sagte Paris. »Seit der zweiten, die die thrakischen Pferde betraf, ist viel Zeit vergangen, aber eine Prophezeiung ist niemals befristet. Sie ist geduldiger als alles andere. Jetzt haben wir die Pfeile des Herakles zu fürchten.«

»Die Pfeile des Herakles – die hat Philoktetes.«

»Ja. Als Herakles im Sterben lag, gab er Pfeil und Bogen einem Jungen, der bereit war, seinen Scheiterhaufen anzuzünden und seinem Leiden ein Ende zu machen, als sich niemand sonst heranwagte. Dieser Junge war Philoktetes. Die Griechen werden ihn herbringen; sie werden sich genötigt sehen, ihn mit seinen Pfeilen und seinem Bogen von der Insel zu holen.«

»Was macht das schon?«, fragte ich – zu hastig. »Du bist der beste Bogenschütze in diesem Krieg.«

»Diese Pfeile gehen niemals fehl, heißt es«, sagte Paris. »Sie sind tödlich, weil Herakles sie in das Blut der erschlagenen Hydra getaucht hat. Sie bringen das Blut zum Kochen und das Fleisch zum Schmelzen, und es gibt kein Mittel dagegen. Oh, wenn Philoktetes herkommt …«

»Vielleicht kommt er ja nicht«, sagte ich. »Vielleicht ist er an seiner Wunde gestorben. Seit Beginn des Krieges lebt er allein auf seiner Insel.«

»Selbst wenn er tot ist, werden sie den Bogen und die Pfeile finden«, sagte Paris. »Jemand anders wird die Waffe benutzen und die Prophezeiung erfüllen.«

»Troja wird fallen, weil ein Mann einen Bogen mit tödlichen Pfeilen hat? Dazu ist Troja zu groß!«

Paris sah mich beinahe mitleidig an. »Die Prophezeiung spricht nicht von der Größe Trojas oder von dem, der da getötet wird. Es kommt nur darauf an, dass die Pfeile des Herakles, die er Philoktetes gegeben hat, nach Troja kommen. Mehr wird nicht gesagt. Vielleicht genügt es schon, wenn die Pfeile gegen die Mauern fliegen.«

»Sollen sie es nur tun«, zischte ich. Ach, ich hatte genug von Prophezeiungen, vom Krieg, von der Ungewissheit.

Es war Nacht. Paris stand mit dem Rücken zu mir und schaute aus dem Fenster in den schwarzen Sternenhimmel. Der sanft geschwungene weiße Wollmantel schien im matten Licht unseres Gemachs zu leuchten. Ich lief zu ihm und umarmte ihn von hinten. Das Wolltuch war weich wie die Haut eines Säuglings. Ich drückte ihn fest an mich. Langsam drehte er sich um. Nur die Andeutung eines Lächelns lag auf seinen Lippen.

»Du wirfst mich ja um«, sagte er. »Aber es ist ein entzückender Überfall. Liebste Helena!« Er nahm eine Locke meines Haars und strich damit über seine Handfläche.

Als wir zusammen im Bett lagen, strich ich länger als sonst mit den Fingerspitzen über sein Gesicht. Erscheinungen, göttliche Begegnungen, Visionen – so flüchtig sie auch sein mögen, sie sind real, wenn sie sich ereignen. Kinder entspringen aus ihnen – ich selbst, wenn Mutter den Schwan empfangen hatte, wie sie es immer erzählt hatte, und nicht Antenor auf gewöhnliche, hässliche Weise … Oh, darüber wollte ich nicht nachdenken! Ich musste glauben, dass Troja Wirklichkeit war und dass Aphrodite, wie sie mir in der Höhle erschienen war, Wirklichkeit war.

Es gab zahllose Geschichten über Frauen, die Geister und Götter geliebt hatten. Mochte es so sein. Die Vision verflog im Licht der Morgensonne. Aber in der Nacht war sie ganz real – vielleicht die einzige Realität. Eine Realität, die sie bis ins hohe Alter begleitete und als Letzte verblasste. Wenn ihre Erinnerungen sich trübten und ihre Ehemänner und Kinder im Nebel des Vergessens verschwanden, lebte diese eine göttliche Begegnung noch in den Frauen fort.

»Paris«, flüsterte ich, »Lass uns noch eine göttliche Begegnung erleben.«

»Noch eine?«

»Ja. Vielleicht wird uns dabei das Kind gewährt, nach dem wir uns sehnen. Ich habe die Hoffnung nie aufgegeben.«

»Ich auch nicht.«

Er schlief, aber ich blieb wach. Träume waren billig. Ich wollte die Hand ausstrecken und seine Wange berühren können, ich wollte den Kopf über ihn neigen und seinem Atem lauschen, während er schlief.

Es war still in unserem Zimmer, unirdisch still. Ich hörte weder den Ruf der Vögel noch das Säuseln des Windes an unseren Vorhängen. Das Licht des spät aufgegangenen abnehmenden Mondes wanderte über den Boden und brachte die Schatten des Fensters zum Tanzen.

Wohlbehalten, glücklich und schläfrig ruhte ich in Paris' starken Armen. Ich wusste, dass sie mich nicht vor Gefahren schützen konnten, doch tief im Innern glauben wir, dass sie es können – dass die Arme eines Recken uns unangreifbar machen.

Dann kam sie: die abscheuliche Vision. Ich hatte mich gefragt, ob mein Zweites Gesicht, die Gabe der Schlangen, noch lebendig sei. Oh, jetzt hatte ich die Antwort, aber ich wünschte, diese Vision wäre mir erspart geblieben.

Paris war tot. Er war getötet worden, doch ich hatte nicht gesehen, von wem – nur, dass es durch einen Pfeil geschehen war.

Mit einem Aufschrei fuhr ich hoch. Sofort war Paris wach. »Was ist?« Schlaftrunken packte er meine Schultern. »Du hast schlecht geträumt«, murmelte er. »Dreh dich auf die andere Seite, dann wird der Traum nicht weitergehen!«

Es war kein Traum, und es ging weiter, prägte sich in mein Herz, und ich sah alles: Paris, bleich und reglos am Boden. Den Fall Trojas, die hohen Türme, wie sie einstürzten. Gemetzel, Ströme von Blut in den Straßen. Ein großes hölzernes … Etwas. Entwaffnend, irreführend. Die Griechen, siegreich.

Schmerzerfüllt rollte ich aus dem Bett.

Paris schlief weiter, und ich schlich mich lautlos zu ihm zurück. Ich zitterte und wagte nicht, ihn zu berühren, denn wenn er aufwachte, würde er sicher sehen, was ich gesehen hatte. Doch ich musste an seiner Seite stehen und ihn beschützen – auf die hilflose Weise, auf die eine Frau ihren Mann vor allem Unheil schützen zu können glaubt.

LXIII

Es stimmte. Nach vielen Monaten regten die Griechen sich wieder, wie ein Bär sich nach dem Winterschlaf aus seiner Höhle erhebt. Unsere Spione berichteten uns bald, warum: Philoktetes war tatsächlich von seiner Insel zu ihnen gekommen, und Odysseus und Diomedes hatten den Sohn des Achilleus von seiner Mutter, der Prinzessin Deidameia auf Skyros, geholt, die ihn nur widerstrebend gehen ließ. Doch als die Delegation auf Skyros eingetroffen war, hatte er sich soeben im Speerwurf und im Schwertkampf geübt und einen Streitwagen gefahren, und er war nur zu gern bereit gewesen, die friedliche Sicherheit am Hof seiner Mutter aufzugeben und nach Troja zu reisen. Vielleicht hatte sie zu inbrünstig und zu lange um Achilleus geweint und seinen Verlust beklagt. Die Jungen dulden so etwas nicht. Sie wollen handeln, statt sich in Erinnerungen zu ergehen. Die Griechen waren also fleißig dabei, den Weissagungen, die entweder Kalchas oder Helenos ihnen offenbart hatte, zur Erfüllung zu verhelfen.

Philoktetes war noch lange nicht wohlauf; seine Wunde schwärte, und er war schwach. Machaon behandelte ihn, aber er würde erst kämpfen können, wenn er wieder gesund wäre.

»Aber du hast Machaon verwundet!«, sagte ich zu Paris.

»Offensichtlich nicht tödlich«, antwortete er düster. »Meine Pfeile sind nicht so machtvoll wie die des Herakles.«

»Die Sache mit den Pfeilen des Herakles verstehe ich nicht«, sagte ich – mehr, um mich von der schaurigen Vision des toten Paris abzulenken. »Wenn Philoktetes sie schon als Knabe hatte und jahrelang auf der Insel damit gejagt hat, um sich zu ernähren, wie viele kann er dann noch haben? In einen Köcher passen nicht sehr viele Pfeile.«

»Vielleicht hat er eine Phiole mit dem Gift der Hydra, in die er seine Pfeile tauchen kann«, sagte Paris. »Dann würden ihm die tödlichen Pfeile nicht ausgehen.«

»Aber es wird nirgendwo erzählt, dass Herakles das Gift der sterbenden Hydra aufgefangen hat«, wandte ich ein. »Es heißt nur, er habe seine Pfeilspitzen in ihr Blut getaucht. Da muss er sie an ihren sprudelnden Hals gehalten –«

»Meine liebe Helena, du nimmst das alles zu wörtlich.« Paris lächelte. »Du solltest doch wissen, dass die Geschichten verdrehen, was in Wahrheit geschehen ist – du bist selbst Gegenstand solcher Legenden. Wir wissen nicht, was sich zwischen Herakles und der Hydra zugetragen hat. So wie niemand weiß, was zwischen uns beiden auf Kranä geschehen ist.«

Mit dieser Erinnerung brachte er mich zum Lächeln, und das hatte er gewusst. »Das wissen nur wir«, sagte ich. Oh, welch kostbare Erinnerungen!

»Dennoch werde ich bedenken, was du sagst«, fuhr er fort. »Kein Pfeil wird fliegen, solange Philoktetes nicht wieder gesund ist. Und wer weiß, wann das sein wird?«

Es war wieder Sommer. Die Zeit schien wahrhaft in sich gekrümmt und gefaltet zu sein, denn hatten wir nicht eben noch Herbst gehabt? Aber die Bäume mit ihren dunklen Blättern, die beständigen Winde aus Nordost – alles rief, es sei Sommer. Sollten die Götter nur tun, was sie wollten. Sie wollten Sommer, also hatten wir Sommer.

In Troja kamen wir fast um vor Hitze – Beweis genug, dass es wirklich Sommer war. Die Sonne brannte mit solcher Glut auf die Steine der Stadt, dass die Hitze durch die Sohlen unserer Sandalen drang und unsere Füße Blasen bekamen. In solcher Hitze eine Rüstung zu tragen war an sich schon tödlich, und unsere Soldaten brachen erschöpft zusammen, wenn sie auf dem Exerzierfeld südlich der Stadt Übungen abhielten. Aber sie waren ein bunt zusammengewürfeltes Heer: So viele kräftige Männer hatten ihr Leben verloren, dass die Reihen mit zu jungen und zu alten hatten aufgefüllt werden müssen. Knaben, denen man bisher verboten hatte zu kämpfen, und verschrumpelte Greise, deren Enkel ihnen streng untersagt hatten, ins Feld zu ziehen, durften jetzt zu den Waffen greifen. Vergebens erließ Priamos den Befehl, dass sie nur auf den Mauern Dienst tun und die Kämpfenden versorgen durften. Das sollten die Verwundeten tun, antworteten sie und humpelten hinaus, um Troja zu beschützen.

Als sie sahen, wie diese Jammergestalten versuchten, die Stadt zu verteidigen, wollten auch viele Frauen nicht zurückstehen. Sie trachteten nicht danach, zu kämpfen wie die Amazonen, sagten sie, aber so gut wie alte Männer und kleine Jungen könnten sie es wohl auch. Theano bemühte sich, sie davon abzubringen, aber sie erwiderten, das könne eine Priesterin der Athene nicht, denn Athene sei die Göttin des Krieges. Also dienten sie als Ausguckposten auf den Mauern und hielten sich jederzeit bereit, Insektenbomben und glühenden Sand auf die Feinde zu werfen.

Troja selbst war so schäbig wie seine Armee geworden. Aus den einst so stolzen Straßen hatte man die Steine herausgestemmt, um beschädigte Mauern zu reparieren, und die Springbrunnen waren versiegt. Die Sphinx auf dem unteren Marktplatz ertrank in Müll und Staub. Die Leute kamen dorthin, um ihre Habe gegen Lebensmittel zu tauschen, die immer knapper wurden: Das Getreide war verschimmelt, und der gute Wein war inzwischen sauer. Die Kleider waren schmutzig, denn niemand konnte das kostbare Wasser in der Stadt verschwenden, um sie zu waschen, und die Quellen vor den Mauern waren unerreichbar. Die kurze Erholungspause war vorüber. Die Griechen belagerten uns von neuem.

Irgendwann beriet ich mich mit Antenor, der sich immer noch um eine ehrenvolle Beendigung des Krieges bemühte.

»Wir haben zu lange gewartet«, klagte er. »Die Griechen spüren, dass wir verzweifelt sind, und jetzt brauchen sie nur abzuwarten.«

»Antenor, was, glaubst du, wird geschehen? Ehrlich?«

»Ich möchte gern glauben, daß wir durchhalten können, bis die Griechen aufgeben. Aber dazu wäre entweder ein entscheidender Sieg, eine Katastrophe wie etwa eine schlimme Seuche oder ein erbitterter Streit zwischen ihren Feldherren notwendig. Bisher hat weder der Verlust von Achilleus noch die Pest, die sie vor einiger Zeit heimgesucht hat, sie aufhalten können, und was die erbitterten Streitigkeiten angeht – die gab es unter ihnen schon, bevor sie Griechenland verlassen hatten.«

»Also?«

»Du weißt, was mit besiegten Städten geschieht. Sie werden verbrannt und dem Erdboden gleichgemacht.«

Die Vision, meine furchtbare Vision: das Feuer, die Griechen – und die Türme. Diese seltsamen Worte, die mir vor langer Zeit in den Sinn gekommen waren. Ich schloss die Augen, aber die Vision war nicht vor, sondern in mir.

»Ich kann es nicht fassen«, sagte ich.

Er wedelte mit den Händen, als wollte er das Thema beiseitewischen. Dann ließ er sie ruhig vor sich auf den Tisch sinken. Als sein Blick durch das Zimmer ging, legte ich meine still daneben. Sie waren einander sehr ähnlich.

Der Feind war im Anmarsch. Wie seltsam, dass dieser Tag nicht laut in meinem Gedächtnis widerhallt, dass er sich nicht klar und deutlich erhalten hat. Stattdessen verschwimmt er in der Normalität des Alltags. Ich stand zur gewohnten Stunde auf. Ich beobachtete, wie Paris die Augen aufschlug, und wie immer durchzuckte mich diese seltsame, ungläubige Erregung, wenn ich ihn betrachtete.

Wenn er das Zimmer betritt, schnappst du leise nach Luft, tief in deinem Innern, hatte einmal jemand gesagt, als er zu beschreiben versuchte, was es bedeutet, jemanden zu lieben. Und es stimmte: Wenn ich Paris anschaute, war es jedes Mal wie bei unserer ersten Begegnung, als ich ihn in meinem Megaron in Sparta erblickt hatte.

Wir frühstückten zusammen, ein einfaches Mahl aus Gerstengrütze und Käse. Er müsse zur Morgenbesprechung in Antimachos' Hauptquartier, sagte er. Und noch immer dachte ich mir nichts dabei; es war alles so alltäglich.

Paris kam zurück und sagte, er müsse sich rüsten. Spione hatten gemeldet, die Griechen bereiteten einen Angriff vor; Philoktetes sei von seiner entkräftenden Wunde genesen. Noch immer nahm ich es unbesorgt auf. Ich mauerte das Bild des verwundeten Paris in mir ein, als könne ich es damit vernichten. Ich half ihm, die Rüstung anzulegen. Ich schnürte die Bänder des panzernden Leinenwamses selbst und holte Schwert und Köcher. Sein junger Knappe tat den Rest: Er reichte ihm den Brustpanzer, die Beinschienen, den Helm und den Bogen. Zusammen traten wir zurück und bewunderten ihn in seiner soldatischen Pracht.

Ich strich mit den Fingern über seine Lippen, die zwischen den Wangenschilden seines Helms kaum zu sehen waren. Sie waren weich und geschwungen.

»Geh!«, flüsterte ich. »Auch wenn ich dich lieber hierbehielte.« Oh, ich hatte diese Gedanken und Verrichtungen so satt, aber ich hatte mich mit ihnen abgefunden wie mit einem Ritual, das immer so weitergehen würde: Paris wappnete sich, und ich sagte ihm Lebwohl. Andere um uns herum fielen, aber wir niemals. Es war ein ewiger Kreislauf: Er ging hinaus, ich blieb da.

»Das weiß ich«, sagte er, und diesmal legte er mir die Hand auf die Schulter. Wenn man mich fragt: *War irgendetwas anders als sonst?*, kann ich nur sagen: *Er hat mir die Hand auf die Schulter gelegt.* Aber was bedeutete das schon? Es war nur eine Geste, eine unbedachte Geste. Nachher suchen wir nach verborgenen Botschaften, nach Bedeutungen – als habe der Verstorbene im Voraus gewusst, was geschehen würde, und als habe er uns etwas hinterlassen wollen.

Er fuhr durch das Kriegertor, das Skäische Tor, hinaus. Stolz stand er auf seinem Wagen, das Gesicht dem Feind zugewandt.

In Gruppen rückten sie aus, Streitwagen und Fußsoldaten, starrend von Speeren. Über die ganze Ebene schienen sie sich auszubreiten, viel zu zahlreich nach all den Verlusten.

Die Flanken der beiden Heere prallten krachend aufeinander; das brüllende Kampfgeschrei hallte bis zu uns auf den Mauern herauf. Ich stand bei den trojanischen Frauen; ich drückte mich nicht länger im Hintergrund herum. Hektor war gefallen, und Paris war jetzt der erste Sohn des Königs.

Die Frauen rechts und links von mir nahmen keine Notiz von mir. Sie blickten starr geradeaus, stocksteif. Ich spürte, wie ihre Feindseligkeit in mich hineinsickerte. Ich hatte ihre Lieben getötet. An ihrer Stelle hätte ich genauso empfunden. Aber Paris zu Ehren musste ich bei ihnen sein.

Unter lauten Schreien und Rufen ging ein Zusammenstoß in den nächsten und den übernächsten über, doch beide Heere hielten stand und verbissen sich ineinander. Wirbelnde Schwerter fingen das Sonnenlicht ein und strahlten wie Blitze zu uns herauf, Speere drehten sich im Fluge und zogen ihre Bahn wie geschweifte Kometen. Aber wer siegte?

Nach und nach wichen die Trojaner zurück, widerwillig und Schritt für Schritt. Plötzlich lösten sich ihre Reihen auf, sie flüchteten zu den Toren, und die Griechen verfolgten sie hitzig. Das trojanische Heer strömte als ungeordneter Haufen in die Stadt. Wo war Paris? Vor einer Weile hatte ich gesehen, wie er den schwerfälligen Streitwagen verlassen und sich in das Getümmel hineingekämpft hatte. Nun war er verschwunden, während seine Landsleute sich durch die Tore in Sicherheit brachten.

Die Reihen der Trojaner wurden immer dünner, und fast klang es, als blökten sie wie eine Herde verängstigter Ziegen, als sie sich stoßend und schiebend durch die Tore zwängten. Die schwachen und schlecht ausgebildeten Soldaten wurden in diesem Ansturm erdrückt. Dann schlossen sich die Torflügel; ächzend drehten sie sich in den Angeln. Die Riegel wurden vorgeschoben. Den erfahrenen Trojanern, die es vorgezogen hatten, draußen zu bleiben und gegen die Griechen zu kämpfen, war der Rückzug abgeschnitten. Sie kämpften allein weiter, wie auch

Hektor es getan hatte. Jetzt sah ich Paris wieder: Allein wandte er sich gegen drei Griechen, die auf ihn eindrangen. Wie er sich auch drehte, immer kehrte er einem Feind den Rücken zu.

Ich konnte nicht anders, ich beugte mich über die Mauer und schrie: »Paris, nein! Paris, komm herein!«

Er konnte mich nicht hören, doch selbst wenn er mich gehört hätte, wäre er nicht geflohen wie ein Feigling. Er stürzte sich mit dem Schwert auf einen der Griechen, den Speer in der erhobenen Hand. Er sah furchterregend aus, und das Bild brannte sich in meine Erinnerung – dies ist ein wahrer Recke, der edelste unter den Trojanern.

Als er sein Schwert gegen den namenlosen Griechen erhob und ihn niederstreckte, rollte ein Streitwagen heran, und ein Bogenschütze zielte und schoss einen Pfeil auf Paris ab. Er streifte nur seinen Unterarm, und Paris kämpfte weiter und erschlug auch den zweiten Gegner. Erst dann wandte er sich dem Streitwagen zu, aber der hielt sicheren Abstand. Paris warf einen Blick auf seinen Arm und rieb ihn, und dann schüttelte er ihn, als wolle er ihn erproben. Er riss seinen Speer aus dem gefallenen Griechen und eilte einem anderen Trojaner zu Hilfe, der mit zwei Griechen zu kämpfen hatte.

Die Griechen in vorderster Front sahen sich verlassen, als ihre Kameraden hinter ihnen zurückwichen. Langsam traten sie den Rückzug an, und die siegreichen Trojaner kehrten erschöpft heim in die Stadt, stolz und gemächlich, nicht in heilloser Flucht wie ihre Kameraden, die sie mit betretenem Jubel empfingen.

»Es ist nichts weiter«, sagte Paris glücklich und hob winkend den Arm, als die Menge ihn begrüßte. Die Verletzung war nur leicht; sie blutete kaum. »Eine Kinderschramme.« Lachend nahm er den Helm ab und schwenkte ihn. Aber nach dem Empfang und dem Fest, bei dem ihm zu Ehren die Becher gehoben wurden, begann diese Kinderschramme zu pochen, zuerst nur leise.

Als er in unseren Privatgemächern die Reste seiner staubigen Rüstung abgelegt und nach Wasser zum Waschen gerufen hatte, untersuchte er die Verletzung. Rot entzündete Streifen umgaben sie jetzt, und sie fühlte sich heiß an. Als ich den Finger neben den geschwollenen Schnitt legte, schrie er vor Schmerz auf, so laut, dass ich erschrak. Er schnappte nach Luft und umklammerte seinen Ellenbogen, als wolle er den Schmerz dort aufhalten. »Es fühlt sich an wie flüssiges Feuer«, sagte er.

»Soll ich einen Arzt rufen?«

»Nein, nein.« Er versuchte zu lachen. »Es gibt zu viele wirklich Verwundete, um die sie sich kümmern müssen. Es waren schlimme Kämpfe.«

Im Halbdunkel konnte ich es nicht genau erkennen, aber mir schien, dass sein verwundeter Unterarm sich violett färbte, und zusehends spannte sich die Haut und wurde glänzend und straff. Zugleich brach ihm der Schweiß aus, und plötzlich murmelte er: »Mir ist schwindlig … schlecht …« Erschauernd wandte er den Kopf zur Seite.

Seinen Protesten zum Trotz rief ich einen Diener und schickte ihn nach einem Arzt. Während wir warteten, schwoll der Arm weiter an, bis es aussah, als wolle er platzen. Die Verfärbung sickerte bis in die Fingerspitzen und über die Schulter herauf in die Brust. Paris' Lippen zitterten, und seine Glieder fingen an, wie ein Fisch auf dem Trockenen krampfhaft zu zucken.

»Es zerfrisst mir den Magen«, stöhnte er und presste die Hand auf den Leib. »Es verzehrt mich!« Der Arzt kam, warf einen Blick auf ihn und riss die Kleider herunter, um sich seinen Leib anzuschauen. Aber dort war nichts zu sehen. Er legte Paris die Hand an die Stirn und nahm sie gleich wieder weg.

»Er glüht!«

Feuer … Brennen … Es fraß seine Eingeweide … Oh, war es etwa Philoktetes gewesen, der von dem Streitwagen auf ihn geschossen hatte? Das Gift der Hydra, hieß es, verzehrte das Opfer auf genau diese Weise.

»Wer hat den Pfeil auf dich abgeschossen?«

»Der Pfeil … Er ist aus dem Nichts gekommen«, sagte er. »Ich weiß nicht …« Er schrie auf und biss vor Schmerzen die Zähne zusammen. »Ich weiß nicht, von wem. Ich habe das Gesicht des Mannes nicht gesehen.«

Wenn es wirklich Philoktetes gewesen war, durfte er es nicht erfahren. Der Wille kann so mächtig sein wie die Götter, und solange er nicht glaubte, dass Philoktetes ihn verwundet hatte, war es vielleicht nicht allzu gefährlich.

»Ruh dich aus, Liebster!«, sagte ich. »Unser bester Arzt ist hier und kümmert sich um dich.«

Sein Lächeln verzerrte sich zu einer Grimasse, als der Schmerz ihn von neuem durchfuhr. »Wenn man sagt, der beste Arzt sei gekommen, bedeutet das, die Lage ist ernst.«

Ich zwang mich zu einem Lächeln. »Oder es bedeutet, dass du ein Prinz Trojas bist und selbst bei der kleinsten Schramme ein Recht auf den besten Arzt hast.«

Er hob den gesunden Arm und packte meine Schulter mit überraschender Kraft. »Belüge mich nicht, Helena! Du vor allem darfst mich nicht belügen. Das ertrage ich nicht.«

Ich schaute auf ihn hinunter und wollte nicht wahrhaben, was ich hier tat: dass ich, gesund und kräftig, auf einen leidenden Paris hinunterschaute. »Paris, du bist verwundet. Aber Wunden sind im Krieg nichts Besonderes. Du selbst hast Machaon verwundet, aber er ist genesen. Und Odysseus auch.«

»Nicht alle Wunden sind gleich!«, keuchte er und umklammerte den geschwollenen Arm.

»Nicht berühren!« Der Arzt zog seine Hand weg. »Hier, ich habe einen Trank, der dir helfen dürfte –«

»Ich wage nicht, ihn zu nehmen, bevor ich weiß, was die Ursache ist. Es könnte sonst noch schlimmer werden.« Paris brachte die Worte kaum heraus, weil er die Zähne zusammenbiss.

»Ein Gegenmittel!«, rief ich. »Gibt es denn kein Gegenmittel?«

Der Arzt antwortete leise über Paris hinweg: »Es kann kein Gegenmittel geben, solange wir nicht wissen, was es ist. Der Prinz hat recht: Ein falsches Gegenmittel kann die Wirkung des Giftes verstärken.«

»Gift. Glaubst du, das ist es?«

»Es ist klar, dass der Pfeil vergiftet war«, sagte er. »Aber womit?«

Mit dem Blut der Hydra, dachte ich. Aber ich sprach es nicht aus.

Plötzlich riss Paris die Augen auf. Hatte er uns gehört? Betrübt sah er mich an und schüttelte langsam den Kopf. »Helena.« Er hustete. »So viele Jahre – ich will sie alle, ich habe dich hergebracht, damit wir sie haben können … Nein, es kann nicht sein …« Sein Kopf rollte zur Seite, und er hauchte: »Alles zu Ende, vorbei … Wir werden Ägypten besuchen …« Seine Augen wurden glasig, die Augen, die gerade noch geglänzt hatten, als er sagte: »Helena.« Jetzt verblasste ihr Licht.

Aber er konnte nicht tot sein! Nein, das konnte nicht sein. So konnte es nicht enden, nicht so schnell, so einfach, mit hängendem Kopf und starrem Blick. Diese Liebe sollte ewig währen und nicht enden.

Er atmete noch. Das Gift hatte ihm die Augen geschlossen – ich war jetzt sicher, dass es das Gift der Hydra war, denn nichts anderes hätte einem oberflächlichen Kratzer solche Wirkung verleihen können –, aber es hatte sein Herz nicht zum Stillstand gebracht.

»Hilfe! Hilfe!«, rief ich und nahm seinen Kopf auf meinen Schoß. Jemand musste doch wissen, wie man die Wirkung aufheben konnte. Es war Gift, und für jedes Gift gab es ein Gegengift. *In jenen letzten Stunden wird selbst sie mich anflehen, dich zu retten.* Diese Worte huschten spielerisch durch meine Gedanken wie das Sonnenlicht, wenn es die Schatten jagte. Eine, die sich auf Gifte verstand. Eine, die Paris geliebt hatte. Eine, die wusste, dass der Tag kommen würde, da sie den Schlüssel besaß, der für ihn über Leben und Tod entschied. Eine, die mich hasste.

Önone.

LXIV

Ich musste zu ihr. Wo war sie? Selbst wenn Paris es wusste – er konnte kaum sprechen. Er warf sich auf dem Bett hin und her, bäumte sich auf und sank schlaff auf die Decke, und seine Finger krallten sich in seine Brust.

»Mein Blut kocht in mir wie in einem Kessel«, murmelte er und verdrehte blicklos die Augen in den Höhlen. Sein Gesicht war eine grimassierende Maske.

»Mein Prinz, wenn du einen Aufguss von den Blättern des kretischen Diptam zu dir nehmen könntest …« Der Arzt beugte sich über ihn.

»Önone«, flüsterte ich in sein glühendes Ohr. »Wo wohnt sie?«

Er drehte sich um, und seine Augen öffneten sich zu schmalen Schlitzen. »Auf dem Berg Ida«, sagte er. »Nicht auf dem Gipfel mit den heißen Quellen«, fügte er hinzu. »Auf dem bei dem hohen Wasserfall.«

Aber heiße Quellen gab es überall auf dem Berg Ida, und Wasserfälle ebenfalls – manche nur zur Zeit der Schneeschmelze, andere das ganze Jahr hindurch. »Liebster, hat der Wasserfall einen Namen?«

Er grunzte nur, und erschauernd drehte er sich um und umklammerte die Wolldecke.

Es war Nacht, aber ich konnte nicht bis Tagesanbruch warten. Das Gift breitete sich zu schnell aus. Ich ließ zwei Wagen kommen und meinen schweren Mantel bringen, dazu Fackeln und Leibwächter. Dann lief ich hinüber zu Hektors Palast; dabei musste ich über die obdachlosen Flüchtlinge hinwegsteigen, die auf dem Boden schliefen. Die Türen waren fest geschlossen, doch ich hämmerte dagegen und bat laut um Einlass. Eine öffnete sich knarrend, und ich stolperte hinein und rief: »Andromache! Andromache!« Der Wächter starrte mich verdattert an.

Eine ihrer Zofen erschien, sichtlich verstimmt. Ihre Herrin habe sich in ihre Kammer zurückgezogen und wolle schlafen gehen.

»Ich muss mit ihr sprechen!« Ich warf die Kapuze zurück, damit sie sehen konnte, dass ich Helena war. Einen Befehl von mir, der mutmaßlich künftigen Königin von Troja, durfte sie nicht missachten. Die Frau verschwand und nahm ihre Fackel mit.

Jeder Herzschlag erinnerte mich daran, dass die Zeit verstrich. Entglitt. Es kann nicht lange gedauert haben, aber mir war, als sei ein Tag vergangen, bevor Andromache erschien. Sie hatte sich einen Mantel über die Schultern gelegt.

»Was gibt's denn, Helena?« Es klang, als rede sie mit einem lästigen Kind.

»Wir müssen zum Berg Ida!«, rief ich. »Du musst mich begleiten! Bitte, Andromache, ich kann nicht allein dorthin. Ich bin einmal mit dir dort hingegangen. Jetzt musst du mir helfen, bitte!«

»Jetzt?« Sie drehte den Kopf jäh zur Seite und schaute hinaus in die Dunkelheit. »Das ist unmöglich. Wir müssen warten, bis wir etwas sehen können. Selbst wenn wir nicht von Griechen umzingelt wären, wäre es gefährlich. Erinnerst du dich nicht, wie wir uns verirrt haben, als wir im Dunkeln herunterkamen?«

Ihr Gesicht war im trüben Licht kaum zu erkennen, doch es war klar, dass ich ihr nicht willkommen war. Hektors Tod hatte das Band zwischen uns für immer durchtrennt, so schien es. Aber sie musste mitkommen, sie musste! Sie kannte den Weg, den wir damals genommen hatten. Ich zerrte an ihrem Mantel, und sie verlor fast das Gleichgewicht.

»Andromache! Ich muss zu einem bestimmten Ort am Berg Ida gehen und dort jemanden finden, auch wenn es dunkel ist. Es kann nicht warten. Paris ist vergiftet worden – durch einen Pfeil, glaube ich –, und die einzige Hoffnung auf Heilung liegt bei dieser Frau, einer Frau, die sich auf solche Geheimnisse versteht … Er wird sonst sterben, ehe es hell wird …« Meine Kräfte gingen zur Neige, je länger ich sie anflehte; sie stand ungerührt da, und ich war die ganze Zeit nicht bei Paris, ich schüttete dieser versteinerten Gestalt mein Herz aus.

»Was ist das für eine Frau?«

»Sie heißt Önone; Paris kennt sie, und sie besitzt Zaubermittel zur Heilung von Wunden. Ich muss sie finden und zu ihm bringen. Ohne sie wird er sterben! Oh, ich weiß es!«

»Weiß denn niemand sonst sie zu finden? Weißt *du*, wo sie wohnt?«

»Ich habe sie gesehen – ich war in der Gegend, in der sie wohnt, in einem Hain auf dem …« Jetzt fiel es mir wieder ein. Der Ort, zu dem Paris mit mir gegangen war … Wenn man mich auf den richtigen Weg brächte, könnte ich Schritt für Schritt dorthin zurückfinden.

»Wenn wir in Gefangenschaft geraten –«

»Ich habe keine andere Wahl!«, rief ich. »Wenn ich in Gefangenschaft gerate, werde ich das weniger bereuen, als wenn ich hierbleibe und einfach zusehe, wie das Gift ihn dahinrafft!« Mäßige dich, dachte ich – das gilt für dich, aber nicht für Andromache. Wenn sie verletzt oder gefangen genommen wird, hast du einen unschuldigen Menschen auf dem Gewissen, weil du Paris retten wolltest. Du hast Hektor versprochen, sie zu beschützen. »Ich verstehe, dass du nicht mitkommen kannst«, sagte ich schließlich. »Ich werde allein gehen müssen. Verzeih meine selbstsüchtige Bitte.«

Jetzt hatte ich keine Hoffnung mehr auf Erfolg, aber versuchen musste ich es dennoch. Ein Versuch war alles, was ich Paris zu geben hatte, aber das würde ich mit Freuden tun.

»Du irrst dich«, sagte sie. »Ich komme mit.« Mit einem Wink verlangte sie ihren Reisemantel und feste Schuhe. »Wenn ich gegen den Tod selbst antreten kann, erlöst mich das vielleicht von jenem Halbtod, der hier in den Schatten lauert, seit ich ohne Hektor in diesem Hause leben muss. Ohnedies bin ich bereit zu sterben. Bis zu diesem Augenblick wusste ich nicht, wie bereit ich bin.« Sie nahm meinen Arm. »Lass uns gehen – und hoffen wir, dass die Griechen uns nicht bemerken!«

Unser Wagen rollte durch die Unterstadt – oder durch das, was davon übrig war. Als die Angriffe der Griechen immer ausdauernder und wilder geworden waren, hatten die Bewohner die unteren Hänge verlassen; sie befürchteten, dass der in den Fels gehauene Graben und der Pfahlzaun sie nicht mehr schützen würden. Wie alle anderen Flüchtlinge drängten sie sich jetzt in der inneren Stadt zusammen, wo es in den Straßen von Menschen nur so wimmelte. Als wir durch das Südtor hinausfuhren, sah ich, dass sie zu Recht geflohen waren: Die Griechen hatten angefangen, den Graben zuzuschütten und die Palisaden einzureißen, um die untere Flanke Trojas zu entblößen.

Auf den sanft abfallenden Feldern an der Südseite der Stadt sahen wir jedoch keine verräterischen Fackeln, und es roch auch nicht nach Pferden. Heute Nacht waren die Griechen nicht da. Ich klammerte mich an den Rand des holpernden Wagens, und mit der anderen Hand hielt ich Andromache fest. Ich fühlte, wie sie sich gegen das Schwanken stemmte, aber es dauerte eine ganze Weile, bis sie den Arm um mich schlang, und ich empfand es als Umarmung, nicht nur als Versuch, sich zu stützen.

Oh, ich hatte Andromache schmerzlich vermisst; sie war die einzige Frau in Troja, die ich als echte Freundin betrachtet hatte. Doch jetzt vermochte der Balsam ihrer sanften Gegenwart nichts gegen das Pochen meines Herzens und die Panik, die sich in mir ausbreitete. Mit jedem Hufschlag ließen wir Paris weiter hinter uns zurück, und meine Seele schrie danach, in dieser Stunde an seiner Seite zu sein, statt zum Berg Ida zu fahren – auf der fruchtlosen Suche nach einer Frau, die ihn hasste.

Unsere Leibwache und die Wagenlenker warnten uns: Der Weg würde holprig werden, wenn wir die Ausläufer des Berges erreicht hätten. Ich beschwor Andromache, sich an die Stelle zu erinnern, an der Hektor und Paris uns damals abgesetzt hatten. Oh, ich wollte nicht daran denken, nicht an diese verlorenen Tage! Aber wenn wir dort absteigen könnten, würden wir den Weg vielleicht finden. Wir bemühten uns, den Wagenlenkern die Richtung zu weisen, doch das war im Dunkeln noch schwieriger, denn wir konnten nur die größten Wegmarken erkennen. Das Flackerlicht der Fackeln trug wenig dazu bei, die Nacht zurückzudrängen.

»Ich glaube, dort ist die heiße Quelle«, sagte Andromache

und spähte in die Finsternis. Ich sah nichts, aber ich hörte das Gurgeln und Rauschen. »Daneben stand eine steinerne Bank, weißt du noch?«

»Ja, undeutlich«, sagte ich. »Ich glaube …« Ich lachte – aber wie konnte ich jetzt lachen? Das war Irrsinn! »Hauptsächlich erinnere ich mich an die Priesterin, die Mutter oder was sie sonst sein mochte.«

Nun lachte auch Andromache. »Ich bin ihr dankbar. Was immer sie getan hat, es war machtvoll. Jetzt habe ich Astyanax. Meinen kleinen Sohn …«

Ein furchtbarer Ruck schleuderte uns fast aus dem Wagen: Eins der Räder war gegen einen Stein geprallt, das andere in ein Loch geraten. »Weiter können wir nicht fahren, Herrin«, sagte unser Wagenlenker. »Wir müssen absteigen.«

Es war so finster, als wären wir in einen Abgrund gestiegen. Andromache und ich klammerten uns aneinander und stolperten blindlings voran. Irgendwo dort oben musste sie sein.

Langsam und mit tastenden Schritten begannen wir den Aufstieg. Wir hielten kleine Fackeln in den Händen. Mit den Füßen konnten wir den kahlen Boden des Pfades erfühlen, und wir achteten darauf, ihn nicht zu verlieren. Weitab zu unserer Rechten hörten wir das Plätschern eines Baches auf den Steinen; es mischte sich mit dem Raunen des Windes in den Baumwipfeln. Quälend langsam tasteten wir uns voran.

Die Kiesel unter meinen Füßen – das Gemurmel von tausend Nachttieren um uns herum – das schwindelerregende Gefühl des Aufstiegs … Ich merkte, dass ich alle diese Dinge genau beobachtete, als wären sie wirklich wichtig. Nur so konnte ich den schrecklichen Gedanken an Paris und seine Verwundung im Zaum halten.

Nach sehr langer Zeit drang ein Lichtschimmer über den östlichsten Rand des Himmels. Wie Nebel, der sich auflöste, wie ein Mantel, der langsam weggezogen wurde, wich die Dunkelheit zurück und ließ den Berg zutage treten.

Nicht weit vor uns mündete der Pfad auf eine ausgedehnte Wiese – ein Rastplatz für diejenigen, die zum höchsten Gipfel des Berges strebten, auf dem Zeus wohnte. Sie kam mir halbwegs bekannt vor. Aber sahen nicht alle Wiesen gleich aus?

Ich nahm Andromaches Arm. »Es sieht aus wie die Stelle, an der wir sie gesehen haben. Aber sie wohnt nicht hier. Sie ist uns nur zufällig begegnet. Sie streift über den Berghang und kommt und geht, wie es ihr gefällt. Paris sagte, sie sei eine Nymphe – aber was für eine? Eine Wald-, eine Quell-, eine Meeresnymphe? Das Meer kommt nicht in Frage, aber Wald und Wasser …« Ich presste mir die Hand auf den Mund. »Helena, du faselst.« Ich faselte, faselte … Aber hatte Paris nicht vom Wasser gesprochen? Hatte er deshalb gesagt, ich solle sie am Wasserfall suchen, an einem ganz bestimmten Wasserfall? *Der hohe Wasserfall* …

»Dort entlang …« Links lag der von Bäumen umstandene Teich, an dem Paris über die Unsterblichen geurteilt hatte und wo Önone uns plötzlich erschienen war. Unschuldig genug sah er aus. Der nahende Sonnenaufgang spiegelte sich in schillernden Farben auf seiner Oberfläche. Wir gingen daran vorbei und weiter nach links; dort, so hoffte ich, würde der hohe Wasserfall sein.

Die ersten Steine und Felsen erschienen in der Wiese, und dann hörte das Gras auf, und harter Boden begann. Wir gingen an seinem Rand entlang, bis wir vor uns leises Wasserrauschen hörten. Ich nahm Andromaches Hand. Die Leibwächter hinter uns schnauften; ihre Geduld mit meiner Suche war fast zu Ende.

Hinter dem Vorhang aus hohen Bäumen lag das Wasser. Ich näherte mich bang und wagte nicht zu fragen, welches Wasser es sein könnte und ob wir unser Ziel erreicht hatten. Wir schlüpften zwischen den Stämmen der Bäume hindurch und erblickten einen großen dunklen Tümpel und darüber einen Wasserfall, dünn wie ein Strich, der senkrecht von einer Steilwand herabstürzte, deren obere Kante wir nicht sehen konnten.

»Wir haben es gefunden«, flüsterte ich Andromache zu. »Jetzt sind wir in ihrer Nähe.«

Als habe sie mich nicht gehört, ging Andromache zum Wasser, kniete nieder und tauchte die Hand hinein. »Es ist bitterkalt«, sagte sie und ließ es durch die Finger rinnen. »So kalt, dass es allen Schmerz betäubt.«

War es das, was sie suchte? Ein Mittel, das stark genug war, ihren Schmerz zu betäuben? Doch ich kannte keines, das so stark gewesen wäre. Ich trat zur ihr ans Wasser.

»Hat dein Schmerz denn kein bisschen nachgelassen?«

»Nein. Eher ist er noch gewachsen. Als ich Hektor verlor, war es ein Schlag, der mich betäubte – so ungeheuerlich, dass er den Himmel mit seinen Lichtern verfinsterte. Nun ist der Himmel wieder klar, aber ich sehe all die Löcher und leeren Stellen im Leben, die er hinterlassen hat. Etwas Riesengroßes oder tausend Kleinigkeiten – was schmerzt mehr?« Ihr Blick war starr.

Ich wusste es nicht, und ich wollte es auch nicht herausfinden. Önone! Wir mussten sie finden.

Ich warf einen Stein hinaus in den tiefen Tümpel und sah, wie er verschlungen wurde. Ein paar Wellen breiteten sich aus, aber sie waren flach. Dann plötzlich kräuselte sich das Wasser, und etwas erschien unter der Oberfläche, weiß und schwebend.

Wir wichen zurück. Aber bevor wir weit kommen konnten, schoss eine Säule aus dem Wasser, und Önone nahm Gestalt an. Erschrocken sprangen wir zurück und fielen zu Boden.

Sie wuchs zu voller Größe herauf, und das Wasser schien sie zu tragen; ihre Füße blieben dicht unter dem Wasserspiegel. Dann bewegte sie sich, sie schwebte über das Wasser wie eine Libelle und trat barfuß ans Ufer. Ihr Gewand tropfte, aber es umwehte sie, als sei es trocken. Auch ihr Haar war nicht nass; es fiel in dichten Locken auf ihre Schultern.

»Önone?«, wisperte ich.

Statt mir zu antworten, sagte sie mit kalter Stimme wie aus weiter Ferne: »Bist du überrascht zu sehen, woher ich komme? Du wusstest doch, dass mein Vater ein Flussgott ist und ich eine Wassernymphe bin.«

Ich raffte mich auf und rieb mir die aufgeschürften Knie. »Ich weiß wenig über dich.«

»Ah, dann hat Paris nicht von mir gesprochen.« Ihre Stimme wurde kräftiger.

»Doch.« Oh, ich durfte sie nicht erzürnen! »Und eine Offenbarung, eine göttliche Erscheinung sehe ich immer mit Ehrfurcht. Du hast getan, was kein Mensch tun könnte – du bist aus der Tiefe des Wassers heraufgestiegen.«

Sie lachte, aber es war kein freundliches Lachen. »Was denn – soll das heißen, du kannst nicht in einem von Schwänen gezogenen Wagen zu deinem Vater Zeus hinauffahren? Vielleicht ist das alles gar nicht wahr. Vielleicht bist du nur eine sterbliche Frau von ungewöhnlicher Schönheit. Vermutlich werden wir es herausfinden, wenn für dich die Zeit kommt zu sterben.«

»Lass uns nicht von mir sprechen, sondern –«

»Sondern von Paris, ja. Ganz recht, lass uns von ihm sprechen.« Langsam kam sie vom Wasser herauf und blieb vor mir stehen. Andromache wich zurück und beobachtete uns mit angstvollem Blick.

Ich blieb stehen und sah ihr ins Gesicht. »Paris ist verwundet worden. Vielleicht durch einen irdischen Giftpfeil – so einer kann tödlich genug sein, wenn er mit Schlangengift bestrichen wurde. Vielleicht war es aber auch einer von Herakles' Pfeilen, die in das Blut der Hydra getaucht wurden. Es ist nur eine Kratzwunde, aber sie hat seinen ganzen Körper in Besitz genommen. Sein Blut kocht, sagt er. Die Wunde ist hässlich, und sie veränderte sich vor unseren Augen. Erst war sie rot, dann violett, sie schwoll an, und sie verzehrt seinen ganzen Körper.«

»Wahrscheinlich ist es ein Pfeil mit dem Gift der Hydra«, sagte sie, als sei es ganz unwichtig. »Ein großes Unglück.«

Ich ergriff ihren Arm. Er fühlte sich handfest an, nicht stofflos, wie er unter Wasser ausgesehen hatte. »Hilf ihm! Wende es ab! Du musst doch ein Gegengift haben. Du kennst dich mit diesen Dingen aus.«

Sie blieb ungerührt. »Er hat von mir gesprochen, sagst du?« Es klang verträumt. »Was hat er gesagt?«

Schmeichle ihr!, dachte ich. Lass dir etwas einfallen. Irgendetwas.

»Er hat von eurer gemeinsamen Zeit gesprochen.« Das genügte nicht! »Davon, dass es eine glückliche Zeit war, eine der glücklichsten, die er je erlebt hat.«

»Was für eine Lügnerin du bist!«, fuhr sie mich an. »Wäre er so glücklich gewesen, hätte er mich niemals verlassen!«

»Männer tun manchmal seltsame Dinge.« Ich hob die Schultern. »Nicht immer das, was in ihrem besten Interesse ist.«

»Da hast du recht, Helena von Sparta, Gemahlin des Menelaos. Es war nicht in seinem besten Interesse, dich herzubringen, selbst wenn es keine Önone gegeben hätte. Aber als wir uns damals am Teich begegnet sind, habe ich dir gesagt, es werde der Tag kommen, da ihr mich braucht, da ihr mich anfleht, euch zu helfen. Und dann würde ich mich abwenden von euch. Dieser Tag ist jetzt da.«

Ich streckte ihr die Arme entgegen. Dass ich mich erniedrigte, kümmerte mich nicht. Ich würde mich auch auf den Boden werfen und ihr die Füße küssen, wenn es sein müsste. »Hab Erbarmen mit Paris! Verurteile ihn nicht zum Tode!«, flehte ich.

Sie trat einen Schritt zurück und hob das Kinn. »Wenn er stirbt, dann stirbt er.« Ihre Stimme klang kalt, kälter noch als das Wasser, aus dem sie emporgestiegen war, und ich wusste, dass es ihr nicht gleichgültig war. Sie wollte Rache. Sie wollte, dass er starb.

»Wenn er stirbt, dann, weil du es zulässt«, sagte ich.

»Wenn er stirbt, dann, weil er sich von mir abgewandt und mir gesagt hat, er brauche mich nicht mehr. Jetzt braucht er mich. Er hat sich verrechnet, wie mir scheint.«

»Sei barmherzig!«, sagte ich. »Lass deine Verletzung und deinen Stolz beiseite und reiche Paris deine Hand!«

»Niemals! Ihm lag nichts an mir, als er mich verließ, um nach Troja zu gehen!«

Dann hatte er sie also verlassen, lange bevor er mir begegnete. Ihre Grausamkeit, verflochten mit einer gekränkten Eigenliebe, war atemberaubend. »Wenn der Tod einmal gekommen ist, ist er unabänderlich«, sagte ich. »Oh, sei jetzt barmherzig, und trage deinen Groll mit Paris aus, wenn er wieder genesen ist!«

Sie trat an mich heran, packte mein Haar und riss meinen Kopf in den Nacken, sodass ich ihr ins Gesicht schauen musste. Zwei gelb gesprenkelte Augen starrten mich an. »Keine Barmherzigkeit!«, sagte sie. »Der Mann soll sterben!« Sie zwirbelte eine meiner Haarsträhnen zwischen den Fingern, dass es wehtat. »Ich bedaure nur, dass ich nicht dabei sein werde, um es zu sehen.«

»Komm mit und sieh zu. Niemand wird dich daran hindern. Komm, wir fahren gleich zurück nach Troja!« Ich schlug auf ihre Hand, und sie ließ mein Haar los. Was tat es noch, wenn ich sie beleidigte? Ich wollte sie umbringen. Aber Nymphen starben nicht. »Was denn – hast du Angst?«, fragte ich die bösartige Frau höhnisch. »Hast du Angst zu sehen, wofür du dich entschieden hast?«

»Nennst du mich einen Feigling?«, fragte sie. »Du wagst es, mich einen Feigling zu nennen?«

»Einen Feigling von der übelsten Sorte!«

Sie hob den Arm und schlug mich. Ich schlug zurück, und sie taumelte rückwärts ins Wasser. Ich sah, wie sie einen Augenblick lang mit den Armen ruderte, bevor das Wasser sie rettete und in die Tiefe hinabzog.

Der Teich brodelte und schäumte und beruhigte sich dann wieder. Unsere Reise war vergebens gewesen. Sie hatte vergessen, was Barmherzigkeit war.

Wir hatten unsere Zeit verschwendet. Die nächtliche Fahrt über Stock und Stein, der stolpernde Aufstieg, die hastige Suche – alles umsonst! Besser wäre ich bei Paris geblieben und hätte ihm die Stirn gekühlt und bei ihm gewacht. Besser hätte ich jeden Arzt aus einer Tagereise im Umkreis herbeibefohlen, besser hätte ich Gelanor mit seinen verrückten Ideen hinzugezogen. Alles wäre besser gewesen als das!

LXV

Ich verfluchte mich selbst, weil ich mich zu dieser fruchtlosen Reise hatte verleiten lassen. Den Rückweg über die Bergflanke legten wir schnell zurück, weil wir jetzt sehen konnten. Unsere Mägen schrien nach Speise, unsere Leibwache murrte, aber wir kamen gut voran. Schon nach kurzer Zeit waren wir in ebenem Gelände und fuhren auf Troja zu. Die Mauern lagen im Glanz der Nachmittagssonne und riefen nach uns.

Aus der Ferne sah Troja aus wie immer: strahlend und unbezwingbar. Die Zitadelle auf dem Gipfel der Anhöhe war kaum sichtbar. Ich erkannte die Paläste – unseren, Hektors und Priamos' – und den Tempel der Athene. Was darin geschah, sah ich nicht. Ihr Anblick war prachtvoll; ihre Verwundbarkeit würde erst deutlich sein, wenn sie in Flammen erglühten und einstürzten.

Das Südtor stand offen; eine Kampfpause erlaubte den Trojanern, die Stadt zu verlassen und in die Wälder auszuschwärmen, um Kräuter und Brennholz zu sammeln, ihre Pferde zu weiden und die Vorräte zu erneuern.

Ich stürzte durch das Tor und konnte es nicht erwarten, zu meinem Liebsten zu kommen. Von der Garde erfuhr ich nur zu bald, wie es um ihn stand: Sein Leben hing an einem seidenen Faden.

Ich umklammerte Andromaches Schulter. »Ich ertrage es nicht, ich kann es nicht aushalten!«

»Doch, das kannst du«, sagte sie. »Wenn die Götter es so wollen – oh, ihr Hass! – , dann wirst du es müssen.«

»Wie du es getan hast?«

»Ja. Wie ich es getan habe.«

Wir rannten die steile Straße zur Zitadelle hinauf, vorbei an den verfallenen Häusern der Unterstadt. Mit einem Auge sah ich, dass sie verlassen und ihre Bewohner geflohen waren, aber eigentlich sah ich nur Paris, Paris, Paris. Mit meiner Willenskraft würde ich ihn am Leben erhalten. Er würde nicht sterben. Er konnte nicht sterben. Das konnte nicht sein.

Andromache und ich waren Hand in Hand bis zur Zitadelle hinaufgelaufen, aber als wir zwischen ihrem und meinem Palast standen, ließen wir einander los. Ich schaute sie an, sie, die alles in ihrem Leben verloren hatte – ich, die am Rande dieses Abgrunds stand. »Komm mit mir hinein!«, drängte ich.

Sie hielt eine Hand vor den Mund. »Verzeih mir, Helena, ich kann es nicht.« Sie biss auf die Knöchel ihrer Faust. »Ich kann es nicht noch einmal mit ansehen.«

»Das verstehe ich.« Und so war es.

»Geh!«, sagte sie. »Vielleicht wird noch alles gut.«

Langsam stieg ich die Treppen hinauf. Als ich mich dem Zimmer näherte, umgab mich der Moschusgeruch des Räucherwerks, das den Geruch der Krankheit überdecken sollte. Ich hörte das unverwechselbare Geräusch hilflos umherhastender Leute.

Ich blieb in der Tür stehen und bemerkte, dass die Fensterläden geschlossen waren. Entschlossen ging ich quer durch das Zimmer und riss sie auf. Ja, ich würde die Fenster öffnen, Paris würde sich aufrichten und mir danken und das Gesicht der Sonne zuwenden. So verlieh ich den Fensterläden heilende Kraft – ein Zeichen meiner Verzweiflung. Im grellen Licht zogen die Helfer im Krankenzimmer die Köpfe ein, und man sah den Rauch, der sich bläulich grau in der Luft kräuselte. Noch hatte ich nicht gewagt, Paris anzusehen. Doch jetzt durfte ich nicht länger warten. Ich stand hinter ihm am Fenster, und ich sah seine Arme zu beiden Seiten des Bettes, starr ausgestreckt wie Pfähle. Sie waren so steif, dass er die Ellenbogen nicht krümmen konnte, und dick wie Kürbisse geschwollen. Seine Hände waren schwarz und so aufgebläht, dass die einzelnen Finger nicht mehr zu unterscheiden waren.

Mit einem Aufschrei fiel ich neben ihm auf die Knie, und endlich schaute ich ihm ins Gesicht. Was ich sah, war nicht mehr Paris, sondern eine purpurn verquollene Fratze, die einmal ein Gesicht gewesen war. Selbst sein Haar war nicht mehr sein Haar; das leuchtende Gold war aschfahl und hing klumpig herab wie halb verrottetes Gras. Seine Augen verschwanden in den Höhlen hinter den aufgedunsenen Lidern, und seine Haut war dunkelviolett, beinahe schwarz. Sogar seine Lippen, schartig und offen, waren schwarz, und sie hatten rote Risse.

»Helena …« Die Stimme, so leise, dass ich mich über ihn beugen musste, war immer noch seine. »Sie hat nein gesagt?«

»Das hat sie – möge ihr Körper sich in Schleim verwandeln!«, sagte ich. »Aber wir brauchen sie nicht. Jetzt bin ich hier; es war dumm von mir, fremde Hilfe zu suchen. Ich kann …«

Was konnte ich tun? Meinen Vater Zeus herbeirufen? *War* er mein Vater?

»Ich kann Hilfe rufen, die weit besser ist als alles, was sie hätte tun können. Ach, mein Liebster, das hätte ich gleich tun sollen!«

Er wollte den Arm bewegen, meine Hand berühren. Aber er gehorchte ihm nicht, sondern blieb liegen, steif und unbeweglich wie Holz.

»Warte.« Ich beugte mich über ihn und küsste ihn auf die Stirn. Sie war nicht mehr heiß, sondern kalt wie Önones Teich. Wogen der Angst durchfluteten mich. Ich stürzte hinaus. Hier konnte ich Zeus nicht anrufen.

Ich suchte ein Zimmer, in dem ich ungestört sein konnte, aber das war nicht leicht zu finden bei all den Soldaten und Flüchtlingen, die sich in unserem Palast zusammendrängten. Große Räume waren nicht mehr frei. Endlich entdeckte ich eine leere Kammer, aber sie diente als Vorratslager und war kein schöner, luftiger Raum, wie Zeus in seiner Majestät ihn verdiente.

Ich hatte zwei Räuchergefäße mitgenommen, die ich mit zitternden Händen auf den Boden stellte. Dann warf ich mich ausgestreckt davor nieder. Kalter Stein berührte meine Wange, meine Brust, meine Beine.

Zeus, Sohn des Kronos, wenn du wirklich mein Vater bist, erbarme dich meiner! In tiefer Verzweiflung liege ich hier vor dir und bitte dich um das Leben meines Gemahls Paris. Du kannst ihn retten. Du kannst ihm seine Gesundheit wiedergeben. Du, der Mächtigste unter den Göttern, kannst geschehen lassen und ungeschehen machen, was du willst. Oh, gewähre mir diesen Wunsch!

Ich fühlte nichts, keine Antwort. Bedeutete das … dass es keinen Zeus gab? Er nicht mein Vater war? Oder hatte ihn ich nicht geziemend angesprochen?

Ich weiß die gebührenden Worte nicht, aber sieh in mein Herz! Sieh, wie ich mich dir unterwerfe! Wenn es möglich ist … lass mich an seiner statt sterben. Ja, wirf sein Leiden auf mich! Du hast Alkestis erlaubt, den Platz ihres Gatten einzunehmen. Erlaube es auch mir!

Stille. Hörte er mich nicht, oder wollte er mein Flehen abweisen, als habe er es nicht gehört?

Lass mich an Paris' Stelle sterben! Ich erhob mich auf die Knie und sprach ihn laut an. »Lass mich Paris' Platz in der Kammer des Todes einnehmen!«, bat ich. »Lass mich mein Leben für seines geben!«

Stille. Ich ließ mich auf die Fersen sinken und blies in panischer Hast in die Räucherfässer, um ihnen mehr Rauch zu entlocken, als könnte ich damit Zeus' Aufmerksamkeit herbeizwingen.

»Bitte Vater. Höre mein Flehen.«

Dann hörte ich – hörte ich es, oder waren es Worte in den geheimsten Tiefen meines Inneren? – seine Stimme. *Mein Kind, ich höre dich wohl, aber es kann nicht sein. Ich kann das Schicksal nicht wenden, nicht die Bestimmung eines Menschen. Wir Götter können uns da nicht einmischen. Wir könnten es, aber zugleich können wir es nicht, denn wir würden die Ordnung der Dinge zerstören. Deinem Paris ist es bestimmt zu sterben, und so muss er sterben. Es schmerzt mich, mein Kind, aber ich kann es nicht aufhalten, wie ich auch den Tod meines Sohnes Sarpedon im Felde vor Troja nicht aufhalten konnte. Ich habe um ihn geweint, wie du um Paris weinen wirst.*

»Du nennst mich Kind.«

Du bist mein Kind. Die einzige Sterbliche, die ich als meine Tochter anerkenne. Und du wirst nicht sterben.

»Ohne Paris will ich nicht leben.«

Du hast keine Wahl. Du wirst leben, weil dein Blut es so bestimmt. Wir werden dich unter uns willkommen heißen, wenn die Zeit da ist.

»Ich werde eine schlechte Göttin abgeben«, sagte ich. »Immer werde ich um meinen verlorenen Paris trauern.«

Viele von uns trauern. Aber ich will dir eine Wahrheit anvertrauen: Es ist trotzdem gut, ein Gott zu sein.

Die Stimme verstummte. Ich war gescheitert. Zeus hatte meine Bitte abgewiesen genau wie Önone. Alles andere kümmerte mich nicht. Ich eilte aus der Kammer – noch mehr Zeit vergeudet! – und lief zurück zu Paris.

Ich nahm seinen Kopf in beide Hände. Ich fühlte den Schweiß auf seiner Stirn, aber ich berührte ihn nur sanft, weil ich ihm nicht wehtun wollte. Seine geschwollenen Lider öffneten sich, und er sah mich an.

»Was ist … Was ist passiert?«, fragte er.

»Ich habe das Versprechen erhalten, dass du genesen wirst. Ja, von diesem Augenblick an wird neue Kraft in deine Glieder strömen, und das Gift wird weichen.« Das Lügen war mir zuwider, aber die abscheuliche Wahrheit konnte ich nicht aussprechen. Ich streichelte seinen Arm; die Haut war so straff gespannt, dass sie vielleicht platzen würde, wenn ich sie mit dem Fingernagel verletzte. »All das wird vergehen«, sagte ich. »Dein Arm wird wieder dir gehören.«

Er lächelte – das heißt, seine Lippen versuchten sich zu bewegen. »Er hat dich erhört.«

»Ja. Er wird uns verschonen. Denn ich könnte nicht ohne dich leben, und so würde das Gift der Hydra auch mich dahinraffen.« Was es schon tat.

»Helena.« Er tat einen tiefen Seufzer. Ich sah, dass sich in der kurzen Zeit, die ich nicht an seiner Seite verbracht hatte, sein ganzer Körper schwärzlich verfärbt hatte. Nein, nicht so bald! »Du hast immer treu zu mir gestanden. Ich habe dich nicht verdient.«

»Sprich jetzt nicht so!«, befahl ich. »Keine Torheiten jetzt. Ich war dein von Anfang an. Ich bin nur dankbar, dass dein

Schiff kam, als es kam. Ich glaube nicht, dass ich noch einen Augenblick länger hätte warten können.«

»Halte meine Hand!«

Ich nahm sie – den aufgedunsenen Rest von dem, was einmal Paris gewesen war. *O ihr Götter! Aphrodite, kannst du dich nicht dazu herablassen, uns jetzt zu helfen?* »Ja, mein Liebster. Und ich werde sie nicht loslassen, bevor du wieder zu Kräften kommst und aufstehen kannst.«

»Es ist so dunkel hier.« Er war erregt. »Dunkel, dunkel! Und ein schwarzer Tunnel saugt meine Füße auf, und ich versinke darin.«

»Nein, mein Liebster, du liegst hier, in feinstes Leinen gehüllt.« In schweißgetränktes Leinen. »Du bist in Sicherheit.«

Dann war er fort. Kein letztes Wort, kein Abschied, nichts, was er mir hinterließ. Er verschwand in diesem Tunnel, von dem er gesprochen hatte – nicht angstvoll, sondern staunend.

Paris war tot. Ich war Witwe. Aber das bedeutete nichts – auch wenn sich das bald ändern würde – neben der ungeheuerlichen Tatsache, dass Paris nicht mehr war.

Sanft legte ich die Hand auf seine Lider und schloss ihm die Augen. Wie oft hatte ich sie gestreichelt, sie geküsst? Oh, der Gedanke war unerträglich!

Ich wandte mich zu den Bedienten um und brachte hervor: »Prinz Paris ist tot. Sein Geist hat uns verlassen. Macht ihn bereit!«

Ich konnte nicht in unserem Gemach bleiben. Taumelnd ging ich hinaus.

Ich suchte die kleine Kammer auf, in der meine Zofen schliefen. Niemand war da. Ich ließ mich auf einen Strohsack fallen. Die Tränen wollten nicht kommen. Ich empfand nichts als eine grenzenlose Trostlosigkeit. Paris war fort. Meine Welt gab es nicht mehr.

Ich hatte Zeus die Wahrheit gesagt. Ich wollte nicht mehr leben. Mein Leben war mit Paris' letztem Atemzug zu Ende gewesen. Und er hatte kein Wort für mich mehr übrig gehabt, nur diesen Unsinn über einen schwarzen Tunnel. Für ihn mochte es einen Sinn gehabt haben, aber für mich nicht.

Er hatte nicht gewusst, dass es seine letzten Worte sein würden. Das wissen wir vielleicht nie. Wenn wir stark und gesund in der Blüte unseres Lebens stehen, denken wir an unser Sterbebett, an die Weisheit, die wir dann mitteilen werden, an die kostbaren Worte, die wir denen, die bei uns sind, hinterlassen werden wie Edelsteine an einer Halskette. Aber so kommt es nur selten. Wir sterben im Handumdrehen auf dem Schlachtfeld oder bei einem Unfall oder langsam an einer schleichenden Krankheit, die nicht ankündigt, wann sie uns zu vernichten gedenkt. Und so gehen unsere Worte mit uns unter, und die Hinterbliebenen sind dazu verdammt, sich an Erinnerungen zu klammern, an ihre Vorstellung dessen, was wir hätten sagen wollen.

Ich fühlte die Trauer, aber nicht ihre Endgültigkeit. Die war zu groß, als dass ich sie hätte fassen können. Ich zwang mich aufzustehen und lief blindlings zu Andromache, meiner einzigen Freundin, die das Gleiche hatte erleben müssen.

Sie erwartete mich schon. Sie hatte sich an den Webstuhl gesetzt, aber das Schiffchen lag unbenutzt daneben auf einem Schemel. Als ich hereinwankte, stand sie auf und breitete die Arme aus. Ich ließ mich hineinfallen, und sie hielt mich fest.

»Paris ist zu Hektor gegangen«, sagte ich.

»Sie umarmen einander, wie wir, die wir zurückbleiben mussten, uns umarmen. Hätten wir Augen zu sehen, dann sähen wir sie jetzt vielleicht bei uns.« Sie strich mir über das Haar. »Voller Trauer begrüße ich dich als meine Schwester.«

Paris' Bestattung. Ein hoher Berg von Holz. Paris, respektvoll verhüllt auf seiner Bahre, um das Grauen zu verbergen, das das Gift an ihm angerichtet hatte. Klageweiber, die heulend und weinend durch die Straßen von Troja zogen. Neben dem Scheiterhaufen standen seine Eltern, starr wie die Hölzer unter ihrem Sohn. Die verbliebenen Brüder flankierten sie. Ganz Troja, so schien es, hatte sich auf der südlichen Ebene versammelt, wo die Bestattung stattfinden sollte.

Aber es waren schon so viele bestattet worden, und die Tränen waren versiegt. Troilos, Hektor, unzählige andere – sie machten Paris zu einem Nachzügler. Und es blieb das Gefühl, dass Paris dies alles herbeigeführt hatte und all die andern ohne ihn nicht hätten sterben müssen.

Sie hatten recht. Ohne diese schicksalhafte Begegnung in Sparta wäre nichts von alldem geschehen. Aus diesem Grund war ich bereit gewesen, seinen Platz einzunehmen. Aber der unerbittliche Zeus hatte es nicht erlaubt.

Der älteste Bruder, der jetzt noch reden konnte, war Deiphobos. Mit wenigen Worten empfahl er Paris den Göttern. Priamos sprach von dem leidvollen Geschick, seinen Sohn wiederzufinden, nur um ihn noch einmal zu verlieren. Hekuba weinte.

Das Holz wurde angezündet. Keine Opfergaben lagen auf dem Scheiterhaufen – keine geschlachteten Hunde, Pferde, Geiseln. Paris hätte es nicht gewollt, und ich hatte darauf bestanden, dass sein Wunsch respektiert wurde. Die Flammen loderten empor, züngelten zu Paris hinauf. Mich schauderte, und ich versuchte, nicht an den Schmerz zu denken, den das Feuer ihm bereiten würde, wenn es ihn erreichte. Er kennt keinen Schmerz mehr, sagte ich mir, glaubte es jedoch nicht. Schmerz fühlen wir in alle Ewigkeit, selbst wenn wir tot sind. Als die Flammen ihn erreichten, wandte ich mich ab: Ich konnte nicht zusehen. Aber ich konnte es riechen. Der Geruch veränderte sich, als das Feuer etwas Neues erfasste.

»Nein, nein! Halt!«, schrie jemand. Noch immer stand ich mit eingezogenem Kopf und drehte mich nicht zum Feuer um.

»Haltet sie auf!«

Ich drehte mich um und sah, dass Önone mit wehendem Gewand auf den Scheiterhaufen zulief. »Verzeih mir! Verzeih mir!«, weinte sie. Und bevor jemand sie zu fassen bekam, stürzte sie sich in die Flammen. Mit schrillem Schrei machte sie sich zum Brandopfer. Die Flammen loderten auf, als sie sie verzehrten. Nymphen können nicht sterben, heißt es. Aber anscheinend können sie es doch, wenn sie wollen.

»Eine Frau hat sich ins Feuer geworfen«, riefen die Wachen.

»Keine Frau, eine Nymphe«, sagte ich. »Aus freien Stücken. Ihr könnt sie nicht retten, sie ist in ihrem Element verschwunden.« Ich war wie vom Donner gerührt von ihrer verzweifelten Liebestat, und tief im Innern fragte ich mich, warum mir nicht der gleiche Gedanke gekommen war.

Ich schaute zu Priamos und Hekuba hinüber und erwartete, dass sie mich trösteten. Aber sie wandten sich ab. Ich war allein.

LXVI

Als ich in unsere – in meine – Gemächer zurückkehrte, hatte man die Hinterlassenschaften des Krankenbetts schon weggeräumt, und alles war sauber. Kein Weihrauch, kein Kräuterduft hing mehr in der Luft, und die helle Sonne schien in das leere Zimmer. Paris' Rüstung, staubig noch von der letzten Schlacht, lag in einer Ecke.

Morgen, wenn der Scheiterhaufen abgekühlt wäre, würden sie seine Gebeine einsammeln und in eine goldene Urne legen. Die Urne würde man in das Grabmal seiner Familie bringen, und danach würden zaghafte Totenspiele stattfinden. Und dann würden die Trojaner in den Krieg zurückgehen, in den ermüdenden Krieg.

Und ich? Ich konnte mir nicht vorstellen, wie mein Leben weitergehen sollte. Mich erwartete nichts als grenzenlose Leere, eine Leere, wie sie dieses Zimmer erfüllte.

Den ganzen Tag über irrte ich durch meine Gemächer. Immer wieder stiegen mir Tränen in die Augen und ließen alles verschwimmen. Dienerinnen brachten Tabletts mit Speisen, aber ich schickte sie weg. Ich ließ niemanden herein. Manchmal fiel ich auf das Bett, und mir war so schwindlig, dass das Zimmer sich um mich herum drehte. Dann wieder stand ich auf und widmete mich absurden Tätigkeiten: Ich sortierte verschiedene Wollknäuel, türmte sie zu großen Haufen, ordnete sie neu und suchte Körbe, um sie unterzubringen. Wohin mein Blick auch fiel, ich sah etwas, was Paris gehört hatte – außer wenn ich den Kopf über die Wolle beugte oder wenn ich aus irgendeinem Grund meinen Schmuck aus dem Kasten nahm und Ketten, Armreifen und Ohrringe in Reihen nebeneinanderlegte, um dann alles genau so wieder in den Kasten zu legen, wie es gewesen war. Solange ich mich damit beschäftigte, sah ich Paris' Gesicht nicht.

Und wie konnte ich jemals das Gesicht wiederherstellen, das ich so lange geliebt hatte, und jenes aus meinem Gedächtnis tilgen, das in seinen letzten Stunden von ihm Besitz ergriffen hatte? Das grausig geschwollene Antlitz hatte das sanfte verdrängt. Der vergiftete Pfeil des Herakles hatte mir nicht nur Paris' Leben gestohlen, sondern auch sein Gesicht.

In meiner Ratlosigkeit und Benommenheit sah ich mich unversehens dabei, wie ich seine Kleider und seine Habe aus den Truhen zerrte und auf dem Boden ausbreitete. Mit zitternden Händen ordnete ich die Kleider und strich sie glatt, bereitete sie für eine Besichtigung vor, die nicht stattfinden würde. Dabei kam ich mir nicht einmal töricht vor; ich wünschte mir sein Erscheinen so sehr, dass ich wirklich glaubte, ich könne es durch die Kraft meines Willens herbeiführen. Aus tiefstem Herzen rief ich nach ihm, ich hob die Arme und sank auf den Kleidern zusammen, auf den Kleidern, die noch nach ihm rochen.

»Helena, steh auf!«

Mir war, als triebe ich durch die Nebel des Hades empor; es war dunkel, und ich konnte nicht sehen, wohin ich ging. Meine Hände schlossen sich um ein Laken. Ich lag auf dem Rücken.

Ein unstetes Licht näherte sich, jemand stellte eine Öllampe ab. Ein Gesicht erschien über mir. »Helena, steh auf! Oh, wie schändlich!« Evadne nahm meinen Kopf in den Arm. »Wie schändlich – sie haben dich alleingelassen!« Sie strich mir über das Haar. »Du bist allein!«

Ich schaute in die Tiefe ihrer Augen. »Ja«, sagte ich. Paris hatte mich verlassen. Sie sagte die Wahrheit, denn eine andere Wahrheit gab es für mich nicht.

»Ich rede von deinen Zofen!«, sagte sie. »Wie konnten sie es wagen?«

»Ich habe sie weggeschickt«, beruhigte ich sie. »Ich wollte niemanden hierhaben. Niemanden, nicht einmal dich.«

»Es ist gefährlich für dich, jetzt allein zu sein.« Sie strich mir über die Stirn.

Als ob es mich kümmerte, wenn mich jemand ermordete! Ich lachte matt. Man täte mir einen Gefallen.

»Ich meinte, es ist gefährlich für deine Seele, wenn du allein leidest.«

»Es geht nicht anders«, sagte ich. »Ich leide allein, selbst wenn du da bist. Niemand kann dieses Leid mit mir teilen.«

»Aber jemand kann da sein«, beharrte sie.

»Wozu die Zeitverschwendung? Niemand kann etwas tun.« Langsam richtete ich mich auf. »Geh, Evadne! Ich will keine Gesellschaft.« Ich wollte, dass es dunkel wurde.

Die Totenspiele. Ich werde nicht darüber berichten, denn was bedeutet es schon, wessen Pferde beim Wagenrennen die schnellsten waren, wessen Speer am weitesten flog, wessen Beine am geschwindesten durch das Ziel gingen? Eins war sicher: Die Trojaner waren müde, selbst wenn sie ausgeruht waren, und im Wettkampf waren sie langsam und schwerfällig. Der Krieg hatte sie verschlissen, wie die Ratten mit ihrem unaufhörlichen Wühlen ein Fundament zum Einsturz bringen können. Ich überreichte Stücke von Paris' Rüstung und seinen Waffen als Siegerprämien; in meinen Gemächern gehörten sie ja nur zu den vielen Dingen, deren Anblick mich schmerzte. Ich konnte nicht an seinem Helm vorbeigehen, ohne mir vorzustellen, wie er ihn getragen hatte. Ein eifriger trojanischer Jüngling gewann ihn – sollte er ihn aufbewahren und verehren.

Das erste, feierlichste Bankett verlief streng nach Protokoll. Paris war der Gastgeber, wie Troilos es bei dem seinen gewesen war. Jetzt hörte ich den Widerhall der Worte, die Paris für

Troilos gesprochen hatte. Alle Verluste verschmolzen zu einem: ein lautes Klagelied für Troja, ein leises für mich. Paris' Lieblingsgerichte wurden aufgetragen: gebratenes Zicklein und Honigkuchen, und die Worte, die dabei gesprochen wurden, waren ebenso honigsüß und salbungsvoll. Niemand blökte die Schmähungen hervor, die in ihnen allen gärten.

Von allen Versammelten empfanden nur Priamos, Hekuba und ich echte Trauer. Die andern hatten sich nur mit Trauerfarben bemalt. Priamos sprach mit zitternder Stimme davon, wie er seinen verlorenen Sohn wiedergefunden hatte, nur um ihn ein zweites Mal zu verlieren, und Hekuba beklagte die Jahre, die sie getrennt verbracht hatten, als sie alle noch unter der Sonne gewandelt waren.

»Was gäbe ich dafür, wenn ich diese Jahre zurückbekommen könnte!«, flüsterte sie, und ich hatte Mühe, sie zu verstehen. »Wir waren beide hier, aber wir konnten nicht zueinander. In meiner Torheit habe ich ihn fortgeschickt und mich seiner beraubt. Jetzt habe ich alle Zeit der Welt, um ihn zu betrauern.«

Ich konnte nichts sagen. Eine unsichtbare Hand schnürte mir schmerzhaft die Kehle zu. Ich stand nur da und senkte den Kopf.

Knochen und Asche wurden feierlich zum Grab getragen, Trankopfer wurden vergossen, der Deckel des Sarkophags geöffnet und wieder geschlossen. Jetzt war Paris bestattet. Der lebensfrohe Paris – wie konnte er dort in Frieden ruhen? Aber wir wissen nichts über die Toten, über das, was sie wollen und fühlen. Wir wissen nur, dass sie ganz anders sind als wir. Selbst diejenigen, die wir lieben, verändern sich ins Unergründliche.

Als unsere traurige Prozession danach durch die Straßen zog, blieb Priamos zurück und kam an meine Seite. Deiphobos als ältester überlebender Sohn nahm seinen Platz neben Hekuba ein.

Wie gebeugt und gebrechlich Priamos geworden war! Ich erinnerte mich an den sonnigen Tag, an dem ich ihn zum ersten Mal gesehen hatte – wie muskulös und kraftvoll er da trotz seines Alters gewesen war. Aber an jenem Tag war Paris da gewesen, Paris an meiner Seite, Paris, der mich stolz vorstellte, Paris, der mich beschützte! »Helena …« Selbst seine Stimme war die dünne Stimme eines Greises.

»Ja, Vater?«

Er tastete nach meiner Hand. Anscheinend hatte er etwas Bedeutsames zu sagen.

»Manche würden behaupten, der Krieg sei jetzt vorbei«, sagte er. »Paris, der das heilige Gesetz der Gastfreundschaft verletzte – obgleich wir alle wissen, dass Liebeswahn sich um friedliche Gesetze nicht kümmert –, Paris hat dich verlassen. Du bist jetzt seine Witwe. Wir müssen unseren Weg ohne ihn weitergehen.«

Ich erstarrte innerlich. Jetzt würde er mich auffordern, das Opfer zu bringen und zu den Griechen, zu Menelaos, zurückzukehren. Was konnte er sonst im Sinn haben? Es war das einzig Vernünftige. Troja wäre gerettet, denn es gäbe keinen Grund mehr, es zu bestrafen.

Er hatte Mühe, die rechten Worte zu finden. Ich würde ihm helfen. »Lieber Vater«, sagte ich, »du brauchst dich nicht zu zwingen, die schrecklichen Worte auszusprechen. Ich werde tun, was in meiner Macht liegt, um Troja zu retten. Ich werde zu den Griechen zurückkehren.« Woher sollte er auch wissen, dass es einer Toten gleichgültig war, was sie tat und wohin sie ging? Eine Tote konnte sich nicht erniedrigen. Und ich war mit Paris gestorben. »Ich werde zu Menelaos gehen und mich vor ihm verneigen, und die Griechen werden die trojanische Ebene verlassen müssen.« Was aus mir würde, kümmerte mich nicht. Sollte Menelaos mich ruhig töten. Dann könnte ich zu Paris gehen, und Menelaos bliebe mir erspart.

»Nein, es gibt noch eine andere Möglichkeit«, sagte Priamos. »Du musst Deiphobos heiraten.«

Ich riss meine Hand weg. »Nein! Ich gehöre Paris für alle Zeit!« Die Worte kamen aus meinem Mund, bevor ich einen einzigen Gedanken fassen konnte.

»Es wird dem Widerstand neuen Mut geben«, beharrte er.

»Der beste Widerstand besteht darin, dass ich den Krieg beende. Ich werde den Vorwand beseitigen.«

»Deiphobos verlangt es.« Er musste sich zwingen, die Worte auszusprechen.

»Als Preis wofür?« Auf welcher Grundlage konnte er Forderungen stellen?

»Als Preis für die Verteidigung Trojas.«

»Dann will er zum Verräter werden, wenn er Helena nicht bekommt?« Ich konnte den verachtungsvollen Ton nicht unterdrücken. »Was für einen Sohn hast du da gezeugt!« Welch ein Gedanke, dass sie gewagt hatten, Paris als unedlen Feigling zu beschimpfen!

»Ich habe viele Söhne gezeugt«, antwortete er niedergeschlagen. »Aber nur wenige, so scheint es, sind Helden.«

Eine scharfe Erwiderung lag mir auf der Zunge, aber ich hörte die Verzweiflung des Gescheiterten in seiner Stimme. So viele Söhne und so wenige, auf die er stolz sein konnte! »Ich kann Deiphobos nicht heiraten.«

»Du musst.«

Zu beiden Seiten säumten Menschen die dämmrige Straße, sie beugten sich vor und riefen zu uns. Wir konnten nicht weitersprechen, und ich nahm an, mein Schweigen werde als Ablehnung genügen.

Ich saß in unserem Schlafgemach. Das Megaron war immer noch von ausländischen Verbündeten und Flüchtlingen in Beschlag genommen. Die meisten hatten pflichtgetreu an den Totenspielen teilgenommen, und dafür war ich ihnen dankbar.

Meinem Wunsch gemäß hatte man mich allein gelassen. Keine Dienerinnen wieselten umher, keine Verwandten leisteten mir Gesellschaft. Der Raum kam mir jetzt noch verlassener vor – als habe sich Paris' Schatten dem Begräbnisritual gefügt und sich pflichtgemäß in seine Grabstätte zurückgezogen. Ich hatte erwartet, ihn hier zu finden, aber er war verweht.

Ich lief im Kreis herum wie einer von Priamos' Jagdhunden auf der Suche nach einem Ruheplätzchen. Aber für mich gab es keinen Ruheplatz mehr, sooft ich mich auch hinlegen mochte. Ich ließ mich auf einen der Stühle sinken und starrte hinaus in die Dunkelheit.

Wenn wir nur ein Kind bekommen hätten … Wenn er mir nur irgendeine unauslöschliche Erinnerung hinterlassen hätte …

Wenn ich nur noch einmal mit ihm sprechen, ihn noch einmal sehen könnte!

Ich stand auf und ging zu unserem Bett. Ich streckte mich darauf aus und hoffte auf eine Erholungspause. Nicht auf Schlaf, sondern auf tiefes Vergessen. Sollte ich tun, was meine Mutter getan hatte? Mir einen Strick um den Hals schlingen, damit sie mich im Morgengrauen baumelnd fänden? Nie wieder den Mond aufgehen, nie wieder einen Mittag sehen? Die dunkle Straße, die sich endlos vor mir dehnte, nicht beschreiten?

Ich fühlte, wie ich atmete, wie meine Brust sich hob und senkte.

Ein – aus. Ein – aus. Leise wie ein Flüstern, aber es bedeutete, dass ich lebte und Paris nicht. Es war dunkel im Zimmer, dunkel. Die Ereignisse des Tages drangen auf mich ein, trugen mich wirbelnd davon. *Ein schwarzer Tunnel saugt meine Füße auf, und ich versinke darin.*

Paris, ich folge dir! Ich folge dir und versinke mit dir in diesem Tunnel!

Ein langer, schwarzer, enger Tunnel. So eng, dass ich die Wände berühren kann. Also ist es vorüber. Es ist vorüber – ohne die Hässlichkeit eines Stricks oder eines Dolches. Helena ist nicht mehr.

Ich lande sanft. Noch immer ist es dunkel. Mit zitternden Knien richte ich mich auf und sehe nichts. Etwas streift meine Beine, und ich bücke mich, um es zu berühren. Affodil. Die Blume in den Gefilden der Toten. Endlich bin ich hier.

Hier sind die Seelen der kürzlich Verstorbenen und warten darauf, in den Hades einzugehen. Mutter, Troilos, Hektor … Sie sind schon fort. Aber Paris … Paris muss noch hier sein.

Ich sehe nur ein Gewimmel von Seelen. Mit offenen Mündern und ausgestreckten Armen verlangen sie nach Trankopfern, die ihnen Nahrung spenden. Sie sind bleich, so bleich wie die Blüten des Affodil, die sie umgeben, und sie wiegen sich wie diese Blumen auf ihren dünnen Stängeln in einem starken Wind.

Ich sehe kein Gesicht, das ich kenne, und ich wedle sie fort, wehre sie ab wie dunkle Fledermäuse, die auf mich herabstoßen. Dann tritt ein bleicher Schatten aus der grauen Düsternis, und er sieht aus wie Paris. Wie mein Paris, nicht wie der grausige Paris auf seinem Sterbebett.

Unwillkürlich schreie ich entzückt auf, als ich ihn sehe und begreife, dass wir zusammen sind.

»Du bist gekommen.« Seine Stimme klingt seltsam. Sanft, gedämpft, als komme sie aus einer tiefen Höhle.

»Ich bin hier. Nichts kann uns mehr trennen.« Ich streckte die Arme nach ihm aus, aber meine Hände dringen durch ihn hindurch.

Trauer trübt sein Antlitz. »Du gehörst immer noch zum Tageslicht dort oben«, sagt er, als hätte ich ihn verraten.

»Nein, ich sage doch, ich habe mich im Dunkeln niedergelegt und wurde hergebracht.«

»Aber wenn es hell wird, wirst du aufstehen.«

»Nicht, wenn du mir zeigst, wie ich es verhindern kann.«

»Durch deine eigene Hand, Frau, durch deine eigene Hand. Wenn du die Kraft dazu hast.«

Das ist nicht der Paris, den ich kenne. Hat der Tod ihn denn so sehr verändert? »Paris, ich kann nicht leben, wenn du nicht da bist. Mein Leben ist mit dir gegangen.«

»Dann tu, was du tun musst, um wirklich hierherzukommen, statt zu mogeln, indem du dich an dein Leben klammerst.«

»Warum bist denn du noch hier, am Ufer des Styx?«, platzte ich heraus. »Das Bestattungsritual hätte dich doch freigeben müssen.«

»Ich habe auf dich gewartet.« Er sieht mich an. »Du bist hier. Aber du hattest nicht den Mut, mir wirklich zu folgen.«

Dieser Geist, dieser vorwurfsvolle Schatten, ist nicht der wahre Paris. Jetzt spüre ich klarer denn je, dass Paris für immer fort ist. Der Tod hat einen Fremden aus ihm gemacht. *Paris ist nicht mehr*.

»Geh weg von mir!«, rufe ich. »Du bist nicht Paris, sondern eine andere Erscheinung. Eine, die ich nicht sehen will!«

So hastig laufe ich davon, dass ich stolpere und zwischen die harten Stiele des Affodil falle. Sie sind sehr real. Warum, oh, warum ist Paris es nicht auch?

Der Rückweg war eine Sache des Augenblicks. Ich blinzelte und war wieder in meinem Gemach, lag starr auf dem Bett, zitternd, murmelnd. Ein unsagbarer Jammer senkte sich auf mich. Ich war vor Paris geflohen. Ich hatte ihn gesehen und war geflohen.

Nein, ich war geflohen vor dem, was aus ihm geworden war, was dort an diesem kargen Ufer wandelte.

Paris ist fort. Die drei Worte, die alles an Wahrheit verkörperten, was ich kennen musste – diese drei Worte tanzten und hüpften johlend in meinem Kopf: *Paris ist fort*.

Ich hörte mich atmen. Ich lebte. Helena lebte. Helena musste weiterkämpfen, allein. Nichts anderes bedeutet es zu leben: immer weiter zu kämpfen. Im Jenseits liegt kein Vorzug und kein Trost, deshalb hat es auch keinen Sinn, sich eilends dort hinzubegeben. Und Paris, der Paris, den ich geliebt hatte, erwartete mich dort nicht einmal mehr.

Es war noch dunkel. Der Morgen würde noch lange nicht kommen. Ich lag da und wartete darauf, dass das Licht sich hereinstahl, und tröstete mich mit dem Wissen, dass kein Lichtschimmer, und wäre er noch so matt, jemals in den Hades hinunterdrang. Ich musste lernen, das Licht als einen kostbaren Schatz zu betrachten.

»Helena.« Evadne war wieder da. Sie beugte sich über mich, und ein wehendes Gewand lag über ihrem Arm, in das sie mich kleiden wollte. »Helena.« Ich hörte die Angst in ihrer Stimme. Ich lag so totenstill da.

»Ja, liebe Freundin.« Ich richtete mich auf, um sie zu beruhigen. Sie deckte mich mit dem Gewand zu, als wäre ich so zart, dass ich in der Luft des Zimmers leicht vergehen könnte. Gern hätte ich ihr erzählt, dass ich am Rand der Unterwelt gewesen war und Paris gesehen hatte. Aber sie würde sagen, es sei nur ein Traum gewesen.

»Helena, sie warten. Alle – Priamos, Hekuba, die anderen.«

Ah. Die *anderen* waren es, vor denen mir graute, vor einem ganz besonders.

»Und Gelanor bittet auch darum, eingelassen zu werden.«

»Lass ihn als Ersten ein.« Ich zwang mich aufzustehen. Meine Beine waren schwach. »Aber vorher will ich mich ankleiden und etwas essen.« Ich war nicht hungrig, aber ich brauchte Kraft.

Als ich mein Trauergewand, frei von Schmuck und Verzierungen, angezogen und mein Haar zusammengebunden und bedeckt hatte, empfing ich Gelanor. Ganz gegen seine Gewohnheit verbeugte er sich, nahm meine Hand und küsste sie. Dann richtete er sich auf und sah mich an.

»So ist es also vorüber«, sagte er. »Ich trauere mit dir. Anfangs – ich will mich nicht verstellen – war ich zwar der Ansicht, du seist schlecht beraten, nach Troja zu gehen, aber was geschehen ist, ist geschehen, und wenn es dir Glück gebracht hat, hast du für dich selbst weise entschieden.«

»Gelanor – ich kann nicht glauben, dass er wirklich fort ist!«, platzte ich heraus.

»Es gibt nichts Schwereres auf Erden, als von denen getrennt zu werden, die wir lieben. Möge er seinen Frieden finden.«

Aber das hat er nicht!, wollte ich schreien. Doch Gelanor würde ebenfalls sagen, ich hätte nur geträumt.

»Priamos will, dass ich Deiphobos heirate. Diesen schwitzenden Lüstling! Als könnte ich jemals –«

»Du musst es«, sagte er unverblümt. »Schließ die Augen, halte dir die Nase zu und streckte ihm die Hand entgegen! Tu, als wärest du einverstanden.«

Wie konnte er mich so im Stich lassen? »Nein!«

»Du bist jetzt als Gefangene in Troja«, sagte er. »Du bist freiwillig hergekommen, aber jetzt bist du eine Gefangene, und sie können mit dir tun, was sie wollen. Und sie wollen den letzten verbliebenen Recken unter den Söhnen Priamos' belohnen, damit er weiterkämpft.«

Weiterkämpfen … dann würden wir alle weiterkämpfen, uns für den Rest unseres Lebens durch Schlamm und Geröll und über steile, kahle Hügel plagen.

»Wie können sie erwarten, dass ich ihm erlaube, mich zu berühren?«

»Gefangene müssen alles erlauben.«

Ich fing an zu weinen. Wie konnte ich ein Licht kostbar schätzen, das auf so etwas fiel? Vielleicht war der Hades am Ende doch vorzuziehen.

»Helena, nicht. Das ertrage ich nicht«, sagte Gelanor leise. »Du hast mich überredet herzukommen, und jetzt muss ich mit ansehen …« Er schüttelte den Kopf. »Es gibt etwas, was du tun kannst, wenn sanftere Mittel versagen. Ich werde es dir bereiten, und Evadne kann es dir bringen.« Seine Miene verdüsterte sich. Sprach er von Gift? »Wenn Troja siegt und die Griechen nach Hause segeln … Ich habe gehört, dass es bei einem Wettstreit um die Waffen des Achilleus zum Kampf zwischen Odysseus und Ajax gekommen ist. Odysseus hat die Waffen bekommen, und Ajax ist rasend geworden und hat sich umgebracht. Die Griechen stehen vor dem Zusammenbruch, genau wie wir. Ich werde meine letzte Waffe zu ihnen schicken – die Pestkleider. Vielleicht können wir ihnen damit den entscheidenden Schlag versetzen und sie nach Hause schicken. Ich werde sie zu Bündeln verpacken, als seien es Schätze. Du weißt, wie gierig sie sind. Sie werden darüber herfallen, sie aufreißen und …« Er lächelte grimmig. »Agamemnon wird wahrscheinlich der Erste sein und das größte Bündel auseinanderreißen. Dieses Recht wird er für sich beanspruchen als Kriegsherr und Oberbefehlshaber.«

Zu gern hätte ich gesehen, wie dieser Mann von schwärenden Beulen dahingerafft wurde. Er hatte seine Tochter von der Seite meiner Schwester gerissen und geopfert. Dafür könnte er selbst mit dem qualvollsten und würdelosesten Tod nicht büßen.

»Möge es geschehen, wie du es dir vorstellst!« Damit gab ich ihm die Erlaubnis, seine grausame Waffe einzusetzen.

»Einstweilen musst du sie hier beschwichtigen. Es wird nicht lange dauern. Halte dich fern von Deiphobos, sag ihm, du hättest ein Gelübde abgelegt – hast du nicht ein Recht auf eine festgesetzte Anzahl von Trauertagen? –, und bevor er dich in Besitz nehmen kann, werden die Griechen geflohen sein.«

»Und dann? Werde ich dann nicht immer noch an Deiphobos gebunden sein?«

»Nur für kurze Zeit, wie ich schon sagte. Wenn die Griechen erst fort sind, bist du niemandes Gefangene mehr.«

»Ja.« Ich nickte. Ich hatte uns auf diesen Weg geführt, und jetzt gab es kein Zurück mehr.

LXVII

In falschem Gehorsam beugte ich das Haupt vor Priamos. Niemals würde ich Deiphobos wirklich umarmen, aber auf diese Weise konnte ich den Trojanern noch einmal neuen Mut geben. Priamos kam zögernd auf mich zu.

»Wir werden die bevorstehende Heirat bekanntgeben«, sagte er keuchend.

»Nicht bevor ich vierzig Tage um Paris getrauert habe«, antwortete ich.

»Ja, meine Tochter«, sagte er. Hekuba an seiner Seite sah mich traurig an. Meinetwegen hatte sie Hektor und Paris verloren, und jetzt sollte ich einen der Söhne heiraten, die ihr noch geblieben waren. Sie wusste, meine Mitgift war der Tod.

Die vierzig Tage vergingen nur allzu schnell, und mit ihnen starb auch das Jahr. Die Kälte drang in die Steine der Stadt und bald auch in unsere Knochen. Die Farben der Felder verblassten wie der Sonnenuntergang, und alles wartete auf die Stille des Winters.

Deiphobos machte sich nicht die Mühe, um mich zu werben, mir Geschenke zu bringen oder mich zu besuchen. Er wartete einfach ab, bis ich ihm in die Hände fiel wie eine späte Frucht; zumindest glaubte er, dass es so kommen würde. Während er wartete, trauerte ich um Paris. Den ganzen Tag über beschwor ich sein Bild vor meinem geistigen Auge herauf. Aber ich versuchte nicht noch einmal, ihm aus dieser Welt in die nächste zu folgen.

Die Hochzeit. Soll ich sie überhaupt mit diesem großartigen Wort würdigen? Deiphobos führte mich auf den freien Platz zwischen Hektors und meinem Palast. Ein frischer Wind ließ unsere Mäntel flattern. Krähen sprachen krächzend miteinander; sie waren die einzigen Vögel, die an diesen windigen Tagen unterwegs waren. Ihre rauen, tiefen Stimmen klangen wie die der feilschenden Händler an ihren Marktständen. Marktstände, Tage des Friedens. Würde ich solche Händler je noch einmal hören?

Mein Gesicht war hinter einem dunklen Trauerschleier verborgen. Deiphobos hob ihn und schaute mich an. Triumphierend warf er ihn zurück. »Die Tage deiner Trauer sind zu Ende!«, verkündete er.

Hätte ich sein Gesicht auf dem Markt oder auf der Straße gesehen, er hätte als gut aussehend gelten können. Er besaß sogar ein wenig Ähnlichkeit mit Paris: Goldene Strähnen durchzogen sein Haar, aber damit war die Ähnlichkeit auch schon dahin.

»Meine Trauer wird niemals enden!«, sagte ich, so laut ich konnte.

»Aber jetzt beginnt für dich ein neues Leben. Du besteigst das Schiff, auf dem ich durch das Leben reise.«

»Ist das wahr, mein Prinz? Wenn ich recht verstanden habe, wirst du in *meinen* Palast ziehen.«

Deiphobos brannte darauf, die Wohnungen der Königssöhne zu verlassen, und wollte in der Tat in mein Haus ziehen.

»Das war symbolisch gemeint«, knurrte er. »Ich meinte nicht

unsere tatsächliche Behausung, sondern unsere Stellung im Leben.«

»Aha. Dann muss ich es wohl so verstehen, dass du mein Gast und der Gast deines verstorbenen Bruders sein willst?«

»Nein, ich werde dein Herr und Gemahl sein. Wo ich dieses Privileg ausübe, ist ohne Belang.« Sein Mund wurde zu einem hässlichen Strich. Ich brachte es nicht über mich, darauf zu antworten.

Die Zeremonie schleppte sich dahin – die Gelübde, die rituellen Worte, die feierlichen Gesten. Mechanisch erfüllte ich meine Pflicht. Wir wechselten Geschenke. Er krönte mich. Da es keine frischen Blumen gab, benutzte er getrocknete, tote Blüten. Er umfasste mein Handgelenk in der althergebrachten Gebärde der Inbesitznahme.

Beim Mahl brachte ich keinen Bissen herunter; ich sah nur zu, wie die anderen speisten. Mein Herz sehnte sich nach Paris. Niemals würde, niemals könnte ich den Versuch der anderen feiern, uns zu trennen.

Nach diesem ermüdenden Tag zogen wir uns in unser Gemach zurück – in das Zimmer, das ich mit Paris geteilt hatte. Begierig warf er seinen Mantel ab und kam mit ausgestreckten Armen auf mich zu. Ich schob ihn achtlos beiseite. Es war zu viel für mich. Mein weiblicher Anstand war längst über Gebühr beansprucht. Ich bat ihn, mich zu entschuldigen. Bevor er protestieren konnte, schloss ich mich in dem inneren Gemach ein, das ich für mich vorbereitet hatte.

Er sollte warten.

Als Evadne am nächsten Morgen erschien, verrieten meine verriegelte Tür, sein ausgebreiteter Mantel und seine Sandalen im vorderen Zimmer ihr die ganze Geschichte. Sie hielt mir ein verschlossenes Gefäß entgegen. »Ich sehe schon, du wirst es brauchen. Gelanor hatte gehofft, es werde nicht nötig sein.«

Ich nahm das Gefäß und spähte hinein. Ein kleiner, dorniger Zweig lag zusammengerollt darin. Ich zog ihn heraus.

»Vorsicht – gib acht, dass die Dornen dich nicht stechen.«

Ich fasste den Zweig am Ende. »Gift?«, fragte ich. Es war nicht das, was ich wollte – ich hatte kein Verlangen danach, Deiphobos zu ermorden.

»Sozusagen«, antwortete sie. »Aber ein sehr gezieltes. Es tötet nur … seine Fähigkeiten. Nicht seine militärischen Fähigkeiten, muss ich hinzufügen. Nur die, die dich bedrohen.«

»Oh.« Gelanor hatte seine Kenntnisse eindruckvoll verfeinert. »Wirkt es auf Frauen genauso wie auf Männer?«

»Ich würde es nicht darauf ankommen lassen, Herrin. Deshalb habe ich dich gewarnt.«

Sie setzte sich auf einen Stuhl neben meinem Bett. »Wenn er sich dir nähert«, sagte sie, »musst du mit den Dornen über seine bloße Haut streichen. Der kleinste Kratzer wird genügen.«

»Ist der Schaden dauerhaft, oder kehren seine Fähigkeiten irgendwann zurück?«

»Ich glaube, er ist dauerhaft.«

In den nächsten Tagen hielt er sich von meiner Kammer fern. Doch jeden Abend schlich er sich ein kleines Stück näher heran, und schließlich kam der Abend, da er die Tür aufstieß und besitzergreifend auf der Schwelle stand.

Wie schmählich er es empfand, dass Helena ihm ihr Schlafgemach versperrte, war seinem streitlustigen Gesicht anzusehen.

»Gemahlin!« Mit ausgebreiteten Armen trat er auf mich zu.

Ich wandte mich ab, wich zurück und lockte ihn hinter mir her. Ungeduldig schloss er die Tür und schob den Riegel vor. »Jetzt«, sagte er, »beginnen wir unser gemeinsames Leben.«

Als ich in der dunkelsten Ecke des Zimmers angekommen war, blieb ich stehen. Er näherte sich weiter, und als er bei mir war, schloss er mich in die Arme. Mich schauderte bei seiner Berührung – es war, als ringelten sich kleine Schlangen der Abneigung über meine Haut.

»Ist dir kalt, mein Schatz?«, fragte er fürsorglich. »Lass uns näher an das Kohlenbecken gehen.« In einer Ecke stand ein rundes Steinbecken mit matt glühenden Kohlen.

»Nein, mir ist nicht kalt.« Ich blieb stehen, wo ich war, und befahl meinem Körper, mit dem Zittern aufzuhören.

»Oh, Helena«, murmelte er benommen und strich mir mit den Händen über Schultern und Rücken. »Meine Frau, meine Schönheit.«

Steif stand ich da und ließ ihn in solche Glut geraten, dass er nichts anderes mehr wahrnehmen konnte. Bald hatte er sich im Netz seines Verlangens gänzlich verloren. Schlurfend bewegte er sich zum lockenden Bett. Um einen Rest von Würde bemüht, kniete er darauf nieder und wollte mich dann an sich ziehen, statt sich fallen zu lassen wie ein entfesselter, leidenschaftlicher Jüngling. Ich folgte ihm gemessen.

Als er – wie er glaubte – wohlbehalten auf dem Bett war, streckte er die Hände nach mir aus. Er wühlte seine dicken, ungeschickten Finger in mein Haar. Einen Augenblick lang empfand ich Mitleid mit ihm und erwog, den Dornenzweig auf dem Tisch zu lassen und ihn auf gewöhnliche Art im Zaum zu halten. Aber dann fing er an, meinen Hals zu küssen und zu beißen, seinen schwerfälligen Körper an mich zu drängen und beleidigende Worte über Paris zu murmeln: Die ganze lange Zeit in Troja hätte ich mit dem feigen Paris leben müssen ... aber jetzt werde alles gut. Ich hätte von Anfang an ihm, Deiphobos, gehören müssen.

»Das wusste ich schon am ersten Abend im Hof meines Vaters«, keuchte er und fing an, mir das Gewand von den Schultern zu streifen und mich an sich zu pressen.

»Bitte leg doch deine Tunika ab«, lockte ich ihn.

»Ich brauche sie nur hochzuheben«, antwortete er hechelnd.

»So tun es die Hirten auf den Feldern«, antwortete ich. »Eines trojanischen Prinzen ist es unwürdig. Hast du nicht den Körper eines Kriegers? Warum willst du ihn verstecken?«

»Ich schenke ihn dir«, sagte er eifrig und richtete sich auf, streifte die Tunika über den Kopf und entblößte seine Schultern.

Jetzt! Ich streckte die Hand aus, griff nach dem Dornenzweig und hielt ihn in die Höhe. »Das hier ist aus Sparta, meiner Heimat. Unsere Bräuche sind anders als die euren. Wenn ich sie nicht befolge, ist unsere Verbindung für mich nicht vollständig.«

»Tu, was du tun musst«, murmelte er, ohne zu wissen, was er da sagte.

»Gut.« Vorsichtig legte ich den Zweig auf seine Schulter und zog ihn dann langsam über seinen Rücken. Die feinen Dornen rissen die Haut auf, und aus dünnen Schrammen quoll ein wenig Blut, das ihm über den Rücken lief.

»Wenn du damit die meine wirst und ich der deine, so ist das eine Kleinigkeit.« Er seufzte vor Behagen.

»So«, sagte ich und legte den Zweig beiseite. Wie lange würde es dauern, bis es wirkte? Ich musste ihn noch eine Zeitlang ablenken. »Gemahl«, sagte ich feierlich, »es gibt noch ein weiteres Ritual, das wir in Sparta vollziehen. Wir müssen die Hymne an Hera anstimmen und ihren Segen auf uns herabrufen.«

»Also gut!« Ein Hauch von Ungeduld mischte sich in seinen Ton, doch die Nacht war noch lang, und er konnte seine Lust noch ein wenig zügeln, wenn er damit in den Augen seiner Gemahlin an Statur gewann.

Ich hatte das ganze Gebet an Hera niemals auswendig gelernt, und so musste ich frei improvisieren und Strophe um Strophe hinzufügen. Ich hoffte nur, dass es auch echt klang: » … die Früchte der Erde und die weite Fläche des Ozeans / und Poseidon und alle seine Heere, gewähret uns sichere Überfahrt …«

Wie viel Zeit mochte vergangen sein? Ich wusste es nicht. Die Kohlen im Becken erloschen allmählich, aber das hatte nichts zu sagen, denn dabei kam es auch auf die Menge und Güte der Kohlen an.

»… und alle Olympier –«

»Müssen sich jetzt auf den Olymp zurückziehen«, endete er entschlossen für mich.

Jetzt war es so weit. Er zog mein Gewand herunter – wie es sein Recht war – und glotzte meine Nacktheit an. Stammelnd warf er sich auf mich.

Ein Schwall von Lauten drang aus seinem Mund wie eine Herde flüchtender Hirsche, ein Gewirr von Komplimenten und

Lustbekundungen. Er griff an meinen Bauch, umfasste meine Schenkel und meine Brüste, und seine kräftigen Finger forderten eine Reaktion. Ich versuchte ihm etwas vorzuspielen, aber mein laues Flattern verlor sich in seinem rauschhaften Verlangen nach Vereinigung. Er würde Helena erobern und sie endlich zu seiner Frau machen.

Oh, wenn das Gift seine lähmende Wirkung doch nur getan hatte!

»Oh! Oh!«, rief er lustvoll – aber damit fand seine Lust ihre Grenzen.

Ich sandte ein stilles Dankgebet an die Götter – und an Gelanor. Ich war verschont geblieben.

Verblüffung durchströmte ihn, dann Zorn, dann Verlegenheit. Er ließ von mir ab. Anscheinend wollte er etwas sagen, aber dann tat er es doch nicht. Er fragte sich, ob ich wusste, was geschehen war.

Das Spiel musste noch ein wenig länger dauern. Was immer dazu diente, ihn fortzuschicken und von meinem Bett fernzuhalten, war mir recht: Ich würde mich dumm stellen und seine Enttäuschung damit umso größer machen.

»Deiphobos«, flüsterte ich, streichelte seine Wange und zwang mich, ihn im Halbdunkel verträumt anzustarren. »Ich danke dir.«

LXVIII

Wie die Trojaner über meine »Ehe« dachten, weiß ich nicht. Höchstwahrscheinlich war sie ihnen ziemlich gleichgültig. Ihr Appetit auf das, was ich – oder irgendein Mitglied der königlichen Familie – tat, und ihr Interesse daran waren geschrumpft wie ihre Bäuche unter den Entbehrungen der Belagerung.

Vor Deiphobos und seinen Nachstellungen war ich sicher.

Ein paarmal unternahm er noch halbherzige Versuche, sein mysteriöses Leiden zu überwinden – er stärkte sich mit Wein oder brachte sich mit zotigen Liedern in Wallung –, aber als das Ergebnis unverändert blieb, schlich er sich davon. Nicht lange, und ich konnte die Tür zu meiner Schlafkammer offen lassen, ohne sein Eindringen zu befürchten.

Ich arbeitete an meinem Webstuhl und vollendete betrübt das große Bildwerk, dessen Mitte so lange leer geblieben war und auf die letzte Geschichte gewartet hatte. Der äußere Rand – Sparta – war längst fertig, ebenso der innere – Paris und unsere Reise –, aber das Zentrum, Troja, musste noch ausgefüllt werden.

Die einst so stolze und strahlende Stadt war fadenscheinig und aller Pracht entblößt. Die Kunstwerke waren längst verkauft worden, weil es an Geld fehlte, die Springbrunnen waren versiegt und voller Staub, und in den Straßen wimmelte es von verwundeten Soldaten, Witwen und Flüchtlingen, Bettlern und Straßenkindern. Die prächtigen Pferde waren verschwunden, nur ein paar zerzauste Esel wankten unter ihren Lasten dahin. Die Unterstadt, die an der Südseite vor den Mauern gelegen hatte, war von den Griechen überrannt worden; sie hatten Häuser und Werkstätten eingerissen und angezündet, die Pferde gestohlen, die Gärten verwüstet.

Die glänzenden, schräg abfallenden Mauern Trojas hielten noch stand, und noch immer ragten die Türme stolz über dem Feind empor. Die Brandpfeile und die Steine der Angreifer konnten ihnen nichts anhaben. Solange die Mauern Trojas standen, solange würde auch Troja bestehen.

Aber ach, die Mauern schützten nichts als Elend, sie umgaben nur Schmerz und Trauer! Von außen wirkten sie stark und sicher, aber dahinter herrschte Verzweiflung. Der einzige Trost lag in dem Wissen, dass der Feind nicht durch die Mauern schauen und sehen konnte, was hinter ihnen verborgen war.

Natürlich gab es Spione, überall, auf beiden Seiten. Zweifellos ahnten die Griechen, wie schlimm es in Troja zuging. Vielleicht hatten sie sogar von meiner »Ehe« gehört, und sicher wussten sie, welche trojanischen Recken noch lebten – Deiphobos, Äneas, Antimachos – und welche gefallen waren. Sie würden sich denken können, dass Priamos und Hekuba von Trauer verzehrt wurden, der Rat sich mit Klageliedern und hoffnungslosen Plänen verzettelte und Troja führerlos dahintrieb.

Aber auch sie hatten ihre besten Leute verloren – Achilleus und Ajax, ihre größten Krieger. Unsere Spione berichteten, sie seien mutlos und müde, weil die Mauern Trojas trotz jahrelanger Anstrengungen unversehrt geblieben waren. Zudem waren sie von einer furchtbaren Seuche heimgesucht worden. Jetzt beteten sie und fragten die Götter, woher sie gekommen sei und was sie getan hätten, um bei ihnen in Ungnade zu fallen.

Aber die Pest war nicht von den Göttern gekommen, und deshalb erhielten sie auch keine Antwort. Gelanors als Schätze getarnte Bündel hatten sie ihnen gebracht, die Kleider aus dem Tempel des Apollon.

»Wie von Sinnen haben sie in Eingeweiden gelesen und den Vogelflug gedeutet«, sagte Gelanor. »Aber so finden sie die Antwort auf ihre Frage nicht.« Er lehnte an der Mauerbrüstung und spähte über die Ebene hinweg zum griechischen Lager. Grimmige Genugtuung klang in seiner Stimme, getrübt von Trauer. »Es hat gewirkt, wie ich es mir dachte.« Er seufzte. »Wie ich es gehofft hatte. Welch ruchlose Hoffnung – meine eigenen Landsleute zu ermorden!«

Ich schaute ihn an. Er war so viel älter und müder als damals bei unserer ersten Begegnung. Was hatte ich ihm angetan, diesem ehrenwerten Freund? Mit meiner Reise hatte ich einen aufrechten Mann verdorben – so sehr, dass er seine Landsleute vergiftete und mit seinem Tagewerk zufrieden war. Die Sonne ging unter, und als die Schatten heranrückten, wusste ich, dass wir Teil dieser Dunkelheit waren.

Es blieb den Töchtern von Priamos und Hekuba überlassen, ihre Eltern zu trösten: Kreusa, der Frau des Äneas, Polyxena, Laodike, Ilona und Kassandra. Sie waren von den Pfeilen und Speeren der Griechen verschont geblieben, aber wenn die Stadt fiele, würden sie Schlimmeres erleiden als ihre toten Brüder. In einer eroberten Stadt hatten die Frauen nur zweierlei Schicksal zu erwarten: Die jungen wurden vergewaltigt und in die Sklaverei verschleppt, und die alten, die zu nichts mehr zu gebrauchen waren, wurden auf der Stelle erschlagen. Niemand überlebte die Plünderung einer Stadt – nicht einmal die Stadt selbst. Achilleus, der wütendste Schlächter von allen, war nicht mehr da. Er würde nicht durch unsere Straßen ziehen, wie er es in Andromaches Heimatstadt getan hatte, und alles niedermachen, was ihm in den Weg kam. Aber es gab andere – Geringere, die ihrem Helden nacheiferten. Seine Grausamkeit konnten sie leicht genug nachahmen, wenn auch nicht seine Kraft und Gewandtheit. So ist es bei Feiglingen immer.

Unsere einzige Hoffnung bestand darin, dass die Griechen, erschöpft und demoralisiert, sich der scheinbaren Unbezwingbarkeit unserer Mauern vielleicht beugen und nach Hause fahren würden.

Ich wachte weinend auf. In der Nacht hatte ich eine seltsame Vision gehabt, so klar wie ein Kristall, der das Sonnenlicht zersplitterte. Noch während ich versuchte, sie festzuhalten, um anderen davon zu erzählen, begann sie zu verblassen, zu flackern, zu flimmern, zu flirren wie ein Schauer unter der Haut. Ich hatte etwas Hölzernes gesehen, riesig, hoch aufragend. Ich hatte es schon einmal gesehen, noch weniger deutlich. Aber was war es? Es verwehte vor meinen Augen. Doch es barg den Tod in sich. Und ich hatte – konnte es wahr sein? – Odysseus gesehen, wie er verkleidet durch die Straßen Trojas wanderte und uns taxierte.

Er trug die Lumpen eines Bettlers. War ich so jemandem begegnet? Aber die Straßen Trojas waren jetzt voll von Bettlern. Wenn es Odysseus gelungen war, sich hereinzuschleichen, hatte er mühelos unter ihnen verschwinden können. Aber warum hätte er das tun sollen? Hatten sie keine Spione mehr?

Später sollte er behaupten, ich hätte ihn gesehen, ihn erkannt, ihm geholfen. Aber das ist eine Lüge. Dieser Mann lügt immer, wenn es seinen Zwecken dient. Mich dauert nur Penelope, die auf einen solchen Mann gewartet hat!

Ich weinte, weil dieses klobige hölzerne Ding – was immer es sein mochte, ich hatte es nur flüchtig erblickt – den Untergang Trojas ankündigte.

Ich setzte mich auf. Das Tageslicht flutete gegen die Fensterläden. Das Zimmer um mich herum war unverändert. Die roten und blauen Fresken zeigten noch dieselben heiteren Blumen und Vögel. Der blanke Boden glänzte. Alles wirkte ewig und unveränderlich. Aber der Traum hatte mir gezeigt, dass es nur allzu verletzlich war, dass es nur lebte, solange die Zeit es duldete.

Es durfte nicht verschwinden, es musste bleiben. Aber das war eine Illusion. Alles verschwand – Mutter, Paris, meine eigene Jugend. Warum sollte es diesem Zimmer anders ergehen? Warum sollte es Troja anders ergehen?

»Sie sind weg!« Evadne platzte herein; ihre spindeldürren Arme stießen mit frischen Kräften die Tür auf. Die Türflügel flogen beiseite und prallten gegen die Wand. Die Vasen in ihren Nischen erbebten, schwankten, aber sie fielen nicht um. »Die Griechen sind weg!«

Der Traum … Es musste etwas mit meinem Traum zu tun haben. Ich sprang aus dem Bett. »Haben sie etwas zurückgelassen?«

Sie schüttelte den Kopf. »Was kümmert es uns, was sie zurückgelassen haben? Sie sind weg. Unsere Wachen haben gesehen, wie Schiff um Schiff in See stach, und ein tapferer Junge wagte sich in ihr Lager und bestätigte es. Es war verlassen! Unsere Spione melden, sie waren so sehr geschwächt von dieser geheimnisvollen Seuche, dass sie nicht mehr die Kraft hatten, den Kampf fortzusetzen.« Ihre Worte sprudelten aus ihrem Munde, so fröhlich wie ein lange aufgestauter Bach, der plötzlich fließen konnte, wie er wollte.

»Haben sie etwas zurückgelassen?«, wiederholte ich. Meine dämpfenden Worte waren mir selbst zuwider, aber nichts anderes war wichtig.

Sie legte den Kopf schräg. »Kleide dich an, Herrin, und ich werde es dir erzählen! Wie ich sehe, ist dein Zweites Gesicht nicht mit der Schlange verschwunden.«

Es war ein Pferd, ein Pferd aus Holz. Ein Überlebender war aus dem Lager gestolpert und behauptete, die Griechen hätten ihn opfern wollen, doch er sei ihnen entkommen und habe sich in die Wälder geflüchtet. Sein Name sei Sinon, sagte er, und er wisse eine hübsche Geschichte darüber zu erzählen, weshalb sie dieses Pferd gebaut und dann zurückgelassen hätten.

Es waren lauter Lügen. Ich wusste, dass es Lügen waren; mein besonderes Wissen sagte es mir. Aber die Trojaner waren nur allzu gern bereit, ihm zu glauben.

Manche sind der Ansicht, die Trojaner seien viel edler als die Griechen gewesen. Sie führen an, dass keiner unter den Söhnen Trojas behauptete, mit den Göttern verwandt zu sein, dass sie alle als Sterbliche in den Kampf zogen und ihr Schicksal selbst in die Hand nahmen, statt auf olympische Hilfe zu hoffen. Sie sprechen von der Hochherzigkeit, mit der Priamos die Entscheidung und die Ehe seines Sohnes Paris respektierte und sich weigerte, mich an die Griechen auszuliefern, während ein nüchternerer König mich sogleich in Fesseln gelegt und ins griechische Lager geschafft hätte, um alles Unheil abzuwenden.

Aber eine edle Natur kann einen Menschen blind für die Beweggründe dessen machen, der nicht ist wie er, und so wird er wehrlos. Priamos und seine Ratgeber kannten keine Falschheit, und sie schrieben ihren Feinden eine Eigenschaft zu, die nur sie selbst besaßen.

Priamos befragte Sinon mit großem Eifer und war mit seinen Antworten zufrieden. Wunden und blaue Flecken sprachen für seine Glaubwürdigkeit. Doch ein schlauer Feind ist bereit, jede Tarnung anzunehmen, die er für wirksam hält. Auf diesen Gedanken schien Priamos nie zu kommen – trotz seiner Erfahrung mit Hyllos. Hektor hätte so etwas niemals getan, und deshalb würde auch kein anderer so tief sinken.

Aber was, wenn … Was, wenn die Griechen ihn als ihren

überzeugenden Sprecher erwählt hatten und er ein wenig Prügel auf sich genommen hatte, um glaubhafter zu erscheinen? Ich bat Priamos um die Erlaubnis, ihn zu befragen, weil ich mehr von den Griechen und der griechischen Sprache verstand. Er lehnte ab.

Stattdessen glaubte er, was Sinon ihm erzählte. Nämlich dies: Die Griechen, zermürbt von der Pest und in der Erkenntnis der Tatsache, dass die trojanischen Mauern unbezwingbar waren, hatten unsere Gestade nach jahrelangen, fruchtlosen Kämpfen verlassen. Um Athene zu versöhnen – sie, die sie zu diesem Feldzug gedrängt hatte, weil sie sich an Paris rächen wollte, und die vor der Heimreise besänftigt werden musste –, hatten sie ein hölzernes Pferd gebaut. Athene liebte Pferde, deshalb würde sie huldvoll darauf herabschauen. Einige ihrer Seher hatten erklärt, wenn es gelänge, dieses Pferd nach Troja hineinzuschaffen, werde Troja ewig stehen, und so hatten sie es absichtlich so groß gebaut, dass es sehr schwierig werden würde, es durch das Tor und hinauf zum Tempel der Athene zu schaffen. Auf diese Weise konnten sie die Göttin zufriedenstellen, ohne ihr eigenes Ansehen zu gefährden – denn wenn Troja in Ewigkeit bestände, wären sie wirklich gescheitert.

»So etwas passt nicht zu den Griechen«, sagte Antimachos, als er um das Pferd herumging. Ich hatte mich angezogen und war vor das Tor hinausgegangen, um die große Figur in Augenschein zu nehmen.

Hier stimmte etwas nicht. Wir spürten es beide. Dieses große hölzerne Ding …

Er drehte sich um, sah mich an und zog die Stirn kraus. Mit einem Stock klopfte er laut gegen das Holz und murmelte: »Es gefällt mir nicht.«

Hätten drei von seiner Größe aufeinandergestanden, hätte der Oberste den Arm ausstrecken und den Kopf des Pferdes berühren können. Hätten fünf sich hintereinander auf den Boden gelegt, hätten sie von einem Ende des Sockels zum anderen gereicht. Das Pferd stand auf einer kleinen Plattform, und darunter lagen Balken, auf denen man es rollen konnte. Es war aus grünem Holz gebaut, hastig zusammengezimmert. Baumstämme bildeten die Beine, und der Rumpf war klobig gerundet wie bei einer trächtigen Stute. Zwei Muscheln waren die Augen. Blicklos schauten sie auf uns herab.

Zunächst noch vorsichtig, wagten sich ein paar Neugierige näher heran, um es zu betrachten. Aber schon bald strömten die Trojaner in Scharen aus der Stadt und umschwärmten das Pferd mit fröhlichem Geschnatter. So lange waren sie hinter ihren Mauern eingepfercht gewesen, und ihre einzige Unterhaltung war der tägliche Zustrom der Verwundeten und Toten gewesen. Jetzt bereitete dieses Spielzeug ihnen ebenso viel Freude wie vor langer Zeit die Sphinx. Sie befühlten seine Beine, und Kinder kletterten hinauf, um sich rittlings daraufzusetzen. Frauen flochten Blumengirlanden, hängten sie um seinen Hals und warfen sie zu ihren Söhnen hinauf, damit sie es schmückten. Flötenspieler musizierten, und die Leute fingen an, im Kreis um das Pferd herum zu tanzen. Sie weinten vor Erleichterung. Es war zu Ende. Der Krieg war zu Ende.

Priamos und Hekuba kamen aus der Stadt. Priamos trug seine königlichen Gewänder, und Hekuba, immer noch in Schwarz, hatte sich in ihren Mantel gehüllt. Priamos ging aufmerksam um das Pferd herum; seine dunklen Augen wanderten darüber hinweg und nahmen jede Einzelheit in sich auf: den Zuschnitt der Planken, die Größe, die hässlichen, starren weißen Augen. Dann wandte er sich ab und betrachtete das Skäische Tor.

»Es wird um Haaresbreite darunter hindurchgehen«, stellte er fest, nachdem er Pferd und Tor mit seinen Blicken vermessen hatte.

Wieder dieses Frösteln – es wehte über mich hinweg wie der Wind über ein Gerstenfeld. *Es ist so beabsichtigt! Es passt nicht zufällig hindurch!*

»Wir werden es in die Stadt holen, damit es uns beschützt und die Prophezeiung sich erfüllt. Troja kann niemals fallen, wenn das Pferd in der Stadt ist.« Seine Stimme klang fast wieder so kraftvoll wie früher.

Nein, das war falsch! »Lieber Vater.« Ich trat vor. »Woher

wissen wir, dass es diese Prophezeiung gibt? Sinon hat uns davon erzählt. Aber er ist ein Grieche. Von seinen Worten abgesehen wissen wir nichts über die Bedeutung dieses Pferdes. Wieso haben sie es so gebaut, dass es haargenau durch das Tor passt? Sie hätten es doch größer gemacht, wenn sie wirklich sicher sein wollten, dass es nicht nach Troja hineingebracht wird. Sie fordern uns geradezu auf, es in die Stadt zu holen! Denke doch nach!«

Statt zu antworten, starrte Priamos stumm zu dem Pferd hinauf.

Hekuba übernahm die Antwort. »Willst du, die all das über uns gebracht hat, dir jetzt anmaßen, uns zu warnen?«

»Ich habe verloren, was mir das Liebste auf der Welt war, aber meine Treue gilt immer noch Troja«, sagte ich. »Das war nie anders.«

Sie warf ihre Kapuze zurück. »Du hast einen Menschen verloren. Wir haben viele verloren, darunter den, den du geliebt hast. Unsere Stadt war in Gefahr. Du kennst das Schicksal eroberter Städte: Sie werden dem Erdboden gleichgemacht, und was bleibt, ist ein schwelender Haufen Asche. Das hatten die Griechen auch uns zugedacht – nur deinetwegen – und wegen Paris. Tausende Tote für einen Kuss. Hätten sie gesiegt, wäre deine Treue nur allzu schnell zu ihnen zurückgekehrt.«

»Kennst du mich denn immer noch nicht?«, schrie ich. Es war, als hätte sie mir ins Gesicht geschlagen.

»In die Stadt, in die Stadt!«, sangen die Leute und wiegten sich in der Morgensonne. »Zieht es herein!« Ihr Geschrei übertönte Hekubas Antwort, und sie wandte sich ab.

Plötzlich ergriff Kassandra den Arm ihrer Mutter. Ich hatte sie bis dahin nicht gesehen, obwohl ihr rotes Haar wie ein Edelstein unter all den stumpfen Farben leuchtete. »Helena hat recht«, rief sie. »Hier ist etwas Böses im Spiel! Holt es nicht in unsere Stadt! Lasst es hier in der Ebene!«

»Tochter des Priamos, wir alle kennen dein Gebrechen«, schrie ein Mann in der Menge. »Geh und hör auf, irre zu reden!«

Laokoon, ein riesenhafter Priester, kam keuchend herangelaufen, und zwei seiner Söhne hasteten hinter ihm her. »Halt!«, schrie er. »Halt! Prüft es doch erst!« Er hob einen Speer und schleuderte ihn auf die Flanke des Pferdes, wo er wippend stecken blieb. »Findet etwas, was es durchdringt!« Mit wildem Blick sah er sich um. »Deiphobos? Du hast einen größeren Speer. Gib ihn mir! Lass mich die Haut dieses Pferdes durchbohren, damit die Griechen darin heulen!«

Deiphobos schüttelte den Kopf. »Ich habe keinen Zauberspeer, alter Mann. Meiner hat eine Spitze wie der deine. Aber du darfst ihn haben.«

Der Priester packte den Speer und warf ihn gegen den runden Leib des Pferdes. Mit hohlem Dröhnen fuhr er hinein.

Ich hatte Deiphobos seit Tagen nicht gesehen. Er hielt sich, wie ich schon sagte, von meiner Kammer fern, um sich nicht noch einmal in Verlegenheit zu bringen. Jetzt schaute er mich kurz an und wandte sich dann ab. Gern wäre ich zu ihm gegangen und hätte ihm ins Ohr geflüstert: *Manche Wünsche verfolgt man besser nicht. Ihre Erfüllung führt nur zu weiterem Elend.* Aber ich tat es nicht. Ich blieb wie angewurzelt stehen, wo ich war.

»Lasst uns ein Feuer darunter anzünden, wenn wir es nicht durchbohren können!«, rief Laokoon. »Der Sockel ist gut geeignet. Er bietet Platz für eine Menge Holz. Zündet es an, und die Griechen werden herauskriechen, um ihr Leben zu retten!« Beschwörend wandte er sich an die Menge. Die Leute starrten ihn stumm an. »Oh, ihr Narren!« Er sah sich um. »Prüft dieses Ding, bevor ihr es in die Stadt bringt!« Aber die Menge klatschte in die Hände und rief: »Ein Pferd für Troja! Ein Pferd für Troja!«

Und dann, vor unseren entsetzten Augen, kam eine riesige Schlange aus der Ebene. Sie richtete sich auf, schlang sich um Laokoon und seine Söhne, würgte sie und schleifte sie zum Meer. Niemand rührte einen Finger, um ihnen zu helfen. Ihre bebenden Schreie hallten über das Land.

»Athene!«, rief das gläubige Volk. »Athene hat ihn für seine

Blasphemie gestraft! Das beweist es – sie will, dass wir das Pferd in die Stadt holen!«

»Es beweist nur, dass Athene daran gelegen ist!«, rief Kassandra. Sie war tapfer, und ich bewunderte sie, als sie vortrat und Athene herausforderte, noch einmal zuzuschlagen. »Oh, ihr dummen Trojaner! Wessen Göttin ist Athene? Wacht sie nicht über Odysseus? Über Achilleus? Ist sie nicht die Schutzgöttin Athens, der griechischen Stadt? Warum sollte sie Troja etwas Gutes wünschen?«

»Wir haben hier auch einen Tempel für sie!«, rief jemand. »Ihre Statue steht hier!«

»Jede Stadt hat einen Athene-Tempel und eine Statue!«, antwortete Kassandra. »Das heißt gar nichts. Athene nimmt sich wie alle Götter nur bestimmter Menschen an, und sie verwöhnt und verhätschelt sie ohne jedes vernünftige Maß. Sie ist gekränkt, wenn wir keinen Tempel für sie haben, aber wenn wir einen haben, bedeutet es ihr nichts!«

»Priamos, deine Tochter ist wahnsinnig!«, schrie ein Mann. »Bring sie zum Schweigen!«

Kassandra fuhr herum und kreischte ihn an. »Die Wahrheit kannst du nicht zum Schweigen bringen!«

»Kassandra, meine Liebe.« Priamos trat zu ihr und legte den Arm um sie.

»Dann hat Troja den Untergang verdient!«, sagte Kassandra. »Ich überlasse es euch. Ich werde mit euch untergehen! Doch ich sehe mein Ende, ihr hingegen seid blind.« Sie stieß seinen Arm weg und lief mit wehendem Mantel zur Stadt.

LXIX

Vormittag. Die verstockten Trojaner warfen Seile um den Hals des Pferdes und knoteten eins an den Sockel, um das Pferd zum Südtor zu ziehen. Trotzdem ging es nur langsam voran. Das Pferd war schwer – zu schwer vielleicht, als dass es leer sein könnte? Die Rollen glitten unter der Plattform weg, und ein paarmal geriet das Pferd ins Wanken und wäre beinahe umgefallen. Doch jedes Mal wurde es gehalten, aufgerichtet und schwerfällig weitergezogen. Als es vor dem Südtor angekommen war, bestand Priamos darauf, innezuhalten und seinen Eintritt in die Stadt in einer kleinen Zeremonie zu segnen. Die Torflügel wurden geöffnet, so weit es ging – es sah aus wie ein überdehntes Grinsen –, und alle zusammen mussten schieben und ziehen, um das Pferd hindurchzubekommen. Zwischen der Oberschwelle und seinem Kopf war noch gerade eine Handbreit Platz.

Oh, wie gründlich die Griechen waren! Wie genau sie gerechnet hatten!

Priamos segnete das Pferd, als es ruckelnd durch das Tor rollte, und bezeichnete es als den Herold eines neuen Zeitalters der Fülle für Troja.

Es bis hinauf zur Zitadelle zu schaffen erwies sich als noch schwieriger. Die Straße führte steil bergauf, und bald war es mit dem Ziehen vorbei und man musste schieben. Nur ihre Entschlossenheit half den Trojanern, die steilsten Stellen zu überwinden. Als die Sonne unterging, war es erst auf halber Höhe der Stadt; der Tempel war schon in Sicht, aber noch weit entfernt.

Sie konnten das Pferd nicht lassen, wo es war, denn dann würde es zurückrollen und krachend durch das Tor fahren. Also schoben sie mit aller Kraft weiter, grunzend und ächzend. Kein Pferd, kein Ochse konnte es ziehen, denn es gab keine Möglichkeit, ein Zugtier davorzuspannen. Die Muskelkraft entschlossener Männer musste ausreichen. Und so arbeitete Troja aus Leibeskräften daran, den eigenen Untergang herbeizuführen.

Es war spät geworden, als das Pferd am Tempel der Athene ankam. Auf dem gepflasterten Platz daneben blieb es stehen. Aus meinem und aus Hektors Palast konnte man darauf hinabschauen.

Von meinem Fenster aus beobachtete ich, wie die Trojaner

den Sockel mit Blumen überschütteten, und ich hörte die Musik der Flötenspieler und der Sänger, die das Pferd priesen. Knechte hatten die letzten Weinamphoren Trojas herbeigeschafft und schenkten den Wein im Überfluss aus. Betrunkene Männer und Frauen tanzten taumelnd um das Tier herum, und nicht wenige fielen dabei um. Kichernd rappelten sie sich wieder auf und torkelten auf unsicheren Beinen weiter.

Aus der Höhe meines Fensters wirkte das Pferd wie ein Kinderspielzeug; die Seile, die von der Plattform baumelten, verstärkten diesen Eindruck. Ich hatte schon Wagen aus Ton und Holz gesehen, beladen mit Süßigkeiten oder Puppen, die von Kindern an solchen Schnüren gezogen wurden. An der Oberseite des Pferdes sah ich weder eine Delle noch die Umrisse einer Luke. Aber es musste hohl sein.

Spät ging der Mond auf und mühte sich, über die Mauern heraufzusteigen, und als es ihm schließlich gelungen war, überflutete er die Stadt mit seinem überirdischen kalten Licht, in dem die Fackeln leuchtend gelb loderten. Das plötzliche Aufstrahlen befeuerte die Ausgelassenen, als sei der Himmel selbst als Gast bei diesem Fest erschienen. Schlafende erwachten und stolperten aus ihren Häusern, und vergnügt tanzten sie in ihren Nachthemden umher. Händler – die es in den Straßen Trojas schon lange nicht mehr gegeben hatte – bauten plötzlich ihre Stände auf, und Gaukler und Akrobaten drängten sich auf dem Gipfel der Zitadelle durch die Menge und führten ihre Kunststücke auf, ohne Geld dafür zu verlangen.

Oben auf dem Sockel des Pferdes standen Liebespaare Arm in Arm, und kleine Jungen wetteiferten miteinander, wer am schnellsten an den Beinen hinaufklettern konnte. Jemand eröffnete einen Wettstreit im Weitwerfen leerer Amphoren; sie zerschellten in den Straßen und lockten noch mehr Leute aus ihren Häusern.

»Troja ist frei, Troja ist frei, Troja ist frei …« Reihenweise fingen die Leute an zu singen; sie hielten einander bei den Händen und wiegten sich hin und her. Sie umtanzten das Pferd, taumelnd, fallend, lachend, weinend.

Das Pferd. Das Pferd. Jetzt war es in der Stadt, stand mitten unter uns. Apollon, der Erbauer der Stadtmauern, hatte diesen Mauern seinen göttlichen Schutz versprochen, doch dieses Versprechen hatte er nicht auf die Stadt an sich ausgedehnt. Solange die Mauern standen, konnte nichts sie durchdringen. Aber das hier war eine andere Sache.

Fast war mir, als könnte ich in das Pferd hineinschauen, und was ich dort sah, waren dunkle, geduckte Gestalten, die sich kaum merklich bewegten. Es war, als blickte ich durch eine Wolke, hinter der undeutlich etwas zu erkennen war. Das Zweite Gesicht der Schlangen hatte mich nicht verlassen.

Ich zog mein langes Schleppengewand an und zwang mich, zu dem Pferd hinunterzugehen. Das Gedränge war dicht, und das Geschiebe und die warme Nähe der Massen waren mir zuwider. Einer meiner Leibwächter machte den Weg für mich frei, sodass ich die Plattform betreten konnte. Im Flackerschein der Fackeln sah ich die Fugen der Balken, die den runden Bauch des Pferdes verschlossen. Eine Luke war nicht zu erkennen, aber das mochte an der Dunkelheit liegen.

Wie viele Männer konnten in diesem Bauch Platz finden? Wie viele Schatten hatte ich gesehen? Viel Platz war nicht dort drinnen, und die Männer müssten in unbequemer Stellung beieinander hocken, aber sechs konnten es leicht sein. Das wären genug – genug, um die Stadttore zu öffnen, sodass Hunderte hereinströmen könnten. Aber dazu müssten sie unentdeckt zu den Toren hinuntergelangen, wenn die Menge sich aufgelöst hätte und Troja schlafen gegangen wäre.

Das Holz war so dick, dass die Speere es nicht durchdrungen hatten, und das trojanische Volk wollte nichts davon hören, das Ding in Brand zu setzen – erst recht nicht, nachdem es in der Stadt angekommen war.

Was sonst konnte man benutzen, um in das Pferd einzudringen und es außer Gefecht zu setzen? Geräusche: Trompetenschall, Musik, Stimmen. Stimmen … Wie lange war es her, dass die Griechen die Stimmen ihrer Frauen, Mütter und Kinder gehört hatten? Wie würde es auf sie wirken, wenn sie sie hörten?

Wer mochte drinnen sein? Hochrangige Männer oder Soldaten, die man für unwichtig hielt und deren Entdeckung kein großes Opfer bedeutete? Einer würde auf jeden Fall dabei sein, das wusste ich: Odysseus. Es war gegen seine Natur, andere auszuschicken und abzuwarten, was passierte, still dazusitzen und ein wagemutiges Unternehmen zu versäumen. Er würde da sein und möglicherweise auch Agamemnon und Menelaos. Ich könnte Klytämnestras Stimme nachahmen oder auch Penelopes – sie war schließlch meine Cousine –, und für Menelaos würde meine eigene Stimme genügen. Vielleicht war auch der kleine Ajax dabei, doch über seine Lieben wusste ich nichts. Er galt als grausamer, bösartiger Mann, aber das musste nicht heißen, dass sich keine dumme Frau gefunden hatte, die ihn dennoch liebte.

Ich stellte mich neben dem Pferd auf. Mein Leibwächter hob die Arme und brachte die Menge mit lauter Stimme zum Schweigen. Die Musik brach ab, und der laute Jubel verstummte. Ich schlug gegen den Bauch des Pferdes, um die, die drinnen saßen, aufmerksam zu machen. Ich war jetzt sicher, dass sie da waren; ich würde nicht ins Leere sprechen. Ich holte tief Luft, hielt einen Augenblick den Atem an und rief mir Klytämnestras Stimme ins Gedächtnis.

»Mein geliebter Agamemnon, mein Herr und Meister« – das würde ihm gefallen –, »ich sehne mich nach deiner Rückkehr und danach, dich wieder an meiner Seite zu haben. Ich ertrage es nicht länger, von dir getrennt zu werden. Ich verliere sonst den Verstand.« Während ich diese Worte rief, ging ich um das Pferd herum. Die Menge lauschte verwundert. »Oh, komm zu mir!«

Mir war, als hörte ich ein Knarren im Bauch des Pferdes, aber ich war nicht sicher. Auch das Geschiebe der Leute auf dem Sockel konnte das Gebilde ächzen lassen. »Warte nicht länger!«, flehte ich. »Ich bin hier. Ich bin dir nach Troja gefolgt.«

Das Geräusch hatte aufgehört.

»Odysseus, ich weiß, dass du da bist.« Meine Stimme hatte sich verändert, sie war höher und heller geworden. »Ich kenne dich nur allzu gut, du mein Gemahl. Die Jahre auf dem Felseneiland Ithaka waren mir so schwer, dass ich nicht darüber sprechen kann. Es gibt Männer, die mir einreden wollen, du seist in Troja gefallen; sie wollen mich zwingen, wieder zu heiraten. Deshalb habe ich mich hierher geflüchtet. Wenn du da bist, zeige dich mir! Sonst werde ich deinen Tod betrauern. Wenn du noch lebst, wirst du hier sein, das weiß ich. Hier in meiner Nähe!«

Die Totenstille im Bauch des Pferdes verriet mir, dass die Männer den Atem anhielten und sich nicht bewegten. Ich winkte meinem Leibwächter, und er schlug mit seinem Speer gegen die Flanke des Pferdes. Aber meine Hoffnung, sie würden erschrecken und sich verraten, wurde enttäuscht.

Jetzt Menelaos – wenn er auch da war. Er würde sich wohl am ehesten bewegen lassen. »Menelaos, mein lieber Gatte! Ich bin es, Helena. Verzeih mir und nimm mich wieder auf! Ich werfe mich dir zu Füßen und flehe dich an. Ich habe Sehnsucht nach deinem Antlitz, dem Antlitz, das mich all die Jahre hindurch verfolgt hat, die Jahre der Sehnsucht. Ich trage den schönen Stein, den du mir geschenkt hast!« Oh, wenn Paris' Schatten nur wirklich fern im Hades war, damit er diese Lügen nicht hörte!

Jetzt vernahm ich tatsächlich ein kaum hörbares Rumoren in dem Pferd, leiser noch als das Rascheln von Mäusen. Und wenn es Mäuse waren? Möglich wäre es. Sprach ich hier mit Ungeziefer? Aber keine Falltür flog auf, kein Menelaos sprang heraus, um mir entgegenzutreten.

Noch drei Mal umkreiste ich das Pferd und rief zu den drei Männern. Aber es gelang mir nicht, ihnen eine Regung zu entlocken, falls sie wirklich darin versteckt waren. Betrübt wandte ich mich ab. »Fahrt nur fort mit eurem Fest«, rief ich den Leuten zu. »Macht so viel Lärm, wie ihr wollt.« Sogleich erwachte der Trubel von neuem, als hätten sie sich nur für kurze Zeit in Statuen verwandelt.

Das Echo der Stille erfüllte meinen Palast, als ich in meine Gemächer zurückkehrte. Wahrscheinlich bin ich die Einzige in ganz Troja, die in dieser Nacht allein zu Hause ist, dachte ich. Ich stand an meinem höchsten Fenster und schaute hinaus zur Küste und zum verlassenen Lager der Griechen. Im Mondlicht schien sich etwas draußen auf dem Wasser zu bewegen, aber das waren nur die Wellen. Die griechischen Schiffe würden schon außer Sicht sein, wenn sie vor zwei Tagen abgesegelt waren.

Von ganzem Herzen wünschte ich mir, Paris könnte neben mir stehen. Ich würde mich niemals daran gewöhnen, ohne ihn zu sein, nicht einmal im Winter meines hohen Alters. Hätte ich doch nur seinen Helm behalten! Es war töricht gewesen, ihn wegzugeben. Ich war blind vor Trauer gewesen und hatte nicht nachgedacht. Jetzt war es, als hätte ich Paris selbst weggegeben, denn alles, was er berührt hatte und worauf er stolz gewesen war, war ein Teil von ihm.

Unten tanzten sie immer noch trinkend und jubelnd um das Pferd herum. War dies wirklich das Ende des Trojanischen Kriegs? So viele Tote – und am Ende nichts als ein hölzernes Pferd als Siegesprämie? Wirklich – es war ein Spielzeug, das wir da in der Hand hielten, ein Spielzeug, das uns verhöhnte. Was hätte Paris wohl dazu gesagt? Dieses alberne Gebilde machte uns beide billig, es machte uns und unsere Liebe gleichfalls zu einem Kinderspiel. Vielleicht saß wirklich niemand darin und es war nichts weiter als eine letzte Beleidigung von den Griechen.

Einsam saß ich da, starr vor Schmerz, und beobachtete, wie das Mondlicht über den Boden kroch. Ich weiß nicht, wie lange ich so saß, aber irgendwann merkte ich, dass der Lärm dort unten aufgehört hatte. Ich trat ans Fenster und schaute hinunter; die letzten Betrunkenen torkelten davon und stolperten über die Blumengirlanden, die am Boden lagen. Ein Junge mit einer Flöte ging um die Beine des Pferdes herum und spielte ein paar letzte klagende Töne. Dann verschwand auch er, und das Pferd stand allein im Mondschein.

Es war tiefste Nacht – lange nach Mitternacht, die Zeit, da alle Geschöpfe schliefen. Auch ich musste jetzt versuchen zu schlafen. Aber stattdessen ging ich zu dem Kasten, in dem ich die Brosche von Menelaos aufbewahrte, und befestigte sie an meiner Schulter. Ich hatte ihm gesagt, dass ich sie trüge. Indem ich es wirklich tat, würde ich Menelaos – falls er in dem Pferd saß – dazu bewegen herauszukommen. Vielleicht hatte dieses Schmuckstück die Macht, ihn hervorzulocken, wie der Helm es vermocht hätte, Paris in meiner Nähe zu halten.

Ich sank auf mein Bett, doch ich war zu müde, um zu schlafen. Ich hörte, wie Deiphobos mit schwerem Schritt auf meine Tür zukam, zögerte und sich wieder abwandte. Er kam nicht mehr zu mir herein, aber ich hörte oft, dass er sich meiner Tür näherte und dann wieder umkehrte. Er ging in sein Schlafgemach und legte sich zu Bett. Bald verriet mir sein lautes Atmen, dass er schlief. Er hatte niemals Mühe einzuschlafen. Seine Gedanken waren schlicht, und er war frei wie ein Dreijähriger von allen sorgenvollen Fragen, die ihm Kopfzerbrechen hätten bereiten können.

Ich lag still da, aber immer noch hinderte mich irgendetwas daran einzuschlafen. Jetzt weiß ich, dass es mein Schutzgeist war, die Gottheit, die damit betraut war, ihre Hand über mich zu halten. Aphrodite? Lag ihr noch etwas an mir? Oder war sie mit Paris verschwunden? Persephone, die Patronin meiner Kindheit? Ich hatte sie vernachlässigt, aber sie mich vielleicht nicht. Jedenfalls war ich wach, und ich hörte ein leises Geräusch unten bei dem Pferd, gedämpft nur, aber es klang wie ein Knarren, gefolgt von einem dumpfen Schlag. Ich warf die Decke beiseite und stürzte zum Fenster, und ich sah schemenhafte Gestalten, die sich an Seilen aus dem Bauch des Pferdes herabließen – kleine Klumpen wie Perlen an einer Kette, aber Perlen, die sich bewegten.

Ja. In dem Pferd waren Männer gewesen. Ich umklammerte das Fenstersims und sah, wie sie auf dem Sockel landeten und sich davonstahlen, die Hauptstraße hinunter. Sie wollten zu den Toren – um sie zu öffnen!

»Halt!«, schrie ich. »Halt! Wache!«

Einer der Männer blieb stehen und blickte zu mir herauf. Der Mond schien in das Gesicht unter der Mütze. Es war Odysseus.

»Still!«, zischte er. »Wir sind hier, um dich zu retten!« Seine Stimme hallte zu meinem Fenster herauf.

»Ihr seid hier, um zu töten!«, rief ich zurück. »Wache! Wache!« Ich schrie.

Aber die Wachen waren nicht auf ihren Posten; sie schliefen im Schatten vermeintlicher Sicherheit ihren Rausch aus.

»Sie zuerst! Sie zuerst!« Ich erkannte die Stimme. Menelaos war am Seil herabgerutscht; er stand neben Odysseus und deutete zu mir herauf. »Packt sie! Holt sie! Vergesst die Tore!«

In meiner Dummheit hatte ich mich verraten! Warum hatte ich nicht geschwiegen?

»Sie gehört dir«, sagte Odysseus. »Keiner von uns darf Hand an sie legen.« Er sprang von der Plattform und lief die Hauptstraße hinunter. Hinter ihm kamen andere aus dem Pferd; mit den Beinen umschlangen sie das baumelnde Seil, glitten hastig herunter und folgten ihm.

Menelaos hielt auf den Palast zu. Ich musste mich zurückziehen, mich verstecken. Ich hatte nur einen Gedanken: Ich durfte ihm nicht in die Hände fallen! Die Vorstellung, ihn zu sehen, ihm gegenüberzutreten, war abscheulich. Menelaos kannte sich in Troja nicht aus. Ich konnte mich irgendwo verstecken. Aber wo? Menelaos! So lange war er nur ein Name gewesen, eine alte Erinnerung. Jetzt suchte er die Straßen Trojas heim, war eingedrungen in unsere heilige Zufluchtsstätte.

Oh, er war flink! Ich hatte den jungen Läufer vergessen, der damals um mich geworben hatte. Bevor ich die Treppe hinunterlaufen konnte, kam er schon herauf. Aber dann rannte er nach rechts statt nach links, in das Zimmer, in dem Deiphobos schlief.

Ich musste verschwinden. Wo war er? Ich warf einen Blick durch die Tür und sah, wie er sich auf Deiphobos stürzte und ihn an den Haaren aus dem Bett zerrte. Deiphobos starrte ihn mit weit aufgerissenen Augen an.

»Du bist Deiphobos?«, fragte Menelaos, als sei dies eine Begegnung im Ratssaal.

Statt zu antworten, wollte Deiphobos nach seinem Schwert greifen. Sofort stieß Menelaos ihm seine Klinge glatt durch die Kehle. »Du solltest zuerst antworten«, fauchte er. »Nur ein Feind greift zur Waffe, statt zu sprechen.« Er riss Deiphobos vom Bett, sodass er mit lautem Schlag auf dem Boden landete. Er rollte auf den Rücken und verharrte in würdeloser Lage, die Beine gespreizt, die Tunika hochgerutscht.

Ich rannte die Treppe hinunter. Menelaos fuhr herum und sah mich. »Helena!«, rief er. »Helena!«

Ich floh die Treppe hinunter und aus dem Palast, dem schönen Palast, den Paris und ich zusammen erbaut hatten. Er war hier. Menelaos war hier und tötete. Er würde auch mich töten. Sollte es wenigstens an einer Stätte geschehen, die dieser Tat würdig wäre. Ich lief über den offenen Hof zum Tempel der Athene. Aber im selben Augenblick wusste ich, dass dieser Tempel mir keinen Schutz bieten würde. Gleich an jenem ersten Tag in Troja, als ich das primitive, hässliche Standbild gesehen hatte, war ihre Feindseligkeit spürbar gewesen. Dennoch eilte ich zu ihr.

Ich umschlang den Sockel ihrer Statue mit flehentlichem Stammeln. Ich sah die goldene Hochzeitskette, die davorlag und die ich ihr vor langer Zeit geopfert hatte. Sie war säuberlich zusammengerollt, und jemand hatte sogar frische Blumen hineingeflochten.

Hinter mir hörte ich Menelaos' schwere Schritte. Mit einem scharrenden Geräusch fuhr sein Schwert aus der Scheide. Ich senkte den Kopf und umklammerte das Holz der Statue. Ich erwartete den Tod wie ein Opfertier und ergab mich darein. Aber ich sah nur Paris. Für ihn würde ich sterben. Und ich würde es gern tun. *Paris, ich komme!* Zitternd wartete ich.

Grausame Finger packten mein Haar.

»Ein schneller Tod ist zu gut für dich«, sagte die Stimme. »Sprich zuerst, bevor du stirbst!«

Ich wurde hochgerissen, und meine Finger wurden von der Statue gebogen. Ich hielt die Augen geschlossen. Ich wollte nichts sehen außer Paris.

»Öffne die Augen, du feiges, ehebrecherisches Luder!« Ein Finger bohrte sich in meinen Augenwinkel. Er wollte mich blenden, mir das Auge ausstechen, während er so tat, als wolle er nur, dass ich ihn anschaute.

Ich schlug die Augen auf und blickte in sein hasserfülltes Gesicht.

»Oh, so viele Jahre habe ich von diesem Moment geträumt!«, zischte er, und sein heißer Atem streifte mein Gesicht. »Jetzt ist er da. Ich sehe dich wieder. Du bist in meiner Gewalt. Du wirst bezahlen.«

»Dann nimm deine Bezahlung«, sagte ich. »Und tu es schnell.«

»Du wagst es, mir zu befehlen? Oh, deine Dreistigkeit übertrifft alles, was ich mir in all den Jahren vorgestellt habe.« Wieder packte er mich bei den Haaren. »Du solltest um dein Leben betteln.« Er zwang mich auf die Knie. »Bettle! Flehe mich an!«

Meine Knie schürften über den Steinboden des Tempels. »Ich bitte dich um das Gegenteil«, sagte ich. »Töte mich!«

Er lachte. »Diese List ist mir geläufig. Man bittet um das Gegenteil. Sie ist alt, Weib. Sie wird dir nicht helfen. Du wirst sterben.«

»Gut.« Ich wartete. »Stoß zu!«

Sein Blick wanderte über meinen Kopf hinweg zu der goldenen Kette auf dem Altar. Ungläubig starrte er sie an. »Mein Hochzeitsgeschenk!«, flüsterte er. »So abgrundtief hast du es verschmäht! Aber warum sollte ich annehmen, dass du eine goldene Kette höher achtest als dein Gelübde?« Wütend hob er sein Schwert. Es schwebte über mir in der Luft.

Ich wollte, dass es vorüber war. Ich wollte zu denen, die ich liebte und die vor der Zeit aus dieser Welt geflohen oder aus ihr hinausgerissen worden waren. Zu Mutter … Troilos … Hektor … und vor allem zu Paris … Jetzt würde es geschehen. Vorbei sein. Das Leben würde verfliegen, hinab in die dunklen Regionen. Der Übergang war das Schwerste, aber die Reise war kurz.

Paris, ich komme! Ich streckte die Arme nach ihm aus.

Ich hörte einen Aufschrei, und etwas fiel klappernd zu Boden. Ich riss die Augen auf und sah, wie Menelaos' Schwert klirrend über den Boden rutschte. Als ich die Arme ausgestreckt hatte, hatte mein Gewand sich geöffnet.

»Wie kannst du – wie kannst du es wagen, dich so zu zeigen, du schamlose …«, stammelte Menelaos und riss mich an sich. »Bedecke dich!« Die Brosche – seine Brosche –, die mein

Gewand auf der Schulter zusammengehalten hatte, war unter seiner rauen Behandlung aufgesprungen, und er hatte meine Brüste gesehen. Jetzt fing er an zu weinen.

»Hör auf!«, befahl ich. »Töte mich. Jetzt!«

Aber er vergrub das Gesicht in den Händen und weinte laut. »Meine Gemahlin, meine liebste …«

Oh, das war Folter! Gab es kein ehrenhaftes Ende?

Ich schaute an meinem Gewand hinunter. Es war befleckt von dem Blut, das aus der verfluchten Brosche sickerte.

»Hört auf mit dem Morden!« Ich zog seine Hände vom Gesicht. »Sieh mich an! Rufe deine Landsleute zurück! Lasst Troja in Frieden. Lasst es leben. Dann … gehe ich mit dir und werde wieder deine Gemahlin sein.«

War ich es wirklich, die diese entsetzlichen, undenkbaren Worte sprach? Aber alles war verloren, und Paris war nicht mehr da. Wenn ich andere retten konnte, indem ich mich opferte – warum sollte ich es nicht tun?

»Es ist zu spät«, sagte er. »Sie werden ihrem Hass auf Troja freien Lauf lassen.«

Nun wusste ich, warum die Brosche blutete: Es war Blut, das vergossen werden würde.

»Die hast du mir gegeben.« Ich deutete darauf.

»Bei jedem Tropfen, der daraus quillt, solltest du wissen, dass du ihn verschuldet hast«, sagte er. »Ist das nicht geziemend?«

»Die Griechen sind es, die all das Blut vergossen haben«, sagte ich.

»Du wirst wieder in meinem Bett liegen, blutbefleckt oder nicht«, sagte er. »Ich werde mich gern damit beschmieren, wenn ich zugleich auch deinen Duft an meine Haut bringe.« Er stieß mich zum Tempel hinaus und zerrte mich zurück in den Palast. »Blut und Helena sind untrennbar miteinander verwoben.«

LXX

Als wir in meinen Gemächern waren, fuhr er zurück, denn jetzt erkannte er, dass er im Hause des Paris war. Er riss mich an sich und schob mich zur Tür hinaus, und dabei drehte er mir den linken Arm schmerzhaft auf den Rücken. So verließ ich das Schlafgemach, das ich mit Paris geteilt hatte, und sollte es nie wiedersehen. »In Troja gibt es Arbeit«, murmelte er.

»Noch mehr Blutvergießen?« Ich zitterte bei dieser Frage. Die Nässe, die aus der Brosche quoll, lag kalt auf meiner Haut.

»Ein Blutvergießen, wie die Welt es noch nicht gesehen hat, denn Troja ist größer und reicher als jede andere Stadt.« Wir stiegen die Treppe hinunter, und Menelaos stolperte im Dunkeln in der ungewohnten Umgebung. Trotzdem hielt er meinen Arm fest umklammert und schob mich vor sich her.

In den unteren Räumen war es still; die Leute schliefen ihren Rausch aus, manche immer noch mit Girlanden behängt. Einige lächelten im Schlaf, andere lagen mit weit offenem Mund da. Menelaos schob mich zwischen ihnen hindurch.

Ich stieß sie mit dem Fuß an und rief: »Wacht auf! Wacht auf! Troja ist verraten!«

»Du!« Menelaos riss mich herum und schlug mir ins Gesicht. Warmes Blut rieselte aus meiner Nase. »Noch einen Laut, und …« Er holte mit der Faust aus.

Die Schlafenden regten sich. »Gebt Alarm! Die Griechen sind in der Stadt!«, schrie ich, und dann schlug er mich so hart, dass ich herumwirbelte und auf die Knie fiel.

Aber ich war frei. Geschützt vom Gedränge der Leute, kroch ich davon und verschwand zwischen ihren Armen und Beinen, während Menelaos sich hilflos im Dunkeln um sich selbst drehte und mich suchte. Jetzt war ich dankbar für diese vielen Fremden. Die *xenia,* das Gesetz der Gastfreundschaft, das Paris unter Menelaos' Dach verletzt hatte, war jetzt meine Erlösung. Unsere ungebetenen Gäste hatten mich gerettet.

Sie erwachten und sprangen auf. »Griechen? Griechen, hier?«, riefen sie durcheinander.

»Sie sind aus dem Pferd gekommen«, schrie ich. »Aus dem Bauch des Pferdes! Zu den Toren! Bewacht die Tore!«

Als Menelaos meine Stimme hörte, brüllte er auf und stürmte auf mich zu. Doch noch einmal retteten mich Dunkelheit und Gedränge. Geduckt ließ ich mich von der Menge auf die Straße hinaustragen und entkam aus dem Palast.

Das Pferd stand auf dem Pflaster, die Luke an seinem Bauch hing offen, und die Seile baumelten herab. Jetzt war es leer. Die Griechen waren verschwunden; nur Menelaos war meinetwegen zurückgeblieben. In den Straßen herrschte gedämpfte Stille wie von einem Zauberbann. Ich eilte zur Mauer hinunter. Überall in den Straßen lagen Leute in den Haustüren; sie schliefen berauscht und murmelten behaglich in ihren nebelhaften Träumen. Ich versuchte, so viele wie möglich zu wecken, aber manche waren so betrunken, dass sie sich nicht rührten.

In dem Pferd konnten nicht mehr als zehn Männer gewesen sein, und ihre Aufgabe musste darin bestehen, sich durch die Straßen zu den Toren zu schleichen und sie zu öffnen. Ihre Kameraden – die nicht abgesegelt waren, sondern sich in der Nähe versteckt hatten – würden dann hereinströmen und mit ihnen schließlich das ganze griechische Heer.

Aber wenn die Tore verschlossen blieben, könnten die Trojaner mit der Handvoll Griechen kurzen Prozess machen, sie in die Enge treiben und erschlagen. Die Tore mussten geschlossen bleiben! Ich rannte die Straße hinunter, und die kalte Nachtluft brannte in meinem Gesicht.

Vor mir ragte das Skäische Tor auf, flankiert von dem Großen Turm. Überall war es bedrohlich dunkel und still. Ich sah keine Wachen. Hatten auch sie sich oben bei dem Pferd sinnlos betrunken? Oh, welches Unheil für Troja, wenn es so war!

Der mächtige hölzerne Riegel war noch an seinem Platz. Aber niemand bewachte ihn. Wenn wenigstens der Turm bemannt war! Aber als ich an die Tür hämmerte, hörte ich nur ein klägliches Echo, und niemand kam, um mir zu öffnen.

Der Turm, auf dem Hektor gestanden und Andromache beschworen hatte, tapfer zu sein. Zum ersten Mal war ich dankbar dafür, dass Hektor nicht mehr da war und den schändlichen Augenblick nicht erleben musste, da seine Trojaner ihren Posten verlassen hatten. Was half es, dass Hektor so tapfer gewesen war, wenn die Stadt am Ende durch Nachlässigkeit verloren ging?

»Helena.« Jemand trat aus dem Dunkel hervor. Aber es war kein Trojaner, denn dann hätte er mich mit »Prinzessin Helena« angeredet. Es war ein Grieche, der mich unhöflich beim Vornamen nannte. Die anderen Griechen waren also schon hier. Sie hatten sich nicht aufhalten lassen wie Menelaos.

Es war Ajax, der abscheuliche kleine Ajax. »Du brauchst nicht zu klopfen. Klopfen wird sie nicht mehr wecken. Sie waren besinnungslos, und wir haben ihre Besinnungslosigkeit endgültig gemacht.« Er kam auf mich zu, und sein schmales Gesicht war zu einer lächelnden Fratze verzerrt. Plötzlich tat er einen Satz und packte mich. »Diese Beute gehört Menelaos«, flüsterte er, und sein Gesicht war so nah, dass ich ihn riechen konnte. »Haltet sie hier fest!«, befahl er einem anderen.

Ein junger Mann mit schwellenden Muskeln legte mir die Hände fest auf die Schultern. »Mit Vergnügen«, sagte er. »Wer würde Helena nicht mit dem größten Vergnügen festhalten?«

Ajax lachte. »Vergnüge dich nur mit ihr! Wer wird es schon erfahren? Was immer sie sagt, man wird ihr nicht glauben. Menelaos weiß, dass sie eine Lügnerin ist.«

Der Soldat führte mich weg. Hinter mir hörte ich, wie die Griechen zum Tor hasteten und mit lautem Ächzen den Riegel zurückschoben. Die Torflügel knarrten, als sie sie öffneten.

Das Tor war offen! Offen! Troja war dem Untergang preisgegeben! Ich schrie auf, und der Soldat schüttelte mich. »Es ist zu spät«, sagte er. »Und du hättest es nicht verhindern können.«

Anders als Menelaos und Ajax hatte er einen beinahe komischen Respekt vor mir. Seine Hände zitterten, als er mich festhielt, und es war, als widerstrebe es ihm, mich voranzustoßen.

»Wie heißt du?«, fragte ich.

»Was kümmert dich das?«, erwiderte er. Ah! Es schmeichelte ihm, dass ich es wissen wollte.

»Dann kann ich dich für deine Freundlichkeit belohnen, wenn ich je die Macht dazu habe.«

»Die wirst du nie mehr haben«, sagte er schroff. »Mit deiner Macht ist es aus. Sie endet mit Troja.«

»Aber wenn nicht?« Bedränge ihn, Helena! Bedränge ihn! Vielleicht wird er dein einziger Freund unter den Griechen sein.

»Es ist schon geschehen«, sagte er. »Als die dummen Trojaner das Pferd in ihre Stadt gebracht haben, war deine Macht zu Ende.«

»Das hat Menelaos zu bestimmen.«

»Menelaos hasst dich. Er will dich umbringen. Das hat er uns gesagt. Und wenn ich dich an ihn übergeben habe, wird er es tun.«

Ich zwang mich zu lachen. In diesem Augenblick war Lachen etwas so Fremdartiges, dass er erschrak. »Ich habe Menelaos schon gesehen. Er hat mich nicht umgebracht.« Ich drehte mein Gesicht in das matte Licht, um ihm meine Nase zu zeigen. »Er hat mich geschlagen. Aber er hat mich wieder aufgenommen. Er wird mir nichts tun.« Ich atmete tief durch. »Er will mich behalten.«

»Ich heiße Leos«, sagte er schließlich.

»Gut, Leos. Ich werde mich deiner erinnern, wenn ich wieder in Sparta bin.« Wieder in Sparta! Möge es nie so weit kommen!

»Ich danke dir, Herrin.«

Er war so jung. Jung wie Paris, jung, wie ich es gewesen war. Dahin für immer, diese Unschuld, diese Begeisterung! Nichts war mehr übrig als Verschlagenheit, Berechnung, Beharrlichkeit: die Gaben des Alters und der Ernüchterung.

Er lächelte mich an und ließ mich unbewacht bei der Mauer stehen. Er glaubte, ich sei ihnen sicher, ich sei besiegt, und so richtete er seine Aufmerksamkeit auf das Tor, das die Eindringlinge mühsam öffneten.

Hilflos beobachtete ich es, und ein Blick durch das offene Tor sagte alles: Das ganze griechische Heer marschierte über die Ebene auf Troja zu.

Die Eingedrungenen konnten es kaum erwarten, ihre Kameraden willkommen zu heißen. Ich drückte mich dicht an der Mauer davon und lief durch die gewundenen äußeren Straßen hinauf zur Zitadelle. Flüchtig hoffte ich, der junge Soldat – wie hatte er gleich geheißen? – Leos möge für seine Nachlässigkeit nicht bestraft werden. Aber wir waren im Krieg.

In der Zitadelle war es immer noch trügerisch still. Hier war noch nichts geschehen, auch wenn das leere Pferd höhnisch über uns aufragte. Aber von unten hörte ich das Geschrei der Griechen, die zum Tor hereinströmten.

Menelaos war nirgends zu entdecken. Anscheinend hatte er mich laufen lassen und war zu seinen Leuten bei den Mauern gegangen. Warum wachte niemand auf? Welche Zauberei war hier am Werk? Das Megaron war leer; alle, die hier geschlafen hatten, waren fort. Aber wo waren sie hin?

Ich lief in Andromaches Palast und schrie: »Wacht auf! Wacht auf! Die Griechen sind in Troja!« Doch ich hörte nichts.

Ich rannte durch die Straßen und schlug an jede Tür. Ich stieß die betrunkenen Schläfer an, aber es half nichts. Troja schlief, fest entschlossen, die letzte Nacht wie alle anderen zu verbringen. Die Stadt begriff nicht, dass das Ende da war.

Das Ende der Welt. Das Ende der trojanischen Welt.

Evadne. Gelanor. Ich musste sie finden, sie retten. Wir konnten gemeinsam fliehen. Evadne hatte eine kleine Kammer im Palast, aber als ich sie dort suchte, war sie leer. Gelanors Haus, auf halber Höhe in einer gewundenen Gasse – ich hämmerte an die Tür, stemmte sie auf, doch er war nicht da. Wo waren sie?

Dann begann das Getöse. Nein, es war mehr als das. Es waren die Todesschreie Trojas. Heulend und wimmernd hallten sie herauf zur Zitadelle. Die Griechen waren in der Stadt, unten bei den Toren, und sie metzelten alles nieder, was ihnen in den Weg kam. Sie waren hungrig. Viele lange Jahre hindurch hatten sie ihr fruchtloses Exil ertragen, und jetzt brach das alles explosionsartig aus ihnen hervor.

Plünderer der Städte: der Ehrentitel des Achilleus. Aber wie alle schönen Titel vermochte auch dieser den Sachverhalt nicht in seiner ganzen Tiefe zu erfassen. Die Griechen würden Troja plündern, und danach würde es Troja nicht mehr geben. Das war es, was »plündern« bedeutete. Schwelende Ruinen waren das, was übrig bleiben würde, wenn alle Schätze geraubt und die Frauen in die Sklaverei verschleppt, die Männer erschlagen und die Kinder aufgespießt worden wären. Es war das abschließende Urteil, die höchste Strafe, die den Namen der Stadt aus den Büchern der Geschichte tilgte. Und wer war der Richter, wer hatte die Macht, über das Schicksal einer großen Stadt wie Troja zu entscheiden? Ah, diese Frage stellte man besser nicht. Denn der Richter war voreingenommen, bestochen, korrupt, kleinlich – kein ordentlicher Richter. Von unseren menschlichen Richtern verlangen wir mehr als von unseren göttlichen.

Ich hatte keine Angst. Das Schlimmste war mir längst widerfahren, und jetzt konnte ich nur noch darauf hoffen, das Schicksal, das die – immer noch schlafenden? – Trojaner erwartete, um ein Geringes zu lindern. Ich lief von Tür zu Tür, klopfte, rief. Und endlich erwachten die Leute – beinahe alle zugleich –, und sie rissen die Türen auf und sahen sich panisch um, als sie weit unten den Lärm hörten. Die Soldaten – wo waren die Soldaten? Ich lief zu Antimachos in seinem Hauptquartier auf halber Höhe der Stadt. Je weiter ich hinunterkam, desto lauter wurde der Lärm, desto näher rückte die Gefahr – wie das Rauschen der Brandung auf den Klippen. Antimachos schüttelte benommen den Kopf; er war eben aus dem Schlaf erwacht. Er starrte mich an und fragte murmelnd: »Hat Deiphobos dich verprügelt?«

»Nein, Menelaos! Die Griechen sind hier, sie haben Deiphobos getötet, und sie sind in der Stadt. Wo sind deine Leute?«

»In der Kaserne.«

Die Kaserne war in der Unterstadt. Also kämpften sie schon – oder wurden abgeschlachtet. »Und deine Garde? Wo ist sie?«

Er stürzte aus dem Haus, um sie zu rufen, und drehte sich

nur noch einmal um. »Versteck dich! Such dir einen sicheren Ort!«

Ich lachte hysterisch. Die Stadt war eine Zunderbüchse. Wo konnte man sich in einem Brennofen verstecken? Nur der Brunnen, dessen Treppe tief hinunter zum Wasser führte, konnte ein Zufluchtsort sein. Aber wenn die Gebäude ringsum einstürzten und den Eingang verschütteten, wäre ich dort unten gefangen und müsste verrecken wie eine verhungernde Ratte. Ich wandte mich ab und lief zu Antenor. Es gab für uns alle keine Hoffnung mehr, aber den Feind stehend zu erwarten war immer noch besser, als zu schlafen.

Er war auf den Beinen und bewaffnet, und seine Frau Theano machte sich reisefertig. »Laokoon hatte recht, dieses Pferd hat Unheil in seinem Bauch geborgen«, sagte er. »Oh, Helena!« Er schüttelte den Kopf, als er mein blutiges Gesicht sah. »Du musst mit Theano fliehen!«

»Das geht nicht. Die Torwachen haben ihren Posten verlassen. Alle Tore sind verschlossen, nur das Skäische nicht, und ich habe gesehen, wie viele Griechen nötig waren, um es zu öffnen. Wir Frauen könnten das nicht.«

Antenor zuckte zusammen. »Du hast es gesehen? Du warst dort?«

»Ich wusste es!«, rief Theano. »Sie hat ihnen ein Zeichen gegeben. Sie hat –«

»Schweig, Theano!« Antenor funkelte sie an und wandte sich dann wieder an mich. »Manche haben immer geglaubt, du würdest Troja an die Griechen verraten, aber ich habe es nie für möglich gehalten.«

»Das Gleiche haben viele auch von dir gesagt, weil du ihnen so versöhnlich entgegengekommen bist und Menelaos und Odysseus bei ihrem unglückseligen Erscheinen hier Zuflucht gewährt hast«, sagte ich. »Aber in meinem Fall hatten sie unrecht, und ich glaube, in deinem auch. Was am Tor vorging, habe ich gesehen, weil Menelaos mich gesucht und gefunden hat, nachdem er aus dem Pferd gekrochen war, und weil ich ihm entkommen und zum Tor gelaufen bin. In der Zitadelle ist noch alles ruhig, aber sie werden dort hinaufkommen, sobald sie können. Wo Priamos und die königliche Familie sind, weiß ich nicht; in ihrem Palast war es still, und ich habe nicht gewagt, zu lange dort zu bleiben und gar hineinzugehen.«

Antenor seufzte. »Möge deine Schutzgöttin ihre Hand über dich halten«!, sagte er schließlich. »Eine andere Hoffnung haben wir nicht. Theano, rufe die anderen Frauen zusammen. Wenn ihr alle beieinander seid, werden sie euch vielleicht verschonen.«

Die stolze Priesterin verzog höhnisch den Mund. »Wir sollen sie alle gemeinsam erwarten, damit sie es leichter haben?«

Ich verließ das streitende Ehepaar, denn für mich gab es bei ihnen nichts mehr zu tun. Den Frauen würde ich mich nicht anschließen. Inzwischen hallte der Lärm durch die Straßen, und überall drängten sich panische Menschen. Ganz Troja war gleichzeitig erwacht – ein grauenvolles Erwachen.

Ich sah Äneas, der die Straße zu seinem Haus hinauflief. »Äneas! Äneas!«, rief ich, aber er hörte mich nicht. Hinter ihm kam eine Welle von Griechen; brüllend metzelten sie alles auf ihrem Weg nieder, um die Straße freizumachen. Die Leichen der Erschlagenen bewirkten das Gegenteil: Sie verstopften die Straße. Die Griechen sprangen über sie hinweg und verfolgten diejenigen, die sich zur Zitadelle hinaufflüchteten. Die Menschenflut drängte mich an eine Wand und hätte mich fast erdrückt, doch wer beiseitegeschoben war, wurde von den blutrünstigen Griechen übersehen, die nur die Schätze in den Palästen im Sinn hatten.

Gelanor. Wieder war ich in der Nähe seines Hauses. Vergebens versuchte ich mich zu seiner Tür durchzukämpfen, um zu sehen, ob ich ihn diesmal finden würde, aber das Gedränge war zu dicht. Ich wurde mitgerissen und schwamm wie ein Staubkorn im Strom der Fliehenden. Menelaos sah ich nicht wieder, auch keinen anderen Griechen, den ich kannte, sondern nur Dutzende von einfachen Soldaten.

Altgewohnte Ehrfurcht ließ die Menge vor dem Tor zum Palast des Priamos und der Zitadelle innehalten; selbst das Chaos der Panik vermochte den eisernen Griff von Sitte und Gebrauch nicht zu lockern. Viele stürzten hinauf zu dem Pferd, bei dem sie noch kurz zuvor ihr Leben vertändelt hatten; andere retteten sich in den Tempel der Athene und hofften, dort Zuflucht zu finden. Die festlich grünen Girlanden, mit denen der Tempel noch kürzlich geschmückt worden war, um den Sieg über die Griechen zu feiern, hießen sie willkommen.

Doch jählings fielen die Griechen über sie her. Unter gellendem Kriegsgeheul stürzten sie sich auf die Trojaner, und jetzt floh alles in den Tempel. Ich lief mit, obwohl ich Menelaos dort in die Hände gefallen war. Die Göttin beschützte keinen von ihnen; der Tempel war eine Falle, in der man sie desto leichter abschlachten konnte. Wo einst Lobeshymnen von den Mauern widergehallt hatten, dröhnte nun das Echo von Schreien, Schlägen und klirrendem Metall.

Die Soldaten machten kurzen Prozess mit den verängstigten, verwirrten Menschen, und der Tempel der Athene schwamm im Blut der Opfer. Ich war in einer Ecke hinter einen Wandschirm gedrängt worden, deshalb sahen sie mich nicht, aber ich konnte durch ein Loch in der hölzernen Wand spähen und das Grauen mit ansehen. Dann wurde es gespenstisch still bis auf das Lachen und Grölen der Soldaten; der Blick auf den Altar war frei, wo Kassandra sich weinend und zitternd an den Sockel der Statue klammerte.

»Nein, nein!«, schrie sie, als ein Mann sie dort wegriss. Sie ließ die heilige Pallas Athene nicht los, und Statue und Prinzessin stürzten schwer zu Boden. Die entweihte Statue rollte ein paar Schritt weit, und der Mann trat mit dem Fuß dagegen. Dann stürzte er sich auf Kassandra, riss ihr die Kleider herunter und vergewaltigte die Schreiende. Er hörte nicht auf, er vollendete sein Treiben vor den Augen der Soldaten. Erst dann richtete er sich auf, umschlang ihren Leib und schleppte sie vom Altar weg und aus dem Tempel. Als er an mir vorbeikam, sah ich sein Gesicht. Es war der kleine Ajax. Er lachte wie ein Irrer.

Jetzt schrie ich selbst. Ich sprang aus meinem Versteck und rannte hinter ihnen zur Tür hinaus. Aus dem Augenwinkel sah ich die geschändete Pallas Athene, die verlassen auf dem Boden lag. Ich hätte sie wieder aufrichten sollen, aber stattdessen floh ich zu Priamos' Palast.

LXXI

Eine wogende Menschenmenge erfüllte den äußeren Hof; dunkle Gestalten sprangen auf und ab, gespenstisch beleuchtet von den Fackeln der Griechen: die groteske Abbildung eines nächtlichen Festes. Aber statt Flötenspiel und Gesang hörte man Schreie und lautes Geheul, anstelle des Weins spritzte Blut, und was aussah wie Akrobaten, waren Menschen, die sich verzweifelt zu retten suchten. Hunde sprangen bellend und beißend in der Menge umher; galoppierende Pferde, die aus ihren Stallungen entkommen waren, zertrampelten die Toten und erdrückten die Lebenden. Mir war, als hörte ich ein dröhnendes Krachen, als auch die Götter sich in den Kampf stürzten: Poseidon, der brüllend seine Wogen gegen die Fundamente Trojas anrennen ließ, und Zeus, der seine tödlichen Blitze schleuderte. Doch in Wirklichkeit war das alles natürlich nur der Lärm menschlichen Leidens.

Priamos' Palast! Umgeben von einem Meer von Menschen, verteidigte die Garde tapfer die Tore gegen die Verzweifelten, die dagegen hämmerten und gewaltsam eindringen wollten, als könne ihr König sie retten. Die Griechen drängten nach und metzelten sie nieder mit Speeren und Schwertern. Oben auf dem Dach riss die Palastgarde Ziegel heraus und schleuderte sie auf die Angreifer hinunter; einige streckten sie damit nieder, aber die meisten Griechen lachten nur über diese kläglichen Wurfgeschosse.

Hinter mir hörte ich Geschrei: Trojaner griffen die Griechen beim Tempel an. Mit Mühe – es war dunkel, und ich war auf der anderen Seite des Hofes – konnte ich erkennen, dass eine Handvoll Griechen versuchte, sich in den Bauch des Pferdes zu retten, aber sie konnten nicht schnell genug an den Seilen hinaufklettern; die Trojaner erschlugen sie, und sie fielen dröhnend auf den Sockel herunter.

Jetzt rannten die griechischen Soldaten selbst gegen das Palasttor an. Die Garde war überwältigt. Das Tor ächzte, ja, das Holz bog sich, aber das Tor hielt. Dann drängte sich ein Grieche durch die Reihen nach vorn und gebot ihnen Einhalt. »Hört auf!«, schrie er. Seine Stimme überschlug sich – ja, sie klang, als habe er kaum den Stimmbruch überwunden. »Ich werde dieses Tor öffnen!«

Mit ausgebreiteten Armen drehte er sich um, und die Soldaten gehorchten ihm.

Es wunderte mich, dass ihn in dem Tumult überhaupt jemand hörte, und erst recht, dass sie ihm gehorchten. Er war groß, aber dünn, und das bestätigte den Eindruck von Jugend. Der Helm verdeckte das Gesicht, aber sein Hals war schlank, sein Oberkörper langgestreckt, und seine Arme und Beine wirkten beinahe schlaksig. Er trug einen gigantischen Schild mit kunstvoll verschlungenen Verzierungen. Es war der Schild eines Mannes, der zuversichtlich davon überzeugt war, niemals besiegt zu werden, denn wer würde sonst mit einem so kostbaren Gegenstand in die Schlacht ziehen?

Achilleus. Der Schild des Achilleus. Plötzlich wusste ich, wem er jetzt gehörte: seinem Sohn Neoptolemos, dem Jüngling. Jetzt hatte sich die letzte Prophezeiung zum Fall Trojas erfüllt.

»Gib auf, alter Mann!«, kreischte er.

Wie alt bist du, Knabe?, fragte ich ihn im Stillen. Fünfzehn? Älter kannst du nicht sein.

Er riss ein paar lodernde Fackeln aus den Händen der Soldaten und schleuderte sie hinauf auf das Dach. Sie trafen einige der Verteidiger, und diese ergriffen die Flucht.

»Schlagt noch einmal zu!«, befahl er den Soldaten. Gehorsam rannten sie gegen das Tor an, und diesmal zersplitterte es krachend.

»Lasst mich, lasst mich!« Neoptolemos sprang hinzu und riss das Tor aus den Angeln, obgleich die eigentliche Arbeit von anderen getan worden war. »Ich werde siegen!«, schrie er. »Bleibt hier!«, befahl er den Männern. »Ich gehe allein hinein. Der Ruhm soll mir gehören!«

Offenbar hatte er eine treue Leibgarde, denn sie hielt die anderen Griechen zurück, während er durch das Tor schritt. Anscheinend war seine einzige Sorge, dass ein anderer Recke ihm den Ruhm streitig machen könnte. Kopflos strömte die panische Menge – und ich mitten darin – ungehindert hinter ihm her.

Das Erste, was mir auffiel, war die Stille im inneren Hof. Die Kübel mit Bäumen und Blumen standen noch immer in wohlgeordneten Reihen und kündeten von einem friedlichen Leben. Die Türen zu den Wohnungen der Söhne und Töchter Priamos' waren geschlossen, aber sie waren heil, und in den blank polierten Messingbeschlägen spiegelten sich die Fackeln derer, die gekommen waren, um sie zu zerstören.

Ich befreite mich aus dem Gedränge und lief voraus. Fast hätte ich Neoptolemos eingeholt, aber ich wollte nicht, dass er mich sah und über mich herfiel. Deshalb blieb ich im Dunklen hinter ihm.

Am anderen Ende des Innenhofs, vor dem Altar des dreiäugigen Zeus, waren Leute versammelt. Ich duckte mich hinter einen der Pflanzkübel, spähte durch die Zweige des Bäumchens und versuchte zu erkennen, wer sie waren. Hinter mir drängten die Leute heran.

Hekuba. Sie stand vor dem Altar; ihre Töchter drängten sich zu beiden Seiten an sie, und sie hatte die Arme um sie gelegt. Polyxena war da, Laodike und Ilona. Hekubas dunkle Augen spähten über den Hof, den Feinden entgegen, und sie machte sich auf einen Angriff gefasst.

Neoptolemos tat einen Satz und landete kurz vor ihren Füßen. Er riss den Helm vom Kopf und starrte sie an. »Du musst Hekuba sein.« Er reckte ihr das Gesicht entgegen. »Und du – wer bist du?« Flink wie die Zunge einer Eidechse glitt sein Schwert aus der Scheide, und die Spitze richtete sich auf Polyxenas Hals.

»Polyxena«, rief sie.

»Mein Vater hatte Gefallen an dir«, sagte er. »Vielleicht wird er dich noch bekommen.« Die ahnungslose Unerbittlichkeit in seiner hohen Knabenstimme ließ mir das Blut in den Adern gerinnen. »Und ihr?«, fragte er, und die anderen nannten ihm zitternd ihre Namen.

In diesem Augenblick erschien Priamos in voller Rüstung. Im Dunkeln nestelnd, hatte er sich Brustpanzer und Schwert umgeschnallt, und nun stürzte er sich auf Neoptolemos, verfehlte ihn jedoch.

»Alter Mann!« Neoptolemos klang entzückt. »Greifst du mich an? Du musst König Priamos sein! Wie töricht von dir zu glauben, du könntest dich mit mir messen!«

»Du bist ein grausames, dummes Kind«, sagte Priamos. »Ein kümmerliches, durchsichtiges Abbild deines Vaters. Ich bin ihm begegnet, und wir sind als Männer miteinander umgegangen. Er hat die Alten und die Schwachen verschont. Schau in dein Herz und sieh, ob du ihn dort findest. Sei seiner würdig!« Er umkreiste Neoptolemos.

Neoptolemos drehte sich mit gehässigem Lachen um sich selbst und behielt Priamos im Auge. »Mein Vater hatte eine entscheidende Eigenschaft: Er wollte siegen, sich mit Ruhm bedecken und seine Feinde vernichten.«

Priamos blieb stehen und sah ihn an. »Es bringt keinen Ruhm, Feinde zu vernichten, die alt und wehrlos sind.«

»Ein Feind ist ein Feind. So manche Giftschlange ist klein und scheinbar wehrlos.«

»Menschen sind keine Schlangen.«

»Nicht? Nein, Menschen sind schlimmer. Eine Schlange tötet nur, wenn sie bedroht wird, wenn jemand ihr in die Quere kommt oder ihr Nest zerstört – aber die Menschen?«

Priamos richtete sich zu seiner vollen Größe auf, und in diesem Augenblick war er wieder der Priamos, den ich damals kennengelernt hatte. »Und tust du nicht genau das? Soll ich mich nicht verteidigen, wie eine Giftschlange es täte? Und doch bedeutet das nicht, dass ich gefährlich bin und vernichtet werden muss. Hab Erbarmen mit meinem Nest, mit meiner Frau und meinen Kindern.«

Neoptolemos lachte nur. »Bete zu deinen Göttern und verabschiede dich!«

Da sprang einer von Priamos' Söhnen hervor; er hatte sich ganz in meiner Nähe versteckt gehalten. »Stirb, Grieche!«, schrie er, und seine Stimme war noch höher als Neoptolemos'.

Es war Polites, Priamos' zweitjüngster Sohn nach Polydoros. Neoptolemos fuhr herum und durchbohrte ihn mit seinem Schwert: zwei Kinder, und eines tötete das andere. Der Knabe lag reglos am Boden, und Priamos glitt in seinem Blut aus, als er sich mit bloßen Händen auf Neoptolemos stürzte. Ein zittriger Kriegsschrei drang aus einer alten Kehle. Seine Hände schlossen sich fest um den Hals des Jungen und hielten ihn fest, als sie beide zu Boden stürzten. Einen Augenblick lang rangen sie miteinander und rollten hin und her, und Priamos drückte so heftig zu, dass sein Gesicht sich vor Anstrengung verzerrte.

Doch dann erhob Neoptolemos sich mit unbezwingbarer Kraft und zog Priamos mit sich. Mit einem Arm hielt er den alten König fest, mit der anderen hob er sein Schwert.

»Leb wohl, alter Mann!«, sagte er mit spöttischer Freundlichkeit, und dann schwang er das Schwert und schlug Priamos den Kopf ab. Der Kopf rollte davon, und der Körper sank vor dem Zeus-Altar zusammen. Blut strömte aus dem Hals. Der Kopf blieb mit dem Gesicht nach oben liegen, und mit vor Entsetzen weit aufgerissenen Augen starrte er auf sein eigenes Blut, das an dem Heiligtum herunterfloss.

Hekuba stürzte sich auf Neoptolemos und wollte ihm die Augen auskratzen, aber sie war viel schwächer als Priamos, und der Junge stieß sie mühelos beiseite. Sie schlug mit dem Kopf auf den Altarsockel und blieb ausgestreckt neben ihrem Gemahl liegen. Polyxena fiel auf die Knie und umarmte ihre Eltern. Neoptolemos bückte sich und zog sie hoch; dann packte er sie bei den Haaren und riss ihr den Kopf in den Nacken.

»Welche, hast du gesagt, bist du?«, zischte er. »Der alte Priamos hatte so viele Söhne und Töchter. Haben sie überhaupt alle einen Namen bekommen? Nun, und was soll's? Was helfen ihm seine fünfzig Söhne, seine zwölf Töchter? Keinen von ihnen wird man in kommenden Zeitaltern rühmen wie den einzigen Sohn des Peleus, meinen Vater! Oder wie mich, meines Vaters einzigen Sohn!«

»Du jämmerliches Großmaul!«, schrie Polyxena. »Niemand wird sich an deinen Namen erinnern. Niemand kann ihn auch nur aussprechen. Selbst der meine wird noch länger und lauter widerhallen!«

Grinsend wie ein Totenschädel presste Neoptolemos ihr die Arme an den Körper. »Oh, dafür werde ich sorgen!« Er winkte einem seiner Männer, sie zu fesseln. »Bringt sie auf das Schiff!«, befahl er.

Polites' Leichnam lag in einer Blutlache. Priamos' Blut floss noch immer aus seinem Hals und tastete wie mit Fingern nach dem seines Sohnes, bis es sich damit vereinte.

Ich wagte nicht, mich zu bewegen. Ich konnte nichts tun, um Hekuba und ihren Töchtern zu helfen, solange Neoptolemos da war. Wenn er mich sähe, würde er mich gefangen nehmen und ebenfalls zu den Schiffen schleppen lassen. Die Blätter des Bäumchens, hinter dem ich mich verbarg, zitterten. Wäre es nicht dunkel, wäre Neoptolemos ein wenig wachsamer gewesen – er hätte mich entdeckt. So aber duckte ich mich und betete zum Himmel, dass er bald gehen möge.

In diesem seltsamen Augenblick streifte etwas meine Schulter und strich mir über das Haar. Ich bin entdeckt! Sie habe mich gefunden!, durchfuhr es mich. Aber die Berührung war sanft. Ich hob den Kopf und sah eine schattenhafte Gestalt. Ich wusste nicht, wer es war, und als ich die Hand nach ihr ausstreckte, ging sie einfach durch sie hindurch. Aber die Berührung hatte ich deutlich gespürt.

Mein Kind. Die Stimme flüsterte in mein Ohr, obwohl der Hof von Lärm und Geschrei erfüllt war. Ich hörte sie über – oder unter? – den abscheulichen Geräuschen ringsumher.

Ja, sagte ich im Geiste. Ich bin hier. Deine Dienerin ist hier.

Nicht meine Dienerin. Mein Kind.

Mein Vater? Zeus?

Ein leises Lachen. *Mein Kind bist du nur in gewisser Weise. Ich habe dich an Kindes statt angenommen, dich adoptiert. Äneas ist das Kind meines Körpers, du aber bist das Kind meines Wesens, meines Seins.*

»Aphrodite?«, flüsterte ich.

Ja. Ich bin hier, um für deine Sicherheit zu sorgen. Äneas habe ich bereits aus Troja hinausgeführt, und jetzt führe ich dich. Verlasse diese Stätte des Blutvergießens und begib dich zu den Schiffen! Ihr beide allein werdet den Untergang Trojas unverletzt überleben. Dafür stehe ich ein!

Ich gehe nicht zu den Griechen, sagte ich im Geiste. Ich will nicht zu den Schiffen!

Mein liebes Kind, schon bald wird Troja einstürzen, in Flammen aufgehen und fallen. Wenn du am Leben bleiben willst, musst du aus seinen Mauern entfliehen. Wenn du lieber sterben willst, soll es geschehen. Diese Wahl haben Sterbliche immer, und manchmal entscheiden sie sich für das Zweite. Ich verstehe es nicht, aber es steht ihnen frei.

Hekuba drehte sich murmelnd herum und richtete sich auf dem Ellenbogen auf. Sie lag in einer Blutlache. Laodike zog sie auf die Beine und drückte ihre Mutter an sich. Sie drehte ihren Kopf zur Seite, damit sie nicht sah, was neben ihr gelegen hatte, und hielt ihr die Hand vor die Augen.

Soldaten strömten herein; Neoptolemos' Befehl hatte sie nicht lange zurückhalten können. Sie fielen über alles her, was sie sahen, und schlugen auf die Kübelpflanzen und Bänke ein, als wären es feindliche Soldaten. Hekuba, der Altar und ihre Töchter versanken in der Flut.

Immer noch im Schutze der Pflanzen, kroch ich davon. Ein paar brannten, andere waren umgestoßen. Andromaches geliebte Blumensammlung war zerstört. Aber ihr Herz hatte sich ja schon vor langer Zeit Größerem zugewandt.

Als ich den äußeren Hof erreichte, türmten sich dort bereits die Beutestücke: umgestürzte dreibeinige Tische, bronzene Kessel, Holztruhen, Spielbretter aus Elfenbein und Betten. Geduckt huschte ich zwischen den Stapeln hindurch und floh aus dem

Palast. Nach Atem ringend, blieb ich im Tor stehen und sah die Feuersbrunst.

Die Zitadelle brannte. Hektors Palast stand in Flammen, ebenso der meine und der Tempel der Athene. Auch das hölzerne Pferd hatte Feuer gefangen. Die Flammen leckten an seinen stämmigen Beinen und schlugen knisternd um den Bauch herum – den Bauch, der den Tod nach Troja getragen hatte.

Ich rannte hinunter in die Stadt. Die Häuser hier waren noch unversehrt, aber die Straße war voller schreiender Menschen.

»Hier entlang, hier entlang!« Ein Mann versuchte die Menge zu lenken. »Nicht alle durcheinanderlaufen!« Sein Blick war stumpf – er sah gar nicht, was wirklich passierte.

Eine gut gekleidete Frau kam aus ihrem Haus und zog ihren Schleier zurecht. »Was ist das für ein Aufruhr?«, fragte sie verwirrt. »Ihr guten Leute, geht doch ins Bett!« Sie wandte sich zu mir. »Man soll seinen Schlaf nicht versäumen. Es ist nicht gut, auf zu sein, wenn der Himmel dunkel ist.« Sie drehte sich um und wollte wieder ins Haus gehen. »Ich habe mein Bestes versucht«, sagte sie, und ihrem Blick war anzusehen, dass sie nichts begriffen hatte. Schrilles Gelächter folgte ihr und hallte von den Wänden wider.

Ich lief weiter, und um ein Haar hätte mich jemand umgerannt. Ich hörte einen Schrei und sah, wie jemand oben vom Tempel sprang und in den Flammen landete. Athene hatte ihn nicht gerettet. Warum sollte ich glauben, dass Aphrodite mich retten könnte?

Noch andere sprangen von den Mauern und verschwanden in Dunkelheit und Feuer. Drei Menschen stürzten sich von einem der Türme in die Flammen; sie hielten einander bei den Händen und sangen. Waren sie eine Familie? Gute Freunde? Ihr Gesang brach ab, und ich hörte sie schreien, als sie ins Feuer fielen. Es loderte kurz auf, als es sie verschlang.

»Hier hinunter, hier hinunter!« Zwei Männer lenkten die Flüchtenden zur Unterstadt. »Dort zum Tor hinaus und zum Berg Ida.« Sie verneigten sich vor mir. »Guten Abend, Herrin«, sagten sie lächelnd.

»Flieht!«, schrie ich sie an. »Gebt es auf!«

»Aber jemand muss die Aufsicht führen«, sagte einer. »Das ist wichtig.«

»Ihr werdet sterben!«, rief ich.

»Sterben werden wir alle«, antwortete er. »Die Frage ist nur, auf welche Weise und wie ehrenhaft.«

»Die Griechen werden euch keine Ehren gewähren.« Ich lief weiter.

»Das kommt ihnen auch nicht zu«, rief er mir nach. »Wir müssen sie uns selbst gewähren.« Er wandte sich ab. »Hier hinunter, hier hinunter!«, rief er. Und so flackerte die vornehme Ehre der Trojaner tapfer noch in ihren letzten Augenblicken, ehe sie für immer erlöschen sollte.

Weiter unten in der Stadt brannte es noch nicht, aber die Leute flüchteten voller Angst. Manche standen auf ihren Dächern und schleuderten Dachziegel hinunter. Andere leisteten letzten Widerstand und kämpften wild gegen griechische Soldaten und alles andere, was ihnen in den Weg kam. Einige hatten sich notdürftig bewaffnet; sie stürzten aus ihren Häusern und schwangen Möbelstücke, Becher und Holzscheite gegen die Feinde. Die Griechen wichen ihnen mühelos aus und machten sie nieder; wild schlugen sie um sich und hackten Gliedmaßen und Köpfe ab. Die Verstümmelten krochen davon und wurden niedergetrampelt, die Enthaupteten lagen auf der Straße, und das Pflaster war schlüpfrig von ihrem Blut.

Die Flammen in der Zitadelle schlugen immer höher, und in weiter Ferne, jenseits der Mauern, sah ich den Widerschein des Feuers auf dem Meer. Das Wasser leuchtete rot wie bei einem Sonnenuntergang. Aber jetzt loderten die ersten Brände auch im mittleren Teil der Stadt; Menschen taumelten aus ihren Häusern, hustend von Staub und Rauch, nur um vor ihrer Haustür erschlagen zu werden. Die Häuser, kleiner und nicht so solide wie die steinernen Bauten auf dem Gipfel, stürzten schon nach kurzer Zeit ein, und laute Schreie verrieten, was mit denen geschah, die sich drinnen versteckt hatten. Die flackernden roten Flammen tauchten die Backsteinmauern dieser bescheidenen

Behausungen in ein blutiges Licht, als glühten sie von innen heraus.

Ich musste die Stadt verlassen, ich musste fliehen! Doch ich wurde von allen Seiten gestoßen und geschoben und von den panischen Massen fortgerissen, die gegen Mauern und Hauswände brandeten wie Poseidons mächtige Wogen. Der Lärm war ohrenbetäubend. Wir denken uns ein Feuer immer als etwas Stilles, aber hier brüllte es wie ein wütendes Seeungeheuer, und das Krachen der einstürzenden Häuser übertönte die Schreie der Verwundeten.

Weiter, weiter hinunter in die unteren Ringe der inneren Stadt! Ich wurde an einem Haus vorbeigetragen, das aussah, als sei dort nichts geschehen. Die Haustür war fest geschlossen und zeigte keinerlei Brandspuren. Plötzlich flog sie auf, und eine elegant gekleidete Frau trat heraus. Zierlich raffte sie ihren Mantel zusammen, damit er nicht über den schmutzigen Boden schleifte. Sie schaute hin und her und rümpfte die Nase. Dann wankte sie hinaus in die Menge und verschwand darin. Offenbar hatte der Schreck sie betäubt.

Ob sie Kinder hatte? Hatte sie sie alleingelassen? Ich konnte einen Blick ins dunkle Innere werfen, aber ich erkannte nichts. Ich kämpfte mich aus dem Gedränge, das mich mit sich reißen wollte wie ein Stück Treibholz, und stolperte durch die Tür. Ich landete auf den Knien im Vorhof, und ich sah nichts, aber ich roch den Rauch. Im hinteren Teil brannte es; das Haus war doch nicht unversehrt.

»Ist hier jemand?«, rief ich in meinem besten trojanischen Dialekt. »Ich will euch helfen!« Wenn Kinder da waren, hatten sie sich vielleicht unter einem Tisch versteckt oder unter ihren Betten verkrochen, weil sie dachten, sie könnten auf diese Weise dem Feuer oder den Soldaten entkommen. »Ihr müsst herauskommen. Hier seid ihr nicht sicher!«

Jetzt war ich wieder auf den Beinen und stolperte blindlings durch das Megaron. Ich spürte die Wärme des Feuers durch die Wände. Noch immer war alles dunkel. »Seid ihr hier? Bitte, ich bin hier, um eurer Mutter zu helfen!«

Ich hörte ein leises Rascheln. Dann war es wieder still. Es konnten Ratten gewesen sein oder ein Hund. »Kinder!«, rief ich. »Bitte sagt etwas, damit ich euch finde!«

Wieder dieses leise Geräusch. Aber das konnte alles Mögliche sein, sogar das Feuer selbst. Im nächsten Augenblick brach ein Teil des Daches ein. Ziegelsteine prasselten vor mir herunter und verfehlten mich nur knapp. Eine erstickende Staubwolke erfüllte das Haus. Mit saugendem Geräusch atmeten die Flammen die frische Luft.

Es wurde hell – ein furchtbares Licht, denn es kam vom Feuer. Aber ich sah einen Leichnam vor einem Tisch liegen, mit gespreizten Beinen, die Fußsohlen aufwärts gewandt. Es war ein Mann – der Ehemann der Frau? Seine Hände umfassten einen Becher Wein, aber die Oberfläche war wolkig von Staub und dem Blut, das hineingelaufen war und sich damit vermischt hatte. Hatte er Freunde bewirtet, als das Grauen begonnen hatte und ein erstes Stück des Daches auf ihn gestürzt war? Jetzt sah ich im Schatten noch andere Leichen.

»Wäre es doch Gift statt Wein gewesen!«, flüsterte ich. »Das wäre barmherziger gewesen.« Schwelende Dachbalken lagen quer über den Toten. Die Frau hatte überlebt und war benommen auf die Straße hinausgewankt. Aber wo waren die Kinder?

»Seid ihr hier?« Ich drückte mich an der Wand entlang, um weiter nach hinten zu gelangen. Sehr weit wagte ich nicht mehr zu gehen, denn bald musste das ganze Gebäude zusammenbrechen.

Ich hörte ein leises Quieken, dann wieder ein Rascheln, und zwei kleine Kinder krochen ans trübe Licht. »Mutter! Mutter!«, wimmerten sie. Ich konnte nicht erkennen, ob es Jungen oder Mädchen waren; sie hatten die Köpfe eingezogen und waren schmutzig vom Staub. Sie umklammerten meine Beine.

»Sie ist draußen«, sagte ich. »Draußen.« Ich legte die Arme um die beiden und drehte sie zur Tür. »Sind da noch mehr von euch?«

»Nein«, schluchzte eines. Hastig schob ich sie zur Haustür, aber plötzlich erschütterte ein mächtiges Dröhnen das ganze

Haus, und die Wände erbebten und stürzten nach innen. Die Kinder wurden mir entrissen und verschwanden unter dem Schutt. Meine Hände gerieten unter das herabfallende Mauerwerk, und ich saß fest. Die Kinder waren irgendwo unter den Steinen, aber ich sah und hörte sie nicht mehr.

Ich dachte nicht an mich; ich war zwar auch in den Trümmern gefangen, aber ich konnte noch atmen und sehen. Ich schrie nach den Kindern. Dann spürte ich eine Hand auf meiner Schulter.

Aphrodite? Sie hatte gesagt, ich würde den Untergang Trojas überleben. War sie gekommen, um mich zu beschützen? Ich drehte mich um und erkannte Menelaos.

Menelaos! Ihn fürchtete ich mehr als das Feuer!

»Da bist du ja«, rief er. »Jetzt habe ich dich!« Er ragte vor mir auf, und die Freude über seinen Fang ließ ihn strahlen. »Ich habe dich hineinlaufen sehen. Und jetzt dachte ich, ich hätte dich schon wieder verloren.« Er riss an meinen Armen. »Eingeklemmt, wie ich sehe.« Er schaute zur Decke hinauf. »Und sie wird bald einstürzen, das sehe ich auch.« Er kniete nieder und fing an, den Schutt beiseitezuwühlen, der mich festhielt. Schließlich richtete er sich wieder auf. »Du wärest hier verreckt wie ein Hund, wenn ich dir nicht gefolgt wäre«, sagte er.

»Das haben die Kinder schon getan.« Ich wünschte, ich wäre an ihrer Stelle gewesen. Ich konnte nicht glauben, dass Menelaos hier war; es war wie eine schreckliche Erscheinung. Ich konnte nur an die beiden Kinder denken: So kurz vor der Rettung – und dann tot. Und ich desgleichen. Fast schon in Sicherheit und jetzt tot in seinen Klauen.

»So ist es besser für sie«, sagte er schroff. »Ein Leben in Sklaverei ist kein Leben, und nichts anderes hatten sie zu erwarten.«

Nichts anderes hatte auch ich zu erwarten.

Grunzend zog er meine Hände aus dem Schutt. »Wir müssen hinaus!« Er zerrte mich hinter sich her, und wir stürzten aus dem Haus, als es in einer Explosion von Staub und Flammen, Balken und Steinen zusammenbrach.

Draußen herrschte das Chaos der Panik. Er packte mich und stieß mich vor sich her, die gewundene Straße hinunter. »Zur Stadt hinaus jetzt, weit vor die Mauern und zu den Schiffen!« Er schüttelte seinen Arm auf und ab, als habe er Schmerzen, und ich sah, dass er blutete. Als er mich befreite, hatte er sich verletzt.

LXXII

Während ich in dem Haus gewesen war, hatte die Feuersbrunst auch seine Nachbarn erfasst, und die Häuser verwandelten sich in Hunderte von Scheiterhaufen. Der unverwechselbare Geruch von brennendem Menschenfleisch hing in der Luft, wie ich es von Bestattungen kannte. Die Leute hatten, trunken vom Wein, in ihren Betten geschlafen und waren auf glühendem Lager aufgewacht, nur dass sie nicht ruhig und gelassen dagelegen hatten wie die aufgebahrten Verstorbenen auf ihren Scheiterhaufen.

»Schneller, schneller!« Menelaos schob mich voran; seine breite Hand presste sich auf meinen Rücken, und sein Arm war steif wie ein Stock. Noch immer schüttelte er den anderen Arm, und Blutstropfen flogen durch die Luft. Aber in dem Meer von Blut, das uns umgab, verschwanden sie sofort.

Wie ein Fluss bei Hochwasser strömte das Volk zu den Toren, schreiend und weinend. Ein Mann stand wie ein Fels in der Brandung; er spähte sehnsüchtig bergauf und versuchte, gegen den Strom voranzukommen. Wir wurden an ihm vorbeigetrieben, und ich hörte seinen Singsang: »Ich muss zurück, ich muss zurück, ich habe vergessen, die Tür zum Vorratsraum zu schließen.« Dann waren wir vorbei, und er verschwand hinter uns.

Der Boden wurde eben, und plötzlich zwängten wir uns durch den schmalen Durchgang vor dem Tor – und waren draußen. Ein Schwert sauste dicht an meinem Kopf vorbei. Menelaos schrie »Dummkopf!« und schlug den Soldaten, der neben dem Tor stand und auf die Leute einhieb, die herausströmten.

»Oh, verzeih mir, Herr«, sagte der Mann. »Ich habe nicht gesehen, wer du bist.«

»Trottel!«, fauchte Menelaos.

»Aber im Dunkeln sehen ja alle gleich aus«, sagte der Mann. »Wie soll man da wissen, wer Grieche und wer Trojaner ist?«

»Deinen eigenen Befehlshaber solltest du kennen!«, schrie Menelaos. »Und jetzt weiter. Bringe sie alle um!«

Sofort wandte der Mann sich wieder seiner Aufgabe zu und schlug auf die Wehrlosen ein, die da zum Tor herausströmten; ein zweiter Soldat auf der anderen Seite sorgte dafür, dass niemand entkam. Die Leichen wurden beiseitegeschleift, damit sie den Durchgang nicht verstopften.

»Dort entlang.« Menelaos deutete mit dem Schwert auf einen von flackernden Fackeln beleuchteten Pfad. Ich sah schemenhafte Umrisse am Boden und wusste, dass es Leichen waren. Ein Brüllen erfüllte die Luft hinter mir; ich drehte mich um. Troja war eine Flammensäule, umgeben vom Ring der Mauern – ein geschmolzenes, glühendes Rot in einem schwarzen Kreis. Der schrille Gesang der Flammen war ohrenbetäubend.

»Weiter, weiter!« Menelaos gab mir einen Stoß.

»Sieh dich um«, sagte ich. »Schau dir wenigstens an, was ihr getan habt.«

Schnaubend drehte er sich um. Dann verstummte selbst er, ergriffen vom Knattern der Flammen über der sterbenden Stadt.

Mein Gewand war nass von Blut und klebte an meiner Haut. Mit zitternden Fingern riss ich die Brosche ab, aus der es troff, und gab sie Menelaos. »Es wird noch viel mehr kommen, und ich kann nicht länger in Blut baden.« Wenn die Brosche einen Tropfen Blut für jeden Trojaner weinte, würde die Ebene bald im Blut schwimmen.

Er drehte sie in der Hand, als erkenne er sie nicht. »Und warum nicht? Du bist der Grund für dieses Blutvergießen.«

Seine Aufmerksamkeit war auf die Brosche gerichtet. Ich wollte mich umdrehen und weglaufen, aber seine Hand schloss sich um meinen Arm wie die Klaue eines Raubvogels. »Nie wieder, Weib«, sagte er. »Du wirst mir nie wieder entfliehen.« Er warf die Brosche in die Dunkelheit. »Sie sollte dir helfen, den Preis deiner Liebe im Auge zu behalten. Jetzt schau *du* hin und sieh, wie Troja für dich bezahlt: mit seinem Leben. Und jetzt weiter!« Er schob mich voran.

Der Weg zur Küste, wo die Schiffe lagen, kam mir sehr weit vor. Hinter mir hörte ich den Todeskampf der Stadt. Das Feuer erhellte die Ebene mit seinem flackernden Schein. Nach und nach drang der Geruch des Meeres heran und wurde stärker als der beißende Rauchgestank. Ich hörte Stimmen und sah das Gewimmel von Leuten vor den hoch aufragenden Schatten.

Menelaos winkte jemanden heran und schrie: »Fesselt sie und bringt sie zu den anderen! Und achtet darauf, dass ihr ein starkes Steil nehmt und einen guten Knoten bindet. Halt – kein Seil. Eine Kette.« Er grinste mich an, und sein Mund krümmte sich grausig. »Wie alle Schlangen entwischt sie gern.«

Wie ein wildes Tier wurde ich an einen Pfahl gebunden; meine Hände wurden in Ketten gelegt, meine Füße gefesselt. Als der Morgen graute, sah ich, dass überall am Strand noch andere angebunden waren wie ich. Ein Pfahlzaun umgab einige vermutlich weniger aufsässige Gefangene. Trotz des fahlen Lichtes erkannte ich, dass keine Männer darunter waren. Die Trojaner durften also nicht am Leben bleiben. Diejenigen, die nicht im Feuer starben, wurden umgebracht.

Der Tag kam, und nach und nach wurde das ganze Grauen sichtbar. Die Ebene war übersät von Toten; man konnte nicht glauben, dass in Troja so viele Menschen gelebt hatten. So weit das Auge reichte, lagen sie in reglosen Klumpen am Boden. Jeder dieser Klumpen, jede Erhebung, war jemand, der gestern noch gelebt hatte, bevor das Pferd in die Stadt gebracht worden war. Keine Frucht war auf diesen Feldern je so reichlich gewachsen, keine Ernte so gewaltig gewesen.

Am Strand wurde es voller; die Griechen kehrten aus der Stadt zurück und schleppten ihre Beute heran. Sie sangen und lachten vergnügt. Einzeln und in Gruppen kamen sie zusammen und warfen ihr Raubgut auf einen Haufen, der immer höher wurde. Schwerter, Speere, Rüstungen, Postamente, Vorhänge, Leiern, intarsienverzierte Tische, Töpferwaren, zierliche Schatullen, Tuchballen, Spielbretter, Krüge, Schöpfkellen, Bronzespiegel, Flöten, Arzneien und Salben – ein Gebirge von Dingen, die von Troja übrig geblieben waren. Jedes einzelne Stück schien um seinen Besitzer zu weinen, nach dem, der seine Saiten gezupft, der sich in der glänzenden Fläche gespiegelt hatte. War mein Webteppich auch dabei? Das Mittelstück war unvollendet gewesen. Jetzt, wahrscheinlich versengt und angebrannt, war es fertig: Geschwärztes Garn erzählte das Ende der Geschichte.

War Hektors Rüstung da? Nein, dieses berühmte Stück war vermutlich so kostbar wie Gold und Edelsteine und würde von Agamemnon beansprucht werden. Paris' Brustpanzer und sein Helm? Bei den Totenspielen hatte ein Trojaner beides gewonnen; wenn sie noch nicht eingeschmolzen waren, lagen sie vermutlich unter dem Beutehaufen begraben.

Ich sah, wie eine Schar von Männern sich wiegend um einen hohen Hügel herum bewegte. Sie bedecken ihn mit Opfergaben. Das musste der Grabhügel Achilleus' sein, wo er und Patroklos bestattet worden waren. Jetzt berichteten ihre siegreichen Landsleute ihnen vom Fall Trojas und ließen sie daran teilhaben, indem sie ihre Beute symbolisch mit ihnen teilten.

Der blaue Morgendunst war verschwunden, die Sonne schien, und ein frischer Wind wehte. Das Wasser des Hellespont funkelte sauber und fröhlich bis zum Horizont. Nichts schwamm dort. Die Toten lagen auf dem Land wie Grenzsteine, so weit das Auge reichte, dazwischen Pferdekadaver – die berühmten Pferde von Troja. Weil sie wussten, dass sie sie nicht mitnehmen konnten, hatten die Griechen sie abgeschlachtet und auch diesen Reichtum Trojas vernichtet. Selbst die Obstgärten hatten sie verwüstet, als wären die Bäume ihre Feinde. Nichts Wertvolles durfte von Troja übrig bleiben.

Ich zerrte an meinen Ketten. Ich konnte in der grellen Sonne nicht einmal meine Augen beschirmen. Männer gingen an mir vorbei, glotzten mich an, zeigten tuschelnd mit dem Finger auf mich.

Alles war wieder da. Das Gaffen, das Lippenschmatzen – alles, was ich hinter mir gelassen hatte, als ich mit Paris in die Freiheit geflohen war. Ich war wieder in dem Gefängnis eingeschlossen, das nicht einmal Ketten benötigte.

Dann stand Menelaos vor mir, breitbeinig, die Hände in die Hüften gestemmt. Ich erkannte seine Knie – seltsam, wie manche Merkmale eines Menschen sich niemals verändern. Ich wollte ihm nicht ins Gesicht sehen; also schaute ich weiter auf seine Knie.

»Hast du genug?«, fragte er. »Wirst du dich jetzt gesittet benehmen?«

Jetzt ertrug ich nicht einmal mehr den Anblick seiner Knie. Ich schloss die Augen.

»Schafft sie ins Zelt!«, bellte er. Hände nestelten an meinen Ketten und befreiten mich. Schwindlig richtete ich mich auf. Sie drehten mich herum und schoben mich zu einem Zelt, aber als ich einen Blick zurück warf, sah ich den schwarzen Rauch, der in den Himmel stieg – dort, wo einmal Troja gewesen war.

Das Zelt war voll von weinenden Frauen. Keine von ihnen war alt – die alten waren in der Stadt geblieben. Die hier waren jung und kräftig genug, um ihren neuen Herren im Bett oder in der Küche zu Diensten zu sein – vielleicht auch hier wie dort. Manche saßen reglos am Boden und starrten in den Schoß, andere gingen rastlos auf und ab. Keine schien wirklich etwas zu sehen; ihre Augen waren stumpf und glasig.

In einer Ecke, die für hochrangige Frauen reserviert war, kauerten die Prinzessinnen. Ich sah Kassandra, Laodike, Ilona und Polyxena. Als ich näher kam, erkannte ich, dass sie sich schützend um ihre Mutter drängten, die bewegungslos am Boden lag. Ich wollte niederknien und ihr die Hand auf die Stirn legen, aber sie drängten mich zurück.

»Ich habe gesehen, was im Hof passiert ist«, flüsterte ich. »Aber in dem Durcheinander wurde ich auf die Straße hinausgedrängt. Euer Vater und euer Bruder sollen gesegnet sein.«

»Sie haben einen Scheiterhaufen bekommen, wie es sich gehört«, sagte Laodike. »Die letzte Bestattung, die es in Troja gegeben hat.«

Kassandra blickte starr geradeaus. Auch was ihr zugestoßen war, hatte ich gesehen, doch darüber würde ich nicht sprechen. Vielleicht wussten die andern nichts davon, und was andere wissen, erscheint uns selbst dadurch umso realer.

»Kreusa ist tot«, sagte Ilona. »Wir haben gesehen, wie sie über sie herfielen. Äneas – niemand weiß, wo er ist. Sie waren nicht zusammen, als sie umgebracht wurde.«

Mit ihrer liebreizenden Stimme, die alles nur noch schrecklicher klingen ließ, berichtete Polyxena, dass ihre kleine Schwester Philomena im Palast umgekommen sei. Antimachos sei tot, Äsakos werde vermisst und Panthous sei bei dem Versuch gestorben, eine seiner Apparaturen zu öffnen, die den Tod auf die Griechen regnen lassen sollte: Er sei selbst davon erschlagen worden. Antenor habe überlebt und seine Frau Theano sei hier im Zelt.

»Deiphobos ist tot«, sagte ich. »Menelaos hat ihn in seinem Bett ermordet.«

»Helenos ist hier, aber die Griechen lassen ihn nicht mit uns sprechen.«

»Warum sind wir hier?«, fragte ich. »Warum halten sie uns hier in diesem Zelt gefangen?«

»Sie werden uns versteigern.« Kassandra erwachte unvermittelt zum Leben. »Sie werden die Soldaten für uns bieten lassen, und dann nehmen sie uns mit nach Griechenland. Nur mit mir werden sie es nicht tun. Ich bin bereits versprochen. Ich gehe mit Agamemnon.«

Ich holte tief Luft. Konnte das wahr sein? Warum sollte Agamemnon sie erwählen? Die jungfräuliche Seherin, geschändet jetzt, nicht einmal hübsch – warum sollte der Feldherr unter allen Frauen von Troja ausgerechnet sie für sich haben wollen? Flüchtig sah ich sie im Geiste in Mykene, sah sie mit Klytämnestra, und dann sah ich … Ich blinzelte, und das Bild verschwand, ein scharlachroter Blitz. Griechenland wartete. Griechenland hatte all die Jahre hindurch gewartet, und es hatte nicht aufgehört zu existieren, sondern lauerte wie eine Bestie hinter dem Horizont, um uns alle zu verschlingen, wenn wir zurückkehrten. Alles war wieder da – nicht nur die gaffenden Männer, sondern auch die düsteren Mauern, die hohen Berge, die Familien, die so lange allein gewesen waren. Die Männer, die jetzt zurückkehrten und wieder aufnehmen wollten, was sie unterbrochen hatten, würden feststellen, dass sie es nicht konnten, dass die Zeit so etwas nicht erlaubte. Die Zeit veränderte alles kaum merklich auf tausenderlei Arten, und selbst die Mauern, die sie berührten, würden nicht mehr dieselben sein.

»Dann wirst du uns rächen.« Hekuba sprach, ohne sich aufzurichten. »Die Tochter des Priamos wird es sein, die ihn rächt – nicht einer seiner zahlreichen Söhne.« Ihr Lachen klang wie das Rascheln eines verwehenden Blattes. »Die Götter sind erheitert.«

»Mutter!« Polyxena schlang die Arme um ihre Mutter und hob sie auf.

»Dann wissen wir, wer gestorben ist und wer noch lebt?«, fragte Hekuba.

»Keine von uns lebt mehr«, sagte Ilona.

Hekuba sah sich um. »Wo ist Andromache?«

Eine nach der anderen schüttelten ihre Töchter den Kopf. »Wir haben sie nicht gesehen.«

Ich auch nicht.

Sie gaben uns Gerstengrütze aus einem großen Kessel und ließen uns auf der Erde schlafen. Wir legten uns hin und verbrachten die erste Nacht, in der es kein Troja gab. Gelegentlich, wenn der Wind sich drehte, drang der Geruch von Rauch und Asche durch die Zeltwand. Aber meistens kam der Wind aus dem Norden und war sauber.

Soldaten erschienen. Sie führten Priamos' Familie und mich hinaus und zu einem soliden Holzhaus am Ende der Reihe ihrer Schiffe. Davor standen Schemel und Bänke, auf denen Zuschauer saßen.

»Das muss die Versteigerung sein«, murmelte Ilona mit gesenktem Kopf. Sie sah die Männer nicht an, die zappelnd wie kleine Jungen auf ihren Plätzen saßen.

Mich würden sie nicht versteigern. Ich gehörte Menelaos. Oder würde er mich einem Sklaven schenken, um sich zu rächen? Von mir aus. Er konnte nicht wissen, dass es mir gleichgültig war. Ich war mit Paris gestorben, war mit Troja gestorben. Ein unbekannter Sklave wäre leichter zu ertragen als Menelaos mit seinem endlosen Groll.

Wir mussten uns nebeneinander aufstellen, und mit großem Getue kam Hekuba als Erste an die Reihe – in Anerkennung ihres ehemaligen Standes.

Ein alter Mann übernahm den Vorsitz. Nestor! Jetzt wanderte mein Blick über die Reihe ihrer Führer, die ich vor langer Zeit gekannt hatte, und ich sah sie alle wieder: Agamemnon, den Tochtermörder; Odysseus, den Lügner; Diomedes, den zweiten Lügner; den kleinen Ajax, den Vergewaltiger; Kalchas, den Verräter – eine vergnügte Bande von Übeltätern. Andere, deren Schuld hauptsächlich darin bestand, sich mit ihnen gemeingemacht zu haben, waren Idomeneus – einst ein guter Mann, aber heute? –, Menelaos und Nestor.

Nestor hob die Hände. Sie waren so dürr und runzlig, dass sie aussahen wie Eichenrinde. Er drehte den faltigen Hals und spähte in die Ferne. Er hielt den Kopf hoch erhoben, und seine dunklen Augen blickten immer noch stolz. »Troja ist nicht mehr«, verkündete er und schaute dorthin, wo es gestanden hatte. Nur noch dünne Rauchfahnen wehten verloren in den Himmel hinauf. Selbst der Rauch stirbt, und wenn er tot ist, ist die Vernichtung vollständig. »Was von ihm übrig ist, steht vor euch, und ihr mögt nach Belieben damit verfahren – die schönen Frauen und die Beute am Strand. Es ist geziemend und recht, dass wir uns hier am Haus unseres größten Recken Achilleus versammeln, um die … Verteilung der trojanischen Waren zu unternehmen.«

Trojanische Waren. Das war alles, was wir noch waren.

»Und die Königin von Troja muss die Erste sein.« Er nickte

ihr zu. »Ich bin alt wie du, Fürstin. Dennoch hoffen wir auf den Respekt dieser Jungen im Gedenken an das, was wir waren.« Er schaute sich um. »In wessen Hause wird sie willkommen sein?«

Odysseus sprang auf. »Sie kommt mit mir. Sie soll in Ithaka wohnen.«

Hekuba gab einen erstickten Laut von sich. »Auf dieser Felseninsel weit im Westen Griechenlands? Begrabt mich lieber hier.«

»Penelope wird dich willkommen heißen«, beharrte Odysseus.

»Woher weißt du, dass Penelope überhaupt noch lebt, geschweige denn, dass sie irgendjemanden willkommen heißen wird – dich eingeschlossen?«, rief Kassandra. »Du maßt dir viel an. Aber das ist deine Natur.«

Odysseus grunzte nur und wandte sich an Agamemnon. »Mit Verlaub, aber sie ist dein. Stopfe ihr das Maul!«

Agamemnon erhob sich. Zum ersten Mal sah ich ihn aus der Nähe, abseits der andern. Die Jahre hatten ihn verschlissen wie einen Bären, dessen Fell räudig und grau geworden war. Er war immer noch gefährlich; er hatte spitze Krallen und Zähne, und seine Augen waren scharf und gierig, doch er war nicht mehr auf der Höhe seiner Kraft. Vielleicht machte ihn das desto bösartiger und bedrohlicher. »Wie du meinst«, knurrte er. Er machte eine ruckartige Kopfbewegung, und seine Garde packte Kassandra und schleppte sie in Achilleus' Haus.

Peinlich berührt fuhr Nestor fort. »Und diese schöne Tochter des Priamos – Laodike?«

Ein Mann, den ich nicht kannte, verlangte sie für sich. Die Nächste war Ilona, und ein weiterer Unbekannter wollte sie haben.

»Und nun die frühere Königin von Sparta«, rief Menelaos mit lauter Stimme. »Lasst uns von ihren Verbrechen hören, bevor sie an den rechtmäßigen Eigentümer zurückgegeben wird. Schließlich haben wir alle ihretwegen unsere Heimat verlassen und viele Jahre gekämpft und gelitten. Warum? Weil ihr ehrenhafte Männer seid und das Gelübde eingelöst habt, das ihr vor so vielen Jahren vor dem geopferten Pferd abgelegt habt. Und ihr habt einen hohen Preis dafür gezahlt. Jetzt seht die Pferde, die in der Ebene von Troja verstreut liegen. Dieser Krieg hat mit einem geopferten Pferd begonnen, und er hat mit vielen Pferden geendet – mit einem großen aus Holz und mit Herden von schönen trojanischen Pferden.« Er kam zu mir, blieb stehen und sah mich an.

Hatte ich jemals liebevoll in diese Augen geschaut? War es wirklich jemals so gewesen?

»Lasst mich ihre Freveltaten aufzählen«, sagte er genussvoll. »Zuerst hat sie –«

»Ich werde dir die Mühe ersparen«, unterbrach ich ihn. Ich ertrug es nicht, mir seine einstudierte Selbstbeweihräucherung anzuhören. »Ich werde sie selbst aufzählen, denn ich weiß ja, was du sagen wirst. So kann ich mich gleichzeitig dafür verantworten, und die ganze Sache ist desto schneller vorüber. Denn wir wissen ja, wie es enden wird. Das Ganze hier ist nur Theater.«

Hätte Menelaos mich je wirklich gekannt, hätte er diese Worte von mir erwartet. Aber dem Armen verschlug es die Sprache, wie ich es beabsichtigt hatte. Ich trat vor und stellte mich vor der ganzen Versammlung auf. Fünfzig Augenpaare starrten mich gierig an. »Zuerst, wie Menelaos schon sagen wollte, habe ich mich mit Paris, dem Prinzen von Troja, aus meiner Heimat fortgeschlichen. Ich bin freiwillig mitgegangen. Paris hat mich nicht entführt – wie manche behauptet haben. Ich habe keine Schätze mitgenommen – wie andere behauptet haben –, sondern ein paar Dinge, die mir rechtmäßig gehörten, und auch das nur in meiner Hast und Verwirrung. Ich habe sie nicht benutzt, um mich zu bereichern, sondern sie in Troja der Pallas Athene geweiht, und den Rest habe ich Priamos gegeben.« Ich hielt inne, um Luft zu holen. Es war so still, dass mein Atem sehr laut klang.

Ich fuhr fort. »Das einzige Verbrechen, das ich begangen habe – und niemand hier hat die Macht, mich dafür zu bestrafen oder mir zu vergeben –, besteht darin, dass ich meine Tochter verlassen habe. Dieses Verbrechen hat mich geschmerzt, und nur sie kann über mich richten. Wenn ich ihr gegenüberstehe, werde ich sie um Verzeihung bitten.«

Jetzt kam Menelaos wieder zu sich. »Sie wird dir nie verzeihen! Sie hasst dich! Oft hat sie mir gesagt, wie sehr sie dich verabscheut, und sie hofft, dass ich dich töte, wenn ich dich gefunden habe.«

Wahrscheinlich sagte er die Wahrheit. Ein Lügner war Menelaos nie gewesen – es sei denn, die Jahre mit Odysseus hätten schmutzig auf ihn abgefärbt. »Ich werde mich ihrem Urteil unterwerfen, wie sie auch entscheiden mag«, erwiderte ich.

»Dir bleibt nichts anderes übrig, du schäbige Ehebrecherin!«

Ich schaute an ihm vorbei zu den andern. »Ich frage mich, warum ein Mann, der sich Mann nennt, eine schäbige Ehebrecherin zur Frau haben will.« Das brachte sie zum Lachen, wie ich es gewusst hatte. Menelaos ertrug alles, aber nicht, dass man ihn auslachte.

»Ich habe nie gesagt, ich will dich zur Frau. Du bist meine Gefangene, und als Gefangene wirst du nach Sparta zurückkehren.«

Seine Gefangene wollte ich lieber sein als seine Frau. Aber auch damit war ich vor seinen Aufmerksamkeiten nicht sicher. »Lebt mein Vater noch?« Ich musste wissen, wohin ich zurückkehrte. Etwas musste noch da sein, irgendetwas.

»Ja. Wer, glaubst du, hat all die Jahre dort regiert?«

»Und in Mykene? In Pylos und auf Ithaka?« Alle diese Könige hatten ihr Reich verlassen – wer regierte an ihrer statt? Orestes und Telemachos waren damals noch Kinder gewesen, und die Söhne Nestors hatten ihn allesamt nach Troja begleitet. Was war in Griechenland geschehen, während sie fort waren?

»Das wissen wir nicht!«, rief Odysseus, als fühle er sich plötzlich bedroht. »Die Nachrichten sind rar – die Entfernung so groß –, wir werden es erst wirklich erfahren, wenn wir wieder dort sind.«

»Und du wirst mit uns segeln und dich mit uns zusammen überraschen lassen«, sagte Menelaos. »Willkommen daheim, du schamlose Hure.«

Ich trat einen Schritt beiseite und sprach die Männer an. »Wieder muss ich fragen, welcher Mann von Ehre sich wünschen kann –«

Menelaos packte mich bei den Schultern und schüttelte mich so heftig, dass mein Haar sich löste. »Eine Hure im blutbefleckten Kleid, besudelt vom Blut der Männer, die du getötet hast, also eine Mörderin außerdem! Ich sage dir, welcher Mann, ich sage es dir, Weib: ein Mann, den es nach Rache dürstet!« Er drehte sich zu den anderen um. »Und ich werde sie bekommen, meine Rache – zu Hause in Griechenland, wo sie vor dem Volk stehen wird, das leiden musste, weil wir alle herkommen mussten –«

»So bist du also doch zum Lügner geworden!«, rief ich. »Ich habe niemanden ermordet. Und wenn Tausende ihr Leben verloren haben, geschah es wegen deines jämmerlichen verletzten Stolzes! Das Blut an meinem Gewand ist nur ein Zeichen – ein halber Tropfen für zehn Menschenleben. Aber du siehst, mein Gewand ist wieder rein – denn es ist kein echtes Blut, sondern magisches –, so rein, wie deine Hände es nie wieder sein werden! Denn echtes Blut kann man nicht abwaschen!«

Sein Gesicht war starr; er hatte Mühe, seine Wut im Zaum zu halten. Schließlich senkte er ruckartig den Kopf und befahl: »Bringt sie ins Haus zu den anderen.«

Man zerrte mich hinein. Im Dunkeln sah ich nur die Umrisse der anderen Frauen, die sich dort zusammendrängten. Dort roch es muffig, und es war schlecht beleuchtet. Als meine Augen sich an die Dunkelheit gewöhnt hatten, sah ich ein Bettgestell, mehrere durchhängende Bänke und ein paar Truhen. Sauber und gepflegt war nur ein Postament, über das eine Tunika drapiert war. Darauf lagen ein goldener Ring und ein Messer.

Von den Frauen kam leises Schluchzen. Es war nicht das Wimmern der Verzweiflung, sondern nur müde Traurigkeit. Sie hatten nicht mehr genug Kraft für lautes Klagen. Der Untergang Trojas hatte sie ihnen genommen – das dachte ich jedenfalls.

»Diese abscheuliche, stinkende Hütte! Ein Schrein für Achilleus!«, fauchte Hekuba. »*Er* hat hier gehaust, und deshalb ist es ein Heiligtum für sie. Wenn ich daran denke, dass mein Priamos hierherkommen und um den Leichnam Hektors betteln musste! Ach, Priamos! Auch du musstest diese hässlichen Wände sehen!«

»Was ist dieses blöde Ding?« Die sonst so sanfte Laodike trat mit dem Fuß gegen das Postament.

»Damit ehren sie ihn«, sagte Kassandra. »Es ist seine Tunika, und wahrscheinlich auch sein Ring und sein Messer.«

»Ihr gnädigen Frauen.« Eine Männerstimme unterbrach uns. »Königinnen und Prinzessinnen.« Wie höflich von ihm, sich bemerkbar zu machen und uns zu warnen, auch wenn wir kaum etwas sagen konnten, das an unserem Schicksal etwas ändern würde.

Er trat ein. Er war nicht mehr jung, aber seine Stimme war es. »Ich bin Philoktetes«, sagte er. »Man hat mich geschickt, damit ich …«

Ich hörte nichts mehr. Philoktetes. Der Mann, der Paris getötet hatte. Er war mittelgroß und von kräftiger Gestalt; er hatte muskulöse Arme und eine würdevolle Haltung.

Ich merkte, dass ich nach Atem rang, und bemühte mich um Fassung. Wo waren seine Pfeile, seine tödlichen Pfeile? Wo sein Gift? Sein Köcher? Sein Bogen? Der Pfeil, den er auf Paris abgeschossen hatte, hatte ihn nur gestreift, und doch war die Wirkung so tödlich gewesen.

»Wo sind deine Waffen?«, fragte ich. Meine Stimme war so leise, dass ich schon glaubte, ich müsse meine Worte wiederholen.

»Helena«, sagte er, »ich kann nur eines sagen: Krieg ist Krieg. Wenigstens war ich ein Feind. Durch die Hand eines Verbündeten oder Kameraden zu sterben ist noch schlimmer. Ich weiß es; *sie* haben mich meinem Schicksal überlassen. Erst als sie mich brauchten, sind sie gekommen, um mich zu holen.«

»Die abscheulichen Griechen!«, rief ich. »Wahrheit und Ehre sind ihre Sache nicht.«

»Aber ich war ihnen verpflichtet. Ich konnte mich den Trojanern nicht anschließen. Und so –«

Mir kam ein irrwitziger Gedanke. Ich würde einen seiner Pfeile nehmen, mir damit die Haut ritzen und sterben wie Paris. »Aber dein tödliches Rüstzeug?«, fragte ich. »Wo hast du es hingetan?«

»Es ist an einem sicheren Ort«, sagte er. »Die Pfeile des Herakles dürfen keinen Unschuldigen verletzen.«

Wenn ich sie nur in die Hand bekommen könnte! Wer unschuldig war und wer nicht – wie wollte er darüber befinden?

»Du solltest solche Gedanken weit von dir weisen«, sagte er. »Viele trachten nach diesen Pfeilen, um großes Unheil damit anzurichten. Ich bereue den Tag, an dem ich den Scheiterhaufen anzündete und sie von Herakles erbte. Eine schwere Last hat er mir damit auferlegt.«

LXXIII

Jetzt war mir klar, dass ich einen meiner Bewacher würde betören müssen, wenn ich darauf hoffen wollte zu entkommen. Würde es mir mit Philoktetes gelingen? Aber mein Innerstes sträubte sich dagegen. Niemals könnte ich den Mörder meines Mannes umschmeicheln.

Die Tür flog auf, und Andromache stolperte herein. Dicht hinter ihr war Neoptolemos; er stieß sie lachend vor sich her.

Zum ersten Mal sah ich sein Gesicht ohne den verdeckenden Helm. Seine Augen hatten eine verwaschene Farbe – im Halbdunkel konnte ich nicht erkennen, ob sie braun oder blau waren, aber was immer ihre Farbe sein mochte, sie sprühten nicht. Wie seine Gestalt war auch sein Gesicht ganz ansehnlich – passabel, aber nicht einprägsam. Die wilde Großartigkeit seines Vaters hatte er nicht geerbt.

»Meine neue Sklavin!«, krähte er. »Hektors Weib!«

Andromache drehte sich zu ihm um. »Ich bin zu alt für dich«, sagte sie leise.

»Ja!«, sagte ich, und ich lief an ihre Seite und legte ihr den Arm um die Schultern. »Ich bin hier«, flüsterte ich und wandte mich dann an Neoptolemos. »Du willst keine Frau haben, die alt genug ist, um deine Mutter zu sein.«

»Was kümmert mich das? Mich interessiert nur, wer vorher auf ihr gelegen hat«, sagte Neoptolemos hämisch. »Ich werde die Erinnerung an ihn auslöschen. Seine Vernichtung verleiht mir Glanz.«

»Du bist ohne Glanz, kleiner Junge«, sagte Andromache. »Du hast meinen Sohn ermordet, und ich verachte dich in Ewigkeit.«

Astyanax! Was hatte er getan?

»Er hat meinen Sohn ermordet, Helena.« Ihre Stimme war völlig ausdruckslos. Sie sah mich an und ignorierte Neoptolemos. »Er hat ihn mir aus den Armen gerissen und von den Mauern Trojas hinabgeschleudert – nein! Es gab keine Mauern mehr. Er schleuderte ihn von den schwelenden Haufen hinunter auf die gefallenen Steine, aber sein Tod war es gleichwohl.« Dumpf und langsam kamen die Worte in wohlgeordneter Reihe über ihre Lippen.

»Astyanax!« Ich fing an zu weinen. Ihr geliebter Sohn, den sie so lange ersehnt hatte. Die Nacht auf dem Berg Ida …

»Die kleine Schlange musste sterben«, sagte Neoptolemos. »Sie durfte nicht am Leben bleiben und sich in den Ruinen Trojas verkriechen, um die trojanische Bedrohung wiederauferstehen zu lassen. Die Saat Hektors musste vernichtet werden!«

Alle Erben Trojas getötet! Aber Aphrodite hatte gesagt, Äneas sei entkommen. Wie dem auch sein mochte, wir konnten es nicht wissen. »Oh, Schwester!« Ich umarmte sie, und wir schluchzten zusammen. Zum ersten Mal war ich froh, dass Paris und ich kein Kind bekommen hatten. Es wäre untergegangen wie alles andere in Troja.

»Du wirst mit mir nach Griechenland gehen«, sagte Neoptolemos zu Andromache. »Vielleicht nicht als meine Hauptfrau, denn es ist wahr, du bist ein bisschen zu alt für mich. Gelegentlich wirst du mir Erleichterung oder Abwechslung im Bett gewähren. Aber ich glaube, ich verdiene eine griechische Prinzessin. Ich denke, deine Tochter Hermione dürfte mehr nach meinem Geschmack sein, Helena. Ich habe schon mit deinem Gemahl darüber gesprochen, und er hat seine Einwilligung gegeben. Ich werde dein Schwiegersohn werden.« Grinsend beugte er sich vor und küsste mich auf die Wange. »Mutter!«, kicherte er.

Ich schlug ihm ins Gesicht, ehe ich mich besinnen konnte. »Wenn meine Tochter auch nur das Geringste von mir in sich hat, wird sie dich abweisen!«

Er lachte. »Aber vielleicht hat sie nichts von dir; vielleicht ist sie die Tochter ihres Vaters, oder sie hat ihren ganz eigenen Kopf.« Er richtete sich auf. »Vielleicht wird sie den Sohn des mächtigen Achilleus begehren. Das tun viele Frauen.«

»Dann nimm dir die und verschone meine Tochter.«

»Vielleicht ist deine Tochter unter ihnen«, sagte er. »Es ist sehr wahrscheinlich.« Er lachte leise. »Aber jetzt darf ich nicht von dem sprechen, was wahrscheinlich ist; von dem, was nötig ist, muss die Rede sein.« Er wandte sich von Andromache und mir ab, als wären wir nicht weiter von Bedeutung, und sprach die Frauen an, die sich im hinteren Teil des Hauses zusammendrängten.

»Mein Vater hat mich in letzter Zeit besucht«, sagte er. »Er hat zu mir gesprochen mit Träumen und Zeichen.«

»Merkwürdig!«, rief ich. »Als Neugeborenen und als Kind hat er dich nicht gekannt, und jetzt spricht er mit dir?«

Er fuhr herum. »Die Götter sprechen zu ihren Kindern, wenn es ihnen passt!«

»Dann ist Achilleus jetzt ein Gott?«, sagte ich. »Seltsam – als ich ihn das erste Mal sah, war er ein ungezogenes, aufdringliches Kind.«

»Halt den Mund, du trojanische Hure!«, schrie er.

»Wie stets die Antwort dessen, der keine Antwort weiß«, sagte ich, zu den Frauen gewandt. »Schmähungen. Aber das ist keine Antwort, es ist nur die Verzweiflung dessen, der nichts anderes zur Verfügung hat. Was hat dein ruhmreicher Vater – wenn er wirklich dein Vater *ist* – dir denn befohlen?«

»Er verlangt Blut. Er will ein Opfer, bevor er uns von Troja fortsegeln lässt.«

»Von wem?« Hekuba trat vor. »Von Rechts wegen muss ich es sein.«

»Nein«, sagte Neoptolemos. »Es ist deine zweitjüngste Tochter, Polyxena.«

»Was?«, stieß Hekuba hervor und griff sich an die Kehle. Plötzlich war sie nicht mehr die welke alte Frau, die mit schlurfenden Schritten dem Tod entgegenging, wie sie es eben noch gewesen war. Sie schien zu wachsen, bis sie Neoptolemos Auge in Auge gegenüberstand. Das war natürlich eine Täuschung, aber selbst Neoptolemos spürte es. Er wich einen Schritt zurück. »Warum?«

»Mein Vater hatte Gefallen an ihr«, sagte er.

»Wie konnte das sein? Er hat sie nie gesehen!«

»Doch«, sagte Neoptolemos. »Beim Quellenhaus.«

Jetzt trat Polyxena vor. Ihre Augen loderten. »An dem Tag, als er meinen Bruder Troilos ermordete? Er weiß noch, dass er mich da gesehen hat? Verfluchen sollte er diesen Tag und alles, was er da zu Gesicht bekam! Ich habe es getan, und ich verachte deinen Vater. Sag ihm das, wenn er dir wieder im Traum erscheint.«

»Deine Gefühle sind ohne Bedeutung. Er will dein Blut, und er will, dass es auf seinem Grab vergossen wird. Dann, und erst dann, ist der Krieg zu Ende.«

»Troja ist ein Haufen Asche, seine Toten liegen begraben unter den Trümmern und verkohlten Balken, und er muss noch weiter töten, um den Krieg zu beenden?« Ihre Stimme war matt geworden, als habe die Erinnerung an Troilos ihre ganze Kraft aufgezehrt.

»Wer kann die Wünsche und Bedürfnisse der Toten schon ergründen?«, fragte er, und ich erinnerte mich an Paris' kalten Schatten. »Auch mir widerstrebt es. Warum kann es ihm nicht genügen, dass sein Sohn nach Troja geeilt ist? Wozu braucht er *dich*?«

»Weil er ein grausamer und gewalttätiger Mann ist«, sagte Polyxena. »So einfach ist das. Er hat gemordet, solange er konnte, und jetzt nimmt er andere in seine Dienste, die in seinem Namen weiter morden.«

»Töte mich!«, rief ich. »Ich bin diejenige, die Achilleus als Blutopfer fordern sollte. Mein Gemahl hat ihn getötet!«

Neoptolemos lächelte – ein schmales, hässliches Lächeln. »Ich bezweifle nicht, dass es ihn nach dir gelüstet, das ist wahr.

Mit Seufzen sehnt er sich danach, dich auf der Weißen Insel an seiner Seite zu haben, wo er jetzt wohl wandelt. Aber, *Mutter*, ich brauche dich hier.«

Mit einem erstickten Aufschrei des Abscheus senkte ich den Kopf. Ich ertrug seinen Anblick nicht. Deshalb sah ich auch nicht, wie Polyxena die Hände ihrer Mutter abschüttelte und auf ihn zuging.

»Das wird den Krieg beenden? Es ist das letzte Mal, dass Blut vergossen wird?«, fragte sie ihn.

»Ja«, sagte Neoptolemos. »Danach setzen wir die Segel und fahren nach Hause. Wir verlassen die trojanischen Gestade für immer.«

»Und ich bekomme ein Grab? Ein richtiges Grab?«

»Kind, wo denkst du hin?«, rief Hekuba.

»Ich will eine Grabstätte aus weißem Marmor«, sagte Polyxena. »Weit weg von Achilleus.« Sie schwieg einen Augenblick. »Und darauf soll geschrieben stehen: ›Wie das unschuldige Blut einer griechischen Prinzessin die Schiffe herkommen ließ, so schickte das unschuldige Blut einer trojanischen Prinzessin sie wieder heim.‹«

»Nein, nein!«, rief Hekuba.

»Oh, Mutter, schweig still!«, befahl Polyxena. »Glaubst du, ich möchte das Land meiner Väter verlassen? Als Sklavin das schweißfeuchte Gefummel eines abscheulichen Griechen an meiner Haut spüren? Glaubst du, Andromache wird es dort besser ergehen als mir in einem weißen Grabmal?« Sie wandte sich wieder an Neoptolemos. »Ich bin sicher, du schwitzt und fummelst, und ich beneide Andromache nicht. Wahrlich, das Grab ist mir lieber.«

Bei dieser Beleidigung biss Neoptolemos sich auf die Unterlippe, aber er schlug sie nicht. »Du wirst es bekommen.« Er schaute zur Tür. »Die Vorbereitungen werden Zeit brauchen, aber wir werden uns beeilen. Bei Sonnenuntergang werden unser beider Wünsche erfüllt sein: Du wirst in deinem Grab liegen, und wir werden die Schiffe zur Abfahrt bereitmachen.«

Er ging hinaus, und die Frauen drängten sich weinend und

klagend um Polyxena. Es war die groteske Parodie einer Hochzeit. Sie würden sie in feinste Gewänder kleiden, wenn es noch welche gab, ihr das königliche Diadem aufsetzen, sie mit duftenden Ölen salben und ihr flüsternd allerlei Geheimnisse anvertrauen. Bei einer Hochzeit ließen diejenigen, die schon lange verheiratet waren, die Braut an ihrer Weisheit teilhaben. Aber hier war keine, die Polyxena helfen und sie für jenen dunklen Ort wappnen konnte, der sie erwartete.

Kurz vor Sonnenuntergang kamen zwei Soldaten, um Polyxena zu holen. Sie trug ein weißes Kleid, ein behelfsmäßiges königliches Diadem aus einem Leinenstreifen, den Hekuba von ihrem Gewand abgerissen hatte. Keine Juwelen, kein Gold, denn all das lag aufgehäuft in Agamemnons Zelt und wurde gezählt. Selbst einem Opferstier vergoldete man die Hörner, aber Polyxena würde ungeschmückt in den Tod gehen. Jemand brachte Wiesenblumen, und daraus machten sie eine Halskette und einen Armreifen. Gelb und rot leuchteten sie auf ihrer Haut.

»Aber wir werden sie auf ihrem Weg begleiten«, sagte ich entschlossen zu den Soldaten.

Hekuba war nun ganz ruhig. Sie umarmte Polyxena. »Es ist nur für kurze Zeit«, sagte sie. »Du hast recht. Es ist ein Segen für dich, dass du all das hinter dir lassen darfst. Grüße deinen Vater, grüße Hektor und Troilos und sag ihnen, dass ich bald bei ihnen sein werde!«

Polyxena küsste ihre Mutter auf die Wange. »Das werde ich tun, Mutter. Und jetzt nehme ich Abschied von euch allen, die ich liebe.« Tränen liefen ihr über die Wangen.

»Komm!« Die beiden Soldaten packten ihre Arme und schleppten sie hinaus.

Hekuba und ich folgten ihnen ebenso wie Andromache und Polyxenas Schwestern. Niemand blieb zurück.

Achilleus' Grabhügel war nicht weit von den Schiffen entfernt. Er ragte hoch auf, und er war von Gras und Blumen bedeckt. Achilleus war schon so lange tot, dass die Natur die Erde zurückeroberte, die ihn bedeckte.

Irgendwann wird dieser Hügel verschwunden sein, dachte ich. Stürme werden darüber hinwegwehen und ihn abtragen, Hirten werden ihre Schafe darauf weiden. Achilleus' Grabhügel wird schrumpfen, schwinden und verwehen. Und Troja wird es genauso ergehen. Der Hügel dort, wo es stand – ich schaute hinüber und sah fast keinen Rauch mehr –, wird verschwinden.

Vor dem Grabhügel hatte man einen Altar errichtet, einen Steinhaufen mit einer flachen Felsplatte. Davor brannte ein Feuer, als könne das den Frevel des Mordes reinwaschen, der hier begangen werden würde.

Agamemnon, Menelaos und die anderen Anführer der Griechen standen daneben. Natürlich wollten sie Zeugen sein. Es gab kein Blutvergießen, bei dem sie nicht unbedingt dabei sein wollten.

Agamemnon redete davon, die Götter huldvoll zu stimmen, damit sie die Seereise gefahrlos antreten könnten. Schon einmal habe er ein ähnliches Opfer dargebracht, um den Schiffen die Reise hierher zu ermöglichen.

»Und für dieses Opfer hast du noch nicht bezahlt!«, rief Kassandra. »Aber das wirst du noch!«

Agamemnon hüstelte diskret, und Soldaten eilten herbei und brachten sie weg. Jetzt sah ich ihren Zwillingsbruder Helenos; er stand zwischen seinen Bewachern und senkte beschämt den Kopf. Ich sah auch Antenor, dem der Jammer ins Gesicht geschrieben stand. Seine Frau Theano stand vor ihm.

Sie führten Polyxena an den Altar. »Mein Grabmal«, sagte sie. »Ist es da?«

Antenor nickte. »Ja, mein Kind. So nah bei Troja, wie es nur ging. Dafür habe ich gesorgt.«

Ich rechnete damit, dass sie ihn als Verräter beschimpfen würde, weil er mit den Griechen kooperiert hatte. Aber über derlei war sie hinaus. »Ich danke dir«, sagte sie. »Und du wirst dich darum kümmern?«

»Jemand wird es tun«, sagte er. »Ich darf vielleicht nicht hierbleiben. Aber ich verspreche dir, dass man es pflegen wird.«

»Aber nicht der, der auch Achilleus' Grab pflegt! Ich will nichts mit ihm gemein haben! Die Hand, die sein Grab berührt, soll sich von dem meinen fernhalten.«

»Prinzessin, das verspreche ich dir«, sagte er mit tränenerstickter Stimme.

»Fangt an!«, befahl Neoptolemos. Mehrere kräftige Soldaten traten heran.

»Brauchen wir so viele?«, fragte Polyxena.

»Sie sind dein Geleit«, sagte Neoptolemos und wandte sich an den stummen Hügel. »Vater! Wie du es befohlen hast, bringen wir dir die Prinzessin Polyxena. Sie wird ihr Blut auf deinem Grab vergießen. Dann wirst du deinen Zorn von uns nehmen.«

Warum war er zornig auf sie? Das selbstsüchtige, anspruchsvolle Kind stellte seine Ansprüche also noch im Tode. Aber vielleicht war es auch nicht Achilleus selbst, sondern die Erinnerung, die er bei anderen hinterlassen hatte, die diese Ansprüche stellte. Wir übersteigern unsere Idole, unsere Götter, und wir lassen sie Dinge fordern, die ihnen selbst nie in den Sinn kämen.

Fünf Männer hoben Polyxena hoch. Zierlich lag sie in ihren Armen, den Kopf zurückgelegt, die Fußknöchel sittsam gekreuzt. Sie hatte ihr Haar hochgebunden, um die Klinge nicht zu behindern, die man auf ihre Kehle richten würde. Ein verträumter Ausdruck lag auf ihrem Gesicht. Sie hatte es abgelehnt, sich die Augen verbinden zu lassen.

Sie trugen sie zum Altar und blieben stehen.

»Du stirbst, um die Götter gnädig zu stimmen!«, rief einer. Ich sah – so furchtbar, was man in solchen Augenblicken mit sonderbarer Seelenruhe zur Kenntnis nimmt –, dass kein Priester zugegen war. Aber freilich: Der Gott, der dieses Blut verlangte, war Achilleus und kein Bewohner des Olymp.

Ein anderer Soldat zog an ihrem Haar, um ihren Hals zu dehnen. Sie schloss die Augen und bewegte die Lippen. Sie sprach zu jemandem, aber was sie sagte, konnte man nicht hören.

»Jetzt!« Aus dem Nichts erschien ein Dolch, und er zögerte nicht: Er durchschnitt ihre weiße Kehle, und ein Schwall von

Blut spritzte herauf und traf das Kinn des Soldaten; leuchtend rot rann es dort hinunter.

Sie lag still. Sie sträubte sich nicht, griff nicht zu ihrem Hals, zuckte nicht. Sie lag da wie aus Elfenbein geschnitzt, völlig bewegungslos. Warum rebellierte ihr Körper nicht, warum bäumte er sich nicht krampfhaft auf? Hatte sie ihm befohlen, sich in Elfenbein zu verwandeln?

Ihre Augen blieben geschlossen. Auf ihren Lippen lag ein friedliches Lächeln. Langsam ließen die Soldaten sie sinken, ließen sie auf dem Altar verbluten. Sie rührte sich immer noch nicht; ich sah nicht das leiseste Zucken. Es war, als sei sie gestorben, als die Klinge sie berührte – gestorben auf ihren eigenen strengen Befehl.

Es war schwer zu sagen, wann sie wirklich tot war. Sie strichen ihr mit der Spitze des tödlichen Dolchs sanft über die Fußsohlen, und ihr Fuß krümmte sich nicht. Jemand hielt eine Feder an ihre Nase, um zu sehen, ob sie noch atmete. Kein Hauch bewegte den Flaum. Jemand legte einen Finger an ihren Hals und fühlte nach dem Pulsschlag.

Schließlich brüllte Neoptolemos: »Es ist vollbracht! Mein Vater ist zufrieden!«

Antenor trat vor. »Ich werde den Leichnam in das Grabmal bringen und ihm die gebührenden Ehren erweisen.« Als sie auf die Bahre gelegt wurde, sah ich, dass sie wirklich tot war.

Welch ein Mut! Sie war ihrer kämpferischen Brüder würdig. Ihr Ruhm würde so lange währen wie der eines Achilleus, eines Patroklos und eines Hektor. Glückselige Tochter Trojas!

Was für eine Welt, in der das Sterben edler empfunden wird als das Leben.

Uns anderen erging es weniger edel: Wir mussten an einem Festmahl teilnehmen, mit dem die Griechen ihre Abreise feierten.

»Und jetzt zu Tisch!« Agamemnon ragte vor der Menge auf wie der Bug eines Schiffes. »Auf dass wir eine glückliche Reise haben!«

Während wir beim Grabhügel gewesen waren, hatten Soldaten am Strand die nötigen Vorbereitungen getroffen. Für die hochrangigen Griechen waren behelfsmäßige Tische aufgestellt worden, und sie hatten Schemel herbeigeschafft, auf denen sie ihre verdienstvollen Beine ausruhen konnten. Harzfackeln steckten im Sand und umgaben die Stätte mit einem flackernden Zaun. Riesige Feuer brannten, und mehrere Ochsen – oder etwas anderes? – brieten darüber in verschiedenen Stadien des Garens. Amphoren mit Wein standen aufgereiht nebeneinander wie Bäume im Wald kurz vor dem Fällen. Einige junge Soldaten bliesen probeweise auf ihren Flöten, ältere zupften die Leier. Die Reihen der Schiffe hielten den ärgsten Wind ab.

Es wurde Nacht; die Sonne war untergegangen, der letzte Glanz über dem Horizont verblasst. Die ersten Sterne erschienen am Himmel. Weilte Polyxena jetzt auch dort oben? War sie bei den Sternen – sie, die noch bei uns gewesen war, als die Sonne aufging? Es gab Geschichten über Menschen, die zu den Sternen hinaufgefahren waren, um unter ihnen zu leben, oder die selbst zu Sternen geworden waren. Doch darüber wissen wir nur wenig.

Am Ehrentisch würden Agamemnon, Odysseus, Menelaos, Nestor, Idomeneus, Diomedes, Philoktetes sowie – Schande über sie! – Sinon, der kleine Ajax und Neoptolemos sitzen. Die unteren Ränge durften im Stehen an den Reden und Scherzen teilhaben. Wir Gefangenen sollten weiter im Hintergrund stehen, gleichsam als Tunke für den Braten, als Appetitanreger zur Verdauung der Beute, die sie verschlungen hatten. Waren es trojanische Rinder? Oder fraßen diese Männer das Fleisch der abgeschlachteten Pferde?

Das matte Licht verschleierte gnädig die geröteten Gesichter der griechischen Krieger. Agamemnons konnte ich sehen; es leuchtete rot im Feuerschein, und sein Bart hatte weiße Strähnen. Als er beim Reden die Zähne entblößte, bemerkte ich, dass ihm mehrere fehlten. Nun, er hatte das entsprechende Alter erreicht. Nestor dagegen sah nicht älter aus als bei unserer ersten Begegnung, aber der Krieg macht alte Männer jünger und junge älter. Idomeneus – er schien gealtert zu sein. Und ich hatte gehört, dass er seine Schnelligkeit auf dem Schlachtfeld verloren hatte.

Agamemnon ging an der Tafel entlang und teilte Becher aus. »Gold aus Troja!«, sagte er. »Wie es sich geziemt.« Einen nach dem andern nahm er aus einem Sack und reichte ihn seinen Männern. Es waren lauter verschiedene Becher, allesamt geraubt aus trojanischen Häusern. Einige mochten Priamos gehört haben, doch sie konnten auch von reichen Kaufleuten stammen. Diener folgten ihm auf dem Fuße und gossen den Wein ein.

Unter lautem Freudengeschrei wurden die Ochsen aufgeschnitten. Dampfendes Fleisch landete in riesigen Brocken auf den Tellern der Männer. Uns bot man nichts an, aber wir hätten ohnedies keinen Bissen heruntergebracht. Ich sah mich um; neben mir standen Andromache, Laodike, Ilona und Hekuba. Ihre Augen waren stumpf, die Lippen entschlossen zusammengepresst. Sie würden alles erdulden: Beharrlichkeit, die traurige Tugend der Frauen.

»Meine Männer!«, brüllte Agamemnon. »Haben wir jemals wirklich daran geglaubt, dass dieser Tag kommen würde? Troja ist zerstört. Wir sind siegreich. Es waren viele, lange Jahre. Aber ich danke euch allen, die ihr standhaft geblieben seid. Wir haben viele verloren, und wir, die wir noch da sind, müssen sie im Gedächtnis bewahren. Ohne sie wären wir nicht hier, um diese Worte zu sprechen. Was nun die Schätze angeht …«

Wie schnell er zur Sache kam!

»Da wir den Gefallenen ihren gebührenden Lohn nicht mehr geben können, ist es nur recht und billig, dass wir ihnen zu Ehren alles unter uns aufteilen. Wir haben Gold und Juwelen, wir haben feine Schnitzereien, Rüstungen und noch manches andere … gerettet … aus Troja.« Auf ein Kopfnicken von ihm kamen Knaben mit Tragen voller Beutegut herangetrabt. Eine große Truhe wurde zu seinen Füßen abgestellt, und er öffnete sie. »Dies sind besondere Kostbarkeiten, die ich eigenhändig verteilen werde.« Er bückte sich und nahm ein goldenes Diadem heraus, das Priamos gehört haben musste. »Das ist für dich, Bruder.« Er winkte Menelaos zu sich. »Wenn du auf deinen Thron in Sparta zurückkehrst, wirst du wieder deine Krone tragen.« Plötzlich stockte er. »Ich weiß, dass viele Könige ihre Krone abgelegt haben, um hier mit mir zu kämpfen. Jetzt bekommt ihr euren Lohn, und für den Rest eures Lebens könnt ihr eure Krone in Frieden tragen.«

Menelaos nahm das Gold entgegen. Plötzlich schrie Hekuba: »Trägst du die Krone meines Gemahls, so wird sich der Tod um dein Haupt legen, wie dieses Gold es tut!«

Agamemnon runzelte die Stirn. »Wenn du nicht schweigen kannst, wird man dich beseitigen müssen!«

Hekuba antwortete mit schrillem Gelächter. »Mich beseitigen? Wie Priamos beseitigt wurde, wie Astyanax, wie meine Tochter noch heute Nachmittag?«

»Hättest du Paris beseitigt, wie du es damals wolltest, so wäre nichts von alldem geschehen.« Menelaos funkelte sie an. »Alles wäre euch erspart geblieben. Und was deine Warnung angeht ...« Ruhig setzte er das Diadem auf. »Es passt mir gut.«

»Der Reif des Todes!«, rief sie. »Gut! Jetzt magst du ihn erwarten.« Sie sah sich um. »Wann wird er kommen? Eines schönen Sommernachmittags? Oder im wütenden Sturmgeheul eines Winterabends? Du kannst dich nicht davor schützen. Und es wird hässlich sein. Priamos wird dafür sorgen. Und das Warten darauf wird alles nur schlimmer machen.«

»Schafft sie weg!«, befahl Agamemnon.

Als die Soldaten auf sie eindringen wollten, lachte sie nur. »Ich schaffe mich selbst weg!«, sagte sie, und dann schien sie zu schrumpfen und zu einem Schatten zu werden. Die Soldaten stürzten sich auf sie, aber alles, was sie zu fassen bekamen, war ein schwarzer Hund, der aufjaulend biss.

»Sucht sie!«, rief Agamemnon grimmig.

»Auch unseren tapferen Männern gebührt Ehre!« Idomeneus stand auf; er wollte die Aufmerksamkeit ablenken und den Festschmaus retten. »Vor allem denen, die die List mit dem Pferd ersannen, und denen, die sich darin verbargen. Odysseus, du schlauer Kopf, der Erfinder des Pferdes warst du.«

Odysseus erhob sich grinsend und neigte den Kopf. »Es war klar, dass Troja gewaltsam nicht eingenommen werden konnte.

Seine Krieger waren zu wild, seine Mauern zu stark. Aber die Arglist kann obsiegen, wo der Sturmangriff versagt.«

»Und Epeios«, sagte Idomeneus. Ein kleiner Mann stand auf, begierig nach Anerkennung. »Du hast das Pferd gebaut.«

»Das habe ich in der Tat!« Er strahlte. »Das Holz haben wir vom Berg Ida geholt, und ich darf wohl sagen, wir haben ein hübsches Kunstwerk geschaffen, und das in kurzer Zeit.«

Agamemnon überreichte ihm eine Handvoll goldener Ringe, die ich im Einzelnen nicht erkennen konnte. »Das und mehr hast du verdient«, sagte er. »Ich bedaure nur, dass ich dir nicht alle Reichtümer Trojas zu Füßen legen kann, denn ohne deine Kunst hätten wir all das nicht erringen können.«

Epeios verbeugte sich und zog sich mit übervollen Händen zurück.

»Sinon!«, dröhnte Agamemnon. Der affenähnliche Sinon erhob sich. »Alles hing von dir und deiner Schauspielkunst ab. Du warst bereit, harte und entstellende Misshandlungen auf dich zu nehmen, um die Trojaner davon zu überzeugen, dass wir übel mit dir umgesprungen seien – wie wir es ja auch getan haben. Ohne zu stocken oder zu stolpern, hast du deine Mission zum Erfolg geführt.« Agamemnon legte ihm eine ganze Rüstung in die Arme. »Du verdienst sehr viel mehr als das. Nimm es zum Zeichen unserer Anerkennung!«

Sinon schaute auf seinen Siegespreis. »Ich danke dir, Herr.« Zweifellos würde er später noch mehr fordern, aber als Schauspieler, der er war, wollte er diesen Auftritt nicht verderben.

»Und jetzt ehren wir die Männer, die sich unter großer Gefahr für Leib und Leben im Bauch des Pferdes verborgen haben. Menelaos!« Menelaos stand auf. »Odysseus! Wir heben unseren Becher und trinken auf euch!« Dann folgten Diomedes, Machaon, Epeios, Neoptolemos und der kleine Ajax.

Jemand drückte mir einen Becher in die Hand. Gleich darauf kam ein Knabe und schenkte mir Wein ein. Ich goss ihn auf die Erde.

»Auf Epeios! Auf Sinon! Auf das Pferd!«

Alle mit Ausnahme der trojanischen Frauen tranken.

Agamemnon lachte frohlockend. »Also auf nach Griechenland!« Er wischte sich über den Mund. »In die Heimat! Die Heimat, sie ruft.«

Ich sah, dass Menelaos ihm etwas ins Ohr flüsterte. Agamemnon zog die Stirn kraus und schaute zu uns herüber.

»Die Götter sind zufriedengestellt. Wir haben sie nicht beleidigt.«

Niemand hat Hekuba je gefunden. Insgeheim nahm ich an, sie sei in die Brandung hinausgelaufen und habe sich ertränkt. Als das Mahl zu Ende war – die Fackeln gelöscht, die Tische abgebaut, die leeren Amphoren ins Meer geworfen, wo sie davonschwammen –, wurden wir gefangenen Frauen zusammengetrieben und in unser Zelt gebracht. Plötzlich erschien Idomeneus an meiner Seite.

»Helena«, sagte er, »ich war so viele Jahre hier, aber ich habe dich nie gesehen und erst recht nicht mit dir gesprochen.«

Ich sah ihn an – das freundliche Überbleibsel aus einer verschwundenen, geordneten Welt. »Idomeneus, ich danke dir für deine guten Wünsche.«

»Und ich dir für die deinen. Helena, ich weiß nicht, was dich in Sparta erwartet. Aber was immer es sein mag – ich bin dein Freund. Wie ich vor langer Zeit gesagt habe: Welches Alter du auch erreichen magst, du bis ein unübertreffliches Wesen. Keine andere Frau könnte mit grauem Haar so viel Ehrfurcht erregen.« Er sah mir in die Augen. »Du bist Helena, die verblasst.«

Ich schüttelte den Kopf. »Ich bin Troja, und Troja ist ich. Troja ist untergegangen. Also ist Helena mehr als nur verblasst. Es gibt keine Helena mehr.«

Die Narren, die mich nach Griechenland zurückbringen wollten, hatten das nicht begriffen.

Dritter Teil

Sparta

LXXIV

Wind kam auf; er brachte die Flammen der letzten noch lodernden Fackeln zum Tanzen und ließ die übrigen vollends erlöschen. Funken sprühten zum Himmel, neue rote Sterne zwischen den weißen, die schon dort funkelten. Sand wehte mir ins Gesicht und in den Mund, und die Männer sammelten die Schemel, die vollen Amphoren und die erbeuteten Rüstungen ein.

»Mit dem ersten Tageslicht stechen wir in See, Männer!«, rief Agamemnon.

Menelaos legte ihm die Hand auf die Schulter, um ihn zurückzuhalten. Agamemnon schüttelte sie ab.

»Der kleine Ajax hat nicht nur den Tempel besudelt, sondern auch Kassandra«, sagte Menelaos warnend.

»Du nennst Kassandra besudelt?« Jetzt konnte ich ihn deutlich verstehen, und die Männer ringsum ebenfalls.

»Wie sonst willst du eine Frau nennen, die vergewaltigt wurde?« Menelaos klang, als sei er erfreut darüber.

»Wünschst du dir nicht, deiner wäre das Gleiche geschehen, statt dass sie sich freiwillig angeboten hätte?«

»Und weißt du, was die deine in deiner Abwesenheit getrieben hat?«, fragte Menelaos herausfordernd. Das hatte ich ihm nicht zugetraut.

»Das würde sie nicht wagen«, sagte Agamemnon. »Sie sieht – oder sie hat gehört –, wie ich Troja bestraft habe, Troja und die, die uns trotzen wollten.«

»Und wie soll sie es gesehen oder auch nur gehört haben?« Menelaos ging durch den Sand. Er hinkte, als schone er seine linke Seite.

»Die Signalfeuer werden bald brennen. Und das größte von allen – riechst du es?« Er erhob sich auf die Zehenspitzen, sog die Luft durch die Nase und legte sich die Hand auf den Bauch. »Die Trojaner rösten darin!«

»Das Feuer ist aus«, sagte Menelaos. Er nahm immer alles so wörtlich. Agamemnon hatte recht – Troja würde in Ewigkeit brennen.

»Es war ein guter Krieg«, sagte Agamemnon. »Für uns. *Ich* bin stolz darauf, auch wenn du es nicht bist, kleiner Bruder.«

»Wir sehen uns in Griechenland«, sagte Menelaos. »In wenigen Tagen. Wir werden zu dem zurückkehren, was wir vor so langer Zeit verlassen haben. Wir werden wieder in Besitz nehmen, was uns dort erwartet.« Er wandte sich ab und kam steifbeinig auf mich zu. Ja, er war irgendwie verletzt. Es war mir noch nicht aufgefallen. »Helena«, sagte er. »Deine letzte Nacht auf trojanischem Boden, Gemahlin. Ich überlasse dich deinen Gedanken. Morgen segeln wir nach Hause – nach Sparta. Ich habe noch einunddreißig Schiffe. Nur noch einunddreißig. Mit sechzig bin ich vor all diesen Jahren an dieser Küste gelandet. Das ist der Preis, den ich – und viele andere – für deine Torheit bezahlen mussten.«

Darauf hatte ich nichts zu sagen. Im Dunkeln starrte ich ihn an, und ich sah nur die Veränderungen, die das flackernde Bild des jungen Mannes überlagerten. Sein Gesicht war faltig, seine Lippen waren schmal, und er bewegte sich mit der Behutsamkeit dessen, der auf eine Schwäche Rücksicht nehmen muss, nicht wie der junge Athlet aus vergangenen Zeiten. Der Krieg hatte einen hohen Tribut gefordert.

Man brachte mich zurück in die Unterkunft der Frauen im klammen, verwahrlosten Haus von Achilleus und gab mir einen Strohsack. Die anderen schwiegen; ich hörte nur ihr gedämpftes Weinen. Polyxenas leerer Platz schrie zum Himmel.

Meine letzte Nacht in Troja. Menelaos hatte es gesagt. Es war das letzte Mal, dass ich den Kopf auf die Arme bettete und wusste, dass ich auf trojanischem Boden lag. Aber Troja war ein schwelender Schutthaufen. Bei Sonnenaufgang würde ich die letzten dünnen Rauchfahnen sehen, die sich wie Finger in den Himmel streckten und um eine Barmherzigkeit flehten, die es nicht geben würde.

Polyxena war tapfer gewesen – die letzte Trojanerin, die gestorben war. Gern hätte ich mit ihr getauscht; zumindest wollte ich es glauben, aber ich wusste nicht, ob ich wirklich den Mut dazu besessen hätte. Nun würde ich als Gefangene nach Sparta zurückkehren.

Mein Versprechen an Hektor! Ich hatte ihn im Stich gelassen. Ich hatte Andromache nicht schützen können. *Du verstehst es zu überleben*, hatte er gesagt. Aber das hatte mir nicht geholfen, irgendjemanden zu retten.

Evadne. Gelanor. Wo waren sie? Waren sie in der Feuersbrunst zugrunde gegangen? Oh, ich hätte Gelanor zurückkehren lassen sollen, wie er es wollte! Stattdessen hatte ich ihn aus Eigennutz und Eitelkeit in Troja festgehalten. Sein Tod war meine grauenvolle Schuld.

Die Brosche hatte Blut geweint, Tropfen um Tropfen für jeden Toten. Ich hatte so viele Menschenleben auf dem Gewissen. Ich fühlte, wie ihre gemarterten Geister mich umdrängten, wie sie durch die Ruinen Trojas streiften. Weil ich Paris geliebt hatte, hatte ich sie getötet – und ihn ebenfalls.

Hast du das gewollt, Aphrodite?, fragte ich sie. Aber sie antwortete nicht. Sie hatte versprochen, mich zu retten, und das hatte sie getan. Darüber hinaus gab es keine Antwort.

Ich ging an Bord des Schiffes, wie Evadne es vor so langer Zeit vorhergesehen und was ich von mir gewiesen hatte. Menelaos stand lachend im Heck, den Kopf in den Nacken geworfen, als die Küste hinter uns zurückblieb. Ich warf keinen Blick auf die rauchgeschwärzten Ruinen, die einmal Troja gewesen waren. Ich hätte es nicht ertragen.

Ich hatte mein eigenes Quartier; Menelaos kam nicht in meine Nähe. Er blieb für sich; sein Lager war im Bug, neben dem des Kapitäns. Ich ging auch nicht zu ihm; wir sprachen kaum miteinander, wenn wir uns an Deck begegneten. Seltsam: Dieser Mann, der davon besessen gewesen war, mich zu besitzen, versuchte in keiner Weise, seinen Anspruch durchzusetzen. Anscheinend genügte es ihm, dass ich auf seinem Schiff war.

Ich fühlte mich wie tot. Ich fragte mich sogar, ob ich vielleicht tot *war*, ohne es zu wissen. Die Toten wissen manchmal nicht, dass sie tot sind. Aber die scharfe Seeluft und das Stampfen und Rollen des Schiffs, das mir den Magen umdrehte, sagten mir deutlich genug, dass ich noch da war, eine Gefangene auf einem Schiff, das zielstrebig nach Sparta fuhr.

Was würde ich dort vorfinden? Mich kümmerte nur eins: was ich in Hermiones Augen sehen würde.

Wir erreichten Sparta nicht wie geplant. Ein heftiger Sturm zerstreute die Flotte in alle Himmelsrichtungen. Wohin Agamemnon getrieben wurde, wussten wir nicht; wir verloren ihn aus den Augen. Das Schiff mit dem kleinen Ajax sank; so straften die Götter ihn für die Schändung des Tempels der Pallas Athene. Von Menelaos' Schiffen gingen sechsundzwanzig verloren, und wir selbst trieben tagelang hilflos vor dem Wind. Als wir schließlich Land sahen, war es eine flache, sandige, von Palmen gesäumte Küste. Wir waren in Ägypten.

Ägypten. Benommen gewahrten wir eine seltsame Welt aus Grün, Blau und Braun – die drei Farben Ägyptens. Grün an den Ufern des Flusses und der Bewässerungskanäle, Braun überall sonst – der Sand, das trübe Nilwasser, die Lehmziegelhäuser. Und blau über allem der klare, wolkenlose Himmel.

Sogleich wurde Menelaos von Soldaten des ägyptischen Königs festgenommen – des Pharaos, der nilaufwärts in einer Stadt namens Memphis residierte. Uns blieb nichts anderes übrig, als mitzugehen. Die meisten seiner Soldaten waren mit den Schiffen untergegangen, und er konnte keinen Widerstand leisten.

Der Nil war ein breites, flaches, langsam fließendes Band, ganz anders als der Eurotas oder der Skamander. Strömung und Wind glichen einander aus; der Wind wehte mit der gleichen Geschwindigkeit stromaufwärts, mit der der Fluss dem Meer entgegenfloss. Wer den Nil hinunterfahren wollte, überließ sich der Strömung, wer nilaufwärts wollte, setzte einfach ein Segel.

Der Pharao und seine Gemahlin empfingen uns freundlich, aber niemand tat so, als wären wir etwas anderes als Gefangene. Sie wussten wenig über den Krieg in Troja; Ägypten war weit entfernt von allem, was anderswo vor sich ging. Mit höflicher Neugier hörten sie zu, als Menelaos versuchte, ihnen zu beschreiben, was geschehen war. Ich merkte wohl, dass er nicht erwähnte, warum alles begonnen hatte. Vielleicht nahm er an, dass es ihn in ein allzu schlechtes Licht setzen würde.

Der Pharao ließ uns ein gemeinsames Quartier zuweisen. Jetzt musste ich in einem Zimmer mit Menelaos schlafen. Ich rechnete nicht damit, dass er sich mir nähern würde, aber ich erschrak, als er seine Tunika abstreifte, denn eine riesige Narbe reichte vom Oberschenkel bis zur Leiste. Jetzt wusste ich, warum er sich so verhalten bewegte: Er hatte einen Teil des Beinmuskels verloren.

»Du gaffst, ja?«, fuhr er mich an. »Sieh dich nur satt. Das haben deine Trojaner getan. Mich zum Krüppel gemacht!«

»Du bist kein Krüppel –«, fing ich an. Er konnte sich doch noch bewegen, wenn auch nicht mehr wie ein junger Mann.

»Du siehst das Ende dieser Narbe nicht!«, schrie er wütend. »Du brauchst ihr nur weiter nachzugehen, dann wirst du schon sehen, wo sie endet!« Er packte meine Hand, zog mich zu sich heran und raffte sein Untergewand hoch. »*Das* hat dein Paris mir angetan! Aber eigentlich hatte er es schon getan, als du ihn erwähltest.«

»Es tut mir wirklich leid.« Ich meinte es aufrichtig. Die Ruinen Trojas, der Tod und die Zerstörung – mir stand der Sinn nicht mehr nach Leid und Rache. Menelaos' Verstümmelung konnte mir Paris nicht zurückbringen, und auch die singenden Kinder in den Straßen Trojas würden deshalb nicht wiederauferstehen. Das alles war sinnlose Verschwendung.

»Es kommt ein bisschen zu spät«, sagte er. »Ein bisschen zu spät. Hast du dich nicht gefragt, warum ich nicht in dein Bett gekommen bin, wie es nach all der Zeit mein Recht wäre?«

»Ich habe gehört, wie du Kassandra ›besudelt‹ genannt hast, und ich dachte, du siehst mich genauso.« Ich hatte auch nicht versucht, ihn umzustimmen. Mir war es recht gewesen.

»Es fällt schwer, dich anzusehen und so über dich zu denken.

Noch schwerer fällt es mir, dich zu sehen und zu wissen, dass ich so … verstümmelt bin.« Beschämt bedeckte er die rote Narbe. »Jetzt wirst du es der ganzen Welt erzählen, wirst ihnen sagen, dass Menelaos seine Mannbarkeit verloren hat – zwei Mal!«

»Ich werde niemandem etwas erzählen«, antwortete ich. »Wir sind Geschwister in unserem Unglück, ein Spielzeug der Götter. Wir haben beide nicht verdient, was wir bekommen haben.«

»Du hast es verdient. Du hast es herbeigeführt für uns alle.«

Sollte ich ihm sagen, was ich im Herzen dachte? Auch wenn es wehtun würde? »Ich wollte sagen, ich habe Paris mit seiner Pracht, seiner Schönheit und seiner Liebe nicht verdient. Und du hast nicht verdient, dass man dich zum Hahnrei stempelt und behauptet, du seist ein schlechterer Kämpfer als dein gewalttätiger Bruder.«

»Immer wieder Paris!«, rief er. »Immer ist er hier!« Er legte seine Hände an meinen Kopf und drückte fest zu. »Könnte ich ihn nur hinausquetschen, ihn vertreiben aus deinem Kopf!«

Ich wand mich los. »Das kannst du nicht. Er ist ein Teil von mir.«

Er wandte sich ab und warf sich auf das Bett. Steif blieb er so liegen, um die Narbe zu schonen. »Er ist im Hades!«, murmelte er. »Warum findet er keinen Frieden?« Er hustete. »Und lässt *uns* in Frieden?«

Der Pharao ließ mitteilen, dass man uns flussaufwärts nach Theben verfrachten würde, wo wir es bequemer hätten. In Wirklichkeit konnte er uns im entlegeneren Landesinneren desto besser gefangen halten. Aber soweit wir wussten, hatte er noch nicht versucht, ein Lösegeld für uns zu fordern. Er hatte überhaupt noch niemandem gesagt, dass wir dort waren.

Mit einer langen, an Bug und Heck vergoldeten Prunkbarke fuhren wir dorthin. Unter einem Sonnendach aus duftendem Zedernholz konnten wir das Land vorüberziehen sehen. Die Uferböschung glühte in der Sonne; Krokodile lagen träge am Rand des kühlen Wassers und ließen die Schwänze hineinhängen. Die Fahrt dauerte mehrere Tage, aber bei Sonnenuntergang des vierten Tages erblickten wir gewaltige Tempelbauten am linken Ufer. Rot leuchteten sie im ersterbenden Licht, mächtige Säulen, Reihe um Reihe, die sich endlos zu erstrecken schienen. Vom Boot aus klang der dunkel grollende Gesang der Priester bei ihren abendlichen Ritualen.

Ein nervöser Beamter zeigte uns den größten Tempel, nachdem wir unsere Unterkunft bezogen hatten und vom Stellvertreter des Pharaos empfangen worden waren. Auf der anderen Seite des Nils waren Gräber, kunstvoll erbaute, geheime Grabkammern, und der Pharao, erzählte uns unser Führer, sei schon dabei, seine eigene Gruft einzurichten, obwohl er noch jung sei. »Denn wir müssen auf die nächste Welt vorbereitet sein«, erklärte er ernst.

Wir wanderten durch den gewaltigen Tempel. Säulen, größer als jeder Baum auf Erden, trugen das Dach. Statuen ragten bis fast unter die Decke; manche stellten Pharaonen dar, andere ihre seltsamen Götter mit Köpfen von Krokodilen, Schakalen oder Falken, größer noch als das hölzerne Pferd von Troja. Priester in langen Gewändern und Priesterinnen mit kahl geschorenen Schädeln taten davor Dienst.

»Sieh doch!« Menelaos deutete auf eine Statue mit einem Krokodilskopf.

Weiter nilaufwärts liegt eine riesige Stadt, und dort haben die Priester einen Tempel, der größer ist als Troja. Dort gibt es Statuen, die fünfmal so groß sind wie ein Mensch. Wir müssen dort hinfahren. Sobald dieser Krieg vorüber ist. Paris. Paris hatte so gern herkommen und all diese Dinge sehen wollen, und –

Jetzt konnte ich sie nicht anschauen, nicht ohne ihn. Ich ertrug es nicht. Ich wandte mich ab und lief hinaus.

In dieser Nacht träumte ich von ihm. Er stand neben mir, betrübt darüber, dass er nicht hier war, und er wiederholte, was er vor so langer Zeit gesagt hatte. *Ich weiß so gut wie du, dass es nicht sein kann.*

»Still!« Menelaos saß unbeholfen auf meiner Bettkante und schüttelte mich. Seine großen Hände lagen auf meinen Schultern, aber er liebkoste mich nicht.

Paris verschwand in der Dunkelheit.

»Du hast gerufen«, sagte Menelaos. »Aber du hast nur geträumt.«

Paris!, musste ich gerufen haben. Ja, Paris war nur ein Traum gewesen.

»Ich danke dir.« Ich war gerührt, dass er versuchte, mich zu wecken und zu beruhigen, obwohl er gehört haben musste, dass ich den Namen seines Rivalen rief.

Zwar war ich am Tag zuvor aus dem Tempel geflohen, aber als Menelaos dorthin gerufen wurde, um mit einigen Beamten zusammenzutreffen, begleitete ich ihn. So schmerzhaft es auch war, ich hatte doch das Gefühl, dass Paris irgendwie hier war – besser gesagt, dass seine gleißende Abwesenheit an einem Ort, nach dem er sich gesehnt hatte, ihn mir näherbrachte. Trotz der sengenden Mittagssonne lag der Tempel in kühlem Zwielicht. Ich wanderte umher, als ein Knabe erschien, mich beim Arm nahm und zur Seite zog. Ich verstand ihn nicht, aber er war anscheinend sicher, dass ich mit meinem Besuch einen Zweck verfolgte und dass er wusste, was ich wollte.

»Seherin – sehr weise«, sagte er. Das heißt, es war alles, was ich verstand. Ich nahm in einer kleinen Kammer am Rand des riesigen Tempels Platz und wartete. Dann kam eine Frau herein. »Helena? Ich habe von dir gehört.«

Warum konnte ich sie verstehen? Aber ich konnte es. Dabei wusste ich nicht, in welcher Sprache sie zu mir redete und woher ich sie kannte. Ich nickte. »Ja«, sagte ich.

»Es ehrt uns, dass du unter uns weilst, wenn auch nur für kurze Zeit.« Wie alt mochte sie sein? Ich konnte es nicht schätzen. »Nun«, sagte sie, und ihre Stimme nahm einen energischen Tonfall an, »du bist zu mir gekommen, weil du weißt, was ich dir geben kann: das berühmte Elixier.«

Ich war nicht zu ihr gekommen, und ich wusste auch nichts

von dem berühmten Elixier. Doch ich wollte ihr nicht widersprechen. »Ja«, sagte ich.

»Wir hier in Ägypten verstehen uns seit langem meisterlich auf solche Tränke«, sagte sie. »Wir können dich jung oder alt machen, scharfsinnig oder vergesslich –«

»Oh, gib mir etwas dafür, denn ich möchte so vieles vergessen!«

Sie lächelte. »Nur diejenigen, die leidenschaftlich gelebt haben, verlangen diesen Trank. Andere, die nicht genug gelebt haben, wollen etwas, was ihren Taten mehr Bedeutung verleiht und sie vergrößert.«

Sollte ich es ihr sagen? *Ich habe einen furchtbaren Krieg verursacht. Ich habe Tausenden den Tod gebracht. Jetzt bin ich die Gefangene des Mannes, vor dem ich geflohen bin.* »Gib mir das Elixier des Vergessens!«, flehte ich sie an. »Und zeige mir, wie man es herstellt, damit ich davon trinken kann, solange ich lebe, denn ich werde es bis ans Ende meiner Tage brauchen!«

»Es ist sehr stark«, sagte sie. »So stark, dass du keinen Schmerz fühlen würdest, selbst wenn deine Mutter, dein Vater und deine Kinder vor deinen Augen getötet würden.«

Meine Mutter hatte sich schon selbst getötet, und was war mit dem sterbenden Paris? Was mit dem brennenden Troja? War dieses Elixier wirklich so stark, dass es das alles aus meinem Gedächtnis tilgen würde?

»Ich will es haben!«

»Wie du willst.« Sie machte sich an die Zubereitung. Die Phiole, die sie mir schließlich gab, war mit einer Flüssigkeit von warmer goldener Farbe gefüllt. Schnell, wie sie es mir befahl, trank ich alles aus. Ich fühlte wenig mehr als ein warmes Kribbeln, als das Elixier meinen Magen liebkoste. »Warte nur ab!« Sie fing an, ihre Gerätschaften zu reinigen und Flaschen und Krüge fortzuräumen.

Ich legte ihr eine Hand auf den Arm. »Du hast versprochen, es mir zu zeigen«, erinnerte ich sie.

Sie zeigte mir Flaschen mit Sirup, getrocknete Körner und kleine Rindenstücke und erklärte mir, in welchem Verhältnis und in welcher Reihenfolge sie gemischt werden mussten. Unterdessen spürte ich, wie mich ein gewisser Gleichmut, eine Leichtigkeit, überkam. Hoffentlich würde ich behalten, was sie mir da erzählte, denn plötzlich erschien es mir alles ziemlich unwichtig. Aber zugleich wusste ich, dass es von entscheidender Bedeutung war.

Mit zierlichen Fingern drückte sie den Stopfen in eine Flasche. »Jetzt denke an all die schmerzlichen Dinge«, sagte sie leise. »Es ist Zeit für die Probe.«

Ich atmete tief ein und dachte an Troja. Ich konnte die Flammen sehen und den Rauch riechen, ich hörte sogar die Schreie der Sterbenden, aber es war, als betrachtete ich ein Wandgemälde. Kein Schmerz durchzuckte mich bei seinem Anblick. Was ich sah, waren Häuser und Menschen, die ich nicht kannte. Ich wappnete mich und dachte an Paris. Oh, da war immer noch Trauer, ein Stich in meinem Herzen. »Es war nicht genug!«, sagte ich. »Gib mir mehr.«

Sie war überrascht. »Du fühlst es immer noch? Ich fürchte, es wäre gefährlich, mehr davon zu nehmen. Ist der Schmerz nicht so weit gedämpft, dass du ihn ertragen kannst?«

Ich nickte. Vielleicht wäre es ein Verrat an Paris, wenn er ganz verschwände.

Wir blieben sieben Jahre in Ägypten – unglaublich, aber so oft trat der Nil über die Ufer; damit maßen sie den Gang der Jahre, und so musste es wahr sein. Wer hätte gedacht, dass es sich so lange hinziehen könnte und dass wir es ertragen würden? Aber das Elixier … das Elixier verlieh mir die Kraft dazu. Es schob die Zeit zusammen, verkürzte sie, und die sieben Jahre huschten vorüber wie sieben Tage.

Nach vielen Verhandlungen konnte Menelaos den Pharao überreden, uns aus seinem Gewahrsam zu entlassen, und wir ließen uns mit gerefftem Segel von der Strömung nilabwärts zum Meer tragen. Die Frauen, die ihre Wasserkrüge zum Ufer hinabtrugen, blieben stehen und schauten zu uns herüber, wie es die Leute immer taten, wenn ein Boot vorüberfuhr. Hochgewachsen und aufrecht standen sie da, als wir ihre Welt verließen.

Menelaos nahm meine Hände. »Mir war, als gehörtest du hierher, als wärest du den ganzen Krieg hindurch hier gewesen. Ja, als wäre die wirkliche Helena – du – nach Ägypten gegangen, um dort auf mich zu warten. Nach Troja gereist war nicht die wahre Helena, sondern eine Doppelgängerin, ein Phantom. Insofern verlasse ich dieses Land nur widerwillig. Die Helena, die mit mir hier war, ist die Helena, um die ich im Wettstreit geworben habe und deren Verlust ich betrauern musste.« Er hatte einen Weg gefunden, damit zu leben.

Mir selbst erschien es gerade umgekehrt. Die wahre Helena war nach Troja gegangen, und die Helena, die sieben Jahre in Ägypten verbracht hatte, war ein Phantom, ein Geist. Nun würde dieser Geist verblassen und verschwinden, und die wahre Helena musste endlich nach Sparta zurückkehren.

LXXV

Wir landeten in Gytheon. Es kam mich hart an, denn dort hatte alles begonnen: An jenem unschuldigen Tag war ich mit Gelanor dort hingegangen und Aphrodite begegnet, und neun Tage später war ich mit Paris davongesegelt. Bei der Einfahrt in den Hafen warf ich einen verlorenen Blick nach Kranä hinüber, das trügerisch nah über den Wellen schwebte und mir winkte. Unsere Nacht dort … Die Wogen der Erinnerung durchfluteten mich, und es war mehr als nur Erinnerung, es war Sehnsucht und Verlangen. Vorbei das alles. Alles dahin, und am Ende dies: die zerknirschte, bußfertige Heimkehr der gefangenen Ehebrecherin.

Menelaos ging über die Planke an Land. Er bückte sich und goss ein Trankopfer für die Götter auf den Boden. »Ich danke euch«, sagte er, »denn ihr habt mich heimgebracht.« Er kniete lange Zeit da, während die Männer darauf warteten, dass sie das Schiff festmachen konnten.

»Komm!« Er streckte mir die Hand entgegen. Es war ein Befehl. Ich musste gehorchen und dorthin zurückkehren, wo ich gewesen war, und den Platz einnehmen, den ich vor so langer Zeit verlassen hatte.

Es wurde Nacht. Wir hätten in Gytheon bleiben und am nächsten Morgen nach Sparta aufbrechen können. Wagen erwarteten uns, aber sie hätten noch ein wenig länger warten können. Doch Menelaos stieg ein und rief: »Nach Sparta! Ich habe eine ganze Generation gewartet, und ich kann nicht länger warten! Mädchen, die am Tag meiner Abreise geboren wurden, sind längst Mütter!« Er hielt mir die Hand entgegen, und ich nahm meinen Platz an seiner Seite ein.

Zurück. Zurück auf einer Straße, von der ich geglaubt hatte, ich würde sie nie wiedersehen. Menelaos legte mir den Arm um die Taille. »Jetzt beginnt alles noch einmal«, flüsterte er mir ins Ohr. »Alles ist ausgelöscht. Es ist, als wäre es nie geschehen.«

Ich sah ihn an, sah die Falten in seinem Gesicht und sein schütteres Haar. »Es *ist* geschehen«, sagte ich. Aber ich wollte ihn nicht unglücklich machen. »Was werden wir vorfinden?«, fragte ich leise. »Ich habe Angst.«

»Das können wir nicht wissen.« Er umfasste den Rand des Wagens und blickte starr geradeaus. Ruckend fuhr der Wagen an.

Wir kamen über den letzten Höhenzug und sahen Sparta vor uns: Sparta, schlummernd am Ufer des Eurotas, ruhig und schön. Der schnell fließende Fluss funkelte im Mondlicht und warf es lachend zu uns herauf. Die Zitadelle, der Palast auf der Höhe, war deutlich zu erkennen.

Ich umklammerte Menelaos' Arm. »Lass uns hier warten. Es ist besser, wenn wir bei Tageslicht hinüberfahren, wenn sie im Palast wach und auf den Beinen sind.«

Er runzelte die Stirn. »Vor unserem eigenen Palast warten? Lächerlich!«

Er ließ die Zügel schnalzen, und die Pferde zogen an, den Burgberg hinauf.

Es war noch dunkel, als wir vor dem Tor ankamen. Es war fest verschlossen. Es war immer noch das gleiche rot bemalte Holztor wie damals. Menelaos rief nach der Wache, und mit schlaftrunkenen Augen öffneten sie uns, ohne sich besonders dafür zu interessieren, wer wir waren.

Auf dem Palastgelände war es still; das einzige Geräusch war das Knirschen unserer Wagenräder. Der untergehende Mond überflutete alles mit seinem kalten weißen Licht.

Du wirst zurückkehren. Im Mondschein. Ja, ich hatte Sparta im Mondschein verlassen, und jetzt kehrte ich genauso zurück, wie es mir geweissagt worden war.

Wir stiegen ab. Der Palast lag totenstill vor uns und wartete.

Langsam ging ich auf das Gebäude zu, in dem ich einmal gewohnt hatte. Es war furchtbar, dass es so unverändert aussah. Es hätte nicht so sein dürfen. Was geschehen war, hätte sich in den Mauern widerspiegeln müssen. Aber wie sollte das möglich sein?

Wir stießen die Tür auf und traten ein. Alles war unverändert – als wären Menelaos und ich erst gestern fortgegangen. Lautlos wanderte ich durch die Flure bis zum Schlafgemach. Das Mondlicht berührte das Bett.

»Morgen werden wir alles sehen«, sagte Menelaos. »Wir werden auf das Schlimmste gefasst sein. Aber bei Tageslicht können wir ihm ins Auge blicken.«

Der Mond schien schräg herein und zog seine Finger langsam zurück. Bald würde der Morgen dämmern. Ich wusste nicht, ob ich es schaffen würde, ihm ins Gesicht zu schauen. Wo war Hermione? Sie war jetzt erwachsen. Ich wollte sie sehen und in die Arme schließen, und zugleich wollte ich es nicht. Ich wusste, sie würde mich hassen. Wie sollte sie nicht?

Die unbarmherzige Sonne ging auf. Sie verschonte uns nicht. Wir mussten Sparta ins Auge sehen. Menelaos, nicht so bang wie ich, aber nichtsdestoweniger beklommen, kleidete sich an und machte sich bereit. Ich wusste nicht, was mich erwartete. Bald würde ich es wissen.

Mein Vater kam uns mit schlurfendem Schritt entgegen; seine Garde hatte ihn von unserer Ankunft in Kenntnis gesetzt. Zuerst erkannte ich ihn nicht – er war ein gebeugter, verkrüppelter Greis. Er konnte den Kopf nicht aufrecht halten, sondern musste uns aus den Augenwinkeln betrachten.

»Tochter?« Seine Stimme klang dünn und zittrig.

»Ja, Vater.« Ich trat ihm entgegen und nahm seine knochigen Hände. Aus der Nähe erkannte ich, dass er fast blind war; seine Augen waren weißlich verfärbt.

Er umarmte mich, und es war, als umarme mich eine leere Hülse. »Tochter«, murmelte er immer wieder. Dann wich er zurück und spähte mir blinzelnd entgegen. »Du bist alt!«, stellte er fest. »Dein Haar ist grau!«

Ich lachte – zum ersten Mal, seit ich den Palast betreten hatte. »Ja, Vater. Viel Zeit ist vergangen. Oder liegt es an deinem Augenlicht?«

»Ich sehe nicht mehr gut in letzter Zeit, aber das Gold in deinem Haar wird allmählich zu Silber. Und – du hast Falten im Gesicht.«

»Dann siehst du noch allzu gut.« Dass ich gealtert war, musste unübersehbar sein, wenn er es wahrnehmen konnte. »Berichte mir, Vater. Erzähle mir, was geschehen ist!«

»Mein liebes Kind …« Seine trüben Augen füllten sich mit Tränen. »So viele sind tot. Alle sind fort – deine Mutter, deine Brüder. Und deine Schwester Klytämnestra ist eine Mörderin. Sie hat Agamemnon getötet, als er zurückkam.«

»Was?« Menelaos stürzte heran und packte Vater bei den Schultern.

»Agamemnon ist mit seiner Kriegsbeute und seiner … dieser Frau aus Troja gelandet. Klytämnestra hat ihn feierlich begrüßt und getan, als sei sie überglücklich über seine Heimkehr. Die Signalfeuer hatten ihr die Kunde gebracht, und sie wusste, dass er kommen würde. Mit großem Getöse geleitete sie ihn in den Palast. Als Erstes begab er sich in das warme Bad, das sie ihm in einem silbernen Zuber hatte bereiten lassen. Nackt, ungeschützt, glücklich über seine Rückkehr – aber sie hat ein Netz über ihn geworfen und ihn erdolcht.«

Ich verspürte jähen … jawohl, Stolz. Nach allem, was Agamemnon ihr angetan hatte. Gerechtigkeit für Iphigenie! War es das, was ich flüchtig in meiner Vision gesehen hatte?

»Odysseus – nun, dem ist es ganz anders ergangen«, sagte Vater. »Als er nach Ithaka zurückkehrte –«

Mussten wir von Odysseus hören? Wenn er doch nur auch erdolcht worden wäre!

»– begab er sich verkleidet in den Palast, um zu sehen, was dort in seiner langen Abwesenheit geschehen war. Der Listenreiche! Denn der Palast war belagert von Feinden, obwohl seine Frau ihm treu geblieben war. Er musste sie alle töten, bevor er seinen rechtmäßigen Platz einnehmen konnte. Agamemnon hatte diesen Weitblick nicht. So liegt er in seinem Grab, während Odysseus wieder auf Ithaka herrscht.«

»Und was ist aus … der Trojanerin geworden?«, fragte Menelaos.

»Sie wurde auch getötet«, sagte Vater. »Bevor sie den Palast betreten konnte.«

Kassandra. Kassandra, noch ein trojanisches Opfer.

»Aber wer regiert jetzt in Mykene?« Menelaos klang verzweifelt.

»Meine Tochter Klytämnestra«, sagte er. »Meine Schande! Und ihr Geliebter, ihr Vetter Ägisthos. Oh, der Fluch auf meinem Haus hat sich erfüllt!«

»Und der Rest?« Von dem Fluch wollte ich nichts weiter hören. Es gab noch andere, die heimgekehrt waren. »Und Hermione?« Ich dachte an Neoptolemos und seine höhnische Drohung, sie für sich zu fordern.

»Oh, sie sind gekommen. Dieser Sohn des Achilleus ist hereingestürmt und hat Hermione gegen ihren Willen mitgenommen. Er hat sie gezwungen, ihn zu heiraten. Aber es sollte nicht von Dauer sein. Dieser gewalttätige Kerl versuchte, den Schatz aus dem Tempel des Apollon in Delphi zu stehlen, und wurde getötet. Jetzt sprechen die Leute von der ›Schuld des Neoptolemos‹, und sie meinen damit: Wie du tötest, so wirst du getötet werden.« So, wie er Priamos grausam vor dem Altar ermordet hatte, war auch er vor einem Altar erschlagen worden.

»Hermione! Wo ist sie?«

»Hier. Hier im Palast. Sie ist eine kinderlose Witwe ohne Hoffnung auf eine zweite Ehe: eine berüchtigte Mutter und ein gewalttätiger Gatte – das ist ein zweifacher Makel.«

Hermione – über dreißig jetzt, allein.

»Ich muss dich warnen: Sie ist nicht liebenswürdig«, sagte Vater. »Es widerstrebt mir, so über meine Enkeltochter zu reden, aber sie hat auch viel erdulden müssen.« Er nahm meinen Arm. »Geh nicht gleich zu ihr!«

Sie war also hier, ganz in der Nähe. Nur ein paar Schritte von mir entfernt. Aber ich musste noch warten. »Neoptolemos – hatte er noch eine andere Frau aus Troja bei sich?« Er hatte Andromache genommen. Was war aus ihr geworden?

»Oh, ja, diese hochgewachsene Frau. Sie ist ihm entflohen, als er Hermione heiratete, und hat sich mit irgendjemandem davongemacht. Sie sind in den Norden gegangen.«

Andromache. In Sicherheit. Ich hatte sie selbst nicht beschützen können, aber nun konnte Hektor in Frieden ruhen.

»Und meine lieben Brüder?« Ich musste alles wissen.

»Sie sind gemeinsam gestorben. Sie bereiteten sich darauf vor, bei der trojanischen Narretei dabei zu sein, als die Pfeile des Apollon sie ereilten.«

Agamemnon hatte also recht gehabt mit seinen grausamen Worten. Sie waren nicht mehr da; wir würden nicht mehr miteinander jagen oder reiten gehen. Nie wieder. Aber sie hatte ich nicht getötet. Sie waren fast die einzigen Männer, die ich kannte, die nicht in Troja gefallen waren. Persephone war gnädig gewesen und hatte sie nicht meinetwegen gerufen.

Plötzlich war ich so müde, dass ich kaum noch stehen konnte.

Das helle Tageslicht drehte sich um mich herum. Ich war wieder im Palast, aber alles war verändert. Alle waren tot.

Menelaos fiel mit mir auf das Bett. »Nie wieder werde ich seinen Arm umfassen. Und bei unserem Abschied haben wir uns gestritten.«

Es dauerte einen Augenblick, bis ich verstand, dass er Agamemnon meinte. »Immer quält uns die Erinnerung an den letzten Augenblick, den wir mit jemandem verbracht haben – an das, was wir gesagt und was wir nicht gesagt haben. Mit Mutter ... Oh, Menelaos, wie kann irgendeiner von uns ertragen, was die Jahre uns auferlegt haben?« Sehnsüchtig dachte ich an das Elixier und seine barmherzige Gabe – aber nein, ich musste jetzt alles fühlen.

»Wir können es nicht«, sagte er. »Darum gehen die Alten so gebeugt.«

Ich musste alles sehen. Der Palast mit allen seinen Räumen rief mich, und überall warteten Erinnerungen. Das Megaron, wo Klytämnestra und ich unsere Ehegatten gewählt hatten. Die Tore – das hintere, durch das Paris und ich geflohen waren, und das andere, durch das ich mich mit Klytämnestra geschlichen hatte, um in die Stadt zu gehen. Die große Wiese, auf der Menelaos und ich als Mann und Frau umherspaziert und Gelanor begegnet waren. Gelanor – auch er war jetzt fort. Die Wälder, in denen ich mit meinen Brüdern auf die Jagd gegangen war, das Flussufer, wo mein Wettlauf stattgefunden hatte ... Oh! Das alles war noch da, aber die Augenblicke, die mein Leben verändert hatten, waren dahin, untergegangen wie Troja.

Hermiones Baum war groß geworden. Sein dichtes Laub raschelte leise in der Sommerbrise. Das Pferdegrab – ja, dort hatte alles Unheil begonnen. Ich musste hingehen, es ansehen, musste seine Erde mit den Füßen treten und es verfluchen.

Der Grabhügel lag ein gutes Stück außerhalb von Sparta. Ich entsann mich, wie lange wir für den Weg dorthin gebraucht hatten, wie laut mein Herz geklopft hatte, wie sehr ich von Verwirrung und Verlegenheit ergriffen gewesen war. Nun ging ich diesen Weg noch einmal mit ruhigem Schritt, und ich sah alles, was ich damals nicht wahrgenommen hatte: die stillen Täler zu beiden Seiten, die dunklen Wälder, die Mittagshitze, die erdrückend auf dem Land lag.

Errichtet einen Hügel als Mahnmal, das an diesen Tag und diesen Eid erinnert!, hatte Vater gesagt. Laut und kraftvoll war seine Stimme an jenem Tag gewesen, nicht wie das Grillengezirp von heute.

Ich sah den Hügel vor mir, klumpig und uneben, aber unverkennbar.

Hügel – das Grab von Achilleus, das Mahnmal des geopferten Pferdes. Das eine führte auf geradem Wege zum anderen. Abscheuliche Haufen, Schandflecken in der Landschaft.

Ich kam näher und sah, dass der Erdhügel höher war, als ich gedacht hatte. Ich kletterte an der steilen Flanke hinauf und musste mich an Grasbüscheln festhalten, um mich hinaufzuziehen. Hier unter mir, hier lagen die Gebeine. Oh, die Männer hatten ihr Versprechen gehalten! Ich setzte mich auf den Gipfel des Hügels und dachte an die, die damals den Schwur abgelegt hatten. Vater hatte damit Blutvergießen abwenden wollen, doch stattdessen hatte er es herbeigeführt.

Omen. Wenn ich mein Leben noch einmal beginnen könnte, würde ich sie alle ignorieren, ich würde sie weder beachten noch versuchen, sie außer Kraft zu setzen. Wenn wir einfach über sie hinweggingen, würden sie vielleicht ihre Macht verlieren, wie auch die alten Götter und Göttinnen, die wir nicht mehr anbeten, nach und nach verblassen und ihren Einfluss aufgeben müssen.

Wie mild der Wind über dieses Gras wehte und es liebkoste! Gras wie in Troja, wo die Pferde geweidet hatten. Lebende und hölzerne. Troilos und seine Pferde, Paris und sein Ritt auf dem Wildpferd, Hektor der Rossbändiger. Tote Pferde in der Ebene von Troja. Die rätselhaften Pferdchen auf der Insel Skyros. Das geopferte Pferd, das hier schlief.

Ich ließ den Kopf auf die Knie sinken und schloss die Augen.

Ich wusste nicht, was ich hier zu finden erwartet hatte, aber es war nicht dieser schlummernde, verträumte Hügel. Wahrscheinlich döste ich ein, denn als ich die Augen öffnete, wogte das hohe Gras, und eine Frau stand vor mir.

Ich kannte sie nicht. Sie sah mich mit schmalen Augen an und beugte sich vor, um mir ins Gesicht zu schauen.

»Nicht so schön«, stellte sie fest.

Wer war sie? »Gut«, antwortete ich. »Denn dieses alte Lied ist öde geworden. Seine Zeit ist vorüber.«

»Aber vermutlich gibt es einige, die hartnäckig darauf bestehen würden, dass es noch stimmt.« Ihre Stimme klang feindselig, und sie starrte mich unverwandt an.

Ich stand nicht auf; sie setzte sich zu mir und beschattete ihre Augen.

»Ich habe gehört – wie wir alle hier in Sparta –, dass Helena zurückgekehrt ist.«

Sie kam also aus der Stadt. »Ja. Nach mancherlei Reisen.«

»Nach vierundzwanzig Jahren, um genau zu sein.« Ihre Worte klangen kurzangebunden. Aber da war etwas in ihrem Tonfall, in der Neigung ihres Kopfes ... Ich schaute ihr in die Augen. Braune Augen, die mich anstarrten.

»Die Zeit ist für mich nicht auf natürliche Weise vergangen. Die Götter haben die Jahre für uns alle in Troja verwirrt. Aber ich vertraue auf deine Rechnung.«

»Vierundzwanzig Jahre – das bedeutet, dass deine Tochter jetzt zweiunddreißig ist. Hermione. Hast du je an sie gedacht?«

Es war kühn von dieser Städterin, mich so zu verhören. Ich war immer noch und wieder die Königin von Sparta. »Jeden Tag«, antwortete ich. »Sie war mit mir in Troja. Sie ging mit mir durch die Straßen, sie wärmte sich vor dem Feuer in Priamos' Palast, sie wanderte mit mir auf den Berg Ida.«

»Nein, das habe ich nicht getan!« Abgehackt spie sie die Worte aus.

Hermione? Ich konnte nicht denken. »Aber ... Du bist ...?«

»Deine verlassene Tochter!« Sie sprang auf, damit sie auf mich herabschauen konnte. »Die, vor der du fortgelaufen bist!

Du hast mich hiergelassen wie ein weggeworfenes Spielzeug! Ja, ich bin Hermione!«

Ich raffte mich auf, allerdings nicht so behände wie sie. »Meine liebste Tochter, ich –«

»Tochter? Ich schäme mich, deine Tochter zu sein. Die Tochter Helenas von Troja! Ein anderes Wort für Schande!«

Ich betrachtete sie und erkannte nichts von dem Kind, das ich verlassen hatte. Diese Frau hatte braunes Haar, braune Augen und ein hübsches, aber nicht weiter bemerkenswertes Antlitz. Breite Füße in festen Schuhen ragten unter dem Saum ihres Kleides hervor.

»Mein Name ist nicht deine Schande«, widersprach ich.

»Ich komme oft her und versuche zu verstehen, was hier seinen Anfang genommen hat.«

»Aber das kannst du nicht«, sagte ich. »Es ist nur ein leerer Erdhaufen, und das Gras seufzt, wenn der Wind darüberstreicht. Du hättest deinen Großvater hören und die Männer sehen müssen, die hier versammelt waren.« Ich streckte die Hand aus; ich musste sie berühren. Sie wich zurück.

»Wie konntest du mich verlassen?«, fragte sie. »Wie kann eine Mutter ihr Kind verlassen? Wegzulaufen mit diesem Jungen, der kaum älter war als ich –«

»Ich habe dich nicht verlassen. Ich wollte dich mitnehmen. Du wolltest nicht, du wolltest hierbleiben bei deinen Schildkröten und deinen Freundinnen.«

»Ich war neun Jahre alt! Wie sollte ich verstehen, was du von mir wolltest?«

»Das konntest du nicht.« Ich tat einen Schritt auf sie zu, aber wieder wich sie zurück. »Paris hat es gewusst.«

»Paris! Sprich diesen Namen nicht aus! Den Namen, der mir die Mutter geraubt und meine Großmutter in den Tod getrieben hat!«

Einst hatte sie ihn gerngehabt. Aber jetzt war er nur noch ein Symbol ihres Verlustes. »Paris –«

»Ich habe gesagt, du sollst den Namen nicht aussprechen!« Jetzt wandte sie sich zum Gehen.

»Warte!« Ich streckte die Hand aus. »Bitte geh nicht fort!«

Sie fuhr herum, richtete sich auf und raffte den Mantel um sich. »Wie oft wollte ich diese Worte zu dir sagen? Dich anflehen? Aber du konntest mich nicht hören, du warst zu weit weg.« Sie schwieg einen Moment. »*Viel* zu weit weg!«

»Meine Mutter …« Ich breitete die Arme aus. »Bitte erzähle mir davon.«

»Ich war es, die sie gefunden hat. Jawohl!«

Ich fuhr zurück, als hätte sie mich geschlagen. Ein so grauenvoller Gedanke war mir nie in den Sinn gekommen. Ich hatte immer angenommen, es sei eine ihrer Dienerinnen gewesen oder ein Soldat der Palastgarde. Nicht Vater, nicht Hermione. »Nein …«

»Was dachtest du denn, wer es gewesen sei? Oder hast du nie darüber nachgedacht? Ich kam früh am Morgen in ihr Gemach – sie hat immer gern mit mir gefrühstückt, und nachdem du fortgegangen warst, hatte ich sonst niemanden. Schon vor Sonnenaufgang ging ich hin – und fand sie. Sie sei schon seit dem Abend tot, sagte man mir, weil sie so blau war … Und ich nahm die verfluchten Schwanenfedern und verbrannte sie im Kohlenbecken, und wenn ich gekonnt hätte, hätte ich *dich* verbrannt!«

Jetzt … Jetzt musste ich sie in die Arme schließen. Sie wollte mich wegstoßen, aber ich umschlang sie schluchzend. »Du hättest recht getan«, brachte ich hervor. »Dieser Schwan – er soll verschwinden aus unserem Leben.« Oh, der Glanz der Götter und ihre kurzen Heimsuchungen – das Leid, das sie nach sich zogen, waren sie nicht wert.

Hermione sträubte sich nicht länger gegen meine Umarmung. »Bring mich zu ihrem Grab«, sagte ich. »Ich will ihr eine Opfergabe darbringen.«

Die Grabstätte befand sich in einer teilweise natürlichen Höhle, nicht weit vom Palast – eine kleine Grotte im Berghang, die man vergrößert hatte. Es waren vier Gräber: Mutters, Kastors, Polydeukes' und ein leeres, das auf Vater wartete.

»Ich komme jeden Tag hierher«, sagte Hermione. »Wie meine Cousine Elektra zum Grab ihres Vaters kommt und schwört, ihn zu rächen.«

Die kleine Elektra. Aber natürlich musste sie inzwischen auch eine erwachsene Frau sein. Wie konnte irgendjemand um Agamemnon trauern – und gar die Schwester der Unglücklichen, die er so gnadenlos ermordet hatte? »Ich weiß nicht genau, an wem sie Rache zu nehmen hätte«, sagte ich zögernd; ich wollte Hermione nicht vor den Kopf stoßen.

»An der Mutter, die sich einen Geliebten nahm!«, sagte Hermione erbost. »Anscheinend liegt es in der Familie.«

Nun musste ich wider Willen lächeln. »Es war ein Fluch, ein mächtiger Fluch auf unserem Hause. Wie ich sehe, hat er sich erfüllt.« Aber darüber wollte ich nicht sprechen. Jetzt gab es nichts Wichtigeres als meine Tochter und die Gräber meiner lieben Mutter und meiner Brüder.

»Hier.« Sie zeigte mir den großen Steinsarg, der in den Fels gehauen war. Darauf lag ein verwelkter Kranz.

Mutter. Oh, Mutter. Ich warf mich über den kalten Stein. Ich hatte nichts mitgebracht – aber nein, das stimmte nicht. Ich hatte mich selbst gebracht.

»Ich bin hier … Helena …« Ich murmelte zärtliche Worte und drückte die Lippen an die scharfe Kante des Steins. »Deine Helena.« Ich brauchte ihr nicht zu erzählen, was sich zugetragen hatte, seit wir auseinandergegangen waren. Ich brauchte ihr nichts von meiner Zeit in Troja zu erzählen und auch nicht, was mir seitdem widerfahren war. Die Toten sind gütig, sie fordern keine umfassende Rechenschaft.

»Und hier, deine Brüder.« Hermione zeigte auf die anderen Sarkophage.

Ich fiel vor ihnen auf die Knie und bat sie um Rat. »Ihr habt mich immer geführt«, sagte ich. »Ihr habt mich so vieles gelehrt.« Dass ich um sie trauerte, sagte ich ihnen nicht, denn das wussten sie. Wir dürfen mit den Toten nicht über Dinge reden, die sie schon wissen, denn das beleidigt sie.

»Und dieses Grab wartet auf Vater.« Sie deutete hinüber.

»Aber nach mir endet die Linie des Tyndareos. Ich bin die Letzte.« Traurig senkte sie die Stimme.

»Das kannst du nicht wissen.« Sie war noch nicht zu alt, um Kinder zu bekommen. »Du wirst einen neuen Gemahl finden. Neoptolemos war deiner nicht würdig. Ich habe seine unaussprechlichen Gräueltaten in Troja gesehen. Du sagst, ich hätte meinem Namen Schande gemacht, aber er hat den Namen seines Vaters Achilleus besudelt. Du bist frei, und es wird jemand kommen, den du lieben kannst.«

»Als Tochter Helenas –«, begann sie.

»Man wird erwarten, dass du schön und leidenschaftlich bist. Bist du es?« Jetzt musste ich kühn sein. Ich musterte sie. Ihr Gesicht war hübsch, und sie hatte dichtes, glänzendes Haar.

Errötend wich sie zurück. »Leidenschaftlich … Ich weiß es nicht.«

»Du bist es erst in den Armen des Mannes, den du liebst.« Ich beugte mich vor. »Für die Frau ist es der Mann, nicht der Augenblick. Das ist die Wahrheit. Für den Mann ist es umgekehrt.«

Ich hatte meine Tochter gesehen, und wir hatten erste zögernde Schritte zur Versöhnung getan. Die Vergangenheit würde immer da sein. Hermione würde mir noch lange Zeit misstrauen, aber sie hatte mich wachsam in den Vorhof ihres Lebens eingelassen. Das war mehr, als ich zu erbitten gewagt hatte.

LXXVI

Aus Angst, ich könne Hermione verjagen wie einen Schmetterling, der auf einer Blume saß, näherte ich mich ihr in den nächsten Tagen nicht allzu kühn. Ich ließ sie ihrer Wege gehen, auch wenn ich nicht müde wurde, sie anzuschauen – aber das tat ich nur verstohlen. Die Zeit. Die Zeit würde alles in Ordnung bringen. Daran musste ich glauben.

Und Zeit hatte ich im Überfluss. Nichts dehnte sich vor mir, nichts, wonach ich streben oder wovor ich zurückweichen musste. Ich betrachtete den Palast und das Gelände – so bescheiden im Vergleich mit dem Palast in Troja –, zufrieden, dass alles gut erhalten war. Verändert hatte sich wenig: Keine neuen Hallen waren erbaut, kein neuer Zierrat war angebracht worden. Ohne Mutter hatte Vater kein Interesse mehr an solchen Dingen. Ich wollte wissen, ob er je daran gedacht hatte, noch einmal zu heiraten. Er schaute mich mit seinen wässrigen, milchigen Augen an und sagte, keine Familie werde je in Betracht ziehen, sich mit dem Haus des Tyndareos zu verbinden; es sei ebenso verflucht wie das Haus Atreus.

»Dann sind Menelaos und ich ein passendes Paar«, antwortete ich. »Was ist mit dem ätolischen Sklavenmädchen, das Menelaos verlassen hat? Ich erinnere mich, dass sie schwanger war.« Ich bemühte mich, die Frage leichthin zu stellen, als sei es eine Nebensache.

»Sie hat Zwillinge geboren. Sie sind inzwischen erwachsen und leben noch im Palast. Sie haben die ganze Zeit darauf gewartet, dass Menelaos und ich sterben, bevor Hermione einen Erben zur Welt bringt. Nun, jetzt ist es aus mit ihrer Hoffnung auf den Thron. Menelaos soll ihnen ein bisschen Geld geben und sie fortschicken.«

Alles Unerledigte, das ich hinterlassen hatte, erwachte jetzt wieder zum Leben. »Ich möchte Klytämnestra sehen«, sagte ich. »Hast du sie gesehen, seit … Kommt sie je her?«

»Nein, Tochter, und ich konnte auch nicht zu ihr gehen. Ich wollte Sparta angesichts all dieser … Umwälzungen nicht in den Händen der Zwillinge lassen. Das erschien mir wenig klug.«

»Jetzt könnten wir zusammen zu ihr reisen. Menelaos wird hier für Ordnung sorgen.«

Er seufzte. »Ich fürchte, ich bin inzwischen zu gebrechlich. Das Geschaukel auf dem Wagen könnte ich nicht mehr vertragen, und den letzten Aufstieg zum Palast bewältige ich auch nicht mehr.«

Mir fiel auf, dass mein Vater mich kaum einmal nach Troja

fragte. Er war offenbar nicht neugierig darauf. Vergeht die Neugier mit dem Alter, wie es die Beweglichkeit tut? Oder war er wie Mutter von Scham erfüllt?

»Ich werde mich in ein paar Tagen auf den Weg machen«, sagte ich. Ich sehnte mich danach, Klytämnestra wiederzusehen und endlich zu hören und zu berichten, was in den langen Jahren geschehen war.

Menelaos war nicht erfreut. Er wollte mir verbieten, sie zu besuchen. Meine Schwester hatte seinen Bruder ermordet und lebte mit einem anderen Mann zusammen. Die Ähnlichkeit mit seiner eigenen Geschichte war zu groß.

»Ich billige nicht, was sie getan hat«, sagte ich. »Ich verabscheue es. Aber sie ist meine einzige Schwester, und dein Bruder hat ein schweres Verbrechen an ihr begangen. Wir brauchen es nicht weiter auszuführen. Bedenke nur: Wie du deinen Bruder trotz seiner üblen Seiten geliebt hast, so liebe ich meine Schwester. Wenn ich nicht zu ihr gehe und sie besuche, fügt sich ein weiteres Unrecht zur großen Last des Krieges.«

»Ich nehme an, du willst Hermione mitnehmen? Aber ich will nicht, dass sie in die Nähe dieser Frau kommt!«

Ich hatte daran gedacht, ja – denn hatte sie nicht einst bei Klytämnestra gelebt? Aber ich wusste, dass auch ihre Antwort ein Nein sein würde »Das verstehe ich«, sagte ich. »Ich werde allein fahren – aber natürlich nicht ohne Wagenlenker und Leibwache.«

Er nahm meinen Arm. »Sei vorsichtig!«, sagte er.

»Glaubst du, sie würde mir etwas antun?« Seltsam, dass er so etwas andeutete.

»Du hast sie seit vielen Jahren nicht gesehen. Du weißt nicht, was du antreffen wirst.«

»So war es auch bei dir und mir«, erinnerte ich ihn. Darauf ließ er den Kopf hängen wie ein geprügelter Hund, wie er es so oft tat. »Ich werde mich vorsehen«, versprach ich.

Ich fuhr nach Mykene! Ich würde dort sein, ohne die drückende Anwesenheit der beiden Brüder, ich würde Klytämnestra wiedersehen! An Ägisthos dachte ich nicht; für ihn war kein Platz in meinem Kopf. Es war ein frischer, klarer Tag. Ich hatte zwei Wagen für mich und mein Gefolge und einen langsameren Karren, beladen mit Gastgeschenken. Den ganzen Palast hatte ich danach durchstöbert; es war schwer, etwas zu finden, was es nicht auch in Mykene geben würde: die gleichen Salbentiegel aus Alabaster, die gleichen braun bemalten Henkelkrüge, die gleichen duftenden Gewänder. Rumpelnd ging es den steilen Berghang hinunter und hinaus in die Ebene mit ihren Platanen, den kleinen Obstgärten und Gerstenfeldern. Hier war nichts zerstört wie in Troja; doch die Abwesenheit der Männer, die das alles immer gepflegt hatten, hatte für eine Verwahrlosung gesorgt. Viele Soldaten waren nicht aus dem Krieg zurückgekehrt, und es würde eine ganze Generation dauern, bis das Land wieder in voller Blüte stände.

Warum, warum waren sie fortgegangen? Wie hatte Menelaos sie dazu überreden können? Er musste ihnen einen schnellen Sieg versprochen haben und Ruhm und Beute dazu. Aus alldem war nichts geworden. Nur die Fürsten und die wenigen Glücklichen, die heimgekehrt waren, hatten Beute mitgebracht. Statt Sparta zu bereichern, hatte der Krieg es arm gemacht.

Mein Wagenlenker deutete auf einen Pappelhain an einem Bach. »Dort«, sagte er. »Dort hat Menelaos sein Heer versammelt.«

Er hatte mir davon erzählt. Diese verfluchte Stätte – sie hatte alle die, die sich dort frohen Mutes eingefunden hatten, zum Untergang verurteilt. Eine große Platane stand etwas abseits. Es musste die sein, die Menelaos zum Gedenken an den Krieg gepflanzt hatte. Bei ihrem Anblick überlief es mich kalt. Ich dachte an die Eiche vor dem Tor in Troja, das zweite Mahnmal dieses Krieges. Von ihr war nichts mehr übrig.

Wir verließen die Ebene und fuhren hinauf ins Gebirge. Die Wagen fuhren dem schweren Karren bald davon. Falken kreisten spielerisch über uns am Himmel.

Wir brauchten einen Rastplatz für die Nacht, dehalb hielten wir in einer kleinen Senke, die einen sicheren und geschützten

Eindruck machte. Die Vögel verschwanden vom Himmel, und statt ihrer kamen Fledermäuse aus ihren Verstecken geflattert und huschten pfeilschnell durch das schwindende Tageslicht. Wohlbehalten und müde legte ich mich nieder und schlief tief. In dieser Nacht brauchte ich das Elixier des Vergessens nicht.

Im Morgengrauen brachen wir wieder auf. Aber irgendwann im Laufe der Nacht hatten Menelaos' warnende Worte sich wie ein Fleck in mir ausgebreitet, und nun verfärbten sie alles, was ich sah. Meine Bangigkeit wuchs, je näher wir Mykene kamen. Plötzlich erschien mir alles verdächtig. Die Leute auf den Feldern schauten mürrisch zu uns herüber. Keine Falken kreisten am Himmel, der jetzt von kleinen Wolkentupfen übersät war.

Was würde ich vorfinden? Plötzlich kam es mir naiv vor zu glauben, Klytämnestra und ich könnten einander wiedersehen, als hätte sich nichts geändert. Ich hätte einen Boten vorausschicken und ihr meinen Besuch ankündigen sollen. Ich hätte ihr Gelegenheit geben sollen, sich vorzubereiten oder mich abzuweisen. Ich umklammerte den Wagenrand, und die holprige Fahrt ging weiter.

Die Männer lachten und scherzten. Für sie war es ein schöner Tag. Aber mir klopfte das Herz bis zum Hals, als würde ich von einer Hundemeute gehetzt. Etwas furchtbar Drückendes lastete auf uns, aber sie sahen und fühlten es nicht. Nur mein Zweites Gesicht offenbarte es mir, und es wurde immer stärker, je mehr wir uns Mykene näherten.

Schneller, schneller! Am liebsten hätte ich sie angetrieben. Vielleicht könnten wir dort sein, bevor es passierte. Es war wichtig, dass es uns gelang. Nur deshalb hatte ich diese Reise ausgerechnet an diesem Tag unternommen. Das wusste ich jetzt.

»Schneller!«, rief ich, und mein Wagenlenker erschrak. »Wir müssen schneller fahren!«

Er lächelte. »Oh, wir haben genug Zeit, Herrin. Wir werden auch so vor Einbruch der Dunkelheit dort sein.«

»Das ist zu spät, zu spät! Ich sage dir, fahre schneller! Die andern können uns folgen, aber wir müssen so schnell vorankommen, wie die Pferde nur laufen können.«

Er blickte mich verwundert an. »Das tut ihnen nicht gut. Sie werden sich überhitzen.«

War mein Schicksal denn immer mit Pferden verknüpft? »Vergiss die Pferde!«, rief ich. »Etwas Schlimmeres wird geschehen – es geschieht bereits –, wenn wir nicht rechtzeitig eintreffen!«

Er wollte widersprechen, aber ich war seine Königin. »Wie du meinst«, grunzte er und holte mit der Peitsche aus.

In Windeseile jagten wir den Berg hinauf; der Kies spritzte unter unseren Rädern auf. Fast war es, als flöge ich, aber mein Herz schwang sich nicht in luftige Höhen. Schwarze Angst hatte mich gepackt, so schlimm wie zuletzt, als ich von Paris und dem Pfeil geträumt hatte.

Nur noch die nächste Anhöhe dort! Ich erinnerte mich gut an die Landschaft. Wir waren fast da, fast schon in Sichtweite. Mykene war unsichtbar versteckt in einer Bergschlucht, man sah es erst, wenn man um die letzte Wegbiegung kam: Erst dann ragte die Felsenfestung, an die Bergflanke geschmiegt, plötzlich vor einem auf.

Die schweißbedeckten Pferde wollten langsamer werden, und ich beschwor den Lenker, sie weiter anzutreiben. Alles wirkte wohlgeordnet und ruhig. Einen Augenblick lang fühlte ich mich töricht und erleichtert zugleich.

Aber dann schoss ein Wagen aus dem Tor und raste auf uns zu. Die Pferde rissen wild wie Dämonen die Augen auf, und der Lenker trieb sie mit Geschrei zu immer schnellerem Galopp. Leute rannten zu Fuß hinter ihm her; Bogenschützen schossen Pfeile auf ihn ab, doch er war schon außer Reichweite für sie. Geschrei und Gebrüll hallten über den Berghang.

»Er wird uns überrennen«, rief mein Wagenlenker. Der schmale Weg bot nicht genug Platz für zwei Wagen. Er wollte beiseitelenken, aber ein Rad blieb in einer Furche stecken, und die Straße war nur zur Hälfte frei, als der rasende Wagen über eine Bodenwelle flog und geradewegs auf uns zuraste. Der Fahrer wollte ausweichen, aber er kam vom Weg ab und musste anhalten. Er sprang vom Wagen, packte die Zügel seines keuchenden Pferdes und wollte es an uns vorbeiziehen.

Sein Mantel und seine Unterarme waren mit Blut bedeckt, und seine Hände hatten die Zügel rot verschmiert. »Aus dem Weg!«, befahl er und zog sein Schwert. »Schaut mich nicht an!«

Aber ich konnte nicht anders. Er war jung und ansehnlich, und wahrscheinlich verbarg sich ein hübsches Gesicht unter dem Blut. »Wer bist du?«, rief ich. »Was hast du getan?« Es war, als gebe mein Zweites Gesicht mir das Recht, ihn danach zu fragen. Aber das konnte er nicht wissen – er wusste nur, dass ich ihm nicht gehorchte.

Er musterte mich aus schmalen Augenschlitzen, und die Frage *Wer bist du?* lag ihm auf der Zunge, als das, was mir immer verhasst gewesen war, mich rettete. »Helena. Du musst Helena sein. Die, die alles verschuldet hat, alles, was ich getan habe.« Aber er stieß mir das Schwert nicht in die Brust.

»Ich habe nichts zu schaffen mit dem, was du getan hast. Ich weiß nicht einmal, was es ist.«

»Ich habe meinen Vater gerächt. Ich habe viele Jahre dazu gebraucht, aber ich war noch ein Kind, als er ermordet wurde. Ein Sohn muss stark werden, bevor er Rache nehmen kann, und das dauert seine Zeit.« Er zerrte sein Pferd an uns vorbei, und es hörte sich an, als rede er vom Fischen oder vom Wetter.

Ermordet … Vater … Rache …

»Wen hast du getötet?«, rief ich.

»Meine Mutter.«

Er war Orestes, der kleine Sohn! »Du hast … deine Mutter getötet?« Beinahe so grausig wie diese Tat war der ruhige Stolz, mit dem er darüber redete.

»Es musste geschehen. Ja, und ihren Geliebten Ägisthos habe ich auch getötet.« Er sah benommen aus, und jetzt erkannte ich, dass er nicht ruhig oder gleichgültig war, sondern so betäubt, dass er kaum wusste, was er tat. Als er ans uns vorbei war, sprang er wieder auf seinen Wagen. »Geh und wische das Blut auf!«, rief er mir zu. »Sie ist *deine* Schwester. *Meine* Schwester hasst sie, und es könnte sein, dass sie den Leichnam schändet.« Er feuerte seine Pferde an, trieb sie zum Galopp und verschwand in einer Staubwolke.

Ich sank gegen meinen Wagenlenker. »Deshalb also wusste ich, dass wir uns beeilen mussten.« Mir war klar, dass meine Worte töricht klangen, wie sie es bei solchen Gelegenheiten immer tun. Es gibt keine Worte, die groß genug sind, um dergleichen zu fassen. »Und dennoch waren wir nicht rechtzeitig da.«

Die Meute der Verfolger kam über die Anhöhe und blieb vor uns stehen. »Ihr habt ihn entkommen lassen!«, schrien sie.

»Wir konnten ihn nicht aufhalten«, sagte mein Lenker. Bedrohlich rückten sie heran und richteten Speere, Pfeile und Schwerter auf ihn.

»Verschwendet eure Zeit nicht mit uns«, befahl ich ihnen. »Verfolgt ihn! Ich bin Helena, die Schwester der Königin. Lasst mich durch, damit ich mich um sie kümmern kann.«

Jetzt gerieten sie noch mehr in Zorn und Erregung. »Die Urheberin des Ganzen!«, zischte ein Mann. »Wenn du nicht gewesen wärest, wäre er niemals fortgegangen. Wäre er nicht fortgegangen, wäre auch alles andere nicht geschehen!«

»Ich habe es satt«, sagte ich. Und in diesem Augenblick wusste ich, dass ich mir diese Vorwürfe zum letzten Mal demütig angehört hatte. Ich würde es nicht noch einmal über mich ergehen lassen. Wäre dies nicht passiert, wäre jenes nicht geschehen. Ja. Aber wie lange konnte man so etwas treiben, wie weit zurück in die Vergangenheit? In Wahrheit nahm es niemals ein Ende. »Genug davon! Ich muss mich um meine getötete Schwester kümmern. Aus dem Weg!« Sie wichen beiseite wie Laub im Wind.

Jetzt gab es keinen Grund zur Eile mehr. Wir warteten, bis der zweite Wagen und der Karren mit den nutzlosen Gastgeschenken uns eingeholt hatten. Dann rollten wir auf die Festung zu, soweit die Straße es gestattete, als wären wir in unseren Wagen sicher. Aber am Fuße der Zitadelle mussten wir absteigen. Ein steiler Pfad führte zum Tor hinauf. Die Löwen darüber starrten zähnefletschend auf uns herab. Noch nie war mir wohl gewesen, wenn ich unter ihnen hindurchging, aber nun erschienen mir jene anderen Gelegenheiten glücklich im Vergleich zu heute.

Wie still es war! Keine Wachen, keine Arbeiter. Das Tor stand offen wie eine klaffende Wunde, die das Innere der Zitadelle bloßlegte. Wir traten ein, aber wir sahen niemanden. Waren sie alle hinausgelaufen, um den Mörder zu verfolgen? Ängstlich stiegen wir die Treppe hinauf, bis wir auf dem Gipfel angekommen waren, wo der Palast stand. Er hatte ein eigenes Tor, das ebenfalls offen stand, und wir gingen hindurch. Da waren die Werkstätten und Vorratshäuser, aber wir sahen nur den Palast selbst. Ich lief voraus; ich wollte vor den anderen eintreten. Die gespenstische Stille lag wie ein Nebel über allem. Als meine Augen sich an das Zwielicht im Innern gewöhnt hatten, erkannte ich geduckte Gestalten, die mit ersticktem Wimmern beieinanderkauerten.

Dort musste sie liegen. Ich ging auf die Stelle zu, aber erst als ich neben ihnen stand, bemerkten mich die verhüllten Gestalten. »Ist das die Königin?«, fragte ich.

Eine von ihnen hob den Kopf und warf die Kapuze zurück. »Wer bist du?«, flüsterte sie. Dann schüttelte sie den Kopf. »Es kann nicht sein, aber ich glaube, es ist Helena.«

»Es kann sein. Ich bin es.«

»Sie dachte, du seist tot«, sagte die Frau nüchtern. »Nach dem Untergang Trojas warst du verschollen. Jetzt ist es umgekehrt – du lebst, und sie ist tot.«

»Was ist passiert?« Ich musste es von Menschen hören, die sie geliebt hatten, nicht von ihrem Mörder. Ein mitfühlender Bericht würde vielleicht das Entsetzen mildern, das mich bei Orestes' stolzen Worten erfüllt hatte.

Eine andere aus dem Kreis der Trauernden antwortete mir. »Als sie ihren eigenen Sohn willkommen heißen wollte, hat er sie angegriffen und getötet. Er war so viele Jahre fort gewesen, und ihr Herz frohlockte über seine Rückkehr. Doch er war nur aus einem einzigen Grund gekommen: um sie zu töten. Er erstach sie, als sie die Arme ausstreckte, um ihn an sich zu ziehen.

Der erste Stich war tödlich. Sie hatte nur noch Zeit für ein Wort: ›Orestes?‹ Dann sank sie zu Boden. Hier liegt sie. Wir haben sie zugedeckt, sie jedoch nicht angerührt. Sie für ihre Bestattung bereit zu machen ist die Aufgabe ihrer Familie. Aber es ist niemand hier, der diese Aufgabe übernehmen kann.«

»Elektra«, sagte ich, aber ich dachte an das, was Orestes gesagt hatte.

»Sie will es nicht tun. In diesem Augenblick opfert sie am Grab ihres Vaters und erzählt ihm von der Mordtat.«

»Aber das ist nichts Neues«, sagte eine andere Zeugin. »Jeden Morgen und jeden Abend geht sie zum Grab ihres Vaters. Sie tut, als wolle sie ihn damit ehren, aber in Wahrheit suhlt sie sich in Hass und blutigen Rachegedanken. Tag für Tag leistet sie ihm Gesellschaft und treibt sich selbst zu schwarzer, bösartiger Raserei. Ich glaube wirklich, er selbst könnte Klytämnestra nicht so sehr hassen, wie seine Tochter es in seinem Namen getan hat.«

»Sie war es auch, die Orestes hergerufen hat, auf dass er ihr Arm sei und den Mord begehe. Jetzt ist er es, der von den unerbittlichen Furien gehetzt wird, aber was kümmert sie das? Nein, sie wird ihre Mutter nicht für das Begräbnis bereitmachen.« Endlich beantwortete eine Frau meine Frage.

»Dann werde ich es tun, und zwar bereitwillig.« Ich beugte mich hinunter, um die Decke herunterzuziehen. Mir graute vor dem, was ich sehen würde, aber ich musste anfangen. Langsam glitt die Decke über Kopf und Schultern hinunter bis zu ihren Hüften. Das lange Haar bedeckte ihr Gesicht. Von den Schultern bis zum Leib war sie rot von dem Blut, das sich in einer dicken, dunklen Lache unter ihr ausgebreitet hatte. Ihre Finger waren hineingetaucht. »Oh!« Ich fuhr zusammen. Behutsam versuchte ich ihr Haar beiseitezustreichen, aber die Enden klebten in dem Blut am Boden. Endlich konnte ich ihr Gesicht sehen. Die Augen waren weit aufgerissen; Überraschung lag darin. Überraschung, weil sie Orestes endlich wiedergesehen hatte? Überraschung, weil die Messerklinge so wehtat? Überraschung, weil sie sterben musste? Sanft schloss ich ihr die Lider. Ein wenig Wärme war noch unter ihrer Haut, aber die kalten Steine würden ihrem Körper bald den letzten Rest Wärme geraubt haben.

»Zwei traurige Wiedersehen«, sagte ich zu ihr. »Wäre unseres das erste gewesen, hätte das zweite vielleicht ein besseres Ende genommen.«

Eine schrille Stimme gellte durch die Halle. »Oder gleich zwei wären eines verdienten Todes gestorben, nicht nur eine.«

Ich fuhr herum und sah jemanden auf mich zukommen, eine junge Frau in schwarzer Trauerkleidung wie die anderen, jedoch mit einem hämischen Grinsen auf dem Gesicht.

»Oh, du musst Elektra sein, das sanftmütige Geschöpf, von dem ich so viel gehört habe.« Ich war überrascht vom scharfen Ton meiner Antwort. »Anmutig, liebevoll und freundlich.«

»Frage meinen Vater, und er wird dir sagen, dass es so ist! Frage *sie*, und sie wird etwas anderes behaupten. Es kommt immer darauf an, wer spricht.« Sie war so nah herangekommen, dass ich ihre Gesichtszüge erkennen konnte – dräuend und dunkel wie die Agamemnons. Einen Augenblick lang war es, als stände ich ihm wieder gegenüber.

»Du und meine Mutter, ihr seid wirklich Schwestern«, sagte sie. »Ehebrecherinnen und Verräterinnen ihres Gatten.«

»Wie es der Fluch auf unserem Vater wollte«, sagte ich. »Es ist schmerzlich, Töchter zu haben, die so viele Male verheiratet waren, das gebe ich zu.«

»Verheiratet?«, höhnte sie. »So hast du es genannt?« Stolz richtete sie sich auf. »Am liebsten nähme ich ein Messer und schickte dich zu ihr.«

»Aber dazu bist du zu feige«, sagte ich gelassen. »Jahrelang hast du gelauert und geplant und gewartet, aber dann musstest du deinen Bruder rufen, damit er die Tat für dich vollbrachte. Bah, was für eine jämmerliche, falsche Kämpferin du bist!« Ich wollte sie reizen, damit sie versuchte, mich zu schlagen, denn ich war sicher, dass ich – trotz ihrer Jugend – stärker war als sie. Ich wollte mit ihr kämpfen; mein Herz schrie nach ihrer Bestrafung, und ich wollte diejenige sein, die sie ihr zukommen ließ. Das war nicht edel, doch – die Götter mögen mir helfen – es war das, was mir durch den Kopf ging. Und sie, ohnedies schon rasend vor Wut, stürzte sich auf mich. Aber sie war leicht zu überwältigen, ich schleuderte sie gegen die Wand und riss ihren Kopf an den Haaren zurück. »Dein Vater«, keuchte ich, »würde sich für dich schämen. Du hast nicht mehr Kraft als ein alter, pissender Köter. Andererseits, er war ja selbst ein großmäuliger Windbeutel. Vielleicht hat er Verständnis für dich.« Ich ließ sie los, bevor ich ihren Kopf an der Mauer zerschmetterte und in dieser Halle noch ein Mord begangen wurde. Beschämt erkannte ich, dass ich sie benutzt hatte, um ihren Vater anzugreifen, wie ich es mir so lange sehnlichst gewünscht hatte.

»Hinaus!«, befahl ich ihr. »Lass uns allein und behellige den Geist deiner Mutter nicht länger.«

Die Dienerinnen hatten die ganze Zeit sprachlos und wie betäubt am Boden gekauert. Als Elektra sich aufraffte und hinauslief, murmelten sie: »Gut. Jetzt kann es weitergehen.«

»Wo ist … *er?*«, fragte ich.

»Er liegt draußen«, sagte eine. »Er wollte ein Willkommensopfer vorbereiten. Orestes hat ihn rücklings mit dem Speer durchbohrt, und er ist auf dem Altar zusammengebrochen.«

Mich schauderte. »Ein feines Geschwisterpaar, diese beiden.« Das beste seiner Kinder, Iphigenie, hatte Agamemnon in seiner Torheit geopfert, und diese beiden Ungeheuer hatte er am Leben gelassen. Er war nie besonders gescheit gewesen. Oder hatte er geglaubt, Artemis habe nur das Beste verdient und er müsse es ihr geben? Ich schüttelte den Kopf. Schluss mit den Gedanken an diesen Mann und an den Krieg! Sie durften das Ritual des Begräbnisses nicht verunreinigen.

Klytämnestra hatte bereits ein Grabmal neben dem Agamemnons. Dass sie an seiner Seite ruhen sollte, erschien mir falsch, aber ich sagte mir, sie habe jahrelang Zeit gehabt, sich ein anderes Grab errichten zu lassen, folglich müsse dies der Ort sein, den sie sich erwählt hatte. Als die Dienerinnen und ich das Leichentuch über ihr Gesicht zogen, nahm ich flüsternd Abschied von ihr. »Danke, dass du damals mit mir nach Sparta gegangen bist. Danke, dass du mir die Welt vor unseren Toren gezeigt hast. Ich werde es nie vergessen.« Wir streuten wilde Blumen auf das Leichentuch – einige davon hatten an jenem Tag auf den Wiesen geblüht –, und dann blieb uns die traurige Aufgabe, den schweren Steindeckel auf den Sarkophag zu schieben. Wir mussten unsere ganze Kraft aufwenden, aber am Ende bewegte er sich, und wir brauchten niemanden um Hilfe zu bitten.

LXXVII

Die Jahre vergingen, aber anders als in Troja, wo lockere, flauschige Tage sich zu einem straffen Garn gesponnen und die Zeit gerafft hatten. Nein, in Sparta war es umgekehrt: Die Fäden entwirrten sich, zerfaserten, und ein Tag war wie zehn. Ich benutze Begriffe aus der Spinn- und Webstube, um mein Leben in Sparta zu beschreiben. Anscheinend verbrachte ich einen großen Teil meiner Zeit mit Weben und Spinnen, auch wenn ich nichts so Schönes mehr hervorbrachte wie den verlorenen Teppich, den ich in Troja geschaffen hatte.

Die Jahreszeiten kamen und gingen in schwebender Zeitlosigkeit. Vater starb; nachdem er von Klytämnestras Schicksal gehört hatte, schien er zu schrumpfen im Schauder vor dem, was er als Erfüllung des Fluches betrachtete, der auf seinem Hause lag. Als ich mich von ihm verabschiedete, tat ich es nur mit leiser Trauer. In Wahrheit war er schon lange fort gewesen.

Nicht alle in Sparta waren dahingegangen. Mutter, Vater, Brüder, Schwester, ja. Aber ich, Helena, war noch da, und die Familie, die mir geblieben war, bestand aus Menelaos und Hermione. Menelaos und ich lebten in Frieden miteinander. Es war der schlurfende Frieden der Alten – ein Frieden, der sich herabsenkt, wenn alle anderen Sorgen gestorben oder verflogen sind. Wie alte, gebeugte Recken schauten wir über das Schlachtfeld hinweg, das übersät war von denen, die uns vielleicht überlegen gewesen waren und dennoch nicht überlebt hatten, und betrachteten uns als Kameraden.

Kameraden – mehr konnten wir nicht sein. Nie wieder würden wir Mann und Frau im eigentlichen Sinn sein. Wegbegleiter, wachsame Freunde, Schlachtveteranen, Gefährten, ja, all das. Aber keine Liebenden, nicht einmal ein treues Ehepaar. Troja und seine Verwundungen – die körperlichen und die seelischen – hatten dafür gesorgt.

Es lag auch Trost darin, eine Art Endgültigkeit. Ich konnte die Hand nach Menelaos ausstrecken und beschließen, ihm durch die langen Jahre zu helfen, die vor ihm lagen, ihm eine Stütze zu sein, wenn er sie brauchte, und das Gleiche von ihm erwarten.

Und Hermione? Auch sie wurde mit den Jahren milder gegen mich. Wir arbeiteten Seite an Seite, wir spannen und webten – wieder diese Frauenarbeit! Den Göttern sei Dank dafür! –, wir kümmerten uns um die Bedürfnisse des Palastes, ich lernte sie kennen, und sie lernte mich kennen.

Sie war nicht wie ich. Ein Kind ist es nie. Aber das glaubt man nicht, solange das Kind nicht herangereift ist. Deine Kinder sind für alle Zeit Teil deiner selbst, vom Augenblick ihrer Geburt an, und deshalb nimmst du an, auch du seist ein Teil von ihnen. Aber sie existieren völlig für sich allein, sie suchen ihre eigenen Geheimnisse und ertragen ihre eigenen Enttäuschungen. Und wenn sie belieben, sie dir zu offenbaren, gehörst du zu den glücklichen Müttern.

Mit wachsamen Augen beobachtete ich, wie Hermione ihren Weg ging: diszipliniert und einsam. Sie war ansehnlich, aber kein Mann wollte sie ansehen, die Tochter der widerspenstigen Helena, die Witwe des grausamen Neoptolemos. Ohne eigenes Verschulden war sie eine Aussätzige, wie sie es beklagt hatte.

Sie schien es hinzunehmen; sie nahm das meiste leichter hin als ich. Vielleicht war das der Vater Menelaos in ihr, die nicht wie Helena war. Wie ich sagte: Sie war nicht wie ich. Sie ging zwar nicht zärtlich und liebevoll mit mir um, aber mit der Zeit doch herzlich und freundlich.

Und dann kam Orestes und warb um sie. Orestes – ein anderer als der benommene, verwirrte Mörder, dem ich auf der Straße nach Mykene begegnet war. Dieser Mann war zurückhaltend, selbstsicher, höflich. Er besuchte Menelaos und freite um Hermione, und er trat als Bittsteller auf.

Er und Menelaos zogen sich zurück, und was sie besprachen, drang nicht an mein Ohr. Ich wusste nicht, was zwischen ihnen besprochen wurde, bis sie das Zimmer verließen und Menelaos murmelte: »Ich bin zufrieden.« Aber Menelaos war jetzt mit allem zufrieden. Später – nachdem Orestes nach dem Gesetz der Gastfreundschaft zur Nacht in einem erlesenen Gemach untergebracht worden war – berichtete Menelaos mir, Orestes habe endlich Buße für den Mord geleistet. Die Furien hätten ihn gejagt, und er habe sich den Daumen abgeschnitten, um sie zu beschwichtigen, und manch andere Großtat vollbracht, bis sie endlich zufrieden waren. Zwei unvereinbare Aufgaben hätten ihn in qualvolle Zerrissenheit gestürzt: Er habe den Tod seines Vaters rächen und zugleich seine Mutter in Ehren halten müssen. Das habe ihn an den Rand des Wahnsinns getrieben, und vielleicht sei er sogar eine Zeitlang wirklich wahnsinnig gewesen.

»Es ist vorüber, Helena«, sagte Menelaos. »Es ist endlich vorüber.«

Ja, alles war vorüber. Ich schaute ihn an und sah einen alten Mann, wo einst ein eifriger, kraftvoller Freier gestanden hatte. Aber was sah er, wenn er mich anschaute? Eine Gefallene gleichermaßen.

»Wirklich?«, fragte ich und dachte, er meine unsere Geschichte.

»Ja«, sagte er. »Der Fluch auf den beiden Häusern ist gebannt. Hermione ist an allem unschuldig, und Orestes hat Buße getan. Der Fluch ist begraben. Denke doch – unsere Enkel können als gewöhnliche Menschen leben. Ohne Flüche, ohne Prophezeiungen, nicht als Halbgötter. Wie ich sie beneide!«

»Sie werden eine Freiheit haben, die wir nie hatten«, räumte ich ein. Aber der Glanz war dahin.

Wir vermählten Hermione mit Orestes in aller Feierlichkeit. Sie war glücklich über ihre Befreiung aus dem trostlosen Haus der Witwenschaft. Sie habe schon immer Gefallen an ihm gehabt, schon von Kindesbeinen an, vertraute sie mir an. Ja, sie vertraute es mir an! Welch unerwartetes Geschenk machte sie mir mit diesem Vertrauen, ohne zu ahnen, was es mir bedeutete.

»Manches wendet sich irgendwann zum Guten«, sagte ich. »Manchmal erfüllen sich unsere zärtlichsten Wünsche.«

Sie bekamen einen Sohn, Tisamenos. Hermione bat mich, bei der Entbindung zu helfen, und ich tat es mit Freuden, obwohl eine Hebamme in der Nähe war. Noch vor Hermione hielt ich meinen Enkel in den Armen, ich sah in sein runzliges rotes Gesicht und dankte den Göttern für die glanzlosen Jahre, die mir erlaubt hatten, mit Hermione zusammen zu sein, und die mir ihren Sohn in den Arm gelegt hatten. Eine Hochzeit, eine Geburt: Beides, so hatte ich geglaubt, wäre durch das Grauen des Krieges für immer verdrängt worden, und jetzt nahm beides still seinen Fortgang.

»Er wird kein Held werden«, sagte sie und wiegte ihn in den Armen. »Er wird nicht zu Höherem berufen sein, sondern seine Pflicht nach der Art gewöhnlicher Sterblicher tun müssen.« Sie sah mich an. »Mutter, kannst du damit zufrieden sein?«

Ich beugte mich über sie und strich ihr über das Haar, eine Geste, die sie mir nur selten gestattete. Aber dies war ein kostbarer Augenblick. »Ich habe genug von Helden«, sagte ich. »Tisamenos wird ein besseres Leben haben, ohne in ihrer Welt zu wandeln.«

Menelaos kam herein. »Das Zeitalter der Helden ist vorüber«, sagte er. »Und ich für meinen Teil betrauere sein Hinscheiden nicht.«

Hermione sah voller Mitgefühl zu ihm auf. »Dass du ein Held sein wolltest, Vater, hätte dich beinahe das Leben gekostet und mir den Vater geraubt.«

»All diese Helden«, sagte er verträumt. »Alle dahin. Wir, die wir nicht ganz so heldenhaft waren, sind noch da und dürfen die Sonne sehen.« Er beugte sich über Tisamenos und betrachtete sein Gesicht. »Ich kann dir kein besseres Schicksal wünschen. Mein Enkelsohn, sei kein Held!«

Das Zeitalter der Helden war wirklich vorüber, und Tisamenos hätte keiner werden können, selbst wenn er darauf gebrannt hätte. Eine mächtige Wand aus Bronze umgab diese alten Helden; sie hatte sich vom Himmel herabgesenkt, und niemand konnte sie aufheben oder übersteigen. Jedes Zeitalter schenkte seine eigene Glorie, aber das meines Enkels konnte nicht das Zeitalter Menelaos' sein.

Die ganze Zeit über schien der Trojanische Krieg zu wachsen – in Liedern, Gedichten und Geschichten. Je mehr er aus dem Gedächtnis der Lebenden verschwand, desto größer wurde er. Viele behaupteten, von diesem oder jenem Helden abzustammen – oder doch wenigstens von jemandem, der in diesem Krieg gekämpft hatte, in einem Krieg, der inzwischen das Ausmaß eines Kampfes zwischen Göttern und Titanen angenommen hatte.

Warst du in Troja? Diese Frage wurde zu einem feierlichen Eidverlangen, und die Frage: *Wo warst du, als der Trojanische Krieg stattfand?*, zog Verdammnis nach sich, wenn die Antwort lautete: *Anderswo*.

Troja, Troja. Die Welt war verliebt in den Trojanischen Krieg, nun, da er wirklich vorüber war.

LXXVIII

Immer weniger Veteranen aus dem Krieg waren noch am Leben. Wir sahen sie selten. Ein- oder zweimal kam Idomeneus zu Besuch, und auch zwei von Nestors Söhnen. Der alte Nestor war wohlbehalten heimgekehrt und hatte die Zügel seines Königreiches ungehindert wieder ergriffen, aber andere hatten weniger Glück gehabt. Odysseus' Sohn Telemachos, inzwischen ein erwachsener Mann, war einmal in Sparta gewesen, um sich nach seinem verschollenen Vater zu erkundigen; dieser war einige Zeit später heimgekehrt und hatte Ithaka im Chaos vorgefunden. Diomedes regierte, soweit man wusste, in Argos. Aber Nachrichten drangen nur spärlich über die Berge zu uns, und das zunehmende Räuberunwesen auf unseren Straßen ließ die Zahl der Reisenden drastisch sinken. Unsere Welt schrumpfte zusammen, eingegrenzt von Bergketten, vernachlässigten Straßen und eingestürzten Brücken. Je größer unsere Abgeschiedenheit wurde, desto mehr verlangten die Menschen nach Geschichten über den Trojanischen Krieg und den glorreichen Feldzug der Griechen über das Meer. Sie waren Balsam für diejenigen, die nicht einmal mehr durch Griechenland reisen konnten. Der Krieg hatte die Griechen reich machen sollen, aber sie waren jetzt ärmer denn je. Wem hatte die Kriegsbeute, die sich am Strand zu funkelnden Bergen getürmt hatte, etwas eingebracht?

Hermione schien mit ihrem Leben zufrieden zu sein. Orestes war vernarrt in sie. Anscheinend war er kuriert von aller Wildheit, von dem Wahnsinn, der ihn ergriffen hatte; jedenfalls legte er ein sonniges, friedfertiges Gemüt an den Tag. Er lief treu hinter Menelaos her und beobachtete, wie dieser seinen Pflichten und Aufgaben als König nachging, denn er wusste, dass er sein Nachfolger werden würde. Die beiden Königshäuser waren für alle Zeit vereint und hatten die Flüche, dic auf ihnen lasteten, in der Vergangenheit begraben, sodass sie die Zukunft nicht mehr vergiften konnten. In ihrem kleinen Sohn Tisamenos blitzte auch seine andere Großmutter immer wieder auf, und für mich war es, als hielten Klytämnestra und ich uns in ihm wieder bei den Händen. Dass aus dem blutigen Stamm von Mykene so großer Friede hatte sprießen können, war ein Wunder.

Ein Wunder wie das friedvolle Dasein, das Menelaos und ich in der Ruhe unseres Palastes pflegten.

Menelaos ging immer noch gern auf die Jagd, begleitet von seinen Knechten, von Orestes und dem kleinen Tisamenos. Der Junge, sagte er, solle sich niemals an eine Zeit erinnern, da er nicht habe jagen können. Wenn meine Brüder doch noch da gewesen wären! Wie gern hätten sie ihn alles gelehrt! Ich versuchte, die Erinnerung an sie in der Familie lebendig zu erhalten, indem ich von ihnen sprach, aber sie verblasste dennoch unerbittlich. Auch so vergehen wir, wir verschwinden aus dem Gedächtnis.

Es war ein Hochsommertag, als sie alle aufbrachen; eifrig kläffend sprang die Meute der Jagdhunde im Kreis herum, die Speere glänzten, und Knechte schleppten Eimer mit Pfeilen. Tisamenos trug eine kleine Jagdmütze, verziert mit nachgeahmten Eberzähnen aus fest zusammengerollter Wolle. Seine dicken Beinchen würden bald müde werden, aber dann würde Orestes ihn auf den Schultern tragen. Menelaos erschien mir so tatkräftig und aufrecht wie schon seit einer Weile nicht mehr; in letzter Zeit war er oft gebeugt gegangen und hatte sich immer wieder setzen müssen, und so war es eine willkommene Besserung.

»Wir werden ein paar Tage fortbleiben«, sagte er. »Wir gehen in die Wälder am Fuße des Taygetos oder noch weiter. Werden sehen, was wir dort finden.«

Früher hätte ich sie begleitet, aber jetzt blieb ich genauso gern zu Hause. Ich hätte noch mithalten können, aber es hätte mich angestrengt und deshalb wenig Spaß gemacht.

Wie alt war ich jetzt? Es war schwer zu sagen, weil die Zeit in Troja so ungewöhnlich gewesen war, aber ich musste bereits über sechzig sein. Es kümmerte mich nicht, schon lange nicht mehr. Aber manchmal erschrak ich doch, wenn ich daran dachte.

Sie blieben keine drei Tage fort. In der Abenddämmerung des zweiten kamen sie in einer bedrückten Prozession den Berg herauf zum Palast. Ich sah, dass sie etwas trugen, und zwar mit großer Sorgfalt – nicht wie ein Stück Wild, das sie mit nachlässigem Stolz an eine Stange gehängt hätten. Nein, es lag ausgestreckt unter einer Decke auf einer behelfsmäßig zusammengezimmerten Trage.

Ich flog ihnen entgegen wie bei dem Jungfrauenwettlauf vor so vielen Jahren, leichtfüßig wie jenes Mädchen, das es nicht mehr gab. Ich wusste, dass es Menelaos war, und als ich ihn mit starrem Blick dort liegen sah, verfluchte ich meine Gabe.

»Eine Giftschlange«, sagte Orestes. »Er ist daraufgetreten.« Er schlug die Decke zurück und zeigte mir den geschwollenen Knöchel, wo rot entzündete Streifen sich wie Finger am Bein heraufstreckten.

Menelaos' Gesicht war starr, aber seine Augen bewegten sich angstvoll hin und her. *Helena …*, versuchte er zu sagen, aber seine Lippen schienen verschlossen zu sein.

Ich nahm seine Hand und drückte sie. »Nicht sprechen«, sagte ich. »Schone deine Kräfte! Wir haben ein Gegengift …« Aber hatten wir es wirklich? Ach, wenn Gelanor doch hier wäre! Gelanor. Ich vermisste ihn noch immer und trauerte um ihn. Er hätte gewusst, was zu tun war. Ich schickte einen Sklaven nach unserem Leibarzt und nach Arznei. Die Diener trugen Menelaos ins Schlafgemach und legten ihn behutsam auf das Bett. Ich deckte ihn mit unserer feinsten Wolldecke zu, als könnte ihn das retten.

Helena … Er versuchte es immer wieder.

Hermione kam die Treppe heraufgelaufen. »Vater!«, rief sie, nahm ihn in die Arme und legte den Kopf an seine Brust. Sie weinte nicht, denn sie wollte ihn nicht beunruhigen. Nach einer Weile zog der Arzt sie beiseite und schüttelte den Kopf. Der kleine Tisamenos versuchte auf das Bett zu klettern; Hermione nahm ihn auf den Arm und trug ihn hinaus.

Ich stand in einer Ecke und grub die Zähne in die Knöchel meiner Hand. Ich hatte nichts davon vorhergesehen. Der Jagdausflug war mir ganz unschuldig erschienen. Mein Zweites Gesicht offenbarte mir nicht alles, sondern nur manches. Wozu war es gut, wenn etwas so Folgenschweres sich unbemerkt anschleichen konnte?

Ich zitterte. Ich hatte geglaubt, ich sei darüber längst hinaus und nichts könne mich mehr aus der Fassung bringen, was auch passieren mochte. Aber ich hatte mich geirrt. Menelaos lag im Sterben, und ich war unendlich traurig. Ich, die ich noch vor Jahren seine bloße Existenz verflucht hatte, sah jetzt mit tiefem Schmerz, was ein unachtsamer Schritt ihm eingebracht hatte.

Niemand kann ewig leben. Das wissen wir, und wir wissen auch, dass manch ein Tod besser ist als andere, aber oft kommt unser Tod auf eine Weise, die scheinbar nichts mit uns zu tun hat. Menelaos, der Recke, hätte auf dem Schlachtfeld sterben müssen, nicht als Siebzigjähriger im Bett an einem Schlangenbiss. So viele in unserer Familie waren von eigener Hand oder von der Hand ihrer Kinder gestorben. Und nun ein so ruhiger Tod für Menelaos. Aber er war immer ein ruhiger Mann gewesen.

Gegengift und Salben halfen nicht, doch ich hatte es auch nicht erwartet. Als es Nacht geworden war, zog ich mir einen Schemel an sein Bett, und Hermione setzte sich an seine andere Seite. Seine rastlosen Augen huschten zwischen uns beiden hin und her. Furchtsam sah er aus und zugleich resigniert. Immer wieder wollte er sprechen, aber er brachte kein Wort über die Lippen. Hermione und ich versuchten ihn zu beruhigen. Wir erklärten ihm, es sei nicht nötig zu sprechen. Doch offenbar gab es etwas, was ihm auf der Seele brannte.

Ich beugte mich so dicht wie möglich über ihn. »Ich höre«, sagte ich sanft.

»Helena«, flüsterte er. »Verzeih mir!«

Ich drückte seine Hand. »Ich glaube, wir haben einander schon längst verziehen, oder? Sorge dich nicht!«

»Nein … Ich muss es dir gestehen …«

»Ich weiß doch alles, mein lieber Freund.«

»Nein. Ich habe deine heilige Schlange getötet. Ich habe sie töten lassen, in Troja, weil … es das Einzige war, was ich dir in meinem Hass antun konnte. Paris konnte ich nicht töten, und so tötete ich … sie. Verzeih mir! Es war grausam. Und nun hat sie sich gerächt. Ich sterbe an einem Schlangenbiss.«

Meine geliebte Hausschlange, so grausam ermordet. Ich würde es nie vergessen. »Das warst *du*?«

»Einer meiner Spione.« Er blickte mich kläglich an. »Sag, dass du mir verzeihst! Ich glaube« – er seufzte –, »es ist die einzige Tat in diesem Krieg, die ich bereue. Seltsam, nicht wahr? So viele Menschen wurden getötet, und ich beklage den Tod einer Schlange.«

»Sie war unschuldig und hatte nichts zu schaffen mit dem Krieg. Deshalb war es ein Verbrechen, sie zu töten.«

»Ich wusste, dass es dich ängstigen und verletzen würde.«

»Das hat es getan.«

»Sag, dass du mir verzeihst, Helena. Bitte! Ich muss es hören, bevor … ich gehe. Bevor sich ihre Vergeltung vollendet.«

»Wir haben einander viel Schmerzhaftes angetan, obwohl es nicht in unserer Natur liegt. Ich verzeihe dir, und ich hoffe, du verzeihst mir das Unrecht, das ich dir angetan habe.«

»Es gab keines. Mit Ausnahme … des einen.«

Jetzt musste ich lächeln. »Das ist eine monumentale Ausnahme.« Ich spürte, dass sich in seiner Hand etwas veränderte; eine Schwere schlich sich in seine Finger. »Geh in Frieden!«, sagte ich. »Geh mit meiner Vergebung und meiner Fürsorge.«

Er entspannte sich, und selbst seine Lippen lösten sich zu einem Lächeln. »Ja«, flüsterte er. Er atmete aus und nicht wieder ein.

Mit einem Aufschrei warf Hermione sich über ihn. Ich trat zurück und schloss die Augen. Mochte er seine Reise in Frieden antreten.

»Herrin, es ist Zeit.« Jemand berührte mich bei der Schulter. »Du hast verschlafen.«

Troja … Ich war in Troja gewesen … Der Traum …

»Ich weiß, es ist schwer, aber du musst dich aufraffen. Menelaos kann nur einmal bestattet werden. Und heute ist der Tag. Mein Beileid, Herrin. Sei stark!«

Als ich weinte – und ich weinte nicht nur um Menelaos –, legte mir die Kammerzofe eine sanfte Hand auf die Schulter. »Ich weiß, du trauerst um ihn. Aber dennoch musst du –«

Ja, ich musste. Und danach musste ich weiter tun, was ich tun musste. Und ich würde stark sein. Ich fürchtete mich nicht davor.

Es gab einen Ort, den Menelaos geliebt hatte, damals in den Anfangstagen unserer Ehe. Er lag auf einem Hügel, hoch über dem Eurotas. Dort blickte man auf Sparta hinab und zu den steilen Bergen hinüber. Umgestürzte Steinblöcke ließen erkennen, dass hier in alten Zeiten der Palast meiner Familie gestanden hatte; Menelaos hatte davon gesprochen, ihn wieder aufzubauen, damit wir uns dorthin zurückziehen könnten. Der Ausblick war prächtig, und die Höhe wäre leicht zu verteidigen. Aber wir hatten es nie getan; Trägheit und die Vertrautheit mit dem alten Palast hatten uns daran gehindert. Nach dem Krieg hatte er nie wieder davon angefangen, als habe er alle alten Träume beiseitegeschoben. Jetzt sollte er dort ruhen, endlich angekommen in seinem neuen Palast.

Ich hatte ein Grabmal aus fein behauenen Steinblöcken bauen lassen. Es war nicht einfach gewesen, denn das Behauen der Steine kostete Zeit, und sie auf dem steilen Pfad heraufzuschaffen war mühsam. Doch ich wusste, Menelaos würde warten; er hatte schon so lange auf diesen Palast gewartet. Sein Geist würde mich nicht plagen, denn er würde verstehen, warum seine Bestattung aufgeschoben werden musste.

Und nun war alles bereit. Der Scheiterhaufen war längst zu Asche verbrannt, seine Gebeine lagen in einer bronzenen Urne, die Totenmähler – es hatten mehrere stattgefunden, an aufeinanderfolgenden Tagen, um seinen Schatten auf dem Weg in den Hades zu begleiten – waren vorüber. Menelaos war bereit für seine letzte Reise, und ich war zuversichtlich, dass ich all seine Wünsche erfüllt hatte, selbst diejenigen, die er nicht auszusprechen gewagt hatte. Mein Zweites Gesicht, mein Wissen über das, was andere dachten, hatte mich dazu befähigt, und so hatte die Gabe, die mir so oft Leid gebracht hatte, auch eine gute Seite.

Ich trug meine prächtigsten Gewänder, mein feinstes Kleid, meinen kostbarsten Schmuck. Wir würden dem Totenkarren mit unseren Wagen folgen – ich an der Spitze, Orestes und Hermione hinter mir und der kleine Tisamenos mit seiner Amme in einem dritten Wagen. Mit knarrenden Rädern rollten wir den steilen

Hang hinunter und fuhren dann langsam über den Wiesenpfad am Ufer des Eurotas. Oh, die Wiesen, in die Klytämnestra mich geführt hatte, der Hang, den Menelaos keuchend bezwungen hatte und den Paris und ich mit mörderischer Geschwindigkeit hinuntergefahren waren – gute Erinnerungen? Schmerzhafte? Schlimme? Sie alle verschmolzen miteinander und wurden eins, ein Teil dessen, was Helena zu Helena machte. An einer Stelle verbreiterte sich der sonst so reißende Eurotas zu einer seichten Furt. Der Totenkarren rollte schwerfällig durch das Wasser, das seine Räder fast bedeckte, aber er gelangte sicher ans andere Ufer.

Die leichteren Wagen durchquerten den Fluss mühelos. Ich warf einen Blick stromaufwärts, aber da waren keine Schwäne, nur klares Wasser. Seit meiner Heimkehr hatte ich keine Schwäne mehr gesehen. Vielleicht kamen sie nicht mehr her, wie ja so vieles nur zu bestimmten Zeiten geschah.

Endlich erreichten wir den Gipfel. Zufrieden sah ich, wie vollendet das Bauwerk erschien, das ich so hastig hatte errichten lassen. Die Steine ließen nicht erkennen, wie schnell man sie bearbeitet hatte; sie waren sauber behauen, scharfkantig, länglich, so lang wie die Armspanne eines Mannes. In drei Lagen übereinander bildeten sie eine Pyramide, so hoch – das erkannte ich plötzlich – wie das unheilvolle Pferd von Troja. Vielleicht sogar noch höher, vielleicht so hoch wie vier erwachsene Männer.

Der Himmel, der sich darüber wölbte, war tiefblau, und nur ein paar flauschige Wolken, die darüber hinzogen, ließen erkennen, dass es ein Himmel war und kein Gemälde. Hinter dem Menelaon – wie ich es nennen wollte – erhob sich das Taygetos-Gebirge von Sparta mit seinen spitzen, zerklüfteten Gipfeln. Wir hatten keine Zeit gehabt, Bäume zu pflanzen, aber die Kiefern, die den Hügel bedeckten, waren nicht angetastet worden; der Wind sang in ihnen und sandte ihren würzigen Duft zu uns, kraftvoller als Weihrauch.

Das Bauwerk hatte eine Öffnung, die die Asche aufnehmen sollte, einen kleinen Hohlraum mit einer festen Tür. Wenn die

Gebete und Abschiedsworte gesprochen wären, würden wir Menelaos' Überreste hineinbringen. Es gab auch eine Nische für meine eigene Asche. Doch sie würde dort niemals wohnen, das wusste ich. An ihrer statt würde ich meinen silbernen Spinnrocken hier lassen – als Symbol meiner Pflicht, die ich bald aufkündigen würde.

Meine Aufgabe war es, die Urne an ihren Platz zu bringen. Ich nahm das polierte Bronzegefäß in beide Hände und bedachte mit Staunen, dass es einen Mann enthalten konnte, ihn und alles, was ihn zum Mann gemacht hatte. Orestes stützte die schmerzgebeugte Hermione hinter mir. Das feierliche Ritual musste befolgt werden. Schweigend traten wir der Öffnung entgegen. Ich schob die Hand hinein, tastete umher und stellte die Urne darin ab. Die Kammer war so klein, so winzig. Aber sie würde Bestand haben, wenn alles andere vergangen wäre.

Die Maurer, die im Schatten der Kiefern gewartet hatten, traten jetzt vor, um den Stein an seinem Platz einzumörteln, der Menelaos' letzte Ruhestätte versiegelte. Hier würde er nun in Ewigkeit regieren.

Ich unterdrückte ein Schluchzen und wandte mich ab. Es war unerträglich, ihn hier zu wissen.

Um die Wahrheit zu sagen, es war unerträglich, irgendeinen von uns in der Dunkelheit einer Urne zu wissen. Mutter, Vater, meine Brüder, alle waren inzwischen zu Staub zerfallen. Auch für mich würde es irgendwann so weit sein, selbst wenn ich wirklich die Tochter des Zeus war. Die Nachkommen, die die Götter mit Sterblichen zeugten, mussten sterben. Achilleus, Sarpedon, Penthesileia, Memnon – sie alle lagen trotz göttlicher Eltern in ihren Gräbern. Zeus hatte mir einmal etwas anderes versprochen. Doch ich schenkte seinen leichtfertigen Versprechungen keinen Glauben mehr.

Still wanderten wir den steilen Pfad hinunter und ließen das prachtvolle Grabmal hinter uns. Das Rauschen des Windes sagte uns Lebwohl, und die Kiefern verneigten sich höflich.

LXXIX

Menelaos war am Ziel, aber ich musste meine letzte Reise noch antreten. Als wir vom Menelaon auf dem Hügel in den Palast zurückgekehrt waren, ließ ich das letzte vorgeschriebene Totenmahl auf dem Platz der Gastgeberin über mich ergehen, wie das Protokoll es verlangte. Ich würde meine Pflicht bis zum Ende erfüllen; niemand sollte sagen können, ich hätte mich ihr entzogen oder wäre auch nur um ein Jota von dem abgewichen, was von mir gefordert wurde. Danach würde ich frei sein.

Frei, mich zu erheben und dem Ruf zu folgen, der an mich ergangen war. Ein Teil Spartas zog mich immer noch zu sich und sagte: *Verlasse deinen Posten nicht!* Ich wusste, dass Orestes ein guter König sein würde. Oh, es schmerzte mich, dass ich Hermione noch einmal würde verlassen müssen, aber jetzt würde ich sie erfüllt und zufrieden zurücklassen, als Freundin ebenso wie als Tochter. Ich wurde alt; ich war noch nicht schwach, aber ich würde es vielleicht bald sein. Vielleicht würde ich zu einer Belastung werden, eine lästige Bettlerin zu Füßen meiner eigenen Tochter, alt und gebrechlich. Das wollte ich ihr ersparen.

Ich gab meine Absicht bekannt, Sparta zu verlassen. Ich hatte gehofft, nicht enthüllen zu müssen, wohin meine Reise gehen solle, aber das war eine törichte Hoffnung.

»Nach Troja?« Hermione griff sich an den Hals. »Oh, Mutter …« Sie unterdrückte ein *Wie kannst du nur?*

»Ich hatte einen Traum.« Träume werteten die Dinge auf; ihnen durften wir folgen. »Man hat es mir befohlen.«

Orestes nickte nur. »Die Götter schicken uns, wohin sie wollen.« Und nüchterner fügte er hinzu: »Wirst du uns wissen lassen, wann wir mit deiner Rückkehr rechnen dürfen?«

»Ja, wenn ich kann.« Ich hielt es nicht für wahrscheinlich, dass ich zurückkehren würde. Aber ich unterwarf mich den Göttern. Vielleicht würden sie es verfügen.

In diesen letzten Tagen ging ich durch den Palast, als müsste ich alles, was ich hier verlassen würde, salben und segnen. Ich wanderte den Berg hinunter und spazierte über die Wiesen und durch die Straßen von Sparta. Die Städter schauten mich an; sie wussten, wer ich war. Aber auch die schönste alte Frau der Welt, das unübertreffliche Inbild herbstlicher Schönheit, konnte sie nicht rühren, denn sie waren zu sehr auf die Jugend eingestimmt.

Ich hätte die Freiheit genießen sollen, die Erlösung von den Fesseln meiner Schönheit. Die Zeit hatte mich befreit. Doch ich empfand tiefe Trauer über das Unvermögen der Menschen, irgendeine andere Schönheit zu sehen als die herkömmliche.

Der Abschied von meiner Tochter und meinem Enkel fiel mir am schwersten. Es sind fast immer Menschen, die uns das Herz zerreißen – nicht Städte oder Heiligtümer oder Pflichten. In meiner rasenden Verwirrung und Trauer konnte ich mich nur trösten, indem ich mir sagte, dass wir einander wiedersehen würden. Daran musste ich glauben. Daran würde ich glauben.

In Gytheon lag das Schiff vor Anker und erwartete mich. Gytheon. Wo alles begonnen hatte. Wäre ich nicht mit Gelanor dort hingegangen, dann hätte …

Oh, der Fluch der alten Frauen! So lange gelebt, so viele Entscheidungen getroffen zu haben, dass alles zur Erinnerung wird, die uns auf die Schulter klopft und sagt: *Hättest du dies nicht getan, wäre jenes nicht geschehen …*

Ich betrat die Planke, die auf das Schiff führte. Was immer mich erwartete, ich würde es ertragen, ja, es würde mir willkommen sein. Mein Leben war noch nicht endgültig in der Vergangenheit erstarrt. Ich hatte noch etwas Unbekanntes vor mir, ein Privileg, das sonst eigentlich nur der Jugend vorbehalten ist.

»Setzt das Segel!«, befahl ich. »Nach Troja!«

Die Seereise verlief ereignislos, und auch wenn ich nicht flog oder schwebte wie in meinem Traum, so glitten wir doch ungehindert wie durch Zauberei über das Wasser. Wir gingen an mehreren Inseln vor Anker, aber auf meinen strikten Befehl landeten wir weder auf Kranä noch auf Kythera. Diese beiden waren mir heilig, und ich hätte sie entweiht, wenn ich sie noch einmal besucht hätte.

Der Wind sang in unserem Segel, als habe er es eilig, uns zur trojanischen Küste zu bringen, und die Ruderer konnten sich immer wieder lange ausruhen.

Ich stand im Bug, beschattete meine Augen und beobachtete, wie die ferne Küste immer näher heranrückte. Anfangs war es nur eine lang gezogene graue Linie, wo Strand und Meer einander begrüßten, aber schon bald sah ich alles, was ich auch im Traum gesehen hatte: die schmale Wasserstraße des Hellespont und die Höhe, auf der Troja gestanden hatte.

Ich ließ mich ans Ufer rudern, und wir wateten durch das knöcheltiefe Wasser und betraten den Strand. Ich hatte geglaubt, ich würde ihn nie wiedersehen, und nun rollten sanfte kleine Wellen über den Sand. Der Strand war leer; nichts war von der Invasion übrig geblieben – keine Hütten, keine Palisaden, kein Müll. Es war, als wären die Griechen nie da gewesen.

Jetzt erkannte ich in der Ferne auch den geschwärzten Stumpf dessen, was einmal Troja gewesen war – ein dunkler Daumen, der sich in den Himmel reckte. Nichts rührte sich ringsumher. Der Erdhügel, unter dem Achilleus begraben lag, ragte in der Ebene auf, aber er war nicht so hoch wie in meiner Erinnerung. Wind und Wetter hatten ihn schon ein wenig abgetragen.

Von der elenden Hütte, in der ich und die anderen Frauen gefangen gehalten worden waren, war nichts mehr zu sehen, aber ich wusste noch, wo sie gestanden hatte. Und hier am Strand konnte ich auf die Stelle zeigen, wo sie die Schätze zusammengetragen hatten, die sie aus Troja geraubt hatten: ein schwankender Berg aus Bronze, Leinen und irdenen Töpfen. Möwen stolzierten dort umher, und schaumige Wellen spülten darüber hinweg; die kleinen Bläschen funkelten und blitzten im Sand, kurzlebige Edelsteine, Nachahmungen derer, die aus Troja gestohlen worden waren.

»Wohin jetzt, Herrin?« Meine Diener schauten sich ratlos um. »Dorthin?« Sie zeigten nach Troja.

»Nein. Noch nicht.« Ich würde es erst umkreisen, die Ebene besuchen, am Ufer des Skamander sitzen und bis zum Fuße des Bergs Ida wandern: Zuerst müsste ich alles sehen, was Troja umgeben hatte, und mich langsam annähern, bis ich den Mut hätte, es zu betreten und meinem Traum ins Gesicht zu sehen.

Wie schnell die Felder sich erholt hatten! Wir wateten durch Blumen und hüfthohes Gras, und vergebens suchte ich nach irgendeiner Spur der vielen hundert toten Männer und Pferde, von denen die Ebene übersät gewesen war. Ich hatte geglaubt, ein solches Leichenfeld könne niemals verschwinden. Aber es war verschwunden.

Dieser Teil der Ebene war im Winter überflutet, doch gleich dahinter, an den äußeren Rändern, lagen gepflügte Felder und Weingärten. Ich sah die Feldfrüchte, grün in der warmen Sonne, und hier und da gingen Ochsen vor dem Pflug. Halb beladene Erntekarren warteten am Saum der Äcker.

Und weiter zu den Ausläufern des Berges Ida. Wir kamen am Quellenhaus vorbei, wo Troilos ermordet worden war, und an den Trögen, wo Frauen wieder Wäsche wuschen; das unverwechselbare Klatschen der nassen Kleider auf den Steinen hallte zu uns herüber. Sie bespritzten einander spielerisch mit Wasser und kreischten lachend.

Der Weg stieg an. Felsen wuchsen aus der Erde und verrieten uns, dass wir uns dem Ida näherten. Ob es die heißen und kalten Quellen noch gab? Hinter einer Wegbiegung entdeckte ich sie – die Steine um sie herum zerbröckelten, aber das heiße Wasser sprudelte immer noch und das kalte daneben auch. Dahinter begann der Pfad, der sich den Berg hinaufschlängelte. Der Pfad, den ich zweimal mit Andromache gegangen war.

»Wartet einen Augenblick!«, befahl ich meiner Leibwache. Ich musste mich zurückziehen und ihrer gedenken, wo immer sie sein mochte. Oh, Andromache, ich bete zu den Göttern, dass du zufrieden bist. Glück kann es nicht geben, aber Zufriedenheit, ja, die ist erreichbar. Ich pflückte einen Stängel weißer Blumen und verstreute die Blüten zu ihren Ehren.

Ich kehrte zu meinen Begleitern zurück – und da sah ich in der Ferne das kleine Haus aus meinem Traum. Es war aus Stein gebaut, und das schindelgedeckte Dach glänzte sauber. Ringsherum standen Olivenbäume. Wer wohnte darin? Warum hatte ich davon geträumt? Aber ich wusste, dass mein Zweites Gesicht mir dieses Haus gezeigt hatte. Also musste ich ihm Folge leisten.

»Da.« Ich deutete auf das Haus. »Wir gehen dorthin.«

Es schien vor unseren Augen zurückzuweichen. Der Weg war viel weiter, als es den Anschein hatte, wie es so inmitten seiner Äcker stand, schützend umgeben von den Ölbäumen. Nichts regte sich in der Mittagssonne; keine Hunde bellten, keine Knechte blickten auf. Aber das Haus sah zu gepflegt aus, als dass es hätte verlassen sein können. Jemand wohnte dort.

Wir traten in den willkommenen Schatten der Olivenbäume; ihre Zweige bebten im leichten Wind. »Wartet«, sagte ich. Ich musste allein hingehen – was immer mich dort erwarten mochte.

Die Tür war aus starkem, bemaltem Holz. Ich klopfte einmal, zweimal. Wenn niemand öffnete, würde ich warten. Aber dem Traum durfte ich mich nicht verweigern. Ich musste ihm folgen. Dazu hatte ich die weite Reise hierher gemacht.

Die Tür öffnete sich. Eine Frau starrte zu mir heraus. Ich hatte sie noch nie gesehen. »Was gibt es?«, fragte sie in scharfem Ton.

»Ich weiß es nicht«, sagte ich. Eine andere Antwort wusste ich nicht. Ich hätte mir eine zurechtlegen sollen. Wie dumm von mir!

»Wer bist du?«, wollte sie wissen.

»Ich bin Helena von Sparta, ehemals von Troja.«

Jetzt öffnete sie die Tür ein wenig weiter und schaute mich stirnrunzelnd und mit großen Augen an. »Ist das wahr?«

»Ja.« Ich zog das Kopftuch von meinem Haar. Aber diese Geste gewährleistete nicht mehr, dass man mich erkannte. Helena, die Helena, die tausend Schiffe nach Troja hatte fahren lassen, würde ewig jung sein. Sie war es in Geschichten und Liedern, und so musste sie es zwangsläufig auch im Leben sein.

Sie schaute mich unverwandt an. Schließlich rief sie: »Gelanor! Gelanor!«, und verschwand im Haus.

Ich blieb vor der Tür stehen. Jetzt wusste ich, warum ich von diesem Haus geträumt hatte.

Ein älterer Mann kam an die Tür. Zuerst erkannte ich ihn nicht und er mich auch nicht. Aber dann brachen wir in lautes Lachen aus und fielen einander um den Hals.

»Du lebst! Du lebst!«, schluchzte ich erstickt und drückte ihn an mich. »Ich habe dich in den Straßen Trojas gesucht, ich war bei deinem Haus, oh, ich habe alles getan, was ich –«

»Sschh!« Er legte mir einen Finger auf die Lippen. Diese Gebärde machte uns zu einem Liebespaar, wie wir es in einem tief verborgenen Sinn in Wahrheit immer gewesen waren: lebenslange Gefährten, miteinander verbunden durch Treue und vorbehaltloses Vertrauen. »Das weiß ich doch.«

Ich trat einen Schritt zurück und schaute in sein liebes Gesicht, das ich für immer verloren geglaubt hatte. »Woher weißt du es?«

»Weil ich dich kannte. Weil ich dich kenne.«

Das ungeduldige Tappen eines Fußes erinnerte uns daran, dass noch jemand zugegen war.

»Ja«, sagte Gelanor und trat zurück. »Ich möchte dir meine Frau vorstellen – Phäa.«

»Deine Frau?«, wiederholte ich. »Wirklich, du musst mir alles erzählen. Das letzte Mal habe ich dich in der Nacht gesehen, bevor sie das Pferd in die Stadt holten. Seitdem weiß ich nichts mehr von dir.«

»Komm herein und setze dich an unseren Herd«, sagte Phäa. »So viele Jahre – das gibt eine lange Geschichte auf beiden Seiten.«

Das kleine Haus war reinlich und besaß ungewöhnlich große Fenster, sodass es sehr hell war. Auf den ersten Blick sah ich nichts, was mir verraten hätte, dass Gelanor hier wohnte – nichts von den Schätzen kleiner Jungen, die er immer gesammelt hatte. Vielleicht gehörte das zu seinem alten Leben, das in den Flammen Trojas untergegangen war. Oder die Ehe hatte ihn verändert.

Phäa reichte mir einen Napf Brühe. Einen Augenblick lang zögerte ich, sie zu trinken, als würde ich damit einen Zauberbann brechen. All das erschien mir immer noch wie ein Traum. Wenn ich jetzt äße oder tränke, würde ich diesen Ort als Wirklichkeit annehmen und mich an ihn binden. Doch ich wagte einen Schluck zu nehmen, denn plötzlich spürte ich, wie hungrig ich war. Es war eine gehaltvolle Lammfleischsuppe.

»Jetzt musst du bei uns bleiben, Persephone. Du hast etwas gegessen.« Gelanor zog auf die altvertraute Weise eine Augenbraue hoch. Wir hatten den gleichen Gedanken gehabt. Darüber musste ich lächeln. Sie ließen mich zu Ende trinken, bevor sie ihre Geschichte erzählten. Phäa sprach einen trojanischen Dialekt, dem ich nur mühsam folgen konnte, aber ich war entzückt darüber, dass ich sie wenigstens einigermaßen verstand.

Phäa war die Tochter eines Hirten aus der Umgebung. Sie waren damals gezwungen worden, die Griechen mit Fleisch zu versorgen; ein Nachbar, der sich geweigert hatte, war auf der Stelle umgebracht worden. Insgeheim hatten sie auch den Trojanern Fleisch, Milch und Felle geliefert, damit hatten sie jedoch ihr Leben riskiert. Solange das Südtor frei zugänglich gewesen war, hatten sie die Stadt auf diesem Wege betreten können, aber als die Griechen ihren Würgegriff um Troja verstärkt hatten, war es damit vorbei gewesen.

Beim letzten Sturm auf Troja hatten sie sich in sicherer Entfernung gehalten und zu den Göttern gebetet, verschont zu werden. Ihr Haus stand nicht weit vom Tempel des Apollon – neben dem Quellenhaus –, und sie hatten vorgehabt, dort Zuflucht zu suchen, wenn es nötig sein sollte, weil der Tempel für beide Seiten als neutrales Gelände galt – nicht, dass die Griechen derlei immer respektiert hätten. Sie versteckten sich in ihrem Haus, bis sie sahen, wie die siegreichen Griechen sich am Strand versammelten; dann flüchteten sie sich in den Tempel.

Dort hatte Phäa Gelanor gefunden, benommen und von Brandwunden gepeinigt. Er saß in der unterirdischen Kammer, einen Arm über die Füße der Apollon-Statue gelegt, und hatte dumpf an die Wand gestarrt. Zunächst hatte sie befürchtet, er sei entweder tot oder wahnsinnig. Als er ihr das Gesicht zuwandte, war sein Ausdruck so entsetzlich, dass sie dachte, diesem Mann wäre es besser ergangen, wenn er gestorben wäre. Sie brachte ihm etwas zu essen, und als die Griechen abgezogen waren, holte sie ihn aus dem Tempel und pflegte ihn im Haus ihrer Familie gesund.

Lange Zeit sprach er kein Wort. Ihr Vater vermutete, er habe den Verstand verloren. Gelanor lag mit starrem Blick im Bett, und auch als er wieder umhergehen konnte, war er offenbar nicht in der Lage, selbst die einfachsten Aufgaben zu erfüllen. Sie konnten ihm nicht einmal die Schafe anvertrauen, aber sie ließen ihn in der Nähe des Hauses Oliven und Äpfel pflücken. Das konnte er immerhin.

»Die ganze Zeit hat er nichts gesagt. Ich wusste nicht einmal, welche Sprache er sprach und ob er uns verstehen konnte.«

»Das lag an eurem dardanischen Dialekt«, erklärte Gelanor, und unter seinen scherzhaften Worten spürte ich die Qualen jener Zeit. »Ein so alberner Akzent!«

Sie beugte sich hinüber und versetzte ihm einen spielerischen Stoß. »Das ist der edelste aller Dialekte. Haben nicht Äneas und seine Sippe gesprochen, wie ich spreche?«

»Was ist aus Äneas geworden?« Ich musste das Geplänkel unterbrechen.

»Man hat ihn nie wiedergesehen«, sagte sie.

»Ich habe ihn gesehen, wie er in Troja die Straße hinunterflüchtete«, sagte ich. Meine Kenntnisse der trojanischen Mundart erwachten allmählich wieder zum Leben. »Ich habe ihn gerufen, aber er hat nicht geantwortet. In unserer kläglichen Gefangenschaft am Strand erfuhr ich von Ilona, dass seine Frau Kreusa gestorben sei. Aber darüber hinaus weiß ich nichts.« Aphrodite hatte mir versprochen, ihn zu retten – aber hatte sie es getan?

Gelanor seufzte. »Es gibt so vieles, was wir niemals wissen werden, und manch ein Ende wird uns verborgen bleiben. Doch bei mir ist es einfach: Phäa und ich haben geheiratet – nachdem ihr Vater sich davon überzeugt hatte, dass ich doch nicht schwachsinnig war –, und seit vielen Jahren leben wir hier in Frieden. In mancher Hinsicht fühle ich mich als der Hüter Trojas. Dessen, was noch davon übrig ist.«

»Ich bin froh, dass du glücklich bist, mein lieber Freund. Und was ist aus Evadne geworden?«

Er schüttelte den Kopf. »Ich glaube, sie hat diese furchtbare Nacht nicht überlebt. So wenige haben es getan.« Er schwieg einen Augenblick. »Und du? Ich weiß, dass Menelaos dich fortgeschleppt hat, aber weiter habe ich nichts gehört. Ich hatte befürchtet, er könnte sein Versprechen an seine Leute gehalten und dich aus Rache getötet haben.«

»Menelaos war kein rachsüchtiger Mensch. In dieser Hinsicht war er unter den griechischen Anführern fehl am Platze. Er hatte ein mitfühlendes Herz, aber sie haben dafür gesorgt, dass er sich dessen schämte. Er versprach, mich zu töten, wenn wir in Griechenland wären, aber wir sind nicht gleich dorthin zurückgekehrt. Wir haben viele Jahre gebraucht; sieben davon haben wir in Ägypten verbracht, erst dann sind wir nach Sparta gelangt. Und dort war ich bis jetzt.«

Er schrie empört auf. Es war der alte Gelanor, der jetzt sprach. »Oh, wie hast du es ertragen können? Dorthin zurückzukehren, mit Menelaos zu leben …«

»Du bist nicht der Einzige, der sich auf Tränke versteht, mein Freund. In Ägypten hat mir jemand gezeigt, wie man ein Elixier mischt, das mich vor allen Empfindungen schützt. So habe ich die Jahre überstanden. Doch damit ist es aus. Ich brauche diesen Trank nicht mehr. Ich sehne mich danach zu fühlen – alles, was ich fühlen muss.«

»Bist du sicher?«, fragte er. »Ich kann es mir nie lange gestatten. Und für dich wird es schlimmer sein. Woher hattest du den Mut, wieder herzukommen?«

Ich sah ihn an. »Wie hätte ich es nicht tun können?« Ich

schüttelte den Kopf. »Hier ist mein Herz, mein ganzes Sein. Bin ich nicht Helena von *Troja*?«

Sie gaben mir ein Bett für die Nacht, und ich lebte ein paar Tage bei ihnen. Wir taten alle drei, als wären wir einfache Leute, Hirten und Bauern, auf denen nichts weiter lastete. Als hätten wir nie etwas anderes gekannt als den langsamen Lauf der Jahreszeiten hier am Rand der Ebene von Troja. Als hätten wir keine anderen Sorgen als die, ob die Schafe auf eine höhere Weide getrieben werden müssen oder ob die Erntehelfer nicht zu viele reife Oliven an den Bäumen gelassen haben. Wäre das nicht wunderschön gewesen? Doch wenn es gestimmt hätte, wären wir nicht wir selbst gewesen und wir hätten den Ruf des versunkenen Troja missachtet, hätten all die Geister verraten, die uns riefen.

LXXX

Schließlich brachte ich den Mut auf, den ich brauchte, um in die Stadt Troja zu gehen. Ich musste alles sehen, musste es noch einmal besuchen. Gelanor und ich machten uns auf den Weg durch die Ebene und ließen sein behütetes Haus im Olivenhain hinter uns. Er bewegte sich munter für einen alten Mann – denn das war er nun. Lächelnd dachte ich an Priamos und Nestor und daran, wie alt sie in meinen Augen gewesen waren, als sie jünger waren als wir jetzt. Aber sie hatten alt *ausgesehen*, dachte ich, und sich bewegt wie alte Leute. Das taten wir sicher nicht!

Gelanor führte mich in den Schatten des Ida. »Zuerst müssen wir dorthin gehen«, sagte er. »Wenn du alles sehen willst, musst du auch das sehen.«

Lange Zeit wusste ich nicht, wohin er mich brachte, doch ich folgte ihm bereitwillig. Mir graute noch immer davor, die

Ruinen Trojas wirklich zu sehen, und alles, was dazu diente, diesen Augenblick hinauszuzögern, war mir willkommen. So wanderten wir durch Olivenhaine mit bebendem silbrigem Laub und durch Gerstenfelder, deren Halme sich unter der Hand des Windes wiegten.

Schließlich kamen wir um eine Wegbiegung, und etwas Weißes schimmerte vor mir, groß und kantig. Ringsherum wogten dunkle Zypressen, und daran erkannte ich, dass es ein Grabmal war. Gelanor nahm meinen Ellenbogen, um mich zu stützen.

»Das letzte Opfer des Krieges«, sagte er leise. »Nur wenige kommen hierher. Sie hätte gewollt, dass du kommst.«

Ich sah die welken Blumen vor dem Grab; sie waren so trocken, dass ich wusste, er hatte recht: Sie waren alt. »Wer –?«

»Polyxena«, sagte er. »Dieses arme, sinnlose Opfer.« Er blieb stehen und blickte mich an. In diesem Augenblick sah ich den alten Gelanor, geistsprühend und voller Fragen. »Darin liegt das ganze Übel eines üblen Kriegs.«

Ich trat an das Grabmal heran. Es war mit Steinmetzarbeiten verziert, aber ich beachtete sie nicht; ich kniete nieder und legte die Hände an den kalten Stein. Hier lag sie, ein Häppchen nur, mit dem Achilleus seine Blutgier und seine Eitelkeit genährt hatte. Ich legte die Stirn an ihr Grab. »Polyxena«, flüsterte ich, »dein Opfer war das größte von allen.« Sie hatte nichts aus diesem Krieg gewonnen, nicht einen einzigen strahlenden Moment, und doch hatte sie ihre Kehle entblößt wie ein Lamm auf der Opferbank. So wenige nur hatten ihren Tod miterlebt. Würde man sie ehren? Oder würde das Unrecht noch weitergehen, indem die Menschen zum Grabmal des Achilleus pilgerten, ohne von dem ihren etwas zu ahnen? Würden sie ihn ehren und sie ignorieren?

Wir begaben uns zu Achilleus' Grabhügel, der sich ein gutes Stück weit entfernt erhob. Grasbüschel bedeckten ihn, und an seinem Fuße stand ein bescheidener Altar. Gelanor umrundete ihn mit mir, sodass ich ihn von allen Seiten betrachten konnte. Polyxenas Grabmal wirkte winzig daneben.

»Die Leute bringen ihm Gaben und Trankopfer. In den Jahren seit seinem Tod ist sein Ansehen gewachsen.« Er schüttelte den Kopf. »Hektor hat keinen Grabhügel. Aber wenn wir nach Troja kommen, werde ich dir zeigen, was mit ihm geschehen ist. Es gibt dort eine Statue von ihm, und die Leute opfern auch vor ihr. Tatsächlich sprießen überall um Troja herum die Statuen aus dem Boden – das ist der ägyptische Einfluss, alle diese Statuen –, und man ehrt die Helden des Krieges. Das ist gut so. Denn Troja muss – es muss! – weiterleben in der Erinnerung der Menschen. Es gab hier zu viel Tapferkeit und zu viel Leid, als dass es der Vergessenheit anheimfallen dürfte.«

»Und Paris?«, wagte ich zu fragen. »Hat sein Grab überlebt?«

Gelanor schüttelte den Kopf. »Es war zu nah bei Troja. Das Feuer, die Zerstörungen …«

Ich schrie verzweifelt auf. Nicht einmal ein Grab!

Er legte mir den Arm um die Schultern. »Hattet ihr nicht einen Ort, der nur euch gehörte? Einen Ort, den du wieder in Besitz nehmen kannst?«

Solche Orte hatte es überall in Troja gegeben. Alle verschwunden. Ich schüttelte den Kopf. Aber ganz langsam fiel es mir wieder ein: Der Tag, als wir mit den Pferden unterwegs gewesen waren. Er hatte mich zu einem stillen Fleckchen am Ufer des Skamander gebracht.

»Wir hatten wenig Gelegenheit, unsere Zeit außerhalb der Stadt zu verbringen«, sagte ich. »Aber es gab einen Ort – wir waren nur einmal da, und ich dachte nie, dass es im Laufe der Zeit nicht noch andere geben würde … Ich habe kaum darauf geachtet …«

»Finde ihn«, sagte er. »Erinnere dich.«

Ich nickte. »Ich werde es versuchen.« Ich dachte angestrengt nach, doch ich wusste nicht mehr, wo es gewesen war. »Vielleicht finde ich ihn im Traum wieder«, sagte ich. »Aber vorher – Troja. Du musst mit mir nach Troja gehen.«

Er sah mich an, und es war dieser alte, durchdringende, prüfende Blick. Seine Augen mochten von Falten umgeben sein, aber sein Blick war kraftvoll und forschend wie immer. »Bist du bereit? Bist du sicher, dass du es ertragen kannst?«

»Nein«, flüsterte ich. »Aber ich muss es versuchen.«

Seite an Seite näherten wir uns den Ruinen. Immer höher ragten sie aus der Ebene, als wir entschlossen auf sie zugingen. Das Erste, was ich sah: keine Mauern. Die mächtigen, hohen Mauern Trojas waren gefallen. Ein wenig von den unteren Bereichen war noch da, höchstens ein Drittel der ursprünglichen Höhe. Sie boten nur Schutz für Schakale und krächzende Vögel. Die Türme waren verschwunden. Ihre Steine waren überall verstreut wie verirrte Kinder. *Und Ilions himmelhoher Türme Brand …* Der furchtbare Satz kam mir in den Sinn, wie er es vor vielen Jahren ungebeten getan hatte.

»Komm!« Gelanor ging zwischen den Steinblöcken hindurch. Wo das große Südtor gewesen war, klaffte eine riesige Bresche, und wir schritten einfach hindurch. Es war nicht wie in meinem Traum, wo alles unberührt und nur verlassen gewesen war. Hier waren nur Ruinen – geschwärzt, zerbrochen, zerstört.

Ich hielt die Hand vor die Augen. »Bring mich weg!«, bat ich. »Ich ertrage es nicht. Troja ist wahrlich tot.« Und ich weinte um die Stadt und bedauerte nur, dass mein Weinen nicht inbrünstiger sein, dass es der Erhabenheit und dem Verlust Trojas nicht gerecht werden konnte.

Mit sanfter Hand führte er mich durch das, was von den Straßen übrig war, die einst so lebendig und voller Menschen gewesen waren. Erst als wir wieder draußen waren und neben den Trümmern des Skäischen Tors und der Mauern saßen, sagte er: »Du irrst dich. Troja lebt.«

Weinend legte ich den Kopf auf die Knie. »Nein. Du hast es doch gesehen, Troja ist fort, hinweggefegt.«

»Und jetzt beginnt es zu leben«, antwortete er. »Ich sage dir, die Geschichte Trojas wird noch sehr viel länger leben als diese jämmerlichen gefallenen Steine.«

»So viele Städte, so viele Königreiche sind aufgestiegen und gefallen. Troja ist nur eine unter vielen.«

»Ich kann nicht glauben, dass die außergewöhnlichen Taten von Menschen wie Achilleus, Hektor, Paris und dir jemals untergehen können. Denn sie waren anders als alle andern. Anders als Theseus und der Minotauros, anders als Jason und seine Argonauten. Und dies hier geht weit über den Untergang Thebens, der Heimatstadt Andromaches, hinaus.«

Ich lächelte. In diesem Augenblick fühlte ich mich so viel weiser als er. »Mein lieber Freund«, sagte ich, »sie alle haben so empfunden – sie haben geglaubt, dass sie und ihre tapferen Taten niemals untergehen könnten.«

Es gab noch etwas, was er mir zeigen wollte. Er verriet nicht, was es war, bis wir die Stufen eines kleinen Marmortempels hinaufstiegen, der sich bescheiden in einem Hain aus heiligen Platanen verbarg. Der hässliche Grabhügel des toten Troja war hier nicht zu sehen.

»Was ist das?«, fragte ich.

»Ich glaube, es ist das, was du gesucht hast«, sagte er. »Bist du bereit, es zu sehen?«

Ich schaute in seine goldgesprenkelten Augen, die in der Abendsonne blinzelten. »Du bist immer voller Rätsel«, sagte ich. »Kannst du nicht ausnahmsweise einmal klare Worte sprechen?«

»Ah, das würde doch alles verderben. Warum sollten wir etwas ändern, was wir von Anfang an miteinander gewöhnt sind?«

»Weil dies das Ende ist?«

»Aber man sollte nicht anders aufhören, als man angefangen hat«, sagte er. »Wenn man es täte, würde man damit den Schatten des Zweifels auf die Wahrheit des einen oder des anderen, des Anfangs oder des Endes, legen. Wir müssen unsere Integrität bewahren.« Er führte mich zu den Säulen. »Sieh es dir an!«

Ich ließ ihn stehen und ging langsam weiter. Es war nur ein kleiner Tempel, wie sie überall in der griechischen Landschaft standen. Aber ich spürte, dass mein Herz schneller schlug. Dies war kein gewöhnlicher Tempel, sonst hätte er mich nicht hergebracht.

Ich sah Postamente, auf denen Gegenstände zur Schau gestellt waren, und davor lagen Opfergaben. Es waren lauter Dinge aus dem Trojanischen Krieg, Dinge, von denen ich nie gedacht hatte, dass ich sie noch einmal wiedersehen würde. Ein Messer von Hektor, eine Sandale von Polites, ein Kamm von Troilos. Und, größer als alles andere, ein Schrein, der Paris geweiht war.

Darin lag seine Rüstung! Seine Rüstung, die ich bei den Totenspielen zu seinen Ehren als Preis ausgesetzt hatte und deren Verlust ich seitdem beklagte. Alles war da – sein Helm, sein Brustpanzer, sein Schwert. Mit einem Aufschrei stürzte ich darauf zu und berührte alles.

»Ich wusste, du würdest wissen wollen, dass alles wohlbehalten ist.«

Tränen liefen mir über die Wangen. »Ich habe mich so oft verflucht, weil ich sie in andere Hände gegeben hatte«, sagte ich. »Aber damals hatte der Schmerz mich blind gemacht.«

»Wer immer sie bekommen hat, hat sie ehrenvoll behandelt«, sagte er. »Darum wollte ich, dass du sie siehst.« Er trat zurück. »Ich lasse dich jetzt allein damit.« Er berührte meinen Arm. »Leb wohl!«

»Was soll das heißen?«

Betrübt schüttelte er den Kopf. »Unser kurzes Wiedersehen war alles, was ich zu erbitten wagte. Ich wusste, es könnte nicht von Dauer sein, wenn ich ehrlich bin und dir zeigen würde, was ich dir zeigen musste.«

»Ich verstehe immer noch nicht, was du meinst.«

»Das wirst du noch.« Er wich in den Schatten zurück.

Ich trat an den Sockel heran, nahm kühn den grün angelaufenen Bronzehelm und hielt ihn in den Armen. Wenn nicht ich, wer dann?

Du kostbarer Helm, der du Paris' Kopf geschützt hast, dachte ich. Paris, vor so langer Zeit. Würde er mich jetzt überhaupt noch erkennen? Er war als junger, kraftvoller Mann gestorben, und ich war jetzt eine alte Frau.

Doch ich war in seiner Nähe. Näher konnte ich ihm nicht kommen. *Paris, ich habe diese weite Reise gemacht, um dich zu ehren*, sagte ich. *Ich habe Sparta noch einmal verlassen und bin nach Troja gesegelt. Es war keine Reise voller Liebe und Aufregung wie die unsrige, aber sie hat mich hergebracht. Und hier bin ich. Hier bin ich, so nah bei dir, wie ich es in meinem sterblichen Leben nur sein kann, einem Leben, das mich noch gebunden hält.* Lange saß ich so da, und ich erinnerte mich mit all meiner Kraft an ihn und versuchte, ihn heraufzubeschwören. *Ich glaubte diesen Helm verloren. Ich habe ihn nach deinem Tod weggegeben und meine Torheit bitter beweint. Aber jetzt habe ich ihn. Manches kann man zurückbekommen. Manches lässt sich wiederherstellen.*

Aber, Paris, manches, was verloren ist, suchen wir für alle Zeit. Ich suche dich. Komm zu mir! Wenn du nicht hier bist, wo bist du dann? Ich saß da und wartete. Ich gab mich fügsam in die Hand der Götter, gegen die ich so oft gewettert hatte.

Ich schloss die Augen und spürte die Sonne, die in den Tempel und auf meine Lider schien. Es war betörend, verlockend. Es sagte mir: *Hier ist nichts als dies. Nur die Sonne, die heute scheint. Warum etwas anderes suchen? Warum darüber hinausschauen?*

Paris. Paris. Bist du noch hier, in irgendeiner Gestalt? Selbst als Geist, als Schatten wärest du mir willkommen. Ich will nichts anderes!

Ich presste die Augen zu. Alles war still. Dann fühlte ich eine sanfte Berührung an meinen Fingern.

»Schau nicht her«, sagte eine liebe Stimme. »Öffne die Augen nicht!«

Meine Lider wollten sich flatternd öffnen. Eine liebevolle Hand drückte sie herunter. »Ich sage, du sollst sie nicht öffnen.« Etwas streifte meinen Hals, meine Wange. »Ah, dass ich dich wieder berühren darf!«

»Quäle mich nicht!«, bat ich. »Ich will dich ansehen.« Ich öffnete die Augen.

Da verschwand alles um mich herum, und ich sah Paris vor mir. Paris in all seiner Pracht – jung, schön, leuchtend. *Wo warst du in all den Jahren … Was ist seitdem geschehen … Und wohin gehen wir?* Lauter Fragen, die durch meinen irdischen Geist fluteten. Und auf keine gab es eine Antwort.

»Helena.« Er nahm meine Hand.

»Paris«, antwortete ich, »ich komme.«

Nachwort

Eins meiner kostbarsten Besitztümer ist ein signiertes Exemplar von Jack Lindsays *Helen of Troy*, in dem er seinem Freund anvertraut: »Nachdem *Cleopatra* erschienen war, schlug Constable ein weiteres Buch über eine berühmte antike Heroine vor, aber es gab keine, die den gleichen Ruhm besaß wie Kleopatra. Irgendwann schlugen sie Helena vor, anscheinend ohne zu wissen, dass sie keine historische Figur in dem Sinne war, wie Kleopatra es war. Aber ich war entzückt über das Thema und habe diesen Punkt niemals angesprochen.« Wie Mr. Lindsay war auch ich von Kleopatra zu Helena von Troja gekommen, und ich war der irrtümlichen Auffassung, sie sei beinahe ebenso historisch. Sie ist es nicht. Wir haben keinen einzigen Beleg dafür, dass es jemals eine Helena von Troja gegeben hat – oder einen Agamemnon, einen Menelaos, einen Achilleus, einen Paris. In der Wissenschaft gibt es heftige Auseinandersetzungen über Homer und die Frage, ob, selbst wenn es die Stätte eines historischen Troja tatsächlich gibt, dort auch etwas stattgefunden hat, was wir mit Fug und Recht als Trojanischen Krieg bezeichnen können.

Wie Camelot ist auch Troja von Magie umgeben. Es mag durchaus auf einem realen Volk basieren, aber das Troja, das wir »kennen«, ist ein Mythos. Vielleicht gab es wirklich einen unbedeutenden keltischen Häuptling namens Arthur in den letzten Tagen der römischen Herrschaft über Britannien, und vielleicht gab es wirklich einen hässlichen kleinen Handelskrieg zwischen ein paar Proto-Griechen und einer kleinen befestigten Stadt in Kleinasien. Aber darum geht es eigentlich nicht, wenn wir an den Trojanischen Krieg denken. Der Trojanische Krieg in seiner ganzen Größe ist zum Sinnbild des Krieges in all seinen Facetten geworden – seiner Pracht wie auch seiner furchtbaren Zerstörungskraft. Er ist ein Paradigma für alle Kriege.

Obwohl Helena also keine reale Person im üblichen Sinne des Wortes ist, gab es Grenzen zu beachten. Die Zeit, in der sie lebte und in der der Trojanische Krieg stattfand, ist die Zeit der mykenischen Kultur auf dem Peloponnes in Griechenland. Noch heute stehen Zitadellen, Paläste und Brücken aus jener Zeit, und wir haben archäologische Fundstücke, sodass wir die Figuren in einen realen Rahmen stellen können. Wir haben Beschreibungen ihres Charakters, nicht nur von Homer, sondern auch aus ausführlicheren Schriften über den Trojanischen Krieg. Homers *Ilias* erzählt nur von sieben Wochen im zehnten Jahr des Krieges, und die *Odyssee* gibt eine kurze Zusammenfassung des Falls der Stadt. Andere Schriften, bekannt als der »Epische Zyklus«, liefern uns die ganze Geschichte, angefangen mit dem Urteil des Paris, jener schicksalhaften Entscheidung, die ihn zu Helena führte, bis zum Schicksal der Helden des Kriegs viele Jahre später. Die *Äneis* enthält eindringliche Details über den Untergang Trojas, und einige Informationen finden wir auch in griechischer Lyrik.

Quintus Smyrnäus, ein Autor aus dem 4. Jahrhundert v. Chr., erzählt in seinen *Posthomerica*, auch *Der Fall Trojas* betitelt, dort weiter, wo die *Ilias* endet: vom Tod Hektors und weiter bis zur Abreise der Griechen. Mittelalterliche Romanciers fügten weitere Episoden hinzu, und schließlich schrieben auch Chaucer, Shakespeare und Marlowe ihre trojanischen Geschichten, die in der berühmten Zeile gipfelten: »War dies der Blick, der tausend Schiffe trieb?« So stammt die vollendete Beschreibung Helenas nicht von einem Griechen der Antike, der ihr Gesicht gesehen hatte, sondern von dem elisabethanischen Dichter Marlowe, der es sich nur vorstellte.

In Anbetracht dessen, dass diese Menschen vielleicht nie existiert haben, sind die Figuren des Trojanischen Kriegs außergewöhnlich farbige und unvergessliche Persönlichkeiten. Deshalb »fühlen« sie sich so echt an, und deshalb wünschen wir uns, sie wären es. Sie sprechen uns unmittelbar an, und wir glauben an sie. Deshalb habe ich mich dafür entschieden, so zu tun, als hätten sie allesamt leibhaftig gelebt und wir hätten nur die offiziellen Ausweispapiere nicht mehr, die es beweisen. Vielleicht werden wir sie ja eines Tages finden. Ich hoffe es, weil sie so lebendig erscheinen.

Ich habe die Figuren also in der entsprechenden historischen Umgebung angesiedelt und mich bemüht, dabei so akkurat wie möglich zu bleiben. Helena zum Beispiel war die Tochter des Königs und der Königin von Sparta, wo die Krone über die Tochter vererbt wurde; folglich war es Helena, die Menelaos auf den Thron brachte. Sparta war zu jener Zeit nicht »spartanisch« im heutigen Sinne des Wortes, sondern im Gegenteil ein Ort, wo Literatur und Musik in Blüte standen. Homer spricht in der *Ilias* nur ein einziges Mal vom Schreiben; es gibt zwar Palast-Inventarlisten in einer sehr frühen griechischen Schrift, der Linear B, aber niemals wurden Briefe aus jener Zeit entdeckt; deshalb schreiben meine Figuren auch nur dann, wenn es wirklich unumgänglich ist – oder wenn es Teil der Legende ist wie dort, wo Paris seinen Namen mit Wein auf den Tisch schreibt. Das Orakel von Delphi war zu Homers Zeit vielleicht noch nicht voll entwickelt, selbt wenn Figuren aus der trojanischen Sage es aufsuchen, aber die Sibylle Herophile, die den Trojanischen Krieg voraussagte, gab es ganz sicher schon. Homer spricht nicht von Reitern, aber wir wissen, dass Akrobaten zu Pferde aufgetreten sind, und bei Quintus Smyrnäus gibt es eine Episode mit Reitern, die ich auch behalten habe. Das griechische Markenzeichen, die Olympischen Spiele, waren noch nicht erfunden, aber lokale athletische Wettkämpfe waren bereits populär und bedeutend.

Neben der historischen Realität der Figuren stellen sich noch zwei andere Probleme in der Behandlung dieser Geschichte. Das erste betrifft die Mythologie, das zweite den Tonfall und die Sprache. Beides sind Stolpersteine für moderne Autoren und Leser.

Akzeptiert man die Mythologie, oder spart man sie aus? In den ursprünglichen Versionen der Geschichte waren die Götter ebenso wie die Menschen handelnde Figuren. Das Drama spielte sich auf zwei Ebenen ab; auf der einen agierten die Menschen mehr oder weniger als Spielzeuge der Götter, und auf der anderen schauten die Götter auf sie hinab und inszenierten ihre eigenen Machtkämpfe mit Hilfe dieser unglücklichen Marionetten. Ein Streit zwischen drei Göttinnen über die Frage, wer von ihnen die schönste sei, führte zu der Liebesaffäre zwischen Paris und Helena. Götter nahmen Partei für die eine und die andere Seite im Krieg – Athene, Hera und Poseidon für die Griechen, Apollon, Aphrodite und Ares für die Trojaner. Außerdem hatten viele der Menschen eine Gottheit als Vater oder Mutter – Achilleus, Äneas, Helena –, und auch diese mischten sich schützend ein. Was kann man damit anfangen? Eliminiert man die Götter vollständig, verschwindet die Motivation der Handelnden, aber zankende und einander austricksende Götter wirken auf uns Heutige cartoonhaft und lenken von der Ernsthaftigkeit der Geschichte ab.

Ich habe mich dafür entschieden, die Götter auf der individuellen Ebene zu halten, aber nicht darzustellen, was sich auf dem Olymp zuträgt. Helena, die Erzählerin, kann darüber nichts wissen. Auch in der heutigen Welt erleben Menschen schließlich immer noch individuelle Begegnungen mit ihren Göttern, sie beten zu ihnen und bitten sie um Rat, und oft spüren sie ihre Gegenwart. Auch habe ich es bei der Vorstellung belassen, dass Menschen göttliche Eltern haben können. So ist Helena die Tochter des Zeus – aber sie ist nicht aus einem Ei geschlüpft. Schließlich glaubten die Alten an diese Art von Elternschaft sogar noch viel später, zur Zeit Alexanders des Großen: Ihm offenbarte das Orakel von Siwa, er sei der Sohn Amuns, und er glaubte fest daran.

Der Tonfall ist eine andere Sache. In einer so bedeutenden Angelegenheit sollte man meinen, dass hier auch eine heroische Sprache am Platze ist, aber auch damit könnte eine unbeabsichtigte Komik erzielt werden. Versucht man andererseits, die Personen durch die Verwendung einer modernen Alltagssprache zugänglicher zu machen, schmälert das die Geschichte. Irgendwie fühlt es sich falsch an. Als mythologischen Charakteren kommt ihnen eine gewisse Vornehmheit zu. Deshalb habe ich mich bemüht, die Sprache und die Redeweise der Figuren würdevoll und zuweilen ein bisschen »anders« klingen zu lassen, ohne dabei schwülstig zu werden.

Allerdings habe ich mir die Freiheit genommen, Ausdrücke zu verwenden, die ein moderner Mensch erkennen und verstehen kann; ich spreche von den »Griechen« und nicht von den »Achäern« oder »Danaern«, um Verwirrung oder Unverständnis zu vermeiden. Und es fehlen zwei Personen, die hier und da mit der Geschichte verbunden werden: Kressida und Theseus. Kressida scheint eine spätere Erfindung der mittelalterlichen Erzähltradition zu sein, die sich in der ursprünglichen Fassung der Geschichte nicht findet, während Troilos dort vorkommt. Auch Theseus wurde später hinzugefügt, weil die Athener, die am Trojanischen Krieg – diesem großen definierenden Moment der griechischen Geschichte – nicht teilgenommen hatten, ihren Helden auf irgendeine Weise damit in Verbindung bringen wollten; daher erfanden sie eine Episode, in der er Helena entführt. Beides ist nicht authentisch – soweit ein Mythos etwas Authentisches besitzen kann –, und ich habe es ausgelassen.

Da es sich nicht um Historie handelt, wie wir sie kennen, enthalten die Quellentexte keine exakten Zeitfolgen. Die klassische Dauer des Trojanischen Krieges beträgt zehn Jahre, aber die nötige Zeit für all die zusätzlichen Ereignisse – angefangen mit der verzögerten Abreise der Griechen nach Troja bis zu den nicht-homerischen Berichten über das, was nach Hektors Tod geschieht – ist viel länger. An einer Stelle in der *Ilias* sagt Helena, sie sei seit zwanzig Jahren in Troja. Die Jahre innerhalb der Mauern müssen auf seltsame Weise vergangen sein, und wir wissen nicht, wodurch sie ausgefüllt wurden. Daher habe ich mich bemüht, diesen ungewöhnlichen Lauf der Zeit einzufangen und genaue Datierungen nach Möglichkeit zu vermeiden.

Das Problem des Gegensatzes von Geschichte und Mythologie stellt sich auch bei Priamos und seiner Familie. Nicht alle seine Kinder sind namentlich bekannt; in einer Quelle heißt es zwar, Hekuba habe neunzehn Söhne (andere Quellen sprechen nur von Kindern) zur Welt gebracht, aber nur zehn haben einen Namen. Die »fünfzig Söhne« des Priamos – das hat einen guten Klang, und vielleicht war es immer nur symbolisch gemeint. Wie dem auch sei, ich habe mich auf die beschränkt, die einen Namen haben.

Danksagung

Mein Dank gilt
meinen fürsorglichen Freunden aus Griechenland, Artemios und Evie Kandarakis und Xenia Vletsa. Sie unterstützten mich an den archäologischen Stätten ihres Landes und halfen mir auch sonst oft weiter; Katie Broberg Foehl, Nikos und March Schweitzer, meinen begeisterten gräkophilen Gefährten in diesem Abenteuer, außerdem Brian und Mary Holmes, die mir halfen, meiner Geschichte eine Form zu geben, und Jane und Bob Feibel, die in der Welt der Antike zu Hause sind.
Birgitta Van de Veer und den Kuratoren des Archäologischen Museums in Istanbul, die mir den Zugang zur Troja-Sammlung ermöglichten; Dr. Dan Gibson vom WPI, der mir die chemischen Prozesse bei der Herstellung von tyrrhenischem Purpur aus Murex-Schnecken erläuterte; Eric Shanower, der bereitwillig sein Wissen teilte; Beena Kamlani, die eine phantastische Lektorin ist und Homer liebt; Professor Stephen G. Miller von der Universität von Kalifornien in Berkeley, der die Nemeischen Spiele zu neuem Leben erweckte und mich daran teilhaben ließ; Professor Barry B. Powell und William Aylward von der Universität von Wisconsin, die jederzeit bereit waren, ihr Fachwissen zu teilen, und in deren Symposium über den Trojanischen Krieg ich viel gelernt habe.

THRAKE
THESSALIEN
IMBROS
Troja
TENEDOS
BERG IDA
ÄGÄIS
SKYROS
LESBOS
Delphi
ITHAKA
CHIOS
Athen
ANDROS
Mykene
Lerna
DELOS
Pylos
Sparta
Gytheon
Helos
KYKLADEN
MELOS
KRANÄ
KYTHERA
IONISCHES MEER
KRETA

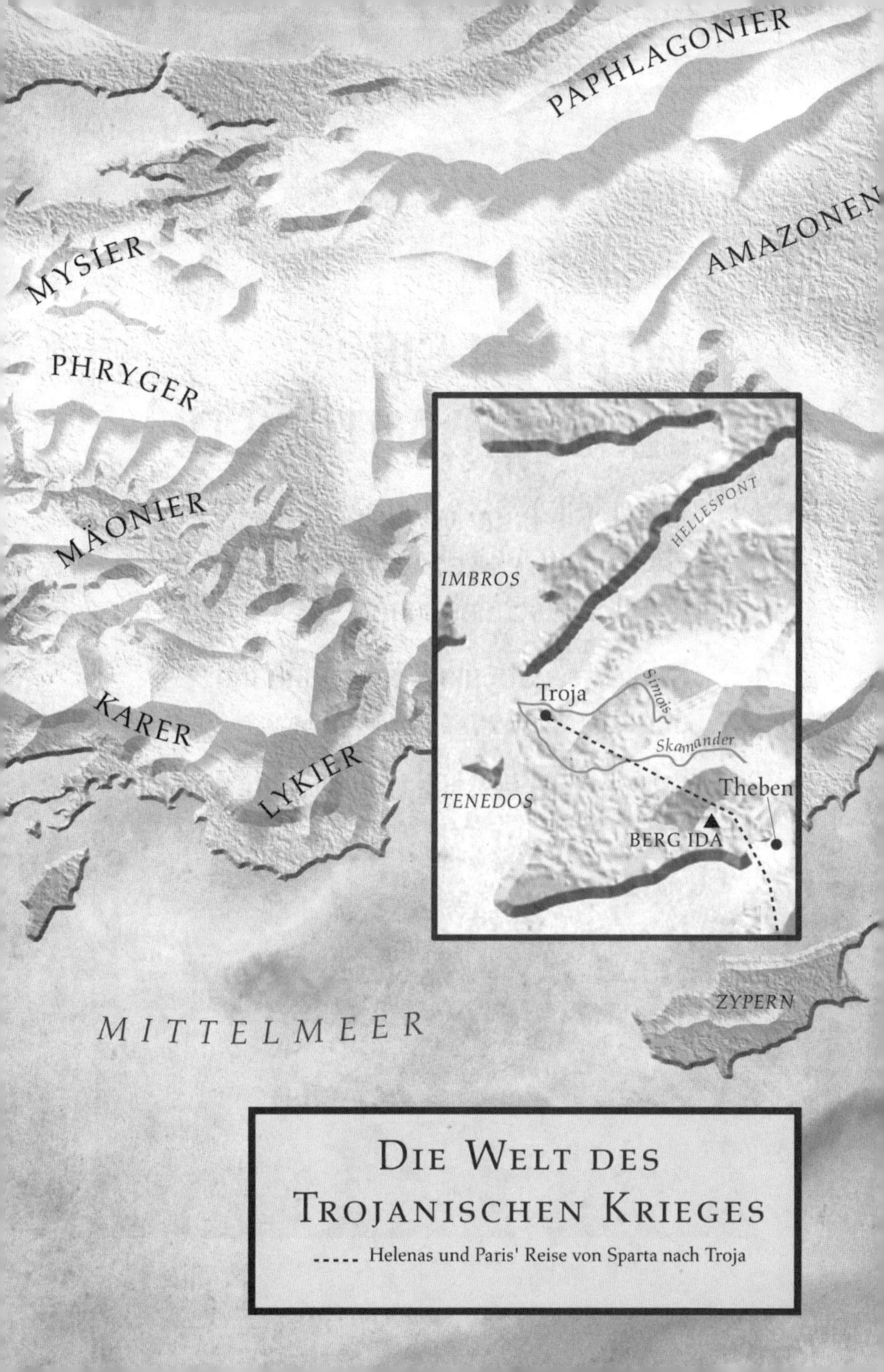
PAPHLAGONIER
AMAZONEN
MYSIER
PHRYGER
MÄONIER
KARER
LYKIER
HELLESPONT
IMBROS
Troja
Simois
Skamander
TENEDOS
Theben
BERG IDA
ZYPERN
MITTELMEER
DIE WELT DES
TROJANISCHEN KRIEGES
----- Helenas und Paris' Reise von Sparta nach Troja